Les grandes décisions du Conseil constitutionnel

Les grandes décisions du Conseil constitutionnel

10e édition

1999

Louis Favoreu
Président honoraire de l'Université de droit, d'économie et des sciences d'Aix-Marseille

Loïc Philip
Professeur à l'Université de droit, d'économie et des sciences d'Aix-Marseille

DALLOZ

DALLOZ

31-35, rue Froidevaux - 75685 Paris cedex 14

TABLE DES MATIÈRES

*
* *

TABLE DES MATIÈRES ANALYTIQUE

IV. - ATTRIBUTIONS CONSULTATIVES :

PRÉFACE
DE LA PREMIÈRE ÉDITION

Les principales décisions des plus hautes juridictions, respectivement de l'ordre judiciaire et de l'ordre administratif, ont été recueillies et commentées dans des ouvrages dont le succès atteste combien ils répondaient à un besoin.

Il était impossible de ne pas composer un autre recueil consacré aux principales décisions du Conseil constitutionnel, qui est, lui aussi, une juridiction suprême.

C'est ce qu'ont réalisé MM. Favoreu et Philip dans les pages qui suivent. On ne peut que les féliciter des choix judicieux qu'ils ont faits parmi une jurisprudence déjà abondante, et de la qualité de leurs commentaires.

Il ne peut être question, dans les quelques pages d'une préface, d'esquisser une étude générale d'une institution aussi importante que le Conseil constitutionnel. Mais il est possible de préciser quelques points qui ont pu donner lieu soit à des controverses, soit même à des interprétations ou opinions erronées.

Le premier point à envisager est celui-ci : *le Conseil constitutionnel est-il une juridiction ? Certains l'ont en effet contesté.*

Pour résoudre cette question, il faut d'abord s'entendre sur les caractères que doit présenter une institution pour être une juridiction, ou, plus exactement, pour statuer juridictionnellement. La nuance est d'importance, parce que le Conseil d'Etat, par exemple, ou la Cour des comptes ne sont pas toujours des juridictions : le Conseil d'Etat ne l'est pas lorsqu'il statue administrativement pour donner des avis au gouvernement, non plus que la Cour des comptes, lorsqu'elle arrête les termes de son rapport au Président de la République, -ce qui ne les empêche ni l'un ni l'autre d'être unanimement considérés comme des juridictions lorsqu'ils exercent leurs autres fonctions.

Il résulte de l'analyse même du mot «juridiction» que celle-ci a pour fonction de dire le droit ; mais il faut ajouter qu'elle le dit dans une forme solennelle, et au nom de l'Etat : des arbitres peuvent dire le droit, mais ils le disent, non pas au nom de l'Etat, mais au nom des signataires du compromis ; ils ne sont donc pas une juridiction, et leur sentence ne s'impose que soit par l'accord des parties, soit par l'homologation accordée, sous le nom d'exequatur, par une juridiction de l'Etat.

L'élément essentiel qui me paraît caractériser la juridiction, c'est l'autorité de chose jugée qui s'attache à ses décisions, c'est-à-dire le fait que ce qui a été jugé, sous réserve des voies de recours, ne peut plus être remis en question, et s'impose de façon définitive à toutes les parties en cause. C'est ce que Gaston Jèze exprimait en parlant de la force de vérité légale qui s'attache à ce qui a été jugé.

Il y a donc, dans l'acte juridictionnel, un élément matériel : le fait que la juridiction statue en droit, et non en équité, par exemple (sauf si la loi lui en laisse expressément la faculté). Cela ne signifie naturellement pas que la juridiction n'ait pas à établir les faits qui donnent lieu à son jugement : elle doit le faire dans toute la mesure où cela est nécessaire pour savoir quelle règle de droit est en jeu, soit pour constater sa violation, soit, de façon plus générale, pour déterminer la norme juridique applicable.

Mais à cet élément matériel s'ajoute l'élément formel de l'autorité de la chose jugée, qui est non moins essentiel.

Faut-il inclure, dans la définition de la juridiction, un autre élément matériel, qui serait le fait de trancher un litige entre parties ? Je ne pense pas que cet élément qui se rencontre de fait le plus souvent, soit cependant essentiel : car, à cette idée de litige à trancher entre parties, répond une notion voisine, mais différente, celle de contentieux. Il y a un contentieux non juridictionnel, celui qui donne lieu à l'arbitrage ; il y a surtout une juridiction non contentieuse. Pour ne parler que des institutions relevant du droit public, c'est le cas du jugement, par la Cour des comptes, des comptes des comptables publics : dans l'immense majorité des cas, personne ne conteste leur régularité, le contrôle de la Cour est systématique ; mais personne ne doute cependant qu'il soit juridictionnel ; et, notamment, les arrêts de la Cour sont sujets à pourvoi en cassation devant le Conseil d'Etat.

On peut ajouter que, jusqu'au début du siècle, on avait douté du caractère juridictionnel du jugement des recours pour excès de pouvoir ; puis on a admis ce caractère ; et aujourd'hui, d'ailleurs, il faut bien admettre que le recours ouvre un litige entre parties.

La juridiction se caractérise donc essentiellement par les deux éléments déjà indiqués, et par eux seuls. L'autorité de chose jugée suffit donc à caractériser l'activité juridictionnelle, avec la seule autre condition du jugement sur la base du droit (positif).

Cela étant, il faut examiner les différentes fonctions et activités du Conseil constitutionnel, pour discriminer celles qui sont juridictionnelles de celles qui ne le sont pas.

Le Conseil constitutionnel n'est pas une juridiction, ou, plus exactement, ne statue pas juridictionnellement lorsqu'il donne des avis seulement consultatifs.

C'est d'abord le cas prévu par l'article 46 de l'ordonnance n 58-1067 du 7 novembre 1958, portant loi organique sur le Conseil constitutionnel, aux termes duquel «celui-ci est consulté par le gouvernement sur l'organisation des opérations de référendum. Il est avisé sans délai de toute mesure prise à ce sujet».

Il s'agit d'une consultation ; par conséquent, le Conseil donne un avis, mais ne prend pas une décision exécutoire. L'avis n'est même pas publié, et sa teneur ne peut être révélée, sous peine de violation du serment prêté de garder le secret des délibérations.

D'autres cas sont prévus par la Constitution, où le Conseil constitutionnel est appelé à donner un simple avis, qui, du fait de ce caractère consultatif, ne peut naturellement être revêtu de l'autorité de chose jugée.

C'est ainsi que l'article 16 prévoit deux cas de consultation du Conseil constitutionnel, soit pour dire s'il y a lieu, vu les circonstances, pour le chef de l'Etat, d'exercer les pouvoirs extraordinaires prévus par cet article, soit avant chacune des mesures prises dans cet exercice.

Il y a une différence notable entre les deux cas prévus par cet article : dans le premier, en effet, l'avis du Conseil constitutionnel doit être rendu public, ce qui n'est pas exigé pour les avis donnés sur les différentes mesures prises ensuite dans l'exercice de ces pouvoirs.

L'avis donné par le Conseil constitutionnel sur l'opportunité de mettre en jeu l'article 16 reçoit donc une certaine sanction : celle de la publicité ; et il est certain qu'un avis défavorable mettrait le chef de l'Etat dans une situation très embarrassante ; toutefois, cette sanction, de caractère moral, n'est pas équivalente, et de loin, à une autorité de chose jugée.

Les textes parlant de consultation, il s'agit donc d'avis qui, selon la règle générale, doivent être recueillis, mais non obligatoirement suivis. Leur autorité ne saurait donc, en aucun cas, se comparer à celle de la chose jugée.

Il est une autre hypothèse où le Conseil constitutionnel fait une «déclaration» dont on peut se demander si elle a l'autorité de la chose jugée : aux termes de l'article 7, alinéas 4 et 5, de la Constitution, non modifiée sur ce point précis par la loi référendaire du 6 novembre 1962, le Conseil constitutionnel peut être appelé par le gouvernement à «constater» l'empêchement du Président de la République d'exercer ses fonctions et à déclarer, le cas échéant, cet empêchement «définitif». Ceci entraîne plusieurs conséquences : exercice provisoire des fonctions présidentielles, ou du moins de la plupart d'entre elles, par le président du Sénat, et, dans le cas d'empêchement définitif, obligation de convoquer les électeurs dans un délai déterminé par ce texte, en vue d'élire un nouveau président.

Le texte ne précise pas l'autorité qui s'attache à cette «constatation» et à cette «déclaration». Celles-ci conditionnant la régularité d'opérations ultérieures extrêmement importantes, puisqu'il ne s'agit pas moins que de l'élection d'un nouveau chef de l'Etat, il semble logique de faire bénéficier cette «constatation» et cette «déclaration» de la force juridique que l'article 62, alinéa 2, de la Constitution accorde, de façon générale, aux «décisions du Conseil constitutionnel».

Sans doute constatent-elles un état de fait, mais susceptible de conséquences juridiques. Au surplus, on peut estimer que la notion d'empêchement est une notion juridique (cf. l'empêchement conditionnant, en droit administratif, la légalité d'une délégation ou d'une suppléance, et tombant de ce fait sous le contrôle du juge).

Nous arrivons ainsi à l'énumération des cas où le Conseil constitutionnel statue juridictionnellement.

Le texte capital est l'article 62, alinéa 2, de la Constitution. Il est ainsi rédigé : «Les décisions du Conseil constitutionnel ne sont susceptibles d'aucun recours. Elles s'imposent aux pouvoirs publics et à toutes les autorités administratives et juridictionnelles».

On ne peut mieux caractériser l'autorité de la chose jugée.

Doit-on considérer qu'insérée dans l'article 62 cette disposition s'appliquerait uniquement aux déclarations d'inconstitutionnalité prévues par l'alinéa 1er du même article ? Ce serait attribuer une importance excessive à la place de ce deuxième alinéa dans cet article. En réalité, rien n'autorise à faire une discrimination entre les décisions du Conseil constitutionnel. La seule valable est entre les avis ou consultations et les décisions.

Le Conseil constitutionnel, rendant des décisions auxquelles la Constitution attribue l'autorité de la chose jugée, et statuant d'ailleurs en droit, est donc une juridiction.

L'organisation du Conseil et le statut de ses membres sont loin d'infirmer le caractère juridictionnel de ses décisions. le fait que les membres du Conseil sont choisis par le chef de l'Etat et les présidents des assemblées législatives tend, sans doute, à lui imprimer le caractère d'une juridiction politique ; mais n'en est-il pas de même, par exemple, de la Haute Cour de Justice, dont tous les membres sont élus parmi les parlementaires et par ceux-ci ? Ce qui importe, c'est que, dès leur nomination, les membres du Conseil jouissent des plus grandes garanties d'indépendance, puisqu'ils sont inamovibles, non renouvelables, et lorsqu'ils sont en même temps fonctionnaires, insusceptibles de recevoir aucun avancement au choix ; ils ne peuvent être nommés à aucun emploi public.

Cette juridiction est tantôt contentieuse, tantôt non contentieuse.

Elle n'est pas contentieuse lorsque le Conseil n'est pas en présence de deux prétentions opposées.

C'est le cas, d'abord, du contrôle de la constitutionnalité des règlements des assemblées parlementaires, contrôle qu'il doit exercer dans tous les cas, même si cette conformité à la Constitution n'est, devant lui, contestée par personne (article 61). C'est encore le cas (même article) du contrôle de la conformité à la Constitution des lois organiques, qui doit être opéré par le Conseil, systématiquement, alors même que personne ne conteste cette conformité.

On peut donner l'exemple de la disposition relative à la situation des conseillers référendaires à la Cour de cassation à l'expiration de leur séjour à cette Cour. Ni la chancellerie, qui avait préparé le projet, ni le conseil des ministres, qui l'avait adopté et présenté au Parlement, ni aucune des assemblées parlementaires qui avaient voté ce projet, ni aucune des commissions parlementaires qui avaient donné un avis favorable, ne s'étaient avisés d'une atteinte à l'inamovibilité des magistrats du siège. C'est le Conseil constitutionnel qui a pris conscience de cette atteinte et a déclaré cette disposition inconstitutionnelle.

C'est un exemple typique de juridiction non contentieuse.

C'est enfin le cas où le Conseil constitutionnel est saisi par le gouvernement (c'est-à-dire par le Premier ministre), en vertu de la dernière phrase de l'article 37, alinéa 2, de la Constitution, du point de savoir si un texte de forme législative intervenu après l'entrée en vigueur de la Constitution a, au regard de l'article 34, le caractère réglementaire ou législatif, et si, en conséquence, il peut, ou non, être modifié par décret.

Dans ce cas, le Premier ministre joint à sa requête une note tendant à faire déclarer que le texte en question relève du pouvoir réglementaire ; mais personne ne vient soutenir devant le Conseil le point de vue opposé ; c'est à lui qu'incombe le soin de rechercher le caractère véritable (législatif ou réglementaire) du texte. Cette juridiction est donc, ici encore, non contentieuse ; ce qui n'empêche pas que la thèse du Premier ministre soit souvent repoussée, totalement ou partiellement.

En regard de ces cas, il en est d'autres où le Conseil exerce, de toute évidence, une juridiction contentieuse.

C'est d'abord le cas, en bloc, du contentieux des élections aux assemblées parlementaires : il y a un demandeur, celui qui attaque l'élection, et un défendeur, l'élu dont la proclamation comme telle est contestée, à qui la requête est communiquée, qui peut répondre et, naturellement, le fait toujours, de sorte que le Conseil statue après un débat qui, pour ne pas se dérouler en séance publique, mais par échange de mémoires, n'en est pas moins contradictoire.

Il existe un cas assez curieux : c'est celui qui, saisi par le bureau d'une assemblée parlementaire, ou par le garde des Sceaux, ou par le parlementaire lui-même, en vertu de l'article 20 de l'ordonnance n 58-998, tel que modifié par la loi organique du 29 décembre 1961, le Conseil constitutionnel est appelé à dire si un parlementaire exerce ou non des fonctions incompatibles avec son mandat.

Si c'est le parlementaire lui-même qui saisit le Conseil, la procédure n'est pas, normalement, contentieuse ; si c'est le bureau de l'assemblée qui saisit le Conseil, l'affaire peut prendre un tour contentieux, si le bureau conclut à l'incompatibilité, et si le parlementaire résiste à cette prétention ; mais il n'en est pas nécessairement ainsi. On peut concevoir -et le cas s'est produit- que le bureau de l'assemblée ait saisi le Conseil uniquement pour mettre fin à des critiques dirigées contre le parlementaire en cause.

Dans tous les cas, qu'il y ait contentieux ou non, la décision du Conseil sera juridictionnelle, puisqu'il statue sur une question de droit, et que sa décision s'impose à toutes les autorités de l'Etat. La suite de l'article 20 le montre d'ailleurs, puisque le parlementaire, s'il exerce une fonction déclarée incompatible, doit régulariser sa situation sous peine d'être déclaré démissionnaire d'office par le Conseil lui-même.

On doit considérer comme contentieuse la juridiction qu'exerce le Conseil lorsqu'il est saisi par le gouvernement ou par le président d'une assemblée parlementaire, en vertu de l'article 41 de la Constitution, du caractère législatif ou réglementaire de la matière sur laquelle porte un amendement ou une proposition de loi. Cette saisine suppose en effet, dit le texte, qu'il y a un «désaccord» sur ce point entre le gouvernement et le président de l'assemblée, désaccord qui ouvre donc un litige.

Bien que la Constitution ne le dise pas expressément, il semble que l'autorité de la chose jugée par le Conseil soit limitée, non sans doute par les termes de l'article 1351 du Code civil, qui seraient inadaptés aux cas de juridiction non contentieuse, du moins à la question précise qui a fait l'objet de la demande dont a été saisi le Conseil.

Du caractère juridictionnel découle cette conséquence que, selon un principe général de droit, le Conseil ne peut se saisir lui-même d'aucune affaire, principe que méconnaissait une disposition d'un projet de loi heureusement rejetée en 1974.

Cette juridiction ne bénéficie d'aucune clause générale de compétence en matière constitutionnelle ou de rapports entre les pouvoirs publics, ou encore d'atteinte aux libertés publiques. C'est donc une juridiction d'attribution, qui ne peut être saisie que sur la base d'un texte constitutionnel ou d'une loi organique. On a souvent reproché au Conseil de s'être fait une conception étroite de sa compétence ; on a pensé l'en excuser en invoquant la prudence que doit montrer à ses débuts une juridiction nouvelle, pour se faire accepter et respecter. Mais la raison, et en même temps la justification essentielle de cette attitude du Conseil, et le respect du principe qu'une juridiction d'attributions ne peut juger que lorsque sa compétence *ratione materiae* résulte avec certitude des textes qui ont défini, et par là même limité, sa compétence, c'est-à-dire son pouvoir de juger. Sans doute, l'autorité attribuée à ses décisions par l'article 62, alinéa 2, fait que si le Conseil avait interprété plus largement sa compétence ses décisions auraient tout de même eu force de chose jugée ; mais elles auraient encouru des critiques de l'ordre de celles qui ont été justement adressées, notamment par Duguit, à la Haute-Cour de la Troisième République, pour avoir abusé de sa souveraineté de fait pour créer une peine nouvelle. Et surtout, même non critiqué, le Conseil aurait eu conscience de commettre une grave incorrection juridique.

Dans un cas au moins, cette prudence du Conseil a eu une conséquence fâcheuse, mais qui était malheureusement inéluctable en l'état des textes ; dans l'affaire Rebeuf, le Conseil a déclaré irrecevables, en matière électorale, des conclusions qui ne tenaient pas à l'invalidation d'un élu. Le requérant avait cependant un intérêt certain à la rectification des chiffres du scrutin qu'il sollicitait du Conseil, car elle lui aurait permis de franchir la barre des 5 % des suffrages exprimés, qui lui donnaient droit au remboursement de son cautionnement et des frais de sa campagne électorale.

Le Conseil d'Etat se déclarant de son côté incompétent pour connaître d'une telle requête, il s'ensuit incontestablement un déni de justice, qui ne pourrait disparaître que par l'effet soit d'un changement de jurisprudence du Conseil d'Etat (il n'y a pas en effet de recours parallèle faisant obstacle à sa compétence), soit par une réforme législative.

C'est encore le souci, qui est celui de toute juridiction d'attributions, de ne pas retenir la connaissance d'un litige lorsqu'elle ne peut établir sa compétence sur un texte, qui a amené le Conseil constitutionnel, par sa décision du 6 novembre 1962, à décliner sa compétence pour juger une requête tendant à l'annulation d'une loi référendaire, «expression directe de la souveraineté nationale» ; cela résulte clairement de la motivation de cette décision.

- Une autre question qui a donné lieu à une interprétation inexacte du rôle du Conseil constitutionnel consiste à le présenter comme *une institution au service de l'exécutif contre le Parlement* - interprétation bien singulière, si l'on songe que les deux tiers de ses membres sont désignés par les présidents des deux assemblées parlementaires.

Il est exact que le Conseil est en effet chargé d'empêcher le Parlement d'empiéter sur le domaine réglementaire réservé au pouvoir exécutif par l'article 37 de la Constitution. Mais on oublie (volontairement ?) que la réciproque est vraie, soit par le jeu de l'article 37, alinéa 2, soit par le jeu, plus subtil et compliqué, d'une proposition ou d'un amendement parlementaire tendant à abroger un décret, par le motif «qu'il excéderait la compétence réglementaire», proposition combattue par le gouvernement qui saisit le Conseil constitutionnel, en vertu de l'article 41, de la recevabilité de cette proposition : le Conseil a à juger si un décret a été pris (cas de l'article 41) ou peut être pris (cas de l'article 37, alinéa 2) sans violation de l'article 34 et de la prérogative que cet article réserve au Parlement, de statuer en certaines matières.

De fait, la jurisprudence du Conseil est loin de donner toujours raison au gouvernement ; les statistiques de ses décisions le prouvent.

- Je voudrais, pour terminer, dire quelques mots des deux principales jurisprudences du Conseil, c'est-à-dire celle qui est relative au contentieux électoral, et celle qui est relative à la discrimination des matières législatives et réglementaires, qui appellent l'une et l'autre *un rapprochement avec les jurisprudences correspondantes du Conseil d'Etat.*

On sait que si le Conseil constitutionnel juge les requêtes dirigées contre la proclamation des élus dans les assemblées parlementaires, le Conseil d'Etat reste juge de la plupart des élections administratives. Or, la plupart des difficultés à trancher dans ces deux contentieux sont semblables, et relèvent d'un droit général des élections. Il serait donc fâcheux que deux jurisprudences accusent des divergences sensibles.

En fait, il n'en est rien, et, visiblement, le Conseil constitutionnel, tout en réservant sa liberté de jugement, connaît la jurisprudence du Conseil d'Etat en matière électorale, et ne s'en écarterait pas sans raison majeure. (En réalité, je ne connais pas de dissemblance entre ces deux jurisprudences). Il y est porté par le sentiment que la jurisprudence du Conseil d'Etat est l'expression de la sagesse ; et il n'est pas inutile d'indiquer, au surplus, que le Conseil constitutionnel est assisté, pour l'instruction des requêtes en matière électorale, par des rapporteurs adjoints dont certains appartiennent au Conseil d'Etat, et qui, naturellement, apportent à leurs propositions et aux motivations de celles-ci les habitudes de jugement contractées au sein de la Haute Juridiction administrative. Certes, ces rapporteurs adjoints n'ont pas voix délibérative, et leurs conclusions ne sont pas toujours adoptées (pas plus que le Conseil d'Etat ne suit toujours les conclusions de ses commissaires du gouvernement) ; mais leurs rapports constituent, au minimum, une excellente base de discussion.

On a pu remarquer, et peut-être critiquer, la rareté des invalidations prononcées par le Conseil constitutionnel. Il faut dire que les abus d'affichage, souvent invoqués dans les requêtes, sont la plupart du temps réciproques, et que, d'autre part, si l'on voulait annuler toutes les élections où n'ont pas été scrupuleusement respectées les prescriptions légales relatives à l'affichage électoral, c'est presque toutes les élections qu'il faudrait annuler. Enfin, l'expérience montre que l'élu invalidé est le plus souvent triomphalement réélu. Il ne m'appartient pas de dire si des considérations de ce genre influent sur le Conseil, mais ce sont des constatations que chacun peut faire.

Quant à la jurisprudence sur la limite des pouvoirs législatif et réglementaire, on sait que le Conseil constitutionnel est appelé à les préciser lorsque le texte de forme législative dont le caractère matériellement législatif est contesté est postérieur à l'entrée en vigueur de la

Constitution, tandis que le Conseil d'Etat demeure juge du recours en annulation d'un décret qui contreviendrait à un texte de forme législative intervenu avant cette entrée en vigueur.

Ce ne sont donc pas les mêmes textes sur le caractère, législatif ou réglementaire, desquels les deux Hautes Juridictions sont appelées à se prononcer. Mais, à propos de textes différents, les mêmes questions juridiques peuvent se poser, et c'est dans la motivation de leurs décisions respectives que pourront apparaître des interprétations discordantes de la règle de droit.

Ce fut longtemps le cas de l'interprétation de la disposition de l'article 34, qui réserve à l'autorité législative «la détermination des crimes et délits». Pour le Conseil d'Etat, la seule présence, dans un texte, d'une disposition déterminant l'une de ces infractions, ou contribuant à la déterminer, suffit pour imprimer le caractère législatif à cette disposition.

La jurisprudence du Conseil constitutionnel, pour sa part, a évolué, et s'est rapprochée progressivement de celle du Conseil d'Etat.

Dans un premier temps, il lui avait paru, en effet, que la seule présence d'une telle disposition ne suffisait pas à conférer le caractère législatif à l'ensemble d'un texte réglementaire par son objet.

Puis il a infléchi sa jurisprudence en jugeant que si le texte de nature réglementaire pouvait de ce fait être modifié par décret nonobstant sa forme législative et la présence de dispositions pénales, c'était sous la réserve que les dispositions ainsi modifiées ne pourraient recevoir de sanction pénale dans un vote du Parlement, ce qui aboutissait pratiquement à cette conséquence, respectueuse des libertés des individus, que si le gouvernement pouvait bien supprimer par décret une infraction pénale, ou modifier sa définition dans un sens libéral, il ne pouvait, au contraire, sans l'accord exprès du Parlement, ni créer une infraction nouvelle ni en modifier la définition dans un sens plus répressif.

Enfin, par sa décision du 26 juin 1969, le Conseil constitutionnel admet que toute disposition qui concourt à déterminer les éléments d'une infraction pénale (autre que contraventionnelle) relève, de ce fait, du seul pouvoir législatif. Cette décision mettait fin à une discordance entre la jurisprudence du Conseil constitutionnel et celle du Conseil d'Etat.

Mais la même décision juge, d'autre part, non seulement qu'il existe des principes généraux du droit s'imposant à l'autorité exécutive, mais qu'au nombre de ceux-ci figure le principe selon lequel le silence prolongé de l'administration, au-delà du terme qui lui est imparti par les textes en vigueur pour répondre à une demande, équivaut à un refus (extrapolation de la règle dite de la décision implicite de rejet).

Or, si le Conseil d'Etat admet l'existence de tels principes, et paraît leur attribuer la même valeur «supra-décrétale» que le Conseil constitutionnel, il n'a pas admis, en revanche, que ce fût le cas du principe qui attribue le sens d'un refus au silence de l'administration.

Il ne m'appartient pas d'arbitrer cette controverse. je ferai seulement remarquer que, si son silence vaut acceptation, l'autorité administrative peut être tentée de laisser sans réponse certaines demandes, auxquelles elle n'aurait pas osé répondre favorablement parce qu'elles vont contre l'intérêt public.

- Il reste un dernier point qui demande une brève explication : on a parfois reproché au Conseil constitutionnel *de ne pas répondre complètement aux questions qui lui étaient posées.*

Ce que le public n'a pas toujours compris, c'est que, si le Premier ministre ne manque pas d'indiquer en quel sens il se propose de réformer le texte dont il demande au Conseil de dire s'il peut le faire par décret ou s'il doit saisir le législateur d'un projet de loi, ce n'est pas cette réforme projetée, ce n'est pas le texte nouveau envisagé, dont le Conseil doit apprécier le caractère législatif ou réglementaire : c'est le texte qu'il s'agit de modifier, quel que soit d'ailleurs le sens de cette modification. Et cela est condamné non seulement par l'exégèse littérale du texte de l'article 37, alinéa 2, mais aussi par la prudence : la réforme qu'envisage le gouvernement, et dont il communique le projet au Conseil à titre d'information, va toujours, l'expérience le montre, dans un sens libéral, donc anodin, et s'il ne s'agissait que d'apprécier la réforme envisagée, on aurait tendance à donner très facilement le feu vert. Mais comme c'est le texte, de forme législative, dont le caractère réglementaire serait admis, un autre gouvernement (ou le même) pourrait, par la suite, dans un avenir plus ou moins éloigné, s'autoriser de cette décision du Conseil pour modifier par décret, sans nouvelle consultation du Conseil, le texte ainsi privé de caractère législatif -et cette fois, dans un sens qui pourrait ne plus être libéral. Il est donc nécessaire que le Conseil fasse abstraction des projets précis de modification envisagés par le gouvernement, refuse d'en approuver le caractère et s'en tienne à dire si, par son contenu et son objet, le texte de forme législative est, en soi, de nature réglementaire ou non.

Ces quelques coups de projecteur sur l'activité du Conseil constitutionnel ne sauraient naturellement faire double emploi avec les commentaires très précis et complets dont MM. Favoreu et Philip ont accompagné les décisions qu'ils ont choisies parmi la jurisprudence, et qui touchent à tant de questions importantes du droit constitutionnel.

Marcel WALINE,

mars 1975.

AVANT PROPOS DE LA DIXIÈME ÉDITION

Franchir le cap de la 10e édition représente beaucoup pour nous, non seulement sur le plan symbolique mais aussi parce que cela signifie qu'en vingt-quatre ans, il nous a été demandé de mettre à jour l'ouvrage tous les deux ans et demi en moyenne. Ceci nous a permis de tenir l'ouvrage à jour au cours d'une période qui a vu une croissance considérable de la jurisprudence du Conseil constitutionnel.

De fin août 1997 à début juillet 1999, la période écoulée est un peu plus courte que d'habitude et il ne sera pas possible de tenir compte de toutes les décisions rendues à propos de lois votées en fin de session (par exemple celle relative à la « couverture maladie universelle »). Les décisions 414 DC, 417 DC et 418 DC rendues le 8 juillet 1999 seront les dernières prises en considération.

Trois nouvelles décisions ont été retenues. Tout d'abord, il a été décidé d'introduire « rétroactivement » (sous le numéro 33 bis) la décision *Quotas par sexe* du 18 novembre 1982 qui apparaît aujourd'hui comme ayant jeté les bases d'une jurisprudence capitale pour la République. Ensuite, il a été fait place à la décision *Allocations familiales* du 18 décembre 1997 car elle trace les lignes essentielles de la jurisprudence suscitée par le nouveau contrôle des lois de financement de la sécurité sociale en même temps qu'elle explicite pour la première fois les droits de la famille. Enfin, sous le numéro 50, est retenue une décision du 19 décembre 1998 qui, pour la première fois, sanctionne les débordements de la rétroactivité fiscale.

Notre travail a été largement facilité par l'aide des membres de plus en plus nombreux de l'équipe du Groupe d'études et de recherches sur la justice constitutionnelle (UPRESA 6055 CNRS) qui nous ont apporté une aide précieuse (I. Besson, J.-C. Car, Th. Di Manno, M. Fatin-Rouge, A. et P. Gaïa, R. Ghevontian, O. Lecucq, F. Mélin-Soucramanien, J. Pini, E. Oliva, M. Parra, A. Roux, C. Soullière, G. Scoffoni, J. Trémeau, V. Bernaud, S. de Cacqueray, S. Garneri, L. Gay, N. Jacquinot, X. Magnon, W. Mastor, D. Ribes, S. Sciortino-Bayart, C. Severino. Des remerciements particuliers vont à ceux qui ont participé à la mise à jour des index (voir ci-après, p. 941 et 987. Enfin, ce travail n'aurait pu être mené à bien sans la très efficace coordination et supervision assurées par Marthe Fatin-Rouge, chargée de recherches au CNRS et le dévouement inlassable de Françoise Bigouroux.

L. FAVOREU et L. PHILIP
Aix, 10 juillet 1999.

Avertissement

Choix des décisions. - Parmi plus de deux mille décisions rendues par la Commission constitutionnelle provisoire et par le Conseil constitutionnel depuis le 4 décembre 1958, nous en avons choisi plus d'une cinquantaine. Nous avons été guidés par les considérations suivantes :

- On trouvera évidemment celles que l'on considère habituellement comme les « grandes » décisions, notamment les décisions du 16 juillet 1971 (Liberté d'association), 15 janvier 1975 (Interruption volontaire de grossesse), 29-30 décembre 1976 (« Parlement » européen), 12 janvier 1977 (Visite des véhicules), 23 novembre 1977 (Liberté de l'enseignement), 24 décembre 1979 (Vote du budget), 19-20 janvier 1981 (Sécurité et Liberté), 16 janvier 1982 (Nationalisations), 29 décembre 1983 (Perquisitions fiscales), 10 et 11 octobre 1984 (Entreprises de presse), 23 août 1985 (Évolution de la Nouvelle-Calédonie), 25-26 juin 1986 (Privatisations), 23 janvier 1987 (Conseil de la concurrence), 9 avril 1992 et 2 et 23 septembre 1992 (Maastricht I, II et III), 12-13 août 1993 (Maîtrise de l'immigration), 27 juillet 1994 (Bioéthique), 23 décembre 1994 (Contenu du budget).

- Ont été retenues aussi la plupart des «premières» décisions concernant les principales attributions du Conseil : annulations d'élections législatives, délégalisation de l'article 37 alinéa 2, irrecevabilité de l'article 41, contrôle de constitutionnalité de l'article 61, respect de l'article 40. Dans ces décisions, le Conseil, qui statue pour la première fois, est amené à prendre des positions de principe qui ne varieront guère par la suite. Lorsque c'est le cas, on indiquera les décisions qui marquent une évolution ou un revirement de jurisprudence (par exemple, 30 juillet 1982, Blocage des prix et des revenus : extensibilité du domaine de la loi ; 20 janvier 1985, État d'urgence en Nouvelle Calédonie : contrôle de la constitutionnalité de dispositions législatives déjà en vigueur).

- Figurent enfin dans la liste plusieurs décisions «uniques», même lorsqu'elles n'ont pas eu un grand retentissement, afin de présenter au lecteur une vue de l'ensemble des multiples attributions du Conseil constitutionnel, tout en montrant quelles sont les limites de sa compétence (article 16, 23 avril 1961 ; demande d'avis, 14 septembre 1961 ; loi référendaire, 6 novembre 1962).

Présentation des décisions. - Les décisions sont présentées par ordre chronologique, sans distinction entre les diverses rubriques de compétence. En effet, les points communs entre les diverses matières sont multiples, ne serait-ce qu'en ce qui concerne la méthode du juge et la manière de définir sa propre compétence ; mais aussi parce que les principes fondamentaux qui sous-tendent sa jurisprudence se rattachent à la même conception : ainsi on relève le même souci de protection des libertés publiques dans le refus de limiter la libre formation des groupes parlementaires (contrôle du règlement des Assemblées, 17, 18 et 24 juin 1959), le refus de restreindre la liberté de candidature (contentieux électoral, 17 mai 1969), le refus de limiter la liberté d'association (contrôle de la loi, 16 juillet 1971).

On a souvent tendance à juger le Conseil constitutionnel en fonction de la solution qu'il adopte dans telle ou telle décision. La présentation chronologique montre que l'unité et la cohérence de sa jurisprudence ne datent pas d'aujourd'hui même s'il existe quelques décisions de circonstances.

Les décisions sont reproduites d'après le texte publié au *Journal officiel* Afin de ne pas alourdir le texte de trop nombreuses références, chaque décision est précédée :

1) Des notes de doctrine dont elle a éventuellement fait l'objet ;
2) Des ouvrages, articles et documents utilisés pour la rédaction des observations ;
3) Des références jurisprudentielles les plus importantes (du Conseil constitutionnel, des juridictions administratives ou judiciaires ou, parfois, étrangères).

Lorsqu'une décision citée dans le texte est l'une des décisions commentées, elle figure en italique et elle est suivie d'un astérisque.

La référence indiquée est celle du Recueil des décisions du Conseil constitutionnel (*Rec.*) ou celle du Recueil de jurisprudence constitutionnelle (*RJC*), sauf pour celle de l'année en cours, pour laquelle il est renvoyé au *Journal officiel.*

Les références des notes et commentaires relatifs aux décisions citées figurent en annexe. Toutefois, en ce qui concerne les décisions électorales, seules les décisions commentées sont signalées.

Numérotation des décisions. - Lorsque les décisions sont numérotées, les deux premiers chiffres indiquent l'année du dépôt de la requête. Dans les commentaires, les décisions seront mentionnées sous leur numérotation : 162 DC, 11 FNR, 132 L ou 5 I.

Le Conseil constitutionnel publie régulièrement, d'une part, une table analytique des décisions relatives au contrôle de constitutionnalité et à la délimitation des compétences, d'autre part, une table analytique des décisions concernant le contentieux des élections des députés et des sénateurs. Ces ouvrages sont publiés désormais par les éditions Dalloz.

- Les requêtes relatives aux contestations électorales sont numérotées dans l'ordre de leur dépôt au Conseil constitutionnel.
Exemple : 82-963 du 30 juillet 1982 (963e requête enregistrée en matière électorale).

- DC : décision concernant la déclaration de conformité à la Constitution (article 54 et 61 de la Constitution). Ex. : 83-162 DC du 19 juillet 1983.
- FNR : décisions rendues sur examen de fins de non-recevoir (article 41 de la Constitution). Ex. : 79-11 FNR du 23 mai 1979.
- L : décision rendue sur examen de textes de forme législative. Ex. : 83-132 L du 21 juillet 1983.
- I : décision rendue sur examen de l'incompatibilité de certaines fonctions avec un mandat parlementaire. Ex. : 77-5 I du 18 octobre 1977.

Toutes les autres décisions du Conseil constitutionnel ne font l'objet d'aucune numérotation et sont désignées par la date à laquelle elles ont été rendues. Depuis 1986, les considérants des décisions font l'objet d'une numérotation.

ABRÉVIATIONS

A.F.D.I.	Annuaire français de droit international.
A.I.J.C.	Annuaire international de justice constitutionnelle.
A.J.	Actualité juridique (droit administratif).
	A.N. (ou Ass. Nat.) Assemblée nationale.
A.P.O.I.	Annuaire des Pays de l'Océan indien, Presses universitaires d'Aix-Marseille.
Cass. civ.	Cour de cassation, Chambre civile.
Cass. crim.	Cour de cassation, Chambre criminelle.
C.C.C.	Comité consultatif constitutionnel.
C.C.	Conseil constitutionnel.
C.C.P.	Commission constitutionnelle provisoire
C.E.	Conseil d'Etat.
Chron.	Chronique.
Chron. Const.	Chronique constitutionnelle.
Circ.	Circonscription électorale.
C.G.I.	Code Général des Impôts.
C.J.E.G.	Cahiers juridiques de l'électricité et du gaz.
Concl.	Conclusions des commissaires du Gouvernement du Conseil d'État.
D.	Recueil Dalloz.
D.F.	Droit fiscal.
Doc.	Documents.
Dr. Soc.	Droit social.
E.D.C.E.	Etudes et documents du Conseil d'Etat.
G.A.	Les grands arrêts de la jurisprudence administrative, 11e éd. 1996.
G.D. (ou G.D.C.C.)	Les grandes décisions du Conseil constitutionnel, Sirey, 1975, 1re éd. ; 1979, 2e éd.; 1984, 3e éd.; 1986, 4e éd.; 1989, 5e éd., 1991, 6e éd. ; 1993, 7e éd.; 1995, 8e éd.
G.D.J.C.	Les grandes décisions de la jurisprudence, droit constitutionnel, Thémis, P.U.F., 1978.
G.T.P.I.	Les grands textes de la pratique institutionnelle de la Ve République.
Gaz. Pal (ou G.P.)	Gazette du Palais.
J.	jurisprudence.
J.C.A.	Jurisclasseur administratif.
J.C.P.	Jurisclasseur périodique (La Semaine juridique).
J.D.I.	Journal de droit international.
J.O.	Journal officiel (lois et décrets).
L.G.D.J.	Librairie générale de droit et de jurisprudence.

L.P.A.	Les petites affiches.
N.E.D.	Notes et études documentaires.
Pouv.	Revue Pouvoirs.
Rec.	Recueil des décisions du Conseil constitutionnel.
Rec. Leb.	Recueil des arrêts du Conseil d'Etat (Lebon).
R.A.	Revue administrative.
R.B.D.C.	Revue belge de droit constitutionnel.
R.D.P.	Revue du droit public et de la science politique.
R.E.D.P.	Revue européenne de droit public.
R.F.A.P.	Revue française d'administration publique.
R.F.D.A.	Revue française de droit administratif.
R.F.D.C.	Revue française de droit constitutionnel.
R.F.F.P.	Revue française de Finances Publiques.
R.G.D.I.P.	Revue générale de droit international public.
R.I.S.A.	Revue internationale des sciences administratives.
RJC	Recueil de jurisprudence constitutionnelle (L. Favoreu).
RJF	Revue de Jurisprudence fiscale
R.P.D.A.	Revue pratique de droit administratif.
R.P.P.	Revue politique et parlementaire.
R.S.A.M.O.	Revue de science administrative de la Méditerranée occidentale.
R.S.F.	Revue de science financière.
R.T.D.E.	Revue trimestrielle de droit européen.
R.T.D.S.S.	Revue trimestrielle de droit sanitaire et social.
R.U.D.H.	Revue universelle des droits de l'homme.
S.	Recueil Sirey.
Sén.	Sénat.
T.A.	Tribunal administratif.
T.C.	Tribunal des conflits.
Textes et doc.	Textes et documents sur la pratique institutionnelle de la Ve République présentés par D. Maus [1]. La Documentation française, 2e éd. 1982

1 On trouvera dans cet ouvrage la référence au texte intégral des décisions et au texte des recours. Depuis 1983, ces derniers sont publiés au *J.O.* avec les décisions et, depuis 1994, les observations du gouvernement sont également publiées à la suite des recours.

1

12 décembre 1958

REBEUF

Droit constitutionnel électoral

Élections législatives
Limites de la compétence
du juge constitutionnel

C.C.P., décision 58-34, Rec. 87, A.N., Gard., 1ère circ.
Article 59 de la Constitution.
Remboursement des frais électoraux.
Incompétence pour statuer sur les contestations autres que celles dirigées contre l'élection d'un parlementaire.
Compétences exceptionnelles pour statuer sur des recours avant l'élection.

Références

a) Notes doctrinales

b) *Autres références*

- PHILIP (L.) : note sous C.E. 11 janv. 1963, J. 443. - PHILIP (L.) : Le Conseil constitutionnel, juge électoral, *Pouvoirs*, nº 13, 1986. - GENEVOIS (B.) : Un labyrinthe juridique ; L'étendue de la compétence du juge de l'élection, *R.F.D.A.*, nº 4, 1988. - GHEVONTIAN (R.) : Les contentieux des actes préparatoires en matière d'élections politiques, *R.F.D.A.*, nº 4, 1994 et 1997. - SCHRAMECK (O.) : Observations sur la décision Bayeurte du 8 juin 1995, *A.J.D.A.*, 1995, p. 517.

c) *Jurisprudence.*

- du Conseil constitutionnel.

- Décision du 4 déc. 1958, *Rec.* 78 (Contestations concernant les résultats du premier tour de scrutin). Irrecevable.
- Décision du 23 déc. 1958, *Rec.* 89 (Contestations concernant une incompatibilité parlementaire). Irrecevable.

- Décisions du 5 mai 1959, *Rec.* 215 ; 16 juin 1959, *Rec.* 245 et 22 janv. 1963, *Rec.* 74 (Contestation de la constitutionnalité d'un texte législatif à l'occasion d'un recours dirigé contre une élection). Irrecevable.
- Décision du 5 mai 1959, *Rec.* 228 (Contestation relative à la composition de la liste des candidats établie par le Conseil supérieur des Français de l'étranger). Irrecevable.
- Décision du 28 mai 1959, *Rec.* 238 (Requête tendant à l'annulation du jugement d'un tribunal administratif concernant la désignation d'électeurs sénatoriaux). Recevable.
- Décision du 8 juin 1967, *Rec.* 107 (Intervention du chef de l'État après la clôture de la campagne électorale. Incompétence du Conseil constitutionnel pour se prononcer, même par voie d'exception, sur la conformité à la Constitution d'une déclaration du chef de l'État).
- Décision du 11 juil. 1967, *Rec.* 157 (Appréciation par le Conseil constitutionnel de la régularité de la procédure des inscriptions sur les listes électorales). Recevable.
- Décision du 30 janv. 1968, *Rec.* 1967, 199 (Requête tendant à l'annulation des opérations électorales d'un seul bureau de vote). Irrecevable.
- Décision du 13 nov. 1970, *Rec.* 54 (Recours dirigé contre la proclamation d'un suppléant en qualité de député). Irrecevable.
- Décision du 1er juin 1973, *Rec.* 80 (Remboursement des frais électoraux, modification des résultats en cas d'erreur dans le calcul des voix).
- Décisions des 31 mai 1978, *Rec.* 116 et 12 juillet 1978, *Rec.* 220 (Révision des listes électorales, incompétence du Conseil constitutionnel, sauf en cas de manœuvres susceptibles de porter atteinte à la sincérité du scrutin).
- Décision 104 DC du 23 mai 1979, *Rec.* 28, *RJC* I-69 (Non contrariété de la disposition législative subordonnant le remboursement des frais électoraux à l'obtention de 5 % des suffrages exprimés avec l'article 4 de la Constitution).
- Décision Delmas du 11 juin 1981, *Rec.* 97 (Examen, avant l'élection, d'un recours dirigé contre le décret convoquant les collèges électoraux).
- Décision Bernard et autres des 16 et 20 avril 1982, *Rec.* 109. (Refus d'examiner un recours dirigé contre le décret portant statut du Conseil supérieur des Français de l'étranger et fixant les modalités de l'élection des membres).
- Décision du 7 nov. 1984, *Rec.* 117 (Demande de remboursement des frais électoraux exposés par « les petits candidats » alors qu'il n'est invoqué aucune erreur dans le calcul des voix). Irrecevable.
- Décision du 3 juillet 1986, *Rec.* 95 (Les décisions administratives, de même que les jugements rendus par les tribunaux administratifs et relatives à l'enregistrement ou au refus d'enregistrement des déclarations de candidature, constituent des décisions préliminaires aux opérations électorales et ne peuvent être contestées que devant le juge de l'élection).
- Décisions des 8 juillet 1986, *Rec.* 97 et 21 octobre 1988, *Rec.* 159 (Demande de remboursement des frais de propagande en l'absence de contestation sur le nombre des suffrages). Irrecevables.
- Décision du 16 avril 1986, *Rec.* 41 (rejet d'une requête contestant l'élection du président de l'Assemblée nationale).
- Décisions du 21 juin 1988, *Rec.* 80 et 82 (Conclusions tendant au remboursement de frais de propagande liées à la contestation de l'élection). Recevables.
- Décisions du 13 juillet 1988, *Rec.* 92 (Compétence du Conseil constitutionnel pour examiner la régularité des textes organisant l'élection) et du 21 octobre 1988, *Rec.* 183 (Contestation de la conformité de la loi électorale au regard de

la Convention européenne des droits de l'homme à l'occasion d'une requête électorale). Rejets, après examen au fond.

- Décision du 21 oct. 1988, *Rec.* 159 (Irrecevabilité d'une contestation du nombre de suffrages obtenus dans le but de bénéficier du remboursement des dépenses de propagande électorale).
- Décision du 9 juillet 1991, *Rec.* 151, règlement applicable à la procédure suivie pour le contentieux de l'élection des députés et des sénateurs (rôle de la commission nationale des comptes de campagne et des financements politiques).
- Décision du 1er octobre 1991, *Rec.* 128 (Contestation du remplacement d'un sénateur, nommé ministre, par son suppléant). Irrecevable.
- Décisions du 8 juin 1993, *Rec.* 63 et 65 ; du 1er juillet 1993, *Rec.* 178 ; du 7 juillet 1993, *Rec.* 180 (Les décisions de la Commission de propagande chargée d'assurer la diffusion des circulaires et des bulletins de vote des candidats... constituent des actes préliminaires aux opérations électorales qui, en l'état de la législation, ne peuvent être contestées que devant le Conseil constitutionnel, juge de l'élection. Il suit de là qu'il n'appartient pas aux juridictions judiciaires d'intervenir dans ce contentieux).
- Décisions du 8 juin 1993, *Rec.* 69 et 77 et du 8 juillet 1993, *Rec.* 191 (Non application de la loi du 10 juillet 1991 relative à l'aide juridique et au remboursement des frais exposés et non compris dans les dépens, au contentieux constitutionnel du fait que l'article 63 de la Constitution dispose que les règles de procédure devant le Conseil sont fixées par une loi organique).
- Décision du 22 sept. 1993, *Rec.* 273 (Confirmation de la jurisprudence Rebeuf).
- Décision du 30 sept. 1993, *Rec.* 345 (*id.*).
- Décision du 7 oct. 1993, *Rec.* 369 (*id.*).
- Décision du 21 oct. 1993, *Rec.* 395 (*id.*).
- Décision du 21 oct. 1993, *Rec.* 401 (Refus d'examiner, sur le fondement de l'article 186-1 du code électoral, une requête contestant le compte d'un candidat battu).
- Décision du 4 nov. 1993, *Rec.* 446 (Confirmation de la jurisprudence Rebeuf).
- Décision du 17 déc. 1993, *Rec.* 570 (Requête tardive contre une circulaire du ministre de l'Intérieur relative aux emplacements d'affichage).
- Décision du 8 juin 1995, Bayeurte, *Rec.* 213 (Refus d'examiner la demande d'annulation du décret portant convocation des électeurs pour une élection partielle).
- Décision du 20 mars 1997, Richard, *Rec.* 43 (Irrecevabilité d'une contestation dirigée contre le refus du gouvernement d'organiser une élection partielle).
- Décision du 10 juillet 1997, Abraham, *Rec.* 157 (Recours contre le décret de dissolution, incompétence).

- du Conseil d'État.

- 11 janvier 1963, Rebeuf (extraits).

« Considérant que, pour demander l'annulation de la décision du ministre de l'Intérieur refusant... de lui rembourser son cautionnement et ses frais de propagande électorale, le sieur Rebeuf se bornait à soutenir devant le tribunal administratif et se borne à soutenir devant le Conseil d'État que la commission du recensement, en procédant à certains redressements... a illégalement déclaré non valables plusieurs bulletins portant son nom et ne lui a attribué que 2 096 voix, alors qu'il lui suffisait d'une voix supplémentaire pour atteindre un nombre de voix égal à 5 % des suffrages exprimés ;

Considérant que le moyen ainsi soulevé met nécessairement en cause la proclamation des résultats des élections législatives par la Commission de recensement des votes et implique l'appréciation d'une opération s'insérant dans l'ensemble des opérations électorales dont s'agit : qu'un tel examen échappe à la compétence de la juridiction administrative ; que, dès lors, c'est à bon droit que le tribunal administratif a rejeté la demande du sieur Rebeuf... » (Rejet).

• 3 juin 1981, Delmas (requête du 25 mai 1981).

« Considérant qu'il n'appartient qu'au Conseil constitutionnel qui est, en vertu de l'art. 59 de la Constitution... juge de l'élection des députés... d'apprécier la légalité des actes qui sont le préliminaire des opérations électorales ; que, dès lors, le Conseil d'État n'est pas compétent pour se prononcer sur la légalité du décret portant convocation des collèges électoraux... ».

• 12 mars 1993, Union nationale écologiste et parti pour la défense des animaux et 26 mars 1993, parti des travailleurs (renversement de la jurisprudence Delmas), *A.J.D.A.*, 1993, nº 5, concl. Kessler (*R.F.D.C.*, 1993, nº 14, p. 411). Le juge administratif se considère désormais compétent pour connaître de l'ensemble du contentieux préalable aux élections législatives.

LA COMMISSION CONSTITUTIONNELLE PROVISOIRE,

Vu les articles 59 et 91 de la Constitution ;
Vu l'ordonnance du 7 novembre 1958 portant loi organique sur le Conseil constitutionnel ;
Vu l'ordonnance du 13 octobre 1958 relative à l'élection des députés à l'Assemblée nationale ;
Vu la requête présentée par le sieur Rebeuf, demeurant à Nîmes, 1 ter, rue Hôtel-Dieu, ladite requête enregistrée le 4 décembre 1958 au secrétariat de la préfecture du Gard, et tendant à ce qu'il plaise à la commission statuer sur les opérations électorales auxquelles il a été procédé le 23 novembre 1958 dans la première circonscription du département du Gard pour la désignation d'un député à l'Assemblée nationale ;

Ouï Mme Questiaux, rapporteur, en son rapport ;

1. Considérant qu'il résulte des dispositions de l'article 59 de la Constitution et des articles 32, 33, 35 et 39 de l'ordonnance du 7 novembre 1958 portant loi organique sur le Conseil constitutionnel applicables à la commission constitutionnelle provisoire en vertu de l'article 57 de la même ordonnance que *ladite commission ne peut être valablement saisie de contestations autres que celles dirigées contre l'élection d'un parlementaire* ;
2. Considérant que la contestation du sieur Rebeuf relative aux opérations électorales auxquelles il a été procédé le 23 novembre 1958 dans la première circonscription du Gard tend seulement à ce qu'un bulletin du nom du requérant soit déclaré valable, en vue de lui permettre d'obtenir le remboursement des frais engagés par lui pour sa campagne électorale ; que, dès lors, ladite contestation ne relève pas de la compétence de la commission.

Décide :

ARTICLE PREMIER. - La requête du sieur Rebeuf est rejetée.
ART. 2. - La présente décision sera notifiée à l'Assemblée nationale et publiée au *Journal officiel* de la République française.

(*J.O.*, 16 décembre 1958, p. 11329).

La composition de la Commission constitutionnelle provisoire à la date du 5 janvier 1959 était la suivante : M. CASSIN (Président), MM. BATTESTINI, LÉONARD.

OBSERVATIONS

1. Au début de la Cinquième République, avant l'installation du Conseil constitutionnel, les premières contestations électorales ont été jugées par une commission provisoire qui a interprété très strictement les textes relatifs à la compétence du juge constitutionnel en matière électorale. Elle a ainsi refusé, comme le Conseil constitutionnel devait le faire par la suite, de statuer sur les affaires annexes à l'élection proprement dite. Mais, peu à peu, la juridiction constitutionnelle a adopté une conception plus large de ses attributions électorales, ce qui n'est pas sans risque de conflit avec la juridiction administrative.

I. - Les débuts du contentieux électoral

2 . Le Conseil constitutionnel qui est juge de la compétence des différents organes constitutionnels, est également juge de sa propre compétence. En effet, en tant que tribunal suprême, dont les décisions s'imposent aux pouvoirs publics et à toutes les autorités administratives et juridictionnelles, il n'est soumis à aucune autre autorité. C'est donc lui seul qui, par une interprétation plus ou moins large ou plus ou moins étroite des textes qui le régissent, détermine l'étendue exacte de ses attributions.

3 . Si, en certains domaines, les textes limitent son action à un cadre étroit, il n'en va pas de même en matière d'élections législatives, où ses attributions paraissent, à première vue, très étendues : il statue, en cas de contestation, sur la régularité de l'élection des députés et sénateurs (art. 59 de la Constitution) et il a compétence pour connaître de toute question et exception posée à l'occasion de la requête (art. 44 de l'ordonnance portant loi organique sur le Conseil constitutionnel). On pourrait donc penser que, dès lors qu'il est saisi régulièrement, sa compétence est entière et s'étend à l'ensemble de l'opération électorale.

4 . La question de savoir s'il devait se considérer comme un juge de droit commun en matière d'élections politiques s'est vite posée. Était-il compétent pour statuer sur la régularité des opérations préliminaires et des opérations connexes à l'élection ? La réponse allait être donnée par la Commission constitutionnelle provisoire.

Cette Commission, prévue par l'article 91 de la Constitution, présentait de par sa composition un caractère nettement juridictionnel. Elle comprenait le vice-président du Conseil d'État (président), le premier président de la Cour de cassation et le premier président de la Cour des comptes, c'est-à-dire les plus hauts magistrats de l'État. Sa compétence était strictement limitée au contrôle de l'élection du Président de la République et des élections parlementaires. Mais, en ce domaine, elle exerçait exactement les attributions conférées au Conseil constitutionnel par les articles 58 et 59 de la Constitution. On observera que la commission nationale des comptes de campagne et du financement politique a, aujourd'hui, la même composition avec un représentant de chacune des trois hautes juridictions.

5 . L'élection du Président de la République ne posa pas de problème, aucun recours n'ayant été régulièrement présenté contre le déroulement du scrutin du 21 décembre 1958 (cf. Proclamation du 8 janv. 1959, *Rec.* 47).

6 . Il n'en fut pas de même des élections législatives des 23 et 30 novembre 1958, qui donnèrent lieu à près de deux cents réclamations. Pendant les quelques mois au cours desquels elle a exercé ses attributions (de novembre 1958 à février 1959), la Commission constitutionnelle provisoire eut une grande activité : elle examina la plupart des requêtes et prononça l'annulation de quatre élections. Mais, et ceci n'a pas été suffisamment souligné, elle exerça, pendant cette

courte période, une grande influence sur l'orientation de la jurisprudence du futur Conseil constitutionnel. Non seulement elle fixa les principes essentiels de la jurisprudence électorale (cf., *infra,* décision du *5 janv. 1959* *), mais surtout c'est elle qui posa le principe de l'interprétation restrictive des textes définissant la compétence du Conseil.

II. - LE PROBLÈME DU REMBOURSEMENT DES FRAIS ÉLECTORAUX

7 . La décision *Rebeuf* du 12 décembre 1958, rapportée ci-dessus, offre un bon exemple de la jurisprudence de la Commission constitutionnelle provisoire en la matière, ainsi que des conséquences parfois regrettables qu'elle allait entraîner.

8 . Le sieur Rebeuf était candidat aux élections législatives du 23 novembre 1958 dans la première circonscription du Gard. Il avait obtenu 2 096 voix, soit une voix de moins que le chiffre correspondant à 5 % des suffrages exprimés qui lui donnait droit au remboursement de son cautionnement et de ses frais de propagande (coût du papier, impression des bulletins de vote, affiches et circulaires, frais d'affichage). Or, le requérant estima que plusieurs bulletins à son nom avaient été irrégulièrement comptés comme nuls (car légèrement froissés ou déchirés) et il saisit le juge constitutionnel afin de voir déclarer au moins l'un de ces bulletins valables. Il ne contestait pas *le* résultat de l'élection, c'est-à-dire la proclamation de l'élu, mais il contestait *les* résultats, en particulier ceux concernant le nombre de voix qui lui avait été attribué.

9 . Le juge de l'élection était-il compétent pour statuer sur ce point ? Pour répondre à cette question, il était nécessaire de préciser la portée de l'expression « régularité de l'élection » contenue dans l'article 59 de la Constitution. Que fallait-il entendre exactement par « élection » ? Le mot peut revêtir deux sens. Pris dans un sens strict, l'élection, c'est le choix de l'élu. Elle correspond uniquement à la proclamation du candidat ayant obtenu le plus grand nombre de suffrages et tout ce qui n'est pas lié directement à cette proclamation, tout ce qui ne peut la remettre en cause, échappe à la compétence du juge d'élection. Prise dans un sens plus large, l'élection désigne l'ensemble des opérations électorales, et la « régularité de l'élection » englobe nécessairement toute une série d'actes et d'opérations annexes à l'élection proprement dite. Dans ce cas, on doit admettre l'existence au profit du juge de l'élection d'un « bloc de compétence » que justifie d'ailleurs l'indivisibilité de l'opération électorale.

10 . La Commission constitutionnelle provisoire a opté pour une interprétation stricte du mot élection et donc de l'article 59 de la Constitution. Elle se déclare incompétente estimant qu'elle ne peut « ...être valablement saisie de contestations autres que celles dirigées contre l'élection d'un parlementaire ». Elle justifie sa décision en s'appuyant sur les articles 32, 33, 35 et 39 de l'ordonnance du

7 novembre 1958, portant loi organique sur le Conseil constitutionnel, qui paraissent assimiler l'élection à la proclamation de l'élu :

- Article 32 : « Le ministre de l'Intérieur communique sans délai à l'Assemblée intéressée le nom des personnes *proclamées élues* ».
- Article 33 : « *L'élection d'un député ou d'un sénateur* peut être contestée devant le Conseil constitutionnel durant les dix jours qui suivent la proclamation des résultats du scrutin ».
- Article 35 : « Les requêtes doivent contenir... *le nom des élus* dont l'élection est attaquée... ».
- Article 39 : « ...avis est donné aux *membres du Parlement* dont l'élection est contestée... ».

Ainsi, les rédacteurs de la loi organique auraient, selon la Commission, nettement manifesté leur intention de voir le juge constitutionnel statuer, non sur l'ensemble de l'opération électorale, mais uniquement sur la régularité de la proclamation de l'élu. Pourquoi, en effet, exiger que la requête contienne le nom du parlementaire et lui communiquer le recours si ce dernier peut porter sur des points qui ne le concernent pas directement ?

11 . Ces arguments ne sont pas convaincants. On pourrait aussi bien souligner que l'article 33 de l'ordonnance dispose que les contestations doivent être adressées au Conseil « durant les dix jours qui suivent la proclamation *des* résultats... » (et non *« du »* résultat) et en conclure que *tous* les résultats doivent être contestés devant le juge constitutionnel.

12 . Cette interprétation restrictive des textes allait amener la Commission à refuser l'examen de nombreuses réclamations annexes à l'élection proprement dite. Dans la logique de la décision *Rebeuf*, toute une série de recours ont été déclarés irrecevables du fait qu'ils n'étaient pas dirigés expressément contre l'élection d'un parlementaire (régularité des actes préliminaires à l'élection, contestation des résultats du premier tour en cas de ballottage, requêtes dirigées contre la régularité de plusieurs élections...).

Par la suite, le Conseil constitutionnel adopta la même interprétation, notamment à l'occasion d'une contestation dirigée contre la désignation comme parlementaire du remplaçant de M. Chaban-Delmas après la réélection de celui-ci à Bordeaux et son maintien au poste de Premier ministre (décision du 13 nov. 1970, *Rec.* 54). De même, il déclina sa compétence pour statuer sur la légalité d'un décret portant dissolution de l'Assemblée nationale (4 juin et 13 juillet 1988, *Rec.*, 79 et 98).

On a ainsi souvent reproché au Conseil constitutionnel les décisions qui ne faisaient que reprendre purement et simplement une jurisprudence déjà établie par la Commission constitutionnelle provisoire.

13 . Non seulement le Conseil a appliqué cette jurisprudence restrictive en matière électorale, mais il l'a également étendue à d'autres domaines. Il se déclare ainsi incompétent pour examiner les recours invoquant le caractère inconstitutionnel de certaines dispositions législatives, estimant que lorsqu'il est saisi de

contestations électorales il n'a pas compétence pour se prononcer, même par voie d'exception et nonobstant l'article 44 de la loi organique, sur le caractère de conformité à la Constitution de textes de caractère législatif.

En dehors même du contentieux électoral, il allait fréquemment invoquer cet argument. Dans deux décisions importantes, il refuse de se prononcer sur d'autres cas que ceux qui sont limitativement prévus par les textes fixant sa compétence, qu'il s'agisse d'attributions juridictionnelles ou d'attributions consultatives (cf., *infra*, décisions *des 14 sept. 1961* * et *6 nov. 1962* *). Juge d'attribution, il estime n'être investi d'aucune compétence sans texte précis.

14 . Ce principe de limitation stricte de compétence s'explique par d'autres raisons que des arguments de textes. Comme on l'a souvent souligné, le Conseil constitutionnel est un organe appelé à se prononcer sur des questions qui, auparavant, étaient des domaines réservés au Parlement (contentieux des élections, règlements des assemblées, détermination du domaine de la loi...). Afin de se faire accepter par une opinion qui, au début, était souvent réticente, il lui fallait adopter une attitude très prudente et cantonner ses interventions aux domaines qui lui étaient formellement, et sans contestation possible, attribués par les textes.

III. - LES INCONVÉNIENTS DE LA JURISPRUDENCE RESTRICTIVE DU JUGE CONSTITUTIONNEL

15 . Cette interprétation stricte des textes, même si elle se justifie par une certaine politique jurisprudentielle, n'est pas sans présenter de graves inconvénients. Dans l'espèce rapportée ici, elle devait conduire à un véritable déni de justice. Aussi, par la suite, le Conseil constitutionnel a-t-il été amené à assouplir sa position primitive.

16 . La limitation très stricte de la compétence du Conseil constitutionnel en matière de contentieux électoral aurait dû logiquement conduire à restituer au juge administratif le règlement des litiges sur lesquels le juge constitutionnel refusait de statuer. En particulier, on pouvait s'attendre à ce que la juridiction administrative accepte d'examiner les recours portant sur le remboursement des frais électoraux. Or, le Conseil d'État, saisi par le même sieur Rebeuf après la déclaration d'incompétence de la Commission constitutionnelle provisoire, a estimé, en 1963, que ce recours échappait à sa compétence, car il impliquait « ...l'appréciation d'une opération s'insérant dans l'ensemble des opérations électorales ». Il confirme ainsi sa jurisprudence selon laquelle les actes non détachables de l'opération électorale échappent à la compétence du juge de l'excès de pouvoir : C.E., 9 juin 1950, Mallarmé (refus du préfet d'enregistrer une candidature) ; C.E., 8 juin 1951, Hirschowitz (décret de convocation des électeurs) ; C.E., 2 nov. 1954, Tixier (réglementation concernant des élections partielles). En revanche, il accepte d'examiner la légalité de mesures administratives concernant la

participation des partis politiques à la campagne audiovisuelle (C.E., 24 nov. 1978, Association Le Front national).

La Haute Juridiction administrative, appliquant le principe de l'indivisibilité de l'opération électorale, a pris ainsi position en faveur de la thèse du « bloc de compétence » et condamné implicitement la jurisprudence trop restrictive du juge constitutionnel. Si le Conseil d'État avait accepté d'examiner de tels recours, cela l'aurait conduit éventuellement à admettre au profit du requérant, non seulement le droit au remboursement des frais électoraux et du cautionnement, mais également le droit au maintien de sa candidature au deuxième tour. Or, ceci pouvait avoir une influence sur le résultat final de l'élection. Le Conseil d'État risquait ainsi, par le biais du contentieux du remboursement des frais électoraux, de se trouver entraîné dans le contentieux de l'élection proprement dite. Il était donc difficile de critiquer sa décision. Cependant, sur le plan juridique, ces deux décisions d'incompétence conduisaient à un vide juridictionnel particulièrement fâcheux.

17 . La jurisprudence restrictive du juge constitutionnel en matière électorale était d'autant plus critiquable qu'il s'est avéré impossible de la respecter totalement, ce qui a conduit à certaines contradictions.

- Il convient d'abord de souligner que le Conseil constitutionnel est parfois amené à statuer sur des litiges qui n'ont pas de rapport direct avec la proclamation du parlementaire élu. Ainsi prononce-t-il, à l'occasion d'une contestation dirigée contre l'élection d'un député, l'annulation de deux jugements du tribunal administratif de Montpellier, qui avait examiné la recevabilité d'une déclaration de candidature alors qu'il n'avait pas compétence pour le faire (cf. décision du 22 janv. 1963, *Rec.* 74).

- Si, par régularité de l'élection, il faut entendre uniquement le choix de l'élu, le Conseil ne devrait pas avoir à examiner les réclamations dirigées contre le remplaçant, tant que celui-ci n'est pas devenu parlementaire. Or, c'est précisément la solution inverse qui a été consacrée : le Conseil statue sur la régularité de l'élection, tant du titulaire que du remplaçant (cf. art. 45 de la loi organique sur le Conseil constitutionnel) et non sur la proclamation de ce dernier comme parlementaire (décision du 13 novembre 1970, *Rec.* 54).

- De même, si la compétence du Conseil constitutionnel se limitait à l'examen de la régularité de la proclamation de l'élu, il devrait refuser toute rectification des résultats de l'élection dans la mesure où cette modification ne remet pas en cause la proclamation de l'élu. Or, sur ce point, sa jurisprudence est un peu fluctuante, puisque dans certaines décisions il refuse d'examiner des requêtes demandant la rectification des chiffres du vote d'une commune (décision du 15 janvier 1963, *Rec.* 65) car cela est sans influence sur le résultat de l'élection, tandis que dans d'autres décisions il modifie le nombre des voix obtenues par les candidats, bien que cela ne change en rien la proclamation (cf. décisions des 5 mars 1963, *Rec.* 130 ; 19 déc. 1968, *Rec.* 161, et 21 juin 1978, *Rec.* 170 ; décisions 1205 et autres du 1er juillet 1993, annulation de 9 691 suffrages).

- Enfin, on aurait pu s'attendre à un refus de sa part d'examiner, à l'occasion d'une contestation électorale, la régularité de l'établissement et du contenu des listes électorales, d'autant plus que celles-ci sont soumises au contrôle du juge judiciaire. Or, à plusieurs reprises, il n'a pas hésité à statuer sur la capacité électorale de certains électeurs (cf. décisions du 2 juin 1967, *Rec.* 102, et du 29 juin 1967, *Rec.* 148). Il estime qu'il lui appartient de se prononcer sur la régularité des inscriptions sur la liste électorale dès lors qu'il y a eu manœuvre susceptible de porter atteinte à la sincérité du scrutin (décision du 21 octobre 1988, *Rec.* 169). Ceci est d'autant plus remarquable que, sur ce point, le Conseil étend sa compétence au-delà de celle des Chambres dans l'ancien système de la vérification des pouvoirs.

18 . À travers cette jurisprudence assez contradictoire, on a pu déceler un certain assouplissement de sa position.

Elle ressort de la nouvelle rédaction adoptée par le Conseil dans une décision du 1er juin 1973 relative à une demande de remboursement des frais électoraux :

« Considérant que les conclusions présentées par le sieur Texier en vue d'obtenir le remboursement des frais engagés par lui pour sa candidature électorale, et *où il n'invoque aucune erreur dans le calcul des voix qui se sont portées sur son nom,* ne relève pas de la compétence du Conseil constitutionnel... ».

On a pu, alors, penser, *a contrario*, que le Conseil constitutionnel s'estimait désormais compétent pour rectifier, en cas d'erreur dans le calcul des voix, les résultats des candidats qui pensaient avoir droit au remboursement de leurs frais électoraux. Mais, par la suite, il a repris son ancienne jurisprudence (décisions des 17 mai 1978, *Rec.* 84 et 7 novembre 1984, *Rec.* 117), si bien qu'on ne savait plus très bien si la jurisprudence de 1973 avait marqué, ou non, un tournant... Dans une décision postérieure (8 juillet 1986, *Rec.* 100), il précise qu'il ne lui appartient de connaître de conclusions tendant au remboursement des frais de campagne électorale « ...que si ces conclusions sont présentées au soutien d'une requête mettant en cause le nombre de suffrages obtenus par les *candidats* ». Puis, il ajoute qu'il ne lui appartient pas, « dans le seul but de déterminer la nature et l'étendue des avantages financiers auxquels un candidat... pourrait prétendre, de procéder à une réformation du nombre de voix attribuées à ce candidat » (décision du 30 septembre 1993, *Rec.* 340). En revanche, dans deux décisions du 21 juin 1988 (*Rec.* 81 et 83), il annule l'élection et reconnaît aux requérants le droit au remboursement de leurs frais électoraux. Toutefois, il s'agissait, en l'occurrence, de candidats dont la commission de recensement avait abusivement annulé les bulletins.

19 . S'agissant du contrôle des actes préparatoires à l'élection, un pas décisif allait être franchi avec la décision Delmas du 11 juin 1981, *Rec.* 97 (confirmée par la décision du 13 juillet 1988, *Rec.* 92) lorsque le Conseil constitutionnel a accepté d'examiner un recours dirigé contre la légalité d'un décret convoquant les collèges électoraux pour l'élection des députés à l'Assemblée nationale.

Dans sa lettre de saisine, M. Delmas, invoquant le refus du Conseil d'État d'examiner son recours pour excès de pouvoir dirigé contre le décret, écrit : « ce faisant, il (le Conseil d'État) interprète le mot élection (de l'article 59 de la Constitution) dans un sens qui vise l'ensemble de l'opération électorale commençant par la convocation des électeurs et se terminant par la proclamation des résultats ». Sensible à cet argument, le Conseil constitutionnel déclare :

« Considérant que la requête présentée par M. Delmas tend à l'annulation... du décret... portant convocation des collèges électoraux pour l'élection des députés... qu'à l'appui de ses conclusions l'auteur de la requête, se référant à une décision du 3 juin 1981 par laquelle le Conseil d'État statuant au contentieux s'est déclaré incompétent... au motif qu'il n'appartient qu'au Conseil constitutionnel juge de l'élection... d'apprécier la légalité des actes qui sont le préliminaire des opérations électorales...

Considérant que les griefs allégués par M. Delmas mettent en cause les conditions d'application de l'article 12 de la Constitution et, à cet égard, la régularité de *l'ensemble* des opérations électorales... qu'il est donc nécessaire que, en vue de l'accomplissement de la mission qui lui est confiée par l'article 59 de la Constitution, le Conseil constitutionnel statue avant le premier tour de scrutin ».

En revanche, dans sa décision Bernard et autres des 16 et 20 avril 1982, *Rec.* 111, il rejette la requête de quatre requérants dirigée contre le décret portant statut du Conseil supérieur des Français de l'étranger en estimant que ces réclamations pourront être utilement invoquées après l'élection et que ce n'est qu'*exceptionnellement* qu'il peut statuer avant la proclamation des résultats.

Toutefois, il confirme son interprétation extensive de l'article 59 de la Constitution en estimant que cette disposition constitutionnelle lui attribue une « mission de contrôle » l'autorisant à apprécier la régularité d'actes administratifs relatifs à l'organisation et au déroulement de l'élection des députés et des sénateurs *lorsque ces actes mettent en cause la régularité de l'ensemble des élections à venir*. Ainsi, en 1988, il accepte d'examiner, dans ces limites, la régularité des textes organisant les élections (4 juin 1988, *Rec.* 77) et la conformité de la loi électorale au regard de la Convention européenne des droits de l'homme (21 octobre 1988, *Rec.* 184 ; sur cette décision, cf., *infra*, décision du 15 janvier 1975*)

Il a ainsi tiré les conséquences logiques de la jurisprudence négative du Conseil d'État en acceptant d'élargir le domaine de sa compétence.

20 . Cependant, lors du déroulement de la campagne électorale de mars 1993, le Conseil d'État a modifié sa jurisprudence traditionnelle sur le contrôle des opérations préliminaires aux opérations électorales. Désormais, il accepte d'intervenir dans un contentieux qu'il estimait, jusqu'en 1993, relever du seul juge de l'élection et il examine, dans des délais très brefs, les recours dont il est saisi (cf. C.E. 12 mars 1993, union nationale écologiste, 26 mars 1993, parti des travailleurs et 4 avril 1997, Richard, non lieu à statuer). Le juge de l'excès de pouvoir s'estime donc désormais compétent pour les actes

touchant à l'organisation générale de la campagne ou de l'élection pour lesquels il est nécessaire de se prononcer avant le scrutin.

La question se pose dès lors de savoir si le Conseil d'État va accepter d'élargir sa compétence au point de revenir sur sa jurisprudence Rebeuf de 1963 et, surtout, si le Conseil constitutionnel va maintenir sa jurisprudence Delmas de 1981.

Ce dernier ne l'a pas fait jusqu'à présent, alors qu'il en a eu l'occasion à plusieurs reprises (v. décisions Meyet du 17 décembre 1993, Bayeurte du 8 juin 1995 et Richard du 20 mars 1997). Il continue à affirmer, qu'en vertu de la mission de contrôle de la régularité de l'élection des députés et des sénateurs qui lui est conférée par l'article 59 de la Constitution, il peut, exceptionnellement, statuer sur des requêtes mettant en cause des élections à venir, lorsque son abstention risquerait de vicier le déroulement des opérations électorales et pourrait ainsi « porter atteinte au fonctionnement normal des pouvoirs publics ».

Comme on l'a souligné, en acceptant de contrôler les actes préliminaires aux élections législatives, le Conseil d'État s'est engagé dans une voie difficile : au risque de déni de justice succède à présent un risque de contrariété entre la jurisprudence administrative et la jurisprudence constitutionnelle.

N'aurait-il pas été plus satisfaisant de suivre la voie tracée par le rapport du comité Vedel pour la révision de la Constitution en consacrant la thèse du bloc de compétence au profit du juge de l'élection ? Il conviendrait pour cela d'ajouter à l'article 63 de la Constitution un alinéa disposant que la loi organique détermine également les règles applicables au contentieux des opérations préalables aux consultations dont le Conseil constitutionnel assure la régularité (cf. Propositions pour une révision de la Constitution, 15 fév. 1993, *La documentation française*, p. 127).

Il conviendrait également de modifier la rédaction de l'article 59 de la Constitution afin de lui permettre d'élargir sa compétence au problème du remboursement des frais de propagande électorale car il y a peu de chances que le Conseil d'État accepte d'intervenir en ce domaine.

Cet élargissement de la compétence du Conseil constitutionnel se justifie d'autant plus qu'il est aujourd'hui chargé de statuer sur la régularité du financement de la campagne électorale de tous les candidats et non pas de celle du seul élu. On ne peut donc plus considérer que sa compétence se limite à la seule régularité de l'élection du parlementaire.

2

5 janvier 1959

DEVAL C/ DURAND

Droit constitutionnel électoral

Élections législatives
Procédure électorale
Contrôle de la régularité de la campagne électorale et des moyens de financement

C.C.P., Décision 58-68/126, Rec. 108., A.N., Drôme, 3e circ.,
Article 59 de la Constitution.
Conditions de recevabilité des requêtes.
Moyen de propagande interdit, ampleur de l'irrégularité,
faible écart de voix, annulation (1ère).

RÉFÉRENCES

a) *Notes doctrinales*

b) *Autres références*

- PHILIP (L.) : *Le contentieux des élections aux assemblées politiques françaises*, L.G.D.J., 1961, pp. 123-168 et 201. - PHILIP (L.) : Les attributions et le rôle du Conseil constitutionnel en matière d'élections et de référendum, *R.D.P.*, 1982, pp. 67-69. - PHILIP (L.) : *Pouv.*, 1986, nº 13, Le Conseil constitutionnel juge électoral, *R.D.P.*, 1978, p.1573 et 1982, p.136. ETIEN (R.) : Le contentieux des élections législatives, *R.A.*, 1989, p. 27. - GENEVOIS (B.) : Le juge de l'élection et le contrôle des comptes de campagne, *R.F.D.A.*, nº 6 (décision du 31 juillet 1991). - DAUVIGNAC (D.) et DOUBLET (Y.-M.) : La Commission des comptes de campagne et des financements politiques, *R.F.D.C.*, nº 11, 1992. - BON (P.) : Aspects récents du contrôle des campagnes électorales en France, *R.F.D.C.*, nº 13, 1993. - DOUBLET (Y.-M.) et MARMORAT (V.) : Le contentieux du financement des élections législatives, *R.F.D.C.*, nº 18, 1994. - CUILLANDRE (F.) : À propos de la jurisprudence du Conseil constitutionnel sur le financement des campagnes électorales, *R.D.P.*, nº 1, 1995. - CAMBY (J.-P.) : Le financement de la vie politique, Clefs, Montchrestien, 1995. - MALIGNER (B.) : *R.F.D.A.*, nº 2, 1995. - CAMBY (J.-P.) : Le Conseil constitutionnel, juge électoral, Sirey, 1996. - DESMOULIN (G.) : Le contentieux des élections législatives, vers une application de la CEDH ?, *R.D.P.*, 1997, nº 1, p. 143. - BHASIN (B.) : La commission des comptes de campagne et des financements publics et UGUEN (J.-L.) : Le juge constitutionnel, in Finances publiques et vie politique française (dir. L. Philip), *R.F.F.P.*, nº 58, 1997.

c) *Jurisprudence*

- du Conseil constitutionnel (décisions d'annulation)

- Décision du 6 janv. 1959, *Rec.* 118 (Haut-Rhin, 5e circ.).
- Décision du 6 janv. 1959, *Rec.* 122 (Charente-Maritime, 1e circ.).
- Décision du 6 févr. 1959, *Rec.* 190 (Ardèche, 3e circ.).
- Décision du 5 févr. 1963, *Rec.* 103 (Seine, 52e circ.).
- Décision du 12 févr. 1963, *Rec.* 120 (Gard, 2e circ.).
- Décision du 12 mars 1963, *Rec.* 138 (Hérault, 4e circ.).
- Décision du 11 juil. 1967, *Rec.* 155 (Orne, 2e circ.).
- Décision du 12 juil. 1967, *Rec.* 179 (Gers, 1ère circ.).
- Décision du 7 juin 1978, *Rec.* 128 (Seine-Saint-Denis, 9e circ.).
- Décision du 14 juin 1978, *Rec.* 141 (Gers, 2e circ.).
- Décision des 21 et 28 juin 1978, *Rec.* 171 (Pas-de-Calais, 4e circ.).
- Décision du 28 juin 1978, *Rec.* 184 (Meurthe-et-Moselle, 1ère circ.).
- Décision du 3 déc. 1981, *Rec.* 226 (Marne, 3e circ.).
- Décision du 3 déc. 1981, *Rec.* 222 (Paris, 12e circ.).
- Décision du 3 déc. 1981, *Rec.* 219 (Paris, 2e circ.).
- Décision du 3 déc. 1981, *Rec.* 229 (Seine-et-Marne, 4e circ.).
- Décision du 21 juin 1988, *Rec.* 80 (Oise, 2e circ.).
- Décision du 21 juin 1988, *Rec.* 82 (Oise, 1re circ.).
- Décision du 8 juillet 1993 (Loire-Atlantique, 8e circ.), tract diffamatoire.
- Décision du 16 nov. 1993, *Rec.* 466 (Alpes-de-Haute-Provence, 1re circ.), irrégularité du financement de la campagne électorale, inéligibilité, déclaré démissionnaire d'office.
- Décision du 25 nov. 1993, *Rec.* 474 (Paris, 19e circ.), dépassement du plafond des dépenses de campagne, inéligibilité, déclaré démissionnaire d'office.
- Décision du 9 déc. 1993, *Rec.* 523 (Loir-et-Cher, 1re circ.), dépassement du plafond des dépenses de campagne, inéligibilité, déclaré démissionnaire d'office.
- Décision du 16 déc. 1993, *Rec.* 551 (Alpes-Maritimes, 2e circ.), irrégularité des comptes de campagne, inéligibilité, déclaré démissionnaire d'office.
- Décision du 23 oct. 1997, 97-2169 (Haut-Rhin, 6e circ.), violation des règles de propagande, pression sur les électeurs, annulation de l'élection.
- Décision du 16 déc. 1997, 97-2145/2239 (Moselle, 3e circ.), violation des principes d'unicité et d'exhaustivité du compte de campagne, inéligibilité, annulation de l'élection.
- Décision du 6 fév. 1998, *Rec.* 126 (Var, 1ère circ.), irrégularité du financement de la campagne électorale.
- Observations du 4 juin 1998 relatives aux élections législatives des 25 mai et 1er juin 1997, *Rec.* 353.
- Décision du 28 juillet 1998, *Rec.* 274 (Var, 1ère circ.), diffusion d'un message télévisé en faveur du candidat proclamé élu le jour du scrutin.

- du Conseil d'État

- 12 octobre 1992, Galy-Dejean. En cas de dépassement du plafond des dépenses électorales, le candidat est tenu de verser au trésor une somme égale au montant du dépassement (art. L. 52-15 du Code électoral). Le recours contre la décision de la Commission nationale des comptes de campagne doit être porté devant le tribunal administratif (cf. *R.D.P.*, nº 1, 1993, concl. Le Chapelier).

- de la Cour européenne des droits de l'homme

- 21 oct. 1997 (Pierre Bloch). La Cour (contrairement à la Commission) a conclu à l'inapplicabilité de l'article 6-1 de la Convention, ni dans son volet civil, ni dans son volet pénal, au contentieux électoral.

LA COMMISSION CONSTITUTIONNELLE PROVISOIRE,

Vu les articles 59 et 91 de la Constitution ;
Vu l'ordonnance du 7 novembre 1958 portant loi organique sur le Conseil constitutionnel ;
Vu l'ordonnance du 13 octobre 1958 relative à l'élection des députés à l'Assemblée nationale ;
Vu la requête présentée par le sieur Deval (Paul), demeurant à Romans (Drôme), ladite requête enregistrée le 9 décembre 1958 au secrétariat de la Commission constitutionnelle provisoire et tendant à ce qu'il plaise à la Commission statuer sur les opérations électorales auxquelles il a été procédé les 23 et 30 novembre 1958 dans la troisième circonscription du département de la Drôme pour la désignation d'un député à l'Assemblée nationale ;
Vu les observations en défense présentées par le sieur Henri Durand, lesdites observations enregistrées le 11 décembre 1958 au secrétariat de la Commission ;
Vu les nouvelles observations présentées par le sieur Henri Durand, lesdites observations enregistrées les 18, 24 décembre 1958 et 3 janvier 1959 ;
Vu la requête présentée par le sieur Rubichon, demeurant à Romans (Drôme), I, impasse Aymard, et tendant à ce qu'une enquête soit ordonnée sur l'élection ;
Vu les procès-verbaux de l'élection ;
Vu les autres pièces produites et jointes au dossier ;

Ouï Mme Questiaux, rapporteur, en son rapport ;

1. Considérant que les contestations susvisées ont trait à la même élection ; qu'il y a lieu de les joindre, pour y être statué par une seule décision ;

Sur la requête du sieur Rubichon ;

2. Considérant qu'aux termes de l'article 35 de l'ordonnance du 7 novembre 1958 portant loi organique sur le Conseil constitutionnel rendu applicable à la Commission constitutionnelle provisoire par l'article 59 de la même ordonnance ; les requêtes doivent contenir *les nom, prénom et qualité du requérant, le nom des élus* dont l'élection est attaquée, *les moyens d'annulation invoqués* ; que la requête du sieur Rubichon ne précise pas *la qualité* de son auteur et ne comporte pas de *conclusions formelles tendant à l'annulation de l'élection* dont les opérations sont critiquées ; que, dès lors, et en application des prescriptions législatives susvisées, ladite requête n'est pas recevable ;

Sur la requête du sieur Deval ;
Sans qu'il soit besoin d'examiner les autres griefs soulevés à l'appui de ladite requête ;

3. Considérant qu'il résulte de l'instruction et des déclarations mêmes du sieur Durand, candidat élu, que le sieur Rey, tant en sa qualité de suppléant dudit candidat que comme président cantonal de l'Union de défense des commerçants et artisans, a adressé entre le premier et le second tour aux adhérents de ce groupement dans la circonscription une *lettre ronéotypée* les conviant à voter et à faire voter autour d'eux pour le sieur Durand ; que par son contenu et bien qu'adressée par la voie postale normale, la lettre dont il s'agit *doit être regardée comme comprise au nombre des moyens de propagande interdits* par les dispositions de l'ordonnance du 13 octobre 1958 ;
4. Considérant qu'en raison de *l'ampleur* de cette diffusion, du *faible écart* entre le nombre de suffrages obtenus par les deux candidats les plus favorisés et des *tendances politiques voisines dont ils se réclamaient l'un et l'autre, l'utilisation de ce moyen de propagande auquel le sieur Deval* n'a pas répondu faute de pouvoir le faire efficacement par des moyens légaux dans le délai dont il disposait, a pu exercer sur les opérations électorales une influence suffisante pour en modifier le résultat ; qu'il y a lieu, par suite d'annuler lesdites opérations,

Décide :

ARTICLE PREMIER. - La requête du sieur Rubichon est rejetée comme irrecevable.
ART. 2. - L'élection législative à laquelle il a été procédé les 23 et 30 novembre 1958 dans la troisième circonscription du département de la Drôme est annulée.

ART. 3. - La présente décision sera notifiée à l'Assemblée nationale et publiée au *Journal officiel* de la République française.

(*J.O.*, 9 janv. 1959, p. 675).

La composition de la Commission constitutionnelle provisoire à la date du 5 janvier 1959 était la suivante : M. CASSIN (Président), MM. BATTESTINI, LÉONARD.

OBSERVATIONS

1. Cette décision, qui est la première à prononcer l'annulation d'une élection législative, contient la plupart des principes que le Conseil applique encore en matière de contrôle du déroulement de la campagne électorale.

2 . La Commission constitutionnelle provisoire avait été saisie de deux recours concernant l'élection dans la troisième circonscription de la Drôme. Le premier soulève le problème de la recevabilité des requêtes électorales. Le second a trait au problème essentiel du contrôle, par le juge, de la propagande électorale. Toutefois aujourd'hui la jurisprudence constitutionnelle est dominée par la régularité du financement de la campagne électorale.

I. - La recevabilité des requêtes électorales et la procédure devant le Conseil

3 . Il faut souligner qu'en matière électorale le Conseil constitutionnel peut être saisi très facilement. C'est un cas exceptionnel, car, dans tous les autres domaines le droit de saisine est limité.

En réalité, cette remarque doit être nuancée. Certes, le droit de contester une élection appartient bien à tout électeur de la circonscription ainsi qu'aux personnes ayant fait acte de candidature. Cependant, pour être recevable, le recours doit respecter un certain nombre de conditions relatives au dépôt, à la forme, au délai, aux moyens et conclusions de la requête. Bien que ces conditions de recevabilité soient relativement libérales, elles doivent être strictement respectées. Si elles ne le sont pas, le Conseil déclarera la requête irrecevable sans instruction contradictoire, ce qui est très fréquent. Il en va de même des recours manifestement infondés.

4 . L'élection d'un parlementaire ne peut être contestée que durant les dix jours qui suivent la proclamation du scrutin, et le juge constitutionnel applique très rigoureusement cette disposition. Ainsi, est irrecevable : la requête enregistrée *avant* la proclamation officielle des résultats du scrutin (cf. décision du 8 janv. 1963, *Rec.* 51 ou du 10 juillet 1997, *Rec.* 85) ; postée le jour de l'expiration du délai et enregistrée le lendemain (décision du 13 avril 1967, *Rec.* 58) ; sont irrecevables les moyens nouveaux déposés *après* l'expiration du délai (décision du 5 janv. 1959, *Rec.* 111 ; décision du 7 juin 1973, *Rec.* 91 ; décision du 5 février 1975, *Rec.* 45), sauf s'il s'agit d'un

moyen d'ordre public (cf., *infra,* décision du *5 juillet 1973* *) ou de simples précisions apportées à un moyen invoqué dans la requête (décision du 28 juin 1978, Meurthe-et-Moselle, 1ère circ.).

5 . Une personne non inscrite sur les listes électorales d'une circonscription, et n'ayant pas fait acte de candidature dans cette circonscription ne peut contester l'élection, sauf si elle s'est vu refuser l'enregistrement de sa candidature et que sa requête est fondée sur l'irrégularité de ce refus (décision 511 du 11 oct. 1968, *Rec.* 72). Le préfet n'a pas qualité pour saisir le Conseil de la régularité d'une élection (décision du 21 juin 1988, *Rec.* 84). Les requêtes doivent être signées par leurs auteurs. Une requête signée par un avocat mandataire du requérant n'est pas recevable (décision 1 224 du 8 juin 1993).

6 . Les requêtes peuvent être déposées à la préfecture ou adressées directement au secrétariat général du Conseil. En revanche, sont irrecevables : les requêtes adressées au président du collège électoral sénatorial (décision du 16 juin 1959, *Rec.* 239), portées au procès-verbal du recensement général (décision du 4 déc. 1958, *Rec.* 80), adressées au président de l'Assemblée nationale (décision du 13 avril 1967, *Rec.* 55), au tribunal administratif (décision 1208 du 1er juillet 1993).

Les requêtes doivent préciser les nom, prénom et qualité du requérant, le nom de l'élu dont l'élection est attaquée, les moyens d'annulation invoqués. Ainsi sont irrecevables les requêtes qui : demandent « l'annulation des élections législatives de Toulouse », sans préciser expressément le nom de l'élu (décision du 27 janv. 1959, *Rec.* 167) ; critiquent le déroulement de la campagne électorale dans une circonscription sans demander expressément l'annulation de l'élection (décision du 6 janv. 1959, *Rec.* 129) ; réclament l'annulation de plusieurs élections (décision du 13 avril 1967, *Rec.* 45), de toutes les circonscriptions du territoire national où des anomalies auraient été constatées (décision 1199 du 26 mai 1993), ou se bornent à demander l'annulation des opérations électorales d'un canton (décision du 7 nov. 1968, *Rec.* 114), d'un bureau de vote (décision du 30 janv. 1968, *Rec.* 199), ou encore la rectification des résultats du scrutin dans une seule commune (décision du 15 janv. 1963, *Rec.* 65 et décision 1169 du 1er juillet 1993).

7 . Dans l'affaire rapportée ci-dessus, le recours du sieur Rubichon était bien dirigé contre une élection précise, celle de la troisième circonscription de la Drôme, mais il présentait plusieurs lacunes. Non seulement le requérant ne précisait pas sa qualité (électeur ou candidat), mais, surtout, il se bornait à demander qu'une enquête soit ordonnée sur l'élection, sans réclamer expressément l'annulation de l'élection du candidat proclamé élu.

Or, le juge constitutionnel ne peut statuer que dans la mesure où il a été régulièrement saisi. C'est là une différence essentielle avec l'ancien système de la vérification des pouvoirs, où chaque élection devait être validée et où l'Assemblée acceptait de prendre en considération les réclamations qui lui étaient adressées sans aucun formalisme, dès lors que le grief paraissait sérieux. La situation actuelle est, à cet égard, bien différente : le juge n'examine que les requêtes qui respectent les conditions de recevabilité fixées par la loi. Il peut ainsi être amené à refuser l'examen d'opérations électorales, quand bien même celles-ci lui apparaîtraient, d'après le dossier, entachées d'irrégularités graves. C'est ce qui se serait passé dans cette affaire s'il n'y avait pas eu un deuxième requérant plus averti.

8 . On peut tout de même estimer que le juge constitutionnel se montre bien strict lorsqu'il refuse de considérer une demande d'enquête comme une contestation électorale. Devant le juge administratif, l'absence de conclusion formelle tendant à l'annulation n'enlève pas nécessairement à une requête son caractère de protestation (cf. C.E., *Vignaud*, 20 déc. 1929, *Lebon*, p. 1160). Cette excessive sévérité aboutit à ce que le droit de contester la régularité des élections est de moins en moins utilisé par des électeurs. La quasi-totalité des recours émane des candidats battus, lesquels ont d'ailleurs souvent la prudence de faire appel aux services d'un avocat. Lorsque ce sont de simples électeurs qui contestent une élection, leur requête est généralement déclarée irrecevable, comme celle du sieur Rubichon. Cette situation peu démocratique est assez regrettable. Ceci d'autant plus que les requérants sont fort excusables ; le législateur a en effet prévu des conditions de recours très différentes selon les trois catégories de consultations : élections présidentielles, référendum ou élections parlementaires. Pour accomplir une tâche qui est toujours la même : le contrôle de la régularité et de la sincérité des consultations électorales, les textes n'ont prévu ni la même procédure pour saisir le juge, ni la même compétence pour qu'il statue, ni les mêmes pouvoirs en ce qui concerne les décisions à prendre. Selon les cas, les requérants doivent lui adresser directement leurs réclamations ou les mentionner aux procès-verbaux des opérations. Selon les cas, il peut sanctionner de lui-même certaines irrégularités ou, au contraire, n'est compétent que dans la mesure où il a été saisi et dans la limite des moyens invoqués par le requérant.

Toutes ces différences ne facilitent pas la tâche des électeurs qui désirent contester le déroulement des opérations. Il serait préférable que le Conseil puisse être saisi, pour les élections législatives, par de simples réclamations inscrites aux procès-verbaux ou, du moins, qu'une fois saisi d'une élection il puisse constater de lui-même toute irrégularité de nature à entacher l'opération, sans être lié par les seuls moyens de la requête. S'il ne paraît pas nécessaire de prévoir un retour au système de la validation de toutes les élections, il serait toutefois souhaitable d'assouplir les conditions de saisine du Conseil constitutionnel. La matière électorale étant d'ordre public, le juge devrait pouvoir soulever d'office tous les moyens susceptibles d'avoir vicié une élection.

9 . Par la suite, le Conseil s'est montré moins exigeant quant aux conditions de recevabilité des requêtes. Ainsi, dans une décision du 27 janvier 1972 (*Rec.* 41) il accepte d'examiner une requête qui ne contient explicitement ni le nom ni la qualité des élus dont l'élection est attaquée. Et, surtout, dans sa décision Delmas du 11 juin 1981, il

accepte d'examiner un recours avant même le déroulement des élections (cf. *supra*).

II. - Le contrôle de la régularité de la propagande électorale et de la sincérité de l'élection

10 . Le sieur Deval, le candidat battu, invoquait, dans sa requête, des irrégularités de propagande.

Depuis la nouvelle réglementation, le juge est de plus en plus souvent saisi, en plus des différentes irrégularités, du problème des dépassements du montant autorisé des moyens de propagande. Il lui appartient aussi de vérifier s'il n'y a pas eu atteinte à la neutralité des élections. Enfin, se pose le problème de l'efficacité du contrôle exercé par le juge.

1°) *Les irrégularités de propagande*

11 . Le suppléant du candidat proclamé élu avait adressé, avant le deuxième tour de scrutin, aux adhérents d'un groupement d'artisans et de commerçants (dont il était le président cantonal), une lettre ronéotypée les conviant à voter et à faire voter pour le sieur Durand. Or, ce procédé constitue une violation des dispositions du code électoral limitant la propagande. La législation décrit en effet minutieusement les moyens de propagande autorisés (cf. art. L. 51 et L. 165 du code électoral), ceci dans le souci d'assurer l'égalité entre les candidats et de limiter le pouvoir de l'argent. Sans doute, ces dispositions ne sont jamais totalement respectées, mais, en l'espèce, cette irrégularité s'est trouvée aggravée par le fait que le principal adversaire du candidat proclamé élu, le sieur Deval n'a pas pu y répondre légalement en temps utile. Compte tenu de l'ampleur de cette propagande irrégulière, de la tendance politique voisine des deux candidats et du faible écart de voix les séparant, le juge prononce l'annulation de l'élection.

12 . La plupart des principes jurisprudentiels appliqués en matière de propagande se trouvent réunis dans cette première décision d'annulation. Celle-ci montre surtout très clairement la démarche adoptée par le juge. Il procède, en effet, de la manière suivante : en premier lieu, il examine les faits en eux-mêmes, afin de déterminer le caractère exact des griefs invoqués par le requérant ; en second lieu, ces faits ayant été qualifiés, il cherche à découvrir, compte tenu des circonstances particulières à chaque élection, l'influence qu'ils ont pu exercer sur la sincérité de la consultation. Il n'annulera celle-ci que dans la mesure où les irrégularités commises ont été déterminantes, lorsqu'elles ont exercé sur les électeurs une influence suffisante pour en modifier le résultat.

13 . Le juge constitutionnel s'attache d'abord à l'examen des faits. Il examine si ceux-ci sont réels, quels en sont l'auteur et la nature.

- De nombreuses requêtes sont rejetées sans instruction, car elles contiennent des griefs dont la réalité ne repose sur aucun commencement de preuve (par exemple, décision du 12 déc. 1958,

Rec. 86). Pour que le juge examine la réclamation, il faut que le requérant établisse non seulement la réalité des faits allégués, mais également que ces faits sont de nature à influencer le résultat de l'élection (cf. décision du 4 déc. 1958, *Rec.* 77). Le Conseil constitutionnel n'exige généralement qu'un commencement de preuve, mais encore faut-il que la requête comprenne un ensemble de présomptions suffisamment sérieuses. Sa jurisprudence paraît plus stricte, à cet égard, que celle du Conseil d'État concernant les élections locales. Ce dernier ne demande au requérant que de se montrer précis et de réunir, à l'appui de ses allégations, tous les moyens de preuve dont il peut disposer.

14 . Le deuxième point qui retient généralement l'attention du juge constitutionnel concerne l'auteur ou l'instigateur des faits reprochés. Bien que la mission du juge consiste à se prononcer sur la régularité d'une élection et non de sanctionner le comportement déloyal d'un élu, le Conseil constitutionnel examine toujours si l'irrégularité reprochée émane ou non du parlementaire ou de son suppléant. Cet élément est important, car il permet de déterminer s'il y a eu ou non manœuvre. Il a été ainsi jugé, s'agissant de la même irrégularité que dans cette affaire : « Considérant que, s'il n'est pas contesté qu'une circulaire ronéotypée a été adressée entre le premier et le second tour de scrutin par un organisme syndical agricole à l'ensemble de ses adhérents afin de les inviter à voter pour le sieur Sourbet, l'envoi de cette circulaire ne saurait, dans les circonstances de l'affaire et *alors qu'il n'est pas établi que ce dernier en ait été l'instigateur,* être regardé comme une manœuvre ayant pu altérer la sincérité de la consultation électorale...» (cf. décision du 6 fév. 1959, *Rec.* 191).

Toutefois, il ne s'agit pas là, bien entendu, d'une condition nécessaire à l'annulation. Celle-ci peut, en effet, être prononcée alors que l'élu n'est ni l'auteur ni l'instigateur des irrégularités dénoncées (cf., par exemple, décision du 6 janv. 1959, *Rec.* 118, et décision du 12 juil. 1967, *Rec.* 179).

15 . Le juge de l'élection s'attache enfin à déterminer la nature exacte des faits reprochés. Il examine d'abord si les faits invoqués par le requérant constituent ou non des infractions aux dispositions réglementant la campagne électorale. De nombreux griefs sont ainsi repoussés, pour le motif qu'ils ne tombent sous le coup d'aucune disposition législative ou réglementaire : par exemple, l'absence de mention relative à l'affiliation politique du candidat sur ses bulletins de vote ; la tenue d'une réunion publique avant l'ouverture de la campagne électorale ; l'envoi par un candidat de lettres personnelles et autographes à des maires et à des ministres du culte de sa circonscription ; le lancement d'un journal pendant la campagne électorale, le refus de la part de quotidiens régionaux d'information d'insérer tout communiqué concernant la campagne électorale d'un candidat, l'appui accordé à l'un des candidats par un grand quotidien régional, tous ces faits de propagande ne présentent aucun caractère irrégulier (cf. notamment, décision du 13 nov. 1970, *Rec.* 51 et décision 1278 du 8 juin 1993).

Cependant, certains faits, bien que non expressément interdits par le code électoral, peuvent être assimilés à des moyens de propagande prohibés. C'est le cas, dans l'espèce ci-dessus, de l'envoi d'une lettre ronéotypée qui, bien qu'adressée par la voie postale normale, est considérée comme une circulaire dont, on le sait, le nombre est limité pour chaque candidat. C'est le cas également de la publication d'annonces payantes dans les journaux (décision du 6 janv. 1959, Rec. 119) ou de l'envoi gratuit d'un journal en utilisant l'appareil adressographe de la municipalité (décision du 12 déc. 1958, *Rec.* 84). Le juge examine ainsi si certaines pratiques ne constituent pas, en réalité, une façon de tourner les dispositions du code électoral limitant les moyens de propagande.

16 . Mais le rôle du Conseil ne se borne pas à vérifier si la réglementation a été ou non respectée. Sa véritable mission est ailleurs. Elle est de rechercher si les conditions dans lesquelles la campagne électorale s'est déroulée ont ou non entaché la sincérité du scrutin. En matière de contentieux électoral, le juge doit nécessairement disposer d'un très large pouvoir d'appréciation. D'une part, la violation des textes n'a pas, en principe, à être systématiquement sanctionnée, puisque leur infraction relève normalement du juge pénal et, d'autre part, le Conseil peut toujours annuler une élection même si aucune disposition légale ou réglementaire n'a été violée. En effet, de tout temps, il a été admis qu'une élection pouvait être viciée par des manœuvres, alors même que celles-ci ne seraient visées par aucun texte ; par exemple, l'utilisation de l'étiquette « Génération verte » est de nature à entraîner une confusion dans l'esprit des électeurs avec le mouvement « Génération écologie » (décision 1192 du 8 juin 1993). C'est dire que la gravité des faits n'est pas liée nécessairement à leur caractère irrégulier. L'affichage en dehors des emplacements réservés ou la distribution de tracts en sus du nombre autorisé sont beaucoup moins condamnables que des attaques personnelles tendant à déconsidérer un adversaire, que le fait pour un candidat de se présenter sous l'étiquette d'un groupement politique sans en avoir reçu l'investiture, de se réclamer abusivement de certains courants porteurs, ou autres manœuvres destinées à tromper les électeurs. La tâche du Conseil est ici particulièrement délicate. Ainsi, il ne lui appartient pas d'apprécier la sincérité de l'adhésion des candidats aux idées dont ils se réclament (décision 1188 du 8 juin 1993). Mais il doit s'efforcer davantage d'assurer la liberté et la sincérité de l'élection que sa régularité. En fait, aucune élection n'est régulière et le Conseil constitutionnel ne peut être le juge de la « régularité » de l'élection, comme l'énonce l'article 59 de la Constitution. Il est, avant tout, juge de la sincérité de la consultation.

17 . La jurisprudence en matière de contentieux électoral a toujours été dominée par le *principe de l'influence déterminante* : le juge ne prononce l'annulation d'une élection que si les faits invoqués par le requérant ont eu une influence suffisante pour fausser le résultat du scrutin. Ce principe était déjà appliqué par les Chambres sous le système de la vérification des pouvoirs. Il est également appliqué par le juge administratif en matière d'élections locales. La décision

rapportée ici montre bien quels sont les différents facteurs sur lesquels s'appuie le juge pour évaluer de façon aussi précise que possible l'influence des griefs qui ont été retenus : l'ampleur et le nombre des irrégularités commises, l'appartenance politique des principaux adversaires, leur comportement respectif, les possibilités de réponse du requérant, enfin et surtout, l'écart de voix séparant les principaux candidats.

- Un fait isolé, ou dont l'influence n'a pu s'exercer que sur quelques électeurs, n'est pratiquement jamais un motif d'annulation : troubles apportés au déroulement d'une réunion électorale, sermons tendant à dissuader les fidèles de voter en faveur de certains candidats, ou affiches recouvertes ou lacérées.

En revanche, lorsque les faits ont revêtu une certaine ampleur ou que les irrégularités ont été particulièrement nombreuses, le Conseil se montre beaucoup plus sévère (cf., notamment, décision du 5 févr. 1963, *Rec.* 103).

- Pour évaluer l'influence des griefs, le juge tient compte parfois, comme c'est le cas ici, de la tendance politique des candidats. Il estime que plus les candidats sont proches politiquement, plus il y a de chances pour qu'une manœuvre ou qu'une attaque personnelle ait eu une influence importante. Par contre une attaque, même beaucoup plus vive, entre un candidat de gauche et un candidat de droite sera généralement considérée comme sans grande influence sur les électeurs (cf. décision du 14 juin 1973, *Rec.* 101).

- De nombreuses décisions font également état du comportement des différents adversaires et plus particulièrement de celui du requérant pour déterminer l'influence du grief : « Considérant que si de graves excès de propagande ont été commis... ils n'ont pas été le fait d'un seul candidat » (cf. décision du 11 oct. 1968, *Rec.* 75) ; « Considérant... que le climat de violence ne résultait pas du seul fait des partisans du candidat élu » (cf. décision du 14 nov. 1968, *Rec.* 133) ; « Considérant que... de nombreuses irrégularités de même nature ont été commises en faveur du requérant ; dans ces conditions, les abus de propagande n'ont pas altéré la sincérité du scrutin » (cf. décision du 24 oct. 1968, *Rec.* 97). « Considérant... que ne figure pas dans le compte de campagne de M. Teissier des dépenses de même nature et d'une importance comparable à celles que M. Tapie a omis de retracer dans son propre compte... » (cf. décision du 11 mai 1989).

Ainsi, même lorsque de nombreuses irrégularités peuvent être reprochées au candidat élu, les griefs perdent une partie de leur force dès lors qu'il apparaît que les autres candidats ont usé de procédés analogues. Le principe de l'égalité des candidats se trouve en quelque sorte préservé dans l'irrégularité. En revanche, le juge ne manque pas de souligner que, dans cette affaire, le sieur Deval n'a pu répondre à son adversaire faute de pouvoir le faire par des moyens légaux.

Dans le même esprit, le Conseil constitutionnel attache une grande importance *au moment* où l'irrégularité est intervenue, surtout lorsque celle-ci s'analyse en des manœuvres ou des attaques personnelles. Il se montre particulièrement sévère pour les manœuvres de dernière heure à l'égard desquelles la victime se trouve dans l'impossibilité de répondre et qui constituent un motif fréquent d'annulation (cf. décisions des

12 juil. 1967, *Rec.* 179 ; 14 juin 1978, Gers, 2e circ. ; 21 et 28 juin 1978, Pas-de-Calais, 4e circ. ; 3 déc. 1981, Paris, 2e circ., Seine-et-Marne, 4e circ., 8 juillet 1993, Loire-Atlantique, 8e circ. ; 28 juillet 1998, Var, 1e circ., diffusion d'un message télévisé en faveur du candidat proclamé élu le jour du scrutin (contrairement aux dispositions de l'article L 49 du code électoral)). En revanche, lorsque le candidat malheureux a disposé d'un délai suffisant pour répondre aux attaques dont il a été l'objet, il considère que celles-ci n'ont pas exercé une influence déterminante sur le scrutin, même si l'écart de voix est faible et que les auteurs des attaques ont été condamnés pour diffamation après l'élection (décision du 7 juin 1994, Loire-Atlantique, 8e circ.).

18 . On met surtout l'accent sur l'importance que revêt, aux yeux du juge de l'élection, *l'écart des voix* séparant les principaux candidats. Quelles que soient la gravité et l'ampleur des irrégularités commises, l'élection aurait peu de chances d'être annulée lorsque le candidat proclamé élu bénéficie d'une avance importante. De très nombreuses décisions invoquent ainsi « l'écart considérable des suffrages obtenus par les candidats en présence » pour rejeter la requête. En revanche, le moindre grief pourrait être retenu dès lors que le candidat élu l'a emporté d'extrême justesse. Dans ce cas, le requérant aurait de fortes chances d'obtenir l'annulation de l'élection, car il est toujours possible de découvrir des irrégularités susceptibles d'avoir modifié le vote de quelques électeurs. Ainsi, dans l'affaire rapportée ci-dessus, le sieur Durand n'avait qu'une avance de 346 voix sur son adversaire. Parfois, l'écart est encore plus faible : 250 voix (Haut-Rhin, 5e circ.) ; 125 voix (Orne, 2e circ.) ; 7 voix (Seine, 52e circ.). En 1978, 116 voix (Seine-Saint-Denis, 9e circ.) ; 112 voix (Pas-de-Calais, 4e circ.) ; 4 voix (Meurthe-et-Moselle, 1ère circ.). En 1981, 52 voix (Paris, 2e circ.) ; 183 voix (Seine-et-Marne, 4e circ.) ; 59 voix (Paris, 12e circ.) ; en 1997, 12 voix (Meurthe-et-Moselle, 4e circ.) et en 1998, 33 voix (Var, 1ère circ.).

Si l'on analyse de près les différentes décisions d'annulation, il apparaît que la jurisprudence du juge constitutionnel n'est pas toutefois aussi systématique. Sur l'ensemble des décisions d'annulation prononcées pour des irrégularités touchant au déroulement de la campagne électorale, plus du quart ne font aucune mention de l'écart de voix séparant les candidats ou même annulent l'élection « nonobstant l'écart des voix enregistrées au second tour... » (Ardèche, 3e circ.).

Il arrive donc que le juge sanctionne une irrégularité par l'annulation de l'élection malgré une avance confortable du candidat proclamé élu.

19 . En réalité, le Conseil constitutionnel tient compte *d'autres facteurs* tels que : la gravité des irrégularités commises (attaques personnelles diffamatoires, allégations mensongères, manœuvres de dernière heure) ; le comportement des différents candidats ou les possibilités de réponse de l'adversaire.

Toutes les décisions d'annulation relatives au déroulement de la campagne électorale s'appuient sur l'un des motifs suivants :

- Les irrégularités de propagande ont revêtu une ampleur suffisante et ont bénéficié exclusivement ou essentiellement au candidat proclamé élu, son adversaire n'ayant pu y répondre (cas de la décision rapportée ci-dessus).

- Des pressions ont été exercées sur les électeurs alors que le candidat battu n'a pu apporter de réponse efficace : cas de l'envoi d'une lettre à 824 locataires les invitant à voter pour le candidat, proclamé élu, par le président d'un office départemental d'un HLM (Haut-Rhin, 4e circ.).

- Le candidat battu a été victime d'attaques personnelles ou d'informations mensongères (Ardèche, 3e circ. ; Hérault, 4e circ. ; Gers, 1ère circ. ; Seine-et-Marne, 4e circ. ; Loire-Atlantique, 8e circ.).

- Des manœuvres ont tendu à tromper les électeurs sur l'attitude de tel parti politique à l'égard de l'un des candidats (Orne, 2e circ. ; Seine, 52e circ.) ou sur la réalité d'un désistement pour le deuxième tour (Charente-Maritime, 1ère circ. ; Haut-Rhin, 5e circ. ; Marne, 3e circ.).

20 . Le problème des retraits ou désistements après le premier tour revêt à cet égard une grande importance, car il détermine souvent le résultat final. Le Conseil constitutionnel est fréquemment saisi de réclamations à ce sujet. Les griefs concernent généralement le fait de présenter un retrait pur et simple comme un désistement en faveur de l'un des candidats (cf. Charente-Maritime, 1e circ., et Haut-Rhin, 5e circ.). Certaines réclamations ont trait aux retraits tardifs. À ce sujet, le Conseil constitutionnel a été amené à préciser qu'en cas de retrait d'un candidat après la date limite, l'administration n'a pas à retirer les bulletins du candidat qui entend ne pas se représenter au deuxième tour (décision du 1er juin 1973, *Rec.* 83). Cependant, aucun texte n'interdit à ce dernier de faire enlever, par un mandataire, les bulletins émis à son nom dans les différents bureaux de vote (décisions du 1er juin 1973, *Rec.* 87).

21 . La jurisprudence du Conseil constitutionnel en matière de propagande électorale se caractérise par un aspect moralisateur. Ceci apparaît nettement si l'on examine les nombreuses décisions de rejet qui contiennent de véritables condamnations morales à l'égard du comportement de certains élus. Le Conseil n'hésite pas à souligner le caractère « grave », « regrettable » ou « particulièrement regrettable » de certains procédés, ou à dénoncer les comportements qui appellent, de sa part, « une particulière réprobation ». Il semble qu'il veuille inciter les candidats à ne pas dépasser les limites de la polémique électorale et qu'il s'efforce moins d'assurer le respect du code électoral que le respect d'un code de déontologie politique.

22 . Cette attitude du juge est très louable. On peut toutefois se demander si elle est suffisante pour assurer la sincérité de la consultation. En effet, la régularité des élections n'est pas liée uniquement au comportement plus ou moins loyal des candidats. Pour que les élections puissent être considérées comme libres et sincères, il faut également que d'autres conditions se trouvent remplies. Il est

nécessaire, en particulier, que soit assurée de façon efficace une certaine égalité entre les candidats et un minimum de neutralité des autorités publiques.

2°) *Le principe d'égalité : le financement public et la limitation des moyens de propagande*

23 . La nouvelle législation relative au financement de la vie politique et à la limitation des moyens de propagande électorale (lois des 30 décembre 1988, 15 janvier 1990, 29 janvier 1993 et 19 janvier 1995) a compliqué la tâche du Conseil constitutionnel en raison, notamment, des attributions de la commission nationale des comptes de campagne et des financements politiques chargée de contrôler le respect par les candidats de leurs obligations financières. Il doit désormais attendre que la commission ait statué pour se prononcer sur la régularité des élections contestées. En effet, les candidats ont deux mois pour déposer leurs comptes de campagne et la commission dispose de six mois pour les examiner (cf. la décision du 9 juillet 1991 modifiant et complétant le règlement du Conseil constitutionnel).

Comme on a pu le souligner, la nouvelle législation conduit inévitablement à une mutation du rôle du juge électoral. Alors que celui-ci se voulait traditionnellement le juge de la sincérité du scrutin et non celui de la régularité des élections, les dispositions relatives à la limitation et à la clarification du financement des campagnes électorales l'amènent à sanctionner des irrégularités en tant que telles, sans tenir compte de leur influence sur les résultats du scrutin (cf. Ch. Mangüe et R. Schwartz, *A.J.D.A.*, 1994, n° 2 et, sur le financement des élections législatives de 1997, B. Baskin et M. Doublet, *R.F.D.C.*, n° 36, 1999).

Ainsi, si l'élu n'a pas déposé ses comptes dans le délai de deux mois, le Conseil constitutionnel *est tenu* d'annuler l'élection et de constater son inéligibilité. En revanche, en cas de dépassement du plafond des dépenses, il conserve un certain pouvoir d'appréciation.

Dans une décision du 31 juillet 1991, il affirme que la décision prise par la commission nationale des comptes de campagne (autorité administrative) « ne saurait préjuger la décision du Conseil constitutionnel... ». Dans l'espèce, après avoir ajouté aux dépenses électorales de l'élu le coût d'un sondage, il fixe le montant des dépenses du candidat à plus de 700 000 F, alors que la commission l'avait arrêté à 499 000 F. Cependant, il considère que, dans cette affaire, il n'y a pas lieu de prononcer l'annulation de l'élection et l'inéligibilité de l'élu car la loi du 15 janvier 1990 ne comporte, ni dans son texte, ni dans les débats, aucune précision sur le rattachement des sondages d'opinion aux dépenses électorales (Galy-Dejean, Paris, 13e circ., *Rec.* 114). Toutefois, en 1993, il a annulé quatre élections et a prononcé l'inéligibilité des élus pour dépassement du plafond des dépenses et irrégularité des comptes de campagne. L'une de ces décisions a fait l'objet d'un recours pour violation de l'article 6 de la Convention (cf. J.-F. Flauss : Convention européenne des droits de l'homme et contentieux électoral, *R.F.D.C.*, n° 19, 1994), ce qui a conduit le Conseil constitutionnel à modifier son règlement intérieur en février 1995 afin de lui permettre l'audition des parties. Mais cette faculté n'est guère utilisée.

La question la plus difficile consiste à déterminer la nature des frais susceptibles de constituer une dépense électorale (v. pour la distribution de billets pour des matchs de football, décision Tapie du 7 juin 1994). Le principe d'unicité et d'exhaustivité du compte de campagne (art. L 52-12 du code électoral), l'a conduit à considérer comme une manœuvre le fait pour le candidat d'avoir recours à des moyens de propagande retracés dans les comptes d'un autre candidat (Moselle, 3e circ., 1987, *Rec.* 300).

La nouvelle législation s'est aussi traduite par une augmentation importante du nombre des recours (213 requêtes portant sur 142 élections en mars 1993 contre 99 requêtes portant sur 77 circonscriptions en 1988) et par un nombre considérable de décisions prononçant l'inéligibilité de candidats battus qui n'ont pas estimé utile de déposer leur compte de campagne.

La Cour, contrairement à la Commission, a conclu à l'inapplicabilité de l'article 6 alinéa 1 de la Convention au contentieux électoral, aussi bien dans son volet civil que dans son volet pénal (décision du 21 octobre 1997, Pierre Bloch); Toutefois le principe d'un recours d'une décision du Conseil constitutionnel devant la Convention européenne des droits de l'homme a été admis.

3°) *Le respect de la neutralité*

24 . Les requérants invoquent parfois des faits de nature à conférer un caractère officiel à une candidature ou l'intervention d'une autorité publique ou religieuse dans la campagne électorale. Mais, même lorsque certaines interventions paraissent très critiquables, telle que l'utilisation par un prêtre, à des fins électorales, de la causerie catholique du dimanche radiodiffusée, le matin du deuxième tour de scrutin (décision du 3 nov. 1967, *Rec.* 190), le Conseil n'a jamais estimé que leur effet pouvait être suffisant pour fausser une élection.

Le seul problème sérieux qui se soit posé en ce domaine concerne les allocutions radio-télévisées du Président de la République, prononcées la veille de l'élection (c'est-à-dire après la clôture de la campagne électorale). Le 4 mars 1967, quelques heures avant le scrutin, le général de Gaulle avait ainsi apporté très nettement son soutien aux candidats de la majorité et invité les électeurs à ne pas accorder leurs suffrages aux partis de l'opposition. Plusieurs candidats, battus de justesse, attaquèrent devant le Conseil constitutionnel l'élection de leur adversaire, en invoquant le fait que le chef de l'État avait excédé ses pouvoirs en intervenant ainsi sur les antennes de l'ancienne O.R.T.F. Les requérants invoquaient la violation des dispositions du code électoral sur la répartition du temps de parole sur les ondes entre les différentes formations politiques et sur la clôture de la campagne électorale.

Le Conseil constitutionnel, après avoir semble-t-il hésité, a refusé d'examiner ces recours, s'appuyant sur sa jurisprudence selon laquelle il n'a pas compétence pour se prononcer, même par voie d'exception, en dehors des cas prévus par la Constitution, sur la constitutionnalité d'une déclaration du chef de l'État (cf. décision du 21 juin 1967,

Rhône, 4e circ., *Rec.* 134). En fait, la Haute Instance n'a pas exactement répondu aux moyens invoqués par les requérants ; ceux-ci n'avaient pas seulement fait état de l'inconstitutionnalité de l'allocution du chef de l'État, mais également de son irrégularité au regard du code électoral et surtout de son influence déterminante sur le résultat des élections contestées. Aussi, l'argument de l'incompétence du Conseil n'est-il pas convaincant.

Par la suite, les autres présidents de la République ont agi de même et sont également intervenus : M. Giscard d'Estaing pour préconiser « le bon choix » en 1978, M. Mitterrand pour soutenir les candidats socialistes en 1986 ou M. Chirac en mai 1997. Toutefois, ces derniers ne sont pas intervenus à la télévision la veille du scrutin, mais huit jours avant.

La position du Conseil semble toutefois évoluer. En effet, il a jugé que la mise en cause, par le Premier ministre, le jour même de l'élection et avant la clôture du scrutin, au cours de l'émission 7 sur 7, d'une formation politique engagée dans la compétition électorale était contraire à la réglementation et il a recherché si une pareille méconnaissance des textes avait pu avoir une influence déterminante sur l'issue du scrutin (6 mars 1990, *Rec.* 53). Par ailleurs, il a jugé que la participation du président d'une formation politique nationale à des émissions radiodiffusées ou télévisées, au cours desquelles il n'était même pas allégué qu'il aurait tenu des propos relatifs aux opérations électorales de sa circonscription, n'a pu avoir pour effet d'altérer la sincérité du scrutin (décision 1171 du 8 juin 1993).

En 1998, il n'hésite pas à annuler une élection en raison de la diffusion d'un message télévisé en faveur d'un candidat le jour du scrutin (Var, 1ère circ.).

III - L'EFFICACITÉ DU CONTRÔLE

25 . Pour que le contrôle exercé par le juge de l'élection soit crédible, il faut qu'il soit efficace. Or, sur ce plan, le système n'était, pendant longtemps, guère satisfaisant, car les parlementaires invalidés étaient le plus souvent réélus. Le député de la troisième circonscription de la Drôme, dont l'élection a été annulée par le juge constitutionnel, devait être facilement réélu à l'élection partielle qui a suivi. Il avait obtenu 35 % des voix lors de l'élection qui fut contestée, il a rassemblé quelques mois plus tard 46 % des suffrages.

Cette situation était choquante. Si l'élection était annulée, c'est qu'elle était viciée. L'élection suivante devrait logiquement donner un résultat différent et non confirmer la première consultation. Non seulement ce succès des parlementaires invalidés ne favorisait guère le prestige du juge constitutionnel, mais surtout il réduisait à néant son effort en faveur de la moralisation de la campagne électorale. Il était toutefois difficile de le rendre responsable de cette situation qui découle du choix des électeurs. Depuis 1978, la situation s'est sensiblement modifiée, la réélection du député invalidé est devenue l'exception, ce qui donne aux décisions d'annulation une efficacité beaucoup plus grande. Surtout, il dispose désormais du pouvoir de déclarer un candidat proclamé élu inéligible pendant un an, en cas de dépassement du plafond des dépenses de campagne et ceci, non plus à compter de la date de l'élection, comme c'était le cas à l'origine, mais, depuis la loi du 15 janvier 1995, à compter de la décision du Conseil, si bien que le candidat invalidé ne peut se représenter.

26 . Le Conseil constitutionnel a hérité, en matière de contentieux électoral, d'une attribution qui, depuis 1789, était exercée souverainement par les Chambres. Dans l'ancien système de la vérification des pouvoirs, le contrôle des assemblées était très étendu, toutes les irrégularités pouvaient être sanctionnées, mais ce contrôle revêtait souvent un caractère plus politique que juridique. Le juge constitutionnel estime que ses attributions sont plus limitées et il veut conserver à ses décisions un caractère juridictionnel. Il s'inspire davantage de la jurisprudence des tribunaux administratifs en matière d'élections locales que de l'attitude des Chambres lorsqu'elles procédaient à la vérification des pouvoirs de leurs membres. Son souci constant est d'éviter tout risque de décision plus ou moins arbitraire, comme ce fut souvent le cas sous l'ancien système. Mais, désormais un candidat qui dépasse le plafond des dépenses autorisé peut être invalidé et déclaré inéligible même s'il a obtenu un nombre considérable de voix. C'est un changement considérable car le juge électoral ne retient plus le seul écart de voix entre l'élu et son principal adversaire.

En revanche, un nombre considérable de candidats battus sont déclarés inéligibles pour un an pour défaut de dépôt de leurs comptes devant la commission nationale de contrôle. Mais ces décisions sont en fait sans aucune portée.

27 . La multiplication des décisions est aussi liée à l'augmentation du nombre des candidats. À cet égard, on ne peut que déplorer la décision portant sur la loi de 1990 relative à la limitation des dépenses électorales par laquelle le Conseil constitutionnel a estimé que la prise en compte, pour la détermination de l'aide financière allouée aux partis en fonction de leurs résultats aux élections, des résultats égaux ou supérieurs à 5 % des suffrages exprimés dans chaque circonscription, était de nature à entraver l'expression de nouveaux courants d'idées et d'opinions (271 DC, cons. 14).

28 . Dans ses observations de 1998, le Conseil souligne l'importance des requêtes irrecevables et les difficultés liées à la campagne électorale et aux comptes de campagne.

3

17, 18 et 24 juin 1959

RÈGLEMENT DE L'ASSEMBLÉE NATIONALE (2 DC)

Contrôle de constitutionnalité des règlements d'assemblée

> Décision 59-2 DC, *Rec.* 58, *RJC* I-1, Art. 61, al. 1er, de la Constitution.
> Contrôle de la conformité à la Constitution des règlements définitifs de l'Assemblée.
> Compétence et procédure.
> Notion de conformité à la Constitution.
> Portée des décisions du Conseil.

RÉFÉRENCES

a) *Notes doctrinales*

- HAMON (L.) : Le contrôle par le Conseil constitutionnel des règlements provisoires de l'Assemblée nationale et du Sénat, *D.*, 1959, p. 501. - GHEVONTIAN (R.) : « Contrôle du règlement des assemblées parlementaires. Note sous Cons. const., 94-339 DC », *R.F.D.C.*, 1994-19, p. 548. - PINI (J.) : « Règlement de l'Assemblée nationale. Note sous Cons. const., 74-338 DC », *R.F.D.C.*, 1995-21, p. 176.

b) *Autres références*

- BERLIA (G.) : La réforme du règlement du Sénat, *R.D.P.*, 1973, p. 1031. - EMERI (C.) et SEURIN (J.-L.) : Vie et droit parlementaires, *R.D.P.*, 1970, p. 677. -EMERI (C.) et COTTERET (J.-M.) : Vie et droit parlementaires, *R.D.P.*, 1972, p. 380. - FAVOREU (L.) Le Conseil constitutionnel régulateur de l'activité normative des pouvoirs publics, *R.D.P.*, 1967, p. 24 à 30. - FAVOREU (L.) : Le principe de constitutionnalité, *Mélanges Eisenmann*, 1975, p. 33 - FAVOREU (L.) et PHILIP (L.) : Le Conseil constitutionnel, *Que sais-je ?*, p. 57-60. - FAVOREU (L.) et PHILIP (L.) : Chronique, *R.D.P.*, 1977, p. 466-468. - FRANCK (C.) : *Les grandes décisions de la jurisprudence, Droit constitutionnel,* P.U.F., 1978, p. 305. - GENEVOIS (B.) : *La jurisprudence du Conseil constitutionnel*, 1988, p. 125-138. - HAMON (L.) : Quand les Assemblées parlementaires ont des juges, *D.*, 1959, Chron., p. 253. - LECAT (J.-Ph.) : Rapport sur l'application de la décision du

20 nov. 1969, Doc. nº 962. Assemblée nationale, 1re session ordinaire, 1969-1970, Annexe au procès-verbal de la séance du 11 déc. 1969. - VIER (C.-L.) : Le contrôle du Conseil constitutionnel sur les règlements des Assemblées, *R.D.P.*, 1972, p. 165. - GUETTIER (Ch.) : *Le Conseil constitutionnel et le droit parlementaire sous la Vᵉ République*, Thèse, Paris II, 1986 ; cf. aussi OLIVA (É.) : *L'article 41 de la Constitution du 4 octobre 1958. Initiative législative et Constitution*, Paris, Economica et PUAM, 1997. - BRIMONT-MACKOWIAC (M.) : Les révisions du règlement de l'Assemblée nationale de mars 1994 et d'octobre 1995 ou le constat d'une certaine récurrence, *R.D.P.*, 1997, p. 427.

c) Jurisprudence

- 1 DC du 14 mai 1959, *Rec.* 57, *RJC* I-1.
- 3 DC des 24 et 25 juin 1959, *Rec.* 61, *RJC* I-2.
- 28 DC du 8 juillet 1966, *Rec.* 15, *RJC* I-15.
- 64 DC du 2 juin 1976, *Rec.* 31, *RJC* I-37.
- 86 DC du 3 novembre 1977, *Rec.* 18, *RJC* I-52.
- 94 DC du 14 juin 1978, *Rec.* 15, *RJC* I-59.
- 108 DC du 21 novembre 1979, *Rec.* 15, *RJC* I-74.
- 113 DC du 6 mai 1980, *Rec.* 17, *RJC* I-78.
- 114 DC du 17 juin 1980, *Rec.* 18, *RJC* I-79.
- 118 DC du 17 juillet 1980, *Rec.* 19, *RJC* I-83.
- 124 DC du 29 octobre 1980, *Rec.* 20, *RJC* I-88.
- 158 DC du 19 juillet 1983, *Rec.* 19, *RJC* I-154.
- 175 DC du 26 juillet 1984, *Rec.* 15, *RJC* I-192.
- 206 DC du 3 juin 1986, *Rec.* 43, *RJC* I-253.
- 243 DC du 13 juillet 1988, *Rec.* 85, *RJC* I-334.
- 245 DC du 18 octobre 1988, *Rec.* 153, *RJC* I-338.
- 246 DC du 20 décembre 1988, *Rec.* 266, *RJC* I-338.
- 252 DC du 7 juin 1989, *Rec.* 39, *RJC* I-352.
- 253 DC du 4 juillet 1989, *Rec.* 40, *RJC* I-352.
- 255 DC du 4 juillet 1989, *Rec.* 47, *RJC* I-355.
- 275 DC du 6 juin 1990, *Rec.* 67, *RJC* I-405 (AN).
- 276 DC du 5 juillet 1990, *Rec.* 69, *RJC* I-406 (AN).
- 278 DC du 7 novembre 1990, *Rec.* 79, *RJC* I-410 (Sénat).
- 282 DC du 8 janvier 1991, *Rec.* 9, *RJC* I-417 (Sénat).
- 314 DC du 17 décembre 1992, *Rec.* 126, *RJC* I-511 (AN).
- 315 DC du 12 janvier 1993, *Rec.* 9, *RJC* I-514 (Sénat).
- 338 DC du 10 mars 1994, *Rec.* 71, *RJC* I-585 (AN).
- 339 DC du 31 mai 1994, *Rec.* 80, *RJC* I-588 (Sénat).
- 381 DC du 14 octobre 1996, *Rec.* 117, *RJC* I-683 (Sénat)
- 382 DC du 14 octobre 1996, *Rec.* 120, *RJC* I-684 (A.N.).
- 393 DC du 18 déc. 1997, *RJC* I-721.
- 398 DC du 3 avril 1998, *JO* 5 avril 1998, p. 5360.
- 404 DC du 18 déc. 1998, *JO* 27 déc. 1998, p. 19 663.

LE CONSEIL CONSTITUTIONNEL

Saisi le 6 juin 1959 par le président de l'Assemblée nationale, conformément aux dispositions de l'article 61 de la Constitution, de la «Résolution portant règlement définitif de l'Assemblée nationale».

Vu la Constitution ;

Vu l'ordonnance du 7 novembre 1958 portant loi organique sur le Conseil constitutionnel, et notamment ses articles 17, al. 2, 19, 20 et 23 al. 2,

Décide :

ARTICLE PREMIER. - Sont déclarés non conformes à la Constitution les articles du règlement de l'Assemblée nationale ci-après mentionnés :

Art. 19-3. - Par le motif que les dispositions de ce texte, combinées avec celles de l'alinéa 2 du même article et celles de l'article 20, n'ont pas seulement pour effet de permettre de faire obstacle à l'insertion au *Journal officiel* de la déclaration politique d'un groupe, mais aussi d'*empêcher la formation même de ce groupe, par une appréciation, laissée à la seule Assemblée nationale, de la conformité de la déclaration politique dudit groupe aux dispositions de l'article 4 de la Constitution.*

Art. 31-2. - Par le motif que les dispositions de ce texte laissent place à la possibilité de saisir une commission permanente avant l'expiration des délais impartis par les articles 30 et 31, soit au gouvernement, soit à une commission permanente, soit à un groupe, soit à trente députés, pour demander la formation d'une commission spéciale, alors que l'article 43, al. 2, de la Constitution prévoit que les projets ou propositions de loi ne sont envoyés à une commission permanente que lorsque le gouvernement ou l'assemblée qui en est saisie n'ont pas demandé leur envoi à une commission spéciale.

Art. 31-5. - Par le motif que les dispositions de ce texte, en ce qu'elles assignent au gouvernement un temps de parole de cinq minutes, sont contraires à celles de l'article 31 de la Constitution, lequel précise que les membres du gouvernement sont entendus quand ils le demandent, sans que la durée de leur intervention puisse être limitée.

Art. 51-1. - Par le motif que les dispositions de ce texte, qui portent que l'Assemblée siège de droit en comité secret à la demande du Premier ministre sont contraires à l'article 33, al. 2, de la Constitution, qui laisse à l'Assemblée, saisie de la demande du Premier ministre ou du dixième de ses membres tendant à ce qu'elle siège en comité secret, la faculté, dans les deux cas, de se prononcer sur l'opportunité de cette procédure.

Art. 60-3. - Par le motif que, telles qu'elles sont rédigées, les dispositions de ce texte ne peuvent valablement s'appliquer que lorsque la session extraordinaire est réunie à la demande du Premier ministre, et que, dans le cas où la session extraordinaire est tenue à la demande de la majorité des membres composant l'Assemblée nationale, *elles peuvent permettre au décret de clôture «d'interrompre sur le champ tout débat», sans que soient respectées les prescriptions de l'article 29, al. 2,* de la Constitution.

Art. 79. - Par le motif que certaines des infractions que ces dispositions frappent de peines disciplinaires se confondent avec celles que l'article 19 de l'ordonnance nº 58-998 du 24 octobre 1958 portant loi organique relative aux conditions d'éligibilité et aux incompatibilités parlementaires -à laquelle renvoie expressément l'article 25, al. 1er, de la Constitution- frappe de la démission d'office, laquelle est, à l'évidence, exclusive de peines de moindre gravité.

Art. 81-1 et 4, art. 82, art. 86-3 et 4, art. 92-6, art. 98-6 et art. 134-5, en tant qu'ils contiennent des dispositions relatives aux propositions de résolution :

Par les motifs que, dans la mesure où de telles propositions tendraient à orienter ou à contrôler l'action gouvernementale, leur pratique serait contraire aux dispositions de la Constitution, qui, dans son article 20, en confiant au gouvernement la détermination et la conduite de la politique de la Nation, ne prévoit la mise en cause de la responsabilité gouvernementale que dans les conditions et suivant les procédures fixées par ses articles 49 et 50 ;

Que, dans la mesure où les propositions de résolution participeraient du droit d'initiative des parlementaires en matière législative, tel qu'il est défini et limité par les dispositions des articles 34, 40 et 41 de la Constitution, la pratique de telles propositions, outre qu'elle ferait double emploi avec celle des propositions de loi, se heurterait à la lettre de la Constitution, et notamment de ses articles 40 et 41, dont la rédaction ne vise que les propositions de loi, qui sont les seules dont l'adoption puisse avoir pour conséquence une diminution des ressources publiques, une création ou une aggravation d'une charge publique, et puisse porter atteinte au pouvoir réglementaire du gouvernement défini par l'article 37 ou à la délégation qui lui aurait été consentie en application de l'article 38 ;

Qu'il résulte de ce qui précède que les articles du règlement de l'Assemblée nationale ci-dessus mentionnés, relatifs à la procédure législative et au contrôle parlementaire, *ne peuvent, sans atteinte à la Constitution, assigner aux propositions de résolution un objet différent de celui qui leur est propre, à savoir la formulation de mesures et décisions relevant de la compétence exclusive de l'Assemblée, c'est-à-dire les mesures et décisions d'ordre intérieur ayant trait au fonctionnement et à la discipline de ladite Assemblée,* auxquelles il conviendrait éventuellement d'ajouter les seuls cas expressément prévus par des textes constitutionnels et organiques tels que les articles 18 et suivants de l'ordonnance nº 59-1 du 2 janvier 1959 portant loi organique sur la Haute Cour de Justice.

Art. 87-1 et 3. - Par le motif que les dispositions de ce texte prévoient la possibilité de saisir pour avis une commission permanente même dans le cas où un projet ou une proposition de loi a été envoyé à une commission spéciale à la demande du gouvernement, alors qu'une telle procédure n'est compatible avec les dispositions de l'article 43 de la Constitution que dans le cas où la commission spéciale saisie au fond a été constituée à l'initiative de l'Assemblée.

Art. 101-3. - Par le motif que la rédaction de ce texte permet à l'Assemblée nationale de mettre en discussion, lors d'une seconde délibération, les seules propositions de la commission saisie au fond, contrairement aux dispositions de l'article 42 de la Constitution.

Art. 153-2. - Par le motif que les dispositions de texte ne comportent référence qu'à l'article 150 en ce qui concerne la procédure applicable aux motions de censure, cette procédure se trouvant définie, notamment en ce qui a trait aux conditions de majorité, par les articles 150 et 151, en conformité des dispositions de l'article 49 de la Constitution.

ART. 2. - *Sont déclarés conformes à la Constitution, sous réserve* des observations qui suivent, les articles du règlement de l'Assemblée nationale ci-après mentionnés :

Art. 48-6. - Pour autant que ces dispositions ne prévoient un vote de l'Assemblée nationale que sur les propositions arrêtées par la conférence des présidents en complément des affaires inscrites par priorité à l'ordre du jour, sur décision gouvernementale, conformément aux dispositions de l'article 48 de la Constitution.

Art. 139-1. - Sous réserve de l'incidence sur la rédaction de cet article de la déclaration de non-conformité des dispositions des articles 81-1 et 4, 82, 86-3 et 4, 92-6 et 134-5.

Art. 144. - Pour autant que ces dispositions n'attribuent aux commissions permanentes qu'un rôle d'information pour permettre à l'Assemblée d'exercer, pendant les sessions ordinaires et extraordinaires, son contrôle sur la politique du gouvernement dans les conditions prévues par la Constitution.

ART. 3. - Sont déclarés conformes à la Constitution les articles du règlement de l'Assemblée nationale non mentionnés aux articles 1er et 2e, de la présente décision.

ART. 4. - La présente décision sera publiée au *Journal officiel* de la République française.

Délibéré par le Conseil constitutionnel dans ses séances des 17, 18 et 24 juin 1959.

(*J.O.* , 6 juil. 1959, p. 6642).

La composition du Conseil constitutionnel aux dates des 17, 18 et 24 juin 1959 était la suivante : M. NOËL (Président), MM. AURIOL, CHATENET, COTY, DÉLÉPINE, GILBERT-JULES, LECOQ DE KERLAND, MICHARD-PELLISSIER, PASTEUR VALLERY-RADOT, PATIN, POMPIDOU.

OBSERVATIONS

1 . La décision des *17, 18 et 24 juin 1959* est la première et la plus importante des décisions ayant statué sur la conformité des règlements des Assemblées parlementaires à la Constitution. On trouve, en effet, dans cette longue décision, les principes essentiels qui guideront le Conseil, par la suite.

2 . Et cela n'a rien d'étonnant, car, sur plus d'une cinquantaine de cas qui constituent la jurisprudence du Conseil constitutionnel en ce domaine, quelques-uns seulement sont importants : c'est qu'en effet, d'une part, la portée de la décision du Conseil est fonction de l'importance des dispositions à contrôler ; or, ces dispositions sont arrêtées en une seule fois au moment de la mise en place des institutions, et ensuite elles ne subissent que de légères modifications, à moins qu'au bout d'un certain temps ne soit mise en chantier une refonte du texte initial ou du moins une réforme importante, comme ce fut le cas en 1969 à l'Assemblée nationale. D'autre part, certaines décisions sont des décisions de « second examen » en ce sens qu'elles ne font que constater le respect, par l'Assemblée, des prescriptions du Conseil lors d'une nouvelle délibération. L'ensemble des décisions « ne constitue pas moins maintenant une jurisprudence », comme l'écrit M. Vier, qui a fort bien analysé justement celle-ci.

3 . C'est la première décision du Conseil qui ait nécessité trois jours de délibération : le règlement de l'Assemblée nationale soumis au contrôle du Conseil constitutionnel comptait cent soixante-deux articles. En définitive, la Haute Juridiction a déclaré « non conformes » à la Constitution, dix articles, dont neuf partiellement (un ou deux alinéas), et « conformes sous réserve », trois autres. Quant au reste, c'est-à-dire donc cent quarante-neuf articles, ils ont été reconnus conformes sans aucune restriction. Presque simultanément, les 24 et 25 juin 1959, le Conseil rendait une décision semblable à propos du règlement du Sénat. Ces deux décisions provoquèrent un grand émoi au Parlement : les parlementaires croyaient trouver dans le Conseil constitutionnel un consultant chargé d'orienter l'activité réglementaire des Assemblées ; ils découvraient un censeur très strict, décidé à imposer l'interprétation la plus rigoureusement conforme à la lettre du texte, et en étaient d'autant plus marris que c'était la première fois, dans l'histoire constitutionnelle française, que les règlements des assemblées parlementaires étaient soumis à un contrôle.

4 . Les parlementaires n'avaient pas assez prêté attention à la lettre des textes constitutionnels et organiques ; ou peut-être avaient-ils cru qu'il pourrait y avoir quelques accommodements. La décision des *17, 18 et 24 juin* allait pleinement les détromper.

I. Le Conseil constitutionnel définit strictement les règles de procédure et de compétence

5. Les textes l'investissent d'une mission précise : selon l'article 61, al. 1er, de la Constitution, « les lois organiques avant leur promulgation, et les règlements des Assemblées parlementaires avant leur mise en application, doivent être soumis au Conseil constitutionnel, qui se prononce sur leur conformité à la Constitution » ; et de l'article 17, al. 2, de l'ordonnance portant loi organique sur le Conseil constitutionnel découle qu'il s'agit des « règlements et des modifications aux règlements ».

Interprétant à la lettre ces textes, le Conseil constitutionnel refuse de connaître d'une portion du Règlement définitif qu'on lui demandait de contrôler par anticipation pour pouvoir faire élire les membres de la Haute Cour de justice. Le juge constitutionnel refuse de statuer car il ne s'agissait là ni du règlement ni de « modifications » à ce règlement (14 mai 1959). On a pu se demander aussi si le Conseil n'avait pas « voulu éviter le risque d'être consulté au cours de l'élaboration des règlements » (Vier, *op. cit.*, p. 174). On remarquera que le président Chaban-Delmas n'a pas de chance avec ses demandes de consultation : le 14 mai 1959 comme le *14 septembre 1961* *, ses demandes sont écartées.

Il sera mieux accueilli, cependant, lorsque, en tant que président du Congrès, il soumettra au Conseil constitutionnel le règlement de cette assemblée composée du Sénat et de l'Assemblée nationale, et chargé de statuer sur la révision constitutionnelle : dans une décision du 20 décembre 1963 (*Rec.* 16, *RJC* I-13), il a accepté de vérifier la conformité de ce règlement à la Constitution, alors que l'on pouvait se demander si l'expression « règlement des Assemblées » employée par l'article 61, al. 1er, couvrait également celui du Congrès qui est, certes, une assemblée, mais d'un genre un peu particulier. C'est donc ici une interprétation large qu'adopte le Conseil constitutionnel, bien que l'article 17, al. 2, de l'ordonnance organique parle d'un règlement de « l'une ou l'autre Assemblée » (cf. *infra*, p. **12**-21).

6. La saisine du Conseil constitutionnel a été faite par le président de l'Assemblée, et il n'aurait pu s'y soustraire.

Cela ne veut pas dire qu'elle est automatique, car le Conseil constitutionnel doit attendre la transmission du texte du règlement ou des modifications par le président de l'Assemblée. Celui-ci ne peut s'abstenir de le faire, mais il a quand même un certain pouvoir discrétionnaire quant au moment choisi pour déclencher le contrôle. En l'espèce, le président de l'Assemblée n'a pas attendu longtemps, puisque le règlement adopté définitivement le 3 juin a été transmis au Conseil constitutionnel le 6 juin. Il est vrai que, de toute façon, l'Assemblée était tenue de remplacer son règlement provisoire par un règlement définitif avant une date déterminée. Mais, dans d'autres cas, le délai pourra être plus long. En toute hypothèse, le Conseil doit être saisi avant la mise en application du règlement, comme lui en fait l'obligation l'article 61, al. 1er, de la Constitution.

7 . On doit remarquer que, dans la présente espèce, les députés se seraient volontiers dispensés de saisir le Conseil constitutionnel. Or, paradoxalement, c'est un parlementaire, et non pas le gouvernement, qui, lors de la discussion de l'avant-projet de Constitution devant le Comité consultatif, a proposé une saisine obligatoire du Conseil, alors que l'exécutif proposait une saisine facultative, « à la demande du président de l'Assemblée intéressée ». Par un amendement de M. Gilbert-Jules – parlementaire radical et futur membre du Conseil constitutionnel –, ce membre de phrase fut supprimé, et le contrôle devint obligatoire (avis et débats du comité consultatif constitutionnel, p. 46). Il est probable qu'il n'aurait que très peu fonctionné si le texte de l'avant-projet gouvernemental avait été maintenu.

8 . *La forme de la décision* des *17, 18 et 24 juin* est curieuse, car, ne distinguant pas motifs et dispositif, elle ne ressemble pas aux arrêts du Conseil d'État. Le raisonnement est exposé, mais pas sous forme de considérants ; et, au surplus, les constatations de conformité ne sont pas motivées. On ne sait si le Conseil souhaitait mettre au point une nouvelle technique propre de rédaction de ses décisions ou bien s'il trouvait plus commode d'exposer ainsi les diverses solutions. En toute hypothèse, il n'a adopté cette formulation que pour les quatre premières décisions (1 à 4 DC de juin-juill. 1959) ; dès le 15 janvier 1960 (5 DC, *Rec.* 15, *RJC* I-3), il utilise la technique de rédaction par « considérant », qui est celle du Conseil d'État et que le juge constitutionnel emploie déjà depuis le début, lorsqu'il met en œuvre ses autres compétences, notamment en matière électorale. Et, désormais, l'article 20 de l'ordonnance organique selon lequel « la déclaration du Conseil constitutionnel est motivée » est mieux respecté, car les déclarations de conformité sont elles aussi motivées. Par ailleurs, la publication au *Journal officiel* imposée par le même article 20, qui, dans les premières décisions et notamment celle des *17, 18 et 24 juin*, s'est faite *après* la communication du texte de la décision à l'Assemblée concernée, est ensuite effectuée *avant* toute communication à l'Assemblée. On ne comprend pas très bien ce changement, car l'autorité qui est directement intéressée et chargée d'appliquer la décision est bien le président de l'Assemblée : de même que les décisions prises en vertu de l'article 37, al. 2, sont « notifiées » au Premier ministre, de même que celles prises en vertu de l'article 61, al. 1er, auraient pu continuer à être notifiées au président de l'Assemblée intéressée.

9 . Et ceci aurait été d'autant plus logique que *le Conseil constitutionnel applique rigoureusement à l'égard de l'Assemblée les dispositions de l'article 62 de la Constitution*, selon lesquelles les décisions de la Haute Juridiction « s'imposent aux pouvoirs publics ».

10 . Le Conseil constitutionnel a mis ainsi au point, dans ses premières décisions, un mécanisme qui découle certes des textes, mais n'était pas forcément imposé par eux. La décision des *17, 18 et 24 juin* déclare non conformes à la Constitution une douzaine d'articles et

valide le reste. Que fait alors l'Assemblée nationale ? Elle reprend l'élaboration du règlement quelques jours après la décision du Conseil et, tenant compte des observations de celui-ci, elle représente les dispositions corrigées le 24 juillet au Conseil, qui, le jour même, après avoir visé sa précédente décision des *17, 18 et 24 juin*, déclare « conforme à la Constitution l'ensemble des dispositions du règlement de l'Assemblée nationale, tel qu'il se présente compte tenu, d'une part, des modifications qui, en application de la décision susvisée du Conseil constitutionnel résultent des suppressions effectuées dans le texte des articles... et des nouvelles rédactions données aux articles... par la résolution de l'Assemblée nationale en date du 21 juillet 1959, et d'autre part, des rectifications d'erreur matérielle... signalées par la lettre du président de l'Assemblée nationale en date du 8 juillet 1959 ». Il s'agit donc d'un « deuxième examen », comme il est indiqué dans le recueil même des décisions du Conseil. Il en a été de même pour le règlement du Sénat : examiné les 24 et 25 juin 1959, il n'a cependant été rediscuté qu'en octobre 1960 (pour des raisons que nous verrons plus loin) et finalement soumis pour un « deuxième examen » au juge constitutionnel le 18 novembre 1960 (9 DC, Rec. 17, *RJC* I-6). On peut relever aussi comme décision de « deuxième examen » celle du 15 octobre 1964 faisant suite à une première décision du 21 janvier 1964 (26 DC et 25 DC, Rec. 23, *RJC* I-13, et 25, *RJC* I-14), et celle du 15 janvier 1970 faisant suite à la décision concernant une importante révision du règlement de l'Assemblée nationale du 20 novembre 1969 (38 DC et 37 DC, Rec. 21, *RJC* I-20, et 15, *RJC* I-19). On notera toutefois que, dans ces deux derniers cas, la mention « deuxième examen » n'est pas portée dans le recueil des décisions et que la première décision n'est pas visée dans la seconde, comme cela était fait auparavant.

11. Pourquoi y a-t-il ainsi *un double examen ?* La Constitution et la loi organique ne l'ordonnent pas expressément. Cependant, le Conseil constitutionnel et les Assemblées ont dû tirer cette obligation de l'article 17, al. 2, selon lequel, « les règlements et *les modifications* » sont soumis au Conseil. On a donc interprété le terme « modifications » au sens large comme englobant toute correction, même non spontanée, des dispositions du règlement. À vrai dire, il n'y a pas « modification », puisque le règlement n'est pas encore adopté ; il y a rectification d'un projet de règlement. On peut d'ailleurs objecter en ce sens qu'une disposition d'une loi déclarée non conforme n'est pas soumise à nouveau, après remaniement, au Conseil constitutionnel. Ceci est exact, mais cela tient à ce que le nouveau texte (soit issu d'une deuxième délibération demandée par le Président de la République, soit résultant d'une nouvelle loi après que la première eut été promulguée sans les dispositions litigieuses) n'est pas obligatoirement soumis au Conseil ; tandis que le règlement l'est, lui. Et on constate alors que la vérification de conformité à double détente est, sinon imposée, du moins très étroitement liée à la saisine obligatoire : en effet, on observe que le même mécanisme se déclenche lorsque les dispositions d'une loi organique sont déclarées non conformes ; il y a alors, après la première décision de non-conformité, une seconde décision de « deuxième examen », dans

laquelle il est expressément fait référence à la première (voir décisions 31 DC et 33 DC des 26 janv. et 12 juill. 1967, *Rec.* 19, *RJC* I-16, et 21, *RJC* I-17). La référence à ses propres décisions à laquelle a recours le Conseil en matière de contrôle des lois organiques et des règlements d'Assemblée n'a donc rien d'étonnant, car il n'y a là que l'application de l'autorité de chose jugée, rendue évidemment très contraignante par le caractère obligatoire de la saisine. On mesure d'ailleurs là l'efficacité que pourrait avoir le contrôle par le juge constitutionnel de l'application de ses propres décisions, s'il était habilité à se saisir lui-même.

12 . Ce système de contrôle à double détente a cependant été étendu aux lois ordinaires et plusieurs exemples peuvent être cités à partir de 1982 (**31**-22 ; **32**-18).

13 . Ce caractère contraignant et efficace de l'autorité de chose jugée est au surplus renforcé par l'affirmation que cette autorité s'étend non seulement au dispositif, mais aux motifs qui en sont le soutien nécessaire, la décision, très générale, du *16 janvier 1962* * s'appliquant évidemment aussi aux décisions intervenues en matière de contrôle des règlements d'Assemblée.

14 . *Cette rigueur a été vivement ressentie par les parlementaires* ; néanmoins, les Assemblées ont toujours appliqué à la lettre les décisions du Conseil.

En juin 1959, si l'Assemblée nationale s'est vite inclinée après la décision des *17, 18 et 24 juin*, il n'en a pas été de même du Sénat, qui a attendu près d'un an et demi avant de reprendre et de corriger les dispositions déclarées non conformes par le Conseil. Cette « grogne » a été fortement marquée par le rapporteur du projet de règlement, pourtant membre de la majorité, le sénateur Marcel Prélot (par ailleurs professeur de Droit constitutionnel) : « une nouvelle rédaction faite sur-le-champ... eût paru un acquiescement... Votre commission a pensé que s'imposait à elle une attitude raisonnable, c'est-à-dire marquant à la fois sa déférence pour le Conseil constitutionnel et son désaccord sur le fond » (*J.O.*, Débats Sénat, séance du 27 oct. 1960, cité par Vier, p. 201).

De même, lors de l'importante révision du règlement de l'Assemblée nationale entreprise en 1969 à l'initiative du président Chaban-Delmas et des divers groupes (à l'exception du groupe communiste), le rapporteur, M. Jean-Philippe Lecat, député U.D.R., avait certes, dans son « rapport supplémentaire » déposé après la décision du Conseil constitutionnel du 20 novembre 1969 (nº 962, 1re session ordinaire de 1969-1970. Annexe au P.V. de la séance du 11 déc. 1969), présenté le contrôle à double détente du Conseil comme créant « l'occasion d'un dialogue entre le Conseil et les Assemblées qui peut – dans son principe – éclairer utilement les citoyens : mais il n'avait pas manqué d'exprimer devant l'Assemblée l'étonnement et la déception des députés, dont certaines innovations avaient été rejetées ; il avait même adressé au Conseil constitutionnel et au gouvernement cette exhortation : « Puissent le juge constitutionnel, dans l'exercice de sa haute mission, et le gouvernement dans la conception qu'il fera prévaloir d'un exact rapport entre le législateur et l'exécutif, ne pas négliger cet avertissement de Royer-Collard : "Les Constitutions ne sont pas des tentes dressées pour le sommeil" » (*J.O.*, Débats Ass. nat., 2e séance du 17 sept. 1969, p. 5024).

15 . Les Assemblées ont accepté même de se conformer à l'interprétation officielle donnée de certains articles par le juge (grâce notamment à la technique de la conformité sous réserve) et allant, du moins pour le règlement de l'Assemblée nationale, jusqu'à reproduire au regard de chaque article concerné l'interprétation du Conseil dans son édition officielle.

En fait, si les parlementaires ont regimbé notamment après les premières décisions, c'est bien sûr parce que c'était la première fois qu'un tel contrôle s'exerçait en France, mais aussi et surtout du fait de la rigueur avec laquelle le Conseil a entendu la notion de « conformité à la Constitution ».

II - La conformité à la Constitution du règlement des Assemblées

16 . *La conformité à la Constitution* des règlements des Assemblées a été entendue de manière particulièrement sévère pour les Assemblées dès la première décision des *17, 18 et 24 juin 1959*. Est illustrée ici clairement la tendance générale du Conseil constitutionnel à concevoir de manière extensive la notion de Constitution et de manière stricte celle de conformité.

17 . Dès sa première décision, le Conseil englobe dans le bloc de constitutionnalité que doit respecter le règlement de l'Assemblée, non seulement les dispositions de la Constitution, mais celles des lois organiques ou plus exactement des ordonnances de l'article 92 portant loi organique. En effet, il déclare non conforme l'article 79 du règlement de l'Assemblée, au motif que cette disposition ne peut prévoir de peines disciplinaires, alors que l'ordonnance n° 58-998 du 24 octobre 1958 portant loi organique relative aux conditions d'éligibilité et aux incompatibilités parlementaires prévoit déjà « la démission d'office, laquelle est, à l'évidence, exclusive de peines de moindre gravité ». On peut relever aussi que les seules propositions de résolution conformes à la Constitution sont celles dont l'objet est la formulation « de mesures et décisions d'ordre intérieur ayant trait au fonctionnement et à la discipline de l'Assemblée auxquelles il conviendrait d'ajouter les seuls cas expressément prévus par les textes constitutionnels et *organiques*, tels que les articles 18 et suivants de l'ordonnance n° 59-1 du 2 janvier 1959 portant loi organique sur la Haute Cour de Justice ». Donc les dispositions du règlement prévoyant les propositions de résolutions sont conformes à la Constitution si elles ont pour objet notamment de régler les cas prévus par l'ordonnance organique.

18 . Cette jurisprudence sera appliquée par la suite à plusieurs reprises, et à partir d'une décision du 8 juillet 1966 (28 DC, *Rec.* 15)

seront même englobées les ordonnances ordinaires de l'article 92, c'est-à-dire des textes ayant simplement valeur de loi, par un considérant de principe qu'il convient de citer : « Considérant que la conformité à la Constitution des règlements des Assemblées parlementaires doit s'apprécier *tant au regard de la Constitution elle-même* que des lois organiques prévues par elle ainsi que des mesures législatives nécessaires à la mise en place des institutions prises en vertu de l'alinéa 1er de l'article 92 de la Constitution » (voir, dans le même sens : 37 DC du 20 novembre 1969, *Rec.* 15, *RJC* I-19).

19 . Dans ses décisions 92-314 DC (§ 3) et 315 DC (§ 3) le Conseil constitutionnel a tenu à préciser que c'était « *en raison des exigences propres à la hiérarchie des normes juridiques* dans l'ordre interne (que) la conformité à la Constitution des règlements des assemblées parlementaires doit s'apprécier tant au regard de la Constitution elle-même que des lois organiques prévues par celle-ci ainsi que des mesures législatives prises en vertu du 1er alinéa de l'article 92 de la Constitution ». Même précision dans les décisions 95-368 DC (§ 1), 96-381 DC (§ 2) et 96-382 DC (§ 5).

Le contrôle des règlements d'assemblée s'effectue au regard de dispositions nouvelles : la loi organique 93-1252 du 23 novembre 1993 relative à la Cour de justice de la République et la loi organique 16-646 du 22 juillet 1996 relative à la loi de financement de la sécurité sociale.

20 . Cette jurisprudence a été critiquée par la doctrine dans la mesure où elle a pour effet de subordonner la validité des règlements émanant des Assemblées élues à leur conformité aux dispositions d'actes pris par l'exécutif (investi du pouvoir législatif) sans aucun contrôle de constitutionnalité préalable. Nous avons souligné le caractère paradoxal de ces situations ; on a fait valoir de manière beaucoup plus sévère et aussi polémique qu'« au fond le problème est d'ordre beaucoup plus politique que juridique et doit être considéré avant tout du premier point de vue », car le Conseil conçoit restrictivement sa compétence lorsqu'il s'agit de censurer une loi référendaire, et l'étend quand il s'agit d'apprécier les règlements des Assemblées (Emeri et Seurin, *R.D.P.*, 1970, p. 678). Sans s'arrêter à la motivation de la décision du *6 novembre 1962* * (voir observations), qui repose quand même aussi et surtout sur des arguments de fond, on remarquera qu'un exégète particulièrement autorisé de la jurisprudence du Conseil constitutionnel, et peu suspect d'hostilité envers le Parlement, déclare qu'« un certain souci de la protection des droits et libertés du citoyen apparaît à travers certaines décisions qui *étendent* le domaine de la loi au détriment de ce qu'il convient d'appeler une *infra-légalité*, c'est-à-dire un domaine réservé *au règlement du gouvernement ou des Assemblées parlementaires dont les procédures d'élaboration offrent moins de garantie* ». Et, plus loin, il ajoute : les lois organiques « concernant le Parlement intéressent évidemment les droits du citoyen ; le Conseil constitutionnel (20 janvier 1972) a rappelé à cet égard qu'une matière qui, d'après l'article 25 de la Constitution, doit faire l'objet d'une loi organique ne peut être laissée à la discrétion du

règlement des Assemblées parlementaires » (F. Luchaire, *Mélanges Waline II*, p. 564 et 566). Il en ressort nettement que le Conseil fait davantage confiance au Parlement législateur qu'à une seule Chambre, et cela en matière de libertés publiques, et il n'a pas tort, car, dans la décision des *17, 18 et 24 juin*, est censurée une disposition qui, de nature à gêner la libre constitution des groupes politiques, a été jugée contraire à l'article 4 de la Constitution. Par ailleurs, il n'est pas choquant qu'un règlement voté par une Assemblée soit subordonné à une loi même ordinaire votée par le Parlement. En revanche, ce qui demeure critiquable, c'est que les règlements doivent se conformer à une ordonnance ordinaire, à savoir l'ordonnance n° 58-1100 du 17 novembre 1958 relative au fonctionnement des Assemblées parlementaires. Il reste que le Parlement peut modifier par une loi ordinaire cette ordonnance ; MM. Emeri et Seurin font valoir cependant que « ce point de vue peut être théoriquement contesté pour l'ordonnance n° 58-1100, qui ne porte pas loi organique et dont les dispositions peuvent sembler étrangères à l'article 34 quand on l'interprète strictement » (*op. cit.*, p. 678) ; en fait, cette ordonnance a été modifiée jusqu'ici par une ordonnance de l'article 38 (n° 60-529 du 4 juin 1960) et plusieurs fois par une loi ordinaire (cf. notamment la loi du 10 mai 1990). Et le Conseil constitutionnel a tenu à préciser dans ses décisions 92-314 DC et 315 DC (§ 3) que les modifications ou adjonctions apportées par la loi à ladite ordonnance postérieurement au 4 février 1959 s'imposent également à une assemblée parlementaire lorsqu'elle modifie ou complète son règlement ».

Le Conseil constitutionnel a rappelé dans les décisions n° 96-381 DC et 96-382 DC du 14 octobre 1996 que les dispositions de l'ordonnance n° 58-1100 DC du 17 novembre 1958 « ne s'imposent à une assemblée parlementaire lorsqu'elle modifie ou complète son règlement que pour autant qu'elles sont conformes à la Constitution ». Cette solution qui avait déjà été retenue dans la décision n° 77-86 DC du 3 novembre 1977 permet au juge constitutionnel d'écarter d'éventuelles dispositions contraires à la Constitution mais qui n'ont pu être soumises à son examen en raison du caractère facultatif de la saisine. Cette solution soulève cependant de nombreuses incertitudes (voir E. Oliva, obs. *in RFDC*, 1997, n° 29, pp. 94-107).

21 . On notera que, dans une décision rendue à propos du vote bloqué, le Conseil constitutionnel s'est référé à la pratique constitutionnelle et à la « coutume parlementaire » (5 DC du 15 janvier 1960), mais on ne peut dire qu'il ait intégré les règles coutumières dans le bloc de constitutionnalité.

22 . Entendant largement la notion de Constitution, le Conseil constitutionnel conçoit en revanche strictement celle de conformité dans la décision des *17, 18 et 24 juin*.

23 . Il aurait pu se contenter d'exiger que les dispositions des règlements soient *compatibles* avec les règles du bloc de constitutionnalité. En réalité, dès sa première décision, et de manière

continue par la suite, il a exigé qu'elles soient strictement conformes, c'est-à-dire que ces dispositions reproduisent le « modèle », le schéma contenu dans la règle constitutionnelle. C'est ainsi que, dans la décision des *17, 18 et 24 juin*, il déclare non conforme l'article 31-5 du règlement, au motif que cette disposition qui limite le temps de parole des ministres à cinq minutes ne découle pas de l'article 31 de la Constitution, dont aucune disposition ne prévoit expressément cette possibilité de limitation : la règle n'était pas incompatible avec la règle supérieure, car la limitation du temps de parole ne faisait pas obstacle à ce que « les ministres soient entendus quand ils le demandent » ; mais elle ne pouvait prendre appui sur aucune autorisation contenue dans l'article 31. Cette position a été confirmée par la décision 95-368 DC. Dans certains cas exceptionnels, la conformité est poussée à l'extrême, car elle se déduit du fait que la disposition du règlement d'Assemblée reproduit exactement une disposition d'une loi organique précédemment jugée conforme à la Constitution (19 DC du 31 juil. 1962, *Rec.* 19, *RJC* I-10). En dehors de ce cas extrême, on peut citer des exemples semblables à celui de la décision des 17, 18 et 24 juin, dans d'autres décisions : la disposition qui étend aux présidents de commissions le droit de poser des questions au gouvernement n'est pas conforme à l'article 48, al. 2, de la Constitution, parce que cet article confère ce droit aux seuls « membres du Parlement » pris individuellement : en tant que membre du Parlement, le président de commission pourra poser des questions, mais pas en tant que président (37 DC du 20 nov. 1969). Cette décision du 20 novembre 1969 contient également d'autres exemples.

Le rapport de constitutionnalité ne présente pas la même intensité suivant la nature des normes contrôlées, les règlements se composant de trois catégories de normes (celles appliquant simplement la Constitution, celles qui la complètent en la précisant et celles qui ne sont pas prévues par la Constitution) : si une stricte conformité peut être exigée pour les premières dispositions, les deux autres peuvent s'accommoder d'une simple compatibilité (E. Oliva, somm. comm., *D.* 1997, nº 16, p. 126). La décision nº 95-366 DC du 8 novembre 1995 illustre cette différence d'intensité.

24 . M. Vier a fait très justement observer que la conformité sera d'autant plus stricte que le texte supérieur contiendra des règles relevant normalement ou relevant autrefois de la compétence réglementaire des Assemblées. La disposition inférieure sera alors, comme dans le cas précité du 31 juillet 1962, une reproduction pure et simple de la règle supérieure.

25 . Enfin, la technique de la conformité sous réserve fait son apparition dans la décision des *17, 18 et 24 juin* à l'article 2 : les articles 48-6, 139-1 et 144 sont déclarés conformes « sous réserve ». On la retrouvera dans une série d'autres décisions relatives aux règlements des deux assemblées : 18 DC, 37 DC, 48 DC, 49 DC, 64 DC, 206 DC, 292 DC, 301 DC, 314 DC, 315 DC, 338 DC, 339 DC, 366 DC, 368 DC, 381 DC et 382 DC. La technique de la conformité sous réserve permet, comme le montre la

présente décision des *17, 18 et 24 juin*, « de faire application immédiate d'une déclaration de non-conformité, une disposition connexe n'étant alors considérée comme non contraire à la Constitution que “sous réserve de l'incidence” de ladite déclaration de non-conformité » ; elle peut aussi permettre de réduire la portée d'une disposition (Vier, p. 191).

26 . Cette technique inaugurée par la décision 2 DC, à propos des règlements d'Assemblée, est utilisée aussi en ce qui concerne les textes de forme législative (par exemple 30 janvier 1968, Publicité O.R.T.F.), les lois (35 DC du 30 janvier 1968, impôts directs locaux, *127 DC des 19 et 20 janvier 1981*, *Sécurité et liberté* * et, surtout *181 DC des 10 et 11 octobre 1984*, *Entreprises de presse* *, dont le dispositif précise que les autres articles de la loi ne sont pas contraires à la Constitution « sous les strictes réserves d'interprétation énoncées plus haut... »), les engagements internationaux (76-71 DC, 92-308 DC, 92-312 DC et 99-411 DC). La portée de cette décision déborde donc le domaine des règlements d'Assemblée.

Depuis 1987, la technique a été étendue aux lois organiques : 228 DC, 235 DC, 242 DC, 273 DC, 305 DC, 336 DC, 337 DC, 349 DC, 353 DC, 354 DC, 355 DC, 356 DC, 373 DC, 379 DC, 396 DC, 410 DC.

III - La portée du contrôle exercé sur les règlements des assemblées

27 . Cette décision a été mal accueillie dans les milieux parlementaires et politiques parce qu'elle apparaissait comme témoignant de la volonté du Conseil constitutionnel de renforcer, au-delà même des textes la prépondérance du gouvernement à l'égard du Parlement. Avec un recul d'une trentaine d'années, on peut mieux juger la portée de la décision des *17, 18 et 24 juin* et de la jurisprudence qu'elle a fondée.

28 . Le Conseil constitutionnel n'a pas été systématiquement défavorable aux droits du Parlement. C'est ce que reconnaît un auteur en conclusion de la première étude sérieuse et complète qui ait été faite en ce domaine (cf. Vier, *op. cit.*, p. 205 et suiv.). Ici, comme dans d'autres cas, on répétera qu'il convient d'être nuancé dans les jugements que l'on porte sur la jurisprudence du Conseil constitutionnel.

Dans la décision même des *17, 18 et 24 juin*, la Haute Juridiction a :

- expressément réservé un domaine à l'autorité parlementaire, à savoir les « mesures et décisions d'ordre intérieur ayant trait au fonctionnement de l'Assemblée » ;
- précisé contre l'avis du gouvernement que l'Assemblée nationale peut renvoyer pour avis une question à la commission permanente compétente, même lorsqu'il y a eu saisine d'une commission spéciale, dès lors que celle-ci a été constituée à son initiative ;
- rétabli le droit que l'Assemblée avait de se prononcer sur l'opportunité de se constituer en comité secret, alors que l'Assemblée

elle-même, méconnaissant sa compétence, avait prévu dans son règlement que la réunion était de droit à la demande du Premier ministre ;

- interdit, indirectement, au gouvernement de clore une session extraordinaire, convoquée à la demande de la majorité des membres composant l'Assemblée nationale, avant que ne soit épuisé l'ordre du jour de cette session ;

- refusé enfin le droit à l'Assemblée d'empêcher la formation même d'un groupe politique en se faisant juge de la conformité de la déclaration politique dudit groupe à l'article 4 de la Constitution, ce qui est de nature à préserver les libertés publiques tant à l'égard de la majorité de l'Assemblée que du gouvernement, les deux pouvant être très proches l'un de l'autre.

29 . Contre la majorité également, le Conseil constitutionnel a par la suite préservé les droits individuels des membres de l'Assemblée à l'égard des organes de celle-ci : droit de poser une question orale dénié à un président de commission ès qualités et réservé au membre (20 nov. 1969) ; rappel du principe du vote personnel (même décision) ; garantie de la possibilité aux non-inscrits de disposer de certains droits au sein des Assemblées et de constituer un groupe sans programme politique, « l'obligation faite à chaque groupe de rendre publique une déclaration politique formulant les objectifs et les moyens de la politique qu'il préconise *n'emportant aucun contrôle sur le contenu de cette déclaration...* » (42 DC du 18 mai 1971). Notant que le Conseil fait ainsi application de la jurisprudence établie les *17, 18 et 24 juin*, MM. Emeri et Seurin estiment qu'il va même plus loin qu'en juin 1959, dans la mesure où il laisse entendre que non seulement l'Assemblée n'est pas compétente pour vérifier la conformité d'une déclaration politique à l'article 4 de la Constitution, mais que le Conseil lui-même ne se reconnaîtrait pas compétent pour le faire.

30 . Et ces auteurs ajoutent une remarque qui donne une portée assez inattendue à la jurisprudence du Conseil : « On pourrait se demander alors à qui en revient la charge, et, malgré soi, on est porté à rapprocher les deux précédentes (*18 et 24 juin 1959* et 18 mai 1971) de celle que le Conseil a rendue le *16 juillet 1971* * à propos de la loi sur le contrat d'association, pour laquelle il a refusé l'idée de tout contrôle préalable à la création d'un groupe politique. Pour la Haute Juridiction – et l'on ne peut que s'en réjouir –, toutes les opinions peuvent prétendre *a priori*, s'exprimer librement, même celles qui n'en sont pas » (*R.D.P.*, 1972, p. 385). Et cette remarque rejoint le commentaire déjà cité de M. Luchaire, selon lequel le Conseil constitutionnel assume une protection directe ou individuelle des libertés en contrôlant les règlements des Assemblées (*Mélanges Waline II*, p. 568 et 569).

Cet aspect de la jurisprudence du Conseil constitutionnel ne peut manquer d'avoir un grand intérêt depuis que l'on a ouvert la saisine à la minorité parlementaire.

31 . Ceci étant précisé, il est bien évident qu'en assurant le contrôle de la constitutionnalité des règlements d'assemblée le

Conseil constitutionnel a largement contribué à astreindre le Parlement au respect des règles du « parlementarisme rationalisé ».

Il a fait obstacle à toute tentative de reconquête des pouvoirs détenus auparavant, notamment quant au contrôle du gouvernement. Dès sa première décision des *17, 18 et 24 juin 1959*, il a entendu empêcher les parlementaires de retrouver un droit d'initiative ou de contrôle par le biais des propositions de résolution : « ... que, dans la mesure où de telles propositions tendraient à orienter ou contrôler l'action gouvernementale, leur pratique serait contraire aux dispositions de la Constitution... », ...« que dans la mesure où les propositions de résolution participeraient du droit d'initiative de parlementaires en matière législative..., la pratique de telles propositions... se heurterait à la lettre de la Constitution »...

Le juge constitutionnel a aussi fait obstacle à une reconquête des droits du Parlement en matière de :

- fixation de l'ordre du jour (dans la présente décision à propos de l'article 48, al. 6, du Règlement et aussi dans 3 DC, 25 DC, 37 DC, 292 DC, 314 DC, 315 DC, 366 DC et 368 DC).
- recours au vote bloqué (5 DC) ;
- questions orales (3 DC, 25 DC, 37 DC et 368 DC).
- contrôle des sénateurs sur la politique gouvernementale (64 DC) et des députés grâce notamment à l'attribution aux commissions permanentes ou spéciales des prérogatives des commissions d'enquête (96-381 et 382 DC du 14 octobre 1996) ou grâce aux missions d'information temporaires portant sur les conditions d'application d'une législation (64 DC, 94 DC, 275 DC, 292 DC et 301 DC).
- respect de l'article 40 de la Constitution. Lorsqu'une proposition de loi se heurte à l'article 40, la procédure législative ne peut, en aucun cas, être engagée à son égard. Le dépôt d'une telle proposition ne doit pas être annoncé en séance publique. Elle ne doit être ni imprimée, ni distribuée, ni renvoyée à une commission (94 DC).
- respect de l'article 41 : la faculté d'opposer l'irrecevabilité doit résulter de la seule initiative du gouvernement prise sans que celui-ci ait à exposer, au cours d'un débat préalable, les raisons de nature à déterminer son appréciation (95-366 DC).
- respect des prérogatives du Premier ministre fixées par l'article 28 alinéa 3 de la Constitution en ce qui concerne la tenue de jours supplémentaires de séance même en dehors des semaines où l'assemblée est réunie (95-366 DC, 8 novembre 1995, 95-368 DC, 15 décembre 1995).
- respect de l'ordonnance du 2 janvier 1959 relative aux lois de finances (vote préalable de la première partie du projet de loi de finances : 118 DC, 124 DC et 309 DC).

On notera que dans ses décisions 92-314 DC, 315 DC, 366 DC et 368 DC le Conseil constitutionnel a, à nouveau, souligné son souci de ne pas voir entamer les prérogatives du Gouvernement :

- le Sénat ne peut imposer au Gouvernement un délai minimum pour statuer sur des propositions d'actes communautaires (315 DC, § 12) ;
- le vote par chaque assemblée d'une résolution concernant une proposition d'acte communautaire ne saurait ni porter atteinte aux

prérogatives que le gouvernement tient de la Constitution, ni conduire à la mise en œuvre de sa responsabilité laquelle demeure régie exclusivement par les règles définies aux articles 49 et 50 de la Constitution » (314 DC, § 7).

IV - LE RÈGLEMENT D'ASSEMBLÉE N'A PAS VALEUR CONSTITUTIONNELLE

32 . On a pu se demander, à propos d'une décision du 23 juillet 1975 (v. nos observ. in *R.D.P.*, 1975, p. 1326) si le règlement d'assemblée devait entrer dans le bloc de constitutionnalité au regard de la loi ; mais une décision du 27 juillet 1978 (*Rec.* 31, *RJC* I-62) déclare que le règlement de l'Assemblée nationale « n'a pas, en *lui-même, valeur constitutionnelle* » et ceci a été confirmé par les décisions du *23 mai 1979* *, 117 DC du 22 juillet 1980, *Rec.* 42, *RJC* I-81, *19-20 janvier 1981* *, 136 DC du 31 décembre 1981, *Rec.* 48, *RJC* I-116, 155 DC du 30 décembre 1982, *Rec.* 88, *RJC* I-149, 171 DC du 18 juin 1984, *Rec.* 19, *RJC* I-185, *10-11 octobre 1984* *, 218 DC du 18 novembre 1986, *Rec.* 167, *RJC* I-294, 261 DC du 28 juillet 1989, *Rec.* 81, *RJC* I-370, 274 DC du 29 mai 1990, *Rec.* 61, *RJC* I-403, 278 DC du 7 novembre 1990, *Rec.* 79, *RJC* I-410 ; 329 DC du 13 janvier 1994, *RJC* I-562 ; 334 DC du 20 janvier 1994, *RJC* I-573.

4

9 juillet 1959

LAFOREST C/ SINSOUT

Droit constitutionnel électoral

Contrôle de la régularité des élections sénatoriales

Décision 59-213, Rec. 246.
Dordogne.
Article 59 de la Constitution.
Propagande à caractère corporatif, ampleur de l'irrégularité, annulation.
Étendue des pouvoirs du Conseil constitutionnel en matière électorale.

RÉFÉRENCES

a) *Notes doctrinales*

b) *Autres références*

- PHILIP (L.) : *Le contentieux des élections aux assemblées politiques françaises*, L.G.D.J., 1961, p. 105 et 217. - PHILIP (L.) : Les attributions et le rôle du Conseil constitutionnel en matière d'élections et de référendum, *R.D.P.*, 1962, p. 60. - PHILIP (L.) : Chronique constitutionnelle, *R.D.P.*, 1975, p. 451, et *R.D.P.*, 1977, p. 1597. - FRANCK (C.) : *Droit des élections*, Delmas, 1988. - PHILIP (L.) : Jurisprudence du Conseil constitutionnel, *R.F.D.C.*, nº 13, 1993, p. 140. - CAMBY (J.-P.) : *Le Conseil constitutionnel, juge électoral*, Sirey, 1996.

c) *Jurisprudence*

• Décision du 16 juin 1959, *Rec.* 240 (Sénat, Seine), Propagande, utilisation du papier à en-tête du ministère de la Justice.
• Décision du 8 nov. 1965, *Rec.* 64 (Sénat, Moselle), Propagande, affichage.
• Décision du 27 janv. 1972, *Rec.* 41 (Sénat, Alpes-Maritimes), Désistement erroné, incident au cours du dépouillement.
• Décision du 5 fév. 1975, *Rec.* 49 (Sénat, Réunion), Déroulement du scrutin, calcul de la majorité absolue.

- Décision du 23 nov. 1977, *Rec.* 87 (Sénat, Yvelines), Retrait, annulation d'un jugement du Tribunal administratif.
- Décision du 3 fév. 1987, *Rec.* 20 (Sénat, Rhône), Diffusion auprès de certains électeurs de documents d'information par le canal d'une association.
- Décision du 3 mars 1987, *Rec.* 29 (Sénat, Guadeloupe), non acheminement des circulaires et bulletins d'un candidat ; pressions exercées sur les électeurs.
- Décisions du 5 nov. 1992, *Rec.* 101 et 103 (Sénat, Pyrénées-Atlantiques et Réunion), utilisation des bulletins de vote du premier tour pour le second tour.
- Décision du 8 déc. 1992, *Rec.* 118 (Sénat, Nouvelle-Calédonie), régularité du tableau des électeurs : irrecevabilité en l'absence d'une saisine préalable du tribunal administratif ; composition du collège électoral, validité des votes des suppléants et principe d'égalité.
- Décision du 15 déc. 1995, *Rec.* 254 (Sénat, Bas-Rhin). Annulation de l'élection (inéligibilité du remplaçant).
- Décision du 3 mai 1996, *Rec.* 69 (Sénat, Vaucluse). Annulation de l'élection (disparition de la liste d'émargement, obstacle au contrôle du Conseil constitutionnel).
- Observations du 12 juillet 1996 émises à la suite des élections sénatoriales du 25 sept. 1995, *J.O.* juillet 1996, p. 11 321.
- Observations du 8 décembre 1998 relatives aux élections sénatoriales du 27 septembre 1998, *Rec.* 357.

LE CONSEIL CONSTITUTIONNEL,

Vu l'article 59 de la Constitution ;
Vu l'ordonnance du 7 novembre 1958 portant loi organique sur le Conseil constitutionnel ;
Vu l'ordonnance du 15 novembre 1958 relative à l'élection des sénateurs ;
Vu le décret nº 59-415 du 13 mars 1959 ;
Vu la requête et le mémoire ampliatif présentés par le sieur Henry Laforest, demeurant à Nontron (Dordogne), ladite requête et ledit mémoire enregistrés le 5 mai et le 10 mai 1959 au secrétariat du Conseil constitutionnel, et tendant à ce qu'il plaise au Conseil statuer sur les opérations électorales auxquelles il a été procédé le 26 avril 1959 dans le département de la Dordogne pour la désignation de deux sénateurs *en tant qu'elles ont abouti à la proclamation de l'élection du sieur Sinsout* ;

Ouï le rapporteur en son rapport ;

Considérant qu'il n'est pas contesté qu'au cours de la semaine qui a précédé les opérations électorales une circulaire émanant du bureau de la Chambre d'agriculture du département de la Dordogne, établissement public, ainsi que du bureau de la Fédération des syndicats d'exploitants agricoles du même département et incitant les électeurs à voter uniquement pour les candidats faisant état de professions agricoles, a été envoyée à tous les membres du collège électoral sénatorial de ce département ; que, faisant suite à cette circulaire, de nombreux tracts anonymes tendant au même objet ont été adressés, par des envois répétés, aux électeurs sénatoriaux sous enveloppes spéciales, portant, imprimée au tampon encreur, la mention «Élections sénatoriales» et affranchies irrégulièrement au tarif réduit de 1 F. ; que, dans ces conditions, et eu égard notamment à *l'ampleur* revêtue par cette propagande, à son caractère nettement *discriminatoire* et *corporatif* ainsi qu'à *l'irrégularité des procédés utilisés* pour faire parvenir ces documents à leurs destinataires, l'envoi de tels documents doit être regardé comme ayant pour effet de porter atteinte à la liberté de la consultation ; que, dès lors, et sans qu'il soit besoin d'examiner les autres moyens de la requête, il y a lieu de prononcer l'annulation de l'élection contestée.

Décide :

ARTICLE PREMIER. - L'élection du sieur Sinsout comme sénateur de la Dordogne est annulée.
ART. 2. - La présente décision sera notifiée au Sénat et publiée au *Journal officiel* de la République française.

(*J.O.*, 26 juil. 1959, p. 7437).

La composition du Conseil constitutionnel à la date du 9 juillet 1959 était la suivante : M. NOËL (Président), MM. AURIOL, CHATENET, COTY, DÉLÉPINE, GILBERT-JULES, LECOQ DE KERLAND, MICHARD-PELLISSIER, PASTEUR VALLERY-RADOT, PATIN, POMPIDOU.

OBSERVATIONS

1. Cette décision était, jusqu'en 1995, la seule à avoir annulé une élection sénatoriale. C'est sans doute aussi l'une des plus critiquables sur le plan de l'équité.

I. Le caractère particulier des élections sénatoriales

2. Lors des élections du printemps 1959, deux organismes agricoles du département de la Dordogne, dont un établissement public, avaient adressé une circulaire aux électeurs sénatoriaux, en les invitant à ne voter que pour des candidats faisant état de professions agricoles. De nombreux tracts anonymes ayant le même objet avaient également été distribués. Le Conseil constitutionnel, après avoir constaté la réalité, l'ampleur et l'irrégularité des procédés utilisés, prononce l'annulation de l'élection, en soulignant le caractère nettement discriminatoire et corporatif de cette propagande.

3. Les circonstances de l'affaire sont assez voisines de celles concernant l'élection du député de la troisième circonscription de la Drôme (cf., *supra*, décision n° 2). Le procédé utilisé est identique. On pourrait donc penser que le problème est exactement le même. En réalité, la situation est différente. La campagne électorale sénatoriale n'a que peu de rapports avec celle du député. S'agissant d'une élection à deux degrés, les candidats ont ici affaire à un collège électoral beaucoup plus restreint, et leur propagande ne nécessite pas des moyens financiers aussi importants. Elle repose sur un ensemble de contacts personnels, de relations entre parlementaires, conseillers généraux et municipaux, de soutien d'organismes professionnels, etc. Les irrégularités de propagande sont beaucoup moins nombreuses, mais les interventions, pressions ou manœuvres sont à la fois plus discrètes et plus efficaces : il est plus facile d'influencer quelques centaines de personnalités que des dizaines de milliers d'électeurs.

Le juge doit tenir compte de ces différences. Ceci d'autant plus que la réglementation n'est pas la même. Elle est beaucoup plus souple s'agissant des élections sénatoriales. Si l'État prend également à sa charge l'envoi d'un certain nombre de bulletins et de circulaires, afin de favoriser l'égalité entre les candidats, les textes n'interdisent pas, comme c'est le cas pour les députés, l'utilisation d'autres moyens de propagande. Les candidats sont libres d'envoyer à leurs électeurs, en plus des documents autorisés, autant de circulaires, de professions de foi ou de lettres qu'ils le désirent (cf. Sénat, Seine, 1959). Ils peuvent diffuser des documents par le canal d'associations qu'ils président (Sénat, Rhône, 1987). Ils peuvent apposer leurs affiches non seulement sur les panneaux prévus à cet effet, mais également sur la voie publique (cf. Sénat, Moselle, 1965). De nombreux moyens de propagande considérés comme irréguliers lors de l'élection des députés sont parfaitement admis pour l'élection des sénateurs.

4. Mais, si la propagande électorale est beaucoup plus souple, elle doit tout de même respecter un certain nombre de règles. Les procédés utilisés ne doivent pas constituer des pressions ou des manœuvres susceptibles de porter atteinte à la liberté ou à la sincérité de la consultation. Ainsi, le Conseil constitutionnel critique l'utilisation par un membre du gouvernement de papier à en-tête de son ministère à des fins de polémique électorale (Sénat, Seine, *op. cit.*), ou

l'installation à proximité du bureau de vote d'un camion-buvette portant une enseigne favorable à l'une des listes en présence.

5 . Dans cette affaire, le Conseil constitutionnel sanctionne à la fois l'intervention d'un organisme ayant le caractère d'un établissement public, l'envoi de tracts sous enveloppes revêtant un aspect officiel et bénéficiant d'un tarif de faveur, et surtout la teneur de ces documents qui invitaient les électeurs à ne voter que pour des candidats faisant état de professions agricoles.

En ce qui concerne le déroulement des opérations électorales, la réglementation est assez proche de celle qui s'applique à l'élection des députés. Toutefois, il semble que le Conseil constitutionnel se montre moins sévère à l'égard des irrégularités commises dans le déroulement du scrutin, car les fraudes sont plus difficiles s'agissant des élections sénatoriales que s'agissant des élections à l'Assemblée nationale. Il en est ainsi même lorsque les irrégularités sont particulièrement graves, telles que par exemple l'ouverture de l'urne au cours des opérations électorales (décision 349) ou la remise de dons en argent à certains électeurs accompagnée de suggestions de vote (décision 1023). De même, le Conseil a jugé que l'absence de vérification d'identité des électeurs n'était pas une cause d'annulation, compte tenu de la composition très restreinte du collège électoral qui rendait, en fait, très difficile une fraude quelconque. En ce qui concerne le mode de preuve, il se montre assez exigeant vis-à-vis des requérants : d'une manière générale, il estime que les irrégularités ne peuvent pas être considérées comme établies si elles n'ont pas été mentionnées dans les procès-verbaux des opérations électorales (décision 242).

6 . Comme pour l'élection des députés, le Conseil constitutionnel a une conception très restrictive de sa compétence. Il refuse de statuer sur toutes les opérations annexes à l'élection proprement dite : établissement de la liste des candidats aux sièges de sénateurs représentant les Français de l'étranger (décision 211) ; régularité du tableau des électeurs sénatoriaux lorsque ce moyen est soulevé pour la première fois devant lui (décisions 219/222 et 228/230). Sont également irrecevables les requêtes tendant à l'annulation du jugement d'un tribunal administratif relatif à la désignation des membres du collège électoral sénatorial dans la mesure où l'élection n'est pas elle-même contestée (décisions 221, 227 et 239). Enfin le Conseil s'est déclaré incompétent pour statuer, à l'occasion de la contestation d'une élection sénatoriale, sur la conformité à la Constitution d'une disposition de loi organique relative à la composition du Sénat, bien que la Constitution le charge expressément du contrôle de ces lois. Un requérant contestait la procédure de cooptation utilisée pour la désignation des sénateurs représentant les Français de l'étranger, qu'il considérait comme contraire à l'article 3 de la Constitution (« La souveraineté appartient au peuple... le suffrage est toujours universel... »). Le Conseil constitutionnel s'est refusé à examiner ce moyen, estimant que le contrôle qu'il exerce au titre de l'article 61 de la Constitution ne peut être exercé *qu'avant* la promulgation des lois qui lui sont déférées (décision 224). En revanche, il accepterait d'examiner les griefs

portant sur la légalité des actes (décrets et arrêtés) relatifs au statut du Conseil supérieur des Français de l'étranger et fixant les modalités d'élection de ses membres dans le cadre d'une contestation dirigée contre l'élection d'un sénateur représentant les Français établis hors de France (décision des 16 et 20 avril 1982).

II. - LES LIMITES DU POUVOIR DU JUGE ÉLECTORAL

7 . C'est vis-à-vis du problème de l'étendue des pouvoirs du juge de l'élection que la décision rapportée présente le plus d'intérêt.

8 . Les élections se déroulant dans les départements qui désignent moins de cinq sénateurs ont lieu au *scrutin de liste* majoritaire à deux tours, avec panachage. C'était le cas de la Dordogne. Ce département avait à désigner deux sénateurs. Une liste d'union réunissait un candidat socialiste et un candidat radical (M. Laforest) face à une liste R.G.R. conduite par M. Sinsout.

M. Sinsout et le candidat socialiste furent proclamés élus au deuxième tour, ce qui explique que le candidat battu, M. Laforest, limita expressément l'objet de sa requête. Il demanda l'annulation des opérations électorales « en tant qu'elles ont abouti à la proclamation de l'élection du sieur Sinsout ».

9 . Le Conseil constitutionnel se trouvait ainsi placé dans une situation embarrassante :

- D'un côté, cette élection formait un tout indissociable. Si l'opération avait été régulière, il fallait l'annuler entièrement et non pour moitié seulement. En effet, les candidats proclamés élus exerçaient tous deux une profession agricole et, par conséquent, avaient bénéficié dans les mêmes conditions de la propagande irrégulière des organismes agricoles. De plus, M. Sinsout, dont seule l'élection était attaquée, avait obtenu plus de voix que l'élu socialiste.
- D'un autre côté, le Conseil, étant une juridiction, était en principe lié par les termes de la requête et ne pouvait statuer *ultra petita* surtout en matière électorale. Il ne pouvait annuler l'élection d'un candidat n'ayant pas formellement fait l'objet d'une contestation, même si l'instruction montrait qu'elle s'était déroulée dans des conditions irrégulières susceptibles d'en fausser le résultat.

Sans doute, si l'on considère que l'élection forme un tout indissoluble, on peut admettre que le juge statue *ultra petita.* Ainsi, le Conseil d'État n'hésite pas, parfois, à annuler l'ensemble de l'élection, alors qu'il n'y avait sur la liste élue que deux inéligibles (cf. C.E. 14 oct. 1967, *Rec.* 378, élection de Bastia, *A.J.D.A.*, 1978, p. 92. V. également élection d'Arles, cf. *A.J.D.A.*, 1971, p. 559, note Lamarque et élection d'Aix, 18 janvier 1967, *A.J.D.A.*, 1967, p. 226).

Pourtant, le Conseil constitutionnel n'a pas voulu statuer *ultra petita.* Il annule, non l'opération électorale du département de la Dordogne, mais uniquement « la proclamation du sieur Sinsout comme sénateur de la Dordogne ». Comme il le précise dans une décision ultérieure, il résulte des termes des articles 33 et 35 de l'ordonnance du 7 novembre 1958 qu'il n'appartient au Conseil de statuer que sur les contestations dont il est saisi. S'il est demandé l'annulation de l'élection de deux seulement des trois élus, il ne peut prononcer l'annulation de l'ensemble du scrutin (cf. Sénat, Alpes-Maritimes, 1972).

10 . Cette décision, dont il est difficile de nier le caractère injuste, a été évidemment très critiquée. Elle fut qualifiée de « mesure partisane », de « défi lancé aux électeurs qui déconsidérait aussi bien ses auteurs que ses instigateurs » (cf. *Le Monde,* 30 juil. 1959). On peut toutefois se demander quelles auraient été les réactions si le Conseil, accusé volontiers à l'époque d'organe au service du gouvernement, avait pris l'initiative d'annuler l'élection - non contestée - d'un sénateur socialiste.

En vérité, elle est simplement la conséquence de l'interprétation restrictive de sa propre compétence par le Conseil. Elle se situe dans la suite logique de la jurisprudence *Rebeuf*, qui considère le Conseil constitutionnel, non comme le juge de la régularité du déroulement de l'élection, mais uniquement comme le juge de la sincérité de la proclamation des parlementaires dont l'élection est contestée.

11 . En 1995, le Conseil constitutionnel a annulé deux élections sénatoriales mais cette fois-ci pour des motifs indiscutables. En constatant que l'inéligibilité du remplaçant entraîne l'annulation de l'élection du sénateur proclamé élu et en sanctionnant par l'annulation de l'élection la disparition de la liste d'émargement, il ne fait que confirmer sa jurisprudence traditionnelle (v. décisions Duroure c/ Mirtin du *5 juillet 1973** et Zuccarelli du *24 janvier 1968**).

12 . À la suite des élections sénatoriales du 27 septembre 1998, il a été amené (comme il l'avait fait en 1974 à propos de l'élection présidentielle, v. **17**-15, et des élections sénatoriales de 1995) à faire un certain nombre d'observations concernant la liste des fonctions incompatibles avec le mandat de sénateur, les délais de publication de la liste des candidats, la présence au 2e tour des bulletins de candidats au 1er tour...

5

27 novembre 1959

R.A.T.P.
(1 L)

Textes de forme législative
Domaine de la loi et du règlement
Fixation des règles

Décision 59-1 L, *Rec.* 67., *RJC* II-1
Article 37, al. 2.
Ordonnance relative à la R.A.T.P.
Création de catégories d'établissements publics.
Fixation des règles par le législateur.
Ordonnance de l'article 92.
Définition extensive des textes de forme législative.

RÉFÉRENCES

a) *Notes doctrinales*

- HAMON (L.) : *D.*, 1960, p. 518.

b) *Autres références*

- COHEN (A.-G.) : La jurisprudence du Conseil constitutionnel relative au domaine de la loi d'après l'article 34 de la Constitution, *R.D.P.*, 1963, p. 745.
- VINCENT (J.) : De l'inutilité de l'article 34 de la Constitution du 4 octobre 1958, *A.J.*, 1965, p. 564. - MESNARD (A.-H.) : Dix années de jurisprudence du Conseil constitutionnel en matière de répartition des compétences législatives et réglementaires, *A.J.*, mai 1970, p. 259. - FAVOREU (L.) : La délégalisation des textes de forme législative par le Conseil constitutionnel, *Mélanges Waline*, 1974, II, p. 429. - TOULEMONDE (B.) : *A.J.*, 1972, p. 638. - FAVOREU (L.) : La procédure de l'article 37, al. 2, *R.D.P.*, 1976, p. 225 et s. - FAVOREU (L.) et PHILIP (L.) : La jurisprudence du Conseil constitutionnel en 1976, *R.D.P.*, 1977, p. 456-458. - FAVOREU (L.) et PHILIP (L.) : Le Conseil constitutionnel, *Que sais-je ?*, p. 96-103. - Travaux du colloque d'Aix-en-Provence (Le domaine de la loi et du règlement) et notamment les rapports CHARDEAU, FAVOREU, PHILIP ET RIVERO, Economica-P.U.A.M., 2e éd. 1981. - FAVOREU (L.) : Le pouvoir normatif primaire du Gouvernement en droit français, *R.F.D.C.*, 1997, p. 713-726.

c) *Jurisprudence*

- Décision 6 DC du 15 janv. 1960, *Rec.* 21, RJC I-4.
- Décision 13 L du 3 mai 1961, *Rec.* 36, *RJC* II-7.
- Décision 14 L du *18 juill. 1961* *, *RJC* II-7.
- Décision 30 L du 17 sept. 1964, *Rec.* 41, *RJC* II-18.
- Décision 50 L du 30 janv. 1968, *Rec.* 23, *RJC* II-32.
- Décision 73 L du 29 févr. 1972, *Rec.* 31, *RJC* II-48.
- Décision 74 L du 8 nov. 1972, *Rec.* 34, *RJC* II-49.
- Décision 75 L du 21 déc. 1972, *Rec.* 36, *RJC* II-50.
- Décision 108 L du 25 juillet 1979, *Rec.* 45, *RJC* II-84 (A.N.P.E.).
- Décision 122 L du 25 mars 1982, *Rec.* 97, *RJC* II-97 (A.P.E.F.).
- Décision 127 L du 10 nov. 1982, *Rec.* 103, *RJC* II-99 (Beaubourg).
- Décision 133 L du 12 oct. 1983, *Rec.* 86, *RJC* II-102 (C.N.E.X.O.).
- Décision 150 L du 17 mars 1987, *Rec.* 32, *RJC* II-124 (Caisses de crédit municipal).
- Décision 158 L du 13 juillet 1988, *Rec.* 87, *RJC* II-132 (disp. relatives aux sites).
- Décision 162 L du 5 déc. 1989, *Rec.* 100, *RJC* II-134 (Institut national de la consommation).

LE CONSEIL CONSTITUTIONNEL

Saisi le 13 novembre 1959 par le Premier ministre, dans les conditions prévues à l'article 37, al. 2, de la Constitution, d'une demande tendant à voir déclarer le caractère réglementaire des dispositions de l'article 2, al. 3, de l'ordonnance du 7 janvier 1959 relative à l'organisation des transports de voyageurs dans la région parisienne ;

Vu la Constitution, notamment ses articles 34, 37 et 62 ;

Vu l'ordonnance du 7 novembre 1958 portant loi organique sur le Conseil constitutionnel, notamment ses articles 24, 25 et 26 ;

1. Considérant que l'article 34 de la Constitution a réservé à la loi la fixation des règles concernant la création de catégories d'établissements publics ;

2. Considérant que la Régie autonome des transports parisiens constitue une catégorie particulière d'établissement public sans équivalent sur le plan national ; qu'au nombre des règles qui régissent cet établissement et qui sont du domaine de la loi en vertu des dispositions ci-dessus rappelées doit être comprise celle prévoyant la présence de représentants des collectivités locales au sein du conseil d'administration ;

3. Considérant toutefois que le nombre total des membres de ce conseil et celui des représentants des collectivités locales qui en font partie n'est pas, dans les circonstances de l'espèce, un élément déterminant de la règle visée à l'alinéa précédent ; que dès lors et en tant qu'il fixe ces nombres l'alinéa 3 de l'article 2 de l'ordonnance du 7 janvier 1959 n'est pas du domaine de la loi,

Décide :

ARTICLE PREMIER. - Les dispositions susvisées de l'article 2, al. 3, de l'ordonnance du 7 janvier 1959 ont un caractère réglementaire en tant qu'elles fixent le nombre total des membres du conseil chargé d'administrer la Régie autonome des transports parisiens et celui des représentants des collectivités locales qui font partie de ce conseil.

ART. 2 - La présente décision sera notifiée au Premier ministre et publiée au *Journal officiel* de la République française.

Délibéré par le Conseil constitutionnel dans sa séance du 27 novembre 1959.

(*J.O.*, 14 janv. 1960, p. 442).

La composition du Conseil constitutionnel à la date du 27 novembre 1959 était la suivante : M. NOËL (Président), MM. Auriol, Chatenet, Coty, Délépine, Gilbert-Jules,, Lecoq de Kerland, Michard-Pellissier, Pasteur Vallery-Radot, Patin, Pompidou.

OBSERVATIONS

1 . Plus de huit mois après sa mise en place, le Conseil constitutionnel rend sa première décision sur la base de l'article 37, al. 2. Il inaugure ainsi une jurisprudence qui compte aujourd'hui 186 décisions. Dès la première décision, le Conseil constitutionnel adoptait une solution qui allait ouvrir la voie à d'assez nombreux recours au cours des premières années : l'assimilation des ordonnances de l'article 92 à des textes de forme législative.

Mais la décision du *27 novembre 1959* présente aussi un intérêt majeur à un autre titre : statuant pour la première fois sur la définition de la compétence du législateur pour fixer « les règles » (article 34, al. 2 et 3), le Conseil constitutionnel donne une orientation décisive à sa jurisprudence relative à la répartition des compétences législative et réglementaire, jurisprudence que les deux décisions du 27 novembre (la présente et celle rendue en vertu de l'article 41, cf. *infra*, 1FNR, *27 nov. 1959**) inaugurent de manière déterminante.

2 . Les faits eux-mêmes ne présentent pas un grand intérêt et n'ont donc pas soulevé les controverses et discussions provoquées par le décret sur le prix des fermages (cf. *infra*, décision du *27 nov. 1959* *).

Il s'agissait pour le gouvernement d'obtenir l'autorisation de modifier par décret une disposition (l'article 2, al. 3) de l'ordonnance du 7 janvier 1959 relative à l'organisation des transports de voyageurs dans la région parisienne : cette ordonnance avait maintenu comme organisme de gestion, la Régie autonome des transports parisiens (R.A.T.P.), établissement public administré par un « conseil comprenant un président et quinze membres, dont trois représentants des collectivités locales » ; et le gouvernement souhaitait modifier le nombre des représentants des collectivités locales dans le conseil d'administration « sans doute pour l'augmenter légèrement » (L. Hamon).

Après avoir rappelé que, selon l'article 34, la Constitution réserve à la loi « la fixation des règles concernant la création des catégories d'établissements publics », la Haute Instance constate, sans autre explication, que « la R.A.T.P. constitue une catégorie particulière d'établissement public sans équivalent sur le plan national », et en déduit logiquement que les règles de création relèvent donc de la loi. Parmi ces règles, il range ensuite « celle prévoyant la présence de représentants des collectivités locales au sein du conseil d'administration » mais il considère, en revanche, que la disposition précisant le nombre total de membres du conseil et celui des représentants des collectivités locales ne fait pas partie intégrante de la règle précédente, parce qu'elle n'en est pas, « dans les circonstances de l'espèce, un élément déterminant ». En conséquence, la disposition fixant « ces nombres » n'est pas du domaine de la loi.

3 . En première analyse, on peut donc dégager de la décision du 27 novembre, la signification suivante :

- il existe des catégories d'établissements publics ne comportant qu'un seul établissement ;
- les règles de création d'une catégorie d'établissement public comprennent celles prévoyant, sinon la composition du conseil d'administration, du moins le principe de la participation de certains représentants ;
- le nombre des représentants au conseil d'administration n'entre pas dans cette règle de création, du moins en l'espèce ; mais si ce nombre était un « élément déterminant » de la règle, dans d'autres circonstances (mais le conseil n'indique pas lesquelles), sa fixation ferait partie de la règle ;
- le fait que le législateur soit chargé de « fixer les règles » ne signifie pas apparemment que seul le législateur intervient ;
- enfin, solution implicite mais non la moindre, comme nous allons le voir, une ordonnance de l'article 92 est « un texte de forme législative ».

I. La procédure de l'article 37 al. 2.

4. La première décision du *27 novembre* a fait de la procédure de l'article 37, al. 2, une procédure non pas exceptionnelle (comme il semblait résulter de la Constitution), mais assez fréquemment utilisée du moins au début. En effet, de mars 1959 à décembre 1966, sur quarante-deux saisines effectuées sur la base de l'article 37, al. 2, trente-six concernent des ordonnances de l'article 92. Si le Conseil n'avait pas, le 27 novembre, considéré les ordonnances de l'article 92 comme des textes de forme législative, il n'aurait statué pour la première fois (en vertu de l'article 37, al. 2) que le 16 janvier 1962, et il n'aurait rendu à ce titre que sept décisions en tout, au cours de cette période (soit deux en 1962, une en 1963, trois en 1964 et une en 1966).

1° *La définition des « textes de forme législative ».*

5. Comme le souligne M. Hamon dans son commentaire, « on aurait pu... songer à soutenir que l'article 37 visant les "textes de forme législative" ne s'appliquait pas aux ordonnances prises en vertu de l'article 92 de la Constitution, lesquelles sont valablement intervenues dans le domaine législatif, mais ne sont pas pour autant des "textes de forme législative" ». Le Conseil constitutionnel n'a pas expressément traité cette question dans sa décision, et « nous ne savons pas si (elle) a été soulevée devant (lui) » ; « mais, poursuit M. Hamon, la question est résolue au moins *implicitement*, en assimilant les ordonnances et les lois ».

6. La question pouvait en effet se poser, car, si *les ordonnances de l'article 92* ont incontestablement « force législative », il est beaucoup plus difficile de reconnaître à des actes qui ont été pris en Conseil des ministres et non promulgués une « forme législative ». Les travaux préparatoires de la Constitution ne nous donnent qu'une indication : P. Coste-Floret ayant proposé de substituer à l'expression « textes de forme législative » celle de textes « votés par le Parlement et promulgués par le Président de la République », cette proposition fut aussitôt écartée par le commissaire du Gouvernement. On peut en déduire que l'interprétation stricte (reprise par P. Coste-Floret) a été exclue. En fait, pour comprendre la décision du Conseil, il faut adopter la signification large de l'expression et la considérer comme synonyme de celle de « textes de dénomination législative » (cf. Maugius, *L'ordonnance en droit public français contemporain*, thèse, Grenoble, 1967, p. 451), ce qui permet d'y inclure les lois et toutes les ordonnances et cela correspondrait bien à l'idée selon laquelle l'insertion dans un texte de forme législative crée une présomption de caractère législatif, les appellations telles que lois ou « ordonnances » étant réservées en principe aux actes intervenant dans le domaine législatif. M. Waline, quant à lui, considère cette interprétation extensive donnée par le Conseil comme normale : « comme le texte de l'article 37, al. 2, parle, non de lois, mais de « textes de forme législative » (intervenus dans les matières qui ne

sont pas du domaine de la loi), la saisine du Conseil constitutionnel est parfaitement correcte» (*R.D.P.*, 1960, p. 1015).

7 . En admettant ainsi implicitement sa compétence, le Conseil constitutionnel a pris une décision d'une grande portée. *Tout d'abord*, comme cela a été dit plus haut, parce qu'il a ainsi donné à la procédure de délégalisation une ampleur et une importance qu'elle n'aurait pas eues sinon. *Ensuite*, parce qu'en se reconnaissant compétente la Haute Juridiction incluait par là-même les quelque 300 ordonnances prises en vertu de l'article 92 pendant la période transitoire parmi les textes susceptibles de faire l'objet d'une délégalisation, c'est-à-dire l'armature même de l'ordonnancement juridique mis en place en même temps que le nouveau système constitutionnel. Peut-on alors considérer que, ce faisant, le Conseil constitutionnel a rendu service au gouvernement, en lui permettant de récupérer nombre de matières après que ce dernier eût, pendant la période transitoire, légiféré sans contrainte ? Seule une étude complète autorisera à trancher avec certitude, mais on peut remarquer d'ores et déjà que, sur 301 ordonnances ordinaires (les 20 ordonnances organiques étant mises à part, voir *infra*), une quarantaine ont été soumises au Conseil et 32 ont fait l'objet d'une délégalisation totale (2) ou partielle (30) ; et, pour ces 30 ordonnances, on compte environ 13 % d'articles délégalisés. En somme, 10 % seulement des ordonnances ont été soumises à délégalisation, et, à l'exception de deux d'entre elles, ces ordonnances restent quand même dans le domaine législatif à 90 %. On pourrait objecter certes que le Premier ministre est encore à temps de saisir le Conseil constitutionnel ; mais on observe que si la procédure de l'article 37, al. 2, jouait au début presqu'exclusivement au profit des ordonnances, ce n'est plus le cas depuis 1968 (41 saisines avant 1968 et une quinzaine seulement depuis). On peut en conclure qu'une grande partie des ordonnances est à l'abri des délégalisations, et que cela représente un acquis considérable pour le domaine législatif, car comme l'on s'est peu soucié au cours de la période transitoire de faire le départ entre dispositions réglementaires et législatives, les quelque 250 ordonnances non soumises à la délégalisation contiennent, sans doute, une bonne quantité de dispositions de caractère réglementaire, et donc de matières qui échappent au pouvoir réglementaire alors qu'elles devraient normalement en relever.

8 . *Enfin*, faisant sienne une définition large des textes de forme législative – textes de dénomination législative – le Conseil a inclus parmi les textes délégalisables non seulement les ordonnances de l'article 92 mais aussi *toutes les ordonnances*. Ceci s'est vérifié pour les ordonnances de la loi du 3 juin 1958 (28 L du 17 mars 1964 et 36 L du 10 mars 1966) et pour celles de l'article 38 (73 L du 29 févr. 1972, 74 L du 8 nov. 1972 et 103 L). Ceci suppose évidemment que ces ordonnances soient ratifiées, car jusqu'à la ratification ce sont des actes de « forme réglementaire » (Conseil constitutionnel, 29 févr. 1972). On pourrait dire alors que, ici, le texte de l'article 37, al. 2, est moins sollicité que pour les ordonnances de l'article 92, car on comprend aisément qu'une ratification puisse donner « forme législative » à un texte. Mais, en

fait, l'interprétation est encore plus extensive ici, car les ordonnances de la loi du 3 juin 1958 ne sont pas ratifiées par une loi, mais... par une ordonnance de l'article 92. Quant aux ordonnances de l'article 38, le Conseil constitutionnel a admis dans sa décision du 29 février 1972 qu'une ratification implicite « par référence » suffisait («... que cette ratification peut résulter d'une manifestation de volonté implicitement mais clairement exprimée par le Parlement »). Cette dernière solution, très hardie, a étonné les commentateurs : c'est ainsi que M. Toulemonde remarque que, si la théorie de la ratification implicite fut élaborée sous la quatrième République par le juge administratif à propos des décrets-lois, elle pouvait se justifier alors, car la procédure des décrets-lois ne se voyait, et pour cause, imposer aucune règle, et par ailleurs, il était difficile au juge administratif de ne pas respecter les manifestations de volonté, implicites, du Parlement ; la situation est différente sous la cinquième République, car le Conseil constitutionnel est apte à corriger les errements du Parlement, et, d'autre part, la procédure d'édiction des ordonnances est prévue par l'article 38, lequel prévoit sans ambiguïté qu'un « projet de loi de ratification » doit être déposé devant le Parlement. Cette dernière précision, conclut M. Toulemonde, incite à penser que le constituant a entendu rejeter *a contrario* les ratifications implicites. Il n'en reste pas moins que le Conseil constitutionnel a consacré ce mode de ratification et qu'on doit le considérer désormais comme possible. Ceci a été expressément confirmé par la décision 224 DC (*23 janvier 1987* *, voir *infra*).

9 . D'autres textes pouvaient aussi, selon la conception extensive adoptée le 27 novembre, être compris parmi les textes de forme législative. Il en va ainsi, du fait de leur dénomination, des ordonnances de l'article 47 de la Constitution : cela n'a pas été jugé évidemment (et pour cause puisque de telles ordonnances n'ont encore jamais été prises), mais l'inclusion de ces ordonnances parmi les projets de lois de finances susceptibles d'être mis en vigueur par elles peut aboutir à ce qu'elles contiennent des dispositions relevant du domaine réglementaire. En revanche, les mesures prises en application de l'article 16 semblent devoir être écartées. Quant aux ordonnances dites référendaires, elles sont considérées comme des « textes de forme législative » dès lors qu'elles ont été ratifiées par la loi du 15 janvier 1963 (cf. 82-125 L, 23 juin 1982).

2° *La présomption de caractère législatif*

10 . Selon la pertinente analyse de Marcel Waline, les dispositions contenues dans un texte de forme législative « bénéficient seulement d'une présomption de caractère législatif qui ne pourra tomber qu'en vertu d'une décision du Conseil constitutionnel leur reconnaissant le caractère réglementaire » (*Droit administratif*, 8e éd., mise à jour, p. 1).

11 . C'est une présomption simple : « elle signifie que, du fait de sa forme ou de sa dénomination, un texte est présumé contenir des dispositions relatives à des matières relevant du domaine de la loi, la

preuve contraire pouvant être apportée sous le contrôle du juge constitutionnel. Cette présomption couvre l'ensemble des dispositions contenues dans ce texte et non certaines seulement : l'ordonnance de ratification d'ordonnances de la loi du 3 juin 1958 ayant précisé que « n'auront force de lois que celles de leurs dispositions qui portent sur des matières énumérées à l'article 34 de la Constitution », le Conseil constitutionnel n'a pas tenu compte de cette réserve (qui s'appliquait d'ailleurs moins à la forme législative qu'à la « valeur législative » des dispositions en question) et a considéré que la présomption s'appliquait à l'ensemble des dispositions du texte (Conseil constitutionnel, 17 mars 1964 précitée) suivant en cela une jurisprudence précédemment établie par le Conseil d'État (C.E., 15 juill. 1960, *Établissement Omer-Decugis*, *Rec.* 478). La présomption garde sa force tant que le juge constitutionnel ne l'a pas renversée, et elle se prolonge et s'étend même aux dispositions identiques reprises dans un nouveau texte : « les dispositions... ont le caractère législatif dans la mesure où elles étendent le champ d'application de textes de forme législative dont la nature réglementaire n'a pas été constatée dans les conditions prévues par l'article 37 de la Constitution» (75 L du 21 déc. 1972).

En revanche, si le texte de forme législative n'est plus en vigueur, la présomption n'existe plus et le Conseil constitutionnel n'a donc plus à intervenir : aussi déclare-t-il qu'il n'y a lieu à statuer lorsque le Premier ministre lui soumet un texte de forme législative déjà abrogé (irrégulièrement) par un décret (24 L du 9 juill. 1963). Sur ce dernier point, on pourrait faire observer que, certes, la décision du Conseil est logique, mais qu'elle aboutit quand même à laisser subsister un décret manifestement inconstitutionnel, *alors surtout que dans sa décision Prix des baux à ferme * du 27 novembre 1959*, le Haut Conseil avait accepté d'examiner la constitutionnalité d'un décret. Il faut dire cependant que la situation n'était pas la même ici, car la déclaration d'inconstitutionnalité (ou de constitutionnalité) du décret ne pourrait s'intégrer dans l'argumentation conduisant à la décision comme dans le cas précédent. Toutefois, on remarquera que, dans sa décision, le Conseil constate ou fait constater implicitement mais clairement l'inconstitutionnalité du décret ; et cela n'a pas été sans effet, puisque, onze jours plus tard, le Premier ministre a rapporté son décret et a le jour même soumis à nouveau l'ancien texte remis en vigueur au Conseil constitutionnel : celui-ci a alors accepté de statuer, considérant ainsi que la présomption avait pu renaître avec le texte, et finalement a reconnu le caractère réglementaire des dispositions en cause ! (25 L du 30 juill. 1963).

12 . Si, en principe, la présomption est simple, pour certains textes de forme législative, on doit considérer qu'elle est *irréfragable* : c'est ce qui semble résulter, pour les lois référendaires, de la décision du *6 novembre 1962 ** ; de même, les ordonnances de l'article 92 portant loi organique ne semblent pas pouvoir être soumises à délégalisation, car le Conseil constitutionnel a déclaré le 15 janvier 1960 (60-6 DC) que leur « conformité à la Constitution ne peut être contestée ».

Enfin, s'agissant des lois organiques – obligatoirement et complètement soumises au contrôle du Conseil constitutionnel – et des dispositions des lois ordinaires qui ont déjà fait l'objet d'un contrôle sur la base des articles 41 ou 61 (à condition que le contrôle ait porté sur la compétence), il est bien évident que la présomption ayant été confirmée, cela ne pourrait être remis en question.

Le Premier ministre n'ayant jamais saisi le Conseil constitutionnel pour les divers textes de forme législative dont nous venons de parler, on peut en déduire que l'autorité réglementaire estime que ces textes ont définitivement un caractère législatif.

II . La compétence du législateur pour « fixer les règles » n'est pas exclusive

13 . Selon une présentation qui a longtemps prévalu, l'article 34 distinguant, outre les cas où la loi « fixe les règles » et ceux où elle « détermine les principes », on doit considérer que dans certaines hypothèses le législateur a reçu pleine et entière compétence (le pouvoir réglementaire n'intervenant que si le législateur a négligé de prendre lui-même toutes les mesures), et dans d'autres hypothèses, en revanche, seuls les principes fondamentaux relèvent de la compétence de la loi, tandis que le pouvoir réglementaire se voit attribuer tout le reste (mais alors il a le caractère de pouvoir réglementaire subordonné).

1° *Une compétence non exclusive*

14 . Dès sa première décision portant sur la question, comme dans toutes celles qui ont suivi, le Conseil constitutionnel a bien marqué que, même en matière de fixation des règles, la compétence du législateur n'était pas complète, et que l'on ne pouvait exclure la compétence du pouvoir réglementaire.

15 . Dans sa décision du *27 novembre*, le Conseil constitutionnel, en effet, après avoir constaté qu'il était en présence d'une création de catégorie d'établissement public, et donc que le législateur était compétent pour « fixer les règles », distingue les dispositions qui relèvent de la compétence du pouvoir réglementaire : prévoir la présence de représentants des collectivités locales est du domaine de la loi, mais pas la fixation du nombre de ces représentants. On ne peut même pas soutenir que si le pouvoir réglementaire intervient, c'est parce que le législateur le veut bien (et simplement pour arrêter ce que le législateur a omis de prescrire) : c'est inexact, car, dans la présente décision comme dans les suivantes, le Conseil constitutionnel délégalise certaines dispositions prises dans des ordonnances ou des lois, marquant ainsi que le législateur n'avait pas compétence pour arrêter ces dispositions et que seule l'autorité réglementaire pouvait le faire. La position de principe prise par le Conseil dans la présente décision, – position qu'un commentateur (F. Vincent, *op. cit.*, p. 568) a résumée en déclarant que le 27 novembre 1959, « le juge constitutionnel retira au législateur le pouvoir de fixer toutes les règles de la matière » – est clairement exprimée dans l'une des décisions

suivantes du 3 mai 1961, intervenue à propos des droits civiques : « Considérant que l'article 34 de la Constitution réserve au législateur le soin de fixer “les règles concernant... les droits civiques” au nombre desquels figure notamment le droit de suffrage, et *qu'il appartient au pouvoir réglementaire d'édicter les mesures d'application qui sont nécessaires à la mise en œuvre de ces règles* ». Et pour qu'il n'y ait pas d'équivoque, la Haute Juridiction après avoir examiné les quatre dispositions soumises à son examen, précise :

> « Considérant que si, à raison de son objet, la première disposition... doit être regardée comme faisant partie des règles concernant le droit du suffrage qu'il appartient au législateur de fixer, les trois autres, tendant uniquement à déterminer, dans le cadre de ces règles et dans le respect des principes qui les inspirent, les conditions pratiques d'exercice du droit de vote par procuration, ressortissent à la compétence du pouvoir réglementaire ».

16 . Il est difficile de comprendre la jurisprudence du Conseil constitutionnel relative à la répartition des compétences législatives et réglementaires si l'on n'a pas en mémoire ces premiers principes d'explication. Et, d'ailleurs, le président Odent, avant d'exposer la jurisprudence du Conseil constitutionnel, prend soin de mettre en tête des « remarques préliminaires qui s'imposent », celle-ci : « ...la jurisprudence a admis *qu'en toute matière* il appartenait toujours au pouvoir réglementaire de mettre en œuvre les prescriptions législatives, c'est-à-dire d'arrêter les modalités d'application de ces prescriptions... Le Conseil constitutionnel, selon l'époque et selon les termes des questions qui lui étaient posées, a, sur ce point, employé des formules diverses, mais qui se réfèrent toutes à la même doctrine constante. Dans les premières années qui ont suivi l'entrée en vigueur de la Constitution, il a insisté sur ce que les dispositions qui faisaient « partie intégrante » de *la règle ou du principe contenus dans la loi, autrement dit les dispositions qui concernaient les éléments déterminants de la volonté législative, relevaient du domaine de la loi (27 nov. 1959, p. 67) » (Contentieux administratif* 1970-1971, p. 191).

Et l'ancien président de la section du contentieux du Conseil d'État est d'autant plus aise de rapporter cette « doctrine » que la Haute Juridiction administrative suit exactement la même. En effet, si le commissaire du Gouvernement Kahn a proposé dans ses conclusions sur l'arrêt *Daunizeau* de consacrer la compétence pleine et entière du législateur pour fixer les règles, il n'a pas été suivi par le Conseil d'État, lequel, par une jurisprudence constante et des formules claires (C.E., 13 juill. 1962, *Cons. Nat. Ordre des Médecins*, *R.D.P.*, 1962, p. 762, concl. Braibant ; C.E., 18 nov. 1964, *Martin*, *A.J.*, 1965, p. 297) exprime nettement le fait que la compétence du législateur est limitée, même en ce domaine. « Aussi, comme l'écrit M. Vincent, les deux interprètes de l'article 34 ont admis que “fixer” les règles n'équivalait pas à déterminer toutes les règles, mais permettait simplement au législateur de préciser, à l'intérieur d'un domaine spatialement limité, les règles fondamentales d'une matière ».

Ceci a été clairement confirmé par deux décisions des 24 octobre et 2 décembre 1980 (117 L, *Rec.* 72 ; 118 L, *Rec.* 73 et observations Favoreu, *R.D.P.*, 1981, p. 623).

2° *L'utilisation du couple « mise en cause, mise en œuvre ».*

17 . Mais comment, alors, déterminer ces règles qui doivent entrer dans le domaine de la loi ? La décision du *27 novembre* fournit sinon le critère du moins la méthode permettant de faire le partage des compétences, « méthode d'interprétation » que A. de Laubadère présente très clairement ainsi : « Lorsque l'article 34 réserve à la loi soit les "règles" d'une matière, soit les "principes fondamentaux", cela ne signifie pas nécessairement que toute disposition touchant à ces règles ou à ces principes fondamentaux ait un caractère législatif. Seules possèdent cette nature les dispositions qui, par l'importance de leurs incidences, ont un "caractère déterminant" à l'égard de la règle ou du principe intéressé, non celles qui ne concernent que leur "mise en œuvre" ou leurs "modalités d'application" » (*A.J.*, 1965, p. 102).

Quand des dispositions, par l'importance de leurs incidences, ont-elles un caractère déterminant ? C'est, comme le dit très exactement la décision du *27 novembre*, une question d'espèce. Cela dépend des circonstances. Mais le rapprochement des précédents permet de faire quelques observations : le principe de la présence de représentants des collectivités locales est du domaine de la loi, mais non la fixation de leur nombre (*décision R.A.T.P.*) ; le principe du recrutement au concours (pour des fonctionnaires) est du domaine de la loi, mais non les conditions d'admission. En matière de contrôle des organismes sociaux, les mécanismes de base de la tutelle relèvent de la loi, mais le choix de l'autorité compétente du domaine réglementaire (décision 139 L du 8 août 1985). Ceci n'est pas sans importance lorsque cela conduit à substituer la tutelle de la D.R.A.S.S. à celle du préfet (cf. J.J. Dupeyroux, *Le Monde,* 11 janvier 1986).

18 . En fait, cela revient à peu près à l'opposition « mise en cause-mise en œuvre » : les dispositions qui mettent en cause les règles sont du domaine de la loi et celles qui mettent en œuvre, du domaine du règlement. Ainsi, dans l'organisation de tribunaux pour enfants, les dispositions relatives au mode de désignation des personnes appelées à siéger en qualité d'assesseurs et à la durée de leurs fonctions, par « l'importance de leurs incidences », ont un caractère déterminant à l'égard de la règle qui est celle de l'indépendance des assesseurs. En d'autres termes, elles « mettent en cause » la règle : donc elles relèvent du législateur.

Par là même, nous avons montré la similitude entre le critère de l'élément déterminant et celui de mise en cause-mise en œuvre utilisé en matière de principes fondamentaux. C'est que finalement la jurisprudence du Conseil ne fait pas de différence entre les deux cas.

III . LE LÉGISLATEUR DÉTERMINE LES PRINCIPES ET FIXE LES RÈGLES DE LA MÊME MANIÈRE

19 . Ceci n'est plus contesté aujourd'hui, qu'il s'agisse de la jurisprudence du Conseil constitutionnel ou de celle du Conseil d'État (voir sur ce point les travaux du colloque d'Aix, notamment les rapports de M. Chardeau, p. 153, et de M. Rivero, p. 264). D'ailleurs c'est la conclusion à laquelle étaient arrivés tous les auteurs s'étant

livrés à une étude complète de la jurisprudence du Conseil constitutionnel : pour M. Cohen, dès 1963, la conclusion est que « finalement règles et principes se rapprochent ou se confondent lorsqu'il s'agit de les appliquer autant... que pour les déterminer » (*R.D.P.*, 1963, p. 767) ; pour M. Vincent (*A.J.*, p. 572), « le Conseil constitutionnel et le Conseil d'État se sont comportés comme s'il n'existait aucune différence entre les alinéas 2, 3 et 4 (de l'article 34) » ; pour M. Mesnard (*A.J.*, 1970, p. 267), relevant une contradiction entre deux dispositions de deux alinéas de l'article 34 concernant la même matière (la Défense nationale), il affirme « cette contradiction, n'est jamais qu'une preuve supplémentaire (tirée du texte de la Constitution cette fois) de l'absence de toute portée réelle de la distinction faite par le constituant entre "règles" et "principes fondamentaux". Cette constatation est la *première conclusion générale* que l'on s'accorde à tirer de la jurisprudence du Conseil constitutionnel concernant l'application de l'article 34 » ; pour M. Franck, qui a comparé, de manière systématique, la jurisprudence du Conseil constitutionnel et du Conseil d'État, « les deux Conseils ont... choisi d'ignorer l'interprétation littérale du texte constituant pour adopter (en matière de détermination des principes fondamentaux) les mêmes critères qu'en matière de fixation des règles ». La citation faite *supra* des observations de A. de Laubadère est d'ailleurs tout aussi significative, car il est question indifféremment de « principes » ou de « règles ». Il en va de même de celle de M. Odent (cf. *supra*), qui ne fait aucune distinction entre principes fondamentaux et règles - posant comme principes d'explication générale de la jurisprudence des Conseils en ces domaines la distinction entre les « principes », les directives, les objectifs qui relèvent du législateur et les modalités d'exécution pratique relevant du gouvernement, quels que soient les alinéas de l'article 34 à considérer.

20 . Le Conseil constitutionnel n'incite-t-il pas d'ailleurs lui-même à raisonner ainsi lorsqu'il déclare que si l'article 34 de la Constitution réserve au législateur le soin de fixer « les règles concernant... la création de nouveaux ordres de juridiction, la détermination du nombre, du siège et du ressort de chacune des juridictions créées *dans le cadre des principes définis par la loi*, est de la compétence réglementaire » (14 L du *18 juillet 1961* *, souligné par nous) ; et la citation faite plus haut d'un considérant de la décision du 3 mai 1961 va exactement dans le même sens (voir également 30 L du 17 sept. 1964, *Rec.* 41, *RJC* II-18).

21 . Et d'ailleurs, comment nier l'évidence lorsqu'on fait le point sur la démarche suivie par le juge pour déterminer les compétences respectives du législateur et du pouvoir réglementaire ! (Voir à ce sujet les travaux du colloque d'Aix). Dans les deux cas, qu'il s'agisse de règles ou de principes fondamentaux, la compétence législative se définit d'abord horizontalement ou « en surface », puis, s'il y a lieu, verticalement ou en profondeur : « Le système établi par l'article 34... s'analyse dans une double limitation juridique imposée à la loi, à la fois dans son objet et dans son degré d'intervention : d'une part, la loi ne peut avoir pour objet qu'un certain nombre de

matières limitativement énumérées ; c'est, peut-on dire, une limitation en « étendue » ; d'autre part, et afin d'éviter les « interventions de détail », la loi est autorisée à poser seulement dans chaque matière les « règles » et les « principes fondamentaux » ; c'est peut-on dire une limitation « en profondeur » (A.G. Cohen, *op. cit.*, p. 746).

22 . La compétence « horizontale » du législateur se détermine par application du critère de « l'état de la législation antérieure » (*voir 1 FNR, 27 nov. 1959* * et observations), et cela qu'il s'agisse des principes fondamentaux (depuis 27 nov. 1959), des garanties fondamentales (18 déc. 1964) ou des règles (44 L du 27 févr. 1967, *Rec.* 26, *RJC* II-27). Comme le souligne M. Guieze (*Le partage des compétences entre la loi et le règlement en matière financière*, L.G.D.J., 1974, p. 65), « dès lors, l'unité de l'article 34 se remarque à un double point de vue : d'une part, il existe dans tous les cas un partage horizontal entre la loi et le règlement, d'autre part, le critère de ce principe est identique dans tous les cas ».

23 . « En profondeur », le partage se fait aussi de même manière, qu'il s'agisse de principes fondamentaux, de garanties fondamentales ou de règles. Dans tous les cas, il y a un domaine réservé au législateur et un domaine réservé au pouvoir réglementaire : le Conseil constitutionnel ne se conforme nullement dans sa jurisprudence au raisonnement selon lequel le législateur peut, s'il le veut, tout arrêter lorsqu'il est compétent pour fixer les règles, le secteur d'intervention du pouvoir réglementaire n'étant alors que résiduel et à la limite inexistant ; dès le début, le Conseil constitutionnel a précisé que le pouvoir réglementaire était compétent et seul compétent pour la mise en œuvre des règles et principes législatifs : c'est ce qui ressort clairement, par exemple, de l'un des commentaires de M. Hamon : « Dans le cas où la Constitution n'a pas fait de distinction entre les principes fondamentaux et les autres dispositions, le domaine de la loi s'étend-il à toutes les règles ? Le Conseil constitutionnel *répond par la négative* : même dans le silence de la Constitution, les dispositions relatives aux modalités d'application doivent être placées dans le domaine réglementaire. Dès lors, il n'y a qu'une différence de nuances – sinon de style – entre les dispositions de l'article 34 qui ne visent que les garanties ou principes fondamentaux et les dispositions qui visent les règles » (Note sous Conseil constitutionnel, 17 sept. 1964 précitée, *D.*, 1965, p. 549). A. de Laubadère conclut dans le même sens (*A.J.*, 1965, p. 201). Et, en définitive, c'est donc exactement le même critère (mise en cause, mise en œuvre) qui sert à déterminer la compétence législative en profondeur, quel que soit l'alinéa de l'article 34 concerné.

24 . Quelle que soit la matière visée par l'article 34, le pouvoir réglementaire a toujours une compétence réservée. Cependant, ceci est très atténué par la jurisprudence *Blocage des prix et revenus* * du *30 juillet 1982* qui permet au législateur de statuer en matière réglementaire sans encourir le reproche de violer la Constitution (cf. *infra*).

25 . En droit comparé, la distinction entre « réserve de loi relative » et « réserve de loi absolue », fondée sur un critère de rédaction de la Constitution, est assimilable à la distinction opérée entre la fixation des règles et la détermination des principes fondamentaux. En effet, la réserve absolue postulerait une compétence législative plus importante par rapport à la réserve relative. Mais là aussi cette distinction est très critiquée, ce qui amène la doctrine à s'interroger sur son existence (cf. J. Trémeau, *La réserve de loi*, Paris, 1997).

6

27 novembre 1959

PRIX DES BAUX À FERME (1 FNR)

Domaine de la loi et du règlement
Principes fondamentaux
Procédure de l'article 41 de la Constitution

> Décision 59-1 FNR, *Rec.* 71, *RJC* III-1.
> Article 41 de la Constitution.
> Procédure de l'article 41.
> Utilisation du critère de « l'état de la législation antérieure » pour la détermination des atteintes aux principes fondamentaux (article 34, al. 4).

RÉFÉRENCES

a) *Notes doctrinales*

- GIFFARD (J.) : note au *S.*, 1960, p. 102. - HAMON (L.) : note au *D.*, 1960, p. 533 (« Principes fondamentaux et fixation des règles nécessaires à leur mise en œuvre : caractère réglementaire du décret du 7 janvier 1959 relatif au prix des baux à ferme »). - FELICE (J. de) : Les fermages et la Constitution, *G.P.*, 1960, I, p. 13. - OLIVA (E.), SURGY (M. de) : Les difficultés d'application du décret du 7 janvier 1959 relatif à la conversion des fermages indexés uniquement sur le blé, et son incidence sur les contrats en cours, S., 1960, chron. p. 55. - TEITGEN (P.-H.) : note au *Droit Social*, 1961, p. 147. - WALINE (M.) : La jurisprudence du Conseil constitutionnel sur la répartition des matières entre la loi et le règlement, *R.D.P.*, 1960, p. 1011.

b) *Autres références*

- OLIVA (É.) : *L'article 41 de la Constitution de 1958, Initiative législative et Constitution*, Paris, PUAM et Economica, 1997. - COHEN (A.G.) : La jurisprudence du Conseil constitutionnel relative au domaine de la loi d'après l'article 34 de la Constitution, *R.D.P.*, 1963, p. 745. - FAVOREU (L.) et PHILIP (L.) : Le Conseil constitutionnel, *Que sais-je ?*, 6e éd. 1995, p. 103-107. - FOYER (J.) : L'application des articles 34 et 37 par l'Assemblée nationale, colloque d'Aix-en-Provence, p. 83-112. - JOZEAU-MARIGNÉ (L.) : L'application des articles 34 et 37 par le Sénat, colloque d'Aix-en-Provence, p. 123-131.

MESNARD (A.-H.) : Dix années de jurisprudence du Conseil constitutionnel en matière de répartition des compétences législatives et réglementaires, *A.J.*, 1970, p. 259. - VILLIERS (M. de) : La jurisprudence de l'état de la législation antérieure, *A.J.*, 1980, p. 387. - VINCENT (F.) : De l'inutilité de l'article 34 de la Constitution du 4 octobre 1958, *A.J.*, 1965, p. 564. - PEZANT (J.-L.) : « Le contrôle de la recevabilité des initiatives parlementaires », *R.F.S.P.*, 1981, p. 140-171.

c) *Jurisprudence*

- du Conseil constitutionnel

* Limitations apportées par la législation antérieure à la Constitution :
- Décision 7 L du 8 juillet 1960, *Rec.* 35, *RJC* II-4 (dommages de guerre).
- Décision 3 FNR du 8 sept. 1961, *Rec.* 48, *RJC* III-2 (prix agricoles).
- Décision 4 FNR du 18 oct. 1961, *RJC* III-3 (amendement « prix agricoles »).
- Décision 5 FNR du 11 juin 1963, *Rec.* 37, *RJC* III-3 (prime de transport).
- Décision 28 L du 17 mars 1964, *Rec.* 35, *RJC* II-15 (caisses de crédit mutuel).
- Décision 27 DC du 18 déc. 1964, *Rec.* 29, *RJC* I-14 (C.V.C.E.P.).
- Décision 35 L du 2 juill. 1965, *Rec.* 79, *RJC* II-22 (marché financier).
- Décision 44 L du 27 févr. 1967, *Rec.* 26, *RJC* II-27 (code des débits de boisson).
- Décision 73-80 L du 28 nov. 1973, *Rec.* 45, *RJC* II-57.

* Autres décisions rendues en application de l'article 41 C :

- Décision 2 FNR du 30 juin 1961, *Rec.* 47, *RJC* III-1.
- Décision 6 FNR du 22 mai 1964, *Rec.* 47, *RJC* III-4.
- Décision 7 FNR du 21 déc. 1966, *Rec.* 37, *RJC* III-5.
- Décision 8 FNR du 27 nov. 1968, *Rec.* 29, *RJC* III-6.
- Décision 9 FNR du 7 juin 1977, *Rec.* 75, *RJC* III-6.
- Décision 10 FNR du 26 avril 1979, *Rec.* 55, *RJC* III-7.
- Décision 11 FNR du 23 mai 1979, *Rec.* 57, *RJC* III-7.

- du Conseil d'État

- Conseil d'État 18 mai 1960, *Karle*, *Rec.* 333, concl. FOURNIER.
- Conseil d'État sect. 28 oct. 1960, *Laboulaye*, *Droit Social*, 1961, p. 141, concl. Heumann, note TEITGEN.
- Conseil d'État 4 juillet 1969, Ordre des avocats à la Cour d'appel de Paris et autres, *Rec.*, p. 358.

LE CONSEIL CONSTITUTIONNEL,

Saisi le 19 novembre 1959 par le président du Sénat, dans les conditions prévues à l'article 41 de la Constitution, de la proposition de loi déposée par MM. Bajeux et Boulanger, sénateurs, tendant à la stabilisation des fermages, à laquelle le Premier ministre a opposé l'irrecevabilité visée audit article ;

Vu la Constitution, notamment ses articles 34, 37, 41 et 62 ;
Vu l'ordonnance du 7 novembre 1958 portant loi organique sur le Conseil constitutionnel, notamment ses articles 27, 28 et 29 ;
Vu le Code civil ;
Vu le Code rural, et notamment son article 812 ;
Vu le décret du 7 janvier 1959 ;

1. Considérant que les dispositions de l'article 34, 4e al., de la Constitution réservent à la loi la détermination des principes fondamentaux concernant les matières énumérées par ce texte ; qu'il résulte des termes mêmes de ces dispositions et du rapprochement qui doit en être fait avec ceux des alinéas 2 et 3 du même article que la Constitution n'a pas inclus dans le domaine de la loi la fixation des règles nécessaires à la mise en œuvre de ces principes fondamentaux dans les matières dont il s'agit ; qu'en vertu des dispositions de l'article 37 il appartient à la seule autorité investie du pouvoir réglementaire d'édicter ces règles dans le respect desdits principes fondamentaux ;
2. Considérant que le décret du 7 janvier 1959 relatif au prix des baux à ferme, *que la proposition dont la recevabilité est présentement en discussion tend à abroger par le motif qu'il excéderait la compétence réglementaire,* a eu essentiellement pour objet, lorsque le montant du fermage, stipulé payable en argent, est fixé en totalité par référence à la valeur du blé, d'ouvrir à l'une ou l'autre des parties la faculté de demander, à l'expiration de chacune des deux premières périodes triennales du bail, la substitution partielle à la valeur du blé de la valeur d'une ou plusieurs des autres denrées mentionnées à l'alinéa 1er de l'article 812 du Code rural ;
3. Considérant que, pour s'opposer à l'irrecevabilité de ladite proposition de loi soulevée par le Premier ministre excipant de la seule compétence du pouvoir réglementaire en matière de prix des baux à ferme, le président du Sénat invoque les atteintes qui seraient portées par le décret du 7 janvier 1959 aux principes fondamentaux du régime de la propriété et des obligations civiles ;
4. *Considérant que ceux de ces principes qui sont ici en cause, à savoir la libre disposition de son bien par tout propriétaire, l'autonomie de la volonté des contractants et de l'immuabilité des conventions, doivent être appréciés dans le cadre des limitations de portée générale qui y ont été introduites par la législation antérieure pour permettre certaines interventions jugées nécessaires de la puissance publique dans les relations contractuelles entre particuliers ;*
5. Considérant que, s'agissant plus spécialement de la matière des baux à ferme, les pouvoirs publics ont pu ainsi, sans mettre en cause l'existence des principes susrappelés, limiter le champ de la libre expression des volontés des bailleurs et des preneurs en imposant certaines conditions d'exécution de leurs conventions, notamment en ce qui concerne les modalités de calcul et de révision du montant des fermages ;
6. *Que les dispositions du décret du 7 janvier 1959, qui se bornent à modifier ces prescriptions statutaires antérieures ne sauraient, dès lors, être regardées comme comportant une altération des principes fondamentaux applicables en la matière ;*
7. Qu'il suit de là que ces dispositions ont un caractère réglementaire et que le Premier ministre a pu, à bon droit, opposer à la proposition de loi susvisée qui tend à leur abrogation l'irrecevabilité prévue par l'article 41 de la Constitution.

Décide :

ARTICLE PREMIER. - La proposition déposée par MM. Bajeux et Boulanger, sénateurs, tendant à la stabilisation des fermages n'entre pas dans le domaine réservé à la loi par l'article 34 de la Constitution.

ART. 2. - La présente décision sera notifiée au président du Sénat et au Premier ministre et publiée au *Journal officiel* de la République française.

Délibéré par le Conseil constitutionnel dans sa séance du 27 novembre 1959.
(*J.O.*, 14 janv. 1960, p. 7441).

La composition du Conseil constitutionnel à la date du 27 novembre 1959 était la suivante : M. NOËL (Président), MM. AURIOL, CHATENET, COTY, DÉLÉPINE, GILBERT-JULES, LECOQ DE KERLAND, MICHARD-PELLISSIER, PASTEUR VALLERY-RADOT, PATIN, POMPIDOU.

OBSERVATIONS

1 . L'importance de la décision *Prix des baux à ferme* s'est quelque peu estompée avec le temps. C'est la première application de l'article 41 de la Constitution mais depuis 1979, elle n'est plus utilisée. Et la jurisprudence de « l'état de la législation antérieure » qu'elle établit s'est également tarie.

2 . Au début de 1959, le gouvernement décida de modifier le mode d'établissement des prix des baux à ferme, tel qu'il était fixé par l'article 812 du Code rural dans la rédaction que lui avait donnée la loi du 23 mars 1953. Il s'agissait essentiellement, lorsque le montant du loyer, stipulé payable en argent, (était) fixé en totalité par référence à la valeur du blé, de permettre à l'une ou à l'autre des parties « de substituer partiellement à la valeur du blé la valeur d'une ou plusieurs des autres denrées mentionnées à l'alinéa 1er de l'article 812 du Code rural ». Le gouvernement, estimant qu'il pouvait lui-même opérer cette modification, prit un décret, sur la base de l'article 37 de la Constitution, après avoir consulté le Conseil d'État (puisqu'il y avait modification d'un texte législatif antérieur à la Constitution du 4 octobre 1958). Ce décret du 7 janvier 1959 provoqua de la part des fermiers « des critiques assez véhémentes... tenant moins semble-t-il... à la forme utilisée par le gouvernement qu'aux incidences que le nouveau texte était susceptible de comporter sur le montant d'un certain nombre de fermages » (Giffard, note p. 103). C'est qu'en effet, selon un spécialiste (de Felice, note p. 13), cela conduisait pratiquement à « un doublement de la partie transformée du fermage ». Apparemment, ce décret ne fit pas l'objet d'un recours pour excès de pouvoir devant le Conseil d'État. Mais sensibles à l'émotion des fermiers, deux sénateurs M.R.P., MM. Bajeux et Boulanger, déposèrent une proposition de loi tendant « à la stabilisation des fermages » et visant « d'une manière d'ailleurs non dissimulée à l'abrogation du décret du 7 janvier 1959 » (Giffard). Un rapport favorable de la commission sénatoriale compétente avait été adopté lorsque le Premier ministre souleva l'irrecevabilité de la proposition de

loi, en vertu de l'article 41 de la Constitution. Le président du Sénat, considérant que la question relevait bien du Parlement, car il y avait atteinte aux principes fondamentaux du régime de la propriété et des obligations civiles, refusa d'accéder à la demande du Premier ministre et saisit le 19 novembre 1959 le Conseil constitutionnel.

3 . Statuant sur ce désaccord dans le délai de huit jours prévu par l'article 41, la Haute Juridiction confirme l'irrecevabilité de la proposition de loi au terme du raisonnement suivant :

1° « Les principes fondamentaux ici en cours, à savoir la libre disposition de son bien par tout propriétaire, l'autonomie de la volonté des contractants et l'immutabilité des conventions » ont déjà reçu des limitations de portée générale, du fait de la législation antérieure (à 1958), et ceci « pour permettre certaines interventions jugées nécessaires de la puissance publique dans les relations contractuelles entre les particuliers ». Ces *principes doivent désormais être « appréciés dans le cadre de (ces) limitations »* (c'est là le point essentiel) ;

2° Or, en ce qui concerne justement les baux à ferme, il y a déjà eu des limitations « du champ de la libre expression des volontés des bailleurs et des preneurs », car les Pouvoirs publics leur ont « imposé certaines conditions d'exécution de leurs conventions », notamment, ont été imposées aux contractants des « modalités de calcul et de révision du montant des fermages » ;

3° En conséquence, le décret du 7 janvier 1959, qui ne fait que modifier « ces prescriptions statutaires antérieures », ne porte pas atteinte aux principes fondamentaux, et de ce fait les dispositions qu'il contient sont bien réglementaires ; le gouvernement a eu raison de le prendre, et c'est donc à tort qu'une proposition de loi tendant à l'abroger a été déposée.

En somme, les principes fondamentaux dont il s'agit comportent déjà des brèches, et, dès l'instant qu'il se loge dans ces brèches, le pouvoir réglementaire peut à bon droit intervenir ; en revanche, s'il s'agit de faire une nouvelle brèche ou même de faire disparaître une brèche déjà existante, seul le pouvoir législatif a compétence.

I . La procédure de l'article 41

4 . Jouant ainsi pour la première fois, la *procédure de l'article 41* aboutit non seulement à faire trancher un différend entre président du Sénat et Premier ministre à propos de la définition du domaine de la loi, mais aussi à faire apprécier par le Conseil constitutionnel la constitutionnalité d'un décret.

1°/ *But et utilisation de la procédure*

5 . Cette procédure de l'article 41 *est destinée à éviter les empiétements du Parlement sur le domaine du pouvoir réglementaire.* C'est ce qu'expriment bien ici les faits de l'espèce : les sénateurs estimaient qu'il leur fallait reprendre une matière investie par le pouvoir réglementaire, mais le Premier ministre s'oppose à ce qu'il considère être un empiétement.

On a craint, au départ, que cette procédure ne joue très souvent, et cela, au détriment du Parlement. En fait, on constate que depuis 1959, le Conseil constitutionnel n'a été saisi que onze fois en quarante ans, dont huit fois au cours des neuf premières années (1959 à 1968) et trois fois seulement au cours des trente deux dernières (1968 à 1999). En fait, depuis vingt ans, aucune saisine n'a eu lieu. Il faut considérer, il est vrai, que le président de l'Assemblée n'est pas tenu de saisir le Conseil et qu'il ne le fait que s'il estime non fondée l'opposition du Premier ministre à une proposition ou à un amendement (voir en ce sens A. Rottner, Documents relatifs aux rapports du gouvernement et du Parlement sous la première législature de la cinquième République, N.E.D., n° 3072 [12 mars 1964], p. 42-43). De même, le Premier ministre n'est pas obligé de soulever l'irrecevabilité : en effet, l'article 41 précise que « le Premier ministre *peut* opposer l'irrecevabilité ». Et, en fait, le gouvernement ne fait pas obstacle à tous les empiétements et laisse passer volontairement ou involontairement des dispositions de caractère réglementaire dans les textes de forme législative, ce qui ne veut pas dire qu'il les récupérera nécessairement par la procédure de l'article 37 alinéa 2.

Le Conseil constitutionnel a censuré des modifications du règlement de l'Assemblée nationale permettant aux députés de demander au gouvernement de soulever l'irrecevabilité et ouvrant la possibilité d'un débat au cours duquel ce dernier aurait été invité à justifier sa décision de ne pas opposer l'article 41. Le Conseil constitutionnel a précisé que la faculté d'opposer l'irrecevabilité doit résulter de la seule initiative du gouvernement prise sans que celui-ci ait à exposer au cours d'un débat préalable les raisons de nature à déterminer son appréciation (95-366 DC, 8 nov. 1995, § 2).

6 . D'après l'article 41, al. 2, le Conseil peut être saisi par le Premier ministre ou le président de l'Assemblée intéressée. En fait, il n'a jamais été saisi que par le président du Sénat (*sept fois* : 1 FNR *27 nov. 1959* ; 2 FNR 30 juin 1961, *Rec.* 47, *RJC* III-1 ; 3 FNR 8 sept. 1961, *Rec.* 48, *RJC* III-2 ; 5 FNR 11 juin 1963, *Rec.* 37, *RJC* III-3 ; 6 FNR 22 mai 1964, *Rec.* 47, *RJC* III-4 ; 8 FNR 27 nov. 1968, *Rec.* 29, *RJC* III-6 ; 11 FNR 23 mai 1979, *Rec.* 57, *RJC* III-7) ou par le président de l'Assemblée nationale (*quatre fois* : 4 FNR 18 oct. 1961 et 7 FNR 21 déc. 1966, *Rec.* 37, *RJC* III-5 ; 9 FNR 7 juin 1977, *Rec.* 75, *RJC* III-6 ; 10 FNR 26 avril 1979, *Rec.* 55, *RJC* III-7). Le Premier ministre n'a jamais saisi le Conseil.

La saisine peut intervenir à tout moment, tant que la discussion n'est pas close. Cela n'est pas précisé par la Constitution, mais le Conseil constitutionnel en a décidé ainsi dans sa décision du 18 octobre 1961. (Pour plus de détails, cf. Colloque d'Aix, p. 104 et s.).

Dans la décision n° 329 DC du 13 janvier 1994 le Conseil constitutionnel accepte d'examiner, dans le cadre de l'article 61 alinéa 2 de la Constitution, la bonne utilisation de l'article 41 au cours de la procédure législative. Le Conseil constitutionnel calque son raisonnement sur celui adopté à propos de l'irrecevabilité de l'article 40 de la Constitution (*20 janv. 1961* * n° 9). Il impose deux conditions afin d'examiner le bien-fondé de l'exception d'irrecevabilité : il faut que l'exception d'irrecevabilité ait été effectivement soulevée au cours des débats et de surcroît, qu'au cours de ce même débat la décision d'irrecevabilité ait fait l'objet d'une contestation quant à son contenu. L'idée avait été évoquée par Loïc Philip (in colloque d'Aix, 2e éd., p. 173).

La procédure de l'exception d'irrecevabilité devant les Assemblées (articles 93 du Règlement de l'Assemblée nationale et 45 du Règlement du Sénat) a fait l'objet de plusieurs modifications au cours de l'année 1995 afin de rendre le recours à l'article 41 plus incitatif et d'endiguer le flux de dispositions réglementaires introduites dans les textes législatifs (P. Mazeaud, Proposition de résolution nº 2236, Doc. parl. Ass. nat., Xe législature, p. 4). Ont ainsi été prévues la consultation du président de la Commission des lois ou d'un membre du bureau désigné à cet effet ainsi que la réserve de la discussion d'un amendement auquel l'article 41 est opposé lorsque le président de l'assemblée concernée ne préside pas la séance (cette réserve était déjà en pratique décidée sans qu'aucun texte ne la prévoie expressément). Le Conseil constitutionnel a accepté ces modifications tant en ce qui concerne l'Assemblée nationale (366 DC) que le Sénat (368 DC). En revanche n'a pas été retenue par l'Assemblée nationale la proposition permettant à un vice-président de statuer sur l'irrecevabilité de l'article 41 aux lieu et place du président (voir Rapport nº 2242, Doc. parl. Ass. nat., Xe législature, p. 27) car la constitutionnalité d'une telle modification est apparue douteuse (notamment pour le président P. Mazeaud) dans la mesure où la Constitution ne prévoit que la compétence du président de l'assemblée intéressée.

2°/ *L'utilisation de la procédure*

7. *La procédure de l'article 41 semblait plus souple que celle de l'article 37 al.* 2 mais cette impression n'a pas été confirmée comme l'a montré une décision du 26 avril 1979.

8 . *a)* Jusqu'à la décision du 26 avril 1979, il était possible d'opposer les deux procédures de l'article 41 et de l'article 37, al. 2, en disant que, saisi en vertu de l'article 37, al. 2, le Conseil constitutionnel ne peut que définir le domaine de la loi par rapport à celui du règlement, alors que saisi en vertu de l'article 41, il peut non seulement procéder à cette même définition, mais aussi déterminer le domaine du pouvoir législatif par rapport à celui du pouvoir constituant. Et l'on pouvait citer, en ce sens, les décisions du 18 octobre 1961 et du 21 décembre 1966 dans lesquelles il écarte « comme n'étant pas du domaine de la loi » des dispositions contenues dans une proposition de loi et qui, visant en réalité à étendre la compétence du législateur, étaient donc de nature constitutionnelle.

Mais, dans une décision du 26 avril 1979, le Conseil constitutionnel est revenu sur une telle attitude : saisi par le président de l'Assemblée nationale après que le Premier ministre eût opposé l'irrecevabilité à deux amendements qui visaient l'un à établir un « comité des évaluations techniques » auprès de l'Assemblée et l'autre à permettre aux commissions et groupes parlementaires de « demander à tout organisme public, industriel ou de recherche communication de ses avis sur tout programme le concernant », le juge constitutionnel déclare, dans un considérant de principe, après avoir rappelé la teneur des articles 37, al. 1, 41 et 61 de la Constitution :

> « Considérant qu'il résulte du rapprochement de ces dispositions que, lorsqu'il est saisi en application de l'article 41 de la Constitution d'une proposition ou d'un amendement auquel le gouvernement a opposé l'irrecevabilité prévue audit article, *le Conseil constitutionnel ne peut statuer que sur la seule question de savoir si ladite proposition ou ledit amendement est du domaine de la loi ou a un caractère réglementaire* ».

9 . *b)* Un autre exemple de « souplesse » – possible mais non mis en œuvre – de la procédure de l'article 41 qui, lui, subsiste toujours, est fourni par la présente décision. Cette procédure est habituellement présentée comme permettant au gouvernement de faire respecter par le Parlement le domaine du règlement ; et on ajoute même, le plus souvent, qu'il n'y a pas de procédure « constitutionnelle » symétrique pour faire respecter le domaine de la loi. En fait, dès le début, les parlementaires ont compris que la procédure de l'article 41 pouvait être utilisée *aussi* pour faire sanctionner par le Conseil constitutionnel les empiétements du pouvoir réglementaire sur le domaine du pouvoir législatif : en présence d'un décret méconnaissant les limites de ce dernier domaine, il suffit – comme l'ont fait les sénateurs Bajeux et Boulanger dans la présente espèce – de déposer une proposition de loi tendant à abroger ce décret : le gouvernement fait opposition et le Conseil peut être saisi. Dans la présente décision, la Haute Juridiction examine ainsi la constitutionnalité du décret du 7 janvier 1959 : « (considérant) que les dispositions du décret du 7 janvier 1959, qui se bornent à modifier ces prescriptions statutaires antérieures ne pouvaient... être regardées comme comportant une altération des principes fondamentaux applicables en la matière ; qu'il suit de là que ces dispositions ont un caractère réglementaire ». Comme le dit M. Waline :

> « la décision rapportée... discute... d'un bout à l'autre de ses considérants, la constitutionnalité du décret... L'inconstitutionnalité de la proposition n'est qu'une conséquence de la constitutionnalité du décret. C'est ce dernier qui est sur la sellette ; c'est son procès que l'on fait. Et la décision du Conseil constitutionnel, si son dispositif ne fait pas mention du décret, affirme en réalité la conformité de ce décret et elle l'affirme avec l'autorité de la chose jugée, car les motifs qui déclarent cette conformité sont le support nécessaire du dispositif... ».

10 . Par d'autres voies cependant, le Conseil constitutionnel a accepté de contrôler la constitutionnalité de décrets (11 juin 1981, Delmas, *R.D.P.*, 1981, p. 1347. Voir aussi nos observations in *R.D.P.*, 1983, p. 342, § 9 ; *R.D.P.*, 1986, p. 410, § 18 ; *R.D.P.*, 1989, p. 420 et s., § 6, 7 et 8).

11 . *c)* Une autre utilisation de la procédure de l'article 41 non prévue par la Constitution ne s'est jamais produite, même si elle était concevable au départ : celle qui consiste à se servir de l'article 41 pour provoquer une consultation du Conseil constitutionnel.

3°/ *L'évolution de la procédure*

12 . De la première étude complète réalisée sur la question (Éric Oliva, *L'article 41 de la Constitution du 4 octobre 1958, Initiative législative et Constitution*, Paris, 1997), peuvent être tirées les constatations suivantes :

- Le nombre peu élevé de décisions rendues par le Conseil constitutionnel en application de l'article 41 de la Constitution ne doit cependant pas masquer la véritable portée de cet article. Au total, depuis 1959, l'article 41 de la Constitution a été opposé à 217 dispositions dont 152 étaient d'origine sénatoriale et 65 émanaient des députés (augmentation considérable due essentiellement à la décision « Révision de la loi Falloux » au cours de laquelle 50 amendements ont été déclarés irrecevables). L'exception de fin de non-recevoir a été opposée à 187 amendements et à 30 propositions de loi. Sur ce total, le Conseil constitutionnel a été saisi de la recevabilité d'à peine 16 dispositions ce qui constitue un peu plus de 6 % du total des initiatives auxquelles l'article 41 a été opposé.

- L'article 41 de la Constitution fait l'objet d'applications variées souvent fort éloignées de sa vocation initiale. L'exception de fin de non-recevoir est invoquée afin de permettre la défense de compétences tant normatives que non normatives (Sur ce dernier point cf. Éric Oliva, « L'article 41 de la Constitution et la défense des prérogatives non normatives du pouvoir exécutif », IIe Congrès français de droit constitutionnel, Bordeaux, 13, 14 et 15 mai 1993).

- Enfin, l'article 41 de la Constitution a une fonction politique indéniable. Il permet au Gouvernement de s'opposer non seulement aux initiatives de la minorité parlementaire mais aussi à celles de sa majorité. Ce dernier cas de figure montre le regain d'intérêt que pourrait avoir la procédure de l'article 41 de la Constitution en période de cohabitation.

II . L'ÉTAT DE LA LÉGISLATION ANTÉRIEURE

13 . C'est avec la décision du 27 novembre que débute la jurisprudence dite (par nous, pour plus de commodité) de *« l'état de la législation antérieure »*. Mais, elle n'a été utilisée que de 1959 à 1973 : depuis vingt-six ans elle n'a pas été reprise, et on peut penser que l'évolution de la conception de la répartition des compétences législative et réglementaire lui enlève tout intérêt. En conséquence, le commentaire sera bref et l'on renverra aux éditions précédentes.

Dans le quatrième considérant de sa décision du 27 novembre, le Conseil constitutionnel donne la formule qui sera utilisée par la suite pour définir les atteintes aux principes fondamentaux puis aux garanties fondamentales, tant par lui-même que par le Conseil d'État : « Considérant que... ces principes... *doivent être appréciés dans le cadre des limitations de portée générale qui y ont été introduites par la législation antérieure...* ».

Cela signifie que les principes fondamentaux doivent être pris en considération tels qu'ils se présentent en leur état actuel, c'est-à-dire avec les atteintes ou altérations déjà subies, et non tels qu'ils étaient à l'origine. Si leur physionomie est déjà modifiée, et que par exemple, en matière de régime de la propriété, ce sont des principes dirigistes et non des principes libéraux qui prévalent, toute nouvelle disposition qui s'accorde avec cette physionomie peut être posée par le pouvoir réglementaire : « que les dispositions du décret du 7 janvier 1959 qui se *bornent* à modifier des prescriptions statutaires antérieures ne sauraient dès lors être regardées comme comportant une *altération* des principes fondamentaux applicables en la matière »... En revanche, toute disposition qui altérerait cette physionomie devrait être prise par une loi.

14 . On notera cependant que, depuis vingt-six ans, la notion de « l'état de la législation antérieure » n'a pas été utilisée par le Conseil constitutionnel : a-t-elle encore une signification ?

7

11 août 1960

REDEVANCE RADIO-TÉLÉVISION
(8 DC)

Droit constitutionnel fiscal
Premier contrôle de constitutionnalité d'une loi ordinaire
Parafiscalité
Notion d'impositions de toute nature
Valeur juridique de l'ordonnance organique de 1959

Décision 60-8 DC, Rec. 25, *RJC* I-5.
Article 61, al. 2 de la Constitution.
Saisine du Premier ministre ; non-conformité des articles 17 et 18 de la loi de finances rectificative pour 1960.
Nature de la redevance perçue par la R.T.F.
(taxe parafiscale).
Violation de l'article 4 de l'ordonnance du 2 janvier 1959.

RÉFÉRENCES

a) *Notes doctrinales*

- BOURDONCLE (R.) : *S.*, 1960, 277. - HAMON (L.) : *D.*, 1961, 471. - TROTABAS (L.) : La taxe radiophonique : taxe, redevance ou parafiscalité ? *R.S.F.*, 1961, 5. - WALINE (M.) : *R.D.P.*, 1960, 1020.

b) *Autres références*

- MODERNE (F.) : Le désordre des qualifications en droit fiscal, *R.J.F.*, 1976, nº 5, p. 157. - HERTZOG (R.) : La parafiscalité, *R.F.F.P.*, 1988, nº 21. - PHILIP (L.) : Le droit constitutionnel des finances publiques, *R.F.F.P.*, 1984, nº 7 ; L'évolution du droit constitutionnel des finances publiques, *ibid.*, 1988, nº 22 ; *Droit fiscal constitutionnel*, Economica, 1989 ; La décision du 29 décembre 1990 du Conseil constitutionnel sur la CSG et la notion d'impôt, *Droit fiscal*, nº 14, avril 1991, p. 612. - GEST (G.) : Parafiscalité, *Dictionnaire encyclopédique de finances publiques*, Economica, 1991. - CAMBY (J.-P.) : Les impositions de toute nature, une catégorie sans critère ?, *A.J.D.A.*, 1991, p. 339 ; La redevance télévision : impôt, redevance, taxe parafiscale ou prix ?, *A.J.D.A.*, nº 7-8, 1992.

- BUISSON (J.) : Les impositions de toute nature : une notion dépassée ?, *L.P.A.*, 4 mai 1992, nº 54, p. 21. - CAMBY (J.-P.) : Le Conseil constitutionnel et les cotisations sociales, *L.P.A.*, 13 janvier 1993, nº 6 (décision 311 DC). - PRÉTOT (X.) : La notion de cotisation de sécurité sociale, *D.S.*, nº 6, juin 1993, p. 516 ; Prélèvements sociaux et prélèvements fiscaux, in *Les finances sociales*, Economica, 1995, p. 121.

d) *Jurisprudence*

- *du Conseil constitutionnel* :

• 12 L du 17 fév. 1961, *Rec.* 34, *RJC* II-6 (récoltes de tabac), taxe parafiscale.
• 16 L du 18 oct. 1961, *Rec.* 41, *RJC* II-8 (permis de chasse), taxe parafiscale.
• 38 L du 10 mars 1966, *Rec.* 26, *RJC* II-23 (droits perçus par les musées), redevance pour service rendu.
• 35 DC du 30 janv. 1968, *Rec.* 19, *RJC* I-18 (impôts locaux), domaine de la loi.
• 50 L du 30 janvier 1968, *Rec.* 23, *RJC* II-32 (ressources O.R.T.F.), rémunération de services rendus.
• 57 L du 24 oct. 1969, *Rec.* 32, *RJC* II-38 (Polytechnique), rémunération pour services rendus.
• 61 L du 23 févr. 1970, *Rec.* 37, *RJC* II-40 (conserves de poissons), imposition.
• 92 L du 6 oct. 1976, *Rec.* 59, *RJC* II-68 (droit de port), redevance pour service rendu.
• 100 L du 16 nov. 1977, *Rec.* 65, *RJC* II-78 (code de l'urbanisme), imposition.
• 111 L du 21 nov. 1979, *Rec.* 50, *RJC* II-86 (nature de la redevance radio-télévision), taxe parafiscale.
• 126 DC du 30 déc. 1980, *Rec.* 53, *RJC* I-89 (redevance télévision), procédure de recouvrement.
• 140 DC du 28 juin 1982, *Rec.* 45, *RJC* I-124, contribution à la charge des entreprises d'assurance instituée par une loi de finances.
• 124 L du 23 juin 1982, *RJC* II-97 (agences financières de bassin, taxe fiscale).
• 143 DC du 30 juil. 1982, *Rec.* 57, *RJC* I-130 (loi sur le blocage des prix et des revenus).
• 152 DC du 14 janv. 1983, *Rec.* 32, *RJC* I-142 (contributions sur les tabacs et alcools affectés à la C.N.A.M.), imposition.
• 166 DC du 29 déc. 1983, *Rec.* 79, *RJC* I-175 (loi sur le prix de l'eau, redevance pour service rendu).
• 170 DC du 4 juin 1984, *Rec.* 46, *RJC* I-183 (taxe intérieure de consommation sur les produits pétroliers).
• 184 DC du 29 déc. 1984, *Rec.* 97, *RJC* I-212 (redevance téléphonique).
• 285 DC du 28 décembre 1990, *Rec.* 98, *RJC* I-424 (C.S.G.).
• 283 DC du 8 janv. 1991, *Rec.* 18, *RJC* I-417 (contribution sur les dépenses de publicité en faveur de boissons alcooliques), imposition, compétence négative.
• 287 DC du 16 janv. 1991, *Rec.* 27, *RJC* I-432 (versement-transport), imposition.
• 302 DC du 30 déc. 1991, *Rec.* 140, *RJC* I-476 (contribution sociale de solidarité), imposition.
• 311 DC du 29 juillet 1992, *Rec.* 75, *RJC* I-504 (R.M.I., notion de cotisation sociale).
• 390 DC du 19 nov. 1997 (fiscalité applicable en Polynésie française), *Rec.* 254, *RJC* I-717.
• 395 DC du 30 déc. 1997 (loi de finances pour 1998), *Rec.* 333, *RJC* I-732.

- 405 DC du 29 déc. 1998 (loi de finances pour 1999), *J.O.* 31 déc. 1999, p. 20138.
- 406 DC du 29 déc. 1998 (loi de finances rectificatrice pour 1998), *J.O.* 31 déc. 1999, p. 20160.

- du Conseil d'État :

- 21 nov. 1958, Syndicat national des transporteurs aériens. Distinction de la taxe fiscale et de la redevance. Critère de l'équivalence.
- 21 nov. 1973, Soc. des papeteries de Gascogne, notion d'imposition.
- 14 fév. 1975, Époux Merlin. Les péages ne sont pas des impositions.
- 21 déc. 1985 (ass.), S.A. Étab. Outters. Annulation d'un décret instituant deux taxes parafiscales au profit d'un établissement public administratif. Redevances de pollution perçues par les agences financières de bassin, caractère fiscal de ces redevances et compétence législative en vertu de la décision 124 L du Conseil constitutionnel.
- 13 nov. 1987, Syndicat national des transports aériens. Annulation d'un décret créant une contribution n'ayant pas le caractère d'une redevance pour service rendu car n'étant la contrepartie d'aucune prestation servie aux exploitants d'aéronefs.
- 26 oct. 1990, annulation du décret du 8 avril 1983 créant une taxe parafiscale sur les produits pétroliers n'ayant d'autre but que de compenser la baisse du prix du brut, c'est-à-dire atteindre un objectif général d'intérêt national de la politique économique du gouvernement. Imposition.

- du Tribunal des conflits :

- 28 juin 1965, Delle Ruban c/ Sté autoroute, caractère fiscal du péage.
- 12 janvier 1987, redevance d'assainissement, redevance pour service rendu en vertu de la décision 166 DC du Conseil constitutionnel (*contra,* C.E., 21 nov. 1975, Soc. la grande brasserie moderne).
- 19 déc. 1988, société de distributions d'eau intercommunales (contributions dues au titre de la mise en place d'un réseau public d'assainissement), note F. MODERNE, *D.F.*, 12 juillet 1989, nº 28.

- de la Cour de cassation

- 6 avril 1993, vignette automobile. Illégalité de la circulaire fixant la puissance administrative des véhicules, laquelle constitue l'assiette de cette imposition.

LE CONSEIL CONSTITUTIONNEL,

Saisi le 29 juillet 1960 par le Premier ministre, conformément aux dispositions de l'article 61 de la Constitution, du texte de la loi de finances rectificative pour 1960 ;

Vu la Constitution ;

Vu l'ordonnance en date du 7 novembre 1958 portant loi organique sur le Conseil constitutionnel, notamment le chapitre II du titre II de ladite ordonnance ;

Vu l'ordonnance en date du 2 janvier 1959 portant loi organique relative aux lois de finances ;

Vu l'ordonnance en date du 4 février 1959 relative à la radiodiffusion-télévision française ;

1. Considérant que, d'une part, aux termes de l'article 34 de la Constitution, «les lois de finances déterminent les ressources et les charges de l'État dans les conditions et sous les réserves prévues par une loi organique» ; que, d'autre part, aux termes de l'article 4 de l'ordonnance du 2 janvier 1959 portant loi organique relative aux lois de finances, laquelle constitue *la loi organique visée par la disposition précitée de la Constitution,* «les taxes parafiscales perçues dans un intérêt économique ou social, au profit d'une personne morale de droit public ou privé autre que l'État, les collectivités territoriales et leurs établissements publics administratifs, sont établies par décret en Conseil d'État, pris sur le rapport du ministre des Finances et du ministre intéressé. La perception de ces taxes au-delà du 31 décembre de l'année de leur établissement doit être autorisée chaque année par une loi de finances» ;

Qu'il résulte de ces dispositions que la perception des taxes dont il s'agit ne fait l'objet que d'une autorisation annuelle du Parlement, à l'occasion de laquelle celui-ci exerce son contrôle sur la gestion financière antérieure de la personne morale considérée ; que cette autorisation ne saurait être renouvelée en cours d'exercice sans qu'il soit porté atteinte *au principe* ainsi posé *de l'annalité du contrôle parlementaire* et aux prérogatives que le gouvernement tient des dispositions précitées pour l'établissement desdites taxes, ce, même au cas où le pouvoir réglementaire établit ces taxes à un nouveau taux ;

2. Considérant qu'aux termes de l'article 1er de l'ordonnance nº 59-273 du 4 février 1959, la radio-télévision française «constitue un établissement public de l'État, à caractère industriel et commercial, doté d'un budget autonome» ; qu'en application des articles 3 et 9 de la même ordonnance elle reçoit une «redevance pour droit d'usage» dont le produit constitue l'essentiel des ressources lui permettant de faire face à l'ensemble de ses charges d'exploitation et d'équipement ;

Que cette redevance qui, en raison *tant de l'affectation qui lui est donnée que du statut même de l'établissement en cause, ne saurait être assimilée à un impôt, et qui, eu égard aux conditions selon lesquelles elle est établie et aux modalités prévues pour son contrôle et son recouvrement, ne peut davantage être définie comme une rémunération pour services rendus,* a le caractère d'une taxe *parafiscale* de la nature de celles visées à l'article 4 de l'ordonnance organique précitée du 2 janvier 1959 ;

3. Considérant que, conformément au principe posé par l'article 4 de ladite ordonnance organique et ci-dessus analysé, la perception de cette taxe parafiscale doit faire l'objet d'une seule autorisation annuelle du Parlement ; que, dès lors, les dispositions de l'article 17 de la loi de finances rectificative pour 1960, selon lesquelles : «lorsque les taux de redevance pour droit d'usage de postes de radiodiffusion et télévision sont modifiés postérieurement à l'autorisation de perception accordée par le Parlement pour l'année en cours, les redevances établies sur la base des nouveaux taux ne peuvent être mises en recouvrement qu'après autorisation donnée conformément aux dispositions de l'article 14 de la loi nº 59-1454 du 26 décembre 1959, dans la plus prochaine loi de finances», *ne peuvent être regardées comme conformes aux prescriptions de l'ordonnance du 2 janvier 1959 portant loi organique relative aux lois de finances et par suite à celles de l'article 34 de la Constitution* qui renvoie expressément à ladite loi organique ;

4. Considérant que l'article 18 de la loi de finances rectificative susvisée a pour objet d'affecter à un compte d'attente ouvert dans les écritures de la radiodiffusion-télévision française, sous réserve des exceptions qu'il détermine, l'excédent des recettes réalisées par cet établissement en 1960 et d'en différer l'utilisation jusqu'au contrôle sur pièces devant, en vertu de l'article 14 de la loi du 26

décembre 1959, intervenir lors de l'examen de la loi de finances pour l'exercice 1961 ; qu'ainsi cette disposition, de caractère purement comptable, constitue une intervention du Parlement dans la gestion financière dudit établissement, laquelle intervention porte atteinte aux pouvoirs de l'autorité de tutelle en ce domaine ; qu'il y a lieu pour ce motif, de déclarer les dispositions dudit article 18 non conformes à la Constitution ;

5.. Considérant qu'*en l'espèce* il n'y a lieu pour le Conseil constitutionnel de soulever aucune question de conformité à la Constitution *en ce qui concerne les autres dispositions de la loi* dont il est saisi par le Premier ministre aux fins d'examen de ses articles 17 et 18 ;

Décide :

ARTICLE PREMIER. - Les articles 17 et 18 de la loi de finances rectificative pour 1960 sont déclarés non conformes à la Constitution.

ART. 2. - La présente décision sera publiée au *Journal officiel* de la République française.

Délibéré par le Conseil constitutionnel dans sa séance du 11 août 1960.
(*J.O.*, 13 août 1960, p. 7599).

La composition du Conseil constitutionnel à la date du 11 août 1960 était la suivante : M. NOËL (Président), MM. CASSIN, CHATENET, COTY, GILBERT-JULES, LECOQ DE KERLAND, MICHARD-PELLISSIER, PASTEUR VALLERY-RADOT, PATIN, POMPIDOU.

OBSERVATIONS

1. Cette décision relative à la taxe radiophonique, qui a provoqué d'abondants commentaires, présente un double intérêt : d'une part, il s'agit du premier contrôle par le Conseil constitutionnel de la conformité à la Constitution d'une loi (non organique) ; d'autre part, elle pose le difficile problème de la définition de l'impôt et celui de la distinction entre les différentes catégories de prélèvements obligatoires : les impositions de toute nature, les taxes parafiscales, les cotisations sociales et les redevances.

I. - LE PREMIER CONTRÔLE DE LA CONSTITUTIONNALITÉ D'UNE LOI NON ORGANIQUE

2 . Cette première décision était attendue avec intérêt, car elle allait préciser l'étendue et la portée du contrôle du Conseil constitutionnel sur les lois ordinaires.

3 . L'article 61 al. 2 de la Constitution qui organise le contrôle de la constitutionnalité des lois, confie le déclenchement de la procédure, d'une part, aux quatre plus hautes autorités de l'État, d'autre part, depuis la réforme de 1974, à soixante députés ou soixante sénateurs.

4 . Pendant la période 1959-1974, on pouvait raisonnablement penser que les personnalités appelées à saisir le Conseil le plus souvent seraient dans l'ordre :

- le Président du Sénat, spécialement lorsqu'une loi est adoptée malgré l'opposition de la deuxième chambre et qu'il y a un doute sur sa conformité à la Constitution ;

- le Président de la République, dans l'exercice de son rôle de gardien de la Constitution (article 5) :

- le Président de l'Assemblée nationale, notamment lorsque le gouvernement a engagé sa responsabilité sur le vote d'un texte qui apparaît contraire à la Constitution (article 49 al. 3) ;

- enfin, plus rarement, le Premier ministre, dans l'hypothèse assez improbable où le gouvernement aurait, par inadvertance, laissé les parlementaires voter une loi contraire à la Constitution. En effet, étant donné les nombreuses prérogatives dont dispose le gouvernement dans la procédure législative (articles 40, 41, 44, 48), il est rare qu'un texte contraire à la Constitution soit voté contre son assentiment. Et si celui-ci est voté avec son accord, on voit mal pourquoi le Premier ministre le soumettrait à la censure du juge constitutionnel.

Or, la décision rapportée ci-dessus montre que cette analyse ne correspond guère à la réalité. C'est au contraire le Premier ministre qui, jusqu'en 1974, a déclenché le plus souvent la procédure de l'article 61 al. 2. En quatorze ans, de 1960 à 1974, il a saisi le Conseil six fois sur neuf (décisions 8 DC, 11 DC, 21 DC, 27 DC, 35 DC, 41 DC). Le président du Sénat n'a utilisé son droit de saisine que trois fois, dont une sans que cela débouche sur un contrôle au fond, le Conseil s'étant déclaré incompétent (cf. *infra*, décision du *6 nov. 1962* *). Toutefois, en 1971, puis en 1973, le président du Sénat a obtenu à deux reprises une déclaration de non-conformité à la Constitution (cf. *infra*, décisions des *16 juil. 1971* * et *27 déc. 1973* *).

Au total, de 1959 à 1999, le nombre de saisines est le suivant :

• Premier ministre, 14 saisines : 60-8 DC ; 60-11 DC ; 63-21 DC ; 64-27 DC ; 68-35 DC ; 70-41 DC ; 76-73 DC ; 78-102 DC ; 89-261 DC ; 89-271 DC ; 92-307 DC ; 96-361 DC ; 96-362 DC ; 96-363 DC.

• Président du Sénat, 5 saisines : 71-44 DC ; 73-51 DC ; 82-147 DC ; 83-168 DC ; 91-290 DC.

• Président de l'Assemblée nationale, 3 saisines : 76-74 DC ; 79-110 DC ; 94-343-344 DC.

5 . Comment le Premier ministre a-t-il pu être amené, avant 1974, à saisir le Conseil constitutionnel de textes qui, généralement, sont votés sur son initiative ?

Au cours des débats relatifs à l'examen de la loi de finances rectificative pour 1960, un conflit avait opposé le Parlement et le gouvernement au sujet d'un décret ayant majoré le taux de la redevance radio-télévision. Après de nombreuses discussions, plusieurs navettes et une réunion de la commission mixte paritaire, le ministre accepta un texte de compromis : le gouvernement pouvait modifier le taux par décret, mais la mise en recouvrement de la redevance au nouveau taux devrait être autorisée par le Parlement. Ce texte fut repoussé par le Sénat, mais adopté définitivement en quatrième lecture par l'Assemblée nationale. Cependant, au lieu d'en demander la promulgation au Président de la République, le Premier ministre allait saisir le Conseil constitutionnel afin qu'il déclare ce compromis non conforme à la Constitution.

Il était difficile de prévoir que le contrôle de la constitutionnalité des lois allait s'exercer dans de telles conditions ! Non seulement on est loin de l'esprit de l'article 61, mais surtout le procédé manque singulièrement d'élégance : le gouvernement, après avoir transigé pour obtenir le vote de la loi, soumet ensuite l'arrangement à la censure du Conseil constitutionnel, afin de voir consacrer sa position première ! Dans les conditions où la Haute Instance a été saisie, écrit L. Trotabas, son intervention prend l'apparence d'un « coup bas » porté à l'autorité du Parlement, dans l'exercice de la souveraineté nationale.

6 . Le constituant ayant prévu pour trancher les délimitations entre le domaine de la loi et celui du règlement un contrôle *a priori*, au cours de la procédure législative (art. 41) et un contrôle *a posteriori* (art. 37 al. 2), on aurait pu penser que l'article 61 avait, lui, pour objet, non d'assurer le respect des règles de compétences, mais uniquement le respect des règles de fond inscrites dans la Constitution. Dans ce cas, la saisine du Premier ministre s'analysait en un détournement de procédure et le Conseil pouvait refuser d'examiner sa demande et se déclarer incompétent. Pour la Haute Instance, une telle solution eût été assez conforme à sa jurisprudence. Elle pouvait, en effet, estimer qu'elle n'avait pas à se prononcer sur les problèmes touchant à la délimitation du domaine législatif et réglementaire, en dehors des conditions prévues par les articles 41 et 37 al. 2, de la Constitution.

Une telle décision se justifiait dans la mesure où le Conseil considérait que l'article 61 al. 2, instituait un contrôle au fond de la constitutionnalité des lois et non une nouvelle barrière à la compétence législative.

7 . En 1960, il ne s'est pas engagé dans cette voie. Il a estimé implicitement que le Premier ministre était en droit d'utiliser la procédure de l'article 61 al. 2, bien qu'il eût à sa disposition la procédure de l'irrecevabilité de l'article 41 qu'il n'a pas employée.

L'article 61 al. 2 de la Constitution va ainsi permettre au Premier ministre de faire sanctionner, à plusieurs reprises, un empiétement du Parlement sur le domaine réglementaire : cf. décision 27 DC du 18 décembre 1964 (contrôle de la commission de vérification des comptes des entreprises publiques), décision 35 DC du 30 janvier 1968 (impôts directs locaux), décision 41 DC du 30 décembre 1970 (Agence nationale pour l'amélioration de l'habitat).

8 . Mais vingt ans plus tard, en 1982, le Conseil a changé complètement d'attitude. Sa décision 143 DC du *30 juillet 1982* *, consacre, dans une large mesure, le raisonnement développé plus haut : il refuse de sanctionner un empiétement du législateur sur le domaine réglementaire dans le cadre de la procédure de l'article 61 al. 2 déclarant que : « La Constitution n'a pas entendu frapper d'inconstitutionnalité une disposition de nature réglementaire contenue dans une loi, mais a voulu, à côté du domaine réservé à la loi,

reconnaître un domaine propre et conférer au Gouvernement le pouvoir d'en assurer la protection contre d'éventuels empiétements de la loi ». (Voir aussi 19 juil. 1983, Démocratisation du secteur public et 19 janv. 1984, Activité et contrôle des établissements de crédit).

On ne saurait donc désormais se prévaloir de ce que le législateur est intervenu dans le domaine réglementaire pour soutenir que la disposition critiquée serait contraire à la Constitution. Il s'agit là d'un revirement total de jurisprudence par rapport à la décision du 11 août 1960.

Il n'y a plus de limite au domaine de la loi, dès lors que le Gouvernement laisse faire. Ce changement de jurisprudence permet d'éviter un usage abusif de la saisine parlementaire (sur les dangers de la réforme de 1974, cf. nos observations in *A.J.D.A.*, 1975, n° 1, p. 15).

9 . En raison des conditions dans lesquelles l'article 61 a été appliqué au début de la Ve République, certains auteurs en avaient conclu que la Constitution de 1958 n'avait pas instauré un « véritable » contrôle de la constitutionnalité des lois.

Bien que la décision du 11 août 1960 paraissait confirmer cette analyse, ces observations étaient un peu hâtives et se sont avérées inexactes. En effet, avant même la réforme de 1974, la procédure de l'article 61 al. 2, allait, sur l'initiative du président du Sénat, être utilisée dans le but d'assurer le maintien de certaines libertés publiques (*infra*, décision du *16 juil. 1971* *) et de certains droits fondamentaux (décision du *27 déc. 1973* *). Et le rôle du Conseil constitutionnel en ce domaine allait simplement s'accentuer avec l'élargissement de la saisine en 1974.

10 . L'article 61 al. 2, instaurait donc bien un « véritable » contrôle de la constitutionnalité des lois et ce contrôle allait s'avérer beaucoup plus étendu que prévu. La décision du 11 août 1960 apporte déjà sur ce point plusieurs précisions intéressantes.

11 . Le problème était de savoir si le Parlement était compétent pour modifier le taux de la redevance radio-télévision. On pouvait donc penser que le Conseil allait fonder sa décision sur la disposition de l'article 34, prévoyant que la loi fixe « ...l'assiette, le taux et les modalités de recouvrement des impositions de toute nature » et qu'il allait préciser, à cette occasion, la portée de l'expression « impositions de toute nature ».

Or, d'une manière assez inattendue, le Conseil ne s'appuie pas sur cette disposition, mais sur l'avant-dernier alinéa de l'article 34, qui dispose : « les lois de finances déterminent les ressources et les charges *de l'État* dans les conditions *et sous les réserves* prévues par une loi organique ».

C'est étonnant, car il ne s'agissait pas ici d'une ressource de l'État, mais de celle d'un établissement public autonome.

12 . Mais, il est encore plus surprenant de voir le Conseil invoquer les dispositions *d'une loi organique* pour juger de la conformité *à la Constitution* d'un texte législatif. Cette loi organique

ayant été mise en vigueur par ordonnance (ordonnance du 2 janv. 1959 relative aux lois de finances), le juge constitutionnel est ainsi amené, dès sa première décision, à examiner la constitutionnalité d'une loi votée par le législateur en s'appuyant sur le contenu d'un acte formel de l'exécutif et non sur la Constitution elle-même !

Le Conseil donne ainsi un sens très large à la notion de conformité à la Constitution, puisqu'il exerce son contrôle au regard, non seulement de la Constitution proprement dite, mais également d'une loi organique (ou plus exactement d'une ordonnance organique). Cette assimilation est assez surprenante quand on connaît la prudence habituelle du Conseil pour tout ce qui touche à ses attributions.

Dans de nombreuses décisions postérieures, il s'appuiera à nouveau sur cette ordonnance organique du 2 janvier 1959 pour apprécier la conformité d'une loi à la Constitution ou pour déterminer la nature législative ou réglementaire d'une disposition soumise à son examen. Cette notion très large de la conformité à la Constitution est également appliquée en matière de contrôle de la constitutionnalité des règlements des assemblées (cf., *supra*, n° 3).

13 . En revanche, si l'on se place à un autre point de vue, le contrôle de la constitutionnalité des lois exercé par le Conseil dans le cadre de l'article 61 al. 2, apparaissait, alors, plus limité.

Lorsqu'il est saisi du règlement d'une Assemblée ou d'une loi organique, le Conseil examine, bien entendu, la conformité à la Constitution de *l'ensemble* des dispositions du texte qui lui est soumis. Il refuse même de se prononcer sur une disposition particulière indépendamment de l'ensemble du texte (décision 1 DC du 14 mai 1959, *Rec.* 57, *RJC* I-1).

Or la situation est différente en ce qui concerne les lois ordinaires.

14 . Dans un premier temps, le Conseil a limité son examen aux seules dispositions contestées par l'autorité qui l'a saisi, sans vérifier la conformité à la Constitution des autres dispositions.

La formule qu'il utilisait à ce sujet (et que l'on retrouvait dans toutes ses décisions) n'était pas claire : « Considérant *qu'en l'espèce* il n'y a lieu pour le Conseil constitutionnel de soulever aucune question de conformité à la Constitution *en ce qui concerne les autres dispositions* de la loi dont il est saisi par le Premier ministre... ».

15 . On interpréta ce considérant de deux manières bien différentes. Selon certains, il y aurait là une limitation de la compétence du Conseil aux seules dispositions contestées. Selon d'autres, le Conseil pourrait soulever d'office la question de la conformité à la Constitution d'autres dispositions non contestées, dans la mesure où il estime qu'elles sont inséparables de la disposition litigieuse (cf., *27 déc. 1973 **).

16 . Dans un deuxième temps le Conseil a modifié sa formule pour adopter celle-ci : « Considérant, qu'en l'espèce, il n'y a lieu pour le Conseil constitutionnel de *soulever d'office* aucune autre question de

conformité à la Constitution en ce qui concerne la loi soumise à son examen » (cf. 350 DC, 351 DC, 385 DC ou 386 DC).

Cette formule, désormais utilisée, à quelques nuances près, dans toutes les décisions rendues au titre de l'article 61 al. 2, est beaucoup plus claire. Le juge se reconnaît ainsi le pouvoir de statuer sur la conformité à la Constitution de toute disposition contenue dans une loi dont il a été saisi, même si elle n'est pas inséparable de la disposition contestée. Il semble même qu'il se réserve la faculté d'examiner la constitutionnalité d'une disposition qui ne s'avérerait pas, en définitive, être contraire à la Constitution. Ceci lui permettrait d'introduire dans ses décisions, certaines « petites phrases » dans le cadre des saisines de l'article 61 alinéa 2.

Jusqu'en 1982, il n'a usé de cette faculté que lorsqu'il estimait qu'une autre disposition était inséparable de la disposition contestée.

En revanche, dans sa décision 146 DC du 18 nov. 1982, il a *soulevé d'office* l'irrégularité de la disposition de la loi électorale municipale prévoyant qu'il ne devait pas y avoir plus de 75 % de personnes du même sexe sur les listes alors que cette disposition n'était pas contestée par les requérants. Dans plusieurs décisions il a aussi soulevé d'office l'inconstitutionnalité de dispositions contenues dans des lois de finances et n'ayant pas un caractère financier (cf. *infra* décision du *29 décembre 1994**). Il résulte de cette jurisprudence que le Conseil n'est pas limité par le contenu de la requête.

II. - Les différentes catégories de prélèvements obligatoires

1°) *La nature de la redevance télévision*

17 . Sur le fond, la décision rapportée ci-dessus est également importante. Le Conseil avait, pour la première fois, à statuer sur le problème du partage des compétences respectives du Parlement et du gouvernement en matière fiscale, problème qui est le siège traditionnel de la liberté politique.

Si la compétence parlementaire demeure très large en ce domaine, encore faut-il savoir exactement ce qui doit être inclus dans la notion d'imposition. En l'espèce, la redevance de l'O.R.T.F. pouvait-elle être assimilée à un impôt ?

18 . Cette question opposait le gouvernement et le Parlement depuis qu'un décret du 28 juin 1960 avait majoré le taux de cette redevance.

D'un côté, le ministre de l'Information estimait que l'ordonnance du 4 février 1959, établissant l'autonomie de la R.T.F., avait transformé la taxe en redevance pour droit d'usage. Il s'agit, disait-il, de la contrepartie des programmes donnés aux auditeurs et téléspectateurs ; par suite, il appartient au gouvernement et, à lui seul, d'en fixer le taux.

De l'autre, le Sénat notamment, affirmait que la modification du régime administratif de la R.T.F. n'avait pas affecté le caractère fiscal de la redevance. Celle-ci était un impôt et non la rémunération d'un service rendu, analyse qui était incompatible avec l'existence de radios privées et, par suite, il ne pouvait être question de l'affranchir de l'autorisation parlementaire.

C'est à la suite de ces discussions que se dégagea un compromis et que furent adoptés, dans le cadre de la loi de finances rectificative pour 1960, les articles 17 et 18 reconnaissant au gouvernement la faculté de modifier le taux de la redevance en cours d'année, mais prévoyant la nécessité d'une autorisation parlementaire avant la mise en recouvrement et instituant un compte d'attente pour les excédents de recettes résultant de l'augmentation de la redevance de 1960.

19 . Ce sont ces deux articles que le Conseil constitutionnel déclare non conformes à la Constitution. Il développe le raisonnement suivant : en premier lieu, il rappelle et explicite le régime applicable aux taxes parafiscales ; ensuite, il démontre que la redevance radiophonique, n'étant ni un impôt, ni une rémunération pour services rendus, a le caractère d'une taxe parafiscale.

20 . Aux termes de l'article 4 de l'ordonnance du 2 janvier 1959 portant loi organique relative aux lois de finances, « ... Les taxes parafiscales, perçues dans un intérêt économique ou social au profit d'une personne morale de droit public ou privé autre que l'État, les collectivités territoriales et leurs établissements publics administratifs, sont établies par décret en Conseil d'État, pris sur rapport du ministre des Finances et du ministre intéressé. La perception de ces taxes au-delà du 31 décembre de l'année de leur établissement doit être autorisée chaque année par une loi de finances ».

Ce régime est relativement clair lorsqu'il s'agit d'une nouvelle taxe : le gouvernement est libre de l'instituer en cours d'année, mais ses pouvoirs sont limités au cadre annuel ; cette taxe doit être autorisée par le Parlement pour pouvoir continuer à être perçue l'année suivante.

Mais quel devait être le régime applicable en cas de majoration du taux d'une taxe existante ?

Deux solutions étaient concevables. On pouvait penser qu'il convenait d'appliquer le même régime, car « qui peut le plus peut le moins ». On pouvait au contraire estimer que la modification du taux nécessitait l'accord du Parlement. En effet, s'agissant d'une taxe déjà existante, celui-ci a nécessairement été amené enfin à approuver cette taxe à son ancien taux. Si le gouvernement était libre de modifier ce taux en cours d'année, l'autorisation parlementaire serait méconnue et dénuée de valeur. Il y avait donc lieu d'en suspendre le recouvrement jusqu'à la fin de l'année, afin que le Parlement puisse se prononcer. C'est ce raisonnement qui avait conduit au compromis élaboré par la Commission mixte et qui était reproduit par l'article 17.

21 . Le Conseil constitutionnel rejette ce raisonnement et consacre la première solution. Il invoque les deux arguments suivants : l'annualité du contrôle parlementaire et le respect des prérogatives gouvernementales en la matière.

- En disposant que la perception des taxes parafiscales au-delà du 31 décembre de leur établissement doit être autorisée, chaque année, par une loi de finances, l'article 4 de l'ordonnance de 1959 a posé le principe de l'annualité du contrôle parlementaire. Par suite, estime le Conseil, toute disposition permettant au Parlement de se prononcer, le cas échéant, à deux ou plusieurs reprises en cours d'exercice, sur la perception d'une taxe parafiscale est inconstitutionnelle, car contraire au principe de l'annualité.

Cette analyse est pour le moins surprenante. Le principe de l'annualité, l'histoire en témoigne, a été institué pour permettre au Parlement d'exercer un contrôle régulier sur les finances publiques. Il est paradoxal de l'invoquer pour réduire les droits du Parlement. Le principe de l'annualité du budget n'interdit pas les lois de finances rectificatives dont l'objet est précisément de modifier les autorisations données dans la loi de finances de l'année. L'annualité signifie au moins un contrôle par an et non un seul contrôle par an.

Le Conseil reviendra d'ailleurs par la suite sur cette jurisprudence particulièrement contestable (décisions 164 et 170 DC).

- Le deuxième argument, tiré du respect des prérogatives gouvernementales, est peut-être plus solide, bien que L. Trotabas le considère comme une déclaration d'intention. Aux yeux du Conseil constitutionnel, si le gouvernement doit attendre la fin de l'année pour recouvrer la taxe majorée, son initiative en la matière devient sans objet. Or, il n'apparaît pas logique qu'il ait le pouvoir de créer une nouvelle taxe et non d'en augmenter le taux. Il est évident que l'ordonnance de 1959 a voulu confier au pouvoir réglementaire la détermination du taux et les modalités de recouvrement des taxes parafiscales, en laissant au Parlement la possibilité de se prononcer annuellement sur le principe, c'est-à-dire sur l'existence même de la taxe et, ensuite, sur son maintien.

La solution adoptée par le Conseil consacre la portée limitée du principe de la légalité dans le domaine de la parafiscalité. Les taxes parafiscales ne peuvent être comprises dans « les impositions de toute nature » visées à l'article 34 de la Constitution, non seulement parce que le pouvoir réglementaire est seul compétent pour les créer, mais également parce qu'il est compétent pour en déterminer le taux et les modalités d'assiette et de recouvrement. Comme le Conseil le confirmera dans une décision ultérieure, si la perception de ces taxes fait l'objet d'une autorisation annuelle du Parlement, il appartient au gouvernement d'en déterminer les modalités d'établissement et d'en fixer ou d'en modifier le taux (décision 12 L du 17 février 1961). On peut donc s'interroger sur la réalité du pouvoir du Parlement en ce domaine, car, même si le Parlement s'opposait au renouvellement de la taxe, le gouvernement pourrait en fait retrouver les ressources refusées, en instituant, en cours d'année, une taxe dite nouvelle, d'un montant équivalent à celle dont le renouvellement aurait été refusé.

22 . Mais il ne s'agissait pas là du point essentiel. Le fond du problème consistait à déterminer *la nature de la redevance radio-télévision*, afin de trancher entre la thèse gouvernementale de la rémunération pour service rendu et la thèse parlementaire du caractère fiscal du prélèvement.

Le problème de la distinction entre la taxe fiscale et la redevance ou rémunération de services rendus ne présente pas qu'un simple intérêt théorique. Leurs régimes juridiques et contentieux sont, en effet, foncièrement différents. La taxe relève de la compétence législative et se trouve soumise au régime du contentieux fiscal. La redevance relève du pouvoir réglementaire et du contentieux de droit commun. Les services publics étant l'occasion de prélèvements qui peuvent revêtir, soit le caractère d'une taxe, soit celui d'une rémunération pour services rendus, il est essentiel de pouvoir établir un critère de distinction valable. Malheureusement, ce critère n'a jamais pu être dégagé, la jurisprudence comme la doctrine adoptant, sur ce point, des positions très différentes.

23 . Le Conseil d'État, après quelques hésitations, s'est rallié au critère de l'équivalence. Il estime que la taxe fiscale se caractérise par le fait qu'elle n'a pas de rapport avec le coût du service rendu. Au contraire, la redevance trouve sa contrepartie directe dans les prestations fournies par le service (cf. C.E., 21 nov. 1958, *Syndicat national des transporteurs aériens*, Dalloz, 1959, J, p. 475, concl. Chardeau, note Trotabas et C.E., 18 juin 1976, *A.J.D.A.*, 1976, p. 570, note F. Moderne).

La Cour de cassation retenait le critère de l'obligation : tout prélèvement pécuniaire obligatoirement imposé à un administré à l'occasion d'un service public constituait nécessairement une taxe (cf. arrêt *Ville de Paris*, 17 févr. 1908, p. 362, obs. G. Jèze).

La doctrine se divisait en trois tendances. Certains adoptaient le critère de l'équivalence comme la juridiction administrative. D'autres invoquaient le critère de la position des usagers à l'égard du service : si le service revêt un caractère obligatoire, on est en présence d'une taxe fiscale ; si le service a un caractère facultatif pour l'usager, il s'agit d'une redevance non fiscale. Enfin, quelques auteurs préconisaient le critère de la nature du service public concerné : les prélèvements au profit des services administratifs doivent être considérés comme des taxes fiscales, ceux au profit de services industriels et commerciaux, comme des rémunérations pour services rendus.

Aucun de ces différents critères n'étant à lui seul suffisant, aucune solution satisfaisante n'avait pu être dégagée. Le Tribunal des conflits, qui aurait pu trancher le débat, n'a pas contribué à clarifier le problème : appelé à se prononcer sur la nature du péage d'autoroute, il a déclaré qu'il s'agissait d'une taxe fiscale, rejetant par là aussi bien le critère de l'équivalence, celui du caractère obligatoire et celui de la nature industrielle ou commerciale du service public concerné ! (cf. T.C., 28 juin 1965, *Delle Ruban c/ Société de l'autoroute Estérel-Côte d'Azur*, D. 1966, J, p. 381, note Colin). Cette position devait être implicitement condamnée par le Conseil d'État qui, dans un arrêt du 14 février 1975, époux Martin (*R.S.F.*, 1976, p. 1089 et *R.D.P.*, 1975, p. 1705), estime que « ...les péages perçus par les concessionnaires d'autoroute ne sont pas au nombre des impositions dont l'institution relève du domaine de la loi aux termes de l'article 34 de la Constitution ».

24. On attendait donc avec intérêt cette décision, en espérant que le Conseil constitutionnel allait mettre fin à ces divergences.

Or, celui-ci, pour statuer entre la thèse gouvernementale de la redevance rémunération pour services rendus, et celle du Sénat de la taxe fiscale, affirme que le prélèvement perçu par la R.T.F. n'est ni une taxe fiscale « ...tant en raison de l'affectation qui lui est donnée que du statut de l'établissement en cause », ni une rémunération pour services rendus, « ...eu égard aux conditions dans lesquelles elle est établie et aux modalités prévues pour son contrôle et son recouvrement ». Et il en déduit que cette recette, n'étant ainsi ni un prélèvement fiscal, ni une rémunération pour services rendus ne peut qu'avoir le caractère d'une taxe parafiscale.

Ainsi, par le biais de la parafiscalité, le Conseil constitutionnel donne à la fois tort au gouvernement et au Sénat et confirme, dans une certaine mesure, le compromis qui avait été élaboré par la Commission mixte paritaire, puisque, si le gouvernement peut en modifier le taux, la redevance doit cependant être ratifiée chaque année par le Parlement.

25 . Cette solution, essentiellement négative, a été vivement critiquée par la doctrine. « Le Conseil constitutionnel a choisi la plus mauvaise des solutions s'offrant à lui » écrit L. Trotabas. Loin de contribuer à la clarification du débat, cette décision ajoute à la confusion en raison, d'une part, de l'insuffisance de ses motivations et, d'autre part, du désaveu de la position des juridictions tant administratives que judiciaires qu'elle contient implicitement.

Comme on n'a pas manqué de le souligner, le fait que la redevance soit affectée à un service industriel ou commercial n'est pas de nature à retirer tout caractère fiscal à cette imposition. Il existe de nombreuses recettes fiscales grevées d'affectation et le statut d'établissement industriel et commercial n'exclut pas, pour la personne publique qui en est titulaire, le bénéfice de la prérogative fiscale. De même, la nature d'un prélèvement n'est pas liée à ses modalités de recouvrement. Le Conseil constitutionnel n'était donc pas fondé à s'appuyer sur cet argument pour refuser à la redevance de la R.T.F. le caractère de rémunération de services rendus.

Cette décision a surtout pour effet, et c'est peut-être le plus grave, d'élargir considérablement le domaine de la parafiscalité que l'on s'était, depuis des années, efforcé de restreindre car elle conduisait à un dangereux éclatement de l'État.

Enfin, la solution adoptée par le Conseil dans cette affaire est contraire à sa jurisprudence générale, qui tend à maintenir l'ancienne délimitation entre pouvoir législatif et pouvoir réglementaire (cf. Vincent, « De l'inutilité de l'article 34 de la Constitution du 4 octobre 1958 », *A.J.*, 1965, p. 576).

2°) *Les définitions restrictives des prélèvements autres que les impositions de toute nature*

26 . Le Conseil constitutionnel a sans doute été sensible à l'ensemble de ces critiques doctrinales, car, dans des décisions ultérieures, il a été amené à modifier sa position.

Après avoir confirmé sa jurisprudence du *11 août 1960* en adoptant une notion assez large de la parafiscalité au sujet du permis de chasse (décision du 18 oct. 1961), il va au contraire limiter le champ d'application de la parafiscalité (décision du 10 mars 1966, *Rec.* 26, *A.J.*, 1966, p. 227, *RJC* II-23).

Puis, dans une décision du 24 octobre 1969 (confirmée par une autre du 6 octobre 1976), relative au remboursement des frais de scolarité à l'École polytechnique, il va revenir sur sa jurisprudence primitive. En affirmant que ces frais « ...trouvent leur contrepartie directe dans des prestations fournies par le service et possèdent ainsi le caractère d'une rémunération pour service rendu et non celui d'une imposition ou d'une taxe... », il se rallie, après dix années d'hésitation, à la jurisprudence du Conseil d'État, fondée sur le critère de l'équivalence.

Enfin, dans une décision du 23 février 1970 (*D.*, 1970, p. 388, note Lavigne), le Conseil constitutionnel précise que les taxes perçues au profit de l'État, des collectivités territoriales et de leurs établissements publics administratifs ont *toujours* le caractère de taxes fiscales. Cette décision conduit à limiter d'une manière importante le domaine de la parafiscalité. Il en résulte que les décrets instituant des taxes parafiscales au profit d'organismes présentant le caractère d'établissement public administratif sont illégaux.

Il y avait deux façons pour réduire le domaine hybride de la parafiscalité : on pouvait soit étendre le domaine des redevances non fiscales (et, de ce fait, accroître la compétence réglementaire), ou, au contraire, élargir le domaine des taxes fiscales (et, par suite, augmenter la compétence législative). C'est cette seconde solution que le Conseil constitutionnel consacre en 1970 donnant ainsi une vigueur nouvelle au principe du consentement à l'impôt.

27 . On pouvait dès lors, dégager de la jurisprudence du Conseil constitutionnel un certain nombre de principes :

- En premier lieu, la volonté très nette de réduire le domaine de la parafiscalité qui, par exception, relève de la compétence réglementaire.

Ainsi, les redevances perçues par un établissement administratif ne sauraient être des taxes parafiscales (décision 124 L). Le pouvoir réglementaire en ce domaine se trouve aussi réduit du fait que les objectifs mentionnés à l'article 4 de l'ordonnance du 2 janvier 1959 peuvent aussi bien être atteints par l'institution par la loi d'une imposition (décision 140 DC).

- En second lieu, la jurisprudence constitutionnelle joue, désormais, un rôle déterminant dans la détermination de la notion d'impôt et dans la distinction entre la taxe fiscale et la redevance non fiscale. Cette dernière suppose que le redevable ait *effectivement* bénéficié d'une prestation de service et que le produit de la redevance soit *affecté* au service prestataire.

• Ainsi, un prélèvement qui ne constitue pas une rémunération pour service rendu et qui n'est pas une taxe parafiscale, doit être considéré comme une imposition (décision 124 L) : c'est la condamnation des impositions innomées ou « quasi fiscales » que le Conseil d'État avait consacrées (C.E., 13 janv. 1961, *Rec.* 36 ;

3 nov. 1967, *A.J.D.A.*, 1968, 124 ; 15 oct. 1969, *Rec.* 654 et P. Amselek, *Mélanges Waline*, 1974, t. I, p. 89). La Haute Juridiction administrative s'est inclinée devant cette jurisprudence dans son arrêt « Outters » du 20 décembre 1985 (*D.* 1986, 282, note Favoreu et *infra*, **13**-25 et s.).

• En revanche, sont des taxes fiscales, les prélèvements exigibles indépendamment de toute prestation effective du service public ; la présence du service public fournit seulement l'occasion d'une perception à laquelle se trouvent obligatoirement soumis tous les administrés ayant la position d'usagers virtuels du service. De même, constituent des taxes fiscales les prélèvements dont le montant est reversé au budget général d'une collectivité publique, sans avoir reçu d'affectation spéciale.

Au contraire, la redevance dont l'assiette est directement liée au volume d'eau consommée et dont le produit est affecté exclusivement aux charges de fonctionnement et d'investissement du service a le caractère d'un prix versé en contrepartie d'un service rendu (décision 166 DC). Le Tribunal des conflits s'est incliné devant cette qualification à propos des redevances d'assainissement dans deux arrêts du 12 janvier 1987 et du 19 décembre 1988.

La distinction entre la redevance pour service rendu et l'imposition repose ainsi sur trois éléments :

- Le lien étroit entre le prélèvement et le service rendu en ce qui concerne la redevance.
- L'affectation de la redevance au service prestataire.
- L'assiette de la redevance constituée par des prestations fournies par le service.

28 . La jurisprudence restrictive appliquée aux taxes parafiscales et aux redevances pour services rendus a ensuite été étendue aux cotisations sociales. Ainsi, les contributions sur les tabacs et alcools et sur les spécialités pharmaceutiques, bien qu'affectées au financement des organismes sociaux, entrent dans la catégorie des impositions de toute nature et relèvent de la compétence du législateur (152 DC). Il en va de même de la C.S.G. (285 DC), du versement-transport (287 DC), de la contribution sociale de solidarité (302 DC).

Ainsi, en l'absence d'un lien entre le droit aux prestations et l'obligation de cotiser, on est en présence, non d'une cotisation sociale, quelle que soit la dénomination du prélèvement, mais d'une imposition. Par ailleurs, il ne suffit pas que le prélèvement soit affecté au financement des organismes sociaux, il faut aussi que l'on soit en présence d'un cadre conventionnel qui préside à la fixation des règles régissant la cotisation (Camby). Enfin, on s'est aussi demandé si tout prélèvement qui procède du principe de la solidarité nationale ne constitue pas nécessairement une imposition (Prétot).

La jurisprudence constitutionnelle a ainsi accru le champ d'application de la notion d'impositions de toute nature de l'article 34 de la Constitution en délimitant strictement les autres catégories de prélèvements obligatoires ne relevant pas de la compétence exclusive du Parlement et en raisonnant par défaut, c'est-à-dire en qualifiant imposition tout ce qui ne rentre pas dans une des autres catégories.

Constituent des impositions de toute nature les impôts, taxes, redevances et cotisations qui ne constituent ni des taxes parafiscales au sens de l'article 4 de l'ordonnance organique de 1959, ni de véritables cotisations sociales donnant droit à des prestations précises, ni des redevances correspondant à des services rendus. Par ailleurs, dans la logique de la décision *143 DC** Prix et revenus de 1982, le législateur peut toujours décider d'instituer une imposition de toute nature, même pour atteindre des objectifs relevant normalement du domaine des taxes parafiscales, des cotisations sociales ou de rémunérations pour services rendus.

Cette jurisprudence réhabilite le pouvoir fiscal du Parlement, mais elle ne permet guère de cerner la notion d'imposition qui ne peut être définie que de manière résiduelle et négative et qui tend à rejoindre celle de prélèvement obligatoire (Buisson). Ainsi, au sujet de la CSG, le Conseil se borne à considérer que les trois contributions créées sous l'intitulé de contribution sociale généralisée, « entrent dans la catégorie des impositions de toute nature visées à l'article 34 de la Constitution » (285 DC, cons. 9), sans autre justification

III. - La valeur juridique de l'ordonnance organique de 1959

29 . La décision 8 DC déclare les deux articles de la loi de finances rectificative pour 1980 non conformes à la Constitution parce que contraires aux dispositions de l'article 4 de l'ordonnance organique du 2 janvier 1959 relative aux lois de finances. Ceci signifie que, dans le cadre du contrôle de la constitutionnalité des lois, l'ordonnance organique de 1959 a la même force juridique que la Constitution elle-même (voir aussi nº 28).

Cette place particulière de l'ordonnance organique de 1959 dans le bloc de constitutionnalité s'explique en raison du fondement constitutionnel de ce texte, tant dans les dispositions de l'article 34 que dans celles de l'article 47 (v. B. Genevois : Normes de référence de contrôle de constitutionnalité et respect de la hiérarchie en leur sein, in L'État de droit, *Mélanges Braibant*, Dalloz, 1996, p. 328).

Le raisonnement du Conseil est ici le suivant :

1) L'article 34 de la Constitution dispose que les lois de finances déterminent les ressources et les charges de l'État dans les conditions *et sous les réserves* prévues par une loi organique.

2) La loi organique en question fixe le régime des taxes parafiscales.

3) La redevance radio-télévision, qui est une taxe parafiscale, n'est pas conforme à ce régime.

4) Donc, les deux articles de la loi de finances qui fixent ce régime ne sont pas conformes à la Constitution.

La question de la valeur juridique de l'ordonnance organique de 1959 a donné lieu à des analyses divergentes.

Selon certains auteurs, elle ne fait pas vraiment partie du bloc de constitutionnalité car, lorsque le Conseil constitutionnel invalide une disposition législative contraire à cette ordonnance organique, c'est en réalité la violation de la disposition de la Constitution qui renvoie à ce texte qui est sanctionnée.

Pour d'autres auteurs (Genevois), ce texte fait partie du bloc de constitutionnalité car le Conseil met sur le même plan des dispositions constitutionnelles et des dispositions de la loi organique de 1959 et qu'il se réfère souvent aux seules dispositions de l'ordonnance organique sans viser la Constitution pour déclarer qu'une disposition législative est inconstitutionnelle (v. 328 DC, cons. 16).

Cette dernière analyse a été confirmée par le Conseil lorsqu'il a déclaré une disposition d'une loi organique (relative au statut de la magistrature) contraire à la Constitution parce que contraire aux dispositions de l'article premier de l'ordonnance organique de 1959 (355 DC, cons. 32) et aussi parce qu'il a expressément reconnu valeur constitutionnelle à plusieurs principes contenus dans le texte de 1959 : le principe fondamental de l'équilibre budgétaire (v. **28**-11), les règles fondamentales de l'unité et de l'universalité budgétaires (351 DC, cons. 6, v. **45**-1), les règles relatives au contenu du budget (v. **48**-7).

Il n'en reste pas moins que subsiste une différence fondamentale entre la Constitution et les lois organiques relatives aux lois de finances et aux lois de financement de la sécurité sociale : c'est que les textes peuvent être modifiés sans révision de la Constitution.

En fait, toutes les dispositions de l'ordonnance organique ne se situent pas au même niveau : certaines ont une valeur constitutionnelle, d'autres n'ont qu'une valeur organique.

8

23 décembre 1960

REGROUPEMENT NATIONAL

Droit constitutionnel électoral
Contrôle de la régularité des opérations de référendum

Décision du 23 décembre 1960, Rec. 67.
Article 60 de la Constitution.
Opérations préalables au référendum, établissement de la liste des organisations habilitées à user des moyens officiels de propagande.
Étendue des attributions consultatives et juridictionnelles du Conseil constitutionnel.

RÉFÉRENCES

a) *Notes doctrinales*

- HAMON (L.) : *D.*, 1962, 467. - LIET-VEAUX (G.) : *R.A.*, 1961, 46. - LUCE (E.-P.) : Le contrôle préalable au référendum, *J.C.P.*, 1961, 24. - J.T. : Le contrôle juridictionnel des actes préalables au référendum, *A.J.*, 1961, 672.

b) *Autres références*

- PHILIP (L.) : Les attributions et le rôle du Conseil constitutionnel en matière d'élections et de référendum, *R.D.P.*, 1962, p. 79. - GENEVOIS (B.) : Le contrôle du référendum, *R.F.D.A.*, 1988, nº 6. - GHEVONTIAN (R.) : « Un labyrinthe juridique : le contentieux des actes préparatoires en matière d'élections politiques », *R.F.D.A.*, 1998, p. 793-816.

c) *Jurisprudence*

- du Conseil constitutionnel :

- Décision du 23 déc. 1960, Rec. 68 (président du Centre républicain).
- Décision du 3 avril 1962, Rec. 63 (secrétaire du Parti communiste réunionnais).
- Décision du 11 juin 1981, *Delmas*, Rec. 97, *RJC* V-2, R.D.P., 1981, p. 1347, note Favoreu ; R.D.P., 1982, p. 186, note Philip.
- Décision 226 DC du 2 juin 1987, Rec. 34, Consultation des populations de la Nouvelle-Calédonie (exigence constitutionnelle de clarté de la consultation).
- Décision du 5 octobre 1988 portant règlement applicable à la procédure suivie pour les réclamations relatives aux opérations de référendum, *Rec.* 278.

• Décision du 25 octobre 1988, *Diemert et Bannel*, Rec. 191 (recours contre les textes relatifs à la préparation du référendum sur la Nouvelle-Calédonie). Refus d'examiner la légalité des textes préparatoires.
• Décisions du 5 sept. 1992, *Lederman*, Rec. 85 (examen de la régularité des textes organisant le référendum ; documents adressés aux électeurs). Recours irrecevable, le Conseil n'étant compétent que pour examiner les contestations formulées à l'issue du scrutin.
• Décision du 15 sept. 1992, *Caldaguès*, Rec. 87 (examen de la régularité des textes organisant le référendum ; contenu de l'exposé des motifs du projet de loi adressé aux électeurs). Irrecevable.
• Décision du 18 sept. 1992, *Le Pen*, Rec. 89 (demande tendant à différer la date du référendum ; atteinte au principe d'égalité des citoyens devant le suffrage et à la liberté de la consultation). Irrecevable.
• Proclamation du 23 sept. 1992, *Rec.* 91 (annulations des opérations dans certains bureaux de vote).

- *du Conseil d'État* :

• 27 oct. 1961, *Regroupement national* ; D., 1962, J., 23, note Leclercq ; S. 1963, 28, note Hamon.(Extraits).
« Considérant que la requête susvisée tend à l'annulation pour excès de pouvoir de l'arrêté interministériel du 17 décembre 1960 en tant qu'il refuse d'inscrire le Regroupement national sur la liste des partis politiques autorisés à participer, dans les conditions prévues par le décret du 8 décembre 1960, à la campagne en vue du référendum du 8 janvier 1961, ainsi qu'à l'annulation des décisions du ministre de l'Intérieur des 17 et 19 décembre 1960 confirmant ledit refus ; que postérieurement à l'introduction de ladite requête, le peuple français a adopté et le Président de la République promulgué la loi du 14 janvier 1961, publié au *Journal officiel* du 15 janvier 1961, concernant l'autodétermination des populations algériennes et l'organisation des pouvoirs en Algérie avant l'autodétermination ; qu'à compter de cette dernière date le juge de l'excès de pouvoir ne peut plus se prononcer sur la légalité des actes administratifs, constituant le préliminaire obligatoire du référendum, sans qu'il soit porté une appréciation sur la validité de la loi précitée ; qu'il s'ensuit que la légalité de l'arrêté et des décisions attaquées n'est plus susceptible d'être discutée par la voie contentieuse » ;
• 19 oct. 1962, *Brocas,* R.D.P., 1962, 1180 (examen du recours avant l'issue du scrutin).
• 3 juin 1981, *Delmas et autres* (extraits).
« Considérant qu'il n'appartient qu'au Conseil constitutionnel... juge de l'élection des députés d'apprécier la légalité des actes qui sont le préliminaire des opérations électorales : que, dès lors, le Conseil d'État n'est pas compétent pour se prononcer sur la légalité du décret du 22 mai 1981 portant convocation des collèges électoraux pour l'élection des députés à l'Assemblée nationale... ».
• 10 mai 1989, Front calédonien (la légalité des arrêtés relatifs à l'organisation du référendum n'est plus susceptible d'être discutée par la voie contentieuse après la proclamation des résultats par le Conseil constitutionnel), R.F.D.A., 1989, nº 3, p. 565.
• 25 oct. 1988, Centre national des indépendants et paysans (Leb. 385), référendum relatif aux modalités de l'autodétermination en Nouvelle-Calédonie :

confirmation de la jurisprudence Brocas : compétence du C.E. (cf. A.J.D.A., 1989, nº 12, p. 763).

- 10 sept. 1992, *Meyet et Galand*, concl. Kessler, R.D.P., 1992, nº 6. Nature et légalité des décrets fixant les règles et les modalités de la campagne référendaire : sont de la compétence du Président de la République *tous* les décrets effectivement délibérés en Conseil des ministres et non seulement ceux devant être délibérés en Conseil des ministres en vertu d'un texte.

LE CONSEIL CONSTITUTIONNEL,

Vu la lettre en date du 20 décembre 1960 par laquelle le président du «Regroupement national», Jacques Soustelle, a demandé au Conseil constitutionnel l'inscription de son parti sur la liste des organisations habilitées à user des moyens officiels de propagande en vue du référendum, et ce contrairement à la décision de refus qui lui a été opposée par le gouvernement ;

Vu la Constitution, et notamment son article 60 ;

Vu l'ordonnance nº 58-1067 du 7 novembre 1958 portant loi organique sur le Conseil constitutionnel, modifiée par l'ordonnance nº 59-223 du 4 février 1959 ;

Vu le décret nº 60-1299 du 8 décembre 1960 décidant de soumettre un projet de loi au référendum ;

Vu le décret nº 60-1306 du 8 décembre 1960 portant organisation du référendum ;

Vu le décret nº 60-1378 du 8 décembre 1960 fixant les conditions dans lesquelles les partis politiques pourront participer à la campagne en vue du référendum ;

1. Considérant que les attributions du Conseil constitutionnel, telles qu'elles résultent de l'ordonnance portant loi organique du 7 novembre 1958, *sont purement consultatives* en ce qui concerne les opérations préalables au référendum ; qu'en particulier l'article 47 de cette ordonnance relatif à l'établissement de la liste des organisations habilitées à user des moyens officiels de propagande lui reconnaît seulement la faculté de présenter des observations sur ladite liste ; *qu'aucun texte ne lui confère compétence* pour statuer, par dérogation aux règles du droit commun, sur les protestations ou recours susceptibles d'être présentés contre les décisions prises à cet égard par le gouvernement ;

2. Considérant que, si, à la vérité, en vertu de l'article 50, al. 1er, de l'ordonnance susvisée «le Conseil constitutionnel examine et tranche définitivement toutes les réclamations», ce dernier terme doit être entendu *dans le sens que lui donne la législation applicable en matière électorale* et vise exclusivement les protestations susceptibles d'être formulées à *l'issue du scrutin contre les opérations effectuées* ; que cette interprétation s'impose en raison notamment de la place assignée, dans le chapitre VII de l'ordonnance, à la disposition en question ainsi que du rapprochement nécessaire entre celle-ci et le deuxième alinéa du même article selon lequel : «Dans le cas où le Conseil constitutionnel constate l'existence d'irrégularités dans le déroulement des opérations, il lui appartient d'apprécier si, eu égard à la nature et à la gravité de ces irrégularités, il y a lieu soit de maintenir lesdites opérations, soit de prononcer leur annulation totale ou partielle» ;

Décide :

La demande susvisée n'est pas recevable.
Délibéré par le Conseil constitutionnel dans sa séance du 23 décembre 1960.
(Décision non publiée au *J.O.*).

La composition du Conseil constitutionnel à la date du 23 décembre 1960 était la suivante : M. NOËL (Président), MM. CASSIN, CHATENET, COTY, GILBERT-JULES, LECOQ DE KERLAND, MICHARD-PELLISSIER, PASTEUR VALLERY-RADOT, PATIN, POMPIDOU.

OBSERVATIONS

1. La Constitution de 1958 a fait une large place au référendum et cette procédure a été fréquemment utilisée par le général de Gaulle (en 1961, à deux reprises en 1962, en 1969). Un référendum en moyenne tous les deux ans, c'est-à-dire plus souvent que l'élection présidentielle et même que les élections législatives. Ces consultations ont presque toujours été déterminantes. Les deux premières ont probablement évité

une guerre civile (autodétermination de l'Algérie), la troisième a profondément modifié nos institutions (élection du Président de la République au suffrage universel direct), la quatrième a provoqué le départ du général de Gaulle (régionalisation et réforme du Sénat).

Par la suite, l'usage du référendum est devenu beaucoup plus rare en raison du demi-échec de la consultation de 1972 de G. Pompidou. M. Valéry Giscard d'Estaing n'y a pas eu recours entre 1974 et 1981. Quant à M. F. Mitterrand, sa proposition d'un référendum sur le référendum, émise en août 1984, n'a pas abouti. Cependant, l'idée d'un retour à la pratique du référendum est demeurée d'actualité et cette procédure a, de nouveau, été utilisée en novembre 1988 – sans beaucoup de succès – à propos de la Nouvelle-Calédonie, puis, au contraire, avec passion lors du référendum du 20 septembre 1992 sur le traité de Maastricht. La modification de l'article 11 de la Constitution (adoptée le 31 juillet 1995) permettant de consulter le peuple sur les orientations générales données à la politique économique et sociale de la nation devrait conduire à un renouveau de la pratique du référendum.

2 . Le référendum a longtemps été considéré avec méfiance en France par une grande partie de l'opinion, en raison de la crainte que l'on éprouve de le voir prendre des allures de plébiscite. Afin de surmonter cette hostilité et pour éviter que cette procédure ne devienne un instrument de pouvoir personnel, il est nécessaire que son déroulement soit placé sous le contrôle d'une autorité suffisamment indépendante des gouvernants. Ceci explique que le Conseil constitutionnel ait reçu de larges attributions en ce domaine.

Tandis que pour l'élection des députés et des sénateurs il n'intervient qu'en cas de contestation, s'agissant du référendum, il est automatiquement saisi puisqu'il veille à la régularité des opérations et en proclame les résultats (article 60 de la Constitution). Mais c'est surtout l'ordonnance de 1958, portant loi organique sur le Conseil constitutionnel, qui élargit l'étendue de sa compétence. Ce texte prévoit en effet :

- qu'il est consulté sur l'organisation des opérations et qu'il peut présenter des observations sur la liste des partis politiques admis à user des moyens officiels de propagande (articles 46 et 47) ;
- qu'il peut surveiller sur place le déroulement des opérations par l'intermédiaire de délégués (article 48) ;
- qu'il assure la surveillance du recensement général (article 49) ;
- qu'il examine et tranche toutes les réclamations (article 50) ;
- enfin, qu'il proclame les résultats (article 51).

À la lecture de ces dispositions, il semble que la Haute juridiction joue un rôle essentiel dans le contrôle de l'organisation et du déroulement de la consultation. Elle intervient, en effet, du début à la fin de la procédure, depuis les mesures préparatoires jusqu'à la proclamation des résultats, et « encadre » ainsi toute l'opération.

3 . La décision « Regroupement national » montre qu'en réalité le contrôle exercé par le Conseil est beaucoup plus limité. D'une part, il se refuse à examiner les réclamations relatives aux opérations préalables au référendum. D'autre part, il limite sa compétence

juridictionnelle aux réclamations dirigées contre les opérations concernant le déroulement du scrutin. Ce n'est qu'à l'égard de ses attributions non juridictionnelles qu'il accepte un élargissement, parfois considérable, de sa compétence.

I. - Le contrôle des opérations préalables.

4 . Le 20 décembre 1960, le Conseil fut saisi par M. Jacques Soustelle d'une demande tendant à obtenir l'inscription de son parti, le « Regroupement national », sur la liste des organisations habilitées à user des moyens officiels de propagande, ce que le gouvernement lui avait refusé. Le juge constitutionnel déclare ce recours irrecevable, estimant qu'il n'a pas compétence pour examiner de telles réclamations.

Cette décision d'incompétence à l'égard d'un recours dirigé contre un acte préparatoire devait être confirmée à plusieurs reprises. En ce qui concerne la liste des organisations pouvant bénéficier des moyens officiels de propagande, par une deuxième décision du même jour et par une décision du 3 avril 1962. Dans cette dernière affaire, le Conseil établit nettement la distinction entre ses attributions relatives à l'organisation des opérations (et notamment l'établissement de la liste des organisations habilitées à user des moyens officiels de propagande) qui sont purement consultatives et son rôle juridictionnel en ce qui concerne le déroulement des opérations. Il a réaffirmé sa position à l'occasion de l'intervention de certains organismes dans la campagne électorale par une lettre du président du Conseil constitutionnel en réponse à une protestation de M. François Mitterrand au sujet de la « campagne massive » du Centre d'information civique contre l'abstention, lors du référendum d'avril 1972 (cf. *Le Monde*, 16-17 avril 1972). Le Conseil a estimé, dans cette dernière affaire, que « ...en l'état actuel de ses informations, et dans le cadre de la compétence que lui confère l'article 60 de la Constitution, l'activité du Centre d'information civique n'est pas de nature à justifier une intervention de sa part... ». Il a également précisé que la « ...recherche de l'origine des ressources financières du Centre d'information civique n'entrait pas dans le cadre de sa mission ».

Par la suite, bien que les formules employées soient beaucoup moins nettes et que le Conseil se réfère à l'article 60 de la Constitution, et non plus à l'ordonnance du 7 novembre 1958, sa position est demeurée la même : l'Instance constitutionnelle affirme ne pouvoir intervenir que dans la mesure où un texte l'autorise expressément, ce qui n'était le cas dans aucune de ces affaires. Il renouvelle sa jurisprudence lors des référendums sur la Nouvelle-Calédonie (décision du 25 oct. 1988) et sur le traité de l'Union européenne (décisions des 15 et 18 sept. 1992).

5 . Pour refuser l'examen de la demande de M. Soustelle, le Conseil développe les deux arguments suivants :

En premier lieu, les attributions qu'il tient de l'article 47 de la loi organique concernant la liste des organisations habilitées à user des moyens officiels de propagande sont purement consultatives. Ensuite, si l'article 50 de la loi organique dispose qu'il examine et tranche « toutes les réclamations », ce terme vise uniquement les protestations formulées *après* le scrutin.

6 . Le premier motif reprend le principe de l'interprétation restrictive, par le Conseil, des textes fixant sa compétence (cf. *14 sept. 1961* *).

Le juge constitutionnel considère que, malgré les termes très généraux de l'article 60 de la Constitution lui donnant mission de veiller à la régularité des opérations de référendum, il n'a, même en ce domaine, qu'une compétence d'attribution.

Les recours dirigés contre des décisions gouvernementales doivent, conformément aux règles du droit commun, être portés devant le juge administratif. Il ne peut être dérogé à ce principe qu'en présence d'un texte exprès conférant au Conseil constitutionnel le contentieux des actes préparatoires au référendum, ce qui n'est pas le cas. L'article 47 de la loi organique l'autorise seulement à présenter des observations sur la liste établie par le gouvernement.

L'argument n'est pas vraiment décisif. En premier lieu, le principe de l'interprétation stricte par le Conseil des textes régissant sa compétence est ici mal venu car, comme on le verra plus loin, il n'a pas du tout été appliqué à l'article 46 de la même loi organique, bien au contraire. En second lieu, la référence au respect des règles du droit commun est discutable, car, à l'époque où le Conseil constitutionnel examinait le recours de M. Soustelle, le Conseil d'État ne s'était pas encore déclaré compétent pour connaître des décisions administratives constituant le préliminaire nécessaire des opérations électorales. Bien qu'il existe de nombreuses exceptions, le principe en matière électorale est qu'il n'y a pas de distinction entre le contentieux de l'élection et celui des opérations préparatoires.

Sans doute pouvait-on estimer que le Conseil n'avait pas le pouvoir de décider de sa propre autorité, comme le lui demandait M. Soustelle, d'inscrire son parti sur la liste. Mais rien ne lui interdisait, à la suite de la protestation dont il avait été saisi, de présenter des observations à ce sujet au gouvernement. Rien ne s'opposait à ce que ces observations soient publiées. Il semble même que cette procédure corresponde à l'esprit de l'article 47 de la loi organique. Alors que l'article 46 prévoit que le Conseil est consulté par le gouvernement sur les textes concernant l'organisation des opérations, l'article 47 l'autorise à présenter des observations sur la liste des partis bénéficiant des moyens officiels de propagande. Dans le premier cas, il donne son avis après avoir été saisi par le gouvernement et avant la publication du texte, dans le second il doit, semble-t-il, pouvoir présenter, de sa propre initiative et à tout moment, ses observations. Or, le Conseil paraît penser que les attributions qu'il tient de l'article 47 se limitent à donner un avis sur le contenu de la liste avant sa publication. C'est en ce sens que s'est instaurée la pratique (cf. notamment, *Rec.* 1969, p. 47 et 52), mais il s'agit là d'une application qui est peu conforme à l'esprit et même à la lettre du texte.

7. Le motif fondé sur le fait que le terme « réclamation », « ...vise exclusivement les protestations susceptibles d'être formulées à l'issue du scrutin » paraît plus solide.

À la lecture du texte, il semble en effet que le Conseil doive examiner et trancher toutes les réclamations entre la fin des opérations de recensement et la proclamation des résultats. La compétence du Conseil constitutionnel en matière de référendum serait entière, mais elle ne pourrait s'exercer qu'après la clôture du scrutin. Cette interprétation se justifie en raison de la place de l'article 50 et du rapprochement entre les deux alinéas de cet article. C'est après avoir examiné les réclamations portant sur l'irrégularité des opérations que le Conseil décidera, éventuellement, de prononcer l'annulation du référendum si l'irrégularité apparaît suffisamment grave.

C'est ce dernier argument qui a amené la majeure partie de la doctrine à considérer que la décision d'incompétence se justifiait sur le plan juridique : « ...en s'en tenant à la seule interprétation exégétique du chapitre VII de la loi organique, écrit M. Liet-Veaux, il faut reconnaître que la décision du Conseil constitutionnel se trouve bien fondée ». De son côté, M. Hamon convient volontiers que la lettre du chapitre VII a été respectée. Mais, avec justes raisons, il le regrette. En effet, cette solution n'est pas satisfaisante. Comme le remarque M. Robert, le véritable contrôle, en matière de référendum, ne peut être qu'un contrôle *a priori*, car le Conseil n'annulera jamais un référendum positif. Même si le refus d'inscrire le parti de M. Soustelle avait été arbitraire et avait constitué une grave irrégularité, le Conseil, bien qu'il en ait eu le pouvoir, n'aurait pas annulé les résultats. Alors, à quoi bon tous les recours ultérieurs ? Et quelle défense peut-il y avoir, au cours de la campagne électorale, contre les adversaires peu scrupuleux, se demande M. Robert ? Dans sa décision du 25 octobre 1988, le Conseil reprend son argumentation de 1960, mais il constate que les décrets contestés ont bien été soumis à sa consultation. Ceci laisse à penser que dans le cas inverse, il pourrait être amené à les annuler. Le seul cas où il pourrait être saisi « en la forme juridictionnelle » avant le scrutin serait celui où le gouvernement ne l'aurait pas consulté.

II. - Le contrôle de la régularité du scrutin

8. La décision du *23 décembre 1960* comporte un autre principe limitant la compétence du Conseil : *les réclamations qui lui sont adressées ne peuvent porter que sur le déroulement des opérations.*

9. En affirmant que le terme « réclamation » doit être entendu dans le sens que lui donne la législation applicable en matière électorale et vise exclusivement les protestations contre les « opérations effectuées », le Conseil paraît limiter sa compétence aux seules opérations de vote.

Comme le remarque M. Liet-Veaux, on voit mal à quels principes de législation il se réfère. Les réclamations en matière électorale peuvent très bien être formulées avant le scrutin (contentieux de l'enregistrement des candidatures) et surtout porter sur d'autres points que les opérations de vote (déroulement de la campagne électorale). On comprend mal pourquoi les réclamations devraient se limiter aux « opérations effectuées » entendues comme visant uniquement les opérations de vote et de dépouillement. En effet, le terme « opérations » utilisé dans l'article 46 englobe manifestement l'ensemble des faits se rattachant au déroulement de la consultation (préparation, campagne électorale et vote). On ne voit pas pourquoi le même mot figurant dans l'article 50 ne viserait que les opérations de vote. Cela signifierait que le juge chargé par la Constitution de veiller à la régularité du référendum, ne pourrait examiner que les seules réclamations concernant les opérations de vote, à l'exclusion de celles relatives à l'organisation de la consultation ou au déroulement de la campagne électorale. Si donc un seul parti politique avait bénéficié des moyens de propagande officiels et que tous les autres n'avaient pu s'exprimer, le Conseil se serait déclaré incompétent pour examiner ces réclamations et n'aurait pu que proclamer les résultats d'une telle consultation ! Dans ces conditions, autant dire qu'il ne joue aucun rôle dans le contrôle de la régularité du référendum.

En vérité, il ne s'agit plus ici d'interprétation littérale, ni même restrictive, mais de la prédominance d'un texte inférieur sur un texte supérieur. Le Conseil, souligne pertinemment M. Hamon, fait prévaloir la lettre de l'ordonnance de 1958 sur l'esprit de la Constitution. Il aurait aussi bien pu se déclarer compétent en s'appuyant sur les termes très généraux de l'article 60 de la Constitution.

Pour interpréter les dispositions peu claires d'une ordonnance, il semblerait normal de rechercher l'esprit de l'article de la Constitution d'où elles sont issues. Le Conseil constitutionnel a souvent procédé de façon inverse dans les premières années. Il a accordé plus d'importance à des dispositions organiques, voire réglementaires, (cf., notamment, décision 197 DC). Cependant, l'autre solution, qui consistait à reconnaître pleine compétence au Conseil pour statuer sur toutes les réclamations présentées à l'issue du scrutin, n'était pas sans dangers. Ainsi, lors de la consultation du 28 octobre 1962 relative à l'élection du Président de la République au suffrage universel direct, M. Monnerville aurait pu saisir le Conseil, non sur la base de l'article 61, al. 2 (cf. décision du *6 nov. 1962* *), mais sur celle de l'article 50 de la loi organique du 7 novembre 1958. Et, dans ce cas, la Haute juridiction aurait pu être amenée à annuler la consultation pour vice de forme. On comprend qu'elle juge plus prudent de laisser cette compétence au Conseil d'État, lequel peut toujours invoquer la théorie des actes de gouvernement.

Pour le Conseil constitutionnel, le contentieux des opérations préalables au référendum appartient en effet, exclusivement, à la juridiction administrative. Encore fallait-il que celle-ci accepte cette compétence. En effet, sous la quatrième République, le Conseil d'État s'était toujours refusé à examiner les décisions gouvernementales concernant le préliminaire nécessaire des opérations électorales, qu'il s'agisse de décisions individuelles ou réglementaires.

10 . Malgré cette jurisprudence défavorable, M. Soustelle, après avoir été débouté par le Conseil constitutionnel, a saisi le Conseil d'État d'un recours identique. Dans un arrêt du 27 octobre 1961, rendu

près d'un an après la proclamation des résultats (alors que le Conseil constitutionnel avait statué dans les trois jours), le Conseil d'État se déclara implicitement compétent, mais décida qu'il y avait non-lieu à statuer, car il ne pouvait « ...se prononcer sur la légalité d'un acte administratif constituant le préliminaire obligatoire du référendum sans qu'il soit porté une appréciation sur la validité de la loi ».

En d'autres termes, ce n'est que si le « non » l'avait emporté que M. Soustelle aurait pu voir son recours examiné ! Les décisions des deux Hautes juridictions aboutissent ainsi à une situation proprement absurde. Lorsque l'application d'une disposition de la loi conduit à un tel résultat, on peut avoir des doutes sur la valeur de l'interprétation retenue par le juge. Certes, le Conseil d'État, dans un arrêt *Brocas* du 18 octobre 1962, a montré qu'il pouvait, lui aussi, examiner dans des délais très courts la légalité des opérations préliminaires, mais cette solution n'est guère satisfaisante. Le contrôle des opérations préliminaires dépend désormais, comme le souligne M. Robert, de la seule bonne volonté du Conseil d'État et particulièrement de son vice-président. Si, parfois, il suffit de quelques jours pour rendre un arrêt, le plus souvent, le requérant doit attendre des mois avant qu'il soit statué sur son recours. Le Conseil constitutionnel était beaucoup mieux armé pour se prononcer très rapidement sur ces problèmes.

Le contrôle des opérations préliminaires est longtemps apparu dénué de toute efficacité. Le recours préalable au scrutin déposé devant la juridiction administrative a peu de chance d'être jugé suffisamment rapidement et dépend de la célérité du Conseil d'État. Si la Haute juridiction est tout à fait indépendante dans ses décisions, elle l'est peut-être moins en ce qui concerne l'inscription au rôle des affaires dont elle est saisie. Elle paraît toutefois désormais décidée à statuer dans des délais rapides. En 1992, saisie le 12 août, elle a statué le 10 septembre soit dix jours avant le jour du référendum.

Le contrôle juridictionnel du Conseil constitutionnel, exercé après le scrutin, est purement théorique. Il est évident qu'il n'annulera pas un référendum positif, même si, du point de vue juridique, il en a le pouvoir. Il est d'ailleurs très difficile d'apprécier l'influence d'une irrégularité sur une consultation nationale et il ne peut guère aller au-delà de l'annulation partielle de certaines opérations, comme il le fait régulièrement.

III. - Les attributions consultatives

11 . Dans ces conditions, on peut se demander si les attributions consultatives du Conseil constitutionnel ne sont pas plus importantes que ses attributions juridictionnelles.

Le Conseil ayant estimé qu'il ne pouvait examiner les réclamations touchant ses attributions consultatives, il n'y a guère de jurisprudence en ce domaine. Tous les recours concernant l'établissement de la liste des partis bénéficiant des moyens officiels de propagande ou portant sur l'organisation et le déroulement de la consultation ont abouti à des décisions d'incompétence.

12 . Toutefois, le recueil des décisions du Conseil donne de précieuses indications sur l'étendue de son activité consultative, car il

rapporte la plupart des textes dont il a été saisi. On constate ainsi que l'article 46 de la loi organique a fait l'objet, contrairement aux articles 47 et 50 du même texte, d'une application très extensive.

D'après les termes de l'article 46, le Conseil est consulté par le *gouvernement* sur *l'organisation du référendum*, et il est avisé des mesures prises à ce sujet. Cela signifie qu'il doit donner son avis sur le décret portant organisation du référendum (cf. *Rec.*, 1969, p. 43 et *Rec.*, 1992, 271) et qu'il est tenu informé des autres textes d'application, mais sans avoir à donner un avis à leur sujet. L'information étant simplement nécessaire à l'accomplissement de sa mission de surveillance.

Or, la pratique est très différente. Le Conseil est en effet consulté sur *tous* les textes concernant le référendum. En particulier, il a toujours été consulté par le Président de la République (et non par le gouvernement), sur le texte décidant de soumettre un projet de loi au référendum, alors que l'article 46 ne prévoit pas du tout cette consultation (cf. *Rec.*, 1962, 49 et 61 ; *Rec.*, 1969, 42 ; *Rec.*, 1988, 370 ; *Rec.*, 1992, 265). Ceci est d'autant plus étonnant que ce texte est soumis, pour avis, au Conseil d'État. Or, non seulement le Conseil constitutionnel n'a pas refusé d'exercer cette compétence non prévue par les textes le régissant, mais, le 1er octobre 1962, après cinq heures de délibération, il a même émis un avis défavorable sur le décret présidentiel, estimant, semble-t-il, dans sa majorité, que la procédure prévue par l'article 11 de la Constitution ne pouvait être utilisée pour une révision constitutionnelle (cf. *infra*, n° **14**-13). Ces avis n'étant pas publiés, ils ne peuvent être commentés. Cependant, en cas de divergence entre le Président et le gouvernement sur les modalités d'organisation d'un référendum, l'avis du Conseil pourrait être déterminant.

La Haute instance s'est par ailleurs vu attribuer par décret (article 4 du décret du 3 avril 1969, *Rec.*, 1969, p. 48) une nouvelle compétence relative au contrôle de l'utilisation de la radio et de la télévision par les partis politiques pendant la campagne électorale. Elle a accepté cette nouvelle mission, qui, normalement, ne pouvait lui être conférée que par une loi organique, et qui, pour l'élection présidentielle, est exercée par la Commission nationale de contrôle.

13 . À l'occasion du contrôle de la constitutionnalité de la loi organisant une consultation en Nouvelle-Calédonie, il a affirmé l'exigence constitutionnelle de clarté de la consultation. Il considère que la question posée doit satisfaire à la double exigence de loyauté et de clarté de la consultation (226 DC). Il ne fait pas de doute que ces deux exigences s'appliqueront, à l'avenir, à toutes les consultations référendaires ce qui tend à renforcer encore son rôle consultatif. Toutefois, lors de la révision constitutionnelle de 1995, le gouvernement a refusé la proposition de soumettre au Conseil constitutionnel les projets de loi soumis au référendum.

Dans les États recourant fréquemment au référendum, un contrôle de la clarté et de l'homogénéité de la question posée au peuple est systématiquement pratiqué. Ce contrôle est essentiel car la liberté de choix des citoyens est une conséquence du principe de la souveraineté du peuple. Ce principe n'est-il pas bafoué lorsque les citoyens sont appelés à se prononcer sur une question ambiguë ou sur une question contenant en fait une multiplicité de sujets ?

14 . Lors du référendum du 6 novembre 1988 sur l'évolution de la Nouvelle-Calédonie, le Conseil a estimé qu'il n'était pas compétent pour statuer « en la forme juridictionnelle » sur la régularité des opérations préliminaires au référendum mais que sa consultation préalable sur ces textes était une condition de la régularité de la consultation.

On retrouve la même formulation dans ses décisions de 1992. On peut aussi noter que dans sa proclamation en date du 23 septembre 1992, il vise expressément la décision du Conseil d'État du 10 septembre 1992 relative à la contestation des décrets organisant la consultation.

15 . La décision du 25 octobre 1988 maintient et confirme la jurisprudence « Regroupement national » de 1960. Il en résulte, comme le note, B. Genevois, une accentuation du particularisme propre à chaque type de scrutin national soumis au contrôle du Conseil constitutionnel puisque ce dernier exerce en matière d'élections législatives ou présidentielles des compétences qu'il refuse d'exercer en matière de référendum.

9

20 janvier 1961

ASSURANCES MALADIE DES EXPLOITANTS AGRICOLES (11 DC)

Droit constitutionnel des finances publiques pouvoir d'initiative des parlementaires en matière financière

Décision 60-11 DC, Rec. 29, *RJC* I-7.
Article 61, alinéa 2 de la Constitution ; saisine du Premier ministre.
Respect de l'article 40 de la Constitution.
Contrôle et portée de cette disposition.

RÉFÉRENCES

a) *Notes doctrinales.*

- Hamon (L.) : *D.*, 1962, J., 177. - Philip (L.) : S., 1961, J., 165. - X : *A.J.*, 1961, 87.

b) *Autres références*

- LEBRETON (J.-P.) : Conseil constitutionnel et initiative financière dans le cadre de la procédure législative, *R.A.*, 1978, p. 274. - TAUGOURDEAU (J.-P.) : Réformer le droit d'initiative en matière de loi de finances, *Revue du Trésor*, fév. 1982. - SAIDJ (L.) : Recherche sur la notion de finances publiques en droit constitutionnel et financier positif, *R.D.P.*, 1982, p. 1297. - CAMBY (J.-P.) : Réflexions sur un couperet, *L.P.A.*, 13 janv. 1993, nº 6. - ROQUES (X.) : Les irrecevabilités financières (en dehors de l'article 40 C.), *R.F.D.C.*, nº 16, 1993. - BARROT (J.) : Article 40 de la Constitution, rapport d'information, nº 1273, 25 mai 1994, documents d'information de l'A.N.

c) *Jurisprudence* (sur l'article 40).

- 2 DC des 17-18-24 juin 1959, Règlement. A.N., *Rec.* 59, *RJC* I-1.
- 3 DC des 24-25 juin 1959, Règlement. Sénat, *Rec.* 61, *RJC* I-2.
- 21 DC du 12 mars 1963 (fiscalité immobilière), *Rec.* 23, *RJC* I-12.
- 57 DC du 23 juillet 1975 (taxe professionnelle), *Rec.* 24, *RJC* I-32.
- 64 DC du 2 juin 1976, Règlement du Sénat, *Rec.* 21, *RJC* I-37.

- 82 DC du 20 juil. 1977 (coopération inter-communale), *Rec.* 37, *RJC* I-49.
- 91 DC du 18 janv. 1978 (enseignement agricole privé), *Rec.* 19, *RJC* I-56.
- 94 DC du 14 juin 1978 (règlement du Sénat), *Rec.* 15, *RJC* I-59.
- 132 DC du *16 janv. 1982* * (nationalisations I), *Rec.* 18, *RJC* I-104.
- 133 DC du 30 déc. 1981 (loi de finances 1982), *Rec.* 41, *RJC* I-111.
- 134 DC du 5 janv. 1982 (loi d'orientation sociale), *Rec.* 15, *RJC* I-113.
- 164 DC du 29 déc. 1983 (loi de finances pour 1984), *Rec.* 67, *RJC* I-166.
- 203 DC du 28 déc. 1985 (loi de finances rectificative pour 1985), *Rec.* 87, *RJC* I-150.
- 292 DC du 23 mai 1991, Règlement A.N., *Rec.* 66, *RJC* I-450. L'examen de la recevabilité des propositions de loi doit être fait avant l'annonce de leur dépôt.
- 301 DC du 15 janv. 1992, Règlement Sénat, *Rec.* 12, *RJC* I-472. *Idem.*
- 329 DC du 13 janv. 1994 (révision de la loi Falloux), amendement gouvernemental, *Rec.* 9, *RJC* I-562.
- 339 DC du 31 mai 1994, Règlement du Sénat, la limitation de la procédure de rappel au règlement, interdisant d'opposer une exception d'irrecevabilité au titre de l'article 40 est inconstitutionnelle, *Rec.* 80, *RJC* I-595.
- 345 DC du 29 juillet 1994 (emploi de la langue française), irrecevabilité non soulevée au cours des débats, *Rec.* 106, *RJC* I-588.
- 384 DC du 19 déc. 1996 (loi de financement de la sécurité sociale pour 1997), cavaliers budgétaires, *RJC* I-690.
- 393 DC du 18 déc. 1997 (loi de financement de la sécurité sociale pour 1998), cavaliers sociaux, *RJC* I-721.
- 402 DC du 25 juin 1998 (loi portant DDOEF), présentation d'amendements, après la réunion de la CMP, interdite sauf ceux en relation directe avec le texte en discussion et ceux rendus nécessaires par la coordination avec d'autres textes en cours d'examen au Parlement, *Rec.* 269.
- 404 DC du 18 déc. 1998 (loi de financement de la sécurité sociale pour 1999), *J.O.* 27 déc. 1998, p. 19 663.

LE CONSEIL CONSTITUTIONNEL,

Saisi le 27 décembre 1960 par le Premier ministre, conformément aux dispositions de l'article 61 de la Constitution, du texte définitif du projet de loi adopté par le Parlement et relatif aux assurances maladie, invalidité et maternité des exploitants agricoles et des membres non salariés de leur famille ;

Vu la Constitution ;

Vu l'ordonnance en date du 7 novembre 1958 portant loi organique sur le Conseil constitutionnel, notamment le chapitre II du titre II de ladite ordonnance ;

1. Considérant que l'article 40 de la Constitution dispose : «les propositions et amendements formulés par les membres du Parlement ne sont pas recevables lorsque leur adoption aurait pour conséquence soit une diminution des ressources publiques, soit la création ou l'aggravation d'une charge publique» ;
2. Considérant que l'expression «charge publique» doit être entendue comme englobant, outre les charges de l'État, toutes celles antérieurement visées par l'article 10 du décret du 19 juin 1956 sur le mode de présentation du budget de l'État et, en particulier, celles des divers régimes d'assistance et de Sécurité Sociale ; que cette interprétation est confirmée tant par les débats du Comité consultatif constitutionnel que par le rapprochement entre les termes de l'article 40 précité et ceux du projet de loi déposé le 16 janvier 1958 qui tendaient à la révision de l'article 17 de la Constitution du 27 octobre 1946 ;
3. Considérant que les dispositions des articles 1106-1 (§ 3, al. 2), 1106-1 (§ 4, al. 3) et 1106-3 (§ 2) du code rural, dans la rédaction qui résulte du vote par le Parlement de plusieurs amendements au texte de projet de loi relatif aux assurances maladie, invalidité et maternité des exploitants agricoles et des membres non salariés de leur famille, ont pour effet de créer de nouvelles catégories de bénéficiaires de ce régime particulier de Sécurité sociale et entraînent, à l'évidence, une aggravation des charges à supporter par ledit régime ; que les amendements susmentionnés étaient dès lors irrecevables en vertu de l'article 40 précité de la Constitution et que les dispositions législatives qui ont résulté de leur adoption ne peuvent, par ce motif, qu'être déclarées non conformes à la Constitution ;
4. Considérant, au contraire, que le texte de l'article 1106-1 (§ 4, al. 5) du code rural, tel qu'il a été adopté par le Parlement et qui vise les «enfants de moins de vingt ans, qui, par suite d'infirmité ou de maladie chronique, sont dans l'impossibilité totale et contrôlée de se livrer à une activité rémunératrice», ne peut être regardé comme aggravant la charge qui, pour ce régime de Sécurité sociale, eût résulté de l'adoption *du projet de loi initial*, lequel se référait, pour les mêmes personnes, à une «impossibilité permanente» provenant de la même cause et ayant les mêmes effets ; que, dès lors, ce texte ne tombait pas sous le coup de l'irrecevabilité prévue par l'article 40 de la Constitution ;
5. Considérant qu'en l'espèce il n'y a pas lieu, pour le Conseil constitutionnel, de soulever aucune question de conformité à la Constitution en ce qui concerne les autres dispositions de la loi soumises par le Premier ministre à son examen,.

Décide :

ARTICLE PREMIER. - L'article 1er du texte définitif du projet de loi adopté par le Parlement et relatif aux assurances maladie, invalidité et maternité des exploitants agricoles et des membres non salariés de leur famille est déclaré non conforme à la Constitution en tant qu'il introduit dans le titre II du livre VII du code rural les dispositions de l'article 1106-1 (§ 3, al. 2 et § 4, al. 3) et en tant qu'il vise «les conjoints» parmi les personnes énumérées à l'article 1106-3 (§ 2).

ART. 2. - Les dispositions de l'article 11O6-1 (§ 4, al. 5) introduites dans le code rural par le texte du projet de loi mentionné à l'article précédent sont déclarées conformes à la Constitution.

ART. 3. - La présente décision sera publiée au *Journal officiel* de la République française.

Délibéré par le Conseil constitutionnel dans sa séance du 20 janvier 1961.

(*J.O.*, 24 janv. 1961, p. 982).

La composition du Conseil constitutionnel à la date du 20 janvier 1961 était la suivante : M. NOËL (Président), MM. CASSIN, CHATENET, COTY, GILBERT-JULES, LECOQ DE KERLAND, MICHARD-PELLISSIER, PASTEUR VALLERY-RADOT, PATIN, POMPIDOU.

OBSERVATIONS

1. Le Conseil constitutionnel se prononçait, dans cette décision, pour la deuxième fois sur la conformité à la Constitution d'une loi ordinaire. Comme dans sa décision du *11 août 1960* *, la Haute juridiction était saisie par le Premier ministre dans le cadre de l'article 61 al. 2, de la Constitution et dans des circonstances identiques : il s'agissait d'un texte adopté après réunion de la commission mixte paritaire et dont certaines dispositions avaient été modifiées par rapport au projet initial, contre la volonté du gouvernement. Toutefois, cette fois-ci, ce dernier avait au cours des débats nettement fait connaître, aux sénateurs notamment, son intention de saisir le Conseil constitutionnel des modifications introduites contre son gré.

Comme dans l'espèce du *11 août 1960**, le contrôle de la conformité à la Constitution porte, non sur une question de fond (méconnaissance d'un droit ou d'une liberté garantis par la Constitution) mais sur la procédure de l'élaboration de la loi.

Le problème est cependant assez différent, car, pour invoquer la non-conformité à la Constitution des amendements adoptés sur l'initiative des sénateurs, le Premier ministre s'appuie ici non sur l'article 34, qui détermine l'étendue de la compétence législative du Parlement, mais sur l'article 40, qui limite l'initiative parlementaire en matière financière. Dans la première espèce, il s'agissait de savoir si la matière relevait ou non du domaine législatif. Dans cette affaire, ce problème ne se pose pas. Les dispositions en cause concernent les principes fondamentaux de la Sécurité sociale et il n'est pas contesté que la matière relève de la compétence du Parlement. Si le Premier ministre estime que la loi n'est pas conforme à la Constitution, c'est parce qu'il pense que les parlementaires ne disposaient pas, sur ce point, d'un droit d'initiative et que les amendements litigieux étaient en l'occurrence, irrecevables.

2 . En effet, les articles 34 et 37 de la Constitution ne sont pas les seuls à délimiter le pouvoir du Parlement en matière législative, l'article 40 a également une grande importance, puisqu'il dispose :

« Les propositions et amendements formulés par les membres du Parlement ne sont pas recevables lorsque leur adoption aurait pour conséquence, soit une diminution des ressources publiques, soit la création ou l'aggravation d'une charge publique ».

Même lorsqu'il est compétent, le Parlement est donc loin d'exercer librement ses attributions. Son pouvoir d'initiative en matière financière est limité, et son rôle pourrait se réduire pratiquement à celui d'une chambre d'enregistrement si l'on appliquait cet article 40 dans toute sa rigueur.

Ainsi, c'est moins l'article 34 que l'article 40 qui détermine le domaine à l'intérieur duquel le Parlement peut exercer effectivement son pouvoir législatif, c'est-à-dire proposer et adopter un texte en dehors de toute initiative gouvernementale. Cependant, le respect de ces deux articles n'est pas assuré selon la même procédure. Si le gouvernement invoque l'irrecevabilité au titre de l'article 40, ce sont les organes parlementaires qui tranchent, et le gouvernement doit s'incliner (du moins provisoirement) devant leur décision. Tandis que, s'il invoque l'article 37, il peut, en application de l'article 41, imposer la suspension de la discussion en déclenchant la saisine du Conseil constitutionnel (cf. *supra*, décision du *27 novembre 1959* *).

L'article 40 fait l'objet d'une application très fréquente. Le Président de la République s'est appuyé sur lui pour refuser de convoquer le Parlement en session extraordinaire en mars 1960 ; le Conseil constitutionnel l'a invoqué, en 1959, pour déclarer les propositions de résolutions non conformes à la Constitution (cf. *supra*, décision n° 3), le gouvernement et, surtout, les instances parlementaires s'y réfèrent constamment au cours de la procédure législative. Il est donc essentiel de savoir comment le respect de cet article est assuré et quelle est exactement sa portée. Sur ces deux points, la décision du 20 janvier 1961, puis, par la suite, plusieurs autres décisions, ont apporté des précisions importantes.

I. - Les modalités du contrôle de l'article 40

3 . Les premières questions sont relatives au pouvoir du Conseil en la matière. *A-t-il été chargé par le constituant d'assurer le respect de l'article 40 ? Que faut-il entendre exactement par respect de l'article 40 ? Quelles sont les conséquences de son contrôle ?*

4 . Contrairement à la procédure de l'article 41, qui prévoit expressément l'intervention du Conseil en cas de désaccord entre le gouvernement et une Assemblée, l'article 40 ne contient aucune disposition de ce genre. Or, il ne s'agit pas là d'un simple oubli du constituant, mais d'une volonté de tenir le Conseil constitutionnel à l'écart du débat. L'avant-projet de la Constitution prévoyait en effet la même procédure en cas d'irrecevabilité soulevée par le gouvernement au titre des articles 38, 40 et 41 de la Constitution. Mais l'un des membres du Comité consultatif constitutionnel fit observer que, sous la quatrième République, l'autolimitation de l'initiative parlementaire en matière financière, prévue par le règlement des Assemblées, avait toujours été respectée sans difficulté. Il était donc inutile de soumettre au Conseil constitutionnel les cas d'irrecevabilité au titre de l'article 40. À la suite de cette remarque, on supprima dans le texte définitif la procédure du recours au Conseil pour assurer le respect de l'article 40.

« Les auteurs de la nouvelle Constitution, écrit M. Hamon, ont cru pouvoir faire au Parlement, sur cette question ancienne, une confiance qu'ils lui ont refusée sur l'application des dispositions concernant la limitation toute nouvelle des domaines de la loi et du règlement ».

Il n'y a donc pas de saisine possible du Conseil constitutionnel au cours de la procédure législative. Celui-ci n'a pas à se prononcer sur le respect ou la violation de l'article 40. En cas de contestation, ce sont les instances parlementaires (commission des finances, bureau ou président de l'Assemblée, selon le cas) qui sont seuls juges de la recevabilité des propositions et amendements des parlementaires en matière financière. Ce système de contrôle est d'ailleurs très efficace. Il est très fréquent de voir la commission des finances de l'Assemblée nationale déclarer irrecevables, comme contraires à l'article 40, des propositions de lois ou des amendements déposés par les députés.

Dans ces conditions, puisque le contrôle du respect de l'article 40 est assuré par les organes parlementaires, on aurait pu penser que cette question échappait à la compétence du Conseil constitutionnel, ce dernier se bornant à vérifier que les règlements des deux Assemblées respectent bien cette disposition. Le gouvernement n'a pas admis ce raisonnement. À ses yeux, si l'instance constitutionnelle ne pouvait être saisie au cours de la procédure législative, rien ne s'opposait à ce qu'elle le soit, sur la base de l'article 61 al. 2, après le vote de la loi. Si une loi était adoptée en méconnaissance des dispositions de l'article 40, le Conseil constitutionnel devait pouvoir être saisi pour en examiner la conformité à la Constitution.

5 . Le Conseil constitutionnel a accepté de juger de la conformité des lois ordinaires au regard de l'article 40, sans même, semble-t-il, se poser le problème de sa compétence et de l'étendue de ses pouvoirs. En effet, il aurait très bien pu estimer que son rôle se limitait à vérifier que la procédure de l'irrecevabilité avait été respectée, c'est-à-dire que les instances parlementaires avaient pu exercer leur contrôle, mais sans, pour autant, accepter de jouer vis-à-vis de celles-ci le rôle d'un juge d'appel. L'article 40 de la Constitution concerne uniquement la procédure législative et non la compétence des organes de l'État ou le contenu de la loi. Il dispose que les propositions et amendements ne sont *pas recevables*, c'est-à-dire qu'il doit y avoir un mécanisme permettant de s'opposer éventuellement à leur discussion ; il ne dit pas que ces propositions ou amendements une fois adoptés doivent être considérés comme non conformes à la Constitution. L'article 40 donne simplement au gouvernement, comme à tout parlementaire, le droit de soulever l'irrecevabilité, celle-ci étant prononcée ou non, par les instances parlementaires compétentes. Le Conseil pouvait estimer que sur ce point l'article 40 avait été respecté, puisque rien ne s'était opposé à l'exercice par le gouvernement de son droit de soulever l'irrecevabilité. Quant au fond, le Conseil pouvait considérer qu'il n'était pas compétent, puisque ce rôle est assuré par d'autres organes.

En déclarant les amendements parlementaires non conformes à la Constitution, il s'affirme au contraire comme le juge suprême de l'interprétation et du respect de l'article 40.

Cette position peut paraître critiquable si l'on se réfère aux travaux préparatoires. Elle est cependant logique. Pour juger autrement, il aurait fallu admettre que le constituant avait institué deux procédures différentes de contrôle de la conformité des lois ordinaires à la Constitution :

- un contrôle au cours de la discussion parlementaire basé sur la procédure de l'irrecevabilité, exercé soit par le Conseil constitutionnel au titre de l'article 41, en ce qui concerne le respect des articles 34-37 al. 2, et 38, soit par les instances parlementaires en ce qui concerne le respect de l'article 40 ;
- un contrôle avant promulgation, exercé au titre de l'article 61, portant sur les dispositions constitutionnelles autres que les articles

34-37 al. 2, 38 et 40, et confié au seul Conseil constitutionnel, les deux procédures s'excluant l'une l'autre.

Il faut dire, aussi, que la thèse de la compétence du Conseil constitutionnel correspondait aux vues du général de Gaulle qui déclarait, devant le conseil des ministres en février 1963 : « ... ce qui est anticonstitutionnel, c'est de laisser le Parlement se mêler de ce qui relève du domaine réglementaire et aussi de lui laisser l'initiative des dépenses. Ce sont là des dispositions essentielles de la Constitution » (cf. A. Peyrefitte, *C'était de Gaulle*, 1995, p. 461). Pour l'ancien chef de l'État, la mission essentielle du Conseil constitutionnel était d'interdire au Parlement de déborder de son domaine législatif et des limites de son pouvoir d'initiative.

6 . Le contrôle du respect de l'article 40 par le Conseil constitutionnel entraîne des conséquences importantes. Pratiquement, toutes les propositions de lois et tous les amendements parlementaires ont une incidence négative sur les finances publiques. Si l'article 40 fait l'objet d'un contrôle étroit et d'une interprétation stricte, c'est l'existence même du droit d'initiative des parlementaires qui se trouve remise en cause.

7 . Les contrôles qui peuvent s'exercer sont particulièrement nombreux. Le respect de l'article 40 est soumis à trois procédures : contrôle de la commission des finances ou du président de l'Assemblée avant le dépôt de la proposition ou de l'amendement, contrôle du gouvernement et des parlementaires en cours de discussion (l'irrecevabilité pouvant être soulevée à tout moment), contrôle du Conseil constitutionnel après le vote de la loi.

Dans un premier temps, le gouvernement a été le seul, en fait, à saisir le Conseil constitutionnel en cas de litige sur ce point. Mais, depuis la réforme de 1974, les choses ont changé puisque le Conseil constitutionnel peut également être saisi par une minorité de parlementaires, ce qui a entraîné un amoindrissement des pouvoirs du gouvernement.

- En effet, en premier lieu, la minorité dispose désormais d'un recours devant le Conseil constitutionnel en cas d'usage abusif de l'article 40 par le gouvernement ou par les organes parlementaires de contrôle (c'est-à-dire par la majorité).

Dans une décision 57 DC du 23 juillet 1975 relative à la réforme de la taxe professionnelle, le Conseil constitutionnel a accepté d'examiner un recours présenté par des députés socialistes qui estimaient que leurs amendements avaient été irrégulièrement écartés au titre de l'article 40. Et il a jugé qu'il était de sa mission de statuer sur le point de savoir si, au cours de l'élaboration de la loi, il avait été fait une application conforme à la lettre et à l'esprit de ce texte. Dans cette affaire, il a estimé qu'il y avait eu, au cours de l'élaboration de la loi, libre exercice du droit d'amendement. Cette décision montre que le juge constitutionnel entend contrôler l'usage de cet article par le gouvernement afin que le droit d'initiative parlementaire puisse normalement s'exercer (cf. également décision 132 DC du *16 janv. 1982* *).

- En second lieu, la minorité dispose d'une arme pour imposer le respect de l'article 40 aux membres de la majorité. Auparavant, cette disposition de la Constitution était appliquée plus strictement vis-à-vis des membres de l'opposition qu'à l'égard de ceux de la majorité. Désormais, la minorité peut imposer une application plus équitable de l'article 40 (57 DC et 329 DC). Et ce droit ne peut être limité par le biais du règlement d'une assemblée (339 DC).

Toutefois, depuis 1977, le Conseil constitutionnel exige pour être saisi que l'irrecevabilité ait été soulevée au cours des débats. Ainsi a-t-il déclaré irrecevable, dans une décision 82 DC, le recours présenté par des députés socialistes et fondé sur une violation de l'article 40, alors que ceux-ci n'avaient pas soulevé la question de la recevabilité de la proposition lors de la discussion parlementaire. Il serait logique que cette exigence s'applique désormais aussi bien au Premier ministre qu'aux parlementaires.

Le Conseil constitutionnel a confirmé cette position dans la décision 345 DC du 29 juillet 1994. Mais il est allé plus loin : en effet dans la décision 329 DC du 13 janvier 1994 il semble exiger non seulement que l'irrecevabilité ait été soulevée au cours des débats mais aussi qu'elle ait été contestée quant à son contenu. Il unifie ainsi le contentieux de l'article 40 et de l'article 41 de la Constitution dans le cadre d'un recours formé en application de l'article 61 alinéa 2 de la Constitution.

Il résulte de cette jurisprudence que l'essentiel du contrôle du respect de l'article 40 est désormais assuré par le Parlement. Mais les instances parlementaires sont condamnées à écarter les solutions qui les exposeraient à être désavouées par le juge constitutionnel, ce qui n'est presque jamais le cas.

Ce dernier confirme par là qu'il entend bien jouer, en ce domaine, le rôle d'un juge d'appel. Cependant, le problème se pose de savoir s'il serait possible de rejeter un recours du Président de la République fondé sur une violation de l'article 40, alors que l'irrecevabilité n'aurait pas été soulevée au cours des débats. Il semble que, compte tenu des attributions particulières du Président de la République (art. 5 de la Constitution), la réponse doive être négative. En ce qui concerne le chef de l'État, le Conseil constitutionnel doit pouvoir statuer même si la question n'a pas fait l'objet d'un examen préalable par les organes parlementaires.

8 . Si l'élargissement de la saisine permet désormais une application plus équitable de l'article 40, le juge constitutionnel reste rigoureux en ce qui concerne le respect du contrôle de cette disposition par les organes parlementaires.

A l'occasion d'une modification apportée à son règlement intérieur, le Sénat avait prévu qu'il serait statué sur la recevabilité des propositions de loi au regard de l'article 40 *après et non avant* l'impression et la distribution des textes déposés par les sénateurs.

Or, dans une décision 94 DC, le Conseil constitutionnel s'est opposé à ce changement estimant que le texte de l'article 40 exige :

« ...qu'il soit procédé à un examen systématique de la recevabilité, au regard de cet article, des propositions de loi formulées par les sénateurs et cela antérieurement à l'annonce par le président de leur dépôt et donc avant qu'elles ne puissent être imprimées, distribuées et renvoyées en commission, afin que soit annoncé le dépôt des seules propositions qui, à l'issue de cet examen, n'auront pas été déclarées irrecevables » (jurisprudence confirmée par les décisions 292 et 301 DC).

Les organes parlementaires chargés de veiller au respect de l'article 40 apparaissent ainsi comme des censeurs vigilants. Non seulement les propositions de loi contraires à cette disposition ne peuvent être discutées par les assemblées, mais elles ne peuvent même pas être distribuées, et donc connues, des autres membres de l'Assemblée.

Cette rigueur, qui peut paraître excessive, doit cependant être approuvée. Le but de l'article 40 est de lutter contre la démagogie. Or les parlementaires sont souvent tentés de déposer des propositions de loi qui n'ont aucune chance d'être adoptées, simplement pour s'en prévaloir auprès de leurs électeurs. Si le couperet de l'article 40 ne fonctionnait qu'après l'impression et la distribution des propositions de loi, les assemblées risqueraient d'être submergées de propositions démagogiques et ceci ne serait pas de nature à valoriser le travail législatif.

De même, en 1994, il a censuré une modification du règlement du Sénat qui restreignait la procédure de rappel au règlement en estimant que cela portait atteinte à la faculté des sénateurs de soulever l'irrecevabilité au titre de l'article 40 (339 DC).

II. - La portée de l'article 40

9 . Le Conseil constitutionnel s'étant estimé compétent pour assurer le contrôle de l'article 40, il lui appartenait de préciser la portée exacte de cette disposition.

La lecture de l'article 40 soulève en effet de nombreuses questions. Que faut-il entendre par « charge publique » ? Une dépense nouvelle compensée par une recette supplémentaire est-elle recevable ? La compensation entre différentes recettes ou différentes dépenses est-elle possible ? Par rapport à quel texte (législation existante ou proposition nouvelle) faut-il se placer pour savoir s'il y a création ou aggravation d'une charge publique ou diminution de ressources ?

10 . En ce qui concerne le premier point, il ressort nettement de la décision rapportée que *l'expression « charge publique » doit être entendue dans un sens très large* : elle englobe non seulement toutes les dépenses *de l'État* figurant dans les lois de finances, mais également celles des autres personnes publiques (collectivités et établissements publics) et même « ...celles des divers régimes d'assistance et de sécurité sociale ».

Cette interprétation est, à première vue, un peu surprenante. Même si l'on ne pense pas, comme la commission des finances du Sénat, que l'article 40 vise uniquement les charges de l'État, on peut estimer toutefois que l'expression « charge publique » ne devrait pas s'appliquer aux dépenses des organismes sociaux, c'est-à-dire à des dépenses gérées essentiellement par des organismes privés.

Ainsi, tandis que l'expression « impositions de toutes natures » contenues dans l'article 34 de la Constitution (qui fixe l'étendue du domaine législatif), ne comprend pas toutes les impositions (puisqu'elle n'inclut pas la parafiscalité), l'expression « charge publique » de l'article 40 (qui limite le pouvoir d'initiative des parlementaires) comprend, elle, toutes les charges publiques et même au-delà, puisqu'elle vise également les charges d'organismes privés.

Pour justifier cette interprétation, le Conseil constitutionnel s'appuie à la fois sur les travaux préparatoires et sur la pratique constitutionnelle de la quatrième République.

- Il est assez curieux de voir le Conseil invoquer les débats du Comité consultatif constitutionnel dans cette décision, alors que, comme on l'a vu plus haut, ceux-ci auraient dû l'amener à décliner sa compétence sur ce problème.

D'ailleurs, cette référence est contestable, car, comme le souligne M. Hamon, ceux-ci n'apportent aucune lumière sur ce problème précis. On trouve des indications sur l'expression « ressources publiques », mais aucun élément décisif sur la notion de charge publique.

- En ce qui concerne le deuxième argument, ce n'est pas la première fois que le Conseil constitutionnel fait appel à la pratique de la quatrième République. Dans de nombreuses décisions, on relève le souci de renouer avec la tradition constitutionnelle française. Sans doute, l'article 40 de la Constitution n'est-il, dans une large mesure, que la consécration de la pratique antérieure, mais on peut tout de même s'étonner que le Conseil fasse appel à un texte qui a été abrogé par l'ordonnance du 2 janvier 1959 et à un projet de loi constitutionnelle qui n'a jamais abouti !

Ces réserves faites, il faut reconnaître que cette interprétation est assez logique. Il était difficile d'admettre que les parlementaires ne puissent proposer l'augmentation d'une charge figurant au budget de l'État qu'ils sont chargés de voter et qu'ils aient toute liberté pour le faire, s'agissant des dépenses ne figurant pas dans la loi de finances. Cette décision conduit ainsi à inclure les dépenses de la protection sociale au sein des dépenses publiques, ce qui se justifie compte tenu de leur importance et des responsabilités qu'assume l'État en ce domaine. Toutefois, il faut qu'il s'agisse d'un régime de base obligatoire. Les régimes complémentaires, même obligatoires, ne tombent pas sous le coup de l'article 40.

En 1987, le président de la commission des finances de l'Assemblée nationale s'est appuyé sur cette décision pour proposer que les dépenses et les recettes sociales fassent désormais l'objet chaque année d'un projet de loi spécial soumis au vote du Parlement. Une loi organique fut votée en ce sens pour compléter l'article 34 de la Constitution. Mais le Conseil l'a déclaré non conforme car il ne s'agissait pas d'un problème de compétence (234 DC). Toutefois, avec la révision constitutionnelle de février 1996 et l'institution des lois de financement de la sécurité sociale, on constate que la décision 11 DC était prémonitoire.

11 . La question fondamentale qu'il fallait trancher était de savoir si l'article 40 interdisait seulement les propositions et amendements se traduisant par une aggravation de charges non compensées par une

recette complémentaire, comme le soutenait le Sénat, ou s'il visait toute augmentation d'une charge publique. Lors de la discussion au Sénat, la commission des finances avait en effet refusé de considérer les amendements litigieux comme irrecevables, car les dépenses supplémentaires prévues étaient financées par un relèvement des cotisations : il n'y avait donc pas accroissement des charges sociales non financées.

- De l'analyse du texte, *il ressort l'interdiction de la compensation pour les charges, mais non pour les recettes.* En effet, l'article 40 prohibe la création ou l'aggravation *d'une* charge publique, et, d'autre part, la compensation d'une dépense par une recette apparaît incompatible avec le principe de la non-affectation des recettes, édicté par l'article 18 de l'ordonnance organique de 1959.

En revanche, les parlementaires ont la possibilité de diminuer ou de supprimer une recette existante, à condition de créer ou d'augmenter d'autres recettes dans les mêmes proportions, car l'article 40 n'interdit que la diminution *des* ressources. « Par ce pluriel, écrit P. Lalumière, les constituants ont voulu que le montant global des recettes reste inchangé, mais la part respective de chacune des recettes peut être modifiée ».

Le gouvernement, dès 1960, a admis cette interprétation, cependant, comme on l'a vu plus haut, cela ne suffit pas pour assurer la conformité à la Constitution de tels amendements. La solution était douteuse, car l'article 42 de l'ordonnance du 2 janvier 1959 utilise, lui, le singulier, aussi bien pour les dépenses que pour les recettes. La compensation entre recettes ne serait donc pas possible, du moins dans le cadre de la discussion budgétaire. Cette interprétation semblait confirmée par les travaux préparatoires. « Chaque fois, devait observer un commissaire, que l'on a proposé des diminutions d'impôts compensées par d'autres ressources, cette compensation s'est finalement révélée hors de proportion avec la diminution de recettes ».

On ne trouve aucune réponse à ces questions dans la décision de 1961, alors qu'il s'agissait du principal point à trancher. Celui-ci aurait-il répondu « à côté », se demande M. Hamon ?

En matière de charges publiques, il est clair que la compensation n'est pas possible, autrement le Conseil n'aurait pas considéré qu'il y avait, en l'espèce, une aggravation des charges.

Ceci a été confirmé dans une décision 21 DC à l'occasion d'un amendement prévoyant une compensation intégrale au profit des collectivités locales des pertes résultant pour elles de la réforme de la fiscalité immobilière. Cet amendement entraînait nécessairement à la charge de l'État une dépense nouvelle mais qui pouvait être compensée par l'accroissement de recettes découlant de l'application de la réforme.

Cette décision aboutit ainsi à interdire aux parlementaires de proposer toute compensation entre une ressource nouvelle et une charge nouvelle. L'article 40 s'applique même dans le cas où la compensation entre majoration de charges et annulation de crédits tendrait à assurer le contrôle des dépenses publiques, qu'autorise l'article 42 de la loi organique (décision 203 DC).

- En ce qui concerne la compensation entre ressources, le Conseil constitutionnel devait préciser sa position dans la décision 64 DC relative à la modification du règlement du Sénat. Il admet la compensation entre recettes publiques à la triple condition que la nouvelle ressource publique soit réelle, qu'elle bénéficie aux mêmes collectivités et que la compensation soit immédiate.

Par ailleurs, dans la pratique parlementaire, il est admis que les amendements aux dispositions fiscales de la loi de finances sont appréciés au regard de l'article 40 et non de l'article 42 de la loi organique de 1959, beaucoup plus strict.

Il est donc possible, même dans la discussion de la loi de finances, de proposer la diminution d'un impôt compensée par l'augmentation d'un autre impôt.

12 . Sur le troisième point, le Conseil n'apporte pas une réponse claire. Quand y a-t-il aggravation d'une charge publique ou diminution des ressources ? Faut-il se placer par rapport au projet gouvernemental en discussion ou par rapport à la législation préexistante ?

Dans son commentaire de la décision 21 DC déjà citée, L. Hamon note que selon la tradition parlementaire l'appréciation du pouvoir d'initiative des parlementaires pour la création de nouvelles charges se faisait par référence, non au droit existant, mais aux textes soumis à l'Assemblée. Il est logique que, pour les dépenses, on se situe par rapport au texte en discussion, sinon, les parlementaires ne pourraient proposer de diminuer une nouvelle dépense ; c'est la solution admise par le Conseil (décision 132 DC). Lors de la discussion des lois de finances, on se place par rapport à la situation préexistante (c'est-à-dire par rapport au dernier budget) lorsqu'il s'agit d'une réduction de ressources et par rapport au projet gouvernemental s'il s'agit d'une augmentation de dépenses.

En pratique, il est admis que le Parlement peut réduire les augmentations d'impôts projetées par le gouvernement jusqu'à la limite du système fiscal en vigueur. Cette solution a été confirmée par le Conseil constitutionnel dans sa décision 57 DC. Dans cette affaire, il s'agissait de savoir si l'institution de la taxe professionnelle en remplacement de la patente devait être considérée comme la création d'un nouvel impôt ou comme la transformation d'un impôt existant. Dans le premier cas, il n'y avait donc pas de législation préexistante, et le pouvoir d'amendement des parlementaires pouvait s'exercer librement. Dans le second cas, devaient être considérés comme irrecevables, les amendements se traduisant par une diminution de recettes par rapport à l'ancien régime de la patente.

C'est cette deuxième solution que le Conseil a consacrée en précisant que si l'article 40 de la Constitution apporte une limitation au pouvoir d'initiative des parlementaires, c'est « ... en vue d'éviter que des dispositions particulières, ayant une incidence financière directe, puissent être votées sans qu'il soit tenu compte des conséquences qui pourraient en résulter pour la situation d'ensemble des finances publiques » (et non pour faciliter l'adoption des textes présentés par le gouvernement. V. obs. Lalumière, *A.J.D.A.*, 1976, 86 ; Franck, *G.P.*, 16-18 nov. 1975 ; Bollé, *J.C.P.*, 1975, II, 18 184 ; Philip, *R.D.P.*, 1975, 1307).

Par conséquent, c'est bien par rapport à la législation en vigueur, et non par rapport au texte en discussion, qu'il faut se placer. Ce principe s'applique également au cas où le tarif d'un impôt fait l'objet d'une indexation. L'alignement de la taxe sur les produits pétroliers sur la septième tranche de l'impôt sur le revenu ne réduit pas leur droit d'initiative (décision 133 DC).

13 . Le Conseil constitutionnel s'efforce ainsi de laisser une certaine part à l'initiative des parlementaires.

Cette attitude est confirmée par sa décision 91 DC. Dans cette affaire, il avait été saisi par les députés socialistes qui, curieusement, demandaient une application stricte de l'article 40 qui n'avait été opposé qu'à un article d'une proposition de loi d'un parlementaire, la Commission des finances de l'Assemblée nationale estimant que la recevabilité pouvait s'apprécier article par article, alors que les requérants soutenaient que l'irrecevabilité frappait l'ensemble de la proposition de loi.

Le Conseil constitutionnel n'a pas totalement consacré cette thèse. Il a estimé que l'irrecevabilité soulevée au titre de l'article 40 ne frappe une proposition de loi dans son ensemble que dans la mesure où les dispositions qu'elle énonce forment un tout indissociable. Cette solution, qui est parfaitement logique, permet d'atténuer un peu la rigueur de la lettre de l'article 40.

Dans la décision 134 DC, il précise que l'article 40 s'applique également aux lois d'habilitation.

Il s'est aussi appuyé, à plusieurs reprises, sur l'article 40 pour interpréter des dispositions de l'ordonnance organique de 1959 dans un sens favorable au pouvoir législatif du Parlement (cf. décision 170 DC). Toutefois, l'exercice du droit de contrôle du Parlement ne saurait justifier un élargissement du droit d'amendement des parlementaires, dans le cadre des lois de finances, au-delà des conditions fixées par l'article 40. En particulier, la formule de l'article 42 de l'ordonnance organique de 1959 relative au contrôle des dépenses publiques, ne saurait permettre à un amendement parlementaire d'accroître des dépenses contrairement aux prescriptions de l'article 40.

14 . La procédure d'irrecevabilité édictée par la loi organique relative aux lois de financement de la sécurité sociale s'applique dans les mêmes conditions que celle de l'article 40. Le Conseil constitutionnel estime qu'il ne peut être saisi de l'existence de « cavaliers sociaux » si l'irrecevabilité n'a pas été soulevée au cours des débats (96-384 DC, 98-393 DC (§ 23), 98-404 DC (§ 21)).

15 . Le pouvoir d'amendement des parlementaires est aussi limité par d'autres dispositions (art. 1er et 42 de l'ordonnance organique et dispositions figurant dans les règlements des assemblées, v. X. Roques), compte tenu de l'interprétation qu'en donne le Conseil constitutionnel. C'est ainsi que désormais, après la réunion de la commission mixte paritaire, les seuls amendements susceptibles d'être adoptés sont ceux qui sont en relation directe avec une disposition du texte en discussion ou qui sont dictés par la nécessité d'assurer une coordination avec d'autres textes en cours d'examen au Parlement (402 DC).

10

23 avril 1961

ARTICLE 16

Application de l'article 16 de la Constitution Fonctions consultatives du Conseil constitutionnel

Avis du 23 avril 1961, *Rec.* 69, *RJC* V-1.
Article 16 de la Constitution.
Avis demandé par le Président de la République avant la mise en œuvre de l'article 16.
Procédure d'édiction et portée de l'avis.
Avis précédant les mesures d'application de l'article 16.

RÉFÉRENCES

a) *Notes doctrinales*

- HAMON (L.) : A propos de l'article 16 : quelques questions juridiques, *A.J.*, 1961, p. 663. - SAINT-BONNET (F.) : « Réflexions sur l'article 16 et l'état d'exception », *R.D.P.*, nº 5-6, Les quarante ans de la Ve République, numéro spécial, p. 1699.

b) *Autres références*

- FAVOREU (L.) et PHILIP (L.) : Le Conseil constitutionnel. *Que sais-je* ?, 1995, p. 62-64. - LAMARQUE (J.) : Légalité constitutionnelle et contrôle juridictionnel des actes pris en vertu de l'article 16, *J.C.P.*, I, 1711. - Lamarque (J.) : L'article 16, *R.D.P.*, 1961, p. 613. - LEROY (P.) : *L'organisation constitutionnelle et les crises*, L.G.D.J., 1966. - MORANGE (G.) : Le contrôle des décisions prises au titre de l'article 16 de la Constitution, *D.*, 1962, chr. p. 109. - NOËL (L.) : *De Gaulle et les débuts de la Ve République*, Plon, 1976, p. 139 et s. - VOISSET (M.) : *L'article 16 de la Constitution du 4 octobre 1958*, L.G.D.J., 1969.

c) *Jurisprudence*

- Décision du *14 septembre 1961* *
- C.E. 2 nov. 1962, Rubin de Servens, *G.A.*, 1996 (11e éd.), p. 590.
- Cass. Crim., 21 août 1961, Fohran, *Bull. Crim.*, 1961, p. 695.

LE CONSEIL CONSTITUTIONNEL

Vu l'article 16 de la Constitution ;

Vu les articles 52, 53 et 54 de l'ordonnance du 7 novembre 1958 portant loi organique sur le Conseil constitutionnel ;

Vu la lettre du 22 avril 1961 par laquelle le Président de la République consulte le Conseil constitutionnel sur l'éventuelle application de l'article 16 de la Constitution ;

1. Considérant qu'en Algérie des officiers généraux sans commandement et, à leur suite, certains éléments militaires sont entrés en rébellion ouverte contre les pouvoirs constitutionnels dont ils usurpent l'autorité ; qu'au mépris de la souveraineté nationale et de la légalité républicaine, ils édictent des mesures de la seule compétence du Parlement et du gouvernement ; qu'ils ont mis hors d'état de remplir leurs fonctions et privé de leur liberté les plus hautes autorités civiles et militaires d'Algérie dépositaires des pouvoirs qui leur ont été délégués par le gouvernement de la République en vue d'assurer la sauvegarde des intérêts nationaux, ainsi qu'un *membre du gouvernement* même ; que leur but avoué est de s'emparer du pouvoir dans l'ensemble du pays ;

2. Considérant qu'en raison de ces actes de subversion, d'une part, *les institutions de la République se trouvent menacées d'une manière grave et immédiate,* d'autre part, les pouvoirs publics constitutionnels ne peuvent fonctionner d'une façon régulière,

Est d'avis :

Que sont réunies les conditions exigées par la Constitution pour l'application de son article 16.

Délibéré par le Conseil constitutionnel dans sa séance du 23 avril 1961.

Le Président,

Léon Noël.

J.O., 24 avril 1961, p. 3876.

La composition du Conseil constitutionnel à la date du 23 avril 1961 était la suivante : M. NOËL (Président), MM. CASSIN, CHATENET, COTY, GILBERT-JULES, LECOQ DE KERLAND, MICHARD-PELLISSIER, PASTEUR VALLERY-RADOT, PATIN, POMPIDOU.

OBSERVATIONS

1 . La fonction consultative du Conseil constitutionnel est prévue dans deux cas par la Constitution : en matière d'organisation des opérations de référendum (voir observations sous décision du *23 déc. 1960* *), et au cas de mise en œuvre de l'article 16 de la Constitution.

Cette dernière procédure n'a joué qu'une fois jusqu'ici, à l'initiative du général de Gaulle et a donné lieu à l'avis du *23 avril 1961*.

2 . Saisi le 22 avril 1961 par une lettre du Président de la République, le Conseil constitutionnel a rendu son avis le 23 avril. (L'ordonnance du 7 novembre 1958 portant loi organique sur le Conseil constitutionnel dispose que « lorsqu'il est consulté par le Président de la République dans les cas prévus au premier alinéa de l'article 16 de la Constitution, le Conseil constitutionnel se réunit *immédiatement* »). Il semble, en fait, que, saisi le samedi, le Conseil

n'ait pu se réunir que le dimanche. Certes, on pourrait penser qu'à un jour près la nécessité d'une réunion immédiate a été satisfaite ; mais il convient de ne pas oublier qu'en ces instants le temps est précieux, et certains commentateurs ont fait valoir que les diverses consultations ont retardé de près de quarante-huit heures la mise en œuvre de l'article 16, ce qui aurait pu diminuer fortement l'efficacité de la procédure exceptionnelle. Devant le Comité consultatif constitutionnel, M. Waline avait proposé de fixer au Conseil un délai maximum de vingt-quatre heures (Débats C.C.C., p. 129) ; mais sa suggestion ne fut pas retenue. Dans son message radiodiffusé du 23 avril au soir, le chef de l'Etat pourra faire état de l'avis du Conseil constitutionnel, mais le texte n'en sera publié que dans le *Journal officiel* du 24 avril 1961.

3 . Conformément, en effet, à l'article 53 de l'ordonnance du 7 novembre 1958, l'avis rendu le 23 avril « est motivé et publié ». Formellement, l'avis se présente comme les autres actes du Conseil constitutionnel : il comporte visas, motifs et même un dispositif ; mais celui-ci est introduit par la formule : « est d'avis », au lieu d'être précédé du verbe « décide », et consiste en la constatation que « sont réunies les conditions exigées par la Constitution pour l'application de son article 16 ». En vérité, l'article 16 ne prévoit pas que le Conseil constitutionnel est chargé de vérifier la réunion des conditions exigées : il indique simplement que la Haute Instance est « consultée officiellement ». C'est l'article 53 de l'ordonnance organique qui dispose que le Conseil « émet un avis sur la réunion des conditions exigées par le texte visé à l'article précédent ». Cela va plus loin qu'une simple consultation mais c'est conforme à l'esprit de la Constitution, car il résulte des débats du Comité consultatif constitutionnel que l'intervention du Conseil constitutionnel a bien été prévue à l'origine pour constater la réunion des conditions de fond.

4 . La consultation du Conseil constitutionnel avant la mise en œuvre de l'article 16 est obligatoire : le Président de la République ne saurait s'en dispenser. Toutefois, certains auteurs ont souligné que, en cas de force majeure, cette consultation, comme celle du Premier ministre et des présidents des Assemblées, pourrait être supprimée : « on observera qu'il peut paraître assez paradoxal, après avoir invoqué un état de désorganisation totale du pays, de supposer que le Président de la République puisse paisiblement consulter le Premier ministre, les présidents des Assemblées et le Conseil constitutionnel, mais il faut supposer que si les consultations ne pouvaient avoir lieu, *la force majeure dispenserait de leur accomplissement* » (G. Vedel, « Droit constitutionnel et institutions politiques », *Les Cours de droit*, 1960-1961, p. 860 ; cf. aussi J. Lamarque, *R.D.P.*, 1961, p. 614). La question ne s'est pas posée en avril 1961 : le Président de la République a eu la possibilité de procéder aux consultations prévues avant de prendre sa décision. Il est à remarquer d'ailleurs que le quorum exigé pour que le Conseil constitutionnel délibère valablement, c'est-à-dire la présence d'au moins sept conseillers, ne pourrait être un obstacle à la réunion de la Haute Instance, car l'article 14 de l'ordonnance du 7 novembre 1958 prévoit expressément que ce

quorum est exigé « sauf cas de force majeure dûment constatée au procès-verbal ».

Obligatoire avant la décision de mise en œuvre de l'article 16, la consultation du Conseil ne l'est plus avant la décision qui met fin à l'application de ce texte. Bien qu'elle ne soit pas expressément inscrite dans la Constitution ou l'ordonnance organique, on aurait pu penser que, en vertu du principe du parallélisme des formes, cette consultation aurait quand même lieu. Il n'en a rien été, et la décision du 29 septembre 1961, mettant fin à l'application de l'article 16, ne vise nullement un avis du Conseil constitutionnel.

5 . Dans son avis du *23 avril 1961*, le Conseil constitutionnel vérifie que les *deux conditions de fond*, au respect desquelles est subordonnée la mise en œuvre de l'article 16, sont bien réunies.

L'article 16 prévoit en effet que « lorsque les institutions de la République, l'indépendance de la Nation, l'intégrité de son territoire ou l'exécution de ses engagements internationaux sont menacées de manière grave et immédiate, et que le fonctionnement régulier des pouvoirs publics constitutionnels est interrompu, le Président de la République prend les mesures exigées par ces circonstances... ». La première condition est assez vague, car la notion de « menaces graves et immédiates » peut se prêter à diverses interprétations (en ce sens, Lamarque, *R.D.P.*, 1961, p. 609). Mais une deuxième condition a été ajoutée par le Comité consultatif constitutionnel, qui est nettement plus précise : il doit y avoir non seulement menaces graves et immédiates, mais aussi « interruption du fonctionnement régulier des pouvoirs publics constitutionnels ».

Avant l'avis du Conseil constitutionnel, on pouvait hésiter entre deux interprétations de cette deuxième condition. Selon certains, l'interruption du fonctionnement régulier des pouvoirs publics signifiait la paralysie des pouvoirs publics, « l'impossibilité absolue pour le Parlement et le gouvernement d'exercer leurs fonctions » ; mais, comme le note M. Lamarque, « il était difficile d'admettre qu'en face d'un danger menaçant la vie de l'État, le Président de la République doive attendre que les Assemblées et le gouvernement soient complètement paralysés pour recourir aux pouvoirs exceptionnels » ; et, par ailleurs, cette interprétation stricte est difficilement compatible avec la clause qui prévoit la réunion de plein droit du Parlement. C'est pourquoi d'autres auteurs estimaient qu'une interprétation plus large devait s'imposer, alors surtout que ce que vise la Constitution est moins l'interruption totale du fonctionnement des pouvoirs publics que la mise en cause de la *régularité* de leur fonctionnement : pour que la deuxième condition soit remplie, il faut que les pouvoirs publics, c'est-à-dire le Parlement, et l'exécutif ne puissent exercer *normalement* leurs activités. C'est « la seule interprétation qui soit en harmonie avec l'esprit et la lettre de l'article 16 » (Lamarque).

Et c'est cette interprétation que consacre le Conseil constitutionnel dans son avis du *23 avril 1961*. En effet, il énumère toutes les circonstances qui font obstacle au fonctionnement *régulier* des pouvoirs publics : rébellion et usurpation de l'autorité par des officiers généraux sans commandement en Algérie ; impossibilité pour les pouvoirs publics constitutionnels de faire appliquer leurs décisions sur une partie du territoire de la République ; risque de paralysie de l'ensemble des pouvoirs publics au cas d'invasion de la métropole. Les deux conditions – menaces graves et immédiates, et interruption du fonctionnement régulier des pouvoirs publics – sont donc réunies, cumulativement, comme le constate le Conseil constitutionnel. Certes, on a pu faire observer que la Haute Juridiction ne mentionne pas expressément « l'interruption » du fonctionnement régulier des pouvoirs publics (cf. Leroy, p. 193) ; mais, comme le note cet auteur lui-même, dès lors que le Conseil a rappelé les circonstances qui font obstacle à ce fonctionnement régulier, même si le mot est absent, on peut convenir que le Conseil constitutionnel a établi la réalité d'une « interruption ».

La doctrine, unanime, a reconnu avec le Conseil constitutionnel que la première condition était remplie. Pour la seconde, il y a eu quelques opinions divergentes ; toutefois, les auteurs, en majorité, pensent comme M. Duverger (*Le Monde*, 5 mai 1961) que « nul ne peut prétendre que l'État fonctionne régulièrement, quand des prétoriens contrôlent une partie de son territoire, quand des généraux n'obéissent plus, quand la fidélité de beaucoup d'autres est douteuse, quand l'Élysée, l'Hôtel Matignon, le palais Bourbon, le Luxembourg, les ministres, risquent de tomber aux mains de soldats révoltés. Les conditions du recours à l'article 16 étaient donc réunies le 23 avril 1961 ». Effectivement, le Conseil s'est appuyé dans sa décision sur ces circonstances et notamment sur le fait qu'un membre du gouvernement était détenu par les rebelles.

6 . Le problème important est évidemment celui de *la portée de l'avis du Conseil constitutionnel.* Doit-on considérer que cet avis bénéficie de l'autorité attachée par l'article 62 de la Constitution aux décisions du Conseil ? Et, en cas de réponse négative, cet avis ne peut-il avoir quand même une certaine portée ?

7 . 1° Le Président de la République est tenu de consulter le Conseil constitutionnel, mais il n'est pas lié par l'avis que rend celui-ci. Au cours des travaux du Comité consultatif constitutionnel, l'intervention du Conseil a été introduite dans la procédure de déclenchement de l'article 16 par un amendement du professeur Waline : l'avant-projet de Constitution laissait au seul Président de la République le soin d'apprécier si les conditions de mise en œuvre des pouvoirs exceptionnels étaient réunies (du moins si l'on considère que l'intervention du Conseil constitutionnel n'était prévue que pour les mesures d'application de l'article 16) ; l'amendement Waline subordonnait la décision du Président à l'avis du Conseil : « Lorsque de l'avis du Conseil constitutionnel... ». Cet amendement, en définitive adopté par le Comité consultatif constitutionnel, instituant en réalité une procédure d'avis conforme, ce qui, évidemment, changeait la nature et la portée de l'avis rendu par le Conseil. Mais, dans le projet arrêté par le gouvernement et soumis au référendum, le Conseil constitutionnel n'est plus que consulté. Dans son ouvrage, Mlle Voisset montre qu'« une véritable campagne en faveur de l'amendement Waline fut menée par une partie de la classe politique », et qu'au Conseil d'Etat l'exigence d'un avis conforme fut « très

vivement défendue par quelques conseillers ». Mais, comme le souligne M. Lamarque (*R.D.P.*, 1961, p. 613), « le gouvernement n'a pas retenu l'exigence de l'avis conforme... », et en conséquence l'avis rendu reste purement consultatif.

Par ailleurs, on ne peut le faire bénéficier de l'autorité conférée par l'article 62 de la Constitution à l'égard des pouvoirs publics et des autorités administratives et juridictionnelles. Car ce texte vise expressément les « décisions » du Conseil, et il est difficile de ranger un « avis » parmi ces « décisions ».

8 . 2° Il n'en reste pas moins que, dûment motivé et publié, l'avis ne peut être sans influence : « on peut penser qu'il y aurait là un moyen de contrôle assez efficace : il est bien certain qu'en passant outre à un avis défavorable du Conseil constitutionnel le Président de la République affaiblirait dangereusement son autorité » (J. Lamarque, *R.D.P.*, 1961, p. 613).

C'est tout d'abord en effet à l'égard du Président de la République que doit se mesurer la portée de l'avis du Conseil. Y a-t-il là, vraiment, une possibilité de contrôler *a priori* la décision du chef de l'État, même de manière indirecte ? Oui, si l'on admet que le Conseil puisse, le cas échéant, rendre un avis négatif dans l'hypothèse où les conditions ne lui paraîtraient pas réunies. Mais certains commentateurs de l'avis du *23 avril 1961* ont estimé que cela était peu probable, compte tenu de la composition du Conseil (à l'époque), et que, dès lors, il s'agit plutôt « d'un moyen légal de justifier aux yeux de l'opinion l'action qu'il (le Président) a entreprise » (L. Lamarque, citant M. Duverger, *Institutions politiques*, p. 536). Il est difficile de trancher, car tout dépend en fait de la composition du Conseil et de ses rapports avec le chef de l'État.

Les autorités administratives et juridictionnelles, quant à elles, ne sont pas davantage tenues juridiquement de suivre l'avis du Conseil. Toutefois, il paraît difficile qu'elles le méconnaissent, alors surtout que cet avis est sérieusement motivé. D'ailleurs, la Cour de cassation, statuant le 21 août 1961, a tenu à se référer à l'avis du Conseil constitutionnel du *23 avril 1961* et à rappeler que cet « avis motivé... énonce que les conditions exigées par la Constitution pour l'application de l'article 16 se trouvent réunies ». Dans l'affaire Rubin de Servens, le commissaire de Gouvernement invoque cet avis, et le Conseil d'État a rappelé dans sa décision du 2 novembre 1962 qu'il avait bien été rendu, sans aller toutefois jusqu'à dire dans quel sens. On ne pourrait avoir évidemment de certitude sur l'influence de l'avis du Conseil constitutionnel que si, ayant été rendu de manière négative, les juridictions administratives et judiciaires avaient à apprécier la régularité de la décision de mise en œuvre. Et encore est-il probable qu'alors ces juridictions se retrancheraient derrière l'impossibilité de se prononcer sur la régularité d'un acte de gouvernement.

9 . La fonction consultative, en cas d'application de l'article 16, du Conseil, ne se réduit pas à l'avis rendu avant la décision de mise en œuvre des pouvoirs exceptionnels : l'article 16 prévoit en effet, dans son alinéa 3, que « le Conseil constitutionnel est consulté au sujet

des *mesures prises en application de ce texte* ». En 1961, le Conseil a ainsi été appelé à donner son avis à l'occasion des *seize mesures d'application* prises par le Président de la République du 24 avril (date de la première) au 29 septembre (date de la dernière).

Il n'est pas possible de faire état de cet avis, puisqu'à la différence de celui relatif à la décision de déclenchement ils n'ont pas été publiés. L'ordonnance organique du 7 novembre 1958 ne prévoit pas cette publication. Ceci est d'ailleurs expressément souligné dans le *Recueil des décisions du Conseil constitutionnel* (p. 69) : « Conformément aux prescriptions de l'article 53 de l'ordonnance..., l'avis que celui-ci a émis sur la réunion des conditions exigées par l'article 16 a fait l'objet d'une publication au *Journal officiel.* Les avis que le Conseil constitutionnel a donnés sur chacune des décisions du Président de la République prises à partir du 24 avril – et dont le texte figure ci-après – n'avaient pas, par contre, à être obligatoirement publiés et ne l'ont pas été ».

Les décisions du Président de la République portent, dans leurs visas, la mention : « le Conseil constitutionnel entendu », qui devient, dans les dernières : « le Conseil constitutionnel consulté », alors que la décision initiale indique qu'elle a été prise « après consultation » du Conseil constitutionnel et « vu l'avis motivé de celui-ci en date du 23 avril 1961 ». Il y a là une différence que n'ont pas manqué de souligner certains commentateurs (cf. Voisset, *op. cit.*, p. 227), la qualifiant même de « différence de nature », ce qui paraît exagéré, car il s'agit dans les deux cas d'avis consultatifs. Il est vrai, cependant, que l'ordonnance organique précise que « dans la première hypothèse, le Conseil constitutionnel est *consulté* par le Président de la République (alors que), dans la seconde, le Président *avise* le Conseil constitutionnel des mesures qu'il se propose de prendre » (Voisset, p. 227). En fait, le Conseil constitutionnel n'est pas simplement « avisé » ou « informé » dans la seconde hypothèse ; il rend un avis, qui, certes, n'est pas publié, mais existe puisque le *Recueil des décisions du Conseil constitutionnel* en fait état, en précisant simplement que l'avis intervenu lors de chaque mesure d'application n'a pas été publié.

On a pu se demander quelle était la nature de l'intervention du Conseil constitutionnel et faire état, à ce propos, « d'hésitations de la doctrine » (M. Voisset, p. 229). En réalité, cela nous paraît être un faux problème : il est possible, comme le font MM. Duverger (*Institutions politiques*, 1966, p. 533) et Lamarque, de parler de contrôle ; mais, bien évidemment, de même que le Conseil d'État n'exerce pas un contrôle *juridictionnel* en formulant des avis sur des projets de décrets ou des projets de lois, de même le Conseil constitutionnel exerce-t-il un contrôle non juridictionnel sur les projets de mesure d'application de l'article 16 et cela bien que, par ailleurs, il puisse être qualifié de juridiction. Pour le Conseil d'État, il s'agit d'un contrôle de légalité et, pour le Conseil constitutionnel, d'un contrôle de constitutionnalité. On ne peut, en revanche, évaluer l'influence des avis du Conseil sur la teneur des mesures d'application du fait de leur non-publication ; mais il en va de même des avis du Conseil d'État sur les projets de lois ou de décrets.

10 . Pour M. Duverger (*Institutions politiques*, 1966, p. 533), « organe juridique, chargé de juger le contentieux électoral et de contrôler la constitutionnalité des lois, (le Conseil constitutionnel) n'est pas préparé à donner un avis sur la portée politique des mesures qu'on lui soumettra : il pourra seulement vérifier si elles ne dépassent pas les prérogatives reconnues au Président. Mais celles-ci sont si larges, et leurs limites si faibles, que ce contrôle de constitutionnalité est de faible portée ».

Ce jugement prête à discussion. Certes, sur la décision initiale de recours à l'article 16, le contrôle de conformité à la Constitution est difficile à exercer, mais il existe : et, d'ailleurs, le Conseil constitutionnel a longuement motivé sa décision, sur ce point, le 23 avril, et sa motivation se compare aisément à celle du Conseil d'État. Il reste cependant que la Haute Juridiction a à apprécier une situation de fait, dont certaines données peuvent lui échapper, et que la décision sur laquelle on lui demande de formuler un avis est éminemment politique. En revanche, pour les mesures d'application, le Conseil doit donner un avis sur un projet d'acte juridique, et on retrouve là une situation classique. Sans doute, « n'est-il pas préparé à donner un avis sur la portée politique des mesures qu'on lui soumettra » ; mais demande-t-on au Conseil d'État de l'être lorsqu'il formule un avis sur un projet de loi ou d'ordonnance ?

Cette comparaison avec le Conseil d'État conduit d'ailleurs à préciser que la fonction consultative du Conseil constitutionnel est moins large que celle de la Haute Assemblée. En effet, de même que le Conseil d'État donne un avis sur les projets de lois et décrets, le Conseil constitutionnel est consulté sur les décisions prises par le Président de la République au cas d'application de l'article 16 et pour l'organisation du référendum (voir décision *Regroupement national* *). Mais, en dehors de ces cas, il ne peut, comme le Conseil d'État, être appelé à donner une consultation sur un point de droit, indépendamment d'un projet d'acte de gouvernement : c'est ce qu'il a déclaré très nettement le *14 septembre 1961* * à propos de la recevabilité d'une motion de censure en période d'application de l'article 16 : « le Conseil constitutionnel n'a pas compétence pour répondre à la consultation susvisée de l'Assemblée nationale » (cf., *infra*, décision du *14 sept. 1961* *) et c'est ce qui l'a conduit à décliner implicitement une demande d'avis maladroitement présentée par le gouvernement par la voie de l'article 37, al. 2, dans l'affaire de la publicité à l'O.R.T.F. (50 L du 30 janv. 1968).

11 . En définitive, on peut dire que la compétence consultative des deux Hauts Conseils, quant à l'édiction des actes les plus élevés dans la hiérarchie, se répartit ainsi : le Conseil d'État donne un avis sur les projets de lois et de décrets, et le Conseil constitutionnel sur les projets d'actes de gouvernement, étant entendu que si seule la décision de recourir à l'article 16 et celle de recourir au référendum sont ainsi qualifiées par le Conseil d'État, au contentieux (C.E., 3 mars 1962, *Rubin de Servens*, précité ; C.E., 19 octobre 1962, *Brocas*, *R.D.P.*, 1962, p. 1180), on peut estimer qu'au sens large les autres actes méritent aussi ce qualificatif, du point de vue qui nous intéresse.

11

18 juillet 1961

ORGANISATION JUDICIAIRE
(14 L)
I.H.E.O.M. (15 L)

Domaine de la loi et du règlement
Création de catégories d'établissements publics et d'ordres de juridictions

Décisions 61-14 L et 15 L, *Rec.* 38, *RJC* II-7 et 39, *RJC* II-8,
Article 37, al. 2, de la Constitution.
Ordonnance du 22 décembre 1958 relative à l'organisation judiciaire
et ordonnance du 5 janvier 1959
portant création de l'Institut des Hautes Études d'Outre-Mer.

RÉFÉRENCES

a) *Notes doctrinales*

- HAMON (L.) : *D.*, 1961, p. 541. - HAMON (L.) : S., 1961, p. 253. - LAUBADÈRE (A. de) : *A.J.*, 1961, p. 625.

b) *Autres références*

- Notes HAMON, *D.*, 1965, p. 189 et 641 ; *D.*, 1967, p. 405. - Note LAUBADÈRE, *A.J.*, 1965, p. 100. - COHEN (A.G.) : La jurisprudence du Conseil constitutionnel relative au domaine de la loi d'après l'article 34 de la Constitution, *R.D.P.*, 1963, p. 745. - VINCENT (J.) : De l'inutilité de l'article 34 de la Constitution du 4 octobre 1958, *A.J.*, 1965, p. 564. - MESNARD (A.-H.) : Dix années de jurisprudence du Conseil constitutionnel en matière de répartition des compétences législatives et réglementaires, *A.J.*, 1970, p. 259. - FRANCK (Cl.) : Les fonctions juridictionnelles du Conseil constitutionnel et du Conseil d'État dans l'ordre constitutionnel, *L.G.D.J.*, 1974. - MOREAU (J.) : «Le caractère réglementaire ou législatif des règles de procédure administrative contentieuse en droit français positif», *Mélanges Waline*, II, p. 635. - Colloque d'Aix, p. 158 et s. - Note FAVOREU (L.) : *R.D.P.*, 1979, p. 1663. - HÉBRAUD (P.) : La part de la loi et du décret dans la réforme de la Cour de Cassation, *Mélanges Vincent*, 1981. - RENOUX (Th.) : *Le Conseil constitutionnel et l'autorité judiciaire*, Economica et P.U.A.M., 1984. - ROUHETTE (G.) : L'ordre juridique processuel, *Mélanges Raynaud*, 1985.

c) *Jurisprudence*

- du Conseil constitutionnel

* Ordres de juridictions :

• Décision 14 L du 18 juill. 1961, *Rec.* 38, *RJC* I-7 (Tribunaux d'instance).
• Décision 31 L du 21 déc. 1964, *Rec.* 43, *RJC* II-18 (Juridictions pour enfants).
• Décision 33 L du 9 févr. 1965, *Rec.* 73, *RJC* II-19 (Expropriation).
• Décision 99 L du 20 juill. 1977, *Rec.* 63, *RJC* II-77 (Cour de cassation).
• Décision 113 L du 14 mai 1980, *Rec.* 61, *RJC* II-87 (Tribunal de grande instance).

* Catégories d'établissements publics :

• Décision 1 L du 27 nov. 1959, *Rec.* 67, *RJC* II-1 (R.A.T.P.).
• Décision 15 L du 18 juill. 1961, *Rec.* 39, *RJC* II-8 (I.H.E.O.M.).
• Décision 27 L des 17 et 19 mars 1964, *Rec.* 33, *RJC* II-15 (R.T.F.).
• Décision 41 L du 8 juill. 1966, *Rec.* 31, *RJC* II-25 (I.H.E.O.M.).
• Décision 47 L du 12 déc. 1967, *Rec.* 34, *RJC* II-30 (Syndicat des transports parisiens).
• Décision 50 L du 30 janv. 1968, *Rec.* 23, *RJC* II-32 (O.R.T.F.).
• Décision 93 L du 6 oct. 1976, *Rec.* 63, *RJC* II-70 (C.F.P.C.).
• Décision 107 L du 30 mai 1979, *Rec.* 44, *RJC* II-84 (A.N.V.A.R.).
• Décision 108 L du 25 juill. 1979, *Rec.* 45, *RJC* II-84 (A.N.P.E.).
• Décision 109 L du 13 sept. 1979, *Rec.* 47, *RJC* II-85 (I.R.I.A.).
• Décision 122 L du 25 mars 1982, *Rec.* 97, *RJC* II-97 (A.P.E.E.).
• Décision 133 L du 12 octobre 1983, *Rec.* 86, *RJC* II-102 (C.N.E.X.O.).
• Décision 162 L du 5 déc. 1989, *Rec.* 100, *RJC* II-134 (Institut national de la consommation).

- du Conseil d'État

• C.E., 29 janv. 1965, L'Herbier, *Rec.* 60, D. 1965, note Debbasch ; *A.J.*, 1985, p. 103, concl. Rigaud.

I

LE CONSEIL CONSTITUTIONNEL,

Saisi, le 1er juillet 1961 par le Premier ministre, dans les conditions prévues à l'article 37 (al. 2) de la Constitution, d'une demande tendant à voir déclarer le caractère réglementaire des dispositions de l'article 5 de l'ordonnance du 22 décembre 1958 relative à l'organisation judiciaire ;

Vu la Constitution, notamment ses articles 34, 37 et 62 ;

Vu l'ordonnance du 7 novembre 1958 portant loi organique sur le Conseil constitutionnel, notamment ses articles 24, 25 et 26 ;

1. Considérant que, si l'article 34 de la Constitution réserve au législateur le soin de fixer «les règles concernant... la création de nouveaux ordres de juridiction», *la détermination du nombre, du siège et du ressort de chacune des juridictions créées dans le cadre des principes définis par la loi est de la compétence réglementaire* ;
2. Considérant que les tribunaux d'instance à compétence exclusive en matière pénale constituent un ordre de juridiction distinct des tribunaux d'instance créés par l'article 1er de l'ordonnance susvisée du 22 décembre 1958 ; que la disposition de ladite ordonnance qui institue de tels tribunaux a donc le caractère législatif, mais qu'il entre dans la compétence du pouvoir réglementaire de fixer leur nombre, leur siège et leur ressort ;
3. Considérant, au surplus, que la détermination du ressort desdits tribunaux ne peut être comprise au nombre des «règles concernant la procédure pénale» que la Constitution a placées dans le domaine de la loi.

Décide :

ARTICLE PREMIER. - Les dispositions susvisées de l'article 5 de l'ordonnance du 22 décembre 1958 relative à l'organisation judiciaire, qui instituent des tribunaux d'instance à compétence exclusive en matière pénale, ont un caractère réglementaire en tant qu'elles fixent le nombre, le siège et le ressort de ces tribunaux.

ART. 2. - La présente décision sera publiée au *Journal officiel* de la République française.

Délibéré par le Conseil dans sa séance du 18 juillet 1961.

(*J.O.*, 13 oct. 1961, p. 9358).

II

LE CONSEIL CONSTITUTIONNEL,

Saisi le 1er juillet 1961 par le Premier ministre, dans les conditions prévues à l'article 37 (al. 2) de la Constitution, d'une demande tendant à voir déclarer le caractère réglementaire de dispositions figurant aux articles 2 et 4 de l'ordonnance du 5 janvier 1959 portant création de l'Institut des Hautes Etudes d'Outre-Mer et ainsi conçus :

ART. 2. - A la fin du premier alinéa « ...et à la demande des autorités de la République et des Etats membres de la Communauté» ; à la fin du deuxième alinéa « ...membres de la Communauté» ; à la fin du quatrième alinéa « ...titre étranger» ;

ART. 4. - «De représentants des Etats membres de la Communauté désignés par leur gouvernement» ;

Vu la Constitution, notamment ses articles 34, 37 et 62 ;

Vu l'ordonnance du 7 novembre 1958 portant loi organique sur le Conseil constitutionnel, notamment ses articles 24, 25 et 26 ;

Vu l'ordonnance du 5 janvier 1959 portant création de l'Institut des Hautes Etudes d'Outre-Mer ;

1. Considérant que l'article 34 de la Constitution réserve au législateur le soin de fixer «les règles concernant... la création de catégories d'établissements publics ;
2. *Considérant que doivent être regardées comme entrant dans une même catégorie, au sens de la disposition susmentionnée, les établissements publics dont l'activité a le même caractère -administratif ou industriel et commercial- et s'exerce, territorialement, sous la même tutelle administrative, et qui ont une spécialité étroitement comparable ;*
3. Considérant que, dans le cadre des règles fixées par le législateur pour la création d'une catégorie, les dispositions régissant chacun des établissements qui peuvent être rangés dans ladite catégorie ressortissent à la compétence réglementaire ;
4. Considérant que l'Institut des Hautes Etudes d'Outre-Mer, créé par l'ordonnance du 5 janvier 1959, constitue un établissement public de caractère administratif, dont l'activité s'exerce sous la tutelle de l'Etat et a un objet comparable à celui de nombreux autres établissements publics nationaux d'enseignement supérieur obéissant à des règles communes de fonctionnement et d'organisation ; que ledit Institut des Hautes Etudes d'Outre-Mer ne constitue point, dès lors, une catégorie particulière d'établissement public ; qu'en conséquence les dispositions des articles 2 et 4 de l'ordonnance précitée du 5 janvier 1959, relatifs aux attributions et à l'administration de cet établissement, n'entrent pas dans le domaine du législateur en la matière.

Décide :

ARTICLE PREMIER. - Les dispositions des articles 2 et 4 de l'ordonnance susvisée du 5 janvier 1959, soumises à l'examen du Conseil constitutionnel, ont un caractère réglementaire.

ART. 2. - La présente décision sera publiée au *Journal officiel* de la République française.

Délibéré par le Conseil dans sa séance du 18 juillet 1961.
(*J.O.*, 13 oct. 1961, p. 9359).

La composition du Conseil constitutionnel à la date du 18 juillet 1961 était la suivante : M. NOËL (Président), MM. CASSIN, CHATENET, COTY, GILBERT-JULES, LECOQ DE KERLAND, MICHARD-PELLISSIEr, *Patin*, PASTEUR VALLERY-RADOT, POMPIDOU.

OBSERVATIONS

1. Coïncidence, ou volonté délibérée, le Conseil constitutionnel est saisi le 1er juillet de deux questions très voisines, et les jurisprudences auxquelles les deux décisions du 18 juillet 1961 vont donner naissance seront très semblables et se compléteront : dans la décision 14 L, la Haute juridiction se prononce, pour la première fois, sur la compétence du législateur pour fixer « les règles concernant... la création de nouveaux ordres de juridiction » ; et, dans la décision 15 L, le Conseil, qui a déjà statué une fois sur le problème, asseoit véritablement sa jurisprudence relative à « la création de catégories d'établissements publics ». De l'exposé des solutions adoptées dans chaque cas et des jurisprudences qui les ont développées se dégageront un certain nombre de principes communs quant à la détermination des domaines législatifs et réglementaires : même conception extensive du domaine de la loi et même utilisation de

la notion de catégorie, qui déborde d'ailleurs les seules rubriques d'ordres de juridiction et de catégories d'établissements publics.

I . La création de catégories d'établissements publics

2 . En réservant au législateur la création des *catégories d'établissements publics*, les constituants manifestaient clairement l'intention de mettre fin au système antérieur, selon lequel le législateur était compétent pour créer tout établissement public national (d'après l'article 205 de la loi de finances du 13 juillet 1925). Cette règle qui, d'ailleurs, « n'avait peut-être pas été toujours respectée, à l'évidence », ne pouvait être maintenue : « on n'a pas voulu que le Parlement dût être dérangé chaque fois qu'il y avait lieu de créer une nouvelle chambre de commerce ou un nouvel hôpital » (M. Waline, note p. 1018). On comprend donc la limitation de la compétence du législateur à la création de catégories d'établissements publics. Mais que fallait-il entendre par « catégories d'établissements publics » ? Dans sa première décision du *27 novembre 1959 (R.A.T.P. *)*, le Conseil constitutionnel n'a pas explicité la notion, se contentant d'affirmer que la R.A.T.P. constituait à elle seule une catégorie d'établissements publics. Dans la présente décision, en revanche, la Haute juridiction donne une définition, et cela fait son principal intérêt ; et elle amorce aussi la définition de la deuxième notion importante, celle de « règles de création », en précisant que le pouvoir réglementaire ne s'exerce que « dans le cadre des règles fixées par le législateur pour la création d'une catégorie » et que ces règles communes concernent « l'organisation et le fonctionnement ».

1° *La notion de catégorie d'établissements publics*

3 . Dans un considérant de principe, le Conseil constitutionnel déclare :

> « Considérant que doivent être regardés comme entrant dans une même catégorie, au sens de dispositions susmentionnées, les établissements publics dont l'activité a le même caractère – administratif ou industriel et commercial – et s'exerce territorialement, sous la même tutelle administrative, et qui ont une spécialité étroitement comparable ».

On déduit habituellement de cette formule que la Haute instance s'arrête à trois critères : le caractère de l'activité exercée, la tutelle, la spécialité. R. Odent, cependant, en décèle quatre : selon lui, pour entrer dans la même catégorie, les établissements publics doivent être « identiques à quatre points de vue (et) avoir la même nature juridique (administrative ou industrielle et commerciale), avoir le même rattachement territorial, être soumis à la même tutelle, et avoir une spécialité, c'est-à-dire un objet étroitement comparable » (*Contentieux administratif*, 1970-1971, p. 207). le deuxième critère proposé par le Conseil (« et s'exerce, territorialement, sous la même tutelle administrative ») pose effectivement un problème d'interprétation qu'il y aura lieu d'examiner. Sous cette réserve, la méthode du Conseil consiste à vérifier si l'établissement public à créer se rattache par ces trois (ou quatre) points à une catégorie préexistante : si, sur un seul de ces points, il n'y a pas identité, il y a création d'une catégorie nouvelle.

4 . Toutefois, deux décisions du Conseil constitutionnel ont sensiblement modifié cette présentation : tout d'abord, le premier critère disparaît (25 juill. 1979) et ensuite, le critère tiré de la spécialité de l'établissement change de formulation sinon de nature (30 mai 1979).

5 . *a)* Le critère tiré du « caractère » de l'activité exercée est encore rappelé dans la décision du 30 mai 1979 ; mais il est explicitement écarté dans celle du 25 juillet 1979 (A.N.P.E.).

Compte tenu de la crise de l'établissement public, ce critère apparemment simple, n'était pas sans soulever quelques difficultés : d'une part, en effet, la jurisprudence administrative hésite parfois sur la qualification d'un établissement public, et d'autre part, remet même en question, semble-t-il, le principe d'une distinction entre établissement public à caractère administratif et établissement public à caractère industriel et commercial. Dans l'affaire *L'Herbier*, le commissaire du Gouvernement Rigaud ne déclare-t-il pas en effet : « Il est permis de se demander si ce dernier élément (caractère administratif ou industriel et commercial), peut encore être regardé comme déterminant... Nous croyons, en effet, que ce caractère est de plus en plus dépourvu de signification ». Le Conseil d'État évite de se prononcer sur ce point dans son arrêt, tout en prenant une position ambiguë. Mais, par la suite, il a adopté la même position que le Conseil constitutionnel (cf. en ce sens, les opinions des président et président-adjoint de la section du contentieux, MM. Odent, *op. cit.*, p. 207, et Chardeau, Colloque d'Aix, p. 158), notamment dans un arrêt du 10 mai 1972 (*D.* 1973, p. 353).

Or, voilà que, à propos de la modification du statut de *l'Agence nationale pour l'emploi*, le Conseil constitutionnel revient à la solution préconisée par le commissaire du Gouvernement Rigaud en 1965, du fait, semble-t-il, de la difficulté de déterminer le caractère d'un établissement public :

> « Considérant que doivent être regardés, comme entrant dans une même catégorie, au sens de la disposition précitée, les établissements publics dont l'activité s'exerce territorialement sous la même tutelle administrative et qui ont une spécialité analogue, mais qu'il n'y a pas lieu de retenir également parmi les critères déterminant l'appartenance d'établissements publics à une même catégorie la condition qu'ils présentent le même caractère – administratif, industriel et commercial, scientifique et technique, ou scientifique et culturel – et cela en raison de ce que les règles constitutives d'un établissement public ne comportent pas nécessairement l'indication de ce caractère, qui peut au surplus être modifié par un acte réglementaire ».

Il en va ainsi quelle que soit la collectivité territoriale de rattachement. Dès lors, il appartient au pouvoir réglementaire de déterminer ce caractère, sauf à ne pas dénaturer les règles constitutives de l'établissement.

Les décisions 122 L du 25 mars 1982 (*Rec.* 97, *RJC* II-97), 133 L du 12 octobre 1983 (*Rec.* 86, *RJC* II-102) et 162 L du 5 déc. 1989 (*Rec.* 100, *RJC* II-134) confirment cette jurisprudence.

6 . *b)* Le deuxième critère, à première vue, est plus complexe, compte tenu, notamment, de ce que nous avons dit *supra*. En réalité, la formulation peu claire du Conseil constitutionnel, qui, pour certains, met l'accent exclusivement sur la tutelle et, pour d'autres, à la fois sur la tutelle et sur le rattachement territorial, exprime simplement l'idée qu'il y a lieu de prendre en considération les conditions du rattachement à une collectivité ou à plusieurs collectivités publiques car la tutelle ne constitue pas un véritable critère dans la mesure où tous les établissements publics, même locaux, sont soumis à la tutelle de l'État, alors que le rattachement à une collectivité territoriale permet une différenciation (cf. Douence, « Le rattachement des établissements publics à une collectivité territoriale », *A.J.*, 1971, p. 23) : établissements publics communaux, départementaux, interdépartementaux, intercommunaux (à vocation territoriale locale : districts, syndicats, à vocation territoriale nationale : centre de formation des personnels communaux), établissements publics à rattachement mixte (départements et communes), établissements publics nationaux, etc. La variété des formules de rattachement peut être assez grande, certaines étant tout à fait originales (R.A.T.P., syndicat des transports parisiens).

C'est ainsi que doit être compris le deuxième critère, tutelle signifiant en réalité rattachement à une ou plusieurs collectivités publiques (État, départements, communes). On constate alors que, comme le faisait remarquer dès 1960 M. Waline (*R.D.P.*, 1960, p. 1018), si la compétence législative est moins étendue qu'avant 1958, dans la mesure où elle n'est requise que pour créer des catégories, et non pour chaque établissement public, elle est aussi plus étendue, car avant 1958 l'intervention du législateur n'était requise que pour les établissements publics nationaux, alors qu'elle l'est désormais pour créer toute catégorie d'établissements publics, qu'ils soient nationaux ou locaux.

7 . *c)* Le troisième critère est le plus délicat à mettre en œuvre : « il est évident que, dans l'application de ces critères, c'est la dernière notion, celle de “spécialité étroitement comparable”, qui est le plus susceptible de donner lieu à des incertitudes et à des appréciations pour lesquelles le Conseil constitutionnel pourra être amené à intervenir » (A. de Laubadère, note, p. 627).

Dès la première application du critère, la Haute juridiction a opté pour une définition assez compréhensive de la « spécialité étroitement comparable » : il y a en effet plusieurs degrés dans la définition de la « spécialité » : l'Institut des Hautes Études d'Outre-Mer est un établissement ayant pour objet l'enseignement (1er degré) supérieur (2e degré) destiné à former des hauts fonctionnaires pour l'outre-mer et la coopération (3e degré). Il est bien évident que si « la spécialité étroitement comparable » avait été celle qui définit le champ d'action exact d'un établissement public et que le juge administratif sanctionne en annulant les actes contraires au principe de spécialité, l'I.H.E.O.M. aurait constitué une catégorie particulière d'établissement public. Mais, à ce moment-là, de très nombreux établissements pouvaient être dans ce cas, et la précaution prise par le constituant n'aurait pas servi à grand-chose. On doit d'autant plus nuancer l'appréciation quant à la manière dont le Conseil a compris la spécialité dans le cas de l'I.H.E.O.M. que la décision prend soin de préciser : « nombreux autres établissements d'enseignement supérieur *obéissant à des règles communes d'organisation et de fonctionnement* ». Le Conseil fait sans doute allusion aux nombreux établissements d'enseignement supérieur fonctionnant dans le cadre des administrations et destinés à former des hauts fonctionnaires. La définition de la « spécialité étroitement comparable » est donc en définitive assez « serrée ».

- Un changement important est intervenu en 1979 : en effet, à partir de la décision du 30 mai 1979 (107 L, *Rec.* 44, *RJC* II-84), à la formule de la « spécialité étroitement comparable » est substituée celle – plus compréhensive – de « spécialité analogue ». Désormais, le Conseil constitutionnel définit ainsi l'appartenance à une même catégorie d'établissements publics : « doivent être regardés comme entrant dans une même catégorie... les établissements publics dont l'activité s'exerce territorialement sous une même tutelle administrative et qui ont une spécialité analogue » (109 L, 13 septembre 1979, *Rec.* 47, *RJC* II-85 ; 122 L, 25 mars 1982, *Rec.* 97, *RJC* II-97).

8 . *d)* La Haute instance a décidé à plusieurs reprises qu'un organisme « constitue à lui seul une catégorie d'établissement public sans équivalent sur le plan national » ; ainsi en a-t-il été de la R.A.T.P. *(27 novembre 1959 *)*, R.T.F. (17-19 mars 1964) puis de l'O.R.T.F. (30 janv. 1968) ; également du syndicat des transports parisiens (47 L du 12 déc. 1967 confirmé par 186 L du 31 mai 1999), du Centre de formation des personnels communaux (93 L du 6 oct. 1976), du Centre Georges-Pompidou (127 L du 10 nov. 1982), de l'Office national d'immigration (152 L du 24 nov. 1987) et de l'Institut national de la consommation (162 L du 5 déc. 1989).

Le Conseil constitutionnel a jugé également que l'extension des attributions d'un établissement public ne relève pas du législateur dès lors que ces nouvelles attributions se rattachent à une « spécialité comparable à celle qui résulte des attributions dévolues à cet organisme » par le texte qui l'a créé et que, de ce fait, « elles ne sauraient avoir pour effet de transformer cet organisme en une catégorie nouvelle et particulière d'établissement public » (7 FNR 21 déc. 1966).

2° *La notion de règles de création*

9 . En définissant les catégories d'établissements publics, on a déterminé la compétence législative « en surface » ; il faut maintenant la préciser en profondeur, avec la notion de règles de création.

En fait, la compétence législative aurait pu être ici très limitée, dans la mesure où, littéralement, elle n'aurait porté que sur les règles de procédure et de compétence : « on pourrait, en prenant les mots à la lettre, soutenir que le domaine ainsi dévolu au législateur comprend uniquement les règles de procédure et de compétence régissant la création, etc. Une thèse restrictive – à certains égards semblable – a été exposée par... M. de Grailly à propos de la fixation des règles concernant le taux des impositions... : la prérogative législative ne s'étendait pas à la fixation du taux lui-même » (L Hamon, *D.*, 1965, p. 190). Cette interprétation étroite est écartée. Et le Conseil va même plus loin, en adoptant une conception très large : « le Conseil constitutionnel donne à certaines expressions employées par l'article 34 un sens extensif qui lui permet d'étendre le domaine de la loi au-delà de ce qui pourrait être littéralement compris ». Il en va ainsi par exemple du mot « création ».

Déjà, dans la décision *R.A.T.P.*, le Conseil constitutionnel avait inclus dans les règles concernant la création, le principe de la participation des représentants des élus locaux au conseil d'administration ; mais il ne s'était pas expliqué davantage sur ce que pouvait être, d'une manière plus générale, le contenu de ces règles. Dans la présente décision, en revanche, il précise que ces règles constituent un véritable « cadre » pour le pouvoir réglementaire, ce qui suppose déjà qu'elles constituent un ensemble assez important ; et il est question, ensuite, de « règles communes d'organisation et de fonctionnement », qui sans nul doute représentent le « cadre » que le législateur a compétence pour établir.

10 . Le principe était donc posé, et il devrait être précisé lors de la décision suivante rendue à propos de la R.T.F. (27 L 17-19 mars 1964) : « le législateur est seul compétent pour fixer ses règles de création, lesquelles comprennent *nécessairement ses règles constitutives* » ; qu'au nombre de ces dernières il y a lieu de ranger non seulement celles « qui déterminent les rapports de la R.T.F. avec l'État, mais encore, en raison du caractère exceptionnel que celle-ci présente pour les motifs susindiqués, les règles qui fixent le cadre général de son organisation et de son fonctionnement ». On peut déduire de cette décision, comme le fait M. Hamon, que « la notion de règles constitutives n'est donc pas invariable, mais susceptible, à partir d'un minimum, d'extensions différentes selon les catégories d'établissements envisagés » (*D.*, 1965, p. 190), ces extensions pouvant être commandées par l'interférence d'une autre rubrique de l'article 34 : la garantie des libertés publiques ou la libre administration des collectivités locales, par exemple. Ces règles constitutives, et notamment « le cadre général de l'organisation et du fonctionnement », sont bien explicitées dans une décision du 12 décembre 1967, encore qu'ici on ne puisse procéder que par énumération, le Conseil statuant cas par cas et se refusant, ici comme dans d'autres domaines, à établir « un traité des compétences législatives et réglementaires dans telle ou telle matière », selon l'expression de M. Hamon.

11 . Font ainsi partie des « règles constitutives » : (en ce qui concerne le syndicat des transports parisiens) l'attribution de la personnalité juridique, le cadre général de la mission impartie à l'établissement, le principe de la parité entre les représentants de l'État et des collectivités locales (MM. Hamon et Waline avaient reproché au Conseil constitutionnel de n'avoir pas inclus, dans la décision R.A.T.P., le principe du respect de la proportion entre ces deux

catégories de représentants dans le domaine de la loi), l'extension géographique de l'activité de l'établissement. On peut y ajouter : les rapports entre l'État et l'établissement public (décision R.T.F.) et d'une manière plus générale entre la ou les collectivités auxquelles il est rattaché. Sont également « règles constitutives » : la majorité donnée au sein du conseil d'administration du C.F.P.C. aux « représentants élus » et la parité établie entre les représentants élus des personnels et représentants élus des maires (6 oct. 1976, C.F.P.C.) ; l'énumération des catégories de ressources d'un établissement public constituant à lui seul une catégorie (12 mai 1964 ; 6 oct. 1976 ; 124 L du 23 juin 1982 et 127 L du 10 nov. 1982) ; la composition du conseil d'administration (83-168 DC du 20 janv. 1984, § 8), la détermination des catégories de collectivités territoriales constituant l'établissement public (186 L du 31 mai 1999).

12 . Ne font pas partie en revanche des règles constitutives : le caractère administratif ou industriel et commercial d'un établissement public (150 L, 17 mars 1987) ; la dénomination d'un établissement public (152 L, 24 novembre 1987).

Dans la première décision il est cependant précisé qu'« il appartient au pouvoir réglementaire de déterminer ce caractère *sauf à ne pas dénaturer les règles constitutives* de l'établissement telles qu'elles sont définies par la loi ».

12 bis . Le Conseil constitutionnel a considéré que le législateur ne pouvait autoriser le pouvoir réglementaire à établir des dérogations aux règles constitutives d'une catégorie d'établissements publics, sans méconnaître sa propre compétence (93-322 DC du 28 juillet 1993).

II . La création de nouveaux ordres de juridiction

13 . La même conception extensive du domaine de la loi peut être constatée en matière de *création de nouveaux ordres de juridiction*, et selon la même démarche.

Si le Conseil constitutionnel avait interprété normalement la Constitution, la *« création de nouveaux ordres de juridiction »* n'aurait requis que fort rarement l'intervention du législateur. En fait, dès la première des « sept décisions que la Haute instance a rendues jusqu'ici sur cette question, une interprétation large de cette disposition a été adoptée, qui allait ensuite orienter la jurisprudence du Conseil constitutionnel comme celle du Conseil d'État ».

Pourtant, comme le souligne M. Moreau (p. 650), « l'analyse des travaux préparatoires de la Constitution de 1958 ne commandait en aucune manière une interprétation souple ». En effet, dans l'avant-projet du gouvernement, le législateur était compétent pour régler les questions relatives au « statut de la magistrature et à l'établissement des juridictions » ; sur amendement de M. Waline, le domaine de la loi, qui comprenait déjà donc la création de toute juridiction (mais non leur suppression d'après le commissaire du Gouvernement !), fut étendu à la « compétence des juridictions ». Mais, lors de l'adoption définitive du projet de Constitution, la formule fut remplacée par celle de « création d'ordres de juridiction » (à l'initiative de « quelque ignorant », suppose M. Waline, *R.D.P.*, 1959, p. 713-714). Il s'agit là, comme le note M. Hamon (*D.*, 1961, p. 541), « d'une restriction considérable au domaine législatif par rapport aux textes antérieurs (celui du projet gouvernemental et celui de l'avis donné par le Comité consultatif) », et M. Waline ajoute que l'expression « ordre de juridiction », si on la prend à la lettre, « enlève à peu près toute portée pratique à la formule dans laquelle elle est inscrite ».

14 . Le Conseil constitutionnel, non seulement allait adopter une conception large de l'ordre de juridiction, mais encore allait inclure dans les « règles de création », comme pour les catégories d'établissements publics, le maximum de dispositions.

1° *La notion d'ordre de juridiction*

15 . Comme le souligne M. Moreau, « ordre de juridiction pris dans son acception technique implique traditionnellement une hiérarchie complète de tribunaux soumis au contrôle d'une Cour suprême ». Cela conduit à ne distinguer pratiquement que deux ordres : l'ordre judiciaire et l'ordre administratif. Et M. Moreau peut alors en déduire : « Le texte constitutionnel eût-il été interprété strictement, on voit mal à quelles applications il aurait pu conduire si ce n'est à réserver au Parlement la création fort problématique d'un ordre de juridictions sociales ».

16 . La présente décision du *18 juillet 1961* tranche immédiatement le problème, et ce de la manière suivante. L'ordonnance du 22 décembre 1958 concernant l'organisation judiciaire a créé les tribunaux d'instance, qui, succédant aux juges de paix, ont comme eux la double qualité de juge civil et de juge pénal. Toutefois, à Paris, Lyon et Marseille – selon l'article 5 de l'ordonnance –, il est créé des tribunaux d'instance à compétence exclusivement pénale, les autres tribunaux d'instance de ces villes ayant compétence en matière civile. Le Premier ministre demandait au Conseil constitutionnel de déclarer le caractère réglementaire de cet article 5, sans doute, dit M. Hamon, « afin de créer d'autres juridictions semblables ». Le Conseil constitutionnel reconnaît sans hésiter que ces trois tribunaux constituent un nouvel ordre de juridiction : « Considérant que les tribunaux d'instance à compétence exclusive en matière pénale constituent un ordre de juridiction distinct des tribunaux d'instance créés par l'article 1er de l'ordonnance susvisée du 22 décembre 1958 ; que la disposition de ladite ordonnance, qui institue de tels tribunaux, a donc un caractère législatif... ».

17 . Dans la ligne de cette première décision, le Conseil constitutionnel a ainsi reconnu que constituaient un ordre de juridiction les conseils de prud'hommes (22 mai 1964 indirectement), les tribunaux pour enfants chargés de juger uniquement les mineurs de dix-huit ans auxquels sont imputées des infractions qualifiées crimes ou délits (21 décembre 1964), les Chambres d'expropriation de

première instance et d'appel, dont la compétence est limitée à la fixation des indemnités (9 février 1965). Dans le même sens, le Conseil d'État a décidé, conformément à la jurisprudence du 18 juillet 1961, que relevait du domaine de la loi la création de tribunaux militaires à compétence spéciale (Cons. d'État, 2 mars 1962, *Rubin de Servens*), d'une section disciplinaire spéciale au sein du Conseil national de l'Ordre des médecins (Cons. d'État, 13 juillet 1962, *Cons. nat. de l'Ordre des Médecins*), ou d'une juridiction compétente pour prononcer la déchéance temporaire ou définitive de la qualité d'artisan ou de maître artisan (Cons. d'État, 30 juin 1967, *Caisse de compensation*). Ainsi, comme le constate R. Odent (*Contentieux administratif*, p. 201), « le Conseil constitutionnel et le Conseil d'État ont donné de l'expression "création de nouveaux ordres de juridiction" une interprétation très extensive : ils ont estimé que toute création d'une juridiction d'un type nouveau relevait du domaine de la loi ». Avec « juridiction d'un type nouveau » on est très près de l'établissement public d'un type nouveau, et le commissaire du Gouvernement Braibant affirme encore davantage cette similitude en parlant de « catégorie » de juridictions, comme l'avait fait M. Waline dès 1958 : « Il résulte de ces jurisprudences (des deux Conseils) que l'ordre de juridiction se définit comme une catégorie de juridictions composées selon un même type et chargées d'une même compétence matérielle ; en d'autres termes, les ordres de juridiction se distinguent les uns des autres par leur mode de composition et l'étendue de leur compétence » (*R.D.P.*, 1962, p. 739).

18 . Cette évolution vers une conception extensive de l'ordre de juridiction et un rapprochement avec les catégories d'établissement public est parachevée par la décision du 20 juillet 1977 relative à la Cour de cassation (*Rec.* 63) : « Considérant que la Cour de cassation qui, seule, a pour mission de juger les pourvois contre les décisions rendues en dernier ressort constitue un ordre de juridiction au sens de l'article 34 de la Constitution ; que par suite ses règles constitutives relèvent également de la compétence du législateur ». Il y a désormais des juridictions constituant à elles seules un ordre de juridiction comme il y a des établissements publics constituant à eux seuls une catégorie ; qui plus est l'ordre de juridiction a, comme la catégorie d'établissement public, ses « règles constitutives ».

Cette concordance entre les deux jurisprudences se retrouve au niveau de la détermination des règles de création ou « constitutives ».

2° *La notion de règles de création*

19 . La décision du *18 juillet 1961* marque que non seulement le législateur est compétent pour décider de la création même d'un nouvel ordre de juridiction, mais aussi pour définir le « cadre » et « les principes » compte tenu desquels le pouvoir réglementaire pourra mettre en place les juridictions appartenant à la même catégorie : « Considérant que, si l'article 34 de la Constitution réserve au législateur le soin de fixer les règles concernant... la création de nouveaux "ordres de juridiction", la détermination du nombre, du siège

et du ressort de chacune des juridictions *créées dans le cadre des principes définis par la loi est* de la compétence réglementaire ».

20 . Quelles sont ces « règles constitutives » ou ces principes selon la jurisprudence du Conseil constitutionnel ? On peut distinguer d'abord les règles qui ont trait à la structure et à la composition des juridictions. La détermination des membres appelés à siéger dans ces juridictions fait évidemment partie de ces règles constitutives. C'est ce qui est décidé dans la décision du 9 février 1965 à propos de la « composition particulière » des Chambres d'expropriation : « que [la disposition] de l'alinéa 2 du même article qui détermine leur composition, ressortit à la compétence du législateur » ; même démarche pour la composition de la chambre mixte et de l'assemblée plénière de la Cour de cassation (20 juillet 1977). Et le Conseil constitutionnel va même jusqu'à décider, dans sa décision du 21 décembre 1964, à propos des tribunaux pour enfants, que « au nombre des règles ci-dessus visées, doivent figurer celles relatives au *mode de désignation* des personnes appelées “à siéger” en qualité d'assesseurs au sein desdits tribunaux, ainsi que celles qui fixent *la durée* de leurs fonctions », et cela parce que ces règles « sont des garanties de l'indépendance de ces assesseurs » (voir dans le même sens : 141 L, 9 oct. 1985, *Rec.* 115, *RJC* II-115). Les règles relatives à la compétence *ratione materiae* sont aussi des règles constitutives : dans la décision ci-dessus rapportée, le Conseil constitutionnel exclut expressément les règles concernant la compétence *ratione loci* « qu'il entre dans la compétence du pouvoir réglementaire de fixer leur nombre, leur siège, leur ressort... que [au surplus] la détermination du ressort desdits tribunaux ne peut être comprise au nombre des “règles concernant la procédure pénale...”, mais la compétence *ratione materiae* relève du domaine législatif, car c'est un des éléments de définition de l'ordre de juridiction (cela ressort indirectement de la décision du 22 mai 1964 et explicitement de celle du 9 février 1965 : « que... la disposition... qui confie à ces Chambres de l'expropriation la fixation des indemnités... ressort à la compétence du législateur »).

21 . En revanche, ne font pas partie des « règles constitutives » : tout ce qui a trait à la procédure (non pénale) suivie devant les juridictions, notamment la détermination de personnes aptes à saisir les conseils de prud'hommes (22 mai 1964), les « modalités de la procédure à suivre devant les Chambres de l'expropriation » (9 février 1965), la désignation des personnes ou organismes habilités à agir devant les conseils régionaux de discipline de la Sécurité sociale (139 L, 8 août 1985, *Rec.* 94, *RJC* II-105) ; tout ce qui a trait à l'organisation interne des juridictions : le maintien des greffes particuliers des tribunaux de police (10 mars 1966), la création de sections fiscales dans chaque tribunal administratif (21 décembre 1972), le mode de désignation des magistrats de l'ordre judiciaire appelés à siéger dans les juridictions d'appel des Chambres de l'expropriation et la durée de leur affectation (9 février 1965). Cette dernière solution peut paraître contradictoire avec celle adoptée dans la décision du 21 décembre 1964, à propos des tribunaux pour enfants

(cf. *supra*) ; mais elle ne l'est nullement, car, le 9 février 1965, il s'agit du mode de désignation et de la durée de l'affectation de magistrats de l'ordre judiciaire, dont il n'y a pas évidemment à "garantir l'indépendance" ; tandis qu'il en va différemment des assesseurs des tribunaux pour enfants, qui ne sont pas des magistrats de profession et sont choisis parmi les personnes de l'un ou l'autre sexe qui se sont signalées par l'intérêt qu'elles portent aux questions de l'enfance. En fait, comme le souligne M. Hamon (D., 1965, p. 542) cette solution n'est pas contestable ; mais peut-être aurait-elle été plus simple à formuler si le Conseil s'était référé au statut des magistrats dont le législateur est chargé de fixer les règles. Toutefois, il aurait fallu alors interpréter la notion de magistrat de manière compréhensive, et le Conseil constitutionnel ne pouvait le faire sans se mettre en contradiction avec la jurisprudence du Conseil d'État, qui dans l'arrêt *Beausse* (Ass., 2 févr. 1962, *Rec.* 827), a réservé la dénomination de magistrats aux seuls magistrats de l'ordre judiciaire : « si le Conseil constitutionnel, peut-être en raison de la réponse du Conseil d'État, comme peut-être aussi en raison de sa propre interprétation, a cru devoir limiter aux magistrats professionnels la notion constitutionnelle de magistrats au sens de l'article 34, les magistrats non professionnels – consulaires, prud'hommaux ou autres – retrouvent une garantie d'indépendance et un résultat pratique équivalents par l'interprétation exclusive des mots précédents de l'article 34 : "la création de nouveaux ordres de juridiction"... Ainsi, deux expressions de l'article 34 sont susceptibles de fonder une solution estimée équitable : l'usage de l'expression apparemment le plus directement approprié à la question posée vient-il à être bloqué pour une raison quelconque – en l'espèce une jurisprudence négative du Conseil d'État –, l'effort de l'interprète passe à l'autre expression employée par le constituant et par une interprétation très extensive, en tire la justification de la solution voulue » (L. Hamon, *D.*, 1965, p. 642).

22 . Le Conseil constitutionnel s'est donc efforcé de ne pas entrer en contradiction avec la jurisprudence du Conseil d'État, lequel également a suivi l'orientation arrêtée par le juge constitutionnel dans la décision du 18 juillet 1961 à propos des règles de création. Ainsi a-t-il décidé que tout ce qui concerne la procédure non pénale ne concerne pas les règles de création (Cons. d'État, 4 juillet 1969, *Ordre des avocats près la Cour d'appel de Paris*, *Rec.* 358) et de même que la désignation et le rôle du commissaire du Gouvernement dans les Chambres d'expropriation n'affectent pas « dans leur nature même la composition et le fonctionnement » de ces juridictions (Cons. d'État, 13 déc. 1968, *Association de défense des propriétaires de Champigny-sur-Marne*, *A.J.*, 1969, p. 180, note Homont). D'une manière plus générale, on pourrait reporter l'analyse de la jurisprudence administrative, faite par M. Moreau (*op. cit.*, p. 649).

En définitive, les deux jurisprudences inaugurées dans la décision du *18 juillet 1961* se rejoignent et s'harmonisent de manière parfaite. Et, au-delà des catégories d'établissements publics et des ordres de juridiction, elles constituent la mise au point d'une technique plus générale de délimitation du domaine législatif.

III. - La « catégorisation », technique de délimitation du domaine législatif

23. L'ordre de juridiction est devenu une catégorie de juridiction, et en fait un ordre de juridiction est très sensiblement défini de la même manière qu'une catégorie d'établissements publics : prise en considération de l'objet ou de la compétence, de la structure et de la composition, et même du rattachement. L'ordre de juridiction comme la catégorie d'établissements publics peut ne comprendre qu'une seule juridiction (section disciplinaire du Conseil national de l'Ordre des médecins ; solution adoptée par le Conseil d'État, mais implicitement contenue dans la jurisprudence du Conseil constitutionnel et explicitement confirmée par la décision du 20 juillet 1977 relative à la Cour de cassation). Dans les deux cas, la définition s'effectue en fait par rapport à l'état de droit antérieur (l'établissement public sans équivalent sur le plan national ou local est celui qui ne peut être rattaché à aucune catégorie du droit antérieur), et ceci est même expressément consacré par le constituant dans l'expression « création de *nouveaux* ordres de juridiction » (encore que l'on peut se demander en quoi la Cour de cassation a un caractère « nouveau »).

24. La création de la catégorie comporte non seulement la décision de création, mais aussi les « règles constitutives », c'est-à-dire l'établissement des caractéristiques essentielles du nouveau type de juridiction ou d'établissement public, le cadre général de l'organisation et du fonctionnement. Toutefois, ces caractéristiques ne sont pas uniformes : le Conseil constitutionnel se réserve toujours la possibilité d'adapter la mise en place de l'armature au type de juridiction ou d'établissement public : les règles constitutives sont plus complètes dans certains cas (O.R.T.F., tribunaux pour enfants) que dans d'autres. Le pouvoir réglementaire n'est pas exclu (voir *décision R.A.T.P.* *) ; il intervient pour compléter l'édifice : il pourra le faire en toute liberté, à condition de respecter l'armature et de ne pas faire des aménagements qui, en réalité, ébranleraient l'ensemble (ou risqueraient de le faire) ; il doit éviter de prendre des dispositions qui, par l'importance de leurs incidences, ont un « caractère déterminant » à l'égard de la règle (A. de Laubadère, *A.J.*, 1965, p. 102). Et le pouvoir réglementaire devra être encore plus réservé dans ses interventions lorsqu'interfère un autre chef de compétence du législateur (par exemple, principes fondamentaux de la propriété pour les Chambres de l'expropriation, libertés publiques pour l'O.R.T.F., libre administration des collectivités locales pour les établissements publics locaux). Deux ou plusieurs chefs de compétence peuvent en effet se compléter et renforcer la compétence du législateur. En toute hypothèse, dès que la physionomie générale du type de juridiction ou d'établissement public est dessinée par le législateur, le pouvoir réglementaire peut, après avoir complété le modèle, le tirer à plusieurs exemplaires.

25. L'utilisation de la « catégorie » comme technique de délimitation du domaine législatif s'étend bien au-delà des cas de création de catégories d'établissements publics ou de juridictions.

Avec M. Vincent, nous dirons que, d'une manière générale, pour le Conseil constitutionnel, « la compétence législative s'étend à la création de catégories de régimes ou de titulaires de droits et d'obligations ».

- « Catégories de bénéficiaires d'un droit ou d'assujettis » : en matière de droits civiques, le législateur est seul compétent pour fixer « les catégories de citoyens autorisés à voter par procuration » (C.C., 3 mai 1961, *Rec.* 36, *RJC* II-7) ; en matière de Sécurité sociale, la définition des catégories de bénéficiaires de prestations constitue un « principe fondamental » et relève donc de la loi (5 L du 7 avril 1960, *Rec.* 32, *RJC* II-2 ; 6 L du 8 juillet 1960, *Rec.* 34, *RJC* II-3 ; 26 L du 30 juillet 1963, *Rec.* 33, *RJC* II-14), de même que celle des assujettis à une cotisation (10 L du 20 déc. 1960, *Rec.* 39, *RJC* II-5) ; le même raisonnement a été appliqué en droit du travail à propos d'une « obligation salariale, mise à la charge d'une nouvelle catégorie d'employeurs » (5 FNR du 11 juin 1963, *Rec.* 37, *RJC* III-3).

- « Catégories de régimes » : en matière de Sécurité sociale, la création d'un nouveau régime ou d'une nouvelle catégorie de prestations est du domaine de la loi (6 L du 8 juillet 1960, procédure) ; en matière de propriété, de droits réels et d'obligations civiles et commerciales, on doit considérer aussi que toute création d'un régime nouveau (fermage par exemple) relève de la loi.

Cette démarche rejoint tout à fait celle décrite à propos des établissements publics et des ordres de juridiction ; le législateur définit « l'archétype », et le pouvoir réglementaire en tire des copies. Encore une fois, on constate qu'on retrouve la distinction très classique entre la définition des principes et des règles et leur mise en œuvre.

12

14 septembre 1961

DEMANDE D'AVIS

Compétence du Conseil constitutionnel en matière consultative
Caractère général de la compétence d'attribution

Décision du 14 septembre 1961, *Rec.* 55, *RJC* V-1.
Demande d'avis sur la recevabilité d'une motion de censure en période d'application de l'article 16.
Rejet pour incompétence.
Affirmation par le Conseil constitutionnel du caractère de compétence d'attribution de sa compétence, tant en matière juridictionnelle que consultative.

RÉFÉRENCES

a) *Notes doctrinales*

- HAMON (L.) : Note au *D.*, 1963, p. 17.

b) *Autres références*

- FAVOREU (L.) : Le Conseil constitutionnel régulateur de l'activité normative des pouvoirs publics, *R.D.P.*, 1967, p. 29-30. - FAVOREU (L.) et PHILIP (L.) : Le Conseil constitutionnel, *Que sais-je ?* p. 38-45. - ROTTNER : Documents relatifs aux rapports du gouvernement et du Parlement sous la première législature de la Ve République, Notes et études documentaires nº 3072 (12 mars 1964). - VEDEL (G.) : Le Conseil constitutionnel n'est pas compétent, *Le Monde*, 14 sept. 1961. - LUCHAIRE (F.) : Saisir le Conseil avant plutôt qu'après, *Le Monde*, 23 août 1985.

c) Jurisprudence

- Décision du *12 déc. 1958**.
- Décision du *5 mai 1959*, *Rec.* 218.
- Décision du *5 janv. 1959**.
- Décision du *23 déc. 1960**.
- Avis du *23 avril 1961**.
- Décision 50 L du 30 janv. 1968, *Rec.* 23, *RJC* II-32.
- Décision 113 L du 14 mai 1980, *Rec.* 64, *RJC* II-87.

• Décision du 11 juin 1981, Delmas, *Rec.* 97, *RJC* V-2.
• Décision du 25 oct. 1988, référendum Nouvelle-Calédonie, *Rec.* 191.

LE CONSEIL CONSTITUTIONNEL,

Consulté le 14 septembre 1961 par le président de l'Assemblée nationale sur le point de savoir si la motion de censure déposée au cours de la séance tenue le 12 septembre 1961 par cette Assemblée réunie de plein droit en vertu de l'article 16, al. 4, de la Constitution, peut être regardée comme recevable ;

Vu la Constitution ;

Vu l'ordonnance du 7 novembre 1958 portant loi organique sur le Conseil constitutionnel ;

1. *Considérant que la Constitution a strictement délimité la compétence du Conseil constitutionnel ; que celui-ci ne saurait être appelé à statuer ou à émettre un avis que dans les cas et suivant les modalités qu'elle a fixés ;*

2. Considérant que le Conseil constitutionnel ne peut être saisi par le président de l'une ou de l'autre Assemblée du Parlement qu'en vertu des articles 41, 54 et 61, al. 2, de la Constitution ; que ces dispositions ne le font juge que de la recevabilité, au regard des articles 34 et 38 de la Constitution, des propositions de lois ou des amendements déposés par les membres du Parlement, ainsi que de la conformité à la Constitution des engagements internationaux ou des lois ordinaires ; qu'en outre, l'article 61 (1er al.), ne lui donne mission que d'apprécier la conformité à la Constitution des lois organiques et des règlements des Assemblées parlementaires après leur adoption par ces Assemblées et avant leur promulgation ou leur mise en application ; qu'ainsi aucune des dispositions précitées de la Constitution, non plus d'ailleurs que l'article 16, ne donne *compétence* au Conseil constitutionnel pour se prononcer en l'espèce.

décide :

Le Conseil constitutionnel n'a pas compétence pour répondre à la consultation susvisée du président de l'Assemblée nationale ;

Délibéré par le Conseil dans sa séance du 14 septembre 1961.
(*J.O.*, 19 sept. 1961, p. 8631).

La composition du Conseil constitutionnel à la date du 14 septembre 1961 était la suivante : M. NOËL (Président), MM. CASSIN, CHATENET, COTY, GILBERT-JULES, LECOQ DE KERLAND, MICHARD-PELLISSIER, PASTEUR VALLERY-RADOT, PATIN, POMPIDOU.

OBSERVATIONS

La décision du 14 septembre 1961 a été l'occasion pour le Conseil constitutionnel, d'affirmer son caractère de juridiction d'attribution et de préciser de manière très claire les limites de sa compétence, tant dans le domaine contentieux que consultatif.

1 . Le Conseil constitutionnel était consulté par le président de l'Assemblée nationale sur le point de savoir si une motion de censure était recevable pendant la période d'application de l'article 16 : une motion de censure ayant été, en effet, déposée par la gauche au cours de la séance du 12 septembre 1961 et certains ayant contesté la recevabilité de cette motion au motif que, le gouvernement ne pouvant dissoudre l'Assemblée pendant l'application de l'article 16, on ne

pouvait réciproquement admettre la censure du gouvernement par l'Assemblée, la conférence des présidents ne put se mettre d'accord sur cette question de la recevabilité et le président de l'Assemblée décida alors, le 14, de demander son avis au Conseil constitutionnel. Celui-ci, statuant le jour même, déclara n'avoir « pas compétence pour répondre à la consultation susvisée du président de l'Assemblée nationale », au terme d'une argumentation très solidement développée à partir d'un considérant de principe très net : « *Considérant que la Constitution a strictement délimité la compétence du Conseil constitutionnel ; que celui-ci ne saurait être appelé à statuer ou à émettre un avis que dans les cas et suivant les modalités qu'elle a fixés* ». Et, passant en revue tous les cas dans lesquels le président de l'Assemblée nationale a, selon la Constitution, un droit de saisine (articles 41, 54 et 61, al. 2), le Conseil constate que la demande de consultation présentée en l'espèce ne correspond à aucun de ces cas.

Cette position de principe, telle qu'elle est définie en termes très généraux par le premier considérant, est en parfait accord avec la conception qu'a le Conseil constitutionnel de son statut et de son rôle : dès le début, il s'est considéré comme un organisme juridique, plus précisément comme une juridiction (cf. décision du 5 mai 1959, Frouard).

I. - Le Conseil constitutionnel ne se reconnaît qu'une compétence d'attribution

2. Ce caractère de compétence d'attribution découle de la définition des pouvoirs du Conseil telle qu'elle est faite par la Constitution : celle-ci ne contient, en effet, aucune définition générale de la compétence du Haut Conseil et, notamment, le titre VII, qui lui est entièrement consacré, ne débute pas par une présentation d'ensemble des missions du Conseil. Comme l'écrit le doyen G. Vedel, « juridiquement... le Conseil constitutionnel n'est pas un organe possédant une compétence définie par une *clause générale* telle que celle qui le chargerait de trancher « les difficultés relatives à l'application de la Constitution » ou de « statuer sur les différends entre les organes des pouvoirs publics ». Et il ajoute : « Les constituants ont pris au contraire grand soin de définir les compétences du Conseil constitutionnel comme des compétences d'attribution ». Ces missions apparaissent au gré des articles et ne sont même pas toutes regroupées dans le titre VII ; en outre, elles sont le plus souvent précisément définies et les dispositions qui les prévoient ne laissent guère la place à une interprétation extensive. C'est donc à juste titre que le Conseil ne se reconnaît qu'une compétence d'attribution et souligne que la Constitution « a strictement délimité sa compétence ».

3. Il l'avait déjà fait dans deux décisions du 23 décembre 1960 (le *Regroupement national* * et le Centre républicain, à propos de l'inscription sur la liste des organisations habilitées à user des moyens de propagande en vue du référendum). Mais, comme le remarque M. Hamon, « la décision (du 14 septembre 1961) met... l'accent, plus nettement encore que ne l'avaient fait les décisions de décembre

1960, sur le caractère de compétence d'attribution qui s'attache à sa compétence et ne lui permet pas d'intervenir en dehors d'un texte ». Le Conseil constitutionnel aurait pu, en effet, se contenter de montrer, comme il l'a fait dans les décisions de décembre 1960, qu'aucun texte ne prévoyait la saisine par le président de l'Assemblée dans les circonstances de l'espèce ; mais il est allé nettement plus loin dans un considérant de principe, voulant ainsi, semble-t-il, établir une fois pour toutes qu'il n'a pas une compétence de droit commun en matière constitutionnelle. Et, comme le note M. Hamon, l'emploi du mot « strictement » doit être retenu : « Non seulement il ne peut être suppléé au silence de la Constitution, mais encore ses dispositions elles-mêmes ne semblent pas pouvoir faire l'objet d'une interprétation extensive ».

4 . Le Conseil ne peut donc être saisi que « dans les cas et suivant les modalités » fixés par la Constitution, ce qui implique nécessairement que doivent être strictement observées les conditions de compétence (« les cas ») et de recevabilité (« les modalités ») prévues par les textes, l'inobservation de l'une de ces conditions suffisant à justifier le refus de statuer de la Haute juridiction, que ce soit en matière consultative ou juridictionnelle.

Enfin, le premier considérant a pour signification que le Conseil ne peut « statuer ou émettre un avis » que dans les cas et suivant les modalités *fixés par la Constitution.* Compte tenu de la première phrase (« considérant que la Constitution a *strictement* délimité la compétence du Conseil constitutionnel »), cela devrait conduire la Haute instance à ne se reconnaître valablement saisie que dans les cas et suivant les modalités fixés par le seul texte constitutionnel.

5 . Dans sa jurisprudence ultérieure jusqu'en 1974, le Conseil a repris les différentes positions de principe que nous venons de dégager du premier considérant de la décision du *14 septembre 1961*, tant en matière consultative que juridictionnelle ; mais il serait faux d'affirmer qu'il s'y est toujours conformé, car, dans plusieurs cas, il s'en est nettement écarté (cf. *supra* n° **8**-11 et 12 et *infra* n° **17**-15 et **22**-3).

II . - En matière consultative

6 . En *matière consultative*, le Conseil constitutionnel n'a jamais admis, conformément aux principes dégagés ci-dessus, qu'il avait une compétence générale de donneur d'avis.

Or, il n'y a que deux textes qui prévoient sa consultation : l'article 16 de la Constitution, selon lequel le Président de la République doit consulter le Conseil constitutionnel avant de prendre la décision de mise en œuvre de l'article 16 et avant chaque mesure d'application (cf. *avis du 23 avril 1961* *) et l'article 46 de l'ordonnance du 7 novembre 1958 portant loi organique sur le Conseil constitutionnel, texte aux termes duquel celui-ci est « consulté par le *gouvernement* sur l'organisation des opérations de référendum » (cf. décision du *23 décembre 1960* *). Donc, seuls le Président de la République et le gouvernement peuvent demander un avis au Conseil dans deux cas très précis : mise en œuvre de l'article 16 et organisation du référendum.

7 . 1° Il est bien évident que la demande présentée par le président de l'Assemblée nationale le 14 septembre 1961 ne pouvait être que vouée à l'échec. Passant en revue tous les cas dans lesquels le président de l'Assemblée peut le saisir (articles 41, 54 et 61, al. 2), le Conseil constate aisément qu'« aucune des dispositions précitées de la Constitution, non plus d'ailleurs que l'article 16, ne donne compétence au Conseil constitutionnel pour se prononcer en l'espèce ». On remarquera que la Haute juridiction envisage même la question au regard de l'article 16 : mais, en réalité, comme le note M. Hamon, le fait que « l'article 16 de la Constitution ne change rien aux règles de compétence sus-exprimées est certain, et si le Conseil a cru nécessaire quand même de l'indiquer par une incidente, c'est qu'il était bon que cela fût rappelé en raison des interprétations qui ont tendu à faire porter à l'article 16 les conséquences les plus inattendues ».

8 . Estimant donc justifié le rejet de la demande de consultation du président de l'Assemblée, M. Hamon s'interroge toutefois sur le point de savoir « si une autre autorité, Premier ministre ou chef d'État, aurait pu saisir le Conseil constitutionnel utilement ». Prenant acte de la position de principe arrêtée par le Conseil dans le premier considérant, M. Hamon estime qu'elle vaut non seulement à l'égard du président de l'Assemblée, mais aussi à l'égard des autres autorités et notamment du Premier ministre et du Président de la République. Toutefois, pour celui-ci, il note que l'article 5 de la Constitution en fait, d'une manière générale, le garant de la Constitution et que, dès lors, on pourrait considérer qu'« appelé à veiller au respect de la Constitution, le Président de la République est, par là même, habilité à consulter le Conseil constitutionnel sur la portée de cette Constitution ». C'est à titre d'hypothèse que la question est envisagée par M. Hamon, car elle n'a été ni examinée, ni tranchée par la Haute instance le 14 septembre 1961, ni d'ailleurs depuis ; on peut observer toutefois qu'il s'agit davantage d'un souhait que d'une déduction logique, car, malgré l'habilitation très générale conférée au chef de l'État, on se heurterait, comme dans les autres cas, à l'affirmation de principe selon laquelle le Conseil ne peut être saisi que « dans les *cas* et suivant les *modalités* fixés par la Constitution », l'article 5 ne contenant aucune allusion à la saisine du Conseil. Ceci est d'ailleurs renforcé par le fait que les Présidents de la République successifs ne semblent pas avoir considéré que leur mission de veiller au respect de la Constitution impliquait particulièrement un recours au Conseil constitutionnel, puisque, aussi bien, depuis sa création, celui-ci n'a été saisi qu'une fois par le chef de l'État, en dehors de la mise en œuvre de l'article 16 et encore cette saisine a été provoquée par certains parlementaires (cf. décision du *30 décembre 1976*).

9 . 2° Le Conseil constitutionnel a bien marqué, d'ailleurs, qu'il n'avait pas « plénitude de compétence consultative » dans trois autres affaires : 50 L du 30 janvier 1968 (*Rec.* p. 23, *RJC* II-32), 113 L

du 14 mai 1980 (*Rec.* 61, *RJC* II-87) et 298 DC du 24 juillet 1991 (*Rec.* 82, *RJC* I-465).

En 1968, le Premier ministre voulait obtenir une consultation sur le point de savoir si la publicité de marques pouvait être introduite à l'O.R.T.F. par simple mesure réglementaire ou bien si une loi était nécessaire. À la différence de la demande d'avis présentée par le président de l'Assemblée nationale, celle du Premier ministre, ayant pris l'apparence d'une saisine au titre de l'article 37, al. 2, était recevable ; mais le Conseil n'a pu statuer au fond, car il n'avait pas compétence pour répondre, en dehors des cas prévus, à une demande d'avis. C'est la conclusion à laquelle nous étions arrivés en commentant cette décision (*J.C.P.*, 1968, II, 15627, n° 7) ; et, en définitive, nous proposions pour sortir de l'impasse de créer un recours direct en interprétation, comme il en existe devant le Conseil d'État. Ainsi, et sans grand bouleversement, pourrait-on combler cette lacune, dont l'existence est désormais constatée.

En 1980, le Premier ministre (sur la demande de la Direction générale des impôts) avait voulu obtenir l'avis du Conseil constitutionnel sur la constitutionnalité d'une disposition du code général des impôts relative à la protection des contribuables contre les changements de doctrine de l'administration. Ici aussi, bien que saisi dans le cadre d'une procédure régulière (article 37, al. 2), le Conseil a refusé de se prononcer.

Enfin, en 1991, le Conseil constitutionnel refuse de « donner suite à la demande en interprétation » formulée par les sénateurs requérants, à propos d'une disposition complétant le code électoral et relative à la procédure de démission d'office applicable aux élus locaux déclarés comptables de fait (298 DC, § 33).

10 . 3° On pourrait penser qu'il y a un moyen d'obtenir, malgré tout, une consultation du Conseil constitutionnel ; mais c'est un moyen détourné qu'il ne semble pas possible d'utiliser systématiquement et qui, d'ailleurs, ne l'a été qu'une fois.

La procédure du vote bloqué faisant l'objet d'une controverse devant l'Assemblée nationale, il fut imaginé, pour obtenir une consultation du Conseil constitutionnel, de faire voter une modification du règlement, adoptant l'une des thèses en présence. Comme toute modification du règlement des Assemblées est automatiquement soumise au Conseil en vertu de l'article 61, al. 1er, la Haute instance ne pouvait manquer de se prononcer (décision du 15 janv. 1960, *Rec.* 15, *RJC* I-3 ; *D.*, 1960, p. 352, note Hamon). Mais, si le procédé a été admis par la Haute juridiction, c'est parce que la question à trancher concernait le déroulement de la procédure législative et qu'en définitive on voulait faire préciser les conditions de formation de la loi. Il en aurait été sans doute différemment dans la présente affaire : *l'obstacle de procédure aurait été tourné, mais serait demeurée l'incompétence du Conseil*, qu'a d'ailleurs surtout mise en avant celui-ci. Car, si le Conseil peut contrôler la fonction normative du Parlement, il n'a pas reçu semblable mission quant à sa fonction politique.

On peut envisager encore une autre voie détournée : elle consisterait à saisir le Conseil à propos d'une proposition de loi ou d'un amendement en vertu de l'article 41 de la Constitution. Ce procédé est cependant plus difficile à mettre en œuvre, car il est parfois délicat d'introduire certaines questions dans une proposition de loi ou un amendement et, par ailleurs, la saisine du Conseil n'est pas ici automatique et suppose d'abord que le Premier ministre s'oppose à l'adoption de la proposition de loi ou amendement, et ensuite que le président de l'Assemblée ou du Sénat veuille bien saisir la Haute juridiction. Enfin, la question ne pourrait porter que sur le caractère législatif ou réglementaire des dispositions concernées.

Sinon d'une manière générale, « le Conseil constitutionnel, à diverses reprises, a manifesté très fermement et avec raison sa résistance à toute procédure qui, sous le couvert de demandes d'avis, l'amènerait à intervenir en dehors de prescriptions constitutionnelles expresses » (G. Vedel, *op. cit.*).

11 . Cette limitation de la compétence consultative du Conseil n'est pas sans inconvénients et elle est critiquée.

M. Luchaire, notamment, estime qu'il serait souhaitable de reconnaître au Conseil une compétence générale en matière consultative. Le gouvernement devrait pouvoir le consulter sur l'interprétation de tout texte de valeur constitutionnelle. Un tel élargissement de ses attributions aurait permis d'éviter : en 1979, l'annulation de la loi de finances pour 1980, en 1982, l'annulation de la première loi sur les nationalisations, de la première loi sur l'adaptation de la décentralisation aux départements d'outre-mer et, en 1985, la première loi sur l'évolution de la Nouvelle-Calédonie. Mais un tel élargissement de sa compétence ne serait pas sans danger. Il risquerait fort de conduire à une politisation des décisions du Conseil.

III . - En matière juridictionnelle

12 . *En matière juridictionnelle*, également, le Conseil constitutionnel a appliqué les principes posés par la décision du 14 septembre 1961 : ne statuer que « dans les cas et suivant les modalités » fixés par les textes.

13 . 1° Lorsque les *modalités* prescrites ne sont pas respectées, la Haute juridiction rejette les recours comme *irrecevables*. Ceci se produit essentiellement dans le domaine du contentieux électoral, mais n'est pas inconcevable dans les autres domaines.

Le Conseil constitutionnel a ainsi rejeté comme irrecevable une requête formulée sur saisine parlementaire au motif qu'elle était prématurée : la requête, en effet, avait été signée le 20 octobre 1976 alors que le texte n'a été adopté que le 27 octobre par l'Assemblée nationale et le 28 par le Sénat (8 novembre 1976, *Rec.* 37).

En ce qui concerne les élections législatives, le juge constitutionnel, appliquant scrupuleusement les textes, a rejeté de nombreuses requêtes pour de multiples causes d'irrecevabilité (cf. C.C.P., *12 décembre 1958, Rebeuf* *, et C.C.P., *5 janvier 1959, Deval c/ Durand* *, et la jurisprudence citée).

14 . Ces décisions peuvent parfois paraître sévères, mais les solutions adoptées découlent des textes. Ainsi, en matière d'élections

sénatoriales, le Conseil a, plusieurs fois, rejeté des moyens tirés de la *composition du collège sénatorial*, car, d'après l'article 15 de l'ordonnance du 15 novembre 1958 relative à l'élection des sénateurs, ces moyens doivent être d'abord portés devant le tribunal administratif (219 du 9 juillet 1959, *Rec.* 247). De même, les moyens tirés de l'incompatibilité entre les fonctions d'un parlementaire et son mandat sont bien de sa compétence ; mais ils ne peuvent être valablement soulevés que par le bureau de l'Assemblée concernée ou par le garde des Sceaux (C.C.P. 29 du 23 décembre 1958, *Rec.* 89 ; C.C.P. 193 du 6 janvier 1959, *Rec.* 132) ou par le parlementaire lui-même, mais seulement après que le bureau de son assemblée se soit prononcé (cf. 3 I du 20 octobre 1976, *Rec.* 73, *RJC* IV-2).

15 . 2° Le Conseil constitutionnel ne statue que *dans les cas* fixés par les textes ; hors de ces cas, il se déclare *incompétent.*

L'illustration la plus connue de cette attitude est évidemment la décision du *6 novembre 1962* *, par laquelle la Haute juridiction a refusé d'examiner la constitutionnalité d'une loi adoptée en vertu de l'article 11 de la Constitution, au motif que seules les lois parlementaires peuvent lui être déférées en application de l'article 61, al. 2.

Une autre illustration de cette rigueur est fournie par la décision FNR 10 du 26 avril 1979 (*Rec.* 55, *RJC* III-7) dans laquelle le Conseil constitutionnel considère que, saisi en vertu de l'article 41, il peut seulement déterminer si la proposition ou l'amendement soumis est du domaine de la loi ou du règlement (voir observ. sous *Prix des baux à ferme* *, *supra* n° 6-8).

La jurisprudence *Rebeuf* * constitue également un exemple frappant de la manière stricte avec laquelle la Haute instance interprète les textes définissant sa compétence. C'est la Commission constitutionnelle provisoire qui, adoptant une interprétation stricte de l'article 59 de la Constitution, allait ainsi commander l'évolution postérieure en matière de contestations relatives aux résultats des élections législatives (voir observations sous *Rebeuf * et Deval c/ Durand *).*

Le Conseil constitutionnel a également refusé de statuer sur un recours contre une lettre par laquelle le ministre de l'Intérieur fait connaître au Président du Sénat que le suppléant d'un sénateur est appelé à siéger à sa place, après le décès de celui-ci (29 juillet 1986, *Rec.* p. 116).

On peut même rattacher à cette jurisprudence l'attitude du Haut tribunal relative aux recours invoquant l'inconstitutionnalité de certaines dispositions électorales ou de certaines déclarations intervenues pendant la campagne.

On notera enfin que, par décision du 16 avril 1988 (Yannick Piat, *Rec.* p. 41), le Conseil constitutionnel s'est déclaré incompétent pour statuer sur la régularité de l'élection du président de l'Assemblée nationale et pour donner un avis sur des modifications éventuelles du règlement de l'Assemblée nationale. Il a rejeté de la même manière un recours identique en 1988 (13 juillet 1988, *Flosse*, *Rec.* 86).

IV. - Les exceptions (ou inflexions) au principe

16 . Mais l'attitude du Conseil constitutionnel n'est pas uniforme et il y a un certain nombre d'*exceptions* aux principes énoncés dans le premier considérant de la décision du 14 septembre 1961.

17 . 1º Tout d'abord, il ne faut pas entendre de manière absolument stricte le principe selon lequel la Haute instance ne statue ou n'émet d'avis que dans les cas et suivant *les modalités fixés par la Constitution*.

Dans de nombreux cas, en effet, le Conseil constitutionnel reçoit compétence, non de la Constitution elle-même, mais de la loi organique (qui le plus souvent d'ailleurs a été prise sous forme d'ordonnance de l'article 92). C'est une loi organique qui attribue compétence consultative au Conseil en matière d'organisation des opérations du référendum (article 46, ordonnance organique du 7 novembre 1958). C'est elle aussi qui donne compétence à la Haute instance pour prononcer la démission d'office *d'un parlementaire* (article 20 de l'ordonnance portant loi organique nº 998 du 24 avril 1958), alors que l'on chercherait vainement une telle attribution de compétence dans la Constitution ; et, ayant à statuer sur une loi organique élargissant les possibilités de saisine du Conseil de ce chef en 1961, le Conseil la déclare conforme à la Constitution (décision du 22 décembre 1961, *Rec.* 23, *RJC* I-8 et du 20 janvier 1972, *Rec.* 21, *RJC* I-25) ; on citera de même la décision 88-242 DC du 10 mars 1988 (*Rec.* 36, *RJC* I-231) par laquelle le Conseil constitutionnel a déclaré conforme une loi organique lui conférant compétence pour contrôler la régularité des modalités de financement de la campagne électorale pour l'élection présidentielle et pour les élections législatives.

Cette attitude du Conseil constitutionnel se justifie sans doute par le fait que dans les cas examinés il s'agit plus d'extensions de compétence que de création de nouveaux chefs de compétence. On peut aussi invoquer le fait que la loi organique est une prolongation de la Constitution.

18 . Cet argument ne tient pas lorsqu'on constate *que le Conseil reçoit de nouvelles attributions de la loi ordinaire*. En effet, en matière électorale, la Haute juridiction est compétente pour statuer en appel de jugements de tribunaux administratifs en vertu d'une simple loi (voir par exemple les articles L. 292 et L. 303 du Code électoral).

19 . On va d'ailleurs plus loin encore *en matière de référendum*, puisque, dans ce cas, le Conseil constitutionnel exerce une compétence qui lui est conférée... par décret. En effet, les décrets nº 69-300 du 3 avril 1969 et 72-244 du 5 avril 1972 prévoient que le Conseil constitutionnel assure un « contrôle préalable » de la fixation par le conseil d'administration de l'O.R.T.F. des nombre, date, horaire, durée et conditions de réalisation des émissions de propagande des différents partis, alors que l'article 47 de l'ordonnance organique du 7 novembre 1958 le charge seulement de présenter ses observations, le cas échéant, « concernant la liste des organisations habilitées à

user des moyens officiels de propagande » (v. n° **8**-12. De même *en matière d'élection présidentielle* c'est le décret n° 64-231 du 14 mars 1964 (art. 7) qui prévoit le droit de réclamation contre la liste des candidats arrêtée par le Conseil constitutionnel lui-même dans une décision (art. 6). Enfin, la limitation de sa compétence ne lui interdit pas de présenter des observations sur le déroulement de l'élection présidentielle ou des élections législatives et de suggérer des modifications.

20 . Il est donc difficile de dire que le Conseil constitutionnel ne peut se voir attribuer de nouvelles compétences sans révision préalable de la Constitution. Ce qu'on peut en revanche avancer, c'est que seule la Constitution peut lui confier une mission tout à fait nouvelle (cf. en ce sens C.C., 20 janvier 1972, *Rec.* 21, *RJC* I-25). En effet, les compétences créées par la loi ou par décret se rattachent toutes à une mission déjà confiée au Conseil par la Constitution. Le principe énoncé plus haut doit donc être nuancé dans sa formulation.

21 . 2° Il en va de même de celui selon lequel le Conseil ne statue ou n'émet des avis *que dans les cas strictement fixés par les textes.*

Tout d'abord, la Haute juridiction interprète parfois les textes lui donnant compétence *de manière extensive*. Ainsi, si le Conseil a reçu compétence pour apprécier la conformité à la Constitution des « règlements des Assemblées parlementaires », il n'était pas évident que cela incluait aussi le règlement du Congrès ; pourtant, le Conseil a admis (implicitement) sa compétence dans ce cas par une décision du 20 décembre 1963 (*Rec.* 16, *RJC* I-13) et les rédacteurs du Recueil des décisions du Conseil constitutionnel semblent indiquer que s'est posé un problème, car ils font figurer ce cas à la rubrique compétence. Plus significative est l'interprétation large donnée par le Conseil à l'expression *« textes de forme législative »* (cf. *27 novembre 1959, R.A.T.P.* *) : il a reconnu telles les ordonnances de l'article 92 (alors que l'on pourrait, à juste titre, se demander si elles avaient une « forme législative »), des ordonnances prises en vertu de la loi du 3 juin 1958 et ratifiées par... des ordonnances de l'article 92, des ordonnances prises en vertu de l'article 38 et ratifiées de manière implicite par référence (29 février 1972). On peut noter également que, pour admettre sa compétence en vertu de l'article 54 de la Constitution, le Conseil a interprété assez largement la notion d'engagement international en considérant comme telle une décision d'un organisme international (19 juin 1970, et 29-30 décembre 1976).

Par ailleurs, le juge constitutionnel a accepté d'examiner la constitutionnalité d'un accord national interprofessionnel annexé à une loi (18 janvier 1978, contre-visite médicale).

On notera aussi que le Conseil constitutionnel accepte d'examiner la constitutionnalité d'ordonnances de l'article 38 à travers et à l'occasion de l'examen de la constitutionnalité de la loi de ratification (156 DC, 28 mai 1983, *Rec.* 41, *RJC* I-141 ; 170 DC, 4 juin 1984, *Rec.* 45, *RJC* I-183).

22 . La Haute instance est même allée quelquefois plus loin, en admettant sa compétence sans textes. Ainsi a-t-elle été consultée chaque fois sur la décision de recourir au référendum, alors que l'article 46 de la loi organique ne prévoit de consultation que pour l'organisation des opérations de référendum et, qui plus est, à l'initiative du gouvernement et non du Président de la République (voir *Regroupement national* *). De même, le Conseil s'est reconnu compétent pour constater la vacance de la présidence de la République, alors que l'article 7 de la Constitution ne le charge que de la constatation de *l'empêchement*, ce qui est très différent (28 avril 1969 et *3 avril 1974* *).

23 . Tout aussi significative est l'affirmation formulée dans la décision des *29-30 décembre 1976* et selon laquelle le Conseil constitutionnel accepterait, s'il était saisi, de connaître de la constitutionnalité d'un engagement international, sur saisine parlementaire, par le biais du contrôle de la loi de ratification, sur la base de l'article 61-2. Et le juge constitutionnel a effectivement déclaré recevable un tel recours, alors même que les requérants avaient déféré directement au Conseil le traité, et non la loi de ratification, ce qui aurait dû rendre encore plus douteuse la recevabilité du recours (116 DC, 17 juillet 1980, Convention franco-allemande d'entraide judiciaire, *R.D.P.*, 1980, p. 1640, observations Favoreu).

24 . Enfin, et surtout, on peut se demander si sa décision Delmas du 11 juin 1981 ne remet pas purement et simplement en cause le principe selon lequel le Conseil ne statue que dans les cas et suivant les modalités prévus par la Constitution. Si l'examen du recours Delmas peut se rattacher au contrôle de la régularité de l'élection des députés prévu par l'article 59 de la Constitution, il n'en va pas de même en ce qui concerne les modalités de la saisine.

Dans cette affaire, le Conseil a admis qu'il pouvait, dans certaines circonstances, être saisi en dehors des modalités prévues.

En effet, M. Delmas n'avait aucun titre pour saisir le Conseil puisqu'au moment de la saisine, il n'était ni candidat, ni électeur d'une circonscription. En fait, il semble que c'est en tant que requérant malheureux devant le Conseil d'État que le Conseil constitutionnel a accepté d'examiner sa requête.

25 . Le Conseil constitutionnel a confirmé sa jurisprudence dans ses décisions du 4 juin 1988 (*Rec.* 77) en acceptant d'examiner au fond trois recours contre le décret de convocation du corps électoral après la dissolution du 14 mai 1988. Il a même déclaré recevable le recours formé contre le décret de convocation des électeurs, le 14 juin 1988, soit après le second tour (88-1035, 13 juillet 1988, R. Minvielle, *Rec.* 92) et accepté de statuer sur une exception – fondée sur l'inconstitutionnalité de ce décret – et soulevée à propos du recours contre l'élection d'un député (13 juillet 1988, Georges Allain, *Rec.* 97).

On sait qu'en revanche il refuse de statuer sur la régularité du décret de dissolution de l'Assemblée nationale (4 juin 1988, *Rec.* 79) et des décrets portant organisation du référendum du 6 novembre 1988

(25 octobre 1988, *Rec.* 191) ou encore de se prononcer sur la conformité d'un texte législatif à la Constitution, en tant que juge électoral (21 oct. 1988, *Rec.* 161) On pourra se rapporter sur ces derniers points à l'étude très documentée de B. Genevois (*R.F.D.A.*, 1988, nº 6, p. 887) et à nos observations (*R.D.P.*, 1989, nº 2, p. 420 et s.).

13

16 janvier 1962

LOI D'ORIENTATION AGRICOLE (18 L)

Autorité de chose jugée des décisions du Conseil constitutionnel

Décision 62-18 L., *Rec.* 31, *RJC* II-9.
Article 37, al. 2 de la Constitution.
Loi d'orientation agricole du 5 août 1960 (art. 3).
Nature juridique d'une disposition portant injonction au gouvernement de déposer un projet de loi.
Non-lieu à statuer.
Autorité de chose jugée (étendue et force).

RÉFÉRENCES

a) *Notes doctrinales*

- HAMON (L.) : Note au *S.*, 1963, p. 303.

b) *Autres références*

- *Conseil constitutionnel et Conseil d'État*, Actes du colloque des 20 et 21 janv. 1988 au Sénat, LGDJ, Montchrestien, 1988. - *La Cour de cassation et la Constitution de la République*, Actes du colloque des 9 et 10 déc. 1994, Paris, PUAM, 1995. - DRAGO (G.) : L'exécution des décisions du Conseil constitutionnel, Economica-PUAM, Collection droit public positif, 1991. - FAVOREU (L.) : La Cour de cassation, le Conseil constitutionnel et l'article 66 de la Constitution, D., 1986, chron. p. 169 ; voir aussi note sous C.E. Ass., 20 déc. 1985, D., 1986, p. 283 ; L'application des décisions du Conseil constitutionnel par le Conseil d'État et le Tribunal des conflits (bilans provisoires), R.F.D.A., 1987, p. 264 ; L'application des normes constitutionnelles et des décisions du Conseil constitutionnel par le juge administratif (nouveaux développements), R.F.D.A., 1989, p. 142. - LUCHAIRE (F.) : Le Conseil constitutionnel est-il une juridiction ? R.D.P., 1979, p. 27-52. - MOLFESSIS (N.) : *Le Conseil constitutionnel et le droit privé*,, Paris, LGDJ, 1997. - RODEVILLE-HERMANN (J.) : Le principe d'autorité de chose jugée, R.D.P., 1989, p. 1735. - SCHRAMECK (O.) ; « Droit administratif et droit constitutionnel », *A.J.D.A.*, 1995, p. 34-42. - DI MANNO (Th.) : Le juge constitutionnel et la technique des décisions « interprétatives » en France et en Italie, Paris, PUAM et Economica, 1997.

c) *Jurisprudence*

- *du Conseil constitutionnel*

• Décision 58-90 *bis* du *5 mai 1959*, *Rec.* 224.
• Décision des 17, *18 et 24 juin 1959 **.
• Décision 3 FNR du 8 sept. 1961, *Rec.* 48, *RJC* III-2.
• Décision 4 FNR du 18 oct. 1961, *Rec.* 50, *RJC* III-3.
• Décision 50 L du 30 janv. 1968, *Rec.* 23, *RJC* II-32.
• Décision du 26 juin 1969 *.
• Décision du *28 nov. 1973 **.
• Décision du *15 janv. 1975 **.
• Décision du *23 nov. 1977 **.
• Décision du 30 juill. 1982, *Rec.* 113.
• Décision 174 DC du 25 juill. 1984, *Rec.* 48, *RJC* I-190.
• Décision *197 DC du 23 août 1985 **
• Décision 244 DC du 20 juillet 1988, *Rec.* 119, *RJC* I-334.
• Décision 1127 du 20 avril 1989, *Rec.* 32.
• Décision 258 DC du 8 juillet 1989, *Rec.* 48, *RJC* I-361.

- *du Conseil d'État*

• Ass., 20 déc. 1985, Sté des Établ. Outters, *D.*, 1986, p. 283, note Favoreu ; *R.F.D.A.*, 1986, nº 3, concl. Martin.
• Ass., 11 mars 1994, S.A. La Cinq, *J.C.P.*, 1994, II-22350, note Rouault ; *R.F.D.A.*, 1994, nº 3, p. 429, concl. Frydman.
• CE 13 janv. 1995, TF 1.
• CE 10 juillet 1995, TF 1, *Rec.* 299.
• CE 9 oct. 1996, Ici et maintenant.
• CE 21 fév. 1996, Mutuelle antillaise d'assurance et autres.
• CE 3 avril 1996, Traoré,
• CE 28 mars 1997, Société Baxter, *Rec.* 114.
• CE 3 nov. 1997, Commune de Fougerolles, *Rec.* 391.

- *de la Cour de cassation*

• 26 févr. 1974, *D.*, 1974, p. 279, concl. Touffait.
• 24 mai 1975, *D.*, 1975, p. 497, concl. Touffait.
• 25 avril 1985, Bogdan, Vuckovic (2 arrêts), D., 1986, p. 169, chron. L. Favoreu.
• 15 mai 1990, *D.F.* , 1990, nº 39, comm. 1681.
• Cass. crim. 10 oct. 1996, Procureur général près Cour d'appel de Toulouse c/ X.

- *du Tribunal des conflits*

• 12 janv. 1987, Cie des eaux et de l'ozone, *Rec.* 442.

- *de la Cour européenne des droits de l'homme*

• 21 octobre 1997, Pierre Bloch c/ France. Une procédure déroulée devant une juridiction constitutionnelle ne suffit pas à la soustraire au champ d'application de la Cour européenne de sauvegarde des droits de l'homme et des libertés fondamentales.

LE CONSEIL CONSTITUTIONNEL,

Saisi le 8 janvier 1962 par le Premier ministre, en application de l'article 37, al. 2, de la Constitution, d'une demande tendant à l'appréciation de la nature juridique des dispositions de l'article 31, al. 2, de la loi d'orientation agricole en date du 5 août 1960 ;

Vu la Constitution, notamment ses articles 34, 37 et 62 ;

Vu l'ordonnance du 7 novembre 1958 portant loi organique sur le Conseil constitutionnel, notamment ses articles 24, 25 et 26 ;

1. Considérant, d'une part, qu'aux termes de l'article 62 *in fine* de la Constitution : «les décisions du Conseil constitutionnel... s'imposent aux pouvoirs publics et à toutes les autorités administratives et juridictionnelles» ; *que l'autorité des décisions visées par cette disposition s'attache non seulement à leur dispositif mais aussi aux motifs qui en sont le soutien nécessaire et en constituent le fondement même ;*

2. Considérant que, dans une décision en date du 8 septembre 1961, le Conseil constitutionnel a déclaré qu'une proposition de loi tendant à déterminer les conditions suivant lesquelles seraient fixés par décret les prochains prix d'objectifs de certains produits agricoles avait un caractère réglementaire au motif que *les dispositions de cette proposition constituaient une intervention du législateur dans une matière (celle des prix) qui n'est pas au nombre de celles réservées à sa compétence par l'article 34 de la Constitution* ; qu'un autre motif essentiel de la même décision était que la disposition de l'article 31, al. 2, de la loi d'orientation agricole disposant que, «dans le cas où la politique agricole commune n'aurait pas reçu au 1er juillet 1961 un commencement d'exécution suffisant, le gouvernement déposera un projet de loi déterminant les conditions suivant lesquelles seront fixés par décret les prochains prix d'objectifs» ne saurait prévaloir sur celles des articles 34 et 37 de la Constitution et fournir un fondement suffisant à la compétence du législateur en matière de prix ; que la décision précitée -confirmée par une décision du 18 octobre 1961 reconnaissant un caractère réglementaire aux dispositions d'un amendement présenté au projet de loi sur la fixation des prix agricoles- s'impose donc aux pouvoirs publics et à toutes les autorités administratives et juridictionnelles avec la portée même que lui donnent les motifs susrappelés qui en sont le soutien nécessaire ;

3. Considérant, d'autre part, que, lorsque le Conseil constitutionnel a décidé qu'une matière n'appartenait pas au domaine réservé à la loi, le gouvernement est fondé à prendre par décret les dispositions qu'il juge utiles en cette matière, sauf à obtenir au préalable, conformément aux prescriptions de l'article 37, al. 2, de la Constitution, la déclaration du caractère réglementaire de toute disposition de forme législative intervenue, après l'entrée en vigueur de la Constitution, pour régler ladite matière et dont serait envisagée la modification par ce décret ;

4. Considérant que, s'agissant de la fixation des prix agricoles -que le Conseil constitutionnel, ainsi qu'il ressort de ce qui a été dit plus haut, déclaré être du domaine réglementaire-, rien ne s'oppose à ce qu'un décret intervienne en cette matière dès lors qu'il n'existe, même dans l'article 31 précité de la loi du 5 août 1960, aucune disposition de forme législative intervenue depuis l'entrée en vigueur de la Constitution pour fixer elle-même ces prix, et que le décret dont il s'agit devrait nécessairement modifier ;

5. Considérant qu'il résulte de tout ce qui précède que la demande du Premier ministre tendant à l'appréciation par le Conseil constitutionnel de la nature juridique, au regard de l'article 34 de la Constitution, de la disposition de l'article 31 de la loi d'orientation agricole en date du 5 août 1960 doit être regardée comme sans objet,

Décide :

Article premier. - Il n'y a pas lieu pour le Conseil constitutionnel, à raison des motifs ci-dessus développés, de se prononcer sur la demande présentée par le Premier ministre en application de l'article 37 (al. 2) de la Constitution et tendant à l'appréciation de la nature juridique de l'article 31 de la loi d'orientation agricole en date du 5 août 1960.

Art. 2. - La présente décision sera publiée au Journal officiel de la République française.

Délibéré par le Conseil constitutionnel dans sa séance du 16 janvier 1962.
(J.O., 25 fév. 1962, p. 1915).

La composition du Conseil constitutionnel à la date du 16 janvier 1962 était la suivante : M. NOËL (Président), MM. CASSIN, CHATENET, COTY, GILBERT-JULES, LECOQ DE KERLAND, MICHARD-PELLISSIER, PATIN, PASTEUR VALLERY-RADOT, POMPIDOU.

OBSERVATIONS

1 . La décision du *16 janvier 1962* permet au Conseil constitutionnel d'affirmer avec force l'autorité de chose jugée de ses décisions, en donnant à l'article 62 al. 2, de la Constitution une grande portée. C'est là le principal intérêt de cette décision.

Mais elle doit être lue désormais en tenant compte d'une autre décision de principe qui la complète et la renforce : la décision 244 DC du 20 juillet 1988 (Loi d'amnistie) ; et aussi d'une décision 258 DC du 8 juillet 1989 qui, pour la première fois, invalide une disposition législative pour méconnaissance de l'autorité de chose jugée affirmée par l'article 62 al. 2 de la Constitution (v. Cl. Franck, *J.C.P.*, II, 21 409, 1990).

2 . Le Conseil constitutionnel a été amené à rappeler avec vigueur l'autorité de chose jugée de ses décisions du fait des circonstances assez particulières de l'affaire.

Par deux fois, en effet, et à quelques semaines d'intervalle (Décisions 3 et 4 FNR des 8 sept. 1961 et 18 oct. 1961), la Haute Juridiction avait été appelée à préciser que la fixation des prix agricoles, dans le cadre de la loi d'orientation agricole du 5 août 1961, relevait du pouvoir réglementaire, et cela malgré l'article 31 al. 2, de cette loi, par lequel le législateur se donnait à lui-même compétence pour régler cette question dans l'avenir (en faisant obligation au gouvernement de déposer un projet de loi déterminant les conditions dans lesquelles seraient fixés les prochains prix d'objectifs au cas où la politique agricole commune n'aurait pas reçu un commencement d'exécution suffisant à la date du 1er juillet 1961). Le Conseil constitutionnel avait, dans les motifs de sa décision du 8 septembre 1961, expressément écarté cet argument avancé par le Parlement, en des termes très nets : « Considérant... que si l'article 31 de la loi d'orientation agricole dispose..., cette disposition, dont le Conseil constitutionnel n'a pas eu, avant sa promulgation, à apprécier la conformité à la Constitution, ne saurait prévaloir sur celle des articles 34 et 37 de la Constitution et fournir un fondement suffisant à la compétence du législateur en matière de prix ». Et dans sa décision du 18 octobre 1961, la Haute Instance avait implicitement repris cette argumentation.

Dès lors, on conçoit que le Conseil constitutionnel, ayant déjà deux fois constaté, au profit du gouvernement, que la fixation des prix agricoles relevait de la compétence réglementaire et que l'article 31 al. 2, de la loi d'orientation agricole ne pouvait y faire obstacle, ait cru nécessaire de mettre les choses au point, lorsque le gouvernement vint lui demander, le 8 janvier 1962, de déclarer le caractère réglementaire de... l'article 31 al. 2, de la loi d'orientation agricole.

3 . Dans sa décision du *16 janvier 1962*, la Haute Juridiction a bien expliqué au gouvernement que le trop grand souci (apparent) de respecter les décisions du Conseil ne devait pas conduire... à ne pas les appliquer.

Il commence par montrer, « d'une part », que, comme dans les décisions 3 et 4 FNR des 8 septembre et 18 octobre 1961, l'article 31 al. 2, a été déclaré inopérant, cette constatation s'impose aux pouvoirs publics et à toutes les autorités, bien qu'elle n'ait pas été insérée dans le dispositif et cela parce que « les motifs qui sont le soutien nécessaire du dispositif » ont aussi autorité de chose jugée. Donc, l'article 31 al. 2, ne peut plus être un obstacle à la reconnaissance du caractère réglementaire de la matière.

D'autre part, « ...lorsque le Conseil constitutionnel a décidé qu'une matière n'appartenait pas au domaine de la loi, le gouvernement est habilité à prendre par décret les dispositions qu'il juge utiles en cette matière ». C'est le cas en l'espèce, puisque la Haute Instance a déjà statué deux fois en ce sens. Toutefois, si une « disposition de forme législative » est intervenue en la matière et que l'on envisage de la modifier par décret, il faut obtenir sa délégalisation par une décision du Conseil avant de prendre les décrets.

4 . Dans l'affaire en cours, aucune disposition de ce type n'est intervenue dans le domaine de la fixation des prix agricoles, depuis l'entrée en vigueur de la Constitution. L'article 31 al. 2, lui-même ne contient aucune disposition de cette sorte : il ne contient en fait aucune règle de fond, mais uniquement une règle de compétence. En conséquence, le gouvernement peut prendre un décret pour fixer les prix agricoles, sans saisir auparavant le Conseil constitutionnel. Et il en résulte que la demande du Premier ministre est « sans objet », car, tant que ce texte contient une règle de compétence, il est inopérant (ne pouvant prévaloir sur les dispositions des articles 34 et 37) et, en tant qu'il ne contient pas une règle de fond, il ne constitue pas une disposition de forme législative qu'il aurait fallu « déclasser » avant de faire intervenir un décret la modifiant.

Il est à noter que c'est la première fois que le Conseil constitutionnel, saisi en vertu de l'article 37 al. 2, parvient à priver d'effet une disposition législative, alors qu'il ne s'agit pas de délimiter les compétences législatives et réglementaires mais de sanctionner un empiétement du pouvoir législatif sur le pouvoir constituant.

I. L'affirmation de l'autorité de chose jugée des décisions du Conseil constitutionnel

5. Ce qui, au-delà des circonstances, donne un grand intérêt à la décision du 16 janvier 1962, c'est évidemment l'affirmation de *l'autorité de chose jugée* des décisions du Conseil constitutionnel et les conséquences qui en découlent.

6. 1° Certes, la Haute Juridiction n'emploie pas explicitement l'expression « autorité de *chose jugée* », mais il est bien évident que « l'autorité des décisions » dont fait état le Conseil est l'autorité de chose jugée, ainsi que le montre la définition de la portée de cette autorité qui « s'attache non seulement à leur dispositif, mais aussi aux motifs qui en sont le soutien nécessaire ». On retrouve là des formules classiques s'appliquant aux décisions juridictionnelles.

Ceci a d'ailleurs été confirmé par la décision de principe du 20 juillet 1988 qui se réfère expressément « à l'autorité de *chose jugée* attachée à la décision du Conseil constitutionnel du 22 octobre 1982... ». L'année précédente d'ailleurs, le Conseil avait utilisé la même expression dans la décision 87-1026 du 23 octobre 1987 intervenue à propos d'un recours en rectification d'erreur matérielle en matière électorale. En conséquence le Conseil constitutionnel a, lui-même, en interprétant l'article 62 al. 2 de la Constitution, déterminé la nature juridique exacte de l'autorité attachée à ses décisions par cette disposition : en droit positif, la question est donc désormais tranchée et il est inutile d'envisager les diverses discussions doctrinales sur la nature de l'autorité des décisions du Conseil et sur la nature même de celui-ci. Et s'il y avait eu encore une quelconque hésitation ou ambiguïté, elle aurait été définitivement levée par la décision *92-312 DC (Maastricht II *)* qui a, à plusieurs reprises, opposé « la *chose jugée* par le Conseil constitutionnel » aux arguments des requérants (cf. § 18, 36 et 43).

On ne peut donc parler, à propos des décisions du Conseil constitutionnel, d'autorité de chose décidée : M. Hamon a employé tantôt l'une, tantôt l'autre des expressions (voir S., 1963, p. 304) ; M. Colliard, commentant la décision du *16 juillet 1971* * (*Libertés publiques*, 1972, p. 619), emploie restrictivement l'expression d'autorité de chose décidée. Mais, comme le souligne M. Rivero à propos de cette même décision, « ...il est impossible de refuser aux décisions prises par le Conseil constitutionnel... le caractère juridictionnel entraînant pour elles, non l'autorité de chose décidée – propre aux décisions administratives et toujours susceptible d'être contrôlée devant le juge –, mais dès lors que la décision, aux termes de l'article 62, n'est susceptible d'aucun recours et s'impose aux pouvoirs publics et à toutes les autorités administratives et juridictionnelles, l'autorité de la chose jugée et même l'autorité absolue » (*D.*, 1972, chron., p. 268).

7. *a*) Les décisions du Conseil ont en effet autorité *absolue* de chose jugée : elles s'imposent à toutes les autorités politiques, administratives et juridictionnelles et pas seulement aux parties (exception : art. 44 ord. 7 nov. 1958). Ceci est logique, car le

contrôle exercé par la Haute Instance est un contrôle « objectif » ou abstrait semblable à celui exercé par le juge de l'excès de pouvoir (voir *R.D.P.*, 1967, p. 52). Et cette remarque est valable tant pour le contrôle de constitutionnalité que pour le contentieux électoral, car en matière administrative devant le Conseil d'État, ce contentieux est aussi considéré comme un contentieux objectif, dans la mesure justement où « la décision rendue par le juge a effet *erga omnes* comme l'opération électorale elle-même » (Auby et Drago, *Traité de contentieux administratif*, tome III, p. 124).

8 . *b*) Mais, si les décisions du Conseil ont autorité de chose jugée, cela ne signifie pas qu'elles aient valeur *d'arrêts de règlement.*

Les principes généraux de la procédure sont applicables aux décisions du Conseil constitutionnel : comme pour toutes les décisions juridictionnelles, l'autorité de chose jugée ne joue que si les litiges ont même cause, même objet et mêmes parties. Cette dernière condition a peu d'intérêt en ce qui concerne le Conseil constitutionnel ; en revanche, les deux autres sont applicables. Les décisions de la Haute Instance n'auront autorité de chose jugée qu'en ce qui concerne les textes mêmes qui ont été soumis à son appréciation ; c'est ainsi que, devant le Conseil d'État, les commissaires du Gouvernement ont estimé que la décision du Conseil constitutionnel liait le juge administratif lorsque le même texte était successivement pris en considération par le Conseil constitutionnel et le Conseil d'État : « cette appréciation portée sur ce texte précis vous lie compte tenu des termes de l'article 62 alinéa 2 de la Constitution... » (Concl. M.-D. Hagelsteen, *R.D.P.*, 1980, p. 536) ; en revanche, dans une autre affaire, les décisions du Conseil constitutionnel sont considérées comme « dépourvues en l'espèce de l'autorité de la chose jugée puisqu'elles concernent des textes différents de celui qui (est en cause) aujourd'hui (Concl. Galmot, *A.J.*, 1967, p. 167).

Dans une affaire soumise au Conseil d'État (C.E. Ass., 12 déc. 1969, *Cons. nat. Ordre des pharmaciens*), le gouvernement a tenté de faire prévaloir une autre conception de la portée des décisions de la Haute Instance constitutionnelle : d'après le commissaire du Gouvernement Baudouin, le Premier ministre a invité le Conseil d'État « dans les termes les plus insistants, à (se) plier à la discipline jurisprudentielle qui résulterait selon lui de la prise de position du Conseil constitutionnel dans les cas qui posaient la même question de choix que celle que (le Conseil d'État a) ici à trancher. Selon le gouvernement, ce serait en effet par une fausse interprétation de la nature juridique des décisions du Conseil constitutionnel, lorsque celui-ci est consulté préventivement par le gouvernement en vertu des articles 41 ou 61 de la Constitution ou *a posteriori* en vertu de l'article 37, que votre commissaire du Gouvernement, dans ses conclusions sur l'affaire jugée le 3 février 1967, avait affirmé que les décisions du Conseil constitutionnel – dès lors qu'elles concernent des textes différents de ceux sur lesquels vous vous trouvez vous-mêmes appelés à vous prononcer – sont, à l'égard du Conseil d'État statuant au contentieux, dépourvues de l'autorité de chose jugée. Dans l'exercice des pouvoirs d'interprétation des articles 34 et 37 de la Constitution qui lui ont été conférés par les constituants de 1958, le

Conseil constitutionnel ne présenterait pas, en effet, – toujours d'après le gouvernement – le caractère d'une juridiction, et il résulterait des termes mêmes de l'article 62 de la Constitution du 4 octobre 1958 que le Conseil constitutionnel serait investi, en pareille hypothèse, d'un pouvoir normatif qui lui permettrait de créer, nous citons : « une règle de droit objective qui, conformément à l'article 62 de la Constitution, s'impose aux pouvoirs publics et à toutes les autorités administratives et juridictionnelles ».

À cette prise de position fait écho celle définie par M. Larché dans une étude parue à l'*Actualité juridique* 1972 (et ceci n'est pas fortuit, car M. Larché était en 1969 chef du service législatif du secrétariat général du gouvernement) : pour M. Larché, le Conseil constitutionnel n'est pas une juridiction, mais un « organe du pouvoir d'État » qui participe au « law-making power », et à ce titre ses décisions n'ont pas la simple autorité de chose jugée, mais l'autorité souveraine de la règle de droit.

9 . En vérité, le Conseil constitutionnel n'a jamais consacré ou reconnu une telle interprétation de l'article 62 al. 2, de la Constitution. On peut même dire qu'en utilisant, dans sa décision du 16 janvier 1962, des formules qui sont celles du juge pour définir la portée de sa décision, il a consacré la thèse inverse, celle de la nature juridictionnelle de ses décisions, ce qui est d'ailleurs tout à fait conforme à la conception générale qu'il a de son rôle. D'ailleurs, en abandonnant la jurisprudence que le Conseil d'État avait refusé de suivre dans l'affaire Confédération des vignerons du Midi, le Conseil constitutionnel a montré que telle était sa position sur ce problème : quand il statue, il n'édicte pas une règle de droit objective et s'imposant à tous ; c'est la solution qu'il adopte en appliquant la règle de droit (laquelle n'a pas été créée par lui, du moins en principe) qui s'impose à tous, et cela parce qu'il est simplement un juge. C'est la conclusion à laquelle arrive logiquement le commissaire du Gouvernement Baudouin et que suit le Conseil d'État dans un arrêt d'Assemblée :

> « Comme les attributions du Conseil constitutionnel, de quelque point de vue qu'on les analyse, ne ressortent manifestement ni à la puissance de l'exécutif ni davantage à celle du législatif, force est nécessairement de conclure – ce qui, d'ailleurs, ne trahit nullement l'idée que le Conseil constitutionnel se fait lui-même de sa mission, comme en témoignent plusieurs de ses décisions – que celles-ci sont de nature juridictionnelle et qu'elles n'acquièrent par conséquent que les seuls effets qui s'attachent en droit public à la chose expressément jugée ».

10 . La Cour de cassation est parvenue aux mêmes constatations, comme le montrent les conclusions du procureur général Touffait : « ...il est évident que le Conseil constitutionnel ne peut pas prendre des arrêts de règlement, procédé qui serait contraire au principe du droit public français inscrit dans l'article 5 du Code civil : "il est défendu aux juges de se prononcer par voie de dispositions générales sur les causes qui leur sont soumises". Il ne peut donc édicter des règles qui s'imposeraient à tous les cas analogues, car *il sortirait de son rôle de contrôle des lois et règlements en conformité avec la Constitution, pour remplir un rôle de nature législative et porterait gravement*

atteinte à l'équilibre des pouvoirs établis par la Constitution avec toutes les conséquences difficilement mesurables qu'une telle interférence d'un pouvoir sur l'autre peut entraîner » (*G.P.*, 1974, n° 86-87, p. 22).

11 . Le gouvernement lui-même admet désormais cette interprétation de l'article 62 al. 2. En effet, dans l'affaire 73-80 L, dès lors que le gouvernement a obtenu du Conseil d'État un avis favorable (le 17 janvier), il s'empresse dès le lendemain d'adresser une circulaire aux représentants du ministère public, pour les « inviter fermement... à ne pas adopter la position arrêtée par le Conseil constitutionnel le 28 novembre 1973 » (cf. G. Vedel, *Le Monde*, 21 févr. 1974). Il est assez piquant de constater que le gouvernement, qui, en 1969, invoquait avec « insistance » le caractère obligatoire et contraignant de la position adoptée par le Conseil constitutionnel quant à l'autorité compétente pour déterminer les infractions, suive aujourd'hui la démarche inverse, dans des circonstances très semblables, parce que la thèse du Conseil constitutionnel ne lui est pas favorable. En toute hypothèse, par cette circulaire du 18 janvier 1974, le gouvernement a visiblement abandonné son interprétation de l'article 62 al. 2, telle qu'elle était exprimée en 1969 devant le Conseil d'État et en 1972 sous la plume de M. Larché.

12 . La doctrine, enfin, a dès le début adopté l'interprétation restrictive et le doyen Vedel le rappelait dans son commentaire de la décision du 28 novembre 1973 (*Le Monde*, 5 déc. 1973).

13 . La question est désormais tranchée car le Conseil constitutionnel s'est prononcé expressément dans la décision précitée du 20 juillet 1988 (§ 18) :

> « Considérant que l'autorité de chose jugée attachée à la décision du Conseil constitutionnel du 22 octobre 1982 *est limitée à la déclaration d'inconstitutionnalité visant certaines dispositions de la loi qui lui étaient soumises* ; qu'elle ne peut être invoquée à l'encontre d'une autre loi conçue, d'ailleurs, en termes différents ».

Bien évidemment, si la loi nouvelle, bien que conçue... « en termes différents » reprend en réalité la substance de la loi invalidée, l'autorité de chose jugée jouera : c'est ce qu'a précisé le Conseil constitutionnel dans une décision 258 DC du 8 juillet 1989 :

> « Considérant que si l'autorité attachée à une décision du Conseil constitutionnel déclarant inconstitutionnelles des dispositions d'une loi ne peut en principe être utilement invoquée à l'encontre d'une autre loi conçue en termes distincts ; *il n'en va pas ainsi lorsque les dispositions de cette loi, bien que rédigées sous une forme différente ont, en substance, un objet analogue* à celui des dispositions législatives déclarées contraires à la Constitution ».

14 . 2° À quoi s'attache exactement l'autorité de chose jugée ainsi définie ? La décision du *16 janvier 1962* permet de le préciser.

Il est en effet déclaré que l'autorité de chose jugée « s'attache non seulement à leur dispositif, mais aussi aux motifs qui en sont le soutien nécessaire et en constituent le fondement même ».

Comme le note L. Hamon (*S.*, 1963, p. 304), « l'extension de l'autorité de chose jugée aux motifs n'a pas valeur de principe, mais plutôt d'exception dans la jurisprudence et essentiellement dans les arrêts de rejet ». En revanche, souligne le même auteur, il en va différemment des décisions d'annulation du Conseil d'État, « qui possèdent non pas l'autorité de chose jugée entre parties, mais une autorité *erga omnes* qui tient à la nature même de l'acte public qu'elles annulent ». Et, pour L. Hamon, « parce que la situation du Conseil constitutionnel est ici du même type que celle du Conseil d'État, parce que, dans l'un comme dans l'autre cas, les actes sur lesquels il statue ne peuvent par hypothèse qu'être valables à l'égard de tous ou de personne, l'autorité de l'article 62 s'étend aux motifs et donne à la décision une portée particulière ».

Cette extension de la chose jugée aux motifs a des conséquences très importantes, car le Conseil constitutionnel utilise fréquemment, et de plus en plus, cette référence aux motifs dans ses décisions, au début en matière de contrôle des règlements des Assemblées (cf. *17-18-24 juin 1959* *) et de délégalisation des textes de forme législative (30 janv. 1968), et aujourd'hui en matière de contrôle de constitutionnalité des lois.

Toutefois, cette extension ne se conçoit que si les motifs sont « le soutien nécessaire » du dispositif et en constituent le fondement même ; ce qui, normalement, exclut toute autorité de chose jugée pour les motifs surabondants. C'est ainsi que, dans la décision du *28 novembre 1973* (mesures privatives de liberté), on a pu contester à des prises de position du Conseil constitutionnel l'autorité de chose jugée.

II . À QUELLES DÉCISIONS S'ATTACHE L'AUTORITÉ DE CHOSE JUGÉE ?

15 . Le problème peut être soulevé, car l'affirmation de l'autorité de chose jugée des décisions du Conseil vient après un alinéa dans lequel il est dit qu'« une disposition déclarée inconstitutionnelle ne peut être proclamée ni mise en application ». On pourrait alors penser, en effet, que le deuxième alinéa ne s'applique qu'aux décisions ayant pour effet de déclarer une disposition inconstitutionnelle et d'empêcher qu'elle soit promulguée et mise en application, c'est-à-dire, en fait, les décisions intervenues en application du seul article 61 de la Constitution que l'alinéa 1er de l'article 62 a entendu viser seules.

Mais ce serait absurde, car l'alinéa 2, qui n'existait ni dans l'avant-projet de Constitution ni dans le texte adopté par le Comité consultatif constitutionnel, a été ajouté, au dernier moment, par le gouvernement, et dans des circonstances que nous ignorons. Il est indépendant du premier alinéa et aurait dû trouver place dans un article distinct ; mais il n'y en avait plus de disponible certainement, à ce moment-là.

16 . En toute hypothèse, cette interprétation restrictive a été infirmée dès le début. En effet, la Commission constitutionnelle provisoire a appliqué l'article 62, al. 2, en matière électorale, dans une décision du 5 mai 1959 (*Rec.* 224) :

« Considérant qu'aux termes de l'article 62 al. 2, de la Constitution, les décisions du Conseil constitutionnel ne sont

susceptibles d'aucun recours ; que cette disposition doit être interprétée comme excluant toute voie de recours contre les décisions du Conseil constitutionnel, notamment en matière électorale... ».

Il n'est pas question pourtant ici de déclaration d'inconstitutionnalité empêchant une disposition d'être promulguée. Il en va de même des décisions prises au titre des articles 41 et 37, al. 2, auxquelles la Haute Juridiction reconnaît autorité de chose jugée dans sa décision du *16 janvier 1962.*

17 . En réalité, le Conseil constitutionnel, dans la décision du *16 janvier 1962*, affirme l'autorité de chose jugée de toutes les décisions, quel que soit leur fondement. En sorte que comme il définit lui-même ses pouvoirs, d'une manière générale, comme étant des pouvoirs de « statuer ou d'émettre des avis » (*14 septembre 1961**), on peut considérer qu'ont autorité de chose jugée tous les actes du Conseil qui n'ont pas le caractère d'avis, c'est-à-dire tous ceux qui donnent lieu à exercice d'attributions autres que celles résultant de l'article 16 de la Constitution ou des articles 46 et 47 de l'ordonnance du 7 novembre 1958 relatifs au référendum : déclaration de non-conformité à la Constitution des lois, lois organiques, règlements des assemblées (art. 61), engagements internationaux (art. 54) ; irrecevabilité d'une proposition de loi ou d'un amendement (art. 41) ; délégalisation (ou non) d'un texte de forme législative (art. 37, al. 2) ; décisions en matière d'élections législatives (art. 59), présidentielles (art. 58), et de référendum (art. 60) ; constatation de la déchéance d'un parlementaire (art. 8 de l'ord. n° 58-998 du 24 oct. 1958) ; etc.

Tous ces actes du Conseil s'imposent avec la même force aux diverses autorités qui sont tenues de les appliquer.

III . À L'ÉGARD DE QUI S'EXERCE L'AUTORITÉ DE CHOSE JUGÉE DES DÉCISIONS DU CONSEIL CONSTITUTIONNEL ?

18 . La formule de l'article 62 al. 2, est particulièrement large puisqu'elle englobe l'ensemble des autorités politiques, juridictionnelles et administratives : « les décisions du Conseil constitutionnel... s'imposent aux pouvoirs publics et à toutes les autorités administratives et juridictionnelles ».

19 . 1° Par les pouvoirs publics, on doit entendre le Parlement, le gouvernement et le Président de la République (encore que l'expression soit parfois comprise dans un sens plus large).

20 . *a*) Dans la décision du *16 janvier 1962*, le rappel de l'autorité de chose jugée des décisions du Conseil constitutionnel est fait d'une manière générale, mais il s'adresse plus particulièrement au *gouvernement*, auquel on demande de considérer qu'une question ayant été tranchée une fois ne peut plus être rejugée. Les hypothèses dans lesquelles le gouvernement peut être tenu d'exécuter les décisions du Conseil sont nombreuses. Et il ne semble pas que, jusqu'ici, il ait méconnu l'autorité de chose jugée, du moins directement.

21 . *b)* Le *Parlement* est également tenu d'appliquer les décisions du Conseil, et ce, à divers titres (art. 61, 37 al. 2, 59, 54 de la Constitution).

Il n'y a pas mis de mauvaise volonté, sauf au début pour les règlements des assemblées. Celles-ci se sont inclinées et ont exécuté les décisions du Conseil ; mais elles ont parfois mis un certain temps à mettre leurs règlements en harmonie avec les textes supérieurs. Comme le montre, en effet, M. Vier (*R.D.P.*, 1972, p. 201), les effets des décisions du Conseil sont, en la matière, plus complexes à saisir : « en pratique, cette autorité (des décisions) a des conséquences différentes selon que le Conseil a reconnu conformes ou non les dispositions qui lui étaient soumises ».

Les déclarations de non-conformité ont pour effet immédiat de rendre inapplicables les dispositions censurées. Mais l'assemblée concernée n'est pas tenue de procéder immédiatement à leur abrogation formelle et à leur remplacement. Le Sénat a ainsi attendu le 27 octobre 1960 pour débattre à nouveau de son règlement, que le Conseil constitutionnel avait examiné le 25 juin 1959 et déclaré en partie non conforme. M. Prélot, rapporteur, justifiant en ces termes ce délai : « une nouvelle rédaction faite sur-le-champ (...) eût paru un acquiescement (...), *votre commission a pensé que s'imposait à elle une attitude raisonnable, c'est-à-dire à la fois marquant sa déférence pour le Conseil constitutionnel et son désaccord sur le fond* ». L'Assemblée nationale, en revanche, a rapidement apporté les corrections nécessaires à son règlement. En toute hypothèse, le Conseil constitutionnel a le moyen de s'assurer l'exécution correcte des décisions de non-conformité, car le règlement corrigé doit lui être soumis à nouveau.

Quant aux déclarations de conformité, leur effet est évidemment simple, encore qu'elles peuvent être prononcées « sous réserve ». Cette technique va évidemment amplifier la portée de l'autorité de chose jugée (cf. *R.D.P.*, 1967, p. 28, note 54).

On notera que, pour la première fois, la décision précitée du 8 juillet 1989 a invalidé une disposition législative pour violation de l'autorité de chose jugée.

22 . c) Le *Président de la République* doit aussi s'incliner devant les décisions du Conseil. Il le fait notamment lorsque, avant la promulgation, une loi est soumise au juge constitutionnel et déclarée inconstitutionnelle : dans ce cas, en effet, il ne peut promulguer cette loi. Toutefois, si une disposition est seule en cause et si elle est séparable du reste du texte, le Président de la République aura le choix : soit promulguer la loi sans la disposition litigieuse, soit demander une nouvelle lecture du Parlement (voir le problème soulevé dans la décision du *25 février 1982**, §. 16).

Le Conseil constitutionnel est venu préciser, dans la décision du *23 août 1985* *, la manière dont le chef de l'État peut exécuter les décisions d'annulation partielle : deux voies sont possibles, la voie « calédonienne » et la voie « parisienne », ainsi caractérisées parce que l'une a été utilisée dans l'affaire de Nouvelle-Calédonie précitée, et l'autre dans celle de l'amendement « Tour Eiffel » (198 DC, 13 déc.

1985). On renverra à ces développements sous la décision du *23 août 1985* *.

23 . 2° En ce qui concerne l'autorité des décisions du Conseil à l'égard des *« autorités juridictionnelles »*, c'est-à-dire des juridictions judiciaires et administratives, des précisions capitales ont été apportées en 1985 par des arrêts de la Cour de cassation et du Conseil d'État et en 1987 par un arrêt du Tribunal des conflits.

Le Conseil d'État et la Cour de cassation, ainsi que cela a été vu plus haut, considèrent que les autorités juridictionnelles ne sont liées par les décisions du Conseil constitutionnel qu'à propos des textes mêmes qui ont été soumis à celui-ci. Les juridictions judiciaires et administratives ne sont pas tenues d'appliquer la « doctrine » dégagée par le Conseil constitutionnel.

En fait, jusque-là, il n'y avait que des divergences de « doctrine » et les deux Cours suprêmes n'avaient jamais refusé d'exécuter une décision du Conseil constitutionnel. Certains continuaient cependant à s'interroger sur le respect de la chose jugée (par le Conseil constitutionnel) par le Conseil d'État et la Cour de cassation. Aujourd'hui, il n'y a plus de doutes.

24 . *a)* Entre *Conseil constitutionnel et Conseil d'État*, il n'y a guère eu que quelques désaccords de « doctrine » au départ. Et contrairement aux prévisions pessimistes de certains, plusieurs arrêts ont, à partir de 1985, très clairement pris position en faveur de l'autorité de chose jugée des décisions du Conseil constitutionnel.

25 . S'agissant de l'exécution d'une décision du Conseil constitutionnel, c'est un arrêt d'assemblée du 20 décembre 1985 (Sté des Établissements Outters) qui a marqué le tournant décisif, encore que nous ayions été bien peu nombreux, au départ, à souligner cela.

Sur conclusions conformes du commissaire du Gouvernement, le Conseil d'État a, en changeant sa jurisprudence, appliqué une loi conformément à l'interprétation qu'en avait donnée le Conseil constitutionnel dans une décision du 23 juin 1982 : il a appliqué aux « redevances de pollution » perçues par les agences financières de bassin, le régime contentieux des contributions fiscales et non pas celui des impositions non fiscales.

Cet arrêt de principe a été suivi de plusieurs autres. Tout d'abord, dès 1986, le Conseil d'État applique la jurisprudence S.A. Outters au cas d'une décision du Conseil constitutionnel intervenue sur contrôle au fond (décision 82-139 DC relative aux nationalisations) et vise expressément « la chose jugée par le Conseil constitutionnel » : C.E. 16 avril 1986, Sté méridionale de participations bancaires (six arrêts le même jour).

En 1987, il confirme, dans les mêmes circonstances la jurisprudence S.A. Outters (23 janv. 1987, L'œuvre générale de Craponne). En 1988, dans un arrêt d'assemblée (16 déc. 1988, Bleton c/ Sarazin) il applique une décision du Conseil constitutionnel ayant statué sur une loi relative au tour extérieur dans la fonction publique et annule un décret individuel de nomination au tour extérieur pour erreur manifeste d'appréciation dans l'application de la loi du 13 septembre

1984 telle qu'interprétée par le Conseil constitutionnel (dans les motifs de sa décision) à la lumière de l'article 6 de la Déclaration des droits de l'homme.

26 . Dans un arrêt d'assemblée du 11 mars 1994 (S.A. La Cinq) le Conseil d'État vient, s'il en était besoin, lever les derniers doutes en s'estimant tenu de suivre une réserve d'interprétation. Les conclusions de P. Frydman sont, à cet égard, particulièrement nettes :

> « ...il est à peine besoin de rappeler que les décisions du Conseil constitutionnel s'imposent à toutes les juridictions en vertu de l'article 62 al. 2 de la Constitution. Si vous conservez, certes, la faculté – dont, d'ailleurs, vous n'avez usé qu'avec la plus extrême prudence – de ne pas suivre le Conseil constitutionnel lorsque vous êtes seulement saisis de questions analogues à celles qui ont pu lui être soumises, vous vous trouvez donc, en revanche, normalement tenus de vous conformer à sa jurisprudence lorsque vous avez appliqué, comme tel est le cas en l'espèce, le texte même sur lequel celui-ci s'est prononcé... Enfin, l'autorité des décisions du Conseil constitutionnel n'est, selon nous, pas moindre lorsque celui-ci procède, comme il l'a fait en l'espèce, par la voie de réserves d'interprétation conditionnant la constitutionnalité d'une loi. En telle hypothèse, en effet, les réserves émises constituent le soutien nécessaire à la déclaration de conformité et s'incorporent en quelque sorte à celui-ci, toute interprétation contraire à ces réserves ayant, par hypothèse, pour effet de le rendre inconstitutionnel ».

Et le Conseil a suivi ces conclusions :

> « Considérant qu'en se prononçant sur la conformité à la Constitution du texte adopté par le Parlement... le Conseil constitutionnel, par sa décision nº 248 DC du 17 janvier 1989 a estimé... que les pouvoirs de sanction dévolus au Conseil supérieur de l'audiovisuel ne sont susceptibles de s'exercer... qu'après mise en demeure... ; que c'est sous réserve de cette interprétation que les articles en cause ont été déclarés conformes à l'article 8 de la Déclaration des droits de l'homme et à l'article 34 de la Constitution... ».

Et constatant qu'aucune mesure n'avait été adressée à la S.A. La Cinq, le juge administratif en conclut que « le Conseil supérieur de l'audiovisuel ne pouvait légalement infliger à la Sté La Cinq une sanction... ».

D'autres décisions postérieures (CE 13 janv. 1995, Sté Télévision française (TF 1) ; CE 10 juillet 1995, Sté Télévision française (TF 1) ; CE 9 octobre 1996, Association « Ici et maintenant ») se sont également conformées à la décision du Conseil constitutionnel.

Et on constatera même que la réserve d'interprétation relative aux pouvoirs de sanction du CSA a été transposée par le Conseil d'État à l'article L 310-12 du code des assurances donnant des pouvoirs de sanction à la Commission de contrôle des assurances mais n'exigeant pas expressément une mise en demeure préalable à leur exercice (CE 21 février 1996, Mutuelle antillaise d'assurances et autres). C'est une illustration de ce que Thierry di Manno a appelé le « degré maximal » de l'influence des réserves d'interprétation (colloque de Rennes).

27 . Cette position du Conseil d'État est officiellement constatée par les auteurs (membres du Conseil d'État) d'un ouvrage sur la Haute assemblée : il y est question de « chose jugée » par le Conseil constitutionnel et il est affirmé que si les conditions sont réunies pour

que joue l'autorité de chose jugée, « le Conseil d'État doit appliquer purement et simplement la décision du Conseil constitutionnel » (J. Massot et J. Marinbert, *Le Conseil d'État*, N.E.D., La Documentation française, 1988, p. 230).

On notera aussi dans le même sens, l'intervention de M. Jean Massot au colloque : « La Cour de cassation et la Constitution de la République » (p. 275 et s.).

28 . *b)* Entre *Conseil constitutionnel et Cour de cassation*, la situation s'est éclaircie après les arrêts de 1985 ; mais on doit dire qu'il n'y avait eu qu'un seul cas de divergence, et encore s'agissait-il d'une divergence « doctrinale ».

- Comme le Conseil d'État, la Cour de cassation n'a pas suivi le Conseil constitutionnel quant à la détermination de l'autorité compétente pour fixer des peines privatives de liberté en matière de contravention. Elle a évité, toutefois, dans son arrêt du 26 février 1974 (*D.*, 1974, p. 279), conclusions Touffait), de contredire directement la solution du Conseil constitutionnel : elle a préféré en effet s'abriter derrière l'autorité de la loi, en faisant valoir qu'elle était tenue d'appliquer celle-ci sans pouvoir apprécier sa constitutionnalité. Cependant, dans ses conclusions, le procureur général Touffait a déclaré, comme l'avaient fait les commissaires du Gouvernement devant le Conseil d'État, que l'autorité de chose jugée des décisions du Conseil constitutionnel obéissait aux principes ordinaires de procédure et qu'en conséquence, les faits étant différents, la Cour de cassation n'était pas liée par la décision du Conseil constitutionnel. Le doyen G. Vedel (*Le Monde*, 21 févr. 1974) avait, dès avant l'arrêt, opiné dans le même sens.

- Dans un deuxième cas, en revanche, la Cour de cassation se séparant du Conseil d'État a suivi le Conseil constitutionnel.

Ayant à statuer, quelques mois après la décision du *15 janvier 1975* * sur l'applicabilité d'une loi postérieure et contraire à un traité, la Cour de cassation, en chambre mixte, n'hésite pas à écarter la loi en invoquant l'article 55 de la Constitution et après que le procureur général ait expressément invoqué dans ses conclusions l'autorité de chose jugée de la décision du 15 janvier 1975 : « telle est la décision du Conseil constitutionnel et celle-ci au titre de l'article 62 de la Constitution s'impose aux pouvoirs publics et à toutes les autorités administratives et juridictionnelles».

Dans deux affaires soumises à la Chambre criminelle de la Cour de cassation (Cass. crim., 25 avril 1985, Bogdan [1ère affaire], Vuckovic, [2e affaire], *D.* 1985, p. 329, concl. Dontenwille, *D.*, 1986, p. 169, chron. Favoreu), se posait le problème de savoir si le juge judiciaire avait ou non plénitude de juridiction pour statuer sur la régularité de contrôles d'identité concernant les étrangers.

Jusqu'aux arrêts précités, la solution était la suivante : d'après le Conseil d'État et le Tribunal des conflits (T.C., 5 juillet 1951, Avranches et Desmarets, *G.A.J.A.*, n° 83), le juge judiciaire répressif pouvait apprécier la légalité des seuls actes réglementaires ; selon la Cour de cassation (Crim., 21 déc. 1961, Dame Le Roux, *D.*, 1962, p. 102, rapport Costa), cette compétence s'étendait aussi aux actes non réglementaires dès l'instant qu'ils étaient *pénalement sanc-*

tionnés. Dans l'arrêt Vuckovic du 25 avril 1985, la Chambre criminelle considère que le juge judiciaire répressif a plénitude de juridiction en matière d'atteintes à la liberté individuelle et que cela lui donne compétence pour apprécier la légalité de tous les actes réglementaires et non réglementaires : ceci en vertu de l'article 66 de la Constitution (aux termes duquel « l'autorité judiciaire est gardienne de la liberté individuelle » dont le Conseil constitutionnel a, par six décisions (voir *infra*, n° **24**-12), affirmé et défini l'applicabilité à l'ensemble des litiges nés des atteintes à la liberté individuelle. Et à l'invitation de son avocat général qui a montré que les décisions du Conseil constitutionnel commandaient à la Cour de cassation de franchir le pas, la Chambre criminelle a consacré la plénitude de juridiction du juge pénal en s'appuyant sur l'article 66 de la Constitution tel qu'interprété par le Conseil constitutionnel. Dans l'affaire Vuckovic, elle a cassé l'arrêt de la Cour d'appel au motif qu'en estimant que « les dispositions de l'article 13 de la loi des 16-24 août 1790 interdisent au juge judiciaire d'apprécier la légalité » d'un tel acte (administratif) la Cour « a méconnu le sens et la portée du texte sus-visé ».

Dans plusieurs arrêts du 15 décembre 1988 relatifs à la régularité de perquisitions fiscales, elle a encore une fois suivi l'interprétation faite par le Conseil constitutionnel, de l'article 66 de la Constitution : mais il ne s'agissait pas exactement du texte même qui avait été interprété par le Conseil constitutionnel.

29 . En 1995, la Cour de cassation a eu à faire application d'un texte sur lequel s'était prononcé le Conseil constitutionnel (Cass. 2e ch. civ., 28 juin 1995, Bechta) et elle s'est conformée à l'interprétation donnée par celui-ci, après que l'avocat général ait clairement exposé l'état du droit, à l'occasion de l'examen de la régularité d'un contrôle d'identité.

> « Certes, depuis la modification qui lui a été apportée par la loi n° 93-992 du 10 août 1993, le troisième alinéa de l'article 78-2 du Code de procédure pénale prévoit désormais que l'identité de toute personne, quel que soit son comportement, peut être contrôlée.
>
> Mais le nouveau texte n'autorise pas pour autant les contrôles effectués au titre de la police administrative en l'absence de toutes conditions de fond susceptibles de faire présumer une menace pour l'ordre public.
>
> *Cette exigence a été explicitement rappelée par une réserve d'interprétation du Conseil constitutionnel* qui, dans sa décision déjà citée validant la loi du 10 août 1993, souligne que s'il est loisible au législateur de prévoir que le contrôle d'identité d'une personne peut ne pas être lié à son comportement, il demeure que l'autorité concernée doit justifier dans tous les cas des circonstances particulières établissant le risque d'atteinte à l'ordre public qui a motivé le contrôle ». Et la même décision ajoute qu'il appartient à l'autorité judiciaire « d'apprécier, s'il y a lieu, le comportement des personnes concernées ».

La Cour de cassation a effectivement fait sienne l'interprétation du Conseil constitutionnel en deux attendus dont le second est l'exacte réplique du 9e considérant (cité ci-dessus par l'avocat général) de la décision 323 du 5 août 1993 :

> « Attendu que le préfet fait grief à l'ordonnance du premier président d'avoir constaté la nullité de l'interpellation de M. Bechta et ordonné son

« maintien en liberté, alors que, selon le moyen, le premier président ne pouvait que statuer sur l'une des mesures de l'article 35 bis de l'ordonnance du 2 novembre 1945 et qu'il s'est placé "hors cadre légal", l'arrêté de reconduite à la frontière n'ayant pas été contesté ;

Mais attendu qu'en vertu des articles 66 de la Constitution du 4 octobre 1958 et 136 du Code de procédure pénale, il appartient au juge, saisi par le préfet en application de l'article 35 bis de l'ordonnance du 2 novembre 1945, de se prononcer, comme gardien de la liberté individuelle, et sans que sa décision préjuge la validité de l'arrêté de reconduite à la frontière, sur l'irrégularité invoquée par l'étranger, de l'interpellation ».

On notera que presque simultanément, deux arrêts de la chambre sociale et de l'assemblée plénière sont venus confirmer la volonté de la Cour de cassation de faire application des normes constitutionnelles telles qu'interprétées par le Conseil constitutionnel (et, cela, à la différence du cas précédent, sans qu'il y ait autorité de chose jugée). Dans un arrêt du 7 juin 1995, la chambre sociale a jugé qu'une convention collective ne pouvait « avoir pour effet de limiter ou de réglementer pour les salariés l'exercice du droit de grève constitutionnellement reconnu et que seule la loi peut créer un délai du préavis de grève s'imposant à eux ». Et dans un arrêt du 23 juin 1995, l'assemblée plénière a affirmé que « la défense constitue pour toute personne un droit fondamental à caractère constitutionnel après que le premier avocat général, M. Jéol, eût souligné dans ses conclusions qu'à partir du moment où les normes juridiques nationales – même jurisprudentielles – sont au moins aussi contraignantes que les normes européennes, lesquelles constituent un « standard minimum », il n'y a pas lieu d'aller chercher à Strasbourg ce qui se trouve à Paris ».

La chambre criminelle a également appliqué la réserve d'interprétation concernant les contrôles d'identité : Cass. crim. 10 octobre 1996, Procureur général près la Cour d'appel de Toulouse c/ X. et autres.

On peut préciser que, contrairement à la Cour de cassation, les cours d'appel font, elles, référence expresse à la réserve du Conseil constitutionnel : cf. CA Lyon, 1re ch. A, 19 avril 1994, Ministère public c/ M. ; CA Versailles, 12 novembre 1996, Kabá.

29 bis . Récemment, la justice judiciaire a suivi l'interprétation de l'article 68 de la Constitution donnée par le Conseil constitutionnel dans l'importante décision n° 98-408 DC du 22 janvier 1999, *Cour pénale internationale.* Dans une ordonnance du juge Desmure du 15 avril 1998 (voir *Le Monde*, 18-19 avril 1999), le Procureur de la République puis le juge d'instruction ont considéré qu'ils étaient liés par ladite décision du juge constitutionnel et ce, en termes très clairs :

« Sur notre compétence à poursuivre l'instruction :

Attendu qu'en application du principe fondamental de la séparation des pouvoirs et afin d'assurer la continuité des institutions, la Constitution a prévu, en ses articles 26 et 68-1, les règles procédurales applicables lorsque la responsabilité pénale d'un parlementaire ou d'un membre du gouvernement est susceptible d'être engagée.

Attendu, en ce qui concerne le Président de la République, élu au suffrage universel direct et chargé précisément par l'article 5 de la

Constitution d'assurer le fonctionnement régulier des pouvoirs publics ainsi que la continuité de l'État, que l'article 68 de la Constitution dispose : *« Le président de la République n'est responsable des actes accomplis dans l'exercice de ses fonctions qu'en cas de haute trahison. Il ne peut être mis en accusation que par les deux assemblées statuant par un vote identique au scrutin public et à la majorité absolue des membres les composant ; il est jugé par la Haute Cour de justice ».*

Attendu que le Conseil constitutionnel, par une décision du 22 janvier 1999, a affirmé que pendant la durée de ses fonctions, la responsabilité pénale du Président de la République ne peut être mise en cause que devant la Haute Cour de justice, selon les modalités fixées par l'article 68 précité.

Attendu qu'aux termes de l'article 62 de la Constitution les décisions du Conseil constitutionnel s'imposent aux pouvoirs publics et à toutes les autorités administratives et juridictionnelles ;

Attendu en conséquence, et en considération des fonctions du Président de la République actuellement exercées par M. Jacques Chirac, qu'il convient de nous déclarer incompétent pour instruire sur les faits le concernant ; »

30 . Le *Tribunal des conflits* a lui-même fait application d'une décision du Conseil constitutionnel dans un cas où il y avait, effectivement, chose jugée par le Conseil constitutionnel (T.C., 12 janvier 1987, Cie des eaux et de l'ozone, *R.F.D.A.*, 1987, p. 284, concl. Massot).

Le Conseil d'État ayant rendu un arrêt de principe, en 1985, à propos des redevances de pollution (S.A. Outters, précité), le Tribunal des conflits est appelé à se prononcer sur le cas très voisin des « redevances d'assainissement ». En effet, dans une décision du 29 décembre 1983 (*Prix de l'eau*, 166 DC, *Rec.* 77, *RJC* I-175), le Conseil constitutionnel a reconnu à ces prélèvements la qualité de redevances pour services rendus alors que le Conseil d'État les avait auparavant considérées comme des taxes fiscales (C.E., sect., 21 nov. 1975, Sté la Grande Brasserie Moderne, *Revue de jurisprudence fiscale*, 1976, p. 157, note Moderne ; C.E., 18 juin 1976, Cne de Vaulx-en-Velin, *A.J.D.A.*, 1976, p. 570, note Moderne ; C.E., 18 janv. 1985, Mairie d'Antin, *R.D.P.*, 1985, p. 804, note J.-M. Auby).

Le Tribunal des conflits a statué conformément aux conclusions de son commissaire du Gouvernement qui lui demandait d'appliquer la décision précitée du Conseil constitutionnel et a condamné la jurisprudence sus-rappelée du Conseil d'État.

De même, dans un arrêt du 6 juin 1989 (S.A.E.D.E. c/ S.A. lyonnaise des eaux et ville de Palmiers), le Tribunal des conflits a suivi le commissaire du Gouvernement qui lui demandait d'appliquer la décision du Conseil constitutionnel du 23 janvier 1987 (224 DC).

31 . 3° Il convient de noter enfin que les décisions du Conseil constitutionnel s'imposent également au Conseil lui-même.

Il a en effet jugé que l'article 62, al. 2 faisait obstacle à ce qu'un recours en rectification d'erreur matérielle soit présenté contre une de ses décisions, et cela, quelle que soit la décision : « Considérant que cette disposition doit être interprétée *comme excluant toute voie de recours contre les décisions du Conseil constitutionnel*, notamment en matière électorale, tant devant le Conseil lui-même que devant toute juridiction » (58-90 bis, 5 mai 1959, *Rec.* 223).

Le Conseil constitutionnel a cependant modifié sa jurisprudence dans une décision 87-1026 du 23 octobre 1987 (Salvan, *Rec.* 55) : il a admis un recours en rectification d'erreur matérielle en considérant qu'une telle « demande qui tend exclusivement à la rectification d'une erreur matérielle non imputable au requérant, ne met pas en cause l'autorité de chose jugée par le Conseil constitutionnel et n'est dès lors pas contraire aux dispositions de l'article 62 de la Constitution ». Les deux conditions exigées étant le caractère matériel de l'erreur et sa non imputabilité à l'auteur du recours (cf. également décisions 1385 du 1er déc. 1993, 1321 du 17 déc. 1993, 1213 du 13 janv. 1994 et 1209 du 10 mars 1994).

Le Conseil constitutionnel a, en conséquence, modifié son règlement intérieur applicable au contentieux des élections des députés et sénateurs le 24 novembre 1987 ; il a ajouté deux articles permettant à toute partie intéressée d'introduire un tel recours dans un délai de vingt jours à compter de la notification de la décision et au Conseil constitutionnel de rectifier d'office une erreur matérielle (cf. J.-E. Gicquel : Du recours en rectification d'erreur matérielle devant le Conseil constitutionnel, *L.P.A.*, 20 janvier 1995, n° 9-11).

32 . La Haute juridiction a accepté aussi de statuer sur un recours dirigé contre une de ses décisions établissant la liste des candidats à la présidence de la République (cf. *Ducatel c/ Krivine**) ; mais ce recours était prévu par un texte, le décret du 14 mars 1964 et il agit ici davantage en tant qu'autorité administrative qu'en tant qu'autorité juridictionnelle.

14

6 novembre 1962

LOI RÉFÉRENDAIRE

(20 DC)

Incontestabilité de la loi référendaire
Incompétence du Conseil constitutionnel

Décision 62-20 DC, *Rec.* 27, *RJC* I-11.
Article 61, al. 2, de la Constitution.
Saisine du Président du Sénat.
Conformité à la Constitution de la loi référendaire du 6 novembre 1962 relative à l'élection du Président de la République au suffrage universel.
Incompétence.

RÉFÉRENCES

a) Texte du recours du Président du Sénat in MAUS (D.). Textes et doc., 2e éd., 1982, p. 365.

b) *Notes doctrinales*

FRANCK (C.) : *Les grandes décisions de la jurisprudence. Droit constitutionnel*, P.U.F., 1978, p. 279. - HAMON (L.) : Note au *D.*, 1963, p. 398.

c) *Autres références*

- FAVOREU (L.) : Le Conseil constitutionnel régulateur de l'activité normative des pouvoirs publics, *R.D.P.*, 1967, p. 7. - BERLIA (G.) : Le mode d'élection du Président de la République et la procédure de l'article 11, *R.D.P.*, 1962, p. 931. - LAMPUÉ (P.) : Le problème de la constitutionnalité du référendum du 28 octobre 1962, *R.D.P.*, 1962, p. 936. - NOËL (L.) : De Gaulle et les débuts de la Ve République, Plon, 1976, p. 199 et s. - PREVOST (J.-F.) : Le droit référendaire dans l'ordonnancement juridique de la Constitution de 1958, *R.D.P.*, 1977, p. 5. - PAVIA (M.-L.) : Le référendum du 6 novembre 1988, *R.D.P.*, 1989, p. 1697. - *Justice constitutionnelle et démocratie référendaire*, Actes du colloque de Strasbourg, 23-24 juin 1995, Commission européenne pour la démocratie par le droit, coll. Science et techniques de la démocratie, nº 14. - HAMON (F.) : « Vox imperatoris, vox populis », *in L'État de droit, Mélanges en l'honneur de Guy Braibant*, éd. Dalloz, 1996, p. 389. - FLAUSS (J.-F.) : « Le contrôle de constitutionnalité des lois référendaires », *L.P.A.*, 1997, nº 75, p. 7. - MERCUZOT (B.) : « La souveraineté de l'expression référendaire : un principe nécessaire au droit constitutionnel », *R.D.P.*, 1995, p. 661-699. - PERNIER (M.) : « Une loi au-dessus de tout soupçon ? », *R.D.P.*, 1996, p. 39-52. - FATIN-

ROUGE (M.) : *Le contrôle du référendum par la justice constitutionnelle*, thèse, Aix-en-Provence, 30 juin 1999.

d) *Jurisprudence*

- du Conseil constitutionnel

- Décision du *23 décembre 1960* *.
- Décision du *14 septembre 1961* *.
- Décision 65 DC du 14 juin 1976, *RJC* I-38.
- Décision 265 DC du 9 janvier 1990, *RJC* I-377.
- Décisions du 15 septembre 1992, *Rec.* 85 et 87.
- Décision du 18 septembre 1992, *Rec.* 89.
- Décision 313 DC du *23 septembre 1992**.

- du Conseil d'État

- Ass., 30 oct. 1998, Sarran, A.J.D.A., 1998, p. 1039.

LE CONSEIL CONSTITUTIONNEL,

Saisi par le président du Sénat, sur la base de l'article 61, 2e al., de la Constitution, du texte de loi relative à l'élection du Président de la République au suffrage universel direct et adoptée par le peuple par le référendum du 28 octobre 1962, aux fins d'appréciation de la conformité de ce texte à la Constitution ;

Vu la Constitution ;
Vu l'ordonnance du 7 novembre 1958 portant loi organique sur le Conseil constitutionnel ;

1. Considérant que la compétence du Conseil constitutionnel est strictement délimitée par la Constitution, ainsi que par les dispositions de la loi organique du 7 novembre 1958 sur le Conseil constitutionnel prise pour l'application du titre VII de celle-ci ; que le Conseil ne saurait donc être appelé à se prononcer sur d'autres cas que ceux qui sont limitativement prévus par ces textes ;
2. Considérant que si l'article 61 de la Constitution donne au Conseil constitutionnel mission d'apprécier la conformité à la Constitution des lois organiques et des lois ordinaires qui, respectivement, doivent ou peuvent être soumises à son examen, sans préciser si cette compétence s'étend à l'ensemble des textes de caractère législatif, qu'ils aient été adoptés par le peuple à la suite d'un référendum ou qu'ils aient été votés par le Parlement, ou si, au contraire, elle est limitée seulement à cette dernière catégorie, *il résulte de l'esprit de la Constitution qui a fait du Conseil constitutionnel un organe régulateur de l'activité des pouvoirs publics que les lois que la Constitution a entendu viser dans son article 61 sont uniquement les lois votées par le Parlement et non point celles qui, adoptées par le peuple à la suite d'un référendum, constituent l'expression directe de la souveraineté nationale ;*
3. Considérant que cette interprétation résulte également des dispositions expresses de la Constitution et notamment de son article 60, qui détermine le rôle du Conseil constitutionnel en matière de référendum, et de l'article 11, qui ne prévoit aucune formalité entre l'adoption d'un projet de loi par le peuple et sa promulgation par le Président de la République ;
4. Considérant, enfin, que cette même interprétation est encore expressément confirmée par les dispositions de l'article 17 de la loi organique susmentionnée du 7 novembre 1958, qui ne fait état que des «lois adoptées par le Parlement», ainsi que par celles de l'article 23 de ladite loi qui prévoit que «dans le cas où le Conseil constitutionnel déclare que la loi dont il est saisi contient une disposition contraire à la Constitution, sans constater en même temps qu'elle est inséparable de l'ensemble de la loi, le Président de la République peut soit promulguer la loi à l'exception de cette disposition, soit demander aux Chambres une nouvelle lecture» ;
5. Considérant qu'il résulte de ce qui précède qu'aucune des dispositions de la Constitution ni de la loi organique précitée prise en vue de son application ne donne compétence au Conseil constitutionnel pour se prononcer sur la demande susvisée par laquelle le président du Sénat lui a déféré aux fins d'appréciation de sa conformité à la Constitution le projet adopté par le peuple français par voie de référendum le 28 octobre 1962.

Décide :

ARTICLE PREMIER. - Le Conseil constitutionnel n'a pas compétence pour se prononcer sur la demande susvisée du président du Sénat.
ART. 2. - La présente décision sera publiée au *Journal officiel* de la République française.

Délibéré par le Conseil dans sa séance du 6 novembre 1962.
(*J.O.*, 7 nov. 1962, p. 10778).

La composition du Conseil constitutionnel à la date du 6 novembre 1962 était la suivante : M. NOËL (Président), MM. CASSIN, CHENOT, COTY, GILBERT-JULES, LECOQ DE KERLAND, MICHARD-PELLISSIER, MICHELET, PASTEUR VALLERY-RADOT, WALINE.

OBSERVATIONS

1 . La décision du *6 novembre 1962* est l'une de celles qui ont soulevé les critiques les plus violentes à l'égard du Conseil constitutionnel, le président du Sénat, G. Monnerville, allant jusqu'à affirmer au lendemain de la décision que « le Conseil constitutionnel venait de se suicider » (*Le Monde*, 8 nov. 1962).

Dans cette décision, la Haute Instance a refusé de se déclarer compétente pour connaître de la conformité à la Constitution d'une loi adoptée par référendum, estimant que les textes ne lui confiaient que la « régulation de l'activité des pouvoirs publics ». Par là même, le Conseil a évité de se prononcer sur le problème de fond qui faisait l'objet de débats passionnés entre majorité et opposition : la régularité de la révision de la Constitution par la procédure référendaire de l'article 11, permettant désormais l'élection du Président de la République au suffrage universel direct.

Encore que ce débat ait été par la suite quelque peu « oublié », la décision du *6 novembre 1962* reste importante, car elle affirme l'injusticiabilité de la loi référendaire et, d'une manière générale, définit le rôle du Conseil constitutionnel.

2 . La Haute juridiction fut saisie dans des circonstances politiques assez particulières, sinon dramatiques.

Rappelons brièvement qu'après l'attentat du Petit-Clamart le général de Gaulle décida de faire modifier le mode de désignation du Président de la République. Il choisit pour ce faire la voie de l'article 11, comme il l'avait fait lors des deux précédents référendums. Mais il s'agissait, cette fois, de modifier et même d'abroger certains articles de la Constitution et l'opposition dénonça l'inconstitutionnalité de la procédure, affirmant que la révision de la Constitution ne pouvait avoir lieu qu'en vertu de l'article 89 de la Constitution. Néanmoins, par un décret du 2 octobre 1962, le Président de la République décida de soumettre un projet de loi (relatif à l'élection du chef de l'État au suffrage universel) au référendum, le 28 octobre suivant. Ce décret ne mentionne pas dans ses visas qu'il a été pris « sur proposition du gouvernement », comme l'exige l'article 11 de la Constitution (mais il en est de même des décrets décidant les référendums précédents de 1961 et 1962 et aussi du décret du 2 avril 1969, alors que celui du 5 avril 1972 porte cette mention) ; il ne fait pas état non plus de l'avis du Conseil d'État requis pour tout projet de loi ; en revanche, le décret du 2 octobre vise expressément que « le Conseil constitutionnel (a été) consulté dans les conditions prévues par l'article 46 de l'ordonnance portant loi organique du 7 novembre 1958 ». Cette consultation a eu lieu le 1er octobre et, au terme de cinq heures de délibérations, l'avis rendu a été négatif (d'après *L'Année politique*, 1962, p. 107). En toute hypothèse, il n'a pas été publié. Mais cela a été confirmé par M. L. Noël.

Ayant proposé le référendum, le gouvernement Pompidou est renversé par l'Assemblée nationale le 5 octobre 1962. Le Président de la République dissout alors l'Assemblée le 9 octobre et les élections législatives sont fixées aux 18 et 25 novembre.

Le référendum a lieu le 28 octobre, et la réponse est très largement positive : plus de 13 millions d'électeurs, représentant 62 % des suffrages exprimés, approuvent la réforme. Le président du Sénat – qui avait accusé le Premier ministre de « forfaiture » – saisit alors le 3 novembre le Conseil constitutionnel, sur la base de l'article 61 al. 2, de la Constitution, « du texte de la loi relative à l'élection du Président de la République au suffrage universel direct et adoptée par le peuple dans le référendum du 28 octobre 1962, aux fins d'appréciation de la conformité de ce texte à la Constitution ». Le Conseil constitutionnel se réunit le 6 novembre : l'ancien président Vincent Auriol, qui ne siège plus au Conseil depuis le 25 mai 1960, vient exceptionnellement se joindre aux membres qui composent le Conseil à cette date, c'est-à-dire MM. Cassin, Chenot, Coty, Gilbert-Jules [1], Le Coq de Kerland, Michard-Pellissier, Michelet, Noël (président), Pasteur Vallery-Radot et Waline. La Haute Juridiction prend ce jour-là deux décisions distinctes, quoique se rapportant toutes les deux au même événement, le référendum du 28 octobre 1962 : dans l'une, elle proclame les résultats du référendum (*Rec.* 95) et dans l'autre (décision ci-dessus), elle déclare (par six voix contre quatre, d'après *l'Année politique*, 1962, p. 121) qu'elle « n'a pas compétence pour se prononcer sur la demande... du président du Sénat ». Le même jour, le Président de la République promulgue la loi n° 62-1292 relative à l'élection du chef de l'État au suffrage universel.

3 . Le Conseil constitutionnel commence, dans un premier considérant, par rappeler et faire application d'un principe déjà posé précédemment :

> « Considérant que la compétence du Conseil constitutionnel est strictement délimitée par la Constitution, ainsi que par les dispositions de la loi organique du 7 novembre 1958 sur le Conseil constitutionnel prise pour l'application du titre VII de celle-ci ; que le Conseil ne saurait donc être appelé à se prononcer sur d'autres cas que ceux qui sont limitativement prévus par ces textes ».

L'affirmation, par le Conseil, de sa qualité de juge d'attribution, déjà annoncée dans sa décision *Regroupement national du 23 décembre 1960** : devient effective et de principe dans sa décision du *14 septembre 1961** ; comme le dit L. Hamon, « La décision rapportée ne fait donc que confirmer une jurisprudence acquise ». Le premier considérant de la présente décision reprend fidèlement la formulation adoptée le 14 septembre 1961, avec toutefois un complément qui n'est pas sans importance : alors que la décision du 14 septembre 1961 affirme que « la *Constitution* a strictement délimité la compétence du Conseil constitutionnel » et que celui-ci « ne saurait être appelé à statuer ou à émettre un avis que dans les cas et suivant les modalités qu'*elle* a fixés », la décision du *6 novembre 1962* précise que « la compétence du Conseil constitutionnel est strictement délimitée par la Constitution *ainsi que par la loi organique* du 7 novembre 1958 prise pour l'application du titre VII de celle-ci ». C'est une définition de la compétence du Conseil plus

---

1 M. Gilbert-Jules, candidat aux élections législatives, ne participera pas à la délibération.

compréhensive (encore que l'on puisse considérer qu'elle ne fait qu'expliciter la définition précédente, la Haute Instance prenant soin de noter que la loi organique du 7 novembre 1958 a été prise « pour l'application » du titre VII de la Constitution). On peut s'étonner de voir le Conseil adopter cette définition plus compréhensive, alors que, visiblement, il ne tient pas à se déclarer compétent. En fait, comme nous verrons plus loin, il a besoin en quelque sorte de l'ordonnance organique du 7 novembre 1958 pour confirmer son incompétence en l'espèce. Mais, de toute façon, cet appel à la loi organique pour définir sa compétence sera confirmé par la suite, bien au-delà d'ailleurs du cas présent (voir observations sous *14 sept. 1961**).

Le Conseil, ayant aussi rappelé qu'il n'avait pas compétence générale pour connaître de tous les actes normatifs, peut ensuite montrer qu'aucune disposition constitutionnelle ne lui donne compétence pour apprécier la constitutionnalité des lois référendaires.

Le juge constitutionnel a maintenu sa position, trente ans après, par la décision *313 DC du 23 septembre 1992**, bien que les parlementaires requérants aient estimé qu'il y avait cinq raisons de changer de position.

I. Lois parlementaires et lois référendaires ont-elles le même régime contentieux ?

4. La question qui se posait au Conseil constitutionnel était celle de savoir si les lois référendaires et les lois parlementaires devaient avoir le même régime contentieux. En somme, devait-il considérer qu'il n'y avait qu'une seule catégorie de lois au regard du contrôle de constitutionnalité ou bien deux catégories ?

5. Le Président du Sénat, fondant son recours sur l'alinéa 2 de l'article 61 de la Constitution, considérait par là même que « les lois » susceptibles d'être soumises au Conseil englobaient les lois votées par le Parlement et celles adoptées par le peuple. De fait, la rédaction de l'article 61 n'infirme pas cette interprétation.

On peut observer aussi que le président du Sénat s'appuyait sur l'article 3 al. 1er, de la Constitution, qui met, apparemment, sur le même pied l'exercice par le peuple de la souveraineté nationale « par ses représentants et par la voie du référendum »

6. Le Conseil constitutionnel rejette cette interprétation : « ...les lois que la Constitution a entendu viser dans son article 61 *sont uniquement les lois votées par le Parlement* et non point celles qui, adoptées par le peuple à la suite d'un référendum, constituent l'expression directe de la souveraineté nationale ».

La décision du Conseil repose sur l'argumentation suivante : « l'esprit de la Constitution... fait du Conseil constitutionnel un organe régulateur de l'activité des pouvoirs publics », et le référendum ne peut être considéré comme faisant partie de l'activité des pouvoirs publics dans la mesure où il constitue « l'expression directe de la souveraineté nationale », alors que (ceci étant sous-entendu) l'activité des pouvoirs publics n'en constitue que l'expression indirecte ; d'ailleurs, cette interprétation est confirmée par l'examen des dispositions de la Constitution – notamment les articles 11 et 60 qui ne prévoient aucune intervention du Conseil constitutionnel *après* l'adoption de la loi référendaire – et des dispositions de la loi organique sur le Conseil constitutionnel, qui, dans ses articles 17 et 23, considère visiblement que seules sont susceptibles d'être soumises au contrôle du Conseil les lois votées par le Parlement.

7 . La création et l'existence du Conseil constitutionnel sont incontestablement et étroitement liées, dans le système constitutionnel de 1958, à la rationalisation de l'activité parlementaire et à la nouvelle répartition des compétences entre Parlement et gouvernement. Le Conseil constitutionnel a été conçu comme une pièce essentielle du mécanisme destiné à maintenir l'équilibre entre Parlement et pouvoir exécutif. Il est donc logique d'avancer que « l'esprit de la Constitution... fait du Conseil constitutionnel un organe régulateur de l'activité des pouvoirs publics » (c'est-à-dire du Parlement et de l'exécutif) et seulement de cette activité.

Comme l'ont soutenu les requérants, dans l'affaire *Maastricht III*, il est difficile aujourd'hui de considérer le Conseil constitutionnel comme un simple « régulateur de l'activité des pouvoirs publics » et « l'esprit de la Constitution, auquel se référait le Conseil constitutionnel en 1962, n'est plus le même (en 1992) car le texte fondamental révisé en 1962, 1963, 1974, 1976 et 1992 a subi de profondes transformations dans ses équilibres majeurs » (*J.O.* p. 13 338-39). Le Conseil constitutionnel a tenu compte de cette évolution en supprimant les références à « l'esprit de la Constitution » et au « Conseil constitutionnel régulateur de l'activité des pouvoirs publics » dans sa décision 313 DC (23 sept. 1992).

8 . La Haute instance aurait pu d'ailleurs, pour renforcer son affirmation, s'appuyer sur les débats du Comité consultatif constitutionnel. L'avant-projet de Constitution présenté par le gouvernement précisait que les diverses autorités chargées de la saisine pouvaient, dans le délai de promulgation de la loi, « demander au Conseil d'apprécier le *caractère constitutionnel d'un texte voté par le Parlement* » : l'intention des rédacteurs de l'avant-projet était donc sans ambiguïté. Ce texte a ensuite été modifié devant le Comité consultatif constitutionnel par l'adoption d'un amendement F. Valentin, lequel ne parlait plus expressément de « texte voté par le Parlement », mais n'en visait pas moins exclusivement ce cas ; il prévoyait explicitement, en effet, dans un dernier alinéa que, si le Conseil « conclut à l'inconstitutionnalité de tout ou partie des textes dont il est saisi, ceux-ci ne peuvent être promulgués ou appliqués qu'après *rectification* ou disjonction des dispositions incriminées » ; or, une loi votée par référendum ne peut évidemment être « rectifiée » lors d'une nouvelle lecture. D'ailleurs, lorsqu'est venue en discussion la disposition qui allait devenir l'article 62 al. 1er (« une disposition déclarée inconstitutionnelle ne peut être promulguée ni mise en application »), il y a eu débat sur le point de savoir s'il fallait rendre facultatif ou obligatoire le recours, par le Président de la République, à une deuxième délibération après une déclaration d'inconstitutionnalité partielle ou totale, et le garde des Sceaux (M. Debré) a ainsi conclu ;

« ne précisons... pas : le gouvernement pourra soit demander un nouveau débat, soit promulguer les articles déclarés inconstitutionnels, soit simplement attendre quelque temps. Il ne convient pas, à mon avis, de décider que la nouvelle délibération sera automatique » (Débats C.C.C., p. 78). Ceci, évidemment, ne peut se concevoir que s'il est question *exclusivement* des lois votées par le Parlement. Et c'est d'ailleurs en ce sens que la loi organique sur le Conseil constitutionnel reprend dans ses articles 22 et 23 les dispositions que certains membres du Comité consultatif voulaient voir inclure dans le texte constitutionnel : « Dans le cas où le Conseil constitutionnel déclare que la loi dont il est saisi contient une disposition contraire à la Constitution, sans constater en même temps qu'elle est inséparable de l'ensemble de cette loi, le Président de la République *peut soit promulguer* la loi à l'exception de cette disposition, *soit demander aux Chambres une nouvelle lecture* ». Le Conseil constitutionnel a donc raison, dans sa décision du *6 novembre 1962*, d'invoquer cet article 23 de la loi organique, car ce texte « montre bien que le constituant n'a eu en vue, dans ce cas, que l'hypothèse d'une loi adoptée par les Assemblées » (L. Hamon, *D.*, 1963, p. 399).

Ce qui confirme cela, d'ailleurs, c'est que, comme le souligne le Conseil, l'intervention de la Haute Instance n'est nullement prévue dans l'article 11 avant la promulgation, et, à l'article 60, cette intervention s'arrête à la proclamation des résultats. Et l'examen de l'avant-projet du gouvernement et des débats du Comité consultatif permet de constater que, lors de l'élaboration des articles 11 et 60, il n'a jamais été question de créer une possibilité de saisine du Conseil entre l'adoption de la loi référendaire et sa promulgation.

Le Conseil constitutionnel a donc logiquement refusé, le 6 novembre 1962, de répondre à la demande formulée par le président du Sénat. Mais, ce faisant, il a été conduit à donner de précieuses indications sur sa nature même et à révéler ses méthodes d'interprétation.

II . Le Conseil constitutionnel, « organe régulateur de l'activité des pouvoirs publics » ?

9 . Le Conseil constitutionnel s'est défini lui-même, dans la décision du *6 novembre 1962*, comme *« un organe régulateur de l'activité des pouvoirs publics »*. Il a ainsi donné de sa mission une définition générale qui ne figure pas dans le titre VII de la Constitution qui lui est consacré, mais qui était conforme à l'esprit du texte constitutionnel à l'origine.

La question est de savoir si cette définition correspond à ce qu'est le Conseil constitutionnel aujourd'hui. Sans doute pas : le Conseil constitutionnel est devenu un organe essentiellement chargé du contrôle de la constitutionnalité des lois et de la protection des droits fondamentaux. Et de manière significative, le Conseil a lui-même renoncé à utiliser cette formule dans sa décision du *23 septembre 1992*.

10 . Dès lors, il n'y a plus beaucoup d'intérêt à s'interroger sur les conséquences de cette qualification (voir éditions précédentes).

11 . Le fait capital – qui demeure – est que la Haute Juridiction a cru pouvoir déduire de l'ensemble des dispositions constitutionnelles qu'elle n'avait reçu mission que d'assurer la régulation de l'expression « indirecte » de la souveraineté nationale par les représentants et non de l'expression « directe » par le peuple : « que les lois que la Constitution a entendu viser dans son article 61 sont uniquement les lois votées par le Parlement et non point celles qui, adoptées par le peuple à la suite d'un référendum, constituent *l'expression directe de la souveraineté nationale* ».

Cette formule a été maintenue dans la décision du *23 septembre 1992** : « (Considérant) qu'au regard de l'équilibre des pouvoirs établi par la Constitution, les lois que celle-ci a entendu viser dans son article 61 sont uniquement les lois votées par le Parlement et non point celles qui, adoptées par le peuple français à la suite d'un référendum contrôlé par le Conseil constitutionnel, *constituent l'expression directe de la souveraineté nationale* ».

En s'interrogeant sur la portée exacte de cette définition de sa mission par le Conseil constitutionnel, on en arrivait aux conclusions suivantes. La distinction de la Haute instance consacrée dans sa décision du *6 novembre 1962 n'est pas* celle-ci : le Conseil accepte de connaître de tous les actes du pouvoir législatif, que ce pouvoir soit exercé par le Parlement ou par le peuple, dans le domaine ordinaire ou dans le domaine organique ; et il refuse de contrôler l'exercice du pouvoir constituant, qu'il soit le fait des Assemblées ou du peuple, ou bien des deux. La distinction consacrée est celle indiquée plus haut : régulation de l'expression indirecte de la souveraineté nationale et non de son expression directe. Mais logiquement alors, cela peut vouloir dire qu'il accepte de connaître de toute l'activité normative des Assemblées, y compris de l'activité constituante, alors qu'il refuse de contrôler toute l'activité normative du peuple s'exprimant par voie de référendum, qu'elle s'exerce dans le domaine législatif ou constituant. La deuxième partie de la proposition est vérifiée dans la décision du *6 novembre* ; mais qu'en est-il de la première ? Le Conseil constitutionnel accepterait-il de contrôler la formation de la loi constitutionnelle votée par les Assemblées selon la procédure dite « du Congrès » (art. 89 al. 3) ?

12 . Dans sa décision du *23 septembre 1992**, le Conseil constitutionnel a confirmé l'exactitude d'une partie du raisonnement précédent : il refuse de contrôler la loi référendaire, qu'elle ait un contenu constitutionnel ou législatif (même ordinaire).

En revanche, il n'a pas encore pris position quant à la « justiciabilité » de la loi constitutionnelle votée par le Congrès. Certes il a accepté de vérifier la conformité à la Constitution du règlement adopté par le Congrès (24 DC du 20 déc. 1963, *Rec.* 16, *RJC* I-13), alors que l'article 61, al. 1er, de la Constitution ne vise que « les règlements des assemblées parlementaires », c'est-à-dire, selon les travaux préparatoires et l'article 17, al. 2, de l'ordonnance organique sur le Conseil constitutionnel, les règlements adoptés par l'Assemblée nationale ou le Sénat (cf. *14 sept. 1961** et J. Larché, *A.J.*, 1972, p. 132). Mais peut-on en déduire qu'il accepterait de vérifier la conformité à la Constitution de la loi constitutionnelle votée par le Congrès sur la base de l'article 61 al. 2 ? La décision du *6 novembre 1962* ne s'y oppose pas, dans la mesure où il ne s'agit pas là de l'expression directe de la souveraineté nationale par le peuple ; mais, en tant qu'il est défini comme « organe régulateur des *pouvoirs publics* », le Conseil accepterait-il de contrôler ce qui n'est plus l'activité des pouvoirs publics, mais l'activité du pouvoir constituant ?

La question se pose différemment à partir du moment où le Conseil constitutionnel ne se définit plus comme étant (seulement) un « organe régulateur de l'activité des *pouvoirs publics* ». Les douze révisions constitutionnelles qui ont eu lieu par la voie du Congrès depuis 1958 n'ont pas donné lieu à recours contre la loi de révision constitutionnelle votée par celui-ci : mais ceci a failli se produire en juin 1992 (à l'initiative de M. Mazeaud et des députés RPR) et une telle éventualité peut être envisagée dans le futur, alors surtout que le Conseil constitutionnel, dans sa décision *92-312 DC**, a laissé une porte ouverte à cette éventualité (cf. obs. Favoreu in *R.F.D.C.* 12-1992, p. 735). En fait, ce contrôle serait très semblable à celui exercé sur les lois organiques et ordinaires, et on voit mal, de toute façon, comment le Conseil constitutionnel pourrait refuser un contrôle minimum, celui de l'existence même de la loi constitutionnelle ; car si, par exemple, les conditions de majorité n'étaient pas réunies, y aurait-il loi constitutionnelle ?

III . Quel est le statut de la loi référendaire ?

13 . Compte tenu de la décision du *6 novembre 1962, quel est le statut de la loi référendaire ?*

Il peut paraître curieux de s'interroger ainsi sur la portée de cette décision à l'égard de la loi référendaire, alors que justement le Conseil constitutionnel a refusé de se prononcer au fond sur la conformité de la loi adoptée sur référendum à la Constitution. Certes, le débat sur le point de savoir si la procédure de l'article 11 peut être utilisée pour réviser la Constitution ou bien si la seule procédure utilisable à cette fin est celle de l'article 89 (voir sur ce point les exposés de MM. Berlia et Lampué, *R.D.P.*, 1962, p. 932 et 936) n'a pas été tranché expressément par la Haute juridiction ; mais, comme le note L. Hamon, en 1963, implicitement, la décision d'incompétence du Conseil a contribué à le trancher : « ...le fait de l'usage direct d'un recours au référendum en matière constitutionnelle, la décision d'incompétence du Conseil constitutionnel et la promulgation, par le Président de la République, de la loi adoptée par référendum aboutissent par leur rapprochement même à fixer l'interprétation de la Constitution de 1958 dans une coutume que désormais la doctrine et la pratique doivent reconnaître ». C'est ce qui est généralement admis aujourd'hui (cf. notamment G. Vedel), encore que le recours direct au référendum, en 1969, pour réformer le Sénat ait à nouveau soulevé des controverses au cours de la campagne précédant le référendum du 27 avril.

14 . Cette portée de la décision négative du *6 novembre 1962* ne doit pas étonner, car, en définitive, cette décision d'incompétence touche au fond : en faisant valoir que la loi votée par référendum est « l'expression directe de la souveraineté nationale », le Conseil constitutionnel souligne le caractère souverain et donc incontestable de loi référendaire, qui justifie son incompétence mais aussi toute impossibilité de critique au fond. Et ici, au surplus, les arguments juridiques rejoignent des considérations de politique jurisprudentielle « que n'hésite pas à adopter le Conseil d'État dans des cas semblables » (et notamment en matière de contrôle de constitutionnalité des actes du Parlement avant 1958) : comment imaginer, en effet, que le Conseil constitutionnel se mette « en opposition ouverte avec la volonté populaire clairement manifestée et décomptée » (L. Hamon) ? Aurait-il pu véritablement proclamer les résultats et ensuite invalider la loi dont il venait de reconnaître l'existence ?

15 . On pourrait, certes, objecter que, puisque l'article 60 de la Constitution permet au Conseil constitutionnel de contrôler « la régularité des opérations de référendum » et éventuellement d'en prononcer la nullité conformément à l'article 50, al. 2, de l'ordonnance organique sur le Conseil constitutionnel (voir *supra*, nº **14**-8), c'est lui reconnaître compétence pour faire échec à la volonté populaire : en conséquence, si la demande de G. Monnerville avait été présentée avant la proclamation des résultats, elle aurait peut-être été examinée par le Conseil. En réalité, cette demande a bien été présentée avant la proclamation des résultats, puisque celle-ci a eu lieu le 6 novembre et que la décision d'incompétence a été rendue le même jour. Mais le Conseil n'a pas examiné la requête du président du Sénat à l'occasion du contrôle des opérations de référendum : parce que, dans un cas, il s'agit de constater l'existence de la loi, tandis que, dans l'autre, il s'agit d'en apprécier la validité. La loi ne peut être contestée avant d'exister : la loi parlementaire peut être déférée au Conseil constitutionnel, dans le délai de promulgation, c'est-à-dire entre le moment où, le vote ayant eu lieu, le texte est transmis au Président de la République, et le jour de la promulgation ; normalement, il en irait de même pour la loi référendaire si elle pouvait être contestée.

On remarquera cependant qu'en 1992, le Conseil constitutionnel a accepté d'examiner le recours contre la loi référendaire avant même que les résultats n'aient été proclamés (*92-313 DC**, cf. obs. Favoreu in *R.F.D.C.* 12-1992, p. 743-44).

16 . La loi référendaire est donc incontestable, parce qu'elle est l'expression directe de la souveraineté nationale. Mais cela signifie-t-il qu'elle est nécessairement, de ce fait, constitutionnelle ? Il ne semble pas : en effet, la loi promulguée le 6 novembre 1962 comporte des dispositions constitutionnelles qui deviennent les articles 6 et 7 de la Constitution, et des « dispositions organiques » qui remplacent l'ordonnance portant loi organique nº 58-1064 du 7 novembre 1958. Ces « dispositions organiques » fixent les modalités de l'élection présidentielle et notamment les conditions de

dépôt des candidatures. Est-il nécessaire, pour modifier ces dispositions organiques, de faire intervenir un référendum ou à tout le moins une révision constitutionnelle, par la voie du Congrès ? Il est désormais acquis que le vote d'une loi organique par le Parlement doit suffire, puisqu'il s'agit simplement de modifier « des dispositions organiques » (cf. la loi du 18 juin 1976 qui a modifié la loi du 6 novembre 1962 et a été déclarée conforme par le Conseil constitutionnel dans la décision 65 DC du 14 juin 1976).

Il a même été jugé qu'une loi ordinaire peut modifier ou abroger une loi référendaire : ceci résulte de la décision 266 DC du 9 janvier 1990 (§ 7) selon laquelle aussi bien l'article 3 de la Constitution en vertu duquel la souveraineté appartient au peuple, que l'article 3 de la Déclaration des droits de l'homme qui affirme que toute souveraineté réside dans la nation, ne font « nullement obstacle » à ce que « le législateur modifie, complète ou abroge des dispositions législatives antérieures », que ces dispositions modifiées, complétées ou abrogées résultent d'une loi votée par le Parlement ou *d'une loi adoptée par voie de référendum* ».

17 . Le mécanisme de contrôle du référendum reste peu satisfaisant, dans la mesure où rien ne permet de vérifier la conformité à la Constitution du projet de loi soumis au référendum avant que celui-ci n'ait lieu (cf. *Regroupement national* *) ; mais cette lacune est imputable aux constituants, non au Conseil constitutionnel, qui n'a pas reçu compétence générale.

C'est ce qu'a pu réaffirmer avec toute son autorité le doyen Vedel (*Le Monde* , 30 déc. 1971) : « Dans le système de 1958, le Conseil constitutionnel n'a pas compétence générale. Il est juge d'attribution. Nombre de critiques injustes qu'il a dû subir en silence sont dues à ce qu'il a, correctement et fidèlement, tenu ce rôle : *contrairement à ce qu'on a dit ou écrit, il ne devait ni ne pouvait se prononcer, par exemple, sur la régularité du référendum de 1962. Juridiquement, Vincent Auriol et Gaston Monnerville avaient tort quand ils l'accusaient de se dérober ; politiquement, leurs critiques visaient non le Conseil, juge scrupuleux, mais le ou les rédacteurs des textes constitutionnels qui avaient limité son rôle* ».

18 . On sait qu'au cours de l'été 1984 la question de l'utilisation de l'article 11 et de la justiciabilité de la loi référendaire est revenue au premier plan avec l'affaire du référendum sur le référendum (voir L. Favoreu, Le référendum sur le référendum, *Mélanges Duverger*, Paris, P.U.F., 1988, p. 79-93).

Finalement, le projet de révision du chef de l'État visant à étendre le domaine du référendum législatif a échoué ; mais le problème a été posé à nouveau de savoir si le Conseil constitutionnel maintiendrait sa jurisprudence de 1962. Par ailleurs, on a vu le gouvernement et la majorité socialiste proposer d'étendre les pouvoirs consultatifs du Conseil constitutionnel.

19 . Le 6 novembre 1988, a été organisé un référendum sur le statut de la Nouvelle-Calédonie et il a donné lieu à un vote positif :

toutefois, la loi référendaire issue de ce vote n'a pas été déférée au Conseil constitutionnel.

Elle aurait pu l'être par soixante députés ou soixante sénateurs : mais une partie de l'opposition s'était montrée favorable au principe du référendum ; et l'autre partie – le R.P.R. – avait préconisé l'abstention. Il aurait été difficile, d'ailleurs, aux parlementaires gaullistes de saisir le Conseil constitutionnel de la régularité de la loi référendaire alors que, en 1962, ils avaient été unanimes à exclure cette possibilité.

Toutefois, les circonstances de fait et de droit ayant changé en trente ans, on pouvait se poser la question de savoir si le Conseil constitutionnel ne serait pas conduit un jour à infléchir sa jurisprudence au cas où le Président de la République utiliserait trop fréquemment l'article 11 de la Constitution pour éviter au législateur parlementaire la censure du juge constitutionnel (cf. L. Favoreu, « Une Constitution élastique ? » *Le Monde,* 4 novembre 1988).

Jusqu'à présent, les lois adoptées par la voie du référendum ont été très rares, ce qui a contribué à leur reconnaître une légitimité politique plus grande que pour les lois parlementaires ; toutefois, l'élargissement du domaine de l'article 11 par la révision constitutionnelle du 4 août 1995 pourrait conduire à une banalisation relative de ce procédé (même si cela n'a pas été le cas jusqu'à aujourd'hui). Qui plus est, le principe de souveraineté du peuple n'est plus, en soi, un obstacle au contrôle de toutes les lois référendaires. S'il s'agit d'un référendum législatif, la norme qui en résulte doit respecter la Constitution et les traités internationaux. Sur ce dernier point, une évolution semble possible du côté des juges ordinaires puisque dans ses conclusions sur l'arrêt *Sarran* (CE, Ass., 30 octobre 1998), le commissaire du gouvernement, Madame Maugüe, a considéré, devant le Conseil d'État, que « les lois référendaires ordinaires sont soumises au contrôle de conventionnalité, et ce nonobstant le fait qu'elles échappent au contrôle de constitutionnalité » (*R.F.D.A.*, n° 6-1998, p. 1087).

L'autorité de chose jugée qui s'attache aux décisions rendues par les Cours constitutionnelles européennes conduit à préconiser un contrôle de constitutionnalité exercé avant le vote des lois par le peuple. Cette solution a été adoptée au Portugal depuis 1989, même si l'éventualité d'un contrôle exercé après le vote n'est pas exclue par le Tribunal constitutionnel. Dans une décision de 1998, à propos d'un référendum sur l'avortement, la Haute juridiction de ce pays a cependant reconnu que « le principe de majorité est bien moins atteint quand pour des raisons de constitutionnalité, on empêche l'expression directe de la volonté populaire, que si l'on invalide l'exécution de cette même volonté une fois qu'elle s'est manifestée » (Acórdãó n° 288/98, *Diáro da República*, n° 91/98, suplemento, serie I-A, 18 avril 1998, p. 13).

15

26 janvier 1967
9 juillet 1970

INDÉPENDANCE ET INAMOVIBILITÉ DES MAGISTRATS
(31 DC - 40 DC)

Première annulation pour violation d'une règle de fond de la Constitution

Contrôle des lois organiques
Incompétence négative du législateur
Statut des magistrats

Décision 67-31 DC, *Rec.* 19, *RJC* I-16 et 70-40 DC, *Rec.* 25, *RJC* I-22.
Article 61, al. 1er, de la Constitution.
Saisine obligatoire du Premier ministre.
Lois organiques modifiant et complétant l'ordonnance n° 58-1270 du 22 décembre 1958 portant loi organique relative au statut des magistrats.
(Non) conformité à l'article 64 de la Constitution pour méconnaissance des principes d'inamovibilité (1er cas) et d'indépendance des magistrats (2e cas).
Interdiction au législateur de subdéléguer ses compétences.

RÉFÉRENCES

a) *Commentaires*

- RENOUX (Th.) : *Le Conseil constitutionnel et l'autorité judiciaire*, Economica et P.U.A.M., 1984, p. 80 et s., 128 s. et 152 s.

b) *Autres références*

- HAMON (L.) : Note sous 6 DC, *D.*, 1960, 293 et sous 46 DC, *D.*, 1963, J. 59. - ROUSSET (M.) : La loi organique dans la Constitution de 1958, *S.*, 1960, chron. p. 1 et note sous 6 DC, S., 1960, 247. - SIRAT (Ch.) : La loi organique et la

Constitution de 1958, *D.*, 1960, p. 155-160. - LE MIRE (P.) : Commentaire de l'article 46 de la Constitution, *in La Constitution de la République française*, Economica. - AMIEL (H.) : Les lois organiques, *R.D.P.*, 1984, p. 409 - CAMBY (J.-P.) : La loi organique dans la Constitution de 1958, *R.D.P.*, 1989, p. 1401 ; « Quarante ans de lois organiques », *R.D.P.*, nº 5-6, 1998, p. 1686. - CAR (J.-C.) : *Les lois organiques de l'article 46 de la Constitution du 4 octobre 1958*, PUAM, 1999.

d) *Jurisprudence*

- *Inamovibilité des magistrats*

- 123 DC du 24 octobre 1980, Magistrats remplaçants, *Rec.* 24, *RJC* I-87.
- 389 DC du 22 avril 1997, *RJC* I-707.
- 396 DC du 19 févr. 1998, *J.O.* 26 févr. 1998, p. 2976.

- *Contrôle des lois organiques*

- 6 DC du 15 janvier 1960, Magistrats musulmans, *Rec.* 21, *RJC* I-4, G.D., 3e éd., nº 8.
- 16 DC du 22 décembre 1961, Délégation du droit de vote, *Rec.* 24, *RJC* I-9.
- 17 DC du 10 juillet 1962, Remplaçants des sénateurs, *Rec.* 23, *RJC* I-10.
- 33 DC du 12 juillet 1967, Statut de la magistrature, *Rec.* 21, *RJC* I-17.
- 34 DC du 12 juillet 1967, Congé spécial des magistrats, *Rec.* 22, *RJC* I-18.
- 61 DC du 28 janvier 1976, Limite d'âge des magistrats, *Rec.* 25, *RJC* I-36.
- 62 DC du 28 janvier 1976, Vote des français établis hors de France, *Rec.* 26, *RJC* I-36.
- 68 DC du 15 juillet 1976, Élections des sénateurs, *Rec.* 30, *RJC* I-39.
- 80/81 DC du 5 juillet 1977, Suppléants des députés et des sénateurs, *Rec.* 24, *RJC* I-48.
- 85-195 DC du 10 juillet 1985, Élections des députés, *Rec.* 19, *RJC* I-232 et 20, *RJC* I-232.
- 205 DC du 28 décembre 1985, *Rec.* 24, *RJC* I-253.
- 212 DC du 12 août 1986, Régime électoral, *Rec.* 118, *RJC* I-274.
- 219 DC du 22 déc. 1986, Magistrats, *Rec.* 172, *RJC* I-296.
- 222 DC du 6 janv. 1987, Magistrats, *Rec.* 7, *RJC* I-301.
- 228 DC du 26 juin 1987, Magistrats, *Rec.* 38, *RJC* I-312.
- 231 DC du 5 janv. 1988, Code électoral, *Rec.* 7, *RJC* I-317.
- 235 DC du 5 janv. 1988, Élec. présidentielle, *Rec.* 12, *RJC* I-324.
- 236 DC du 5 janv. 1988, Élec. présidentielle, *Rec.* 14, *RJC* I-324.
- 238 DC du 5 janv. 1988, Magistrats, *Rec.* 15, *RJC* I-327.
- 234 DC du 7 janv. 1988, Contrôle des finances sociales, *Rec.* 26, *RJC* I-323.
- 242 DC du 10 mars 1988, Transparence financière de la vie politique, *Rec.* 36, *RJC* I-331.
- 263 DC du 11 janv. 1990, Financement des campagnes électorales, *Rec.* 18, *RJC* I-375.
- 305 DC du 21 février 1992, Statut de la magistrature, Rec. 27, RJC I-483.
- 365 DC du 27 juillet 1995, Relèvement du taux de la TVA, Rec. 214, RJC I-638.
- 379 DC du 16 juillet 1996, Loi organique relative au financement de la sécurité sociale, *Rec.* 95, *RJC* I-679.
- 390 DC du 19 nov. 1997, *RJC* I-717.
- 396 DC du 19 févr. 1998, *J.O.* 26 févr. 1998, p. 2976.

- 400 DC du 20 mai 1998, *J.O.* 26 mai 1998, p. 7975.
- 410 DC du 15 mars 1999, *J.O.* 21 mars 1999, p. 4234.

- Incompétences négatives

- 46 DC du 20 janvier 1972, Incompatibilités parlementaires, *Rec.* 21, *RJC* I-25.
- 56 DC du 23 juillet 1975, Juge unique, *Rec.* 32, *RJC* I-32, G.D., 2e éd., nº 27.
- *132 DC du 16 janvier 1982* *, Nationalisations.
- 160 DC du 19 juillet 1983, Convention fiscale avec la Nouvelle-Calédonie, *Rec.* 43, *RJC* I-154.
- 162 DC des 19 et 20 juillet 1983, Démocratisation du secteur public, *Rec.* 49, *RJC* I-157.
- 164 DC du 29 décembre 1983, Lois de finances pour 1984, *Rec.* 67, *RJC* I-166.
- 166 DC du 29 décembre 1983, Prix de l'eau, *Rec.* 77, *RJC* I-175.
- 167 DC du 19 janvier 1984, Établissements de crédit, *Rec.* 23, *RJC* I-177.
- 168 DC du 20 janvier 1984, Difficultés des entreprises, *Rec.* 43, *RJC* I-180.
- 173 DC du 26 juillet 1984, Réseaux câblés, *Rec.* 63, *RJC* I-187.
- 176 DC du 25 juillet 1984, Communication audiovisuelle, *Rec.* 55, *RJC* I-192.
- 189 DC du 17 juillet 1985, Principes d'aménagement, *Rec.* 49, *RJC* I-224.
- 191 DC du 10 juillet 1985, Dispositions d'ordre économique et financier, *Rec.* 46, *RJC* I-228.
- 198 DC du 13 décembre 1985, Amendement Tour Eiffel, *Rec.* 78, *RJC* I-242.
- 223 DC du 29 déc. 1986, LFR pour 1986, *Rec.* 184, *RJC* I-301.
- 239 DC du 30 déc. 1987, LFR pour 1987, *Rec.* 70, *RJC* I-328 (détermination du taux d'un impôt).
- 277 DC du 25 juil. 1990, Loi relative à la révision générale des évaluations des immeubles retenus pour la détermination des bases des impôts directs locaux, *Rec.* p. 70, *RJC* I-406.
- 283 DC du 8 janvier 1991 Contribution fiscale, *Rec.* p. 11, *RJC* I-417.
- 401 DC du 10 juin 1998, *J.O.* 14 juin 1998, p. 9033.
- 403 DC du 29 juill. 1998, *J.O.* 31 juill. 1998, p. 11 710.
- 404 DC du 18 déc. 1998, *J.O.* 27 déc. 1998, p. 19 663.

I

LE CONSEIL CONSTITUTIONNEL

Saisi le 3 janvier 1967 par le Premier ministre, conformément aux dispositions de l'article 61 de la Constitution, du texte de loi organique adopté par le Parlement, modifiant et complétant l'ordonnance nº 58-1270 du 22 décembre 1958 portant loi organique relative au statut de la magistrature ;

Vu la Constitution et notamment ses articles 46, 61 et 64, alinéas 3 et 4 ;
Vu l'ordonnance du 7 novembre 1958 portant loi organique sur le Conseil constitutionnel, notamment le chapitre II du titre II de ladite ordonnance ;

1. *Considérant qu'aux termes de l'article 64 de la Constitution «les magistrats du siège sont inamovibles» ; que l'ordonnance du 22 décembre 1958 portant loi organique relative au statut de la magistrature reprend, dans son article 4, premier alinéa, cette même disposition et, dans son deuxième alinéa, fait du principe ainsi posé une application nécessaire en précisant «qu'en conséquence le magistrat du siège ne peut recevoir sans son consentement une affectation nouvelle, même en avancement» ;*
2. Considérant que la loi organique dont le texte est, avant sa promulgation, soumis au Conseil constitutionnel pour examen de sa conformité à la Constitution, prévoit, dans son article 28, deuxième alinéa, troisième phrase, que «par dérogation aux dispositions de l'alinéa 2 de l'article 4 de la présente loi, les conseillers référendaires peuvent être, à l'expiration de leurs fonctions, affectés d'office à un emploi de magistrat du siège dans les conditions qui seront fixées par le règlement d'administration publique prévu à l'article 80-I ci-après» ;
3. *Considérant que la faculté ainsi ouverte au Gouvernement par cette disposition, lorsque les conseillers référendaires ont atteint le terme de dix années assigné par la loi à la durée de leurs fonctions, de pourvoir d'office à leur affectation n'est pas conforme, s'agissant de magistrats du siège, au principe susénoncé de la Constitution ;*
4. *Considérant, par ailleurs, qu'un règlement d'administration publique ne peut fixer les conditions d'affectation desdits magistrats sans que la loi organique ait déterminé les garanties de nature à concilier les conséquences découlant du caractère temporaire des fonctions de conseiller référendaire à la Cour de cassation avec le principe de l'inamovibilité des magistrats du siège ;*
5. Considérant, dès lors, qu'il y a lieu, pour ces motifs, de déclarer non conformes à la Constitution les dispositions précitées de l'article 28, deuxième alinéa, troisième phrase, du texte de loi organique soumis à l'examen du Conseil constitutionnel et, par voie de conséquence, celles de l'article 80-I de ce texte, en tant qu'elles se réfèrent auxdites dispositions ;
6. Considérant qu'il ne résulte ni du texte dont il s'agit, tel qu'il a été rédigé et adopté, ni des débats auxquels la discussion du projet de loi organique a donné lieu devant le Parlement que les dispositions précitées soient inséparables de l'ensemble du texte de la loi organique ;
7. Considérant, enfin, que les autres dispositions de ce texte, prises dans la forme exigée par l'article 64, troisième alinéa, de la Constitution et dans le respect de la procédure prévue à l'article 46, ne sont contraires à aucune disposition de la Constitution ;

Décide :

ARTICLE PREMIER. - *Sont déclarées non conformes à la Constitution* les dispositions précitées de l'article 28, deuxième alinéa, troisième phrase, du texte de loi organique relative au statut de la magistrature et de l'article 80-I s'y référant.

ART. 2. - Les autres dispositions dudit texte de loi sont déclarées conformes à la Constitution.

ART. 3. - La présente décision sera publiée au *Journal officiel* de la République française.

Délibéré par le Conseil constitutionnel dans sa séance du 26 janvier 1967.

La composition du Conseil constitutionnel à la date du 26 janvier 1967 était la suivante : M. PALEWSKI (Président), MM. CASSIN, DESCHAMPS, GILBERT-JULES, LUCHAIRE, MICHARD-PÉLISSIER, MICHELET, MONNET, WALINE.

II

LE CONSEIL CONSTITUTIONNEL,

Saisi le 2 juillet 1970 par le Premier ministre, conformément aux dispositions de l'article 61 de la Constitution, du texte de loi organique relative au statut des magistrats adopté par le Parlement ;

Vu la Constitution et notamment ses articles 46, 61, 62 et 64 ;

Vu l'ordonnance du 7 novembre 1958 portant loi organique sur le Conseil constitutionnel, notamment le chapitre II du titre II de ladite ordonnance ;

Vu l'ordonnance du 22 décembre 1958 modifiée portant loi organique relative au statut de la magistrature ;

1. *Considérant qu'aux termes de l'article 64 de la Constitution «le Président de la République est garant de l'indépendance de l'autorité judiciaire... les magistrats du siège sont inamovibles...» ;*
2. *Considérant que ces dispositions ont pour objet notamment d'assurer aux magistrats appelés à siéger dans des juridictions l'indépendance nécessaire à l'exercice de l'autorité judiciaire ;*
3. Considérant que la loi organique dont le texte est, avant sa promulgation, soumis au Conseil constitutionnel pour examen de sa conformité à la Constitution, contient dans son article 3, une disposition qui modifie l'article 19, dernier alinéa, de l'ordonnance susvisée du 22 décembre 1958 et aux termes de laquelle : «les auditeurs sont, en outre appelés à compléter le tribunal de grande instance dans les conditions prévues par un règlement d'administration publique» ;
4. Considérant que *la participation des audiences de justice, avec voix délibérative, à l'activité juridictionnelle d'un tribunal de grande instance dans les conditions prévues au dernier alinéa de l'article 19 précité est incompatible, eu égard au statut particulier desdits auditeurs, avec le principe de l'indépendance des juges tel qu'il résulte des dispositions de l'article 64 de la Constitution ;*
5. Considérant, dès lors, qu'il y a lieu de déclarer non conformes à la Constitution les dispositions précitées de l'article 3 du texte de loi organique soumis au Conseil tendant à modifier l'article 19, dernier alinéa, de l'ordonnance du 22 décembre 1958 portant loi organique relative au statut de la magistrature ;
6. *Considérant qu'il ne résulte ni du texte dont il s'agit, tel qu'il a été rédigé et adopté, ni des débats auxquels la discussion du projet de loi organique a donné lieu devant le Parlement que les dispositions précitées soient inséparables de l'ensemble du texte de loi organique ;*
7. Considérant, enfin, que les autres dispositions de ce texte, prises dans la forme exigée par l'article 64, troisième alinéa, de la Constitution et dans le respect de la procédure prévue à l'article 46, ne sont contraires à aucune disposition de la Constitution ;

Décide :

ARTICLE PREMIER. - *Sont déclarées non conformes à la Constitution* les dispositions précitées du dernier alinéa de l'article 19 de l'ordonnance du 22 décembre 1958 portant loi organique relative au statut de la magistrature, dans la rédaction qui résulte de l'article 3 du texte de loi organique relative au statut des magistrats soumis au Conseil constitutionnel.

ART. 2. - Les autres dispositions dudit texte sont déclarées conformes à la Constitution.

ART. 3 - La présente décision sera publiée au *Journal officiel* de la République française.

Délibéré par le Conseil constitutionnel dans sa séance du 9 juillet 1970.

La composition du Conseil constitutionnel à la date du 9 juillet 1970 était la suivante : M. PALEWSKI (Président), MM. ANTONINI, CASSIN, CHATENET, DUBOIS, LUCHAIRE, MONNET, SAINTENY, WALINE.

OBSERVATIONS

1 . On oublie parfois que le contrôle de constitutionnalité des lois en France a surtout commencé avec le contrôle des lois organiques et, qu'avant 1970-1971, il y a eu des annulations de dispositions législatives pour violation de règles de fond de la Constitution (notamment de règles protectrices de droits fondamentaux). C'est ainsi que les décisions du *26 janvier 1967* et du *9 juillet 1970*, intervenues sur contrôle des lois organiques relatives au statut des magistrats, ont prononcé les premières annulations pour méconnaissance de règles de fond de la Constitution, en l'occurrence l'article 64 qui garantit l'indépendance et l'inamovibilité des magistrats. Cette « première » sera soulignée d'abord (I) avant d'examiner la manière dont le juge constitutionnel fait respecter les principes d'indépendance et d'inamovibilité des magistrats (II). La procédure de contrôle des lois organiques présentant quelques particularités et plus d'une cinquantaine de décisions étant intervenues à ce titre, nous étudierons ensuite l'examen de la constitutionnalité des lois organiques par le Conseil constitutionnel (III). Enfin, retiendra notre attention le premier exemple de ce que l'on pourrait appeler la définition de la compétence minimum du législateur, à savoir la manière dont le juge constitutionnel veille à ce que le législateur ne méconnaisse pas sa propre compétence en subdéléguant trop facilement les pouvoirs que lui a confiés la Constitution (IV).

I . L'ANNULATION DE DISPOSITIONS LÉGISLATIVES POUR VIOLATION DE DISPOSITIONS DE FOND DE LA CONSTITUTION

2 . Les deux affaires ont trait au statut des magistrats qui, comme on le sait, relève de la loi organique.

Dans le premier cas, le gouvernement avait fait voter, dans le cadre d'une réforme de la Cour de cassation, des dispositions prévoyant la nomination à la Cour suprême de « conseillers référendaires », c'est-à-dire de magistrats plus jeunes dont la mission était d'assister les conseillers dans leurs tâches. Mais à la différence des maîtres des requêtes au Conseil d'État ou des conseillers référendaires à la Cour des comptes, les conseillers référendaires à la Cour de cassation ne devaient être nommés que pour dix ans et ils devaient donc recevoir une nouvelle affectation à l'issue de cette période. Le gouvernement suivi par le législateur avait alors choisi de les affecter d'office, au bout des dix ans, et cela par dérogation au principe d'inamovibilité expressément rappelé dans l'article 4 de l'ordonnance du 22 décembre 1958. La loi attaquée disposait donc que :

« ...par dérogation aux dispositions de l'alinéa 2 de l'article 4 de la présente loi, les conseillers référendaires peuvent être, à l'expiration de leurs fonctions, affectés d'office à un emploi de magistrat du siège dans les conditions qui seront fixées par le règlement d'administration publique prévu à l'article 80-I ci-après ».

Le Conseil constitutionnel a annulé cette disposition comme contraire au principe d'inamovibilité posé par l'article 64 de la Constitution.

Dans le second cas, la loi organique modifiant l'ordonnance du 22 décembre 1958 prévoyait, dans son article 19, que les auditeurs de justice – c'est-à-dire les futurs magistrats effectuant un stage en juridiction à l'issue de leur scolarité à l'École nationale de la magistrature – pourraient être appelés à compléter un tribunal de grande instance au cas d'empêchement de l'un des magistrats du siège. Le juge constitutionnel a invalidé cette disposition au motif qu'elle était contraire au principe d'indépendance découlant de l'article 64 de la Constitution, le statut des auditeurs de justice ne garantissant pas leur indépendance.

Le juge constitutionnel avait déjà eu l'occasion d'annuler des dispositions législatives dans la décision du *11 août 1960* * ; mais l'annulation était motivée par la violation de règles de procédure. En revanche, dans les décisions du 26 janvier 1967 et du 9 juillet 1970, il s'agit de règles de fond, en l'occurrence, les principes d'inamovibilité et d'indépendance tirés de l'article 64 de la Constitution.

Le fait est notable car ces décisions ouvrent la voie à la jurisprudence relative à la protection des droits fondamentaux qui va se développer à partir des affaires *Liberté d'association* * et *Taxation d'office* *.

II. LE STATUT DE LA MAGISTRATURE : PRINCIPES D'INDÉPENDANCE, D'INAMOVIBILITÉ ET D'ÉGALITÉ

3 . Les magistrats de l'ordre judiciaire, gardiens de la liberté individuelle, doivent bénéficier des meilleures garanties d'indépendance.

1° Dans la décision du *26 janvier 1967*, le Conseil constitutionnel a consacré une conception rigoureuse du *principe d'inamovibilité* selon laquelle ce principe s'oppose, non seulement à ce que le magistrat puisse être révoqué, suspendu ou destitué en dehors des garanties prévues par le statut mais aussi à ce qu'il soit déplacé d'une juridiction à l'autre et singulièrement affecté d'office par le gouvernement.

Le Parlement ayant voté un nouveau texte proposé par le gouvernement, le Conseil constitutionnel fut appelé à se prononcer une deuxième fois le 12 juillet 1967 (33 DC, *Rec.* 21, *RJC* I-17) et reconnut la validité de l'autorisation donnée au gouvernement de recourir à des nominations d'office des conseillers référendaires dans le seul cas où ces magistrats, mis préalablement en situation de faire connaître le choix de leur nouvelle affectation, auraient omis de donner une réponse. Même ainsi limitée, la possibilité d'une affectation d'office avait été discutée, notamment au Sénat (voir Th. Renoux, *op. cit.*) ; mais l'objection avait été levée dès lors que les conseillers référendaires ne recevaient que des attributions consultatives. Par la suite, cependant, une loi ordinaire du 12 juillet 1978 (non soumise au Conseil constitutionnel) a prévu que les conseillers référendaires ont « voix délibérative dans le jugement des affaires qu'ils sont chargés de rapporter », ou lorsqu'il y a lieu de compléter la chambre à laquelle ils appartiennent, le quorum n'étant pas atteint. Par ailleurs, il semble que les catégories de magistrats exerçant des fonctions à titre temporaire aient tendance à augmenter (cf. Th. Renoux, *op. cit.*).

On peut cependant tirer de la décision de 1967 que, de l'article 64 de la Constitution découle la règle selon laquelle un magistrat du siège ne peut être affecté dans une autre juridiction sans son consentement, règle qui s'impose au législateur organique (cf. en ce sens 92-305 DC, § 10).

Il semble toutefois que dans une décision du 24 octobre 1980 relative aux magistrats remplaçants (*R.D.P.*, 1981, p. 636), le juge constitutionnel ait quelque peu atténué la rigueur de la règle énoncée précédemment en substituant « à la notion d'inamovibilité dans la juridiction celle plus extensive d'inamovibilité dans le ressort d'une Cour d'appel » (voir Th. Renoux, *op. cit.*). En effet, le Conseil constitutionnel a certes censuré, dans la ligne de la jurisprudence précédente, une disposition permettant un changement d'affectation du magistrat au bout de six mois, au cas de remplacement pour congé de longue maladie ; mais il a admis qu'« en déterminant limitativement les cas dans lesquels, à l'intérieur du ressort d'une Cour d'appel, des magistrats du siège peuvent être appelés à effectuer un remplacement, qu'en subordonnant celui-ci à une ordonnance du premier président précisant le motif et la durée de ce remplacement, et en en fixant le terme, la loi organique a institué des garanties de nature à satisfaire aux exigences de la Constitution ». De la même manière, le Conseil constitutionnel a admis la constitutionnalité de dispositions créant une *obligation de mobilité* pour les magistrats ne justifiant pas de cinq années de service effectif lors de la promulgation de la loi examinée (92-305 DC, § 51).

Dans la décision du *9 juillet 1970*, il y a une liaison très claire entre inamovibilité et indépendance : « ... l'auditeur de justice n'étant pas magistrat du siège, son indépendance n'est pas garantie par l'inamovibilité et dès lors il ne saurait participer à l'activité juridictionnelle avec voix délibérative » (Renoux, *op. cit.*, p. 154).

On peut d'autant moins parler d'inamovibilité à propos des auditeurs de justice qu'ils peuvent ne pas être admis au concours de sortie de l'École nationale de la magistrature et donc ne jamais devenir magistrats. Mais, au surplus, l'indépendance même des auditeurs de justice est en cause dans la mesure où le président du tribunal de grande instance doit porter une appréciation sur les qualités professionnelles des stagiaires, appréciation qui aura une incidence sur le rang attribué dans la liste de classement de sortie, ce rang déterminant lui-même le choix de la première affectation.

Le Conseil constitutionnel a admis la possibilité d'un exercice temporaire des fonctions de magistrat de l'ordre judiciaire « à condition que [...] des garanties appropriées permettent de satisfaire au *principe d'indépendance qui est indissociable de l'exercice de fonctions judiciaires* » (92-305 DC, § 64).

De même, la création de « conseillers ou avocats généraux à la Cour de cassation en service extraordinaire « est autorisée dès lors qu'est assuré le respect tant de l'indépendance des personnes concernées dans l'exercice de leur fonction que du principe d'égalité » (92-305 DC, § 67).

4 . S'agissant de la carrière des magistrats, le Conseil constitutionnel a mis l'accent sur le respect du principe d'égalité.

L'accès à la magistrature, lorsqu'il a lieu par intégration directe, doit satisfaire aux exigences constitutionnelles de capacité et de talent, découlant de l'article 6 de la Déclaration des droits de l'homme et du citoyen. C'est ce qui résulte implicitement de la décision 92-305 DC (cf. Renoux, *R.F.D.C.* 1992, p. 325), à propos de la mission de la Commission dont l'avis conforme est requis pour une intégration directe dans le corps judiciaire (§ 40) et de la création d'une troisième voie d'accès à l'École nationale de la magistrature (§ 37). Il est conforme au principe d'égalité que la procédure d'« évaluation » des magistrats soit « applicable tant au magistrat en service dans le corps judiciaire qu'à celui qui en est détaché » (92-305 DC, § 16).

S'agissant des recrutements exceptionnels de magistrats, le Conseil constitutionnel a eu l'occasion de préciser un certain nombre de conditions, dans sa décision 98-396 DC du 19 février 1998, afin de préserver l'indépendance des magistrats et l'égalité d'accès au corps :

En ce qui concerne l'article 8 :

« Considérant que cet article se borne à modifier l'article 41-12 de l'ordonnance du 22 décembre 1958 susvisée pour prévoir que la formation organisée par l'École nationale de la magistrature au profit des magistrats exerçant à titre temporaire sera consécutive à leur nomination et perdra en conséquence son caractère probatoire ; qu'eu égard à l'ensemble des autres conditions auxquelles les articles 41-10 à 41-12 de ladite ordonnance subordonnent le recrutement des magistrats exerçant à titre temporaire en vue de respecter le principe d'indépendance de la magistrature et les exigences découlant de l'article 6 de la Déclaration des droits de l'homme et du citoyen, la modification apportée par l'article 8 de la loi soumise à l'examen du Conseil constitutionnel ne porte atteinte à aucune règle ni à aucun principe de valeur constitutionnelle ».

En revanche, un certain nombre de dérogations au principe d'égalité sont concevables dès lors qu'elles reposent sur des « critères objectifs » ou trouvent une justification soit dans « la spécificité des fonctions en cause par rapport aux autres fonctions judiciaires » (92-305 DC), soit dans les spécificités des conditions de recrutement (94-355 DC).

III . Le contrôle des lois organiques

5 . Le contrôle des lois organiques, tel qu'il est exercé dans les deux décisions commentées, fait apparaître les particularités de ce contrôle.

6 . 1° L'article 61, al. 1er, de la Constitution prévoit que « les lois organiques, avant leur promulgation, doivent être soumises au Conseil constitutionnel, qui se prononce sur leur conformité à la Constitution ». Et l'article 46, dernier alinéa, renforce et précise

cette obligation, en disposant que « les lois organiques ne peuvent être promulguées qu'après déclaration de leur conformité à la Constitution ».

Il résulte clairement de ces textes que la *saisine* du Conseil est obligatoire. Mais elle n'est pas automatique : la Haute Juridiction ne peut examiner le texte de la loi organique qu'après que le Premier ministre le lui a transmis. Selon l'article 17 de l'ordonnance du 7 novembre 1958, portant loi organique sur le Conseil constitutionnel, en effet, les lois organiques adoptées par le Parlement sont « transmises au Conseil constitutionnel par le Premier ministre ». Toutefois, on remarquera que, dans deux cas, la saisine a été faite par « le garde des Sceaux, ministre de la Justice, agissant par délégation du Premier ministre» (décisions 67-33 DC et 67-34 DC). Dans les deux affaires, il s'agissait du statut des magistrats, et il n'est donc pas anormal que le ministre de la Justice ait effectué la saisine. Mais rien, dans les textes, ne laissait prévoir cette possibilité, et l'on doit souligner que c'est le seul cas dans lequel l'une des autorités disposant du droit de saisine, le délègue à une autre autorité. Il est vrai que, au cas de loi organique, le Premier ministre a compétence liée et que le fait de saisir le Conseil n'a pas la même signification que dans les autres hypothèses.

Le Conseil constitutionnel a déclaré irrecevable le recours introduit par 60 députés (conduits par M. Mazeaud) contre une loi organique elle-même déférée au Conseil constitutionnel par le Premier ministre au motif que « la transmission obligatoire du texte au Conseil constitutionnel... est exclusive de toute autre procédure » et « qu'elle fait ainsi obstacle à ce que le Conseil constitutionnel puisse être saisi d'une loi organique sur le fondement du 2e alinéa de l'article 61 de la Constitution » (305 DC, 21 févr. 1992, § 2). Toutefois, une telle saisine ne serait pas irrecevable si elle était dirigée contre la (ou les) disposition(s) d'une loi organique ne ressortissant pas au domaine d'intervention de la loi organique : en l'espèce (92-305 DC) l'article 24 du texte déféré aurait pu faire l'objet d'une saisine par 60 députés car les dispositions qu'il contenait étaient étrangères au domaine de la loi organique, et ressortissaient au domaine de la loi ordinaire (§ 3).

7 . L'examen auquel se livre le Conseil constitutionnel est complet : contrairement à ce qui se passe en matière de lois ordinaires, en effet, la Haute Juridiction est nécessairement saisie de l'ensemble du problème de la constitutionnalité de la loi organique, et elle doit vérifier d'office que toutes les dispositions du texte sont conformes aux règles de forme et de fond contenues dans la Constitution. C'est ainsi que, dans les deux décisions commentées, elle a examiné d'office la conformité à l'article 64 de la Constitution des dispositions relatives aux conseillers référendaires et aux auditeurs de justice et qu'elle en a prononcé l'annulation. Puis elle a utilisé la formule finale selon laquelle « les autres dispositions de ce texte, prises dans la forme exigée par l'article 64, 3e alinéa de la Constitution, et dans le respect de la procédure prévue à l'article 46, ne sont contraires à aucune disposition de la Constitution ». Cette formule, utilisée pour la première fois dans la décision du 15 janvier 1960 (6 DC, *Magistrats*

musulmans), et qui consiste à viser, d'une part, les dispositions constitutionnelles qui exigent la forme « organique » et, d'autre part, l'article 46, qui prévoit la procédure spéciale d'édiction des lois organiques, avant d'affirmer que les autres dispositions ne sont contraires à aucun article de la Constitution, se retrouve *in fine* dans toutes les décisions postérieures du Conseil. Il y en a toutefois une dans laquelle celui-ci omet de préciser que les règles de forme et de procédure ont été respectées (62-17 DC). On peut noter aussi que, dans une décision 61-16 DC, il inverse l'ordre habituel, constatant d'abord que les règles de forme et de procédure ont été observées avant d'examiner la conformité au fond. Cette exception tend désormais à devenir la règle, puisqu'à partir de la décision 92-305 DC, cette procédure a été généralement employée, et de manière systématique pour les lois organiques relatives au statut de la magistrature.

Le contrôle des lois organiques s'opère normalement au regard des principes et dispositions à valeur constitutionnelle. Mais il peut parfois s'opérer au regard d'une disposition contenue dans la loi organique relative aux lois de finances qui précise le contenu de lois de finances (cf. décision 355 DC du 10 janvier 1995, considérant 16).

8 . L'article 46 de la Constitution prescrit que le projet ou la proposition de loi organique ne peut être soumis à la délibération et au vote de la première assemblée saisie qu'à l'expiration d'un délai de quinze jours après son dépôt. Le respect de ce temps de réflexion doit permettre au législateur de mieux apprécier l'incidence du nouveau texte dans un domaine par définition sensible, puisque réservé à la procédure organique. On doit cependant considérer (Th. Renoux, *op. cit.*, p. 72) que le délai de quinzaine non seulement court à compter de l'enregistrement du texte à la présidence de l'Assemblée saisie mais également, peut très bien s'écouler en dehors de la session parlementaire (en ce sens : décision 123 DC).

L'article 45 de la Constitution permettant de donner le « dernier mot » à l'Assemblée nationale est applicable au vote des lois organiques ; mais, dans ce cas, l'article 46 al. 3 prescrit que, « faute d'accord entre les deux assemblées, le texte ne peut être adopté par l'Assemblée nationale en dernière lecture qu'à la majorité absolue de ses membres ». Le Conseil constitutionnel a fait une application rigoureuse de ces dispositions dans une décision 263 DC du 11 janvier 1990 en considérant qu'une loi organique, faisant référence à des dispositions figurant dans une loi ordinaire et non adoptées selon les conditions de majorité prescrites par l'article 46 al. 3 précité, devait être déclarée inconstitutionnelle de ce chef.

9 . A la suite de la décision précitée du 15 janvier 1960, la question s'est posée de savoir si, la plupart des lois organiques ayant été prises par ordonnances de l'article 92 de la Constitution, et ayant été jugées incontestables par le Conseil constitutionnel dans sa décision *Magistrats musulmans*, il était encore possible de contrôler la constitutionnalité de lois organiques modifiant ces ordonnances.

La décision du 15 janvier 1960 concluait à la conformité à la Constitution d'une « loi organique... (ayant) pour objet de déterminer, notamment par voie de modification de l'ordonnance susvisée du

22 décembre 1958 – *dont la conformité à la Constitution ne peut être contestée* – et dans le même esprit, les règles d'après lesquelles l'accès à la magistrature est ouvert aux Français musulmans... ». De l'incontestabilité ainsi affirmée des ordonnances portant loi organique les premiers commentateurs (L. Hamon, *D.*, 1960, p. 518, note 1 ; Rousset, *S.*, 1960, p. 247 ; Sirat, *D.*, 1960, p. 150) avaient déduit des conséquences importantes non seulement sur le régime de ces ordonnances, mais aussi, indirectement, sur le régime contentieux des lois organiques : il découle de la décision du 15 janvier 1960 que toute loi organique modifiant « dans le même esprit » une ordonnance organique sera déclarée conforme même si elle est contraire à une disposition de la Constitution ou à un principe résultant du Préambule ; et que toute loi organique modifiant une ordonnance organique, en méconnaissant son esprit, c'est-à-dire en touchant à l'essentiel, sera déclarée non conforme à la Constitution. « Ce faisant, comme le dit M. Sirat, le Conseil constitutionnel a reconnu officiellement que la compétence du Parlement en matière organique devra nécessairement se couler, et dans le cadre constitutionnel, ce qui est logique, et dans le cadre organique, fixé sans contrôle par le gouvernement. Désormais, donc, la procédure d'élaboration d'une loi organique ou plus exactement de révision d'une ordonnance organique se trouve limitée strictement par les ordonnances existantes ». Et l'auteur s'appuie sur une déclaration du général de Gaulle, aux termes de laquelle les ordonnances ayant été prises « en vertu des pleins pouvoirs délégués par la nation », le chef de l'État ne voit pas d'autre procédure que de remettre en cause par voie de référendum ou par celle d'élections nouvelles « ce qui a été décidé en vertu de la délégation directe et formelle du peuple français » (conférence de presse du 25 mars 1959, cité par Ch. Sirat, *op. cit.*, p. 159, note 30). On doit déduire de ce qui précède que « toute abrogation de ces textes est nécessairement inconstitutionnelle. En effet, si ces textes sont constitutionnels, tout autre qui en modifierait l'essence ne le serait point. Le Parlement semble donc autorisé seulement à des modifications de détail » (Sirat, *op. cit.*, p. 160).

10 . En fait, des travaux ultérieurs (Le Mire, Renoux, *op. cit.*) analysant la pratique suivie en matière d'édiction et de contrôle de la législation organique ont montré que « le Conseil n'a affirmé cette présomption de conformité qu'à son égard » (Le Mire), et non à l'égard du Parlement qui reste libre de modifier la nature et même l'esprit des textes initiaux. C'est ce que confirme la pratique : en effet, des lois organiques ont modifié ou abrogé des articles importants contenus dans des ordonnances organiques, et il y a même eu abrogation de l'ensemble d'une ordonnance organique (n° 59-226 du 4 février 1959 relative au statut de la magistrature) par l'article 8 de la loi organique n° 76-120 du 5 février 1976 (cf. Th. Renoux, *op. cit.*). Et ces modifications ou abrogations ont été reconnues conformes à la Constitution par le Conseil constitutionnel (voir par exemple la décision 61 DC du 28 janvier 1976, *Rec.* 25, *RJC* I-36).

Les conséquences que les premiers commentateurs de la décision du 15 janvier 1960 avaient cru pouvoir tirer de celle-ci, ne se sont donc pas produites, et l'on peut considérer, alors, que le problème de savoir si le Conseil constitutionnel peut, à l'occasion du contrôle d'une loi organique, mettre en cause un principe précédemment posé par une ordonnance organique, se ramène au problème général du contrôle par voie d'exception des textes législatifs déjà promulgués.

11 . Comme celles présentement commentées, beaucoup de décisions intervenues sur contrôle des lois organiques ont concerné *le statut des magistrats* : elles constituent environ un tiers de l'ensemble. Et cette importante jurisprudence a contribué largement à façonner le statut constitutionnel de l'autorité judiciaire (voir, pour une analyse complète, l'ouvrage précité de Th. Renoux).

En dehors du statut des magistrats, l'intervention du Conseil constitutionnel en matière de contrôle des *lois organiques* a surtout intéressé *l'organisation des pouvoirs publics* : élection du Président de la République, modification du nombre de députés et de sénateurs, inéligibilités et incompatibilités, remplacement des députés et sénateurs, saisine du Conseil constitutionnel.

Depuis la révision constitutionnelle du 25 juin 1992, la loi organique a acquis, par la modification de l'article 74 de la Constitution, une nouvelle compétence, celle de fixer le statut des territoires d'outre-mer. Sur la période 1994-1999, quasiment la moitié des décisions intervenues sur contrôle des lois organiques concernent ce nouveau champ de compétences.

En ce qui concerne cependant l'organisation des pouvoirs publics, il y a lieu de faire une place particulière à la notion de loi organique relative au Sénat. Une application particulière a été consacrée par la Constitution dans l'article 88-3 à propos du droit de vote et d'éligibilité des ressortissants communautaires et a joué pour la première fois sans difficultés, contrairement aux prévisions, en 1998 (98-400 DC, 20 mai 1998).

12 . 4° La notion de *loi organique relative au Sénat* est restée imprécise jusqu'en 1985. En effet, en 1972, à propos de l'affaire des incompatibilités parlementaires, le problème était latent (cf. Larché, *A.J.*, 1972, p. 132) mais il ne fut tranché ni au Parlement, ni par le Conseil constitutionnel dans sa décision du 20 janvier 1972 (46 DC). La question a finalement été traitée complètement par le Conseil dans sa décision du 10 juillet 1985 (195 DC, voir observ. Favoreu in *R.D.P.*, 1986, n° 2, p. 395 et s., § 130 et s.) : bien qu'ayant été soulevée à deux reprises (à propos de la réforme du mode d'élection des députés et du cumul des mandats électoraux) elle n'a donné lieu qu'à une décision parce que, la deuxième fois, le Gouvernement tirant les conséquences de la décision du Conseil, a lui-même admis que s'appliquait ce régime spécial d'adoption des lois organiques.

En effet, il y a deux régimes d'adoption de la loi organique : la procédure normale prévue à l'article 46, al. 1er et 2 de la Constitution, et la procédure exceptionnelle inscrite à l'article 46, al. 3. La procédure normale permet d'avoir recours à l'article 45 et donc de faire adopter une loi organique par la seule Assemblée nationale, en dernière lecture, à condition cependant de réunir la majorité absolue des membres le composant ; tandis que dans le cas prévu à l'alinéa 3 de l'article 46, c'est-à-dire lorsqu'il s'agit d'une loi organique relative au Sénat, l'accord des deux assemblées est requis car ces lois « doivent être votées dans les mêmes termes par les deux assemblées » : ce qui justifie l'appellation parfois utilisée – mais impropre – de « lois organiques bicamérales ». Dans cette dernière hypothèse donc, le Sénat a un droit de veto : d'où l'importance de la définition de la « loi organique relative au Sénat », car une définition extensive conduirait à corriger le caractère inégalitaire du bicaméralisme de la Ve République.

13 . *a)* L'opposition ayant soutenu que la loi électorale, bien que concernant le mode de désignation des seuls députés, pouvait être considérée comme « relative au Sénat », le Conseil constitutionnel s'est attaché dans la décision 195 DC rendue sur contrôle de la loi organique, à préciser la notion de loi organique relative au Sénat et à répondre ainsi aux arguments (non formulés officiellement) de l'opposition, car cela conditionnait la validité de la loi organique votée, en vertu de l'article 45, par la seule Assemblée nationale.

Les principes posés sont les suivants :

> « Considérant que, par les termes "lois organiques relatives au Sénat" employés par l'article 46 de la Constitution, il faut entendre les dispositions législatives qui ont pour objet, dans les domaines réservés aux lois organiques, de poser, de modifier ou d'abroger des règles concernant le Sénat ou qui, sans se donner cet objet à titre principal, n'ont pas moins pour effet de poser, de modifier ou d'abroger des règles le concernant ; qu'en revanche, si une loi organique ne présente pas ces caractères, la seule circonstance que son application affecterait indirectement la situation du Sénat ou de ses membres ne saurait la faire regarder comme relative au Sénat ».

14 . Afin de mieux comprendre le sens de cette décision, il faut rappeler les trois définitions proposées, jusque-là, de la notion de loi organique relative au Sénat : selon une première interprétation donnée par M. Monnerville en 1962 (*L'année politique*, 1962, p. 628), une loi relative au Sénat est une loi consacrée au seul Sénat ou aux seuls sénateurs ; selon une deuxième interprétation, toute loi touchant aux droits du Sénat ou des sénateurs serait relative au Sénat ; enfin, selon une troisième interprétation proposée par M. Larché (*A.J.*, 1972, p. 135), serait relative au Sénat toute loi modifiant la situation actuelle d'une assemblée par rapport à l'autre alors que toute loi modifiant de la même façon le pouvoir de chacune des deux chambres ne serait pas relative au Sénat.

On constate immédiatement que la première interprétation est exclue, mais aussi la troisième car il n'est nullement exigé par le Conseil constitutionnel que la « loi relative au Sénat » modifie de manière inégale la situation de l'une des assemblées. C'est donc clairement la seconde qui a été choisie, c'est-à-dire celle qui est moins restrictive et dont nous avions pensé qu'elle s'imposerait (*G.D.*, 3e éd., p. 248). La conception adoptée est cependant moins large que celle qui avait été avancée avant le vote de la loi électorale et qui consistait à considérer que cette loi était relative au Sénat parce que, l'augmentation du nombre des députés, d'une part, accroîtrait les effectifs du collège chargé d'élire les sénateurs dans chaque département, et, d'autre part, déséquilibrerait la représentation des deux chambres au Congrès lors du vote des lois de révision constitutionnelle. Le Conseil constitutionnel a rejeté les deux arguments au motif que la loi électorale ne touche pas aux règles de composition des collèges électoraux élisant les sénateurs, ou du Congrès, ajoutant, dans le second cas, que la loi ne « prive d'aucun droit ou prérogative les sénateurs en tant que tels ». Ce qui laisse supposer que la participation des sénateurs aux réunions du Congrès n'est pas institutionnelle mais personnelle.

15 . *b)* Le Conseil constitutionnel a également réfuté un argument tenant au principe de l'identité des conditions d'éligibilité et des inéligibilités entre les députés et les sénateurs posé par l'article L. 296 du Code électoral, en montrant que si ce dernier texte « pose le principe de l'identité..., cette disposition générale ne prévaut pas contre les dispositions spéciales ayant également le caractère de lois organiques qui y dérogent » (§ 15).

Et le juge constitutionnel en a profité pour bien préciser ce qui demeurait applicable au Sénat sans changement, ce qui n'était pas inutile compte tenu de la complexité du système résultant de la combinaison de l'ancienne législation avec la nouvelle.

16 . *c)* Dans l'affaire du cumul des mandats électoraux (85-205 DC), il a été soutenu un moment que la loi organique n'était pas relative au Sénat (et donc qu'elle n'avait pas à être votée dans les mêmes termes par les deux assemblées) parce qu'elle ne répondait pas aux critères dégagés par M. Larché en 1972 ou qu'elle ne touchait pas à la situation des sénateurs.

17 . La première position n'était pas défendable, compte tenu des précisions apportées par le Conseil dans sa décision du 10 juillet 1985. La seconde était plus défendable car, effectivement, la loi organique n'avait trait apparemment qu'aux députés. Toutefois, son applicabilité aux sénateurs pouvait être aisément déduite de l'article L. 297 du Code électoral selon lequel « les causes d'incompatibilité sont les mêmes que pour les élections à l'Assemblée nationale ». D'ailleurs, le ministre de l'Intérieur avait reconnu qu'elle s'appliquait aux sénateurs et il n'était donc pas question de déroger au principe d'identité comme en juillet 1985.

18 . La seule hésitation pouvait alors encore venir de ce que la loi était *relative aux sénateurs* et non au Sénat. Mais la décision du 10 juillet 1985 a très logiquement (car du statut des sénateurs dépend aussi celui du Sénat) considéré qu'une loi « relative aux sénateurs » est aussi « relative au Sénat ». Il découle *a contrario* (§ 5) de l'affirmation selon laquelle « ...la seule circonstance que son application affecterait indirectement la situation du Sénat ou de *ses membres* » que si la loi organique concernait directement les membres du Sénat, elle serait relative au Sénat. L'incidente (§ 7) : « ...qui ne touche pas aux règles selon lesquelles sont composés les collèges élisant les sénateurs... » marque bien que la loi n'est pas relative au Sénat parce qu'elle ne touche pas à ces règles ; mêmes remarques aux

considérants 7 et 8. Finalement, cette interprétation a été acceptée et la loi organique relative au cumul des mandats a été votée dans les mêmes termes par les deux assemblées après que le gouvernement et sa majorité eurent fait des concessions substantielles notamment quant à la date d'entrée en vigueur de la réforme.

19 . En matière de lois organiques, le Conseil constitutionnel ne contrôle que ce qui lui est soumis et ne peut donc étendre son contrôle à des lois ordinaires non soumises même si elles sont étroitement liées à la loi organique contrôlée et en conditionnent la portée (68 DC du 15 juillet 1976) : mais *il contrôle tout ce qui lui est soumis* même si telle disposition n'a pas le caractère de disposition de loi organique mais de loi ordinaire (62 DC du 28 janvier 1976).

Et l'on remarquera que, dans ce cas, il n'a pas sanctionné la disposition en question, bien que cette dernière ait été adoptée selon une procédure inadéquate, mais qu'il s'est contenté de la déclasser (sur ce point v. nos observations *in R.D.P.*, 1977, p. 452-453). C'est ce qu'il a fait également dans neuf autres décisions (228 DC, 242 DC, 305 DC, 364 DC, 372 DC, 373 DC, 379 DC, 390 DC, 410 DC).

20 . Il en va tout autrement lorsque les dispositions qui lui sont soumises ont le caractère constitutionnel, puisque, bien évidemment, il ne saurait être question de réviser la Constitution par le biais de la procédure organique (cf. à cet égard la décision 80/81 DC, dans laquelle le Conseil a déclaré non conformes deux textes de loi organique qui, visant à réformer le régime de remplacement des parlementaires, aboutissaient en fait à modifier l'article 25 de la Constitution).

20 bis . Tout comme le domaine législatif ordinaire est protégé de l'incursion du législateur organique par la jurisprudence du déclassement, l'intervention du législateur « ordinaire » dans une matière relevant de la compétence organique sera sanctionnée par l'annulation de la disposition en cause. C'est ce qu'a fait le Conseil constitutionnel à neuf reprises (177 DC du 30 août 1984 (2 cas), 178 DC du 30 août 1984, 217 DC du 18 septembre 1986 (2 cas), 374 DC du 9 avril 1996, 386 DC du 30 décembre 1996, 410 DC du 15 mars 1999).

Le parallélisme entre les mesures de protection des deux domaines n'est cependant pas total dans la mesure où, d'une part, le déclassement ne constitue pas une sanction et, d'autre part, l'examen des lois ordinaires par le Conseil constitutionnel n'est pas obligatoire, comme l'est celui des lois organiques.

IV . La définition de la compétence législative minimum : le contrôle des incompétences négatives

21 . Dans la décision du *26 janvier 1967*, l'annulation de la disposition relative aux conseillers référendaires est motivée par deux inconstitutionnalités : la violation déjà évoquée de l'article 64 de la Constitution mais aussi la méconnaissance, par le législateur, de sa propre compétence ou incompétence négative. La loi organique ayant

en effet renvoyé à un règlement d'administration publique le soin de préciser dans quelles conditions les conseillers référendaires seraient affectés d'office au terme des dix années passées à la Cour de cassation, le Conseil constitutionnel déclare qu'« un règlement d'administration publique ne peut fixer les conditions d'affectation desdits magistrats sans que la loi organique ait déterminé les garanties de nature à concilier les conséquences découlant du caractère temporaire des fonctions de conseiller référendaire à la Cour de cassation avec le principe de l'inamovibilité des magistrats du siège », et en fait un des motifs d'annulation de la disposition critiquée.

22 . Dans un premier temps, cette jurisprudence recevra quelques applications importantes mais assez rares. Dans la décision *Incompatibilités parlementaires* précitée, le Conseil constitutionnel annule une disposition d'une loi organique dans la mesure où elle laisse à chaque Assemblée le soin de déterminer, par la voie de son règlement, l'autorité chargée de se prononcer sur la demande de ses membres quand ceux-ci sollicitent l'autorisation de prendre en cours de mandat des fonctions et emplois mentionnés par ladite disposition, ce qui est « contraire à l'article 25 de la Constitution ». Dans l'affaire *Juge unique* du 23 juillet 1975 (*Rec.* 22, *RJC* I-32 ; *G.D.*, 2e éd., nº 27), le Conseil constitutionnel annule la disposition permettant au président du tribunal de grande instance de renvoyer des dossiers correctionnels soit devant un juge unique soit devant un tribunal collégial.

23 . L'affaire des *nationalisations* (*16 janvier 1982* *), dans laquelle le Conseil constitutionnel sanctionne le renvoi par le législateur aux organes des sociétés nationales en matière de définition des règles relatives aux transferts du secteur public au secteur privé, marque le début d'un renouveau de cette jurisprudence en ce qui concerne, spécifiquement, les relations entre pouvoir législatif et pouvoir réglementaire. De 1982 à 1999 le Conseil constitutionnel a rendu ainsi soixante quatorze décisions : dans vingt d'entre elles et dans vingt cas (162 DC, § 18 et 27 ; 164 DC, § 6 et 15 ; 173 DC, § 4 ; 191 DC, § 5 ; 198 DC, § 12 ; 217 DC, § 35 ; 223 DC, § 14 ; 239 DC, § 5 ; 260 DC, § 37 ; 277 DC, § 25 ; 283 DC, § 43 ; 322 DC, § 12 ; 323 DC, § 16 ; 329 DC, § 24 ; 352 DC, § 14 ; 353/356 DC, § 12 ; 358 DC, § 56) ; 378 DC, § 26 ; 399 DC, § 7 ; 405 DC, § 59) il a prononcé l'annulation des dispositions contestées, soulevant même d'office l'inconstitutionnalité dans six cas (165 DC, § 42 ; 168 DC, § 8 ; 223 DC, § 14 ; 227 DC, § 26 ; 283 DC, § 43 ; 358 DC, § 57) ; dans quarante trois décisions (160 DC, § 14 ; 166 DC, § 2 ; 167 DC, § 23, 26, 29, 31, 34 ; 189 DC, § 17 ; 233 DC, § 11 ; 248 DC, § 13 ; 260 DC, § 28, 42 ; 267 DC, § 20 ; 268 DC, § 44 ; 269 DC, § 17 ; 274 DC, § 13, 24 ; 283 DC, § 39 ; 286 DC, § 17 ; 287 DC, § 28 ; 293 DC, § 12 ; 296 DC, § 27) ; 304 DC, § 8 ; 316 DC, § 22 ; 325 DC, § 79 ; 328 DC, § 12 ; 333 DC, § 9 ; 336 DC, § 9 ; 337 DC, § 5 ; 343/344 DC, § 11 ; 345 DC, § 2 ; 346 DC, § 1 ; 347 DC, § 8 ; 352 DC, § 2 ; 355 DC, § 15 ; 357 DC, § 3 ; 358 DC, § 8, 10, 13, 16,

27, 32 ; 375 DC, § 3 ; 383 DC, § 4, 9, 12, 22 ; 387 DC, § 9 ; 388 DC, § 12 ; 389 DC, § 3, 16, 29 ; 390 DC, § 10 ; 393 DC, § 27 ; 396 DC, § 9 ; 397 DC, § 7, 17 ; 400 DC, § 19 ; 401 DC, § 7, 8 ; 402 DC, § 7 ; 403 DC, § 13, 30 ; 404 DC, § 11, 14 ; 407 DC, § 5, 19, 29) il a rejeté les demandes des requérants. On notera aussi que sur les vingy trois cas d'annulation, dix-neuf concernent la violation de l'article 34, un la violation de l'article 72, alinéa 2 (168 DC, § 8), et un la violation de l'article 6 de la Constitution (353/356 DC, § 12) le législateur n'ayant pas pleinement utilisé les compétences que lui confie cette disposition de la Constitution. Dans chacun de ces cas, le Conseil constitutionnel souligne que le législateur ne doit *« pas abandonner au pouvoir discrétionnaire du gouvernement la fixation des règles »* (162 DC, § 8) ou « abandonner au pouvoir réglementaire le champ d'application de la règle que (la loi) pose » (173 DC, § 4) ; ou bien, il reproche au législateur de ne pas avoir suffisamment précisé le sens de la règle posée, ce qui autorise deux interprétations (191 DC, § 5). Le juge constitutionnel demande donc au législateur de *poser lui-même les règles essentielles*, de façon que l'autorité chargée de les appliquer n'ait pas de marge trop grande d'appréciation.

24 . On peut rapprocher de cette jurisprudence celle relative au principe de la légalité des délits et des peines car là aussi le juge censure le législateur lorsqu'il n'a pas été suffisamment précis :

> « Considérant qu'il résulte de ces dispositions l'obligation pour le législateur de *définir* les infractions en termes suffisamment clairs et précis pour exclure l'arbitraire » *(176 DC, § 6) (V.* infra, *38-14).*

Cette exigence accrue du juge constitutionnel à l'égard du législateur est de nature à renforcer les pouvoirs du législateur et à lui permettre de résister aux demandes du Gouvernement soucieux de se voir déléguer en fait d'assez larges pouvoirs et de ne pas se voir limiter par une législation trop contraignante.

25 . Ceci n'est pas sans rappeler la conception allemande ou autrichienne du principe de légalité tel qu'il est appliqué par les Cours constitutionnelles de ces pays : ainsi en Autriche, il faut que la loi « dispose non pas seulement que des mesures générales quelconques pourront être prises – ce qui serait une simple délégation de compétences – mais quelles mesures doivent être prises, dont elle abandonne d'ailleurs la réglementation de détail au règlement » (Citation de Th. Öhlinger extraite de L. Favoreu, *Les Cours constitutionnelles*, Paris, P.U.F., 3e éd., p. 45).

V . Le contrôle à double détente

26 . On peut noter enfin que s'opère pour la première fois en matière de lois, un *contrôle à double détente* dans la mesure où une disposition annulée par le Conseil constitutionnel dans la décision du *26 janvier 1967* a été reprise dans une loi ultérieure, laquelle a été à son tour contrôlée par le Conseil constitutionnel dans sa décision 33 DC du 12 juillet 1967 (v. aussi *supra* n° **3**-11-12, à propos des règlements d'assemblée). Dans cette dernière décision, le

juge constitutionnel vérifie aussi que le législateur a bien exécuté sa décision du *26 janvier 1967* en prenant lui-même les mesures qu'il avait renvoyées à un règlement d'administration publique :

> « Considérant que la loi organique... a pour objet... l'instauration d'un ensemble de garanties de nature à concilier les conséquences découlant du caractère temporaire des fonctions de conseiller référendaire à la Cour de cassation avec le principe de l'inamovibilité des magistrats du siège, *conformément aux règles rappelées par le Conseil constitutionnel dans sa décision du 26 janvier 1967*».

16

24 janvier 1968

ZUCCARELLI C/ FAGGIANELLI

Droit constitutionnel électoral

Élections législatives. Contrôle de la régularité du scrutin

Décision 67-435, *Rec.* (1967) 196, A.N., Corse, 2e circ..
Article 59 de la Constitution.
Déroulement du scrutin.
Régularité des listes électorales et des feuilles d'émargement.
Validité des bulletins de vote.
Pouvoir de réformation du Conseil constitutionnel.
Portée du secret des délibérations.

RÉFÉRENCES

a) *Notes doctrinales*

b) *Autres références*

- PHILIP (L.) : Le Conseil constitutionnel, juge électoral, *Pouvoirs,* 1986, nº 13, p. 65. - MALIGNER (B.) : Le Conseil constitutionnel et le contentieux des élections législatives de mars 1986, *Les petites affiches,* 1º, 12 et 14 novembre 1986. - FRANCK (C.) : *Droit des élections nationales et locales*, Delmas, 1988. - CAMBY (J.-P.) : *Le Conseil constitutionnel, juge électoral,* Sirey, 1996.

c) *Jurisprudence (décisions d'annulation)*

- Décision du 23 avril 1959, *Rec.* 207 (Réunion, 2e circ.).
- Décision du 5 févr. 1963, *Rec.* 105 (Corse, 1re circ.).
- Décision du 19 févr. 1963, *Rec.* 123 (Réunion, 1re circ.).
- Décision du 19 févr. 1963, *Rec.* 124 (Réunion, 2e circ.).
- Décision du 5 mars 1963, *Rec.* 134 (Corse, 3e circ.).
- Décision du 12 juil. 1967, *Rec.* 171 (Corse, 3e circ.).
- Décision du 25 oct. 1973, *Rec.* 176 (Guadeloupe, 1re circ.).
- Décision du *12 juillet 1978* *, *Rec.* 215 (Paris, 16e circ.).
- Décision du 8 juillet 1986, *Rec.* 107 (Haute-Corse).
- Décisions du 21 juin 1988, *Rec.* 80 et 82 (Oise, 2e et 1re circ.).
- Décision du 23 nov. 1988, *Rec.* 214 (Wallis et Futuna).
- Décision du 21 oct. 1988, *Rec.* 174 (Meurthe-et-Moselle, 2e circ.).

- Décision du 25 nov. 1988, *Rec.* 246 (Bouches-du-Rhône, 6e circ.).
- Décision du 25 nov. 1988, *Rec.* 230 (Seine-Saint-Denis, 11e circ.).
- Décision du 6 oct. 1993, *Rec.* 360 (Marne, 6e circ.).
- Décision du 3 mai 1996, *Rec.* 69 (Sénat, Vaucluse).
- Décision du 23 oct. 1997, *Rec.* 195 (Meurthe-et-Moselle, 4e circ.), écart entre le nombre de bulletins et enveloppes trouvés dans l'urne et celui des émargements.
- Décision du 11 nov. 1998, *Rec.* 30, demande par un juge d'instruction de la communication des pièces d'un dossier, non communication du rapport couvert par le secret des délibérations.
- Décision du 3 fév. 1999, *J.O.* 5 février 1999, p. 1886 (Bouches-du-Rhône, Aubagne), falsification des feuilles d'émargement.

LE CONSEIL CONSTITUTIONNEL,

Vu l'article 59 de la Constitution ;
Vu l'ordonnance du 7 novembre 1958 portant loi organique sur le Conseil constitutionnel ;
Vu le Code électoral ;
Vu la requête présentée pour M. Jean-Gratien Zuccarelli, demeurant à Bastia, 17, boulevard Général de Gaulle, ladite requête enregistrée au secrétariat général du Conseil constitutionnel le 22 mars 1967 et tendant à ce qu'il plaise au Conseil statuer sur les opérations électorales auxquelles il a été procédé le 12 mars 1967 dans la deuxième circonscription de la Corse pour la désignation d'un député à l'Assemblée nationale ;
Vu les observations en défense présentées par M. Jacques Faggianelli, député, lesdites observations enregistrées au secrétariat général du Conseil constitutionnel les 11, 12, 13 et 20 avril 1967 ;
Vu les observations en réplique présentées pour M. Zuccarelli, lesdites observations enregistrées comme ci-dessus le 9 mai 1967 ;
Vu les observations en duplique présentées par M. Faggianelli, lesdites observations enregistrées comme ci-dessus le 23 avril 1967 ;
Vu les autres pièces produites et jointes au dossier ;

Ouï le rapporteur en son rapport ;

Sans qu'il soit besoin d'examiner les autres moyens de la requête ;

1. Considérant qu'il résulte de l'instruction que, dans le sixième bureau de la ville de Bastia, le procès-verbal des opérations électorales, la liste d'émargement et les feuilles de pointage ont disparu sans que la proclamation publique des résultats ait pu être faite ni dans ce bureau ni dans le bureau centralisateur de la ville, contrairement aux prescriptions des articles R. 67 et R. 69 du Code électoral ; que *ces graves irrégularités font obstacle au contrôle par le Conseil constitutionnel de la sincérité des résultats* des opérations électorales dans le sixième bureau ;
2. Considérant que, dans le douzième bureau de Bastia, des individus non identifiés ont, pendant le déroulement des opérations de vote, procédé à *l'enlèvement de l'urne* ainsi que de la liste d'émargement et des dossiers de votes par correspondance ; que si l'urne a été récupérée intacte et scellée, la disparition définitive de la liste d'émargement et des dossiers de votes par correspondance rend impossible la comparaison du nombre des votants et de celui des bulletins et enveloppes trouvés dans l'urne et, de façon générale, ne permet pas au Conseil constitutionnel de contrôler la sincérité des résultats dans ce bureau ;
3. Considérant qu'il résulte des dispositions des articles L. 79 à L. 85 et R. 81 à R. 93 du Code électoral que *la procédure de vote par correspondance présente un caractère exceptionnel* et ne peut être utilisée que suivant un ensemble de règles destinées à garantir la régularité de ce mode de participation au scrutin ;
4. Considérant que des électeurs inscrits sur les listes électorales de la ville de Bastia qui s'étaient rendus dans le département des Alpes-Maritimes pour y assister à une rencontre sportive le jour du scrutin ont voté par correspondance alors *qu'ils n'entraient dans aucune des catégories prévues* aux articles L. 79 à L. 81 du Code électoral ;
5. Considérant qu'il résulte de l'instruction que le nombre des votes par correspondance pris en compte dans les résultats des opérations électorales de la ville de Bastia, s'il reste proportionnellement inférieur à celui de ces mêmes votes émis dans l'ensemble de la circonscription, est cependant sensiblement supérieur à la différence entre, d'une part, le nombre des plis recommandés d'envoi des instruments de vote par correspondance et, d'autre part, le nombre des plis retournés à Bastia, soit que leurs destinataires n'aient pu être touchés, soit qu'ils n'aient pas demandé à voter par correspondance ; qu'il en découle que *de nombreux votes par correspondance n'émanent pas d'électeurs ayant demandé à utiliser ce mode de votation* ;
6. Considérant qu'il résulte de tout ce qui précède qu'il y a lieu d'annuler l'élection contestée,

Décide :

ARTICLE PREMIER. - L'élection législative à laquelle il a été procédé le 12 mars 1967 dans la deuxième circonscription du département de la Corse est annulée.

ART. 2. - La présente décision sera notifiée à l'Assemblée nationale et publiée au *Journal officiel* de la République française.

Délibéré par le Conseil constitutionnel dans sa séance du 24 janvier 1968, où siégeaient MM. Gaston Palewski, président ; Cassin, Deschamps, Monnet, Waline, Antonini, Gilbert-Jules, Michard-Pellissier et Luchaire.

(*J.O.*, 28 janvier 1968, p. 1029).

La composition du Conseil constitutionnel à la date du 24 janvier 1968 était la suivante : M. PALEWSKI (Président), MM. ANTONINI, CASSIN, CHATENET, DUBOIS, LUCHAIRE, MONNET, SAINTENY, WALINE.

OBSERVATIONS

1. Cette décision annulant l'élection de la deuxième circonscription de la Corse soulève le problème du contrôle de la régularité des opérations électorales. Les recours qui invoquaient des irrégularités relatives au déroulement du scrutin ont longtemps été formulés surtout à l'occasion des élections dans les départements d'outre-mer et en Corse. Ailleurs, ces irrégularités étaient relativement moins nombreuses.

2 . La décision du *24 janvier 1968* est significative à cet égard : disparition du procès-verbal et des listes d'émargement dans un bureau de vote, enlèvement de l'urne jetée à la mer dans un autre, vote par correspondance des supporters de l'équipe de football de Bastia en déplacement à Nice... Et encore, le Conseil constitutionnel n'a-t-il pas jugé utile d'examiner tous les moyens de la requête ! Cependant ce sont là des pratiques qui ne sont pas toujours suffisantes pour justifier l'annulation d'une élection. Aussi convient-il d'examiner les éléments sur lesquels le Conseil s'appuie avant de se prononcer. Sa jurisprudence se distingue sur plusieurs points de celle qu'il applique en matière de contrôle de la régularité de la campagne électorale. Ses pouvoirs sont également assez différents.

I. - LA JURISPRUDENCE RELATIVE À LA RÉGULARITÉ DU SCRUTIN

3. Comme en matière de propagande électorale, *les irrégularités concernant le déroulement du scrutin* sont en pratique très nombreuses : retard dans l'ouverture ou la fermeture du scrutin, composition irrégulière des bureaux de vote, électeurs s'abstenant de passer par l'isoloir, irrégularités dans la tenue des feuilles d'émargement et des procès-verbaux, etc. Il est bien rare que toutes les dispositions du code électoral soient scrupuleusement respectées, entre l'ouverture du bureau de vote et la fin des opérations de dépouillement.

Pour que les irrégularités invoquées par le requérant soient examinées, le Conseil constitutionnel exige soit un commencement de preuve, soit qu'elles aient été mentionnées au procès-verbal, sinon elles ne seront pas considérées comme établies. Il exige ensuite que ces irrégularités soient assez nombreuses ou assez graves pour avoir pu affecter la validité d'un nombre suffisant de bulletins et fausser le résultat du scrutin.

4 . La décision rapportée ci-dessus énonce les *trois catégories d'irrégularités* qui, aux yeux du Conseil, sont susceptibles d'entacher de nullité certains bulletins de vote et d'entraîner, éventuellement, l'annulation d'une élection. Cette sanction intervient en effet essentiellement dans trois circonstances : en cas de fraude ou présomption de fraude, d'irrégularités concernant les votes par correspondance (aujourd'hui par procuration) et d'événements rendant impossible tout contrôle sérieux de la sincérité des opérations.

- Lorsque les irrégularités ne revêtent pas un caractère de gravité suffisant, le Conseil rejette les griefs invoqués par les requérants dès lors qu'il n'est pas établi que les faits reprochés ont eu pour but ou pour résultat de favoriser des *fraudes* : irrégularités dans la composition des bureaux de vote, électeurs s'abstenant de passer par l'isoloir (23 avril 1959, *Rec.* 208) ; coupures de courant pendant les opérations de dépouillement (29 juin 1967, *Rec.* 148).

- En revanche, certaines irrégularités, de par leur nature même, supposent une volonté ou, du moins, une possibilité de fraude : expulsion des délégués d'un candidat (19 févr. 1963, *Rec.* 124), bureaux de vote composés de représentants d'un seul candidat (23 avril 1959, *Rec.* 207), absence d'émargement dans certains bureaux de vote (6 octobre 1993, *Rec.* 360), procès-verbaux comportant des rectifications et des surcharges (5 févr. 1963, *Rec.* 103) ; ou transmis avec un retard anormal (5 mars 1963, *Rec.* 134) ; opérations de dépouillement se prolongeant jusqu'à deux heures du matin (12 juil. 1967, *Rec.* 171) ; disparition pendant plusieurs heures de la liste d'émargement (3 mai 1996, *Rec.* 69) ; falsification de la liste d'émargement révélant l'existence d'une fraude organisée (3 fév. 1999).

Dans ces différentes circonstances, le Conseil constitutionnel cherche à déterminer le nombre de bulletins qui ont pu être viciés et il annule l'élection si ce nombre est supérieur au nombre de voix obtenues par l'élu en sus de son rival le plus direct ou de la majorité absolue (5 févr. 1963, *Rec.* 103, 19 févr. 1963, *Rec.* 123 et 6 octobre 1993, *Rec.* 360). Même en cas d'existence de faits graves et répétés de nature à accréditer l'existence d'une manœuvre dans les conditions d'établissement de la liste électorale, il n'annule pas l'élection si l'avance du candidat proclamé élu est trop importante (2 725 voix). Décision du 20 février 1998 (J. Tiberi, Paris, 2e circ.).

- Lorsque les irrégularités sont très nombreuses et particulièrement graves, il n'hésite pas à annuler sans chercher à déterminer le nombre de suffrages qui a pu être affecté : « Considérant que ces irrégularités, par leur nombre et leur gravité, ainsi que le climat de violences réciproques créé dans la circonscription retirent au scrutin tout caractère de sincérité et font obstacle à ce que les résultats de celui-ci puissent être tenus pour valables ; que, dans ces conditions, faute de pouvoir, en l'état du dossier, substituer à ces derniers des résultats qui puissent être regardés comme réguliers, et nonobstant l'écart de voix existant entre le candidat proclamé élu et le requérant, il y a lieu d'annuler l'élection contestée » (Réunion, 2e circ., décision du 19 févr. 1963, *Rec.* 124).

5 . Comme on le sait, la plupart des irrégularités concernant les élections en Corse avaient souvent trait à l'utilisation abusive de la procédure du *vote par correspondance.* Le Conseil constitutionnel se montrait très strict en ce domaine. Il a estimé que cette procédure, prévue par le code électoral, revêt « ...un caractère exceptionnel et ne peut être utilisée qu'au bénéfice de catégories de citoyens limitativement énumérées, suivant un ensemble de règles destinées à garantir la régularité de ce mode de participation au scrutin ». Mais ces formalités étaient rarement respectées et le juge était fréquemment saisi de telles irrégularités. C'est pourquoi le vote par correspondance a été supprimé en 1975.

En ce qui concerne le problème de la nullité des bulletins de vote, jusqu'en 1974, le Conseil constitutionnel retranchait le nombre des bulletins annulés de celui des voix obtenues par le candidat le plus favorisé. Si, après cette soustraction, le candidat proclamé élu n'avait plus la majorité, il annulait l'élection.

Dans une décision *Sallenave* du 14 février 1974, *Rec.* 201 (A.N. Pyrénées-Atlantiques, 1re circ., *D.*, 1974, J. 573, note G. de Grandmaison) le Conseil a modifié sa jurisprudence sur ce point, estimant que « ...l'irrégularité ainsi constatée ne pouvant être imputée à l'un plutôt qu'à l'autre des candidats en présence, il y a lieu, en pareil cas, de retrancher du nombre des voix obtenues *dans chaque bureau de vote*, par le candidat qui y a été le plus favorisé, un nombre de suffrages égal à celui des votes qui ont été irrégulièrement émis dans ce bureau... ».

Depuis 1974, il appliquait ce principe à tous les votes émis dans des conditions irrégulières et qu'il n'était pas possible d'identifier, notamment lorsqu'il y a une différence entre le nombre d'émargements et celui d'enveloppes trouvées dans l'urne. Cela l'amenait très souvent à annuler certains bulletins sans pour autant prononcer l'annulation de l'élection. Mais, il semble être revenu à sa jurisprudence primitive ces dernières années (cf. décisions 1059 du 25 novembre 1988, *Rec.* 236, 1130 du 7 novembre 1989, *Rec.* 95, 23 octobre 1997, *Rec.* 195). Désormais, il fait porter la déduction, non sur les résultats du bureau, mais sur l'ensemble des résultats de la circonscription en supposant que les irrégularités constatées au niveau de la circonscription ont bénéficié au candidat arrivé en tête dans celle-ci.

6 . Normalement, le Conseil ne frappe de nullité que les seuls bulletins qui ont été émis dans des conditions irrégulières. Cependant, il arrive que les irrégularités portent sur les procès-verbaux ou sur les listes d'émargement, c'est-à-dire sur les *moyens* qui permettent au juge de contrôler la sincérité des résultats du bureau de vote. Lorsque les infractions commises font obstacle au contrôle, le Conseil annule

l'ensemble des votes du bureau concerné. C'est ce qu'il fait ici en ce qui concerne le sixième bureau et le douzième bureau.

Il adopte la même attitude, que ces irrégularités laissent présager des fraudes (Corse, 3e circ., 5 mars 1963, *Rec.* 134) ou qu'elles résultent de simples négligences dans la tenue des procès-verbaux (Gard, 2e circ., 12 févr. 1963, *Rec.* 120 ; Hauts-de-Seine, 11e circ., 3 oct. 1968, *Rec.* 65 ; 3 mai 1996, *Rec.* 69). Depuis 1989, afin de limiter les fraudes, les électeurs sont tenus de signer les listes d'émargement et l'absence de signatures peut le conduire à annuler les opérations (Marne, 6e circ., 6 oct. 1993).

II. - Les pouvoirs du juge de l'élection

7. Aux termes de l'article 41 de la loi organique relative au Conseil constitutionnel, « lorsqu'il fait droit à une requête, le Conseil peut, selon les cas, annuler l'élection contestée ou réformer la proclamation faite par la commission de recensement et proclamer le candidat qui a été régulièrement élu ».

Le contentieux électoral s'analyse ainsi comme un contentieux de pleine juridiction et non comme un contentieux de simple annulation. En droit, le Conseil peut exercer son pouvoir de réformation aussi bien à l'occasion d'un recours concernant le déroulement de la campagne électorale que d'un recours dirigé contre le déroulement du scrutin. Le texte ne fait aucune distinction entre les deux types de situation.

Le Conseil constitutionnel, jusqu'à présent, n'a encore jamais usé de son pouvoir de réformation et il ne semble disposé à l'utiliser que dans des limites très étroites.

8. L'exercice du pouvoir de réformation paraît tout d'abord exclu en matière de contrôle de la régularité du déroulement de la campagne électorale. Les irrégularités de propagande, les manœuvres déloyales, les pressions et les inégalités entre les candidats, ne peuvent être sanctionnées que par l'annulation de l'élection et non par une réformation des résultats. Le Conseil constitutionnel, malgré les pouvoirs que lui accorde l'article 41 de la loi organique, veut avant tout éviter des décisions aussi contestables que celles de l'Assemblée nationale en 1956, lors de l'invalidation de certains députés poujadistes.

9. En ce qui concerne le contrôle des opérations électorales, le Conseil use souvent d'un pouvoir de rectification, mais ce pouvoir de rectification ne le conduit pas nécessairement à une réformation de la proclamation des résultats. En fait, on peut distinguer trois situations différentes :

- Le Conseil procède, à la suite de l'annulation de certains bulletins à une *rectification du nombre des voix* obtenues par des candidats, sans que cette modification remette en cause la proclamation de l'élu : « Considérant que, de tout ce qui précède, il résulte que 53 voix doivent être retranchées du nombre des suffrages recueillis par M. Rousset ; qu'après cette déduction, le député élu conserve 24 869 voix et garde ainsi la majorité sur M. Mermaz, qui a obtenu 24 841 voix... » (cf. décision du 19 déc. 1968, A.N., Isère, 5e circ.,

Rec. 165 ; voir également décision du 19 déc. 1968, A.N., Haute-Loire, 2e circ., *Rec.* 152 ; décision 73-622 du 14 juin 1973, A.N., Indre-et-Loire, 2e circ., *Rec.* 165 ; décision du 21 juin 1978, Hérault, 1e circ.).

Ceci peut également se produire lorsque le nombre des bulletins trouvés dans l'urne ne correspond pas à celui des émargements. Dans ce cas, il convient de retenir le moins élevé des deux nombres et de diminuer corrélativement le nombre des votants, celui des suffrages exprimés, ainsi que celui des voix recueillies par le candidat arrivé en tête dans le bureau de vote (jurisprudence Sallenave et décision du *12 juil. 1978* *).

- La rectification opérée par le juge l'amène à prononcer *l'annulation* de l'élection : « considérant qu'à la suite de troubles graves ayant comporté, notamment, l'enlèvement ou le bris des urnes par des manifestants, les maires (de quatre communes) ont décidé d'interrompre le déroulement du scrutin dans tous les bureaux de vote de ces localités ; qu'ainsi les suffrages des 22 221 électeurs inscrits dans ces communes n'ont pu être recueillis ni décomptés ; qu'en ajoutant, conformément à un principe constant, ce nombre d'électeurs aux 21 353 suffrages exprimés dans les autres communes de cette circonscription, le total des suffrages exprimés doit être fixé à 43 574, ce qui porte à 21 788 le chiffre de la majorité absolue ; que le candidat proclamé élu dès le premier tour n'a obtenu que 13 542 voix, c'est-à-dire un nombre de voix inférieur audit chiffre ; que, dès lors... l'élection contestée ne peut être maintenue (cf. décision du 19 févr. 1963, A.N., Réunion, 1re circ., *Rec.* 123).

- C'est le cas également lorsque, comme dans cette affaire, les irrégularités frappent de nullité un nombre de suffrages supérieur à l'écart des voix séparant les deux principaux candidats (cf. également décision du 12 juil. 1967, A.N., Côtes-du-Nord, 1re circ., *Rec.* 181 ; décision du 28 juin 1978, Meurthe-et-Moselle, 1re circ., et *12 juil. 1978* *, Paris, 16e circ.).

10 . Dans quelle hypothèse la rectification opérée par le Conseil peut-elle le conduire à *proclamer élu un autre candidat ?*

La première éventualité concerne la rectification d'une erreur dans le calcul des voix effectué par la commission de recensement. Il est évident qu'en cas d'erreur matérielle dans le calcul des voix attribuées aux différents candidats le Conseil constitutionnel peut procéder à la rectification nécessaire et modifier éventuellement la proclamation de l'élection s'il en résulte un changement de majorité.

L'autre hypothèse concerne le contrôle de la validité des bulletins de vote. Lorsque le juge annule certains bulletins comptés comme valables au candidat proclamé élu, ou inversement, déclare valables des bulletins au nom du requérant qui ont été comptés comme nuls, ces rectifications peuvent conduire à un changement de majorité. Dans de telles circonstances, il est probable que le Conseil ferait usage de son pouvoir de réformation à condition qu'il n'y ait aucun doute sur le candidat auquel il convient d'ajouter ou de soustraire les bulletins litigieux. En revanche, il refuse d'exercer son pouvoir de réformation « ...en l'absence d'éléments permettant de constater, avec certitude, que l'irrégularité a profité à l'un ou à l'autre des candidats » (décision du

12 juil. 1978 *), ou en raison de l'impossibilité de déterminer exactement le nombre de suffrages qui doivent être attribués à chacun des deux candidats (déc. du 3 janvier 1999). Pourtant, dans cette affaire, l'écart n'était que de 20 voix et de graves fraudes avaient entaché le scrutin, notamment les signatures de 33 électeurs figuraient sur les listes d'émargement alors qu'ils n'avaient pas pris part au vote.

La loi organique ne fixe aucune limite au Conseil constitutionnel dans l'exercice de son pouvoir de réformation ; celui-ci apprécie souverainement s'il convient de sanctionner par l'annulation ou la réformation des résultats les irrégularités commises. Cependant, il faut constater que le juge de l'élection ne fait guère usage des prérogatives qui lui sont ainsi reconnues. Depuis 1958, il n'a jamais usé de son pouvoir de réformation. Bien que ce pouvoir soit d'utilisation très dangereuse et délicate, on peut se demander si une trop grande prudence se justifie toujours. En effet, l'annulation de l'élection constitue une sanction beaucoup moins efficace que la réformation des résultats. Il serait souhaitable de voir le juge user parfois de son pouvoir de réformation, notamment en cas de manœuvre particulièrement déloyale ou de fraude particulièrement grave au cours du déroulement du scrutin.

Pour que le juge constitutionnel puisse exercer un contrôle à la fois efficace et équitable sur le déroulement des élections, il doit se faire craindre des candidats et respecter des électeurs ; l'utilisation judicieuse de son pouvoir de réformation lui permettrait, peut-être, de mieux remplir sa mission. Mais c'est évidemment très risqué. Il serait préférable que le législateur ait le courage de généraliser l'inéligibilité temporaire du parlementaire dont l'élection a été annulée. Ceci, uniquement, bien entendu, en cas de comportement coupable de sa part, comme cela se pratique désormais pour le financement des campagnes électorales.

11 . On notera que, depuis 1967, figure au bas des décisions rendues en matière électorale le nom des conseillers ayant participé à la délibération, ce qui n'était pas le cas auparavant.

12 . Si le Conseil constitutionnel, à la différence du Conseil d'État, considère comme nulles les professions de foi utilisées comme bulletin de vote, il se refuse à considérer comme nuls les bulletins irréguliers au regard du code électoral mais qui ne sont « d'aucune manière susceptibles d'entraîner de confusion dans l'esprit des électeurs » (21 juin 1988, Oise, 1re et 2e circ., *Rec.*, 80 et 82).

13 . À la suite d'observations formulées par le Conseil en décembre 1988, la loi organique a été modifiée, afin de renforcer ses pouvoirs, en matière de désignation des présidences des bureaux de vote, après annulation pour fraude des opérations électorales.

III. - Portée du secret des délibérations

14 . Après la décision du 20 février 1998 ayant relevé l'existence de faits graves et répétés dans l'établissement des listes électorales, un juge d'instruction avait demandé au Conseil communication du dossier. Celui-ci, se référant à l'article 81 du code

de procédure pénale, lui a transmis les pièces concernant l'élection de M. J. Tiberi, mais il a considéré que le texte du rapport présenté devant la section d'instruction était couvert par le secret qui s'attache aux délibérations du Conseil constitutionnel au titre de l'article 3 de l'ordonnance organique. Il ne peut être regardé comme une pièce détachable et, par suite, ne pouvait être communiqué.

Il fait, en outre, référence à l'autorité de ses décisions énoncée à l'article 62 de la Constitution.

Cette décision a fait l'objet de critiques dans la presse bien qu'elle paraisse assez fondée. En effet, le Conseil d'État de son côté a estimé que la note du rapporteur, les conclusions du commissaire du gouvernement sur le projet de décision n'ont pas à faire l'objet d'une communication préalable aux parties (4 nov. 1998, *A.J.D.A.*, 1999, p. 69).

17

17 mai 1969

DUCATEL C/ KRIVINE

Droit constitutionnel électoral

Contrôle de la régularité de l'élection présidentielle

Décision du 17 mai 1969, *Rec.* 78, *RJC* V-1.
Article 58 de la Constitution.
Contrôle des opérations préliminaires.
Établissement de la liste des candidats ; contrôle de l'éligibilité.
Contrôle du déroulement de l'élection.
Élargissement du rôle du Conseil en matière de contrôle de la régularité de l'élection présidentielle.

RÉFÉRENCES

a) *Notes doctrinales*

- CLAISSE (A.) : *J.C.P.*, 1970, II, 16271.

b) *Autres références*

- AVRIL (P.) : Aspects juridiques de l'élection présidentielle des 5 et 9 mai 1974, *R.D.P.*, 1974, 1103. - HEN (Ch.) : La répartition des compétences dans le contrôle de l'élection du Président de la République, *Annales de l'Université des sciences sociales de Toulouse,* 1974, 289. - PHILIP (L.) : Les attributions et le rôle du Conseil constitutionnel en matière d'élections et de référendums, *R.D.P.*, 1962, 48. - PHILIP (L.) : La proclamation du résultat de l'élection présidentielle de 1974, *A.J.*, 1974, 376. - VALENS (J.-P.) : Rôle et fonctionnement de la Commission nationale de contrôle de la campagne électorale pour l'élection présidentielle de 1974, *E.D.C.E.*, 1975, p. 41. - GENEVOIS (B.) : Le Conseil constitutionnel et l'élection présidentielle, *R.D.P.*, 1989, nº 1. - ETIEN (R.) : Le Conseil constitutionnel et les élections présidentielles, *R.A.*, 1988, p. 229 et 443. - MALIGNER (B.) : Les aspects contentieux de la proclamation des résultats de l'élection présidentielle de 1988, les *P.A.*, 6 juillet 1988, p. 15. - PHILIP (L.) : La multiplicité des contrôles de la régularité de l'élection présidentielle, in *Campagnes électorales, principe d'égalité et transparence financière*, A.F.C., Economica, 1989, p. 97. - CAMBY (J.-P.) : *Le financement de la vie politique en France*, Clefs, Montchrestien, 1995.

- SCHRAMECK (O.) : Le Conseil constitutionnel et l'élection présidentielle de 1995, *A.J.D.A.*, 1996, nº 1.

c) *Jurisprudence*

- du Conseil constitutionnel

- Proclamations des 8 janv. 1959, *Rec.* 47 ; 28 déc. 1965, *Rec.* 51 ; 19 juin 1969, *Rec.* 87 ; 24 mai 1974, *Rec.* 54 ; 15 mai 1981, *Rec.* 82, 11 mai 1988, *Rec.* 62 et 19 mai 1995 (avec la déclaration de la situation patrimoniale), *Rec.* 60.
- Décision du 14 déc. 1965, *Rec.* 45 (département de la Réunion).
- Décision du 22 déc. 1965, *Rec.* 47 (Mitterrand 1).
- Décision du 28 déc. 1965, *Rec.* 48 (Mitterrand 2).
- Décision du 17 mai 1969, *Rec.* 75 à 80 (Bourquin, C.E.R.E., Sidos).
- Décision du 21 mai 1969, *Rec.* 82 (Hérault).
- Décision du 21 avril 1974, *Rec.* 46, 47 (Lafont et Roustan).
- Décision du 25 avril 1974, *Rec.* 49 (Mitterrand 3).
- Décision du 21 janv. 1981, *Rec.* 65 (Krivine).
- Décision du 24 févr. 1981, *Rec.* 66 (détermination par tirage au sort de l'ordre de la liste des candidats).
- Décision du 9 mars 1981, *Rec.* 67 (incompétence).
- Décision du 19 mars 1981, Nicolo, *Rec.* 67 (incompétence) et Renneman,....
- Décisions du 31 mars 1981, *Rec.* 69 et 70 (incompétence).
- Décisions du 11 avril 1981, *Rec.* 72 (Fouquet, Scherne, Le Pen, établissement de la liste des candidats).
- Décisions du 1er décembre 1987 (Bidalou, Salvan), irrecevables.
- Décision du 22 mars 1988, *Rec.* 45 (Germès), irrecevable.
- Décisions du 5 avril 1995 (Bidalou et Guegan), recours irrecevables, *Rec.* 32.
- Décisions du 9 avril 1995 (Cornut, Lebel, Granger, *Neron*, Caudie, Bidalou et Coubez), réclamations dirigées contre la liste des candidats, demande de report de l'élection, *Rec.* 411.
- Observations relatives à l'élection présidentielle des 23 avril et 7 mai 1995, *Rec.* 139.
- Décision du 12 octobre 1995 relative aux comptes de campagne des candidats, *Rec.* 105 à 135.

- du Conseil d'État

- 6 mai 1966, dame Chaix, *Rec.* 305, incompétence pour examiner la régularité d'une décision concernant les bulletins mis à la disposition des électeurs.
- 1er juillet 1981, Meynaud, *Rec.* 291, incompétence pour examiner la régularité d'une décision relative à la fixation de la liste des présidents de bureau de vote.
- 28 septembre 1983, Bauby, *Rec.* 372, compétence pour examiner, avant le déroulement de l'élection, la régularité d'une circulaire réglementant la distribution des formulaires de présentation à l'élection.

LE CONSEIL CONSTITUTIONNEL,

Vu la Constitution, et notamment ses articles 6 et 7 ;
Vu l'ordonnance du 7 novembre 1958 portant loi organique sur le Conseil constitutionnel ;
Vu la loi nº 62-1292 du 6 novembre relative à l'élection du Président de la République au suffrage universel, et notamment son article 3 ;
Vu la loi du 31 mars 1928 sur le recrutement de l'armée, et notamment son article 7 ;
Vu l'ordonnance nº 58-998 du 24 octobre 1958 portant loi organique relative aux conditions d'éligibilité et aux incompatibilités parlementaires, et notamment son article 3 ;
Vu *le décret nº 64-231 du 14 mars 1964* portant règlement d'administration publique pour l'application de la loi nº 62-1292 du 6 novembre 1962 susvisée, *et notamment son article 7* ;
Vu la décision du Conseil constitutionnel en date du 15 mai 1969 arrêtant la liste des candidats à l'élection du Président de la République ;
Vu la réclamation présentée par M. Louis Ducatel, demeurant 40, avenue Foch, à Paris (XVIe), ladite réclamation enregistrée au secrétariat général du Conseil constitutionnel le 17 mai 1969, et dirigée contre l'établissement de la liste des candidats à la Présidence de la République *arrêtée par le Conseil constitutionnel dans sa décision du 15 mai 1969* ;

Ouï le rapporteur en son rapport ;

1. Considérant que la réclamation de M. Ducatel tend à contester la régularité de la candidature de M. Alain Krivine à la Présidence de la République en raison de sa situation militaire ;
2. Considérant que *toute limitation à l'exercice d'un droit civique ne peut s'interpréter que restrictivement* ;
3. Considérant qu'aux termes de l'article 3-II de la loi nº 62-1292 du 6 novembre 1962 susvisée relative à l'élection du Président de la République au suffrage universel «les opérations électorales sont organisées selon les règles fixées par les articles 1er à 52... du Code électoral» ; que selon l'article L. 44 dudit Code «Tout Français et toute Française ayant vingt-trois ans accomplis peuvent faire acte de candidature et être élus, sous réserve des cas d'incapacité ou d'inéligibilité prévus par la loi» et que le seul cas d'inéligibilité prévu par la loi et relatif à la situation militaire des candidats fait l'objet de l'article L. 45 du même Code, qui dispose que *«nul ne peut être élu s'il ne justifie avoir satisfait aux obligations de la loi sur le recrutement de l'armée»* ;
4. Considérant que l'article L. 45 précité du Code électoral codifie les dispositions de l'article 7 de la loi du 31 mars 1928 relative au recrutement de l'armée, aux termes duquel «nul ne peut être investi de fonctions publiques, même électives, s'il ne justifie avoir satisfait aux obligations imposées par la présente loi», laquelle couvre l'ensemble des obligations militaires dues par les citoyens ; qu'il résulte de cette disposition que le législateur a entendu subordonner l'accès à ces fonctions électives à la condition que les intéressés aient rempli les obligations militaires correspondant à leur âge et à leur situation au regard de la loi sur le recrutement ; que cette condition est donc remplie par ceux qui, étant appelés sous les drapeaux pour accomplir leur service actif, ont déféré à cet appel ; que tel est le cas de M. Alain Krivine ;
5. Considérant que, si les dispositions de l'article 3 de l'ordonnance nº 58-998 du 24 octobre 1958 portant loi organique relative aux conditions d'éligibilité et aux incompatibilités parlementaires subordonnent l'éligibilité aux assemblées parlementaires au fait d'avoir définitivement satisfait aux prescriptions légales concernant le service militaire actif, la différence de situation qui en résulte avec les dispositions précitées de l'article L. 45 ne saurait, *pour surprenante qu'elle soit*, autoriser le Conseil constitutionnel à ajouter une condition d'éligibilité à celles exigées par les dispositions législatives sus-rappelées concernant l'élection du Président de la République.

Décide :

ARTICLE PREMIER. - La réclamation susvisée de M. Ducatel est rejetée.

ART. 2. - La présente décision sera publiée au *Journal officiel* de la République française.

Délibéré par le Conseil constitutionnel dans sa séance du 17 mai 1969, où siégeaient : MM. Gaston Palewski, président, Cassin, Monnet, Waline, Antonini, Sainteny, Dubois, Chatenet et Luchaire.

(*J.O.*, 18 mai 1969, p. 4975).

La composition du Conseil constitutionnel à la date du 17 mai 1969 était la suivante : M. PALEWSKI (Président), MM. ANTONINI, CASSIN, CHATENET, DUBOIS, LUCHAIRE, MONNET, SAINTENY, WALINE.

OBSERVATIONS

1. Le Conseil constitutionnel, comme en matière d'élections parlementaires et de référendum, veille à la régularité de l'élection du Président de la République. Mais, en ce domaine, ses attributions sont nettement plus étendues que celles qu'il exerce au cours des autres consultations. Lors des élections législatives, il n'intervient, sauf exception, qu'après le déroulement du scrutin et son rôle est exclusivement juridictionnel. Lors du référendum, il donne son avis sur l'organisation de la consultation, mais il ne statue que sur les réclamations mentionnées au procès-verbal et concernant le déroulement des opérations. En revanche, s'agissant de l'élection présidentielle, non seulement il exerce des attributions à la fois consultatives et juridictionnelles, mais il statue également immédiatement sur certaines réclamations concernant des actes préalables à l'élection. Sa jurisprudence en ce domaine tend à élargir et non à restreindre l'étendue de sa compétence. En effet, si à l'origine son rôle en matière d'élection présidentielle était relativement modeste et ne le poussait guère à élargir ses attributions, depuis que le chef de l'État est élu au suffrage universel direct, ses attributions ont revêtu une toute autre ampleur.

La décision du *17 mai 1969* est caractéristique de sa jurisprudence à cet égard. Celle-ci s'est formée lors de l'élection de 1965 et a été confirmée de façon éclatante par la proclamation des résultats de l'élection de 1974 et par la réforme constitutionnelle du 18 juin 1976 qui lui confère de nouvelles attributions en ce domaine. Cette évolution s'est encore confirmée, notamment avec la réforme de 1988 sur le financement de la campagne électorale et le contrôle du patrimoine des candidats (*Rec.* 75). Désormais, le Conseil joue un rôle essentiel dans la plupart des phases de l'élection présidentielle, qu'il s'agisse des opérations préliminaires, du déroulement des opérations ou de la proclamation des résultats. Il n'y a qu'en ce qui concerne le déroulement de la campagne électorale que son action demeure secondaire en raison des attributions de la Commission nationale de contrôle et du Conseil supérieur de l'audiovisuel.

I. - LE CONTRÔLE DES OPÉRATIONS PRÉLIMINAIRES

2 . Le Conseil constitutionnel joue un rôle important dans le déroulement des opérations préliminaires à l'élection présidentielle. Il n'est pas simplement consulté par le gouvernement sur l'organisation des opérations, comme en matière de référendum, mais il intervient directement : il vérifie si le cautionnement a été versé, il s'assure du consentement des candidats et il examine si les conditions de présentation (nombre, validité, origine) sont réunies. C'est lui qui, dans une décision, arrête la liste des candidats. C'est lui qui fixait les signes distinctifs attribués à chaque candidat compte tenu de l'ordre de préférence exprimé par chacun (et il a accepté d'examiner la contestation de F.-M. Herraud concernant la figuration de la Croix de Lorraine sur les bulletins de vote de M. Chaban-Delmas). Mais le décret du 11 mars 1980 a abrogé le décret du 28 juillet 1965 qui chargeait le Conseil constitutionnel de vérifier et de contrôler l'attribution des signes distinctifs des candidats à l'élection présidentielle. Enfin, depuis 1988, il reçoit des candidats une déclaration certifiée sur l'honneur présentant leur situation patrimoniale.

Lors des élections de 1965 et de 1988, ces décisions préliminaires n'ont donné lieu à aucune réclamation. En revanche, en 1969, 1974, 1981 et 1995, la décision arrêtant la liste des candidats a fait l'objet de plusieurs réclamations. En 1974, la décision attribuant des signes distinctifs aux candidats a été contestée (décision du 25 avril 1974). Et en 1981, il a été saisi d'un recours sur les conditions d'accès à la candidature (décision du 21 janvier 1981), de même qu'en 1988 (décision du 22 mars 1988).

3 . À première vue, il est assez surprenant que le Conseil ait accepté d'examiner ces réclamations. En matière d'élections législatives, de telles requêtes ne sont, en principe, pas admises *avant* l'élection. Ainsi, le refus par le préfet d'enregistrer une candidature ne peut faire l'objet d'un recours par l'intéressé qu'à l'issue de l'élection. Il en est de même pour le référendum : la liste des partis admis à utiliser les moyens officiels de propagande ne peut être contestée devant le Conseil avant la consultation. En revanche, lorsque c'est la juridiction suprême elle-même qui arrête la liste des candidats à l'élection présidentielle, elle admet les recours. Cette différence peut paraître surprenante car ces réclamations étant dirigées contre une décision du Conseil constitutionnel, leur examen est contraire à l'article 62 de la Constitution, selon lequel les décisions du Conseil ne sont susceptibles d'aucun recours. Dans une décision du 5 mai 1959 (*Rec.* 223), le Conseil avait en effet précisé que cette disposition devait être interprétée comme « ... excluant toute voie de recours contre les décisions du Conseil constitutionnel, notamment en matière électorale, tant devant le Conseil lui-même que devant toute autre juridiction... ». On doit donc considérer que la « décision » qui arrête la liste des candidats n'a pas une nature juridictionnelle mais simplement administrative. Le Conseil constitutionnel agissant alors en tant que simple autorité administrative (v. *L.P.A.*, 3 avril 1998).

L'élargissement par le Conseil, de sa compétence juridictionnelle aux actes préliminaires à l'élection est aussi surprenante, car elle n'est prévue, ni par la Constitution, ni par la loi organique sur le Conseil constitutionnel. Quant à la loi organique du 6 novembre 1962, relative à l'élection du Président de la République, elle dispose expressément que le Conseil veille à la régularité des opérations et examine les réclamations « ...dans les mêmes conditions que celles fixées pour les opérations de référendum ». Or, cette disposition implique que son contrôle juridictionnel, comme en matière de référendum, ne peut s'exercer que sur les recours présentés à l'issue du scrutin.

Si le Conseil constitutionnel a accepté d'examiner des recours dirigés contre l'établissement de la liste des candidats, c'est parce que cette faculté lui a été expressément reconnue par l'article 7 du décret du 14 mars 1964 portant règlement d'administration publique (donc soumis à l'avis du Conseil d'État), pour l'application de la loi du 6 novembre 1962. Le juge administratif semble ainsi avoir moins de scrupules à élargir la compétence du juge électoral que le Conseil constitutionnel lui-même. Mais il est curieux de voir la juridiction suprême accepter sans sourciller l'application d'un décret qui va bien au-delà de ce que prévoit la Constitution. Il est vrai que ce décret est une mesure d'application d'une loi référendaire elle-même incontestable.

On peut, d'autre part, se demander quel est l'intérêt de ces recours devant le Conseil. Il est évident que celui-ci ne va pas revenir sur sa propre décision. En fait, il s'agit moins de recours que de demandes d'explications. Cela permet de faire connaître aux intéressés les motifs du refus de leur inscription ou les motifs de l'inscription de candidats dont l'éligibilité est contestée. Il serait plus simple que le Conseil arrête, dans une décision motivée, la liste des candidats.

Ceci dit, on ne peut que se féliciter de l'élargissement de la compétence du Conseil aux actes préliminaires de l'élection présidentielle. Il s'est avéré entièrement positif, ce qui explique sans doute la jurisprudence Delmas de 1981 en matière d'élections législatives (*supra*, **1**-19).

4 . Sur les cinq réclamations dont le Conseil a été saisi en 1969, contre l'établissement de la liste des candidats, quatre concernaient des personnes dont la candidature n'avait pas été retenue.

Les deux premières ont été déclarées irrecevables ; l'une, parce qu'elle émanait, non d'une personne ayant fait l'objet de présentation, mais d'un organisme : le Centre d'Études et de Recherches Expérimentales ; l'autre, parce qu'elle avait été présentée après l'expiration du délai de recours qui est extrêmement bref (moins de quarante-huit heures).

Les deux autres requêtes ont été rejetées. La première, parce que les présentations ne respectaient pas les conditions de forme prévues par l'article 3 du décret du 14 mars 1964 (renseignements concernant les citoyens admis à présenter un candidat), la seconde parce que le requérant n'avait pas atteint le nombre de présentations requis. Le Conseil, en effet, a été amené à considérer comme nulles quinze présentations, car elles émanaient de personnalités ayant déjà présenté d'autres candidats. Les citoyens qualifiés pour présenter une candidature ne peuvent intervenir qu'en faveur d'un seul candidat. En cas de présentation multiple, le Conseil, en 1969, ne retenait que la première présentation. En 1974, il les a toutes considérées comme nulles, ce qui lui a permis de réduire le nombre des candidatures fantaisistes et de sanctionner l'abus, par certains maires notamment, de leur pouvoir de présentation.

5 . La décision concernant le cinquième recours, qui est rapportée ici, est la plus intéressante, car elle émane, non d'une personne écartée de la liste comme les quatre premières, mais de l'un des candidats. M. Ducatel, en effet, contestait la régularité de la candidature de M. Krivine, qui figurait sur la liste. Il estimait que ce dernier était inéligible et que, par suite, sa candidature n'aurait pas dû être retenue. Cette réclamation soulevait deux problèmes :

- Le Conseil constitutionnel était-il compétent pour statuer sur le problème de l'éligibilité des candidats à la Présidence de la République ?
- M. Krivine devait-il être effectivement considéré comme inéligible ?

6 . La décision du *17 mai 1969* ne fait aucune allusion au problème de la compétence du Conseil, bien que celle-ci soit loin d'être évidente. En effet, aucun texte ne prévoit que le Conseil puisse statuer sur les questions d'éligibilité. Or, en matière électorale, il interprétait jusque-là assez strictement les textes concernant ses attributions (cf. *supra, Rebeuf, 12 décembre 1958* * et *Regroupement national, 23 déc. 1960* *). Lorsqu'aucun texte ne prévoyait son intervention dans une matière, il refusait de statuer sur les litiges la concernant (cf. *supra, demande d'avis, 14 septembre 1961* *). On ne voit pas pourquoi ce principe ne s'appliquerait pas ici, ceci d'autant plus que le régime des inéligibilités est généralement fixé par une loi organique.

Sans doute, comme l'a souligné M. Waline lors des débats préparatoires à la Constitution à propos des élections parlementaires, le contrôle de la régularité d'une élection englobe celui de l'éligibilité. Mais, en ce qui concerne les élections législatives, le Conseil n'intervient pas directement et sa compétence s'exerce toujours *après* le déroulement de l'élection (cf. *infra, Mirtin, 5 juillet 1973* *).

Il ne fait guère de doute que le juge constitutionnel aurait été compétent pour examiner un recours tendant à l'annulation de l'élection et fondé sur l'inéligibilité du candidat proclamé élu. Mais, ici, il ne s'agissait pas de cela. Pourtant, le Conseil a admis sa compétence. Sa décision s'explique par le fait qu'il n'y avait aucune autre juridiction compétente, puisque c'est lui qui enregistre les candidatures. À la vérité, le Conseil supplée à la défaillance du législateur et du gouvernement. Ni l'un ni l'autre n'ont prévu et réglementé le problème de l'éligibilité du Président de la République. Ce n'est pas le seul cas où le Conseil intervient alors qu'aucun texte ne prévoit sa compétence (cf. décision du *23 décembre 1960* * et la déclaration du *3 avril 1974* *), mais il est tout de même étonnant qu'il n'ait consacré aucun motif de sa décision au problème de sa compétence. Il est vrai que cela l'aurait amené à renoncer au principe selon lequel il n'a qu'une compétence d'attribution en matière électorale, principe qui, jusque là, était l'une des caractéristiques de sa jurisprudence électorale.

7 . Sur le fond, le problème était le suivant. En l'absence de texte concernant l'éligibilité du Président de la République, à quelle règle fallait-il se référer : aux conditions générales concernant l'éligibilité prévues par le code électoral ou à l'ordonnance du 24 octobre 1958 portant loi organique relative aux conditions d'éligibilité parlementaire ?

Dans le premier cas, l'article L. 45 du code électoral disposait : « Nul ne peut être élu s'il ne justifie avoir satisfait aux obligations de la loi sur le recrutement de l'armée ». Or, M. Krivine, étant sous les drapeaux, avait satisfait à ces obligations. Dans le second cas, les textes exigeaient d'avoir *définitivement* satisfait aux prescriptions légales concernant le service militaire actif, et, si on les appliquait, M. Krivine devait être considéré comme inéligible.

De sérieux arguments plaidaient en faveur de cette deuxième solution. Il était plus logique d'appliquer un texte relatif aux élections nationales pour lesquelles le juge est le Conseil constitutionnel, plutôt qu'un texte concernant les élections locales dont le contentieux relève du juge administratif. Il était difficile d'imaginer que l'intention du législateur avait été de prévoir des conditions d'éligibilité plus strictes pour l'élection des députés que pour celle du Président de la République. Pouvait-on envisager sérieusement l'éventualité d'un Président de la République, chef des armées, amené à terminer son service militaire comme deuxième classe ? Enfin, ne fallait-il pas interpréter la réglementation de façon à limiter le nombre des candidatures ?

En dépit de ces arguments, le Conseil constitutionnel n'a, semble-t-il, pas hésité à adopter la solution la plus libérale, en s'appuyant sur le principe selon lequel toute limitation à l'exercice d'un droit civique ne peut s'interpréter que restrictivement. Il en tire les conséquences suivantes : il ne peut ajouter, pour l'élection du Président de la République, une condition à celles prévues par le code électoral. Ces dispositions doivent être interprétées strictement. Or, M. Krivine, dès lors qu'il est dans une situation régulière, doit être considéré comme ayant satisfait aux obligations de la loi.

Le Conseil constitutionnel reprend sur ce point la jurisprudence traditionnelle du juge administratif (cf. Trib. adm. Nantes, 4 novembre 1958, *Lebon*, p. 777 : éligibilité d'un candidat militaire retenu sous les drapeaux en Algérie, après la durée légale ; C.E., 13 juillet 1967, *Lebon*, p. 330 : éligibilité d'un sursitaire). Il reste également fidèle à sa propre jurisprudence (cf. décisions du 11 mai 1967, *Rec.* 69, et du 14 novembre 1968, *Rec.* 134).

II. - Le contrôle du déroulement de l'élection

8 . La compétence du Conseil constitutionnel est également très étendue en ce qui concerne *le déroulement de l'élection proprement dite.*

En 1965, le Conseil avait été saisi, par M. Mitterrand, d'une demande tendant à l'annulation des opérations électorales dans la majorité des départements et des territoires d'outre-mer et, à l'occasion de ce recours, le Conseil avait également assez facilement admis sa compétence.

9 . Aux termes de l'article 28 du décret du 14 mars 1964, le Conseil constitutionnel peut être saisi, par le préfet (ou le chef de territoire), des opérations *d'une* circonscription et, par les candidats, de *l'ensemble* des opérations électorales (alors que ce droit n'est pas reconnu aux partis politiques dans le cadre du référendum). Quant aux électeurs, ils n'ont pas le droit de saisir directement le Conseil, ils peuvent seulement contester la régularité des opérations en mentionnant leur réclamation au procès-verbal. Il en résulte qu'une demande d'annulation des opérations dans le département de la Réunion présentée par les représentants, dans ce département, de trois des candidats (et non par les candidats eux-mêmes) est irrecevable (décision du 14 décembre 1965). Cette stricte limitation de la saisine du Conseil est cependant atténuée par le fait que ce dernier a le pouvoir de prononcer l'annulation des opérations sans être saisi directement d'un recours, ceci sur la base des seules réclamations d'électeurs, consignées aux procès-verbaux.

Dans l'examen des requêtes des candidats, le juge de l'élection est tenu de faire respecter et de respecter lui-même des délais très courts. En effet, c'est lui qui proclame les résultats de l'élection et cette proclamation doit avoir lieu dans les dix jours qui suivent le scrutin. Il n'est pas question ici « d'invalider » le Président de la République. Une fois la proclamation effectuée, la régularité de l'élection ne peut plus être contestée et plus aucune réclamation n'est admise.

10 . À la suite des opérations du premier tour, M. Mitterrand avait, le 7 décembre 1965, demandé l'annulation des opérations dans « l'ensemble des départements et territoires d'outre-mer ». Le Conseil constitutionnel lui avait fixé jusqu'au 20 décembre à minuit pour faire connaître la nature et la gravité des irrégularités et, à l'expiration de ce délai, il avait rejeté la requête (décision du 22 décembre 1965, *Rec.* 47). Mais le même requérant l'avait à nouveau saisi, le 21 décembre, d'une contestation concernant les opérations du deuxième tour dans la « majorité des départements et des territoires d'outre-mer », et il avait obtenu un délai expirant le 27 décembre pour présenter ses justifications. Le 23 décembre, le candidat battu demandait une prolongation de deux semaines de ce délai. Le Conseil ne put le lui accorder, car la proclamation des résultats devait intervenir avant le 29 décembre. Comme le requérant, à la date fixée, n'avait apporté aucune des précisions annoncées, le Conseil rejeta la réclamation en précisant qu'après examen des procès-verbaux et des rapports de ses délégués, il n'apparaissait pas que les opérations électorales aient été entachées d'irrégularités susceptibles de fausser la sincérité du scrutin dans les départements et territoires d'outre-mer.

11 . Il ressort de la décision du 22 décembre 1965, en premier lieu, que, contrairement à sa jurisprudence en matière de contentieux des élections parlementaires, le Conseil accepte de statuer sur les

recours dirigés contre les opérations du premier tour de scrutin lorsqu'il y a ballottage.

En second lieu, alors que les recours de M. Mitterrand pouvaient être jugés irrecevables, il accepte ses réclamations dirigées contre les opérations dans certains départements seulement, bien que l'article 28 du décret du 14 mars 1964 dispose que le Conseil peut être saisi par les candidats de « l'ensemble des opérations électorales ». Il y a là également une différence avec la jurisprudence en matière d'élections législatives, où il refuse d'examiner les demandes tendant à l'annulation des opérations dans une seule commune. Ceci s'explique par le fait que, pour l'élection présidentielle, comme en matière de référendum, le Conseil a reçu le pouvoir de prononcer soit l'annulation partielle, soit l'annulation totale des résultats.

12 . Enfin, on peut observer que la compétence de la Haute juridiction ne se borne pas à la régularité de l'élection proprement dite. Ses attributions s'étendent au contrôle de certains actes annexes à l'élection. Selon le Conseil d'État, le Conseil constitutionnel, en tant que juge de l'élection du Président de la République, a compétence non seulement pour examiner les contestations relatives au résultat du scrutin, mais également pour examiner celles concernant les opérations « intimement liées » au déroulement de celui-ci, telles que les instructions adressées aux préfets par le ministre de l'Intérieur au sujet de l'organisation du deuxième tour (cf. C.E., 6 mai 1966, *Dame Chaix*, *A.J.*, 1966, II, 500).

13 . La compétence du Conseil ne s'étend pas pour autant à l'ensemble des contestations relatives à l'élection présidentielle. Si, d'une manière générale, sa compétence est plus étendue qu'en matière de référendum ou d'élections législatives, en ce qui concerne *le déroulement de la campagne électorale*, elle est plus limitée, ce qui n'est pas sans inconvénients.

Le Conseil est compétent en matière de déclaration de candidature, mais il a été déchargé de sa mission générale de surveillance de la campagne électorale. Celle-ci est, en effet, placée sous le contrôle d'une commission nationale composée du vice-président du Conseil d'État, du premier président de la Cour de cassation, du premier président de la Cour des comptes et de deux membres de ces trois juridictions. C'est cette commission qui est chargée de veiller au respect de la réglementation et d'assurer l'égalité entre les candidats. Elle est également compétente pour surveiller le déroulement de la campagne électorale à la radio et à la télévision et fixer le temps d'antenne des candidats (art. 12 du décret 64-231 du 14 mars 1964), alors qu'en matière de référendum, la campagne audio-visuelle se déroule sous le contrôle du Conseil constitutionnel (cf. article 4 du décret du 3 avril 1969, *Rec.* 47). La Commission nationale de contrôle a surtout une mission de surveillance et un rôle consultatif. Elle n'a aucun pouvoir juridictionnel. On peut même se demander si elle a le pouvoir de saisir le Conseil constitutionnel d'un litige concernant le déroulement de la campagne électorale.

Depuis ces dernières années, d'autres organismes peuvent aussi intervenir : la commission de contrôle des sondages avant l'ouverture de la campagne officielle et, surtout, le C.S.A. dont le rôle est très important.

Mais le Conseil retrouve toutes ses compétences en ce qui concerne *le déroulement des opérations électorales*. Il peut désigner les délégués chargés de suivre sur place les opérations. C'est ce qu'il fait notamment pour les départements de la Guadeloupe, de la Martinique et de la Réunion. En 1974, un conflit de compétence l'opposa à ce sujet à la Commission nationale de contrôle. Il s'était ému de voir la Commission désigner des délégués pour suivre le déroulement des opérations dans les départements d'outre-mer, alors que, sur ce point, il est seul compétent.

L'intervention de la Commission nationale de contrôle dans la surveillance du déroulement de la campagne électorale n'est pas très satisfaisante. Ceci, surtout que depuis 1988 le Conseil constitutionnel a reçu compétence pour contrôler le montant des dépenses engagées par les candidats au cours de la campagne électorale.

Compte tenu des termes très généraux de l'article 58 de la Constitution, selon lequel le Conseil constitutionnel veille à la régularité de l'élection du Président de la République, il eût été préférable de confier cette tâche au Conseil lui-même, quitte à ce qu'il fasse appel à la commission de contrôle pour l'assister dans sa tâche. En 1981, 1988 et 1995, aucun conflit n'a opposé le Conseil constitutionnel à la Commission nationale de contrôle, mais cette double compétence n'est pas très heureuse.

14 . *Le recensement général des votes* est effectué sous la surveillance directe du Conseil constitutionnel ; c'est lui qui proclame les résultats du premier tour, puis le résultat définitif. Comme en matière de référendum, il lui appartient, en cas d'irrégularité, de décider s'il maintient les opérations ou s'il prononce leur annulation totale ou partielle.

Les textes ne précisent pas s'il s'agit d'un plein contentieux ou simplement d'un contentieux d'annulation. Le Conseil fait état, dans sa proclamation des résultats, de redressements auxquels il a jugé nécessaire de procéder, ce qui implique un plein contentieux. Il aurait ainsi le pouvoir de proclamer élu un autre candidat que celui qui, d'après les chiffres provisoires, est considéré comme le vainqueur.

C'est une situation qui aurait pu, théoriquement, se produire en 1965, si l'écart séparant les deux candidats avait été plus faible et si le Conseil avait accepté, comme le lui demandait M. Mitterrand, d'annuler les opérations dans les départements et territoires d'outre-mer. Cette annulation se serait traduite par une perte de plus de 440 000 voix pour le général de Gaulle, mais de moins de 66 000 voix pour M. Mitterrand. Une telle éventualité était également envisageable en 1974, puisque 350 000 voix seulement séparaient M. Mitterrand de M. Giscard d'Estaing.

Le juge constitutionnel peut aussi avoir à exercer son pouvoir de réformation pour départager deux candidats arrivés en deuxième rang à l'issue du premier tour. Ce cas aurait pu se produire en 1995 entre MM. Balladur et Chirac. Il s'agirait, là encore, d'une lourde responsabilité pour le Conseil.

Théoriquement, il pourrait annuler l'élection en cas de dépassement par le candidat proclamé élu, du plafond des dépenses fixé par la loi. Cependant, c'est une hypothèse peu probable car il ne dispose pas, en fait, des moyens lui permettant de sanctionner un tel dépassement puisqu'il doit proclamer les résultats de l'élection dans un délai de dix jours, alors que le candidat élu dispose d'un mois pour déposer ses comptes.

15 . Depuis 1974, le Conseil constitutionnel se considère comme le garant de la régularité de l'élection présidentielle. Auparavant, il ne faisait état, dans ses proclamations, que d'indications très sommaires quant aux réclamations dont il était saisi et quant aux modifications auxquelles il procédait. À l'occasion de l'élection de 1974, il a radicalement modifié son attitude à cet égard. Dans sa proclamation du 24 mai 1974, il donne les motifs de l'annulation des opérations qu'il prononce (dont plusieurs sanctionnent l'attitude désinvolte de présidents de bureaux de vote à l'égard des délégués du Conseil). Et, surtout, il donne spontanément son avis sur les lacunes et imperfections de la réglementation concernant l'élection présidentielle dans une déclaration publiée en même temps que la proclamation des résultats (*Rec.* 57).

Ses recommandations ont été suivies d'effet puisque la réglementation de l'élection présidentielle a été sensiblement modifiée.

La révision constitutionnelle du 18 juin 1976, notamment, a prévu le cas du décès d'un candidat. Elle donne au Conseil constitutionnel le pouvoir de décider du report de l'élection et de proroger les délais normalement prévus (cf. nouvel article 7 de la Constitution).

Par sa déclaration de 1974, il affirme son autorité, élargit sa compétence et se considère comme le responsable suprême de l'élection présidentielle.

Cependant, ceci ne signifie pas qu'il doive nécessairement trancher tous les problèmes que pose l'élection présidentielle. Ainsi, en 1981, il s'est refusé à intervenir, comme le lui demandait M. Krivine, à propos du problème de la délivrance des formulaires pour la présentation des candidats à l'élection présidentielle (cf. *R.D.P.*, 1982, p. 136).

En 1995, il a annulé les élections dans 13 bureaux de vote portant sur près de 10 000 suffrages.

Enfin, depuis la loi organique du 19 janvier 1995 relative au financement de la campagne électorale, il revient au Conseil constitutionnel de fixer la somme que le candidat est tenu de reverser au Trésor public en cas de dépassement du plafond des dépenses électorales (90 millions pour le premier tour et 120 pour le second).

À la suite des élections présidentielles de 1995 il a fait, de nouveau, toute une série d'observations concernant la présentation des candidats, la campagne électorale, les opérations de vote et de dépouillement et le contrôle des comptes de campagne (v. J.O. du 16 déc. 1995, p. 18 248).

18

26 juin 1969

PROTECTION DES SITES

(55 L)

Extensibilité du domaine de la loi

Décision 69-55 L, *Rec*. 27, *RJC* II-36.
Article 37, al. 2, de la Constitution.
Appréciation de la nature juridique de certaines dispositions de la loi du 2 mai 1930 sur la protection des monuments naturels et des sites.
Constatation de l'existence d'un nouveau principe général du droit : qui ne dit mot refuse.
Compétence exclusive du législateur pour y apporter des dérogations.

RÉFÉRENCES

a) *Notes doctrinales*

- M. VOISSET : La reconnaissance de l'existence de principes généraux du droit par le Conseil constitutionnel (à propos de la décision du 26 juin 1969), *J.C.P.*, 1969-I-2290 *bis.*

b) *Autres références*

- DETRAGIACHE-TROPER (D.) : Des prescriptions de nature réglementaire correctionnellement sanctionnées, *A.J.*, 1978, p. 411-427. - FAVOREU (L.) : La délégalisation des textes de forme législative par le Conseil constitutionnel, *Mélanges Waline*, II, p. 443. - FRANCK (C.) : *Les fonctions juridictionnelles du Conseil d'État et du Conseil constitutionnel dans l'ordre constitutionnel*, Paris, L.G.D.J., 1974, p. 297. - GROUX : Notes et études documentaires nº 2908 du 28 juillet 1962 (Les diverses implications du principe de l'autonomie des compétences du pouvoir législatif et du pouvoir réglementaire), p. 49. - GUIEZE (J.-L.) : *Le partage des compétences entre la loi et le règlement en matière financière*, Paris, L.G.D.J., 1974, p. 73-75. - MÉLIN-SOUCRAMANIEN (F.) et PINI (J.) (sous la dir. de L. FAVOREU) : « Constitution et droit de l'environnement », *Jurisclasseur du droit de l'environnement*, sous la dir. de C. HUGLO et J. DE MALAFOSSE, 1993, fasc. 050. - MESNARD (A.-H.) : Dix années de jurisprudence du Conseil constitutionnel, *A.J.*, 1970, I, p. 259. - ODENT (R.) : Contentieux administratif, *Les Cours de droit*, 1970-1971. - MESCHERIAKOFF (S.): «La notion de principes généraux du droit dans la jurisprudence récente», *A.J.*, 1978, p. 596-611. - MODERNE (F.) : « Actualité des principes généraux du droit »,

R.F.D.A., 1998, p. 495. - MORANGE (G.) ; Une catégorie juridique ambiguë : les principes généraux du droit, *R.D.P.*, 1977, p. 761.

c) *Jurisprudence*

- du Conseil constitutionnel

• Décision 18 L du *16 janv. 1962* *.
• Décision 57 L du 24 oct. 1969, *Rec.* 32, *RJC* II-38.
• Décision 44 DC du *16 juill. 1971* *.
• Décision 75 L du 21 déc. 1972, *Rec.* 36, *RJC* II-50.
• Décision 80 L du 28 nov. 1973, *Rec.* 45, *RJC* II-57.
• Décision 98-183 L, *J.O.* 7 mai 1998, p. 6964.
• Décision 352 DC du 18 janvier 1995, Rec. 170, *RJC* I-612.

- du Conseil d'État

• C.E., 26 juin 1959, *Syndicat des ingénieurs conseils, R.D.P.*, 1959, p. 1004, concl. Fournier ; G.A., p. 484.
• C.E. Ass., 27 févr. 1970, *Commune de Bozas, A.J.*, 1970, p. 232.
• C.E., 3 févr. 1967, *Confédération des vignerons du Midi, A.J.*, 1967, p. 159, concl. Galmot et p. 159, obs. Lecat et Massot ; *Rev. Sc. crim.*, 1968, p. 841, obs. Légal.
• C.E. Ass., 12 déc. 1969, *Cons. nat. ordre des pharmaciens, A.J.*, 1970, p. 102, concl. Baudouin et p. 90, obs. Denoix de Saint-Marc et Labetoulle.

LE CONSEIL CONSTITUTIONNEL,

Saisi le 2 juin 1969 par le Premier ministre, dans les conditions prévues à l'article 37, al. 2, de la Constitution, d'une demande tendant à l'appréciation de la nature juridique des dispositions...

Vu la Constitution, notamment ses articles 34, 37 et 62 ;

Vu l'ordonnance du 7 novembre 1958, portant loi organique sur le Conseil constitutionnel, notamment ses articles 24, 25 et 26 ;

Vu la loi du 2 mai 1930 ayant pour objet de réorganiser la protection des monuments naturels et des sites de caractère artistique, historique, scientifique, légendaire ou pittoresque, notamment ses articles 4, 9 et 12 ;

Vu la loi du 31 décembre 1913, sur les monuments historiques, notamment ses articles 2 et 13 *bis*, modifiée par la loi du 27 août 1941 et par la loi du 25 février 1943 ;

Vu la loi nº 65-947 du 10 novembre 1965 étendant aux départements d'outre-mer le champ d'application de plusieurs lois relatives à la protection des sites et des monuments historiques ;

Vu l'article 98-1, al. 2, du Code de l'urbanisme et de l'habitation ;

Vu la loi nº 67-1174 du 28 décembre 1967 ;

Vu l'article 44 de la loi nº 67-1253 du 30 décembre 1967 ;

Vu l'article 3 de la loi nº 69-9 du 3 janvier 1969 ;

- En ce qui concerne les dispositions de l'article 4, al. 4 de la loi du 2 mai 1930, telles qu'elles ont été modifiées par l'article 3 de la loi nº 67-1174 du 28 décembre 1967 :

1. Considérant que les dispositions ainsi soumises à l'examen du Conseil constitutionnel tendent à fixer à quatre mois le délai dans lequel les propriétaires de sites ou de monuments naturels inscrits sur la liste départementale prévue par le même article 4 doivent saisir l'administration de leur intention de procéder sur les terrains compris dans les limites fixées par l'arrêté qui a établi la liste dont il s'agit à des travaux autres que ceux d'exploitation courante, en ce qui concerne les fonds ruraux, et d'entretien normal, en ce qui concerne les constructions ;

2. Considérant qu'aux termes de l'article 21 de la loi du 2 mai 1930, tel qu'il a été modifié par l'article 8 de la loi nº 67-1174 du 28 décembre 1967, les infractions aux dispositions de l'article 4, al. 4, susénoncé, sont punies d'une peine correctionnelle ; qu'ainsi l'inobservation du délai prévu audit alinéa est un des éléments constitutifs d'un délit ;

3. Considérant que l'article 34 de la Constitution a réservé à la loi la détermination des crimes et délits ; *que, dès lors, la fixation ainsi que toute modification éventuelle du délai prévu par la disposition susvisée, soumise à l'examen du Conseil constitutionnel, ressortissent à la compétence du législateur ;*

- En ce qui concerne les dispositions de l'article 9, 1er al., et de l'article 12 de la loi du 2 mai 1930, telles qu'elles ont été modifiées respectivement par les articles 6 et 7 de la loi nº 67-1174 du 28 décembre 1967 ;

4. Considérant que les dispositions dont il s'agit sont soumises à l'examen du Conseil constitutionnel en tant seulement qu'elles peuvent être regardées comme conférant un caractère explicite à l'autorisation spéciale que les propriétaires de sites ou de monuments classés ou en instance de classement doivent obtenir du Ministère des Affaires culturelles pour procéder à des modifications de l'état ou de l'aspect de ces sites ou monuments ;

5. Considérant que, d'après un principe général de notre droit, le silence gardé par l'administration vaut décision de rejet et, qu'en l'espèce il ne peut y être dérogé que par une décision législative ;

En ce qui concerne les dispositions de l'article 2, al. 5, et de l'article 13 bis, al. 2, de la loi du 31 décembre 1913 sur les monuments historiques, telles qu'elles ont été modifiées respectivement par la loi du 27 août 1941 et par la loi du 25 février 1943 ;

6. Considérant que ces dispositions sont soumises à l'examen du Conseil constitutionnel en tant seulement qu'elles ont été rendues applicables dans les départements d'outre-mer par la loi nº 65-947 du

10 novembre 1965, et dans la mesure seulement où la première de ces deux dispositions fixe à quatre mois le délai imparti aux propriétaires d'immeubles inscrits à l'inventaire supplémentaire pour faire connaître à l'administration leur intention de procéder à des modifications de leurs immeubles et pour lui indiquer les travaux qu'ils se proposent d'effectuer et où la seconde de ces dispositions prescrit que l'autorisation préalable qu'elle prévoit doit être donnée de manière expresse ;

7. Considérant, en ce qui concerne l'article 2, al. 5, de la loi du 31 décembre 1913, modifiée par la loi du 25 février 1943, que toute infraction aux dispositions dudit article est, en vertu des articles 29 et 30 de ce même texte, punie d'une peine correctionnelle ; qu'ainsi l'inobservation du délai prévu audit alinéa constitue l'un des éléments entrant dans la définition du délit ; que, par suite, et pour des raisons identiques à celles qui ont été précédemment indiquées à l'occasion de l'examen de l'article 4, al. 4, de la loi du 2 mai 1930 modifiée, ces dispositions ressortissant à la compétence du législateur, *leur extension aux départements d'outre-mer relève de la même compétence ;*

8. Considérant, en ce qui concerne l'article 13 *bis* susvisé, que, dans la mesure ci-dessus définie où ses dispositions sont soumises à l'examen du Conseil constitutionnel, lesdites dispositions ne sauraient, en elles-mêmes non plus que par leur extension aux départements d'outre-mer, être regardées comme touchant aux principes fondamentaux de la propriété privée ni à aucun des autres principes fondamentaux ou à aucune des règles qui relèvent de la compétence du législateur en vertu de l'article 34 de la Constitution ;

- *En ce qui concerne les dispositions de l'article 98-1, al. 2, du Code de l'urbanisme et de l'habitation, telles qu'elles résultent de l'article 44 de la loi n^o* 67-1253 *du 30 décembre 1967 et de l'article 3 de la loi n^o* 69-9 *du 3 janvier 1969* ;

9. Considérant que, si le principe selon lequel l'octroi implicite du certificat de conformité des travaux avec le permis de construire peut résulter de l'absence de toute manifestation expresse du désaccord de la part de l'administration au cours du délai qui lui est imparti à cet effet relève de la compétence du législateur, les modalités d'application de ce principe ne mettent en cause aucun des principes fondamentaux ni aucune des règles que l'article 34 de la Constitution a placés dans le domaine de la loi ; que les dispositions dont il s'agit ressortissent donc à la compétence du pouvoir réglementaire,

Décide :

ARTICLE PREMIER. - Ont le caractère législatif, dans la mesure précisée dans les visas et par les motifs de la présente décision, les dispositions de l'article 4, al. 4, de l'article 9, 1er al., et de l'article 12 de la loi du 2 mai 1930 modifiée, ainsi que les dispositions de l'article 2, al. 5, de la loi du 31 décembre 1913 modifiée.

ART. 2 - Ont le caractère réglementaire, les dispositions de l'article 13 *bis*, al. 2, de la loi du 31 décembre 1913 modifiée et de l'article 98-1, al. 2, du Code de l'urbanisme et de l'habitation modifié, soumises à l'examen du Conseil constitutionnel par la demande du Premier ministre en date du 2 juin 1969.

ART. 3. - La présente décision sera notifiée au Premier ministre et publiée au *Journal officiel* de la République française.

Délibéré par le Conseil constitutionnel dans sa séance du 26 juin 1969,
(*J.O.*, 13 juillet 1969, *J.O.*, p. 716).

La composition du Conseil constitutionnel à la date du 26 juin 1969 était la suivante : M. PALEWSKI (Président), MM. ANTONINI, CASSIN, CHATENET, DUBOIS, LUCHAIRE, MONNET, SAINTENY, WALINE.

OBSERVATIONS

1 . Au lendemain du premier tour de l'élection présidentielle de 1969, le Premier ministre saisit le Conseil constitutionnel, en vertu de l'article 37, al. 2, aux fins d'appréciation de la nature juridique de certains articles de trois lois : la loi du 2 mai 1930, relative à la protection des monuments naturels et des sites de caractère artistique, historique, scientifique, légendaire ou pittoresque ; la loi du 31 décembre 1913, sur les monuments historiques, et l'article 98-1 du Code de l'urbanisme et de l'habitation. Les dispositions ainsi soumises au Conseil ont toutes trait à des *délais* impartis aux propriétaires de terrains compris dans le périmètre de sites et monuments naturels classés ou inscrits, ou de monuments historiques figurant à l'inventaire, pour demander l'autorisation de réaliser des travaux et au caractère explicite ou implicite de l'autorisation à obtenir. Ceci semble avoir peu de rapport avec l'élection présidentielle ; pourtant, on peut se demander si la décision du Conseil qui est intervenue le *26 juin* n'a pas été indirectement influencée par les arguments avancés au cours de la campagne présidentielle au sujet de la protection de la nature et de l'environnement. La solution adoptée par la Haute juridiction aboutit en effet à empêcher le gouvernement de libéraliser lui-même le régime d'autorisation des travaux à entreprendre dans les sites et monuments classés ou inscrits et à l'obliger à porter le débat devant le Parlement pour y parvenir.

Et ceci est d'autant plus remarquable que, pour aboutir à cette solution, le Conseil constitutionnel a été conduit à constater l'existence d'un principe général du droit – celui selon lequel « le silence gardé par l'administration vaut décision de rejet » –, *afin de réserver à la compétence du législateur la modification du principe de l'autorisation* (explicite ou implicite). Ceci constitue évidemment le principal intérêt de la décision du *26 juin*. En effet, il apparaît aujourd'hui que la véritable portée de cette décision réside dans l'extensibilité du domaine de la loi qu'elle consacre, en admettant que toute modification ou toute atteinte à un principe général de droit entraîne la compétence législative y compris dans des matières en principe réservées au pouvoir réglementaire.

Mais elle permet aussi de situer les principes généraux du droit dans la hiérarchie des normes comme vient de le montrer la décision 352 DC du 18 janvier 1995.

2 . Dans la décision du *26 juin*, le Haut Conseil a constaté l'existence d'un principe général du droit jusqu'alors non reconnu par le juge administratif : « Considérant que d'après un principe général de notre droit le silence gardé par l'administration vaut décision de rejet... ».

3 . D'où le juge constitutionnel a-t-il tiré cette règle selon laquelle « qui ne dit mot refuse » ?

On pense immédiatement, bien sûr, à la règle de procédure introduite en 1864, puis généralisée par la loi du 7 juillet 1900, d'après laquelle le silence gardé pendant quatre mois par une autorité administrative équivaut à une décision de rejet susceptible de recours devant le Conseil d'État. Il s'agissait surtout de faire obstacle au blocage qui aurait pu résulter du jeu de la règle de la décision préalable. Lorsque les tribunaux administratifs devinrent juges de droit commun en 1953, la règle leur fut étendue. Mais malgré cela, le Conseil d'État n'y voyait pas une règle de portée générale et il fallut l'article 1er de la loi du 7 juin 1956, repris par le décret du 15 janvier 1965, pour la rendre applicable à tous les cas. Selon Mlle Voisset (Chron., § 14), « On peut... considérer que c'est précisément cette généralisation opérée en droit administratif par le législateur qui a conduit le Conseil constitutionnel à élever la règle suivant laquelle le silence de l'administration vaut décision de rejet, au rang de principe général ».

Toutefois, cette règle de caractère procédural avait somme toute peu de rapports avec le problème posé : les dispositions soumises au Conseil prévoyaient que « l'autorisation spéciale que les propriétaires de sites ou de monuments classés ou en instance de classement doivent obtenir du Ministère des Affaires culturelles pour procéder à des modifications de l'état ou de l'aspect de ces sites ou monuments » devait être *explicite* ; apparemment, le gouvernement voulait substituer à ce système d'autorisation explicite un système d'autorisation implicite découlant du silence gardé pendant un certain temps par l'administration sur la demande d'autorisation ; le Conseil constitutionnel lui dénie compétence pour le faire, au motif que ce serait déroger à un principe général du droit, et que seul le législateur peut ainsi apporter une telle dérogation.

L'application du principe selon lequel le silence vaut rejet est d'autant plus étonnante en l'espèce que, dans de nombreux cas du même type, le législateur prévoit que le silence vaut autorisation ou approbation implicite : ainsi, le silence gardé par l'autorité compétente vaut octroi implicite du certificat de conformité des travaux avec le permis de construire, comme le constate le Conseil lui-même dans le dernier considérant de la présente décision ; le silence gardé par l'autorité de tutelle vaut approbation de la décision de l'autorité décentralisée, etc.

4 . On peut se demander alors, comme le suggère pertinemment Mlle Voisset (Chron., § 14), si le Conseil constitutionnel n'a pas été conduit à adopter cette position pour des raisons tenant aux circonstances de l'affaire et s'il n'a pas « été mu par l'idée » qu'il se faisait de la nécessité de défendre les sites face notamment aux initiatives des promoteurs et à la spéculation immobilière ; en recourant à la théorie des principes généraux du droit, il enfermait le gouvernement dans un dilemme : ou bien susciter des réactions parlementaires sous forme de questions orales ou écrites s'il laissait porter atteinte à un site particulièrement connu, ou encore une campagne de presse, ou bien porter le débat tout de suite devant le Parlement pour modifier le système et provoquer ainsi au moins une discussion générale, et Mlle Voisset fait allusion au fait que, pendant la campagne présidentielle, l'affaire du Parc de la Vanoise a été évoquée et l'arbitrage du Président de la République demandé. Or, la décision du Conseil a été prise quelques jours après la fin de cette campagne.

Avec quelques années de recul, le professeur Waline, qui siégeait à l'époque au Conseil constitutionnel, est venu apporter une confirmation de cette hypothèse en écrivant que, dans la décision du 26 juin 1969, « la position (du Conseil constitutionnel) est infiniment plus protectrice de la nature et de l'environnement » que celle du Conseil d'État, car elle fait obstacle à une réglementation qui, en multipliant les autorisations tacites, est à l'origine d'une dégradation de l'environnement. Et M. Waline conclut : « En matière de protection de la nature et de l'environnement, il *faudrait* proscrire absolument toute autorisation ou dérogation tacite. Et *c'est ce qui fait la valeur de la règle* qu'avait cru pouvoir affirmer le Conseil constitutionnel » (*R.D.P.*, 1974, p. 1150).

L'affaire jugée le 18 janvier 1995 (352 DC) montre aussi qu'en matière de liberté individuelle la prohibition d'autorisations implicites peut avoir un sens puisque le Conseil constitutionnel estime que, dans certains cas, même le législateur ne peut l'autoriser. On notera cependant que le législateur a, pour simplifier la vie des administrés, généralisé le système de l'autorisation implicite. Mais il a fallu une loi.

5 . Au-delà des circonstances de l'affaire, on peut trouver une justification générale à la prise de position de la Haute juridiction, en changeant quelque peu la formulation de son argumentation. En réalité, on observera que chaque fois qu'est prévue une autorisation ou une approbation implicite ou explicite, c'est le législateur qui décide si la décision peut avoir un caractère implicite ou explicite : c'est le cas du certificat de conformité et d'approbation de l'autorité de tutelle dans les hypothèses précitées. Le Conseil constitutionnel ne le dit-il pas d'ailleurs lui-même dans le dernier considérant de sa décision du *26 juin* : « Considérant que, si le principe selon lequel l'octroi implicite du certificat de conformité des travaux... relève de la compétence du législateur, les modalités d'application de ce principe.... ressortissent... à la compétence du pouvoir réglementaire ». En sorte que le juge constitutionnel aurait pu se baser sur le fait, qu'en règle générale, seul le législateur est compétent pour décider qu'une autorisation ou un refus devra revêtir un caractère explicite ou implicite. Et cette règle se comprend, car, comme c'est l'attitude de l'administration qu'il s'agit d'interpréter, voire de surveiller, il est logique que la détermination du sens de son attitude ne dépende pas d'elle, mais du législateur.

C'est en ce sens qu'il faut interpréter la décision 94-352 DC dans laquelle le Conseil constitutionnel estime que le législateur se rend coupable d'incompétence négative en laissant à l'administration trop de latitude en matière d'autorisations touchant à la liberté individuelle.

6 . En toute hypothèse, le juge constitutionnel créait par là un risque de contrariété avec la jurisprudence du Conseil d'État.

Ce risque n'a pas manqué de se réaliser, et si vite, que l'on peut se demander si le juge administratif n'a pas voulu assez rapidement répondre à l'initiative du juge constitutionnel, lorsque moins d'un an plus tard, le Conseil d'État, qui n'a jamais admis que cela constitue un principe général, reconnaît la validité d'un décret qui prévoit la délivrance du permis de construire *tacite* en cas de silence de l'administration (C.E., Ass., 27 févr. 1970, *Cne de Bozas*). Implicitement, donc, le Conseil d'État rejette l'application du principe général selon lequel le silence vaut refus.

Le Conseil constitutionnel a cependant maintenu sa position dans la décision 352 DC :

> « (Considérant que) le législateur peut déroger au principe général selon lequel le silence de l'administration pendant un délai déterminé vaut rejet de la demande ».

I. - L'EXTENSIBILITÉ DU DOMAINE LÉGISLATIF

7 . La décision du *26 juin* a une portée essentielle : elle implique, potentiellement, *un élargissement considérable de la compétence législative* et, corrélativement, un cantonnement de la compétence réglementaire.

8 . 1° En décidant, en effet, que *toute atteinte à un principe général du droit ne pourra être faite que par la loi*, et en incluant dans la liste tous les principes déjà dégagés ou à dégager par le Conseil d'État et le Conseil constitutionnel, on ouvre un champ très vaste et, qui plus est, extensible, au pouvoir législatif. Par ailleurs, en refusant au pouvoir réglementaire le droit de porter atteinte à un principe général du droit, le Conseil constitutionnel assure, indirectement mais sûrement, un contrôle de la formation des décrets ; et le respect des principes généraux par les décrets est d'autant plus efficace que le Conseil constitutionnel envisage d'office et de manière systématique (cf. *Mélanges Waline*, p. 440) la conformité de la modification par le gouvernement aux principes généraux du droit.

En définitive, comme le montre un auteur particulièrement qualifié, M. Luchaire (p. 506), c'est « une extension considérable de la compétence législative, et cette fois en dehors de tout texte constitutionnel ou organique, (qui) a été réalisée lorsque le Conseil constitutionnel a placé dans le domaine législatif *les dérogations aux principes généraux du droit* ».

On constate donc, encore une fois, et ici de manière éclatante, que, loin de chercher à restreindre systématiquement la compétence du Parlement au profit de celle du gouvernement, le Conseil constitutionnel, souvent, élargit le domaine du pouvoir législatif.

9 . 2° Cette évolution a été parachevée par la décision du 28 novembre 1973 (*mesures privatives de liberté*) qui a tiré de la Déclaration des droits elle-même la possibilité de fonder la compétence législative.

10 . *a)* Dans un premier temps, le Conseil constitutionnel a défini le domaine de la loi par référence au seul article 34 de la Constitution. Certes, c'est le principal texte en la matière, mais ce n'est pas le seul. M. Groux notait, en 1962, que l'intervention du législateur était prévue par divers articles, soit sous forme de loi ordinaire (article 3 al. 4, 34, 36, 47 al. 1er, 53 al. 1er et 2, 72 al. 1er

et 2, 73, 74), soit sous la forme de loi organique (les vingt cas prévus par la Constitution) ; et qu'elle pouvait découler aussi du Préambule.

En effet, « l'article 37, al. 1er, attribue au pouvoir réglementaire la connaissance des matières autres que celles qui relèvent du domaine de la loi, sans préciser si ces matières sont seulement celles qui résultent de l'énumération donnée à l'article 34. Il y a donc lieu de regarder comme matières législatives toutes celles qui, en dehors de la liste de l'article 34, peuvent être considérées comme telles en vertu d'autres articles de la Constitution et du Préambule de celle-ci ».

De 1959 à 1965, le Conseil constitutionnel ignore cette interprétation, somme toute logique, de l'article 37, al. 1er ; dans toutes ses décisions prises en vertu de l'article 37, al. 2, il ne vise que les articles 34, 37 et 62, même lorsque la matière examinée appellerait la référence à d'autres articles tels que les articles 3, al. 4 (20 L du 4 déc. 1962, *Rec.* 34, *RJC* II-11) ou 72 (29 L du 12 mai 1964, *Rec.* 37, *RJC* II-17) (alors qu'ultérieurement l'article 72 sera invoqué et appliqué dans les hypothèses semblables : cf. 52 L du 27 févr. 1969). On aurait compris cette réserve si avait été retenue dans le texte définitif la formule mise au point par le Comité consultatif constitutionnel (la rédaction en est due à un sous-amendement Dejean à l'amendement F. Valentin [Débats C.C.C., p. 110] et selon laquelle « les décrets (modificatifs des textes de forme législative) ne peuvent être pris que si le Conseil constitutionnel a déclaré qu'ils ne sont pas contraires aux dispositions de l'article 31 » (futur article 34). Mais cette formule fut écartée dans la rédaction définitive au profit de celle, beaucoup plus large, selon laquelle la modification par décret des textes de forme législative ne pourra intervenir que si « le Conseil constitutionnel a déclaré qu'ils ont un caractère réglementaire en vertu de l'alinéa précédent ».

11 . *b)* En fait, dès qu'elle a eu à se prononcer véritablement (dans les cas précités, l'article 34 reprenait dans une certaine mesure les dispositions des articles 3 et 72) sur un cas de définition du domaine de la loi par référence à d'autres dispositions que celles de l'article 34, la Haute juridiction a pris nettement position. Mais elle l'a fait de manière si éclatante que, désormais, la seule référence à l'article 34 ne se conçoit plus, sinon comme référence au texte de base. En effet, dans une décision 34 L du 2 juillet 1965 (*Rec.* 75, *RJC* II-20), le Conseil constitutionnel a expressément déclaré : « Considérant que, d'après l'article 34 de la Constitution, “les matières autres que celles qui sont du domaine de la loi ont un caractère réglementaire” et que “ce domaine est déterminé non seulement par l'article 34, *mais aussi par d'autres dispositions de la Constitution* et notamment ses articles 72 à 74” » [souligné par nous].

12 . À partir de cette décision, le Conseil constitutionnel a ainsi défini le domaine de la loi par référence aux articles 72, 73, 74 et 76 combinés avec l'article 34 (les quatre articles : Conseil constitutionnel, 2 juill. 1965 précité. Art. 72 seul : 52 L du 27 févr. 1969, *Rec.* 21, *RJC* II-34 ; 64 L du 13 nov. 1970, *Rec.* 43, *RJC* II-42 ; 69 L du 1er avril 1971, *Rec.* 37, *RJC* II-45 ; 70 L du 23 avril 1971, *Rec.* 39, *RJC* II-46 ; 76 L du 20 févr. 1973,

Rec. 29, *RJC* II-51. Art. 73 seul : 62 L du 21 mai 1970, *Rec.* 39, *RJC* II-41). Dans ces cas, le domaine du règlement a été défini par opposition au domaine de la loi ordinaire tel que déterminé par les articles précités. Mais il l'a été aussi par opposition au domaine de la loi organique tel que défini par l'article 64 de la Constitution relatif au statut des magistrats (81 L du 19 déc. 1973, *Rec.* 51, *RJC* II-60).

13 . La Haute juridiction a également considéré que les lois organiques elles-mêmes, au même titre que la Constitution, pouvaient être source de la compétence législative (12 L du 17 févr. 1961, *Rec.* 34, *RJC* II-6 ; 19 L du 3 avril 1962, *Rec.* 33, *RJC* II-10 ; 38 L du 10 mars 1966, *Rec.* 26, *RJC* II-23 ; 57 L du 24 oct. 1969, *Rec.* 32, *RJC* II-38 ; 61 L du 23 févr. 1970, *Rec.* 37, *RJC* II-40). Comme nous le notons, « ceci est particulièrement net dans la décision du 3 avril 1962, dans laquelle le Conseil, après avoir constaté que la disposition examinée ne rentre pas dans les matières que l'article 34 réserve au législateur, vérifie qu'elle n'est pas davantage au nombre des dispositions législatives dont l'article 1er de ladite ordonnance (portant loi organique) prévoit l'inclusion dans une loi de finances », pour en conclure que « dès lors, et en vertu de l'article 37 de la Constitution, la disposition dont il s'agit ressortit à la compétence dévolue au pouvoir réglementaire ». On peut se demander toutefois si la solution est valable pour toutes les lois organiques ou seulement pour les deux auxquelles renvoie expressément l'article 34 (loi organique sur les lois de finances et loi pouvant éventuellement compléter l'article 34), comme le pensait M. Waline en 1960. M. Luchaire (*op. cit.*, p. 566) ne fait pas de réserves quant à lui. Mais on notera que, jusqu'ici, cela ne s'est produit qu'à propos de la loi organique sur les lois de finances.

14 . *c)* La décision du 28 novembre 1973 complète cette jurisprudence, dans la mesure où elle fait découler la compétence législative, pour la première fois, du Préambule, ce qui parachève ainsi l'évolution et donne au domaine législatif de grandes possibilités d'extension, au détriment, évidemment, du pouvoir réglementaire.

La compétence législative peut donc découler maintenant des divers articles de la Déclaration des droits, du Préambule de la Constitution de 1946 et des principes fondamentaux reconnus par les lois de la République. Qui plus est, en combinant pour la première fois Préambule et articles de la Constitution en utilisant une méthode d'interprétation qui vise à tirer globalement d'un ensemble de dispositions une règle qui prévaut contre une interprétation littérale de l'article 34, le Conseil constitutionnel a consacré des possibilités d'élargissement considérable du domaine législatif, surtout si on rapproche cette décision de la présente décision du *26 juin 1969*.

15 . 3° Cela va même plus loin, car, en définitive, la décision du *26 juin 1969 permet de modifier le mécanisme même de répartition des compétences.*

En effet, la matière même dans laquelle voulait intervenir le gouvernement est réglementaire : mais il résulte de la décision du Conseil que, même « autonome », le pouvoir réglementaire ne pourra pas prendre seul certaines mesures, même dans son domaine réservé, parce qu'elles sont contraires à un principe général du droit ; il lui faudra donc d'abord faire prévoir cette dérogation par le législateur et ensuite édicter ses mesures. C'est ce qui a été consacré dans la présente affaire, et aussi dans celle du 24 octobre 1969 (École polytechnique) : la rémunération pour services rendus est une matière exclue formellement du domaine de la loi par l'article 34 de la Constitution et l'article 5 de l'ordonnance organique relative aux lois de finances ; pourtant, le Conseil constitutionnel réintroduit la compétence du législateur pour apporter une dérogation à un principe général du droit. Peut-on alors parler d'un domaine réservé au pouvoir réglementaire autonome ?

Qui plus est, comme le dit fort pertinemment M. Guièze « si l'on admet qu'une loi peut intervenir en matière réglementaire pour autoriser l'autorité réglementaire à déroger à un principe général du droit, il faut bien admettre que le règlement devra, à peine d'annulation, respecter les limites de la dérogation autorisée ». Ce qui revient à dire que le règlement « autonome » devra respecter la loi (et pas seulement les principes généraux du droit). Mais qu'en est-il alors exactement du pouvoir réglementaire dit autonome s'il n'a plus un domaine réservé et s'il doit respecter la loi ? (Voir observations sous C.C., *27 nov. 1959*, *R.A.T.P.* *).

16 . 4° S'il y a cependant un domaine qui résiste à l'invasion du législateur, c'est celui de la répartition des compétences entre les autorités administratives de l'État. La formule habituellement utilisée est celle-ci :

> « Considérant que ces dispositions, qui tendent seulement à désigner l'autorité habilitée à exercer au nom du gouvernement des attributions qui, en vertu de la loi, appartiennent à celui-ci, ne mettent pas en cause les principes fondamentaux du "régime de la propriété" et ressortissent dès lors à la compétence réglementaire ».

C'est là l'application d'une jurisprudence fermement établie depuis 1964 et selon laquelle, « quelle que soit la matière considérée... la répartition des attributions entre les diverses autorités relevant du pouvoir exécutif... » est du domaine du règlement (Odent, *op. cit.*, p. 196). Cette jurisprudence a été inaugurée à propos de l'exercice de la tutelle : dès l'instant que la loi a déterminé le domaine de la tutelle administrative qui s'exerce sur les collectivités locales... « il appartient au pouvoir réglementaire de répartir, dans les limites ainsi tracées, les attributions de cette tutelle entre les diverses autorités susceptibles de l'exercer » (64-29 L du 12 mai 1964, *Rec.* 37, *RJC* II-17). Voir aussi à propos de la tutelle ou des collectivités locales en général : 49 L du 12 déc. 1967, *Rec.* 39, *RJC* II-32 ; 52 L du 27 févr. 1969 ; 63 L du 9 juill. 1970, *Rec.* 41, *RJC* II-41 ; 64 L du 13 nov. 1970, *Rec.* 43, *RJC* II-42 ; 69 L du 1er avril 1971, *Rec.* 37, *RJC* II-45 ; 70 L du 23 avril 1971, *Rec.* 39, *RJC* II-46 ; 71 L du 29 févr. 1972, *Rec.* 27, *RJC* II-47. La même solution est appliquée, même lorsque les collectivités locales ne sont pas concernées (33 L du 9 févr. 1965, *Rec.* 73, *RJC* II-19 ; 60 L du 23 févr. 1970, *Rec.* 35, *RJC* II-40).

Le principe est valable, qu'il s'agisse de répartition entre de simples autorités administratives (comme dans les cas précités) ou entre autorités ministérielles ou gouvernementales (56 L du 9 juill. 1969, *Rec.* 31, *RJC* II-38 ; 59 L du 23 févr. 1970, *Rec.* 33, *RJC* II-39 ; 62 L du 21 mai 1970, *Rec.* 39, *RJC* II-41 ; 82 L du 21 mai 1974, *Rec.* 27, *RJC* II-60).

17 . Pour R. Odent, il faut, semble-t-il, réserver le cas où l'attribution de compétence à une autorité déterminée « constitue pour les intéressés une garantie qui tient justement à la qualité de cette autorité (par exemple s'il s'agit d'un ministre moins soumis aux influences locales qu'une autorité déconcentrée) ». Ceci n'a pas encore été jugé par le Conseil constitutionnel, mais R. Odent voit une indication en ce sens dans une décision du 24 octobre 1969 (*Rec.* 34), qui considère comme une garantie de la compétence du législateur la composition d'une commission appelée à donner un avis conforme avant une déclaration d'utilité publique.

18 . Dans la décision précitée du 28 novembre 1973, le même raisonnement est appliqué non plus seulement à la séparation des compétences entre autorités administratives, mais entre autorités judiciaires.

Donner compétence à l'autorité judiciaire pour désigner un expert est une « garantie » qui relève de la loi ; mais préciser « l'autorité judiciaire compétente pour procéder à la désignation » relève du pouvoir réglementaire.

II. - La décision du 26 juin 1969 marque-t-elle la fin d'une divergence entre les jurisprudences constitutionnelle et administrative ?

19 . La décision du *26 juin 1969* est parfois présentée comme marquant la fin d'une *divergence de jurisprudences* entre les deux Hauts Conseils.

En fait, il semble qu'il n'y ait jamais eu divergence entre les deux jurisprudences, si l'on en croit du moins Mme Detragiache (*A.J.*, 1978, p. 419), qui, au terme d'une démonstration très convaincante, fait apparaître l'unité réelle des deux démarches.

La « divergence » peut être exposée ainsi selon la présentation traditionnelle : dans des décisions des 17 mars 1964, 2 juillet 1965 et 27 février 1967, le Conseil constitutionnel a jugé que la définition des infractions et de la fixation des peines réprimant celles-ci sont deux choses distinctes, et qu'en conséquence la définition d'infractions punies de peines correctionnelles ou criminelles ne relève pas forcément du législateur ; en d'autres termes, le fait que des peines correctionnelles sanctionnent la méconnaissance de mesures par nature réglementaires ne change pas le caractère de ces mesures, qui demeurent réglementaires. Le Conseil d'État a adopté une position directement contraire dans l'arrêt *Confédération générale des Vignerons du Midi* (C.E., 2 févr. 1967, *A.J.*, 1967, p. 159, concl. Galmot) : si une peine correctionnelle est prévue par le législateur, la définition de l'infraction punie par cette peine ne peut relever que du législateur, même si par nature elle appartient au domaine réglementaire.

La décision du *26 juin 1969* paraît revenir sur la précédente position du Conseil constitutionnel et se rallier à la jurisprudence du Conseil d'État : « considérant que les *infractions aux dispositions de l'article 4, al. 4, sus-énoncé, sont punies d'une peine correctionnelle ; qu'ainsi l'inobservation du délai prévu audit alinéa est un des éléments constitutifs d'un délit* ; considérant que l'article 34 de la Constitution a réservé à la loi la détermination des crimes et des délits ; que, dès lors, la fixation ainsi que toute modification éventuelle du délai prévu par la disposition susvisée... ressortissent à la compétence du législateur ».

En réalité, d'après Mme Detragiache, il y a une cohérence et une unité profonde des deux jurisprudences et cela dès le début. En effet, si les solutions données sont différentes c'est parce que les données du problème, fournies par les deux Hautes juridictions, n'étaient pas les mêmes. Et si dans la décision du *26 juin 1969*, le Conseil constitutionnel est en accord avec le Conseil d'État, ce n'est pas parce que le Conseil constitutionnel s'est rallié à la position du Conseil d'État, ou inversement ; c'est parce qu'il y a « *application d'un raisonnement identique à des cas pour la première fois semblables* ». En d'autres termes, dans les trois premiers cas où il a statué, le Conseil constitutionnel avait des données différentes de celles qui étaient fournies au Conseil d'État ; en revanche, la quatrième fois, le problème à résoudre a les mêmes données que celui posé au Conseil d'État précédemment.

20 . Pour bien comprendre, il faut distinguer trois éléments (et non pas deux seulement) :

- l'obligation (ce qui est prescrit) ;
- l'incrimination (la violation de l'obligation est punie d'une sanction) ;
- la sanction ou la peine (la nature de la punition ou sanction).

Les deux derniers éléments ou « dispositions pénales » (incrimination et sanction) sont toujours liées et forment un tout indissoluble. En revanche, le premier élément peut être soit indivisible des deux autres, soit divisible.

21 . En fait, de 1964 à 1967, les deux juridictions « ont eu à se prononcer sur des questions *voisines mais différentes*, l'une – le Conseil constitutionnel – devait statuer dans des cas où le lien existant entre obligation, d'une part, et dispositions pénales, d'autre part, était divisible. Dès lors, il était parfaitement logique qu'il reconnût que la compétence – réglementaire pour ce qui est de la détermination de l'obligation – n'était pas influencée par la compétence – législative – qui présidait à la détermination des peines, dès lors que seule l'obligation était en cause. L'autre – le Conseil d'État – avait à se prononcer dans des cas où au contraire, le lien existant entre obligation et dispositions pénales était indivisible. Toute modification de l'obligation entraînait, dès lors, une modification corrélative de l'incrimination, et donc du champ d'application de la peine. En conséquence, la compétence en matière de

détermination de la peine – celle du législateur – s'imposait logiquement ».

III. - La compétence d'extension de la législation métropolitaine aux D.O.M.

22 . Un dernier point est à noter, et qui concerne la compétence d'extension de la législation métropolitaine aux départements d'outre-mer (sur ce point, cf. Miclo, *Le régime législatif des D.O.M. et l'unité de la République*, p. 121 et s.).

1° En principe, en vertu de l'article 72 de la Constitution, la législation nationale est de droit applicable aux départements d'outre-mer, sauf dispositions contraires. Il peut donc arriver que tel texte ne s'applique pas dans l'immédiat, parce que cela a été prévu dans l'une de ses dispositions. Il en sera de même également des textes antérieurs à la Constitution de 1946, et qui n'ont pas été spécialement promulgués dans les anciennes colonies.

En l'espèce, il s'agit de certaines dispositions de la loi du 31 décembre 1913 modifiée par la loi du 25 février 1943. Le Conseil constitutionnel décide que « ces dispositions ressortissent à la compétence du législateur, leur extension aux départements d'outre-mer relève de la même compétence ». Cela signifie donc que la détermination de la compétence pour réaliser *l'extension* dépend de la détermination de la nature des dispositions à étendre et respecte le partage des compétences prévu par l'article 34. Ceci confirme une précédente décision (27 février 1969), dans laquelle le Conseil appliquait le même raisonnement à la même loi d'extension (du 10 juillet 1965) mais cette fois-ci pour reconnaître la compétence réglementaire.

2° La Haute juridiction avait adopté une solution différente en ce qui concerne non plus l'extension des textes, mais leur adaptation. L'article 73 de la Constitution prévoyant la possibilité *d'adapter* « le régime législatif et l'organisation administrative » de ces départements, sans toutefois préciser l'autorité compétente pour le faire, le Conseil avait semble-t-il tranché cette question ainsi : le partage de compétences prévu par l'article 34 ne s'impose pas, en ce domaine, de manière absolue ; il peut y être dérogé (2 juillet 1965) et les mesures d'adaptation peuvent être prises par l'autorité réglementaire ou par l'autorité législative sans tenir compte du partage de l'article 34. En somme, il y a ici « compétence concurrente de la loi et du règlement » (Guieze, *op. cit.*, p. 188).

23 . Le Conseil constitutionnel a mis fin à cette situation au demeurant peu claire (car la formulation de la décision du 2 juillet 1965 est très ambiguë) en déclarant clairement que s'agissant des mesures d'adaptation de l'article 73, « de telles mesures relèvent, *selon leur objet*, de la voie législative ou de la voie réglementaire » (152 DC, 14 janvier 1983, *R.D.P.*, 1983, p. 383, observ. Favoreu).

19

16 juillet 1971

LIBERTÉ D'ASSOCIATION (44 DC)

Droit constitutionnel des libertés
Conformité de la loi au préambule (bloc de constitutionnalité)
Principes fondamentaux reconnus par les lois de la République

71-44 DC, Rec. 29, *RJC* I-24.
Article 61, al. 2, de la Constitution.
Saisine du président du Sénat.
Loi modifiant le régime de la déclaration des associations.
(Non-) conformité aux principes fondamentaux reconnus par les lois de la République.
Transfert au pouvoir constituant de certaines compétences du législateur en matière de libertés publiques.
Valeur juridique du Préambule.

RÉFÉRENCES

a) Texte du recours du Président du Sénat in MAUS (D.). Textes et doc., 2e éd., 1982, p. 380-382.

b) *Notes doctrinales*

- BEARDSLEY (J.-E.) : The constitutional council and constitutional liberties in France, *American Journal of comparative law*, 1972, p. 431-452. - HAIMBAUGH (G.) : Was it France's Marbury v. Madison ? *Ohio State Law Journal*, 1974, vol. 35, p. 910. - HAMON (L.) : Contrôle de constitutionnalité et protection des droits individuels : à propos de trois décisions récentes du Conseil constitutionnel, *D.*, 1974, chr., p. 83-90. - PIZZORUSSO : *Il foro italiano*, 1971, IV, p. 253. - RIVERO (J.) : La garantie par le Conseil constitutionnel, à l'occasion du contrôle de la Constitution, *A.J.*, 1971, p. 537-542. - ROBERT (J.) : Propos sur le sauvetage d'une liberté, *R.D.P.*, 1971, p. 1171-1204. - X... note au *J.C.P.*, 1971, II, 16823.

Voir aussi, LUCHAIRE (F.), La décision du 16 juillet 1971 in *A.I.J.C.*, VII-1991 (1993), p. 77.

c) *Autres références*

- FAVOREU (L.) : Le principe de constitutionnalité, essai de définition d'après la jurisprudence du Conseil constitutionnel, *Mélanges Eisenmann*. - LUCHAIRE (F.) : Le Conseil constitutionnel et la protection des droits et libertés du citoyen, *Mélanges Waline*, p. 563-574. - RIVERO (J.) : Les principes fondamentaux reconnus par les lois de la République : une nouvelle catégorie constitutionnelle ?, *D.*, 1972, chron., p. 265. - PHILIP (L.) : La valeur juridique de la Déclaration des droits de l'homme et du citoyen du 26 août 1789, selon la jurisprudence du Conseil constitutionnel, *Mélanges Kayser*, II, 317, P.U.A.M., 1979 ; La valeur juridique du préambule de la Constitution de 1946, *Mélanges Pelloux,* L'Hermès, 1980, p. 265 ; La protection des droits fondamentaux en France, *Jahrbuch des öffentlichen rechts*, Tübingen, 1989 ; Normes de valeur constitutionnelle et degré de protection des droits fondamentaux (rapport présenté par la délégation française à la VIIIe Conférence des cours constitutionnelles européennes), *R.F.D.A.*, 1990, nº 3. - FAVOREU (L.) : Les principes fondamentaux reconnus par les lois de la République, Colloque de Dijon, 10-11 déc. 1992. - FROMONT (M.) : « La protection des droits de l'homme par le Conseil constitutionnel », *Verfassungsstaatlichkeit*, 1997. - VERPEAUX (M.) : Les principes fondamentaux reconnus par les lois de la République ou les principes énoncés dans les lois de la République ? *Les petites affiches*, 14 et 16 juillet 1993, nº 84 et 85. - ZARKA (C.) : Les principes fondamentaux reconnus par les lois de la République, *La Vie Judiciaire*, 16 février 1997.

d) *Jurisprudence*

- du Conseil constitutionnel

- Décision 8 DC du *11 août 1960 **.
- Décision 28 DC du 8 juillet 1966, *Rec.* 15, *RJC* I-15.
- Décision 31 DC du *26 janv. 1967 **.
- Décision 35 DC du 30 janv. 1968, *Rec.* 19, *RJC* I-18.
- Décision 55 L du *26 juin 1969 **.
- Décision 39 DC du 19 juin 1970, *Rec.* 15, *RJC* I-21.
- Décision du 28 nov. 1973, *Rec.* 198.
- Décision du *27 déc. 1973 **.
- Décision du *15 janv. 1975 **.
- Décision du *12 janv. 1977 **.
- Décision du *23 nov. 1977 **.
- Décision du 27 juill. 1978, *Rec.* 29.
- Décision du 12 juill. 1979, *Rec.* 215.
- Décision du 9 janv. 1980, *Rec.* 29.
- Décision des *19 et 20 janv. 1981 **.
- Décision du *29 déc. 1983 **.
- Décision du *20 janv. 1984**.
- Décision du 25 juill. 1984.
- Décision des *10 et 11 oct. 1984 **.
- Décision du 2 août 1991, *Rec.* 124.
- Décision 329 DC du 13 janv. 1994, *RJC* I-562.
- Décisions 343-344 DC du 27 juillet 1994, *RJC* I-592.
- Décision 360 DC du 2 fév. 1995, *Rec.* 195, *RJC* I-632.
- Décision 393 DC du 18 déc. 1997, *RJC* I-721.
- Décision 395 DC du 30 déc. 1997, *RJC* I-732.

• Décision 403 DC du 29 juillet 1998, *J.O.* 31 juill. 1998, p. 11 710.
• Décision 405 DC du 29 déc. 1998, *J.O.* 31 déc. 1998, p. 20 138.
• Décision 407 DC du 14 janv. 1999, *J.O.* 20 janv. 1999, p. 1028.

- du Conseil d'État

• 16 juillet 1956, *Amicale des Annamites*, *Rec.* 317.
• Ass., 3 juillet 1996, *Koné*, *Rec.* 255.

LE CONSEIL CONSTITUTIONNEL,

Saisi le 1er juillet 1971 par le président du Sénat, conformément aux dispositions de l'article 61 de la Constitution, du texte de loi, délibérée par l'Assemblée nationale et le Sénat et adoptée par l'Assemblée nationale, complétant les dispositions des articles 5 et 7 de la loi du 1er juillet 1901 relative au contrat d'association,

Vu la Constitution, et notamment son préambule ;

Vu l'ordonnance du 7 novembre 1958 portant loi organique sur le Conseil constitutionnel, notamment le chapitre II du titre II de ladite ordonnance ;

Vu la loi du 1er juillet 1901 relative au contrat d'association modifiée ;

Vu la loi du 10 janvier 1936 relative aux groupes de combat et milices privées ;

1. Considérant que la loi déférée à l'examen du Conseil constitutionnel a été soumise au vote des deux Assemblées, dans le respect d'une des procédures prévues par la Constitution, *au cours de la session* du Parlement ouverte le 2 avril 1971 ;

2. *Considérant qu'au nombre des principes fondamentaux reconnus par les lois de la République et solennellement réaffirmés par le Préambule de la Constitution, il y a lieu de ranger le principe de la liberté d'association, que ce principe est à la base des dispositions générales de la loi du 1er juillet 1901 relative au contrat d'association ; qu'en vertu de ce principe les associations se constituent librement et peuvent être rendues publiques sous la seule réserve du dépôt d'une déclaration préalable ; qu'ainsi, à l'exception des mesures susceptibles d'être prises à l'égard de catégories particulières d'associations, la constitution d'associations, alors même qu'elles paraîtraient entachées de nullité ou auraient un objet illicite, ne peut être soumise pour sa validité à l'intervention préalable de l'autorité administrative ou même de l'autorité judiciaire ;*

3. Considérant que, si rien n'est changé en ce qui concerne la constitution même des associations non déclarées, les dispositions de l'article 3 de la loi dont le texte est, avant sa promulgation, soumis au Conseil constitutionnel pour examen de sa conformité à la Constitution ont pour objet d'instituer une procédure d'après laquelle l'acquisition de la capacité juridique des associations déclarées pourra être subordonnée à un contrôle préalable par l'autorité judiciaire de leur conformité à la loi ;

4. Considérant, dès lors, qu'il y a lieu de déclarer non conformes à la Constitution les dispositions de l'article 3 de la loi soumise à l'examen du Conseil constitutionnel complétant l'article 7 de la loi du 1er juillet 1901, ainsi, par voie de conséquence, que la disposition de la dernière phrase de l'alinéa 2 de l'article 1er de la loi soumise au Conseil constitutionnel leur faisant référence ;

5. Considérant qu'il ne résulte ni du texte dont il s'agit, tel qu'il a été rédigé et adopté, *ni des débats auxquels la discussion du projet de loi a donné lieu* devant le Parlement, que les dispositions précitées soient inséparables de l'ensemble du texte de la loi soumise au Conseil ;

6. Considérant, enfin, que *les autres dispositions de ce texte ne sont contraires à aucune disposition de la Constitution,*

Décide :

ARTICLE PREMIER. - Sont déclarées non conformes à la Constitution les dispositions de l'article 3 de la loi soumise à l'examen du Conseil constitutionnel complétant les dispositions de l'article 7 de la loi du 1er juillet 1901, ainsi que les dispositions de l'article 1er de la loi soumise au Conseil leur faisant référence.

ART. 2. - Les autres dispositions dudit texte de loi sont déclarées conformes à la Constitution.

ART. 3. - La présente décision sera publiée au *Journal officiel* de la République française.

Délibéré par le Conseil constitutionnel dans sa séance du 16 juillet 1971.

(*J.O.*, 18 juillet 1971, p. 7114).

La composition du Conseil constitutionnel à la date du 16 juillet 1971 était la suivante : M. PALEWSKI (Président), MM. CHATENET, COSTE-FLORET, DUBOIS, GOGUEL, LUCHAIRE, MONNET, REY, SAINTENY.

OBSERVATIONS

1 . Le 1er juillet 1971, le président du Sénat, M. Poher, saisit le Conseil constitutionnel du texte d'une loi « délibérée par l'Assemblée nationale et le Sénat et votée par l'Assemblée nationale », loi complétant les dispositions des articles 5 et 7 de la loi du 1er juillet 1901 relative au contrat d'association. Pour son soixante-dixième anniversaire, cette loi, déjà célèbre par les controverses qu'elle avait fait naître à l'époque, allait être l'occasion d'un nouveau débat passionné. Statuant, en effet, le 16 juillet, le Conseil constitutionnel, à la surprise de beaucoup, déclarait inconstitutionnelles certaines des dispositions qui lui étaient soumises, au motif qu'elles étaient contraires au Préambule de la Constitution, ce qui eut aussitôt un grand retentissement. Comme l'écrit J. Rivero, « les décisions de justice, en France – hormis parfois celle du juge pénal – ont rarement dans la grande presse les honneurs de la une. Celle que le Conseil constitutionnel a rendue le 16 juillet 1971 a fait exception à la règle » (*A.J.*, 1971, p. 537).

2 . Les faits de l'espèce expliquent, en partie, ce retentissement (pour un exposé très complet de leur déroulement, cf. J. Robert, *R.D.P.*, 1971, p. 1170 à 1187). Le préfet de police de Paris, sur instruction du ministre de l'Intérieur (R. Marcellin), avait refusé aux fondateurs de l'Association des « Amis de la cause du peuple » la délivrance du récépissé de la déclaration qu'ils avaient faite de leur association. Simone de Beauvoir et M. Leyris attaquèrent ce refus (verbal) en excès de pouvoir devant le tribunal administratif de Paris, qui rejeta d'abord une demande de sursis à exécution, puis fit droit au fond à leur requête en annulant le refus du préfet par un jugement « fortement motivé » et conforme à une jurisprudence bien établie du Conseil d'État (25 janv. 1971, *A.J.*, 1971, p. 229), « Le ministre de l'Intérieur, comme l'écrit non sans malice J. Rivero, sans doute conscient du bien-fondé juridique du jugement, n'en appelle pas au Conseil d'État, mais au Parlement : puisque le juge donnait de la loi une interprétation irrécusable, mais contraire à celle que soutenait le ministre, il suffisait de changer la loi ». Le 11 juin 1971, le gouvernement adopta un projet de loi tendant à compléter les dispositions de l'article 7 de la loi du 1er juillet 1901. Il s'agissait de créer la possibilité de soumettre certaines associations à *un contrôle a priori de l'autorité judiciaire*, à l'initiative du préfet : « en cas de déclaration faite par une association apparaissant fondée sur une cause ou en vue d'un objet illicite, contraire aux lois, aux bonnes mœurs, ou qui aurait pour but de porter atteinte à l'intégrité du territoire national et à la forme républicaine du gouvernement, le préfet ou le sous-préfet, avant de délivrer le récépissé, communique la déclaration avec les pièces y annexées au procureur de la République du lieu où elle a été faite ». Si, dans un délai de deux mois, le tribunal saisi par le procureur n'a pas ordonné la fermeture des locaux ou l'interdiction de toute réunion des membres de l'association, il est délivré récépissé de la déclaration.

3 . Ce projet de loi, « qui reçut – curieusement – un accueil favorable au Conseil d'État », nous dit M. Robert (faisant état donc d'un avis favorable de la Haute Assemblée lors de l'examen du projet après son adoption en Conseil des ministres), fut amendé par l'Assemblée nationale et adopté par elle, en première lecture, le 23 juin 1971 ; mais le Sénat rejeta le texte à trois reprises et l'Assemblée nationale statua définitivement en quatrième et dernière lecture. Le gouvernement a donc obtenu, malgré l'opposition du Sénat, le vote du projet de loi qu'il souhaitait voir intervenir au plus tôt. Mais, dès l'ouverture du délai de promulgation, le président du Sénat saisissait le Conseil constitutionnel, « après de longues hésitations toutefois, et sur la demande instante de certains de ses amis », d'après M. Robert.

4 . Le président du Sénat déférait à l'examen du Conseil constitutionnel l'ensemble du texte, c'est-à-dire dans la nouvelle formulation donnée par l'Assemblée nationale, trois articles :

L'article 1er reprenait exactement les deuxième et troisième alinéas de l'article 5 de la loi de 1901 (dispositions consacrées aux formes de la déclaration à ceci près que la formule : « Il en sera donné récépissé » devenait : « Il sera donné récépissé de celle-ci (la déclaration) *dans le délai de cinq jours sous réserve des dispositions de l'article 7* ».

L'article 2 reprenait aussi exactement l'alinéa 1er de l'article 7 de la loi à deux exceptions près : « tribunal de grande instance » au lieu de « tribunal civil », et assignation « à jour fixe » au lieu d'assignation à « trois jours ». Selon ces dispositions, dans les cas prévus à l'article 3 de la loi (texte inchangé et qui comporte l'énumération déjà citée : cause ou objet illicite, contraire à la loi ou aux bonnes mœurs...), la nullité de l'association peut être prononcée par le tribunal de grande instance, soit à la requête de tout intéressé, soit à la diligence du ministère public, celui-ci pouvant au surplus ordonner par provision la fermeture des locaux et l'interdiction de toute réunion des membres de l'association.

L'article 3 contenait, lui, le mécanisme nouveau : il prévoyait que, dans le délai de cinq jours précité, le procureur de la République pouvait assigner le déclarant devant le tribunal de grande instance, *en référé*, « en cas de déclaration faite par une association *apparaissant* fondée sur une cause ou en vue d'un objet visé à l'article 3 » (c'est-à-dire objet ou cause illicite, contraire à la loi...), ou bien « par une association *paraissant reconstituer* une association dont la nullité ou la dissolution a été régulièrement constatée ou prononcée ». Une fois saisi, le président devait statuer dans « un délai de rigueur de huit jours » ; il pouvait soit rejeter la demande du procureur, auquel cas « le récépissé (était) immédiatement délivré », ou bien accorder le sursis à la délivrance du récépissé. Le sursis accordé, le tribunal devait être saisi au fond : s'il n'était pas saisi dans le délai de huit jours, le récépissé était délivré ; si, saisi dans ce délai, il n'avait pas statué au bout de deux mois, le récépissé devait être délivré « nonobstant appel du ministère public ».

5 . Rendant sa décision le 16 juillet, le Conseil constitutionnel constate dans un *premier considérant*, que « la loi... a été soumise au vote de deux Assemblées, dans le respect d'une des procédures prévues par la Constitution ». En clair, cela veut dire que l'Assemblée et le Sénat ont bien délibéré, mais que l'Assemblée a seule « adopté », selon la procédure prévue à l'alinéa 5 et dernier de l'article 45, et qui donne le « dernier » mot à la chambre basse en cas de désaccord persistant avec le Sénat. Les trois considérants suivants sont consacrés à l'examen au fond : dans le *deuxième considérant* est établi le raisonnement qui va permettre d'arriver à la solution : il existe un principe de valeur constitutionnelle selon lequel les associations existent par la seule volonté des fondateurs, et mises à part certaines catégories d'associations, toute subordination de leur validité à un contrôle préalable, quel qu'il soit, serait contraire à ce principe, donc inconstitutionnelle ; *dans le troisième considérant*, ce raisonnement est appliqué à l'espèce : s'agissant des associations *non* déclarées, les dispositions examinées ne changent rien ; mais, pour les « associations déclarées », elles créent un contrôle préalable dont dépend la capacité, et parfois l'existence, de l'association ; elles sont donc inconstitutionnelles ; dans le *quatrième considérant*, le Conseil constitutionnel tire les conséquences très concrètement, en éliminant les dispositions condamnées, c'est-à-dire celles qui, dans l'article 3, prévoient le mécanisme de contrôle préalable, ou qui, dans l'article 1er, y renvoient.

En revanche, dans le *cinquième considérant*, la Haute juridiction n'applique pas le principe procédural de l'inséparabilité des dispositions soumises à son examen (article 23 de l'ordonnance organique), car les clauses des articles 1er et 2 sont parfaitement dissociables des dispositions « condamnées ».

Par ailleurs, ces clauses sont en elles-mêmes conformes à la Constitution (*sixième considérant*), et le contraire eût été étonnant, car ces dispositions étaient déjà contenues dans la loi du 1er juillet 1901 (ce qui les faisait présumer « séparables » et « conformes »).

6 . En définitive, le Conseil constitutionnel déclare non conformes à la Constitution l'article 3 du projet de loi et les dispositions de l'article 1er de la loi lui faisant référence. L'exécutif s'incline et, sans demander une nouvelle lecture, publie au *Journal officiel* du 31 juillet 1971 la loi du 20 juillet 1971, qui ne comporte que les deux premiers articles, « parfaitement anodins ». Par ailleurs, le ministre de l'Intérieur fait délivrer immédiatement récépissé aux deux associations intéressées.

7 . La décision a une portée considérable : elle consacre de manière définitive, la valeur juridique du Préambule ; élargit la notion de conformité à la Constitution ; applique « les principes fondamentaux reconnus par les lois de la République » ; affirme le rôle du Conseil comme protecteur des libertés fondamentales et fait de la liberté d'association une liberté constitutionnelle.

I. - La liberté d'association, liberté constitutionnelle

8 . Le président du Sénat a-t-il déclenché la procédure que nous venons d'examiner pour faire sanctionner une atteinte inconstitutionnelle à la *liberté d'association* ?

À bien examiner la Constitution, on ne voit pas quelle disposition consacre cette liberté. On a bien énoncé à un moment donné, dans la discussion, l'article 4 selon lequel « les partis et groupements politiques... se forment et exercent leur activité librement » ; mais toutes les associations ne sont pas des partis et groupements politiques, et réciproquement (voir J. Robert, *op. cit.*). Cette disposition n'a pas été finalement prise en considération par le Conseil constitutionnel.

C'est dans le Préambule que le juge constitutionnel a recherché une base à son contrôle : celui de la Constitution de 1946, lequel renvoyait aux « principes fondamentaux reconnus par les lois de la République ». Les lois de la République étant essentiellement celles de la troisième République, figurait naturellement parmi elles la loi du 1er juillet 1901 sur le contrat d'association. Ce point acquis encore fallait-il définir le principe au sein de la loi, car le Conseil ne « pouvait se contenter de considérer comme constitutionnel le principe de la liberté d'association sans en expliciter le contenu » (J. Rivero, *op. cit.*, p. 540).

9 . Cette définition du contenu du principe, le juge constitutionnel ne l'a pas faite *in abstracto*, mais *in concreto* : il l'a faite compte tenu des circonstances de l'affaire, ou plus exactement, entre deux définitions également défendables au regard de la tradition libérale, il a choisi celle qui s'adaptait aux circonstances de l'affaire pour mieux protéger la liberté. À première vue, le texte voté par l'Assemblée comportait des améliorations par rapport à celui du gouvernement : notamment déclenchement du contrôle par le procureur de la République et non par le préfet, délais plus courts... Y avait-il vraiment inconstitutionnalité, alors que, finalement, le contrôle préalable relevait de l'autorité judiciaire ? Se plaçant sur le double plan des faits et des principes, J. Rivero montre où résidait le danger : sur le plan des faits, tout d'abord, « ce ne sont pas toutes les dispositions mêmes de la loi qui inspiraient l'inquiétude, mais plutôt l'usage qui pouvait en être fait en étendant leur suspicion à toute association non strictement conforme à leur idée de l'ordre, et en multipliant les appels à l'intervention préalable du juge – ce que permettait le vague des mots « paraissant » et « apparaissant » qu'on trouvait dans le texte –, les autorités administratives disposaient d'une arme qui, pour n'avoir qu'un effet retardataire, n'en était pas moins susceptible d'entraîner des abus » ; sur le plan des principes ensuite, la solution retenue par le texte était surtout critiquable, car elle consacrait une atteinte à la tradition libérale, pour laquelle le procédé répressif est le seul acceptable, alors que le régime préventif, parce que, habituellement, lié aux autorités administratives, est suspect. Certes, ici, le contrôle *a priori* était assuré par le juge, mais c'était une rupture dans la tradition, car le juge est normalement associé au contrôle répressif. En conséquence, et pour ces deux séries

de raisons, le Conseil ne pouvait retenir la conception selon laquelle les garanties offertes par l'intervention du juge judiciaire étaient suffisantes pour affirmer que les principes de 1901 n'étaient pas méconnus. Il a donc retenu la conception excluant toute intervention préalable quelle qu'elle soit : « la liberté d'association exclut toute intervention préalable d'une autorité publique pour la constatation de l'association » (J. Rivero).

10 . Mais on pourrait objecter alors que le contrôle préalable ne fait pas obstacle à l'existence même de l'association : il en va ainsi, certainement, pour les associations non déclarées, car, pour elles, dit la décision, il n'y a « rien de changé » ; pour celles qu'on déclare, on peut dire, il est vrai, que la déclaration n'a pas pour effet de leur conférer l'existence, mais une capacité juridique normale (alors que les associations non déclarées n'ont que peu de droits) ; c'est exact, mais, avec le système mis en place par la loi, la déclaration peut conduire à la non-reconnaissance de la validité de l'association et à sa disparition si le juge, saisi par le Parquet, en décide ainsi. Donc, normalement, la constitution d'une association n'est pas subordonnée à un contrôle préalable, mais elle peut l'être ; et cela n'est pas tolérable au regard du principe énoncé plus haut, sauf pour les catégories particulières « d'associations », c'est-à-dire par exemple les associations étrangères qui nécessitent une autorisation préalable. J. Rivero, quant à lui, explique autrement cette intégration de l'acquisition de la capacité juridique comme « composante de la constitution de l'association » : cela se justifie à ses yeux par la nécessité de réserver le cas des associations reconnues d'utilité publique.

11 . On constate donc que le raisonnement comporte deux points vulnérables ou du moins attirant les critiques, encore qu'elles puissent être réfutées comme ci-dessus : d'abord, le fait que le juge judiciaire est considéré comme un garant des libertés fondamentales lorsqu'il intervient après mais non avant ; ensuite, le fait que l'acquisition de la capacité juridique devienne un élément constitutif de l'association, alors que l'article 2 de la loi de 1901 déclare : « Les associations de personnes pourront se former librement sans autorisation ni déclaration préalable... ». À cet égard, la formule centrale du considérant est ambiguë : « qu'en vertu de ce principe (de la liberté d'association) les associations se constituent librement et peuvent être rendues publiques sous la seule réserve du dépôt d'une déclaration préalable ».

En réalité, ce qui a été censuré, c'est le fait que le gouvernement voulait, par le biais du contrôle préalable de la déclaration, retarder, décourager et annihiler les tentatives de constitution ou de reconstitution d'association. Mais cela ne pouvait être retenu dans le raisonnement.

12 . Une décision du 25 juillet 1984 (176 DC, *Rec.* 55, *RJC* I-192) a confirmé le caractère de « principe constitutionnellement garanti » de la liberté d'association et a précisé que cette qualité « n'interdit pas aux associations de se procurer les ressources nécessaires à la réalisation de leur but ».

Dans une décision du 2 août 1991 (299 DC) le Conseil constitutionnel est venu apporter une série de précisions à l'occasion de l'examen d'une loi relative au congé de représentation en faveur des associations et des mutuelles et au contrôle des comptes des organismes faisant appel à la générosité publique :

- il est réaffirmé que la liberté d'association figure au nombre des principes fondamentaux reconnus par les lois de la République (§ 1er) ;

- les règles applicables au « congé de représentation » – congé institué en faveur des salariés membres d'une association et désignés par celle-ci pour siéger au sein d'une instance auprès d'une autorité de l'OMS – ne portent pas atteinte à la liberté d'association dès lors qu'elles « reposent sur des critères objectifs » (§ 4) ; il en va de même des règles instituant une protection sociale en faveur de ces salariés (§ 7) ;

- les dispositions soumettant à une « déclaration préalable » certaines formes d'appel à la générosité publique ne sont pas contraires à la liberté d'association, dès lors que le législateur a seulement voulu que soient portés à la connaissance de l'autorité administrative « les objectifs poursuivis par l'appel à la générosité publique » afin de permettre l'exercice ultérieur d'un contrôle sur l'emploi des ressources collectées auprès du public et qu'il « n'a pas entendu conférer en la matière au préfet un pouvoir d'autorisation » (§ 9) ;

- l'obligation faite aux organismes précités d'établir un compte d'emploi annuel des ressources collectées auprès du public et le contrôle exercé par la Cour des comptes (et établi de manière spécifique par un décret en Conseil d'État) n'ont d'autre objet que de permettre aux adhérents ainsi qu'aux donateurs de vérifier l'emploi des ressources collectées (§ 14) et ne constitue pas, de ce fait, « une entorse à la liberté d'association (§ 15).

12 bis . On notera que la décision du *16 juillet 1971** a laissé subsister le régime d'autorisation préalable prévu par la législation locale (loi du 19 avril 1908) d'Alsace Moselle et que, dans sa décision du 2 août 1991 (299 DC, § 5), le Conseil constitutionnel n'a pu que constater son maintien : en effet, dans la mesure où « la loi déférée ne modifie, ne complète ni n'affecte le domaine d'intervention de la loi du 19 avril 1908 », le juge constitutionnel n'a pu faire jouer la jurisprudence *État d'urgence en Nouvelle Calédonie** qui lui permet de remettre en cause une loi promulguée.

II. - La valeur juridique du Préambule

13 . Le problème de la *valeur juridique du Préambule de la Constitution* était devenu une question classique depuis 1946 et le sujet de nombreuses controverses doctrinales : la décision du *16 juillet 1971* tranche la question en reconnaissant valeur constitutionnelle aux préambules (de 1946 et de 1958).

14 . Le Préambule de la Constitution de 1958 est très court, mais il renvoie à celui de la Constitution de 1946 et à la Déclaration des

droits de l'homme de 1789 : « Le peuple français proclame solennellement son attachement aux droits de l'homme et aux principes de la souveraineté nationale tels qu'ils sont définis par la Déclaration de 1789, confirmée et complétée par le Préambule de la Constitution de 1946 ».

On ne savait trop ce qu'il fallait penser de la formule selon laquelle le peuple proclame son attachement aux droits de l'homme et aux principes... On faisait remarquer, en outre, que ces dispositions n'étaient pas incluses dans le corps même de la Constitution et que, de ce fait, on pouvait se demander si le référendum leur avait donné valeur de droit positif. Enfin, le caractère imprécis de certaines dispositions du Préambule de 1946 avait déjà fait douter du caractère impératif des prescriptions qu'il contenait. À cela, les partisans de la « valeur positive et constitutionnelle » du Préambule de la Constitution répondaient que « le fait que le Préambule de la Constitution se compose à la fois de phrases détachées et de l'article 1er de la Constitution rend inacceptable la thèse selon laquelle la Constitution, au sein du droit positif, ne commencerait qu'avec la numérotation des articles » (G. Vedel, *Droit administratif*, 5e éd., p. 270) ; d'autre part, alors que, sous le régime de 1946, le contrôle de la conformité à la Constitution que pouvait exercer le Comité constitutionnel excluait expressément le contrôle de la conformité au Préambule, il n'y a aucune restriction du même type en ce qui concerne le contrôle exercé par le Conseil constitutionnel ; enfin, comme la Constitution ne contient que très peu de dispositions de fond, relatives aux droits et libertés, si l'on excluait le Préambule du bloc de constitutionnalité, le pouvoir réglementaire autonome ne « rencontrerait pratiquement aucune limitation » (G. Vedel).

15 . Face à ces controverses, le Conseil d'État a montré quelque hésitation. Sous la quatrième République, tout en faisant référence au Préambule, il a répugné à lui reconnaître « valeur positive et constitutionnelle » (cf. concl. Gazier sur l'arrêt *Dehaene*, *R.D.P.*, 1950, p. 691, et Donnedieu de Vabres sur arrêt *Teissier*, *D.*, 1953, p. 735). Toutefois, dans un arrêt *Amicale des Annamites de Paris* (C.E., 11 juillet 1956) puis dans un arrêt *Condamine* (C.E., 16 avril 1957), la Haute juridiction administrative semble avoir admis la valeur juridique du Préambule en tant que tel. Sous le régime de 1958, le Conseil d'État a reconnu immédiatement valeur au Préambule dans l'arrêt *Sté Eky* (C.E., 12 févr. 1960, *J.C.P.*, 1960, II, 10629 *bis*, note Vedel), mais, selon le président Odent, « pour s'en tenir à l'état actuel de la jurisprudence du Conseil d'État sur ce point, il semble que la plupart des principes énoncés dans la Déclaration des droits, et plus spécialement dans la Déclaration des droits... de 1789 et sous le Préambule de la Constitution du 27 octobre 1946, doivent être considérés comme des *principes généraux du droit...* » (Contentieux administratif 1970-1971, p. 166. C'est nous qui soulignons).

16 . Pendant les premières années, le Conseil constitutionnel n'a pas eu l'occasion de statuer sur la conformité au Préambule de la Constitution, et on a eu tôt fait alors de dire que la Haute juridiction n'oserait pas le faire ou même avait renoncé. On a même avancé que,

dans la décision *Magistrats musulmans* du 15 janvier 1960, le Conseil avait refusé de faire prévaloir le principe général d'égalité à l'encontre d'une loi et que, par là même, il avait renoncé à un contrôle de conformité au Préambule. En fait, l'explication n'est pas celle-là : c'est l'incontestabilité de l'ordonnance organique qui a empêché ce contrôle.

Certains ont fait valoir également que, lors des travaux préparatoires, à M. Dejean, qui lui demandait « pour les auteurs de l'avant-projet le Préambule n'a... pas valeur constitutionnelle ? », le commissaire du Gouvernement, R. Janot, avait répondu : « certainement non » (Avis et Débats du C.C.C., p. 101). Mais cette réponse doit être désormais lue à la lumière des explications fournies par son auteur au IIe Colloque d'Aix-en-Provence (*Cours constitutionnelles européennes et droits fondamentaux*, 1982, p. 211-212). En outre, comme le doyen Vedel l'a montré de manière difficilement réfutable, ces avis et débats n'avaient ni le caractère ni la valeur de travaux préparatoires au sens juridique du terme et donc que le juge constitutionnel n'était pas lié par eux (cf. rapport G. Vedel au Colloque, « La Déclaration des droits de l'homme et du citoyen et la jurisprudence », Conseil constitutionnel, 25-26 mai 1989).

Ainsi, quand le Conseil constitutionnel est véritablement saisi du problème, il le tranche sans hésitation. La grande question lui est une première fois soumise dans l'affaire des *traités des communautés européennes*. Il fait alors application du Préambule, qu'il vise expressément en tête de la décision : dans une proposition de loi constitutionnelle, qui avait provoqué indirectement la saisine, M. Foyer avait soulevé l'inconstitutionnalité des traités soumis, au motif qu'ils étaient contraires à la Déclaration des droits de 1789 visés par le Préambule ; le Conseil ne se contente pas de mentionner le Préambule dans ses visas et répond à l'argumentation, ce que confirme expressément le professeur Luchaire, ancien membre du Conseil constitutionnel (*Mélanges Waline*, II, p. 571).

17 . La décision *Liberté d'association* n'est donc pas la première à consacrer la « valeur positive et constitutionnelle » du Préambule ; mais c'est celle qui le fait de la manière la plus éclatante, et à l'égard d'une loi et non plus d'un traité. Surtout, la décision du *16 juillet 1971* explicite la référence au Préambule : en en tirant expressément « les principes fondamentaux reconnus par les lois de la République », le Conseil constitutionnel montre qu'il entend mettre en œuvre tous les textes auxquels renvoie le Préambule, y compris ceux qui contiennent les formules les plus incertaines, comme semblaient l'être les principes fondamentaux reconnus par les lois de la République.

18 . D'après M. Luchaire, cette intégration du Préambule de 1946 avait déjà été faite par la décision du 19 juin 1970, dans la mesure où cette décision admet la constitutionnalité des limitations de souveraineté *du fait de la réciprocité*, ce qui s'appuierait sur l'un des alinéas du Préambule de 1946.

19 . Peut-on dire, enfin, que la formule générale du Préambule de 1958, selon laquelle « le peuple français proclame solennellement

son attachement aux droits de l'homme... » peut conduire à appliquer des textes plus généraux, surtout maintenant que la France a ratifié « la Convention européenne de sauvegarde des droits de l'homme » (cf. Luchaire, *op. cit.*, p. 571) ? Le Conseil en a décidé autrement (*15 janvier 1975* *).

III. - Le bloc de constitutionnalité

20 . *La notion de conformité à la Constitution* est évidemment transformée par la nouvelle jurisprudence.

Cela se traduit d'abord par un brusque gonflement du « bloc de constitutionnalité » : dans l'expression « conformité à la Constitution », le mot Constitution est entendu dans un sens très large.

21 . L'article 61 charge le Conseil constitutionnel de vérifier la « conformité à la Constitution » des lois organiques et ordinaires et des règlements des assemblée. Au sens strict, est conforme à la Constitution ce qui n'est pas contraire aux dispositions contenues dans le corps même de la loi fondamentale.

À ce propos, il convient de dissiper deux malentendus. *Tout d'abord*, on a tendance à croire que le juge constitutionnel n'a jamais eu jusque-là qu'à vérifier la conformité de dispositions législatives ou réglementaires à des règles de procédure ou de compétence contenues dans la Constitution, et qu'il n'a jamais statué sur la conformité à des règles de fond ; et on ajoute même parfois que, avant les dernières décisions, il paraissait impossible qu'il en fût autrement. Ceci est tout à fait inexact : le Conseil constitutionnel n'a jamais estimé qu'il ne pouvait se livrer à un contrôle au fond ; simplement, jusqu'à une certaine époque, il n'en a pas vraiment eu l'occasion (*R.D.P.*, 1967, p. 61) ; mais, chaque fois que l'occasion s'est présentée, il l'a saisie : inconstitutionnalité d'une disposition du règlement de l'Assemblée nationale qui, de nature à empêcher la formation d'un groupe politique, était contraire à l'article 4 de la Constitution (*17, 18, 24 juin 1959* *, 42 DC du 18 mai 1971, *Rec.* 19) ; inconstitutionnalité de dispositions de lois organiques contraires à l'inamovibilité des magistrats et donc à l'article 64 de la Constitution, alors que le Conseil d'État avait donné un avis favorable aux projets de lois (*26 janvier 1967* et *9 juillet 1970**). *Le second malentendu* porte sur le moment auquel le Conseil a donné une interprétation extensive de la notion de Constitution : cela ne date pas de la décision du *16 juillet 1971* , mais est bien antérieur. Dès le début pratiquement, le juge constitutionnel a englobé les lois organiques et même les ordonnances portant loi organique dans le bloc de constitutionnalité : c'est ainsi que les lois ordinaires et parfois même des lois organiques (cf. décision 355 DC du 10 janv. 1995, cons. 32) ont été à plusieurs reprises confrontées à l'ordonnance du 2 janvier 1959 portant loi organique relative aux lois de finances donnant ainsi un sens très large à la notion de Constitution (*11 août 1960* *, cf. *supra*) ; et les règlements des Assemblées ont vu leur régularité vérifiée au regard d'ordonnances portant loi organique et même d'ordonnances ordinaires, ainsi que l'affirme dans un considérant de principe le

Conseil constitutionnel dans la décision du 8 juillet 1966. Dès 1967, nous avons souligné le caractère paradoxal de ces situations, dans lesquelles la régularité des actes du Parlement (lois et règlements) est subordonnée à leur conformité aux dispositions prises en vertu de l'article 92 durant la période transitoire, c'est-à-dire d'actes édictés par l'exécutif (investi du pouvoir législatif) sans aucun contrôle (Favoreu, *R.D.P.*, 1967).

22 . Quel est alors le changement apporté par la décision du *16 juillet 1971* quant au contenu du bloc de constitutionnalité ?

Il ne consiste, comme nous venons de le voir, ni dans le fait qu'il comporterait désormais des dispositions de fond, ni que serait inaugurée une interprétation extensive de la notion de Constitution. Cela était déjà acquis.

Le changement est ailleurs. Il est tout d'abord quantitatif, dans la mesure où l'accroissement des dispositions ou principes formant le bloc de constitutionnalité est considérable. Mais il est aussi et surtout qualitatif, car, incontestablement, l'insertion dans le bloc de constitutionnalité de toute une série de règles ou de principes intéressant les droits et libertés en modifie la nature.

23 . De 1959 à 1971, le Conseil constitutionnel a statué sur la conformité à la Constitution de vingt-deux lois, dont seize organiques et six ordinaires ; il a prononcé la non-conformité à la Constitution de plusieurs lois, et notamment des deux lois organiques précitées concernant les magistrats, dont certaines dispositions ont été déclarées inconstitutionnelles pour des motifs de fond ; à l'égard des lois organiques comme des lois ordinaires, les techniques de vérification de la constitutionnalité sont les mêmes, et le Conseil constitutionnel a donc eu la possibilité d'acquérir une expérience en la matière. Lorsqu'il a à juger de la régularité du projet de loi du 30 juin 1971, c'est la vingt-troisième fois qu'il se livre à cette appréciation. Toutefois, dans tous les cas, il s'est tenu près des textes, même si ces textes ne font pas toujours partie de la Constitution au sens strict. En revanche, dans la décision du *16 juillet 1971*, il semble se lancer franchement dans une nouvelle voie, en s'aventurant à rechercher dans le Préambule de 1958, puis dans celui de 1946, et enfin dans les lois de la République, un fondement à sa décision.

24 . En fait, si l'on constate dans la décision du *16 juillet* que le Conseil est engagé dans une nouvelle voie, c'est moins à la suite d'un revirement ou d'un changement brutal qu'à la suite d'une évolution. Dire que « d'auxiliaire – conscient ou inconscient – du pouvoir, le Conseil constitutionnel se transformait en censeur des entreprises gouvernementales » (J. Robert, *op. cit.*, p. 1171) ne rend pas compte de la jurisprudence de la Haute juridiction, comme le montre un interprète incontestable de celle-ci, M. Luchaire (*op. cit.*, p. 564 et s.). Il convient d'être beaucoup plus nuancé et d'observer d'abord que le Conseil a progressivement étendu le domaine de la loi, à partir de 1965 notamment, en élargissant les sources de compétence législative et en cantonnant le pouvoir réglementaire autonome, puis il a ouvert directement la voie à la solution du 16 juillet 1971, en créant un

principe général du droit et en décidant que toute dérogation aux principes généraux du droit serait du domaine de la loi même si par nature la matière était réglementaire (*26 juin 1969* * et 24 oct. 1969). C'était déjà se détacher audacieusement des textes, mais aussi faire échec à des pratiques gouvernementales laxistes en matière d'environnement, et permettre « une extension considérable de la compétence législative » (F. Luchaire). Toujours en ce sens, on peut relever que dans la décision du 19 juin 1970, la Haute juridiction fait appel à des dispositions contenues dans le Préambule de la Constitution de 1946, pour vérifier si l'engagement international conclu par l'exécutif est bien conforme à la Constitution. Finalement, donc, la décision du *16 juillet 1971* n'est pas une complète surprise, loin s'en faut. Et il ne serait pas absurde, même, de dire que la décision prise presque exactement dix ans plus tôt, *le 18 juillet 1961* *, s'apparente fort à notre décision, car c'est par une appréciation tout à fait audacieuse de la notion d'ordre de juridiction que le juge a limité au maximum la compétence réglementaire en ce domaine si important pour les libertés publiques.

25 . Si, donc, le Conseil constitutionnel s'est engagé dans une voie plus audacieuse, il ne l'a pas fait d'un coup. C'est par une sorte de logique interne qu'ayant affermi sa technique et assuré sa position il développe son rôle à un moment où, « devant la montée d'un pouvoir qui, dans tous les pays du monde, intervient de plus en plus dans la vie des individus à la suite d'une réforme constitutionnelle qui, faisant élire le chef de l'État au suffrage universel direct, détruit l'équilibre des pouvoirs réalisé en 1958, il apparaît plus que jamais nécessaire de renforcer, d'une part, le pouvoir juridictionnel et, d'autre part, les garanties des droits et libertés du citoyen » (F. Luchaire).

26 . Et là apparaîtra d'ailleurs toute l'ambiguïté du contrôle de constitutionnalité des lois : son développement est toujours réclamé par l'opposition contre le pouvoir en place ; mais que la situation se renverse, et les partis au pouvoir s'emploieront à l'atténuer. Déjà, à propos de la décision du *16 juillet*, « le spectre du gouvernement des juges » s'est profilé, et « certains commentateurs l'ont... évoqué non sans quelque naïveté : en félicitant le Conseil du coup d'arrêt donné à une tentative antilibérale, ils l'ont mis en garde, par avance, contre l'application de la même technique à des lois qui méconnaîtraient d'autres libertés, mais en vue d'une transformation révolutionnaire de la société. On *applaudit à la condamnation, au nom des libertés constitutionnelles, des lois qu'on réprouve, mais on récuse par avance celle des lois qu'on désire* » (J. Rivero, *A.J.*, 1971, p. 541, souligné par nous).

Il est bien évident que la réaction à laquelle on a assisté en 1981-82 à propos notamment de l'affaire des nationalisations (cf. *infra*, obs. sous *16 janvier 1982* *) confirme exactement cette analyse et aussi celle observée après les élections de mars 1986.

27 . Le Conseil constitutionnel n'a sans doute pas rendu, le 16 juillet 1971, son arrêt *Marbury v. Madison*, car le contrôle de la constitutionnalité des lois existait déjà en France avant cette date.

Il n'en reste pas moins que cette décision a une importance et une portée considérables en droit constitutionnel et public, en ce que :

- elle reconnaît nettement au Conseil un rôle de protecteur des droits et libertés, et affirme ouvertement sa volonté de sanctionner toute atteinte aux principes de la part du législateur et tout détournement de procédure de l'exécutif (et cela de manière plus stricte que le Conseil d'État, statuant du moins comme donneur d'avis) ;
- elle consacre clairement et définitivement, même si elle n'est pas la première, la « valeur positive et constitutionnelle » du Préambule de la Constitution et des textes auxquels il renvoie ;
- elle renforce considérablement le prestige du Conseil et son autorité.

La suite a montré, notamment avec le développement de la saisine parlementaire, que la voie ouverte par la décision du *16 juillet 1971* était une voie royale (voir observations *infra* sous *23 novembre 1977* *).

IV. - LES PRINCIPES FONDAMENTAUX RECONNUS PAR LES LOIS DE LA RÉPUBLIQUE

28 . Les *« principes fondamentaux reconnus par les lois de la République »* ont été tirés de l'obscurité dans laquelle ils se trouvaient depuis 1946, par la décision du *16 juillet 1971*. Depuis, ils ont été largement consacrés et utilisés.

Introduite par un amendement du M.R.P., la formule était assez vague, et l'on pouvait se demander s'il ne s'agissait pas, « dans l'esprit de ses auteurs, (d')un simple hommage rendu à l'œuvre de la troisième République » (J. Rivero). Toutefois, le Conseil d'État l'avait utilisée sans restriction dans l'arrêt *Amicale des Annamites de Paris*, précité.

La conclusion de M. Rivero, selon laquelle « sans l'avoir voulu, peut-être le Conseil constitutionnel revient à la tradition issue de la Déclaration de 1789 », et respectée par toutes les constitutions jusqu'en 1875, « qui faisait de la garantie des droits... un chapitre essentiel du corps même de la Constitution », cette conclusion est tout à fait justifiée (sauf à enlever le « sans l'avoir voulu », car, d'après M. Luchaire, le Conseil a « bien voulu » cette évolution) et explique clairement l'évolution actuelle. Si bien que les principes fondamentaux reconnus ne sont sans doute pas une simple « catégorie fonctionnelle », dont la seule utilité aurait été, dans l'espèce, « de fonder une censure qu'il jugeait nécessaire». M. Rivero répugnait à restreindre la portée de la décision sur ce point, et il avait raison, car la jurisprudence ultérieure du Conseil a montré que celui-ci était décidé à utiliser toutes les possibilités lui permettant d'élargir la supra-légalité pour protéger les libertés publiques. Du moins dans un premier temps ; car, ensuite, il a changé d'attitude.

29 . Nous avons pu nous demander, en effet, au vu des premières décisions en faisant application, si les principes fondamentaux reconnus par les lois de la République n'allaient pas devenir les « principes à tout faire » du bloc de constitutionnalité (cf. L. Favoreu, in *R.D.P.* 1979, n° 6). En fait, la place des principes

fondamentaux reconnus par les lois de la République dans le bloc de constitutionnalité et leur définition ont considérablement changé depuis le début des années quatre-vingt, à la suite d'une prise en considération plus stricte des normes de référence par le Conseil constitutionnel, qui entend s'appuyer de plus en plus sur des dispositions contenues dans les textes (Constitution de 1958, Déclaration des droits de l'homme et Préambule de 1946) plutôt que sur les principes fondamentaux reconnus par les lois de la République (voir en ce sens observ. Favoreu in *R.D.P.* 1987, nº 2).

Cette tendance à privilégier les éléments du bloc de constitutionnalité autres que les principes fondamentaux reconnus par les lois de la République s'est accompagnée de la recherche d'une définition plus stricte desdits principes, ainsi qu'il apparaît dans les décisions les plus récentes du Conseil (notamment celles intervenues en 1988-1989).

30 . *Les conditions exigées pour que soit établie l'existence d'un principe fondamental reconnu par les lois de la République* sont de plus en plus précises.

Tout d'abord est écartée l'assimilation entre « tradition républicaine » et principe fondamental reconnu par les lois de la République : « La tradition républicaine ne saurait être utilement invoquée pour soutenir qu'un texte législatif qui la contredit serait contraire à la Constitution qu'autant que cette tradition aurait donné naissance à un principe fondamental reconnu par les lois de la République » (244 DC, § 11). Toutefois, un lien est établi entre tradition *républicaine* et principe fondamental reconnu par les lois de la République, ce qui confirme le fait qu'un principe fondamental reconnu par les lois de la République ne peut découler que des lois de la *République*, comme il apparaît dans la même décision (244 DC). De cette dernière décision et de plusieurs décisions récentes, on peut déduire qu'est exigée la réunion des conditions suivantes :

- il doit s'agir d'une « législation *républicaine* » (244 DC, § 12), ce qui écarte la législation intervenue sous d'autres régimes et infirme la conception large que l'on pouvait croire, à un moment donné, admissible et que nous adoptions dans nos précédentes éditions ;
- cette « législation républicaine » doit être intervenue « *avant l'entrée en vigueur du Préambule de la Constitution de 1946* » (c'est-à-dire donc avant le 27 octobre 1946), ce qui met fin à certaines hypothèses doctrinales selon lesquelles les principes reconnus pourraient découler de lois postérieures à cette date ;
- il *ne doit pas y avoir une seule exception* à la tradition qui s'est instaurée au fil des diverses lois intervenues car si une seule loi « s'est écartée de cette tradition » celle-ci « ne saurait être regardée comme ayant engendré un principe fondamental reconnu par les lois de la République au sens de l'alinéa 1er du Préambule de la Constitution de 1946 » (244 DC, § 12) ; cette position a été confirmée ultérieurement dans la décision 254 DC du 4 juillet 1989 (§ 13) à propos du prétendu principe de « la prohibition de toute rétroactivité de la loi en matière contractuelle ».

À vrai dire, cette dernière condition soulève une interrogation car elle a été posée et appliquée à propos de deux principes fondamentaux reconnus par les lois de la République à formulation négative : le principe selon lequel les mesures d'amnistie ne peuvent concerner des sanctions autres que pénales (244 DC) et le principe de la prohibition de toute rétroactivité de la loi en matière contractuelle (254 DC). S'applique-t-elle aussi aux principes fondamentaux reconnus par les lois de la République à formulation positive ?

- la norme contenue dans les lois de la République doit avoir un caractère suffisamment général et non contingent : le Conseil constitutionnel a ainsi refusé dans une décision 93-321 DC du 20 juillet 1993 de considérer le « principe d'automaticité d'acquisition de la nationalité », comme principe fondamental reconnu par les lois de la République au motif que « si le législateur a posé en 1851 et réaffirmé à plusieurs reprises en 1874, 1889 et 1927 la règle selon laquelle est français tout individu né en France d'un étranger qui lui-même y est né, il n'a conféré un caractère absolu à cette règle qu'en 1889 pour répondre notamment aux exigences de la conscription » (§ 18).

- enfin la règle invoquée doit revêtir une certaine *« importance »* : ainsi si la préférence donnée au candidat le plus âgé, en cas d'égalité des suffrages, est inscrite dans plusieurs textes républicains (depuis la Constitution du 24 juin 1793, jusqu'à la loi de 1884 sur l'administration communale, en passant par la loi de 1871 sur les conseils généraux) et n'a jamais été démentie, la règle invoquée « en tout état de cause... ne revêt pas une importance telle qu'elle puisse être regardée comme pouvant figurer au nombre des principes fondamentaux reconnus par les lois de la République... » (§ 9).

En revanche, ne doivent pas être regardées comme des conditions exigées :

- l'atteinte à un droit fondamental (absente dans les décisions *119 DC**, *224 DC** et *256 DC**) et encore moins l'atteinte à un droit fondamental non inclus dans la liste des droits économiques et sociaux, comme le soutenait le secrétariat général du gouvernement dans l'affaire « Allocations familiales » (97-393 DC, 18 déc. 1997, *J.O.* p. 18 665).

- la nature de lois parlementaires des textes républicains, le Conseil constitutionnel ayant accepté d'envisager l'existence d'un principe fondamental reconnu par les lois de la République à partir d'un décret-loi de la IIIe République et d'une ordonnance du Gouvernement provisoire de la République française, dans l'affaire précitée « Allocations familiales ».

Ce qui précède est confirmé par la récapitulation ainsi opérée par le secrétaire général du Conseil constitutionnel (*AJDA* 1999, p. 219).

> « Le Conseil constitutionnel a clos le débat – et conjuré le danger – en s'imposant une discipline stricte d'interprétation dans la mise à jour des « principes fondamentaux reconnus par les lois de la République ». Il faut d'abord que le principe soit véritablement fondamental, qu'il énonce *une règle suffisamment importante*, qu'il ait un degré suffisant de généralité, qu'il intéresse des domaines essentiels pour la vie de la Nation, comme les libertés fondamentales, la souveraineté nationale ou l'organisation des pouvoirs publics ; il faut ensuite qu'il trouve un ancrage textuel dans une ou plusieurs lois intervenues sous un régime républicain antérieur à 1946 ; il faut enfin

qu'il n'y ait jamais été dérogé par une loi républicaine antérieure à l'entrée en vigueur de la Constitution de 1946 ».

31 . *La liste des principes fondamentaux reconnus par les lois de la République consacrés par le Conseil constitutionnel est plutôt restreinte.*

Ont été admis jusqu'ici comme normes constitutionnelles les principes suivants : la liberté d'association (*44 DC**) ; les droits de la défense (70 DC) ; la liberté individuelle (*75 DC**) ; la liberté d'enseignement (*87 DC**) y compris la liberté de l'enseignement supérieur (414 DC) ; la liberté de conscience (*87 DC**) ; l'indépendance de la juridiction administrative (*119 DC**) ; l'indépendance des professeurs d'université (*165 DC**) ; la compétence exclusive de la juridiction administrative en matière d'annulation d'actes de la puissance publique (*224 DC**, 261 DC) ; et enfin l'autorité judiciaire gardienne de la propriété privée immobilière (256 DC).

On remarquera qu'en ce qui concerne la liberté individuelle, le Conseil constitutionnel fait référence désormais à l'article 66 de la Constitution ; quant à la liberté de conscience, le Conseil appliquerait certainement aujourd'hui les textes proclamant cette liberté (art. 2 de la Constitution ; alinéa 5, Préambule de 1946 ; ou art. 10, Déclaration des droits de l'homme et du citoyen). En sorte que seulement six principes fondamentaux reconnus par les lois de la République sont applicables comme normes constitutionnelles, en l'état actuel du droit positif. En outre, la violation d'un principe fondamental reconnu par les lois de la République a été à la base d'une invalidation de dispositions législatives dans onze cas seulement (sur 216 au total) : *44 DC**, *75 DC**, *127 DC**, *165 DC**, *224 DC**, 261 DC, 281 DC, 285 DC, 325 DC, § 86 et 95, 360 DC, § 6.

Il convient donc de relativiser très nettement certaines analyses faites au début de cette jurisprudence et qui tendaient à accréditer l'idée selon laquelle toute norme constitutionnelle était identifiable à un principe fondamental reconnu par les lois de la République. Ces principes, en réalité, n'occupent qu'une place très limitée au sein du bloc de constitutionnalité (cf. Favoreu et Renoux, *Le contentieux constitutionnel des actes administratifs*, Paris, 1992).

32 . *L'application des principes fondamentaux reconnus par les lois de la République par le Conseil d'État (et aussi leur découverte).*

Le Conseil d'État applique directement des principes fondamentaux reconnus par les lois de la République (cf. par exemple : CE Ass., 29 mai 1992, Assoc. des professeurs du Muséum national d'histoire naturelle ; CE 29 juillet 1994, Le Calvez : application au principe d'indépendance des professeurs d'université ; CE Ass., 29 avril 1994, Haut-commissaire de la République en Nouvelle-Calédonie ; 15 juin 1994, Haut-commissaire de la République en Nouvelle-Calédonie : liberté d'association).

Le juge administratif s'était abstenu cependant jusqu'à récemment de dégager lui-même des principes fondamentaux reconnus par les lois de la République, du moins depuis l'entrée en vigueur de la Constitution de 1958. Il a dérogé à cette règle en estimant dans son arrêt d'assemblée du 3 juillet 1996 (Koné, *RFDA* 1996, p. 882) qu'avait valeur constitutionnelle en tant que principe fondamental de la République, le principe selon lequel il ne peut y avoir d'extradition pour des motifs politiques. Le Conseil d'État prend ainsi le risque d'une contradiction avec le Conseil constitutionnel, portant ainsi atteinte à la sécurité juridique et mettant en cause la prééminence du juge constitutionnel quant à l'interprétation de la Constitution (cf. obs. L. Favoreu in *RFDA* 1996, p. 82).

20

5 juillet 1973

DUROURE C/ MIRTIN

Droit constitutionnel électoral
Contrôle de l'éligibilité et de l'incompatibilité

Décision 73-686/687, *Rec.* 135, A.N., Landes, 1re circ. Article 59 de la Constitution. Inéligibilité du remplaçant, annulation de l'élection, contrôle des éligibilités et des incompatibilités.

RÉFÉRENCES

a) *Références*

- PHILIP (L.) : *R.D.P.*, 1978, 1580. - RICCI (J.-C.) : *A.J.D.A.* 1978, 335. - CLIQUENNOIS (L.) : Inéligibilité et incompatibilité dans le contentieux des élections législatives, *A.J.D.A.* 1985, p. 93. - MALIGNER (B.) : Le Conseil constitutionnel et le contentieux des élections législatives de mars 1986, *Les petites affiches*, 10, 12, 14 mars 1986. - *Campagnes électorales, principe d'égalité et transparence financière* (Journées d'études de l'A.F.C.), 21 mars 1988, Economica, 1989. - CAMBY (J.-P.) : À quoi sert l'article LO 186-1 du code électoral ? *Les petites affiches*, 20 avril 1994, nº 47. - GHEVONTIAN (R.) : Faillite personnelle et déchéance des droits civiques, note sous C.E. 8 janvier 1997, Tapie, *D.* 29 mai 1997, p. 259 ; Portée et limite de l'inéligibilité résultant de la mise en liquidation judiciaire, note sous Cons. const. 16 décembre 1997, Rossinot, *D.* 18 juin 1998, p. 301.

b) *Jurisprudence*

- du Conseil constitutionnel

• Décision du 23 déc. 1958, *Rec.* 89 (A.N. Nord, 22e circ., éligibilité d'un ingénieur des travaux publics, incompatibilité du suppléant, incompétence).
• Décision 1 D du 12 mai 1960, *Rec.* 43, *RJC* VI-2 (Déchéance Oopa).
• Décision 2 D du 18 juil. 1961, *Rec.* 63, *RJC* VI-2 (Déchéance Lagaillarde).
• Décision du 22 janv. 1963, *Rec.* 74 (Gard, 4e circ., seul le préfet a qualité pour saisir le tribunal administratif de la recevabilité d'une candidature).
• Décision 3 D du 17 mars 1964, *Rec.* 51, *RJC* VI-3 (Déchéance Lenormand).
• Décision 1 I du 8 juillet 1966, *Rec.* 43, *RJC* IV-1 (Sénateur exerçant les fonctions de chef de service dans un hospice civil). Compatible.

- Décision du 11 mai 1967, *Rec.* 69 (A.N. Meurthe-et-Moselle, 1re circ., éligibilité du suppléant, député ou remplaçant d'un député soumis à réélection).
- Décision du 14 nov. 1968, *Rec.* 134 (Éligibilité d'un ingénieur des travaux des Eaux et Forêts).
- Décision du 13 nov. 1970, *Rec.* 54 (Gironde, 2e circ., pas de recours possible contre la proclamation en tant que député du remplaçant de M. Chaban-Delmas, Premier ministre, réélu à une élection partielle).
- Décision du 13 nov. 1970, *Rec.* 51 (Un candidat peut se retirer sans le consentement de son remplaçant).
- Décision du 21 juin 1973, *Rec.* 108 (Seul le préfet peut saisir le tribunal administratif du cas d'un candidat qu'il considère inéligible).
- Décision du 11 oct. 1973, *Rec.* 157 (Refus par le préfet d'enregistrer une candidature).
- Décision du 28 janv. 1976, *Rec.* 77 (Vienne, 2e circ., éligibilité des membres du gouvernement).
- Décision 2 I du 15 juill. 1976, *Rec.* 71, *RJC* IV-1 (Sénateur exerçant les fonctions d'administrateur délégué d'une société coopérative d'H.L.M.).
- Décision 3 I du 20 déc. 1976, *Rec.* 73, *RJC* IV-2 (Demande de M. Dassault, irrecevable).
- Décision 4 I du 7 juin 1977, *Rec.* 79, *RJC* IV-2 (Recevabilité de la demande Dassault).
- Décision 80 DC du 5 juil. 1977, *Rec.* 24, *RJC* I-48 (Loi organique modificative non conforme, incompatibilité entre fonctions gouvernementales et mandat parlementaire).
- Décision 5 I du 18 oct. 1977, *Rec.* 81, *RJC* IV-3 (Situation de M. Dassault, notion de direction de fait).
- Décision du 17 mai 1978, *Rec.* 88 (Inéligibilité des militaires accomplissant leur service).
- Décision 106 DC du 25 juil. 1979, *Rec.* 20, *RJC* I-72 (Éligibilité du remplaçant d'un sénateur devenu ministre).
- Décision 146 DC du 18 nov. 1982, *Rec.* 66, *RJC* I-134 (Pas de division par catégories des éligibles en raison du sexe).
- Décision 4 D du 24 mars 1983, *Rec.* 115 (Constatation du non-exercice du mandat d'un sénateur).
- Décisions du 30 nov. 1983, *Rec.* 109 (Éligibilité d'un chef du service de la répression des fraudes).
- Décision 177 DC du 30 août 1984, *Rec.* 67, *RJC* I-194 (Compatibilité des fonctions de membre du gouvernement du Territoire de la Polynésie française avec celles de membre du gouvernement de la République).
- Décision du 7 nov. 1984, *Rec.* 117 (Éligibilité d'un ancien président de la République, membre de droit du Conseil constitutionnel).
- Décision du 16 avril 1986, *Rec.* 41 (Participation des remplaçants des députés devenus ministres à l'élection du président de l'Assemblée nationale), incompétence.
- Décision du 3 juillet 1986, *Rec.* 96 (Incompétence des juridictions de l'ordre judiciaire pour statuer sur des décisions constituant des décisions préliminaires aux opérations électorales).
- Décision du 8 juil. 1986, *Rec.* 97 (Candidatures multiples, refus d'enregistrement par le représentant de l'État).
- Décision 6 I du 24 nov. 1987, *Rec.* 56, *RJC* IV-4 (Situation de M. E. Faure, chargé d'une mission de plus de six mois, demande d'un électeur irrecevable).

- Décision 242 DC du 10 mars 1988, *Rec.* 38, *RJC* I-331 (inéligibilité en cas d'absence de dépôt de la déclaration de situation patrimoniale).
- Décision du 8 nov. 1988, *Rec.* 196 (Inéligibilité du remplaçant, déjà remplaçant d'un sénateur).
- Décision 7 I du 6 déc. 1988, *Rec.* 262, *RJC* IV-5 (fonction incompatible).
- Décision 8 I du 7 nov. 1989, *Rec.* 97, *RJC* IV-6 président du conseil d'administration de l'association Associc-Services (fonction incompatible).
- Décision 9 I du 6 mars 1990, *Rec.* 50, *RJC* IV-8 président directeur général de la société Bernard Tapie Finance (fonction compatible, la société ne pouvant être regardée comme ayant « exclusivement » un objet financier).
- Décision 1171 du 8 juin 1993 (éligibilité d'un ancien Président de la République, membre de droit du Conseil constitutionnel).
- Décision 1197 du 8 juin 1993 (inéligibilité du remplaçant, notion stricte de remplaçant).
- Décision 1203 du 8 juin 1993 (éligibilité d'un membre du Tribunal de commerce, l'expression « magistrats des tribunaux » de l'art. L.O. 133 du Code électoral visant seulement les personnes qui relèvent du statut de la magistrature).
- Décisions 1389 et 1390 du 7 juillet 1993 (constatation de l'inéligibilité de candidats n'ayant pas déposé leurs comptes de campagne dans les délais prévus).
- Décision 5 D du 3 nov. 1994, *Rec.* 130, *RJC* VI-4 (déchéance Chammougon).
- Décision 6 D du 12 mai 1995, *RJC* VI-4 (déchéance Durr).
- Décision 6-D du 12 mai 1995, *Rec.* 209 (déchéance Durr).
- Décision du 15 déc. 1995, *Rec.* 254 (inéligibilité du remplaçant, inspecteur de l'éducation nationale, entraînant l'annulation de l'élection).
- Décision 15 I du 18 janv. 1996, *Rec.* 23 (président du conseil d'administration de la société « SORELIF Saône-Rhin », fonction incompatible).
- Décision 7 D du 18 janv. 1996, *Rec.* 21, *RJC* VI-5 (déchéance Boyer).
- Décision 13 I du 19 janv. 1996, *Rec.* 26 (membre du conseil d'administration de la société centrale d'équipement du territoire, fonction incompatible).
- Décision 14 I du 19 janv. 1996, *Rec.* 28 (*id.*).
- Décision 8 D du 6 février. 1996, *Rec.* 38, *RJC* VI-6 (déchéance Gouyon).
- Décision 9 D du 12 juillet 1996, *Rec.* 78, *RJC* VI-6 (déchéance Lacour).
- Décision 10 D du 5 sept. 1996, *Rec.* 111, *RJC* VI-7 (déchéance Tapie).
- Décision 16 I du 19 déc. 1996, *Rec.* 140 (juge au tribunal de commerce, fonction compatible).
- Décision 11 D du 10 sept. 1997, *Rec.* 158, *RJC* VI-8 (déchéance Pradille).
- Déc. 97-2121 du 16 déc. 1997, M. et M, 1e circ., *Rec.* 295, liquidation judiciaire, inéligibilité ; absence de la notification de l'incapacité d'exercer une fonction publique élective prévue par l'art. 194 de la loi du 25 janv. 1985 : l'incapacité n'a jamais pris effet à l'égard de l'élu. Rejet du recours (interprétation stricte).
- Déc. 98-17 I du 28 janvier 1999, *J.O....*, président d'une chambre de commerce et d'industrie, fonction incompatible avec celle de parlementaire (sénateur) assimilée à un président du conseil d'administration d'établissements publics nationaux.
- Déc. 410 DC du 15 mars 1999, Loi organique relative à la N.C.,, cons. 41. Le principe de la nécessité des peines implique que l'incapacité d'exercer une fonction publique élective ne peut être appliquée que si le juge l'a expressément prononcée en tenant compte de circonstances propres à l'espèce (pas d'inéligibilité automatique en cas de faillite personnelle).

- du Conseil d'État

• 21 sept. 1984, Allain, *Rec.* 307 : compétence pour examiner en appel (et avant l'élection) le jugement d'un tribunal administratif statuant sur la recevabilité d'une candidature à une élection législative.
• 8 janv. 1997, Tapie, liquidation judiciaire, décret constatant que son inéligibilité met fin à son mandat de député européen (*A.J.D.A.* 1997, nº 3).

- du Tribunal administratif d'Amiens

• 25 février 1993 : interdiction pour le suppléant d'un député, nommé membre du gouvernement, de faire acte de candidature contre ce dernier à l'élection suivante (art. L.O. 135 du Code électoral).

LE CONSEIL CONSTITUTIONNEL,

Vu l'article 59 de la Constitution ;

Vu l'ordonnance du 7 novembre 1958 portant loi organique sur le Conseil constitutionnel ;

Vu le Code électoral ;

Vu 1º la requête présentée par M. Roger-Paul Duroure, demeurant à Sabres, dans le département des Landes, ladite requête enregistrée le 22 mars 1973 au secrétariat général du Conseil constitutionnel et tendant à ce qu'il plaise au Conseil statuer sur les opérations électorales auxquelles il a été procédé le 11 mars 1973 dans la première circonscription des Landes pour la désignation d'un député à l'Assemblée nationale ;

Vu les observations en défense présentées par M. André Mirtin, député, lesdites observations enregistrées le 6 avril 1973 au secrétariat général du Conseil constitutionnel ;

Vu les observations en réplique présentées par M. Duroure, lesdites observations enregistrées comme ci-dessus le 16 avril 1973 ;

Vu les observations en duplique présentées par M. Mirtin, député, lesdites observations enregistrées comme ci-dessus le 27 avril 1973 ;

Vu les observations présentées *par le ministre de l'Intérieur*, enregistrées le 24 mai 1973 au secrétariat général du Conseil constitutionnel ;

Vu les observations présentées par M. Duroure, enregistrées ci-dessus le 4 juin 1973 ;

Vu 2º la requête présentée par M. Maurice Dales, demeurant 203, résidence Martinon à Mont-de-Marsan (Landes), ladite requête enregistrée le 22 mars 1973 au secrétariat général du Conseil constitutionnel et tendant à ce qu'il plaise au Conseil statuer sur les opérations électorales auxquelles il a été procédé le 11 mars 1973 dans la première circonscription des Landes pour la désignation d'un député à l'Assemblée nationale ;

Vu les observations en défense présentées par M. André Mirtin, député, lesdites observations enregistrées le 6 avril 1973 au secrétariat général du Conseil constitutionnel ;

Vu les observations en réplique présentées par M. Dales, lesdites observations enregistrées comme ci-dessus le 16 avril 1973 ;

Vu les observations en duplique présentées par M. Mirtin, député, lesdites observations enregistrées comme ci-dessus le 27 avril 1973 ;

Vu les observations présentées par le ministre de l'Intérieur, enregistrées le 24 mars 1973 au secrétariat général du Conseil constitutionnel ;

Vu les observations présentées par M. Dales, enregistrées comme ci-dessus le 4 juin 1973 ;

Vu les observations présentées par M. Mirtin, député, enregistrées comme ci-dessus le 7 juin 1973 ;

Vu les observations de M. Jean Dumoulin, enregistrées comme ci-dessus le 21 juin 1973 ;

Vu les autres pièces produites et jointes au dossier ;

Ouï le rapporteur en son rapport ;

1. Considérant que les requêtes susvisées de M. Duroure et de M. Dales sont relatives aux mêmes opérations électorales ; qu'il y a lieu de les joindre pour y être statué par une décision ;

2. Considérant qu'aux termes de l'article L.O. 133 du Code électoral : «Ne peuvent être élus dans toute circonscription comprise dans le ressort dans lequel ils ont exercé leurs fonctions depuis moins de six mois.... 13º *Les directeurs des organismes régionaux et locaux de Sécurité sociale relevant du contrôle de la Cour des comptes...»* et, qu'en vertu de l'article L.O. 155 du même Code *le remplaçant doit, à la date du dépôt des candidatures, remplir les conditions d'éligibilité exigées des candidats* ;

3. Considérant que, pour demander l'annulation de l'élection de M. Mirtin, les requérants allèguent qu'au cours de la période de six mois précédant l'élection, son remplaçant, M. Dumoulin, a exercé les fonctions de directeur de la caisse d'allocations familiales des Landes et de directeur de l'union de recouvrement des cotisations de Sécurité sociale et d'allocations familiales de ce département ; que, contrairement à ce que soutient M. Mirtin, ce moyen a été invoqué, dans ses deux branches, dans le délai de recours prévu par l'article L.O. 180 du Code électoral et que, d'ailleurs, *s'agissant d'un moyen d'ordre public*, un tel grief pouvait être soulevé en tout état de la procédure ;

4. Considérant que les caisses d'allocations familiales et les unions de recouvrement figurent au nombre des organismes locaux du régime général de la Sécurité sociale énumérés par l'article 1er de

l'ordonnance nº 67-706 du 21 août 1967 ratifiée par la loi nº 68-697 du 31 juil. 1968 et sont, l'une et l'autre, soumises au contrôle de la Cour des comptes par les articles 1er et 7 de la loi nº 67-483 du 22 juin 1967 ; qu'ainsi les fonctions de directeur de l'un ou l'autre de ces deux organismes font obstacle à ce que celui qui les a exercées pendant la période prévue par l'article L.O. 133 précité puisse faire acte de candidature à une élection législative dans une circonscription comprise dans le ressort de ces organismes ;

5. Considérant qu'il est constant que M. Dumoulin était, pendant la période de six mois précédant le scrutin, titulaire de l'emploi de directeur de la caisse d'allocations familiales de l'union de recouvrement des Landes ; que par des délibérations du conseil d'administration de la caisse d'allocations familiales, en date du 30 octobre 1972, et du Conseil d'administration de l'union de recouvrement, en date du 10 novembre 1972, il a été autorisé à accomplir sa mission sous l'autorité technique de l'agence centrale des organismes de Sécurité sociale, dans les conditions prévues par les articles 11 et 12 de la convention collective nationale de travail des agents de direction et des agents comptables des organismes de Sécurité sociale, en date du 25 juin 1968 ; qu'en vertu de cet article 12 «les périodes pendant lesquelles un agent de direction ou un agent comptable accomplit une mission sont considérées comme temps de travail normal. L'intéressé continue à percevoir pendant ces périodes l'intégralité de son traitement sous déduction des rémunérations reçues au titre de la mission qu'il accomplit» ; qu'il résulte de l'instruction que la mission dont il s'agit était accomplie par M. Dumoulin dans le département des Landes, qu'elle avait pour objet de contribuer sur le plan national à l'amélioration du recouvrement des cotisations et que, *pendant cette mission, l'intéressé a continué à recevoir de la caisse d'allocations familiales et de l'union de recouvrement* l'intégralité de sa rémunération ;

6. Considérant que si, pour l'appréciation des conditions dans lesquelles un candidat entre dans le cas d'inéligibilité prévu par l'article L.O. 133-13º du Code électoral, il y a lieu de se fonder *sur la situation de fait* dans laquelle le candidat s'est trouvé pendant les six mois qui ont précédé l'élection, et si, en conséquence, un agent ayant conservé le titre de directeur d'organismes locaux de Sécurité sociale et placé dans une situation statutaire qui l'a amené à cesser, de façon durable, toute fonction en rapport avec son emploi, peut, par l'application de l'article L.O. 133-13º, être regardé comme ayant cessé d'exercer ses fonctions, *il n'en est pas ainsi pour un directeur d'organisme de Sécurité sociale autorisé à accomplir une mission dans les conditions ci-dessus analysées* ; que, sans qu'il soit besoin d'examiner si, antérieurement aux deux délibérations susmentionnées du conseil d'administration de la caisse d'allocations familiales et de l'union de recouvrement et, à une date antérieure au délai prévu par le premier alinéa de l'article L.O. 133, M. Dumoulin avait déjà commencé à accomplir sa mission après en avoir reçu l'autorisation d'une autorité qualifiée, ce directeur d'organisme de Sécurité sociale demeurait frappé par l'inéligibilité édictée par l'alinéa 13º dudit article ;

7. Considérant qu'en vertu de l'article L.O. 189 du Code électoral, «sous réserve d'un cas d'inéligibilité du titulaire ou du remplaçant qui se révélerait ultérieurement, le Conseil constitutionnel *statue sur la régularité de l'élection tant du titulaire que du remplaçant*» ; qu'il y a lieu, en raison de l'inéligibilité de M. Dumoulin, d'annuler l'élection de M. Mirtin,

Décide :

ARTICLE PREMIER. - L'élection législative à laquelle il a été procédé les 4 et 11 mars 1973 dans la première circonscription des Landes est annulée.

ART. 2 - La présente décision sera notifiée à l'Assemblée nationale et publiée au *Journal officiel* de la République française.

Délibéré par le Conseil constitutionnel dans sa séance du 5 juillet 1973, où siégeaient MM. Gaston Palewski, président, Monnet, Rey, Sainteny, Goguel, Dubois, Coste-Floret, Chatenet, Luchaire.

(*J.O.*, 17 juillet 1973, p. 7739).

La composition du Conseil constitutionnel à la date du 5 juillet 1973 était la suivante : M. PALEWSKI (Président), MM. CHATENET, COSTE-FLORET, DUBOIS, GOGUEL, LUCHAIRE, MONNET, REY, SAINTENY.

OBSERVATIONS

1. La décision du 5 juillet 1973 soulève le problème de l'éligibilité des parlementaires et celui du contrôle de la régularité de l'élection du remplaçant. La compétence du Conseil constitutionnel sur ces deux matières est prévue, non par la Constitution elle-même, mais par les articles L.O. 127 et suivants du code électoral. C'est le cas, également, du contrôle des incompatibilités parlementaires.

I. - Le contrôle de l'éligibilité

2 . L'élargissement de la compétence du Conseil au contentieux de l'éligibilité est tout à fait logique, car, traditionnellement dans notre droit, le juge de la régularité de l'élection est également juge de l'éligibilité.

3 . Le contrôle de l'éligibilité se déroule selon des modalités différentes.

- Dans le cas le plus habituel, le Conseil constitutionnel n'intervient pas directement. L'enregistrement de la candidature d'une personne inéligible est interdit et c'est le préfet qui, en tant qu'autorité chargée de l'enregistrement des candidatures, vérifie l'éligibilité des candidats. Lorsqu'il estime qu'un candidat est inéligible, il surseoit à l'enregistrement de sa candidature et saisit le tribunal administratif dans les vingt-quatre heures. Ce dernier doit statuer dans les trois jours. Si ces délais ne sont pas respectés, la candidature doit être enregistrée. Le jugement du tribunal administratif n'est pas susceptible d'appel et il ne peut davantage être porté directement devant le Conseil constitutionnel (cf. décision du 6 janv. 1959, *Rec.* 133). Toutefois, il peut être contesté devant lui, après le déroulement du scrutin, à l'occasion d'un recours dirigé contre l'élection (cf. décision du 22 janv. 1963, *Rec.* 82).

Ce système de saisine du tribunal administratif par le préfet n'est pas satisfaisant. Il serait plus logique, et plus prudent, d'autoriser la personne dont la candidature n'est pas enregistrée à saisir directement le Conseil constitutionnel. En effet, le candidat ne dispose d'aucune garantie sérieuse dans cette procédure. Le préfet peut refuser d'enregistrer une candidature sans pour autant saisir le tribunal administratif (notamment lorsque le délai de 24 h est expiré et qu'il est informé trop tard de l'irrégularité de la candidature). Dans ce cas, l'intéressé ne peut lui-même, ni saisir le tribunal administratif, ni saisir immédiatement le Conseil constitutionnel (cf. décisions du 22 janv. 1963, du 11 oct. 1973 et du 8 juillet 1986, *Rec.* 74, 157 et 96). Ce dernier ne peut sanctionner cette irrégularité – quels qu'en soient les motifs – que par l'annulation de l'élection, ce qui n'est pas sans inconvénients (décision du 8 juillet 1986, *Rec.* 97).

- Malgré le contrôle exercé par le préfet au moment du dépôt de la candidature, il peut arriver qu'un candidat soit proclamé élu, alors qu'il était inéligible. Pendant les dix jours suivant la proclamation du scrutin, l'élection pourra être contestée et, éventuellement, annulée pour ce motif, qu'il s'agisse de l'inéligibilité du parlementaire proclamé élu ou, comme dans l'espèce ci-dessus, de celle de son remplaçant.

- La troisième hypothèse concerne le cas où l'inéligibilité se révèle après l'expiration du délai de contestation ou survient en cours de mandat. Le Conseil constitutionnel est alors saisi, soit par le bureau de l'Assemblée parlementaire, soit par le ministre de la Justice, soit par le ministère public. Il prononce alors la déchéance de plein droit du parlementaire concerné (cf. décisions des 6 février, 12 juillet et 5 septembre 1996).

Cette troisième procédure est uniquement applicable aux membres de l'Assemblée nationale ou du Sénat, mais non à leurs remplaçants.

- Enfin, depuis les lois relatives au contrôle des comptes de campagne, le Conseil est amené à prononcer l'inégibilité des candidats n'ayant pas déposé leurs comptes de campagne dans les délais (535 décisions rendues à ce titre en 1993). Et, depuis la loi du 19 janvier 1995, l'inéligibilité commence à courir à partir de la date de la décision du Conseil (et non plus, comme auparavant, à partir de la date de l'élection).

Il résulte de l'ensemble de cette réglementation : que le Conseil constitutionnel n'intervient en matière de contrôle de l'éligibilité, dans tous les cas, *qu'après l'élection* ; qu'il peut être saisi par différentes personnes du problème de l'éligibilité, mais qu'il ne peut, en aucun cas, se saisir lui-même ; que l'éligibilité du remplaçant ne peut être contestée que pendant les dix jours suivant l'élection.

4 . Dans l'espèce ci-dessus, le Conseil avait été saisi de deux recours qui s'appuyaient sur l'inéligibilité du suppléant du candidat proclamé élu.

- Il reprend à cette occasion sa jurisprudence habituelle en la matière. Le principe fondamental est le suivant : l'inéligibilité s'analyse comme une limitation à l'exercice d'une liberté électorale. Il en résulte, d'une part, qu'une inéligibilité ne se présume pas et qu'elle doit être expressément prévue par un texte, d'autre part, que les textes édictant une inéligibilité doivent être interprétés de façon restrictive. Il s'agit là d'un principe traditionnel dont le Conseil constitutionnel a déjà fait une large application : cf. décision du 23 déc. 1958 (éligibilité d'un directeur adjoint des services vétérinaires départementaux, alors que sont inéligibles les directeurs des services agricoles) ; décision du 14 nov. 1968 (les fonctions d'ingénieurs des travaux des eaux et forêts, différentes de celles d'ingénieurs des Eaux et Forêts, n'entraînent pas l'inéligibilité de leur titulaire).

Dans la présente affaire, le remplaçant de l'élu était directeur d'un organisme local de Sécurité sociale relevant du contrôle de la Cour des comptes, c'est-à-dire exerçait une fonction prévue expressément par l'ordonnance 58-998 du 24 octobre 1958 relative aux conditions d'éligibilité parlementaire. Il s'agissait donc bien d'un cas d'inéligibilité.

- Le deuxième principe en matière d'éligibilité consiste à prendre en considération la situation de fait, pour apprécier si un candidat tombe ou non sous le coup d'une inéligibilité. Ainsi un candidat qui, tout en ayant conservé le titre d'une fonction entraînant l'inéligibilité ne l'a, en fait, pas exercée pendant le délai prévu avant l'élection (selon les cas, six mois, un an ou trois ans) peut « ...être regardé comme ayant cessé d'exercer ses fonctions ». C'est précisément ce que soutenaient l'élu et son remplaçant dans cette affaire. Cependant, le Conseil constate que, s'il a été placé en mission, la décision de sa mise en mission a été prise moins de cinq mois avant la date de l'élection, cette mission a été accomplie dans le même département et pendant celle-ci l'intéressé a continué à percevoir l'intégralité de son traitement de directeur. Comme, par ailleurs, il avait signé des pouvoirs dans le cadre de ses fonctions de directeur et que certains de ces pouvoirs ont été utilisés dans les six mois ayant précédé l'élection, le Conseil a estimé qu'il avait exercé, en fait, une fonction en rapport avec son emploi, c'est-à-dire une fonction entraînant son inéligibilité.

- Enfin, le Conseil précise que la question de l'éligibilité du candidat élu, comme celle de son suppléant, étant d'ordre public, ce grief peut être soulevé en tout état de la procédure, même après l'expiration du délai de recours.

5 . Un problème particulier d'éligibilité s'est posé lors des élections législatives de mars 1978.

De nombreux militaires qui accomplissaient leur service ont fait acte de candidature aux élections législatives de 1978. Ils s'appuyaient notamment sur la jurisprudence du Conseil constitutionnel qui, en 1969, avait autorisé la candidature de M. Krivine à la présidence de la République alors que celui-ci était sous les drapeaux (n° **17**-7). Ils invoquaient également les nouvelles dispositions du code du service national, dispositions beaucoup moins restrictives que celles de l'article 3 de l'ordonnance du 24 octobre 1958 et ils estimaient que le nouveau texte avait abrogé l'ancien.

Tous les préfets ont sursis à l'enregistrement de ces candidatures et ont saisi les tribunaux administratifs pour qu'ils statuent définitivement. La plupart de ces derniers devaient confirmer les refus d'enregistrement à l'exception du tribunal administratif de Clermont-Ferrand. Seize appelés du contingent ont été ainsi déclarés éligibles par ce tribunal qui estimait que l'article 3 de l'ordonnance du 24 octobre 1958 devait être considéré comme abrogé par la loi du 10 juin 1971 sur le service national et que toute limitation à l'exercice d'un droit civique ne peut s'interpréter que restrictivement. En revanche, les tribunaux administratifs de Nice, Marseille, Orléans, Bordeaux, Lyon, Strasbourg, Montpellier, Dijon, Toulouse adoptaient une position contraire.

Le Conseil, dans différentes décisions, a confirmé l'inéligibilité des militaires accomplissant leur service. Il rappelle que les ordonnances prises en vertu de l'article 92 de la Constitution ont un caractère permanent et il souligne que le décret portant codification de la législation électorale n'a pu modifier ou abroger un texte de valeur organique. Quant à la loi du 10 juin 1971, relative au service national, le Conseil s'appuie sur les débats parlementaires pour estimer que le législateur n'a pas entendu abroger l'article 3 de l'ordonnance de 1958 mais, au contraire, qu'il entend laisser à une loi organique le soin d'abroger ou de modifier le cas échéant cette disposition. Il en résulte que cette dernière disposition est toujours en vigueur. Cette position est très proche de celle adoptée par le tribunal administratif de Marseille.

En d'autres termes, pour le Conseil, si les textes relatifs aux inéligibilités (comme ceux concernant les incompatibilités) doivent toujours faire l'objet d'une interprétation stricte (c'est-à-dire qu'ils ne doivent jamais être étendus à des cas non expressément prévus), il n'y a pas lieu, pour autant, de faire prévaloir le texte le plus favorable, surtout lorsqu'une telle solution ne correspond pas à la volonté du législateur et s'avère être contraire à la hiérarchie des normes.

En ce qui concerne l'argument invoqué par les requérants selon lequel l'article 3 de l'ordonnance du 24 octobre 1958 serait contraire au principe de l'égalité d'accès des citoyens aux emplois et charges publics, il est doublement inopérant en raison, d'une part, du caractère incontestable des ordonnances portant loi organique, et, d'autre part, parce qu'« ...il n'appartient pas au Conseil constitutionnel, saisi d'un recours contre l'élection d'un parlementaire, d'apprécier la conformité à la Constitution ou à un principe général ayant valeur constitutionnelle de textes ayant le caractère de loi organique ».

La Haute juridiction est donc amenée à annuler les jugements du tribunal administratif de Clermont-Ferrand. Cependant, elle ne prononce pas pour autant l'annulation des élections auxquelles ont participé des candidats inéligibles. Elle estime, en effet, que « ...leur présence n'a pas, dans les circonstances de l'espèce, eu d'influence sur la désignation des candidats qui pouvaient légalement participer au second tour, ni sur l'ordre dans lequel ceux-ci étaient parvenus à l'issue du premier tour en vue des désistements à la suite desquels seuls deux candidats ont été en présence au second tour ». Conformément à sa jurisprudence constante, une irrégularité, même importante, n'a pas à être sanctionnée dans la mesure où elle n'a pas exercé une influence déterminante sur le résultat de la consultation.

La jurisprudence du Conseil constitutionnel en matière d'éligibilité (comme en matière d'incompatibilité) est donc très favorable à la liberté électorale. Et ce libéralisme ne se limite pas aux seules élections nationales. Il s'applique aussi bien aux élections locales que le Conseil qualifie, curieusement, de « politiques ». Dans une décision 146 DC du 18 novembre 1982, il affirme « que la qualité de citoyen ouvre le droit de vote et l'éligibilité dans des conditions identiques à tous ceux qui n'en sont pas exclus pour une raison d'âge, d'incapacité ou de nationalité ou pour une raison tendant à préserver la liberté de l'électeur ou l'indépendance de l'élu ; que ces principes de valeur constitutionnelle s'opposent à toute division par catégories (notamment en raison du sexe jusqu'en 1999) des électeurs ou des éligibles ».

Ainsi, non seulement les textes législatifs, relatifs aux inéligibilités doivent faire l'objet d'une interprétation stricte, mais encore le législateur ne peut édicter des inéligibilités qui ne seraient pas justifiées par l'âge, l'incapacité, la nationalité ou la volonté de préserver la liberté de l'électeur ou l'indépendance de l'élu.

En revanche, ces principes ne s'appliquent plus aux élections non « politiques », c'est-à-dire aux élections professionnelles ou sociales (cf. décision 148 DC du 14 décembre 1982, élections aux organismes de sécurité sociale).

II. - Le contrôle de l'éligibilité du remplaçant

6 . Aux termes de l'article 45 de l'ordonnance du 7 novembre 1958 portant loi organique sur le Conseil constitutionnel, « ...sous réserve d'un cas d'inéligibilité du titulaire ou du remplaçant qui se révélerait ultérieurement, le Conseil constitutionnel statue sur la régularité de l'élection tant du titulaire que du remplaçant ».

Le juge constitutionnel a tiré de cette disposition le principe d'une entière solidarité entre l'élu et son remplaçant. C'est tout à fait logique pour tout ce qui concerne le déroulement de l'élection. C'est moins évident dès lors qu'il s'agit de problèmes aussi personnels que celui de l'éligibilité.

7 . Le contrôle de la régularité de l'élection du remplaçant s'effectue dans les mêmes conditions et au même moment que pour l'élu. Il en résulte d'une part, qu'un recours dirigé contre l'élu est également dirigé contre le remplaçant, d'autre part, qu'un recours dirigé contre le remplaçant doit tendre à l'annulation de l'élection du parlementaire et qu'il doit être exercé dans les dix jours suivant la proclamation des résultats. En revanche, aucun recours n'est recevable par la suite, notamment au moment où le remplaçant est appelé à prendre la place de l'élu au Parlement. Le recours dirigé contre la proclamation comme député du remplaçant n'a pas le caractère d'une contestation sur la régularité de l'élection d'un parlementaire et ne peut être porté devant le Conseil constitutionnel (cf. décision du 13 nov. 1970).

8 . L'application du principe de solidarité au cas d'inéligibilité du remplaçant présente en revanche de sérieux inconvénients, car il peut conduire, comme dans cette espèce, à invalider un député dont l'élection, en ce qui le concerne, était parfaitement régulière.

La question de l'éligibilité du remplaçant avait déjà donné lieu, avant 1973, à de nombreux recours. En effet, en dehors des cas d'inéligibilité classiques, la loi organique relative aux conditions d'éligibilité des parlementaires dispose qu'un député, un sénateur ou un remplaçant ne peut être suppléant d'un candidat à l'Assemblée nationale ou au Sénat (article L.O. 134). Ceci pour éviter un éventuel cumul de mandat. Cette interdiction est, d'après la lettre du texte, également applicable en cas d'élections générales du fait que les membres de l'Assemblée nationale demeurent députés jusqu'à la réunion de la nouvelle Assemblée. Mais elle ne peut, évidemment, être respectée. Aussi a-t-elle donné lieu, lors des élections de 1967, à quelques quatre-vingts recours dirigés contre des élus qui avaient choisi comme remplaçant un ancien parlementaire ou ancien suppléant d'un parlementaire. Le Conseil a rejeté ces recours en s'appuyant, non sur la lettre, mais sur l'esprit du texte, pour reconnaître que si le remplaçant devait en permanence être à même de remplacer le parlementaire, cette disposition n'interdisait pas à un candidat à l'Assemblée nationale de choisir comme remplaçant un député ou le remplaçant d'un député soumis à la réélection (décision du 11 mai 1967). Cette décision par laquelle le Conseil écarte la lettre du texte, s'explique par l'incohérence de la législation actuelle. Elle montre qu'en certaines circonstances la

Haute juridiction est capable d'interpréter les textes avec une certaine liberté.

Le Conseil constitutionnel a eu moins d'audace dans l'espèce ci-dessus ; il faut dire qu'en l'occurrence il ne pouvait s'appuyer ni sur la lettre ni sur l'esprit du texte. Il lui fallait se substituer au législateur pour faire triompher le bon sens, ce qui n'est tout de même pas son rôle.

Il apparaîtrait plus logique, en effet, puisque l'éligibilité du candidat et de son remplaçant fait l'objet d'un contrôle par le préfet lors de l'enregistrement des candidatures, de n'admettre les contestations concernant l'éligibilité du remplaçant qu'au moment de sa proclamation comme parlementaire, dans le cas où il est appelé un jour à siéger au Parlement. Cela éviterait l'absurdité de la situation actuelle, où un remplaçant inéligible peut entrer au Parlement sans qu'il soit possible de contester son élection, mais où il peut être la cause de l'annulation de l'élection de son propre député, alors que ce dernier a été régulièrement élu.

III. - Le contrôle des incompatibilités

9 . Le Conseil n'est pas seulement juge de l'inéligibilité, il est aussi juge des incompatibilités parlementaires.

Ces deux situations sont bien distinctes au point de vue théorique. Il y a inéligibilité lorsqu'un candidat ne peut pas être proclamé élu pour l'un des cas prévus expressément par la loi. Normalement, l'inéligibilité fait obstacle au dépôt de la candidature. Il y a incompatibilité lorsqu'un parlementaire, régulièrement élu, conserve après son élection (ou accède en cours de mandat) une fonction incompatible avec sa qualité de parlementaire ou accomplit certains actes interdits aux membres du Parlement. L'inéligibilité est un obstacle à l'élection et même à la candidature, ou une cause de déchéance du mandat. L'incompatibilité est un obstacle à l'exercice de la fonction, elle exige un choix entre le mandat parlementaire et un autre mandat (ou d'autres activités). Le problème de l'incompatibilité ne se pose que pour le parlementaire et non pour son remplaçant, tant que celui-ci n'est pas appelé à siéger. L'inéligibilité est une situation beaucoup plus grave que l'incompatibilité, car il s'agit d'une véritable incapacité et les sanctions sont radicales. En 1970, lorsque le député de Bordeaux suppléant de M. Chaban-Delmas est décédé et qu'il a fallu procéder à une élection partielle, deux des candidats, MM. Servan-Schreiber (député de Nancy) et J. Chaban-Delmas (Premier ministre), se trouvaient dans une situation d'incompatibilité, mais ils n'en étaient pas moins éligibles.

En 1984, lorsque M. Valéry Giscard d'Estaing s'est présenté à une élection partielle, la question de la compatibilité de la fonction de député avec celle de membre de droit du Conseil constitutionnel s'est posée, mais il n'était certainement pas inéligible.

De même, la loi de 1985 sur la limitation du cumul des mandats a retenu la solution de l'incompatibilité, et non de l'inéligibilité, pour laisser aux élus la liberté de choisir ceux des mandats qu'ils souhaitent conserver.

Cependant, en pratique, la distinction entre l'inéligibilité et l'incompatibilité n'est pas toujours simple à établir. Ainsi, en 1972, le député M. Rives-Henrys, pour un même acte (l'utilisation à des fins publicitaires de sa qualité de parlementaire), tombait à la fois sous le coup d'une incompatibilité et d'une inéligibilité. Or il est nécessaire de pouvoir distinguer les deux situations, car la procédure de contrôle n'est pas identique dans les deux cas.

10 . Le but des incompatibilités parlementaires est avant tout d'assurer l'indépendance de l'élu. Indépendance vis-à-vis du gouvernement s'il est fonctionnaire, ou indépendance à l'égard des intérêts privés lorsqu'il dépend d'eux. Il s'agit, aussi, d'interdire le cumul de certaines fonctions publiques ou électives. La sanction est la démission d'office ; elle est prononcée par le Conseil constitutionnel à la requête du bureau de l'Assemblée intéressée ou du garde des Sceaux, ministre de la Justice. En revanche, le Conseil ne peut être saisi d'un problème d'incompatibilité parlementaire par un simple électeur ni à l'occasion d'une contestation électorale (décision du 23 déc. 1958), ni au cours du mandat du parlementaire (décision du 24 novembre 1987).

Lorsqu'il y a doute (ou contestation) sur l'incompatibilité des fonctions exercées, le parlementaire intéressé peut saisir le Conseil constitutionnel et lui demander de faire connaître sa position.

Cependant, le parlementaire ne peut pas saisir le Conseil avant que le bureau de l'assemblée ait constaté qu'il y avait bien un doute sur sa situation (décision 3 I du 20 déc. 1976). En cas de décision affirmative, le parlementaire dispose d'un délai de quinze jours pour régulariser sa situation avant que la démission d'office ne soit prononcée.

Le Conseil constitutionnel a eu l'occasion d'exercer son contrôle en ce domaine pour la première fois par une décision du 8 juillet 1966 au sujet des fonctions de médecin-chef dans un hôpital. Il y applique le même principe qu'en matière d'inéligibilité. À savoir que les textes établissant une incompatibilité sont d'interprétation stricte et que l'on doit s'en tenir aux fonctions limitativement énumérées. Ainsi a-t-il jugé que les fonctions de médecin-chef dans un hôpital qui n'a pas le caractère d'un établissement public national, sont compatibles avec celles de sénateur.

Notons toutefois que le parlementaire en question a été, ensuite, contraint par le préfet à démissionner de ses fonctions de médecin, considérées, par l'administration, comme incompatibles avec un mandat parlementaire et que cette décision a été confirmée par le Conseil d'État. Ce dernier estimant que la décision du préfet se justifiait en raison des exigences du service public.

Le Conseil constitutionnel a appliqué le principe de l'interprétation restrictive dans une décision du 15 juillet 1976 à propos d'un administrateur délégué d'une société coopérative d'H.L.M. et dans une décision du 18 octobre 1977 à propos de l'exercice d'une direction de fait dans une société bénéficiant d'avantages accordés par l'État. Dans cette affaire, il a estimé qu'il ne disposait pas de moyens d'investigations suffisants pour pouvoir rechercher si le parlementaire (M. Dassault) exerçait, ou non, une direction de fait de ses entreprises (décision 5 I du 18 oct. 1977). De même les fonctions de

M. B. Tapie n'ont pas été jugées incompatibles, sa société n'ayant pas « exclusivement » un objet financier (9 I du 6 mars 1990).

Mais, en 1996, après la confirmation par la Cour de cassation de la liquidation judiciaire de B. Tapie, le Conseil a constaté la déchéance de plein droit de son mandat de député en dépit du fait que ce dernier avait préalablement présenté sa démission (10 D du 5 sep. 1996).

En 1996, il estime que les fonctions de juge au tribunal de commerce ne sont pas incompatibles avec celles de député bien que l'article L.O. 140 du code électoral dispose que l'exercice des fonctions de magistrat sont incompatibles avec l'exercice d'un mandat à l'Assemblée nationale (16 I du 1er décembre 1996).

En revanche, en 1999, il a considéré que les fonctions de président d'une chambre de commerce tombaient sous le coup de l'article L.O. 145 du code électoral selon lequel sont incompatibles avec le mandat de député les fonctions de président et de membre de conseil d'administration exercées dans les entreprises nationales et les établissements publics nationaux. Et ceci bien que les chambres de commerce, si elles forment des établissements publics de l'État, ne sont pas des établissements publics nationaux au sens territorial puisque leur ressort est limité à une fraction du territoire (v. comm. J.-P. Camby, *A.J.D.A.*, 1999, nº 3, p. 236.

11 . L'application des règles relatives aux incompatibilités donne souvent lieu à des difficultés. Ce fut le cas, en 1971, de la situation du député M. Rives-Henrys. Ce dernier était accusé d'avoir, en méconnaissance de l'article 19 de l'ordonnance du 24 octobre 1958, fait figurer son nom et sa qualité dans une publicité relative à une entreprise financière, industrielle ou commerciale. Cette infraction fait l'objet de différentes sanctions. Aux termes de l'article 20 de cette ordonnance, le parlementaire qui a méconnu les dispositions de l'article 19 « ...est déclaré démissionnaire d'office, *sans délai*, par le Conseil constitutionnel à la requête du bureau de l'Assemblée intéressée ou du garde des Sceaux, ministre de la Justice ». Mais l'article 19 al. 2, de la même ordonnance sanctionne également « ...d'un emprisonnement de un à six mois et d'une amende de 2 000 F. à 10 000 F., ou de l'une de ces deux peines seulement, les fondateurs, directeurs ou gérants de sociétés... qui auront fait ou laissé figurer le nom d'un parlementaire avec mention de sa qualité dans toute publicité faite dans l'intérêt de l'entreprise qu'ils dirigent ». M. Rives-Henrys, étant directeur général d'une société et ayant utilisé son nom et sa qualité de parlementaire à des fins publicitaires avait fait l'objet d'une inculpation pour infraction à cette deuxième disposition. Le problème était de savoir si le Conseil constitutionnel devait également être saisi, au titre de la première infraction, par le ministre de la Justice (ou par le bureau de l'Assemblée), afin de déclarer « sans délai » démissionnaire d'office le parlementaire coupable. Ou fallait-il attendre que le juge pénal se soit prononcé sur la réalité de l'infraction ? Selon le cas, la situation était très différente, non seulement sur le plan politique, mais également sur le plan juridique. Dans la première hypothèse, le Conseil constitutionnel était appelé à examiner si le parlementaire tombait sous le coup d'une incompatibilité. Et, dans l'affirmative, il prononçait sa démission

d'office, mais celle-ci n'entraînait pas son inéligibilité, et M. Rives-Henrys pouvait se représenter devant ses électeurs (ce qui aurait été gênant pour la majorité). Dans la deuxième hypothèse, le juge pénal constatait l'infraction et prononçait la condamnation. Mais, dans la mesure où celle-ci comportait l'interdiction de l'inscription sur une liste électorale, elle entraînait à l'époque l'inéligiblité du parlementaire et la constatation de sa déchéance de plein droit par le Conseil constitutionnel (cf. décisions 1 D à 10 D).

Le ministre de la Justice et le bureau de l'Assemblée nationale ont refusé de saisir le Conseil constitutionnel avant que le juge pénal ne se soit prononcé, mais le gouvernement a décidé de modifier l'ordonnance de 1958. Le nombre des incompatibilités a été augmenté en ce qui concerne notamment les fonctions de responsabilités dans les sociétés civiles autorisées à faire publiquement appel à l'épargne et dans les sociétés à but lucratif ayant une activité de construction ou de promotion immobilière. Mais, surtout, le nouveau texte (art. L.O. 151) prévoit la notion « d'activités autorisées » subordonnant à une autorisation préalable le droit pour un parlementaire de prendre un emploi rémunéré dans une société ayant un objet économique. Le contrôle s'établit de la façon suivante : à son entrée au Parlement, le parlementaire doit déclarer toutes les fonctions qu'il envisage de conserver. Pour les activités qu'il assume en cours de mandat, il doit obtenir l'autorisation du bureau de son Assemblée. En cas de refus ou de doute du bureau, le Conseil constitutionnel peut être saisi et tranche par une décision publiée au *Journal officiel*, après que le parlementaire ait disposé d'un délai de quinze jours pour régulariser sa situation.

Le régime des incompatibilités distingue ainsi trois types de situations : les interdictions générales et absolues, les fonctions ne pouvant être acceptées en cours de mandat, les fonctions ne pouvant être exercées qu'après autorisation préalable.

Mais, pour ces dernières, il se posait une difficulté : quelle autorité allait accorder l'autorisation ? L'Assemblée nationale estimait que l'acceptation de toute fonction nouvelle par un parlementaire devait être subordonnée à une autorisation du juge constitutionnel. Pour les sénateurs, au contraire, on ne pouvait demander au Conseil de porter une appréciation subjective sur la question de savoir si telle fonction était de nature ou non à compromettre l'indépendance d'un parlementaire dans l'exercice de son mandat. Ce rôle ne pouvait entrer dans le cadre de la mission exercée par le Conseil constitutionnel. Celui-ci est d'abord un organe juridictionnel, non un organe politique. Il dit le droit. La procédure d'autorisation prévue par le nouveau texte comportait une appréciation d'opportunité, étrangère à la fonction juridictionnelle.

Les positions des deux Chambres sur cette question étaient donc divergentes. Pourtant, il était nécessaire de se mettre d'accord sur un texte commun, sinon allait apparaître le problème délicat de savoir si l'Assemblée nationale pouvait ou non adopter seule, en dernière lecture, cette loi organique. Et ni l'une ni l'autre des deux Assemblées ne tenait à ouvrir la querelle des lois organiques « relatives au Sénat ».

Au terme d'une longue négociation s'élabora un compromis. On renvoya au règlement de chaque Assemblée le soin de désigner l'autorité chargée de se prononcer sur les demandes d'autorisation : soit le Conseil constitutionnel, ce qui donnait satisfaction à l'Assemblée nationale, soit l'Assemblée elle-même, ce qui satisfaisait le Sénat (cf. *supra*, décisions *26 janv. 1967 et 9 juil. 1970* *, n° **15**-12).

12 . L'article L.O. 144 dispose que les personnes chargées par le gouvernement d'une mission temporaire ne peuvent cumuler l'exercice de cette mission avec leur mandat parlementaire que pendant une durée n'excédant pas six mois. Cette disposition était-elle applicable à Edgar Faure, nommé en mars 1987, président de la Mission du bicentenaire de la Révolution française ?

Le Conseil constitutionnel a été saisi de cette question par un électeur en septembre 1987. Après avoir rappelé qu'il résultait de la législation – laquelle est applicable pendant toute la durée du mandat des intéressés – l'obligation de déclarer au bureau de leur assemblée les activités ou fonctions qu'ils entendent accepter ou conserver, le Haut conseil rejette le recours en se fondant sur le fait qu'il appartient d'abord au bureau du Sénat de se prononcer sur la question de l'incompatibilité avant qu'il puisse statuer sur la demande du parlementaire concerné ou du garde des Sceaux (décision du 24 novembre 1987). L'électeur a alors saisi le garde des Sceaux mais la question n'a pu être tranchée en raison du décès d'Edgar Faure.

13 . Les déclarations d'inéligibilité rendues en application de l'article L. 52-12 du Code électoral pour défaut de présentation des comptes de campagne ou présentation hors délai, absence de certification du compte par un expert comptable ou absence de pièces justificatives se sont multipliés ces dernières années.

21

27 décembre 1973

TAXATION D'OFFICE
(51 DC)

Droit constitutionnel des libertés
Déclaration des droits de l'homme et du citoyen de 1789
Principe d'égalité et égalité devant la loi fiscale

> Décision 51 DC, *Rec.* 25, *RJC* I-28.
> Article 61, al. 2 de la Constitution, saisine du président du Sénat.
> Constitutionnalité de la loi de finances pour 1974.
> Régime de la taxation d'office, mesure discriminatoire contraire au principe d'égalité devant la loi contenu dans la Déclaration de 1789.
> Disposition inséparable du reste de l'article.
> Valeur et portée du principe d'égalité.

RÉFÉRENCES

a) Texte du recours du Président du Sénat in MAUS (D.), *Textes et doc.*, 2e éd., 1982, p. 382-385.

b) *Notes doctrinales*

- GAUDEMET (P.-M.) : *A.J.D.A.*, 1974, 236. - HAMON (L.) : « Contrôle de constitutionnalité et protection des droits individuels », Chron. *D.* 1974, 83. - NGUYEN QUOC VINH : *J.C.P.*, 1974, II, 17691. - PHILIP (L.) : *R.D.P.*, 1974, p. 531 et 1099.

c) *Autres références*

- DELVOLVÉ (P.) : *Le principe d'égalité devant les charges publiques,* L.G.D.J., 1969. - PHILIP (L.) : La valeur juridique de la Déclaration des droits de l'homme et du citoyen du 26 août 1789 selon la jurisprudence du Conseil constitutionnel, *Mélanges Kayser*, II, 317, P.U.A.M., 1979. - LEBEN (Ch.) : Le Conseil constitutionnel et le principe d'égalité devant la loi, *R.D.P.*, 1982, p. 295. - MICLO (F.) : Le principe d'égalité et la constitutionnalité des lois, *A.J.D.A.*, 1982, nº 3, p. 115. - VILLIERS (M. de) : Le principe d'égalité dans la jurisprudence du Conseil constitutionnel, *R.A.*, 1983, nº 216, et 1984, nº 217. - LUCHAIRE (F.) : Un janus constitutionnel, l'égalité, *R.D.P.*, 1986, p. 1229. - FAVOREU (L.) : *Le principe d'égalité dans la jurisprudence constitutionnelle en France*, Y. Blais, Montréal, 1986. - BRAIBANT (G.) : Le principe d'égalité dans la jurisprudence du Conseil constitutionnel et du Conseil d'État, in *La Déclaration des droits de l'homme et la jurisprudence*, PUF, 1989. - VEDEL (G.) : L'égalité in *La Déclaration de 1789*, La Documentation française, 1990. - PHILIP (L.) : « Le principe constitutionnel d'égalité en matière fiscale », *Droit fiscal*, nº 12, février 1990. - BAZEX (M.) : *La Déclaration des droits de l'homme et du citoyen, article 13,* Economica, 1993. - RENOUX et DE VILLIERS, *Code constitutionnel*, Litec, 1994. - Rapport public de 1996, Études et documents nº 48, *La Documentation française*, 1997. - MELIN-SOUCRAMANIEN (F.) : *Le principe d'égalité dans la jurisprudence du Conseil constitutionnel*, Préface de G. Vedel, Paris, Economica et PUAM, 1997. - BRARD (Y.) : *Égalité devant l'impôt et égalité devant les impôts* (décision 390 DC), *D.* 1998, nº 11, chr. p. 117.

d) *Jurisprudence*

- *Respect du principe d'égalité (décisions d'annulation)* :

• 56 DC du 23 juil. 1975, *Rec.* 22, *RJC* I-32 (Juge unique).
• 101 DC du 17 janv. 1979, *Rec.* 23, *RJC* I-67 (Conseils de prud'hommes).
• 127 DC des *19-20 janvier 1981* * (Sécurité et Liberté).
• 132 DC du *16 janv. 1982* * (Nationalisation).
• 141 DC du 27 juil. 1982, *Rec.* 48, *RJC* I-126 (Communication audiovisuelle).
• 144 DC du 22 oct. 1982, *Rec.* 61, *RJC* I-132 (Responsabilité pour faits de grève).
• 146 DC du 18 nov. 1982, *Rec.* 66, *RJC* I-134 (Quotas par sexe).
• 153 DC du 14 janv. 1983, *Rec.* 35, *RJC* I-144 (Troisième voie d'accès à l'E.N.A.).
• 162 DC des 19 et 20 juil. 1983, *Rec.* 49, *RJC* I-157 (Démocratisation du secteur public).
• 183 DC du 18 janv. 1985, *Rec.* 32, *RJC* I-210 (Redressement et liquidation judiciaires des entreprises).
• 196 DC du *8 août 1985* * (Évolution de la Nouvelle-Calédonie).
• 204 DC du 16 janv. 1986, *Rec.* 18, *RJC* I-251 (Ministres plénipotentiaires).
• 213 DC du 3 sept. 1986, *Rec.* 122, *RJC* I-275 (Lutte contre le terrorisme).
• 232 DC du 7 janv. 1988, *Rec.* 17, *RJC* I-317 (Mutualisation de la caisse nationale du crédit agricole).
• 244 DC du 20 juillet 1988, *Rec.* 119, *RJC* I-334 (Loi d'amnistie).
• 262 DC du 7 nov. 1989, *Rec.* 90, *RJC* I-373 (Immunité des parlementaires en mission temporaire).
• 271 DC du 11 janv. 1990, *Rec.* 21, *RJC* I-397 (Amnistie des parlementaires).
• 269 DC du 22 janv. 1990, *Rec.* 33, *RJC* I-392 (loi relative à la sécurité sociale et à la santé, exclusion des étrangers résidant de certaines prestations).
• 297 DC du 29 juillet 1991, *Rec.* 111, *RJC* I-463 (loi portant réforme hospitalière, égal accès aux emplois publics).
• 305 DC du 21 fév. 1992, *Rec.* 35, *RJC* I-483 (L.O. relative au statut des magistrats, promotion dans l'ordre de la Légion d'honneur).
• 316 DC du 20 janv. 1993, *RJC* I-516 (Prévention de la corruption).
• 329 DC du 13 janv. 1994, *RJC* I-562 (Révision de la loi Falloux).
• 348 DC du 3 août 1994, *RJC* I-602 (Transposition de directives communautaires).
• 363 DC du 11 janv. 1995 (Loi relative au financement de la vie politique), *Rec.* 159, *RJC* I-635.
• 375 DC du 9 avril 1996, *Rec.* 60, *RJC* I-668 (Principe d'égalité, cons. 11).

- *Principe d'égalité devant l'impôt et devant les charges publiques*

- 200 DC du 16 janv. 1986, *Rec.* 9, *RJC* I-245 (Cumul emploi-retraite).
- 209 DC du 3 juillet 1986, *Rec.* 86, *RJC* I-266 (Loi de finances rectificative 1986, délai de reprise).
- 268 DC du 29 déc. 1989, *Rec.* 111, *RJC* I-382 (loi de finances pour 1990, rectification d'erreurs commises par l'administration).
- 285 DC du 28 déc. 1990, *Rec.* 95, *RJC* I-424 (C.S.G.).
- 302 DC du 30 déc. 1991, *Rec.* 137, *RJC* I-476 (loi de finances pour 1992, régime fiscal des donations ou successions).
- 369 DC du 28 déc. 1995, Rec. 257, RJC I-646 (Loi de finances pour 1996, exonération partielle de droits de mutation en cas de transmission d'entreprise).
- 385 DC du 30 déc. 1996, *Rec.* 145, RJC I-691 (Loi de finances pour 1997, suppression de la réduction d'impôt résultant de l'application du quotient familial pour les contribuables célibataires et divorcés et non pour les veufs).
- 390 DC du 19 nov. 1997, *Rec.* 254, RJC I-717 (Fiscalité applicable en Polynésie française, appréciation au regard de chaque imposition prise isolément, mise en œuvre d'un principe de solidarité territoriale, pas de disparité manifeste).
- 395 DC du 30 déc. 1997, RJC I-732 (Loi de finances pour 1998)).

- *Inséparabilité de dispositions inconstitutionnelles avec le reste de la loi.*

- 127 DC des 19 et 20 janvier 1981 * (Sécurité et Liberté).
- 132 DC du *16 janvier 1982 ** (Loi de nationalisation).
- 224 DC du *23 janvier 1987 ** (Conseil de la concurrence).
- 307 DC du 25 fév. 1992, *RJC* I-493 (Zone de transit).
- 322 DC du 28 juillet 1993, *RJC* I-533 (Loi relative aux établissements publics à caractère scientifique, culturel et professionnel).
- 377 DC du 16 juillet 1996, *Rec.* 87 *RJC* I-671 (Répression du terrorisme, inséparabilité au sein d'un même article).
- 404 DC du 18 déc. 1998, *J.O.* 27 décembre 1998, p. 19 663 (Responsabilité collective des médecins, loi de financement de la sécurité sociale, inséparabilité d'une disposition d'un autre article elle-même inséparable des autres dispositions de cet autre article).

LE CONSEIL CONSTITUTIONNEL,

Saisi le 20 décembre 1973 *par le président du Sénat,* conformément aux dispositions de l'article 61 de la Constitution, du texte de la loi de finances pour 1974, adoptée par le Parlement ;

Vu la lettre du Premier ministre en date du 21 décembre 1973, demandant au Conseil constitutionnel de statuer *selon la procédure d'urgence* prévue à l'article 61, al. 3, de la Constitution ;

Vu la Constitution, *notamment son Préambule* et ses articles 61 et 62 ;

Vu l'ordonnance du 7 novembre 1958 portant loi organique sur le Conseil constitutionnel, notamment le chapitre II du titre II de ladite ordonnance ;

Vu l'ordonnance du 2 janvier 1959 portant loi organique relative aux lois de finances, et notamment son article 42 ;

Vu le Code général des impôts, et notamment son article 180 ;

Ouï le rapporteur en son rapport ;

1. Considérant que les dispositions de l'article 62 de la loi de finances pour 1974 tendent à ajouter à l'article 180 du Code général des impôts des dispositions qui ont pour objet de permettre au contribuable, taxé d'office à l'impôt sur le revenu dans les conditions prévues audit article, d'obtenir la décharge de la cotisation qui lui est assignée à ce titre s'il établit, sous le contrôle du juge de l'impôt, que les circonstances ne peuvent laisser présumer «l'existence de ressources illégales ou occultes ou de comportements tendant à éluder le paiement normal de l'impôt».
2. Considérant, toutefois, que la dernière disposition de l'alinéa ajouté à l'article 180 du Code général des impôts par l'article 62 de la loi de finances pour 1974 *tend à instituer une discrimination entre les citoyens* au regard de la possibilité d'apporter une preuve contraire à une décision de taxation d'office de l'administration les concernant ; qu'ainsi *ladite disposition porte atteinte au principe de l'égalité devant la loi contenu dans la Déclaration des droits de l'homme de 1789 et solennellement réaffirmé par le Préambule de la Constitution.*
3. Considérant, dès lors, qu'il y a lieu de déclarer non conforme à la Constitution la dernière disposition de l'alinéa ajouté à l'article 180 du Code général des impôts par l'article 62 de la loi de finances pour 1974 ;
4. Considérant que cette disposition, qui se présente comme *une exception* à une faculté ouverte par le législateur d'écarter, au moyen d'une preuve contraire, l'application d'une taxation d'office, constitue donc *un élément inséparable* des autres dispositions contenues dans l'article 62 de la loi de finances ; que, dès lors, c'est *l'ensemble dudit article* qui doit être regardé comme contraire à la Constitution ;
5. Considérant, *au surplus,* que l'article 62 de la loi de finances a été introduit dans ce texte sous forme d'article additionnel, en méconnaissance évidente des prescriptions de *l'article 42, 1er al., de l'ordonnance du 2 janvier 1959* portant loi organique relative aux lois de finances, aux termes duquel : «Aucun article additionnel, aucun amendement à un projet de loi de finances ne peut être présenté, sauf s'il tend à supprimer ou à réduire une dépense, à créer ou à accroître une recette ou à assurer le contrôle des dépenses publiques» ;
6. Considérant qu'en l'état il n'y a lieu pour le Conseil constitutionnel de soulever aucune question de conformité à la Constitution en ce qui concerne les autres dispositions de la loi soumise à son examen par le président du Sénat,

Décide :

ARTICLE PREMIER. - Sont déclarés non conformes à la Constitution les dispositions de l'article 62 de la loi de finances pour 1974.

ART. 2. - La présente décision sera publiée au *Journal officiel* de la République française.

Délibéré par le Conseil constitutionnel dans sa séance du 27 décembre 1973.

(*J.O.*, 28 déc. 1973, p. 14004).

La composition du Conseil constitutionnel à la date du 27 décembre 1973 était la suivante : M. PALEWSKI (Président), MM. CHATENET, COSTE-FLORET, DUBOIS, GOGUEL, LUCHAIRE, MONNET, REY, SAINTENY.

OBSERVATIONS

1. Jusqu'à la fameuse décision du *16 juillet 1971** sur la loi d'association, la plupart des auteurs considéraient trop volontiers que le contrôle de la constitutionnalité des lois exercé par le Conseil constitutionnel avait pour seul objet de maintenir l'équilibre entre les pouvoirs législatif et exécutif. Ce contrôle, pensaient-ils, n'avait pas à s'exercer dans l'intérêt des citoyens, pour les protéger contre les abus éventuels du législateur, notamment pour sanctionner des atteintes aux droits de l'homme et aux libertés publiques garanties par la Constitution. Il s'agissait surtout d'une arme donnée au gouvernement pour éviter que le Parlement ne sorte du cadre étroit de ses attributions. L'occasion avait été manquée, estimait-on, de créer en France une véritable juridiction constitutionnelle garantissant non seulement la séparation et l'équilibre des pouvoirs, mais également les droits des citoyens et des collectivités.

La décision du 27 décembre 1973, en déclarant non conforme à la Constitution un article de la loi de finances pour 1974 pour méconnaissance du principe de l'égalité devant la loi, confirme le caractère inexact de cette analyse. Avant même la réforme de 1974 élargissant la saisine, le Conseil constitutionnel avait posé les jalons d'un véritable contrôle de constitutionnalité. Et sa jurisprudence en ce domaine a, dès l'origine, été très hardie (cf. *supra*, décisions n° **15**-1 et **19**-24).

2 . Pour bien mesurer la portée et les conséquences de la décision du 27 décembre 1973, à la fois sur le plan de la lutte contre la fraude fiscale, du respect du principe de l'égalité et sur celui du contrôle de la constitutionnalité des lois, il est nécessaire de rappeler les circonstances de l'affaire.

Dès l'adoption définitive de la loi de finances pour 1974, le président du Sénat déféra ce texte au Conseil constitutionnel. Il lui demanda de se prononcer sur une disposition bien précise : la dernière phrase de l'article 62 de la loi concernant la taxation d'office des gros contribuables était-elle conforme à la Constitution ?

Cet article 62 de la loi de finances avait pour objet la modification du régime de la taxation d'office prévue par l'ancien article 180 du code général des impôts utilisé par l'administration pour lutter contre les déclarations insuffisantes en matière d'impôt sur le revenu. L'application de cette disposition avait donné lieu à des abus et il était apparu nécessaire d'assouplir ce régime, sans priver toutefois l'administration de ses moyens d'action.

Cette procédure n'est plus actuellement appliquée qu'à titre de sanction : en cas d'absence de déclaration, d'absence de réponse à des demandes d'éclaircissement ou de justifications ou de défaut de désignation d'un représentant (art. 66 et s. du Livre des procédures fiscales). Mais, jusqu'en 1986, elle pouvait également être appliquée lorsque la déclaration d'un contribuable paraissait insuffisante. L'administration avait la possibilité de le taxer d'office en cas « de dépenses personnelles, ostensibles ou notoires, excédant les revenus déclarés », sans que celui-ci puisse apporter la preuve que ses dépenses se justifiaient par la réalisation de capitaux ou par des libéralités.

Au cours de la discussion du budget de 1974, la commission mixte paritaire reprit un ancien texte gouvernemental, repoussé en 1971 et qui disposait : « Le contribuable auquel il est fait application des dispositions (de l'article 180) peut obtenir la décharge de la cotisation qui lui est assignée à ce titre s'il établit, sous le contrôle du juge de l'impôt, que les circonstances ne peuvent pas laisser présumer l'existence de ressources illégales ou occultes ou de comportement tendant à éluder le paiement normal de l'impôt ».

Le contribuable retrouvait ainsi la possibilité de faire la preuve de sa bonne foi. Toutefois, pour éviter que cette nouvelle disposition puisse bénéficier aux gros fraudeurs, elle fut complétée, de la main même de M. Giscard d'Estaing, ministre des Finances de l'époque, par une dernière phrase : « ...et si les bases d'imposition n'excèdent pas 50 % de la limite de la dernière tranche du barème de l'imposition sur le revenu ».

En d'autres termes, le nouveau système ne devait pas s'appliquer aux contribuables dont les dépenses annuelles dépassaient, à l'époque, 276 000 F. par an. Ceux-ci restaient soumis à la rigueur du régime antérieur. C'est uniquement cette dernière disposition, ajoutée par M. Giscard d'Estaing, qui a provoqué la saisine du Président du Sénat.

Mais, c'est l'ensemble de l'article 62 de la loi des finances, que le Conseil constitutionnel déclare non conforme à la Constitution, ce qui conduisait à maintenir en vigueur l'ancien système dans toute sa rigueur.

3 . La Haute Juridiction justifie sa décision en faisant valoir que l'exception visant les gros contribuables introduit une discrimination entre les citoyens et « ...porte atteinte au principe de l'égalité devant la loi contenu dans la Déclaration des droits de 1789 et solennellement réaffirmé par le Préambule de la Constitution ». C'est la première fois qu'elle se réfère ainsi expressément au texte de 1789.

Elle estime, ensuite, que la dernière disposition de l'article 62 est inséparable du reste du texte et elle annule l'ensemble de l'article.

Elle souligne, enfin, que celui-ci est, au surplus, inconstitutionnel pour un autre motif qui n'avait pas été avancé par le requérant : il a été adopté en violation des règles de procédure applicables aux lois de finances (art. 42 L.O.).

I. - La valeur constitutionnelle et l'importance du principe d'égalité

4 . C'est la première fois que le Conseil constitutionnel est appelé à statuer sur un moyen tiré de la violation du principe d'égalité.

Le recours du président du Sénat posait très clairement le problème : il relevait tout d'abord que, dans l'exposé des motifs du projet de loi déposé devant l'Assemblée nationale, le gouvernement invoquait lui-même la Déclaration des droits de l'homme pour justifier le traitement réservé à certains gros contribuables « qui cherchaient à se soustraire à la contribution commune à laquelle, en vertu de l'article 13 de la Déclaration des droits de l'homme de 1789, tous les Français, même les plus modestes, sont astreints » et, constatant dès lors que le « gouvernement reconnaît la valeur des principes fondamentaux du droit public français exprimés... dans ladite déclaration », le président du Sénat formulait l'objection majeure suivante : « ...en se référant à ce document fondamental, le gouvernement n'en a retenu que les dispositions relatives à l'égalité des citoyens devant les charges publiques énoncée à l'article 13. Par contre, la discrimination qu'il a introduite au dernier moment... est manifestement contraire aux articles 1er et 6 de la Déclaration des droits de 1789, car elle rompt l'égalité des citoyens devant la loi et devant la justice » (souligné dans la requête). En fait, il s'agissait d'une rupture d'égalité non devant la justice mais devant le contrôle fiscal et plus précisément devant la preuve fiscale.

Le Conseil constitutionnel a suivi cette argumentation en constatant que la disposition attaquée introduit une discrimination entre les citoyens au regard de la possibilité d'apporter la preuve contraire à une décision de taxation d'office de l'administration les concernant et qu'ainsi « ladite disposition porte atteinte au principe de l'égalité devant la loi contenu dans la Déclaration des droits de l'homme ».

5 . Le principe d'égalité a fait l'objet, depuis cette décision, de plus d'une centaine d'applications par le juge constitutionnel. C'est le motif d'inconstitutionnalité le plus invoqué (il l'est désormais de façon quasi systématique) et il a provoqué, depuis 1973, plus d'une cinquantaine de cas d'annulation.

1° *Les sources constitutionnelles du principe d'égalité.*

6 . Ce principe est énoncé, sous différentes formes, par de très nombreux textes de valeur constitutionnelle : les articles 2, 3 et 4 de la Constitution de 1958 ; les alinéas 1, 3, 12, 13, 16 et 18 du Préambule de 1946, les articles 1er, 6, 10, 11 et 13 de la Déclaration de 1789.

Dans la plupart des cas, le Conseil invoque ce principe d'une manière générale, « principe d'égalité », « principe d'égalité devant la loi » ou « principe constitutionnel d'égalité », sans se référer à un texte précis : 51 DC, 101 DC, 107 DC, 117 DC, *119 DC**, 120 DC, 128 DC, 129 DC, 130 DC, *132 DC**, 134 DC, 138 DC, *143 DC**, 144 DC, 162 DC, *165 DC**, 167 DC, 172 DC, 174 DC, 176 DC, *181 DC**, 182 DC, 185 DC, 189 DC, 223 DC, 225 DC, 232 DC, 302 DC, 304 DC, 316 DC, 321 DC, 322 DC, 323 DC, 326 DC, 329 DC, 330 DC, 331 DC, 334 DC, 348 DC, 354 DC, 357 DC, 358 DC, 397 DC, 399 DC, 401 DC, 402 DC, 403 DC, 404 DC, 405 DC, 406 DC, 389 DC.

Parfois, mais plus rarement, il s'appuie sur l'article 2 de la Constitution de 1958 : 79 DC, *138 DC**, *196 DC**, 209 DC, 218 DC, 242 DC, 254 DC, 262 DC, 266 DC, 270 DC, 280 DC, 290 DC, 329 DC, 343 DC ou fait expressément référence à l'article 6 de la Déclaration de 1789 : 83 DC, 97 DC, 112 DC, 204 DC, 213 DC, 305 DC, 336 DC, 355 DC.

Dans d'autres cas, il se réfère plus précisément :

- au principe d'égalité devant la justice : 56 DC, *127 DC**, 183 DC, 213 DC, 215 DC, 223 DC, 244 DC, 266 DC, 268 DC, 271 DC, 280 DC, 326 DC, 334 DC, 396 DC.

- au principe de l'égalité du suffrage : 101 DC, 146 DC, 148 DC, *196 DC**, *208 DC**, *218 DC**, 227 DC, 235 DC, 271 DC, 280 DC, 290 DC, 331 DC, 341 DC, 358 DC, 407 DC.

- au principe de l'égale admission dans les emplois publics : 153 DC, 178 DC, 204 DC, 219 DC, 229 DC, 293 DC, 297 DC, 305 DC, 336 DC.

- au principe de l'égalité de traitement dans le déroulement de la carrière des fonctionnaires : 67 DC, 179 DC, 153 DC, 204 DC, *218 DC**, 220 DC, 225 DC, 229 DC, 297 DC, 305 DC, 336 DC, 396 DC.

- au principe d'égalité devant les charges publiques : 107 DC, 144 DC, 198 DC, 200 DC, 207 DC, 209 DC, 217 DC, 223 DC, 225 DC, 237 DC, 256 DC, 283 DC, 284 DC, 287 DC, 291 DC, 298 DC, 302 DC, 316 DC, 396 DC, 397 DC, 401 DC, 402 DC, 403 DC, 404 DC, 405 DC, 406 DC.

- au principe d'égalité devant la loi pénale : 51 DC, 125 DC, 145 DC, 213 DC, 215 DC, 244 DC, 271 DC.

- au principe d'égalité devant l'impôt ou devant la loi fiscale : 133 DC, 136 DC, 140 DC, 152 DC, 164 DC, 184 DC, 186 DC, 209 DC, 268 DC, 270 DC, 277 DC, 285 DC, 320 DC, 330 DC, 369 DC, 385 DC, 393 DC, 395 DC, 405 DC,

7 . Dans sa première décision du *27 décembre 1973*, bien qu'il ne se réfère expressément à aucun texte précis de la Déclaration de 1789, on peut penser que le Conseil s'appuie sur la disposition de l'article 6 de la Déclaration selon laquelle (la loi) « ...doit être la même pour tous, soit qu'elle protège, soit qu'elle punisse », c'est-à-dire sur le texte dont la portée est la plus générale et qui lui laisse le plus large pouvoir d'appréciation.

En effet, la constitutionnalisation du principe d'égalité devant la loi par le Conseil constitutionnel n'a pas du tout la même portée que l'affirmation du même principe, en tant que principe général du droit, par le Conseil d'État. Lorsque ce dernier se réfère au principe d'égalité, cela signifie que la loi doit être la même pour tous dans son application : il s'agit alors véritablement du principe d'égalité devant la loi. Au contraire, lorsque le Conseil constitutionnel consacre le même principe au niveau du législateur, cela signifie que l'égalité doit être respectée lors de l'élaboration de la loi. Il ne s'agit plus de l'égalité *devant* la loi, mais de l'égalité *dans* la loi, ce qui est tout autre chose, et ce qui se traduit nécessairement par un contrôle beaucoup plus subjectif du contenu de la loi (toutefois le Conseil d'État peut être amené exceptionnellement à juger du respect de l'égalité dans la loi, cf. 30 juin 1995, Gouvernement du territoire de la Polynésie française, *R.F.D.A.*, 1995, nº 4, p. 1246).

Comme le souligne Ch. Leben, il n'est pas concevable que l'égalité puisse signifier que la loi ne peut opérer aucune distinction entre les personnes auxquelles elle s'applique. Cela voudrait dire que tous les sujets posséderaient exactement les mêmes droits et seraient soumis aux mêmes obligations. En réalité, la loi n'est jamais « la même pour tous » comme l'affirme l'article 6 de la Déclaration. Elle comporte toujours des distinctions plus ou moins importantes, par exemple selon l'âge des personnes, leur santé mentale, leur formation, leur fortune, leur profession, leur statut familial...

En revanche, il existe des distinctions qui sont interdites et que le législateur ne peut instituer. Par exemple, l'article 2 de la Constitution prohibe toute discrimination fondée sur l'origine, la race ou la religion. Mais de nombreuses discriminations aussi condamnables ne sont pas expressément interdites, par exemple celle fondée sur la distinction entre chauves et chevelus ou entre bruns, blonds et roux, petits et grands, maigres et gros... C'est donc nécessairement le juge constitutionnel qui va tracer la frontière entre les distinctions qui sont interdites et celles qui sont autorisées, et dans quelles conditions.

2° *Les conditions d'application du principe d'égalité.*

8 . Le Conseil constitutionnel s'est, au départ, inspiré de la jurisprudence du Conseil d'État en ce domaine, puis il l'a assez largement adaptée.

Selon un considérant, désormais classique, le juge constitutionnel affirme que le principe d'égalité « ne s'oppose, ni à ce que le législateur règle de façons différentes des situations différentes, ni à ce qu'il déroge à l'égalité pour des raisons d'intérêt général, pourvu que, dans l'un et l'autre cas, la différence de traitement qui en résulte soit en rapport avec l'objet de la loi qui l'établit » (Cf. notamment 232 DC, 302 DC, 304 DC, 348 DC 397 DC, cons. 14, 403 DC, cons. 8). Comment le Conseil applique-t-il cette formule ?

9 . *La notion de situations différentes.*

C'est la condition essentielle. Le Conseil donne au principe d'égalité la formulation abstraite et générale suivante : à situations semblables, règles semblables ; à situations différentes, règles différentes, en déclarant que « si le principe d'égalité ne fait pas obstacle à ce qu'une loi établisse des règles non identiques à l'égard de personnes se trouvant dans des situations différentes, il n'en est ainsi que lorsque cette non identité est justifiée par la différence de situation et n'est pas incompatible avec la finalité de cette loi (101 DC, 107 DC, 209 DC).

Ainsi, pour déterminer des peines applicables, il considère que le législateur peut opérer une différenciation entre agissements de natures différentes, dans le cadre de la répression du viol, entre actes accomplis entre personnes du même sexe et ceux accomplis entre personnes de sexes différents (125 DC). Dès lors qu'il s'agit de catégories différentes, le législateur peut appliquer des régimes différents. Et cela même si les entreprises relevant de la même catégorie ne sont qu'au nombre de deux, elles peuvent être soumises à un régime fiscal dérogatoire à condition que le plafonnement prévu ait été établi en fonction d'un critère objectif (330 DC). Mais la différence de situations n'implique pas toujours l'existence de catégories différentes. Ainsi, le législateur peut prévoir un régime différent selon que le contribuable est ou non de mauvaise foi (136 DC). De même, le principe d'égalité n'interdit pas un régime différent de blocage des prix selon que les sociétés ont ou non distribué des bénéfices (143 DC).

En revanche, des contribuables qui se trouvent placés dans des conditions quasiment identiques, ne peuvent être traités différemment au regard de la loi fiscale (209 DC). De même, la loi relative à la démocratisation du secteur public a été censurée en tant qu'elle limitait, suivant des conditions d'effectifs, la représentation des cadres dans les organes dirigeants des sociétés (162 DC). Un article de la loi sur la mutualisation de la caisse nationale du Crédit agricole a été jugé contraire au principe d'égalité parce qu'il assurait aux représentants des professions agricoles la majorité dans les conseils d'administration des caisses régionales (232 DC). Les différents modes de nomination applicables, d'une part, aux chefs de services des hôpitaux et, d'autre part, aux chefs des départements ne se justifient par aucune véritable différence de situations (297 DC). Les banques mutualistes ou coopératives ne sont, ni par les caractères spécifiques de leurs statuts, ni par la nature de leur activité, dans une situation différente des autres établissements bancaires et ne peuvent donc être exclues du champ de la nationalisation (132 DC*).

Le fait de ne prendre en compte, pour la détermination de l'aide de l'État allouée aux partis politiques en fonction de leurs résultats aux élections, que ceux de ces résultats supérieurs ou égaux à 5 % des suffrages exprimés dans chaque circonscription est contraire à l'égalité devant la loi et de nature à entraver l'expression de nouveaux courants d'idées ou d'opinions (déc. 271 DC du 11 janvier 1990, cons. 14).

Le même critère a été appliqué par le Conseil en matière de presse et de communication audio-visuelle (141 DC*), de suffrage (196 DC), de déroulement de la carrière des fonctionnaires (179 DC), de répartition des charges publiques (164 DC)...

10 . *La justification de l'intérêt général.*

La référence à des considérations d'intérêt général date de 1979 (107 DC). Ce fut le cas lorsque le législateur a institué des péages différents selon les catégories d'usagers en se fondant sur une « nécessité d'intérêt général » (Cf. M.-P. Deswarte : « L'intérêt général dans la jurisprudence du Conseil constitutionnel », *R.F.D.C.*, 1993, nº 13, p. 48).

Bien qu'elle n'ait qu'un rôle subsidiaire, cette référence peut s'avérer importante dans certaines circonstances. C'est ainsi que le Conseil a estimé que le législateur avait pu « sans méconnaître le principe d'égalité exclure certaines banques de la nationalisation en prenant motif des risques et des difficultés que la nationalisation de ces banques aurait pu entraîner sur le plan international et dont la réalisation aurait, à ses yeux, compromis l'intérêt général qui s'attache aux objectifs poursuivis par la loi de nationalisation » (132 DC).

Cependant, n'importe quel motif d'intérêt général ne peut justifier une différence de traitements (162 DC). Il faut un lien nécessaire, un rapport logique entre la règle discriminatoire et l'intérêt général précisément poursuivi par l'objet de la loi. Cet intérêt général peut être constitué par la bonne marche de la justice (127 DC), la continuité du service public (229 DC), « la préservation de la vocation spécifique du Crédit agricole au service du monde agricole et rural » (232 DC) ou encore la volonté de regrouper les consultations électorales (331 DC). Une fois l'intérêt circonscrit, le Conseil vérifie si la règle discriminatoire a, ou non, un lien avec lui.

Dans sa décision relative à la loi portant réforme hospitalière, le Conseil estime que les distinctions introduites entre des agents publics relevant d'un même statut quant au mode de nomination et à la durée éventuelle des fonctions ne sont pas justifiées par des motifs d'intérêt général (297 DC). En revanche, dans l'affaire relative à la lutte contre le tabagisme et l'alcoolisme, il considère que le législateur a pu prévoir des différences de régimes compte tenu d'un objectif tendant à lutter contre la consommation excessive de l'alcool, plus spécialement de la part des jeunes. Au regard de l'objectif ainsi poursuivi, il pouvait opérer une différence entre les divers supports publicitaires en prenant en compte la forme qu'ils revêtent et les différents publics susceptibles d'être touchés (283 DC).

11 . *Le rapport avec l'objet de la loi.*

Que la différence de régime se justifie par l'existence de situations différentes ou par des motifs fondés sur un intérêt général, dans les deux cas, la différence de traitements qui en résulte doit être en rapport avec l'objet de la loi qui l'établit. Dans sa décision du 29 décembre 1983, le Conseil considère ainsi que les dispositions instituant en matière de paiement une différence entre les particuliers selon qu'ils ont ou non leur domicile fiscal en France se justifie par l'objet de la loi qui est de lutter contre la fraude fiscale (164 DC). En revanche, il précise, à propos de la communication par voie hertzienne ou par satellite que : « toute différence de traitement qui ne serait pas justifiée par une différence de situation en rapport avec l'objet de la loi se trouve prohibée » (304 DC). Et, à propos du régime fiscal applicable aux donations et de la distinction entre les donations passées devant notaire et les autres donations, il observe que la discrimination ainsi opérée n'est pas justifiée par des motifs d'intérêt général qui soient en rapport avec l'objet d'ordre purement fiscal, des dispositions en cause (302 DC, cons. 7). Au contraire, dans l'affaire du renouvellement triennal des conseillers généraux, il considère que les différences de situation créées par la loi n'apparaissent que comme la conséquence d'une réforme qui répond à la volonté du législateur d'assurer la mise en œuvre des objectifs qu'il s'est fixés (331 DC, cons. 11).

3° *Le domaine d'application du principe d'égalité*

12 . Les principes dégagés par la jurisprudence s'appliquent normalement au principe d'égalité quel que soit le domaine concerné. Cependant, on constate qu'en pratique cette jurisprudence varie selon les différents domaines d'application.

Le Conseil constitutionnel fait preuve d'une plus grande vigilance lorsqu'il s'agit d'une atteinte au principe de l'égalité devant la justice ; dans ce cas, une conception stricte de l'égalité a prévalu, qui n'est assortie que de tempéraments de portée limitée (Genevois, n° 381). De même, l'égalité devant le suffrage fait l'objet de la part du Conseil d'une application assez stricte (v. n° 33 bis).

Au contraire, en matière fiscale, celle-ci est appliquée avec une plus grande souplesse et aussi avec une certaine spécificité en raison de l'interprétation que fait le Conseil constitutionnel de l'article 13 de la Déclaration de 1789.

Dans la présente décision 51 DC, il évoque l'égalité devant la loi sans viser un article particulier. Mais par la suite, il va se référer de plus en plus souvent à l'article 13, lequel vise, d'une part, l'égalité devant l'impôt (la contribution publique doit être également répartie entre les citoyens) et, d'autre part, l'égalité devant les charges publiques (la répartition doit s'opérer en raison de leurs facultés).

L'égalité devant l'impôt

Pour l'application du principe, la situation des redevables s'apprécie au regard de chaque imposition prise isolément (285 DC, cons. 28, 390 DC, cons. 7). Il ne s'agit pas ici d'assurer une égalité au regard de l'ensemble du système fiscal mais à l'égard d'un impôt particulier. Dans le cadre de cet impôt, le législateur peut prendre en compte les situations particulières (nature du revenu pour la détermination de l'assiette, situation familiale pour le calcul du montant de l'impôt...). Mais, il doit déterminer l'assiette et le taux de l'impôt en fondant son appréciation sur des critères objectifs et rationnels (cf. 164 DC, cons. 10 ; 298 DC, cons. 29 ; 390 DC, cons. 7).

La justification de l'intérêt général est très largement admise : celui-ci autorise le législateur à édicter, par l'octroi d'avantages fiscaux, des mesures d'incitation au développement d'activités économiques et financières, à condition toutefois d'appliquer des critères objectifs en fonction des buts recherchés (320 DC, cons. 18).

L'égalité devant les charges publiques

En 1985, les requérants estimaient que la contribution de solidarité, pénalisant le cumul d'une retraite et d'un emploi, méconnaissait le principe d'égalité du fait qu'elle pesait plus lourdement sur les titulaires d'une pension de retraite de la fonction publique. Le Conseil répond que le principe n'a pas été méconnu car s'il interdit qu'à des situations semblables soient appliquées des règles différentes, il ne fait nullement obstacle à ce que, en fonction des objectifs poursuivis, à des situations différentes soient appliquées des règles différentes, comme c'était le cas en l'occurrence (200 DC, cons. 11).

En revanche, le principe de l'égale répartition de la contribution en raison des facultés, s'il n'interdit pas au législateur de mettre à la charge d'une ou plusieurs catégories socioprofessionnelles déterminées une certaine aide à une ou plusieurs autres catégories socioprofessionnelles, s'oppose à une *rupture caractérisée* du principe de l'égalité devant les charges publiques entre tous les citoyens, ce qui était le cas en raison de la fixation à 50 % du taux de la cotisation (200 DC, cons. 17).

Dans la décision de 1990 relative à la CSG, il précise que dans la mesure où les différentes contributions de la CSG instituées ont pour finalité commune la mise en œuvre du principe de solidarité nationale, la détermination des redevables soumis à ces contributions ne saurait aboutir à une rupture caractérisée de l'égalité devant les charges publiques entre tous les citoyens (285 DC, cons. 29) ; ou encore, en 1997, que dans la mesure où la contribution instituée en Polynésie française a pour finalité la mise en œuvre d'un principe de solidarité territoriale, ni la détermination des différentes catégories de contribuables, ni le choix des modalités d'imposition de ces catégories ne doivent créer de disparité manifeste entre les redevables (390 DC, cons. 7). De même, lorsque plusieurs impositions ont pour finalité commune de concourir à l'équilibre financier des différentes branches de la sécurité sociale dans le cadre de la mise en œuvre du principe de solidarité nationale, la détermination de leurs redevables ne saurait aboutir à une rupture caractérisée de l'égalité des citoyens devant les charges publiques (loi de financement de la sécurité sociale pour 1998, *393 DC**, cons. 10). Enfin, si l'égale répartition de l'impôt en raison des facultés n'interdit pas au législateur de faire supporter à certaines catégories de personnes des charges particulières, en vue notamment d'améliorer les conditions de vie d'autres catégories de personnes, il ne doit pas en résulter de rupture caractérisée de l'égalité devant les charges publiques (403 DC, cons. 8).

C'est le juge constitutionnel qui apprécie s'il y a ou non rupture caractérisée de l'égalité. Dans la décision 200 DC, il considère que c'est le cas avec un taux de 50 %. Aurait-il jugé qu'avec un taux de 40 % il n'y aurait pas eu de rupture caractérisée de l'égalité ? C'est une appréciation qui ne peut être que subjective.

Le Conseil constitutionnel a aussi tiré de l'article 13 de la Déclaration une autre conséquence : la nécessaire progressivité de l'imposition globale du revenu des personnes physiques (268 DC, cons. 33 ; 285 DC, cons. 38 à 41 ; 320 DC, cons. 32 ; 388 DC, cons. 25 ; v. X. Prétot, « Le principe de la progressivité de l'impôt sur le revenu revêt-il un caractère constitutionnel ? », *D.S.* n° 9-10, 1993).

La question est évidemment de déterminer le seuil à partir duquel l'absence ou la faiblesse de la progressivité conduirait à considérer que le principe constitutionnel de la contribution de tous les citoyens « en raison de leurs facultés » serait méconnu.

Dans sa décision 320 DC, de 1993, il précise que le principe d'égalité ne fait pas obstacle à ce que le législateur rende déductible un impôt de l'assiette d'un autre impôt, dès lors qu'en allégeant ainsi la charge pesant sur les contribuables, il n'entraîne pas de rupture caractérisée de l'égalité entre eux (cons. 32). Tout le problème est alors de savoir où se trouve la limite de la déductibilité de la CSG ; actuellement les deux tiers de cette contribution sont déductibles, si l'on portait la déduction à 80 % y aurait-il atteinte au principe de la progressivité de l'impôt sur le revenu ?

L'abondance de la jurisprudence en matière d'égalité fiscale

Les décisions portant sur l'égalité fiscale deviennent de plus en plus nombreuses car les requérants invoquent régulièrement ce moyen à l'encontre des nouvelles dispositions fiscales des lois de finances lesquelles font systématiquement l'objet d'un contrôle de constitutionnalité.

Ainsi, le Conseil constitutionnel a successivement considéré :

- qu'en décidant que l'unité d'imposition pour l'impôt sur les grandes fortunes serait constitué par le foyer familial, le législateur n'avait fait qu'appliquer une règle adaptée à l'objectif recherché par lui (133 DC, cons. 7) ;

- qu'il pouvait décider que les biens grevés d'un usufruit seraient compris dans le patrimoine de l'usufruitier pour leur valeur en pleine propriété (133 DC, cons. 12) ;

- que le principe d'égalité ne faisait pas obstacle à ce que la loi soumette à des règles identiques des situations qui ne diffèrent qu'en ce qu'elles ont été régies par des législations antérieures pendant une durée plus ou moins longue (à propos de la réduction de 25 à 15 ans de la durée d'exonération de la taxe sur les propriétés bâties, 164 DC, cons. 3). Ainsi, la suppression (ou la réduction) d'un avantage fiscal précédemment accordé à une catégorie de contribuables, que le législateur est toujours libre de décider (268 DC, cons. 42), peut très bien entraîner des différences résultant des conditions dans lesquelles ces contribuables se trouvent placés.

- que l'exclusion des biens professionnels de l'assiette de l'IGF n'est pas contraire à l'article 13 de la DDH, le législateur ayant fondé son appréciation sur des critères objectifs et rationnels (164 DC, cons. 10.), de même que la limitation d'un avantage fiscal à deux entreprises dès lors qu'elle a été établie en fonction d'un critère objectif (330 DC, cons. 6) ;

- que le législateur peut toujours soumettre une catégorie particulière de contribuables à un régime différent des autres catégories, dès lors qu'ils sont placés dans une situation différente (136 DC, cons. 7 ; 139 DC, cons. 6 ; 164 DC, cons. 23 et 184 DC, cons. 18) ;

- que, dans l'objectif de la lutte contre la fraude fiscale, il n'est pas arbitraire d'établir une différence entre les personnes qui sont soumises à des régimes fiscaux comportant des modes de déclaration et de contrôle différents (164 DC, cons. 33).

En revanche, il y a méconnaissance du principe d'égalité lorsque le législateur :

- traite de façon différente des contribuables placés dans des conditions quasiment identiques (209 DC, cons. 26) ;

- prive certains contribuables d'une prescription légalement acquise en autorisant l'administration à rectifier ses erreurs (268 DC, cons. 61) ;

- applique un régime différent aux donations selon qu'elles sont ou non passées devant notaire (302 DC, cons. 7) ;

- institue un abattement de 50 % sur les transmissions d'entreprises dans des conditions qui ne sont pas en relation directe avec l'objectif d'intérêt général qu'il poursuit (369 DC, cons. 10) ;

- réduit un avantage fiscal aux seuls contribuables divorcés ou célibataires, alors qu'ils se trouvent dans une situation identique à celle des contribuables veufs (385 DC, cons. 6) :

- plafonne le montant du remboursement de l'avoir fiscal dans des conditions telles que cette mesure introduit une différence de traitement entre les contribuables qui n'est justifiée par aucune différence de situation en rapport avec l'objet de la loi (395 DC, cons. 23) ;
- prévoit que l'ISF pourrait être assis sur un bien dont le contribuable nu-propriétaire ne tirerait aucun revenu (405 DC, cons. 28).

4° *Qui peut invoquer le principe d'égalité ?*

13 . On pouvait penser tout d'abord que, s'agissant des étrangers, ce principe ne s'imposait pas de manière générale au législateur, mais seulement dans un certain nombre de cas (égalité devant la justice par exemple) et, en tous cas, pas en matière de droits sociaux. Or, dans une importante décision du 22 janvier 1990 (269 DC, *R.F.D.C.* n° 2, 1990, obs. Favoreu), il a considéré que « l'exclusion des étrangers résidant régulièrement en France du bénéfice (d'une) allocation du Fonds de solidarité *méconnaît le principe constitutionnel d'égalité* » (§ 35). Le législateur ne pourra donc établir que des discriminations autorisées ou justifiées. Les discriminations autorisées sont celles qui sont inscrites dans un certain nombre de dispositions constitutionnelles : par exemple, les droits civiques réservés aux « nationaux français » par l'article 3 de la Constitution ou l'accès aux « dignités, places et emplois publics » réservé aux « citoyens » par l'article 6 de la Déclaration des droits de l'homme et du citoyen de 1789. Les discriminations justifiées sont celles que le législateur fondera sur des considérations d'intérêt général appelant des « dispositions spécifiques » (selon l'expression précitée du Conseil constitutionnel) et répondant aux critères établis progressivement par la jurisprudence du Conseil constitutionnel, par interprétation des textes constitutionnels. De telles discriminations seront très difficilement justifiables en matière de droits et libertés classiques encore qu'elles puissent exister (il peut y avoir ainsi des restrictions, même à la liberté individuelle, pour des motifs d'ordre public) ; elles le seront sans doute plus aisément en matière de droits économiques et sociaux, du moins pour les droits-créances.

On peut tirer de cette jurisprudence la conclusion suivante : auparavant, l'égalité entre Français et étrangers n'était pas de droit, notamment en matière sociale : elle devait être établie. Dorénavant, l'égalité est de droit, et c'est l'inégalité qu'il faut justifier. Ceci va donc conduire le législateur à changer de comportement lorsqu'il aura à établir une discrimination entre nationaux et étrangers. Et il en ira de même, s'agissant de l'exécution et de l'application de la loi, par les autorités administratives et juridictionnelles. On remarquera toutefois que dans sa décision *93-325 DC* * (*infra*, **46**-29) le Conseil constitutionnel a assez libéralement interprété ce principe en affirmant notamment que Français et étrangers peuvent être placés dans des situations différentes et que l'on peut même distinguer entre étrangers.

Les personnes morales comme les personnes physiques ont droit aussi à la protection constitutionnelle de l'égalité : les personnes morales de droit privé (les associations, les syndicats : 22 juillet

1980 ; les sociétés : *16 janvier 1982**, les établissements privés d'enseignement : 13 janvier 1994) comme les personnes morales de droit public (établissements publics : 9 janvier 1980 ; collectivités territoriales et notamment les régions : *25 février 1982**). On y ajoutera les partis politiques auxquels la loi du 11 mars 1988 a reconnu la personnalité juridique et qui se voient appliquer le principe d'égalité dans la décision 271 DC du 11 janvier 1990.

5 *L'appréciation de l'égalité par le Conseil constitutionnel*

14 . Dans sa première décision du *27 décembre 1973**, comme dans celles qui se sont succédé par la suite jusqu'en 1979, le Conseil constitutionnel a adopté une conception assez stricte du principe d'égalité. Par la suite, il a mis en œuvre une conception nettement plus large. Toutefois, il s'efforce de conserver en ce domaine une attitude relativement prudente.

15 . La juridiction constitutionnelle pouvait adopter vis-à-vis du principe d'égalité deux attitudes différentes : soit elle considérait comme contraires les seules discriminations explicitement ou implicitement interdites par les dispositions contenues dans la Constitution de 1958, le Préambule de 1946 et la Déclaration des droits de l'homme de 1789, soit elle se reconnaissait le pouvoir de considérer comme telles toutes les discriminations jugées par elle injustifiées.

Dans le premier cas, les requérants doivent invoquer la disposition ou le principe précis qui porte interdiction d'une discrimination ; dans le second cas, il leur suffit d'invoquer le principe général d'égalité.

Dans la première hypothèse, le législateur dispose d'une incontestable liberté d'action lui permettant de prendre des mesures discriminatoires, dès lors qu'une règle constitutionnelle ne l'interdit pas ; dans la seconde hypothèse, la marge d'appréciation du législateur peut être notablement réduite. Dans le premier cas, les références textuelles sont importantes car elles fondent le contrôle de la discrimination, laquelle doit d'ailleurs être en relation étroite avec la disposition invoquée ; dans le second cas, ces références ont beaucoup moins d'intérêt et souvent disparaîtront car il suffit d'invoquer l'une ou l'autre pour en tirer le principe général d'égalité et, à la limite, il ne sera même plus nécessaire de les invoquer.

16 . En fait, lorsque l'on étudie de près la jurisprudence, on constate que, sur les différents cas d'annulation pour violation du principe d'égalité, la plupart correspondent à des condamnations de discrimination interdite par des dispositions de valeur constitutionnelle. On peut, en effet, considérer que les décisions d'annulation se rattachent, soit au principe de l'égal accès devant la justice ou, plus largement, à une procédure légale (*127 DC**, 141 DC, 144 DC, 183 DC, 209 DC, 213 DC, 214 DC), soit à l'égalité du suffrage (146 DC, 232 DC), soit à l'égale admission aux emplois publics (153 DC, 204 DC), soit à l'égalité devant l'impôt ou devant les charges publiques (51 DC, 200 DC, 209 DC). Reste évidemment le cas des décisions du 16 janvier 1982 (Nationalisations), des 19 et

20 juillet 1983 (Démocratisation du secteur public) et du 17 janvier 1989 (CSA), qui ne peuvent être rattachées à aucune disposition de valeur constitutionnelle, et de celle du 13 janvier 1994 (Révision de la loi Falloux) qui considère que le principe de libre administration ne peut conduire à ce que les conditions essentielles d'une loi relative à l'exercice de la liberté de l'enseignement dépendent de décisions de collectivités territoriales et aussi, puissent ne pas être les mêmes sur l'ensemble du territoire.

Une autre explication de la démarche du Conseil constitutionnel a été proposée dans la première étude approfondie de la jurisprudence de celui-ci (cf. F. Mélin-Soucramanien, *op. cit.*, p. 127 et s.) : elle consiste à distinguer un « contrôle strict » s'exerçant dans le domaine du droit pénal et de la procédure pénale ainsi que du droit électoral et un « contrôle restreint » s'exerçant dans les autres domaines tels que, notamment, le droit financier et fiscal, le droit économique et social.

17 . En ce qui concerne ce qu'il est convenu d'appeler aujourd'hui *les discriminations positives*, la question doit être revue au regard des développements récents de la jurisprudence et de travaux qui ont apporté un nouvel éclairage (voir *Quotas par sexe*, n° 33 bis).

18 . L'appréciation du principe d'égalité a des conséquences importantes, notamment sur l'étendue du régime législatif d'irresponsabilité. Le juge pénal étant ainsi reconnu compétent pour statuer sur l'action en diffamation contre un parlementaire auteur d'un rapport effectué dans le cadre d'une mission dont il avait été chargé par le Gouvernement en application de l'article L.O. 144 du code électoral (C.A. Paris, 11 mars 1987, *L.P.A.*, 15 décembre 1989, note C. Bigaut), le législateur avait cru devoir tirer soutes les conséquences de l'irresponsabilité édictée par l'article 26, alinéa premier, de la Constitution, en adoptant une loi ayant pour effet d'insérer, après le deuxième alinéa de l'article 41 de la loi du 29 juillet 1981 sur la liberté de la presse, un alinéa aux termes duquel « ne donne lieu à aucune action le rapport d'un parlementaire établi pour rendre compte d'une mission confiée par le Gouvernement en application de l'article L.O. 144 du code électoral ».

Dans sa décision du 7 novembre 1989 (*Rec.* 90, *RJC* I-373, *A.I.J.C.*, 1989, p. 501, obs. B. Genevois ; *L.P.A.*, 18 avril 1990, note Fernandez-Maublanc ; *R.F.D.C.*, 1990, p. 239, comm. Th.-S. Renoux), après avoir estimé que le rapport établi par un parlementaire à la demande du Gouvernement dans le cadre d'une mission que celui-ci lui a confié, n'est pas assimilable à un acte accompli par un membre du Parlement « dans l'exercice de ses fonctions » au sens de l'article 26-1 de la Constitution, le Conseil constitutionnel rappelle, comme il l'avait indiqué antérieurement (125 DC) que le « principe d'égalité devant la loi pénale ne fait pas obstacle à ce qu'une différenciation soit opérée par le législateur entre agissements de nature différente », ce qui implique que « pour des infractions identiques, la loi pénale ne saurait dans l'édiction des crimes et délits ainsi que des peines qui leur sont applicables, instituer au profit de quiconque une exonération de responsabilité à caractère absolu, sans par là même porter atteinte au principe d'égalité ».

II . La valeur constitutionnelle de la Déclaration des droits de l'homme et du citoyen

19 . La décision du *27 décembre 1973* constitue aussi la première application de *la Déclaration des droits de l'homme et du citoyen* comme texte de référence destiné à juger de la constitutionnalité d'une loi. Il y aura ensuite de très nombreuses autres applications qui, surtout après la décision de principe du *16 janvier 1982* * plaçant la Déclaration au centre du bloc de constitutionnalité, font désormais des 17 articles de ce texte les dispositions constitutionnelles les plus citées.

20 . L'ensemble des dispositions de la Déclaration sont applicables : c'est ce qui ressort de la jurisprudence du Conseil constitutionnel, alors que l'on avait pu se demander au début s'il en serait ainsi (cf. L. Philip, La valeur juridique de la Déclaration des droits de l'homme et du citoyen du 26 août 1789, selon la jurisprudence du Conseil constitutionnel, *Mél. Kayser*, 1979).

On donnera, à titre d'exemple, les cas dans lesquels le Conseil constitutionnel a fait expressément application des articles suivants :

- l'article 2 (*54 DC* *, *132 DC* *, 164 DC, 189 DC, 403 DC, 404 DC) ;
- l'article 3 (394 DC, 399 DC) ;
- l'article 4 (*132 DC* *, 150 DC, 216 DC, 388 DC, 401 DC) ;
- l'article 5 (189 DC) ;
- l'article 6 (*51 DC* *, 56 DC, 67 DC, 83 DC, 97 DC, 101 DC, 112 DC, 125 DC, 146 DC, 153 DC, 178 DC, 179 DC, 198 DC, 204 DC, 207 DC, 208 DC, 209 DC, 218 DC, 225 DC, 227 DC, 229 DC, 237 DC, 244 DC, 396 DC, 397 DC) ;
- l'article 7 (97 DC, 109 DC, 127 DC) ;
- l'article 8 (109 DC, 126 DC, *127 DC* *, 153 DC, 155 DC, 176 DC, *181 DC* *, 183 DC, 184 DC, 207 DC, 209 DC, 215 DC, 223 DC, 228 DC, 237 DC, 248 DC, 250 DC, 321 DC, 325 DC, 377 DC, 391 DC, 395 DC, 397 DC, 399 DC, 404 DC) ;
- l'article 9 (326 DC) ;
- l'article 10 (*87 DC* *) ;
- l'article 11 (141 DC, 165 DC, 173 DC, 176 DC, 179 DC, *181 DC* *, 217 DC, 248 DC, 345 DC, 378 DC) ;
- l'article 13 (133 DC, 139 DC, 164 DC, 176 DC, 183 DC 184 DC, 186 DC, 199 DC, 200 DC, 209 DC, 217 DC, 237 DC, 388 DC, 393 DC, 395 DC, 397 DC, 403 DC, 404 DC, 405 DC, 406 DC) ;
- l'article 14 (133 DC, 388 DC, 405 DC, 395 DC, 397 DC) ;
- l'article 15 (388 DC).
- l'article 16 (373 DC, 399 DC, 399 DC, 403 DC, 404 DC, 405 DC) ;

- l'article 17 (*132 DC* *, 133 DC, *139 DC* *, 141 DC, 150 DC, 162 DC, 172 DC, 181 DC, 189 DC, 193 DC, 198 DC, 200 DC, 207 DC, 217 DC, 232 DC, 346 DC, 373 DC, 403 DC).

Il a aussi statué au fond sur des affaires où était expressément invoquée la violation de divers articles de la Déclaration (art. 7 : 97 DC ; art. 8 : *127 DC* *).

Enfin, le Conseil constitutionnel a souvent annulé des dispositions votées par le législateur pour violation de la Déclaration des droits de l'homme et plus précisément des articles 6 (51 DC, 56 DC, 101 DC, 146 DC, 153 DC, 204 DC) ; 8 (127 DC, 181 DC, 183 DC, 210 DC, 237 DC), 377 DC ; 11 (181 DC et 210 DC) ; 13 (200 DC, 369 DC) ; 16 (369 DC, 373 DC) ; 17 (132 DC, 373 DC).

Ce sont donc les articles 6, 8, 13, 14 et 17 qui ont été le plus souvent invoqués et appliqués, c'est-à-dire ceux ayant trait au principe d'égalité (sous diverses formes), à la non-rétroactivité, à la légalité des délits et des peines, à l'égalité devant l'impôt et devant les charges publiques, au principe de la légalité fiscale et au droit de propriété.

III. - La notion de disposition inséparable

21 . Après avoir jugé non conforme à la Constitution la dernière disposition de l'article 62 de la loi de finances pour 1974 pour atteinte au principe de l'égalité devant la loi, le Conseil ajoute que celle-ci est inséparable des autres dispositions, ce qui le conduit à déclarer non conforme *l'ensemble de l'article*.

22 . Cette position a de quoi surprendre, car ce n'est pas du tout ce qu'on lui demandait. Jusqu'en 1973, on considérait généralement que le Conseil constitutionnel était lié par les termes de la demande de l'autorité qui l'avait saisi, et qu'il ne lui appartenait pas d'examiner la constitutionnalité de dispositions qui n'étaient pas contestées. Le Conseil paraissait avoir lui-même adopté cette position : « Considérant... que les dispositions contenues dans cet article, *qui est le seul de ladite loi dont la conformité à la Constitution est contestée* par le Premier ministre... » (cf. 27 DC du 18 déc. 1964 et *supra*, déc. *8 DC* *, n° 14 et s.). Or, il ne fait aucun doute que le président du Sénat n'entendait contester que la seule disposition discriminatoire à l'égard des gros contribuables. Cela ressort nettement des débats, en particulier de la déclaration suivante du sénateur Dailly (que le Conseil constitutionnel n'a, semble-t-il, guère appréciée...) : « s'il est saisi... le Conseil n'a qu'un seul pouvoir : celui d'extraire la disposition qui n'est pas conforme à la Constitution. (Cette affirmation n'est d'ailleurs pas exacte, il peut déclarer non conforme à la Constitution l'ensemble de la loi). Il faut donc être circonspect *et ne le saisir que du seul passage restrictif* relatif aux bases d'imposition, car il ne faudrait pas risquer de voir supprimer l'ensemble de la disposition » (cf. Débats, Sénat, *J.O.*, p. 3063). Or, c'est bien ce qui s'est produit.

23 . Pour justifier sa décision sur ce point, le Conseil s'appuie sur le chapitre II du titre II de l'ordonnance du 7 novembre 1958, portant loi organique sur le Conseil constitutionnel. En vérité, le seul article dont il peut être fait application ici est l'article 22 du chapitre II, qui dispose :

« Dans le cas où le Conseil constitutionnel déclare que la loi dont il est saisi contient une disposition contraire à la Constitution et inséparable de *l'ensemble de cette loi*, *celle-ci* ne peut être promulguée ».

Pris à la lettre, cet article signifie :

- que le Conseil constitutionnel est nécessairement saisi de l'ensemble de la loi et non de la seule disposition contestée ; il en résulte qu'il peut toujours soulever d'office la question de la constitutionnalité d'un article qui n'est pas contesté par les requérants ; c'est ce qu'il fera, à de nombreuses reprises, notamment en 1982, à propos de la disposition instituant un quota de 75 % de personnes du même sexe sur les listes des candidats aux élections municipales (décision 146 DC du 18 novembre 1982) ; de même, en 1984, il censurera l'article de la loi sur l'enseignement supérieur abrogeant la loi de 1968, en 1990, la disposition excluant les étrangers résidant en France du bénéfice d'une allocation sociale (déc. 269 DC) et, très fréquemment, il soulèvera d'office l'inconstitutionnalité d'un article de la loi de finances n'ayant pas un caractère financier (201 DC, 221 DC, 270 DC, 283 DC, 285 DC, 290 DC, 351 DC, 358 DC, 380 DC) ou portant atteinte aux droits de la défense (260 DC, 285 DC, 360 DC).

- que si une seule disposition est contraire à la Constitution, mais que celle-ci est inséparable du reste de la loi, cette dernière, dans son ensemble, ne peut être promulguée.

En revanche, le texte n'autorise pas le Conseil à déclarer non conforme tout un article dont seule une disposition est contestée. C'est pourtant ce qu'il fait dans cette décision, donnant ainsi une interprétation très extensive à l'article 22 de la loi organique. Bien que cela soit peu conforme à sa jurisprudence habituelle, qui le pousse à interpréter les textes qui le régissent de façon restrictive, il faut reconnaître que cette solution est logique. En fait, c'est la rédaction de l'article 22 qui est défectueuse. Dans sa décision du *16 juillet 1971**, le Conseil avait déjà été amené à déclarer non conformes, en plus de l'article soumis à son examen, les dispositions d'un autre article lui faisant référence. Il confirme donc sur ce point la position qu'il avait adoptée en 1971. En revanche, contrairement à ce qu'il avait fait en 1971, où il avait expressément reconnu la conformité à la Constitution des autres dispositions de la loi dont il avait été saisi, il ne se prononce ici que sur le seul article 62 de la loi de finances.

24 . Si l'on doit reconnaître au Conseil le pouvoir de déclarer quelles sont les dispositions inséparables de celles jugées non conformes à la Constitution, on peut s'interroger sur le sens qu'il convient de donner à la notion de disposition inséparable. La décision du *16 juillet 1971** ne prêtait pas à discussion sur ce point, il n'en va pas de même pour la décision rapportée ici.

L'esprit de l'article 22 de la loi organique est d'éviter que, par la suppression d'une disposition, on aboutisse à la promulgation d'une loi contraire à la volonté du législateur. Or, en l'occurrence,. la suppression de la seule disposition contestée par le président du Sénat ne présentait aucun inconvénient. Sans doute, le Conseil estime que, la disposition litigieuse s'analysant comme une exception à un principe posé par le législateur, elle est nécessairement inséparable du principe lui-même. C'est exact en ce sens que l'exception ne peut avoir d'existence en elle-même. Si le principe avait été contesté et jugé non conforme à la Constitution, l'exception devait nécessairement tomber. Mais ici, il s'agit de la situation inverse : c'est l'exception qui est contestée et non le principe. Or, une exception à un principe peut toujours être supprimée sans que cela conduise à une situation contraire à la volonté du législateur. Du moins faudrait-il rechercher si, pour ce dernier, cette exception doit être considérée comme inséparable ou non du principe lui-même. Or, on constate que le Conseil ne s'est pas livré à cette recherche, contrairement à son habitude (cf. décision 21 DC : « Considérant qu'il ne résulte ni de l'amendement dont il s'agit, tel qu'il a été rédigé et adopté, *ni des débats* auxquels la discussion du projet de loi a donné lieu devant le Parlement, que la disposition de l'article 38 précité soit inséparable de l'ensemble du texte de la loi... », cf. également, décision 144 DC). Et, en l'occurrence, il a même abouti à une solution exactement opposée à la volonté du législateur. Celui-ci estimait que le régime de la taxation d'office conduisait à des abus : il le modifie pour 98 % des contribuables et ne maintient l'ancien système que pour 2 % d'entre eux. Si cette discrimination apparaissait inconstitutionnelle, il suffisait de supprimer l'exception concernant ces 2 %. Cela paraît plus logique que de déclarer également non conforme l'assouplissement du régime en faveur des 98 % des contribuables, sous prétexte que l'exception visant les 2 % est inséparable du reste.

Il est vrai que l'inconvénient majeur d'une telle solution était de favoriser la fraude des gros contribuables. En annulant l'ensemble de l'article, le Conseil supprime toute discrimination entre les contribuables, mais il ne porte pas atteinte aux pouvoirs du fisc, bien au contraire, puisque tous les contribuables peuvent se voir appliquer, de nouveau, les dispositions rigoureuses de l'ancien article 180 du C.G.I.

22

3 avril 1974

DÉCLARATION DE VACANCE

Vacance de la Présidence de la République
Rôle du Conseil constitutionnel

> Déclaration du 3 avril 1974, *Rec.* 33, *RJC* V-2.
> Article 7 de la Constitution.
> Attributions du Conseil en cas de vacance de la présidence et d'empêchement du Président de la République.

RÉFÉRENCES

a) *Références*

- BERLIA (G.) : L'intérim présidentiel, *R.D.P.*, 1969, 457. - GODFRIN (Ph.) : La suppléance du Président de la République, *D.*, 1969, chron. p. 167. - PHILIP (L.) : Le Garant de la Constitution, *Le Monde*, 24 mai 1974.

b) *Jurisprudence*

- Déclaration du 28 avril 1969, *Rec.* 65.

DÉCLARATION DU CONSEIL CONSTITUTIONNEL

LE CONSEIL CONSTITUTIONNEL,

Constate, à la suite du décès, le 2 avril 1974, à 21 heures, de M. Georges Pompidou, Président de la République, que sont réunies les conditions prévues à l'article 7 de la Constitution relatives à l'exercice provisoire des fonctions du Président de la République par le Président du Sénat.

Il déclare que s'ouvre, à cette date, le délai fixé par ce même article pour l'élection du nouveau Président de la République.

La présente déclaration sera publiée au *Journal officiel* de la République française.

Délibéré par le Conseil constitutionnel dans sa séance du 3 avril 1974.

Le Président,

Roger FREY.

(*J.O.*, 4 avril 1974, p. 3779).

La composition du Conseil constitutionnel à la date du 3 avril 1974 était la suivante : M. FREY (Président), MM. BROUILLET, CHATENET, COSTE-FLORET, DUBOIS, GOGUEL, MONNERVILLE, REY, SAINTENY.

OBSERVATIONS

1 . Le Conseil constitutionnel n'est intervenu qu'à deux reprises au titre des dispositions de l'article 7 de la Constitution relatives à la vacance de la Présidence de la République et de l'empêchement du Président. Dans les deux cas, il s'agissait d'une vacance. La première intervention résultait de la démission du général de Gaulle en avril 1969, la seconde du décès du président Pompidou en avril 1974. Le cas d'empêchement, qui est celui qui soulèverait le plus de problèmes, ne s'est pas encore posé au Conseil, bien qu'il en ait été question en avril 1964 et en mai 1968.

La déclaration du 3 avril 1974, qui, contrairement aux « décisions » du Conseil, ne comporte aucun visa ni aucune référence quant à la saisine et émane du seul président, appelle trois séries d'observations. L'une relative à la compétence du Conseil, l'autre concernant sa saisine et la troisième touchant à l'étendue de ses pouvoirs.

2 . Aux termes de l'article 7 de la Constitution : « En cas de vacance de la Présidence de la République pour quelque cause que ce soit, ou *d'empêchement constaté par le Conseil constitutionnel* saisi par le gouvernement..., les fonctions du Président de la République... sont provisoirement exercées par le Président du Sénat...».

Cette disposition est loin d'être claire. La plupart des auteurs enseignent qu'il entre dans les attributions du Conseil constitutionnel de constater la vacance. En réalité, si l'on analyse attentivement le texte, on s'aperçoit qu'il ne confère aucune compétence au Conseil constitutionnel en matière de vacance. La Constitution ne prévoit son intervention *qu'en cas d'empêchement*. Ceci s'explique, car la vacance, qui résulte de la démission ou du décès du Président, ne prête pas à contestation. C'est une situation purement objective qui se traduit par le fait qu'il n'y a plus, juridiquement ou physiquement, de Président de la République.

Au contraire, la notion d'empêchement est très différente, et l'intervention du Conseil pour « constater » l'empêchement ou pour le « déclarer » définitif se justifie, car il est nécessaire d'apprécier si certaines conditions se trouvent remplies.

Or, les deux déclarations de 1969 et de 1974 montrent que le Conseil constitutionnel ne respecte pas la lettre de l'article 7. Sans doute, il ne constate pas expressément la vacance : il déclare l'ouverture d'un délai. Mais, en constatant par une déclaration publiée au *Journal officiel* que les conditions prévues à l'article 7 de la Constitution sont réunies, il affirme sa compétence dans un domaine où celle-ci n'était pas prévue. Il y a là une nouvelle exception au principe selon lequel la Haute juridiction n'exercerait aucune attribution en dehors de celles qui lui ont été expressément conférées.

3 . Il résulte également de la rédaction de l'article 7 de la Constitution que la saisine du Conseil par le gouvernement n'est prévue que dans l'hypothèse d'empêchement. En cas de vacance, sa compétence n'étant pas prévue, le Conseil ne peut que se saisir lui-même. En 1969, il avait été simplement « informé » par le Premier ministre de la démission du Président de la République, mais non « saisi ». Dans la déclaration de 1974, il n'est même pas fait mention d'une information, par le gouvernement, du décès du Président de la République. Il aurait, donc, lui-même pris l'initiative de se réunir et de publier sa déclaration.

Pour la plupart de ses attributions, le Conseil ne peut statuer que dans la mesure où il a été préalablement saisi, ce qui n'est pas sans soulever quelques problèmes lorsqu'une seule autorité est compétente pour le saisir et... qu'elle ne le saisit pas (cf. décision 46 DC du *20 janvier 1972*). Certains se sont demandés s'il n'y avait pas un cas d'empêchement lorsque, le 17 avril 1964, le général de Gaulle avait subi une intervention chirurgicale. En fait, c'est la procédure de la délégation prévue par l'article 21 de la Constitution qui fut appliquée comme en 1994 lors de l'hospitalisation de F. Mitterrand. Quoi qu'il en soit, le Conseil constitutionnel, n'ayant pas été saisi, n'avait pas le pouvoir de se prononcer. Il en irait de même en d'autres circonstances telles que l'enlèvement, la capture, la folie, l'incapacité physique, la disparition (cas du général de Gaulle pendant quelques heures en mai 1968)... Si le gouvernement refuse de saisir le Conseil, celui-ci ne peut constater l'empêchement de sa propre initiative. C'est pourquoi on a proposé d'étendre le droit de saisine aux présidents des Assemblées. Il faut toutefois noter que le texte de l'article 7 ne prévoit pas expressément la saisine du gouvernement lorsqu'il s'agit de déclarer l'empêchement définitif. Ainsi, l'on pourrait soutenir que l'instance constitutionnelle a le pouvoir de se saisir elle-même dans cette hypothèse. La question se pose alors de savoir si le Conseil a le pouvoir de déclarer directement l'empêchement définitif (par exemple en cas de folie ou de grave incapacité physique), sans constater préalablement l'empêchement provisoire pour lequel la saisine gouvernementale est nécessaire.

4 . Contrairement à ce qui se passe en cas d'empêchement, les pouvoirs du Conseil constitutionnel sont très limités en cas de vacance. S'il y a démission, il ne peut qu'en « prendre acte » et n'a pas le pouvoir de la refuser ou de la retarder. Quant au décès, bien qu'il n'y ait pas de définition précise de la mort, cela ne devrait pas soulever de problème. En revanche, ce n'est pas le cas de la disparition. Dans une telle hypothèse, il est probable que le Conseil utiliserait la procédure de l'empêchement. Comme au point de vue constitutionnel, sa déclaration n'a aucun caractère obligatoire, on peut se demander quel en est l'intérêt.

Celui-ci est surtout d'ordre pratique. Le Conseil constate que l'entrée en fonction du président du Sénat en tant que Président de la République par intérim est régulière. Mais il s'agit d'une simple constatation, et non d'un acte ayant force juridique. M. Poher a juridiquement été investi de ses nouvelles fonctions le 2 avril 1974, à 21 heures, c'est-à-dire au moment du décès de M. Pompidou, et non le 3 avril en fin de matinée, à la suite de la déclaration du Conseil. Celle-ci n'étant pas prévue, elle ne saurait être indispensable. Le président du Sénat exerce donc, *ipso facto*, les fonctions de Président de la République, même en l'absence de toute déclaration du Conseil. Cette dernière est tout de même utile, car elle permet de fixer de façon officielle le point de départ du délai dans lequel doit avoir lieu le scrutin pour l'élection du nouveau Président. En ce qui concerne ce dernier point, on peut d'ailleurs estimer que le Conseil pourrait exercer cette attribution aussi bien dans le cadre de l'article 58 de la Constitution, qui le charge de veiller à la régularité de l'élection du Président de la République, que dans celui de l'article 7, qui ne prévoit pas expressément son intervention en cas de vacance.

23

15 janvier 1975

INTERRUPTION VOLONTAIRE DE GROSSESSE (54 DC)

Droit constitutionnel des libertés
Conformité de la loi aux traités
Préambule de 1946.
Bloc de constitutionnalité

Décision 74-54 DC, *Rec.* 19, *RJC* I-30.
Article 61, alinéa 2, de la Constitution.
Saisine d'un groupe de 81 députés.
Portée et interprétation des articles 55 et 61 de la Constitution.
Conformité de la loi sur l'interruption volontaire de grossesse à : la Convention européenne des droits de l'homme (incompétence) ; à la Déclaration de 1789 ; aux principes fondamentaux reconnus par les lois de la République ; aux dispositions du Préambule de la Constitution de 1946 ayant valeur constitutionnelle ; aux articles de la Constitution de 1958.

RÉFÉRENCES

a) Texte du recours des députés in MAUS (D.) - Textes et doc., 2e éd., 1982, p. 388-393.

b) *Notes doctrinales*

- Bey (E.-M.) : J.C.P., 1975, II, 18030. - Druesne (G.) : Revue du Marché commun, 1975, p. 69. - Favoreu (L.) et Philip (L.) : *R.D.P.*, 1975, p. 185 et 1335. - Franck (Cl.) : *R.G.D.I.P.*, 1975, p. 1070. - Hamon (L.) : *D.*, 1975, *J.*, p. 529. - Lagrange (M.) : *R.T.D.E.*, 1975, p. 49. - Montgroux (P.) : Ann. de Clermont, 1976, p. 207. - Nguyen Quoc Dinh : *A.F.D.I.*, 1975, p. 859. - Pellet (A.) : *G.P.*, 1976, I, p. 25. - P.L. : *Revue critique de droit international privé*, 1975, p. 606. - Rideau (J.) : *Cahiers de droit européen*, 1975, p. 873. - Rivero (J.) : *A.J.*, 1975, p. 134. - Robert (J.) : *R.I.D.C.*, 1975, p. 873. - Ruzie (D.) : Clunet, 1975, p. 249.

c) *Autres références*

- *Presse*

- ROBERT (J.) : La procédure, la compétence et le fond, *Le Monde*, 22-23 déc. 1974. - FOYER (J.) : La liberté d'avorter devant la Constitution et le droit international, *Le Monde*, 25 déc. 1974. - SARDA (F.) : Sur le droit à la vie, *Le Monde*, 29 et 30 déc. 1974. - SCHWARTZENBERG (R.G.) : La loi sur l'avortement et la Constitution, *Le Monde*, 9 janv. 1975. - SOYER (J.-C.) : La Constitution et l'avortement, *Le Figaro*, 10 janv. 1975. - FOYER (J.) : La loi et la Constitution, *Le Monde*, 15 janv. 1975. - PHILIP (L.) : Le Conseil est-il compétent pour juger de la conformité d'une loi à un traité ? *Le Monde*, 15 janv. 1975. - BOUCHER (Ph.) : Compétence restreinte, *Le Monde*, 17 janv. 1975. - ROBERT (J.) : La loi et les traités, *Le Monde*, 18 janvier 1975. - SCHWARTZENBERG (R.G.) : Liberté et légalité, *Le Monde*, 18 janv. 1975.

- *Articles*

- *Sur Constitution et droit international*

- DUBOUIS (L.) : Le juge administratif français et les règles du droit international, *A.F.D.I.*, 1971, p. 9. - FAVOREU (L.) : Le Conseil constitutionnel et le droit international, *A.F.D.I.*, 1977, p. 95-135 ; L'interprétation de l'article 55 de la Constitution, *R.F.D.A.*,, 1989, p. 994. - FRANCK (C.) : Les grandes décisions de la jurisprudence, Droit constitutionnel, p. 247. - GEORGEL (J.) : Aspects du Préambule de la Constitution du 4 octobre 1958, *R.D.P.*, 1960, p. 85. - MADIOT (Y.) : Du Conseil constitutionnel à la Convention européenne : vers un renforcement des libertés publiques ? Dalloz, 1975, chr. I. - NGUYEN QUOC DINH : La Constitution de 1958 et le droit international, *R.D.P.*, 1959, p. 515. - PELLOUX (R.) : Le Préambule de la Constitution du 27 octobre 1946, *R.D.P.*, 1947, p. 347. - PELLOUX (R.) : Réflexions sur le Préambule de la Constitution de 1958, *Mélanges Basdevant*, 1960, p. 389. - ROUSSEAU (Ch.) : La Constitution de 1958 et les traités internationaux, *Mélanges Basdevant*, 1960, p. 463. - FAVOREU (L.) : La prise en considération du droit international et communautaire dans la jurisprudence du Conseil constitutionnel, *Mélanges Plantey*, 1995. - GAÏA (P.) : Normes constitutionnelles et normes internationales, *R.F.D.A.*, 1996, p. 886. - ALLAND (D.) : Consécration d'un paradoxe : primauté du droit interne sur le droit international, *R.F.D.A.*, 1998, p. 1097.

- *Sur l'IVG et le bloc de constitutionnalité*

- VEDEL (G.) et RIVERO J.) : Les problèmes économiques et sociaux de la Constitution de 1946, Collection droit social, nº XXXI. - LUCHAIRE (F.) : Le Conseil constitutionnel et la protection des droits et libertés du citoyen, *Mélanges Waline*, t. II, 1974, p. 563. - PHILIP (L.) : La valeur juridique du Préambule de la Constitution du 27 octobre 1946, selon la jurisprudence du Conseil constitutionnel, *Mélanges Pelloux*, 1980, p. 265. - DRAPIER (M.) : La loi relative à l'interruption volontaire de grossesse dix ans après, histoire d'un compromis, *R.D.P.*, 1985, mars-avril, p. 443 - *L'Interruption volontaire de grossesse en droit comparé*, Actes de la Table ronde internationale sur l'interruption volontaire de grossesse dans les jurisprudences constitutionnelles comparées (Aix-en-Provence, 22 octobre 1986) *in* A.I.J.C., 1986 (vol. II), p. 80-239). - GENEVOIS (B.) : Le juge de l'élection, le traité et la loi, *R.F.D.A.*, nov.-déc. 1988. - FAVOREU (L.) : Les juges constitutionnels et la vie, *Droits*, nº 13, p. 75-87. - POULIQUEU (P.) : L'équilibre entre les textes de 1789 et de 1946, *L.P.A.*, 17 février 1995, nº 21.

d) *Jurisprudence*

- Principe de la supériorité des traités :

• Décision 83 DC du 20 juill. 1977, *Rec.* 39, *RJC* I-50.
• Décision 92 DC du 18 janv. 1978, *Rec.* 21, *RJC* I-57.
• Décision 95 DC du 27 juill. 1978, *Rec.* 26, *RJC* I-60.
• Décision 116 DC du 17 juill. 1980, *Rec.* 36, *RJC* I-80.
• Décision 126 DC du 30 déc. 1980, *Rec.* 53, *RJC* I-89.
• Décision 216 DC du 3 sept. 1986, *Rec.* 135, *RJC* I-281.
• Décision 1082-1187 du 21 oct. 1988, *Rec.* 183.
• Décision 293 DC du 23 juill. 1991, *Rec.* 77, *RJC* I-453.
• Décision 298 DC du 24 juill. 1991, *Rec.* 82, *RJC* I-465.
• Décision 321 DC du 20 juill. 1993, *RJC* I-529.
• Décision 335 DC du 21 juin 1994, *RJC* I-576.

- Autres jurisprudences :

• Décision 53 DC du 30 déc. 1974, *Rec.* 28, *RJC* I-29.
• Décision 59 DC du 30 déc. 1975, *Rec.* 26, *RJC* I-34.
• Décision 89 DC du 30 déc. 1977, *Rec.* 46, *RJC* I-54.
• Décision 90 DC du 30 déc. 1977, *Rec.* 44, *RJC* I-55.
• Décision 132 DC du 16 janv. 1982, *Rec.* 18, *RJC* I-104.
• Décision 139 DC du 11 fév. 1982, *Rec.* 31, *RJC* I-121.
• Décision 328 DC du 16 déc. 1993, *Rec.* 547, *RJC* I-557.
• Décision 344 DC du 27 juill. 1994*
• Décision 375 DC du 9 avril 1996, *Rec.* 62, cons. 11.
• Décision 399 DC du 5 mai 1998, *J.O.* 12 mai 1998, p. 7092.
• Décision 400 DC du 20 mai 1998, *J.O.* 26 mai 1998, p. 8003.
• Décision 405 DC du 29 déc. 1998, *J.O.* 31 déc. 1998, p. 20 138.

c) *Documents annexes*

- Cour de cass., chambre mixte, Société Jacques Vabre, 24 mai 1975 (extraits).

Sur le deuxième moyen : - Attendu qu'il est de plus fait grief à l'arrêt d'avoir déclaré illégale la taxe intérieure de consommation prévue par l'art. 265 c. des douanes par suite de son incompatibilité avec les dispositions de l'art. 95 du Traité du 25 mars 1957, au motif que celui-ci, en vertu de l'art. 55 de la Constitution, a une autorité supérieure à celle de la loi interne, même postérieure, alors, selon le pourvoi, que s'il appartient au juge fiscal d'apprécier la légalité des textes réglementaires instituant un impôt litigieux, il ne saurait cependant, sans excéder ses pouvoirs, écarter l'application d'une loi interne sous prétexte qu'elle revêtirait un caractère inconstitutionnel ; que l'ensemble des dispositions de l'art. 265 c. des douanes a été édicté par la loi du 14 déc. 1966 qui leur a conféré l'autorité absolue qui s'attache aux dispositions législatives et qui s'impose à toute juridiction française ; - mais attendu que le Traité du 25 mars 1957, qui, en vertu de l'article susvisé de la Constitution, a une autorité supérieure à celle des lois, institue un ordre juridique propre intégré à celui des Etats membres ; qu'en raison de cette spécificité, l'ordre juridique qu'il a créé est directement applicable aux ressortissants de ces États et s'impose à leurs juridictions ; que, dès lors, c'est à bon droit, et sans excéder ses pouvoirs, que la Cour d'appel a décidé que l'art. 95 du traité devait être appliqué en l'espèce, à l'exclusion de l'art. 265 c. des douanes, bien que ce dernier texte fût postérieur ; d'où il suit que le moyen est mal fondé ;

- C.E., Ass., 20 oct. 1989, *Nicolo, Rec.* 190, concl. Frydman.

Vu la Constitution, notamment son article 55 ; le Traité en date du 25 mars 1957, instituant la Communauté économique européenne ; la loi nº 77-729 du 7 juillet 1977 ; le code électoral ; l'ordonnance nº 45-1708 du 31 juillet 1945, le décret nº 53-934 du 30 septembre 1953 et la loi nº 87-1127 du 31 décembre 1987 ; [...]

Considérant qu'aux termes de l'article 4 de la loi nº 77-729 du 7 juillet 1977 relative à l'élection des représentants à l'Assemblée des communautés européennes « le territoire de la République forme une circonscription unique » pour l'élection des représentants français au Parlement européen ; qu'en vertu de cette disposition législative, combinée avec celles des articles 2 et 72 de la Constitution du 4 octobre 1958, desquelles il résulte que les départements et territoires d'outre-mer font partie intégrante de la République française, lesdits départements et territoires sont nécessairement inclus dans la circonscription unique à l'intérieur de laquelle il est procédé à l'élection des représentants au Parlement européen ;

Considérant qu'aux termes de l'article 227-1 du traité en date du 25 mars 1957 instituant la Communauté économique européenne : « Le présent traité s'applique... à la République française » ; *que les règles ci-dessus rappelées, définies par la loi du 7 juillet 1977, ne sont pas incompatibles avec les stipulations claires de l'article 227-1 précité du traité de Rome* ;

Considérant qu'il résulte de ce qui précède que les personnes ayant, en vertu des dispositions du chapitre 1er du titre 1er du livre 1er du code électoral, la qualité d'électeur dans les départements et territoires d'outre-mer ont aussi cette qualité pour l'élection des représentants au Parlement européen ; qu'elles sont également éligibles, en vertu des dispositions de l'article L.O. 127 du code électoral rendu applicable à l'élection du Parlement européen par l'article 5 de la loi susvisée du 7 juillet 1977 ; que, par suite, M. Nicolo n'est fondé à soutenir ni que la participation des citoyens français des départements et territoires d'outre-mer à l'élection des représentants au Parlement européen, ni que la présence de certaines d'entre eux sur des listes de candidats auraient vicié ladite élection ; que, dès lors, sa requête doit être rejetée ;

- C.E., Ass., 3 févr. 1989, *Compagnie Alitalia, Rec.* 44.
- C.E., 8 juin 1990, *Chardonneau, Rec.* p. 146.
- C.E., 24 sept. 1990, *Boisdet, Rec.* p. 251.
- C.E., Ass., 21 déc. 1990 (2 esp.), Confédération nationale des associations familiales catholiques et autres, Association pour l'objection de conscience à toute participation à l'avortement et Association des médecins pour le respect de la vie, A.J.D.A., 1991, p. 158.
- C.E., Ass., 3 juill. 1996, *Moussa Koné, Rec.* 255.
- C.E., Ass., 6 juin 1997, *Aquarone, Rec.* 206.
- C.E., Ass., 30 oct. 1998, *Sarran, Levacher et autres, A.J.D.A.*, 1998, p. 1039.
- C.E., Ass., 18 déc. 1998, S.A.R.L. du parc d'activités de Blotzhein et S.C.I. Haselaeker, *A.J.D.A.*, 1999, p. 180.

LE CONSEIL CONSTITUTIONNEL,

Saisi le 20 décembre 1974 par MM. Jean Foyer et autres et, *le 30 décembre 1974,* par M. Raymond Réthoré, députés à l'Assemblée nationale, dans les conditions prévues à l'article 61 de la Constitution, du texte de la loi relative à l'interruption volontaire de la grossesse, telle qu'elle a été adoptée par le Parlement ;

Vu les observations produites à l'appui de cette saisine ;

Vu la Constitution, et notamment son préambule ;

Vu l'ordonnance du 7 novembre 1958 portant loi organique sur le Conseil constitutionnel, notamment le chapitre II du titre II de ladite ordonnance ;

Ouï le rapporteur en son rapport ;

1. Considérant que *l'article 61 de la Constitution ne confère pas au Conseil constitutionnel un pouvoir général d'appréciation et de décision identique à celui du Parlement*, mais lui donne seulement compétence pour se prononcer sur la conformité à la Constitution des lois déférées à son examen ;
2. Considérant, en premier lieu, qu'aux termes de l'article 55 de la Constitution : «Les traités ou accords régulièrement ratifiés ou approuvés ont, dès leur publication, une autorité supérieure à celle des lois, sous réserve, pour chaque accord ou traité, de son application par l'autre partie» ;
3. Considérant que, si ces dispositions confèrent aux traités, dans les conditions qu'elles définissent, une autorité supérieure à celle des lois, elles ne *prescrivent ni n'impliquent* que le respect de ce principe doive être assuré dans le cadre du contrôle de la conformité des lois à la Constitution prévu à l'article 61 de celle-ci ;
4. Considérant, en effet, que les décisions prises en application de l'article 61 de la Constitution *revêtent un caractère absolu et définitif*, ainsi qu'il résulte de l'article 62 qui fait obstacle à la promulgation et à la mise en application de toute disposition déclarée inconstitutionnelle ; qu'au contraire, la supériorité des traités sur les lois, dont le principe est posé à l'article 55 précité, présente *un caractère à la fois relatif et contingent*, tenant, d'une part, à ce qu'elle est limitée au champ d'application du traité, et, d'autre part, à ce qu'elle est subordonnée à une condition de réciprocité dont la réalisation peut varier selon le comportement du ou des États signataires du traité et le moment où doit s'apprécier le respect de cette condition ;
5. Considérant qu'une loi contraire à un traité ne serait pas, pour autant, contraire à la Constitution ;
6. Considérant qu'ainsi le contrôle du respect du principe énoncé à l'article 55 de la Constitution ne saurait s'exercer dans le cadre de l'examen prévu à l'article 61, en raison de la *différence de nature de ces deux contrôles* ;
7. Considérant que, dans ces conditions, *il n'appartient pas au Conseil constitutionnel, lorsqu'il est saisi en application de l'article 61 de la Constitution, d'examiner la conformité d'une loi aux stipulations d'un traité ou d'un accord international ;*
8. Considérant, en second lieu, que la loi relative à l'interruption volontaire de la grossesse *respecte la liberté des personnes appelées à recourir ou à participer à une interruption de grossesse*, qu'il s'agisse d'une situation de détresse ou d'un motif thérapeutique ; que, dès lors, elle ne porte pas atteinte *au principe de liberté* posé à l'article 2 de la Déclaration des droits de l'homme et du citoyen ;
9. Considérant que la loi déférée au Conseil constitutionnel n'admet qu'il soit porté atteinte au principe du respect de tout être humain dès le commencement de la vie, rappelé dans son article 1er, qu'en *cas de nécessité et selon les conditions et limitations qu'elle définit* ;
10. Considérant qu'aucune des dérogations prévues par cette loi n'est, *en l'état*, contraire à l'un des *principes fondamentaux reconnus par les lois de la République* ni ne méconnaît le principe énoncé dans le *préambule de la Constitution du 27 octobre 1946*, selon lequel la nation garantit à l'enfant la protection de la santé, non plus qu'aucune des autres dispositions *ayant valeur constitutionnelle* édictées par le même texte ;

11. Considérant, en conséquence, que la loi relative à l'interruption volontaire de la grossesse ne contredit pas les textes auxquels la Constitution du 4 octobre 1958 fait référence dans son préambule *non plus qu'aucun des articles de la Constitution,*

Décide :

ARTICLE PREMIER. - Les dispositions de la loi relative à l'interruption volontaire de la grossesse, déférée au Conseil constitutionnel, ne sont pas contraires à la Constitution.
ART. 2. - La présente décision sera publiée au *Journal officiel* de la République française.

Délibéré par le Conseil constitutionnel dans ses séances des 14 et 15 janvier 1975.
(*J.O.*, 16 janvier 1975, p. 671).

La composition du Conseil constitutionnel à la date du 15 janvier 1975 était la suivante : M. FREY (Président), MM. BROUILLET, CHATENET, COSTE-FLORET, DUBOIS, GOGUEL, MONNERVILLE, REY, SAINTENY.

OBSERVATIONS

1 . La décision du 15 janvier 1975 peut être considérée comme l'une des plus importantes rendues par le Conseil constitutionnel, non seulement en raison de l'objet même de la loi soumise à son examen qui porte sur le principe du respect de la vie humaine et qui a donné lieu à des débats passionnés, mais également en raison des conséquences juridiques de cette décision sur le plan du contrôle de la constitutionnalité.

Pour la première fois : le Conseil est appelé à statuer à la suite d'une saisine parlementaire (I) ; sa décision débute par un considérant d'ordre général concernant l'étendue de sa compétence dans le cadre de l'article 61 (II) : il a à se prononcer sur le problème de la conformité des lois aux traités (III) ; il se réfère, de façon très générale et explicite, au Préambule de la Constitution de 1946 (IV) ; enfin, le problème de droit fondamental sur lequel il a à se prononcer est un des plus importants qui puissent se poser : l'interruption volontaire de grossesse (V).

I. - La première saisine parlementaire

2 . Le Conseil constitutionnel a été saisi le 20 décembre 1974, en application de la nouvelle procédure de saisine, de deux recours présentés par deux groupes de députés : le premier, par lequel les députés socialistes et radicaux de gauche mettaient en cause la régularité d'une disposition de la loi de finances jugée contraire à la procédure budgétaire (n° **28**-20) ; le second s'appuyait sur la violation au fond de règles constitutionnelles par la loi relative à l'interruption volontaire de grossesse : ce dernier texte, présenté par la ministre de la Santé, Simone Veil, ajoutait aux cas déjà prévus par la loi de 1920 (péril pour la santé de la mère et affection grave et incurable de l'enfant à naître) celui de « situation de détresse » de la mère, l'intervention

devant avoir lieu dans ce dernier cas, avant la fin de la dixième semaine de grossesse.

1° Dès ces deux premières saisines, on a pu se rendre compte que la réforme constitutionnelle de 1974 allait avoir une importance considérable.

3 . Pourtant, certains n'avaient pas eu à l'époque de mots assez durs et assez ironiques pour qualifier cette réforme de « réformette», ne méritant pas le déplacement des parlementaires à Versailles.

On ne peut manquer d'être frappé de voir, que, comme le Conseil constitutionnel lui-même, la réforme de sa saisine ait été si mal perçue et appréciée des parlementaires et cela conformément à la tradition selon laquelle seules comptent les « grandes réformes », visant notamment à implanter dans notre système constitutionnel des institutions décalquées d'exemples étrangers, dont, le plus souvent, on connaît mal, en fait, les contours exacts.

Curieux destin que celui du Conseil constitutionnel : il est créé par hasard, à propos de la mise en place d'un système de parlementarisme rationalisé et la réforme qui va le transformer est « expédiée » en quelques minutes au Congrès du Parlement (v. L. Philip, « L'élargissement de la saisine du Conseil constitutionnel », *A.J.D.A.*, janvier 1975).

2° L'affaire soulevait *des questions de procédure* qu'avait à trancher le Conseil en application de l'article 61 révisé de la Constitution.

4 . *a)* Un premier point mérite attention : il s'agit *des conditions de forme de la nouvelle saisine*, problème qui avait longuement retenu l'attention des sénateurs.

L'article 61 alinéa 2 nouveau de la Constitution, se contentant de prévoir que le Conseil peut être saisi par soixante députés ou soixante sénateurs, le gouvernement avait précisé dans le projet de loi organique que cette saisine devait se faire sous forme *d'une* lettre signée par le nombre de parlementaires prévu. Mais les sénateurs avaient estimé que l'exigence d'une lettre unique imprimait à la saisine un « caractère collectif » qui ne découlait nullement du texte constitutionnel (*J.O.*, Sénat, débats, 20 nov. 1974, p. 1832).

Finalement, le gouvernement ne s'y opposant pas, le Parlement adopta la formule de la saisine par lettres multiples proposée par le Sénat. Tel qu'il est donc rédigé, le nouvel article 18 alinéa 1er de l'ordonnance organique dispose : « Lorsqu'une loi est déférée au Conseil constitutionnel à l'initiative de parlementaires, le Conseil est saisi par *une* ou *plusieurs* lettres comportant au total les signatures d'au moins soixante députés ou soixante sénateurs » (sur les modalités de la saisine et le problème des désistements, v. 386 DC du 30 décembre 1996, *Rec*. 155, *RJC* II-696).

5 . *b)* Une autre question importante est celle de la *détermination de l'objet de la saisine* : comment définir les dispositions dont l'examen de conformité à la Constitution est demandé, lorsque le Conseil est saisi par plusieurs lettres et à la limite par soixante ? De

deux manières semble-t-il : ou bien en recherchant « si le plus petit commun dénominateur des lettres de saisine recueille ou non au moins soixante signatures » (cf. E. Dailly, *J.O.*, débats Sénat, p. 1627) ; ou bien en considérant, qu'en toute hypothèse, le Conseil constitutionnel est saisi de l'ensemble de la loi.

La décision du 30 décembre 1974 laisse déjà penser que c'est la deuxième solution qui va s'imposer. En effet, les nombreuses saisines qui ont suivi ont confirmé cette pratique, encore que le Conseil constitutionnel se soit généralement borné à examiner les dispositions attaquées tout en affirmant son droit d'examiner l'ensemble si cela était nécessaire. Cependant, le Conseil déclare irrecevables les saisines individuelles contestant d'autres dispositions que celles attaquées par au moins soixante parlementaires (décisions 89 DC, 133 DC, 178 DC).

6 . *c) Le moment de la saisine* n'est pas fixé par la loi organique. Il doit simplement se situer dans le délai de promulgation.

Pourtant, dans le cas de saisine, par la minorité notamment, il revêt une grande importance. En effet, réunir soixante signatures exige un certain temps. C'est pourquoi la Commission des lois du Sénat avait demandé que soit fixé un délai minimum pendant lequel la promulgation ne pouvait avoir lieu. Aucune obligation n'étant imposée au chef de l'État en ce domaine, on pourrait très bien imaginer l'hypothèse d'une promulgation suivant de quelques heures l'adoption d'une loi par le Parlement. Mais le garde des Sceaux s'opposa à l'amendement sénatorial en faisant valoir que cela impliquerait une modification de l'article 10 de la Constitution (*J.O.*, débats Sénat, 16 oct. 1974, p. 1330 et s.).

L'expérience a montré cependant que les soixante signatures pouvaient être très vite réunies : ainsi en a-t-il été pour la loi de finances pour 1975 puisque la saisine a eu lieu moins de vingt-quatre heures après le vote, de même que pour la loi sur l'interruption volontaire de grossesse dont le Conseil fut saisi encore plus rapidement. En fait, comme l'avait prévu le garde des Sceaux, les parlementaires ont le temps de se concerter pendant la période d'élaboration de la loi, dès lors que la ou les dispositions qu'ils contestent ont de fortes chances d'être adoptées. Enfin, envisager une telle hypothèse serait prêter au chef de l'État l'intention de commettre une sorte de détournement de procédure, ce qui, politiquement, paraît assez peu probable, et l'expérience a montré au contraire, que la promulgation est retardée lorsqu'un recours est attendu. Toutefois, dans sa décision du 7 novembre 1997, le Conseil constitutionnel a rejeté le recours des sénateurs contre la loi portant réforme du service national promulguée par le Président de la République le 28 octobre. Saisi le 29 octobre, avant la publication au Journal officiel, le Conseil constitutionnel a refusé de l'examiner.

7 . *d)* D'autres questions de procédure peuvent être évoquées à propos de cette décision.

Tout d'abord, il ressort de la mention « vu les observations produites à l'appui de cette saisine », que la requête a été accompagnée d'une sorte de mémoire ampliatif, qui devait émaner, semble-t-il, surtout du premier nommé des requérants. Ceci montre, comme le pressentait M. Marcilhacy, qu'il s'agit bien d'une véritable requête et non d'une simple lettre (*J.O.*, débats Sénat, 20 nov. 1974, p. 1836).

Le débat contradictoire qui n'était qu'esquissé au départ, s'est considérablement développé : entre les parlementaires requérants et le secrétariat général du gouvernement il y a échanges de mémoires, de répliques et même de dupliques (voir par exemple 97-388 DC).

Ce développement de la juridictionnalisation coïncide avec la volonté du Conseil de s'affirmer clairement comme une juridiction chargée uniquement de dire le droit. Il s'est traduit, à partir de 1983 (début de la présidence D. Mayer), par la publication au *Journal officiel* des requêtes parlementaires (voir aussi *infra*, les observations sous *16 janvier 1982**). En outre, depuis 1986, les observations du secrétariat général du gouvernement sont communiquées aux parlementaires requérants qui peuvent y répliquer et, depuis 1995 elles sont publiées également au Journal officiel (Sur l'ensemble de la question cf. *Vingt ans de saisine parlementaire du Conseil constitutionnel*, PUAM et Economica, 1995).

7 bis . *e)* Le Conseil constitutionnel a considéré qu'une fois le recours déposé, les signataires ne pouvaient se désister :

> « Considérant qu'aucune disposition de la Constitution non plus que de la loi organique ... ne permet aux autorités ou parlementaires habilités à déférer une loi au Conseil constitutionnel de le dessaisir en faisant obstacle à la mise en œuvre du contrôle de constitutionnalité engagé ; que dès lors, hormis les cas d'erreur matérielle de fraude ou de vice du consentement, le Conseil constitutionnel ne saurait prendre en compte les déclarations exprimées dans ce sens » (96-386 DC, § 4).

II. - L'AFFIRMATION PAR LE CONSEIL CONSTITUTIONNEL DES LIMITES DE SA COMPÉTENCE

8 . *L'affirmation par le Conseil constitutionnel des limites de sa compétence* est particulièrement nette dans cette décision et elle dépasse très largement le cas d'espèce.

Le premier considérant peut surprendre ; mais son sens et sa justification apparaissent si l'on tient compte d'une part, des circonstances dans lesquelles le Conseil a été saisi et, d'autre part, de la jurisprudence antérieure.

9 . 1° *Une partie de la majorité a voulu faire trancher par la Haute juridiction le conflit d'ordre politique l'opposant à l'exécutif* : n'ayant pas obtenu gain de cause devant le Parlement, la « minorité de la majorité » a voulu faire rendre un arbitrage par le Conseil constitutionnel et, en même temps, faire de celui-ci un rouage du mécanisme d'élaboration de la loi.

Une tendance se faisait jour dans l'opinion selon laquelle le Conseil constitutionnel serait une sorte de juge d'appel des décisions prises par le Parlement. Ce dernier ne serait plus totalement souverain du fait que la loi pourrait se trouver bloquée par le juge constitutionnel. Au moment où se met en place le nouveau mécanisme de saisine qui est de nature à favoriser le développement de cette tendance, le Conseil a tenu à rappeler l'objet de l'article 61. Il s'agit pour lui de vérifier la conformité juridique d'un texte à d'autres textes de valeur supérieure et non de trancher un conflit entre les organes de l'État, comme le font parfois les Cours constitutionnelles allemande ou italienne, qui, elles, y sont habilitées.

Le rôle du Conseil constitutionnel n'est pas de statuer sur le fond du débat. Dans cette affaire, cela l'aurait amené à trancher un problème philosophique ou religieux beaucoup plus qu'un problème juridique. Or, il n'est pas un arbitre. Il n'est pas davantage un organe de décision politique ; il est chargé de dire le droit, de veiller au respect des règles constitutionnelles dans les limites et dans les conditions fixées par la Constitution. Même lorsqu'il s'agit du respect d'un droit essentiel ou d'une liberté fondamentale, il n'a pas à affirmer le caractère absolu de tel droit ou de telle liberté. Il se borne à constater qu'il ne peut être porté atteinte à ce droit ou à cette liberté par la voie législative ordinaire (« ... il n'appartient pas au Conseil constitutionnel de substituer sa propre appréciation à celle du législateur en ce qui concerne la nécessité des peines attachées aux infractions définies... » (décision 127 DC, *Sécurité et liberté* *).

L'élargissement de la procédure de saisine n'était pas sans danger pour le Conseil. Il pouvait être tentant d'accepter de trancher des conflits d'ordre politique, idéologique ou philosophique, surtout lorsqu'on le réclame de tous côtés. Le Conseil rappelle très sagement que, s'il entend demeurer le gardien vigilant de règles juridiques fondamentales, il n'a pas l'intention de se laisser entraîner dans la voie d'un « gouvernement des juges ». L'avenir montrera que cela n'est pas toujours chose facile.

10 . 2° *Ce n'est pas la première fois que l'on entend faire trancher par le Conseil constitutionnel un différend d'ordre politique.* Il a chaque fois refusé : ainsi dans l'affaire de la demande d'avis sur la recevabilité de la motion de censure (*14 septembre 1961* *) et dans la décision Publicité O.R.T.F. (68-50 L). Mais, cette fois-ci, il va plus loin, car non seulement il décline sa compétence, mais affirme clairement qu'il n'a pas « un pouvoir général d'appréciation et de décision identique à celui du Parlement » (formule reprise dans de nombreuses décisions par la suite, 401 DC du 10 juin 1998, § 27). On peut voir aussi dans cette mise au point une infirmation de la thèse selon laquelle le Conseil constitutionnel serait un « organe du pouvoir d'État » et participerait au « Law making power » (cf. J. Larché). Enfin, il découle de ce considérant, qu'une fois de plus, la Haute instance se considère comme une juridiction véritable et qu'elle le fait savoir en opposant sa compétence strictement définie de juge à celle « discrétionnaire » du Parlement.

III. - Le refus de vérifier la conformité d'une loi à un traité ou accord international.

11 . Statuant sur la recevabilité d'un moyen tiré de la violation de l'article 2 de la Convention européenne des droits de l'homme, le Conseil constitutionnel est appelé à se prononcer pour la première fois sur *son aptitude à vérifier la conformité d'une loi à un traité ou accord international.* La Haute juridiction avait donc à trancher un problème de

principe dont la solution, quelle qu'elle fût, ne pouvait manquer d'avoir d'importantes conséquences tant en ce qui concerne les rapports droit international-droit interne, que le contenu du bloc de constitutionnalité ou la dimension du rôle du Conseil constitutionnel lui-même.

Le juge constitutionnel a tranché dans un sens que peu avaient, semble-t-il, prévu ; mais la solution adoptée donne une interprétation des articles 55 et 61 de la Constitution conforme à la lettre et à l'esprit du texte.

12 . 1° *La réponse paraissait si évidente que les divers commentateurs (à l'exception de MM. Soyer et Philip) n'ont pas soulevé la question préalable* : à savoir, le Conseil constitutionnel avait-il le pouvoir de contrôler la conformité de la loi *aux traités* ?

Il y avait deux manières d'arriver à une réponse positive :

- Pour les plus affirmatifs, la réponse découlait nécessairement de la combinaison des articles 55 et 61 de la Constitution : l'article 55 reconnaît que « les traités ou accords régulièrement ratifiés ou approuvés ont... une autorité supérieure à celle des lois » ; toute loi qui méconnaît les dispositions d'un traité viole donc les dispositions de l'article 55 ; or le Conseil constitutionnel est compétent pour sanctionner la violation de la Constitution par les lois.

- Pour les plus prudents, la capacité du juge constitutionnel de vérifier la conformité des lois aux traités découle plutôt d'une probabilité logique d'insertion des traités et accords internationaux dans la supra-légalité constitutionnelle : de même qu'à l'égard des actes administratifs, la légalité s'élargit aux traités internationaux, à l'égard des lois la constitutionnalité s'élargirait à ces mêmes traités. On pouvait être encouragé à tenir ce raisonnement par les implications de la décision du 19 juin 1970 et notamment par le fait que mettant en œuvre le Préambule de la Constitution de 1946, le Conseil constitutionnel, dans cette décision, avait fait sien le principe selon lequel « la République française fidèle à ses traditions se conforme aux règles du droit public international ». Rapproché de l'article 55 de la Constitution actuelle, le rappel de ce principe conduit un ancien membre du Conseil constitutionnel à écrire que la Haute juridiction « *pourrait être* amenée à reconnaître sa compétence » si elle était saisie « d'une loi jugée contraire au droit international » (F. Luchaire).

L'argumentation tirée du seul article 55 exprimerait une certitude : le Conseil constitutionnel *doit* contrôler la conformité de la loi aux traités internationaux ; les conclusions auxquelles aboutit le second raisonnement sont moins tranchées. Elles étaient cependant logiques dans la perspective d'un élargissement constant du bloc de constitutionnalité (voir L. Favoreu, « Le principe de constitutionnalité », *Mélanges Eisenmann*).

13 . Ceci conduit d'ailleurs à apporter une dernière précision sur la manière de poser le problème.

Certains des commentateurs ont raisonné comme si, dans l'article 61 alinéa 2, la difficulté d'interprétation tenait à la détermination de la compétence du Conseil constitutionnel quant aux *actes* dont la conformité à la Constitution doit être vérifiée. Mais ce problème ne se posait pas ici.

En réalité, la difficulté tenait, en l'espèce, à la détermination de la norme de référence : fallait-il ajouter aux normes contenues dans la Constitution, les Préambules et la Déclaration des droits, celles contenues dans tous les traités et accords ratifiés ou approuvés ?

14 . 2° *À la question préalable ainsi formulée, le Conseil constitutionnel a répondu négativement.* Il l'a fait nettement, encore que sa motivation ne fasse pas apparaître de manière évidente le déroulement de l'argumentation.

On peut schématiser ainsi le raisonnement suivi :

- l'article 55 pose le principe de la supériorité du traité sur la loi ;
- mais il ne « prescrit » pas que le respect de ce principe doit être assuré dans le cadre du contrôle de la conformité des lois à la Constitution prévu à l'article 61 de celle-ci (ceci est évident et n'appelle pas de démonstration) ;
- et il ne « l'implique » pas non plus (ce qui appelle la démonstration développée dans les considérants suivants) :
  • parce qu'entre les deux « contrôles » (celui de l'article 55 et celui de l'article 61) il y a « une différence de nature » ;
  • différence de nature qui tient à ce que la supériorité du traité sur la loi a un caractère « relatif et contingent », alors que la supériorité de la Constitution sur la loi a un caractère « absolu et définitif » ;
  • en sorte que, situées sur des plans différents, les deux « supériorités » ne peuvent se prolonger (ou s'emboîter), ce qui amène le Conseil à affirmer : « considérant qu'une loi contraire à un traité ne serait pas, pour autant, contraire à la Constitution ».
- En conséquence, il n'appartient pas au Conseil constitutionnel, lorsqu'il est saisi en application de l'article 61 de la Constitution, d'examiner la conformité d'une loi aux stipulations d'un texte ou d'un accord international.

15 . Cette argumentation du Conseil constitutionnel ne peut évidemment être contestée quant à l'affirmation selon laquelle les articles 55 et 61 ne *« prescrivent »* pas l'examen de la conformité des lois aux traités. La discussion peut en revanche s'ouvrir quant au point de savoir si les dispositions de l'article 55 *« n'impliquent »* pas cet examen.

Dans le syllogisme qui permet de déduire de l'article 55 la compétence du Conseil constitutionnel pour apprécier la conformité des lois aux traités, il y a un point faible ou du moins fragile : c'est la proposition selon laquelle, le traité étant supérieur à la loi, *la loi doit donc être* conforme au traité (« une loi contraire à un traité va précisément à l'encontre de l'article 55, dont le seul but est justement d'affirmer que le traité a une autorité supérieure à celle de la loi, *donc que cette dernière doit lui être conforme parce que subordonnée* », J. Robert).

16 . Tout le problème est justement de savoir si ces dispositions de l'article 55 ont cette « implication ». On peut noter à cet égard que les premiers commentateurs de l'article 55 (Ch. Rousseau et Trotabas,

in Mélanges Basdevant ; Nguyen Quoc Dinh, *R.D.P.*, 1959, p. 553) n'attribuent nullement une telle portée à cet article.

Et cela n'a rien d'étonnant si l'on sait que ces auteurs considèrent que l'article 55 de la Constitution commande aux juridictions ordinaires françaises d'écarter la loi postérieure contraire à un traité international sans se laisser arrêter par la notion d'inconstitutionnalité de la loi : une chose est de faire prévaloir, *à propos d'un cas concret*, l'application du traité sur l'application d'une loi même postérieure ; autre chose est de déclarer l'inconstitutionnalité d'une loi. C'est en ce sens que plusieurs commentateurs ont critiqué la position du Conseil d'État refusant, dans l'arrêt du 1er mars 1968 (Synd. général des fabricants de semoules de France, *A.J.*, 1968, p. 235, concl. Questiaux ; *D.*, 1968, p. 285, note M.L. ; *Rev. crit. Dr. int.*, 1968, p. 516, note Kovar, confirmé en 1978 par l'arrêt K. Croissant), de faire prévaloir un traité sur une loi postérieure, au motif que ce serait se prononcer sur l'inconstitutionnalité de la loi, ce que le juge ordinaire ne peut faire (voir concl. Questiaux). Dans sa note, M. Lagrange a notamment fondé sa critique sur les considérations suivantes :

> « *Il existe une différence essentielle entre le contrôle normal de la constitutionnalité des lois et le cas spécial de l'examen de la conformité d'une loi avec un traité international.* Dans le cas habituel, en effet, il s'agit de vérifier si les dispositions d'un texte législatif sont conformes au texte de la Constitution, ce qui suppose une interprétation, non seulement de la loi, *mais aussi de la Constitution...* Mais il en va tout autrement pour l'application de l'article 55 : en pareil cas, le juge n'a pas à comparer la loi à la Constitution mais à un traité, dont l'interprétation lui échappe... Ainsi, le juge se borne à constater, le cas échéant, l'incompatibilité de la loi interne... avec le traité ; ce faisant, i*l applique* l'article 55 en faisant prévaloir celui des deux textes qui jouit de l'autorité supérieure : en aucune manière, ni de près ni de loin, il n'interprète la Constitution pas plus qu'il ne juge si la loi est conforme ou non : la non-conformité éventuelle est seulement une conséquence pure et simple de l'application de l'article 55. Cette différence capitale avec le cas ordinaire de contrôle de constitutionnalité permet... tout à la fois de mieux comprendre la portée de l'article 55 et de reconnaître légitimement à cette disposition le caractère d'une règle de droit positif s'imposant au juge ».

On ne saurait mieux exprimer la différence fondamentale entre contrôle de constitutionnalité exercé par le Conseil constitutionnel et la vérification de l'applicabilité d'une loi à un cas concret dans l'hypothèse d'une incompatibilité avec les dispositions d'un traité antérieur (voir dans le même sens : note R. Kovar précitée ; J.F. Lachaume, Chronique *A.F.D.I.*, 1972, p. 932).

17 . La différence d'ailleurs entre la déclaration d'inconstitutionnalité et la non-application d'une loi contraire à un traité se marque à ce que la loi déclarée inapplicable parce qu'inconstitutionnelle l'est à titre définitif, tandis que l'application d'une loi contraire à un traité n'est que suspendue. La loi peut s'appliquer à nouveau si les effets du traité cessent, soit du fait du non-respect de l'obligation de réciprocité, soit du fait de sa caducité. En outre, une loi reconnue inconstitutionnelle le sera en toute circonstance ; tandis qu'une loi peut être inapplicable parce que contraire à un traité, dans telle situation, et parfaitement applicable dans telle autre situation, parce que le traité ne concerne pas le même champ d'application.

C'est ce qu'exprime très clairement le Conseil constitutionnel en soulignant que « la supériorité du traité sur les lois, dont le principe est posé à l'article 55 précité, présente à la fois un caractère *relatif et contingent* tenant d'une part à ce qu'elle est limitée au champ d'application du traité et, d'autre part, à ce qu'elle est subordonnée à une condition de réciprocité dont la réalisation peut varier selon le comportement du ou des États signataires du traité et le moment où doit s'apprécier le respect de cette condition ».

En d'autres termes, le traité en tant que norme de référence a un contenu variable dans le temps et dans l'espace, alors que la Constitution a un contenu immuable et définitif (sous réserve de révision) valable à l'égard de tous. La constatation de non-conformité des dispositions d'une loi à un traité a un caractère circonstanciel : elle aurait pu ne pas se produire, et elle pourra ne plus se produire ; de ce fait, cette constatation n'a qu'un effet relatif et provisoire : les dispositions de la loi sont écartées, mais elles ne sont pas annulées ou invalidées, leurs effets sont simplement suspendus.

En revanche, la déclaration de non-conformité d'une loi à la Constitution prononcée au titre de l'article 61 a un « caractère absolu et définitif », dans la mesure, où, en vertu de l'article 62, elle réduit à néant ces dispositions qui n'auront *jamais* force juridique. Il y a donc une différence de nature entre ces deux contrôles « dont l'un est confié au juge ordinaire et l'autre au juge constitutionnel ».

18 . Certes, *en l'espèce* les arguments tirés de l'absence éventuelle de réciprocité dans l'application de la Convention européenne des droits de l'homme n'ont pas de portée : d'une part, il s'agissait d'appliquer le traité pas seulement à des ressortissants étrangers mais aussi, le cas échéant, à des nationaux ; d'autre part, permettre à un État de se prévaloir de la violation par un autre État de l'un des droits protégés par la Convention pour s'autoriser lui-même à en méconnaître les dispositions serait particulièrement malvenu. Mais le Conseil a voulu poser le principe de la relativité de la supériorité du traité sur la loi, d'une manière générale, sans prendre en considération le cas particulier qui se posait dans cette affaire.

19 . On ne pouvait davantage forcer les termes de l'article 61 pour faire entrer dans la notion de Constitution les traités et accords internationaux. Une autre manière, en effet, de faire assurer le contrôle de la conformité des lois aux traités aurait consisté, sans faire le détour par l'article 55, à considérer que les traités faisaient partie de la supra-légalité constitutionnelle ou du bloc de constitutionnalité. Mais d'après le Conseil constitutionnel le caractère « relatif et contingent » des normes contenues dans les traités s'y oppose.

- Comme d'ailleurs s'y opposeraient les conséquences considérables et inacceptables qu'aurait eues l'introduction des accords dans le bloc de constitutionnalité.

Tout d'abord, il y aurait eu irruption dans la supra-légalité de la masse des traités et accords conclus par la France (plusieurs milliers d'engagements internationaux sont en vigueur dans notre pays à l'heure actuelle). Dans la mesure où le Conseil examine systématiquement et complètement la conformité de la loi à toutes les règles constitutionnelles, ceci aurait représenté une tâche considérable et pratiquement impossible à mener surtout si l'on considère que chaque traité ou accord n'est applicable que sous réserve de réciprocité et compte tenu de la brièveté des délais (un mois) dans lesquels le Conseil doit statuer. Ensuite, cela se serait traduit par un assujettissement très important du Parlement aux normes internationales. De même, certains traités ou accords étant ratifiables ou approuvables sans intervention préalable du Parlement (celle-ci n'étant requise que pour ceux énumérés à l'article 53 de la Constitution), il eût été paradoxal de vérifier la régularité de la loi par rapport à des accords passés par le seul Exécutif et sans le contrôle du Parlement. Au demeurant, la remarque prend toute son importance, y compris à l'égard des engagements internationaux conclus sur autorisation législative puisqu'en ce qui les concerne, une simple dénonciation par le pouvoir exécutif seul, suffit pour mettre fin à leur application en France. Le caractère contingent de la supériorité des engagements internationaux sur les lois trouve donc ici encore, une illustration supplémentaire. En définitive, on peut avancer que le juge constitutionnel ayant dans ses décisions de 1970 et de 1976 assimilé certaines décisions des organes des communautés européennes à des engagements internationaux, il eût été conduit nécessairement – s'il avait accepté de vérifier la conformité des lois aux traités – à apprécier la régularité d'une loi par rapport aux règlements communautaires en tant qu'actes dérivés de traités entrés en vigueur (ce qu'il n'a pas toujours évité de faire, cf. décisions du 30 décembre 1977, *taxes européennes*).

20 . On mesure alors exactement les conséquences d'une telle prise de position et l'écart qu'il y aurait eu entre cette interprétation de la Constitution et l'esprit de celle-ci.

Il est clairement admis en effet que lors de la rédaction de la Constitution on a cherché à éviter que ne progresse trop vite l'intégration européenne et que cette progression ne mette en cause la souveraineté nationale. Le mécanisme de l'article 54 est d'ailleurs souvent présenté à cet égard, comme permettant un verrouillage de cette voie ou du moins comme rendant plus difficile cette progression en exigeant une révision préalable de la Constitution (sur ce point, cf. *infra*, décision des *29 et 30 décembre 1976*). M. Foyer, dans son premier recours qui devait aboutir à la décision du 19 juin 1970, s'est fait le défenseur de cette orthodoxie en obligeant pratiquement le gouvernement à saisir le Conseil constitutionnel aux fins d'appréciation de la conformité du traité et de la décision des 21 et 22 avril 1970 à la Constitution. Assez curieusement dans cette affaire, son second recours aurait abouti, s'il avait été accueilli, à des conséquences exactement inverses. Aussi bien, M. Debré, pourtant adversaire de la loi sur l'interruption de grossesse, s'est refusé à signer le recours et on n'a pas manqué de le souligner : inspirateur de cette réserve de la Constitution à l'égard des traités et décisions communautaires, l'ancien Premier ministre ne pouvait évidemment cautionner une initiative aboutissant, au-delà de la question de l'avortement, à faire entrer dans la supra-légalité constitutionnelle la masse des traités et engagements internationaux, y compris les décisions prises par les organes communautaires.

En ce sens, il était parfaitement conforme à l'esprit et à la lettre du texte d'affirmer que ni l'article 55, ni l'article 61 n'autorisaient le Conseil constitutionnel à vérifier la régularité de la loi par rapport aux traités.

3° *Quelle est alors la portée exacte de la décision du 15 janvier 1975 ?*

21 . Quant à l'application par les juges judiciaire et administratif du principe de la supériorité du traité sur la loi, la décision du Conseil constitutionnel n'apporte aucun changement. Il n'est même pas nécessaire ici d'évoquer les conditions habituelles d'application de l'autorité de chose jugée. En effet, le Conseil constitutionnel n'a ni statué sur l'applicabilité de la Convention européenne des droits de l'homme et sa supériorité ni, de manière générale, sur l'applicabilité du principe selon lequel la loi est supérieure au traité. Les juges administratif et judiciaire ne sont donc nullement contraints par la décision du *15 janvier 1975* à rejeter d'office tout moyen excipant de la supériorité de la Convention des droits de l'homme sur la loi relative à l'interruption de grossesse, ni, à plus forte raison, de rejeter tout moyen de même nature invoqué à propos d'autres lois. On peut même dire, *au contraire*, qu'en mettant en avant le caractère « relatif et contingent » des normes contenues dans les traités, le juge constitutionnel a implicitement confirmé le rôle *exclusif* du juge ordinaire quant à la mise en œuvre du principe de supériorité du traité sur la loi et condamne ainsi la jurisprudence précitée du Conseil d'État (cf. *supra*, n° **16**). Le juge constitutionnel vérifie de manière objective et abstraite la constitutionnalité des lois avant leur promulgation ; le juge ordinaire vérifie l'applicabilité de ces lois à des cas concrets, en prenant en considération notamment leur compatibilité avec les dispositions des traités antérieurs, sous réserve que celles-ci soient toujours en vigueur. *Qui plus est, on peut noter que s'il était déclaré compétent, le Conseil constitutionnel aurait conduit les juges ordinaires à considérer que sa compétence était exclusive de la leur.*

Les conséquences de cette autorisation implicite donnée au juge ordinaire ont été tirées immédiatement par la Cour de cassation, qui, par un arrêt de sa chambre mixte du 24 mai 1975 (Société Jacques Vabre), a accepté, à l'invitation de son procureur général invoquant l'autorité de chose jugée de la décision du *15 janvier 1975*, de faire prévaloir un traité sur la loi postérieure, et cela en vertu de l'article 55. Le Conseil d'État pour sa part s'est finalement, mais bien tardivement, décidé à tirer toutes les implications de cette habilitation en acceptant pour la première fois dans un arrêt d'Assemblée du 20 octobre 1989 *Nicolo*, d'examiner au fond le moyen tiré de la méconnaissance par une loi postérieure (loi du 7 juillet 1977 relative à l'élection des représentants à l'Assemblée des Communautés européennes) des dispositions du Traité de Rome du 25 mars 1957.

22 . Deux décisions notamment sont venues renforcer la position décrite ci-dessus.

Dans la première décision (216 DC, 3 sept. 1986, *Conditions d'entrée et de séjour des étrangers, Rec.*, p. 135, *RJC* I-281 ;

R.F.D.A., 1987, p. 128, note B. Genevois ; *Journal droit international*, 1987, p. 289, note R. Pinto), le Conseil constitutionnel déclare contraire à l'article 55, une disposition législative, issue d'un amendement présenté par M. Debré, et selon laquelle l'application de l'article 1er de la loi examinée ne pouvait être écartée qu'au profit des seules « conventions internationales dûment ratifiées et non dénoncées » (au lieu de prévoir qu'elle pouvait l'être au profit de l'ensemble des conventions internationales) : par là même, le législateur limitait la portée de l'article 55 car sont visées dans cet article non seulement les conventions ratifiées mais aussi celles qui sont « approuvées » ; en outre, la non-opposabilité à une convention peut découler non seulement de sa dénonciation mais aussi de sa non-application par l'autre partie.

La décision du Conseil constitutionnel a donc pour conséquence de donner plein effet au principe de la supériorité des traités sur les lois inscrit dans l'article 55 de la Constitution, alors surtout qu'elle affirme que ce principe s'applique « même dans le silence de la loi » et qu'il appartient aux divers organes de l'État de veiller à l'application de ces conventions internationales ce qui constitue une invitation très directe aux juridictions ordinaires, et notamment au Conseil d'État, d'appliquer l'article 55 même lorsqu'il s'agit d'une loi postérieure à un traité.

La seconde décision (21 octobre 1988, Ass. Nat. Val d'Oise, 5e circ. ; cf. le commentaire de B. Genevois) est intervenue dans le cadre du contentieux des élections législatives : dans la 5e circonscription du Val-d'Oise, un seul candidat est en lice au second tour des élections des 5 et 12 juin 1988, et son élection est contestée au motif que la loi électorale applicable serait incompatible avec les stipulations de l'article 3 du protocole n° 1 additionnel à la Convention européenne des Droits de l'Homme.

Le Conseil constitutionnel va accepter d'examiner le moyen au fond et cela n'est nullement en contradiction avec sa jurisprudence du 15 janvier 1975, au contraire. En effet, en tant que juge de l'élection, il considère qu'il est dans la même situation que le juge administratif ou le juge judiciaire chargé d'appliquer la loi : il lui revient donc d'examiner s'il ne convient pas d'écarter l'application d'une loi au profit d'une convention internationale, comme le fait la Cour de cassation depuis l'arrêt *Jacques Vabre* du 25 mai 1975 ainsi que, depuis 1989, le Conseil d'État avec l'arrêt *Nicolo*, dont les principes ont été à plusieurs reprises confirmés depuis. Et cela, parce que ce n'est pas un contrôle de constitutionnalité de la loi : la preuve en est d'ailleurs que dans la même décision, le Conseil constitutionnel ne s'est pas reconnu compétent pour examiner un moyen tiré de l'inconstitutionnalité de la même loi.

Le Conseil constitutionnel assure ainsi la primauté du traité sur la loi en tant que juge ordinaire. Et cela renforce la position de ceux qui pensent qu'il vaut mieux confier le soin d'assurer la primauté du traité aux juges chargés de l'application de la loi plutôt qu'à ceux qui veillent à la bonne formation de celle-ci.

23 . Compte tenu des observations faites jusqu'ici, il n'apparaît pas que la décision du *15 janvier* mette en cause le principe inscrit dans le Préambule de la Constitution de 1946, et selon lequel la République

française « ... se conforme aux règles du droit public international ». Tout d'abord, parce que le Conseil constitutionnel n'a fait qu'appliquer la Constitution conformément à la lettre et à l'esprit de celle-ci et que, s'il y avait lieu de le faire, c'est aux constituants et non au juge constitutionnel qu'il faudrait en imputer la responsabilité. Parce qu'en outre il paraît difficile de considérer, en l'état actuel des rapports du droit interne et du droit international, que le principe de la primauté du droit international exige un contrôle de conformité systématique d'une loi aux règles du droit conventionnel international. Bien peu de pays, alors, pourraient prétendre appliquer ce principe !

24 . Faut-il reprocher au juge constitutionnel d'avoir manqué d'audace en ne corrigeant pas les « imperfections » de la Constitution ?

On ne peut raisonnablement le faire, car adopter cette attitude eût conduit le Conseil à exercer un trop grand pouvoir. Déjà investi de la puissance considérable que lui donne l'insertion des préambules, déclarations de droits et principes fondamentaux dans le bloc de constitutionnalité, il aurait pratiquement pu paralyser l'action législative en confrontant systématiquement les lois aux innombrables dispositions contenues dans les accords et traités.

Le Conseil constitutionnel a, depuis, confirmé son refus à diverses reprises (83 DC du 20 juillet 1977, 92 DC du 18 janvier 1978 et 95 DC du 27 juillet 1978, 116 DC du 17 juillet 1980, 293 DC du 23 juillet 1991, 298 DC du 24 juillet 1991, 321 DC du 20 juillet 1993, 325 DC du 13 août 1993, 335 DC du 21 janvier 1994, 375 DC du 9 août 1996, 399 DC du 5 mai 1998, 405 DC du 29 décembre 1998, cons. 15). Et dans les décisions 293 et 298 DC il utilise une formule générale opérant, en quelque sorte, la synthèse de la jurisprudence inaugurée le *15 janvier 1975* :

> « Considérant qu'aux termes de l'article 55 de la Constitution "les traités ou accords régulièrement ratifiés ou approuvés ont, dès leur publication, une autorité supérieure à celle des lois, sous réserve, pour chaque accord ou traité, de son application par l'autre partie" ; que, dans le cadre de leurs compétences respectives, il incombe aux divers organes de l'État de veiller à l'application des conventions internationales ; que s'il revient au Conseil constitutionnel, lorsqu'il est saisi sur le fondement de l'article 61 de la Constitution, de s'assurer que la loi respecte le champ d'application de l'article 55, il ne lui appartient pas en revanche d'examiner la conformité de celle-ci aux stipulations d'un traité ou d'un accord international » (268 DC, cons. 76 ; 293 DC, cons. 5, 298 DC, cons. 21 ; 321 DC, cons. 37).

Par ailleurs, il est à noter que, dans sa décision relative à l'autodétermination des Comores (59 DC du 30 décembre 1975) il a semblé accepter de vérifier la conformité au *droit international général* (en ce sens Nguyen Quoc Dinh), mais il ne nous paraît pas qu'il ait accepté cela (voir observations L. Favoreu *in A.F.D.I.*, 1977, p. 108 et s.). De même, les décisions des *16 janvier et 11 février 1982* * ne nous paraissent pas changer la situation. Les décisions sur le traité de Maastricht n'ont pas davantage changé la situation.

24 bis . Bien évidemment, le fait que dans sa décision 98-400 DC du 20 mai 1998 (vote des ressortissants européens) le Conseil constitutionnel ait contrôlé la loi organique par rapport à une directive

communautaire et au traité instituant la communauté européenne, ne peut être interprété comme constituant un début d'abandon de la jurisprudence *IVG*, car, comme le Conseil constitutionnel a pris soin de le préciser expressément, *« il résulte de la volonté même du constituant* qu'il revient au Conseil constitutionnel de s'assurer que la loi organique prévue par l'article 88-3 de la Constitution respecte tant le § 1er de l'article 8 B du traité que la directive susmentionnée... » était donc une exception qui confirme la règle (cf. en ce sens, les observations de J.-E. Schoettl, *A.J.D.A.* 1998, p. 485 et p. 702).

IV. - La première application du Préambule de la Constitution de 1946

25 . Si le Conseil s'était déjà appuyé sur une disposition de la Déclaration de 1789 (décision du *27 décembre 1973* *), c'est la première décision où il vise expressément l'ensemble du Préambule de 1946 et plus précisément à l'un des principes « ... particulièrement nécessaires à notre temps ».

26 . Le Conseil se réfère en *premier lieu* – sans que le texte ait été invoqué dans la saisine – *à l'article 2 de la Déclaration de 1789*, lequel dispose : « le but de toute association politique est la conservation des droits naturels et imprescriptibles de l'homme. Ces droits sont la *liberté*, la propriété, la sûreté et la résistance à l'oppression ». Et il remarque que la loi ne peut être considérée comme contraire au principe de liberté contenu dans cet article, car elle respecte aussi bien la liberté de la femme (qui demeure toujours libre de ne pas recourir à un avortement) que la liberté des personnes appelées à participer à une interruption de grossesse (lesquelles peuvent toujours refuser d'y participer, quelles que soient les circonstances, même si la vie de la mère était en danger).

M. Schwartzenberg avait estimé que la nouvelle loi instituait la libre maternité et la libre disposition de son corps par chacun et se situait, ce faisant, dans la ligne de l'article 2 de la Déclaration de 1789. Commentant la décision du 15 janvier, il laisse entendre que, sur ce point, le Conseil lui a donné raison.

En vérité, cela ne correspond pas au contenu de la décision : celle-ci constate que la loi respecte *la liberté de ne pas avorter* ; elle ne consacre pas *un droit* à l'avortement. On peut même se demander, comme on le verra plus loin, si un tel droit, consacré de façon aussi générale, n'aurait pas été jugé non conforme à la Constitution.

27 . *Le Préambule de la Constitution de 1946* était invoqué par les requérants quant à la disposition suivante : « Elle (la Nation) garantit à tous, notamment à *l'enfant*, à la mère et aux vieux travailleurs *la protection de la santé*, la sécurité matérielle, le repos et les loisirs ». Le Conseil constitutionnel répond qu'« aucune des dérogations prévues par (la) loi ne méconnaît le principe énoncé dans le Préambule de la Constitution du 27 octobre 1946 selon lequel la Nation reconnaît à l'enfant la protection de la santé ».

De cette affirmation, on peut tirer d'abord la conclusion que les dispositions du Préambule de 1946 ont valeur de droit positif, même celles qui sont rédigées en termes assez généraux et donc que la protection de la santé de l'enfant (mais aussi des autres personnes énumérées) est une exigence constitutionnelle. Quant au problème posé, il est possible de considérer que le principe sus-énoncé n'est pas méconnu parce que l'embryon n'est pas un « enfant », le Conseil constitutionnel tenant compte du fait que, à la différence du projet de Préambule (celui d'avril 1946) le texte adopté en octobre 1946, n'assure pas une protection dès la conception. Ou bien, selon la formule de Léo Hamon que « la notion de santé est applicable seulement à un être ayant déjà une santé distincte de celle de sa mère puisqu'il est nommé à côté de sa mère (« garantit à tous, notamment à l'enfant *et* à la mère »).

28 . On peut déceler dans la décision une autre référence, indirecte et implicite, au Préambule de 1946 : en effet, l'invocation du « principe du respect de *tout être humain* dès le commencement de la vie » est à rapprocher de la proclamation contenue dans l'ouverture du Préambule et selon laquelle *« tout être humain*... possède des droits inaliénables et sacrés ». Cette phrase du Préambule avait été expressément invoquée par les adversaires de l'avortement (cf. J. Robert).

29 . On constate, en fait, que le Conseil constitutionnel a successivement « passé en revue » les dispositions constitutionnelles susceptibles d'être opposées à la loi (d'où la formule finale constatant que « la loi... ne contredit pas les textes auxquels la Constitution... fait référence dans son Préambule non plus qu'aucun des articles de la Constitution »), pour bien montrer que, sauf à s'arroger un pouvoir comparable à celui du Parlement, il ne pouvait invalider cette loi.

30 . Au-delà du problème lié à l'interruption de grossesse, cette décision revêt une grande importance, car elle élargit le contrôle de constitutionnalité du Conseil en confirmant l'intégration dans le bloc de constitutionnalité des principes du Préambule de 1946.

Dans sa décision 39 DC du 19 juin 1970, pour la première fois, il avait visé le Préambule de la Constitution de 1958. Un an plus tard, il fonde sa décision du *16 juillet 1971* * sur les « ... principes fondamentaux reconnus par les lois de la République... solennellement réaffirmés par le Préambule de la Constitution », mais sans faire expressément référence au Préambule de 1946, bien que cette formule en soit tirée. Enfin, en 1973, il s'appuie implicitement (décision 80 L du 28 nov. 1973) puis explicitement (décision du *27 déc. 1973* *) sur l'article 6 de la Déclaration des droits de 1789.

31 . Il y avait deux manières d'interpréter les dispositions du Préambule de la Constitution de 1958. Rappelons que celui-ci dispose : « Le peuple français proclame solennellement son *attachement aux Droits de l'homme et aux principes de la souveraineté nationale* tels qu'ils sont définis par la Déclaration de 1789 confirmée et complétée par le Préambule de la Constitution de 1946 ».

On pouvait estimer que cette référence conduisait à intégrer dans la Constitution de la Cinquième République l'ensemble des dispositions contenues dans les documents de 1789 et de 1946. On pouvait, au contraire, penser que les rédacteurs de 1958 avaient entendu limiter la référence « aux droits de l'homme » et aux « principes de la souveraineté nationale », ce qui incluait les libertés proprement dites, mais excluait les droits économiques et sociaux. (En ce sens, cf. Pelloux). On pouvait aussi estimer que l'expression « attachement » donnait à ces principes une valeur juridique relative.

Le Conseil constitutionnel ne s'était pas encore clairement prononcé sur ce point. À présent, il franchit le pas en accordant valeur constitutionnelle à une disposition contenue dans la rubrique des droits économiques et sociaux.

32 . Le Préambule de 1946 comporte trois éléments : une réaffirmation solennelle des droits et libertés de 1789 ; une référence aux principes fondamentaux reconnus par les lois de la République ; une proclamation de principes « particulièrement nécessaires à notre temps ». Ce dernier élément, qui n'avait jamais été appliqué avant 1975, comporte une longue énumération de principes économiques et sociaux. Avec ces principes qui, désormais, ont valeur constitutionnelle, c'est tout l'esprit de la période de la naissance de la Quatrième République qui réapparaît.

Le Préambule de 1946 est essentiellement une œuvre de compromis et de conciliation. Il est le reflet de la pensée du socialisme humaniste issu de la Résistance, c'est-à-dire d'une doctrine fondée sur le socialisme et la liberté. Le président de la Commission de la Constitution de la deuxième Constituante affirmait en 1946 son espoir d'une révolution à la fois socialiste et personnaliste faisant la synthèse entre les réalisations sociales de l'U.R.S.S. et le respect des libertés qui caractérisent si profondément les pays anglo-saxons. Pour cela, il préconisait un contrôle de constitutionnalité et un contrôle authentique, c'est-à-dire qui porte non seulement sur les textes mêmes concernant les institutions, mais d'abord et principalement sur la Déclaration des droits. Il insistait sur la valeur de ces libertés, sur la nécessité de les respecter et proposait de les placer sous la garde du Président de la République, auquel il demandait d'être le gardien de la Constitution (cf. A.N.C., 27 août 1946, *J.O., Débats,* p. 3338, cité par J. Lemasurier, p. 113).

Cependant, les constituants de 1946 refusèrent d'organiser un contrôle du respect, par le législateur, des principes contenus dans le Préambule. Comme le souligna par la suite M. J. Foyer, ceux-ci ne pouvaient avoir d'autre valeur que philosophique ou morale. Ces principes ne constituaient pas autre chose que des « souhaits » concernant la législation future, et ils ne pouvaient avoir force légale positive (cf. note sous Cour d'appel de Paris, 22 févr. 1951, *Rev. pol. et juridique de l'Union française*, 1951, p. 139).

33 . Le fait pour le Conseil constitutionnel d'intégrer dans le bloc de constitutionnalité des dispositions du Préambule de 1946 et d'en imposer désormais le respect au législateur de la Cinquième République constitue un progrès considérable et atténue les dangers d'une

application trop stricte de certains droits proclamés en 1789, notamment le droit de propriété (Voir cependant *infra, 16 janvier 1982* *).

L'ambiguïté du Préambule de 1946 est évidente, souligne M. Rivero : « D'un côté, c'est l'aspiration à la liberté, la volonté d'exclure l'État du champ où les individus exercent leur initiative, de l'autre c'est le souci de la sécurité par la satisfaction des droits-créances, qui se traduisent nécessairement par l'intervention active du pouvoir dans la vie des citoyens » (*Les libertés publiques,* t. 1, P.U.F., 1973, p. 85).

Le Conseil constitutionnel a opéré la conciliation entre les principes de 1789 et ceux de 1946 sans établir de hiérarchie entre eux (voir observations sous C.C., *16 janv. 1982* *). En outre, et contrairement à ce qui avait été envisagé (cf. étude L. Philip, *in Mélanges Pelloux*), le Conseil constitutionnel admet l'invocabilité et l'applicabilité des divers alinéas du Préambule, sans faire un tri entre eux, comme avait pu le faire le Conseil d'État.

34 . Jusqu'ici, le Préambule de 1946 a donné lieu à plusieurs dizaines d'applications mais à peu d'invalidations : 105 DC, 230 DC, 269 DC, 325 DC.

Reprenant la numérotation des alinéas adoptée par le Conseil constitutionnel lui-même (de 1 à 18) on notera qu'ont été appliqués les alinéas suivants : I (*75 DC* *, 107 DC, 343/344 DC), IV (109 DC, 116 DC, 216 DC, 294 DC, 307 DC, 325 DC, 389 DC), V (83 DC, 134 DC, 156 DC, 200 DC, 401 DC), VI (127 DC, 144 DC, 162 DC, 257 DC, 383 DC), VII (*105 DC* *, 117 DC, *127 DC* *, 144 DC, 230 DC), VIII (79 DC, 83 DC, 92 DC, *105 DC**, 117 DC, *127 DC**, 144 DC, 162 DC, 230 DC, 257 DC, 328 DC, 348 DC, 383 DC, 385 DC, 388 DC, 401 DC, IX (*132 DC**, *207 DC* *, 217 DC), X (325 DC, 359 DC, 389 DC, 393 DC), XI (54 DC, 117 DC, 225 DC, 283 DC, 287 DC, 296 DC, 297 DC, 325 DC, 330 DC, *344 DC**, 359 DC, 387 DC, 388 DC, 393 DC, 403 DC), XII (237 DC), XIII (*87 DC**), XIV (59 DC, *139 DC**, *308 DC**, 321 DC, 394 DC, 399 DC, 408 DC), XV (*71 DC**, *308 DC**, 394 DC, 399 DC, 408 DC).

V. - L'INTERRUPTION VOLONTAIRE DE GROSSESSE ET LES LIBERTÉS FONDAMENTALES EN DROIT FRANÇAIS ET COMPARÉ

35 . Du point de vue de la protection des droits fondamentaux, on peut schématiser la position du Conseil constitutionnel, déjà précisée plus haut, de la manière suivante et indiquer quelles ont été les suites de cette décision.

La femme a la liberté de ne pas avorter et les praticiens peuvent également invoquer leur liberté de conscience pour ne pas participer à une telle opération. Il n'y a pas de droit constitutionnel à l'interruption volontaire de grossesse, il ne peut y être procédé qu'en cas de nécessité et selon les conditions et limitations que la loi définit (situation de détresse, conditions de délai). On peut considérer alors que le Conseil constitutionnel a opéré une conciliation entre les droits de l'enfant et ceux de la mère. Mais ceci est ambigu car peut-on reconnaître des droits fondamentaux à l'enfant conçu ?

En fait, le Conseil constitutionnel a adopté une solution de compromis et comme telle, elle a pu être critiquée. Mais dans la plupart des ordres juridiques dans lesquels le problème s'est posé, on a pu relever le même caractère flou et indéterminé des normes de référence que devaient appliquer les différents juges constitutionnels (voir en ce sens les conclusions de la Table ronde internationale sur « L'interruption volontaire de grossesse dans les jurisprudences constitutionnelles comparées », Aix-en-Provence, 22 octobre 1986 *in* *A.I.J.C.*, 1986, vol. II, p. 219 et s.). Tirant à son tour les implications de l'arrêt *Nicolo*, le Conseil d'État a été amené récemment à statuer sur la compatibilité de la législation française relative à l'avortement avec les dispositions de la Convention européenne des droits de l'homme notamment (cf. références *supra*) et, aussi, à se prononcer sur la portée du droit à la vie proclamé par l'article 2 de cet engagement international. La réponse du Conseil d'État sur ce point était particulièrement attendue puisqu'après avoir accepté de procéder à son tour au « contrôle de conventionnalité » d'une loi française, il avait en l'espèce à se prononcer sur un texte dont le Conseil constitutionnel avait auparavant admis la conformité à la Constitution. Le Conseil d'État a tout d'abord admis que les dispositions de la loi française relative à l'IVG prises dans leur ensemble ne sont pas incompatibles avec la Convention européenne des droits de l'homme qui garantit « le droit de toute personne à la vie ». Ce faisant, le Conseil d'État a clairement posé pour principe que la vie et la personne existent avant la naissance mais que corrélativement le droit qui les garantit ne saurait être considéré comme absolu. Le Conseil constitutionnel, de son côté, dans sa décision « bioéthique » (n° **47**) ne place pas le respect de tout être humain, dès le commencement de la vie, dans « les normes de constitutionnalité applicables au contrôle des lois déférées ».

36 - Par une singulière coïncidence, cinq juridictions constitutionnelles ont statué presque simultanément sur le problème de la constitutionnalité de l'autorisation ou de l'interdiction de l'avortement : la Cour suprême américaine (1973 et 1977) ; la Cour constitutionnelle autrichienne (11 octobre 1974, publié en février 1975) ; le Conseil constitutionnel (15 janvier 1975) ; la Cour constitutionnelle italienne (18 février 1975) ; et la Cour constitutionnelle allemande (25 février 1975).

Globalement, on peut dire que les juridictions américaine, italienne et autrichienne ont adopté une position assez proche de celle du Conseil constitutionnel en reconnaissant la constitutionnalité d'une législation autorisant sous certaines conditions ou réserves, l'avortement. En revanche, le Tribunal de Karlsruhe a adopté seul une position différente, hostile à l'interruption volontaire de grossesse.

- La Cour suprême américaine a rendu deux arrêts essentiels sur ce problème : dans le premier (Roe v. Wade), la Cour considère que la femme a le droit d'interrompre sa grossesse en vertu du principe de liberté individuelle jusqu'au troisième mois. Mais dans un second arrêt (Mather v. Roe), la Cour a déclaré que l'État n'était pas tenu de supporter les frais d'une telle intervention. Toutefois, dans un arrêt de juillet 1989, la Cour a rendu aux États la possibilité de légiférer comme ils l'entendent. Par des arrêts de 1989 et 1992, elle a quelque peu infléchi sa jurisprudence (voir F. Moderne, in *RFDC* 11-1992, p. 583), mais en novembre 1993, elle a confirmé l'existence d'un droit constitutionnel du recours à une interruption de grossesse.

- La Cour italienne a déclaré inconstitutionnelle la répression pénale de tout cas d'interruption de grossesse : les juges ne sont plus tenus de punir dans tous les cas et sont invités à interpréter assez largement l'« état de nécessité absolutoire » prévu par le code pénal.

- La Cour autrichienne a rejeté un recours contre l'article 96 du code pénal déclarant non punissable l'avortement pratiqué dans les trois premiers mois par un médecin, au motif que ni la Constitution ni la Convention européenne des droits de l'homme ne garantissaient le droit à la vie de l'embryon.

- Le Tribunal allemand a statué le dernier et a adopté une position contraire : d'après lui, la vie de l'être humain commence quatorze jours après la conception et la Constitution impose donc au législateur de protéger la vie de l'embryon ; en conséquence, une législation qui ne sanctionne pas pénalement, lorsque c'est nécessaire, des interruptions de grossesse, est inconstitutionnelle.

37 . D'autres juridictions constitutionnelles ont également eu à statuer sur le problème : la Cour suprême de Norvège (1983), les Tribunaux constitutionnels portugais (19 mars 1984) et espagnol (27 juin 1984 et 11 avril 1985), la Cour suprême du Canada (28 janvier 1988) ou le tribunal constitutionnel de Pologne.

En Suède, Norvège et Danemark, la femme peut décider seule d'interrompre sa grossesse avant l'expiration d'un délai de douze semaines à partir de la fécondation. La Cour suprême de Norvège a estimé, en 1983, qu'une telle législation n'était en contradiction ni avec le principe du respect de la vie ni avec les normes internationales, et notamment avec l'article 2 de la Convention européenne des droits de l'homme.

Au Portugal, le Tribunal constitutionnel a admis la constitutionnalité d'une loi portant dépénalisation partielle de l'avortement dans des cas précis énumérés par la loi et pour deux d'entre eux soit au cours des douze premières, ou des seize premières semaines.

En Espagne, le Tribunal constitutionnel a également admis la constitutionnalité d'une loi portant dépénalisation partielle de l'avortement thérapeutique, éthique et eugénique, tout en déclarant insuffisantes les garanties prévues par le législateur.

Au Canada, au terme d'un long processus judiciaire qui a duré treize ans (la longue marche du Dr Morgentaler, principal acteur de ce feuilleton judiciaire) la Cour suprême a déclaré inconstitutionnelle la vieille législation pénalisant l'avortement, mais pour des raisons peu claires, compte tenu des motivations divergentes des juges de la majorité.

38 . En France, à la suite de la décision du Conseil constitutionnel, la loi Veil a été promulguée le 17 janvier 1975 et immédiatement appliquée. Le bilan dressé au bout de cinq années

d'application fait apparaître qu'il y a eu 250 000 interruptions volontaires de grossesse déclarées par an et 34 poursuites engagées pour avortements illégaux.

Une nouvelle loi adoptée le 31 décembre 1979 établit de manière définitive la première législation prévue pour cinq ans et renforce les garanties ou précautions déjà instituées.

Le 31 décembre 1982, la nouvelle majorité de gauche a adopté une loi relative à la couverture des frais afférents à l'interruption volontaire de grossesse non thérapeutique qui insère « l'avortement légal dans la nomenclature des actes remboursables (... en fonction d'une tarification officielle et avec un ticket modérateur de 20 % à la charge des patientes ».

Il est à remarquer qu'aucune de ces deux lois n'a fait l'objet d'un recours devant le Conseil constitutionnel.

Le *27 juillet 1994**, le Conseil constitutionnel a considéré que les textes sur la bioéthique ne « facilitaient » pas le recours à l'IVG et qu'en conséquence il n'y avait pas lieu de les contrôler (cf. *infra*, **47**).

24

12 janvier 1977

FOUILLE DES VÉHICULES
(75 DC)

Droit constitutionnel des libertés
Article 66 de la Constitution
Autorité judiciaire gardienne de la liberté individuelle

Décision 76-75 DC, *Rec.* 33, *RJC* I-45
Article 61, al. 2, de la Constitution.
Saisine par un groupe de 130 députés et un groupe de 79 sénateurs.
La liberté individuelle, principe fondamental reconnu par les lois de la République.
L'autorité judiciaire gardienne de la liberté individuelle.
Non-conformité d'un texte de loi qui, par la généralité et l'imprécision de ses dispositions, porte atteinte aux principes essentiels sur lesquels repose la protection de la liberté individuelle.

RÉFÉRENCES

a) Texte des recours parlementaires *in* MAUS (D.) : Textes et doc., 2e éd., 1982, p. 419-422.

b) *Notes doctrinales*

- FAVOREU (L.) : *R.D.P.*, 1978, p. 821. - FAVOREU (L.) : *Mélanges Kayser*, P.U.A.M., 1979, p. 411. - HAMON (L.) et LEAUTE (J.) : *D.*, 1978, J., p. 173. - RIVERO (J.) : *A.J.*, 1978, p. 215.

c) *Autres références*

- AMSELEK (P.) : Les vicissitudes de la compétence juridictionnelle en matière d'atteintes administratives à la liberté individuelle, *R.D.P.*, 1965, p. 801 et s. - BRETTON (P.) : *L'autorité judiciaire gardienne des libertés essentielles et de la propriété privée*, L.G.D.J., 1964. - BURDEAU (G.) : *Libertés publiques*, L.G.D.J., 1972. - COLLIARD (C.-A.) : *Libertés publiques*, Dalloz. 7e éd., 1989 - FAVOREU (L.) : La Cour de cassation, le Conseil constitutionnel et l'article 66 de la Constitution, *D.*, 1986, Chron. p. 169. - FROMONT (M.) : Les droits fondamentaux en R.F.A., *Mélanges Eisenmann*, Cujas, 1975, p. 49. - FRANCK (C.) : *Les grandes décisions de la jurisprudence. Droit constitutionnel*, P.U.F., 1978, p. 329. - GASSIN (R.) : *Répertoire Dalloz*, droit pénal, Vº Liberté individuelle. - GENEVOIS (B) : *La jurisprudence du Conseil constitutionnel*, cours polycopié, mise à jour 1983, p. 18. - KAYSER (P.) : Aspects de la protection de la vie privée dans les sociétés industrielles, *Mélanges Marty*, Toulouse, 1978 ; Le Conseil constitutionnel protecteur du secret de la vie privée à l'égard des lois,

Mélanges P. Raynaud, Paris, 1985, p. 330. - LUCHAIRE (F.) : *Le fisc, la liberté individuelle et la Constitution, études de finances publiques*, Economica, 1984, 603. - RIVERO (J.) : *Libertés publiques*, P.U.F., 1983 ; Le Conseil constitutionnel et les libertés, Economica, P.U.A.M., 1984. - RENOUX (Th.) : *Le Conseil constitutionnel et l'autorité judiciaire*, Economica 1984. - PENA GAÏA (A.), *Les rapports entre la liberté individuelle et la liberté d'aller et venir dans la jurisprudence du Conseil constitutionnel*, thèse, Aix-en-Provence, 1998.

c) *Jurisprudence*

- *du Conseil constitutionnel*

- Décision 31 DC du *26 janv. 1967**.
- Décision 40 DC du *9 juillet 1970**.
- Décision 80 L du 28 nov. 1973, *Rec.* 45, *RJC* II-57 (Peines privatives de liberté).
- Décision 92 DC du 18 janv. 1978, *Rec.* 21, *RJC* I-57 (Contre-visite médicale).
- Décision 109 DC du 9 janv. 1980, *Rec.* 29, *RJC* I-74 (Prévention de l'immigration clandestine).
- Décision 117 DC du 22 juill. 1980, *Rec.* 42, *RJC* I-81 (Protection et contrôle des matières nucléaires).
- Décision 164 DC du *29 déc. 1983**.
- Décision 184 DC du 29 déc. 1984, *Rec.* 94, *RJC* I-212 (Loi de fin. pour 1985).
- Décision 224 DC du *23 janvier 1987**.
- Décision 261 DC du 28 juillet 1989, *Rec.* 81, *RJC* I-370 (Loi Joxe).
- Décision 281 DC du 27 déc. 1990, *Rec.* 91, *RJC* I-415 (loi relative aux télécommunications, pouvoir des agents de rechercher dans des locaux professionnels des infractions).
- Décision 286 DC du 28 déc. 1990, *Rec.* 107, *RJC* I-429 (loi de finances rectificative pour 1990, procédure administrative de contrôle).
- Décision 323 DC du 5 août 1993, *RJC* I-535 (loi relative aux contrôles et vérifications d'identité).
- Décision 325 DC du 13 août 1993, *RJC* I-539 (maîtrise de l'immigration).
- Décision 326 DC du 11 août 1993, *RJC* I-552 (loi relative à la garde à vue).
- Décision 352 DC du 18 janv. 1995, *RJC* I-612 (loi relative à la vidéo-surveillance).
- Décision 360 DC du 2 févr. 1995, *RJC* I-632 (injonction pénale).
- Décision 377 DC du 16 juill. 1996, *RJC* I-671 (perquisitions de nuit).
- Décision 389 DC du 22 avril 1997, *RJC* I-707 (certificats d'hébergement).

- *du Tribunal des conflits*

- T.C., 27 mars 1952, *Dame de la Murette*, *Rec.*, p. 626 ; S., 1952.2.81, note Grawitz ; *D.*, 1954, p. 291, note Eisenmann ; *R.D.P.*, 1952, p. 757, note Waline ; *J.C.P.*, 1952, II, 7158, note Blaevoet ; *Rev. adm.*, 1952, p. 268, note Liet-Veaux.
- T.C., 16 nov. 1964, *Clément*, *Rec.*, p. 796 ; *D.*, 1965, p. 668, note Demichel ; *J.C.P.*, 1965, II, 14286, note Langavant ; *A.J.*, 1965, p. 221, chron. Mme Puybasset et M. Puissochet ; *Rev. adm.*, 1965, p. 265, note Bretton.

- *du Conseil d'État*

- C.E., 7 nov. 1947, *Alexis et Wolff*, *Rec.*, p. 416 ; D., 1948, p. 472, note Eisenmann.
- C.E., 2 févr. 1978, C.G.T. et C.F.D.T., *A.J.*, 1978, p. 388, note Durupty ; *R.D.P.*, 1979, p. 535, note Waline.

- *de la Cour de cassation*

- Crim., 25 avril 1985, *Bogdan, Vuckovic* (deux affaires), *D.*, 1985, p. 329, concl. Dontenwille.
- Cass. ch. mixte, 15 déc. 1988,

LE CONSEIL CONSTITUTIONNEL,

Saisi le 21 décembre 1976 par MM. Pierre Joxe et autres, députés à l'Assemblée nationale et du 22 décembre 1976 au 11 janvier 1977 par MM. Henri Caillavet et autres sénateurs, dans les conditions prévues à l'article 61, deuxième alinéa, de la Constitution, du texte de loi autorisant la visite des véhicules en vue de la recherche et de la prévention des infractions pénales telle qu'elle a été adoptée par le Parlement ;

Vu la Constitution ;

Vu l'ordonnance du 7 novembre 1958 portant loi organique sur le Conseil constitutionnel, notamment le chapitre II du titre II de ladite ordonnance ;

Ouï le rapporteur en son rapport ;

1. *Considérant que la liberté individuelle constitue l'un des principes fondamentaux garantis par les lois de la République, et proclamés par le Préambule de la Constitution de 1946, confirmé par le Préambule de la Constitution de 1958 ;*
2. *Considérant que l'article 66 de la Constitution, en réaffirmant ce principe, en confie la garde à l'autorité judiciaire ;*
3. Considérant que le texte soumis à l'examen du Conseil constitutionnel a pour objet de donner aux officiers de police judiciaire ou, sur ordre de ceux-ci, aux agents de police judiciaire, le pouvoir de procéder à la visite de tout véhicule ou de son contenu aux seules conditions que ce véhicule se trouve sur une voie ouverte à la circulation publique et que cette visite ait lieu en la présence du propriétaire ou du conducteur ;
4. Considérant que, sous réserve que soient remplies les deux conditions ci-dessus rappelées, les pouvoirs attribués par cette disposition aux officiers de police judiciaire et aux agents agissant sur l'ordre de ceux-ci pourraient s'exercer, sans restriction, dans tous les cas, en dehors de la mise en vigueur d'un régime légal de pouvoirs exceptionnels, alors même qu'aucune infraction n'aura été commise et sans que la loi subordonne ces contrôles à l'existence d'une menace d'atteinte à l'ordre public ;
5. *Considérant qu'en raison de l'étendue des pouvoirs, dont la nature n'est, par ailleurs, pas définie, conférés aux officiers de police judiciaire et à leurs agents, du caractère très général des cas dans lesquels ces pouvoirs pourraient s'exercer et de l'imprécision de la portée des contrôles auxquels ils seraient susceptibles de donner lieu, ce texte porte atteinte aux principes essentiels sur lesquels repose la protection de la liberté individuelle* ; que, par suite, il n'est pas conforme à la Constitution.

Décide :

ARTICLE PREMIER. - Sont déclarées non conformes à la Constitution les dispositions de l'article unique de la loi autorisant la visite des véhicules en vue de la recherche et de la prévention des infractions pénales.

ART. 2 - La présente décision sera publiée au *Journal Officiel* de la République française.
Délibéré par le Conseil constitutionnel dans sa séance du 12 janvier 1977.
(*J.O.*, 15 janv. 1977, p. 344).

La composition du Conseil constitutionnel à la date du 12 janvier 1977 était la suivante : M. FREY (Président), MM. BROUILLET, CHATENET, COSTE-FLORET, DUBOIS, GOGUEL, MONNERVILLE, REY, SAINTENY.

OBSERVATIONS

1 . La décision 75 DC du *12 janvier 1977* a eu « droit » à la première page du *Monde*, comme cela avait été le cas de la décision du *16 juillet 1971* * sur la liberté d'association.

Le gouvernement avait déposé en avril 1976 un projet de loi « autorisant la visite des véhicules en vue de la recherche et de la prévention des infractions pénales ». Le ministre de l'Intérieur, M. Poniatowski, souhaitant pouvoir lutter efficacement contre la recrudescence de la criminalité, demandait ainsi au Parlement d'autoriser les officiers de police judiciaire à procéder à la visite des véhicules et de leur contenu. Le projet qui vient en discussion devant l'Assemblée nationale en novembre 1976 rencontre de nombreuses difficultés, et il est finalement adopté par la seule Assemblée le 20 décembre après que le Sénat eût, par deux fois, rejeté le texte. Dès le 21 décembre, le Conseil constitutionnel est saisi de trois requêtes émanant des 67 députés socialistes, 63 députés communistes et de 79 sénateurs socialistes, gauche démocratique, centristes, non inscrits..., soit au total plus de 200 parlementaires, ce qui est tout à fait exceptionnel. Le 12 janvier 1977, le Conseil constitutionnel déclarait l'article unique de la loi non conforme à la Constitution.

2 . Le texte mis en cause par les parlementaires était le suivant :

« Article unique. - *Les officiers de police judiciaire et, sur ordre de ceux-ci, les agents de police judiciaire peuvent, même d'office, procéder, sur les voies ouvertes à la circulation publique, à la visite des véhicules et de leur contenu, en présence du propriétaire ou du conducteur, sauf s'il s'agit d'un véhicule manifestement abandonné.*

Toutefois, la visite des caravanes, roulottes, maisons mobiles ou transportables et des véhicules aménagés pour le séjour, ne peut être effectuée que conformément aux dispositions relatives aux perquisitions et visites domiciliaires lorsqu'ils sont en stationnement et sont utilisés comme résidence effective ».

3 . L'argumentation des députés communistes, déjà exposée devant l'Assemblée, était concise et précise :

« Les dispositions de ce texte portent atteinte à la liberté d'aller et de venir, au principe du respect de la vie privée et du domicile ; il met en cause le secret de la correspondance et indirectement le droit de manifestation », autant de principes « qui font partie des principes fondamentaux reconnus par les lois de la République ».

L'argumentation des députés socialistes et radicaux de gauche, après une référence générale aux principes fondamentaux reconnus par les lois de la République, comportait les griefs suivants :

- méconnaissance du principe de « l'inviolabilité du domicile » introduit dans notre droit par l'article 76 de la Constitution du 22 frimaire an VIII.

- violation des articles 7 (interdiction des arrestations arbitraires) et 11 (libre communication des pensées) de la Déclaration de 1789).

- suppression « dans un domaine essentiel » du principe fondamental selon lequel on distingue en France « la police administrative et la police judiciaire ».

Trois nouveaux motifs sont ensuite ajoutés par un mémoire ampliatif, le 5 janvier 1977 :

Il y a atteinte à la liberté individuelle dans la mesure où est possible la fouille des véhicules mais aussi celle du contenu et notamment des passagers ;

Atteinte à la vie privée parce que méconnaissance autorisée du secret des correspondances ;

Atteinte au principe d'égalité, car il peut y avoir discrimination d'une part entre les citoyens qui se déplacent en voiture et ceux qui se déplacent à pied, et, d'autre part, entre ceux qui ont une résidence fixe et ceux qui ont une résidence en mouvement. La requête des sénateurs, exprimée sous forme de lettre, puis de « mémoire ampliatif » signée par M. Marcilhacy, contient essentiellement deux griefs : « les véhicules étant considérés comme un accessoire du domicile », autoriser la fouille « sans la garantie d'une habilitation judiciaire », c'est porter atteinte au principe de l'inviolabilité du domicile ; - il y a violation de l'article 17 de la Déclaration des droits de l'homme, garantissant le droit de propriété, car « le véhicule et son contenu (en tant que somme de propriétés) restent un droit inviolable et sacré » (sic).

4 . Le Conseil constitutionnel ne s'est pas vraiment attardé sur l'une de ces argumentations dont le moins qu'on puisse dire est qu'elles sont diverses, variées et pas toujours très solides (car il est évident que faire arrêter des véhicules pour les fouiller n'est assimilable... ni à une arrestation, ni à une expropriation).

Le Conseil constitutionnel s'est placé sur un plan beaucoup plus général, ce qui donne une grande portée à sa décision. Son raisonnement est le suivant :

- La liberté individuelle est un principe fondamental reconnu par les lois de la République, c'est-à-dire un principe à valeur constitutionnelle ;

- La protection de la liberté individuelle est confiée à l'autorité judiciaire par l'article 66 de la Constitution ;

- L'autorité judiciaire ne peut assurer cette protection de la liberté individuelle en cas de recherche d'infraction que si cette recherche est confiée à la police judiciaire ;

- En conséquence, s'il y a confusion entre police administrative et police judiciaire, il y a violation du principe (car lorsqu'il y a police administrative, la liberté individuelle n'est plus placée sous la protection de l'autorité judiciaire) ;

- Or cette confusion ou non-distinction existe bien en l'espèce car :

• il n'est pas exigé qu'une infraction ait été commise ;

• il n'y a aucune précision ni restriction quant à l'étendue des pouvoirs des officiers et agents de police judiciaire, les cas dans lesquels ils peuvent intervenir et la portée des contrôles auxquels ils peuvent se livrer ;

• la fouille peut être effectuée par de simples agents.

- En définitive, la liberté individuelle reposant sur les principes essentiels qui sont, d'une part, la protection de cette liberté par l'autorité judiciaire et son corollaire, la distinction de la police administrative et judiciaire et, d'autre part, la définition restrictive et précise des atteintes portées à la liberté individuelle, il y a atteinte à la liberté individuelle et donc inconstitutionnalité, lorsque sont méconnus ces principes essentiels.

Cette décision fait de la liberté individuelle un droit fondamental protégé constitutionnellement, ce qui est déjà capital ; mais, de plus, elle consacre une conception large de la liberté individuelle qui inclut la protection de la vie privée ; enfin, cette décision réaffirme la valeur constitutionnelle du principe selon lequel l'autorité judiciaire est gardienne de la liberté individuelle.

Tout ceci a été confirmé, dans ses grandes lignes, par la décision 352 DC du 18 janvier 1995.

I. - LA NOTION DE LIBERTÉ INDIVIDUELLE : L'ADOPTION D'UNE CONCEPTION LARGE ENGLOBANT LE RESPECT DE LA VIE PRIVÉE

5 . L'expression « liberté individuelle » a des sens assez divers : au pluriel, elle est synonyme de droits fondamentaux de l'individu ou même de libertés publiques ; au singulier, elle a une signification beaucoup plus précise car elle désigne l'une des libertés, celle considérée d'ailleurs comme la plus importante car elle est le « bouclier » de toutes les autres.

Mais la difficulté commence lorsqu'il s'agit de définir ce que recouvre exactement la liberté individuelle : selon une conception étroite, la liberté individuelle c'est la « sûreté », c'est-à-dire « la certitude pour les citoyens qu'ils ne feront pas l'objet, notamment de la part du pouvoir, de mesures arbitraires les privant de leur liberté matérielle, telles qu'arrestations ou détentions » (J. Rivero, *Libertés publiques*, p. 23) ; selon une conception large, la liberté individuelle inclut, outre la sûreté, la liberté d'aller et venir, l'inviolabilité du domicile et de la correspondance (G. Burdeau, *Libertés publiques*, p. 111). En fait, même ceux qui adoptent la conception étroite ne sont pas d'accord entre eux ; ainsi, pour certains, c'est la sûreté au sens strict, c'est-à-dire le droit de n'être ni arrêté ni détenu et non pas la liberté d'aller et venir (J. Rivero, *op. cit.*, p. 23) ; pour d'autres, sûreté et liberté d'aller et venir semblent se confondre (cf. Colliard, *Libertés publiques*, 5e éd., p. 218 : « (la liberté individuelle) s'analyse comme l'état de l'homme qui n'est ni arrêté ni détenu, qui jouit donc de la possibilité d'aller et venir ») ; et enfin, pour les auteurs de droit pénal notamment, l'inviolabilité du domicile n'est pas détachable de la sûreté (cf. Gassin, *Répertoire Dalloz* droit pénal, V° Liberté individuelle : « La liberté individuelle, on dit encore peut-être mieux la sûreté individuelle, est donc le droit d'aller et venir et par conséquent celui de ne pas être arrêté ou détenu illégalement... ; c'est encore le droit à l'inviolabilité du domicile, prolongement de la personne avec son corollaire : l'interdiction des arrestations et des perquisitions nocturnes »).

6 . En l'espèce, le problème de définition se posait d'autant plus que même la conception la plus large ne pouvait rendre compte de la situation (d'où, d'ailleurs, le caractère très divers, peu précis et assez embarrassé des requêtes et mémoires des groupes parlementaires ayant saisi le Conseil constitutionnel, cf. ces requêtes et mémoires ainsi que leur analyse *in R.D.P.*, 1978, nº 3, p. 850-856 et 822) : il n'y avait à proprement parler atteinte ni à la sûreté (pas d'arrestation ou de détention), ni à la liberté d'aller et venir (sauf pendant le laps de temps nécessaire à la fouille), ni à l'inviolabilité du domicile (l'automobile ne constituant pas un domicile selon la Cour de cassation), ni au secret de la correspondance. Mais il pouvait y avoir un peu de tout cela : atteinte à la liberté corporelle pour une fouille possible des passagers, au secret de la correspondance ou à « la libre communication des pensées et opinions » (en cas de transport de documents ou de tracts) et, d'une manière générale, atteinte à « l'intimité de la vie privée, c'est-à-dire à la sphère d'existence soustraite à la curiosité des tiers » (J. Roche, *Libertés publiques*, p. 54), l'automobile étant souvent le prolongement de cette intimité et de notre vie privée. (En ce sens, cf. Hamon et Leauté, *op. cit.* : « Jusqu'à la décision du Conseil constitutionnel... (le droit contemporain) n'avait pas protégé les libertés individuelles afférentes à l'usage d'une voiture, c'est-à-dire à côté du droit d'aller et de venir prolongé par ce type de véhicule, le droit à cette chose en soi qu'est l'habitat mobile siège temporaire de la vie privée familiale ou non »).

7 . Le droit au respect de la vie privée était donc implicitement consacré par la décision du *12 janvier 1977* * : la position du Conseil constitutionnel ne pouvait s'expliquer autrement, ainsi qu'il vient d'être démontré.

Mais par la suite « lorsque la méconnaissance de ce droit a été invoquée devant lui, le Conseil a rejeté l'argumentation dont il était saisi comme manquant en fait » (B. Genevois, *La jurisprudence du Conseil constitutionnel*, p. 214) : 148 DC, 164 DC, 172 DC, 181 DC, 257 DC, 325 DC. M. Genevois en déduisait, contrairement à notre avis notamment et à celui de M. Kayser, que ce droit ne pouvait être reconnu en tant que tel. Mais il ajoutait : ... « ce n'est que dans le cas où il peut être regardé comme une partie intégrante de la liberté individuelle que le droit au respect de la vie privée est constitutionnellement garanti » (*op. cit.* p. 214).

Le comité consultatif pour la révision de la Constitution avait, en conséquence, proposé que le « droit au respect de la vie privée » soit inscrit à l'article 66 de la Constitution. Mais, semble-t-il, sur avis du Conseil d'État, cette inscription avait été déplacée dans le projet de loi constitutionnelle déposé en mars 1993 pour figurer dans l'article 1er nouveau de la Constitution, c'est-à-dire hors liberté individuelle.

Dans une décision 352 DC, le Conseil constitutionnel revient à la démarche initiale, et faisant peut-être écho à la remarque précitée de l'ancien secrétaire général du Conseil constitutionnel, il estime que « la méconnaissance du droit au respect de la vie privée peut être de nature à porter atteinte à la liberté individuelle » (18 janv. 1995). La valeur constitutionnelle du droit au respect de la vie privée est ainsi officiellement reconnue à travers la liberté individuelle ; mais, en fait, on ne voit pas comment on pourrait faire autrement, car le droit au respect de la vie privée est toujours partie intégrante de la liberté individuelle. Confirmation de cette démarche est donnée dans la décision 97-389 DC (§ 44) et 98-405 DC (§ 60 et s.). Cette dernière décision a été cependant critiquée au motif que le Conseil constitutionnel a admis (avec de fortes réserves) la communication aux services fiscaux du numéro national d'identification des individus.

8 . À la fin des années soixante-dix, commentant la décision du *12 janvier*, nous tracions en ces termes les possibilités de développement de la nouvelle jurisprudence :

> ... « Cela signifie bien sûr que serait inconstitutionnelle toute loi restreignant de manière générale la sûreté, la liberté d'aller et venir, l'inviolabilité du domicile et de la correspondance ; également la fouille des véhicules automobiles ainsi que celle de tout véhicule à caractère personnel (bateau, avion, etc...), mais aussi toute loi autorisant par exemple les écoutes téléphoniques ou rendant licites les procédés de captation des images ou de la parole contre la volonté des particuliers, la diffusion des informations relatives à la vie privée ».

Sur la plupart de ces points, il y a eu confirmation comme le montre l'énumération qui suit. S'agissant de la captation des images ou de la parole contre la volonté des particuliers, la décision 94-352 DC a montré que le Conseil constitutionnel était particulièrement attentif à ce que les procédés de vidéosurveillance respectent la vie privée (cf. notamment les considérants 4 à 13).

En définitive, aujourd'hui, la notion de liberté individuelle peut se définir à partir des composantes suivantes :

- la *sûreté*, c'est-à-dire le droit de ne pas être arrêté ou détenu irrégulièrement qui est consacré par l'article 2 de la Déclaration des droits de l'homme et du citoyen, explicité par l'article 7 de la même Déclaration et par l'article 66 de la Constitution (1re phrase) ;
- la *liberté d'aller et venir*, dont la valeur constitutionnelle a été affirmée pour la première fois par la décision 79-107 DC (Ponts à péage) et constamment réaffirmée depuis (notamment dans les décisions 92-307 DC, *93-325 DC* *, 94-352 DC) ;
- le *droit au respect de la vie privée* implicitement (*12 janvier 1977*) puis explicitement consacré (352 DC, 18 janvier 1995 ; 97-389 DC ; 98-405 DC) comme faisant partie de la liberté individuelle ;
- l'*inviolabilité du domicile* (et de la correspondance), que le juge judiciaire a longtemps protégée en s'appuyant sur l'article 76 de la Constitution de l'An VIII et qui bénéficie désormais de la protection accordée à la liberté individuelle depuis la décision du *29 décembre 1983* * (§ 28) confirmée par les décisions 184 DC, 198 DC, 325 DC* et 97-389 DC, (§ 17) ;
- la *liberté de mariage*, ajoutée à la liste par la décision *93-325 DC* * (cf. *infra 46*-20, 44).

Pour autant, le Conseil constitutionnel n'a pas posé le principe de l'inclusion systématique de ces différentes libertés de l'individu dans le champ de la liberté individuelle. La jurisprudence constitutionnelle montre en effet que la liberté individuelle et ses « composantes », si elles se recoupent, ne se recouvrent pas entièrement. Comme le souligne notamment le Conseil constitutionnel dans sa décision 352 DC, « la méconnaissance du droit au respect de la vie privée peut être de nature à porter atteinte à la liberté individuelle ». Ce qui signifie *a contrario* qu'une mise en cause du droit au respect de la vie privée peut épargner la liberté individuelle. L'implication de cette dernière semble ainsi obéir à une démarche construite autour du degré de contrainte que fait peser la mesure visée sur une liberté de l'individu (considérée traditionnellement comme une « composante » de la liberté individuelle). Ce n'est qu'au franchissement d'un certain degré de contrainte que la mesure affectant initialement la liberté de l'individu peut être de nature à affecter également la liberté individuelle. Dans ce cas, le champ de la première bascule dans celui de la seconde de telle sorte qu'elle peut être alors effectivement qualifiée de *composante* de la liberté individuelle. Dans le cas contraire, c'est-à-dire lorsque le degré de contrainte requis n'est pas atteint, la liberté de l'individu visée doit être appréciée de manière autonome par rapport à l'article 66 de la Constitution.

Cette analyse connaît une application particulièrement éclairante en matière de liberté d'aller et venir. Le Conseil constitutionnel distingue en effet deux catégories de mesures mettant en cause cette liberté. Les premières, *les mesures restrictives de liberté*, impliquent la liberté d'aller et venir sans engager la liberté individuelle dans la mesure où elles n'engendrent qu'une simple entrave dans l'exercice de la liberté d'aller et venir. Tel est le cas notamment lorsqu'un étranger est contraint de remettre son passeport aux autorités de police sans que cela n'affecte toutefois ses possibilités de déplacement sur le territoire français (97-389 DC, 22 avril 1997). En revanche, les secondes, *les mesures privatives de liberté*, affectent au-delà de la liberté d'aller et venir également la liberté individuelle car elles entraînent une privation totale de liberté de mouvement. C'est notamment le cas lorsqu'une personne est placée en garde à vue (93-326 DC, 11 août 1993), ou soumise à des vérifications d'identité au poste de police (80-127 DC, 19 et 20 janvier 1981), ou bien encore quand un étranger est placé en rétention administrative (79-109 DC, 9 janvier 1980).

La détermination du contenu de la notion de liberté individuelle ne peut donc se borner à l'énoncé de ses composantes potentielles sans tenir compte du critère du degré d'implication de ces dernières.

Cette difficulté rejaillit sans doute sur le choix des dénominations par le Conseil constitutionnel. Ainsi, pendant un temps, celui-ci a-t-il utilisé l'expression « liberté personnelle » pour désigner certains aspects de la liberté individuelle. Mais tout est rentré dans l'ordre car il y a renoncé dans sa décision *93-325 DC** (cf. spécialement *infra* 46-47).

De même dans la décision 352 DC semble-t-il hésiter entre « liberté individuelle » et « libertés individuelles » (cf. obs. Favoreu in *R.F.D.C.*, 22-1995 ; mais seule la première est mentionnée dans la Constitution.

II. - La liberté individuelle, liberté constitutionnellement protégée

9. L'affirmation de la protection constitutionnelle de la liberté individuelle s'est faite, au départ, sur un fondement ambigu :

> « Considérant que la liberté individuelle constitue l'un des principes fondamentaux garantis par les lois de la République et proclamés par le Préambule de la Constitution de 1946, confirmés par le Préambule de 1958 ; considérant que l'article 66 de la Constitution en réaffirmant ce principe... ».

Le Conseil constitutionnel se fonde d'abord sur un principe fondamental reconnu par les lois de la République sans autre justification, puis sur l'article 66 de la Constitution de 1958. En fait, la référence à un principe fondamental reconnu par les lois de la République était inutile (et elle n'aurait pas lieu aujourd'hui) car des dispositions textuelles, telles que l'article 66 d'ailleurs cité, peuvent être invoquées. Mais, au cours des années soixante-dix, il semble que le juge constitutionnel – qui s'est émancipé grâce à un (véritable) principe fondamental reconnu par les lois de la République dans la décision *Liberté d'association* – confonde principe fondamental reconnu par les lois de la République et bloc de constitutionnalité. On sait que cela va cesser à partir de la fin des années soixante-dix.

Dans les décisions qui suivent d'ailleurs, seul l'article 66 sera invoqué pour fonder la protection constitutionnelle de la liberté individuelle : ainsi en est-il notamment pour les décisions 109 DC (Prévention de l'immigration clandestine), *127 DC* * (Sécurité et liberté), *164 DC* *, 184 DC etc.

En 1994, cependant, dans la décision *Bioéthique* *, le Conseil constitutionnel déclare : « Considérant que la liberté individuelle est proclamée par les articles 1er, 2 et 4 de la Déclaration des droits de l'homme ». Ce qui ne manque pas de surprendre, ces articles pouvant aussi être invoqués pour toutes les libertés. Seul l'article 2 peut fonder une des composantes de la liberté individuelle, la sûreté.

On peut considérer aujourd'hui que, pour le Conseil constitutionnel, la protection constitutionnelle de la liberté individuelle résulte à la fois des articles 1er, 2 et 4 de la Déclaration et de l'article 66 de la Constitution.

10. Dans la décision du *12 janvier 1977*, ce que va surtout prendre en considération le Conseil constitutionnel c'est la constatation selon laquelle « la liberté individuelle, et toutes les libertés, ne peuvent s'accommoder, dans quelque domaine qu'elles s'exercent, ni de pouvoirs généraux ni de pouvoirs imprécis » (J. Rivero, note *A.J.*, 1978, p. 215).

Ce que va notamment censurer le Conseil constitutionnel, en l'espèce, c'est l'habilitation générale donnée aux forces de police pour fouiller les véhicules en tous temps et en tous lieux. Comme le note le Conseil constitutionnel, sous réserve que le véhicule se trouve sur une voie ouverte à la circulation publique et que cette visite ait lieu en la présence du propriétaire ou du conducteur, « les pouvoirs attribués... aux officiers de police judiciaire et aux agents agissant sur l'ordre de ceux-ci, pourraient s'exercer, sans restriction, dans tous les cas ». Ajoutons que le caractère général de cette mesure est accentué par le fait qu'au nombre des officiers de la police judiciaire, il faut compter tous les maires, soit plus de 36 000 personnes. Le caractère imprécis de l'habilitation est aussi relevé et censuré par le Conseil qui souligne non seulement « le caractère très général des cas dans lesquels ces pouvoirs pouvaient s'exercer », mais aussi « l'imprécision de la portée des contrôles auxquels ils seraient susceptibles de donner lieu ». Cette imprécision tient en effet à l'absence de définition de l'objet exact de la fouille ou de la visite (les passagers sont-ils susceptibles d'être l'objet de cette fouille ?) et de ses buts. Le Conseil constitutionnel exige donc, en définitive, du législateur que, du moins en matière de libertés, les dispositions qu'il prend aient un caractère précis et certain afin que les restrictions apportées à l'exercice des libertés soient exceptionnelles. On retrouve là la démarche du Conseil d'État en matière de contrôle des activités de police administrative et de protection des libertés. On notera encore une fois que le Conseil constitutionnel applique au contrôle des lois des techniques que le Conseil d'État applique au contrôle des actes administratifs (le Conseil constitutionnel a suivi la même démarche dans ses décisions 69 DC, 83 DC et 92 DC ; v. *R.D.P.*, 1978, p. 817 et s.). Il l'a fait encore récemment dans la décision 352 DC.

11 . Et, comme le fait le Conseil d'État en pareille hypothèse, le Conseil constitutionnel indique les conditions qu'il aurait fallu poser pour que l'habilitation donnée par la loi aux forces de police fût reconnue valable : « mise en vigueur d'un régime légal de pouvoirs exceptionnels », ou bien « menace d'atteinte à l'ordre public », ou existence d'une infraction. Seules ces circonstances auraient permis l'édiction d'une mesure générale mais qui aurait été limitée dans le temps. Une habilitation permanente à la fouille des véhicules est concevable, mais, soit au profit de catégories limitées d'agents, soit dans le cadre de la procédure judiciaire des flagrants délits.

En somme, dans la mise en œuvre des principes constitutionnels, le législateur doit veiller à ne pas « dénaturer » ou « mettre en cause » ceux-ci en prenant des mesures trop générales ou trop imprécises et cela, de la même manière que dans la mise en œuvre des normes législatives, le pouvoir réglementaire ne doit ni « dénaturer » ni « mettre en cause » ces normes. C'est ainsi que la loi relative à la fouille des véhicules n'est pas conforme à la Constitution parce que dépassant la simple mise en œuvre, elle met en cause ou « porte atteinte aux principes essentiels sur lesquels repose la protection de la liberté individuelle ».

Les précautions à prendre ainsi recommandées par le Conseil constitutionnel ont été vérifiées dans deux affaires : dans la décision 94-352 DC (§ 19), après avoir rappelé que « les opérations de fouille des véhicules afin de découvrir et de saisir des armes ... relèvent de la police judiciaire et que s'agissant d'opérations qui mettent en cause la liberté individuelle, l'autorisation d'y procéder doit être donnée par l'autorité judiciaire gardienne de cette liberté en vertu de l'article 66 de la Constitution », il constate qu'en se bornant à prévoir que celle-ci est informée des instructions données par le préfet « sans prévoir l'autorisation préalable de ces opérations par l'autorité judiciaire », le législateur a méconnu les dispositions de l'article 66 de la

Constitution » (§ 20) ; dans la décision 97-389 DC, le Conseil constitutionnel définit les conditions dans lesquelles, dans une zone de 20 km comprise entre la frontière terrestre de la France avec les États parties à l'accord de Schengen, il peut être procédé, sous le contrôle du Procureur de la République, à « une *visite sommaire* des bâtiments, laquelle à la différence de la fouille des véhicules n'est destinée qu'à s'assurer de l'absence de personnes dissimulées » (§ 19).

III. - L'AUTORITÉ JUDICIAIRE GARDIENNE DE LA LIBERTÉ INDIVIDUELLE, PRINCIPE OU DISPOSITION À VALEUR CONSTITUTIONNELLE

12 . La liberté individuelle, telle que définie plus haut, est placée sous la garde de l'autorité judiciaire.

« Considérant que l'article 66 de la Constitution en réaffirmant ce principe (de la liberté individuelle) en confie la garde à l'autorité judiciaire ».

Ce considérant placé en tête de la décision n'est pas fortuit : il exprime, une nouvelle fois, l'importance que le Conseil constitutionnel attache à l'autorité judiciaire et à son rôle (voir *infra* les observations sous *22 juillet 1980* *).

13 . En fait, il semble que l'article 66 et donc le principe selon lequel l'autorité judiciaire est gardienne de la liberté individuelle, ait été ajouté au dernier moment, devant le Conseil d'État. Ce texte ne figurait en effet ni dans l'avant-projet de Constitution, rédigé par le gouvernement, ni dans le texte remanié par le Comité consultatif constitutionnel. L'initiative de son introduction est imputée parfois à M. Debré (mais l'étude de Jean-Louis Debré sur les origines de la Constitution n'en fait pas état), sans doute pour respecter l'engagement pris dans la loi constitutionnelle du 3 juin 1958 : « L'autorité judiciaire doit demeurer indépendante pour être à même d'assurer le respect des libertés essentielles, telles qu'elles sont définies par le Préambule de la Constitution de 1946 et par la Déclaration des droits de l'homme à laquelle elle se réfère ». Mais ce principe existait depuis longtemps (sous la forme, il est vrai, plus complète de « l'autorité judiciaire gardienne de la liberté individuelle et de la *propriété privée* »). Simplement le problème se posait de savoir quelle valeur il fallait lui attribuer. L'article 66 apparemment apportait une réponse ; mais elle était souvent considérée comme incertaine. Ainsi, dans la préface à la thèse de M. Bretton, le professeur Ardant écrit-il à propos de l'article 66 : « Faut-il voir là une réhabilitation inattendue du principe, une consécration constitutionnelle renouant avec la tradition révolutionnaire ; s'agit-il plutôt d'une simple clause de style ou encore de la réaffirmation d'une règle dont le rôle, tout en s'étant atténué au cours des ans, ne se poursuit pas moins dans notre droit ? ». Et M. Bretton répond, dans sa thèse, à cette interrogation en indiquant que, selon lui, le principe a simplement valeur législative (cf. p. 27) et cède le plus souvent devant celui de la séparation des autorités administrative et judiciaire.

Or, cette position, qui était assez souvent admise, est aujourd'hui infirmée par le Conseil constitutionnel qui, dans le considérant de principe que nous avons rappelé plus haut, n'assortit son affirmation d'aucune réserve ou restriction. Le principe selon lequel l'autorité judiciaire est gardienne de la liberté individuelle a donc bien valeur constitutionnelle et s'impose au législateur.

14 . Ceci a d'ailleurs été confirmé de manière éclatante par la décision 109 DC et repris par la décision des *19-20 janvier 1981* *.

Dans la décision 109 DC, pour la première fois, le Conseil constitutionnel précise les conditions d'application du principe selon lequel l'autorité judiciaire est gardienne de la liberté individuelle : tout d'abord, du mot « nul » (« Nul ne peut être détenu arbitrairement... ») il déduit que les étrangers comme les nationaux bénéficient de la protection et des garanties ainsi accordées ; par ailleurs, il affirme que nul ne peut être détenu sans que le juge judiciaire soit mis à même de constater le caractère arbitraire ou justifié de la détention, et cela « dans le plus court délai possible » (ainsi un délai de sept jours est trop long ; un délai de 48 heures en revanche est admissible).

Dans la décision des *19-20 janvier 1981* *, le juge constitutionnel estime que « l'intervention d'un magistrat du siège pour autoriser... la prolongation de la garde à vue est nécessaire conformément aux dispositions de l'article 66 de la Constitution » ; mais, contrairement à ce que soutenaient les requérants, « aucun principe ou règle de valeur constitutionnelle n'exige que ce magistrat ait la qualité de juge d'instruction ».

15 . D'après l'article 66 de la Constitution, l'autorité judiciaire est gardienne de la liberté individuelle mais non de la propriété privée, comme l'a précisé le Conseil constitutionnel dans une décision 189 DC.

16 . La portée immédiate de la décision du Conseil est aisément discernable : toute loi attribuant compétence à un autre juge que le juge judiciaire pour connaître des atteintes à la vie privée et à la liberté individuelle, pourra être déclarée inconstitutionnelle. Ainsi, la loi du 6 janvier 1978 relative à l'informatique, aux fichiers et aux libertés, qui a confié la protection contre les atteintes à la vie privée résultant de l'utilisation de l'informatique à une commission administrative, nous paraît inconstitutionnelle, car le contrôle appartient ainsi, en dernier ressort, au Conseil d'État.

Mais la décision du *12 janvier 1977* a une autre portée qui n'a pas été perçue jusqu'ici : *en affirmant la valeur constitutionnelle du principe de la compétence judiciaire* en matière de liberté individuelle, le Conseil constitutionnel condamne la position adoptée traditionnellement en ce domaine par le Tribunal des conflits, notamment dans les arrêts Dame de la Murette et Clément (T.C., 27 mars 1952 et 17 nov. 1964). Nous renverrons sur ce point au commentaire de L. Favoreu (*Mélanges Kayser*).

17 . La dernière jurisprudence vient confirmer cette portée. En effet dans la décision *224 DC du 23 janvier 1987** (au commentaire de laquelle nous renvoyons), le Conseil constitutionnel a consacré la pleine valeur constitutionnelle du principe de l'autorité judiciaire gardienne de la liberté individuelle, et dénié valeur constitutionnelle,

en revanche, au principe de séparation des autorités administratives et judiciaires (voir obs. Favoreu in *R.I.D.A.*, 1987, p. 301 et s.). Dans une décision 261 DC du 28 juillet 1989, il en tire les conséquences en écartant la compétence du juge judiciaire pour des mesures qui, tels les arrêtés de reconduite à la frontière des étrangers, affectent la liberté d'aller et venir sans mettre en cause pour autant la liberté individuelle. Et d'affirmer, dans le même temps, la nécessaire intervention du juge judiciaire s'agissant des mesures de rétention administrative dont peut faire l'objet l'étranger sous le coup d'un arrêté de reconduite à la frontière.

18 . La décision du 12 janvier 1977 a eu, progressivement, une portée théorique et pratique assez considérable.

Certes en 1978, l'affaire *Trignol* (voir les notes précitées de J. Rivero, L. Hamon et Léauté) a montré que ni la police ni les tribunaux n'étaient, dans l'immédiat, préparés à en tirer toutes les conséquences.

Mais petit à petit, cela s'est précisé : la nécessité de prendre en compte cette jurisprudence est apparue dans les manuels d'instruction de la police ; plusieurs tribunaux en ont fait état ainsi que d'autres décisions, comme celle du 28 novembre 1973 sur les mesures privatives de liberté.

Dans d'importants arrêts du 25 avril 1985 (Bogdan et Vuckovic) et du 15 décembre 1988 (en matière de perquisitions fiscales) la Cour de cassation a infléchi sa jurisprudence pour tenir compte de la position du Conseil constitutionnel.

Enfin, la décision *Vidéosurveillance* (18 janvier 1995) a établi que, désormais, les autorités et services chargés de préparer les projets de loi tenaient compte scrupuleusement de cette jurisprudence (voir en ce sens, les observations du Secrétariat général du gouvernement *in JO* 21 janvier 1995, p. 1165). Et la Cour de cassation, elle-même, dans un arrêt du 28 juin 1995 a suivi une réserve d'interprétation du Conseil constitutionnel quant aux pouvoirs de la police en matière de contrôle d'identité (C. cass., 2e ch. civ., 28 juin 1995, *Bechta*).

19 . Dans une décision postérieure du 12 juillet 1979, 107 DC (*R.D.P.*, 1979, p. 1963, observations Favoreu), le Conseil constitutionnel a eu l'occasion d'affirmer la valeur constitutionnelle de l'un des aspects essentiels de la liberté individuelle, la liberté d'aller et de venir. Et il n'a pas eu besoin de motiver son affirmation (« considérant que la liberté d'aller et venir est un principe de valeur constitutionnelle »), car cette affirmation découlait logiquement de la constitutionnalisation de la liberté individuelle, opérée le *12 janvier 1977*.

20 . Enfin, on remarquera que le Conseil constitutionnel, suivi en cela par la Cour de cassation (Cass. chambre mixte, 15 déc. 1988), exige que le juge judiciaire exerce un *contrôle effectif* durant l'entier déroulement d'une mesure portant atteinte à la liberté individuelle, telle qu'une perquisition, une visite domiciliaire ou une saisie. Ceci suppose une autorisation du juge (ou au moins une information préalable du parquet pour les visites « consenties » : 281 DC). Le

Conseil constitutionnel souligne en ce sens que si la loi satisfait aux « exigences de l'article 66 de la Constitution » c'est parce qu'elle prévoit que 1) le magistrat du siège habilité à donner l'autorisation de procéder à la visite ne peut le faire que sur une ordonnance spécialement rendue, 2) ce magistrat doit contrôler la nature des vérifications requises, 3) la visite se déroule en présence d'un officier de police judiciaire, 4) ce magistrat peut à tout moment mettre fin à la visite, ce qui implique qu'il en garde le contrôle (164 DC, *29 décembre 1983**, *supra*, n° 34 et 181 DC, *10 et 11 octobre 1984**, *supra*, **36**). Seulement, dès lors qu'une « visite » soit « consentie » par la personne intéressée permettrait qu'elle puisse être effectuée par un simple agent (et non obligatoirement un officier) de police judiciaire et qu'elle se trouve temporairement placée sous le contrôle préalable d'un magistrat du parquet, solution qui n'est pas exempte de critiques (281 DC, 27 déc. 1990, *R.F.D.C.* 1991, p. 118, note Renoux).

21 . Depuis les décisions 88-244 DC et 89-257 DC, le Conseil constitutionnel tendait à faire référence à la notion de « liberté personnelle », pour protéger, par exemple, la vie privée plutôt que d'avoir recours à celle de liberté individuelle afin, semble-t-il, de ne pas étendre à l'excès la notion de liberté individuelle et ainsi de ne pas, du même coup, trop élargir la compétence du juge judiciaire auquel la Constitution confie la garde de la liberté individuelle (cf. en ce sens, Mathieu et Verpeaux, in *L.P.A.*, 1993, n° 66, p. 5 ; Th. Renoux, *R.F.D.C.*, 14-1993). Par là même est aussi préservée la compétence du juge administratif. Mais ceci a été remis en cause par la décision du *13 août 1993** (voir *infra*, **46**-48) et semble abandonné.

25

23 novembre 1977

LIBERTÉ D'ENSEIGNEMENT ET DE CONSCIENCE (87 DC)

Droit constitutionnel des libertés Liberté d'enseignement Liberté de conscience

Décision 77-87 DC, *Rec.* p. 42, *RJC* I-52
Article 61, al. 2, de la Constitution.
Saisine d'un groupe de 65 sénateurs.
Conformité d'un texte de loi relatif à la liberté de l'enseignement.
Liberté d'enseignement et liberté de conscience, principes fondamentaux reconnus par les lois de la République.

RÉFÉRENCES

a) Texte du recours des sénateurs *in* MAUS (D.), Textes et doc., 2e éd., 1982, p. 429-430 et *in R.D.P.*, 1978, nº 3.

b) *Notes doctrinales*

- AVRIL (P.) et GICQUEL (J.) : *Pouvoirs*, 1978, nº 5, p. 185. - MONTGROUX (P.) : *Ann. de Clermont*, 1978, p. 319. - FAVOREU (L.) : *R.D.P.*, 1978, p. 830. - FLAUSS (J.-F.) : *G.P.*, 9-10 et 11-13 juin 1978. - PLOUVIN (J.-Y.) : *R.D.P.*, 1979, p. 65 et 85. - RIVERO (J.) : *A.J.*, 1978, p. 565.

c) *Autres références*

- Sur la liberté de l'enseignement :
- FAVOREU (L.) : La reconnaissance par les lois de la République de la liberté d'enseignement comme principe fondamental, *R.F.D.A.*, 1985, nº 5, p. 597. - KERNINON : Le Conseil constitutionnel et la signification de l'aide de l'Etat aux établissements d'enseignement privé, *Les Petites Affiches*, 1985, nº 94-95-96.

- Sur les libertés et droits fondamentaux :
- FROMONT (M.) : La protection des droits fondamentaux en R.F.A., *Mélanges Eisenmann*, p. 49. - MOURGEON (J.) : L'évolution récente du droit des libertés publiques en France. *Annales de l'Université de Toulouse*, XXVI, p. 111. - PHILIP (L.) : La valeur juridique du préambule de la Constitution du 27 octobre

1946 selon la jurisprudence du Conseil constitutionnel, *Mélanges Pelloux*, 1980, p. 260 - PELLOUX (R.) : Vrais et faux droits de l'homme. Problèmes de définition et de classification, *R.D.P.*, 1981, p. 53. - FAVOREU (L.) (sous la direction de) : *Cours constitutionnelles européennes et droits fondamentaux*, P.U.A.M. et Economica, 1982.

d) *Jurisprudence*

- du Conseil constitutionnel :
• Décision du *15 janv. 1975* *.
• Décision 184 DC du 29 déc. 1984, *Rec.* 54, *RJC* I-212 (Loi de finances pour 1985).
• Décision 185 DC du 18 janv. 1985, *Rec.* 36, *RJC* I-219 (Loi Chevènement).
• Décision 329 DC du 13 janv. 1994, *RJC* I-562 (Révision de la loi Falloux).

- du Conseil d'État :
• C.E., 10 mai 1972, *Fédération des représentants d'ingénieurs et assimilés des mines, D.*, 1973, p. 354, note Comte.
• C.E., 28 juin 1974, *Fédération nationale des syndicats des services de santé et services sociaux de la C.F.D.T.*, *Rec.* 380.

- de la Cour de cassation :
• C.C., 19 mai 1978, *Dame Roy c/ Association Sainte-Marthe, D.*, 1978, p. 541, concl. Schmelck, note Ardant, *J.C.P.*, 1978, II, 19009, Rapport Sauvageot, note Lindon.

LE CONSEIL CONSTITUTIONNEL,

Saisi le 27 octobre 1977, par MM. Marcel Champeix et autres, sénateurs, dans les conditions prévues à l'article 61, alinéa 2, de la Constitution, du texte de la loi complémentaire à la loi du 31 décembre 1959 modifiée par la loi du 1er juin 1971 et relative à la liberté de l'enseignement, telle qu'elle a été adoptée par le Parlement, et notamment de ses articles premier et 3 ;

Vu la Constitution ;
Vu l'ordonnance du 2 janvier 1959 portant loi organique relative aux lois de finances ;
Vu la loi du 31 décembre 1959 sur les rapports entre l'Etat et les établissements d'enseignement privés ;
Vu la loi du 1er juin 1971 modifiant la loi du 31 décembre 1959 sur les rapports entre l'Etat et les établissements d'enseignement privés ;
Vu l'ordonnance du 7 novembre 1958, portant loi organique sur le Conseil constitutionnel, notamment le chapitre II du titre II de ladite ordonnance ;
Ouï le rapporteur en son rapport ;

1. Considérant qu'aux termes de l'article premier de la loi complémentaire à la loi du 31 décembre 1959 modifiée par la loi du 1er juin 1971 et relative à la liberté de l'enseignement les maîtres auxquels est confiée la mission d'enseigner dans un établissement privé lié à l'Etat par contrat d'association sont tenus de respecter le caractère propre de cet établissement ;
2. Considérant, d'une part, que la sauvegarde du caractère propre d'un établissement lié à l'Etat par contrat, notion reprise de l'article premier, 4e alinéa, de la loi du 31 décembre 1959 sur les rapports entre l'Etat et les établissements d'enseignement privés, n'est que la mise en œuvre du principe de la liberté de l'enseignement ;
3. *Considérant que ce principe, qui a notamment été rappelé à l'article 91 de la loi de finances du 31 mars 1931, constitue l'un des principes fondamentaux reconnus par les lois de la République, réaffirmés par le Préambule de la Constitution de 1946 et auxquels la Constitution de 1958 a conféré valeur constitutionnelle ;*
4. Considérant que l'affirmation par le même Préambule de la Constitution de 1946 que «l'organisation de l'enseignement public gratuit et laïque à tous les degrés est un devoir de l'Etat» ne saurait exclure l'existence de l'enseignement privé, non plus que l'octroi d'une aide de l'Etat à cet enseignement dans des conditions définies par la loi ; que cette disposition du Préambule de la Constitution de 1946 est donc sans influence sur la conformité à la Constitution de la loi soumise à l'examen du Conseil constitutionnel ;
5. *Considérant, d'autre part, qu'aux termes de l'article 10 de la Déclaration des Droits de l'homme et du citoyen de 1789 «Nul ne doit être inquiété pour ses opinions, même religieuses, pourvu que leur manifestation ne trouble pas l'ordre public établi par la loi» ; que le Préambule de la Constitution de 1946 rappelle que «Nul ne peut être lésé dans son travail ou son emploi en raison de ses origines, de ses opinions ou de ses croyances» ; que la liberté de conscience doit être regardée comme l'un des principes fondamentaux reconnus par les lois de la République ;*
6. Considérant qu'il résulte du rapprochement des dispositions de l'article 4, al. 2, de la loi du 31 décembre 1959, dans la rédaction nouvelle qui leur est donnée par la loi soumise à l'examen du Conseil constitutionnel, et de celles de l'article premier de la loi du 31 décembre 1959 que l'obligation imposée aux maîtres de respecter le caractère propre de l'établissement, si elle leur fait un devoir de réserve, ne saurait être interprétée comme permettant une atteinte à leur liberté de conscience ;
7. Considérant, enfin, que si la loi prévoit la prise en charge par l'Etat de dépenses relatives au fonctionnement d'établissements d'enseignement privés et à la formation de leurs maîtres, elle ne contient aucune disposition contraire à la Constitution ou à l'ordonnance du 2 janvier 1959 portant loi organique relative aux lois de finances,

Décide :

ARTICLE PREMIER. - La loi complémentaire à la loi nº 59-1557 du 31 décembre 1959 modifiée par la loi nº 71-400 du 1er juin 1971 et relative à la liberté de l'enseignement est déclarée conforme à la Constitution.

ART. 2. - la présente décision sera publiée au *Journal officiel* de la République française.

Délibéré par le Conseil constitutionnel dans sa séance du 23 novembre 1977.
(*J.O.*, 25 novembre 1977, p. 5530).

La composition du Conseil constitutionnel à la date du 23 novembre 1977 était la suivante : M. FREY (Président), MM. BROUILLET, COSTE-FLORET, GOGUEL, GROS, JOXE, MONNERVILLE, PERETTI, SÉGALAT.

OBSERVATIONS

1 . L'affaire de la liberté d'enseignement est intervenue dans un contexte politique particulier qui était celui de la période pré-électorale de 1977, période au cours de laquelle a éclaté une polémique entre les socialistes et la majorité à propos de la liberté d'enseignement : le parti socialiste, après les élections municipales dans un certain nombre de communes et, au plan national, dans un rapport rédigé par M. Mexandeau, avait paru mettre en cause l'existence d'un enseignement libre et notamment confessionnel, subventionné par les collectivités publiques. Et, assez paradoxalement, c'est sur saisine des sénateurs socialistes que le Conseil constitutionnel va être conduit à affirmer la valeur constitutionnelle du principe de la liberté d'enseignement.

Le 14 juin 1977, le député Guermeur et plus de 210 députés de la majorité, déposent une proposition de loi « complémentaire à la loi nº 59-1557 du 31 décembre 1959 modifiée par la loi nº 71-400 du 1er juin 1971 et relative à la liberté de l'enseignement ». Il s'agissait, en quelque sorte « d'actualiser » la loi Debré en prévoyant un certain nombre de dispositions relatives notamment aux maîtres de l'enseignement privé. Le 27 octobre, 65 sénateurs (60 socialistes et 5 gauche démocratique) saisissent le Conseil constitutionnel d'un recours contre la loi et particulièrement les articles 1er et 3. Le 23 novembre, le Conseil constitutionnel rejette le recours et la loi est alors promulguée le 25 novembre 1977.

2 . Les requérants mettaient en cause deux articles de la loi : l'article 1 et singulièrement la dernière phrase selon laquelle « les maîtres assurant cet enseignement sont tenus au respect du *caractère propre* de l'établissement prévu à l'article 1er de la présente loi » ; et l'article 3, al. 5, prévoyant « le financement des mesures nouvelles ».

Sur le dernier point, les sénateurs socialistes invoquaient la violation de la liberté de conscience « principe fondamental de la République (qui) à ce titre figure dans la Déclaration des droits de l'homme et du citoyen, dans le Préambule de la Constitution de 1946 et dans celui de 1958 » ; et ils faisaient valoir en outre que « le Préambule de la Constitution de 1946 range au niveau des devoirs de l'État, l'organisation de l'enseignement gratuit et laïque à tous les degrés ».

Sur le second point, les requérants estimaient que le financement de mesures nouvelles par des crédits votés préalablement « préjuge en fait la détermination et l'affectation des fonds publics et atteint par conséquent la souveraineté des Assemblées ».

3 . Disons tout de suite que la réponse du Conseil constitutionnel sur ce dernier point est très rapide et ne présente pas grand intérêt car, comme il le dit, rien dans la Constitution ou l'ordonnance organique sur les lois de finances n'interdisait de procéder comme il a été fait.

Sur le premier point, en revanche, la réponse du juge constitutionnel est des plus importantes. Elle va opérer la conciliation de deux principes à valeur constitutionnelle : la liberté de l'enseignement et la liberté de conscience, la première jouant ici au profit de l'institution et la seconde au profit de l'individu.

Dans un premier temps, le Conseil constitutionnel établit que le respect du « caractère propre d'un établissement lié à l'État par contrat » n'est que « la mise en œuvre du principe de la liberté de l'enseignement » principe qui est l'un des principes fondamentaux reconnus par les lois de la République et a, à ce titre, valeur constitutionnelle.

Ce principe a pour signification essentielle la pluralité des enseignements, c'est-à-dire la coexistence d'un enseignement privé à côté de l'enseignement public, coexistence à laquelle ne s'oppose nullement la disposition du Préambule de 1946 selon laquelle « l'organisation d'un enseignement public gratuit et laïque à tous les degrés est un devoir de l'Etat », car si l'État a le devoir d'organiser un enseignement public gratuit et laïque à tous les degrés, cela ne signifie pas qu'il ait le devoir d'organiser un enseignement unique. Par ailleurs, dès l'instant qu'il a les moyens pour organiser cet enseignement, rien ne s'oppose à ce qu'il subventionne également l'enseignement non public :

> « Considérant que l'affirmation par le... Préambule de la Constitution de 1946 que "l'organisation de l'enseignement public gratuit et laïque à tous les degrés est un devoir de l'État", ne saurait exclure l'existence de l'enseignement privé non plus que l'aide de l'État à cet enseignement dans des conditions définies par la loi ».

Cette phrase du Préambule est donc interprétée comme n'instituant nullement un monopole de l'enseignement au profit de l'État et est de ce fait compatible avec la liberté de l'enseignement entendue au sens de pluralité de l'enseignement.

Dans un deuxième temps, le Conseil constitutionnel consacre l'existence de la liberté de conscience comme principe fondamental reconnu par les lois de la République, tiré d'une part de l'article 10 de la Déclaration des droits de l'homme et du Préambule de la Constitution de 1946.

Dans un troisième temps, il concilie les deux principes en considérant que « l'obligation imposée aux maîtres de respecter le caractère propre de l'établissement », leur fait certes un « devoir de réserve », mais « ne saurait être interprétée comme permettant une atteinte à leur liberté de conscience ». En d'autres termes, cela signifie que le respect du « caractère propre » de l'établissement n'oblige pas les maîtres de l'enseignement libre à renoncer à leurs opinions ou croyances ; mais qu'ils ne peuvent avoir une attitude ouvertement défavorable et militante à l'encontre de ce qui fait l'originalité de l'établissement qui les emploie.

I. - La constitutionnalisation de la liberté de l'enseignement

1° *Le caractère constitutionnel de la liberté d'enseignement*

4 . La liberté de l'enseignement se voit reconnaître un statut constitutionnel. Ceci est d'autant plus remarquable que cette question avait donné lieu à un débat passionné et houleux devant la deuxième assemblée constituante en août 1946, débat qui s'était terminé par un vote négatif très serré : en effet, par 274 contre 272, l'Assemblée constituante a refusé d'inscrire la liberté d'enseignement dans le Préambule repoussant ainsi un amendement présenté par les membres du M.R.P. Trente et un ans plus tard, le Conseil constitutionnel reconnaît valeur constitutionnelle à la liberté de l'enseignement, en invoquant non le Préambule de 1946 – ce qui aurait été quand même paradoxal – mais un principe fondamental reconnu par les lois de la République (et notamment une loi de finances du 31 mars 1931 dans laquelle il est dit justement que la liberté d'enseignement est un « principe fondamental reconnu par les lois de la République »). Il est à noter tout de même que c'est le Préambule de 1946 qui a créé la catégorie des principes fondamentaux reconnus par les lois de la République.

En 1946, ce qui était surtout visé par les députés socialistes et communistes à travers le refus d'inscrire la liberté de l'enseignement dans le Préambule, c'étaient les subventions de l'État à l'enseignement libre. Or, dans la décision du 23 novembre 1977, le Conseil constitutionnel précise clairement que l'affirmation de la liberté de l'enseignement a impliqué la reconnaissance de l'existence de l'enseignement privé et de la possibilité « d'une aide de l'État à cet enseignement ».

5 . On remarquera aussi qu'aujourd'hui le juge constitutionnel considère la liberté de l'enseignement comme un droit fondamental alors qu'en 1946, le Président de la Commission de la Constitution, André Philip, déclarait « ...Il nous paraît difficile d'inscrire dans un préambule qui est une déclaration des droits ce qui nous apparaît, non pas comme un droit de l'homme, mais comme une des diverses techniques de réalisation concrète d'un droit de l'homme ». Et le président de la Commission de la Constitution, élevant le niveau d'un débat jusque-là bien médiocre, donnait sa véritable dimension au problème : « En effet, lorsqu'on dit “la liberté de l'enseignement”, il faudrait se rendre compte que ce terme peut être pris en trois, quatre et peut-être cinq sens nettement contradictoires. Il y a un premier sens... qui est celui de la liberté d'entreprise dans l'enseignement... Il y a un

deuxième sens, celui de la liberté d'un maître, de celui qui enseigne... le troisième sens, c'est la liberté du père de famille... ».

6 . Un dernier rapprochement peut être fait encore entre le débat de 1946 et la décision de 1977. En 1946, le leader communiste Jacques Duclos déclarait devant l'Assemblée constituante : « ...Il est bien entendu que des Français peuvent avoir le droit légitime d'essayer demain de faire triompher un autre mode d'instruction du peuple. *Si donc vous constitutionnalisez la liberté de l'enseignement même sans subvention, pour réformer demain l'enseignement dans notre pays, vous devrez modifier la Constitution.* Un tel procédé ne nous paraît pas admissible ». En 1977, la décision du Conseil constitutionnel constitutionnalise cette liberté à un moment où l'on se demande si une autre majorité ne va pas arriver au pouvoir, une majorité qui a une autre conception de l'enseignement.

Cette décision du *23 novembre* a pour effet de valider en quelque sorte la loi Debré de 1959, dont on avait à plusieurs reprises mis en doute la constitutionnalité, et cela dès lors que l'aide de l'État à l'enseignement privé est reconnue licite. Les choses ont évidemment beaucoup changé depuis 1946 et même depuis 1959, et il ne paraît pas anormal de considérer qu'une liberté n'existe vraiment que si on lui donne les moyens d'exister.

6 bis . Le caractère constitutionnel de la liberté d'enseignement a été réaffirmé dans la décision 414 DC du 8 juillet 1999 et il est étendu à l'enseignement supérieur par référence aux grandes lois de la IIIe République :

> « Considérant que le principe de la liberté de l'enseignement constitue l'un des principes fondamentaux reconnus par les lois de la République réaffirmés par le Préambule de la Constitution de 1946 et auxquels la Constitution de 1958 a conféré valeur constitutionnelle ; *qu'en ce qui concerne l'enseignement supérieur, il trouve son fondement dans les lois [...] des 12 juillet 1875 et 18 mars 1880* » (§ 6).

2° *Le contenu de la liberté d'enseignement*

7 . Des décisions ultérieures vont préciser le contenu de la liberté d'enseignement à l'occasion du vote d'un nouveau régime de relations entre l'État et les collectivités locales en matière d'enseignement privé (réforme Chevènement).

En continuité parfaite avec celle du *23 novembre 1977*, les décisions 184 DC (29 déc. 1984) et 185 DC (18 janv. 1985) la complètent sur deux points : le caractère obligatoire de l'aide de l'État ; le respect du caractère propre des établissements d'enseignement privé.

8 . *L'affirmation du caractère obligatoire de l'aide de l'État aux établissements d'enseignement privé* par le Conseil constitutionnel était souhaitée par les parlementaires requérants : ils n'ont pas obtenu satisfaction (apparemment) ; mais implicitement, le juge constitutionnel leur a donné raison dans les deux décisions précitées.

En effet, dans la décision 184 DC, le Conseil constitutionnel vérifie que le caractère limitatif des crédits affectés à la rémunération des personnels enseignants des établissements d'enseignement privé ne constitue pas une innovation (il existait dans les lois de finances antérieures), qu'il s'applique également aux crédits relatifs à l'enseignement public et qu'une loi de finances rectificative peut toujours intervenir si nécessaire pour augmenter ces crédits ; en définitive, le caractère limitatif ne traduit qu'un souci de préserver l'équilibre des finances publiques (et non la volonté de s'attaquer à la liberté de l'enseignement en réduisant les crédits) ; « *dans ces conditions*, la disposition critiquée... ne porte pas atteinte à la liberté de l'enseignement » (§ 49). Ce qui, implicitement mais clairement, signifie que l'aide de l'État aux établissements d'enseignement privé est une condition nécessaire de l'existence de la liberté de l'enseignement, puisque toute diminution de cette aide peut être interprétée comme une atteinte à cette liberté. Même reconnaissance implicite, mais sans équivoque, dans la décision 185 DC : le Conseil constitutionnel a estimé que le fait de subordonner la conclusion des contrats d'association entre l'État et les établissements d'enseignement privé à l'accord de la commune d'implantation était contraire à la Constitution parce que le principe de libre administration des collectivités territoriales « ne saurait conduire à ce que les *conditions essentielles* d'application d'une loi organisant l'exercice d'une liberté publique dépendent de décisions des collectivités territoriales », décision d'une grande portée quant aux limites du principe de libre administration, mais qui ne l'est pas moins quant au principe de la liberté de l'enseignement car, que sont les *« conditions essentielles »* dont parle le Conseil constitutionnel sinon les modalités de l'aide de l'État aux écoles privées ? L'application de la liberté de l'enseignement ne peut être morcelée ou fractionnée sur l'ensemble du territoire parce que les modalités de l'aide de l'État ne peuvent varier au gré des communes d'implantation.

Dès lors, on peut affirmer qu'il découle des décisions 184 et 185 DC que l'aide de l'État aux établissements d'enseignement privé est, selon le Conseil constitutionnel, une *condition essentielle* de l'existence de la liberté de l'enseignement et qu'à ce titre, elle est donc constitutionnellement obligatoire, ce qui est conforme à la tradition républicaine et aux principes notamment reconnus par les premières lois de la République.

9 . *Le respect du caractère propre des établissements d'enseignement privé* constituait l'autre élément essentiel (et complémentaire du précédent) que les parlementaires souhaitaient voir réaffirmé.

Tout d'abord, alors que la notion de caractère propre n'apparaissait plus dans la loi Chevènement, le Conseil constitutionnel déclare très nettement que le caractère propre s'impose toujours en tant qu'il est « la mise en œuvre du principe de la liberté d'enseignement » et que d'ailleurs, « le respect du caractère propre est affirmé par le dernier alinéa... de l'article 1er de la loi du 31 décembre 1959 » et s'impose donc, la loi de 1959 ayant été remise en vigueur (185 DC, § 10-11). On remarquera que l'affirmation « caractère propre, mise en œuvre du principe de la liberté d'enseignement » exprime simplement le fait qu'il ne saurait y avoir liberté de choix de l'enseignement que s'il y a pluralisme des modes d'organisation de l'enseignement et donc « caractère propre des établissements d'enseignement privé les distinguant de ceux de l'enseignement public ».

L'obligation de respecter le caractère propre de l'établissement, « si elle ne peut être interprétée comme permettant de porter atteinte à la liberté de conscience des maîtres, qui a valeur constitutionnelle, impose à ces derniers d'observer dans *leur enseignement* un devoir de *réserve* » (185 DC, § 11). Le Conseil constitutionnel apporte ici une confirmation et une précision, par rapport à sa décision du 23 novembre 1977 : il confirme que les exigences tirées du caractère propre de l'établissement trouvent leurs limites dans la liberté de conscience des maîtres ; et il précise, ce qu'il n'avait pas fait dans la décision de 1977, que le devoir de réserve s'applique aux maîtres, quant *à l'enseignement dispensé* par eux. Le droit de la fonction publique limite l'obligation de réserve au comportement du fonctionnaire en dehors de l'exercice de ses activités, l'enseignant étant tenu, au surplus, au respect de l'obligation de laïcité dans les cours. Le Conseil constitutionnel va, semble-t-il ici au-delà, en déduisant de l'obligation de respecter le caractère propre de l'établissement l'application du devoir de réserve à l'enseignement lui-même.

Enfin, à partir de l'obligation de respecter le caractère propre de l'établissement, le Conseil constitutionnel interprète les dispositions de la loi comme permettant au chef d'établissement « de s'opposer à tout recrutement incompatible avec le caractère propre de l'établissement », ce qui n'exclut pas une concertation entre l'administration et l'établissement (§ 13).

9 bis . Dans une décision 185 DC du 18 janvier 1985, le Conseil constitutionnel a affirmé, à propos de la liberté d'enseignement, que le principe de libre administration « ne saurait conduire à ce que les conditions essentielles d'application d'une loi organisant l'exercice d'une liberté publique dépendent de décisions des collectivités territoriales et ainsi puissent ne pas être les mêmes sur l'ensemble du territoire » et il a censuré, de ce fait, une disposition législative subordonnant la passation de contrats d'association entre l'État et un établissement d'enseignement privé à l'accord de la commune intéressée.

Le juge constitutionnel a repris cette jurisprudence, en la modifiant quelque peu, dans l'affaire de la révision de la loi Falloux (329 DC) de manière non convaincante (cf. observ. Favoreu in *R.F.D.C.*, 18, 1994, p. 336). S'agissant de l'abrogation de l'article 69 de la loi Falloux interdisant aux communes et départements de financer, au-delà de 10 % de l'ensemble, les dépenses d'investissement des établissements privés d'enseignement, le Conseil constitutionnel estime que « les dispositions que le législateur édicte ne sauraient conduire à ce que les conditions essentielles d'application d'une loi *relative à l'exercice de la liberté d'enseignement* dépendent de décisions des collectivités territoriales, et ainsi puissent ne pas être les mêmes sur l'ensemble du territoire » (§ 26). Or le doyen Vedel avait lui-même souligné dans son rapport quelques semaines avant la décision, que la jurisprudence de 1985 ne semblait pas pouvoir être transposée au cas de la révision de la loi Falloux, car « l'objet de la décision du 18 janvier 1985 ne concernait pas la gestion de leurs ressources par les collectivités territoriales mais leur intervention dans la prise de décision incombant à l'État ».

II. - La liberté de conscience

10 . *La liberté de conscience* reçoit également un statut constitutionnel mais cela posait moins de problèmes, alors surtout qu'elle était affirmée à la fois dans la Déclaration des droits et dans le Préambule de 1946. On peut se demander d'ailleurs pourquoi le Conseil constitutionnel a estimé nécessaire de passer par le biais de la notion de principes fondamentaux reconnus par les lois de la République pour lui accorder valeur constitutionnelle alors que la simple référence à la Déclaration des droits et au Préambule de 1946 aurait suffi. Nous essaierons plus loin de donner une explication.

11 . Il n'est pas certain, cependant, que la notion de « liberté de conscience » soit très claire, ainsi qu'on a pu le souligner :

> « Trois approches au moins de la notion de liberté de conscience ont été dégagées par la doctrine à partir des données du droit positif. La première, la plus restrictive, appréhende la liberté de conscience en tant que composante de la liberté religieuse, c'est-à-dire comme un droit pour l'individu de croire ou de ne pas croire en matière religieuse. Dans une seconde optique, la liberté de conscience est entendue de manière "extensive". Elle serait une liberté d'adhésion aux opinions quelles qu'elles soient. Elle engloberait, pour reprendre une formulation traditionnelle, à la fois la liberté de croyance religieuse et la liberté des opinions philosophiques, politiques et sociales. Enfin, une troisième approche, très analytique, a été parfois défendue : la liberté de conscience présenterait un caractère autonome aussi bien par rapport à la liberté d'opinion qu'à la liberté religieuse, elle serait la liberté de croyance » *Flauss,* op. cit., *p. 1).*

Il faudra sans doute attendre que d'autres décisions viennent expliciter ce qu'il faut entendre par « liberté de conscience ». Mais, faute de précisions, il y aura vraisemblablement de sérieuses difficultés quant à l'application de cette décision, notamment dans le domaine de l'enseignement, car comme le remarque le même commentateur (Flauss, *op. cit.*, note 88), « il n'est nullement acquis que les différentes juridictions et ordres de juridiction appelés à connaître des principes dégagés par le Conseil constitutionnel en donnent une même et unique interprétation ».

12 . Pourtant, la reconnaissance de la constitutionnalité du « caractère propre » des établissements d'enseignement sous contrat et des obligations qu'entraîne ce caractère propre aura certainement de profondes répercussions, car il y a conflit avec la liberté de conscience.

C'est ce qu'a montré dès 1978 l'affaire portée devant l'Assemblée plénière de la Cour de cassation après avoir été jugée notamment par trois cours d'appel et la Chambre mixte de la Cour de cassation (19 mai 1978, *Dame Roy c/ Association Sainte-Marthe, op. cit.*) : une enseignante d'une institution catholique est licenciée pour s'être remariée après avoir divorcé, l'institution invoquant les exigences du caractère propre de l'établissement. Le rapporteur fait référence expressément à la présente décision du *23 novembre 1977* et la cite même intégralement ; la cour n'y fait nullement référence - ce qui était concevable puisque la loi applicable était la loi Debré de 1959 - et déboute la requérante, en se situant strictement dans le cadre du contrat.

Comme le note M. Rivero (*op. cit.*), cet arrêt de l'Assemblée plénière de la Cour de cassation conduit à se poser la question de savoir si « l'obligation de réserve peut... suffire à résoudre (le conflit) qui peut s'élever entre la liberté d'enseignement mise en œuvre par la sauvegarde du caractère propre et la liberté de conscience, complémentaires par essence, contradictoires par accident ». Mais, poursuit l'éminent auteur, « cette interrogation laisse intact l'apport essentiel de la décision *Guermeur* : en consacrant le caractère constitutionnel des deux libertés en présence, le Conseil poursuit l'œuvre commencée avec la décision du 16 juillet 1971».

III. - La constitutionnalisation des libertés et droits fondamentaux

13 . Le mouvement était bien sûr déjà entamé avec les décisions du *16 juillet 1971* * et *15 janvier 1975* * sur la liberté d'association et l'interruption volontaire de grossesse ; mais il s'est considérablement accéléré du fait à la fois de la multiplication des saisines et des moyens invoqués par les requérants.

Comme l'a bien montré M. Luchaire (*in Mélanges Waline*), la jurisprudence favorable à la protection des droits et libertés fondamentaux ne date pas de 1971 et de la décision sur la liberté d'association. Mais, incontestablement, à partir de cette décision, le Conseil constitutionnel s'engage dans un processus qui va s'accélérant, et dont la décision du *23 novembre 1977* constitue une étape particulièrement significative.

Il est incontestable aujourd'hui que l'essentiel des progrès considérables en matière de protection des droits et libertés fondamentaux est dû à la saisine parlementaire même si l'impulsion a été donnée très tôt par le Conseil constitutionnel, dès 1971-1973 et même avant.

1° *Les libertés et droits fondamentaux jusqu'ici constitutionnalisés*

14 . On soulignera tout d'abord la place du *principe d'égalité* dans lequel on voit souvent la « base des libertés », car « seule l'égalité permet l'application générale du principe de liberté » (Colliard, *Libertés publiques*, 5e éd., p. 209).

Le Conseil constitutionnel a reconnu valeur constitutionnelle au principe d'égalité pour la première fois le *27 décembre 1973* * (voir les observations sous cette décision, *supra*, pour une vue générale de la jurisprudence). Il est devenu un instrument essentiel de la protection des libertés et droits fondamentaux.

15 . Plusieurs libertés classiques ont été consacrées et constitutionnalisées : la liberté d'association (*16 juillet 1971* *), le droit à la vie (*15 janvier 1975* *), la liberté individuelle (*12 janvier 1977* *, 112 DC , *19-20 janvier 1981* *), la protection de la vie privée (*12 janvier 1977* *, 148 DC), la liberté d'enseignement (*23 novembre 1977**, 185 DC), la liberté de conscience (*23 novembre 1977* *), la liberté d'aller et venir, corollaire de la liberté individuelle (127 DC, *19-20 janvier 1981* *), le droit d'asile (112 DC, 116 DC, *325 DC**), les droits de la défense (*117 DC, 184 DC, 182 DC*), le droit d'agir en justice (373 DC), la liberté d'expression (129 DC), le droit de propriété (*16 janvier 1982* *), la liberté de communication (142 DC), la liberté de la presse (*10-11 octobre 1984* *), le droit de vote et d'éligibilité (146 DC), le principe de non-rétroactivité des lois prévoyant des sanctions même non pénales (150 DC), le principe de la sauvegarde de la dignité humaine (*343-344 DC**).

16 . Doivent être ajoutés à la liste des libertés classiques les principes fondamentaux du droit pénal et de la procédure pénale progressivement « constitutionnalisés » par la jurisprudence du Conseil constitutionnel et qui, très souvent, figurent dans l'énoncé des droits individuels inclus dans les Constitutions (notamment dans les Constitutions allemande, italienne, autrichienne, espagnole [cf. *Cours constitutionnelles européennes et droits fondamentaux*] et surtout anglo-saxonnes).

De cette jurisprudence, on donnera ici les éléments essentiels (voir observations sous *19-20 janvier 1981* * pour plus de détails) : le principe selon lequel une même catégorie d'infractions et donc de contrevenants ne peut être jugée par les juridictions composées différemment (56 DC) ; les droits de la défense (70 DC, *19-20 janvier 1981* *) ; la distinction entre police judiciaire et police administrative (*12 janvier 1977* *, *19-20 janvier 1981* *) ; les principes de la personnalité des peines et de la responsabilité personnelle que le législateur doit respecter sous certaines conditions (70 DC) ; l'affirmation (implicite) de la valeur constitutionnelle des principes suivants, dès lors qu'il s'agit du prononcé des peines privatives de liberté et non de leur exécution : compétence exclusive du juge judiciaire en matière de condamnation à des peines privatives de liberté ; pouvoir d'appréciation du juge pénal quant au prononcé d'une condamnation à une peine privative de liberté, ce qui permet une certaine individualisation, et exclut le caractère automatique d'une telle peine ; séparation des juridictions d'instruction et de jugement (97 DC, 98 DC) ; le principe de non-rétroactivité (109 DC, 116 DC, 119 DC, 126 DC, *19-20 janvier 1981* *, 143 DC, 155 DC) ; le principe de l'application immédiate des lois prévoyant des peines plus douces (*19-20 janvier 1981* *) ; le principe de la présomption d'innocence (*19-20 janvier 1981* *).

17 . *Les droits économiques et sociaux* sont de plus en plus souvent invoqués et appliqués (v. observations sous *25 juillet 1979* *).

- On remarquera tout d'abord que la liberté de l'enseignement, telle qu'elle a été consacrée par le Conseil constitutionnel dans la présente décision du *23 novembre 1977*, apparaît non seulement comme une liberté classique mais aussi comme l'un des droits économiques et sociaux. Et le ministre de l'Éducation n'a pas manqué de le rappeler lors de la discussion devant le Parlement en s'adressant à la gauche : « Dois-je vous rappeler que les marxistes ont beaucoup fait pour nous rendre familière la distinction entre les libertés réelles et les libertés formelles ? Et voici qu'aujourd'hui... les partis héritiers du marxisme la foulent du pied » (*J.O.*, Débats, Sénat, séance du 25 octobre 1977, p. 2443).

- Le Conseil constitutionnel a admis également l'existence d'un *droit à la protection de la santé.* Dans un premier temps (*15 janv. 1975* *), il invoque et applique « le principe énoncé dans le Préambule de la Constitution du 27 octobre 1946 selon lequel la nation garantit à l'enfant la protection de la santé » qu'il considère comme faisant partie du droit positif ; puis, dans un second temps (18 janv. 1978), il accepte tout simplement d'examiner si une loi ne méconnaît pas le « droit à la santé ». Récemment le Conseil constitutionnel a eu à connaître du droit à la protection de la santé tel qu'énoncé par le préambule de la Constitution du 27 octobre 1946 en son alinéa 11 (283 DC, 287 DC).

On peut aussi rattacher à cette jurisprudence la décision 117 DC du 22 juillet 1980 (*Protection des matières nucléaires*, *R.D.P.*, 1980, p. 1652) dans laquelle il est affirmé que « la protection de la santé et la sécurité de la personne et des biens... a le caractère d'un principe de valeur constitutionnelle ».

- Le Conseil constitutionnel a appliqué à neuf reprises (79 DC, 83 DC, 92 DC, 120 DC, 128 DC, 162 DC, 328 DC, 348 DC, 401 DC) le *principe de participation* prévu par le 8ᵉ alinéa du Préambule de 1946 : « Tout travailleur participe, par l'intermédiaire de ses délégués, à la détermination collective des conditions de travail ainsi qu'à la gestion des entreprises ».

- Le *droit de grève* a fait l'objet de sept décisions (77-105 DC du *25 juillet 1979* * ; 117 DC ; *19-20 janvier 1981* * ; 144 DC, 217 DC, 230 DC) qui ont affirmé son caractère constitutionnel mais également marqué ses limites.

- *La liberté syndicale* est consacrée par les décisions 144 DC, 162 DC, 244 DC, 257 DC, 284 DC et 401 DC.

- Le *droit au travail* est visé par la décision 134 DC et consacré par les décisions 156 DC, 200 DC et 207 DC.

- *Les droits de la famille* (alinéa 11, Préambule 1946) sont pris en considération dans la décision 54 DC, 216 DC et consacrés dans la décision 225 DC. Le droit à mener une vie familiale normale et son corollaire, le droit au regroupement familial, ont été reconnus par la décision 325 DC.

- *Le principe de solidarité* (alinéa 12, Préambule 1946) est affirmé par la décision 237 DC et confirmé dans les décisions 269 DC et 393 DC.

- *La liberté d'entreprendre* est admise comme liberté constitutionnelle à partir de la décision du *16 janvier 1982* * confirmée par les décisions 141 DC, 150 DC, 172 DC, 181 DC et

200 DC des *10-11 octobre 1984* *, 254 DC, 268 DC, 269 DC, 283 DC, 316 DC, 388 DC, 401 DC et 404 DC.

2° *Les conséquences de la constitutionnalisation des libertés*

18 . Les conséquences directes de cette constitutionnalisation des droits et libertés fondamentaux dont nous venons de dresser la liste sont déjà considérables car le législateur est désormais tenu de respecter l'ensemble de ces droits fondamentaux dont la liste est loin d'être close ; mais les conséquences indirectes pour être moins facilement perçues sont tout aussi capitales.

19 . *En premier lieu*, le principe de légalité est complètement bouleversé par l'intrusion massive de ces droits fondamentaux dans le droit positif, car les normes constitutionnelles ne sont plus désormais seulement des normes d'organisation des pouvoirs publics ; ce sont de plus en plus aussi des normes définissant le comportement des pouvoirs publics à l'égard des individus, ce qui est tout à fait nouveau en droit français et devrait avoir de très importantes répercussions, notamment sur la jurisprudence administrative et judiciaire.

En effet, les juges administratif et judiciaire vont avoir de plus en plus souvent à tenir compte de ces droits fondamentaux et de l'interprétation qu'en donne le Conseil constitutionnel. Non seulement le juge constitutionnel a redonné vie aux préambules et à la Déclaration des droits, qui sont désormais et sans restriction, directement applicables par le juge ordinaire – qui jusqu'ici se montrait très prudent en la matière – mais encore il a dégagé un certain nombre de principes fondamentaux tirés des lois de la République dont la définition s'impose au juge ordinaire. Il n'est plus concevable désormais par exemple, que le juge ordinaire fasse application de la loi du 6 décembre 1976 sur la prévention des accidents du travail, autrement que dans le sens défini par le Conseil constitutionnel dans sa décision 70 DC ; et de même, le juge administratif ne peut que se conformer à l'interprétation des dispositions législatives relatives à l'organisation des examens professionnels dans l'affaire relative au dossier des fonctionnaires (67 DC), ou à la définition de la sanction du service non fait dans la décision 83 DC. De nombreux autres exemples pourraient être donnés. Il apparaît, de plus en plus, que cette démarche est suivie par le juge ordinaire ainsi que le montre une étude de la jurisprudence de la Cour de cassation ou du Conseil d'État (voir *supra*, observ. sous *16 janv. 1962* *).

20 . Et cette influence sur la jurisprudence des juges administratif et judiciaire devrait être accentuée par la technique qu'utilise désormais le Conseil constitutionnel.

En effet, le Conseil constitutionnel recourt de plus en plus souvent à *une interprétation très motivée des règles constitutionnelles et des dispositions législatives* qui aboutit pratiquement à imposer la voie à suivre aux pouvoirs publics et au juge ordinaire, judiciaire ou administratif.

Déjà, à propos de l'affaire de l'élection de l'Assemblée européenne (*29-30 déc. 1976*), on avait parlé d'arrêt de règlement. L'expression est à nouveau employée par des commentateurs autorisés (Avril et Gicquel, *Pouvoirs*, n° 4, p. 1) qui y ajoutent la référence à la jurisprudence *Rodière* bien connue des administrativistes, à propos de la décision 83 DC. En fait, nous avons noté cette tendance dans beaucoup des décisions étudiées plus haut, ou, même si les requérants n'obtiennent pas satisfaction au fond, ils ont la satisfaction de voir les dispositions constitutionnelles interprétées de manière très stricte (affaires de la prévention des accidents du travail, du service fait, etc.). Déjà, le Conseil constitutionnel utilisait cette technique de la « conformité sous réserve » en matière de contrôle des règlements d'Assemblée et de délégalisation en vertu de l'article 37, al. 2. Il l'étend maintenant à la plupart des domaines d'intervention (voir notamment la décision des *19-20 janvier 1981* *) et il est évident que cette technique prend alors une tout autre portée car, ici, il s'agit de problèmes intéressant directement les citoyens et non plus les pouvoirs publics, et les conséquences seront beaucoup plus considérables à l'égard des juges judiciaire et administratif et à l'égard des différentes branches du droit.

La technique des réserves d'interprétation s'est considérablement développée depuis les années quatre-vingt (cf. Th. Di Manno, *Le juge constitutionnel et la technique des décisions « interprétatives » en France et en Italie*, Economica-PUAM, 1997 ; « L'influence des réserves d'interprétation », in *La légitimité de la jurisprudence du Conseil constitutionnel*, Paris, 1989, p. 189 et s.).

21 . *L'évolution qui vient d'être décrite rend, dès lors, assez vaines les diverses tentatives de codification des libertés* qui se sont développées avant les élections de 1978, car elles prévoyaient, pour la plupart, une codification par le législateur alors que la jurisprudence du Conseil constitutionnel impose désormais une codification par le constituant, ce qui est beaucoup plus difficile sinon impossible. Par ailleurs, dans la mesure où, progressivement, le Conseil constitutionnel établit et actualise une sorte de catalogue des libertés et droits fondamentaux, est-il utile de procéder à une codification ?

On assiste alors à cette réaction classique consistant à mettre en cause le trop grand pouvoir du juge constitutionnel, après l'avoir d'ailleurs réclamé. Mais il en est ainsi en Allemagne fédérale, en Italie et aux États-Unis, c'est-à-dire partout où existe une jurisprudence constitutionnelle importante. Les notions dont fait application le juge constitutionnel français ne sont pas plus « floues » que celles que doivent interpréter les juges américains ou allemands. Et l'on a pu souligner avec juste raison l'ambiguïté et la part de subjectivité, qui, en France au moins, colore l'expression « gouvernement des juges ».

26

12 juillet 1978

AVICE C/ DE LA MALÈNE

Droit constitutionnel électoral
Élections législatives
Vote par procuration
Validité des bulletins
Rectification des résultats par le juge

Décision 78-874, *Rec.* 215. A.N. Paris, 16e circ.
Article 59 de la Constitution.
Vote par procuration des Français de l'étranger.
Pouvoirs du juge de l'élection.
Critiques des décisions d'annulation et de la composition du Conseil constitutionnel.

RÉFÉRENCES

a) *Notes doctrinales*

- PHILIP (L.) : *R.D.P.*, 1978, 1616. - DEVES (C.) : Le Conseil constitutionnel et les élections à l'Assemblée nationale des 12 et 19 mars 1978, *Annales de la faculté de Droit de Clermont*, L.G.D.J., 1978, 197.

b) *Autres références*

- BIDEGARRAY (C.) : Remarques sur quelques difficultés du droit électoral à propos des élections législatives des 12 et 19 mars 1978, *R.D.P.*, 1980, p. 289. - LINDON (R.) : La déplorable organisation du contrôle de la loyauté des élections, *J.C.P.*, 1978, 2906. - LUCHAIRE (F.) : Le Conseil constitutionnel en accusation, *Le Monde*, 20-21 août 1978. - PHILIP (L.) : Le Conseil constitutionnel en juge impartial, *Le Monde*, 14 juill. 1978 ; Défense du Conseil constitutionnel, *Le Monde*, 31 août 1978 ; Le Conseil constitutionnel, juge électoral, *Pouvoirs*, nº 13, 1986.

c) *Jurisprudence*

- du Conseil constitutionnel

• Décision 13 L du 3 mai 1961, *Rec.* 36, *RJC* II-7 (la détermination des catégories de citoyens autorisés à voter par procuration relève de la compétence du législateur).

- Décision du 5 mars 1963, *Rec.* 130 (modification du nombre de voix obtenus par le candidat proclamé élu).
- Décision du 14 févr. 1974, *Rec.* 201 (A.N., Pyrénées-Atlantiques, 1re circ.).
- Décision 94 L du 2 déc. 1976, *Rec.* 67, *RJC* II-72 (mise en œuvre des règles concernant l'exercice du droit de vote par procuration, compétence réglementaire).
- Décision du 7 juin 1978, *Rec.* 128 (Seine-Saint-Denis, 9e circ.).
- Décision du 14 juin 1978, *Rec.* 141. (Gers, 2e circ.).
- Décision des 21 et 28 juin 1978, *Rec.* 171 (Pas-de-Calais, 4e circ.).
- Décision du 28 juin 1978, *Rec.* 184 (Meurthe-et-Moselle, 1re circ.).
- Décision du 8 juillet 1986, *Rec.* 107 (Haute-Corse).
- Décisions du 21 juin 1988, *Rec.* 80 et *Rec.* 82 (Oise, 2e et 1re circ.) ; une mention, irrégulière ou inexacte, portée sur les bulletins qui n'est de nature à créer aucune équivoque dans l'esprit des électeurs est sans incidence sur la validité des bulletins.
- Décision du 23 nov. 1988, *Rec.* 214 (Wallis et Futuna).
- Décision du 25 nov. 1988, *Rec.* 246 (Bouches-du-Rhône, 6e circ.).
- Décision du 29 janv. 1992, *Rec.* 22 (Loire-Atlantique, 8e circ.). Rectification des résultats par le juge de l'élection sans annulation de celle-ci.
- Décision du 1er juillet 1993 (Nord, 22e circ.), *Rec.* 167.
- Décision du 22 sept. 1993, Rec. 273 (Rhône, 13e circ.). Rectification des résultats.
- Décision du 30 sept. 1993 *Rec.* 340 (B. du Rh., 14e circ.). Rectification des résultats.
- Décision du 25 nov. 1997, *Rec.* 272 (Guadeloupe, 4e circ.). Rectification des résultats.

- des juridictions administratives

Le Conseil d'État a, à plusieurs reprises, proclamé élus d'autres candidats que ceux déclarés élus par le bureau électoral et, notamment, en reconnaissant la validité des professions de foi :

- 13 janv. 1967, élections d'Aix-en-Provence (*A.J.D.A.*, 1967, p. 226).
- 27 janvier 1984, élections municipales de Lizière (*R.D.P.*, 1984, p. 1067, concl. Pauti).

Mais il n'a pas appliqué cette jurisprudence aux élections européennes :

- 22 oct. 1976 (*R.D.P.*, 1980, p. 541).

Cf. également :

- 17 févr. 1978, *Sieur Frèche* (Montpellier), *Rec.* 91.
- 26 mai 1978, *Élections municipales d'Aix-en-Provence.*

- des juridictions judiciaires

- Cour de cassation, 8 mars 1978, *Defferre c/ Vochel* (Marseille), arrêt nº 379.
- Cour de cassation, 10 mars 1978, David (Paris, 14e), arrêt nº 512.

LE CONSEIL CONSTITUTIONNEL,

Sur le grief relatif au décompte des suffrages exprimés :

1. Considérant qu'en soulevant un moyen tiré de ce que les procès-verbaux de recensement des votes de certains bureaux font apparaître un excédent dans le nombre des enveloppes et bulletins sans enveloppe trouvés dans l'urne par rapport au nombre des émargements, les parties ont saisi le Conseil constitutionnel de l'ensemble des opérations de décompte des suffrages exprimés ; *qu'il appartient, dans ce cas, au juge de l'élection d'examiner les procès-verbaux de tous les bureaux de vote et d'opérer les redressements nécessaires* ; que lorsque apparaît l'excédent qui vient d'être indiqué, il convient de retenir, *pour chaque bureau de vote*, le moins élevé des deux nombres et de diminuer corrélativement le nombre des votants, celui des suffrages exprimés ainsi que celui des voix recueillies par le candidat le plus favorisé ; que de l'examen des procès-verbaux, il ressort que le nombre des voix obtenues par M. de La Malène doit être réduit d'un total de vingt pour les bureaux nº 46, 49, 50, 55, 56, 57 et 59 où ce candidat est arrivé en tête et que le nombre des voix obtenues par Mme Avice arrivée en tête dans les bureaux nº 37, 38, 41, 51, 52 et 54 doit, au total, être diminué de 14 unités ; qu'après ces rectifications M. de la Malène, avec 15 555 voix conserve une majorité de 53 suffrages sur Mme Avice qui a recueilli 15 502 voix ;

Sur le grief relatif au décompte des bulletins nuls :

2. Considérant que le deuxième alinéa de l'article L. 165 du Code électoral dispose que, sous réserve des dispositions de l'article L. 163, lequel est sans application en l'espèce, le bulletin de vote doit comporter le nom du candidat et celui du remplaçant ; que l'article R. 103 rappelle cette prescription et ajoute que le nom du suppléant doit être imprimé en caractères de moindre dimension que celui du candidat ; que l'article R. 104 déclare valables les bulletins manuscrits à la seule condition qu'ils comportent les mêmes mentions et que l'article R. 105 ne permet de déclarer nuls, pour des questions de forme, que les bulletins qui ne répondent pas aux conditions visées à l'article R. 103 ;

3. Considérant que ces dispositions ne permettent pas de tenir pour nuls des bulletins de vote imprimés en vue du premier tour de scrutin et utilisés au second, dès lors, que ceux-ci répondent aux conditions visées à l'article R. 103 ; que la circonstance que les bulletins de vote du premier tour, désignaient Mme Avice et son suppléant M. Maillot comme candidats du parti socialiste, alors que ceux du second tour désignaient ces candidats comme étant ceux de l'«union de toute la gauche, présentés par le P.S. et soutenus par le P.C.F. et le M.R.G.» ne rend pas irrégulière l'utilisation au second tour de ces bulletins du premier tour, dès lors qu'ils répondent, les uns comme les autres, aux prescriptions du Code électoral qui réglementent leur forme et qu'au second tour Mme Avice restait la candidate du parti socialiste même si elle bénéficiait en outre du soutien de deux autres formations politiques ; que c'est donc à tort que, contrairement à ce que d'autres bureaux de vote de la circonscription ont admis, les bureaux de vote ou la commission de recensement des votes ont annulé, au total, 13 votes exprimés au profit de Mme Avice au moyen de bulletins imprimés pour le premier tour, dans les bureaux nº 34, 40, 45, 50, 51 et 58 ;

4. Considérant que c'est également à tort que le bureau de vote nº 42 a annulé un bulletin de vote en faveur de Mme Avice, portant une légère trace, manifestement accidentelle, de rouge à lèvres ;

5. Considérant que c'est également à bon droit que le bureau de vote nº 59 a tenu pour non valable le vote émis par un électeur au profit de Mme Avice, au moyen *d'une profession de foi* de cette candidate : qu'en effet *ce document ne constitue pas un bulletin de vote* au sens des dispositions précitées du Code électoral ;

6. Considérant que c'est également à bon droit que la Commission de recensement a validé, pour le 43e bureau, un vote émis au profit de M. de la Malène et se trouvant dans une enveloppe du type de celles qui ont été fournies par l'administration préfectorale, portant le timbre à date de la préfecture prévu par l'article R. 54 du Code électoral mais sur laquelle, à l'évidence par suite d'une malfaçon lors de l'impression, ne figure pas la mention «République française» qui est exprimée sur les autres enveloppes et dont l'existence n'est pas exigée par le Code électoral ; que l'examen des pièces

annexées au procès-verbal du bureau de vote nº 60 permet également de constater que les 23 votes déclarés nuls l'étaient effectivement ;

7. Considérant que, de ce qui précède, il résulte que 14 suffrages doivent être ajoutés au nombre des voix obtenues par Mme Avice, ce qui porte ce nombre du chiffre précédemment rectifié de 15 502 à celui de 15 516 voix ; et qu'ainsi, avec 15 555 suffrages, M. de la Malène conserve une majorité de 39 voix ;

Sur les moyens tirés de ce que, par suite d'une double manœuvre, un certain nombre de Français de l'étranger auraient, d'une part, été irrégulièrement inscrits sur les listes électorales de la seizième circonscription de Paris et, d'autre part, été admis à voter par procuration en méconnaissance des dispositions du Code électoral :

8. Considérant qu'il résulte de l'instruction qu'un télégramme, en date du 15 décembre 1977, de l'ambassadeur de France du Gabon, se référant à un précédent télégramme du 5 décembre, annonce qu'un représentant des Français au Gabon au Conseil supérieur des Français de l'étranger a acheminé la veille, au siège de l'association dénommée «Rassemblement des Français à l'étranger», 1 650 demandes d'inscription en blanc et un nombre égal de procurations également en blanc et que deux envois supplémentaires, identiques au premier, suivront fin décembre ; qu'un second télégramme en date du 21 décembre 1977, de la même autorité, confirme l'acheminement, par une autre personne, de 350 demandes supplémentaires d'inscription en blanc et d'un nombre identique de procurations également en blanc et annonce une troisième opération qui aura pour effet de «dépasser largement le chiffre de 2 000 atteint ce jour» ;

En ce qui concerne l'inscription sur les listes électorales :

9. *Considérant que, s'il n'appartient pas au Conseil constitutionnel, juge des élections, de se prononcer sur la régularité des inscriptions sur les listes électorales, le requérant est recevable à invoquer les manœuvres dont serait entaché l'établissement de ces listes et qui seraient de nature à porter atteinte à la sincérité du scrutin ;*

10. Considérant que la loi susvisée du 19 juillet 1977 tendant à faciliter le vote des Français établis hors de France a donné à ces derniers «la faculté de demander de leur choix», sous la seule réserve que le nombre des inscriptions effectuées à ce titre dans une commune n'excède pas «une proportion de 2% des électeurs inscrits sur les listes de cette commune arrêtées à la date de la clôture de la dernière révision annuelle ;

11. Considérant que ces dispositions de caractère exceptionnel, ouvrant à cette catégorie d'électeurs une totale liberté de choix de leur lieu d'inscription, n'interdisent pas aux intéressés, contrairement à ce que soutient la requérante, *d'user de cette liberté en fonction de leurs préférences politiques* et, notamment, de l'influence que pourraient exercer leurs suffrages sur les résultats du scrutin dans la commune choisie ; que, dès lors, si des personnes ou groupements ont, à l'époque de la révision des listes électorales, incité des Français établis en Allemagne fédérale et à Pondichéry à s'inscrire dans la seizième circonscription de Paris en vue de favoriser le succès de la tendance à laquelle appartient le candidat proclamé élu dans cette circonscription le 19 mai 1978, ces actions n'ont pas revêtu en l'espèce, eu égard aux conditions ci-dessus rappelées dans lesquelles les Français intéressés peuvent participer aux consultations électorales, le caractère de manœuvre ayant altéré la sincérité du scrutin ;

12. Considérant que la désignation de la commune et, le cas échéant, de la circonscription de vote doit procéder *d'un choix personnel* de chaque électeur pouvant user de la faculté ouverte par la loi du 19 juillet 1977 ; qu'il en résulte que ce choix doit être exercé par l'électeur, lui-même, avant qu'il n'appose sa signature sur sa demande ;

13. Considérant que les documents produits établissent à la fois que les électeurs du Gabon qui ont été inscrits sur les listes électorales de la seizième circonscription de Paris *n'avaient pas personnellement choisi leur inscription* dans la commune de Paris et que ce choix a été opéré par des tiers, en violation des dispositions de l'avant-dernier alinéa de l'article L. 12 du Code électoral ; que ces faits sont constitutifs d'une manœuvre destinée à fausser les résultats du scrutin ; qu'en raison du

caractère systématique de cette manœuvre la circonstance que les noms des électeurs qui s'y sont prêtés soient inconnus et que, par voie de conséquence, il soit impossible de déterminer avec certitude si les 44 inscriptions d'électeurs du Gabon dans la seizième circonscription de Paris ont été acquises dans les mêmes conditions ne fait pas obstacle à ce que ces inscriptions soient, en totalité, tenues pour irrégulières ;

En ce qui concerne les procurations :

14. Considérant qu'aucune disposition de loi ou de décret relative au vote par procuration n'exige que le mandant connaisse personnellement le mandataire qu'il désigne ; que, dès lors, si la requérante allègue que des électeurs résidant en République fédérale d'Allemagne et à Pondichéry auraient choisi comme mandataires des électeurs de Paris dont le nom leur avait été indiqué par des tiers, cette circonstance n'est pas de nature à entacher d'irrégularité ces procurations ;

15. Considérant que la requérante n'apporte pas la preuve que les procurations émanant de ces électeurs auraient été établies de manière incomplète par les autorités consulaires ; que si, dans un certain nombre de cas, les mentions relatives au mandant et au mandataire n'ont pas été rédigées par le signataire lui-même, cette constatation ne suffit pas à établir que le choix du mandataire n'aurait pas été fait par le mandant *au moment où l'autorité consulaire a dressé la procuration* ;

16. Considérant que les volets de procuration dressés devant les autorités consulaires compétentes ont pu être valablement adressés par ces autorités, au moyen de la valise diplomatique, aux services centraux du Ministère des Affaires étrangères et expédiés, par ceux-ci, aux maires des communes intéressées et aux mandataires ;

17. Considérant que les dispositions du dernier alinéa de l'article R. 75 du Code électoral qui, par dérogation à la règle de droit commun posée par le même article, prescrivant l'envoi, sous enveloppe, des procurations établies hors de France, ne s'appliquent qu'à la circulation de ce courrier sur le territoire des pays étrangers ; que, lorsque des procurations sont acheminées à destination de la France par la valise diplomatique, la réexpédition des volets de procuration, à partir du territoire national, est soumise aux dispositions de droit commun du même article, en vertu desquelles cet envoi est fait par la poste, en recommandé, sans enveloppe ; qu'il suit de là que l'expédition à la mairie annexe du 14e arrondissement, selon ces modalités, des procurations en provenance de l'Allemagne fédérale et de Pondichéry, n'est pas entachée d'irrégularité ;

18. Considérant, en revanche, qu'il résulte des télégrammes précités que les procurations établies au nom de Français résidant au Gabon l'ont été en méconnaissance des dispositions des articles R. 72 à R. 75 du Code électoral à la suite *d'une manœuvre ayant eu pour effet d'altérer la sincérité du scrutin* ;

19. Considérant qu'il ressort de l'examen des listes d'émargement que les 44 électeurs résidant au Gabon et inscrits sur les listes électorales de la seizième circonscription de Paris ont voté par procuration le 19 mars 1978 ; que ces votes, qui doivent être tenus pour nuls, ont été émis dans le 33e bureau où M. de la Malène est arrivé en tête et doivent donc être soustraits du total des voix que celui-ci y a obtenues ; que l'écart des voix entre les deux candidats étant inférieurs à 44, il y a lieu d'annuler l'élection sans qu'il soit besoin d'examiner les autres moyens présentés au soutien des conclusions d'annulation ;

Sur les conclusions tendant à ce que le Conseil constitutionnel proclame élue Mme Avice :

20. Considérant que, sauf en ce qui concerne la réintégration des bulletins de vote annulés à tort par les bureaux de vote ou par la Commission de recensement, les redressements opérés par la présente décision sur les autres griefs sont le résultat d'une règle de procédure qui, en l'absence d'éléments permettant de constater, avec certitude, que l'irrégularité a profité à l'un ou l'autre des candidats, impute celle-ci au candidat qui est arrivé en tête dans le bureau où elle a été constatée ; que si, du fait de ces rectifications, il n'est plus assuré que le candidat proclamé élu a régulièrement acquis la majorité des suffrages, ce qui justifie l'annulation de son élection, *la même incertitude plane sur le nombre des voix qui auraient été obtenues par son concurrent* si ces irrégularités n'avaient pas été commises ; que, dans ces conditions, les conclusions de Mme Avice tendant à ce que, par

application de l'article L.O. 186 du Code électoral, le Conseil constitutionnel la proclame élue, ne sauraient être accueilles,

Décide :

ARTICLE PREMIER - L'élection de M. Christian de La Malène en qualité de député à l'Assemblée nationale, le 19 mars 1978, dans la seizième circonscription de Paris, est annulée.

ART. 2. - Les conclusions de la requête tendant à la proclamation de Mme Edwige Avice sont rejetées.

Délibéré par le Conseil constitutionnel dans sa séance du 12 juillet 1978 où siégeaient : MM. Roger FREY, Président, MONNERVILLE, JOXE, GROS, GOGUEL, BROUILLET, SÉGALAT, COSTE-FLORET, PERETTI.

(*J.O.*, 16 juillet 1978, p. 2843).

OBSERVATIONS

1. Cette décision pose surtout le problème de la validité des bulletins de vote et celui des pouvoirs du juge de l'élection de modifier les résultats proclamés. Par là même, elle met en cause l'acceptation des décisions du juge par les forces politiques.

I. - La régularité des votes par procuration

2. Un problème juridique particulier s'est posé à l'occasion des élections législatives de 1978 : celui de la régularité du vote par procuration des Français de l'étranger.

3. Il est nécessaire de rappeler les données du problème. Jusqu'en 1975, le procédé normalement utilisé pour permettre aux électeurs ne se trouvant pas dans leur circonscription le jour du vote de participer au scrutin, était le vote par correspondance. Cependant, ce procédé donnait lieu à de nombreuses fraudes qui ont été à l'origine de plusieurs annulations d'élections prononcées par le Conseil constitutionnel. Il fut supprimé par la loi du 31 décembre 1975 et le législateur n'a laissé subsister que le vote par procuration qui permet moins d'abus. Celui-ci était, à l'origine, ouvert « ...à toute personne que d'impérieuses obligations professionnelles ou une incapacité physique mettent dans l'impossibilité de participer au scrutin ». Par la suite, les conditions ont été considérablement élargies notamment aux citoyens ayant quitté leur résidence habituelle pour prendre leurs congés de vacances (art. L 71 du code électoral). Pour faciliter l'exercice de ce mode de votation, les procurations étaient établies par acte dressé devant l'autorité consulaire pour les Français résidant à l'étranger. Cependant, en ce qui concerne ces derniers, le vote par procuration s'avérait beaucoup moins pratique que le vote par correspondance.

Aussi, en juillet 1977, à l'incitation du Président de la République fut votée une loi destinée à encourager le vote des Français de l'étranger (on a calculé que moins d'un dixième de ceux-ci participait aux grands scrutins nationaux). Il apparaissait anormal au chef de l'État que la plupart des Français de l'étranger n'exercent pas leur droit de vote. La loi du 19 juillet 1977 avait pour objet de les inciter à participer aux différents scrutins.

À cet effet, elle comportait des dispositions véritablement exorbitantes. D'une part, elle permettait aux électeurs résidant à l'étranger de choisir librement leur circonscription (sous réserve qu'ils demandent leur inscription dans une commune de plus de 30 000 habitants et que le nombre des inscriptions effectuées à ce titre n'excède pas une proportion de 2 % des électeurs inscrits). D'autre part, les formalités administratives étaient simplifiées et les électeurs de l'étranger n'avaient pas à connaître personnellement les personnes à qui ils adressaient leur procuration. L'objet de toutes ces dispositions étant d'inciter ces électeurs (qui souvent n'ont plus d'attaches avec leur circonscription d'origine) à voter, en demandant leur inscription dans une circonscription où leur vote avait des chances d'être déterminant. Mais la loi ne précisait pas si le choix de la circonscription devait être exercé personnellement par l'électeur ou s'il pouvait être confié à un mandataire. Celle-ci fut assez peu discutée à l'Assemblée nationale et votée à une large majorité, socialistes compris. Le vote de ces derniers s'explique par le fait que ce système très libéral ne leur était pas, *a priori*, défavorable, bien au contraire. En effet, un nombre important de Français installés à l'étranger étaient des enseignants dont une majeure partie vote à gauche. Encourager le vote des Français à l'étranger devait donc logiquement favoriser les candidats de l'opposition. Ceci explique sans doute pourquoi aucun groupe de parlementaires n'a cru devoir saisir le juge constitutionnel avant la promulgation de la loi. Tous les partis politiques pensaient pouvoir bénéficier du nouveau système. Si le Conseil avait été saisi, on peut se demander si cette loi n'aurait pas été déclarée inconstitutionnelle car plusieurs dispositions, et notamment celles concernant le libre choix de sa circonscription par l'électeur, pouvaient être considérées comme étant contraires au principe de l'égalité du suffrage posé à l'article 3 de la Constitution (la question de la constitutionnalité avait été soulevée au Sénat).

Quoi qu'il en soit, cette loi ne fut pas contestée. Et, lors de l'inscription sur les listes électorales, les électeurs de l'étranger ont été libres de choisir leur circonscription en fonction, comme devait le souligner le Conseil constitutionnel dans une décision du 21 juin 1978 (Hérault, 1e circ.), de leurs préférences politiques et notamment « ..de l'influence que pourrait exercer leur suffrage sur le résultat de l'élection ».

Dès lors, il était inévitable que les députés dont l'élection s'avérait difficile, cherchent à attirer l'inscription dans leur circonscription de Français de l'étranger pour recueillir des voix supplémentaires qui pouvaient être décisives. Ainsi s'établit une véritable chasse aux procurations de ces électeurs, organisée sur l'initiative de candidats ou de partis politiques, par des particuliers ou des groupements (cf. la création du rassemblement des Français de l'étranger en juin 1977) et chargée de recueillir les procurations (adressées par les postes diplomatiques), en particulier dans les villes étrangères où résident de nombreux Français (Libreville, Abidjan, Dakar, Tananarive...).

Ces procédés ont déclenché de très vives protestations de la part des partis de l'opposition. S'agissant d'un problème concernant l'inscription sur des listes électorales, ce sont les tribunaux d'instance et la Cour de cassation qui ont été saisis et ce sont eux qui ont statué sur la plupart des réclamations. La Cour de cassation a estimé que l'électeur n'avait pas à inscrire de sa main le nom de la circonscription choisie (8 mars 1978, D.S., 1978, *J.*, 370, note E. Cortial). Cependant, les procurations en blanc ne sont pas valables. Ainsi, environ un millier de demandes d'inscriptions ont été écartées notamment par les tribunaux d'instance de Paris, Nice, Grenoble, Montpellier, Saint-Étienne, Auxerre, Châtenay-Malabry, Vanves, etc.

Mais les tribunaux civils ne pouvaient statuer que sur la régularité de l'inscription sur les listes électorales et non sur la régularité du vote par procuration.

4 . C'est dans ces conditions que le Conseil constitutionnel a été saisi de réclamations contre le résultat de certaines circonscriptions où de nombreux Français à l'étranger avaient demandé leur inscription et où l'écart de voix entre les principaux candidats était particulièrement faible (Montpellier, 1re circonscription ; Paris, 16e etc.).

Les requérants estimaient que certains électeurs de l'étranger avaient été inscrits sur les listes électorales ou avaient établi leur procuration dans des conditions irrégulières.

5 . Normalement, le Conseil ne pouvait statuer que sur les irrégularités liées à l'établissement des procurations et non sur celles concernant l'inscription sur les listes électorales. En effet, il ne lui appartient pas de se prononcer sur la régularité des inscriptions sur les listes électorales dont le contentieux relève des tribunaux judiciaires.

Des recours ayant déjà été exercés et jugés lors de la publication des listes électorales, il est tout à fait naturel que le Conseil refuse de revenir sur ce problème à l'occasion des contestations relatives au déroulement des élections. Ceci surtout lorsque l'on sait qu'il interprétait alors d'une manière assez stricte les textes fixant sa compétence en matière électorale (cf. *supra, décision Rebeuf**).

Pourtant, cette fois-ci, le Conseil n'a pas écarté sa compétence. Il a estimé que s'il ne lui appartenait pas, en tant que juge des élections, de se prononcer sur la régularité des inscriptions, les requérants étaient cependant recevables à invoquer « ...les manœuvres dont serait entaché l'établissement de cette liste et qui seraient de nature à porter atteinte à la sincérité du scrutin ». Il reprend là la jurisprudence du Conseil d'État qui accepte d'annuler les décisions qui auraient été altérées par des manœuvres ou des fraudes commises à l'occasion de la révision des listes.

6 . Sur le fond, le Conseil adopte une position identique à celle de la plupart des tribunaux d'instance et de la Cour de cassation.

- En ce qui concerne les modalités du vote par procuration, il rappelle que la loi n'exige pas que le mandant connaisse personnellement le mandataire qu'il désigne. Il estime d'autre part, que les volets des procurations ont pu être valablement adressés par les autorités consulaires au moyen de la valise diplomatique puis, par le

Ministère des Affaires étrangères, aux maires des communes intéressées et aux mandataires.

- En ce qui concerne les inscriptions sur les listes électorales, il constate qu'il résulte de l'instruction que plus de 2 000 demandes d'inscriptions en blanc émanant de Français établis au Gabon ont été acheminées par l'association « Rassemblement des Français de l'étranger ».

Il rappelle que si la loi n'interdit pas à des personnes ou groupements d'inciter les Français de l'étranger à s'inscrire dans la 16ᵉ circonscription de Paris, en vue de favoriser le succès du candidat de telle formation politique, cependant, *le choix de la circonscription doit procéder d'un choix personnel de chaque électeur.*

Se montrant plus strict sur ce point que les tribunaux judiciaires, il en résulte, selon lui, que ce choix doit être exercé par l'électeur lui-même avant qu'il n'appose sa signature sur sa demande. Au contraire, la Cour de cassation a jugé que la loi ne fixant aucune prescription particulière quant au mode d'expression du choix fait par les électeurs, celui-ci pouvait s'exercer selon des modalités différentes.

Le Conseil en conclut qu'il existe de fortes présomptions pour que les 44 électeurs du Gabon dans la 16ᵉ circonscription n'aient pas personnellement choisi cette circonscription et que leurs votes doivent être tenus pour nuls.

Conformément à sa jurisprudence *Sallenave* de 1974 (nº **16**-5), il décide qu'il y a lieu de les soustraire du nombre de voix obtenu par le candidat arrivé en tête *dans le bureau* où ces votes ont été émis. Ceci ne permet plus au candidat proclamé élu de conserver la majorité car celui-ci n'avait que 39 voix d'avance.

En revanche, il estime qu'il n'y a pas lieu de proclamer élu le candidat arrivé en seconde position, ceci ne pouvant se justifier que dans l'hypothèse de réintégration de bulletins annulés à tort par les bureaux de vote ou par la commission de recensement.

Dans cette affaire, le Conseil constitutionnel semble avoir franchi un nouveau pas vers l'élargissement de sa compétence en matière électorale. En effet, au lieu de se limiter à l'examen des résultats des bureaux contestés par les parties, le Conseil constitutionnel se livre à une vérification de l'ensemble des résultats en estimant « ...qu'en soulevant un moyen tiré de ce que les procès-verbaux de recensement des votes de certains bureaux font apparaître un excédent dans le nombre des enveloppes et bulletins sans enveloppes trouvés dans l'urne par rapport au nombre des émargements, les parties ont saisi le Conseil constitutionnel de l'ensemble des opérations de décompte des suffrages exprimés ; qu'il appartient, dans ce cas, au juge de l'élection d'examiner les procès-verbaux de tous les bureaux de vote et d'opérer les redressements nécessaires » (comparer avec C.E., 1ᵉʳ décembre 1978, *élections municipales de Thiais*, *A.J.D.A.*, 1979, nº 5, p. 78 et 87).

Depuis, sa jurisprudence s'est précisée : il accepte, dans le cadre d'une requête tendant à l'annulation d'une élection, de procéder aux rectifications du nombre de suffrages obtenus par les candidats dans la mesure où ces rectifications « sont nécessaires à l'examen des griefs qui lui sont soumis à cette fin ». Mais, il ne lui appartient pas de procéder à une réformation du nombre de voix, « dans le seul but de déterminer la nature et l'étendue des avantages financiers auxquels un candidat, ou la formation politique à laquelle celui-ci a déclaré se rattacher, pourrait prétendre » (30 sept. 1993, Bouches-du-Rhône, 14e circ.).

Il n'entend pas se laisser entraîner dans un contentieux qui n'est pas lié, directement, à la régularité de l'opération ayant conduit à la proclamation du candidat élu.

Toutefois, cela ne l'empêche pas d'annuler des suffrages obtenus par un candidat (9 000 en l'occurrence), sans pour autant annuler l'élection contestée (1er juillet 1993).

II. - Les critiques adressées au juge électoral

7 . Cette décision d'annulation, ainsi que les quatre autres annulations d'élections prononcées par le Conseil constitutionnel à la suite des élections législatives de mars 1978, ont amené certains dirigeants politiques à adresser de vives critiques à la juridiction constitutionnelle.

Du côté de l'opposition, M. Mitterrand a accusé le Conseil d'être « une institution politique... l'instrument politique du pouvoir exécutif » et a engagé, ainsi que plusieurs autres leaders de la gauche, une véritable campagne contre la Haute juridiction. Quant à M. Chirac, il n'a pas hésité, quelques semaines plus tard, à mettre en cause personnellement le président du Conseil constitutionnel.

Il est assez surprenant de voir de telles personnalités politiques porter des jugements aussi excessifs sur la jurisprudence électorale du Conseil alors que ce dernier, comme on a pu le constater, ne fait qu'appliquer les mêmes principes que les tribunaux administratifs et judiciaires.

Le grand argument consiste à qualifier le Conseil d'organe « politique » et à l'accuser de rendre des décisions « politiques ».

Qu'est-ce qu'une juridiction politique ? Cette expression peut avoir deux sens. Soit on désigne par là une juridiction qui statue sur des problèmes de nature politique et dans ce cas on peut se demander comment une juridiction constitutionnelle pourrait ne pas être politique. Soit on désigne par là un organisme qui prend ses décisions en fonction de considérations d'ordre politique et non juridique. Dans ce cas, l'accusation n'est pas sérieuse vis-à-vis d'une jurisprudence qui s'inspire aussi étroitement de celle des tribunaux judiciaires et administratifs.

Il est évident que certaines décisions ont inévitablement des répercussions politiques. Mais il est peu sérieux de laisser supposer que la majorité des membres du Conseil décide de l'annulation d'une élection en fonction de considérations politiques.

On peut d'ailleurs se demander quel pouvait bien être l'intérêt « politique » de l'invalidation de Mme Goutmann ou de M. Cellard. Quant à MM. Servan-Schreiber et de la Malène, compte tenu des circonstances et du faible écart de voix qui les séparait de leur adversaire socialiste, il n'était pas difficile (pour un observateur impartial) de prévoir l'annulation de leur élection.

Alors que les critiques s'exprimaient jusqu'à présent surtout à l'occasion de l'invalidation de personnalités politiques marquantes (en

1993 encore à propos de celle de Jack Lang) lors des élections législatives du printemps 1997 il a été au contraire reproché au Conseil de ne pas avoir annulé certaines élections : seul l'unique élu du Front national et trois députés relativement marginaux de l'opposition ont été invalidés, « ... en revanche, le Conseil n'a pas osé faire preuve de sévérité envers des personnalités plus influentes, que ce soit Catherine Trautmann, la ministre de la Culture ou Jean Tiberi, le maire de Paris ». Et l'on n'a pas manqué d'expliquer cette relative prudence d'un Conseil « sans autorité » par les poursuites judiciaires dont son président faisait l'objet (*Le Monde*, 22-23 février 1998, p. 13).

8 . En réalité, ces attaques visent implicitement le mode de désignation des membres du Conseil constitutionnel. C'est un argument qui revient régulièrement chaque fois qu'une décision ne plaît pas et chaque fois que l'on envisage un élargissement des pouvoirs du juge constitutionnel (cf. *infra*, **31**, 4 et s.).

27

25 juillet 1979

DROIT DE GRÈVE À LA RADIO ET À LA TÉLÉVISION (105 DC)

Droit constitutionnel social
Continuité du service public
Conciliation de principes à valeur constitutionnelle

Décision 79-105 DC, *Rec.* 33, *RJC* I-71.
Article 61 de la Constitution.
Saisine par un groupe de 65 députés et de 63 sénateurs.
Le droit de grève : sa valeur constitutionnelle, ses limites, sa mise en œuvre par le législateur.
Le principe de continuité : valeur constitutionnelle.
Conciliation entre principes de valeur constitutionnelle.

RÉFÉRENCES

a) Textes des recours parlementaires in MAUS (D.), Textes et doc., 2e éd., 1982, p. 471-473 et in *R.D.P.*, 1979, p. 1732 et s.

b) *Notes doctrinales*

- BEGUIN (J.-C.) : *J.C.P.*, 1981, II, 19547. - FAVOREU (L.) : *R.D.P.*, 1979, p. 1705. - FAVOREU (L.) : Cahiers du C.F.P.C., 1982, nº 10, p. 41. - HAMON (L.) : « Grève et continuité du service public, mirage de la conciliation et modalité de l'arbitrage », *D.*, 1980, p. 333. - JARNEVIC (J.-P.) : *Rev. adm.* de l'Est de la France, 1980, p. 87. - LEGRAND (A.) : *A.J.D.A.*, 1980, p. 191. - PAILLET (M.) : *D.*, 1980, p. 101. - TURPIN (D.) : *Droit social*, 1980, p. 441. - AVRIL (P.) et GICQUEL (J.), *Pouvoirs*, 1979, nº 11, p. 196. - LEYMARIE (C.), *Droit social*, nº 1, 1980, p. 7.

c) *Autres références*

- FLAUSS (J.-F.) : « Les droits sociaux dans la jurisprudence du Conseil constitutionnel », *Droit social*, 1982, p. 645. - GENEVOIS (B.) : « La jurisprudence du Conseil constitutionnel relative au droit de grève dans les services publics », *Droit social*, 1989, p. 796. - HAMON (L.) : « Le droit du travail dans la jurisprudence du Conseil constitutionnel », *Droit social*, 1983, nº 3, p. 155. - JEAMMAUD (A.) : « Les principes dans le droit français du travail », *Droit social*, 1982, nº 9-10, p. 618. - DION-LOYE (S.) et MATHIEU (B.) : « Le droit de grève : l'affirmation elliptique du constituant, le silence du législateur, la parole du juge », *R.F.D.C.*, 1991, p. 508 ; ; - JEAMMAUD (A.) : « Le droit constitutionnel dans les relations du travail », *A.J.*, 1991, p. 622. - LYON-CAEN (G.) : « La jurisprudence du Conseil constitutionnel intéressant le droit du travail », *D.*, 1989, chron. p. 289. - MATHIEU (B.) : *Les sources du travail*, Paris, P.U.F.-Que sais-je, 1992 ; « Droit constitutionnel civil », *Jurisclasseur administratif*, nº 9, fasc. 1449. PRETOT (X.) : « Droit constitutionnel social », *Jurisclasseur administratif*, nº 9, fasc. 1443 ; « Les bases constitutionnelles du droit social », *Droit social*, 1991, p. 197. - REVET (M.) : « Le droit du travail dans la jurisprudence du Conseil constitutionnel », Colloque de Rennes, 1996. - TERNEYRE (PH.) : « Droit constitutionnel social. Inventaire en guise d'ouverture », *R.F.D.C.* 2-1990, p. 339.

c) *Jurisprudence*

- du Conseil constitutionnel

- Décision 117 DC du 22 juillet 1980, *Rec.* 42, *RJC* I-81 (Protection des matières nucléaires).
- Décision *127 DC des 19 et 20 janvier 1981** (Sécurité et liberté).
- Décision 144 DC du 22 oct. 1982, *Rec.* 61, *RJC* I-132 (Irresponsabilité pour fait de grève).
- Décision 217 DC, 18 septembre 1986, *Rec.* 141, *RJC* I-283 (Liberté de communication).
- Décision 230 DC, 28 juillet 1987, *Rec.* 50, *RJC* I-315 (retenues pour absence de service fait).
- Décision 257 DC, 25 juillet 1989, *Rec.* 59, *RJC* I-358 (Prévention des licenciements économiques).
- Décision 383 DC du 6 nov. 1996, *Rec.* 128 (Information des salariés dans les entreprises).
- Décision 387 DC du 21 janv. 1997, *Rec.* 23, *RJC* I-698 (Prestation d'autonomie pour les personnes âgées dépendantes).
- Décision 388 DC du 20 mars 1997, Rec. 31, *RJC* I-701 (Fonds de pension).
- Décision 401 DC du 10 juin 1998, *J.O.* 14 juin 1998, p. 9033, *Rec.* 258.

- du Conseil d'État

- 7 juillet 1950, *Dehaene, G.A.J.A.* nº 78.
- 7 juillet 1965, Pouzenc, *Rec.* 421.
- 4 février 1966, *Syndicat unifié des techniciens de la R.T.F., J.C.P.*, 1966, II, 14802.
- 10 mai 1972, *Fédération des syndicats d'ingénieurs et assimilés des mines, D.*, 1973, p. 354, note Ph. Comte.
- Ass., 28 juin 1974, *Fédération nationale des syndicats des services de santé et services sociaux de la C.F.D.T., Rec.* 380.
- 12 nov. 1976, *Syndicat unif. de radio et de télévision C.F.D.T., Rec.* 484.
- Sect., 15 déc. 1978, *Manufacture française des pneumatiques Michelin, D.*, 1979, p. 327, concl. Latournerie.
- 17 mars 1997, *Fédération nationale des syndicats du personnel des industries de l'énergie électrique, nucléaire et gazière*, req. nº 123 912.

- 27 février 1998, *Syndicat national des personnels de l'éducation surveillée-protection judiciaire de la jeunesse*, req. nº 171 055.
- 30 novembre 1998, *Mme Rosenblatt*, req. nº 183 359, *D.* 1999, IR p. 21.

- de la Cour de cassation

- Cass. soc., 12 mars 1996, arrêt nº 1168.
- Cass. soc., 18 juin 1996, arrêt nº 2836.
- Cass. soc., 13 novembre 1996, arrêt nº 4514.
- Cass. soc., 19 mai 1998, *D.* 1999, som. p. 40.

LE CONSEIL CONSTITUTIONNEL,

Saisi le 28 juin 1979 par MM. Georges Fillioud et autres, députés à l'Assemblée nationale, et le 6 juillet 1979 par MM. Marcel Champeix et autres, sénateurs, dans les conditions prévues à l'article 61, alinéa 2, de la Constitution, du texte de la loi modifiant les dispositions de la loi nº 74-696 du 7 août 1974 relatives à la continuité du service public de la radio et de la télévision en cas de cessation concertée du travail, telle qu'elle a été adoptée par le Parlement.

Vu la Constitution ;

Vu l'ordonnance du 7 novembre 1958 portant loi organique sur le Conseil constitutionnel, notamment les articles figurant au chapitre II du titre II de cette ordonnance ;

Ouï le rapporteur en son rapport ;

1. Considérant qu'aux termes du Préambule de la Constitution du 27 octobre 1946, confirmé par celui de la Constitution du 4 octobre 1958 : «le droit de grève s'exerce dans le cadre des lois qui le réglementent» ; qu'en édictant cette disposition les constituants ont entendu marquer que le droit de grève est un principe de valeur constitutionnelle, mais qu'il a des limites et ont habilité le législateur à tracer celles-ci en opérant la conciliation nécessaire entre la défense des intérêts professionnels, dont la grève est un moyen, et la sauvegarde de l'intérêt général auquel la grève peut être de nature à porter atteinte ; que, notamment en ce qui concerne les services publics, la reconnaissance du droit de grève ne saurait avoir pour effet de faire obstacle au pouvoir du législateur d'apporter à ce droit les limitations nécessaires en vue d'assurer la continuité du service public qui, tout comme le droit de grève, a le caractère d'un principe de valeur constitutionnelle ; que ces limitations peuvent aller jusqu'à l'interdiction du droit de grève aux agents dont la présence est indispensable pour assurer le fonctionnement des éléments du service dont l'interruption porterait atteinte aux besoins essentiels du pays ;
2. Considérant que les dispositions contenues au paragraphe I de l'article 26 de la loi du 7 août 1974, tel qu'il est modifié par la loi soumise à l'examen du Conseil constitutionnel, se bornent à réglementer les conditions dans lesquelles doit être déposé le préavis de grève ; que ce texte n'est contraire à aucune disposition de la Constitution ni à aucun principe de valeur constitutionnelle ;
3. Considérant qu'il en va de même des dispositions du paragraphe II du même article qui, après avoir indiqué les conditions dans lesquelles doivent être assurées la création, la transmission et l'émission des signaux de radio et de télévision, prévoit qu'un décret en Conseil d'État détermine les modalités d'application de ces conditions, conformément à la répartition des compétences opérée entre le domaine de la loi et celui du règlement par les articles 21, 34 et 37 de la Constitution ;
4. Considérant que si, dans ce même paragraphe II de l'article unique de la loi, le législateur fait usage du terme «requérir», s'agissant des appels qui peuvent être éventuellement adressés aux catégories de personnels dont le concours peut être indispensable pour l'exécution de la mission ci-dessus rappelée des sociétés de programme et de l'établissement public de diffusion, il résulte clairement des débats parlementaires et des déclarations faites à cette occasion par le ministre de la culture et de la communication qu'en usant de ce terme la loi ne se réfère pas au droit de réquisition tel qu'il en résulte de l'ordonnance du 7 janvier 1959 et des autres textes qui régissent ce droit ; que le paragraphe III ne peut donc, de ce fait, être entaché de non-conformité à la Constitution ;
5. Mais, considérant qu'en prévoyant dans la première phrase du paragraphe II de la loi que : «lorsque les personnels des sociétés nationales de programme de télévision sont en nombre insuffisant pour assurer le service normal, le président de chaque société peut, si la situation l'exige, requérir les catégories de personnels ou les agents qui doivent demeurer en fonctions pour assurer la continuité des éléments du service nécessaires à l'accomplissement des missions définies aux articles 1er et 10», le législateur permet aux présidents des sociétés, lorsqu'une cessation concertée du travail empêche l'exécution du service normal et afin de garantir que soit cependant assurée la généralité des missions dont il assigne l'accomplissement à ces sociétés, de faire obstacle à l'exercice du droit de grève dans les cas où son interdiction n'apparaît pas justifiée au regard des principes de valeur

constitutionnelle ci-dessus rappelés ; que, dès lors, les dispositions contenues dans cette phrase doivent être regardées comme non conformes à ces principes en tant qu'elles font référence, d'une part, à l'exécution d'un service normal et, d'autre part, à l'accomplissement des missions définies aux articles 1er et 10 de la loi du 7 août 1974 ;

6. Considérant en conséquence que les termes suivants du paragraphe III de l'article 26 de la loi du 7 août 1974, tel qu'il est modifié par l'article unique de la loi soumise à l'examen du Conseil constitutionnel : «pour assurer le service normal» et «nécessaires à l'accomplissement des missions définies aux articles 1er et 10» doivent être regardés comme ayant été adoptés en méconnaissance de ces principes ;

7. Considérant qu'il ne résulte ni des dispositions précitées ni des débats auxquels l'examen de la proposition de loi a donné lieu devant le Parlement que lesdites dispositions soient inséparables de l'ensemble du texte de la loi déférée au Conseil constitutionnel,

Décide :

ARTICLE PREMIER - Sont déclarés non conformes à la Constitution les termes suivants du paragraphe III de l'article 26 de la loi du 7 août 1974 tel qu'il a été modifié par la loi soumise à l'examen du Conseil constitutionnel : «pour assurer le service normal» et «nécessaires à l'accomplissement des missions définies aux articles 1er et 10».

ART. 2. - Les autres dispositions de la loi soumise à l'examen du Conseil constitutionnel sont déclarées conformes à la Constitution.

ART. 3 - La présente décision sera publiée au *Journal officiel* de la République française.

Délibéré par le Conseil constitutionnel dans sa séance du 25 juillet 1979.
(*J.O.*, 27 juill. 1979, p. 1953).

La composition du Conseil constitutionnel à la date du 25 juillet 1979 était la suivante : M. FREY (Président), MM. BROUILLET, COSTE-FLORET, GOGUEL, GROS, JOXE, MONNERVILLE, PERETTI, SÉGALAT.

OBSERVATIONS

1. La décision du *25 juillet 1979* est une de celles qui mettent en place, à l'initiative de la gauche alors dans l'opposition, une jurisprudence importante dont cette même gauche devra supporter les conséquences, lorsqu'elle sera au pouvoir. L'intérêt de cette décision est tout d'abord qu'elle consacre pour la première fois la valeur constitutionnelle du droit de grève et, qu'avec elle, donc, les droits sociaux (prévus par le Préambule de la Constitution de 1946) prennent une place particulière. Ensuite, le Conseil constitutionnel est conduit à opérer une conciliation entre deux principes à valeur constitutionnelle. Enfin, cette décision procède à une remise en ordre de la répartition des compétences normatives entre les pouvoirs publics constitutionnels.

2 . Au cours de la session de printemps 1979 vient en discussion une proposition de loi déposée par M. Robert André Vivien et d'autres députés R.P.R., proposition tendant à modifier les dispositions de la loi du 7 août 1974 « relatives au droit de grève au sein du service public de la radiodiffusion télévision ». Cette proposition est

motivée par le recours excessif à la grève constituant selon certains un abus de droit, notamment pendant l'hiver 1979. Plus exactement les auteurs de la proposition ont voulu mettre fin à des pratiques consistant à tourner les dispositions de la loi de 1974 relatives au programme minimum. La pratique du dépôt du préavis de grève chaque jour ou « préavis glissant » conduit les présidents de chaîne à déclencher l'application du service minimum, de manière répétée, sans avoir la possibilité de prévoir quoi que ce soit à l'avance. Par ailleurs, les syndicats déposent un préavis de grève touchant les seules catégories nécessaires à l'accomplissement du service minimum, et ces agents étant immédiatement requis, sont normalement payés, en sorte que seuls quelques agents effectivement absents subissent la retenue. Par exemple, à T.D.F., le 20 février 1979, 2520 agents figuraient au tableau de service, 140 étaient requis pour assurer le service réduit (et donc payés), soit 5,67 % de l'effectif de service, 3 agents étaient absents (et donc non payés), soit un peu plus de 0,1 % du même effectif (Rapport Perrut, Ass. Nat. nº 990). Ainsi le service public subit les perturbations consécutives à une grève, sans pouvoir prendre ses dispositions à l'avance et sans que cela coûte rien aux agents.

Définitivement adoptée le 27 juin 1979 par l'Assemblée nationale et le Sénat, la loi est déférée au Conseil constitutionnel le 28 juin par les députés socialistes et le 6 juillet par les sénateurs socialistes.

Le Conseil constitutionnel retient l'un des griefs formulés contre la disposition destinée à permettre aux présidents de chaîne de faire assurer un « service normal » même en cas de grève, et rejette les autres griefs par une décision du *25 juillet 1979*. La loi, amputée de deux membres de phrase, est promulguée le 26 juillet 1979.

3 . La proposition de loi avait essentiellement pour objet de mieux préciser les conditions de dépôt du préavis de grève afin d'éviter les « préavis glissants » (§ 1), de définir ou de faire définir par un décret en Conseil d'État les « services ou les catégories de personnel strictement indispensables à l'exécution de la mission » et susceptibles d'être requis (§ 2) ; enfin, en cas de grève, si les personnels sont en nombre insuffisant « pour assurer un service normal », le texte donnait la possibilité aux présidents de chaque société de « requérir les catégories de personnels ou les agents qui doivent demeurer en fonctions pour assurer la continuité des éléments du service public nécessaires à l'accomplissement des missions définies aux articles 1er et 10 » (§ 3).

Les requérants développaient une argumentation beaucoup plus complète. Tout d'abord, l'obligation « d'assurer un service normal » revient à supprimer le droit de grève : or ceci n'est pas admissible même si la justification en est le principe de continuité du service public, car ce principe *qui n'a pas valeur constitutionnelle* ne peut l'emporter sur le droit de grève, qui a, lui, valeur constitutionnelle. Ensuite, en renvoyant à un décret en Conseil d'État le soin de définir les « services ou catégories de personnel strictement indispensables », le législateur méconnaît sa propre compétence car, selon la Constitution (Préambule de 1946), il appartient au seul législateur de réglementer le droit de grève. Enfin, la loi ne peut confier à des présidents de sociétés privées le pouvoir de réquisition, même s'ils sont chargés d'une mission de service public.

La décision du Conseil constitutionnel commence par un considérant de principe qui répond, d'une part, aux arguments des requérants, mais qui, d'autre part, permet à la Haute juridiction de donner une interprétation officielle du droit de grève et de ses limites.

Ensuite, le Conseil constitutionnel examinant le premier paragraphe relatif aux conditions de dépôt du préavis de grève, n'y voit rien de contraire à la Constitution. Puis, il rejette l'argument relatif à « l'incompétence négative » du législateur en affirmant que le pouvoir réglementaire peut intervenir « conformément à la répartition des compétences opérée entre le domaine de la loi et celui du règlement par les articles 21, 34 et 37 de la Constitution ». Et il enlève toute portée à l'argument relatif à l'impossibilité de conférer un pouvoir de réquisition à un organisme privé, en déclarant très habilement que « requérir » ne veut pas dire « réquisitionner ». Enfin, il donne raison aux sénateurs et aux députés en constatant que l'obligation « d'assurer un service normal » aboutit à « faire obstacle à l'exercice du droit de grève ».

I. - L'AFFIRMATION DE LA VALEUR CONSTITUTIONNELLE DU DROIT DE GRÈVE

4 . L'affirmation de la valeur constitutionnelle du droit de grève a été faite sans ambiguïté par le Conseil constitutionnel ; mais les limites ont été aussi rappelées et précisées car, pas plus que les autres droits et libertés fondamentaux, le droit de grève n'est un droit absolu :

> « Considérant qu'aux termes du Préambule de la Constitution du 27 octobre 1946, confirmé par celui de la Constitution du 4 octobre 1958, « le droit de grève s'exerce dans le cadre des lois qui le réglementent » ; qu'en édictant cette disposition les *constituants ont entendu marquer que le droit de grève est un principe de valeur constitutionnelle* mais qu'il a des limites et ont habilité le législateur à tracer celles-ci en opérant la conciliation nécessaire entre la défense des intérêts professionnels dont la grève est un moyen et la sauvegarde de l'intérêt général auquel la grève peut être de nature à porter atteinte ».

1° *Le droit de grève est un droit constitutionnel.*

5 . Le caractère constitutionnel ne faisait pas de doute à partir du moment où le juge constitutionnel avait incorporé le Préambule de 1946 dans le bloc de constitutionnalité, c'est-à-dire depuis la décision du *16 juillet 1971* *. Mais le Conseil constitutionnel n'avait pas eu, jusque-là, l'occasion de statuer sur ce point.

Le législateur ne peut donc prévoir la suppression du droit de grève pour aucune catégorie de salariés, du secteur privé comme du secteur public, car la valeur constitutionnelle de ce droit est affirmée sans restrictions quant aux bénéficiaires : et en l'espèce d'ailleurs, il s'agit de fonctionnaires et d'agents publics de la radio et de la télévision. Certes l'arrêt *Dehaene* (C.E., 7 juillet 1950, *Rec.* 426) avait également reconnu ce droit aux agents publics ; mais le Conseil d'État n'ayant à imposer le respect de ce droit qu'à l'administration, le problème restait posé de savoir si le respect de ce droit s'imposait aussi au législateur. La question est désormais tranchée.

6. Cette valeur constitutionnelle a été consacrée à cinq reprises depuis : tout d'abord dans la décision 117 DC (Protection des matières nucléaires) où, bien que la notion ne figure pas dans le texte attaqué, le Conseil constitutionnel accepte de suivre les requérants sur le terrain des atteintes au droit de grève et confirme le caractère constitutionnel de celui-ci ; ensuite dans la décision des *19-20 janvier 1981* * (*Sécurité et liberté*) à propos de la répression des délits de menaces ou d'entraves à la circulation des chemins de fer, le Conseil constitutionnel précise que les peines prévues par le texte « qui exigent une action positive de la part des auteurs des actes incriminés, ne sauraient viser les personnes *exerçant légalement le droit de grève reconnu par la Constitution...* » ; dans la décision 144 DC (*Irresponsabilité des syndicats*), le droit de grève est rangé parmi les « droits et libertés... ayant valeur constitutionnelle » ; dans la décision 217 DC du 18 septembre 1986 (*Liberté de communication)*, le Conseil constitutionnel a confirmé sa jurisprudence de 1979 ; en 1987, il a rendu une importante décision, à propos du rétablissement de la règle du trentième indivisible, en entérinant la technique de la retenue sur salaire par trentième indivisible, et en autorisant le législateur à prendre les mesures nécessaires pour assurer la continuité du service public « malgré le recours répété à des grèves de courte durée affectant anormalement le fonctionnement régulier des services publics » ; cela même à l'encontre de non fonctionnaires, par exemple les agents des services publics industriels et commerciaux (230 DC, 28 juillet 1987, *Amendement Lamassoure*).

2° *Le droit de grève n'est pas un droit absolu mais un droit comportant des limites qu'il appartient au législateur de « tracer ».*

7. À vrai dire, dans la mesure où le 7e alinéa du Préambule de 1946 a la rédaction qu'on connaît, cette prise de position du Conseil constitutionnel – confirmée depuis dans les décisions 117 DC et 144 DC – n'a pas de quoi surprendre. Toutefois, lors des débats parlementaires, tant les députés que les sénateurs communistes avaient soutenu que le texte de 1946 ayant été préparé lors de la réunion du Perreux en 1943, devait se lire ainsi : « La grève... s'exerce sans limite » (voir intervention de J. Ralite, *J.O.*, Débats A.N., 2e séance du 26 avril 1979, p. 3163, et de Ch. Lederman, *J.O.*, Débats Sénat, séance du 21 juin 1979, p. 2082). Cette position est d'ailleurs reprise dans la proposition de loi constitutionnelle portant Déclaration des libertés présentée par le groupe communiste en 1975 : « Art. 27. Le droit de grève est reconnu sans restriction » (Proposition n° 2128). Le Conseil constitutionnel n'a pas suivi l'interprétation assez audacieuse, qui lui était ainsi proposée ; et le principe même d'une possibilité de limitation de l'exercice du droit de grève a été retenu. Comme l'a souligné le professeur Léo Hamon, c'est « l'absolutisation » du droit de grève qui a été condamnée par le

Conseil constitutionnel dans sa décision 144 DC, comme l'aurait été celle de tout autre droit ou intérêt car, en définitive, c'est « l'absolutisation... qui est, par nature, contraire aux grands principes de la Constitution » (*Droit social*, 1983, p. 162).

8 . *Les limites* que doit respecter le droit de grève sont celles qui résultent de la nécessité de concilier les normes constitutionnelles qui le protègent avec d'autres normes constitutionnelles..

Dans la présente décision, le droit de grève se voit fixer des limites compte tenu de l'existence du principe de continuité des services publics, et cela d'ailleurs conformément à la jurisprudence du Conseil d'État. Dans la décision 117 DC, il est précisé que peuvent être apportées au droit de grève « les limitations nécessaires en vue d'assurer la protection de la santé et de la sécurité des personnes et des biens, protection qui tout comme le droit de grève, a le caractère d'un principe de valeur constitutionnelle ». Enfin, dans la décision 144 DC, le juge constitutionnel affirme que la protection du droit de grève ne doit pas conduire à porter atteinte au principe d'égalité.

Certes, dans ces trois affaires, le problème ne se pose pas exactement de la même manière : dans les deux premiers cas, le législateur est *autorisé* à fixer des limites à l'exercice du droit de grève ; et dans le troisième cas, il est *invité* à le faire. Dans la première hypothèse, le Conseil constitutionnel veille, en quelque sorte, à ce que le législateur ne « relativise » pas trop le droit de grève, et dans la deuxième hypothèse, à ce qu'il ne l'« absolutise pas trop ». Il n'en reste pas moins que dans tous les cas, il s'efforce d'établir la balance entre les exigences du droit de grève et celles des autres principes à valeur constitutionnelle.

9 . *L'autorité compétente pour fixer les limites* au droit de grève est le législateur et non le pouvoir réglementaire (voir *infra*, §. 24 et §. 26).

10 . *L'étendue de la compétence du législateur* quant à la « réglementation » du droit de grève sera définie de diverses manières sous le contrôle du Conseil constitutionnel.

Tout d'abord, il résulte de la décision du *25 juillet 1979* confirmée par la décision 117 DC, que toutes les grèves ne sont pas praticables : en faisant référence expressément à la notion de « défense d'intérêts professionnels » pour définir la grève, le Conseil constitutionnel a exclu – comme l'avait fait le Conseil d'État, dès 1950, en employant la même formule dans l'arrêt *Dehaene* – « les grèves dites illicites telles les grèves politiques et les grèves perlées » (L. Hamon). Le législateur ne pourrait donc pas autoriser de telles grèves sans encourir la censure du juge constitutionnel.

De même, et comme il a déjà été souligné, le législateur ne pourrait prévoir, même au cas de grève « licite », c'est-à-dire à caractère professionnel, un exercice sans limite de ce droit, car il peut porter atteinte à d'autres principes de valeur constitutionnelle. En sens inverse, le législateur ne peut supprimer – sauf exception – le droit de grève. Dans sa décision du *25 juillet 1979*, le Conseil constitutionnel envisage une telle hypothèse, mais il s'agit d'une interdiction momentanée de l'exercice du droit de grève pour certains agents des services publics : « ...que ces limitations peuvent aller jusqu'à l'interdiction du droit de grève aux agents dont la présence est indispensable... ». La privation définitive du droit de grève – telle que celle décidée par les lois relatives aux C.R.S. et aux personnels de l'administration pénitentiaire – pose un autre problème, mais il est probable que dans de tels cas exceptionnels, le Conseil constitutionnel accepte de considérer comme conforme à la Constitution de telles mesures. Le législateur ne doit pas non plus « dénaturer » le droit de grève, c'est-à-dire lui enlever toute portée tout en le laissant subsister en apparence. C'est ce qu'a décidé le Conseil constitutionnel dans la décision du *25 juillet* en annulant les dispositions par lesquelles les agents pouvaient être privés momentanément du droit de grève même pour assurer le service normal.

II. - L'ÉLABORATION PROGRESSIVE D'UN DROIT CONSTITUTIONNEL DU TRAVAIL

11 . Dans un premier temps, le Conseil constitutionnel a contribué à placer de plus en plus largement les droits sociaux sous la protection du législateur, en élargissant constamment le domaine d'intervention de celui-ci (cf. L. Hamon, Chron. *Droit social*, 1964 et 1980) comme il l'a fait dans d'autres secteurs.

Dans un second temps, à partir de 1974-75, et à l'initiative des parlementaires, le juge constitutionnel applique les dispositions ou principes de valeur constitutionnelle ayant trait aux droits sociaux et contribue ainsi à faire apparaître le « socle » constitutionnel : on dit parfois qu'il constitutionnalise les droits sociaux, mais en réalité il ne fait qu'appliquer et interpréter les dispositions ou principes à valeur constitutionnelle invoqués par les requérants. Ce faisant, il est conduit à donner vigueur essentiellement aux dispositions du Préambule de 1946, c'est-à-dire donc aux principes politiques, économiques et sociaux particulièrement nécessaires à notre temps ; mais pas exclusivement car il peut puiser aussi dans les principes fondamentaux reconnus par les lois de la République (par exemple pour la liberté d'enseignement) et il pourrait aussi s'appuyer sur l'article 34 de la Constitution pour reconnaître l'existence d'un droit à la sécurité sociale (en ce sens, F. Luchaire, *Le Conseil constitutionnel*, p. 222).

12 . Le *droit de grève* a vu reconnaître sa valeur constitutionnelle et préciser ses limites, nous l'avons vu, à de nombreuses reprises.

13 . (*Réservé*)

14 . Le Conseil constitutionnel a, pour la première fois, consacré à trois reprises, en 1977 et 1978 (79 DC, 83 DC, 92 DC), le *principe de participation* prévu par le 8e alinéa du Préambule de 1946 : « Tout travailleur participe, par l'intermédiaire de ses délégués, à la détermination collective des conditions de travail ainsi qu'à la gestion des entreprises ». On peut y ajouter la décision 128 DC (Travail à temps partiel) dans laquelle le Conseil constitutionnel se réfère à nouveau au principe de participation encore

que ce soit de manière implicite (mais la mise à jour de la Table analytique au 1er juillet 1982 range cette décision dans la rubrique « participation des travailleurs »...). On notera que, dans la décision 162 DC, les requérants ont voulu faire préciser au Conseil constitutionnel la portée du principe, mais celui-ci – compte-tenu des circonstances de l'espèce – n'a pas répondu à la question. Dans la décision 257 DC, le principe est bien rappelé par le Conseil constitutionnel mais il ne donne pas lieu à application concrète (23 juillet 1989, *Prévention du licenciement économique*). Le « conseiller du salarié » n'entre pas dans le champ d'application du principe (284 DC, § 3 à 6). Si le 8e alinéa du Préambule de 1946 implique que la détermination des modalités concrètes de sa mise en œuvre fasse l'objet d'une concertation appropriée entre les employeurs et les salariés ou leurs organisations représentatives, elle n'a ni pour objet ni pour effet d'imposer que dans tous les cas cette détermination soit subordonnée à la conclusion d'accords collectifs (328 DC, § 4, 5 et 6 et 388 DC, § 7). Le respect du 8e alinéa du Préambule implique que les représentants des salariés bénéficient des informations nécessaires pour que soit assurée la participation du personnel à la détermination collective des conditions de travail et à la gestion de l'entreprise (328 DC, § 9-12). En matière d'institutions de retraite, il a considéré qu'il revenait à la loi de mettre en œuvre les dispositions de l'alinéa 8 du Préambule (348 DC).

On soulignera que dans la décision 92 DC, le juge constitutionnel considère que le principe de participation s'applique aussi aux agents publics et fonctionnaires. Mais la représentation dans un esprit de participation de certaines catégories de personnes au sein des conseils de l'enseignement supérieur n'a pas le caractère d'un principe de valeur constitutionnelle

À partir du 8e alinéa du Préambule, le Conseil a développé progressivement un droit constitutionnel de la *négociation collective*. Il semble tout d'abord qu'il existe un véritable droit à la négociation collective (96-383 DC) et que sa mise en œuvre suppose « une concertation appropriée entre les employeurs et les salariés ou leurs organisations représentatives (97-388 DC, § 7) ; mais que si le législateur peut confier aux seules organisations syndicales la négociation collective des conditions de travail (89-257 DC) il n'est pas tenu de le faire car si les organisations syndicales ont vocation naturelle à assurer, notamment par la voie de la négociation collective, la défense des droits et intérêts des travailleurs, elles n'attribuent pas pour autant à celles-ci un *monopole de la représentation* des salariés en matière de négociation collective » (96-383 DC, § 9). Toutefois ces organisations syndicales ont un rôle prépondérant qui doit être préservé (96-385 DC).

Le Conseil a refusé de voir un principe fondamental reconnu par les lois de la République dans le « principe de faveur » selon lequel les salariés doivent se voir appliquer la norme la plus favorable, qu'elle soit posée par une loi ou par une convention collective : le législateur peut donc déroger au principe contenu dans l'article 132-13 et 23 du code du travail (89-257 DC, § 11 et 97-388 DC, § 43-44).

15 . La reconnaissance de la valeur de droit positif du principe de participation, reconnaissance réitérée à maintes reprises, est d'autant plus remarquable que le Conseil d'État, pour sa part, avait jugé d'abord dans un arrêt du 10 mai 1972 (*Fédération des syndicats d'ingénieurs et assimilés des mines*), puis dans un arrêt d'assemblée du 28 juin 1974 (*Fédération nationale des syndicats des services de santé et services sociaux de la C.F.D.T.*, *Rec.*, p. 380) que « les dispositions du 8e alinéa du Préambule de la Constitution de 1946 n'avaient pas valeur de principe général de droit positif », selon la formule de Mme Latournerie concluant dans une affaire récente mettant en cause le même principe (C.E. sect., 15 déc. 1978, *Manufacture française des pneumatiques Michelin*). Le Conseil d'État a maintenu sa position (C.E. 9 juillet 1986, *Syndicat des commissaires de police et des hauts fonctionnaires de la police*, *R.D.P.*, 1987, p. 250). Dans un arrêt du Conseil d'État *Nguyen Duc Quang** du 10 février 1997, l'instance administrative ne fait pas droit à la demande des requérants qui invoquaient l'alinéa 8 du Préambule de 1946.

16 . *Le droit à la sécurité des salariés* a, semble-t-il, été établi dans l'affaire de la prévention des accidents du travail (70 DC). En effet, on peut considérer, comme le fait notamment M. Léo Hamon, que le Conseil constitutionnel « tenant compte du mouvement du temps fait passer avant le principe de la personnalité des peines (qui couvrirait ici l'employeur) le droit pour les salariés d'obtenir des garanties effectives de sécurité » (*Droit social*, 1980, p. 437) ; ce dernier droit devant cependant être concilié avec le principe du respect des droits de la défense, dont peut se prévaloir l'employeur.

17 . *L'interdiction du vote plural* est affirmée en ce qui concerne l'élection des membres des Conseils de prud'hommes : le gros employeur n'aura qu'une voix comme le petit employeur (101 DC).

Il n'est pas certain cependant qu'il s'agisse d'un principe s'appliquant à toutes les élections professionnelles ; car le juge constitutionnel a expressément invoqué le caractère juridictionnel du conseil de prud'hommes pour motiver sa décision.

18 . Le *« droit syndical »* est invoqué et appliqué dans la décision 144 DC au même titre que le droit de grève, et il se voit reconnaître comme le droit de grève, valeur constitutionnelle : « s'il appartient au législateur, dans le respect du droit de grève et *du droit syndical ainsi que des autres droits et libertés* ayant également valeur constitutionnelle » (9e considérant). Le droit syndical avait déjà été invoqué aux côtés du droit de grève dans la décision des *19-20 janvier 1981* * et appliqué par le Conseil constitutionnel comme s'imposant au législateur. Il l'est une nouvelle fois dans la décision 162 DC.

Le « droit syndical » doit certainement être interprété ici comme le droit d'appartenir à un syndicat, et d'exercer librement des activités syndicales, conformément à l'alinéa 6 du Préambule de 1946 aux termes duquel : « Tout homme peut défendre ses droits et ses intérêts par l'action syndicale et adhérer au syndicat de son choix ». Mais le Conseil constitutionnel a utilisé la terminologie de l'article 34 selon lequel « la loi détermine les principes fondamentaux... du droit du travail, *du droit syndical*, et de la sécurité sociale ». Certes, on peut considérer que si la Constitution charge le législateur de mettre en œuvre le « droit syndical » c'est que celui-ci a un caractère constitutionnel ; mais le même raisonnement peut difficilement s'appliquer au « droit du travail », et l'on peut se demander alors si le droit syndical n'est pas le droit applicable aux syndicats et non le droit de se syndiquer. Il est vrai que dans une autre décision (128 DC) le juge constitutionnel a fait état de « l'exercice des droits syndicaux ».

En toute hypothèse, nul doute qu'après les décisions des *19-20 janvier 1981* *, 127 DC (§ 17), 128 DC, 144 DC et 162 DC, le droit syndical ou les droits syndicaux aient valeur constitutionnelle – même si la formulation eût dû être plus explicite et viser le Préambule de 1946 pour éviter toute ambiguïté.

Cette ambiguïté a été levée par la décision 257 DC du 25 juillet 1989 (*Prévention des licenciements économiques*) : reprenant les termes du 6e alinéa du Préambule de 1946, le Conseil constitutionnel déclare que « La réaffirmation par ces dispositions de la *liberté syndicale* ne fait pas obstacle à ce que le législateur compétent en vertu de l'article 34 de la Constitution pour déterminer les principes fondamentaux du droit du travail et du *droit syndical...* » (§ 21). Ceci confirme donc bien notre interprétation : on peut distinguer la « liberté syndicale » (droit d'adhérer à un syndicat ou de ne pas adhérer) et le « droit syndical » qui est en quelque sorte le droit applicable aux syndicats ou le régime juridique de cette liberté.

Il semble que, désormais, le Conseil constitutionnel utilisera l'expression « liberté syndicale » (au sens du 6e alinéa du Préambule) réservant celle de « droit syndical » uniquement dans le cas où, selon l'article 34, il s'agit de déterminer les principes fondamentaux du régime de cette liberté. Ceci nous semble confirmé par la décision 284 DC qui autorise le législateur lorsqu'il détermine les principes fondamentaux du droit syndical, à limiter les droits et libertés des employeurs dès lors qu'il n'est pas porté atteinte à leur substance.

19 . *Le droit au travail* a été, pour la première fois, mis en avant par les députés de l'opposition dans l'affaire de la loi d'orientation sociale : les requérants soutenaient que l'interdiction du cumul entre une pension de retraite et le revenu d'une activité professionnelle était contraire à l'alinéa du Préambule de 1946 aux termes duquel « chacun a le devoir de travailler et le droit d'obtenir un emploi » (134 DC) ; le Conseil constitutionnel, sans déclarer ce moyen irrecevable, le rejette en invoquant la compétence du législateur pour déterminer les principes fondamentaux du droit *du* travail. Dans une deuxième affaire semblable (156 DC) il le consacre expressément. Et il le confirme à propos de la loi réglementant le cumul emploi-retraite dans une décision 200 DC.

III. - La continuité du service public norme de valeur constitutionnelle

20 . Les députés requérants faisaient valoir dans leur recours que le principe de continuité du service public ne pouvait être rattaché à aucune disposition de valeur constitutionnelle ni à aucune loi de la

République. Et, effectivement, le Conseil constitutionnel ne se réfère à aucun texte pour affirmer que « la continuité du service public... tout comme le droit de grève a le caractère d'un principe de valeur constitutionnelle ».

Le juge constitutionnel aurait pu invoquer l'article 5 de la Constitution aux termes duquel « Le Président de la République assure... le fonctionnement régulier des pouvoirs publics ainsi que la continuité de l'État » ; et il est possible qu'il le fasse dans une décision ultérieure, s'il en a l'occasion.

La reconnaissance de la valeur constitutionnelle de ce principe de continuité prête peu à contestation car, comme l'a fait remarquer le commissaire du Gouvernement Gazier sur l'arrêt *Dehaene*, « admettre sans restrictions la grève des fonctionnaires, ce serait ouvrir des parenthèses dans la vie constitutionnelle, et, comme on l'a dit, consacrer officiellement la notion d'un État à éclipses. Une telle conception est radicalement contraire aux principes les plus fondamentaux de notre droit public ». Et le principe de continuité est incontestablement l'un de ces « principes fondamentaux ».

Il a été consacré à nouveau dans les décisions 94-347 DC du 21 juillet 1994 et 96-380 DC du 23 juillet 1996.

IV. - La conciliation entre deux normes de valeur constitutionnelle

21 . Le Conseil constitutionnel procède à une *« conciliation » entre deux principes ou dispositions à valeur constitutionnelle* ; ou plus exactement, il renvoie au législateur le soin d'opérer cette conciliation en lui donnant les indications nécessaires pour y procéder convenablement.

22 . Dans sa décision du *25 juillet 1979*, le Conseil constitutionnel est conduit à affirmer, comme l'avait fait le Conseil d'État avant lui, que droit de grève et continuité du service public sont deux principes d'égale valeur qui doivent s'accommoder l'un de l'autre.

Ainsi qu'il a été exposé plus haut, il aura également à prévoir de concilier le droit de grève avec les principes de la protection de la santé et de la sécurité des personnes et des biens (117 DC), et le principe d'égalité (144 DC).

Dans la décision des *19-20 janvier 1981* *, le juge constitutionnel, en matière de contrôle d'identité, fait valoir que la liberté d'aller et venir et la liberté individuelle doivent être conciliées avec « ce qui est nécessaire pour la sauvegarde des fins d'intérêt général ayant valeur constitutionnelle et dont la poursuite motive la vérification d'identité » ; et à deux reprises, à nouveau, il adopte la même démarche.

Il a eu aussi à résoudre un problème du même type dans la décision 141 DC (Communication audiovisuelle) : la liberté de communication « telle qu'elle en résulte de l'article 11 de la Déclaration des droits de l'homme » doit être conciliée avec « les objectifs de valeur constitutionnelle que sont la sauvegarde de l'ordre public, le respect de la liberté d'autrui et la préservation du caractère pluraliste des courants d'expression socioculturels... ».

Dans la décision du *16 janvier 1982* *, la liberté d'entreprendre et le droit de propriété tels qu'ils résultent de la Déclaration des droits sont conciliés avec le principe des nationalisations posé par l'alinéa 9 du Préambule de la Constitution de 1946.

On pourrait relever d'autres décisions postérieures allant dans le même sens (Voir notamment 287 DC).

23 . C'est au législateur qu'il appartient d'opérer ces conciliations sous le contrôle du juge constitutionnel qui lui donne des directives pour procéder à ces délicates opérations. (Cf. décision des *19-20 janvier 1981* *.) Cette compétence a été expressément rappelée dans un considérant de principe de la décision des *10-11 octobre 1984* * : « Considérant que... s'agissant d'une liberté fondamentale... la loi ne peut en réglementer l'exercice qu'en vue de le rendre plus effectif ou *de le concilier avec celui d'autres règles ou principes de valeur constitutionnelle* ».

Et il ne peut, à l'occasion de cette conciliation, désavantager l'un des principes en présence au point de le mettre en cause : c'est le sens de la décision 144 DC qui prononce l'annulation d'une disposition de la loi pour avoir trop sacrifié le principe d'égalité au droit de grève.

24 . Si la décision confirme, en la reprenant, la jurisprudence *Dehaene* quant à la définition des limitations au droit de grève, elle la condamne, en revanche, en ce qui concerne l'autorité compétente pour définir ces limitations.

L'arrêt *Dehaene*, en effet, après avoir constaté l'absence de réglementations du droit de grève par le législateur, en déduisait que cette absence « ne saurait avoir pour conséquence d'exclure les limitations » sous peine de conduire à des abus du droit de grève, et en arrivait à la conclusion « qu'en l'état actuel de la législation, *il appartient au Gouvernement* responsable du bon fonctionnement des services publics, *de fixer, lui-même, sous le contrôle du juge,...* la nature et l'étendue desdites limitations ». Et le Conseil d'État a donc admis que l'administration pouvait par circulaires ministérielles ou même par circulaires émanant de chefs de service, en application de la jurisprudence *Jamart*, fixer ces limitations, et cela même après l'entrée en vigueur de la Constitution de 1958 qui, selon les commentateurs autorisés des *Grands arrêts*, « n'a pas changé les données du problème » (Long, Weil et Braibant, 7e édition, p. 345). Et il l'a même étendu au personnel communal (C.E., 7 juillet 1965, *Rec.* 421, *Pouzenc*).

Comme le notent ces mêmes commentateurs, le Conseil d'État s'est depuis tenu à cette jurisprudence « malgré les critiques d'une partie de la doctrine qui estime que la matière était réservée par la Constitution au pouvoir législatif ».

25 . Cette même critique fut reprise de manière très énergique par plusieurs parlementaires lors de la discussion de la loi à propos de laquelle est intervenue la présente décision du *25 juillet 1979* * et notamment par les rapporteurs qui citèrent la doctrine (Rapport F. Perrut citant une note de Ch. Debbasch sous C.E, 4 février 1966, *Syndicat unifié des techniciens de la R.T.F., J.C.P.*, 1966.II.14802 :

« Il ne fait pas de doute que la volonté du constituant de voir le législateur maître de la réglementation du droit de grève est tournée et que la jurisprudence *Dehaene*, née d'une carence législative encourage aujourd'hui cette « paresse législative » ; voir dans le même sens et de manière plus vive la critique de M. Luchaire, ancien membre du Conseil constitutionnel, *Rev. adm.*, 1979, p. 141) et affirmèrent clairement « la nécessité d'une définition législative et uniquement législative des limitations apportées au droit de grève» (Rapport F. Perrut, p. 10). Certains allèrent même plus loin et mirent en cause le fait que le Conseil d'État en contrôlant la légalité des circulaires ou instructions définissant les limitations et notamment le service minimum au cas de l'O.R.T.F., en arrivait à réglementer lui-même l'exercice du droit de grève, se substituant ainsi au Gouvernement et au législateur. C'est ce qu'a souligné notamment le sénateur Cavaillet en des termes très vifs, à propos des arrêts du 12 novembre 1976, dans lesquels le Conseil d'État a examiné la légalité d'instructions définissant le service minimum (C.E., 12 novembre 1976, *Syndicat unifié de radio et de télévision C.F.D.T., Rec.*, 484 et 1095) :

> « ... le Conseil d'État dans ses arrêts du 12 novembre 1976 a aménagé l'instruction. Il en a rejeté toute une partie au motif que telle disposition n'était pas convenable, que telle autre n'était pas conforme ; et il a en quelque sorte dominé l'exécutif et il a dit : « cela non, cela oui ». Mais de quel droit le Conseil d'État peut-il intervenir dans une semblable affaire ? et après avoir, malgré le respect qu'il leur porte, dit aux magistrats « qu'il ne faut pas qu'ils en fassent trop », le sénateur poursuit : « Je reconnais que le Conseil d'État a toujours été le défenseur des libertés, sauf dans ce cas. Ici il a pénalisé l'exécutif et indirectement l'Assemblée nationale et le Sénat... qui vous avaient donné délégation de définir le programme minimum » *(J.O., Débats, Sénat, 1979, p. 1772).*

Ce reproche a été formulé plusieurs fois à l'encontre du Conseil d'État, et nul doute que l'affirmation, plusieurs fois répétée dans la décision, qu'il appartient au législateur de fixer les limitations et les conditions d'exercice du droit de grève, apparaisse comme marquant la fin de la jurisprudence *Dehaene*, et donc la fin du rôle normatif que s'était indirectement attribué le Conseil d'État dans ce domaine. (Voir sur ce point, L. Favoreu, « Le Conseil d'État défenseur de l'exécutif », contribution aux *Mélanges Boulouis*, 1992). Mais il ne semble pas que ce soit le cas, pour le moment, car la jurisprudence la plus récente de la Haute juridiction administrative reprend les mêmes formules qu'avant (cf. C.E., 13 nov. 1992, *Union syndicale de l'aviation civile CGT, A.J.* 1993, p. 221, note critique B. Mathieu).

En revanche, la Cour de cassation a quant à elle, changé de position (cf. *infra* § 28).

26 . En toute hypothèse, pour la radio et la télévision, c'est désormais la loi et un décret en Conseil d'État qui définiront les conditions d'exercice du droit de grève, et non plus de simples circulaires ou instructions de service. Et il est probable qu'il en ira de même dans les autres services publics, compte tenu de la présente décision.

Le Conseil constitutionnel rétablit ainsi l'ordre normal des compétences normatives.

Cette compétence du législateur a été réaffirmée clairement dans les décisions 117 DC et 144 DC. Il est même souligné, dans cette dernière décision, qu'il appartient au législateur de « *tracer avec précision la limite* séparant les actes... ».

Le Gouvernement a d'ailleurs compris qu'il lui fallait, enfin, donner son entière signification à l'alinéa 7 du Préambule de 1946 en proposant au Parlement de prendre les lois destinées à « réglementer » le droit de grève : en effet, lors de la discussion du texte de loi sur lequel s'est prononcé le Conseil le 22 octobre 1982, le ministre du Travail a déclaré : « Le Gouvernement prépare un projet de loi sur l'exercice du droit de grève ; cela demandera du temps car la réglementation de ce droit est d'une très grande complexité... » (*J.O.*, Débats, A.N., 1re séance du 24 mai 1982, p. 2481). Et comme le souligne un commentateur, « la décision... du Conseil constitutionnel (144 DC) en excluant les solutions d'irresponsabilité, rend d'une certaine manière, plus nécessaire encore un statut législatif de la grève ;... une réglementation qui fixe des limites entre ce qui est permis et ce qui ne l'est pas, au besoin en en déplaçant certaines, est le devoir du législateur ; la décision du Conseil constitutionnel loin d'y faire obstacle l'y convie » (L. Hamon).

V. - La répartition des compétences normatives

27 . La répartition des compétences normatives entre Constitution et loi d'une part, et loi et règlement d'autre part, s'effectue de la même manière. « Réglementer » l'exercice du droit en fixant ses conditions d'application et ses limites, de même que le principe de participation des travailleurs à la gestion des entreprises est mis en œuvre par des lois (cf. *R.D.P.* 1978, p. 837). Mais si le législateur peut mettre en œuvre ce droit il ne peut le mettre en cause ou le dénaturer : ainsi, lorsque la loi prévoit que le « service normal » devra être assuré, elle supprime en réalité le droit de grève, et dans un cas où cela n'est pas justifié par les exigences du principe de continuité. Il y a ici une « mise en cause » du droit constitutionnel de la grève et cela n'est pas de la compétence du législateur mais du constituant.

Mais « réglementer » l'exercice du droit de grève cela ne veut pas dire, comme le prétendaient les députés socialistes, poser toutes les règles. Car conformément à la jurisprudence du Conseil constitutionnel et du Conseil d'État, il y a toujours place, quelle que soit la matière, pour une intervention du pouvoir réglementaire qui met en œuvre les règles posées par le pouvoir législatif. C'est ce que rappelle le Conseil constitutionnel en soulignant qu'après que le législateur ait « indiqué les *conditions* dans lesquelles doivent être assurées la création, la transmission... », c'est un décret en Conseil d'État qui « détermine *les modalités d'application de ces conditions*, conformément à la répartition des compétences opérée entre le domaine de la loi et celui du règlement par les articles 21, 34 et 37 de la Constitution ». Ceci est dans la ligne d'une jurisprudence bien établie et renforce l'idée selon laquelle, désormais, pour chaque droit ou liberté fondamentale, il y a la gradation ou la cascade des normes constitutionnelles, législatives et réglementaires, réglée par l'application du couple mise en cause-mise en œuvre.

28 . Un arrêt de la Cour de cassation (Chambre sociale, 7 juin 1995, *S.A. Transports Séroul*) a illustré de manière spectaculaire ce que doit être aujourd'hui la répartition des compétences normatives en déclarant qu'« une convention collective ne peut avoir pour effet de limiter ou de réglementer pour les salariés l'exercice du droit de grève constitutionnellement reconnu et que *seule la loi peut créer un délai de préavis de grève s'imposant à eux* » (souligné par nous).

Cet arrêt a été confirmé à plusieurs reprises en 1996 et 1997.

28

24 et 30 décembre 1979

VOTE DU BUDGET

(110 DC ; 111 DC)

Droit constitutionnel budgétaire
Procédures d'examen et de vote applicables aux lois de finances

Décision 79-110 DC, *Rec.* 36, *RJC* I-75.
Article 61, al. 2, de la Constitution.
Saisines du Président de l'Assemblée nationale et de 65 députés.
Portée de l'article 40 de l'ordonnance du 2 janvier 1959.
Valeur fondamentale du principe de l'équilibre économique et financier.
Irrégularité de procédure.
Inconstitutionnalité totale de la loi de finances.
Décision 79-111 DC, *Rec.* 39, *RJC* I-77.
Article 61, al. 2, de la Constitution.
Saisines de 86 députés et de 60 sénateurs.
Portée des articles 2 et 4 de l'ordonnance du 2 janvier 1959.
Notion de loi de finances temporaire.

RÉFÉRENCES

a) Texte des recours *in* MAUS (D.). Textes et doc., 2e éd., 1982, p. 474 et s.

b) *Notes doctrinales*

- FABERON (J.-Y.) : « Le vote du budget 1980, l'imbroglio juridique », *R.P.P.*, 1980, nº 884, p. 10. - FRANCK (C.) : *A.J.D.A.*, 1980, p. 356. - HAMON (L.) : *D.*, 1980, J. 381. - PHILIP (L.) : *R.D.P.*, 1980, p. 1373.

c) *Autres références*

- AVRIL (P.) : « Pour une interprétation littérale », *Le Monde*, 17 janv. 1980. - DEVAUX (G.) : « Les institutions et la procédure budgétaire », *Le Monde*, 28 févr. 1980. - FOYER (J.) : « Une surprenante innovation », *Le Monde*, 26 déc. 1979. - MAUS (D.) : « Quelques questions », *Le Monde*, 3 janv. 1980. - THÉRON (J.-P.) : L'intervention de la C.M.P. dans l'élaboration des lois de finances, *Annales de Toulouse*, 1979, p. 367. - PHILIP (L.) : « Une décision un peu hâtive », *Le Monde,* 5 janv. 1980. - ROBERT (J.) : « La sauvegarde du droit », *Le Monde*, 27 déc. 1979. - DUCROS (J.-C.) : *La structure bipartite de la loi de finances de l'année. Études de finances publiques*, Economica, 1984, p. 143.

- PEISER (G.) : *La priorité de l'Assemblée nationale sur le Sénat en matière de lois de finances. Études de finances publiques*, Economica, 1984, p. 209.
- ETIEN (R.) : « Annulation de la loi de règlement pour 1983 », *R.A.*, 1985, p. 462.
- MESSAGE (H.) : La structure des lois de finances, *R.F.F.P.*, nº 40, 1992 ; L'Assemblée nationale et les lois de finances, *Conn. de l'Ass.*, nº 3, oct. 1996.
- PHILIP (L.) direc. : *Le pouvoir financier du Parlement*, Economica, 1996.

d) *Jurisprudence*

- Décision 43 DC du 17 juin 1971, *Rec.* 23, *RJC* I-24 Modification de l'article 39 de la loi organique de 1959. Délai imparti au Sénat pour voter le projet de loi de finances.
- Décision 53 DC du 30 déc. 1974, *Rec.* 23, *RJC* I-29. Loi de finances pour 1975. Notion de services votés.
- Décision 73 DC du *28 déc. 1976* , *Rec.* 41, *RJC* I-43. Loi de finances pour 1977. Droit de priorité de l'Assemblée nationale en matière financière (art. 39 C).
- Décision 74 DC du *28 déc. 1976*, *Rec.* 45, *RJC* I-45. Loi de finances rectificative pour 1976. Droit de priorité de l'Assemblée nationale en matière financière (art. 39 C) et procédure de la C.M.P. (art. 45 C).
- Décision 154 DC du 29 décembre 1982 *Rec.* 80, *RJC* I-147. Loi de finances pour 1983. Respect de l'article 40 L.O.
- Décision 155 DC du 30 déc. 1982, *Rec.* 88, *RJC* I-149. Loi de finances rectificative pour 1982. Droit de priorité de l'Assemblée nationale en matière financière (art. 39 C).
- Décision 161 DC du 19 juill. 1983, *Rec.* 47, *RJC* I-156. Loi de règlement pour 1981. Respect des délais de vote prévus par les articles 47 C et 39 L.O. Ces délais ne s'appliquent pas aux lois de règlement qui ne mettent pas en jeu la continuité de la vie nationale.
- Décision 191 DC du 10 juillet 1985, Rec. 46, *RJC* I-191. Loi portant diverses dispositions d'ordre économique et financier. Exercice du droit d'amendement du gouvernement après l'intervention de la C.M.P.
- Décision 190 DC du 24 juillet 1985, *Rec.* 53, *RJC* I-226. Loi de règlement pour 1983. Délais de vote, non-application des délais prévus pour les lois de finances initiales. Nécessité de la déclaration d'urgence.
- Décision 202 DC du 16 janv. 1986, *Rec.* 14. Loi de règlement pour 1983. Le contrôle de constitutionnalité ne se confond pas avec celui de la régularité des opérations budgétaires.
- Décision 209 DC du 3 juillet 1986, *Rec.* 86, *RJC* I-266. Loi de finances rectificative pour 1986, respect des délais. Le dépassement du délai imparti à l'Assemblée nationale ne constitue une irrégularité que s'il a pour conséquence de réduire le délai dont dispose le Sénat.
- Décision 221 DC du 29 décembre 1986, *Rec.* 179, *RJC* I-298. Loi de finances pour 1987. Procédure de la C.M.P., limites inhérentes à l'exercice du droit d'amendement.
- Décision 268 DC du 29 décembre 1989, *Rec.* 110, *RJC* I-382. Loi de finances pour 1990. Droit d'amendement, utilisation de la procédure de l'art. 49, al. 3 de la Constitution.
- Décision 285 DC du 28 décembre 1990, *Rec.* 95, *RJC* I-424. Loi de finances pour 1991, procédure de la lettre rectificative.
- Décision 309 DC du 9 juin 1992, *Rec.* 66, *RJC* I-502. Résolution modifiant le règlement du Sénat. Application de la jurisprudence de 1979 relative à l'art. 4O L.O. aux lois de finances rectificatives.

- Décision 320 DC du 21 juin 1993, *Rec.* 146, *RJC* I-526. Loi de finances rectificative pour 1993. Droit de priorité de l'A.N., limites inhérentes à l'exercice du droit d'amendement et procédure de la lettre rectificative.
- Décision 367 DC du 29 nov. 1995, *Rec.* 233, *RJC* I-642. Loi organique relative à l'institution d'une session unique, décompte des délais.
- Décision 369 DC du 28 déc. 1995, *Rec.* 257, *RJC* I-646. Loi de finances pour 1996, Droit de priorité de l'A.N.
- Décision 370 DC du 30 déc. 1995, *Rec.* 269, *RJC* I-650. Plan Juppé. Utilisation de la procédure de l'art. 49.3 C.
- Décision 395-DC du 30 déc. 1997, *Rec.* 333, *RJC* I-732. Loi de finances pour 1998 (délai d'examen, fonds de concours).
- Décision 402 DC du 25 juin 1998, *Rec.* 269. Loi portant DDOEF (limite du droit d'amendement après la CMP).
- Décision 405 DC du 29 déc. 1998, *Rec.* 326. Loi de finances pour 1999 (fonds de concours).
- Décision 407 DC du 14 janv. 1999, *J.O.* du 20 janv. 1999, p. 1028. Loi sur le fonctionnement des conseils régionaux (procédure de vote du bidget régionaL).

I

LE CONSEIL CONSTITUTIONNEL,

Saisi le 20 décembre 1979 par le président de l'Assemblée nationale, dans les conditions prévues à l'article 61, alinéa 2, de la Constitution, de la conformité à celle-ci de la loi de finances pour 1980, notamment au regard de la procédure d'élaboration des lois de finances et, spécialement, des dispositions de l'article 40 de l'ordonnance du 2 janvier 1959 portant loi organique relative aux lois de finances ;

Saisi le même jour par MM. Gaston Defferre et autres, députés à l'Assemblée nationale, dans les conditions prévues à l'article 61, alinéa 2, de la Constitution, de la conformité à celle-ci de la même loi de finances, notamment, d'une part, des procédures suivies pour l'élaboration de cette loi de finances, d'autre part, des dispositions contenues aux articles 2, 10 et 32 de cette loi ;

Vu la Constitution ;

Vu l'ordonnance du 2 janvier 1959 portant loi organique relative aux lois de finances ;

Ouï le rapporteur en son rapport ;

1. Considérant qu'en vertu de l'article 40 de l'ordonnance du 2 janvier 1959 portant loi organique relative aux lois de finances «la seconde partie de la loi de finances de l'année ne peut être mise en discussion devant une assemblée avant le vote de la première partie» ;
2. Considérant que la portée de cette disposition ne peut être appréciée qu'en la rapprochant de l'article 1, alinéa 1, de la même ordonnance d'après lequel «les lois de finances déterminent la nature, le montant et l'affectation des ressources et des charges de l'Etat, compte tenu d'un équilibre économique et financier qu'elles définissent» ;
3. Considérant qu'en subordonnant la discussion de la deuxième partie de la loi de finances, qui fixe le montant global des crédits applicables aux services votés et arrête les dépenses applicables aux autorisations nouvelles, au vote de la première partie, qui autorise et évalue les recettes, fixe les plafonds des grandes catégories de dépenses et arrête les données générales de l'équilibre économique et financier, l'article 40 ne fait que tirer les conséquences, au plan de la procédure législative, du principe fondamental affirmé à l'article 1er ; qu'il tend à garantir qu'il ne sera pas porté atteinte, lors de l'examen des dépenses, aux grandes lignes de l'équilibre préalablement défini, tel qu'il a été arrêté par le Parlement ;
4. Considérant que, si cette prescription ne fait pas obstacle à d'éventuelles modifications par les assemblées des dispositions de la première partie du projet de loi de finances, il faut, pour qu'il y soit satisfait, que la première partie, en l'absence d'un vote d'ensemble, ait été adoptée en celles de ses dispositions qui constituent sa raison d'être et sont indispensables pour qu'elle puisse remplir son objet ; qu'il en est ainsi, particulièrement de la disposition qui arrête en recettes et en dépenses les données générales de l'équilibre ; que, s'il en était autrement et, notamment, en cas de rejet de cette disposition, les décisions de la deuxième partie relatives aux dépenses n'auraient pas été précédées de la définition de l'équilibre, contrairement à ce qu'exige, dans sa lettre comme dans son esprit, l'article 40 de l'ordonnance du 2 janvier 1959 ;
5. Considérant qu'il est constant qu'au cours d'une première délibération l'Assemblée nationale n'a pas adopté l'article 25 du projet, devenu l'article 32 de la loi de finances soumise à l'examen du Conseil constitutionnel, article qui, dans la première partie de cette loi, est celui qui évalue les recettes et fixe les plafonds des charges, arrêtant ainsi les données générales de l'équilibre économique et financier pour 1980 ; que, par suite, et bien que le président de l'Assemblée nationale n'ait pu qu'appeler l'Assemblée à entreprendre la discussion de la seconde partie dès lors que le projet n'avait pas été retiré et que son examen avait été maintenu à l'ordre du jour prioritaire, la procédure suivie dans cette première délibération n'a pas été régulière au regard des dispositions de l'ordonnance du 2 janvier 1959 portant loi organique relative aux lois de finances ;

6. Considérant que cette irrégularité résulte, pour une part, de ce que le règlement de l'Assemblée nationale ne comporte pas de disposition propre à assurer le respect de la prescription figurant à l'article 40 de l'ordonnance du 2 janvier 1959 ; qu'en particulier, ce règlement ne permet pas de demander une seconde délibération sur les articles figurant à la première partie du projet de loi de finances avant que n'ait été achevé l'examen de tous les autres articles de ce projet ;
7. Considérant que, au cours de la troisième séance tenue le 17 novembre 1979 par l'Assemblée nationale, le Premier ministre a demandé une deuxième délibération, en précisant que cette demande concernait tous les articles de la première partie, puis ceux de la seconde partie de ce projet ; que, conformément à l'article 49, troisième alinéa, de la Constitution, il a, ensuite, engagé la responsabilité du Gouvernement, «d'une part sur les articles 1er à 25, qui constituent la première partie de la loi de finances, d'autre part, sur les articles 26 et suivants qui en constituent la deuxième partie ; enfin sur l'ensemble de ce texte, dans la rédaction initiale modifiée par les votes intervenus en première délibération et les amendements que le Gouvernement, en seconde délibération, a déposés» ;
8. Considérant que, les motions de censure déposées à la suite de l'engagement de la responsabilité du Gouvernement ayant été rejetées, les dispositions sur lesquelles le Gouvernement avait engagé sa responsabilité ont été considérées comme adoptées, mais sans que celles de la première partie, puis celles de la seconde partie aient pu l'être de façon distincte et successive comme l'aurait exigé l'article 40 de l'ordonnance du 2 janvier 1959 ;
9. Considérant, en conséquence, et, bien que la suite de la procédure ait été régulière tant devant le Sénat que devant l'Assemblée nationale, que la loi de finances pour 1980 n'a pas été adoptée conformément aux dispositions de l'ordonnance du 2 janvier 1959 portant loi organique relative aux lois de finances, prévue à l'article 47 de la Constitution.

Décide :

ARTICLE PREMIER. - La loi de finances pour 1980 est déclarée non conforme à la Constitution.
ART. 2. - La présente décision sera publiée au *Journal officiel* de la République française.

Délibéré par le Conseil constitutionnel dans sa séance du 24 décembre 1979..

(*J.O.* du 25 décembre 1979).

II

LE CONSEIL CONSTITUTIONNEL,

Saisi le 28 décembre 1979, d'une part, par MM. Maurice Andrieux et autres, députés à l'Assemblée nationale, et, d'autre part, par MM. Gilbert Belin et autres, sénateurs, dans les conditions prévues à l'article 61, alinéa 2, de la Constitution, du texte de la loi autorisant le Gouvernement à continuer à percevoir en 1980 les impôts et taxes existants, telle qu'elle a été adoptée par le Parlement ;
Vu la Constitution ;
Vu l'ordonnance du 7 novembre 1958 portant loi organique sur le Conseil constitutionnel, notamment les articles figurant au chapitre II du titre II de ladite ordonnance ;
Vu l'ordonnance du 2 janvier 1959 portant loi organique relative aux lois de finances ;

Ouï le rapporteur en son rapport ;

1. Considérant que ni la Constitution ni l'ordonnance du 2 janvier 1959 portant loi organique relative aux lois de finances n'ont prévu explicitement la procédure à suivre après une décision du Conseil constitutionnel déclarant la loi de finances de l'année non conforme à la Constitution ;
2. Considérant que, dans cette situation et en l'absence de dispositions constitutionnelles ou organiques directement applicables, il appartient, de toute évidence, au Parlement et au Gouvernement, dans la sphère de leurs compétences respectives, de prendre toutes les mesures d'ordre financier

nécessaires pour assurer la continuité de la vie nationale ; qu'ils doivent, pour ce faire, s'inspirer des règles prévues, en cas de dépôt tardif du projet de loi de finances, par la Constitution et par l'ordonnance portant loi organique, en ce qui concerne tant les ressources que la répartition des crédits et des autorisations relatifs aux services votés ;

3. Considérant qu'à cette fin et dans l'attente de l'entrée en vigueur de la loi de finances pour 1980, al loi soumise au Conseil constitutionnel autorise la perception des impôts, produits et revenus affectés à l'Etat, aux collectivités territoriales, aux établissements publics et organismes divers habilités à les percevoir, ainsi que celle des taxes parafiscales existantes ;

4. Considérant que, bien qu'elle ne soit pas au nombre des lois mentionnées à l'article 2 de l'ordonnance du 2 janvier 1959, cette loi, tout comme les lois prévues à l'article 4, 1er et 2e, de cette ordonnance, doit être considéré comme une loi de finances, au sens de l'article 47 de la Constitution ; qu'en effet, les dispositions qu'elle comporte sont de celles qui figurent normalement dans une loi de finances ; qu'ainsi, elle constitue un élément détaché, préalable et temporaire de la loi de finances pour 1980 ;

5. Considérant, en conséquence, que cette loi, qui a la même portée que celles visées à l'article 44 de l'ordonnance du 2 janvier 1959, a pu autoriser la perception des taxes parafiscales jusqu'à l'entrée en vigueur de la loi de finances pour 1980, sans contrevenir à l'article 4, deuxième alinéa, de ladite ordonnance, aux termes duquel «la perception de ces taxes au-delà du 31 décembre de l'année de leur établissement doit être autorisée chaque année par une loi de finances» ;

6. Considérant que de ce qui précède il résulte que la loi autorisant le Gouvernement à continuer à percevoir en 1980 les impôts et taxes existants n'est pas contraire à la Constitution.

Décide,

ARTICLE PREMIER. - La loi autorisant le Gouvernement à continuer à percevoir en 1980 les impôts et taxes existants est déclarée conforme à la Constitution.

ART. 2. - La présente décision sera publiée au *Journal officiel* de la République française.

Délibéré par le Conseil constitutionnel dans sa séance du 30 décembre 1979.

(*J.O.* du 31 décembre 1979).

La composition du Conseil constitutionnel aux dates des 24 et 30 décembre 1979 était la suivante : M. FREY (Président), MM. BROUILLET, GOGUEL, GROS, JOXE, LECOURT, MONNERVILLE, PERETTI, SÉGALAT.

OBSERVATIONS

1 . Ces deux décisions traitent plus particulièrement du problème du vote des lois de finances, lesquelles sont soumises à une procédure particulière assez complexe et qui, sur de nombreux points, diffère de la procédure applicable aux lois ordinaires. On s'en est aperçu avec la décision du 24 décembre 1979 relative au vote de la loi de finances en deux parties distinctes. Mais les autres particularités de la procédure budgétaire donnent aussi lieu à une jurisprudence.

I. - Les problèmes posés par le vote de la loi de finances en deux parties distinctes

2 . L'examen et le vote du projet de loi de finances pour 1980 ont donné lieu, lors de la session budgétaire de l'automne 1979, à des difficultés politiques et juridiques assez inhabituelles.

Sur le plan politique, le groupe R.P.R. avait mis deux conditions au vote du budget. D'une part, il réclamait un contrôle plus effectif du Parlement sur les comptes sociaux de la nation ; d'autre part, il exigeait la réalisation de deux milliard d'économie. La première condition devait être satisfaite, au moins sur le plan formel, puisque l'article 2 de la loi de finances définitive disposait : « Dans le cadre des dispositions constitutionnelles, organiques et législatives en vigueur, le Parlement se prononce, chaque année, sur l'évolution des recettes et des dépenses constituant l'effort social de la nation pour l'exercice budgétaire en cours et ce à partir de 1980 ». La deuxième condition n'a pu, en revanche, être remplie. Le Premier ministre, M. R. Barre, avait invité le groupe R.P.R. à lui indiquer sur quelles dépenses ces économies devaient être réalisées, mais celui-ci avait estimé que c'était l'affaire du Gouvernement et, dans ces conditions, aucun compromis n'a pu être trouvé. En conséquence, les députés R.P.R. ont décidé de s'abstenir.

Sur le plan juridique, la situation était encore plus confuse. L'abstention de la plupart des députés R.P.R. lors du vote du dernier article de la première partie de la loi de finances (article dit d'équilibre) devait conduire au rejet de cette disposition. Celle-ci évalue le total des ressources budgétaires, fixe le plafond des charges et arrête les conditions de l'équilibre, c'est-à-dire le montant du déficit. Ce vote négatif allait soulever de sérieux problèmes d'ordre procédural.

Dans la procédure législative ordinaire, le rejet d'un article ne constitue pas un obstacle à la poursuite de la discussion. Un tel incident est chose courante. Dans ce cas, on passe à l'examen des articles suivants et l'article rejeté peut être de nouveau soumis à l'approbation des parlementaires à la fin de l'examen, lors du vote sur l'ensemble du projet.

Mais la procédure budgétaire connaît des règles particulières. Et, dans cette affaire, le problème s'est posé de savoir quelle portée il fallait donner à l'article 40 de l'ordonnance portant loi organique du 2 janvier 1959 relative aux lois de finances. Selon cette disposition : « la seconde partie de la loi de finances de l'année ne peut être mise en discussion devant une assemblée avant le vote de la première partie ». Du fait du rejet du dernier article de la première partie relatif aux conditions de l'équilibre général, fallait-il considérer qu'il n'y avait pas eu « vote » de la première partie et suspendre la discussion budgétaire ? ou fallait-il considérer que la simple mise aux voix de cette disposition suffisait pour que la lettre de l'article 40 fût respecté ?

3 . À la suite du rejet de cet article, le Président de l'Assemblée nationale a décidé de poursuivre le débat budgétaire, considérant que cela ne saurait avoir pour conséquence d'empêcher l'Assemblée de passer à l'examen de la seconde partie. Sa décision reposait essentiellement sur les arguments suivants :

1° Il n'était pas possible de décider la suspension des débats budgétaires, seule décision logique dans l'optique d'une interprétation stricte de l'article 40 de la loi organique. D'une part, l'effet d'une telle décision eût été d'ouvrir le délai de 40 jours prévu par l'article 47 de la

Constitution et de faire perdre à l'Assemblée nationale son pouvoir budgétaire, le Gouvernement pouvant alors transmettre le projet au Sénat et, au bout de 70 jours, le mettre en vigueur par ordonnance. D'autre part, le Gouvernement n'ayant pas retiré le projet et celui-ci étant inscrit à l'ordre du jour prioritaire, le président de l'Assemblée nationale se voyait juridiquement contraint de poursuivre la discussion sur la deuxième partie.

2° Il n'était pas possible de demander aux députés de revenir sur ce vote avant l'examen des articles de la deuxième partie de la loi, car le règlement de l'Assemblée nationale interdisait toute nouvelle délibération sur un article rejeté, avant l'examen des autres articles du projet.

3° Il était inutile, pour le Gouvernement, de faire usage de l'article 44 al. 3, de la Constitution, car cette procédure n'empêche pas la discussion de se poursuivre normalement, le « vote bloqué » n'intervenant qu'après examen du dernier article.

4° Certes, il restait le recours à l'article 49 al. 3 de la Constitution. Le Gouvernement pouvait engager sa responsabilité sur le vote de l'article litigieux. Mais, d'une part, cette décision appartenait au Gouvernement et non au Président de l'Assemblée nationale ; d'autre part, elle apparaissait politiquement maladroite, juridiquement contestable et pratiquement difficile à mettre en œuvre du fait de l'indisponibilité temporaire du Premier ministre qui avait été hospitalisé le 20 octobre.

4 . La situation ne devait guère être éclaircie, bien au contraire, avec la publication du communiqué du Président de la République à la suite du Conseil des ministres du 31 octobre. La presse et l'opinion avaient été informées ce jour-là que le chef de l'État avait « attiré l'attention du Premier ministre sur le déroulement de la procédure budgétaire au regard, notamment, des dispositions des lois constitutionnelles ». Personne n'a pu donner une explication satisfaisante du sens exact de cette mise en garde et, en particulier, de la signification de l'adverbe *notamment*. Cependant, la plupart des observateurs ont interprété ce rappel à l'ordre du chef de l'État comme une condamnation implicite de la solution adoptée par le président de l'Assemblée nationale dans cette affaire et, par conséquent, comme une prise de position en faveur d'une interprétation stricte de l'article 40 de la loi organique.

Le Premier ministre s'est alors efforcé de « corriger » l'irrégularité de procédure. Après l'examen des différents articles de la deuxième partie de la loi de finances, il a engagé la responsabilité du Gouvernement, d'une part sur la première partie de la loi, d'autre part sur la seconde partie et, enfin, sur le texte dans son ensemble. Il s'agissait là d'une formulation purement oratoire car, en pratique, il n'y a pas eu de vote sur le texte de la loi de finances du fait de l'application de l'article 49 al. 3, de la Constitution. Le scrutin a porté sur les motions de censure déposées par les députés socialistes d'une part, et les députés communistes d'autre part.

Avant d'engager la responsabilité du Gouvernement, le Premier ministre devait confirmer, dans l'ensemble, l'interprétation que le Président de l'Assemblée nationale avait donnée de l'article 40 de la loi organique. Il estimait que le mot vote ne signifiait pas nécessairement adoption et que, par suite, il n'était pas indispensable que les recettes soient adoptées avant l'examen plus détaillé des dépenses bien que cela ait toujours été le cas sous la Ve République. Mais, il a reconnu que le principe essentiel de la procédure budgétaire, selon lequel il doit y avoir adoption simultanée des recettes et des dépenses, devait être respecté. Or, c'était le cas puisque le Gouvernement, au terme de la première lecture, avait demandé une deuxième délibération sur la première partie de la loi.

5 . C'est dans ces conditions que le Conseil constitutionnel a été saisi de l'affaire, successivement par le président de l'Assemblée nationale et par les députés socialistes.

À la surprise générale, la Haute juridiction allait déclarer l'ensemble de la loi de finances non conforme à la Constitution dans une décision rendue le 24 décembre 1979. Le Parlement était alors immédiatement convoqué en session extraordinaire pour réexaminer le texte.

Dans un premier temps, les parlementaires adoptaient un projet de loi spécial autorisant le Gouvernement à continuer à percevoir, en 1980, les impôts et taxes existants. Ce texte a fait également l'objet d'un recours émanant, cette fois-ci, d'une part, des députés communistes et, d'autre part, de sénateurs. Mais, le Conseil constitutionnel devait rejeter ces recours par une décision du 30 décembre 1979.

Dans un deuxième temps, le Parlement se réunissait à nouveau début janvier 1980 pour revoter le texte de la loi de finances selon une procédure régulière en tenant compte de la décision du Conseil constitutionnel du 24 décembre. Aucune modification n'était apportée à ce texte par rapport à sa dernière version. Le 7 janvier, le Gouvernement demandait un vote unique sur la première partie de la loi de finances et engageait sa responsabilité sur l'ensemble des articles de cette première partie (en application de l'article 49 al. 3). Les députés socialistes d'une part, les députés communistes d'autre part, déposaient une motion de censure qui était rejetée le 9 janvier. Les articles de la première partie de la loi étaient alors considérés comme adoptés. Puis, le Premier ministre annonçait qu'il engageait la responsabilité du Gouvernement sur la seconde partie du projet et sur l'ensemble du texte. De nouveau, l'opposition déposait deux motions de censure qui étaient repoussées le 11 janvier. La deuxième partie et l'ensemble du projet de loi de finances étaient alors considérés comme adoptés et le texte était transmis au Sénat qui le votait définitivement le 17 janvier. Ce dernier texte, qui n'a fait l'objet d'aucun recours, a été publié au *Journal officiel* du 19 janvier.

Ce rappel chronologique était nécessaire afin de bien mettre l'accent sur le caractère purement formaliste de cette controverse relative au respect de la procédure budgétaire. Celle-ci s'est donc traduite par deux recours qui ont conduit le Conseil constitutionnel à rendre deux décisions dans un délai record (4 jours pour la décision du 24 décembre et 2 jours pour celle du 30 décembre).

6 . Ce n'est pas la première fois que le Conseil est saisi d'une loi de finances à la fois par le président de l'Assemblée nationale et par des députés. Mais, c'est la première fois que deux saisines portant sur un même texte se situent dans une optique aussi différente. Si le recours des députés socialistes peut être considéré comme normal, celui du président de l'Assemblée nationale présente un caractère bien particulier.

1° La lettre de saisine de M. Chaban-Delmas est très brève ; elle soumet au Conseil le texte de la loi de finances « en vue de l'examen de sa conformité à la Constitution », mais elle ne demande pas expressément l'annulation de cette loi. En réalité, il s'agit davantage d'une demande de consultation que d'un recours en constitutionnalité proprement dit. On peut, à cet égard, rapprocher cette saisine de celle du président du Sénat en 1971 (cf. *supra*, **19**-7). Le président de l'Assemblée nationale voulait simplement que le Conseil constitutionnel interprète une disposition de valeur constitutionnelle (l'article 40 de la loi organique de 1959) et savoir quelle solution il convient d'adopter lorsqu'il y a une contradiction entre une disposition du règlement de l'Assemblée nationale et une disposition organique.

Normalement, une telle situation ne devrait pas pouvoir se produire car les règlements des Assemblées, comme les lois organiques, sont obligatoirement, et dans leur intégralité, soumis au contrôle de constitutionnalité du Conseil constitutionnel. Mais, en pratique, la situation est différente car les lois organiques originaires ont été mises en vigueur par ordonnance et n'ont pas fait l'objet d'un tel contrôle. Dans ces conditions, on comprend qu'entre une disposition d'une loi organique, qui n'a pas fait l'objet d'un contrôle de constitutionnalité et une disposition du règlement de l'Assemblée nationale qui, au contraire, a été soumise au contrôle du Conseil constitutionnel et à un contrôle très méticuleux, le président Chaban-Delmas ait pu hésiter sur la question de savoir quel texte devait l'emporter.

La solution la plus simple aurait, évidemment, été de consulter le Conseil constitutionnel lorsque le problème s'est posé, c'est-à-dire dès le 22 octobre. Mais on sait que cette solution n'était pas possible et M. Chaban-Delmas était bien placé pour le savoir, puisqu'en 1961 il avait reçu une fin de non-recevoir lorsqu'il avait demandé au Conseil de donner son avis sur l'interprétation d'un article de la Constitution (cf. *supra*, **12**-1). Le Conseil constitutionnel, en effet, n'est pas un donneur d'avis.

Le président de l'Assemblée nationale ne pouvait donc le saisir du problème de l'interprétation de l'article 40 et de la régularité de la procédure budgétaire que dans le cadre de l'article 61 et, par conséquent, uniquement *après* le vote de la loi de finances. Cela explique qu'il lui demande d'examiner la conformité à la Constitution de la loi de finances sans, pour autant, réclamer une déclaration de non-conformité.

2° Le deuxième recours est très différent. Il est beaucoup plus long et plus argumenté. Les députés de l'opposition invoquent non seulement le vice de procédure et réclament une déclaration de non-conformité à la Constitution de toute la loi de finances, mais ils développent également des arguments de fond touchant à la constitutionnalité de certains articles de la loi.

L'irrégularité de la procédure découle non seulement de l'article 40 de la loi organique, mais également, selon les requérants, de la violation d'autres dispositions.

La lettre de saisine ne reprend pas les deux interprétations possibles de l'article 40. Elle se borne à remarquer que l'Assemblée nationale a délibéré sur le projet de loi de finances dans des conditions contraires à la loi organique et elle souligne que, du fait du rejet de l'article d'équilibre, l'assemblée a discuté et adopté les dépenses des ministères, figurant dans la deuxième partie, alors que celles-ci constituent « le développement du plafond des charges précédemment rejeté ». Et, d'une manière qui peut paraître relativement prudente, les signataires concluent qu'une telle procédure « ...nous paraît de nature à considérer... que la loi de finances qui vous est déférée se trouve non conforme à la Constitution ». Il semble ainsi que les requérants socialistes ne croyaient guère à l'efficacité de l'argumentation reposant sur la méconnaissance de l'article 40 de la loi organique.

Ceci est confirmé par le fait qu'ils invoquent la violation de l'article 101 du règlement de l'Assemblée nationale et la méconnaissance de l'esprit de la Constitution en raison de l'usage répété de l'article 49 al. 3.

Par ailleurs, ils contestent la constitutionnalité de plusieurs articles de la loi de finances.

7 . *Pour la première fois, le Conseil constitutionnel était saisi d'un recours fondé sur un vice de procédure qui mettait ainsi en cause la constitutionnalité de l'ensemble d'une loi de finances.* Et c'est ce seul argument de procédure : la méconnaissance de l'article 40 de la loi organique, qu'il a examiné et retenu. Il répond donc davantage au recours du président de l'Assemblée nationale qu'à celui des députés.

En ce qui concerne l'interprétation de l'article 40, le Conseil donne la réponse suivante : la portée de cette disposition ne peut être appréciée qu'en la rapprochant de l'article 1er al. 1 du même texte d'après lequel les lois de finances « ...déterminent la nature, le montant et l'affectation des ressources et des charges de l'État, compte tenu *d'un équilibre économique et financier* qu'elles définissent ». De ce rapprochement, le Conseil en déduit que l'objet de l'article 40 est donc d'empêcher les parlementaires, lors de l'examen de la deuxième partie, de remettre en cause les dispositions relatives à l'équilibre des ressources et des charges qui figurent dans la première partie (article d'équilibre).

Dans ces conditions, le respect de l'article 40 n'implique pas que l'assemblée ait nécessairement adopté toutes les dispositions figurant dans la première partie mais, en l'absence d'un vote d'ensemble sur cette première partie, l'esprit de l'article 40 exige que celle-ci ait été adoptée « ...en celles de ses dispositions qui constituent sa raison d'être et sont indispensables pour qu'elle puisse remplir son objet ».

Pour la Haute juridiction, il en est ainsi particulièrement de celle qui arrête les données générales de l'équilibre, c'est-à-dire le dernier article de la première partie qui contient le tableau des ressources et des charges. En effet, si cet article n'est pas adopté, les dispositions de la deuxième partie, relatives aux dépenses, n'auraient pas été précédées de la définition de l'équilibre, ce qui serait contraire à la lettre et à l'esprit de l'article 40.

Mais il demeure des questions sans réponses. Quelles sont les dispositions de la première partie qui doivent être adoptées avant que l'on puisse passer à l'examen de la deuxième partie ? S'agit-il de tous les éléments de l'article d'équilibre ou seulement du tableau retraçant les données de l'équilibre financier ? Qu'en est-il de l'autorisation de recourir à l'emprunt ou de l'article 1er qui renouvelle l'autorisation de lever les impôts existants ?

Le Conseil constitutionnel aurait pu s'arrêter là en constatant la non-conformité à la Constitution de la loi de finances puisque, depuis sa *décision du 11 août 1960* *, il a admis que la loi organique du 2 janvier 1959 fait partie du bloc de constitutionnalité. Toutefois, il développe ses motivations afin de répondre aux arguments développés par le président de l'Assemblée nationale.

Il reconnaît, qu'à la suite du rejet du dernier article de la première partie de la loi de finances, M. Chaban-Delmas ne pouvait qu'inviter l'Assemblée nationale à poursuivre la discussion sur la deuxième partie « ... dès lors que le projet n'avait pas été retiré et que son examen avait été maintenu à l'ordre du jour prioritaire ». Le président de l'Assemblée a donc pris une décision qui était parfaitement régulière, mais la juridiction constitutionnelle laisse entendre que le Gouvernement aurait pu, lui, agir autrement. La décision du président de l'Assemblée était inévitable en raison d'une lacune du règlement qui ne comporte pas de disposition propre à assurer le respect de l'article 40 et, notamment, qui ne permet pas au Gouvernement de demander une seconde délibération avant l'examen de la deuxième partie de la loi de finances. Ces remarques du juge sont manifestement destinées, non seulement à absoudre le président de l'Assemblée nationale, mais également à inviter celle-ci à compléter son règlement. C'est ce qui fut fait le 27 juin 1980 par une modification du règlement qui désormais dispose : « À l'issue de l'examen des articles de la première partie de la loi de finances, et avant de passer à l'examen de la deuxième partie, il peut être procédé... à une seconde délibération de tout ou partie de la première partie » (art. 118, al. 3, et décision 118 DC du 17 juillet 1980).

Ces observations du Conseil peuvent, tout de même, paraître un peu curieuses car l'article du règlement de l'Assemblée nationale qui interdisait cette deuxième délibération avant la fin de l'examen du texte, a été examiné et déclaré conforme à la Constitution par le Conseil constitutionnel lui-même.

Ce dernier souligne également que si le Premier ministre a engagé, par la suite, la responsabilité du Gouvernement, d'une part, sur les articles de la première partie, d'autre part, sur les articles de la deuxième partie et, enfin, sur le texte dans son ensemble, ceci n'a pu réparer l'irrégularité de procédure commise car les dispositions de la première partie, puis celles de la seconde partie, n'ont pu être adoptées de façon distincte et successive.

8 . Compte tenu des délais très courts, il n'y a guère eu de débats dans la presse avant la décision. Les principaux arguments ont été développés surtout par des hommes politiques : le président de l'Assemblée nationale, le Premier ministre, le Président de la République, les membres de l'opposition. En revanche, après la décision, les réactions ont été nombreuses, aussi bien dans les milieux politiques que dans les milieux juridiques. Dans un premier temps, cette décision a reçu un accueil plutôt favorable, l'opinion étant assez impressionnée par l'audace du Conseil. Par la suite, elle a fait l'objet de critiques, surtout de la part des juristes. C'est également une décision qui a été souvent mal comprise et qui a paru surprenante.

1° L'opposition a immédiatement approuvé la décision, ce qui peut paraître logique puisque le véritable recours émanait des députés socialistes. Les milieux parlementaires et la presse l'ont analysée comme une mise en garde adressée au Gouvernement, coupable de ne pas avoir respecté les règles de la procédure budgétaire. Comme ce dernier avait rencontré de sérieuses difficultés au cours de la session budgétaire et qu'il avait dû user de tous les moyens de pression dont il dispose pour faire adopter son texte, la décision du Conseil a été, à tort, analysée comme sanctionnant un abus de pouvoir de la part du Gouvernement. Sur le plan juridique, les premières réactions furent également favorables, mais pour des raisons différentes. Selon M. Michel Debré, la décision du Conseil avait pour effet de consolider la République dans la mesure où elle imposait le respect d'une disposition (l'article 40 de la loi organique) dont l'objet est de limiter les pouvoirs financiers du Parlement. Pour l'ancien Premier ministre, le respect de la loi organique du 2 janvier 1959 est capital car ce texte a mis fin au régime d'assemblée souveraine de la IVe République qui avait débouché sur un arbitraire financier des députés (*Le Monde*, 27 déc. 1979). Selon M. Jacques Robert, au contraire, si la décision du Conseil devait être approuvée, c'est parce qu'elle sanctionnait une attitude trop désinvolte du gouvernement dans cette affaire. Son analyse se situe, par conséquent, exactement à l'opposé de celle de M. Debré.

2° Certains commentateurs ont approuvé la décision du Conseil en insistant surtout sur deux arguments.

D'une part, ils ont fait valoir qu'il n'était pas logique que l'Assemblée nationale examine les dépenses de l'État (c'est-à-dire la deuxième partie de la loi de finances initiale) alors que les recettes, figurant dans la première partie, avaient été rejetées. M. Didier Maus a souligné que ce principe n'a rien d'évident. Il ne s'agit pas, dans la première partie, de fixer le montant des recettes qui détermineraient le plafond des dépenses, mais d'arrêter les conditions de l'équilibre budgétaire, ce qui est différent. Il est inexact d'écrire, comme on le fait trop souvent, que la première partie de la loi de finances autorise les recettes et la seconde les dépenses. L'autorisation donnée dans la première partie concerne à la fois les recettes et les dépenses, d'où il résulte l'équilibre général. Et la seconde partie développe simplement l'autorisation de dépenses donnée par grandes catégories dans la première partie. S'il existe un argument en faveur du vote préalable de la première partie, il est lié, non aux recettes, mais aux plafonds fixés pour les grandes catégories de dépenses. Et c'est d'ailleurs bien cet argument qui a été repris par le Conseil constitutionnel.

D'autre part, la décision du *24 décembre* peut difficilement être analysée, comme sanctionnant un abus de pouvoir du Gouvernement alors, qu'implicitement, elle reproche au Premier ministre de ne pas avoir fait un usage plus précoce de l'article 49 al. 3 de la Constitution, qui constitue son arme la plus redoutable et la plus efficace.

3° L'annulation du budget de l'État par le Conseil constitutionnel a provoqué une certaine stupéfaction dans les milieux politiques comme dans les milieux juridiques.

L'opinion, tout d'abord, a appris cette décision avec surprise car peu de personnes pensaient qu'une telle chose soit possible. A l'époque, la presse présentait souvent le Conseil constitutionnel comme un organe consultatif qui donnait des avis sur des problèmes constitutionnels et non comme un organe juridictionnel prenant des décisions ayant autorité de chose jugée. Et personne ne pensait qu'il était capable d'annuler brutalement près d'un an de préparation et de discussion budgétaire.

Même les partisans d'une interprétation stricte de l'article 40 de la loi organique, comme les requérants eux-mêmes, ne s'attendaient pas à une décision d'annulation. Gilbert Devaux, qui a vigoureusement défendu la loi organique de 1959 et le strict respect de l'article 40, écrivait notamment :

> « Personnellement, j'ai longtemps cru qu'ils (les membres du Conseil constitutionnel) souligneraient le vice de forme dans les motifs de leur décision, mais qu'ils éviteraient le "scandale" d'une annulation du budget. Ne pouvaient-ils observer que les circonstances étaient exceptionnelles et reconnaître que "l'esprit de l'ordonnance" avait été respecté puisque l'examen prématuré de la seconde partie n'avait eu aucune conséquence sur le montant des crédits » ?

Quant aux requérants socialistes, nous avons vu qu'ils n'y croyaient pas sérieusement.

9 . Sur le plan juridique, la décision peut également surprendre. La déclaration d'inconstitutionnalité totale d'une loi de finances n'étant prévue, ni par la Constitution, ni par la loi organique, la décision rendue par le Conseil constitutionnel devait conduire à une véritable impasse juridique ce qui paraissait être une raison sérieuse pour écarter une telle solution.

La décision du *24 décembre* est importante sur le plan juridique, non seulement par l'interprétation qu'elle donne de l'article 40 de la loi organique, mais également par d'autres aspects. En effet, elle introduit la notion de principe fondamental en matière budgétaire et elle consacre, dans une certaine mesure, l'éclatement de la loi de finances. Enfin, implicitement, elle conduit à une interprétation souple de l'article 49 al. 3 de la Constitution.

10 . On a beaucoup discuté de l'interprétation de l'article 40 de la loi organique en se demandant si cette disposition exigeait un vote positif de la première partie ou une simple mise aux voix. Lorsqu'un problème d'interprétation se pose, on a le choix entre deux méthodes : l'interprétation littérale qui est la plus simple, qui prête le moins à discussion, mais qui implique une rédaction parfaite, et l'interprétation selon l'esprit du texte qui permet beaucoup plus de souplesse, mais qui n'est pas sans risque d'arbitraire. Toutefois celle-ci est indispensable lorsqu'on s'aperçoit, à l'usage, que l'article est mal rédigé ou que les auteurs n'avaient pas prévu toutes les implications du texte et, notamment, ses contradictions avec d'autres normes de même valeur.

Le Conseil constitutionnel se réfère dans sa décision à la fois à la lettre et à l'esprit du texte, mais son argumentation ne paraît pas décisive.

Le strict respect de la lettre de l'article 40, selon lequel la deuxième partie ne peut être mise en discussion avant le vote de la première, est impossible. En effet, cela impliquerait que tous les articles de la première partie soient adoptés avant que l'on passe à la deuxième partie. Or, une telle interprétation serait parfaitement absurde. Elle aurait comme conséquence de retirer aux parlementaires tout droit de s'opposer aux articles de la première partie de la loi de finances et, notamment, à ceux qui prévoient une modification de la législation fiscale. L'article 40 ne peut donc être suivi à la lettre et l'exigence qu'il prévoit ne doit s'appliquer, comme le constate le Conseil constitutionnel, qu'à certaines dispositions (les plus importantes mais non les plus nombreuses) si bien que le principe de l'adoption préalable de la première partie ne constitue pas une règle mais plutôt une exception. En fait, elle vise surtout un article, le dernier, celui qui retrace l'équilibre d'ensemble. Dans ces conditions, la référence au respect de la lettre du texte paraît assez contestable.

La référence à l'esprit du texte est plus sérieuse. Le Conseil justifie l'interprétation stricte en se fondant sur le précédent de la loi des maxima qui était appliqué sous la IVe République. L'article 40 tend, selon lui, à garantir qu'il ne sera pas porté atteinte, lors de l'examen détaillé des dépenses dans la deuxième partie, aux grandes lignes de l'équilibre, tel qu'il a été arrêté dans la première partie. En d'autres termes, l'obligation de voter l'article d'équilibre de la première partie, qui fixe les plafonds des grandes catégories de dépenses, permet d'interdire aux parlementaires d'augmenter les dépenses lors de la discussion des crédits des ministères au cours de l'examen de la deuxième partie. Mais ce raisonnement n'est guère convaincant.

D'une part, comme le fait remarquer M. Foyer, un article voté par une assemblée n'a pas d'effet juridique avant l'adoption complète de la loi. Par conséquent, le fait d'avoir adopté le fameux article d'équilibre ne saurait, juridiquement, empêcher les parlementaires de remettre en cause cet équilibre.

D'autre part, ceci paraît bien inutile, car une autre disposition de la loi organique permet de limiter beaucoup plus strictement le pouvoir d'initiative des parlementaires. En effet, l'article 42 interdit de modifier le projet de loi de finances, sauf si les modifications introduites tendent à supprimer ou à réduire effectivement une dépense, à créer ou à accroître une recette ou à assurer le contrôle des dépenses publiques. L'article 40 de la loi organique est donc inefficace et inutile, dans la mesure où on l'interprète comme un obstacle à la remise en cause de l'équilibre budgétaire, puisque le vote de la première partie n'empêche pas d'accroître le montant des dépenses et que l'article 42 de la loi organique a des effets encore plus radicaux.

11 . Pour le Conseil constitutionnel, l'article 40 ne fait que tirer les conséquences, au plan de la procédure législative, du principe fondamental affirmé à l'article premier de la même loi. Il en résulte que *la définition de l'équilibre économique et financier* doit être considéré comme un principe fondamental du droit public financier.

C'est la première fois que le Conseil dégage un principe fondamental applicable en droit budgétaire et, ce qui est surprenant, c'est qu'il s'appuie pour cela, ni sur la Constitution, ni sur son Préambule, mais sur une loi organique qui, de surcroît, a été mise en vigueur par ordonnance.

Selon M. Avril, la décision du *24 décembre 1979* provoque, sur ce point, une certaine perplexité. Il rappelle que, dans sa décision 5 DC du 15 janvier 1960, le Conseil avait consacré le principe du scrutin unique s'agissant de l'application de l'article 44 de la Constitution (vote bloqué). Or, ici, il estime que l'interprétation de l'article 40 impose des votes distincts et successifs sur chaque partie de la loi de finances. Cela aboutit à faire prévaloir une norme organique sur une norme constitutionnelle, ce qui est un comble pour un juge constitutionnel.

Par ailleurs, la décision aboutit à introduire une hiérarchie entre des dispositions contenues dans un même texte. S'agissant de la première partie de la loi de finances, on trouve des dispositions essentielles (« celles qui constituent sa raison d'être et sont indispensables pour qu'elle puisse remplir son objet ») et des dispositions qui ne le sont pas. S'agissant de la loi organique de 1959, la décision opère une distinction entre les articles qui contiennent des principes fondamentaux (l'article premier) et les autres (notamment l'article 40).

La Haute juridiction s'engage dans une voie périlleuse en introduisant des discriminations entre des dispositions contenues dans un même texte. Quelle est la valeur d'un principe fondamental contenu dans une loi organique ? A-t-il valeur constitutionnelle ou se trouve-t-on en présence d'une nouvelle catégorie de normes : les principes fondamentaux à valeur organique ?

Si l'on suit ce raisonnement, non seulement il y aurait des règles *essentielles* de valeur constitutionnelle, des règles *importantes* de valeur législative et des règles *secondaires* de valeur réglementaire, mais encore faudrait-il, à l'intérieur de chaque catégorie, faire, de nouveau, une distinction entre les règles qui correspondent à des principes fondamentaux et celles qui ont une valeur normale et, au sein de la loi de finances, une distinction entre les dispositions substantielles et non substantielles.

Le Conseil constitutionnel s'est référé à plusieurs reprises au principe de l'équilibre. L'évaluation de recettes non fiscales de l'État ne peut être discutée au plan constitutionnel « en l'absence de dénaturation des grandes lignes de l'équilibre budgétaire » (154 DC). Une loi édictant ou modifiant un impôt ne peut produire ses effets avant le dépôt de la loi de finances qui en traduira les incidences sur l'équilibre du budget (170 DC). Le gouvernement n'est tenu de déposer un projet de loi de finances rectificative que si les grandes lignes de l'équilibre se trouvent bouleversées en cours d'exercice (298 DC). Les modifications apportées au projet de loi de finances ne dépassent les limites inhérentes au droit d'amendement que si elles entraînent un bouleversement des conditions générales de l'équilibre économique et financier (320 DC). La définition de l'équilibre économique et financier par la loi de finances ne s'oppose pas à ce qu'une loi ordinaire modifie le taux d'un impôt en cours d'exercice (365 DC). La reprise par l'État de la dette de la sécurité sociale n'a pas d'incidence en l'occurrence sur l'équilibre budgétaire (370 DC). Ce principe fondamental de l'équilibre économique et financier tient ainsi une place importante dans la jurisprudence constitutionnelle.

12 . L'interprétation stricte de l'article 40 présente un autre inconvénient : elle conduit à un éclatement de la loi de finances.

La division de la loi de finances en deux parties distinctes est une règle qui concerne la présentation du texte. C'est dans cet esprit qu'elle est énoncée par l'article 31 L.O. Elle n'a pas pour objet de remettre en cause l'unité de l'ensemble ; c'est, au contraire, une caractéristique essentielle de la loi de finances que de regrouper, dans un même document, toutes les dépenses et toutes les recettes de l'État permettant ainsi d'assurer le respect du principe de l'unité budgétaire. Avant 1956, le Parlement était saisi séparément et successivement, d'une part, d'un projet de loi de finances qui fixait les maxima des crédits prévus et les dispositions générales du budget et, d'autre part, de projets de loi de développement qui fixaient, pour chaque ministère, le détail des crédits. La réforme de 1956 a eu pour effet de mettre fin à cette situation et de restaurer l'unité du budget. La division de la loi de finances en deux parties n'avait pas, jusqu'en 1980, de conséquences sur le plan du vote. Il n'y avait pas, lors des débats budgétaires, de vote d'ensemble sur la première partie du projet. Un tel vote n'est prévu que dans des cas tout à fait exceptionnels. Or, la décision du Conseil aboutit, au contraire, à consacrer l'éclatement de la loi de finances en deux parties à tel point que l'on peut se demander si l'on n'est pas désormais en présence de deux textes distincts. Cette coupure est assez fâcheuse. Soit il faudrait aller jusqu'au bout et présenter, comme on l'a proposé, deux projets de loi distincts. Dans un premier temps, le Parlement adopterait la première partie de la loi de finances qui serait promulguée au *Journal officiel*, puis, ensuite, il passerait à l'examen de la seconde partie. Cette solution permettrait alors de donner force juridique à l'article d'équilibre. On reviendrait à la situation d'avant 1956.

Sinon, il est préférable de rester fidèle au principe de l'unité mais, dans ce cas, on devrait considérer que la distinction entre les deux parties de la loi de finances ne vise que la présentation et l'examen du texte et non le vote proprement dit.

13 . L'interprétation stricte de l'article 40 de la loi organique conduit aussi à une banalisation de l'usage de l'article 49, al. 3. En effet, en cas de vote négatif d'une disposition jugée essentielle de la première partie de la loi de finances, la seule solution pour le

Gouvernement est d'engager sa responsabilité sur la disposition qui a été rejetée. Cette conséquence présente deux inconvénients majeurs.

En premier lieu, elle consacre un élargissement de l'usage de l'article 49 al. 3. Si l'on admet que le Gouvernement peut faire usage de l'article 49 al. 3, non seulement sur un texte dans son ensemble, mais également sur une partie de ce texte, cela signifie qu'il n'y a plus de limites à l'utilisation de cette arme. L'article 49 al. 3, pourra être utilisé aussi bien pour l'adoption d'un article, d'un alinéa, d'une phrase ou même d'un simple mot d'un projet de loi. Cela signifie également que l'autorisation donnée par le Conseil des ministres au Premier ministre de recourir à cette procédure vaut, non seulement pour le projet dans son ensemble, mais également pour toute disposition particulière qu'il contient. En d'autres termes, le Premier ministre disposerait, en ce domaine, d'un véritable pouvoir discrétionnaire.

En second lieu, le recours à l'article 49 al. 3 pour assurer le respect de l'article 40 L.O. n'est pas très satisfaisant dans la mesure où cette solution n'est applicable que devant l'Assemblée nationale et non devant le Sénat. Or, l'article 40 vaut pour les deux assemblées. Quelle solution adopter si c'est le Sénat qui rejette l'article d'équilibre, ou une disposition « essentielle » de la première partie ?

14 . Enfin, une dernière critique concerne la disproportion entre l'irrégularité commise et la sanction infligée. On peut se demander si, dans cette affaire, le Conseil constitutionnel n'a pas fait preuve d'un excès de formalisme. Était-il vraiment nécessaire de déclarer la loi de finances non conforme à la Constitution pour un simple motif de procédure alors que cette décision débouchait nécessairement sur une impasse juridique et rendait inévitable la violation d'autres dispositions de valeur constitutionnelle ? Était-il utile de prendre une telle décision alors qu'il était évident que le texte en question allait nécessairement être de nouveau adopté dans toutes ses dispositions et pratiquement dans les mêmes conditions ?

Le Conseil a d'ailleurs atténué la portée de sa décision de 1979, dès 1982, en considérant qu'il n'y a pas violation de l'article 40 L.O. si, au cours de la discussion de la deuxième partie, des dispositions ayant une incidence sur la première partie sont adoptées (notamment des dispositions ayant une incidence sur les recettes) à condition, toutefois, qu'elles demeurent d'une portée limitée et qu'elles ne portent pas atteinte « aux grandes lignes de l'équilibre préalablement arrêté » (154 DC).

15 . L'annulation de la loi de finances par le Conseil constitutionnel créait une situation exceptionnelle qui n'avait été prévue, ni par la Constitution, ni par la loi organique. Il n'était pas possible de revoter le projet entre le 24 et le 31 décembre, le délai étant trop court. Pourtant, il fallait que le législateur donne son autorisation de recouvrer les impôts pour l'exercice à venir. Aussi, le Parlement fut convoqué en session extraordinaire et le Gouvernement lui demanda de voter un projet de loi spécial l'autorisant à continuer de percevoir les recettes. Ce texte allait déclencher de nouveaux recours et conduire le Conseil à rendre une deuxième décision.

Cette deuxième affaire s'est déroulée dans des délais encore plus brefs que la première. Le Conseil a été saisi par les requérants le jour même de l'adoption de la loi et il a rendu sa décision dans les 48 heures (on observera la même rapidité dans les affaires F.M.I. de 1978, *loi de nationalisation* de 1982, *loi sur l'état d'urgence en Nouvelle-Calédonie* de 1985 et loi d'amnistie de 1989).

16 . Les députés communistes attaquaient le deuxième alinéa de l'article unique de la loi, lequel autorisait la perception pour 1980 des taxes parafiscales existantes. Ils développaient le raisonnement suivant :

1) L'article 47 de la Constitution, dont s'était inspiré le Gouvernement pour déposer son projet de loi spécial, ne vise que les impôts et non les taxes parafiscales.

2) Ces dernières sont soumises à un régime spécial, prévu par l'article 4 de la loi organique de 1959 qui dispose qu'elles doivent être autorisées, chaque année, par une loi de finances.

3) La loi spéciale autorisant le Gouvernement à continuer de percevoir les impôts existants n'est pas une loi de finances.

La disposition relative aux taxes parafiscales n'est donc pas conforme à la Constitution.

Les sénateurs reprenaient la même argumentation en soulignant qu'il n'était pas nécessaire d'introduire dans le texte une autorisation relative aux taxes parafiscales, car l'article 4 de la loi organique permet au Gouvernement de rétablir, par décret, toutes les taxes parafiscales qui viennent normalement à expiration le 31 décembre. Cette observation est d'ailleurs tout à fait pertinente.

17 . Il paraissait difficile au Conseil de prononcer une nouvelle déclaration de non-conformité à la Constitution. L'opinion l'aurait mal comprise. Pourtant, cela aurait été sans inconvénient pratique puisque les recours ne visaient que les taxes parafiscales et que celles-ci auraient pu, effectivement, être rétablies par décret dès le 1er janvier. Cependant, le Conseil a préféré juger la loi conforme. Il justifie sa décision de la manière suivante :

1) Il constate d'abord qu'aucun texte de valeur constitutionnelle n'a prévu la procédure à suivre en cas de déclaration de non-conformité à la Constitution de la loi de finances initiale.

2) Il affirme ensuite que, dans une telle situation, la nécessité d'assurer *la continuité de la vie nationale* permet au Gouvernement et au Parlement de prendre « toutes les mesures d'ordre financier nécessaires » dans la sphère de leurs compétences respectives et qu'ils peuvent, pour ce faire, s'inspirer de l'article 47 al. 4 de la Constitution.

3) Il estime, enfin, que la loi attaquée doit être considérée comme une loi de finances car elle constitue « un élément détaché, préalable et temporaire de la loi de finances pour 1980 ». En conséquence, elle peut autoriser, non seulement la perception des impôts, mais également la perception des taxes parafiscales.

18 . Le Conseil constitutionnel avait déjà reconnu valeur constitutionnelle au principe de continuité des services publics

(n° **27**-20). Il se réfère ici au principe de continuité de la vie nationale. On peut se demander s'il n'accorde pas valeur supraconstitutionnelle à ce principe puisqu'il lui permet de justifier la méconnaissance de la lettre de l'article 47 de la Constitution.

Si, dans la première affaire, on a pu estimer que le juge constitutionnel avait fait preuve d'un excès de formalisme, ce n'est pas le cas ici. On peut, au contraire, considérer qu'il prend une très grande liberté avec les textes de la Constitution et de la loi organique. En effet, l'article 2 de la loi organique de 1959 est très clair. Il dispose : « ont le caractère de loi de finances : la loi de finances de l'année et les lois rectificatives ; la loi de règlement ». Il paraît difficile, dans ces conditions, d'ajouter une quatrième catégorie de loi de finances et de considérer une loi autorisant seulement la perception des recettes et qui ne comporte aucune disposition relative aux dépenses comme une loi de finances. Le Conseil se justifie en expliquant qu'il s'agit « d'un élément détaché, préalable et temporaire » d'une loi de finances future. L'argument n'est pas très solide. Comment peut-on reconnaître une valeur juridique à un élément détachable d'un texte qui n'existe pas encore ?

De même, le raisonnement qui consiste à dire : lorsqu'on est dans une situation non prévue par la Constitution, les exigences de la continuité de la vie nationale permettent... de ne pas respecter la Constitution, n'est guère satisfaisant surtout, qu'en l'occurrence, il y avait d'autres solutions possibles qui auraient permis un strict respect des dispositions constitutionnelles.

Pour le Conseil, deux solutions s'offraient à lui. La première consistait, dans sa décision du *24 décembre*, à ne pas déclarer inconstitutionnelle toute la loi, mais uniquement la deuxième partie. Ainsi, les premiers articles de la première partie de la loi de finances, et notamment l'article premier qui autorise la perception des impôts existants, pouvaient entrer en vigueur. Ceci était possible puisque ces dispositions avaient été adoptées selon une procédure régulière et cela aurait évité les difficultés ultérieures.

La seconde solution consistait dans sa décision du *30 décembre* à faire droit aux requérants et à déclarer non conforme la disposition relative aux taxes parafiscales ce qui était, nous l'avons vu, sans inconvénient majeur. Sans doute, l'opinion aurait mal compris cette décision, mais juridiquement, cette solution était beaucoup plus satisfaisante.

En définitive, la décision du *30 décembre* est critiquable car elle ne se justifie ni sur le plan du droit ni sur le plan de la nécessité.

La procédure d'examen et de vote des lois de finances soulève aussi bien d'autres problèmes.

II. - La jurisprudence relative aux autres règles de la procédure budgétaire

19 . La procédure de vote des lois de finances a donné lieu à de nombreuses contestations portant, aussi bien sur la présentation des crédits, sur le droit de priorité de l'Assemblée nationale en matière financière, sur la procédure devant la commission mixte paritaire ou sur les délais de vote et le régime applicable aux lois de règlement.

1º Les règles relatives à la présentation des crédits.

20 . La question de la présentation des crédits a donné lieu, en 1974, à la première saisine parlementaire (avec celle dirigée contre la loi sur l'IVG, cf. *supra* **23**-2) et à la première déclaration de non conformité à la Constitution sur contestation de l'opposition.

Selon l'article 7 de l'ordonnance organique du 2 janvier 1959, les crédits mis à la disposition des ministres sont spécialisés par chapitre, groupant les dépenses selon leur nature ou selon leur destination. Mais, désormais, ils ne sont plus détaillés par chapitre dans la loi de finances elle-même comme c'était le cas sous les Républiques précédentes. Ils sont regroupés par grandes masses : dans une seule rubrique on trouve l'ensemble des crédits concernant les « services votés », lesquels représentent près de 90 % de la masse du budget général, alors que les crédits relatifs aux « autorisations nouvelles » sont, eux, plus détaillés. Au niveau du vote (art. 41 L.O.), les premiers font l'objet d'un vote global unique, tandis que les autorisations nouvelles donnent lieu à un vote par titre et par ministère (dans la pratique, le vote se fait par ministère et par titre).

Ces règles de présentation des crédits sont un peu complexes, toutefois les parlementaires y sont habitués et ils arrivent à s'y reconnaître, du moins ceux qui s'y intéressent. Si le gouvernement ne les respecte pas, c'est tout le pouvoir de contrôle du Parlement qui se trouve mis en cause.

Dès 1974 (décision 53 DC, cons. 1 et 2), le Conseil constitutionnel a sanctionné le gouvernement pour avoir inscrit, dans la masse des services votés, des crédits qui auraient dû figurer dans l'une des rubriques des autorisations nouvelles (sur cette distinction, voir également la décision 154 DC, cons. 4 et 5).

En 1976, les parlementaires de l'opposition avaient de nouveau voulu faire sanctionner des irrégularités concernant le vote de certains crédits du budget pour 1977 (décision 73 DC, cons. 3). Ils contestaient les crédits destinés à l'île Mayotte qui avaient été affectés au secrétariat d'État aux départements et territoires d'outre-mer alors que ce territoire bénéficiait d'un statut spécial de collectivité territoriale prévu par l'article 72 de la Constitution. Mais le Conseil avait considéré que cette erreur de présentation ne mettait pas en cause les principes constitutionnels relatifs au vote des dépenses par titre et par ministère, du fait que ce secrétariat d'État relevait du ministère de l'Intérieur, duquel dépendait administrativement l'île Mayotte.

Il résulte de cette jurisprudence, qu'en ce qui concerne l'application de la règle de la spécialité au niveau du vote des crédits, le Parlement doit respecter : le principe de la répartition des crédits par titre et par ministère et la distinction entre les services votés et les autorisations nouvelles (en pratique, celles-ci sont devenues les mesures nouvelles), sauf exception expressément prévue par l'ordonnance organique de 1959. La méconnaissance de la règle de la spécialité, au niveau de la répartition des crédits par chapitre n'est sanctionnée que si elle constitue un obstacle à l'information du Parlement et ne lui permet pas de se prononcer en toute connaissance de cause.

Dans la même décision 73 DC, les requérants contestaient les crédits inscrits au fonds d'action conjoncturelle. Ils estimaient que cette procédure qui consistait à geler des crédits, primitivement attribués à des ministres, était inconstitutionnelle, car non expressément prévue par l'ordonnance organique, alors qu'elle méconnaissait plusieurs règles de présentation budgétaire. Mais le Conseil a refusé de sanctionner cette irrégularité en constatant que le FAC avait été créé depuis déjà plusieurs années, avec l'accord du Parlement, lequel en avait, donc, admis le principe et qu'il n'était plus possible de contester la constitutionnalité d'une loi en vigueur, dès lors qu'il s'agissait de sa simple mise en application (v. **37**-2).

Par la suite, la jurisprudence constitutionnelle a apporté plusieurs précisions concernant les modalités de présentation et de vote des lois de finances : la procédure du fonds de concours est une simple faculté offerte aux personnes qui désirent s'associer à une action de l'État et les règles à suivre pour sa mise en œuvre ont un caractère réglementaire (135 DC) ; le principe de la non affectation des recettes ne s'oppose pas à l'affectation du produit d'une imposition à un établissement public industriel ou commercial (140 DC) ; le fait qu'une disposition affectant le montant d'une recette de l'État figure dans la deuxième partie de la loi de finances (et non dans la première partie comme le prévoit l'article 31 de l'ordonnance organique) ne constitue pas une irrégularité, dès lors qu'elle ne remet pas en cause les grandes lignes de l'équilibre budgétaire (140 DC) ; la pratique du prélèvement sur recettes, opérée au profit des collectivités locales et de l'Union européenne n'est pas contraire au principe de l'universalité budgétaire (154 DC) ; aucun principe constitutionnel ne fait obstacle à ce qu'une loi de finances rectificative procède à l'annulation de crédits, même si cette annulation a précédemment fait l'objet d'un arrêté ministériel irrégulier (203 DC) ; la présentation d'une loi de finances rectificative au cours de la session de printemps n'est pas obligatoire ; les dispositions fiscales ne sont pas au nombre de celles qui sont réservées à la compétence exclusive des lois de finances et peuvent figurer dans une loi ordinaire, même si elles affectent l'exécution du budget en cours (298 DC et 365 DC). L'irrégularité de certains fonds de concours, portant atteinte à la sincérité de la loi de finances, ne conduit pas pour autant à déclarer la loi déférée contraire à la Constitution (395 DC, cons. 14).

2° Le principe du droit de priorité de l'Assemblée nationale en matière financière.

21 . Le principe selon lequel : « Les projets de lois de finances sont soumis en premier lieu à l'Assemblée nationale » (article 39 *in fine* de la Constitution) a donné lieu à une jurisprudence fluctuante.

En 1976, le juge constitutionnel a censuré un article additionnel, introduit devant le Sénat par le gouvernement dans le projet de loi de finances pour 1977. La nouvelle disposition supprimait certaines taxes sur les viandes et les remplaçait par une nouvelle taxe unique (taxe sanitaire et d'organisation du marché des viandes). Le Conseil a alors considéré que cette initiative gouvernementale, présentée pour la première fois devant le Sénat, était contraire à l'article 39 de la Constitution car il s'agissait d'une « mesure financière entièrement nouvelle ».

Le droit de priorité de l'Assemblée nationale en matière budgétaire pouvait être interprété d'une manière plus ou moins stricte. On pouvait estimer que l'article 39 de la Constitution ne concernait que le principe du dépôt du projet, mais sans que cela n'enlève rien à l'exercice du pouvoir d'initiative et du droit d'amendement devant le Sénat. On pouvait, au contraire, estimer que cela interdisait, non seulement tout pouvoir d'initiative (vote d'un article additionnel) mais également tout droit d'amendement lors de l'examen d'une loi de finances si on estimait que le droit de priorité impliquait nécessairement que tous les articles de la loi de finances soient d'abord soumis au vote des députés.

Le Conseil constitutionnel a choisi une solution moyenne : le Sénat perd le pouvoir d'initiative, en principe, mais non le droit d'amendement, c'est-à-dire qu'il lui est possible de modifier ou de compléter une disposition existante.

À vrai dire, la solution adoptée par le Conseil est encore plus nuancée : le pouvoir d'initiative n'est interdit que s'il s'agit d'une mesure financière « entièrement nouvelle ».

Mais que faut-il entendre par mesure entièrement nouvelle ? Il semble difficile de trouver un critère précis.

- En matière fiscale, c'est par exemple la création d'un nouvel impôt. Il ne fait pas de doute qu'une telle mesure ne peut être votée en premier lieu devant le Sénat. Mais s'il s'agit de la transformation d'un impôt existant ou de l'augmentation de son taux ? Or, c'était le cas en 1976 puisque la taxe sanitaire et d'organisation du marché des viandes remplaçait plusieurs taxes sanitaires, de visite et de poinçonnage, instituées par une loi du 8 juillet 1965. Est-il possible de proposer, devant le Sénat, la modification du champ d'application ou du régime juridique d'un impôt ? - Qu'en est-il en matière de dépenses ? Faut-il distinguer entre la création ou la suppression d'une dépense (qui serait interdite) et la simple réduction ou l'augmentation (qui serait permise) ?

Enfin, la question se pose de savoir si cette restriction du droit d'amendement devant le Sénat ne s'applique qu'au Gouvernement ou, aussi bien aux sénateurs. Si l'on applique ces restrictions aux sénateurs on remet nécessairement en cause leur droit de supprimer une dépense ou de créer un impôt qui leur est reconnu par l'article 42 de la loi organique de 1959. Toutefois il semble logique de faire prévaloir l'article 39 de la Constitution sur cette disposition organique. Cependant, le Conseil n'a pas suivi cette voie. Pour écarter la critique de la création, par un amendement sénatorial, d'une nouvelle taxe à la charge des propriétaires de certains bateaux, il affirme qu'il ne résulte pas de l'article 39 de la Constitution que des mesures financières ne puissent pas être présentées par voie d'amendement par des sénateurs (369 DC, cons. 27).

Par la suite, le Conseil a considérablement assoupli sa position. Dans la décision relative à la loi de finances rectificative pour 1993, il considère que la disposition présentée devant le Sénat relative à des majorations des valeurs locatives foncières, ne pouvait être regardée comme une mesure financière entièrement nouvelle contraire à l'article 39 de la Constitution (320 DC, cons. 11).

Surtout, dans la décision portant sur la loi de finances pour 1996, il estime que l'amendement introduit devant le Sénat par le gouvernement et créant une taxe sur les appareils automatiques exploités durant les fêtes foraines, n'est pas contraire à l'article 39, car la disposition en question modifie les modalités de paiement de l'impôt sur les spectacles en substituant à un paiement annuel un paiement fractionné (369 DC, cons. 24). Il en résulte la reconnaissance au profit du Sénat, d'un très large pouvoir d'initiative en matière financière et, pour le gouvernement, une assez large marge de manœuvre. En revanche, il ne reste pas grand chose du droit de priorité de l'Assemblée nationale et l'on peut désormais considérer que l'application de l'article 39 *in fine* ne revêtira qu'un caractère exceptionnel.

3º La procédure devant la commission mixte paritaire.

22 . Les lois de finances sont très souvent adoptées selon la procédure prévue par l'article 45 de la Constitution, c'est-à-dire qu'elles donnent lieu à réunion de la commission mixte paritaire. Après *une seule lecture* au sein de chaque assemblée, la commission est chargée de proposer un nouveau texte sur « les dispositions restant en discussion ». En cas d'accord c'est ce texte qui est soumis pour approbation aux deux assemblées. Or, l'application de cette procédure est conflictuelle, car elle met en cause les prérogatives des deux assemblées.

Le président de l'Assemblée nationale, pour la loi de finances rectificative de 1976 contestait les conditions dans lesquelles avaient été adoptés certains articles. Il s'agissait de dispositions nouvelles introduites lors de l'examen du projet devant le Sénat et qui avaient été reprises par la commission mixte paritaire. En conséquence, l'Assemblée nationale fut appelée à entériner, dans le cadre global du texte élaboré par la commission mixte, des dispositions sur lesquelles les députés n'avaient pas été appelés à délibérer.

Cette procédure contrevenait, selon le requérant, aux dispositions de l'article 45 al. 2 de la Constitution, qui précise que l'intervention de la commission mixte paritaire se limite aux dispositions restant en discussion. Or, de toute évidence, cette formule limite la compétence de la commission aux dispositions qui ont fait l'objet d'une délibération préalable au sein de *chacune* des deux assemblées et sur lesquelles celles-ci n'ont pu se mettre d'accord. En d'autres termes, cela signifie que la commission ne peut être saisie d'une disposition qui n'a été examinée que par une seule assemblée.

Pour le Conseil constitutionnel, l'expression « dispositions restant en discussion » doit être entendue dans un sens large, elle vise « les dispositions qui n'ont pas été adoptées dans les mêmes termes par l'une et l'autre assemblées ». Cela signifie que la commission peut être saisie, non seulement des dispositions examinées par les deux assemblées et sur lesquelles elles n'ont pu se mettre d'accord, comme l'affirme le président de l'Assemblée nationale, mais aussi de toute autre disposition, à la seule condition qu'elle n'ait pas déjà été votée en termes identiques par les deux chambres. Ainsi, seules les dispositions déjà adoptées par les deux assemblées échappent à la compétence de la commission.

Cette interprétation qui étend la compétence de la C.M.P. est ici, évidemment, favorable au Sénat, dès lors qu'il s'agit d'un texte examiné, en premier lieu, par l'Assemblée nationale.

L'interprétation de l'article 45 de la Constitution soulève des problèmes difficiles.

Toute la question est de savoir si le rôle de la C.M.P. est de permettre de trouver un compromis sur les points où un désaccord se manifeste entre les deux assemblées, ou si cette commission doit être considérée comme un moyen permettant au Gouvernement d'accélérer la procédure parlementaire. Dans le premier cas, il est logique que sa compétence soit limitée aux seules dispositions ayant fait l'objet d'un examen devant les deux assemblées. Dans le second, il est naturel qu'elle s'étende à toutes les dispositions non encore adoptées. De sérieux arguments plaident en faveur des deux thèses.

D'un côté, si l'on reconnaît au Sénat un large droit d'initiative en matière financière, comme le fait le Conseil constitutionnel, il est normal que la commission mixte paritaire puisse intégrer dans son texte certaines nouvelles dispositions adoptées par la deuxième chambre. Mais, d'un autre côté, cette procédure aboutit, avec la procédure d'urgence, à placer l'Assemblée nationale dans une situation anormale puisqu'elle devra se prononcer (en bloc) sur un texte sans avoir pu discuter (et éventuellement amender) les dispositions introduites devant le Sénat. Il y a là un moyen pour le Gouvernement d'imposer, avec l'appui du Sénat, des mesures pour lesquelles aucune majorité n'existe à l'Assemblée nationale.

23 . La portée de certaines dispositions de l'article 45 a été précisée dans plusieurs décisions ultérieures.

La violation du règlement de l'Assemblée nationale concernant la commission mixte paritaire ou le fait que certaines circonstances particulières aient entraîné l'échec de la C.M.P. ne sont pas de nature à justifier une déclaration de non-conformité à la Constitution (décision 155 DC du 30 déc. 1982). L'échec de la C.M.P. n'entraînait aucune restriction à l'exercice du droit d'amendement des députés, ou du Gouvernement, lors de la nouvelle lecture du texte devant l'Assemblée nationale (décision 136 DC du 31 déc. 1981, 198 DC du 13 déc. 1985 et 199 DC du 28 déc. 1985). Mais, depuis 1998, le Conseil a resserré sa jurisprudence en considérant que les seuls amendements susceptibles d'être adoptés à ce stade de la procédure doivent être en relation directe avec une disposition du texte en discussion ou être dictés par la nécessité d'assurer une coordination avec d'autres textes en cours d'examen au Parlement (402 DC, cons. 3).

L'adoption d'un texte par la commission mixte paritaire conduit à la suppression du droit d'amendement des parlementaires, sauf accord du Gouvernement. Mais le Gouvernement conserve, lui, le droit de modifier ou de compléter le texte de la commission mixte paritaire par des amendements de son choix, au besoin sous la forme d'articles additionnels, à condition que les modifications apportées au texte ne soient pas sans lien avec ce dernier, ni qu'elles dépassent « ..par leur objet et leur portée, les limites inhérentes à l'exercice du droit d'amendement » (221 DC du 29 décembre 1986 et 225 DC du 23 janvier 1987 ; v. *infra*, décision règlement du Sénat du *7 nov. 1990**).

4° *Les problèmes des délais et de la procédure applicable aux lois de règlement*

24 . La procédure de vote des lois de finances a donné lieu à une dernière difficulté. Les règles particulières de l'article 47 de la Constitution relatives aux délais de vote des projets de loi de finances s'appliquent-elles à toutes les lois de finances et, notamment, aux lois de règlement ?

1° Le Conseil constitutionnel a été saisi, en 1983, d'un recours dirigé contre la loi de règlement pour 1981 et fondé sur le fait que ce texte n'avait pas été voté dans les délais constitutionnels. Le texte avait, en effet, été adopté par l'Assemblée nationale plus de quarante jours après son dépôt sur le bureau de l'Assemblée.

Mais la Haute juridiction a rejeté le recours, car elle a considéré que les règles particulières concernant le vote des projets de loi de finances ont pour objet de permettre qu'interviennent en temps utile « ...les mesures d'ordre financier nécessaires pour assurer *la continuité de la vie nationale* ». Or, cette nécessité ne saurait être invoquée quand il s'agit de lois de règlement. Si l'article 38 de la loi organique du 2 janvier 1959 prévoit un délai pour le dépôt du projet de loi de règlement, il n'y a, en effet, aucune nécessité impérative pour que le vote intervienne avant une date précise (décision 161 DC).

La question s'est alors posée de savoir si les délais de l'article 47 de la Constitution et de l'article 39 de la loi organique (dont l'objet essentiel est d'assurer le respect du principe de l'annualité) s'appliquaient aux projets de loi de finances rectificatives. La réponse était incertaine car d'un côté, la loi de finances rectificative s'apparente davantage à la loi de finances de l'année qu'à la loi de règlement mais, d'un autre côté, il n'est pas certain que l'on puisse considérer que les lois de finances rectificatives contiennent toujours des mesures d'ordre financier liées à la continuité de la vie nationale. Dans une décision 209 DC du 3 juillet 1986, le Conseil précise que les délais constitutionnels s'appliquent également aux lois de finances rectificatives.

Toujours en ce qui concerne les délais de vote, le Conseil constitutionnel a jugé que le dépassement par l'Assemblée nationale, du délai de 40 jours ne constitue une irrégularité que dans la mesure où il entraînerait une réduction du délai de 20 jours dont dispose normalement le Sénat.

2° À la suite de la décision de rejet de 1983 du Conseil constitutionnel, les requérants qui avaient contesté la régularité de la loi de règlement pour 1981, ont voulu invoquer un autre motif d'inconstitutionnalité. Ils faisaient valoir que si la procédure particulière des articles 47 C et 39 L.O. n'était pas applicable aux lois de règlement, celles-ci devaient donc être soumises à la procédure ordinaire de l'article 45 C. Or, cela n'avait pas été le cas, car le projet de loi de règlement pour 1981 avait été adopté à la suite d'une réunion de la commission mixte paritaire, après une seule lecture, alors que le Gouvernement n'avait pas déclaré l'urgence comme l'exige l'article 45 C. Mais les requérants n'ont pas pu saisir à nouveau le Conseil, car le Président de la République avait déjà promulgué la loi de règlement. Ils ont alors vigoureusement protesté contre ce qu'ils considéraient comme une atteinte à leur droit de saisir le juge constitutionnel. Cette protestation ne se justifiait pas pour trois raisons. En premier lieu, il est de tradition que les décisions du Conseil soient publiées au *Journal officiel*, immédiatement, avec la loi qui a été déclarée conforme. En second lieu, il est certain que le Conseil aurait déclaré irrecevable un second recours dirigé contre un texte qu'il venait de juger conforme. Enfin, c'était au Conseil qu'il appartenait de soulever d'office ce motif d'inconstitutionnalité, ce qu'il n'a pas fait en l'occurrence.

Toutefois, le Gouvernement n'a pas su tirer les leçons de la décision de 1983. En 1985, lors du vote de la loi de règlement pour 1983 il a, de nouveau, omis de déclarer expressément l'urgence et, sur saisine de l'opposition, qui cette fois-ci a invoqué le bon argument, le texte a été jugé non conforme à l'article 45 C (décision 190 DC). Le Gouvernement a dû faire revoter la loi de règlement à la session suivante et le Conseil a pu la déclarer, enfin, conforme (décision 202 DC).

25 . Les différentes difficultés liées à la procédure budgétaire posent le problème de la réforme de l'ordonnance organique du 2 janvier 1959. N'est-il pas nécessaire de modifier ce texte, après près d'un demi-siècle d'application, afin de tenir compte de l'évolution de la jurisprudence et afin de renforcer le pouvoir de contrôle du Parlement en ce domaine ?

29

22 juillet 1980

VALIDATION D'ACTES ADMINISTRATIFS (119 DC)

Droit constitutionnel juridictionnel
Indépendance des juridictions judiciaires et administratives
Séparation des pouvoirs
Constitutionnalité des lois de validation

Décision 119 DC, *Rec.* 46, *RJC* I-83.
Article 61, al. 2 de la Constitution.
Saisine par un groupe de 61 sénateurs et par un groupe de 85 députés.
Séparation des pouvoirs.
Indépendance des juridictions judiciaires et administratives à l'égard de l'exécutif et du législatif.
Indépendance des juridictions judiciaires en vertu de l'article 64 de la Constitution, et des juridictions administratives en vertu du principe fondamental reconnu par les lois de la République (Loi du 24 mai 1872).
Problème de la reconnaissance constitutionnelle de la dualité de juridictions.
Constitutionnalité des lois de validations.
Conditions et compétence.

RÉFÉRENCES

a) *Texte des recours* : *R.D.P.*, 1980, p. 1673 ; MAUS, Textes et doc., 2e éd., 1982, p. 501.

b) *Notes doctrinales*

- CARCASSONNE (G.), *A.J.D.A.*, 1980, p. 602. - FAVOREU (L.), *R.D.P.*, 1980, p. 1658. - FRANCK (C.) : *D.*, 1981, p. 65. - HAMON (L.), *D.* 1981 (I.R.), p. 357. - NGUYEN QUOC VINH, *J.C.P.*, 1981, II, 19603. - PLOUVIN (Y.), *G.P.*, 8-10 et 11-12 février 1981. - VILLIERS (M. DE), *Rev. Adm.*, 1981, p. 33.

c) *Autres références*

- NEUBORNE (B.) : Judicial review and separation of powers in France and the United States, *New York University Law Review*, 1982, p. 365-442. - RENOUX (Th.) : *Le Conseil constitutionnel et l'autorité judiciaire*, Coll. Droit public positif, Economica et P.U.A.M., 1984. - MATHIEU (B.) : *Les «validations législatives». Pratique législative et jurisprudence constitutionnelle,* Coll. Droit public positif, Economica, 1987 ; La constitutionnalité des validations législatives : certitudes et incertitudes, *R.F.D.A.*, 1989, p. 862 ; Les validations législatives devant le juge constitutionnel, *R.F.D.A.*, 1995. - Colloque de la SFFP et du Groupe Alma : La rétroactivité de la loi fiscale, face au principe de sécurité juridique, *D.F.*, nov. 1996 (nº hors série). - LUCHAIRE (F.) : Le Conseil constitutionnel et les lois de validation, *R.D.P.*, 1998, p. 23. - ENTIOPE (M.) : Une nouvelle étape dans le contrôle des validations législatives : la nécessité de la constitutionnalité de l'acte validé (390 DC du 19 nov. 1997), *L.P.A.*, nº 34, 17 février 1999, p. 12.

d) *Jurisprudence*

- *du Conseil constitutionnel*

• Décision du *18 juillet 1961* *.
• Décision 31 DC du 26 janvier 1967, *Rec.* 19, *RJC* I-16.
• Décision 33 DC du 12 juillet 1967, *Rec.* 21, *RJC* I-17.
• Décision 57 L du 24 octobre 1969, *Rec.* 32, *RJC* II-38.
• Décision 40 DC du 9 juillet 1970, *Rec.* 25, *RJC* I-22.
• Décision 56 DC du 23 juillet 1975, *Rec.* 22, *RJC* I-32.
• Décision 67 DC du 15 juillet 1976, *Rec.* 35, *RJC* I-39.
• Décision 99 L du 20 juillet 1977, *Rec.* 63, *RJC* II-77.
• Décision 97 DC du 27 juillet 1978, *Rec.* 31, *RJC* I-62.
• Décision 104 DC du 23 mai 1979, *Rec.* 27, *RJC* I-69.
• Décision 123 DC du 24 octobre 1980, *Rec.* 24, *RJC* I-87.
• Décision 127 DC des *19-20 janvier 1981* *.
• Décision 155 DC du 30 décembre 1982, *Rec.* 88, *RJC* I-149.
• Décision 159 DC du 19 juillet 1983, *Rec.* 24, *RJC* I-154.
• Décision 164 DC du 29 décembre 1983, *Rec.* 68, *RJC* I-167.
• Décision 192 DC du 24 juillet 1985, *Rec.* 56, *RJC* I-229.
• Décision 225 DC du *23 janvier 1987* *.
• Décision 261 DC du 28 juillet 1989, *Rec.* 81, *RJC* I-370.
• Décision 332 DC du 13 janvier 1994, *Rec.* p. 21, *RJC* I-567.
• Décision 335 DC du 21 janvier 1994, *Rec.* p. 40, *RJC* I-576.
• Décision 357 DC du 25 janvier 1995, *Rec.* 179, *RJC* I-622.
• Décision 358 DC du 26 janvier 1995, *Rec.* 183, *RJC* I-624.
• Décision 363 DC du 11 janvier 1995, *Rec.* 159, *RJC* I-634.
• Décision 364 DC du 8 février 1995, *Rec.* 202, *RJC* I-636.
• Décision 369 DC du 30 déc. 1995, *Rec.* 257, *RJC* I-646.
• Décision 375 DC du 9 avril 1996, *Rec.* 60, *RJC* I-668.
• Décision 386 DC du 30 déc. 1996, cons. 17, *Rec.* 154, *RJC* I-696.
• Décision 390 DC du 19 nov. 1997, *Rec.* 254, *RJC* I-717.
• Décision 393 DC du 18 déc. 1997, *Rec.* 320, *RJC* I-721.
• Décision 396 DC du 19 fév. 1998, *J.O.* 26 fév. 1998, p. 2976, *Rec.* 258.

• Décision 404 DC du 18 déc. 1998, cons. 4, *J.O.* 27 déc. 1998, p. 19 663, *Rec.* 269.

- du Conseil d'État

• Ass., 2 février 1962, *Beausse, Rec.* 82.
• Ass., 11 mai 1979, *Boulenger, A.J.D.A.*, 1980, p. 254.

LE CONSEIL CONSTITUTIONNEL,

Saisi le 30 juin 1980 par MM. Marcel Champeix et autres, sénateurs, et le 4 juillet 1980, par MM Maurice Andrieux et autres, députés, dans les conditions prévues à l'article 61 (alinéa 2) de la Constitution, du texte de la loi portant validation d'actes administratifs, telle qu'elle a été adoptée par le Parlement ;

Vu la Constitution ;

Vu l'ordonnance du 7 novembre 1958 portant loi organique sur le Conseil constitutionnel, notamment les articles figurant au chapitre II du titre II de ladite ordonnance ;

Ouï le rapporteur en son rapport ;

1. Considérant que la loi soumise à l'examen du Conseil constitutionnel prononce non la validation des dispositions du décret nº 77-679 du 29 juin 1977 relatives à la désignation des représentants du personnel au comité technique paritaire central des enseignants de statut universitaire annulées par une décision du Conseil d'État statuant au contentieux en date du 18 avril 1980, mais la validation des décrets pris après consultation dudit comité technique paritaire central ainsi que celle des actes réglementaires et non réglementaires pris sur la base de ces décrets ;
2. Considérant qu'il résulte des débats parlementaires que le législateur, avec l'assentiment du Gouvernement, a, par là, entendu préserver le fonctionnement continu du service public et le déroulement normal des carrières du personnel des conséquences d'éventuelles décisions contentieuses qui viendraient à annuler, comme ayant été prises sans consultation régulière du comité technique paritaire, les décrets visés par la loi soumise à l'examen du Conseil constitutionnel ainsi que d'autres éventuelles décisions contentieuses qui viendraient annuler des actes réglementaires ou non réglementaires pris sur la base de ces décrets ;
3. Considérant que, sauf en matière pénale, la loi peut comporter des dispositions rétroactives ; qu'il n'était donc pas interdit au législateur de valider, rétroactivement, les décrets pris après consultation du comité technique paritaire central des personnels enseignants de statut universitaire institué par le décret du 29 juin 1977 ;
4. Considérant, de même, que la validation des décrets visés par la loi soumise à l'examen du Conseil constitutionnel a pour effet de rendre inopérant le grief selon lequel les actes réglementaires ou non réglementaires pris sur le fondement de ces textes auraient été dépourvus de base légale ; qu'ainsi le législateur était conduit à valider ces actes ;
5. Considérant que, selon les auteurs des deux saisines, les dispositions de la loi soumise à l'examen du Conseil constitutionnel comporteraient une intervention du législateur dans le fonctionnement de la justice et seraient contraires au principe constitutionnel de la séparation des pouvoirs ; qu'en effet, cette loi serait de nature à entraîner le rejet de recours actuellement pendants devant la juridiction administrative ;
6. Considérant qu'il résulte des dispositions de l'article 64 de la Constitution en ce qui concerne l'autorité judiciaire et des principes fondamentaux reconnus par les lois de la République en ce qui concerne, depuis la loi du 24 mai 1872, la juridiction administrative, que l'indépendance des juridictions est garantie ainsi que le caractère spécifique de leurs fonctions sur lesquelles ne peuvent empiéter ni le législateur ni le Gouvernement ; qu'ainsi, il n'appartient ni au législateur ni au Gouvernement de censurer les décisions des juridictions, d'adresser à celles-ci des injonctions et de se substituer à elles dans le jugement des litiges relevant de leur compétence ;
7. Mais considérant que ces principes de valeur constitutionnelle ne s'opposent pas à ce que, dans l'exercice de sa compétence et au besoin, sauf en matière pénale, par la voie de dispositions rétroactives, le législateur modifie les règles que le juge a mission d'appliquer ; qu'ainsi le fait que la loi soumise à l'examen du Conseil constitutionnel intervient dans une matière ayant donné lieu à des recours actuellement pendants n'est pas de nature à faire regarder cette loi comme non conforme à la Constitution ;

8. Considérant que les auteurs de l'une des saisines font valoir qu'en validant fût-ce avec l'accord du Gouvernement, des actes administratifs ne relevant pas des matières réservées à la compétence du législateur, la loi soumise à l'examen du Conseil constitutionnel a méconnu les dispositions des articles 34 et 37 de la Constitution ;

9. Considérant que le législateur, compétent, aux termes de l'article 34 de la Constitution, pour fixer les règles concernant les garanties fondamentales accordées aux fonctionnaires civils et militaires de l'État avait, pour des raisons d'intérêt général, la faculté d'user de son pouvoir de prendre des dispositions rétroactives afin de régler, comme lui seul, en l'espèce, pouvait le faire, les situations nées de l'annulation du décret du 29 juin 1977 et, pour cela, de valider les décrets qui avaient été pris après consultation du comité technique paritaire central ainsi que les actes réglementaires ou non réglementaires pris sur leur base ;

10. Considérant, enfin, qu'il n'y a lieu pour le Conseil constitutionnel de soulever d'office aucune autre question de conformité à la Constitution de la loi soumise à son examen,

Décide :

ARTICLE PREMIER. - La loi portant validation d'actes administratifs soumis à l'examen du Conseil constitutionnel est déclarée conforme à la Constitution.

ARTICLE 2. - La présente décision sera publiée au *Journal officiel* de la République française.

Délibéré par le Conseil constitutionnel dans sa séance du 22 juillet 1980.
(*J.O.*, 24 juill. 1980, p. 1868).

La composition du Conseil constitutionnel à la date du 22 juillet 1980 était la suivante : M. FREY (président), MM. BROUILLET, GROS, JOXE, LECOURT, MONNERVILLE, PERETTI, SÉGALAT, VEDEL.

OBSERVATIONS

1. Le ministère des Universités fut contraint, en 1977, sous la pression du Conseil d'État, de constituer un comité technique paritaire central des personnels enseignants de statut universitaire auquel devaient être soumis, pour avis, tous les textes relatifs à la situation de ces personnels. Un décret fut donc pris après avis favorable de l'assemblée générale du Conseil d'État, et le comité technique paritaire ainsi institué rendit des avis sur de nombreux textes portant réforme des personnels de l'enseignement supérieur. Mais trois syndicats ayant attaqué ce décret, le Conseil d'État prononça son annulation le 18 avril 1980. Dès lors, étaient menacés de tomber tous les décrets portant réforme des statuts ainsi que toutes les décisions individuelles ou collectives intervenues sur la base de ces textes en 1977, 1978 et 1979. Une proposition de loi de validation fut alors déposée par MM. Foyer et Alphandery et votée par les deux assemblées en première lecture le 28 juin 1980. Cette loi comportait un article unique ainsi rédigé : « Sont validés les décrets pris après consultation du comité technique paritaire... institué par le décret n° 77-679 du 29 juin 1977 ainsi que les actes réglementaires et non réglementaires pris sur la base de ces décrets ».

La loi fut déférée au Conseil constitutionnel par les sénateurs socialistes et par les députés communistes. Les requérants invoquaient essentiellement la violation du principe de séparation des pouvoirs. Les socialistes faisaient valoir également qu'il y avait méconnaissance de la répartition des compétences législatives et réglementaires. Le Conseil constitutionnel a rejeté le recours le 22 juillet et la loi a été promulguée le 25.

La décision du *22 juillet 1980* a tout d'abord une importance considérable, dans la mesure où elle affirme l'indépendance des autorités juridictionnelles à l'égard du législatif et de l'exécutif, et donc leur statut constitutionnel. Par ailleurs, elle se prononce sur la constitutionnalité des lois de validation. Enfin, elle utilise la notion de principe fondamental reconnu par les lois de la République que les requérants n'avaient pas invoquée.

I. - La séparation des pouvoirs et ses répercussions sur l'organisation juridictionnelle

2 . Les requérants faisaient valoir essentiellement que la validation législative constitue une intervention du législateur dans le fonctionnement de la justice, intervention contraire « au principe constitutionnel de la séparation des pouvoirs ».

Le Conseil constitutionnel répond directement à cette argumentation par un considérant d'une importance capitale :

> « Considérant qu'il résulte des dispositions de l'article 64 de la Constitution en ce qui concerne l'autorité judiciaire et des principes fondamentaux reconnus par les lois de la République en ce qui concerne, depuis la loi du 24 mai 1872, la juridiction administrative, que l'indépendance des juridictions est garantie ainsi que le caractère spécifique de leurs fonctions sur lesquelles ne peuvent empiéter ni le législateur ni le Gouvernement ; qu'ainsi, il n'appartient ni au législateur ni au Gouvernement de censurer les décisions des juridictions, d'adresser à celles-ci des injonctions et de se substituer à elles dans le jugement des litiges relevant de leur compétence ».

Il en découle des conséquences d'une grande portée quant :
- au principe de la séparation des pouvoirs,
- à l'indépendance de l'autorité judiciaire,
- à l'indépendance de la juridiction administrative,
- à l'existence d'une dualité de juridictions.

1° *La séparation des pouvoirs législatif, exécutif et juridictionnel*

3 . Le juge constitutionnel donne tout d'abord au *principe de la séparation des pouvoirs*, qu'il avait eu l'occasion de consacrer dans sa décision du 23 mai 1979 (au profit du législatif contre l'exécutif) sa pleine signification en affirmant l'indépendance du judiciaire, ou mieux du juridictionnel, à l'égard du législatif et de l'exécutif.

Il résulte de dispositions constitutionnelles (article 64 de la Constitution et principe fondamental reconnu par les lois de la République) que « l'indépendance des juridictions est garantie ainsi que le caractère spécifique de leurs fonctions ». Le Conseil aurait pu, comme dans la décision du 23 mai 1979, dire que ces dispositions constitutionnelles « mettent en œuvre » le principe de la séparation des pouvoirs et l'application au cas précis des relations entre le judiciaire et les autres pouvoirs. Mais, ici encore, il n'est pas fait référence à l'article 16 de la Déclaration des droits de 1789 selon lequel « toute société dans laquelle... la séparation des pouvoirs (n'est pas) déterminée n'a point de Constitution » (cela sera fait plus tard en 1987).

On peut remarquer qu'un ancien membre du Conseil constitutionnel avait fait, par avance, apparaître la nécessité de l'émergence du troisième pouvoir compte tenu des particularités du système constitutionnel et politique de la Ve République : « ...dans la mesure où les pouvoirs législatif et exécutif tendent à se confondre par suite de la coïncidence entre la majorité parlementaire et la majorité présidentielle, l'indépendance du troisième pouvoir, celui du juge, devient une garantie encore plus nécessaire qu'auparavant pour la protection des libertés » (F. Luchaire, *Mélanges Waline*, II, p. 568).

En toute hypothèse, après les décisions des 23 mai 1979 et *22 juillet 1980* le principe de la séparation des pouvoirs a incontestablement plein effet entre le législatif et l'exécutif et entre le juridictionnel et les autres pouvoirs.

Il est vrai que d'après une analyse américaine (Professeur Neuborne, *New York University Law Review*, 1982), l'ensemble de la jurisprudence du Conseil constitutionnel pourrait s'expliquer par l'application du principe de la séparation des pouvoirs, notre juge constitutionnel réussissant ainsi, à la différence du juge américain, à assurer la protection des droits fondamentaux sans porter atteinte outre mesure aux normes issues de la majorité (« ...courts, by engaging in separation of powers review, can protect fundamental rights without unduly trenching upon majoritarian norms... the French judiciary is shown to have emerged as an effective guarantor of substantive values through the use of separation of powers review »).

4 . En ce qui concerne les juridictions (judiciaires ou administratives), leur indépendance – découlant du principe de la séparation des pouvoirs – interdit au législateur et au Gouvernement :

- de « censurer les décisions des juridictions », ce qui interdit les validations *a posteriori* et d'une manière générale toute violation de l'autorité de chose jugée ;

- d'« adresser (aux juridictions) des injonctions », ce qui met le juge à l'abri de toute intervention du pouvoir législatif ou gouvernemental ;

- de « se substituer à elles dans le jugement des litiges relevant de leur compétence », ce qui fait obstacle à toute loi ou décision administrative dessaisissant une juridiction d'une affaire pendante devant elle.

- de « subordonner l'octroi (du) concours (de la force publique à l'exécution d'une décision juridictionnelle) à l'accomplissement d'une diligence administrative » (en l'espèce s'assurer qu'une offre d'hébergement a été proposée aux personnes expulsées) (98-403 DC du 29 juillet 1998, *Taxe d'inhabitation*).

Sera examinée plus loin la portée exacte de ces interdictions quant à la procédure de validation d'actes administratifs.

2° *L'indépendance de l'autorité judiciaire.*

5 . La garantie constitutionnelle de l'indépendance de l'autorité judiciaire ne soulevait guère de doutes car l'article 64 alinéa 1er de la Constitution en contient l'affirmation : « Le Président de la République est garant de l'indépendance de l'autorité judiciaire ». Toutefois, on remarquera la forme impersonnelle de l'affirmation du juge constitutionnel (« l'indépendance des juridictions est garantie ») qui lui donne d'autant plus de force en ne confiant pas cette garantie au seul chef de l'État, puisque, par définition, il convient de sauvegarder cette indépendance en préservant le caractère spécifique des fonctions juridictionnelles contre les empiétements du législatif et de l'exécutif.

L'indépendance de l'autorité judiciaire postule d'abord celle des *magistrats* qui sont protégés par le principe constitutionnel d'inamovibilité affirmé à l'alinéa 4 de l'article 64. De ce principe, le Conseil constitutionnel a donné une interprétation stricte, dès ses premières décisions (voir *26 janvier 1967 **, *supra*).

Au plan des *institutions judiciaires*, la jurisprudence du Conseil constitutionnel a permis, par une interprétation très constructive de la Constitution et notamment de l'article 34, de ramener l'essentiel de l'organisation judiciaire dans le domaine de la loi.

Tout d'abord, en adoptant une conception très large de l'« ordre de juridiction », qui aboutit en fait à le définir comme une catégorie de juridiction (voir observations *supra*, sur *18 juillet 1961* *), le juge constitutionnel restitue l'essentiel de ses prérogatives au législateur en matière de création de nouvelles juridictions.

En ce qui concerne l'aménagement du « service public judiciaire », la compétence législative a été aussi progressivement affirmée et étendue. Il convient cependant d'apporter la précision suivante (formulée par Th. Renoux) : « *...plus on s'élève dans la hiérarchie judiciaire plus le domaine de la loi apparaît étendu* : la compétence législative est maximale à l'égard de la Cour de cassation protectrice suprême de la règle de droit dont les attributions sont fixées par la loi (décision 99 L) ; elle est plus nuancée pour les cours d'appel et les tribunaux de grande instance ; elle est considérablement réduite pour les tribunaux d'instance ».

En élargissant le domaine de la loi en matière d'institutions judiciaires, le Conseil constitutionnel contribue à renforcer l'indépendance de l'autorité judiciaire et à la placer d'ailleurs, de ce fait, sous sa garantie.

6 . Peut-on ajouter aux garanties constitutionnelles de l'indépendance du juge judiciaire, *le principe de collégialité ?*

On a soutenu en effet, que, en droit français, le principe de collégialité était une garantie constitutionnelle de l'indépendance et de l'impartialité du juge judiciaire et qu'à ce titre il devait donc avoir un caractère constitutionnel et s'imposer au législateur. C'est ce qui a été invoqué, dans l'affaire du Juge unique par les requérants (cf. Maus, 2e éd., *op. cit.*, p. 394) : « Nous estimons que ce texte a été voté en violation du principe fondamental reconnu par les lois de la République selon lequel les juridictions de jugement sont toujours collégiales, spécialement en matière de répression des délits ». Mais, dans sa décision du 23 juillet 1975 le Conseil constitutionnel n'a pas retenu ce grief : il a simplement estimé que les infractions de même nature devaient être jugées par des juridictions de même type (collégiales ou à juge unique) sous peine de violer le principe constitutionnel d'égalité. Le principe de collégialité n'a donc pas valeur constitutionnelle ; on peut cependant estimer qu'il a au moins valeur législative.

3° *L'indépendance de la juridiction administrative.*

7 . La garantie constitutionnelle de l'indépendance de la juridiction administrative et de sa spécificité n'était pas aussi évidemment susceptible d'être affirmée que celle de l'indépendance du juge judiciaire.

L'article 64 de la Constitution garantissait l'existence de la seule *autorité judiciaire* laquelle n'englobait pas, s'accordait-on à dire, la juridiction administrative. Par une audacieuse et remarquable construction, le Conseil constitutionnel rétablit l'équilibre en découvrant un principe fondamental reconnu par les lois de la République, au sein de la loi du 24 mai 1872 relative au Conseil d'État. Cette découverte est difficilement contestable car ce texte fonde véritablement la justice administrative souveraine succédant à la justice retenue.

Cette consécration est d'autant plus remarquable que lors de l'élaboration de la Constitution, Michel Debré avait déclaré, à propos de la possibilité d'intituler le titre VIII de la Constitution « De l'indépendance de la magistrature » : « Par magistrature j'entends ici la magistrature judiciaire, car, à mon avis, la magistrature administrative n'existe pas : il y a seulement des fonctionnaires administratifs qui occupent les fonctions de juge » (Avis et débats du Comité consultatif constitutionnel, p. 70). Par ailleurs, le Conseil d'État lui-même a dénié aux membres des juridictions administratives la qualité de magistrat (C.E., Ass., 2 février 1962, *Beausse*, *Rec.* p. 82). Enfin la doctrine a abondé dans le même sens : ainsi le doyen Auby soulignant que si un pouvoir judiciaire existait, « il n'engloberait pas, selon la Constitution, les juridictions administratives » (*Revue du droit prospectif*, 1977, n° 3 et 4, p. 11 et s.).

8 . Les conséquences qui devront être tirées de cette consécration ne sont pas négligeables. Tout d'abord, on imagine mal, désormais, que l'on puisse réformer l'organisation, le fonctionnement et les attributions du Conseil d'État, voire même remettre en cause certaines de ses fonctions essentielles, par simple décret, comme au temps de l'affaire *Canal*. Il n'est plus possible de concevoir que le statut du Conseil d'État puisse être en grande partie de nature réglementaire. Déjà, en 1963, on s'était interrogé sur la régularité de la procédure suivie (R. Drago, *A.J.D.A.*, 1963, p. 527), mais aujourd'hui, il n'y a plus de doute : cette procédure serait considérée comme irrégulière car seul le législateur peut définir les modalités essentielles de mise en œuvre du principe constitutionnel d'indépendance des juridictions. Un autre raisonnement permettrait de fonder par ailleurs la compétence du

législateur : de même que la Cour de cassation a été considérée comme constituant à elle seule un ordre de juridiction parce qu'étant sans équivalent sur le plan national (20 juillet 1977), de même le Conseil d'État se verrait appliquer la même qualification et, en conséquence, l'ensemble de ses règles constitutives seraient considérées comme relevant du domaine législatif. Ceci a été confirmé par l'évolution législative postérieure. En effet, la réforme du contentieux administratif intervenue en 1987, a été faite par la loi (loi du 31 décembre 1987).

9 . Et il en va de même du statut de ses membres. Comment concevoir, en effet, que les membres de la juridiction judiciaire voient leur statut défini par la loi organique alors que ceux de la juridiction administrative, dont la dignité est égale à celle de la juridiction judiciaire, sont régis par le décret.

Il est vrai que c'est par un décret en Conseil d'État. En effet, régi par le décret, le Conseil d'État a un double pouvoir de contrôle sur son statut : s'agissant d'un décret en Conseil d'État, son assemblée générale est consultée avant son adoption (certes, c'est un avis simplement consultatif mais, en 1963, le désaccord de l'assemblée générale sur la réforme a provoqué la modification du texte gouvernemental) ; en outre, ce décret est susceptible de recours devant... le Conseil d'État statuant au contentieux. Tandis que si la réforme du statut intervenait par la voie législative, le Conseil d'État ne pourrait compter que sur le contrôle hypothétique (la saisine étant facultative) du Conseil constitutionnel. Ce qui ferait dépendre, en quelque sorte, le statut du Conseil d'État de la jurisprudence du Conseil constitutionnel.

S'agissant du statut des membres des tribunaux administratifs – autrefois régi par décret – est intervenue la loi du 6 janvier 1986 « fixant les règles garantissant l'indépendance des membres des tribunaux administratifs ».

Ainsi donc, aujourd'hui, le statut des membres des tribunaux administratifs est défini par la loi (conformément aux principes dégagés plus haut), tandis que celui des membres du Conseil d'État l'est toujours par décret. Il y a quelque paradoxe, mais la raison d'être en a été exposée plus haut.

4° *La constitutionnalisation de la dualité de juridictions*

10 . La décision du *22 juillet 1980* consacre-t-elle également l'existence constitutionnelle de la dualité de juridictions ?

Certains soutiennent qu'il n'en est rien car ce qui a été constitutionnalisé c'est *l'indépendance* de la juridiction administrative et non son existence. Ou plus exactement, c'est l'indépendance des autorités juridictionnelles qui a été consacrée, quelle que soit la nature de ces autorités. Donc, le législateur pourrait fort bien unifier le système juridictionnel français sans se voir opposer d'obstacles constitutionnels dès lors qu'il ne toucherait pas à l'indépendance des juridictions.

Nous n'étions pas convaincus par ce raisonnement parce qu'il est difficile d'envisager que l'on supprime le Conseil d'État sans toucher à

« l'indépendance de la juridiction administrative » laquelle est cependant affirmée et fondée clairement, dans la décision du *22 juillet 1980*, de manière distincte par rapport à celle de l'autorité judiciaire. Comme le dit un membre du Conseil d'État, « on ne peut que se réjouir de voir affirmer l'indépendance de la juridiction administrative, et qui plus est, sa *spécificité* » (B. Genevois, *Jurisprudence du Conseil constitutionnel*, 1980, p. 259), c'est-à-dire son identité.

La question est désormais tranchée par les décisions des *23 janvier 1987* * et 28 juillet 1989 (261 DC) : la dualité de juridictions est bien constitutionnalisée en vertu de la « conception française de la séparation des pouvoirs ».

II. - La constitutionnalité des lois de validation

11 . Le problème de la *constitutionnalité des lois de validation* avait été posé précédemment devant le Conseil constitutionnel et cela à deux reprises : 15 juillet 1976 (Dossier des fonctionnaires) et 27 juillet 1978 (Réforme du Code de procédure pénale). Mais, dans les deux cas, le Conseil constitutionnel n'avait pas vraiment donné de réponse claire : en 1977, en effet, il n'avait pas eu à trancher la question (V. nos observ., *R.D.P.*, 1977, p. 216) et en 1978, le problème de validation, bien que soulevé par les requérants, ne se posait pas vraiment (V. nos observ., *R.D.P.*, 1979, p. 502). En sorte que le doute subsistait quant à la constitutionnalité des lois de validation.

La question est, en revanche, clairement abordée dans la décision présentement commentée, les requérants ayant axé l'essentiel de l'argumentation sur ce thème ; et le Conseil constitutionnel apporte une série de réponses.

1° *L'interdiction de certaines validations*

12 . Tout d'abord, la validation franche et brutale ou *validation a posteriori* c'est-à-dire celle qui consiste à remettre en vigueur un acte annulé par le juge administratif, est inconstitutionnelle comme étant contraire aux principes de séparation des pouvoirs et de l'« indépendance des juridictions ».

Ceci peut être déduit aisément de l'interprétation combinée des 1er et 6e considérants de la décision. En effet, le Conseil constitutionnel note, tout d'abord, dans le premier considérant que la loi soumise à son examen ne prononce pas la validation du décret annulé ; ensuite, dans le 6e considérant, le juge constitutionnel affirme qu'« il n'appartient ni au législateur ni au Gouvernement de censurer les décisions des juridictions », c'est-à-dire de valider ce qu'elles ont annulé.

13 . *La deuxième forme de validation ou validation préventive*, c'est-à-dire celle qui consiste à valider un acte qui n'a pas encore été annulé par le juge mais qui risque de l'être, peut être régulière si elle respecte les conditions posées par le Conseil constitutionnel, ce qui est le cas en l'espèce.

Ces conditions paraissaient être les suivantes : 1° l'acte doit être en vigueur au moment de la validation ; 2° au cas de rétroactivité de la mesure de validation, ce qui est le cas normal, l'acte doit être intervenu en matière non répressive (c'est-à-dire ne pas prévoir de sanctions pénales ou administratives) ; 3° La validation doit avoir pour objet de « préserver le fonctionnement continu des services publics » ainsi que le « déroulement normal des carrières du personnel » (lorsqu'il s'agit de validations de mesures relatives aux agents publics) ; 4° l'acte à valider doit être réglementaire.

L'existence de cette dernière condition n'a pas été confirmée par la décision 192 DC du 24 juillet 1985 (*Élections au C.S.U.*) : le Conseil constitutionnel, en effet, a déclaré en réponse à la requête des parlementaires que « le grief ainsi énoncé ne repose sur aucun principe ou règle à valeur constitutionnelle ». En outre, le Conseil constitutionnel a accepté dans la même décision que soient validées par avance des mesures individuelles « non (encore) intervenues », ce qui affaiblit la première condition énoncée ci-dessus. Enfin, s'agissant d'annulations de concours (159 DC) ou d'actes organisant des élections (192 DC), le juge constitutionnel admet que le législateur « reprenant à son compte à titre provisoire les désignations résultant de ces élections (ou de ces concours) » attribue – « comme lui seul pouvait le faire » – une qualité d'auditeurs de justice (159 DC) ou de membre du Conseil supérieur des universités (192 DC) à des personnes figurant sur une liste, même s'il s'agit de futurs juges : dans la décision 159 DC du 19 juillet 1983, le Conseil constitutionnel a admis la constitutionnalité d'une loi organique attribuant la qualité d'auditeurs de justice aux personnes ayant figuré sur la liste des candidats déclarés admis à la suite du premier concours d'accès à l'E.N.M., annulé par le Conseil d'État ; dans la décision 192 DC, le Conseil constitutionnel a fait de même pour des enseignants élus au C.S.U. sur la base d'un décret annulé par le Conseil d'État. La dernière jurisprudence fait donc apparaître comme moins rigoureuse la position du Conseil constitutionnel.

On notera, toutefois, que le Conseil constitutionnel a bien marqué dans sa décision 192 DC que les décisions validées ne sont à l'abri d'annulations contentieuses que quant au défaut de base légale et « qu'elles peuvent être mises en cause sur d'autres fondements » (§ 19). Ceci aurait pu conduire le Conseil d'État à renoncer à prononcer des « non-lieu » législatifs lorsqu'il est saisi de recours contre de telles mesures ; mais ça n'a pas été le cas, semble-t-il. En toute hypothèse le Conseil constitutionnel a remis en cause sa position dans la décision 357 DC et rejoint celle du Conseil d'État (cf. ci-après § 16).

Selon B. Genevois (*La jurisprudence du Conseil constitutionnel*, 1988 p. 282) une dernière condition doit être ajoutée qui découle des décisions 223 DC du 29 décembre 1986 et 228 DC du 26 juin 1987 : « l'idée de proportionnalité de la mesure de validation par rapport à sa justification qui est elle-même fonction des nécessités d'intérêt général ».

2° *La justification de la compétence législative pour opérer des validations.*

14 . Les députés socialistes soutenaient que la loi avait méconnu les dispositions des articles 34 et 37 de la Constitution dans la mesure où, en validant des actes administratifs, le législateur aurait statué dans des matières réservées au pouvoir réglementaire.

Ce problème présenté comme insoluble par le commissaire du Gouvernement Théry dans ses conclusions précitées, était en réalité tout à fait susceptible d'être résolu compte tenu de la jurisprudence antérieure du Conseil constitutionnel. En effet, en vertu de la jurisprudence *Protection des sites* *, quelle que soit la matière concernée et même si celle-ci est incontestablement hors du domaine de la loi, on peut toujours provoquer l'intervention justifiée du législateur en invoquant la violation d'un principe général du droit. Ainsi, par exemple, dans la décision du 24 octobre 1969, l'introduction de dispositions rétroactives dans un texte intervenant dans une matière non législative *a priori* déclenche la compétence législative car il y a violation d'un principe général du droit.

C'est exactement ce qui s'est passé dans la présente affaire. Le Conseil constitutionnel a d'abord affirmé de manière générale qu'il appartenait au législateur, en matière non pénale, de prévoir des mesures rétroactives, puis dans un second temps, constate que le législateur avait « pour des raisons d'intérêt général la faculté d'user de son pouvoir de prendre des dispositions rétroactives ». Enfin, dans un troisième temps, le juge constitutionnel souligne que seul le législateur pouvait faire cela : « ...afin de régler, comme lui seul, en l'espèce, pouvait le faire... » ; ce qui exclut la compétence réglementaire qui s'imposait pourtant normalement en l'espèce. Le juge renforce son argumentation par une allusion aux garanties fondamentales accordées aux fonctionnaires de l'État, mais l'essentiel est quand même dans la référence à la rétroactivité.

Le Conseil constitutionnel avait tenu exactement le même raisonnement dans la décision précitée du 15 juillet 1976. C'est un raisonnement que l'on comprend facilement pour les actes réglementaires et non réglementaires pris pour l'application des décrets validés : les règles sur la base desquelles ils sont pris étant désormais modifiées, le juge ne pourra plus invoquer l'irrégularité des règles anciennes pour prononcer leur annulation. Pour les décrets de base il faut considérer que les normes exigeant la consultation d'un comité technique paritaire composé de telle manière, ont aussi été modifiées par la loi de validation : plus exactement, comme le décret du 29 juin 1977 a disparu, rétroactivement, du fait de son annulation par le Conseil d'État, la loi de validation est censée y avoir substitué d'autres normes fondant régulièrement les décrets menacés d'invalidation. Mais pour aller jusqu'au bout de ce raisonnement, il faudrait alors que le juge, saisi antérieurement à la loi de validation de recours contre les actes validés, rejette ces recours, après intervention de la loi, au motif que le pouvoir réglementaire a correctement appliqué le droit en prenant ces actes. Or jusqu'ici, le juge administratif a toujours prononcé dans ce cas un « non-lieu législatif » et non une décision de rejet au fond.

15 . La décision 155 DC du 30 décembre 1982 (*Loi de finances rectificative pour 1982*) apporte deux précisions à la jurisprudence précédente.

Tout d'abord, il ne peut y avoir de mesure rétroactive de validation non seulement en matière pénale mais, de manière plus générale, en cas de sanction (v. nº **50**).

Ensuite, le Conseil constitutionnel semble admettre, dans cette décision, la validation directe de l'acte attaqué devant le juge administratif, au lieu d'exiger, comme dans la décision du *22 juillet 1980,* que le législateur modifie les règles qu'applique l'acte attaqué : les députés requérants faisaient valoir en effet « qu'il ne s'agit nullement de modifier les règles que le juge administratif doit appliquer mais, en validant un texte soumis au Conseil d'État et qu'il aurait annulé, d'empêcher de censurer sa décision et de se substituer à lui dans l'appréciation de la délibération ». En réalité, dans le cadre de l'« organisation particulière » d'un T.O.M. (voir nos observations, *R.D.P.*, 1983, p. 385), on sait que le législateur peut, à son gré, répartir les matières entre la compétence de l'assemblée territoriale et la sienne propre : dans la présente affaire, le Conseil constitutionnel autorise le législateur à reprendre à son compte la délibération de l'assemblée territoriale, bien que la matière concernée – l'assiette, le taux et les modalités de recouvrement des impositions – relève normalement de la compétence du territoire et non de celle de l'État, et cela, parce que le législateur peut à tout moment modifier la loi par laquelle il a fixé la répartition des compétences entre l'État et les territoires et « récupérer », même rétroactivement, les matières qu'il avait attribuées au territoire.

De ce fait, cette décision 155 DC est compatible avec la décision du *22 juillet 1980* car, s'agissant de la répartition des compétences entre État et territoire, la compétence appartient au législateur lequel peut modifier cette répartition à sa guise, tandis que la répartition des compétences entre la loi et le règlement est fixée par la Constitution.

16 . Plusieurs décisions intervenues de 1994 à 1999 sont venues apporter des précisions (cf. B. Mathieu, Les validations législatives devant le juge constitutionnel, Bilan d'une jurisprudence récente, *R.F.D.A.*, 1995) : 332 DC (13 janvier 1994), 335 DC (21 janvier 1994), 357 DC (25 janvier 1995), 358 DC (26 janvier 1995), 363 DC (11 janvier 1995), 364 DC (8 février 1995), 369 DC (28 décembre 1995), 375 DC (9 avril 1996), 386 DC (30 décembre 1996), 390 DC (19 novembre 1997), 393 DC (18 décembre 1997), 404 DC (18 décembre 1998).

Des confirmations tout d'abord : la compétence du législateur s'impose sans qu'il soit nécessaire de justifier le caractère législatif de la matière concernée ; pas de validation sans intérêt général ; pas de remise en cause des décisions de justice devenues définitives ; pas de validations implicites.

Quelques aspects nouveaux : des conventions peuvent être validées sans que l'on puisse invoquer ni la liberté contractuelle (qui n'a pas en elle-même valeur constitutionnelle) ni l'autonomie de la volonté qui s'opposait à « l'immixtion du législateur » (358 DC). Ainsi peut-on penser avec B. Mathieu « qu'il n'existe donc pas de véritable condition de constitutionnalité des validations législatives qui tiendrait à la nature de l'acte ».

Le Conseil constitutionnel semble avoir abandonné une jurisprudence à propos de laquelle il était en divergence avec le Conseil d'État (cf. *supra* n° 13 *in fine*). En effet, dans la décision 357 DC, le Conseil constitutionnel rejette l'argumentation selon laquelle la validation ne pouvait avoir pour effet d'assurer une totale immunité juridictionnelle à l'acte validé. C'est donc la thèse du Conseil d'État qui l'a emporté. Ceci nous paraît regrettable du point de vue des droits des justiciables.

Autre précision qui montre le souci du Conseil constitutionnel de resserrer son contrôle quant à l'utilisation des validations : un simple intérêt financier ne peut être considéré comme un « intérêt général » de nature à justifier la validation (95-369 DC, § 35). Dans la décision 97-397 DC du 19 novembre 1997, le Conseil constitutionnel est allé dans le même sens à propos d'un cas soulevant la question délicate (déjà posée implicitement dans la décision 94-357 DC) de savoir si l'inconstitutionnalité de l'acte à valider entraîne l'inconstitutionnalité de la loi de validation : la réponse est affirmative sauf si le but d'intérêt général visé par la validation est lui-même de valeur constitutionnelle, auquel cas « il appartient... au législateur, le cas échéant sous le contrôle du Conseil constitutionnel, de concilier entre elles les différentes exigences constitutionnelles en cause » (§ 3). Cette même rigueur se manifeste dans la décision *Allocations familiales* où est ajouté à l'habituelle référence à l'intérêt général : « ou liés à des exigences constitutionnelles » (§). Ce qui conduit un commentateur particulièrement autorisé (J.-E. Schoettl, *A.J.D.A.*, 1998, p. 130) à écrire :

> « L'ajout des mots « ou liés à des exigences constitutionnelles » au considérant habituel, s'il ne modifie guère en pratique la portée du contrôle des validations (car on conçoit peu de motifs liés à des exigences constitutionnelles qui ne soient pas également, ou de par ce fait même, d'intérêt général), manifeste le souci croissant du Conseil de trouver dans un motif de valeur constitutionnelle la contrepartie de cet « outrage » fait au principe constitutionnel de la séparation des pouvoirs que constitue une validation législative ».

17 . On notera enfin la mise en cause devant la Cour de cassation, au nom des articles 6-1 et 13 de la Convention européenne des droits de l'homme, d'une mesure de validation législative au motif « que chaque partie devant avoir des chances égales de présenter sa cause et aucune ne devant bénéficier d'un avantage substantiel sur son adversaire,... lorsqu'un tribunal est saisi d'un litige qui oppose un individu à l'État à propos de droits et d'obligations de caractère civil, le législateur ne peut intervenir pour résoudre ce conflit spécifique et empêcher les tribunaux d'exercer effectivement leurs fonctions ». La chambre sociale a certes rejeté l'argument au motif que « ce texte de nature législative ne constitue pas une intervention de l'État dans une procédure l'opposant à des particuliers, qu'il ne remet pas en cause des décisions de justice irrévocables et a été déclaré conforme à la Constitution par le Conseil constitutionnel » (15 fév. 1995, Préfet de la région Lorraine c/ M. Grinwald, *A.J.D.A.*, 1995, p. 579, note

X. Prétot). Il n'empêche, comme le note le commentateur que « les mesures de validation législative exerçant directement leurs effets sur la détermination des normes dont le juge doit faire application, la Cour de Strasbourg ne saurait sans doute se contenter de l'interprétation minimaliste que le Conseil constitutionnel retient en la matière de l'indépendance des juridictions et pourrait ainsi remettre en cause une pratique, qui s'accorde mal, à tout le moins, aux exigences de l'État de droit ».

18 . La Cour de Strasbourg a effectivement été saisie de la question à propos d'une loi de validation que le Conseil constitutionnel avait d'ailleurs jugée conforme à la Constitution (93-332 DC, 13 janvier 1994). La Commission a rendu un rapport favorable aux requérants. Elle estime, en effet, que l'article 6-1 de la Constitution a été violé (Affaire Zielinski et Pradal c/ France, rapport de la Commission adopté le 9 septembre 1997). La Cour devrait rendre son arrêt prochainement.

30

19 et 20 janvier 1981

SÉCURITÉ ET LIBERTÉ
(127 DC)

Droit constitutionnel pénal
Réserves d'interprétation

Décision 80-127 DC, *Rec.* 15, *RJC* I-91.
Article 61, alinéa 2 de la Constitution.
Saisine par deux groupes de soixante-trois et quatre-vingt-deux députés et un groupe de soixante-deux sénateurs.
Principes fondamentaux du droit pénal.
Légalité des délits et des peines.
Égalité devant la justice.
Rétroactivité (non) des lois répressives.
Nécessité des peines.
Respect des droits de la défense.
Conformité sous réserve.

RÉFÉRENCES :

a) Textes des recours in MAUS (D.), *Textes et doc.*, 2e éd., 1982, p. 512 s.

b) *Notes doctrinales*

DEKEUWER (A.) : *D.*, 1982, I, p. 441. - FRANCK (C.) : *J.C.P.*, 1981, II, 19701. - GOURNAY (Ch.) : *A.J.D.A.*, 1981, nº 6, p. 278. - PERIER-DAVILLE : *G.P.*, 13-14 février 1981. - PHILIP (L.) : *R.D.P.*, 1981, p. 651. - PRADEL (J.) : *D.*, 1981, J., p. 101 - RIVERO (J.) : *A.J.D.A.*, 1981, nº 6, p. 275. - VILLIERS DE (M.) : *R.A.*, 1981, nº 201, p. 266.

c) *Autres références*

AYDALOT (M.) : « La part du juge », *Le Monde*, 5 nov. 1980. - BADINTER (R.) : « L'avocat bâillonné », *Le Monde*, 15 janvier 1981. - DELMAS-MARTY (M.) : « L'exécution des peines », *Le Monde*, 6 mai 1980, « Une constitutionnalité douteuse », *Le Monde*, 12 juin 1980 ; La « belle décision » du Conseil constitutionnel, *Le Monde*, 5 février 1981. - PHILIP (L.) : « Sécurité, Liberté et droits de l'homme », *Le Monde*, 19-20 octobre 1980 ; « La Constitution et les contrôles d'identité », *Le Monde*, 28-29 décembre 1980. - ROBERT (J.) : « La punition des juges », *Le Monde*, 28 mai 1980. - PHILIP (L.) : « La constitutionnalisation du droit pénal français », *Rev. de science criminelle et de droit pénal comparé,* 1985, nº 4. - RENOUX (Th.) : De la décision « juge unique » à la décision « sécurité-liberté », l'évolution du principe d'égalité devant la justice dans la jurisprudence du Conseil constitutionnel, *G.P.,* 1983, nº 273-274, p. 246. - Projet de nouveau code pénal (présenté par R. Badinter), *Dalloz,* 1988 ; FAVOREU (L.) : L'apport du droit constitutionnel au droit pénal et à la procédure pénale, *Mélanges Vitu,* Cujas, 1989, p. 167-207. - GENEVOIS (B.) : « La compétence constitutionnelle du juge administratif et la police des étrangers », *R.F.D.A.*, 1989, nº 4. - LOSCHAK (D.) : L'entrée et le séjour des étrangers en France, *A.J.D.A.*, 1989, nº 10. - DELMAS-MARTY (M.) : *La jurisprudence du Conseil constitutionnel et les principes fondamentaux du droit pénal proclamés par la Déclaration de 1789,* Actes du colloque des 25 et 26 mai 1989, P.U.F., 1989, p. 151. - DI MANNO (Th.) : *Le juge constitutionnel et la technique des décisions « interprétatives » en France et en Italie,* Economica-PUAM, 1997.

d) *Jurisprudence constitutionnelle*

- Champ d'application des principes constitutionnels en matière répressive :

- Décision 155 DC du 30 décembre 1982, *RJC* I-149.
- Décision 248 DC du 17 janvier 1989, *RJC* I-339.
- Décision 260 DC du 28 juillet 1989, *RJC* I-365.
- Décision 307 DC du 25 février 1992, *RJC* I-493.
- Décision 321 DC du 20 juillet 1993, *RJC* I-529.
- Décision 325 DC du 13 août 1993, *RJC* I-539.
- Décision 389 DC du 22 avril 1997, *RJC* I-707.
- Décision 404 DC du 18 décembre 1998, *J.O.* 27 déc. 1998, p. 19 663.

- Légalité des délits et des peines :

- Décision 80 L du 28 nov. 1973, *Rec.* 45, *RJC* II-57.
- Décision 151 L du 23 septembre 1987, *RJC* II-125.
- Décision 98 DC du 22 novembre 1978, *RJC* I-63.
- Décision 127 DC des 19-20 juillet 1981, *RJC* I-91.
- Décision 145 DC du 10 novembre 1982, *RJC* I-133.
- Décision 155 DC du 30 décembre 1982, *RJC* I-149.
- Décision 181 DC des 10-11 octobre 1984, *RJC* I-199.
- Décision 183 DC du 18 janvier 1985, *RJC* I-210.
- Décision 210 DC du 29 juillet 1986, *RJC* I-270.
- Décision 213 DC du 3 septembre 1986, *RJC* I-275.
- Décision 248 DC du 17 janvier 1989, *RJC* I-339.
- Décision 307 DC du 25 février 1992, *RJC* I-493.
- Décision 325 DC du 13 août 1993, *RJC* I-539.
- Décision 345 DC du 29 juillet 1994, *RJC* I-595.
- Décision 352 DC du 18 janvier 1995, RJC I-612.
- Décision 377 DC du 16 juillet 1996, *RJC* I-671.
- Décision 389 DC du 22 avril 1997, *RJC* I-707.
- Décision 399 DC du 5 mai 1998, *J.O.* 12 mai 1998, p. 7092.
- Décision 408 DC du 22 janvier 1999, *J.O.* 24 janvier 1999, p. 1317.
- Décision 411 DC du 16 juin 1999, *J.O.* 19 juin 1999, p. 9018.

- Proportionnalité et nécessité :

- Décision 176 DC du 25 juillet 1984, *RJC* I-192.
- Décision 215 DC du 3 septembre 1986, *RJC* I-278.
- Décision 237 DC du 30 décembre 1987, *RJC* I-324.
- Décision 248 DC du 17 janvier 1989, *RJC* I-339.
- Décision 260 DC du 28 juillet 1989, *RJC* I-365.
- Décision 307 DC du 25 février 1992, *RJC* I-493.
- Décision 321 DC du 20 juillet 1993, *RJC* I-529.
- Décision 325 DC du 13 août 1993, *RJC* I-539.
- Décision 324 DC du 20 janvier 1994, *RJC* I-573.
- Décision 345 DC du 21 juillet 1994, *RJC* I-595.
- Décision 352 DC du 18 janvier 1995, *RJC* I-612.
- Décision 377 DC du 16 juillet 1996, *RJC* I-671.
- Décision 410 DC du 15 mars 1999, *J.O.* 21 mars 1999, p. 4234.
- Décision 411 DC du 16 juin 1999, *J.O.* 19 juin 1999, p. 9018.

- Non-cumul des peines :

- Décision 143 DC du 30 juillet 1982, *RJC* I-130.
- Décision 260 DC du 28 juillet 1989, *RJC* I-365.

- Interdiction des peines et sanctions automatiques :

- Décision 307 DC du 25 février 1992, *RJC* I-493.
- Décision 321 DC du 20 juillet 1993, *RJC* I-529.
- Décision 325 DC du 13 août 1993, *RJC* I-539.
- Décision 352 DC du 18 janvier 1995, *RJC* I-612.
- Décision 377 DC du 16 juillet 1996, *RJC* I-671.
- Décision 389 DC du 22 avril 1997, *RJC* I-707.
- Décision 410 DC du 15 mars 1999, *J.O.* 21 mars 1999, p. 4234.

- Individualisation des peines :

- Décision 70 DC du 2 décembre 1976, *RJC* I-41.
- Décision 97 DC du 27 juillet 1978, *RJC* I-62.
- Décision 98 DC du 22 novembre 1978, RJC I-63.
- Décision 214 DC du 3 septembre 1986, *RJC* I-278.
- Décision 215 DC du 3 septembre 1986, *RJC* I-278.
- Décision 248 DC du 17 janvier 1989, *RJC* I-339.
- Décision 334 DC du 20 janvier 1984, *RJC* I-573.
- Décision 345 DC du 29 juillet 1984, RJC I-595.

- Présomption d'innocence :

- Décision 258 DC du 8 juillet 1989, *RJC* I-361.
- Décision 334 DC du 20 janvier 1994, *RJC* I-573.
- Décision 360 DC du 2 février 1995, *RJC* I-632.
- Décision 408 DC du 22 janvier 1999, *J.O.* 24 janvier 1999, p. 1317.
- Décision 411 DC du 16 juin 1999, *J.O.* 19 juin 1999, p. 9018.

- Principe de responsabilité :

- Responsabilité des personnes morales :

• Décision 143 DC du 30 juillet 1982, *RJC* I-130.
• Décision 307 DC du 25 février 1992, *RJC* I-493.
• Décision 316 DC du 20 janvier 1993, *RJC* I-516.

- Principe d'égalité en matière pénale :

• Décision 56 DC du 23 juillet 1975, RJC I-32.
• Décision 213 DC du 3 septembre 1986, *RJC* I-275.
• Décision 244 DC du 20 juillet 1988, *RJC* I-334.
• Décision 266 DC du 9 janvier 1990, *RJC* I-378.
• Décision 399 DC du 5 mai 1998, *J.O.* 12 mai 1999, p. 7092.

- Principe du respect des droits de la défense :

• Décision 70 DC du 2 décembre 1976, *RJC* I-41.
• Décision 92 DC du 18 janvier 1978, *RJC* I-57.
• Décision 214 DC du 3 septembre 1986, *RJC* I-278.
• Décision 215 DC du 3 septembre 1986, *RJC* I-278.
• Décision 248 DC du 17 janvier 1989, *RJC* I-339.
• Décision 260 DC du 28 juillet 1989, *RJC* I-365.
• Décision 323 DC du 5 août 1993, *RJC* I-535.
• Décision 334 DC du 20 janvier 1994, *RJC* I-593.
• Décision 377 DC du 16 juillet 1996, *RJC* I-671.
• Décision 389 DC du 22 avril 1997, RJC I-707.
• Décision 408 DC du 22 janvier 1999, *J.O.* 24 janvier 1999, p. 1317.
• Décision 411 DC du 16 juin 1999, *J.O.* 19 juin 1999, p. 9018.

- Diverses décisions :

- Décision 188 DC du 22 mai 1985, *RJC* I-224 (*Protocole additionnel à la Convention européenne des droits de l'homme relatif à l'interdiction de la peine de mort*).
• Décision 211 DC du 26 août 1986, *RJC* I-274 (*contrôles et vérification d'identité*).
• Décision 244 DC du 20 juillet 1988, *RJC* I-334 (*Amnistie*).
• Décision 323 DC du 5 août 1993, *RJC* I-535 (*contrôles et vérifications d'identité*).

LE CONSEIL CONSTITUTIONNEL,

saisi : le 20 décembre 1980 par MM. R. Forni et autres députés ; le 22 décembre 1980 par MM. M. Andrieux et autres députés ; le 24 décembre 1980 par MM. Andrieux et autres sénateurs, dans les conditions prévues par l'article 61, 2e alinéa, de la Constitution du texte de la loi renforçant la sécurité et protégeant la liberté des personnes telle qu'elle a été adoptée par le Parlement..

[...]

6. *Considérant que, selon les auteurs des diverses saisines, l'ensemble de ces dispositions aggravant la répression des atteintes à la sécurité des personnes et des biens et, en tout cas, certaines d'entre elles, seraient contraires à des principes ou à des règles de valeur constitutionnelle, à savoir le principe de la légalité des délits et des peines, le principe selon lequel la loi ne doit établir que des peines strictement et évidemment nécessaires, le principe de l'individualisation des peines, le droit de grève et le droit syndical ;*

- En ce qui concerne le principe de la légalité des délits et des peines :

7. *Considérant qu'aux termes de l'article 8 de la Déclaration des droits de l'homme et du citoyen de 1789 «nul ne peut être puni qu'en vertu d'une loi établie et promulguée antérieurement au délit et légalement appliquée ; qu'il en résulte la nécessité pour le législateur de définir les infractions en termes suffisamment clairs et précis pour exclure l'arbitraire...*

[...]

- En ce qui concerne le principe selon lequel la loi ne doit établir que des peines strictement et évidemment nécessaires :

11. *Considérant que, selon l'article 8 de la Déclaration des droits de l'homme et du citoyen de 1789, «la loi ne doit établir que des peines strictement et évidemment nécessaires» ;...*

12. *Considérant que l'article 61 de la Constitution ne confère pas au Conseil constitutionnel un pouvoir général d'appréciation et de décision identique à celui du Parlement, mais lui donne seulement compétence pour se prononcer sur la conformité à la Constitution des lois déférées à son examen ;*

13. *Considérant que, dans le cadre de cette mission, il n'appartient pas au Conseil constitutionnel de substituer sa propre appréciation à celle du législateur en ce qui concerne la nécessité des peines attachées aux infractions définies par celui-ci, alors qu'aucune disposition du titre premier de la loi n'est manifestement contraire au principe posé par l'article 8 de la Déclaration de 1789 ;*

- En ce qui concerne le principe de l'individualisation des peines :

[...]

16. *... A supposer même que le principe de l'individualisation des peines puisse, dans ces limites, être regardé comme l'un des principes fondamentaux reconnus par les lois de la République, il ne saurait mettre obstacle à ce que le législateur, tout en laissant au juge ou aux autorités chargées de déterminer les modalités d'exécution des peines un large pouvoir d'appréciation, fixe des règles assurant une répression effective des infractions ;*

- En ce qui concerne le droit de grève et le droit syndical...

[...]

21. ... Ces dispositions, qui exigent une action positive de la part des auteurs des actes incriminés, ne sauraient viser les personnes exerçant légalement le droit de grève reconnu par la Constitution, même si la cessation de leur travail a pour effet de perturber ou de supprimer la circulation des véhicules ;

22. Considérant qu'ainsi, les dispositions des articles 2 à 37 formant le titre premier de la loi soumise à l'examen du Conseil constitutionnel ne sont pas contraires à la Constitution ;

- Sur le titre II (art. 38 à 80) de la loi :

- En ce qui concerne l'article 39 de la loi relatif à la prolongation de la garde à vue en cas de certaines atteintes à la liberté des personnes ou de certains vols aggravés :

[...]

25. *Considérant que, si l'intervention d'un magistrat du siège pour autoriser, dans ces cas, la prolongation de la garde à vue, est nécessaire conformément aux dispositions de l'article 66 de la*

Constitution, aucun principe ou règle de valeur constitutionnelle n'exige que ce magistrat ait la qualité de juge d'instruction ;

26. *Considérant que le magistrat qui aura nécessairement dû examiner le dossier pour autoriser la prolongation de vingt-quatre heures de la garde à vue n'aura pas pour autant fait un acte d'instruction ni préjugé la culpabilité de l'intéressé ;*

[...]

- En ce qui concerne les articles 47 et 52 relatifs à la procédure correctionnelle ;

29. *Considérant que, selon les auteurs des saisines (...) le choix ainsi discrétionnairement ouvert au Procureur de la République entre une procédure comportant une information préalable par le juge d'instruction et une procédure ne comportant pas une telle information préalable serait contraire tout à la fois au principe selon lequel seule la loi peut fixer la procédure pénale, aux droits de la défense et à l'égalité des personnes devant la justice ;*

[...]

31. *Considérant que, si en vertu de l'article 7 de la Déclaration des droits de l'homme et du citoyen de 1789 et de l'article 34 de la Constitution, les règles de la procédure pénale sont fixées par la loi, il est loisible au législateur de prévoir des règles de procédure pénale différentes selon les faits, les situations et les personnes auxquelles elles s'appliquent, pourvu que les différences ne procèdent pas de discriminations injustifiées et que soient assurées des garanties égales aux justiciables ;*

[...]

33. Considérant que, si le pouvoir d'apprécier dans quelle mesure le recours à la procédure d'information confiée au juge d'instruction n'est pas nécessaire et d'user alors de l'une des procédures de saisine directe est attribué au Procureur de la République, c'est en raison du fait que la charge de la poursuite et de la preuve lui incombe ; qu'un recours non pertinent du Procureur de la République à l'une des procédures de saisine directe aurait nécessairement pour conséquence, en raison de la présomption d'innocence dont bénéficie le prévenu, soit la relaxe de celui-ci, soit la décision de la juridiction de jugement de procéder à un supplément d'information...

34. *Considérant que, si l'article 393 (...) ne prévoit pas que la personne déférée au Procureur de la République puisse être assistée d'un avocat, c'est par(ce que ce magistrat qui ne dispose que du droit de décider par quelle voie il exerce sa poursuite est privé par la loi nouvelle du pouvoir de décerner un mandat de dépôt, même en cas de flagrant délit, un tel mandat ne pouvant être décerné que par un juge du siège ;*

[...]

37. *Considérant que, quelle que soit l'option faite par le Procureur de la République entre les diverses procédures de poursuites et sans égard au fait qu'il y a eu ou non une information préalable confiée à un juge d'instruction, le jugement de l'affaire au fond appartient à la même juridiction ; que celle-ci (...) doit statuer sur la culpabilité du prévenu, toujours présumé innocent, selon des règles de forme et de fond identiques ; qu'ainsi les dispositions dont il s'agit ne sont contraires ni aux droits de la défense ni à l'égalité devant la justice ;*

[...]

- En ce qui concerne les articles 55 et 56 de la loi relatifs à la procédure criminelle ;

40. *Considérant que l'article 55 de la loi est critiqué en tant que, soumettant le juge d'instruction à un contrôle général de la part du président de la chambre d'accusation, il serait contraire au principe de l'indépendance des juges du siège consacré par l'article 64 de la Constitution ;*

[...]

43. *Considérant que ce texte ne permet pas au président de la chambre d'accusation de guider le choix des décisions du juge d'instruction ni de les réformer et (...)*

[...]

46. *Considérant que les pouvoirs donnés au président de la chambre d'accusation (...) lui permettent de saisir cette chambre de la Cour d'appel s'il estime qu'il y a lieu de prendre une mesure nécessaire pour éviter des retards non justifiés dans l'instruction d'un dossier (...) n'est relatif qu'à une mesure d'administration judiciaire qui ne met en cause aucune de ces décisions prises par le juge*

d'instruction ; qu'ainsi l'indépendance de ce magistrat ne subit aucune atteinte du fait de la procédure qui permet seulement de garantir la diligence nécessaire dans l'instruction du dossier...

47. *(...) Qu'ainsi la procédure critiquée ne permet aucune atteinte aux droits de la défense et notamment ne modifie en rien les conditions dans lesquelles s'exerce le contrôle de l'instruction en matière criminelle par la règle du double degré applicable aux décisions juridictionnelles ; que, dès lors, sans qu'il y ait lieu de se prononcer sur l'éventuelle valeur constitutionnelle de ce dernier principe, il convient de déclarer que ladite procédure n'est pas contraire à la Constitution ;*

- En ce qui concerne l'article 66 de la loi relatif à la discipline des avocats et à la police de l'audience :

[...]

51. *Considérant qu'il résulte tant des termes que des travaux préparatoires de cette disposition qu'elle permet au président d'une juridiction d'écarter un avocat de la salle d'audience en vertu de ses pouvoirs de police de l'audience et pour préserver la sérénité des débats sans même que, pour autant, l'avocat ait nécessairement manqué aux obligations que lui impose son serment ;*

52. *Considérant que, même si la mesure que le président, aux termes de l'article 25-1 précité, pourrait prendre à l'égard d'un avocat dont l'attitude compromettrait la «sérénité des débats», avait le caractère d'une simple mesure de police de l'audience et ne revêtait pas celui d'une sanction disciplinaire, il ne demeure pas moins que cette mesure, qui pourrait intervenir alors que l'avocat n'a manqué à aucune des obligations que lui impose son serment et alors qu'il a donc rempli son rôle de défenseur, serait contraire, tant dans la personne de l'avocat que dans celle du justiciable, aux droits de la défense qui résultent des principes fondamentaux reconnus par les lois de la République ; que, dès lors, le paragraphe II de l'article 66 de la loi soumise à l'examen du Conseil constitutionnel est contraire à la Constitution ;*

- En ce qui concerne les articles 76 à 78 de la loi relatifs aux vérifications d'identité :

54. *Considérant que, selon les auteurs des saisines, les dispositions des articles 76, 77 et 78 de la loi soumise à l'examen du Conseil constitutionnel porteraient gravement atteinte, par leur principe même et par les modalités de sa mise en œuvre, à la liberté d'aller et de venir et à la liberté individuelle ;*

[...]

56. *Considérant que la recherche des auteurs d'infractions et la prévention d'atteintes à l'ordre public, notamment d'atteintes à la sécurité des personnes et des biens, sont nécessaires à la mise en œuvre de principes et de droits ayant valeur constitutionnelle ; que la gêne que l'application des dispositions de l'alinéa 1er précité peut apporter à la liberté d'aller et de venir n'est pas excessive, dès lors que les personnes interpellées peuvent justifier de leur identité «par tout moyen» et que, comme le texte l'exige, les conditions relatives à la légalité, à la réalité et à la pertinence des raisons motivant l'opération sont, en fait, réunies...*

[...]

58. *Considérant que l'application des dispositions précitées reste limitée par la règle selon laquelle les personnes invitées à justifier de leur identité peuvent satisfaire sur place à cette invitation par un moyen approprié de leur choix et qu'elles ne doivent être conduites dans un local de police qu'en cas de nécessité ; que l'exact respect de ces prescriptions en ce qui concerne la présentation immédiate à un officier de police judiciaire de la personne conduite au local de police, la possibilité pour elle de faire prévenir sa famille ou toute personne susceptible de confirmer son identité ou de lui permettre de le faire, le droit pour elle de saisir le Procureur de la République, l'obligation de ne la retenir que pour la durée nécessaire à la vérification de son identité, la limitation à six heures, à partir de l'invitation initiale à justifier de son identité, du laps de temps pendant lequel elle pourra être retenue, limitent les contraintes imposées à la personne qui n'a pas pu ou n'a pas voulu justifier sur place de son identité à ce qui est nécessaire pour la sauvegarde des fins d'intérêt général ayant valeur constitutionnelle et dont la poursuite motive la vérification d'identité ;*

[...]

61. *Considérant que, si l'article 78 punit de peines correctionnelles d'emprisonnement et d'amende toute personne qui aura refusé de se prêter aux opérations de vérification d'identité ou qui aura empêché les agents compétents d'accomplir leur mission de contrôle ou de vérification d'identité, ces*

dispositions ne visent pas les personnes qui n'auront pas été à même, sur place ou dans le local de police, de justifier de leur identité ;

62. *Considérant, dès lors, que les dispositions des articles 76, 77 et 78 de la loi déférée à l'examen du Conseil constitutionnel ne sont pas, sous les conditions de forme et de fond énoncées par ces articles, contraires à la conciliation qui doit être opérée entre l'exercice des libertés constitutionnelles reconnues et les besoins de la recherche des auteurs d'infractions et de la prévention d'atteintes à l'ordre public, notamment à la sécurité des personnes et des biens, nécessaires, l'une et l'autre, à la sauvegarde de droits de valeur constitutionnelle ;*

63. *Considérant que, si les articles 76 et 77 précités réservent en certains cas à la police judiciaire des missions de prévention des atteintes à l'ordre public qui ressortissent normalement à la police administrative, ces dispositions n'ont pour conséquence que de donner des garanties assurant le respect de la liberté individuelle : qu'en effet, dès lors que, comme il a été dit, de telles procédures sont établies par la loi dans le respect des règles constitutionnelles, aucune atteinte au principe de la séparation des pouvoirs ne résulte de leur soumission à un régime comportant, pour les personnes qui en font l'objet, des garanties que ne leur assurerait pas le régime de droit commun de la police administrative ;*

64. *Considérant, enfin, que le législateur, en vue d'empêcher les abus, a entouré de nombreuses précautions la procédure de contrôle et de vérification de l'identité qu'ils institue ; qu'il appartiendra aux autorités judiciaires et administratives de veiller à leur respect intégral ainsi qu'aux tribunaux compétents de censurer et de réprimer, le cas échéant, les illégalités qui seraient commises et de pourvoir éventuellement à la répartition de leurs conséquences dommageables ;*

[...]

- Sur le titre III (art. 81 à 100) de la loi

[...]

- En ce qui concerne les articles 92 et 94 de la loi, relatifs aux demandes nouvelles de la partie civile en cause d'appel et à la constitution de partie civile en cause d'appel :

70. Considérant que, selon les auteurs de l'une des saisines, l'article 92 de la loi soumise à l'examen du Conseil constitutionnel, en permettant à la partie civile de présenter des demandes nouvelles en cause d'appel et l'article 94, en permettant à la partie civile de se constituer pour la première fois en cause d'appel, méconnaîtraient tant à l'égard du prévenu que de la partie civile, le *principe du double degré de juridiction,* lequel aurait valeur constitutionnelle ;

71. Considérant que, si la faculté pour la victime s'étant constituée partie civile en première instance de présenter des demandes nouvelles en cause d'appel et celle pour la personne lésée de se constituer partie civile pour la première fois en appel ne sont ouvertes qu'autant que des motifs sérieux peuvent être invoqués par les intéressés, leur exercice pourtant *serait nécessairement générateur d'inégalités devant la justice,* puisque, selon l'attitude de la personne qui demande réparation, les prévenus bénéficieraient ou ne bénéficieraient pas d'un double degré de juridiction en ce qui concerne les intérêts civils ;

72. Considérant, il est vrai, que le grief d'inconstitutionnalité ne saurait s'étendre à la deuxième phrase du quatrième alinéa de l'article 515 du Code de procédure pénale tel qu'il résulterait de l'article 92 de la loi soumise à l'examen du Conseil constitutionnel, phrase ainsi conçue : «Elle (la partie civile) peut toujours demander une augmentation des dommages-intérêts pour le préjudice souffert depuis la décision de première instance» ; *que cette disposition* qui figure déjà dans l'article 515 du Code de procédure pénale *s'y trouvera maintenue* du fait que, en vertu de la présente décision, l'article 92 de la loi soumise à l'examen du Conseil constitutionnel qui avait pour objet de donner une rédaction nouvelle au quatrième alinéa de l'article 515 du Code de procédure pénale n'entrera pas en vigueur ;

73. Considérant, dès lors, que les articles 92 et 94 de la loi soumise à l'examen du Conseil constitutionnel sont contraires à la Constitution ;

- En ce qui concerne le deuxième alinéa de l'article 100 :

[...]

75. Considérant que ces dispositions tendent à limiter les effets de la règle selon laquelle la loi pénale nouvelle doit, lorsqu'elle prononce des peines moins sévères que la loi ancienne, s'appliquer aux

infractions commises avant son entrée en vigueur et n'ayant pas donné lieu à des condamnations passées en force de chose jugée ; que, dès lors, elles doivent être regardées comme contraires au principe formulé par l'article 8 de la Déclaration des droits de l'homme et du citoyen de 1789 selon lequel : «La loi ne doit établir que des peines strictement et évidemment nécessaires» ; qu'en effet, le fait de ne pas appliquer aux infractions commises sous l'empire de la loi ancienne la loi pénale nouvelle, plus douce, revient à permettre au juge de prononcer les peines prévues par la loi ancienne et qui, selon l'appréciation même du législateur, ne sont plus nécessaires ; que dès lors, le deuxième alinéa de l'article 100 de la loi soumise à l'examen du Conseil constitutionnel est contraire à la Constitution ;

76. Considérant que les autres dispositions de la loi soumise à l'examen du Conseil constitutionnel ne sont pas contraires à la Constitution ;

Décide :

ARTICLE PREMIER. - Sont déclarées contraires à la Constitution les dispositions des articles 66, 92, 94 et 100, 2e alinéa, de la loi renforçant la sécurité et protégeant la liberté des personnes.

ART. 2. - Les autres dispositions de cette loi ne sont pas contraires à la Constitution.

La composition du Conseil constitutionnel aux dates des 19 et 20 janvier 1981 était la suivante : M. FREY (Président), MM. BROUILLET, GROS, JOXE, LECOURT, MONNERVILLE, PERETTI, SÉGALAT, VEDEL.

OBSERVATIONS

1. Au cours de l'année 1980, à la veille des élections présidentielles fut longuement discuté et débattu un projet de loi « Sécurité et liberté » proposé par le gouvernement de Raymond Barre, sous la responsabilité du garde des Sceaux, Alain Peyrefitte.

Selon le garde des Sceaux, cette réforme du droit pénal avait un double objectif : renforcer la sécurité, tout en sauvegardant la liberté.

Le renforcement de la sécurité devant être obtenu grâce, surtout, au rétablissement de la certitude de la peine. Il s'agissait de réduire le décalage entre la peine prévue, la peine prononcée et la peine subie. Il convenait, également, d'accélérer la procédure pénale grâce à l'institution de la saisine directe pour les délits, même non flagrants, pour lesquels l'intervention du juge d'instruction n'apparaissait pas indispensable. De nouvelles dispositions accentuaient la répression en sanctionnant plus sévèrement les auteurs de violence. Enfin, la simplification de la procédure de la constitution de partie civile devait permettre de mieux protéger les droits des victimes.

Mais, il ne s'agissait pas seulement d'un texte de répression. Cette réforme du droit pénal devait également assurer une meilleure protection des libertés. M. Peyrefitte avait affirmé qu'il instaurait un « *habeas corpus* à la française », conformément à la promesse contenue dans le programme de Blois. Le caractère libéral de la réforme résultait, selon lui, des dispositions suivantes :

- l'abandon du mandat de dépôt délivré par le parquet en cas de flagrant délit. Le juge judiciaire étant désormais seul compétent en matière de détention, conformément à l'article 66 de la Constitution ;
- l'inobservation des délais des différentes procédures qui, dans tous les cas, était sanctionnée par la mise en liberté du détenu ;

- le droit, pour les étrangers en instance d'expulsion, de saisir un tribunal en cas de détention arbitraire ;

- la possibilité, pour les personnes détenues dans un établissement psychiatrique privé, de saisir un juge du siège ;

- la suppression de la tutelle pénale qui permettait de maintenir des condamnés en détention après l'accomplissement de leur peine.

En dépit de la double dénomination de la loi, l'équilibre entre les exigences de sécurité et celles de liberté n'a cependant pas été réalisé.

2 . La réforme a été mal accueillie par une partie des magistrats, ce qui n'a rien d'étonnant car la certitude de la peine entraîne nécessairement un affaiblissement du pouvoir d'appréciation du juge. Les dispositions relatives au délit d'audience ne pouvaient que soulever l'émotion des avocats et renforcer l'hostilité de ceux qui y étaient opposés. Enfin, malgré les quelques mesures positives qu'ils relevaient dans le texte, de nombreux juristes, certains parlementaires et quelques journalistes y ont vu une accentuation de la répression pénale dont l'efficacité était douteuse, car elle n'apportait pas la bonne réponse aux problèmes de la violence et du sentiment d'insécurité. Mais, ce qui n'était pas douteux, en revanche, pour les opposants au projet, c'est que les nouvelles dispositions portaient atteinte à des principes fondamentaux de notre droit et constituaient un réel danger pour la liberté individuelle.

Le législateur a assoupli certaines mesures figurant dans le projet. Il n'a pas accepté la suppression du sursis pour certaines infractions commises par un non-récidiviste. Il a précisé que la mise à l'écart du juge d'instruction, pour certaines affaires élucidées, ne serait pas possible avant six mois.

Mais les parlementaires ont, aussi, aggravé la rigueur du texte en introduisant de nouvelles dispositions dont les plus importantes ont été :

- la généralisation des contrôles d'identité ;

- le pouvoir reconnu au président du tribunal d'exclure un avocat qui trouble « la sérénité des débats » ;

- la prolongation du délai de garde à vue pour certains délits.

Le Conseil constitutionnel fut saisi le 20 décembre 1980 par 82 députés communistes et le 24 par 63 sénateurs socialistes, soit au total 145 parlementaires, ce qui représentait une mobilisation comparable à celle obtenue pour la fouille des véhicules en 1971.

Mais fut battu le record de longueur des décisions car, pour la première fois, une décision du Conseil constitutionnel comptait plusieurs dizaines de considérants. Ceci était dû au fait que si, sur une centaine d'articles de la loi, seulement quatre furent invalidés, beaucoup en revanche firent l'objet de « réserves d'interprétation » selon une technique jusque-là peu utilisée en matière de contrôle des lois.

On notera aussi qu'était entré, depuis quelques mois au Conseil constitutionnel, Georges Vedel qui rejoignait Roger Frey (président), André Ségalat, Louis Gros, Robert Lecourt, Gaston Monnerville, Achille Peretti, Louis Joxe et René Brouillet. Ainsi composé (de mars 1980 à mars 1983), le Conseil va rendre des décisions d'importance capitale au début de la première alternance. Et de ce point de vue, on peut dire que la décision *Sécurité et liberté* marque le début de l'époque moderne du Conseil constitutionnel : celui-ci adopte une démarche prudente en ne prononçant que quelques invalidations, et en même temps, constructive en recourant largement, pour la première fois, à la technique des réserves d'interprétation.

Au-delà du contrôle de la loi « Sécurité et liberté » (au sujet duquel on peut renvoyer aux éditions précédentes), la décision *80-127 DC* présente aujourd'hui deux intérêts majeurs : elle est le point de départ véritable de la constitutionnalisation du droit pénal ou plus largement du droit répressif (I) et elle inaugure l'utilisation sur une grande échelle de la technique de la conformité sous réserve (II).

I. - La constitutionnalisation du droit répressif

3 . Après la décision *Fouille des véhicules** qui elle aussi contribue à cette constitutionnalisation s'agissant notamment des atteintes à la liberté individuelle (voir *supra*), la décision *Sécurité et liberté* va poser les problèmes majeurs du droit répressif moderne sur cinq points :

- la légalité des délits et des peines ;
- la nécessité et la proportionnalité des peines ;
- la rétroactivité des lois répressives ;
- la présomption d'innocence ;
- les droits de la défense et le rôle de l'avocat

(sur l'ensemble de ces questions, on renverra au *Code constitutionnel,* Renoux et de Villiers, Éd. Litec, 1995).

1° *Légalité des délits et des peines*

4 . Le Conseil constitutionnel a donné, dès la décision *Sécurité et liberté,* une définition assez stricte du principe de légalité des délits et des peines (§ 7) :

« Considérant qu'aux termes de l'article 8 de la Déclaration des droits de l'homme et du citoyen de 1789, nul ne peut être puni qu'en vertu d'une loi établie et promulguée antérieurement au délit et légalement appliquée ; qu'il en résulte la nécessité pour le législateur de définir les infractions en termes suffisamment clairs et précis pour exclure l'arbitraire ».

Dès 1984 (176 DC, 25 juillet 1984, *Publicité sur radios libres* § 83 ; *84-181 DC, des 10-11 octobre 1984**) le Conseil constitutionnel fait appel à la fois à l'article 8 DDHC et à l'article 34 de la Constitution pour en déduire l'exigence précitée.

Cette exigence de clarté et de précision donne lieu à des invalidations dans les décisions *Entreprises de presse** où est invalidée une disposition législative au motif que « la détermination de l'auteur (de l'infraction) est incertaine » (§ 30) et dans la décision *Redressement et liquidation judiciaire* du 18 janvier 1985 où le législateur est sanctionné pour n'avoir pas fixé « les éléments constitutifs (d'une infraction) en des termes clairs et précis » (§ 12).

Depuis, le principe a été appliqué plusieurs fois en matière de :

- lutte contre le terrorisme (86-213 DC, 3 septembre 1986, § 6 ; 96-377 DC, 16 juillet 1996, § 7).
- délit de presse (86-210 DC du 29 juillet 1986, § 25).
- lutte contre l'immigration clandestine (92-307 DC du 25 février 1992, § 25 ; *325 DC, 13 août 1993**, § 47 ; 389 DC du 22 avril 1997, § 30).

Cette forte exigence est commandée par le fait qu'en droit français comme en droit comparé, la « réserve de loi pénale », est particulièrement stricte (cf. J. Tremeau, *La réserve de loi,* Paris, 1997, p. 252 et s.).

Toutefois, le Conseil constitutionnel a admis dès 1982 (145 DC, 10 novembre 1982) que « la méconnaissance par une personne des obligations résultant d'une convention ayant force obligatoire à son égard peut faire l'objet d'une répression pénale » (§ 3). On peut se demander cependant si cela n'est pas dû à la nature particulière de la convention collective (en ce sens J. Tremeau, *op. cit.,* p. 253).

On notera également que par sa décision 377 DC du 16 juillet 1996, le Conseil constitutionnel fonde sur le principe de légalité le principe d'interprétation stricte des dispositions pénales :

> « Que les infractions [...] sont définies dans des conditions qui permettent au juge, auquel le principe de légalité impose d'interpréter strictement la loi pénale, de se prononcer sans que son appréciation puisse encourir la critique d'arbitraire... » (jurisprudence confirmée dans la décision 399 DC (§ 7)).

Par la décision 411 DC du 16 juin 1999, la Haute juridiction a considéré qu'il résultait des articles 8 et 9 de la Déclaration de 1789 que « la définition d'une incrimination, en matière criminelle et délictuelle, doit inclure, outre l'élément matériel de l'infraction, l'élément moral, intentionnel ou non, de celle-ci ».

5 . La Cour de cassation a tiré les conséquences de cette interprétation de la Constitution par le Conseil constitutionnel, en écartant l'application d'une disposition réglementaire de l'ancien code des communes relatif aux infractions au régime du monopole des pompes funèbres. « Il résulte de l'article 8 de la Déclaration des droits de l'homme et du citoyen, des articles 34 et 37 de la Constitution [...], de l'article 4 du code pénal, de l'ensemble des articles 3A et 7 de la Convention européenne des droits de l'homme [...] que toute infraction doit être définie en termes clairs et précis pour exclure l'arbitraire et permettre au prévenu de connaître exactement la nature et la cause de l'accusation portée contre lui » (crim., 1er février 1990, Devauchelle, *Bull. crim.* 56 ; *G.P.* 1990.2.398 note J.-P. Doucet).

2° *Nécessité et proportionnalité des peines*

6 . Selon l'article 8 de la Déclaration des droits de l'homme et du citoyen, « la loi ne doit établir que des peines strictement et évidemment nécessaires ».

Ici encore, le Conseil constitutionnel a clairement établi sa position, dès la décision *Sécurité et liberté*, en marquant les limites de l'interprétation à donner à l'exigence de « nécessité » des peines. Appliquant à ce cas la démarche générale selon laquelle « l'article 61 de la Constitution ne confère pas au Conseil constitutionnel un pouvoir général d'appréciation et de décision identique à celui du Parlement, mais lui donne seulement compétence pour se prononcer sur la conformité à la Constitution des lois déférées à son examen » (§ 12) il a immédiatement précisé, dans le considérant suivant que « dans le cadre de cette mission, il n'appartient pas au Conseil constitutionnel de substituer sa propre appréciation à celle du législateur en ce qui concerne la nécessité des peines attachées aux infractions définies par celui-ci » avant de conclure qu'« aucune disposition du titre premier de la loi n'est manifestement contraire au principe posé par l'article 8 de la Déclaration de 1789 » (§ 13).

En conséquence, le Conseil constitutionnel ne se livrera pas à l'appréciation de la nécessité des peines sauf erreur manifeste d'appréciation. La jurisprudence qui a suivi la décision *Sécurité et liberté* a montré que, selon la formule de Th. Renoux (*in Code constitutionnel*) « le contrôle exercé se limite aux disproportions graves ». La proportionnalité vient ici se conjuguer avec la nécessité des peines.

On soulignera que la jurisprudence issue de la décision *Sécurité et liberté* a vu son champ d'application s'étendre progressivement par l'utilisation répétée d'une formule selon laquelle le principe de nécessité des peines énoncé par l'article 8 de la Déclaration des droits de l'homme et du citoyen « ne concerne pas seulement les peines prononcées par les juridictions répressives mais :

- « s'étend à la période de sûreté qui, bien que relative à l'exécution de la peine, n'en relève pas moins de la décision de la juridiction de jugement qui, dans les conditions déterminées par la loi, peut en faire varier la durée en même temps qu'elle se prononce sur la culpabilité du prévenu ou de l'accusé » (86-215 DC, 3 sept. 1986, § 3).

- « s'étend à toute sanction ayant le caractère d'une punition même si le législateur a laissé le soin de la prononcer à une autorité de nature non judiciaire » (87-237 DC du 30 décembre 1987, § 15) ; ce qui peut donc viser les sanctions prononcées tant par les juridictions que par les autorités administratives et soumet au principe l'ensemble du droit répressif ;

- « aussi les incapacités qui y sont attachées du fait de la loi », étant précisé que le principe est également applicable « lorsque le législateur fait découler de telles incapacités de décisions prises par une autorité administrative » (93-321 DC, 20 juillet 1993, § 12) ; cette incapacité consistant, en l'espèce, « en la perte du droit d'acquérir par simple manifestation de volonté, sous certaines conditions d'âge ou de résidence, la nationalité française du fait de la naissance sur le sol français ».

- « s'étend au régime des sûretés qui les assortissent » (93-334 DC, 20 janvier 1994, *Peine incompressible,* § 10), ce qui permet de contrôler l'institution d'une période incompressible de sûreté de trente ans prononcée par la Cour d'assises au cas de jugement de crimes particulièrement graves.

7 . Dans des décisions récentes, le Conseil constitutionnel a tiré du principe de nécessité des peines, l'exclusion ou l'interdiction de peines « automatiques » :

- 93-321 DC *, 21 juillet 1993, § 13 :

« Considérant que la perte du droit à l'acquisition de la nationalité française… qui résulterait soit d'un arrêté de reconduction à la frontière, soit d'un arrêté d'assignation à résidence… apparaît comme une sanction manifestement disproportionnée par rapport aux faits susceptibles de motiver de telles mesures en méconnaissance de l'article 8 de la Déclaration de 1789 ».

- *93-325 DC, 13 août 1993** (cf. ci-après **46**) :

« Considérant qu'en vertu des dispositions contestées, tout arrêté de reconduite à la frontière entraîne automatiquement une sanction d'interdiction du territoire pour une durée d'un an sans égard à la gravité du comportement ayant motivé cet arrêté, sans possibilité d'en dispenser l'intéressé ni même d'en faire varier la durée ; que dans ces conditions, le prononcé de ladite sanction ne répond pas aux exigences de l'article 8 de la Déclaration de 1789 ».

- 94-352 DC, 18 janvier 1995, § 24 :

« L'interdiction de manifester prévue par le législateur pour une durée maximum de trois ans est limitée aux lieux fixés par la décision de condamnation ; qu'il incombe au juge pénal de décider non seulement du principe de cette interdiction mais aussi de son champ d'application ; qu'eu égard à la nature des infractions [...] en cause, l'interdiction mentionnée ci-dessus [...] ne porte pas atteinte au principe de proportionnalité des sanctions ».

Par une réserve d'interprétation réintroduisant l'intervention du juge, le Conseil constitutionnel rend conforme à la Constitution une disposition qui aurait été sinon censurée du fait de l'automaticité de la peine.

- 96-377 DC, 16 juillet 1996, § 28 :

« Considérant que les peines prévues par ces articles, *qui peuvent être prononcées pour un montant ou une durée inférieure* par le juge, ne sont pas entachées de disproportion manifeste ».

L'intérêt ici est de souligner l'incidente (« les peines prévues … qui peuvent être prononcées pour un montant ou une durée inférieure par le juge ») qui marque le caractère non automatique de la sanction.

On peut aussi déceler le respect de l'exigence de non automaticité au considérant 23 :

« le législateur a pu, compte tenu de l'objectif tenant à renforcer la lutte contre le terrorisme, prévoir la possibilité, pendant une durée limitée, pour l'autorité administrative de déchoir de la nationalité française, ceux qui l'ont acquise, [...] qu'eu égard à la gravité toute particulière que revêtent par nature les actes de terrorisme, cette sanction a pu être prévue sans méconnaître les exigences de l'article 8 de la Déclaration des droits de l'homme et du citoyen ».

L'absence de caractère automatique de cette mesure attachée à une sanction pénale a contribué certainement à établir la constitutionnalité de la mesure dès lors que le décret de déchéance ne peut être pris que sur avis conforme du Conseil d'État (cf. O. Schrameck in *AJDA* 1996, p. 693).

- 94-346 DC, 29 juillet 1994, § 28 :

« Considérant que les peines prévues qui peuvent être prononcées pour un montant ou une durée inférieurs par la juridiction compétente, ne sont pas entachées de disproportion manifeste ».

- 97-389 DC, 22 avril 1997, § 31 :

« Considérant... que les sanctions administratives prévues par la présente loi, *qui ne revêtent pas un caractère automatique* et dont la mise en œuvre est placée sous le contrôle du juge administratif... ».

Dans la décision nº 99-410 DC du 15 mars 1999, le Conseil sanctionne le caractère automatique de la déchéance des droits civils et politiques consacutive à une déclaration de faillite par le juge commercial. Cette inconstitutionnalité est fondée sur la déclaration de non conformité à la Constitution de dispositions de la loi de 1985 sur les faillites.

Le principe de l'individualisation des peines – dans lequel les requérants voulaient voir un principe fondamental reconnu par les lois de la République – n'est pas reconnu comme tel dans la décision *Sécurité et liberté* (pas plus qu'il ne l'avait été dans la décision 78-98 DC du 22 novembre 1978). « À supposer même que le principe de l'individualisation des peines puisse... être regardé comme l'un des principes fondamentaux reconnus par les lois de la République... » (§ 16).

Et depuis, les choses n'ont pas changé. Toutefois, on ne peut manquer d'observer que l'interdiction des peines automatiques, la prise en compte de la proportionnalité ainsi que l'extension du principe de nécessité au régime des mesures de sûreté tendent à individualiser la peine et son exécution.

3º *La rétroactivité des lois répressives*

8 . *La rétroactivité exigée des lois pénales plus douces.* Dans la décision *Sécurité et liberté,* le Conseil constitutionnel a tiré du principe de la nécessité des peines énoncé par l'article 8 de la Déclaration de 1789, l'obligation pour le législateur d'appliquer aux infractions anciennes la loi pénale nouvelle, plus douce :

« Considérant que ces dispositions tendent à limiter les effets de la règle selon laquelle la loi pénale nouvelle doit, lorsqu'elle prononce des peines moins sévères que la loi ancienne, s'appliquer aux infractions commises avant son entrée en vigueur et n'ayant pas donnée lieu à des condamnations passées en force de chose jugée ; que, dès lors, elles doivent être regardées comme contraires au principe formulé par l'article 8 de la Déclaration des droits de l'homme et du citoyen de 1789 selon lequel : "La loi ne doit établir que des peines strictement et évidemment nécessaires" ; qu'en effet, le fait de ne pas appliquer aux infractions commises sous l'empire de la loi ancienne, la loi pénale nouvelle, plus douce, revient à permettre aux juges de prononcer les peines prévues par la loi ancienne et qui, selon l'appréciation même du législateur, ne sont plus nécessaires ; que, dès lors, le 2e alinéa de l'article 100 de la loi soumise à l'examen du Conseil constitutionnel est contraire à la Constitution » (§ 75).

L'obligation d'appliquer la loi pénale plus douce a été confirmée par une décision du 21 février 1992 (92-305 DC, § 112) :

> « Considérant que [...] il est du pouvoir du législateur organique, sous réserve de l'application immédiate de mesures répressives plus douces, de fixer les règles d'entrée en vigueur des dispositions qu'il édicte ».

À partir de l'affirmation générale, répétée plusieurs fois (voir ci-dessus) selon laquelle l'article 8 ne s'applique pas qu'aux sanctions prononcées par des juridictions pénales, on peut considérer que ce principe s'appliquerait également aux sanctions administratives et fiscales (en ce sens Th.S. Renoux, *Code constitutionnel,* 1995, Litec, pp. 39-43).

L'affirmation du principe d'application de la loi pénale plus douce par le Conseil constitutionnel et de son fondement (le principe de nécessité) a été contestée par une partie de la doctrine de droit pénal qui rattachait traditionnellement la règle au principe de légalité des délits et des peines et ne lui attribuait qu'un champ d'application limité (sur cette discussion voir N. Molfessis, Le Conseil constitutionnel et le droit privé, pp. 243 et s. et aussi M.-E. Cartier *in La Cour de cassation et la Constitution de la République*, p. 75 et s.).

Le nouveau Code pénal, dans son article 199-1 al. 3 est en conformité avec la position du Conseil constitutionnel en disposant que « les dispositions nouvelles s'appliquent aux infractions commises avant leur entrée en vigueur et n'ayant pas donné lieu à une condamnation passée en force de chose jugée lorsqu'elles sont mois sévères que les dispositions anciennes » (cf. sur ce point, F. Desportes et F. Le Gunehec, *Le nouveau droit pénal*, p. 247 et s.).

9 . *La rétroactivité interdite des lois pénales d'incrimination plus sévère.* Au sens où il proclame que « nul ne peut être puni qu'en vertu d'une loi établie et promulguée antérieurement au délit et légalement appliquée », l'article 8 de la Déclaration a été appliqué pour la première fois de manière positive, un an après la décision *Sécurité et liberté* et à propos d'une sanction fiscale (82-155 DC, 30 décembre 1982) :

> « Considérant que le principe de non rétroactivité ainsi formulé (par l'article 8 de la Déclaration) ne concerne pas seulement les peines appliquées par les juridictions répressives mais s'étend nécessairement à toute sanction ayant le caractère d'une punition même si le législateur a cru devoir laisser le soin de la prononcer à une autorité de nature non judiciaire » (§ 33).

Depuis lors, le Conseil constitutionnel a appliqué le principe au cas non seulement des sanctions fiscales mais aussi des sanctions administratives et enfin des sanctions pénales.

- sanctions fiscales :

- 86-223 DC, 29 déc. 1986 § 7 :

« que rien dans le texte de loi ne permet d'inférer que le législateur a dérogé au principe de non-rétroactivité des *textes à caractère répressif* ».

- 88-250 DC, 29 décembre 1988, § 17 :

« que la loi ne saurait être interprétée comme permettant de porter atteinte [...] au principe de non-rétroactivité *des textes à caractère répressif* ».

- sanctions administratives :

- 88-248 DC, *17 janvier 1989* *, § 35 :

« Considérant qu'une peine ne peut être infligée qu'à la condition que soient respectés [...] le principe de non-rétroactivité de la loi pénale d'incrimination plus sévère ».

Par cette formule, d'application générale, adoptée à propos des pouvoirs de sanction du Conseil supérieur de l'audiovisuel, le Conseil constitutionnel étend à l'ensemble des sanctions prononcées par les autorités administratives indépendantes, l'obligation de respect du principe de non-rétroactivité.

- sanctions pénales :

- 92-307 DC, 25 févr. 1992, § 25 ; *93-325 DC**, § 47 :

« qu'une peine ne peut être infligée qu'à la condition que soient respectés [...] le principe de non-rétroactivité de la loi pénale d'incrimination plus sévère ».

- 96-377 DC, 16 juillet 1996, § 29 :

« que le principe de non-rétroactivité des lois en matière répressive énoncé par l'article 8 de la Déclaration des droits de l'homme et du citoyen ne permet pas de fixer à la date sus mentionnée l'entrée en vigueur de la loi dans les territoires d'outre-mer ».

Il s'agissait de la loi tendant à renforcer la répression du terrorisme, examinée par le Conseil le 16 juillet et finalement promulguée le 22 juillet 1996 – et dont le législateur fixait l'entrée en vigueur dans les TOM au 1er mai 1996 !

En revanche, le Conseil constitutionnel a rappelé à maintes reprises que la non-rétroactivité des lois n'étant interdite qu'« en matière répressive cette interdiction n'a pas lieu de s'appliquer dès lors qu'il n'y a pas sanction. Ainsi par exemple (86-207 DC, *25-26 juin 1986**, § 35) :

« Considérant que le principe de non-rétroactivité des lois n'a valeur constitutionnelle, en vertu de la Déclaration des droits de l'homme et du citoyen de 1789 qu'en matière répressive ; que, dès lors, les dispositions du 1° de l'article 2, qui permettent d'attacher une portée rétroactive aux exonérations de charges sociales autorisées par la loi, ne sont pas contraires à la Constitution ».

On retrouvera le même raisonnement s'agissant de mesures à caractère fiscal (80-126 DC, 30 déc. 1980, § 8) ; 82-155 DC, 30 déc. 1982, § 33 et 34 ; 84-184 DC, 29 déc. 1984, § 33 ; 89-268 DC, 29 déc. 1989, § 39 ; 91-287 DC, 16 janv. 1992, § 39) administratif (79-109 DC, 9 janv. 1980, § 7 ; 80-119 DC, 22 juill. 1980, § 3 et 7 ; 80-126 DC, 30 déc. 1980, § 8 ; 85-192 DC, 24 juill. 1985, § 11 et 15) social (*86-207 DC* *, § 35).

On notera que le Conseil constitutionnel fait application du principe de non rétroactivité des lois répressives en interdisant au législateur « de faire renaître en matière répressive une présomption légalement acquise » (88-250 DC, 29 déc. 1988, § 5).

4° *Présomption d'innocence*

10 . Esquissée dans la décision 79-109 DC du 9 janvier 1980 (§ 7), la référence à la présomption d'innocence consacrée par l'article 9 de la DDH est clairement affirmée dans la décision *Sécurité et liberté :*

> « qu'un recours non pertinent du Procureur de la République à l'une des procédures de saisine directe aurait nécessairement pour conséquence, *en raison de la présomption d'innocence dont bénéficie le prévenu,* soit la relaxe de celui-ci, soit la décision de la juridiction de jugement de procéder à un supplément d'information » (§ 33) ;
>
> « … Quelle que soit l'option faite par le Procureur de la République entre les diverses procédures de poursuite… le jugement de l'affaire au fond appartient à la même juridiction, celle-ci… doit statuer sur la culpabilité du prévenu *toujours présumé innocent* selon les règles de forme et de fond identiques » (§ 37).

En d'autres termes, le choix du Procureur de la République ne peut qu'être favorable au prévenu et ne jamais faire supposer qu'une quelconque culpabilité est déjà envisagée.

En l'espèce, la présomption d'innocence doit être respectée par les juges. Mais tant en droit européen qu'en droit constitutionnel comparé on s'accorde à dire que la présomption d'innocence doit l'être également par toutes les autorités de l'État et par ceux qui peuvent y porter atteinte, y compris la presse. Cela au bénéfice non seulement de l'accusé ou du justiciable mais de tout individu, même n'ayant pas ses qualités car l'article 9 dispose : « Tout *homme* étant présumé innocent… ».

La présomption d'innocence et l'article 9 de la DDH ont été invoqués dans les décisions :

- 89-258 DC, 8 juillet 1989, § 10 :

> « Considérant que dans la mesure où l'amnistie a pour effet d'interdire des poursuites pénales, elle ne méconnaît en rien le principe proclamé par l'article 9 de la Déclaration de 1789 selon lequel tout homme est présumé innocent jusqu'à ce qu'il ait été déclaré coupable ».

- 95-360 DC, 2 février 1995, § 5 :

> « Considérant qu'en vertu de l'article 9 de la DDHC tout homme est présumé innocent jusqu'à ce qu'il ait été déclaré coupable… ».

Dans la décision nº 99-411 DC du 16 juin 1999, le Conseil constitutionnel a considéré que l'article 9, combiné avec l'article 8 de la DDHC, impose le principe selon lequel « nul n'est responsable que de son propre fait ».

Ainsi, la définition même des infractions en matière délictuelle et criminelle doit prendre en compte l'élément moral, intentionnel ou non, de celles-ci.

11 . Les questions de garde à vue et de détention provisoire sont incontestablement liées à la question de la présomption d'innocence, ainsi il est vrai, qu'à celle des droits de la défense. Ne serait-ce que parce que l'article 9 de la Déclaration de 1789 contient à la fois l'énoncé du principe de la présomption d'innocence, mais aussi, et cela dans l'incidente suivante, l'affirmation du caractère très exceptionnel de la garde à vue ou de la détention provisoire :

« Tout homme étant présumé innocent jusqu'à ce qu'il ait été déclaré coupable *s'il est jugé indispensable de l'arrêter*... ».

Cela implique nécessairement qu'il y ait l'appréciation sous forme de jugement du caractère indispensable de l'arrestation.

C'est ce qu'a commencé à faire le Conseil constitutionnel dans la décision *garde à vue* du 11 août 1993 (93-326 DC, § 28-29) en estimant, après avoir rappelé les termes de l'article 9, que si :

> « le législateur peut prévoir une procédure appropriée « permettant de retenir au-dessous d'un âge minimum les enfants de moins de treize ans pour les nécessités d'une enquête, il ne peut être recouru à une telle mesure que dans des cas exceptionnels et s'agissant d'infractions graves » ; et « la mise en œuvre de cette procédure, qui doit être subordonnée à la décision et soumise au contrôle d'un magistrat spécialisé dans la protection de l'enfance, nécessite des garanties particulières ».

5º *Droits de la défense et rôle de l'avocat*

12 . La loi *Sécurité et liberté* a donné l'occasion au Conseil constitutionnel d'affirmer la pleine valeur constitutionnelle des droits de la défense et du rôle de l'avocat, dans sa décision des 19-20 février 1981.

L'article 66 de la loi attaquée permettait au président de toute juridiction de l'ordre judiciaire d'écarter discrétionnairement de la barre, pendant deux jours, un avocat coupable d'avoir troublé la sérénité des débats.

La rédaction adoptée était la suivante :

> « Lorsque l'attitude d'un avocat compromet la sérénité des débats, le président peut, en vertu de ses pouvoirs de police de l'audience, le bâtonnier du Conseil de l'Ordre du barreau du tribunal ou son représentant entendu, décider d'écarter cet avocat de la salle d'audience pour une durée qui ne peut excéder deux jours. Il appartient au bâtonnier du Conseil de l'Ordre du barreau du tribunal ou à son représentant de décider s'il y a lieu, de la prorogation de cette mesure jusqu'à ce que le Conseil de l'Ordre compétent ait statué sur l'instance disciplinaire et de désigner d'office un autre avocat pour l'audience pendant la durée qu'il détermine ».

Le Conseil constitutionnel censure cette disposition aux motifs suivants (§ 52) :

« Considérant que, même si la mesure que le président, aux termes de l'article 25-1, pouvait prendre à l'égard d'un avocat dont l'attitude compromettait la « sérénité des débats », avait le caractère d'une simple mesure de police de l'audience et ne revêtait pas celui d'une sanction disciplinaire, il ne demeure pas moins que cette mesure, qui pourrait intervenir alors que l'avocat n'a manqué à aucune des obligations que lui impose son serment et alors qu'il a donc rempli son rôle de défenseur, serait contraire, tant dans la personne de l'avocat que dans celle du justiciable, aux droits de la défense qui résultent des principes fondamentaux reconnus par les lois de la République ».

Le Conseil constitutionnel avait déjà estimé, dans une décision du 2 décembre 1976 (76-70 DC) que la protection des droits de la défense en matière pénale découlait d'un principe fondamental reconnu par les lois de la République ; mais il le fait ici de manière encore plus nette, en y associant la protection du rôle de l'avocat.

Dans trois décisions du 3 septembre 1986, le Conseil constitutionnel consacre à nouveau cette valeur constitutionnelle des droits de la défense et vérifie leur respect (213 DC, § 12 et 23, 214 DC, § 3 et 4 ; 215 DC, § 20).

On retiendra, dans la deuxième décision, l'incidente selon laquelle « ces dispositions impliquent conformément au principe du respect des droits de la défense, que soit notifié au condamné le recours formé par le procureur de la République », ce qui constitue une réserve d'interprétation (dont on doit tenir compte pour l'application de l'article 4 de la loi n° 86-1021 du 9 septembre 1986 relative à l'application des peines). Quant à la troisième décision, elle constate que les conditions de délai imposées aux demandes mise en liberté en cas de détention provisoire, « ne méconnaissent pas le principe du respect des droits de la défense », dans la mesure notamment où le juge d'instruction saisi d'un fait nouveau à l'appui de toute demande, statue immédiatement ».

Dans la décision 260 DC du 28 juillet 1989 (*Commission des opérations de bourse*), le juge constitutionnel considère comme contraire au principe du respect des droits de la défense le fait de permettre à la Commission des opérations de bourse, à propos des mêmes faits, d'exercer concurremment des pouvoirs de sanction et la faculté d'intervenir et d'exercer tous les droits de la partie civile » (§ 45), ce qui est de nature à rompre l'équilibre entre les parties au procès pénal.

Dans la décision 95-360 DC (§ 5), la Conseil constitutionnel explicite ce qu'il entend par respect des droits de la défense à propos de la procédure de l'injonction pénale :

« [Consid.] que le principe du respect des droits de la défense constitue un des principes fondamentaux reconnus par les lois de la République réaffirmés par le Préambule de la Constitution du 27 octobre 1946 auquel se réfère le Préambule de la Constitution de 1958 ; qu'il implique, notamment en matière pénale, l'existence d'une procédure juste et équitable garantissant l'équilibre des droits des parties ».

On ne peut manquer aussi de souligner l'évolution récente qui conduit à une constitutionnalisation du rôle de l'avocat au travers des droits de la défense notamment dans la décision 93-326 DC (cf. L. Favoreu, L'avocat constitutionnalisé, *Le Figaro,* 13 août 1993), et cela dans la droit ligne de la décision *Sécurité et liberté* .

Le Conseil constitutionnel commence par affirmer que :

« le droit de la personne à s'entretenir avec un avocat au cours de la garde à vue, constitue un droit de la défense qui s'exerce durant la phase d'enquête de la procédure pénale » (§ 12). Et il précise ensuite que « dénier à une personne tout droit à s'entretenir avec un avocat pendant une garde à vue à raison de certaines infractions, alors que ce droit est reconnu à d'autres personnes dans le cadre d'enquêtes sur des infractions différentes punies de peines aussi graves et dont les éléments de fait peuvent se révéler aussi complexes, méconnaît, s'agissant d'un droit de la défense, l'égalité entre les justiciables ».

II. Le recours à la technique de la conformité sous réserve

13 . Contrairement à ce que l'on pouvait attendre, compte tenu de la jurisprudence très ferme du Conseil en matière de respect des droits de la défense et de protection de la liberté individuelle, le juge constitutionnel n'a déclaré contraire à la Constitution aucune des dispositions relatives à la nouvelle procédure de la saisine directe et aux contrôles d'identité. On pourrait donc en conclure qu'il a fait preuve, dans cette affaire, d'une prudence, et même d'une timidité, inhabituelles.

Il faut toutefois souligner que cette décision marque aussi un changement de technique dans le contrôle de constitutionnalité. Au lieu de déclarer les dispositions contestées conformes ou non conformes à la Constitution, le juge préfère adopter une solution intermédiaire qui consiste à les déclarer conformes sous certaines réserves. Il avait déjà utilisé cette technique dans plusieurs décisions, mais elle prend désormais une ampleur nouvelle. Il rejoint par là la jurisprudence qui caractérise déjà beaucoup de Cours constitutionnelles étrangères.

(Sur l'ensemble de la question, cf. Th. di Manno, Le juge constitutionnel et la technique des décisions « interprétatives » en France et en Italie, Economica et PUAM, 1997).

La décision des *19 et 20 janvier 1981* * est particulièrement caractéristique à cet égard. Cette technique de la conformité sous réserves prendra un nouvel essor en 1984 avec la formulation des « strictes réserves d'interprétation » énoncées dans le dispositif même de la décision (181 DC, 207 et 208 DC en 1986). Puis, elle deviendra habituelle (cf. décisions 211 DC, 213 DC, 214 DC, 215 DC, 216 DC, 217 DC, 225 DC, 230 DC, 232 DC, 237 DC, 240 DC, 248 DC, 250 DC, 257 DC, 260 DC, 268 DC, 271 DC, 283 DC, 284 DC, 286 DC, 287 DC, 290 DC, 294 DC, 296 DC, 298 DC, 299 DC, 302 DC, 304 DC, 307 DC, 316 DC, 321 DC, 323 DC, 324 DC, 325 DC, 326 DC, 329 DC, 333 DC, 334 DC, 335 DC, 341 DC, 346 DC, 348 DC, 350 DC, 352 DC, 358 DC, 363 DC, 370 DC, 371 DC, 375 DC, 377 DC, 378 DC, 380 DC, 383 DC, 384 DC, 387 DC, 389 DC, 393 DC, 395 DC, 396 DC, 399 DC, 401 DC, 403 DC, 404 DC, 405 DC, 410 DC et 411 DC).

Le Conseil utilise, dans cette décision, trois procédés différents. D'une part, *il impose à l'avance son interprétation* de certains articles de la loi. D'autre part, il n'hésite pas *à la compléter* en y apportant des adjonctions. Enfin, et surtout, il va jusqu'à *adresser des injonctions* aux autorités chargées de l'appliquer et d'en assurer le respect.

14 . Ce n'est pas la première fois qu'il utilise cette technique de l'interprétation préventive (cf. *infra, décision 2 DC* des 17, 18 et 24 juin 1959).* Elle consiste, au lieu de déclarer une disposition contraire à la Constitution, à l'interpréter d'une manière telle qu'elle puisse être jugée non contraire.

C'est ce qu'il fait à propos de la modification d'un article de la loi de 1845 sur la police des chemins de fer de nature à limiter l'exercice du droit de grève.

Le Conseil interprète également restrictivement l'article 78 qui punit ceux qui ont refusé de se prêter aux opérations de vérifications d'identité. Il précise que le fait de ne pas justifier de son identité ne saurait être assimilé à un refus de se prêter aux opérations de vérification et ne constitue pas une infraction susceptible d'être sanctionnée pénalement.

Au sujet de l'article 55 qui soumet le juge d'instruction à un contrôle général de la part du président de la Chambre d'accusation, le Conseil précise que ce contrôle ne peut avoir pour effet de guider le choix des décisions du juge d'instruction, ni de les réformer.

Voilà trois dispositions importantes qui se trouvent ainsi « vidées de leur venin » grâce à une interprétation restrictive.

15 . La deuxième technique consiste à *compléter la loi* par certaines adjonctions.

On en trouve plusieurs exemples dans la décision.

Le Conseil ajoute l'obligation, pour le magistrat qui autorise la prolongation de 24 heures de la garde à vue, d'examiner le dossier de la personne qui est détenue.

En matière de contrôle d'identité, la possibilité qui est offerte à la personne emmenée dans un local de police de demander que le Procureur soit averti de la mesure dont elle fait l'objet, devient *le droit* de saisir le Procureur de la République.

16 . Enfin le Conseil franchit un pas de plus *en formulant des précisions sur la manière dont la loi devra être appliquée.*

À propos de l'application de la saisine directe, il rappelle au juge qu'il *devra* strictement respecter le principe de la présomption d'innocence et qu'il *devra* prononcer la relaxe (ou décider un complément d'information) en cas de recours non pertinent du Procureur de la République à l'une des procédures de saisine directe.

En ce qui concerne les contrôles d'identité, les recommandations du juge constitutionnel sont encore plus fermes. Elles compensent son recul par rapport à la décision *Fouille des véhicules* du *12 janvier 1977* *. C'est sans doute la crainte des abus possibles (et probables) qui l'a amené à formuler son dernier considérant que l'on peut considérer comme le plus important de sa décision des *19 et 20 janvier 1981* : « ...il appartiendra aux autorités judiciaires et administratives de veiller à leur respect intégral (il s'agit des précautions qui entourent la procédure de contrôle et de vérification d'identité), ainsi qu'aux tribunaux compétents de censurer et de réprimer, le cas échéant, les illégalités qui seraient commises et de pourvoir éventuellement à la réparation de leurs conséquences dommageables » (considérant repris tel quel dans la décision 211 DC de 1986).

Ces instructions sont d'autant plus remarquables qu'elles paraissent peu compatibles avec la jurisprudence administrative selon laquelle la responsabilité des services de police était fondée, en principe, sur la faute lourde.

On trouve d'autres exemples d'injonctions adressées aux pouvoirs publics, notamment, dans la décision 155 DC du 30 décembre 1982 : « ...qu'il appartiendra aux autorités chargées de l'application de la présente loi de veiller à ce qu'aucune amende ne soit prononcée sur le fondement de la validation législative en raison de faits antérieurs à la date de la mise en vigueur de la loi de validation... » et surtout, la décision du 5 août 1993 où il précise qu'il appartient à l'autorité judiciaire de contrôler « la pertinence des raisons ayant motivé les opérations de contrôle et de vérification d'identité ».

31

16 janvier 1982
11 février 1982

LOI DE NATIONALISATION
(132 DC ; 139 DC)

Droit constitutionnel économique
Principe de constitutionnalité
Droit de propriété

Décisions n° 81-132 DC du 16 janvier 1982 et n° 82-139 DC du 11 février 1982, *Rec.* 18, *RJC* I-104 et 31, *RJC* I-121, article 61 al. 2, de la Constitution.
Saisines parlementaires.
Pleine valeur constitutionnelle de la Déclaration des Droits de l'Homme.
Caractère fondamental du droit de propriété et de la liberté d'entreprendre et limites à ces droit et liberté.
Appréciation discrétionnaire par le législateur de la nécessité des nationalisations (sauf erreur manifeste).
Principe d'égalité et sociétés commerciales.
Contrôle par le Conseil constitutionnel du caractère juste et préalable de l'indemnisation.
Champ d'application des nationalisations et droit international.

RÉFÉRENCES

a) Texte des recours *in* MAUS (D.), *Textes et doc.*, 2e éd., 1982, p. 552 et s. et *in Nationalisations et Constitution*, p. 197 et s.
Mémoire JOXE in MAUS (D.) : *Textes et doc.*, 2e éd., 1982, p. 619 et s. et *in Nationalisations et Constitution*, p. 315 et s.
Textes des décisions in MAUS (D.) : *Textes et doc.*, 2e éd., 1982, p. 546 et s. et p. 625 et s. et *in Nationalisations et Constitution*, p. 339 et s. et p. 353 et s.

b) *Notes doctrinales*

- AVRIL (P.) et GICQUEL (J.) : *Pouvoirs*, 1982, n° 21, p. 191. - BISCHOFF (J.-M.) : *R.C.D.I.P.*, 1982, n° 2, p. 349. - CHARTIER (F.) : *G.P.*, 1981, doct., p. 448. - CUBERTAFOND (B.) : *Actes* n° 38, octobre 1982. - DRAGO (R.) : *Nationalisations et Constitution*, Economica, P.U. d'Aix-Marseille, 1982, p. 59. - FAVOREU (L.) : *R.D.P.*, 1982, p. 377. *Nationalisations et Constitution*, précit., p. 19. - GAVALDA (C.) : *Mezzogiorno d'Europa*, 1982, p. 443. - GOLDMAN (B.) : *Clunet*,

1982, p. 275. - GUYENOT (J.) : *Revue des sociétés*, 1982, nº 1, p. 132. - HAMON (L.) : *D.*, 1983, I, p. 169 ; *D.*, 1983, chron., p. 79. - JLB-JCB : *Le Quotidien Juridique*, 1982, nº 42 à 48. - LEONARD (P.) : *G.P.*, 1981, doct., p. 440. - LUCHAIRE (F.) : *Nationalisations et Constitution*, précit., p. 65. - NGUYEN QUOC VINH et FRANCK (C.) : *J.C.P.*, 1982, II, 19.788. - PIEDELIEVRE (A.) et DUPICHOT (J.) : *G.P.*, 1982, nº 31/33, p. 2. - RIVERO (J.): « Ni lu, ni compris ? », *A.J.*, 1982, p. 209. - SAINT-GIRONS (B) : *Revue des sociétés*, 1982, nº 2, p. 354. - SAVY (R.) : « La Constitution des juges », *D.*, 1983, chron., p. 105. - VILLIERS (M. de) : *R.A.*, 1982, p. 153. - ZAGREBELSKY (G.) : *Nationalisations et Constitution*, précit., p. 87. Voir aussi TERRÉ et LEQUETTE (Y.), *Les grands arrêts de la jurisprudence civile*, 9ᵉ éd. 1991, nº 1.

c) *Autres références*

- DUVERGER (M.) : « Pouvoir majoritaire et pouvoir d'opposition », *Le Monde*, 29/1/1982. - ROBERT (J.) : « Le bloc de constitutionnalité », *Le Monde*, 19/1/1982. - LINOTTE (D.) : *R.D.P.*, 1982, p. 435. - TRICOT (B.) : *Revue des sciences morales et politiques*, 1982, nº 4, p. 621. - BOUYSSOU (F.) : « Les garanties supra-législatives du droit de propriété », *D.*, 1984, chron., p. 231. - PHILIP (L.) : « Le programme commun et la Constitution », *Le Monde*, 12 juillet 1977. - ZENATI (F.) : « Sur la Constitution de la propriété », *D.*, 1985, p. 171. - MESTRE (J.-L.) : « Le Conseil constitutionnel, la liberté d'entreprendre et la propriété », *D.*, chron., 1984 p. 1. - FROMONT (M.) : « Le droit de propriété et la Constitution en Allemagne et en France », *Mélanges Pequignot*, t. I, p. 267, mai 1984, FAVOREU (L.), *Le droit de propriété dans la déclaration de 1789*, la Déclaration des droits de l'homme et du citoyen et la jurisprudence, Paris, 25-26 mai 1989, P.U.F. - COLLY (F.) : « Le Conseil constitutionnel et le droit de propriété », *R.D.P.*, 1988, p. 135. - BON (P.) : « Le statut constitutionnel du droit de propriété », *R.F.D.A.*, 1989, nº 6. - GAUDEMET (Y.) : « La liberté d'entreprendre », *D.S.*, 1986, p. 372. - DAILLY (E.) : La révision de la Constitution n'apporte qu'une réponse de circonstance, *Le Monde*, 22 oct. 1993 (après la décision du 13 août 1993 sur le droit d'asile, critique la logique prétorienne du Conseil). - BON (P.) : « Les nationalisations dans la jurisprudence de l'Europe de l'Ouest », *R.F.D.C.*, 1994-17, p. 17. - CHABAN (N.) et VERGEAU (E.) : « Nationalisations et privatisations depuis cinquante ans », *Notes Bleues de Bercy*, 1996, nº 87, p. 1. - MESTRE (J.-L.), « La Déclaration des droits de 1789 et la propriété mobilière », *R.F.D.C.*, 1996, p. 227.

d) *Jurisprudence*

- *relative au droit de propriété* :

- Décision 132 DC du *16 janvier 1982* *
- Décision 125 L du 23 juin 1982, *Rec.* 101, *RJC* II-98.
- Décision 150 DC du 30 décembre 1982, *Rec.* 86, *RJC* I-140.
- Décision 162 DC des 19 et 20 juillet 1983, *Rec.* 49, *RJC* I-157.
- Décision 167 DC du 19 janvier 1984, *Rec.* 23, *RJC* I-177.
- Décision 172 DC du 26 juillet 1984, *Rec.* 58, *RJC* I-185.
- Décision 181 DC des *10 et 11 octobre 1984* *
- Décision 200 DC du 16 janvier 1986, *Rec.* 9, *RJC* I-245.
- Décision 207 DC des *25-26 juin 1986* *
- Décision 346 DC du 21 juillet 1994, *Rec.* 96, *RJC* I-598.
- Décision 389 DC du 22 avril 1997, *Rec.* 45, *RJC* I-707.

• Décision 391 DC du 7 novembre 1997, *RJC* I-719.
• Décision 403 DC du 29 juillet 1998, *J.O.* 31 juillet 1998, p. 11 710.
• Décision 404 DC du 18 décembre 1998, *J.O.* 27 décembre 1998, p. 19 663.

Expropriation-Indemnisation :

• Décision 33 L du 9 février 1965, *Rec.* 73, *RJC* II-19.
• Décision 53 L du 27 février 1969, *Rec.* 23, *RJC* II-34.
• Décision 58 L du 24 octobre 1969, *Rec.* 34, *RJC* II-39.
• Décision 60 L du 23 février 1970, *Rec.* 35, *RJC* II-40.
• Décision 101 L du 3 novembre 1977, *Rec.* 70, *RJC* II-81.
• Décision 139 DC du *11 février 1982* *
• Décision 150 DC du 30 décembre 1982, *Rec.* 86, *RJC* I-140.
• Décision 198 DC du 13 décembre 1985, *Rec.* 78, *RJC* I-242.
• Décision 157 L du 10 mai 1988, *Rec.* 56, *RJC* I-129.
• Décision 256 DC du 25 juillet 1989, *Rec.* 53, *RJC* I-355.

Garanties :

• Décision 71 L du 29 février 1972, *Rec.* 27, *RJC* II-47.
• Décision 80 L du 28 novembre 1973, *Rec.* 45, *RJC* II-57.
• Décision 98 L du 27 avril 1977, *Rec.* 56, *RJC* II-74.
• Décision 120 L du 30 décembre 1980, *Rec.* 78, *RJC* II-95.
• Décision 403 DC du 29 juillet 1998, *J.O.* 31 juillet 1998, p. 11 710.

Limitation :

• Décision 7 L du 8 juillet 1960, *Rec.* 35, *RJC* II-4.
• Décision 3 FNR du 8 septembre 1961, *Rec.* 48, *RJC* III-2.
• Décision 4 FNR du 18 octobre 1961, *Rec.* 50, *RJC* III-3.
• Décision 21 L du 4 décembre 1962, *Rec.* 36, *RJC* II-12.
• Décision 43 L du 26 janvier 1967, *Rec.* 25, *RJC* II-27.
• Décision 44 L du 27 février 1967, *Rec.* 26, *RJC* II-27.
• Décision 55 L du *26 juin 1969* *.
• Décision 59 L du 23 février 1970, *Rec.* 33, *RJC* II-39.
• Décision 89 L du 2 juin 1976, *Rec.* 52, *RJC* II-66.
• Décision 189 DC du 17 juillet 1985, *Rec.* 49, *RJC* I-224.
• Décision 193 DC du 24 juillet 1985, *Rec.* 61, *RJC* I-231.
• Décision 198 DC du 13 décembre 1985, *Rec.* 78, *RJC* I-242.
• Décision 256 DC du 25 juillet 1989, *Rec.* 53, *RJC* I-355 (expropriation).
• Décision 403 DC du 29 juillet 1998, *J.O.* 31 juillet 1998, p. 11710.

- relative à l'interprétation de l'alinéa 9 du Préambule de la Constitution de 1946 :

• Décision 207 DC des *25-26 juin 1986* *.
• Décision 232 DC du 7 janvier 1988, *Rec.* 17, *RJC* I-317.

LE CONSEIL CONSTITUTIONNEL,

Saisi le 18 décembre 1981, d'une part, par MM. Charles Pasqua et autres, sénateurs, et, d'autre part, le 19 décembre 1981, par MM. Claude Labbé et autres, députés, dans les conditions prévues à l'article 61, alinéa 2, de la Constitution du texte de la loi de nationalisation, telle qu'elle a été adoptée par le Parlement le 18 décembre 1981 ;

Vu la Constitution ;

Vu l'ordonnance du 7 novembre 1958 portant loi organique sur le Conseil constitutionnel, notamment les articles figurant au chapitre II du titre II de ladite ordonnance ;

Ouï le rapporteur en son rapport ;

I - *Sur la procédure législative.*

[...]

En ce qui concerne l'ensemble des moyens relatifs à la procédure législative :

12. Considérant qu'il résulte de ce qui précède que la loi de nationalisation a été adoptée selon une procédure conforme à la Constitution ;

II. - *Au fond.*

Sur le principe des nationalisations :

13. Considérant que l'article 2 de la Déclaration des Droits de l'Homme et du Citoyen de 1789 proclame : «Le but de toute association politique est la conservation des droits naturels et imprescriptibles de l'homme. Ces droits sont la liberté, la propriété, la sûreté et la résistance à l'oppression» ; que l'article 17 de la même Déclaration proclame également : «La propriété étant un droit inviolable et sacré, nul ne peut en être privé si ce n'est lorsque la nécessité publique, légalement constatée, l'exige évidemment et sous la condition d'une juste et préalable indemnité» ;

14. Considérant que le peuple français, par le référendum du 5 mai 1946, a rejeté un projet de Constitution qui faisait précéder les dispositions relatives aux institutions de la République d'une nouvelle Déclaration des Droits de l'Homme comportant notamment l'énoncé de principes différents de ceux proclamés en 1789 par les articles 2 et 17 précités ;

15. Considérant qu'au contraire, par les référendums du 13 octobre 1946 et du 28 septembre 1958, *le peuple français a approuvé des textes conférant valeur constitutionnelle aux principes et aux droits proclamés en 1789 ; qu'en effet, le Préambule de la Constitution de 1946 «réaffirme solennellement les droits et les libertés de l'homme et du citoyen consacrés par la Déclaration des Droits de 1789» et tend seulement à compléter ceux-ci par la formulation des «principes politiques, économiques et sociaux particulièrement nécessaires à notre temps»* ; que, aux termes du Préambule de la Constitution de 1958, «le peuple français proclame solennellement son attachement aux droits de l'homme et aux principes de la souveraineté nationale tels qu'ils ont été définis par la Déclaration de 1789 confirmée et complétée par le Préambule de la Constitution de 1946» ;

16. Considérant que, si postérieurement à 1789 et jusqu'à nos jours, les finalités et les conditions d'exercice du droit de propriété ont subi une évolution caractérisée à la fois par une notable extension de son champ d'application à des domaines individuels nouveaux et par des limitations exigées par l'intérêt général, *les principes mêmes énoncés par la Déclaration des Droits de l'Homme ont pleine valeur constitutionnelle tant en ce qui concerne le caractère fondamental du droit de propriété dont la conservation constitue l'un des buts de la société politique et qui est mis au même rang que la liberté, la sûreté et la résistance à l'oppression, qu'en ce qui concerne les garanties données aux titulaires de ce droit et les prérogatives de la puissance publique ; que la liberté qui, aux termes de l'article 4 de la Déclaration, consiste à pouvoir faire tout ce qui ne nuit pas à autrui, ne saurait elle-même être préservée si des restrictions arbitraires ou abusives étaient apportées à la liberté d'entreprendre ;*

17. Considérant que l'alinéa 9 du préambule de la Constitution de 1946 dispose : «Tout bien, toute entreprise dont l'exploitation a ou acquiert le caractère d'un service public national ou d'un monopole de fait doit devenir la propriété de la collectivité» ; que cette disposition n'a ni pour objet ni pour effet de rendre inapplicables aux opérations de nationalisation les principes susrappelés de la Déclaration de 1789 ;

18. Considérant que, si l'article 34 de la Constitution place dans le domaine de la loi «les nationalisations d'entreprises et les transferts d'entreprise du secteur public au secteur privé», *cette disposition, tout comme celle qui confie à la loi la détermination des principes fondamentaux du régime de la propriété, ne saurait dispenser le législateur, dans l'exercice de sa compétence, du respect des principes et des règles de valeur constitutionnelle qui s'imposent à tous les organes de l'État* ;

19. Considérant qu'il ressort des travaux préparatoires de la loi soumise à l'examen du Conseil constitutionnel que le législateur a entendu fonder les nationalisations opérées par ladite loi sur le fait que ces nationalisations seraient nécessaires pour donner aux pouvoirs publics les moyens de faire face à la crise économique, de promouvoir la croissance et de combattre le chômage et procéderaient donc de la nécessité publique au sens de l'article 17 de la Déclaration de 1789 ;

20. *Considérant que l'appréciation portée par le législateur sur la nécessité des nationalisations décidées par la loi soumise à l'examen du Conseil constitutionnel ne saurait, en l'absence d'erreur manifeste, être récusée par celui-ci* dès lors qu'il n'est pas établi que les transferts de biens et d'entreprises présentement opérés restreindraient le champ de la propriété privée et de la liberté d'entreprendre au point de méconnaître les dispositions précitées de la Déclaration de 1789 ;

Sur la désignation des sociétés faisant l'objet des nationalisations et sur le respect du principe d'égalité :

[...]

29. *Considérant que le principe d'égalité n'est pas moins applicable entre les personnes morales qu'entre les personnes physiques, car les personnes morales étant des groupements de personnes physiques, la méconnaissance du principe d'égalité entre celles-là équivaudrait nécessairement à une méconnaissance de l'égalité entre celles-ci* ;

30. Considérant que le principe d'égalité ne fait pas obstacle à e qu'une loi établisse des règles non identiques à l'égard de catégories de personnes se trouvant dans des situations différentes, mais qu'il ne peut en être ainsi que lorsque cette non-identité est justifiée par la différence de situation et n'est pas incompatible avec la finalité de la loi ;

31. Considérant que la dérogation visant les banques ayant le statut des sociétés immobilières pour le commerce et l'industrie ou le statut de maison de réescompte n'est pas contraire au principe d'égalité, certains des éléments des statuts de ces établissements leur étant spécifiques ;

32. Considérant que, si les banques dont la majorité du capital social appartient directement ou indirectement à des personnes physiques ne résidant pas en France ou à des personnes morales n'ayant pas leur siège social en France ont le même statut juridique que les autres banques, le législateur a pu, sans méconnaître le principe d'égalité, les exclure de la nationalisation en prenant motif des risques de difficultés que la nationalisation de ces banques aurait pu entraîner sur le plan international et dont la réalisation aurait, à ses yeux, compromis l'intérêt général qui s'attache aux objectifs poursuivis par la loi de nationalisation ;

33. Considérant au contraire que *la dérogation portée au profit des banques dont la majorité du capital social appartient directement ou indirectement à des sociétés de caractère mutualiste ou coopératif méconnaît le principe d'égalité ; qu'en effet, elle ne se justifie ni par des caractères spécifiques de leur statut ni par la nature de leur activité ni par des difficultés éventuelles dans l'application de la loi propres à contrarier les buts d'intérêt général que le législateur a entendu poursuivre* ;

34. Considérant, dès lors, qu'il y a lieu de déclarer non conformes à la Constitution les dispositions de l'article 13-I de la loi soumise à l'examen du Conseil constitutionnel ainsi conçues : «Les banques dont la majorité du capital social appartient directement ou indirectement à des sociétés de caractère mutualiste ou coopératif» ;

Sur les transferts éventuels du secteur public au secteur privé :

En ce qui concerne les articles 4, 16 et 30 de la loi :

[...]

39. Considérant que si, aux termes de l'article 34 de la Constitution, la loi fixe «les règles concernant les nationalisations d'entreprises et les transferts de propriété d'entreprises du secteur public au secteur privé», ces dispositions n'imposent pas que toute opération impliquant un transfert du secteur public au secteur privé soit directement décidée par le législateur ; qu'il appartient à celui-ci de poser pour de telles opérations des règles dont l'application incombera aux autorités ou organes désignés par lui ;

40. Considérant que, si les articles 4, 16 et 30 de la loi ont pour objet de fixer, dans le cas particulier qu'ils visent, *les règles selon lesquelles peuvent intervenir certains transferts, leurs dispositions attribuent aux seuls organes des sociétés nationales un pouvoir discrétionnaire d'appréciation et de décision soustrait à tout contrôle et d'une telle étendue que les dispositions critiquées ne sauraient être regardées comme satisfaisant aux exigences de l'article 34 de la Constitution ;*

41. Considérant dès lors que les articles 4, 16 et 30 de la loi soumise à l'examen du Conseil constitutionnel ne sont pas conformes à la Constitution ;

En ce qui concerne les règles relatives à la cession éventuelle d'éléments d'actif des entreprises nationalisées au secteur privé :

[...]

43. Considérant que, s'il résulte des travaux préparatoires que le législateur a envisagé que les sociétés nationalisées puissent ne pas conserver certains actifs, notamment dans des filiales, ne correspondant pas aux objectifs des nationalisations et puissent les céder au secteur privé, ces aliénations, à l'inverse de celles mentionnées aux articles 4, 16 et 30, ne sont pas prévues par la loi soumise à l'examen du Conseil constitutionnel ; que, dès lors, le législateur a pu, sans méconnaître l'article 34 de la Constitution, ne pas édicter dans la présente loi les règles applicables à ces éventuelles cessions et qui pourront faire l'objet, en tant que de besoin, de dispositions législatives ultérieures ; qu'ainsi le grief sus-mentionné n'est pas fondé ;

Sur l'indemnisation :

44. Considérant qu'en vertu des dispositions de l'article 17 de la Déclaration des Droits de l'Homme et du Citoyen, la privation du droit de propriété pour cause de nécessité publique requiert une juste et préalable indemnité ;

En ce qui concerne le caractère juste de l'indemnisation :

[...]

47. Considérant que les actionnaires des sociétés visées par la loi de nationalisation ont droit à la compensation du préjudice subi par eux, évalué au jour du transfert de propriété, abstraction faite de l'influence que la perspective de la nationalisation a pu exercer sur la valeur de leurs titres ;

[...].

Quant à la valeur d'échange des actions inscrites à la cote officielle des agents de change :

[...]..

58. Considérant au total qu'en ce qui concerne les actions des sociétés cotées en bourse, la méthode de calcul de leur valeur d'échange conduit à des inégalités de traitement dont l'ampleur ne saurait être justifiée par les seules considérations pratiques de rapidité et de simplicité ; que ces inégalités de traitement se doublent, dans nombre de cas, d'une sous-estimation substantielle de ladite valeur d'échange ; qu'enfin, le refus de reconnaître aux anciens actionnaires le bénéfice des dividendes attachés à l'exercice 1981 ou de leur accorder, sous une forme appropriée, un avantage équivalent, ampute sans justification les indemnités auxquelles ont droit les anciens actionnaires ;

Quant à la valeur d'échange des actions des sociétés de banque non cotée en bourse ;

59. Considérant que l'article 18-2 de la loi détermine la valeur d'échange des actions des sociétés de banque autres que celles dont les actions étaient inscrites le 1er janvier 1978 à la cote officielle des agents de change ; que cette valeur d'échange est déterminée par référence, pour parts égales, à la situation nette comptable au 31 décembre 1980 et au produit par 10 du bénéfice net moyen des exercices 1978, 1979, 1980, définies l'une et l'autre dans des termes identiques à ceux retenus par l'article 18-1 pour la détermination de la valeur d'échange des actions cotées en bourse ;

60. Considérant que ces dispositions appellent une appréciation analogue à celle formulée plus haut concernant le recours, pour apprécier la valeur d'échange des actions cotées en bourse, à la situation nette comptable et au produit par 10 du bénéfice net moyen ; que cette appréciation est aggravée par le fait que le cours en bourse ne pouvant être pris en compte, les inégalités de traitement et les insuffisances d'évaluation pouvant résulter de ce mode de calcul produisent un plein effet ; qu'en outre, les observations relatives aux dividendes attachés à l'exercice 1981 s'appliquent également au cas présentement examiné ;

Quant à l'ensemble des dispositions relatives à la valeur d'échange des actions :

61. Considérant qu'il résulte de ce qui précède que les articles 7, 18 et 33 de la loi soumise à l'examen du Conseil constitutionnel ne sont pas, en ce qui concerne le caractère juste de l'indemnité, conformes aux exigences de l'article 17 de la Déclaration des Droits de l'Homme et du Citoyen ;

En ce qui concerne le caractère préalable de l'indemnisation :

62. Considérant au contraire que, sous réserve de ce qui vient d'être dit concernant l'exigence, à laquelle il n'est pas satisfait, du caractère juste de l'indemnisation, les modalités de règlement prévues pour celle-ci doivent être regardées comme en assurant suffisamment le caractère préalable ;

[...]

66. Considérant ainsi qu'en eux-mêmes, les articles 5, 17 et 31 de la loi prévoient un mode d'indemnisation suffisamment équivalent à un paiement en numéraire, ne sont pas contraires à la Constitution ;

Sur divers moyens soulevés par la saisine des sénateurs ;

En ce qui concerne les articles 2, 14 et 28 de la loi ;

[...]

68. Considérant que ni l'article 34 ni aucune autre disposition ou principe de valeur constitutionnelle ne s'oppose à ce que, aux côtés de l'État, d'autres personnes morales de droit public soient actionnaires des sociétés nationalisées ; qu'ainsi les articles 2, 14 et 28 de la loi ne sont pas contraires à la Constitution ;

En ce qui concerne les articles 3, 15 et 29 de la loi :

[...]

70. Considérant que, même si, dans certains cas, l'application des articles 3, 15 et 29 de la loi peut donner lieu, comme celle de toute loi, à des difficultés dont le règlement reviendrait, le cas échéant, aux juridictions compétentes, les dispositions critiquées sont suffisamment claires et précises et ne contreviennent en rien aux prescriptions de l'article 34 de la Constitution ; qu'elles doivent donc être regardées comme non contraires à la Constitution ;

En ce qui concerne la situation des actionnaires minoritaires des filiales des sociétés nationalisées :

[...]

72. Considérant que, dans le cas visé par les auteurs de la saisine, la situation juridique des actionnaires minoritaires ne se trouverait pas modifiée en ce qui concerne leurs droits au regard du ou des actionnaires majoritaires ; que, d'ailleurs, le préjudice allégué est purement éventuel ; qu'ainsi le fait que la loi soumise à l'examen du Conseil constitutionnel ne prévoit aucune indemnisation au profit desdits actionnaires n'est en rien contraire au principe d'égalité ;

Sur l'ensemble de la loi soumise à l'examen du Conseil constitutionnel ;

73. *Considérant que, pour les motifs ci-dessus énoncés, ne sont pas conformes à la Constitution :*

Les articles 4, 16 et 30 relatifs à certains pouvoirs des administrateurs généraux et des conseils d'administration ;

Le membre de phrase de l'article 13-I ainsi conçu : «Les banques dont la majorité du capital social appartient directement ou indirectement à des sociétés de caractère mutualiste ou coopératif» ;

Les articles 16, 18 et 32 relatifs à la détermination de la valeur d'échange des actions ;

74 Considérant que les autres articles de la loi ne sont pas contraires à la Constitution ;

75. Considérant, toutefois, que les dispositions des articles 6, 18 et 32 sont inséparables de l'ensemble de la loi,

Décide :

ARTICLE PREMIER. - Sont déclarées non conformes à la Constitution les dispositions des articles 4, 6, 16, 18, 30 et 32 de la loi de nationalisation, ainsi que celles énoncées, à l'article 13-1, par les mots : «Les banques dont la majorité du capital social appartient directement ou indirectement à des sociétés de caractère mutualiste ou coopératif».

ART. 2. - Les dispositions des articles 6, 18 et 32 de la loi de nationalisation ne sont pas séparables de l'ensemble de cette loi.

(*J.O.*, 17 janvier 1982, p. 299).

II

LE CONSEIL CONSTITUTIONNEL,

Saisi le 5 février 1982 par MM. Claude Labbé et autres, députés, dans les conditions prévues à l'article 61, alinéa 2, de la Constitution du texte de la loi de nationalisation, telle qu'elle a été adoptée par le Parlement ;

Vu la lettre du Premier ministre en date du 6 février 1982 demandant au Conseil *de bien vouloir statuer suivant la procédure d'urgence* prévue au 3e alinéa de l'article 61 de la Constitution ;

Vu la décision nº 81-132 DC du Conseil constitutionnel en date du 16 janvier 1982 ;

Vu la Constitution ;

[...]

Sur les effets de la loi hors du territoire national :

[...].

2. Considérant qu'il appartient au législateur de prononcer la nationalisation de sociétés ayant leur siège social en France et, à ce titre, de transférer à l'État l'ensemble des actions de ces sociétés avec toutes les conséquences entraînées par ces transferts sur l'administration et la disposition des patrimoines sociaux ; *que les limites éventuelles rencontrées hors du territoire national en ce qui concerne les effets de ces nationalisations constitueraient un fait qui ne saurait restreindre en quoi que soit l'exercice de la compétence dévolue au législateur par l'article 34 de la Constitution* ; qu'ainsi ce moyen ne saurait être retenu ;

Sur la compétence du pouvoir réglementaire pour la désignation des banques nationalisées ;

[...]

5. Considérant que l'article 34 de la Constitution dispose : «la loi fixe également les règles concernant... les nationalisations d'entreprises...» ; que cette disposition n'interdit pas au législateur de déterminer lui-même les sociétés devant être nationalisées conformément aux critères retenus par lui ; qu'ainsi les dispositions combinées des paragraphes I et II de l'article 12 de la loi ne sont pas contraires à la Constitution ;

Sur la valeur d'échange des actions des sociétés cotées en bourse :

[...]

8. Considérant que l'absence de dispositions réglant de façon particulière le cas visé par les auteurs de la saisine ne saurait altérer le caractère juste de l'indemnisation résultant des articles 5, 17 et 33 de la loi ; qu'en effet, il n'est pas établi qu'une augmentation de capital aurait dû, en l'absence de mesures de nationalisation, entraîner une augmentation proportionnelle de la masse des dividendes à distribuer ; que, dès lors, le moyen présentement examiné ne saurait être accueilli ;

Sur la valeur d'échange des actions des sociétés de banque non cotées en bourse :

[...]

11. Considérant que selon les auteurs de la saisine ces dispositions seraient contraires à l'article 17 de la Déclaration des Droits de l'Homme et du Citoyen, au principe d'égalité et à l'article 34 de la Constitution ;

12. Considérant qu'il convient d'examiner distinctement chacune des dispositions critiquées ;

En ce qui concerne la date à laquelle doit être appréciée la valeur de négociation des actions :

[...].

18. Considérant dès lors que la prise en compte par l'article 18 de l'actif net et du bénéfice net au 31 décembre 1981, date utile la plus proche de la nationalisation, n'est contraire ni au principe d'égalité ni à l'exigence d'une juste indemnité ;

En ce qui concerne l'absence de précision des dispositions de l'article 18 sur les modalités de détermination de l'actif net et du bénéfice net :

[...]

20. Considérant que la commission administrative nationale d'évaluation a reçu du législateur la mission d'établir une valeur de négociation des actions au 31 décembre 1981 qui doit correspondre, avec une approximation inévitable mais limitée, à ce qu'aurait été la valeur de négociation de ces titres sur le

marché boursier s'ils y avaient été cotés ; que, *pour parvenir à ce résultat, le législateur a fixé des règles générales dont il appartiendra à la commission d'adapter l'application aux données économiques et financières de chaque banque en vue d'écarter l'influence que la diversité des techniques de gestion et des méthodes de présentation comptable propres à chaque société n'aurait pas manqué d'exercer sur l'évaluation de l'indemnité si des données comptables identiques avaient été imposées pour toutes les sociétés ; qu'il appartiendra à la commission, sous le contrôle du juge,* de choisir dans chaque cas l'actif net et le bénéfice net les plus caractéristiques de la situation propre de chaque banque, en fonction notamment de l'existence et de l'importance des filiales ainsi que de l'existence de comptes consolidés et des techniques particulières utilisées pour les établir ;

21. Considérant qu'ainsi les dispositions critiquées ne sont pas contraires à la Constitution ;

En ce qui concerne la référence aux rapports constatés entre, d'une part, la valeur boursière moyenne des actions et, d'autre part, l'actif net et le bénéfice net des banques cotées en bourse :

[...]

23. Considérant que, sur ce point encore, le législateur a entendu, sur la base des données auxquelles il se réfère, permettre à la commission administrative nationale d'évaluation de tenir compte de situations à la variété desquelles l'application de règles rigides aurait été inadaptée, risquant même d'engendrer, en fait, des inégalités et de conduire à des indemnisations excessives ou insuffisantes ; *qu'il appartiendra, par exemple, à la commission de retenir et de combiner les rapports calculés pour celles des banques cotées qui, par leurs caractéristiques économiques et financières objectives, se rapprochent le plus des banques non cotées et de procéder aux corrections nécessaires en fonction des données propres à chacune de ces dernières ;* que, en rapprochant les banques non cotées des banques cotées qui leur sont comparables, la commission pourra fixer une valeur de négociation aussi objective que possible et répondant à l'exigence d'une juste indemnité ;

En ce qui concerne les dividendes correspondant à l'année 1981 et au premier semestre 1982 :

[...]

27. Considérant dès lors que le moyen relatif à l'exclusion de la prise en compte des dividendes pour l'année 1981 ou pour le premier semestre de 1982 ne saurait être retenu ;

Sur la valeur d'échange des actions visées par le paragraphe III de l'article 12 de la loi :

[...]

30. Considérant qu'il n'est pas contesté que les sociétés de banque visées par le paragraphe III de l'article 12 de la loi sont inscrites à la cote officielle des agents de change ; qu'il était donc loisible au législateur de prévoir pour les actions de ces sociétés un régime de détermination de la valeur d'échange identique à celui applicable aux actions des autres sociétés de banque cotées en bourse dès lors que les particularités ayant pu affecter les cours de Bourse des actions des sociétés visées au paragraphe III de l'article 12 sont imputables, non à la perspective des nationalisations, mais à des causes inhérentes à la nature et à la gestion de ces sociétés ;

31. Considérant qu'en l'espèce il n'y a lieu pour le Conseil constitutionnel de soulever d'office aucune question de conformité à la Constitution en ce qui concerne les autres dispositions de la loi soumise à son examen ;

Décide :

ARTICLE PREMIER. - La loi de nationalisation est déclarée conforme à la Constitution.
(*J.O.*, 12 février 1982, p. 560).

La composition du Conseil constitutionnel aux dates des 16 janvier et 11 février 1982 était la suivante : M. FREY (Président), MM. BROUILLET, GROS, JOXE, LECOURT, MONNERVILLE, PERETTI, SÉGALAT, VEDEL.

OBSERVATIONS

1 . « L'affaire » des nationalisations a été engagée le 11 septembre 1981 par la soumission de l'avant-projet de loi au Conseil d'État et elle a abouti à la promulgation et la publication de la loi, les 12 et 13 février 1982. Pendant cinq mois, le Gouvernement a eu à franchir une série d'obstacles juridiques et politiques.

2 . Le projet de texte est soumis du 11 au 18 septembre 1981 à l'assemblée du Conseil d'État qui rend son avis comportant plusieurs restrictions ou recommandations dont certaines sont prises en considération par le Gouvernement, et d'autres pas. On verra plus loin que ce sont justement les recommandations suivies par le Gouvernement qui seront pratiquement à la base de la censure du Conseil constitutionnel.

Le Conseil des ministres adopte le projet de loi le 18 septembre et déclare l'urgence. La discussion s'ouvre à l'Assemblée nationale le 13 octobre et va se poursuivre sans interruption jusqu'au 26 octobre. Les 13 et 14 octobre, l'opposition dépose successivement une exception d'irrecevabilité fondée sur l'inconstitutionnalité du texte (M. Foyer), une question préalable (M. Geng) et une motion de renvoi en commission (M. Fèvre) sans aucun succès. Au Sénat, la discussion ne dure que quatre jours (les 20, 21, 22 et 23 novembre) car la Haute assemblée adopte le 23 novembre la question préalable, déposée par MM. Fourcade, Cherioux et Dailly et déclarant qu'il n'y a pas lieu à délibérer notamment pour raison d'inconstitutionnalité de la loi. Réunie le 25 novembre, après une seule lecture devant chaque assemblée (il y a urgence), la commission mixte paritaire se partage également entre représentants de l'opposition (Sénat) et de la majorité (Assemblée nationale) et ne parvient donc pas à établir un projet de texte.

En deuxième lecture, devant l'Assemblée nationale, bien que M. Foyer soulève une deuxième fois l'exception d'irrecevabilité, le texte est adopté en trois jours (1er, 2 et 3 décembre). Au Sénat, le texte n'est pas examiné, l'exception d'irrecevabilité de MM. Fourcade, Cherioux et Dailly étant adoptée dès le premier jour (16 décembre). Le 18 décembre enfin, l'Assemblée nationale a le dernier mot, et le texte ainsi voté est soumis, le soir même, au Conseil constitutionnel par 174 sénateurs, et le 19 décembre, par 122 députés, c'est-à-dire pratiquement par toute l'opposition.

Le 16 janvier 1982, le Conseil constitutionnel rend sa décision par laquelle il rejette l'essentiel des moyens de l'opposition, mais en retient quelques-uns, ceux qui le conduisent à invalider un certain nombre de dispositions et surtout à déclarer l'inséparabilité de celles-ci ; ceci entraînant l'impossibilité pour le Gouvernement de promulguer la loi.

3 . Dès le 20 janvier, le Conseil des ministres adopte un nouveau projet de loi et autorise le Premier ministre à engager la responsabilité du Gouvernement sur le vote du texte. Après discussion devant l'Assemblée nationale, du 20 au 26 janvier, le texte est considéré

comme adopté le 28 janvier après rejet d'une motion de censure déposée par l'opposition. La discussion au Sénat commence le 3 février, et dès le 4 février elle est arrêtée par le vote d'une question préalable. Après une commission mixte paritaire réunie en vain le 4 février, un vote rapide à l'Assemblée le même jour, et un rejet sur question préalable au Sénat le 5, la loi est adoptée définitivement le 5 février, en dernière lecture, par les députés.

Le même jour, le texte est une seconde fois déféré au Conseil constitutionnel par 80 députés (du groupe R.P.R.) et le *11 février*, le juge constitutionnel rend une décision de rejet. La loi est promulguée le 11 février et publiée au *Journal officiel* du 13 (p. 566).

Les décisions du *16 janvier* et du *11 février 1982* soulèvent un très grand nombre de questions : doit d'abord être évoqué le débat sur l'institution elle-même, sur le Conseil constitutionnel et sur la justice constitutionnelle ; ensuite, il convient de s'arrêter à de nombreux points concernant la procédure et les techniques jurisprudentielles ; puis doit être étudiée la question centrale du principe de légalité ; enfin, les problèmes de fond des nationalisations retiendront l'attention.

I . Le débat sur la justice constitutionnelle

4 . *C'est la première fois, en France, que s'institue un débat aussi important sur la justice constitutionnelle* et sa place au sein du système politique et juridique.

1° *La mise en cause du principe même de la justice constitutionnelle.*

5 . On pouvait penser que l'utilisation fréquente et efficace de la saisine parlementaire par les communistes et les socialistes lorsqu'ils étaient dans l'opposition, avait fait entrer définitivement dans les mœurs le système de la justice constitutionnelle et du contrôle de la constitutionnalité des lois. Et l'on a dû constater, dans un premier temps, que cela n'était pas évident ; mais dans un second temps, la qualité et l'importance des réactions favorables à la justice constitutionnelle ont montré que cette institution était sans doute définitivement implantée dans le droit constitutionnel français.

6 . Et le Conseil constitutionnel a clairement affirmé que tel était effectivement l'état du droit positif, en soulignant, dans un considérant (le 18ᵉ) que, lorsque la Constitution confie à la loi la fixation de règles ou la détermination de principes, ceci « ne saurait dispenser le législateur, dans l'exercice de sa compétence, *du respect des principes et des règles de valeur constitutionnelle qui s'imposent à tous les organes de l'État* ». Le dernier membre de phrase est particulièrement significatif et important : aucun organe de l'État, aucun pouvoir institué n'échappe au respect de la norme constitutionnelle.

7 . Une autre manière de mettre en cause le principe même de la justice constitutionnelle est de considérer le juge constitutionnel

comme un pouvoir politique dans un premier temps, puis de contester sa légitimité dans un second temps.

On assimile le Conseil constitutionnel à un « contre-pouvoir » et on le considère comme tel au même titre que le Sénat ; ceci étant le fait non seulement de la majorité mais aussi de certains éléments de l'opposition. C'est évidemment le meilleur moyen de ruiner l'autorité du juge constitutionnel car, en tant que « pouvoir politique », il n'a pas de légitimité. Il ne repose pas, en effet, sur l'élection, du moins directement et il n'est responsable devant personne. On peut toutefois admettre avec MM. Duverger et Robert l'idée que le juge constitutionnel puisse constituer un « contrepoids » nécessaire au bon fonctionnement du système comme dans un mouvement d'horlogerie.

En définitive, la nécessité d'une justice constitutionnelle a été généralement admise. Et c'est surtout la forme qu'elle revêt en France qui a été discutée.

2° *La mise en cause du Conseil constitutionnel.*

8 . Avant la décision du *16 janvier*, le Conseil constitutionnel a fait l'objet de mesures d'intimidation voire de menaces à peine voilées émanant de partis politiques de la majorité voire même de personnages officiels de la République tel le président de l'Assemblée nationale. Ces mises en cause ont été aussi le fait de représentants de l'opposition stigmatisant à l'avance sa « timidité » ou sa réserve. Après la décision, cela a été un déchaînement de la part des partis de la majorité. Ces excès ont d'ailleurs provoqué une défense de l'institution telle qu'il n'y en avait jamais eu, et une prise de conscience du fait que le Conseil constitutionnel représentait, en cette période de changement et d'alternance, beaucoup plus que certains mécanismes ou institutions longuement et savamment décrits dans les ouvrages de droit constitutionnel. En définitive, malgré les menaces ou les insultes, la décision du Conseil constitutionnel a été pleinement et complètement exécutée.

9 . *La mise en cause de l'institution* a d'abord porté sur la forme même de justice constitutionnelle qu'elle représentait ; mais c'est surtout la composition et les membres de la Haute juridiction qui ont été attaqués.

Seule l'analyse des décisions permet de se prononcer sur le comportement des membres du Conseil constitutionnel, comme l'a souligné le Doyen Vedel. Mais aucun des détracteurs du Conseil constitutionnel n'a pris la peine d'exposer pourquoi la décision rendue était partisane, politique, et non juridique.

10 . Il faut dire cependant que, pour la première fois, *les défenseurs de l'institution ont été nombreux à se manifester.* Certes, il y avait parmi eux beaucoup de représentants de l'opposition ; mais, d'une part, même chez ceux-ci la défense de l'institution s'est située sur le plan juridique et, d'autre part, il y a eu de nombreuses prises de position émanant de personnalités ne pouvant être soupçonnées de partialité.

Ce qu'il faut noter aussi, c'est que la défense de l'institution a également été le fait des pouvoirs publics eux-mêmes. Ainsi, à la suite des attaques personnelles formulées à la tribune de l'Assemblée contre le président du Conseil constitutionnel, celui-ci se considérant tenu par son obligation de réserve et donc ne pouvant répondre lui-même, a écrit au chef de l'État, lequel a publié un communiqué condamnant la mise en cause du président du Conseil constitutionnel et à travers lui de l'institution (*Le Monde*, 5 novembre 1981).

11 . En définitive, les passions apaisées, *ce qui restera de la controverse c'est que la décision du juge constitutionnel a été strictement appliquée*, et que « le contrôle à double détente », s'il a retardé quelque peu la mise en vigueur de la loi de nationalisation, et s'il a conduit à modifier des aspects importants de cette loi, n'a pas empêché sa promulgation et a, au contraire, écarté désormais toute controverse sur sa valeur juridique.

Par ailleurs, l'autorité du Conseil constitutionnel a été renforcée par un autre phénomène moins visible mais tout aussi important : à savoir que, tout au long de la discussion parlementaire, la menace de saisine du Conseil constitutionnel a conduit le Gouvernement à écarter certaines dispositions, ou du moins à les corriger. Ceci a surtout été évident pour la loi Defferre (voir observations sous Conseil constitutionnel, *25 février 1982* *), mais a aussi existé pour la loi sur les nationalisations.

Enfin, le contrôle à double détente, pour la première fois mis en œuvre pour le contrôle d'une loi, a aussi renforcé le poids des décisions du Conseil, en obligeant le Gouvernement et le Parlement à suivre à la lettre les indications du juge constitutionnel lors de l'élaboration de la nouvelle loi.

3° *Les propositions de réforme.*

12 . Certaines propositions de réformes consistent à supprimer purement et simplement l'institution soit pour la remplacer par une « Cour suprême » ou, au mieux, une Cour constitutionnelle, soit sans intention d'y substituer un autre organisme, ou encore proposent de soumettre au référendum les dispositions déclarées non conformes par le Conseil constitutionnel (J. Foyer et F. Terré, après la censure partielle de la loi sur le terrorisme en 1996).

13 . Le plus souvent, cependant, c'est la composition qui est visée par les propositions de réforme soit que l'on veuille changer les modes de désignation, soit simplement le rythme des désignations, cette dernière proposition révélant à l'évidence moins le désir d'améliorer l'institution que de s'en assurer au plus vite le contrôle.

14 . Plus sérieuses et plus intéressantes sont les propositions formulées par certains membres de la doctrine qui cherchent surtout à compléter les attributions du Conseil constitutionnel.

15 . Le problème, en toute hypothèse est celui de la voie à suivre pour procéder à ces réformes. En fait la plupart des propositions

étaient plutôt des menaces ou des manœuvres d'intimidation destinées soit à peser sur la décision du Conseil, soit, après cette décision, à lui faire porter la responsabilité (politique) d'un retard ou d'un obstacle au processus de nationalisation.

Mais menaces et intimidations se sont heurtées au statut constitutionnel de l'institution.

II. - L'APPORT DES DÉCISIONS AU DROIT CONSTITUTIONNEL PROCESSUEL ET JURISPRUDENTIEL

16 . L'importance de l'affaire des nationalisations et des deux décisions rendues à cette occasion, ne tient pas seulement aux questions de fond traitées ; elle se marque aussi tant du point de vue du droit processuel appliqué par le Conseil constitutionnel que des techniques ou principes jurisprudentiels qu'il a été conduit à dégager ou à améliorer.

1° *L'apport au droit processuel.*

17 . On s'attachera successivement à examiner les questions relatives à la phase préparatoire aux décisions, aux décisions elles-mêmes et au contrôle à double détente.

18 . Le débat contradictoire qui a précédé les décisions a été particulièrement animé et fourni. Il a tout d'abord duré près de six mois car les controverses ont pratiquement commencé dès l'été 1981. Il a donné lieu à un très grand nombre d'articles de presse (plus de 250 recensés en janvier 1982) dont beaucoup ont posé les problèmes institutionnels et juridiques. Par ailleurs, le débat au Parlement a, lors de chaque lecture devant chaque assemblée, porté d'abord sur les problèmes constitutionnels et juridiques, et exceptions d'irrecevabilité et questions préalables ont été systématiquement déposées par les parlementaires de l'opposition. En outre, et pour la première fois de manière aussi importante, plusieurs consultations ont été suscitées soit par l'opposition soit par le Gouvernement : nous citerons celles du cabinet Gide et Loyrette, et surtout celle des Professeurs Drago, Delvolvé, Loussouarn du côté de l'opposition, et celles des professeurs Luchaire et Robert du côté du Gouvernement (voir ces consultations in *Nationalisations et Constitution*).

Les mémoires déposés à l'appui des requêtes tant des députés que des sénateurs ont été exceptionnellement longs et argumentés. S'est ajouté à ces documents un autre mémoire déposé par le président du groupe parlementaire socialiste, au nom de son groupe. Cette initiative a été vivement contestée notamment par l'opposition qui y a vu une pression sur le Conseil constitutionnel ; M. Joxe a répondu qu'il était légitime que son groupe fasse connaître ses arguments sous un angle « strictement juridique » et que d'ailleurs, ce document avait fait l'objet d'un accusé de réception de la part du président du Conseil constitutionnel sans qu'il soit fait mention d'aucune réserve. En fait, si le procédé est inhabituel, il n'est pas inacceptable par le Conseil constitutionnel : certes l'ordonnance portant loi organique sur le Conseil constitutionnel précise que « l'autorité qui soumet au Conseil constitutionnel... une loi en avise immédiatement les autres autorités ayant qualité pour saisir le Conseil » (art. 18), et ceci se traduit habituellement par la production d'un mémoire en réponse par le seul Gouvernement ou exceptionnellement par une autre autorité habilitée à saisir (dans une décision du 30 janvier 1968 (35 DC, *Rec.* p. 19, *RJC* I-18) il est fait mention d'un mémoire du président du Sénat sur un recours déposé par le Premier ministre) ; mais rien n'interdit de présenter des observations et la pratique confirme que le Conseil constitutionnel reçoit souvent des lettres et des notes émanant de parlementaires ou d'autres personnes envoyées à titre officieux. Simplement, le Conseil constitutionnel n'en fait pas officiellement état, ne les vise pas et ne les considère ni comme des saisines, ni comme des interventions. Pour notre part, nous pensons que cela enrichit le débat contradictoire.

D'ailleurs, un fait nouveau est intervenu et qui renforce cette position : pour la première fois, le nom du rapporteur a été officiellement donné, mais encore ce rapporteur – le Doyen Georges Vedel – a reçu de nombreuses communications écrites ou orales, soit à sa demande soit à l'initiative même des intéressés. C'est ainsi qu'il a reçu à plusieurs reprises M. Étienne Dailly qui était l'un des rapporteurs au Sénat du projet de loi et celui-ci lui a envoyé des notes complémentaires au mémoire déposé par les sénateurs.

19 . *Les décisions elles-mêmes et la manière dont elles ont été rendues* méritent qu'on s'y arrête quelques instants.

Tout d'abord, la question du délai dans lequel les décisions devaient être rendues, a été posée à plusieurs reprises. La majorité, et notamment le groupe parlementaire socialiste, considérait qu'il convenait d'aller vite et aurait volontiers pressé le Conseil constitutionnel. À divers moments, a été évoquée la possibilité pour le Gouvernement d'invoquer l'urgence mais cela n'a pas été fait, du moins pour la première décision. Finalement celle-ci a été rendue un jour avant l'expiration du délai d'un mois. En revanche, pour la seconde décision l'urgence a été invoquée par le Gouvernement mais on peut se demander si l'observation du délai de huit jours a été considéré comme étant de droit par le Conseil constitutionnel. En effet, si le juge constitutionnel a bien statué moins de huit jours après avoir été saisi (saisi le 5 février, il a statué le 11), il a apparemment indiqué, par une formule jamais utilisée jusque-là, qu'il ne s'estimait pas *tenu* de le faire : « Vu la lettre du Premier ministre en date du 6 février 1982 demandant au Conseil *de bien vouloir statuer* suivant la procédure d'urgence prévue au 3e alinéa de l'article 61 de la Constitution ». La Haute juridiction a « bien voulu statuer suivant la procédure d'urgence» ; mais elle pourrait une autre fois estimer ne pas avoir à déférer à cette requête.

Cette attitude nous paraît justifiée car l'alinéa 3 de l'article 61 est rédigé de telle manière qu'il laisse une marge d'appréciation au Conseil constitutionnel : « ...à la demande du Gouvernement, s'il y a urgence, le délai est ramené à huit jours ». La ponctuation accentue la condition. Par ailleurs, au-delà de l'argument de texte, on notera que, comme tout juge constitutionnel, le Conseil constitutionnel interprète et applique souverainement les textes qui le régissent et déterminent sa compétence ou la procédure suivie devant lui. Ceci est d'autant plus nécessaire que les pouvoirs et les attributions du Conseil constitutionnel évoluent et qu'il y a lieu d'adapter les conditions de fonctionnement de l'institution. Ainsi, l'institution de la saisine parlementaire en 1974 aurait nécessité – si l'on considère que la procédure d'urgence est de droit à la demande du Gouvernement – une modification de l'article 61, alinéa 3. Sinon, au cas de multiplication des saisines, le Gouvernement peut bloquer le fonctionnement du Conseil constitutionnel et déconsidérer l'institution en demandant systématiquement l'urgence. Il est donc nécessaire que le Conseil constitutionnel puisse apprécier lui-même l'urgence, comme le font habituellement toutes les juridictions en pareil cas.

En outre, si c'est le Gouvernement qui apprécie l'urgence, comme il n'est soumis à aucun contrôle, on ne voit pas à quoi sert cette condition. Autant rédiger la disposition : « À la demande du Gouvernement, ce délai est ramené à huit jours ». Au cas contraire, la condition se conçoit très bien. Le délai normal et constitutionnel d'un mois est ramené à huit jours, si le Gouvernement le demande et s'il y a urgence, le Conseil constitutionnel vérifiant la réunion de ces deux conditions.

20 . On remarquera aussi que si la décision a été rendue publique le 16 janvier elle a nécessité, comme il est indiqué dans le dispositif, *neuf* jours de délibérations, ce qui est tout à fait exceptionnel, car on ne compte que quelques décisions ayant exigé plus d'un jour, la plus longue jusqu'ici étant celle relative au premier contrôle du règlement de l'Assemblée nationale (Décision des *17, 18* et *24 juin 1959* *). Cette particularité s'explique par la grande difficulté des questions à résoudre et le souci des membres du Conseil d'étudier de manière approfondie tous les points. Cela signifie que le rapporteur a soumis, dès le 21 décembre, un projet de décision et qu'il a fallu donc huit autres séances pour parvenir au texte final, qui a apparemment réuni un large consensus sinon l'unanimité.

La décision a été rendue le samedi 16 janvier en fin d'après-midi et ceci a provoqué, les jours suivants, un incident politique car on a accusé le Conseil d'avoir choisi de faire connaître sa décision la veille du premier tour des élections législatives partielles afin de peser sur l'électorat. (On a même accusé après coup le Conseil d'avoir été doublement machiavélique en provoquant des élections partielles dans certaines circonscriptions où les socialistes étaient vulnérables et en faisant connaître sa décision sur les nationalisations la veille de ces élections !). En fait, la date a été arrêtée après consultation du Premier ministre dont la préférence allait à ce jour-là, notamment à cause de la Bourse et de la cotation des valeurs. Mais on sait désormais que même la date à laquelle une décision est rendue peut avoir ou se voir prêter un caractère politique !

21 . Les décisions du *16 janvier* et du *11 février 1982* ont été rédigées avec un soin particulier.

Les 75 considérants de la première sont divisés en deux parties – « I. Sur la procédure législative. II. Au fond » –, la deuxième partie étant même ordonnée en sous-parties subordonnées à un développement préalable consacré au « principe des nationalisations » et couronnées par un considérant récapitulant clairement les diverses dispositions non conformes à la Constitution. D'une manière générale, la pratique des titres et sous-titres observée dans les deux décisions et correspondant souvent aux principaux groupes de moyens formulés dans les requêtes des parlementaires – lesquelles sont en nette amélioration tant dans la forme que dans le fond – rend plus aisée la compréhension des décisions du Conseil. On remarquera, toutefois, que la lecture des recours aide beaucoup, et on peut se demander, à la limite, si les décisions du Conseil sont parfois vraiment compréhensibles sans le texte de ces recours.

Il est vrai que, même avec cette aide, le Gouvernement a semble-t-il hésité sur le sens exact de la première décision du *16 janvier*.

22. C'est la première fois que *« le contrôle à double détente »* est appliqué à propos des lois. Le Conseil constitutionnel a déjà mis en œuvre un contrôle de ce type tant pour les règlements d'assemblée que pour les lois organiques et cela dès les premières décisions de 1958-1960 (cf. *supra*, 3-12) ; mais la nature même du contrôle obligatoire conduit presqu'obligatoirement à un double examen. En l'espèce, cela tient à une circonstance fortuite, à savoir l'inséparabilité des dispositions invalidées qui a conduit le Conseil à déclarer non promulgable l'ensemble de la loi. Jusqu'ici, le juge constitutionnel n'avait usé des pouvoirs que lui donne l'article 22 de l'ordonnance portant loi organique sur le Conseil constitutionnel qu'une seule fois (91 DC du 18 janvier 1978).

Le Gouvernement s'est alors demandé ce qu'il convenait de faire pour respecter la décision du Conseil constitutionnel : soumettre à nouveau au Parlement l'ensemble de la loi après avoir modifié les dispositions invalidées ou bien ne lui soumettre que les dernières dispositions revues et corrigées ? C'est finalement la première solution qu'a – à juste titre à notre avis – retenue le Gouvernement et nul doute que cela ne fasse jurisprudence. À vrai dire, il ne s'est pas agi d'une « nouvelle lecture » comme celle que peut demander le chef de l'État au cas où le Conseil déclare une disposition contraire à la Constitution sans constater en même temps qu'elle est inséparable (art. 23 de l'ordonnance précitée), mais d'un retour en quelque sorte à la « case départ », car le projet de loi a été à nouveau soumis au Conseil d'État, puis arrêté en Conseil des ministres, et enfin soumis en première lecture à chaque assemblée.

Des menaces de nouvelle saisine ont aussitôt été formulées et certains ont alors regretté que le Conseil constitutionnel ne puisse être saisi par le Parlement d'une sorte de recours en interprétation (F. Luchaire) afin qu'il n'y ait pas de risque de nouvelle censure et que l'autorité de chose jugée soit respectée. En fait, des consultations auraient pu avoir lieu officieusement entre Matignon et le Palais-Royal, ne serait-ce que par voie d'entretiens entre les Secrétaires généraux du Gouvernement et du Conseil constitutionnel. Mais rien ne permet de penser que cela se soit produit. En toute hypothèse, la deuxième saisine – émanant d'ailleurs cette fois-ci des seuls députés – n'a pas donné lieu à annulation et la nouvelle loi tout entière a été déclarée conforme à la Constitution.

Il n'en reste pas moins que le Conseil constitutionnel, dans la deuxième décision, utilisant largement la technique de l'interprétation directive, a notamment tracé à la commission administrative nationale d'évaluation la voie à suivre pour respecter la loi et ce faisant, a complété les dispositions législatives de manière telle que le juge ordinaire aura du mal à ne pas appliquer la loi dans le sens voulu par le juge constitutionnel (voir les considérants).

Le contrôle à double détente a donc fonctionné en l'espèce de manière plutôt efficace et, malgré la campagne de certains membres de la majorité et notamment des communistes visant à faire « endosser » au Conseil constitutionnel la responsabilité du coût des nationalisations, le dernier mot est bien resté au Conseil constitutionnel.

2° *L'apport quant aux techniques jurisprudentielles.*

23 . Il y a beaucoup aussi à glaner dans les deux décisions quant aux techniques ou aux principes jurisprudentiels.

Le rapprochement entre *contentieux de la constitutionnalité devant le Conseil constitutionnel et contentieux de la légalité devant le Conseil d'État* est incontestable. Nous avions déjà souligné ce rapprochement dans une chronique (*R.D.P.*, 1980, p. 1669) ; mais ici il apparaît encore plus nettement, notamment par la référence à la notion d'« erreur manifeste ».

Incontestablement, le Conseil constitutionnel adopte à l'égard du législateur une démarche semblable à celle du Conseil d'État à l'égard de l'administration, en ce qui concerne ce que l'on peut appeler le contrôle des motifs et le pouvoir discrétionnaire.

24 . Tout d'abord, *sur la question de la « nécessité publique »* qui, selon la Déclaration des droits de l'homme, conditionne la mise en œuvre des nationalisations, il y avait eu discussion, l'opposition soutenant que le Conseil constitutionnel pouvait apprécier cette nécessité publique tandis que la majorité lui contestait formellement ce pouvoir. Dans le mémoire du groupe socialiste notamment, sont longuement développées les raisons s'opposant à cet examen par le Conseil constitutionnel, à partir d'une distinction entre « deux types de normes » ; les unes objectives et ne laissant à l'appréciation qu'une faible marge, sur lesquelles le contrôle du juge constitutionnel s'exerce pleinement ; les autres relevant de « l'appréciation souveraine du Parlement » et ne pouvant donner lieu à contrôle, sans que l'on sache exactement pourquoi. Qui plus est, le groupe socialiste dénie même au Conseil constitutionnel le pouvoir de recourir à la notion d'erreur manifeste :

« *S'agissant non plus seulement de la nécessité publique mais de son évidence, le Conseil constitutionnel est implicitement invité à s'inspirer de la jurisprudence administrative, à exercer un contrôle voisin de celui de* l'erreur manifeste d'appréciation. *Mais outre que le* juge constitutionnel n'est pas dans la même position que le juge administratif à l'égard de l'administration le Parlement ne dispose pas ici d'un simple pouvoir discrétionnaire mais d'un pouvoir souverain» *(Mémoire Joxe).*

Si le Conseil constitutionnel s'est effectivement refusé à apprécier la nécessité publique, il a cependant, de manière tout à fait explicite, réservé le cas de *l'erreur manifeste* :

> « Considérant que l'appréciation portée par le législateur sur la nécessité des nationalisations décidées par la loi soumise à l'examen du Conseil constitutionnel ne saurait, en l'absence d'erreur manifeste, être récusée par celui-ci dès lors qu'il n'est pas établi que les transferts de biens et d'entreprises présentement opérés restreindraient le champ de la propriété privée et de la liberté d'entreprendre au point de méconnaître les dispositions précitées de la Déclaration de 1789.».

La référence à la notion d'erreur manifeste n'est pas nouvelle car comme on le sait, le juge constitutionnel avait déjà fait clairement appel à cette notion dans la décision *Sécurité et liberté* des *19 et 20 janvier 1981* * après avoir d'ailleurs répété la formule employée dans la décision *Interruption volontaire de grossesse* *, selon laquelle il ne dispose pas d'un « pouvoir général d'appréciation et de décision identique à celui du Parlement ». Mais c'est la première fois qu'il utilise l'expression même d'« erreur manifeste d'appréciation » répondant ainsi en quelque sorte à l'invitation des sénateurs qui, dans leur mémoire, l'avaient invoquée expressément. Il est certain qu'avec les décisions « *Sécurité et liberté* * » et « Loi de nationalisation », le Conseil constitutionnel a fait progresser son contrôle ou du moins *rendu possible* la progression de ce contrôle. Depuis, la jurisprudence s'est développée, avec 17 décisions d'application du principe dont 4 ont abouti à une décision d'annulation (voir observ. *infra* **39**-18).

25 . On ne peut manquer aussi de faire un rapprochement entre les démarches du Conseil d'État et du Conseil constitutionnel, quant à la manière dont le juge constitutionnel vérifie le caractère « juste » de l'indemnisation des actionnaires. En effet, il va se livrer à un contrôle long et minutieux des modalités d'indemnisation qui s'apparente à un contrôle des motifs.

D'une manière générale, en quelques décisions, le Conseil constitutionnel a fait effectuer au contrôle juridictionnel du législateur des progrès importants que le Conseil d'État avait mis beaucoup plus de temps à réaliser. Mais sans doute le juge constitutionnel a-t-il bénéficié de l'acquis du juge administratif en matière de techniques jurisprudentielles. Reste à savoir si elles peuvent être transposées telles quelles dans le contentieux constitutionnel. Certains le contestent (R. Savy) en faisant valoir que l'attitude du Conseil constitutionnel établissant « la même relation entre juge constitutionnel et Parlement qu'entre juge administratif et autorités administratives » n'est pas « sans danger pour l'avenir du contrôle de constitutionnalité des lois en France ». On remarquera cependant que jusque là le Conseil constitutionnel avait souvent adopté la même attitude et que personne ne l'avait dénoncée.

3° *L'interprétation de l'article 34 de la Constitution.*

26 . L'interprétation de l'article 34 de la Constitution donne lieu à deux applications intéressantes.

- Tout d'abord, et conformément à une jurisprudence bien établie, le Conseil constitutionnel *condamne les « subdélégations de compétence », sanctionnant en quelque sorte l'incompétence négative du législateur* et définissant le domaine de la loi sans référence au domaine réglementaire.

En effet, dans la décision du *16 janvier*, le Conseil annule les articles 4, 16 et 30 de la loi au motif qu'en attribuant « aux seuls organes des sociétés nationales un pouvoir discrétionnaire d'appréciation et de décision soustrait à tout contrôle... », le législateur a méconnu sa propre compétence ; car l'article 34 lui enjoint de « fixer les règles », ce qui signifie que si le législateur ne doit pas lui-même tout décider, il ne doit confier des pouvoirs à des organismes extérieurs que dans le cadre de règles précisées par lui (voir observ. sous *26 janvier 1967* *).

- Le deuxième cas d'application des articles 34 et 37 est plus original. À l'inverse de ce que nous venons de voir, les députés requérants soutenaient que le législateur avait méconnu positivement sa compétence, en fixant lui-même la liste des banques nationalisées alors qu'il eût du se limiter à la fixation des critères de nationalisation et laisser au pouvoir réglementaire le soin de dresser la liste. Le Conseil constitutionnel répond, dans sa décision du *11 février*, qu'il ne découle pas de l'article 34 qu'il ne puisse fixer lui-même la liste des banques. Ce qui est parfaitement compatible avec la position arrêtée dans la première décision qui reconnaissait le droit au législateur de conférer aux organes des sociétés nationalisées un pouvoir de choix à condition que ceux-ci agissent conformément à des directives fixées par le législateur. En somme le législateur peut soit directement décider soit confier ce soin à des organismes administratifs mais agissant selon ses directives. Par ailleurs, le Conseil constitutionnel a semble-t-il accepté d'examiner au fond le moyen tiré de la méconnaissance de la compétence réglementaire par le législateur (voir observations *supra* 7-6 et s.).

III. - La soumission du législateur au principe de constitutionnalité et la composition du bloc de constitutionnalité

27 . Deux problèmes centraux étaient posés : le législateur est-il soumis en toutes circonstances au respect des règles supérieures et quelles sont ces règles s'imposant à lui.

On pouvait penser que cette question ne se posait plus depuis le début des années 70, et on a découvert, avec surprise, qu'elle était encore d'actualité soit que l'on considère, comme certains dont les communistes et quelques socialistes, que la volonté populaire exprimée en mai-juin 1981 ne pouvait connaître de limites, ou que du moins pour les réformes essentielles il ne saurait y avoir de limitation ; soit que l'on se fonde sur des arguments de texte assez curieusement développés notamment par le garde des Sceaux.

En fait, le rejet de l'application du principe de légalité ou de constitutionnalité au législateur a progressivement perdu de sa force au fur et à mesure que la discussion avançait devant le Parlement, et la majorité s'est surtout employée à démontrer qu'en définitive le projet de loi ne méconnaissait pas les dispositions constitutionnelles, acceptant par là même la soumission du législateur au respect du principe de constitutionnalité. Toutefois, comme le garde des Sceaux devant le Parlement d'une part (Ass. nat., 14 oct. 1981, p. 1733), et le groupe socialiste dans son mémoire d'autre part (cf. mémoire Joxe : « Le Parlement est compétent en vertu de l'article 34 qui l'indique expressément en faisant figurer “les nationalisations d'entreprises” dans le domaine législatif. Mais le Parlement est seul compétent dès lors que s'agissant ici, faute de définition préalable de la nécessité publique, d'un attribut du pouvoir souverain, celui-ci n'admet pas de concurrence ») avaient soutenu l'idée que l'article 34 de la Constitution conférait au législateur un pouvoir souverain en matière de nationalisations, le Conseil constitutionnel a tenu à mettre au point les choses de manière très claire :

> « Considérant que si l'article 34 de la Constitution place dans le domaine de la loi « les nationalisations d'entreprises et les transferts d'entreprises du secteur public au secteur privé », cette disposition tout comme celle qui confie à la loi la détermination des principes fondamentaux du régime de la propriété, *ne saurait dispenser le législateur, dans l'exercice de sa compétence, du respect des principes et des règles de valeur constitutionnelle qui s'imposent à tous les organes de l'État* ».

1° *Le principe de constitutionnalité*

28 . De ce considérant essentiel sinon capital, découlent une série de conséquences d'une portée considérable.

Tout d'abord, *comme « tous les organes de l'État », le législateur est soumis au respect de la Constitution. C'est l'affirmation* fondamentale de la plénitude de la réalisation de l'État de droit en France, dans la mesure où le législateur qui, jusqu'à une époque récente, échappait en fait sinon en droit à la soumission à la règle supérieure, est désormais astreint lui aussi, comme les autres organes de l'État, tels le Président de la République et le Gouvernement, au respect des règles qui lui sont supérieures. Le Conseil constitutionnel consacre donc ainsi une situation existant depuis plusieurs années mais qui n'avait pas fait l'objet d'une constatation aussi solennelle et aussi définitive. Quelles que soient en effet les circonstances ultérieures il est désormais acquis que le législateur sera soumis au respect de la Constitution, et il paraît difficile sinon impossible d'imaginer un retour en arrière, c'est-à-dire un retour au droit public de la IIIe et de la IVe République.

Et s'il en était besoin, le caractère fondamental de cette affirmation du Conseil constitutionnel a été repris et confirmé dans la décision postérieure intervenant sur la seconde réforme essentielle, celle de la décentralisation (*25 février 1982* *) : « Considérant que le principe de légalité exige à la fois le respect des attributions du législateur et *celui des règles supérieures de droit par lesquelles la Constitution* adoptée par le peuple français... ».

La cause est donc désormais entendue : le principe de légalité – nous aurions préféré quant à nous que soit employée l'expression « le principe de constitutionnalité » – s'applique au législateur.

Le second apport du considérant 18 est qu'il exclut la possibilité qu'il y ait des cas où le législateur ne pourrait être contrôlé, comme le soutenait le groupe socialiste de l'Assemblée, défendant ainsi une position moyenne que nous avons déjà examinée sous l'angle du contrôle du pouvoir discrétionnaire du législateur : lorsque la loi fixe les règles ou détermine les principes fondamentaux en vertu de l'article 34, elle est toujours tenue de respecter certaines limites. Le Conseil constitutionnel se refuse à faire une distinction entre les cas où le législateur serait astreint à respecter certaines règles supérieures « objectives » et d'autres cas où il serait souverain.

2° *La composition du bloc de constitutionnalité.*

29 . Nous avions noté en 1978 (*R.D.P.*, 1978, p. 184) que l'utilisation de la notion générique de principes à valeur constitutionnelle enlevait beaucoup d'intérêt « aux problèmes de conciliation et de hiérarchie entre les divers principes et dispositions de 1789, 1946 ou intermédiaires puisque le Conseil constitutionnel se reconnaît le droit de faire la synthèse et la conciliation au sein de la catégorie des principes ou des dispositions à valeur constitutionnelle ». Mais jusqu'ici le juge constitutionnel n'avait pas eu vraiment à réaliser cette synthèse ou conciliation.

Il va y procéder de manière magistrale dans la décision du *16 janvier 1982* en cinq considérants (13 à 17) dont il est difficile de rendre compte sans les paraphraser.

L'applicabilité de l'article 17 de la Déclaration des droits de l'homme avait été contestée ou mise en doute au motif que des textes ultérieurs tels que le Préambule de 1946 et l'article 34 de la Constitution, étaient intervenus qui changeaient tout à fait les choses. Était-ce raisonnable de prétendre appliquer la Déclaration de 1789 à une technique très nouvelle comme la nationalisation ? On remarquera qu'avec un tel raisonnement, on se demande comment la Cour suprême des États-Unis peut jouer son rôle compte tenu du fait que la Constitution qu'elle applique est encore plus ancienne que la Déclaration des droits ! À vrai dire, le mémoire du groupe socialiste n'insiste pas sur un argument de ce type qui est, en revanche, repris par des articles de M. Luchaire (*Le Monde*, 7 janvier 1982).

La réponse du Conseil constitutionnel est la suivante : - la Déclaration de 1789 est toujours applicable en tant que norme constitutionnelle car, d'une part, les Constitutions de 1946 ont rejeté un autre projet de Déclaration comportant notamment des dispositions « différant de ceux proclamés en 1789 par les articles 2 et 17 précités » et d'autre part, « au contraire, par les référendums du 13 octobre 1946 et du 28 septembre 1958, le peuple français a approuvé des textes conférant valeur constitutionnelle aux principes et aux droits proclamés en 1789 » ; - les principes politiques, économiques et sociaux particulièrement nécessaires à notre temps du Préambule de 1946 « tend(ent) seulement à compléter » les principes de 1789 ; - l'évolution des principes depuis 1789 a conduit à limiter leur portée – comme pour le droit de propriété – mais ils conservent « pleine valeur constitutionnelle ».

Les dispositions particulières du Préambule de 1946 relatives aux nationalisations, de même que l'attribution de compétence par l'article 34 au législateur pour décider des nationalisations, ne rendent pas inapplicables les principes de 1789 aux nationalisations.

Nous allons reprendre ces divers points :

30 . *L'affirmation de l'applicabilité et de la pleine valeur constitutionnelle des dispositions et principes contenus dans la Déclaration de 1789.*

Diverses dispositions de la Déclaration de 1789 avaient déjà été appliquées par le Conseil constitutionnel dans plusieurs décisions. Mais la question se posait de savoir, d'une part, s'il ne fallait pas faire un tri parmi les divers articles de la Déclaration et, d'autre part, si les dispositions de la Déclaration avaient pleine force constitutionnelle. Ainsi, dans la consultation Loussouarn, Drago et Delvolvé, est-il soutenu que, contrairement à l'opinion de certains auteurs (L. Philip), tous les articles de la Déclaration des Droits ont valeur constitutionnelle et qu'il n'y a pas lieu de distinguer entre ceux qui se rattachent aux droits de l'homme ou à la souveraineté nationale, et les autres.

Le Conseil constitutionnel, dans sa décision du *16 janvier*, consacre cette interprétation, non seulement en reconnaissant force juridique à l'article 17 de la Déclaration mais encore en se référant au Préambule de 1958 sans faire la distinction entre les dispositions de la Déclaration selon qu'elles concernent ou non les droits de l'homme ou la souveraineté. Cela signifie donc que l'ensemble des dispositions de la Déclaration ont valeur constitutionnelle et aussi qu'elles doivent être mises sur le même rang, sans qu'il y ait de hiérarchie entre elles, comme le souligne le Conseil constitutionnel à propos du droit de propriété « qui est mis au même rang que la liberté, la sûreté et la résistance à l'oppression ».

Ceci a évidemment une portée considérable et fait de la Déclaration des Droits un texte fondamental.

31 . Le caractère *complémentaire* (?) des « principes politiques, économiques et sociaux particulièrement nécessaires à notre temps ».

La formule employée par le Conseil constitutionnel (au 15e considérant) laisse entendre que ces principes complètent ceux de 1789 et donc que leur importance est moindre. Il semblerait qu'il y ait donc là un début de hiérarchie entre les dispositions de la Déclaration des Droits et les principes particulièrement nécessaires à notre temps. Et l'on serait d'autant plus fondé à le soutenir que le recours des députés, développant une argumentation qui a apparemment emporté l'adhésion du Conseil, fournit l'explication de cette hiérarchie : les droits économiques et sociaux occupaient une place essentielle dans la Déclaration des Droits du projet de Constitution d'avril 1946 et les principes de 1789 une place réduite ; c'est le contraire dans le Préambule de la Constitution de 1946 : « sans doute le Préambule de 1946 ajoute-t-il des principes politiques, économiques et sociaux particulièrement nécessaires à notre temps. Mais ce *n'est qu'un complément qui ne peut que venir enrichir et non pas annuler l'héritage juridique issu de la Révolution que le premier projet écartait totalement* » (Mémoire des députés, in *Nationalisations et Constitution*, p. 217).

Toutefois, rien n'est venu par la suite confirmer cette interprétation et le doyen Vedel l'a, au contraire, démentie (in *La Déclaration des droits de l'homme et du citoyen et la jurisprudence*, Paris, 1989, p. 56 et s.).

32 . Les députés requérants ont développé une argumentation selon laquelle des nationalisations trop importantes – comme celles prévues par la loi attaquée – porteraient atteinte à l'article 2 (aujourd'hui article 1) de la Constitution aux termes duquel « la France est une République... sociale », car *une République sociale ne peut être considérée comme synonyme de République socialiste.*

En fait, le Conseil constitutionnel n'a pas répondu expressément à cette argumentation. Mais, implicitement, il a très bien marqué que selon lui, à trois reprises – en mai et octobre 1946 et en septembre 1958 – le peuple français avait opté pour les principes de 1789 et donc pour une République qui, mettant au même rang le droit de propriété, la liberté, la sûreté et la résistance à l'oppression et consacrant la « liberté d'entreprendre », ne peut être une République socialiste.

La mise en exergue constante de la Déclaration de 1789 dans les cinq considérants essentiels que nous venons d'examiner a incontestablement pour signification que pour le Conseil constitutionnel, le peuple français a adopté une Constitution correspondant à un certain type de société. Et que tout changement fondamental mettant en cause ce type de société ne peut intervenir que par la voie d'une révision de la Constitution et donc d'une loi constitutionnelle. Cela veut dire que notre Constitution permet un certain nombre de changements, mais qu'il y a des limites tenant au caractère non socialiste de notre « société politique ».

Le problème est que le seuil au-delà duquel on n'est plus dans une République sociale est difficile à déterminer.

IV. - Les apports au droit constitutionnel économique

Le droit constitutionnel économique s'enrichit de nouveaux apports.

1° *Le droit de propriété.*

33 . Le caractère constitutionnel du droit de propriété déjà évoqué dans la décision du 5 janvier 1982 (134 DC, § 6) est définitivement affirmé dans la décision du *16 janvier 1982* :

> « ...les principes mêmes énoncés par la Déclaration des droits de l'homme ont *pleine valeur constitutionnelle tant en ce qui concerne le caractère fondamental du droit de propriété* dont la conservation constitue l'un des buts de la société politique et qui est mis au même rang que la liberté, la sûreté et la résistance à l'oppression, *qu'en ce qui concerne les garanties données aux titulaires de ce droit ».*

34 . *Il y avait auparavant un doute quant à la nature constitutionnelle du droit de propriété.* On pouvait ainsi soutenir que ce droit faisait partie des dispositions de la Déclaration de 1789 n'ayant pas valeur constitutionnelle parce que non rattachable aux

droits de l'homme ou à la souveraineté nationale (L. Philip, *Mélanges Kayser*). Pour MM. Luchaire et Robert (*Le Monde*, 3 novembre 1981), le droit de propriété n'était plus « ce droit inviolable et sacré » compte tenu des nombreuses atteintes qu'il avait subies depuis 1789, et qu'en outre, même si on lui reconnaissait un caractère constitutionnel, « son contenu se trouve aujourd'hui déterminé par les modifications constitutionnelles qu'il a ultérieurement subies », modifications résultant de l'intervention des « principes fondamentaux du régime de la propriété ». Comme le disent ces auteurs, « c'est dans le cadre de ces nouvelles compétences constitutionnelles reconnues et au regard d'une conception actuelle et moderne du droit de la propriété qu'il convient d'étudier à son tour le « droit de nationalisation ».

35 . Le Conseil constitutionnel reconnaît qu'il y a une évolution du droit de propriété, dans ses « finalités et ses conditions d'exercice », que cette évolution a étendu le champ d'application de ce droit (champ d'application étendu récemment aux « marques de fabrique, de commerce et de service », 283 DC, § 7, 8 janvier 1991) et qu'elle a introduit des « limitations exigées par l'intérêt général ». En d'autres termes, il y a eu mutation du droit de propriété ; mais il n'a pas été atteint dans son essence même. Et une loi qui enlèverait le droit de posséder leur logement aux individus par exemple, serait inconstitutionnelle comme portant atteinte au « caractère fondamental » du droit de propriété.

Ce qui est à souligner c'est que le droit de propriété est placé au même rang que la liberté, la sûreté et la résistance à l'oppression ; et que « sa conservation constitue l'un des buts de la société politique ». Autrement dit, c'est un des droits essentiels parmi les droits et libertés fondamentaux dans le type de société de l'État où nous vivons. Et même « les garanties données aux titulaires de ce droit » ont un caractère constitutionnel c'est-à-dire non modifiable par la loi, ce qui contredit les observations de M. Luchaire sur la compétence du législateur pour déterminer librement les principes fondamentaux de la propriété.

36 . *La constitutionnalisation du droit de propriété a généralement été approuvée par la doctrine.* Toutefois, certains contestent vivement la décision du Conseil mais, à notre avis, en se méprenant sur son sens et sa portée.

Ainsi pour Robert Savy, « récusant l'histoire le Conseil constitutionnel revient à une conception absolue de la propriété que la pensée politique, le droit positif avaient en effet écarté ». S'il en était ainsi, les décisions du Conseil constitutionnel seraient en effet critiquables. Mais dans ses décisions, le juge constitutionnel a bien pris soin de préciser que « postérieurement à 1789 et jusqu'à nos jours, les finalités et les conditions d'exercice du droit de propriété ont subi une évolution caractérisée... par *des limitations exigées par l'intérêt général* », ce qui signifie clairement que pour lui, le droit de propriété n'est plus un droit absolu. Et d'ailleurs la jurisprudence antérieure du Conseil constitutionnel confirme cette interprétation car dès 1959 dans la décision *Prix des baux à ferme* * le juge constitutionnel admet que le droit de propriété doit être apprécié « dans le cadre des limitations de portée générale qui y ont été introduites par la législation antérieure pour permettre certaines interventions jugées nécessaires de la puissance publique dans les relations contractuelles entre les particuliers ». Et il adopte la même attitude dans les décisions du 8 juillet 1960 (60-7 L, *Rec.* 35, *RJC* II-4), 8 septembre 1961 (3 FNR, *Rec.* 48, *RJC* III-2), 18 octobre 1961 (4 FNR, *Rec.* 50, *RJC* III-3), 27 février 1967 (44 L, *Rec.* 26, *RJC* II-27), 28 novembre 1973 (*Rec.* 45, *RJC* II-57). Il y a donc cohérence entre cette jurisprudence et la décision du *16 janvier 1982* : le droit de propriété est un droit limité qui s'exerce dans le cadre des lois qui le réglementent.

Il peut d'ailleurs difficilement être reproché au Conseil constitutionnel d'avoir reconnu valeur constitutionnelle au droit de propriété alors que le « programme commun du Gouvernement » de la gauche ne l'excluait nullement et que, en 1975, dans sa proposition de loi constitutionnelle portant « Déclaration des libertés », le Parti communiste lui-même affirmait – après avoir rappelé dans le Préambule la fidélité du peuple français aux principes de 1789 – que « la propriété privée est garantie » et qui plus est la propriété privée de la terre (articles 46 et 48). Ainsi donc, même après révision de la Constitution le projet communiste prévoit le maintien de la valeur constitutionnelle du droit de propriété au sens le plus traditionnel, celui de 1789 ! Il est alors paradoxal de faire grief au Conseil constitutionnel, appliquant une Constitution adoptée en 1958 sur référendum reprenant les principes de 1789, de consacrer cette même valeur constitutionnelle.

37 . Les limitations du droit de propriété sont normalement établies par le législateur ; mais, en vertu de la jurisprudence sur « l'état de la législation antérieure » (voir nos observations *supra*, **6**-12 à 16), le pouvoir réglementaire peut intervenir lorsqu'il s'agit simplement de modifier des « prescriptions statutaires antérieures ».

38 . *La jurisprudence ultérieure a incontestablement établi une interprétation restrictive de l'article 17 de la Déclaration des droits de l'homme.*

39 . L'article 17 ne s'applique que s'il y a « privation de propriété » (162 DC, § 22) ou « privation du droit de propriété » (181 DC, § 54, 189 DC) ou « dépossession » (198 DC, § 15) ou « limitations » (ayant un) caractère de gravité telle que l'atteinte au droit de propriété dénature le sens et la portée de celui-ci (172 DC, § 3 ; 189 DC, § 11, 287 DC, § 21 et 22).

L'article 17 ne s'applique pas s'il y a simple atteinte au droit de propriété notamment : par suppression du droit de vote attaché aux actions (162 DC) ou « en empêchant un propriétaire d'exploiter lui-même un bien qu'il a acquis ou en faisant pratiquement obstacle à ce qu'un propriétaire puisse aliéner un bien, faute pour l'acquéreur éventuel d'avoir obtenu l'autorisation d'exploiter ce bien » (172 DC, § 3) ; ou au cas d'autorisation d'exploiter un bien donné à toute personne physique intéressée par le tribunal des baux ruraux lorsque le propriétaire n'a pas satisfait à certaines obligations (172 DC, § 17) ; ou encore, par interdiction de certaines opérations financières aboutissant à limiter les conditions d'exercice du droit de propriété (181 DC, § 54) ; ou du fait de la limitation de la faculté de division en lots d'une propriété foncière lorsqu'elle est opérée par un acte volontaire à titre onéreux (189 DC, § 11) ; ou par l'établissement d'une servitude (198 DC). La formule utilisée est la suivante : « considérant que la loi critiquée n'a ni pour objet ni pour effet d'entraîner la privation du droit de propriété ; que *dès lors elle n'entre pas dans le champ d'application de l'article 17 de la Déclaration des droits de l'homme* ».

Le premier cas où a été reconnue l'applicabilité de l'article 17 de la Déclaration des droits de l'homme était l'affaire des nationalisations parce qu'il y a eu « privation de propriété » : il y a eu transfert à l'État « en toute propriété » d'actions appartenant à des personnes privées qui ont donc été privées de leur droit de propriété sur ces actions. Mais on compte un nouveau cas avec la décision du 9 avril 1996 (96-373 DC, § 21) dans laquelle le Conseil constitutionnel estime que l'organisation « d'un régime discrétionnaire d'autorisation préalable à la réalisarion d'opérations de transfert de propriété » comporte des « limitations directes au droit de disposer, attribut essentiel du droit de propriété » qui « revêtent un caractère de gravité tel que l'atteinte au droit de propriété qui en résulte dénature le sens et la portée de ce droit garanti par l'article 17 de la Déclaration des droits de l'homme et du citoyen ».

40 . Au cas où il n'y a ni « privation de propriété », ni « dépossession », c'est-à-dire lorsque *tous* les attributs du droit de propriété n'ont pas été enlevés au titulaire de ce droit, l'article 17 de la Déclaration des droits de l'homme ne joue que s'il y a « atteinte contraire à la Constitution » (172 DC, § 19). Mais qu'est-ce qu'une « atteinte contraire à la Constitution » ?

Ce peut être une atteinte qui « dénature le droit de propriété » ou qui le « vide de son contenu ». Ainsi dénaturerait le droit de propriété, « une gêne (non) supportable » puisqu'une « gêne supportable » ne constitue pas une privation de propriété : l'implantation sur le toit d'un immeuble « des moyens de diffusion par voie hertzienne » s'analysant en une « gêne supportable » est une servitude d'intérêt public, tandis qu'une gêne (non) supportable est une privation de propriété (198 DC).

Il y a aussi apparemment « atteinte contraire à la Constitution » lorsque l'atteinte est portée sans qu'une procédure adéquate ait mis à même le propriétaire d'être informé et de se défendre, sans qu'il y ait eu « des garanties de fond et de procédure » (172 DC, § 19). Ceci peut jouer même s'il ne s'agit pas d'une atteinte dénaturant le droit de propriété mais d'une simple « servitude d'intérêt public » (198 DC, § 12). Mais, à la limite, il s'agit moins ici d'une violation du droit de propriété que d'une méconnaissance des droits de la défense.

41 . Même lorsque s'applique l'article 17 de la Déclaration des droits de l'homme la privation de propriété, la dépossession ou l'atteinte grave susceptible de dénaturer le droit de propriété ne sont

pas prohibées : simplement elles ne peuvent se produire que s'il y a nécessité publique et sous la condition d'une juste et préalable indemnité. Donc non seulement l'atteinte à un ou à certains éléments du droit de propriété n'est pas inconstitutionnelle, mais encore la privation totale du droit est possible sans violer la Constitution.

42 . Qui plus est, un régime d'autorisation préalable est admis en matière de droit de propriété, alors qu'il est prohibé pour les autres libertés fondamentales.

Dans la décision 172 DC du 26 juillet 1984 *(Contrôle des structures des exploitations agricoles)*, le Conseil constitutionnel admet la validité des autorisations dans la mesure où il déclare notamment que « la réduction du nombre d'autorisations de plein droit n'est pas, en elle-même, contraire à la Constitution » (§ 7). Dans la décision 189 DC du 17 juillet 1985 *(Principes d'aménagement)*, le Conseil constitutionnel n'exclut qu'un « régime d'autorisation préalable discrétionnaire » seul susceptible de « remettre en cause le droit de propriété » (§ 11) : un régime d'autorisation préalable non discrétionnaire – imposant à l'administration de « fonder ses décisions sur des motifs se référant à des fins d'intérêt général définies avec une précision suffisante par la loi et sous le contrôle du juge de l'excès de pouvoir » (§ 11) — n'est pas contraire à la Constitution.

Dans le même sens, on notera qu'alors que dans la décision 185 DC du 18 janvier 1985 *(Loi Chevènement)*, le Conseil constitutionnel avait déclaré que si « le principe de libre administration des collectivités territoriales a valeur constitutionnelle, il ne saurait conduire à ce que les conditions essentielles d'application d'une loi organisant l'exercice d'une liberté publique *dépendent de décisions des collectivités territoriales sur l'ensemble du territoire »*, dans la décision 189 DC du 17 juillet 1985 le juge constitutionnel rejette l'argument des requérants selon lequel, dans le système mis en place par la loi attaquée, « la nature du droit de propriété pourrait varier au gré des autorités locales » en considérant qu'il peut parfaitement confier la mise en œuvre du système à des autorités administratives locales mieux à même de différencier les situations.

La décision 96-373 DC précitée ne remet pas en cause cette analyse car ce qui est sanctionné c'est le caractère très discrétionnaire des autorisations préalables et le fait qu'elles étaient exigées à peine de nullité (§ 21).

43 . De tout ce qui précède, on est conduit à en conclure que le droit de propriété est une liberté ou un droit de second rang par opposition aux droits et libertés de premier rang tels que la liberté de la presse ou la liberté de l'enseignement (voir *infra*, **36**-14).

Cette conclusion (déjà formulée par L. Favoreu, *R.D.P.*, 1986, n° 2, p. 493) a été reprise par B. Genevois (*in La jurisprudence du Conseil constitutionnel*, n° 461) mais a été fortement contestée par C.A. Colliard (*Libertés publiques*, 7e éd., n° 626) ; mais, comme nous avons pu le montrer (L. Favoreu, Le droit de propriété *in La Déclaration des droits de l'homme et la jurisprudence*, 1989), il est difficile de ne pas y souscrire.

Toutefois, la décision Taxe d'inhabitation (98-403 DC) conduit à revenir sur cette interprétation dans la mesure où le Conseil constitutionnel a, de manière très ferme, censuré la dénaturation du droit de propriété en estimant que contraindre « le créancier poursuivant à devenir propriétaire d'un bien immobilier sans qu'il ait entendu acquérir ce bien au prix fixé par le juge » était contraire au principe du libre « consentement qui doit présider à l'acquisition de la propriété, indissociable de l'exercice du droit de disposer librement de son patrimoine [...] ce dernier (étant) lui-même un attribut essentiel du droit de propriété » (§ 40). Le Conseil ajoute même qu'au cas où le créancier devrait revendre ce bien et où, en raison de la situation du marché immobilier, la valeur de revente serait inférieure à la valeur fixée par le juge, « il subirait une diminution de son patrimoine assimilable à une privation de propriété, sans qu'aucune nécessité publique ne l'exige évidemment et sans possibilité d'indemnisation » (§ 41).

44 . Il serait cependant inexact d'invoquer, en faveur de cette thèse, la prise de position du Conseil constitutionnel sur l'interprétation de l'article 66 de la Constitution ; en effet si dans la décision 189 DC précitée le juge constitutionnel a écarté l'application de l'article 66 au droit de propriété c'est pour une simple raison de texte – ce texte ne vise que la liberté individuelle – et non pour des raisons de fond tenant à ce que le droit de propriété ne serait pas une liberté. Le Conseil constitutionnel déclare (§ 3) : « Considérant que, quelle que soit l'importance du rôle des tribunaux judiciaires en matière de protection de la propriété, il résulte des termes de l'article 66 de la Constitution que celui-ci concerne la liberté individuelle et non le droit de propriété ».

Si, comme on le fait souvent de manière erronée, on confond « liberté individuelle » et libertés publiques ou fondamentales, on peut alors en effet ajouter un nouvel argument au soutien de la thèse précitée ; mais si on définit correctement – comme le fait le Conseil constitutionnel – la liberté individuelle comme étant l'une des libertés fondamentales, alors la position du juge constitutionnel est parfaitement claire : le droit de propriété est une des libertés fondamentales mais il n'est pas visé par l'article 66 qui concerne exclusivement la liberté individuelle.

45 . Cela ne veut pas dire nécessairement que la compétence de l'autorité judiciaire ne s'imposera pas en ce domaine : mais ce sera alors sur un autre fondement. C'est ce qu'a voulu (implicitement) dire le Conseil constitutionnel dans la décision *198 DC* du 13 décembre 1985 *(Amendement Tour Eiffel)* lorsque, par une incidente, il affirme qu'il y aurait compétence du juge judiciaire au cas de « dépossession » : « Considérant qu'aucun principe de valeur constitutionnelle n'impose que, en *l'absence de dépossession*, l'indemnisation... relève de la compétence du juge judiciaire ».

On pourrait considérer, par exemple que c'est en vertu d'un principe fondamental reconnu par les lois de la République que l'autorité judiciaire est gardienne de la propriété privée. On peut aussi estimer qu'il s'agit d'un principe général du droit à valeur législative

(Th. Renoux, *op. cit.*, p. 505). Mais, dans la décision 198 DC précitée, le Conseil constitutionnel semble bien considérer qu'il s'agit d'un principe de valeur constitutionnelle du moins s'il y a dépossession, et donc à condition que s'applique l'article 17 de la Déclaration des droits de l'homme dont, comme nous l'avons vu, le Conseil constitutionnel donne une définition assez restrictive.

Le Conseil constitutionnel a consacré notre thèse dans sa décision 256 DC du 25 juillet 1989 (T.G.V., Nord) dans laquelle il affirme que : « n'est pas méconnue l'importance des attributions conférées à l'autorité judiciaire en matière de protection de la propriété immobilière par les principes fondamentaux reconnus par les lois de la République » (p. 23).

On remarquera que le Conseil constitutionnel a limité l'attribution de compétence à l'autorité judiciaire au cas de « la propriété *immobilière* ».

2° *La liberté d'entreprendre.*

46 . *La liberté d'entreprendre* se voit reconnaître valeur constitutionnelle par la décision du *16 janvier 1982* au même titre que le droit de propriété : « que la liberté qui, aux termes de l'article 4 de la Déclaration, consiste à pouvoir faire tout ce qui ne nuit pas à autrui, ne saurait elle-même être préservée si des restrictions arbitraires ou abusives étaient apportées à la liberté d'entreprendre ».

Depuis, cette reconnaissance a été confirmée à plusieurs reprises : 141 DC (27 juill. 1982) ; 150 DC (30 déc. 1982) ; 172 DC (26 juin 1984) ; 181 DC (10-11 oct. 1984) ; 200 DC (16 janv. 1986) ; 254 DC (4 juill. 1989) ; 268 DC (29 déc. 1989) ; 269 DC (22 janv. 1990) ; 283 DC (8 janv. 1991) ; 316 DC (20 janv. 1993) ; 348 DC (3 août 1994) ; 388 DC (20 mars 1997) ; 401 DC (20 juin 1998).

47 . Le Conseil constitutionnel déduit la liberté d'entreprendre de la Déclaration des droits et plus particulièrement de l'article 4 de ce texte, et il la rapproche à deux reprises du droit de propriété, paraissant considérer que l'un ne va pas sans l'autre.

En fait, il est difficile de ne pas considérer qu'en l'état actuel de notre système juridique et politique, le législateur ne peut supprimer la liberté de choix par l'individu de l'activité qu'il entend exercer ni la possibilité de tirer parti de sa propriété pour exercer ce libre choix. On remarquera à cet égard qu'après avoir affirmé les garanties constitutionnelles du droit de propriété, la proposition communiste de Déclaration des libertés tient à préciser, dans le même chapitre consacré aux droits économiques et sociaux, que « la loi garantit le rôle et la place des travailleurs indépendants, des professions libérales, des petites et moyennes entreprises industrielles, commerciales et artisanales » (art. 50) ce qui revient à reconnaître l'existence de la liberté d'entreprendre, corollaire du droit de propriété.

48 . Certains ont pu interpréter la décision du *16 janvier 1982* comme donnant une portée quasi illimitée à la liberté d'entreprendre. En vérité on ne voit pas comment une telle interprétation serait

possible alors que le Conseil constitutionnel mentionne expressément que seules les « restrictions *arbitraires* ou *abusives*... apportées à la liberté d'entreprendre » seraient contraires aux dispositions de la Déclaration des droits.

Par ailleurs, et s'il en était besoin, ceci serait formellement contredit par la décision 141 DC du 27 juillet 1982, dans laquelle il est clairement indiqué à propos de la liberté d'entreprendre et de la liberté de communication : « Considérant que *ces libertés qui ne sont ni générales ni absolues ne peuvent exister que dans le cadre d'une réglementation instituée par la loi...* ». Cette formule a été reprise dans la décision 200 DC du 16 janvier 1986, dans laquelle la violation de la liberté d'entreprendre a été invoquée en vain, comme d'ailleurs dans la décision 181 DC des *10-11 octobre 1984* *, ainsi que dans les décision 254 DC du 4 juillet 1989 *(Dénoyautage des entreprises privatisées*, § 5), 287 DC du 16 janvier 1991. Dans cette dernière décision, les requérants avaient essayé de montrer qu'il y avait dénaturation de la liberté d'entreprendre dans la mesure où la loi faisait disparaître une activité professionnelle. Mais le Conseil constitutionnel a estimé « qu'en dépit des contraintes qu'elles comportent, elles (les dispositions critiquées) ne restreignent pas la liberté d'entreprendre des agents économiques concernés au point d'en dénaturer la portée » (93-316 DC, § 30).

49 . Reste à savoir si la liberté d'entreprendre se confond avec la liberté du commerce et de l'industrie ou en est distincte.

La violation de la liberté du commerce et de l'industrie a été invoquée dans la décision 129 DC des 30-31 octobre 1981 ; mais le Conseil constitutionnel n'a pas véritablement répondu à ce moyen et il est donc difficile d'affirmer qu'il a reconnu valeur constitutionnelle à cette liberté.

Une manière de résoudre le problème est de considérer que la liberté du commerce et de l'industrie comporte deux aspects ou principes : celui de la libre entreprise et celui de la libre concurrence (P. Delvolvé, *Droit public économique*, 1998) ; et de considérer alors que le premier principe a été constitutionnalisé (par les décisions du *16 janvier 1982* et du 27 juillet 1982) et qu'il n'est pas certain qu'il en ait été de même du second.

49 bis . La *liberté contractuelle* ou de contracter, a été parfois considérée comme liée à la liberté d'entreprendre et ayant de ce fait une valeur constitutionnelle.

En fait, dans les rares hypothèses où le Conseil constitutionnel avait été invité à se prononcer sur cette question, il avait évité d'y répondre : 244 DC, § 21 (20 juillet 1988, Loi d'amnistie, *RJC* I-337), 316 DC, § 26 (20 janvier 1993, Prévention de la corruption, *RJC* I-519).

Il a donné une réponse claire, en revanche, dans la décision 348 DC du 3 août 1994 (*RJC* I-602) : « Considérant qu'aucune norme de valeur constitutionnelle ne garantit le principe de la liberté contractuelle » (§ 9).

On a cru voir cependant dans la décision 96-385 DC (§ 14) une possible évolution. Mais le Conseil constitutionnel a réaffirmé sa position dans la décision 97-388 DC (§ 48) en rappelant que « le principe de liberté contractuelle n'a pas valeur constitutionnelle », tout en soulignant « que sa méconnaissance ne peut être invoquée devant le Conseil constitutionnel que *dans le cas où elle conduirait à porter atteinte* à des droits et libertés constitutionnellement garantis ». Par exemple si des restrictions à la liberté contractuelle mettaient en cause la liberté d'association.

Par la même occasion, le Conseil a précisé qu'il « ne résulte ni de l'article 4 de la Déclaration des droits de l'homme et du citoyen ni d'aucune autre norme de valeur constitutionnelle un principe constitutionnel dit de « l'autonomie de la volonté » (§ 48).

Cependant par une décision 98-401 DC (*Loi sur les 35 heures*), « le Conseil a apporté à cette jurisprudence un tempérament inédit : la réserve de l'article 4 de la Déclaration de 1789, qui sert déjà de fondement à la protection constitutionnelle de la liberté d'entreprendre : si aucune norme de valeur constitutionnelle ne garantit, en tant que telle, un principe dit de "liberté contractuelle", le législateur ne saurait porter à l'économie des conventions en cours légalement conclues, des atteintes d'une gravité propre à méconnaître manifestement l'article 4 de la Déclaration de 1789 » (J.-E. Schoettl, *A.J.D.A.*, 1998, p. 498). La solution reste, à notre sens, peu claire.

3° *Le principe d'égalité en matière économique.*

50 . Le principe d'égalité est appliqué pour la première fois en matière économique dans les décisions du *16 janvier 1982* et du *11 février 1982*.

51 . En premier lieu, le Conseil constitutionnel a admis que le principe d'égalité puisse jouer au profit de *sociétés commerciales*, comme il l'avait fait auparavant pour les établissements publics (E.D.F., 9 janvier 1980) et les syndicats (22 juillet 1980). Et cela à la faveur d'un considérant de principe (§ 29) où il a rappelé que « les personnes morales étant des groupements de personnes physiques, la méconnaissance du principe d'égalité entre celles-là équivaudrait nécessairement à une méconnaissance de l'égalité entre celles-ci » (voir observations *supra*, **21**-13).

52 . Les requérants reprochaient essentiellement à la loi d'avoir opéré des discriminations quant à la désignation des sociétés faisant l'objet des nationalisations : et donc d'avoir nationalisé certaines sociétés et pas d'autres. En clair, bien que l'intention de l'opposition et notamment des requérants, ait été de réduire le nombre des nationalisations, l'invocation du principe d'égalité conduisait logiquement à réclamer en quelque sorte, l'adjonction de nouvelles sociétés à la liste des nationalisables. Et ceci n'a pas manqué de se produire, au grand dam de certains requérants, le Conseil constitutionnel ayant estimé contraire au principe d'égalité l'exclusion des sociétés de caractère mutualiste, ce qui a évidemment conduit à les ajouter à la liste.

Pour les requérants, étaient contraires au principe d'égalité :
• la nationalisation de cinq sociétés industrielles, alors que la loi « ne retient pas d'autres groupes industriels dont l'importance n'est pas moins grande que ceux qui sont cités et dont le rôle économique, financier et social dans la vie de la nation n'est pas différent » (recours des sénateurs).
• la discrimination entre banques selon qu'elles détiennent ou non un milliard de francs de dépôts (recours des députés et des sénateurs),
• au sein des banques ayant plus d'un milliard de dépôts, les dérogations au profit :
- des banques ayant le statut de sociétés immobilières pour le commerce et l'industrie (fixé par l'ordonnance n° 67-837 du 28 septembre 1967) ou le statut de maison de réescompte (fixé par le décret n° 60-439 du 12 février 1960) ;
- des banques dont la majorité du capital social appartient directement ou indirectement à des sociétés de caractère mutualiste ou coopératif ;
- des banques dont la majorité du capital appartient directement ou indirectement à des personnes physiques ne résidant pas en France ou à des personnes morales n'ayant pas leur siège en France (recours des députés et des sénateurs).

53 . En réponse à cette argumentation, le Conseil constitutionnel va procéder de la manière suivante :
Il va *tout d'abord* considérer, et cela conformément au mémoire du groupe socialiste, que la détermination de l'étendue des nationalisations relève du pouvoir discrétionnaire du législateur, sous réserve des limites qu'il a lui-même fixées, et notamment de l'erreur manifeste d'appréciation. En conséquence, la détermination des cinq sociétés industrielles et des deux groupes financiers, ainsi que la fixation à un milliard (de francs de dépôts) du seuil à partir duquel il y a lieu à indemnisation, relève de la seule appréciation du législateur :

> « Considérant que ces dispositions... qui désignent les cinq sociétés industrielles et les deux compagnies financières... ont été prises sur le fondement et dans la limite des pouvoirs qui... appartiennent au législateur » (132 DC, § 21).
>
> « Considérant qu'il appartenait au législateur, en fonction de la nécessité publique constatée par lui, d'exclure de la nationalisation les banques les moins importantes... » (132 DC, § 24).

Le Conseil constitutionnel considère qu'il ne peut substituer ici son appréciation à celle du législateur, sauf à veiller à ce que « les caractères spécifiques attachés à chacune » des sociétés industrielles et aux compagnies financières ne se retrouvent pas dans d'autres sociétés échappant à la nationalisation ; et à ce que « le critère retenu pour déterminer le seuil au-dessous duquel les banques échappent à la nationalisation (ne soit) pas sans rapport avec son objet » ; ce qui est le cas, en l'espèce, car seules les banques importantes ont un intérêt au regard des objectifs de la nationalisation.

Ce n'est ensuite qu'au regard des banques dépassant le seuil du milliard de dépôts qu'il va examiner le problème de savoir s'il y a atteinte au principe d'égalité du fait que certaines de ces banques sont exclues de la nationalisation.

54 . Le législateur pouvait-il valablement établir un traitement discriminatoire entre banques ayant au moins un milliard de francs de dépôts ?

Le Conseil constitutionnel rappelle tout d'abord une position désormais classique destinée à servir de base à son raisonnement :

> « Considérant que le principe d'égalité ne fait pas obstacle à ce qu'une loi établisse des règles non identiques à l'égard de catégories de personnes se trouvant dans des situations différentes, mais qu'il ne peut en être ainsi que lorsque cette non-identité est justifiée par la différence de situation et n'est pas incompatible avec la finalité de la loi » (132 DC, § 30).

Il constate ensuite que la dérogation concernant les banques ayant le statut de sociétés immobilières ou de maison de réescompte, est justifiée car « certains des éléments des statuts de ces banques sont spécifiques ».

En revanche, les banques dites étrangères et les banques dites mutualistes n'ont pas de caractères spécifiques. Toutefois, pour les banques « étrangères », le législateur a pu valablement prendre en considération « les risques » de difficultés que la nationalisation de ces banques aurait pu entraîner sur le plan international, risques « dont la réalisation aurait, à ses yeux, compromis l'intérêt général qui s'attache aux objectifs poursuivis par la loi de nationalisation ». Ainsi donc les banques étrangères n'ont pas de « caractères spécifiques » mais elles sont dans une *situation différente* parce qu'il y a plus de risques pour elles, de difficultés, et que la non-identité de traitement s'explique pour elles par un motif d'intérêt général qui n'est pas incompatible avec la finalité de la loi. C'est un raisonnement qu'a adopté le Conseil d'État à propos des actes administratifs.

Pour les dernières enfin, les banques mutualistes, on ne peut invoquer ni les « caractères spécifiques », ni « la nature de leur activité », ni « les difficultés éventuelles dans l'application de la loi propres à contrarier les buts d'intérêt général que le législateur a entendu poursuivre ». Leur non-nationalisation est donc contraire au principe d'égalité et la dérogation les concernant doit être annulée.

55 . On peut n'être pas pleinement convaincu par le raisonnement relatif aux banques « étrangères », sinon à considérer que l'invocation de l'intérêt général défini en liaison avec les objectifs de la loi suffit à justifier la discrimination. Nous rejoignons sur ce point l'opinion de M. Leben (*R.D.P.*, 1982, p. 295) selon lequel l'admission du moyen tiré de la violation du principe d'égalité, en l'espèce, n'est pas en harmonie avec la jurisprudence précédente du Conseil constitutionnel (voir sur ce point, *supra*, **21**-11).

4° *Le régime des nationalisations.*

56 . Le régime des nationalisations est précisé par les deux décisions des *16 janvier* et *11 février 1982*.

57 . *L'autorité compétente* pour décider des nationalisations est le législateur et lui seul.

Le Conseil constitutionnel déduit cette compétence de l'article 34, alinéa 11 selon lequel « la loi fixe... les règles concernant... les nationalisations d'entreprises et les transferts de propriété d'entreprises du secteur public au secteur privé ». Et la compétence du législateur est très étendue car elle lui permet non seulement de fixer « les critères devant présider à la nationalisation » mais encore de « déterminer lui-même les sociétés devant être nationalisées conformément aux critères retenus par lui » (*11 février 1982*, § 5).

58 . Le législateur détermine discrétionnairement *le champ d'application de la nationalisation* sans avoir apparemment à se préoccuper de savoir si le bien ou l'entreprise nationalisé a ou non le caractère d'un service public national ou d'un monopole de fait, comme semblait l'exiger l'alinéa 9 du Préambule de 1946.

Deux thèses s'opposaient à propos de l'interprétation de ce texte. Pour les parlementaires de l'opposition, ces dispositions marquaient en quelque sorte le niveau maximum que ne pouvait dépasser le législateur dans la détermination du champ des nationalisations. Il ne pouvait y avoir nationalisation que si l'exploitation du bien ou de l'entreprise considéré a ou acquiert les caractères d'un service public national ou d'un monopole de fait. En conséquence, les requérants développaient une longue argumentation pour démontrer que plusieurs des nationalisations envisagées ne répondaient pas aux exigences de l'alinéa 9 du Préambule de 1946, et étaient donc inconstitutionnelles.

La majorité, en revanche, soutenait que ce texte devait s'interpréter de la manière suivante : « Le Préambule de 1946 oblige à nationaliser certaines entreprises dans certaines conditions mais il n'a nullement pour effet de limiter le pouvoir de nationaliser aux seules entreprises qu'il vise » (Consultation Luchaire-Robert *in Nationalisations et Constitution*, p. 93) ; en d'autres termes, les nationalisations visées dans le Préambule constituent un minimum (d'ailleurs obligatoire) et laissent le champ libre pour des nationalisations supplémentaires facultatives.

Le Conseil constitutionnel n'a pas tranché expressément la question : il ne fait en effet mention à l'alinéa 9 du Préambule de 1946 dans sa décision du *16 janvier* que pour souligner que « cette disposition n'a pour objet ni pour effet de rendre inapplicables aux opérations de nationalisation les principes... de la Déclaration de 1789 ». Toutefois, dans le considérant suivant, le Conseil estime que le législateur peut se fonder, pour opérer les nationalisations, sur « le fait que ces nationalisations seraient nécessaires pour donner aux pouvoirs publics les moyens de faire face à la crise économique, de promouvoir la croissance et de combattre le chômage ». Plus exactement, il admet que le législateur peut donner ces fondements aux nationalisations qu'il opère, dès lors qu'il dispose d'un pouvoir discrétionnaire pour apprécier « la nécessité publique au sens de l'article 17 de la Déclaration de 1789 ». C'est reconnaître implicitement que l'alinéa 9 du Préambule ne comporte ni une obligation ni une limite pour le législateur. En somme, ce texte n'a aucun effet juridique (M. Luchaire propose cependant de considérer que ce texte pourrait s'opposer à la « dénationalisation » d'entreprises ayant le caractère d'un service public national ou d'un monopole de fait. Le Conseil s'est prononcé sur ce point (v. *infra*, *25-26 juin 1986* *, Privatisations).

59. La *nécessité* de la nationalisation est appréciée discrétionnairement par le législateur et le Conseil constitutionnel prend acte simplement du fondement donné par celui-ci aux nationalisations : faire face à la crise économique, promouvoir la croissance et combattre le chômage (132 DC, § 19). Mais une appréciation discrétionnaire n'est pas une appréciation souveraine, et le juge constitutionnel se réserve la possibilité de corriger une erreur manifeste.

Dans une décision ultérieure (167 DC), le Conseil devait préciser que la nationalisation, au sens de l'article 34 de la Constitution, implique que le transfert de propriété d'une entreprise résulte d'une décision de la puissance publique à laquelle le ou les propriétaires sont obligés de se plier. Il en résulte que la prise de participation dans le capital d'entreprise ne saurait, en raison du caractère contractuel de l'opération, constituer une nationalisation.

60 . Toute nationalisation comporte une *indemnisation juste et préalable* : « Considérant qu'en vertu des dispositions de l'article 17 de la Déclaration des droits de l'homme et du citoyen la privation du droit de propriété pour cause de nécessité publique requiert une juste et préalable indemnité » (132 DC, § 44). Et le Conseil constitutionnel va développer ensuite en 24 considérants « une argumentation touffue mais cohérente, créatrice d'un droit constitutionnel prétorien des nationalisations, droit jurisprudentiel qui devrait lier pour l'avenir » (Dupichot et Piedelièvre, *G.P.*, 1982).

61 . Le juge constitutionnel s'attache d'abord à établir *le caractère juste de l'indemnité.*

Dans sa décision du *16 janvier 1982* il commence par poser le principe selon lequel « les actionnaires des sociétés visées par la loi ont droit à la compensation du préjudice subi par eux, évalué au jour du transfert de propriété, abstraction faite de l'influence que la perspective de la nationalisation a pu exercer sur la valeur de leurs titres ». Le principe posé, le juge constitutionnel va examiner successivement la fixation de la valeur d'échange des actions inscrites à la cote officielle des agents de change, et des actions non inscrites à cette cote officielle ; mais il va lui appliquer un raisonnement ou une « appréciation analogue ».

Dans les deux cas, le non-paiement des dividendes attachés à l'exercice 1981 est jugé non conforme car il « ampute sans justification les indemnités auxquelles ont droit les anciens actionnaires ».

Dans le cas des actions cotées en Bourse, le Conseil constitutionnel fait valoir essentiellement que si le législateur pouvait se référer, pour l'évaluation des actions, à une moyenne des cours de Bourse pendant une certaine période (1-1-1978 au 31-12-1980), il ne pouvait le faire sans assortir « cette méthode forfaitaire des aménagements propres à redresser les inégalités et les insuffisances substantielles qui pouvaient en découler » (51e considérant). Certes, comme le souligne le Conseil constitutionnel, des correctifs étaient prévus (à l'invitation notamment du Conseil d'État) ; mais l'appel à d'autres critères que la moyenne des cours de bourse n'a pas corrigé les imperfections du critère principal.

Pour les actions non cotées en Bourse, un raisonnement analogue est également suivi, reprochant essentiellement au système retenu de ne pas tenir compte de la dépréciation monétaire.

62 . En conformité avec la décision du Conseil, le Gouvernement a fait adopter par le Parlement un nouveau système qui a eu l'aval du juge constitutionnel dans la deuxième décision du *11 février*. Le « contrôle a double détente » a ici joué à plein.

Pour les actions cotées en Bourse, on retiendra essentiellement que le nouveau texte prend les précautions suivantes : pour les cours de bourse, la période de référence est plus proche et plus courte (d'octobre 1980 à mars 1981) et par ailleurs, la somme des deux éléments qui déterminent la valeur d'échange est majorée de 14 %.

Pour les actions non cotées en Bourse, le législateur a confié à une « commission administrative nationale d'évaluation » présidée par le premier président de la Cour des comptes, la tâche de déterminer la valeur d'échange de ces actions, en respectant un certain nombre de règles notamment relatives à la date à laquelle doit être appréciée la valeur de négociation des actions. La saisine des députés R.P.R. a surtout eu, ici, sinon comme but du moins comme résultat, de faire préciser par le Conseil constitutionnel les conditions de détermination de l'indemnisation que devrait observer la commission nationale d'évaluation.

63 . On sait que c'est sur ce problème du caractère *juste* de l'indemnisation que la position du Conseil constitutionnel a été le plus violemment critiquée.

On s'est tout d'abord étonné que le Conseil constitutionnel ait adopté une attitude différente de celle du Conseil d'État et on a ironisé sur la contradiction entre les deux juridictions du Palais-Royal. Le journal *Le Monde*, notamment, a insisté sur cette situation. C'est oublier qu'en d'autres temps, on s'est félicité de ce que le Conseil constitutionnel, statuant juridictionnellement, ait contredit le Conseil d'État statuant comme donneur d'avis, et notamment dans les affaires de liberté d'association, de la fouille des véhicules :

> « La défaite la plus discrète n'est pas la moins importante... le Conseil constitutionnel vient de désavouer le peu de ce que le Gouvernement avait osé soumettre au Parlement, alors que le Conseil d'État avait auparavant avalisé, contre le gré du rapporteur, l'ensemble du projet de loi. Cet aval était public... Si ce n'est pas pour lui comme une défaite, c'est comme un avertissement » (Ph. Boucher, Le Monde, 14 janvier 1977).

Dans le même sens, M. Luchaire a, dans un article retentissant, montré que le Conseil constitutionnel faisait mieux respecter la Constitution que le Conseil d'État (*Rev. adm.*, 1979, p. 141-145). Par ailleurs, c'est oublier aussi qu'il arrive au Conseil d'État statuant au contentieux de désavouer le Conseil d'État statuant en matière consultative et il suffit à ce propos d'évoquer l'affaire *Canal*.

La critique a cependant surtout consisté à faire du Conseil constitutionnel, aux yeux de l'opinion, le responsable de l'aggravation de la note à payer et donc de l'accroissement de la charge fiscale. On s'est alors plu à souligner l'« irresponsabilité » des neuf sages, et on leur a imputé la volonté politique d'embarrasser le Gouvernement et sa majorité.

64 . Nous sommes ici, il est vrai, aux bornes du contrôle de l'opportunité et du contrôle de constitutionnalité. Mais on remarquera que le juge judiciaire et le juge administratif procèdent très souvent à l'appréciation du caractère juste d'une indemnisation. Par ailleurs, le Conseil constitutionnel n'a en réalité fait que réviser le mode d'indemnisation qui avait été suggéré au Gouvernement par une autre Haute instance juridique, le Conseil d'État, lequel avait estimé qu'il s'agissait d'une question de droit. Le problème, en fait, est celui de la dualité des expertises juridiques qui, déjà posé pour les décrets, se pose désormais pour les lois : certains décrets sont soumis pour avis au Conseil d'État et peuvent être déférés ensuite au contentieux. Tous les projets de loi sont soumis pour avis au Conseil d'État et peuvent être déférés ensuite au Conseil constitutionnel. En l'espèce, le Gouvernement Mauroy a été victime du système de la double expertise car, contre l'avis apparemment du groupe socialiste de l'Assemblée, il a suivi l'avis du Conseil d'État et a été, de ce fait, censuré par le Conseil constitutionnel. Quelle est alors la solution ? Elle est difficile à trouver. On pourrait certes penser à une consultation du Conseil constitutionnel au cours de la procédure parlementaire ; mais ce serait alors faire très directement participer le juge constitutionnel à l'élaboration de la loi, ce qui nous semble contraire à l'esprit de l'institution.

65 . Sur le caractère *préalable* de l'indemnité, le Conseil a considéré que même si l'indemnisation « ne s'opère pas par la remise de numéraire », la remise aux actionnaires d'obligations « inscrites à la cote officielle et donc immédiatement négociables » constituait « un mode d'indemnisation suffisamment équivalent à un paiement en numéraire ».

Sur ce point, les critiques des requérants à l'encontre de la loi étaient difficilement dissociables de celles relatives au caractère juste de l'indemnisation, et en répondant à celles-ci le Conseil constitutionnel a également, en fait, répondu à celles-là.

66 . Le Conseil constitutionnel a adopté, en définitive, une conception de l'indemnisation lui paraissant conforme à la philosophie libérale consacrée par notre système juridique et politique. Et un spécialiste italien (G. Zagrebelsky, *in Nationalisations et Constitution*, p. 89) a pu souligner « la distance qui sépare la décision du Conseil de la jurisprudence de la Cour constitutionnelle italienne ». Celle-ci, à propos de principes constitutionnels plus avancés sur le plan social que ceux qui ont été affirmés par le Conseil, a décidé plusieurs fois que le droit des particuliers doit être coordonné *dès le début* avec l'intérêt public. Par conséquent, indemnité ne signifie point nécessairement remboursement intégral de la valeur vénale, « mais exclusivement le maximum de contribution et de réparation qu'à l'intérieur des buts d'intérêt général, l'administration publique peut garantir à l'intérêt

privé ». Ce principe implique que « la comparaison de ces intérêts et la détermination des moyens d'assurer la satisfaction respective doivent être le résultat d'une pondération complexe et variée d'éléments techniques, économiques, financiers et politiques, qui n'appartient qu'au législateur ».

Mais cette différence s'explique sans doute par le fait que le droit de propriété, en France, est un droit de la première génération proclamé en 1789 tandis qu'en Italie, il est un droit de la deuxième génération, proclamé en 1948 (voir en ce sens, observ. L. Favoreu, *in* Colloque sur la Déclaration des droits de l'homme et la jurisprudence).

67 . Des précisions complémentaires ont été apportées quant au régime des nationalisations par des décisions ultérieures.

Le Conseil constitutionnel a donné, dans la décision 167 DC, une définition de la nationalisation : « ...la nationalisation, au sens de l'article 34 de la Constitution, implique que le transfert de propriété d'une entreprise résulte d'une décision de la puissance publique à laquelle le ou les propriétaires sont obligés de se plier ». Et il en déduit la conséquence : « que la prise de participation dans le capital d'entreprises ne saurait, en raison du caractère contractuel de l'opération, constituer une nationalisation ». Ce qui se traduit par le fait qu'il n'est pas nécessaire dans ce cas-là qu'intervienne une loi pour autoriser. C'est du moins ce qu'on peut conclure des considérants 20 à 23 : d'après les requérants, l'article 34 a été méconnu parce que la prise de participation dans des entreprises peut se faire sur la seule autorisation du comité de la réglementation bancaire (et non du législateur) ; le Conseil constitutionnel répond que le moyen ne saurait être retenu, car une prise de participation étant une opération contractuelle et non une nationalisation, une loi n'est pas nécessaire (solution implicite).

Ceci valide *a posteriori* les nombreuses « nationalisations conventionnelles » dont Pierre Delvolvé souligne qu'« il est remarquable que toutes... aient été réalisées, sauf pour certaines dispositions budgétaires, sans l'intervention du Parlement » (*Droit public économique*, 5e éd., 1986, p. 740).

Il convient de rapprocher cette jurisprudence de celle relative aux dénationalisations ou privatisations (cf. *infra*, observ. sur *26 juin 1986* *).

V. - L'APPLICATION DU DROIT INTERNATIONAL

68 . Les décisions des *16 janvier* et *11 février 1982* n'ont, à notre sens, qu'un intérêt limité *du point de vue du droit international*, même si la doctrine de droit international privé a cru y voir un progrès décisif quant à l'insertion du droit international dans le bloc de constitutionnalité.

69 . Sénateurs et députés requérants ont longuement défendu le point de vue selon lequel le projet de loi violait le principe de droit international public interdisant d'attacher aux nationalisations un effet extra-territorial.

Dans un premier temps, les requérants se sont attachés à montrer que si le Conseil constitutionnel refusait, selon une jurisprudence constante, d'apprécier la conformité d'une loi à un traité, il n'en allait pas de même pour l'appréciation de la conformité d'une loi aux règles du droit public international, les sénateurs invoquant même à ce sujet la décision du Conseil constitutionnel dans l'affaire des Comores (30 décembre 1975, *R.D.P.*, 1976, p. 557, note Favoreu). En fait, il n'est pas sûr que cette dernière décision ait eu cette signification et qu'on puisse s'en prévaloir pour demander au Conseil constitutionnel de vérifier la conformité des lois aux règles du droit international général (cf. Favoreu, Le Conseil constitutionnel et le droit international, *A.F.D.I.*, 1977, p. 108).

Dans un second temps, les requérants – surtout les députés – ont tenté d'établir qu'il existait un principe de droit international interdisant d'attacher aux nationalisations un effet extra-territorial.

Et dans un troisième temps, enfin, les auteurs des saisines ont montré que la plupart des nationalisations touchaient des biens et des filiations situées à l'étranger.

70 . En fait, le Conseil constitutionnel n'a apporté de réponse sur aucun des trois points : ni sur la recevabilité d'un moyen soulevant la non-conformité d'une loi à un principe de droit international général, ni sur l'existence d'un principe de droit international excluant l'effet extra-territorial des nationalisations, ni sur la portée des nationalisations. Il a en effet éludé ces questions en considérant en somme que la loi de nationalisation pouvait voir ses effets non reconnus en dehors du territoire national, mais que cela « constituerait un *fait* qui ne saurait restreindre en quoi que ce soit le droit du législateur de régler les conditions dans lesquelles sont administrées les sociétés nationalisées ».

En d'autres termes, il est possible que la loi ne soit pas reconnue applicable à l'étranger et notamment par les tribunaux ; mais ceci est un pur « fait » sans influence sur les pouvoirs du législateur. Si cette limitation est une limitation de fait, point n'est besoin de savoir s'il existe un principe de droit international excluant l'effet extra-territorial des nationalisations et si la loi doit être conforme à ce principe. Il faudra donc attendre une autre décision pour avoir une réponse à nos questions.

71 . Cependant, selon les analyses de J.-M. Bischoff (*R.C.D.I.P.*, 1982) et B. Goldman (*J.D.*, I, 1982), le Conseil constitutionnel se serait implicitement reconnu compétent pour vérifier la conformité d'une loi aux règles du droit public international, en sorte que « les décisions des *16 janvier* et *11 février 1982* présentent pour tous les internationalistes une importance considérable » (J.-M. Bischoff).

En fait, ces analyses n'ont jamais été confirmées. On peut, au contraire, constater que dans un arrêt d'assemblée, le Conseil d'État a affirmé que ni l'article 55 de la Constitution « ni aucune autre disposition de valeur constitutionnelle ne prescrit ni n'implique que le juge administratif fasse prévaloir la coutume internationale sur la loi en cas de conflit entre ces deux normes » (6 juin 1997, *Aquarone*,

Droit administratif, juillet 1997, p. 24, note G. Teboul). Comme le reconnaît, à regret, M. Teboul – qui, jusque-là, soutenait la thèse contraire avec plusieurs auteurs (R. Abraham, R. Chapus et Nguyen Quoc Dinh) mais admettait « qu'il convenait de rester circonspect [car] deux spécialistes (L. Favoreu et B. Genevois) de la jurisprudence des sages de la rue Montpensier retenaient une interprétation contraire » – compte tenu des termes utilisés par le Conseil d'État dans l'arrêt commenté... et des conclusions du commissaire du Gouvernement Bachelier... il apparaît que, désormais, les doutes doivent être quelque peu dissipés : le Haut conseil ne semble pas favorable à ce que les règles coutumières internationales aient valeur constitutionnelle ». Il est vrai que l'on peut tirer de cet arrêt un commentaire moins définitif : en effet, des membres du Conseil d'État estiment que celui-ci n'a pas opéré de contrôle par rapport au droit international général justement parce que le Conseil constitutionnel n'a pas encore expressément exclu celui-ci du bloc de constitutionnalité (cf. T.-X. Girardot et D. Chauvaux *in A.J.D.A.* 1997, p. 575).

32

25 février 1982

LOIS DE DÉCENTRALISATION
(137 DC ; 138 DC)

Droit constitutionnel local
Indivisibilité de la République
Libre administration des collectivités territoriales

Décisions nº 82-137 DC et nº 82-138 DC, *Rec.* 38, *RJC* I-117 et 41, *RJC* I-119.
Article 61, al. 2, de la Constitution.
Saisines parlementaires.
Subordination du législateur au « principe de légalité ».
Prééminence de l'État sur les collectivités territoriales.
Limites de la décentralisation au sein d'un État unitaire (art. 2, Constitution).
Caractère constitutionnel du principe de libre administration.
Rôle constitutionnel du Sénat en tant que représentant des collectivités territoriales.
Compétence du législateur pour créer une catégorie de collectivités territoriales.
Définition du contrôle administratif prévu par l'article 72 de la Constitution.

RÉFÉRENCES

a) Textes des recours *in* MAUS (D.), Textes et documents, 2e éd., p. 633-634.

b) *Notes doctrinales*

BOULOUIS (J.) : *A.J.*, 1982, p. 303. - ETIEN (R.) : *Rev. adm.*, 1982, p. 352. - FAVOREU (L.), *R.D.P.*, 1982, p. 1259.

c) *Autres références*

AUTEXIER (Ch.) : « L'ancrage constitutionnel des collectivités de la République », *R.D.P.*, 1981, p. 581. - FABRE (M.-H.) : « L'unité et l'indivisibilité de la République : réalité ? fiction ? » , *R.D.P.*, 1982, p. 603. - FAVOREU (L.) : Chroniques, *R.D.P.*, 1976, p. 232 ; p. 557. - FAVOREU (L.) : Les bases constitutionnelles du droit des collectivités locales, *in La nouvelle décentralisation*, Sirey, 1983 ; « Libertés locales et libertés universitaires », *R.D.P.*, 1984, nº 3 ; Libre administration et principes constitutionnels, *in La libre *administration des collectivités territoriales* (Moreau et Darcy, dr.), Economica et P.U.A.M., 1984, p. 68. - LABAYLE (H.) : Note sous C.C. 19 juillet 1983, *J.C.P.*, 1985, II, 20352. - LUCHAIRE (F.) : « La décentralisation dans les D.O.M. », *A.J.*, 1983, p. 120. - LUCHAIRE (F.) : « Les fondements constitutionnels de la décentralisation », *R.D.P.* , 1982, p. 1543. - MAESTRE (J.-C.) : « L'indivisibilité de la République et l'exercice du droit d'autodétermination », *R.D.P.,* 1976, p. 431. - MAESTRE (J.-C.) : Commentaire des articles 2, 73 et 74, *in La Constitution de la République française* (sous la direction de F. LUCHAIRE et G. CONAC). - MICHALON (Th.) : « La République française, une fédération qui s'ignore ? », *R.D.P.*, 1982, p. 623. - MICLO (F.) : *Le régime législatif des D.O.M. et l'unité de la République*, Economica, 1982. - La réforme des collectivités territoriales : Principe de libre administration et statut du personnel (1res rencontres d'Angers, sept. 1983), *Cahiers du C.F.P.C.*, nº 13, octobre 1983 (voir notamment les contributions de J.-M. AUBY, M. BOURJOL, J.-C. DOUENCE, L. FAVOREU, O. SCHRAMECK). - BACOYANNIS (C.) : *Le principe constitutionnel de libre administration des collectivités territoriales,* Paris, Economica-P.U.A.M., 1993. - DEBBASCH (R.) : *Le principe révolutionnaire d'unité et d'indivisibilité de la République,* Préf. de Michel Debré, Economica-P.U.A.M., 1988. - ROUX (A.) : « Le principe constitutionnel de la libre administration des collectivités territoriales », *R.F.D.A.*, 1992, p. 435 et s. ; *Droit constitutionnel local*, Economica, 1995. - PHILIP (L.) : « Les garanties constitutionnelles du pouvoir financier local », *R.F.D.A.*, 1992.

d) *Jurisprudence*

- du Conseil constitutionnel

- Décision du *26 juin 1969**.
- Décision du *23 mai 1979**.
- Décision 147 DC du 2 décembre 1982, *Rec.*, 70, *RJC* I-135.
- Décision 149 DC du 28 décembre 1982, *Rec.* 76, *RJC* I-138.
- Décision 155 DC du 30 décembre 1982, *Rec.* 88, *RJC* I-149.
- Décision 151 DC du 12 janvier 1983, *Rec.* 29, *RJC* I-141.
- Décision 152 DC du 14 janvier 1983, *Rec.* 31, *RJC* I-142.
- Décision 160 DC du 19 juillet 1983, *Rec.* 43, *RJC* I-154.
- Décision 168 DC du 20 janvier 1984, *Rec.* 38, *RJC* I-180.
- Décision 174 DC du 25 juillet 1984, *Rec.* 48, *RJC* I-188.
- Décision 177 DC du 30 août 1984, *Rec.* 66, *RJC* I-194.
- Décision 178 DC du 30 août 1984, *Rec.* 69, *RJC* I-195.
- Décision 185 DC du 18 janvier 1985, *Rec.* 36, *RJC* I-219.
- Décision 196 DC du *8 août 1985**.
- Décision 197 DC du *23 août 1985**.
- Décision 290 DC du *9 mai 1991**
- Décision 372 DC du 6 fév. 1996, *Rec.* 40, *RJC* I-659.
- Décision 373 DC du 9 avril 1996, *Rec.* 43, *RJC* I-660.
- Décision 374 DC du 9 avril 1996, *Rec.* 58, *RJC* I-668.
- Décision 397 DC du 6 mars 1998, *JO* 8 mars 1998, p. 3560.
- Décision 409 DC du 15 mars 1999, *JO* 21 mars 1999, p. 4238.
- Décision 410 DC du 15 mars 1999, *JO* 21 mars 1999, p. 4234.

- du Conseil d'État

- C.E., 5 février 1970, *Saïd Ali Tourqui*, *A.J.*, 1970, p. 731.

I

LE CONSEIL CONSTITUTIONNEL,

Saisi le 28 janvier 1982 et le 4 février 1982, d'une part, par MM. Claude Labbé et autres, députés, et, d'autre part, le 28 janvier 1982, par MM. Adolphe Chauvin et autres, sénateurs, dans les conditions prévues à l'article 61 (alinéa 2) de la Constitution du texte de la loi relative aux droits et libertés des communes, des départements et des régions, telle qu'elle a été adoptée par le Parlement, et notamment ses articles 2, 3, 4, 45, 46, 47, 69 et 70 ;

Vu la Constitution ;

Vu l'ordonnance du 7 novembre 1958 portant loi organique sur le Conseil constitutionnel, notamment les articles figurant au chapitre II du titre II de ladite ordonnance ;

Ouï le rapporteur en son rapport ;

1. Considérant que, pour contester la. conformité à la Constitution de la loi soumise à l'examen du Conseil constitutionnel, les auteurs des saisines soutiennent que ses articles 2, 3 et 4 relatifs aux communes, 45, 46 et 47 relatifs aux départements, 69 et 70 relatifs aux régions seraient contraires à l'article 72 (alinéas 2 et 3) de la Constitution, en ce qu'ils ne confèrent au délégué du Gouvernement dans les départements et régions, à l'égard des délibérations et actes illégaux des autorités territoriales, d'autre pouvoir que celui de les déférer au tribunal administratif, au terme d'un délai d'attente, sans que ce recours ait de plein droit effet suspensif, et qu'ainsi le délégué du Gouvernement ne pourrait plus exercer le contrôle administratif, assurer le respect de la loi et préserver la liberté des citoyens ;

2. Considérant qu'aux termes de l'article 72 (alinéa 2) de la Constitution les collectivités territoriales «s'administrent librement par des conseils élus et dans les conditions prévues par la loi» ; que l'alinéa 3 du même article précise que : «dans les départements et territoires, le délégué du Gouvernement a la charge des intérêts nationaux, du contrôle administratif et du respect des lois» ;

3. Considérant que le principe de légalité exige à la fois le respect des attributions du législateur et celui des règles supérieures de droit par lesquelles la Constitution adoptée par le peuple français a proclamé l'indivisibilité de la République, affirmé l'intégrité du territoire et fixé l'organisation des pouvoirs publics ;

4. Considérant qu'il résulte des dispositions précitées de l'article 72 de la Constitution que, si la loi peut fixer les conditions de la libre administration des collectivités territoriales, c'est sous la réserve qu'elle respecte les prérogatives de l'État énoncées à l'alinéa 3 de cet article ; que ces prérogatives ne peuvent être ni restreintes ni privées d'effet, même temporairement ; que l'intervention du législateur est donc subordonnée à la condition que le contrôle administratif prévu par l'article 72 (alinéa 3) permette d'assurer le respect des lois et, plus généralement, la sauvegarde des intérêts nationaux auxquels, de surcroît, se rattache l'application des engagements internationaux contractés à cette fin ;

5. Considérant que les articles 3, 46 et 69 de la loi soumise à l'examen du Conseil constitutionnel, prévoient que le représentant de l'État défère au tribunal administratif les délibérations, arrêtés, actes et conventions pris ou passés par les autorités communales, départementales et régionales qu'il estime contraires à la légalité ; que ce contrôle vise l'intégralité des objectifs fixés à l'article 72 (alinéa 3) de la Constitution, comme le précisent les articles 34, paragraphe I (alinéa 4) et 79 (alinéa 5) de la loi et comme l'impliquent ses articles 5 (alinéa 1er et 2), 48 (alinéas 1er et 2) et 59 (alinéa 6) ; que, dès lors, en donnant au représentant de l'État la faculté de soumettre au contrôle juridictionnel tous les actes dont il s'agit, les articles 3, 46 et 69 de la loi n'ont pas restreint la partie de l'article 72 (alinéa 3) de la Constitution ;

6. Considérant cependant qu'en déclarant ces actes exécutoires de plein droit avant même leur transmission au représentant de l'État, c'est-à-dire alors qu'il n'en connaît pas la teneur et n'est donc pas en mesure de saisir la juridiction administrative d'un recours assorti d'une demande éventuelle de

sursis à exécution, les articles 2 (alinéa 1er), 45 et 69, paragraphe I (alinéa 1er), de la loi privent l'État, fût-ce temporairement, du moyen d'exercer les prérogatives qui lui sont réservées par l'article 72 (alinéa 3) de la Constitution ; qu'il en est de même des dispositions des articles 3 (alinéa 2), 46 (alinéa 2) et 69, paragraphe I (alinéa 3), qui frappent d'irrecevabilité le recours introduit avant l'expiration du préavis de vingt jours auquel est astreint le représentant de l'État, alors que, pendant ce délai, l'acte dont il s'agit conserve son caractère exécutoire ; que cette impossibilité temporaire d'agir qui, dans les dispositions précitées de la loi, frappe le représentant de l'État, même à l'égard d'un acte manifestement illégal, demeure, en dépit de ses articles 3 (alinéa 5), 46 (alinéa 5) et 69, paragraphe I (alinéa 6), pour tous les cas où la protection du respect des lois ou des intérêts nationaux n'est pas liée à la sauvegarde d'une liberté publique ou individuelle ;

7. Considérant, en conséquence, que les articles 2 (alinéa 1), 3 (alinéas 2 et 5), 45, 46 (alinéas 2 et 5) et 69, paragraphe I (alinéa 1, 3 et 6) de la loi soumise à l'examen du Conseil constitutionnel doivent être regardés comme non conformes à la Constitution, pour autant qu'ils font obstacle à ce que le représentant de l'État soit en mesure de connaître la teneur des actes visés par eux au moment où ils sont rendus exécutoires et puisse, s'il y a lieu, saisir sans délai la juridiction administrative ;

8. Considérant que ces dispositions sont séparables du reste de la loi, à l'exception des abrogations énoncées aux articles 17, 21 et 58 de dispositions auxquelles étaient substituées celles déclarées non conformes à la Constitution ;

9. Considérant qu'en l'espèce, il n'y a lieu pour le Conseil constitutionnel de soulever d'office aucune question de conformité à la Constitution en ce qui concerne les autres dispositions de la loi soumise à son examen.

Décide :

ARTICLE PREMIER. - Sont déclarées non conformes à la Constitution, dans la mesure indiquée dans les motifs de la présente décision, les dispositions des articles 2 (alinéa 1), 3 (alinéas 2 et 5), 45, 46 (alinéas 2 et 5) et 69, paragraphe I (alinéas 1, 3 et 6) de la loi relative aux droits et libertés des communes, des départements et des régions.

ART. 2. - Sont déclarées conformes à la Constitution les autres dispositions de cette loi, à l'exclusion des abrogations énoncées aux articles 17, 21 et 58 de dispositions auxquelles étaient substituées celles déclarées non conformes à la Constitution.

ART. 3. - La présente décision sera publiée au *Journal officiel* de la République française.

Délibéré par le Conseil constitutionnel dans ses séances des 18, 23, 24 et 25 février 1982.
(*J.O.*, 3 mars 1982, p. 759).

II

LE CONSEIL CONSTITUTIONNEL,

Saisi le 5 février 1982, d'une part, par MM. Claude Labbé et autres, députés, et, d'autre part, par MM. Charles Ornano et autres, sénateurs, dans les conditions prévues à l'article 61, alinéa 2, de la Constitution, du texte de la loi portant statut particulier de la région de corse, telle qu'elle a été adoptée par le Parlement ;

Vu la Constitution ;

Vu l'ordonnance du 7 novembre 1958 portant loi organique sur le Conseil constitutionnel, notamment les articles figurant au chapitre II du titre II de ladite ordonnance ;

Ouï le rapporteur en son rapport ;

Sur le moyen tiré de la violation des dispositions des articles 72, 73 et 74 de la Constitution :

1. Considérant que l'article 72, alinéa 1er, de la Constitution dispose que «Les collectivités territoriales de la République sont les communes, les départements, les territoires d'outre-mer. Toute autre collectivité territoriale est créée par la loi» ;
2. Considérant que, pour contester la conformité à cette disposition de la loi portant statut particulier de la région de Corse, les auteurs des saisines font valoir que la seconde phrase du texte précité devrait être entendue comme permettant la création de nouvelles catégories de collectivités territoriales et non la création d'une collectivité territoriale particulière et dérogatoire au droit commun ; qu'ils ajoutent, à l'appui de cette affirmation, que les articles 73 et 74 de la Constitution, dont le premier prévoit des mesures d'adaptation de la législation à la situation particulière des départements d'outre-mer et le second retient le principe d'une organisation propre aux territoires d'outre-mer, démontreraient qu'il n'existe pas, en territoire métropolitain, «une diversité telle qu'elle puisse justifier des différences dans l'organisation institutionnelle de ses divisions administratives» ;
3. Considérant, en premier lieu, que l'article 72 de la Constitution est relatif à l'ensemble des collectivités de la République alors que les articles 73 et 74 visent exclusivement les collectivités d'outre-mer ; que les dispositions de l'article 72, qui, dans un alinéa concernant tant les collectivités de la métropole que celles d'outre-mer, donnent compétence à la loi pour créer d'autres collectivités territoriales, ne sauraient voir leur application réduite aux seules collectivités d'outre-mer ;
4. Considérant, en second lieu, que la disposition de la Constitution aux termes de laquelle «toute autre collectivité territoriale est créée par la loi» n'exclut nullement la création de catégories de collectivités territoriales qui ne comprendraient qu'une unité ; que telle a été l'interprétation retenue par le législateur lorsque, en métropole, il a donné un statut particulier à la ville de Paris et, outre-mer, il a créé la collectivité territoriale de Mayotte ;
5. Considérant, d'ailleurs, que selon l'article 1er de la loi déférée à l'examen du Conseil constitutionnel, la création de la région de Corse intervient dans le cadre de la législation relative aux droits et libertés des communes, des départements et des régions ;
6. Considérant enfin que, contrairement à ce qui est soutenu dans la saisine, le fait qu'une collectivité territoriale soit amenée à collaborer avec un établissement public non créé par elle ne porte pas atteinte à la libre administration des collectivités locales ;

Sur le moyen tiré de la violation de l'article 2 de la Constitution ;

7. Considérant qu'aux termes de l'article 2 de la Constitution : «La France est une République indivisible, laïque, démocratique et sociale. Elle assure l'égalité devant la loi de tous les citoyens sans distinction d'origine, de sexe ou de religion...» ;

En ce qui concerne le principe de l'indivisibilité de la République :

8. Considérant que, selon les auteurs de la saisine, la loi soumise à l'examen du Conseil serait contraire à l'indivisibilité de la République en ce que «la notion de statut particulier contient, au-delà des intentions, des risques évidents de dislocation de l'unité nationale», ce qui serait démontré par l'exposé des motifs et par les travaux parlementaires ;
9. Considérant que, dans l'état actuel de la définition des attributions respectives des autorités décentralisées et des organes de l'État, le texte de la loi soumis à l'examen du Conseil constitutionnel ne comporte pas de disposition qui puisse, en tant que telle, être regardée comme portant atteinte au caractère indivisible de la République et à l'intégrité du territoire national ;

En ce qui concerne le principe de l'égalité devant la loi ;

10. Considérant, en premier lieu, que les auteurs de la saisine estiment que la loi déférée au Conseil constitutionnel serait contraire au principe d'égalité proclamé par l'article 2 de la Constitution, pour autant qu'«il y aurait disproportion entre l'édiction d'un statut électoral spécial et le fait que la Corse est une île» ;
11. Considérant qu'en l'état actuel de la législation et jusqu'à l'intervention du texte destiné à fixer le régime général des élections aux conseils régionaux rien ne permet de soutenir que le régime applicable à la région de Corse sera dérogatoire au droit commun applicable à l'ensemble des régions ;
12. Considérant, en second lieu, que, selon les auteurs de la saisine, la loi soumise à l'examen du Conseil constitutionnel serait encore contraire à l'égalité en ce que les mesures d'amnistie édictées

par l'article 50 ne s'appliquent qu'à des infractions en rapport avec la détermination du statut particulier de la Corse, lesquelles ne diffèrent pas des infractions commises dans d'autres parties du territoire national ;

13. Considérant qu'en vertu des dispositions de l'article 34 de la Constitution «la loi fixe les règles... concernant l'amnistie» ; qu'en vertu de cette compétence le législateur peut effacer certaines conséquences pénales d'agissements que la loi réprime ; qu'il lui appartient, alors, d'apprécier quelles sont les infractions et, le cas échéant, les personnes auxquelles doit s'appliquer lé bénéfice de ces dispositions ; que le principe d'égalité ne s'oppose pas à ce qu'il délimite ainsi le champ d'application de l'amnistie dès lors que les catégories qu'il retient sont définies de manière objective ; que tel est le cas dans la loi soumise à l'examen du Conseil constitutionnel ;

Sur le moyen tiré de la violation de l'article 24, alinéa 3, de la Constitution :

14. Considérant que, selon les députés auteurs de la saisine, la loi relative au statut particulier de la région de Corse méconnaîtrait les dispositions de la Constitution pour autant que l'entrée en vigueur de cette loi n'est pas subordonnée à l'intervention d'une loi organique et d'une loi ordinaire modifiant les règles électorales applicables au Sénat et permettant d'y assurer la représentation de cette collectivité territoriale ;

15. Considérant que, si l'article 24 de la Constitution exige la modification de ces dispositions législatives, il n'impose pas qu'elle intervienne avant l'entrée en vigueur de la loi portant statut particulier de la région de Corse ;

Sur l'article 44 de la loi ;

16. Considérant que l'article 44 de la loi dispose : «le représentant de l'État dans la région de Corse exerce sur toutes les catégories d'actes administratifs et budgétaires de la collectivité territoriale les contrôles prévus par le titre III de la loi nº... du... relative aux droits et libertés des communes, des départements et des régions pour l'ensemble des actes administratifs et budgétaires des régions» ;

17. Considérant que, si la référence ainsi faite par la loi portant statut particulier de la région de Corse au titre III de la loi relative aux droits et libertés des communes, des départements et des régions ne peut avoir d'effet avant la promulgation des nouvelles dispositions dudit titre III à la suite de la décision du Conseil constitutionnel nº 82-137 DC du 25 février 1982, cette circonstance n'est pas de nature à affecter la conformité à la Constitution de l'article 44 de la loi soumise à l'examen du Conseil constitutionnel ;

18. Considérant qu'en l'espèce, il n'y a lieu pour le Conseil constitutionnel de soulever d'office aucune question de conformité à la Constitution en ce qui concerne les autres dispositions de la loi soumise à son examen,

Décide :

ARTICLE PREMIER. - La loi portant statut particulier de la région de Corse : organisation administrative, est déclarée non contraire à la Constitution.

ART. 2. - La présente décision sera publiée au *Journal officiel* de la République française.

Délibéré par le Conseil constitutionnel dans ses séances des 24 et 25 février 1982.
(*J.O.*, 27 février 1982, p. 696).

La composition du Conseil constitutionnel à la date du 25 février 1982 était la suivante : M. FREY (Président), MM. BROUILLET, GROS, JOXE, LECOURT, MONNERVILLE, PERETTI, SÉGALAT, VEDEL.

OBSERVATIONS

1. Les décisions du *25 février 1982* sont intervenues au terme d'un long processus législatif qui a abouti au vote des premiers textes définissant les principes de la réforme de l'administration locale.

La réforme a été déclenchée dès le mois de juillet 1981 mais il a fallu attendre le 2 mars 1982 pour que soit promulgué le premier texte, c'est-à-dire ce que nous appellerons la loi générale ou loi-cadre et qui est en quelque sorte la locomotive du train de réformes. Entamée bien avant les nationalisations la deuxième grande réforme du début du septennat a donc abouti après.

2 . La discussion du projet de loi commence le 22 juillet devant l'Assemblée nationale – ce qui apparaît au Sénat comme une rupture avec les usages s'agissant d'une réforme des collectivités locales – et elle aboutit à l'adoption du texte en première lecture le 11 septembre après qu'eurent été rejetées une exception d'inconstitutionnalité soulevée par M. Debré, la question préalable présentée par M. Guichard (p. 334), et une motion de renvoi en commission. Au Sénat, il y a quelques difficultés car le ministre de l'Intérieur et de la Décentralisation prétend interdire à la Haute assemblée d'examiner le texte qu'a préparé la Commission des lois au motif qu'il s'agit en quelque sorte d'un contre-projet. Le Sénat adopte en première lecture un texte nettement différent de celui voté par l'Assemblée nationale. Mais celle-ci, à l'instigation du Gouvernement, revient à son premier texte lors de la deuxième lecture. Le Sénat au cours d'une deuxième lecture qui a eu lieu pendant la session extraordinaire, ne reprend pas son contre-projet mais reste en désaccord assez net avec la première Chambre, ce qui provoque la réunion d'une Commission mixte paritaire, laquelle échoue. En troisième lecture, l'Assemblée nationale et le Sénat restent sur leurs positions. Et le dernier mot revient donc aux députés le 28 janvier, en quatrième lecture.

Le même jour, à l'issue de ce vote, le Conseil constitutionnel est saisi simultanément par 83 députés R.P.R. et par 96 sénateurs centristes conduits respectivement par MM. Claude Labbé et Adolphe Chauvin, présidents de groupe. Les députés, après avoir préparé une requête beaucoup plus argumentée que devait signer le groupe U.D.F., ne présentent finalement qu'un mémoire sommaire émanant du seul groupe R.P.R. et ne portant que sur la suppression de la tutelle. Les sénateurs, eux aussi, se cantonnent au seul problème des conditions d'exercice de son contrôle par le représentant de l'État. Le 25 février, retenant essentiellement les griefs des sénateurs, le Conseil constitutionnel rend une décision de non-conformité partielle. Le 2 mars, la loi est promulguée sans un certain nombre de dispositions, et publiée au *Journal officiel* du 3 mars. Dès le 6 mars, cependant, est publiée une circulaire explicative au *Journal officiel* pour tenir compte de la décision du Conseil constitutionnel. Puis le 7 mars, est également publié un rectificatif à la loi. Et nous verrons, plus loin, qu'il a fallu en définitive plus qu'un rectificatif pour rendre applicable la loi, compte tenu de la décision du Conseil constitutionnel : une loi complémentaire a été nécessaire (loi n° 82-623 du 22 juillet 1982) ainsi qu'une nouvelle circulaire abrogeant la précédente.

3 . À la locomotive que constitue la loi n° 82-213 du 2 mars 1982, a été rattaché en cours de route un premier wagon, à moitié achevé d'ailleurs : la loi sur la Corse.

En effet, le texte mettant en œuvre la réforme régionale, en Corse, est voté, avant même que le texte général ne soit adopté. Soumis le 18 décembre au Conseil d'État qui refuse en fait de l'examiner, le projet de loi est scindé en deux parties, et seule la première partie, concernant les institutions, est soumis au Parlement, la seconde partie, relative aux compétences, devant être présentée aux assemblées à la session de printemps.

Le Gouvernement ayant déclaré l'urgence, une seule lecture a lieu devant l'Assemblée nationale (18, 19 et 20 janvier) et le Sénat (27 janvier) ; après l'échec de la Commission mixte paritaire, et le désaccord persistant entre le Sénat et l'Assemblée après une nouvelle lecture, l'Assemblée nationale vote le projet de loi le 5 février.

Le même jour, le Conseil constitutionnel est saisi par 91 députés R.P.R. et UDF et par 99 sénateurs centristes conduits par le sénateur-maire d'Ajaccio, Charles Ornano. Le Conseil constitutionnel rend sa décision le 25 février, en même temps que celle relative à la loi générale (Loi n° 82-214 du 2 mars 1982 portant statut particulier de la région de Corse ; organisation administrative) et rejette l'ensemble des arguments de l'opposition. La loi est alors promulguée le 2 mars et publiée le 3 (*J.O.* du 3 mars 1982, p. 748).

4 . Le projet de loi sur la décentralisation est un des premiers à voir le jour et à être présenté. C'est que le problème a été longuement étudié par la gauche lorsqu'elle était dans l'opposition.

Un projet de réforme a été officiellement déposé par les groupes socialistes de l'Assemblée et du Sénat en décembre 1979 (Voir proposition n° 1478, Assemblée nationale, 1re session ordinaire de 1979-1980, présentée par MM. Mitterrand, Mauroy, Defferre, Savary, Joxe, etc. ; même proposition au Sénat n° 152, 1re session ordinaire 1979-1980), prévoit l'intervention de trois séries de textes : une loi constitutionnelle, une loi organique et une loi ordinaire (cf. *R.D.P.*, 1982, p. 1263 et s.).

Une loi constitutionnelle, tout d'abord, car il est nécessaire de réviser la Constitution en ses articles 21, 34 et 72, ceci afin notamment de doter les autorités locales d'un « pouvoir réglementaire propre » – qui nécessite « la modification des articles 21, 37 et 72 de la Constitution » – et de créer les régions en tant que collectivités territoriales, ce qui suppose que soit complété préalablement l'article 72, alinéa 1er. De même la suppression du Préfet et de la tutelle exige « une rédaction nouvelle pour le 1er alinéa de l'article 72 de la Constitution ».

Par ailleurs, le projet socialiste prévoit également des lois organiques, notamment pour aménager l'attribution d'un pouvoir réglementaire propre aux collectivités territoriales et pour prévoir la représentation des nouvelles collectivités régionales au Sénat.

Enfin, une loi ordinaire met en œuvre la réforme dont les grandes lignes ont été fixées préalablement par les textes constitutionnel et organique.

5 . Cette démarche parfaitement logique ne sera pas suivie par la nouvelle majorité lorsqu'elle accédera au pouvoir : les deux premières étapes – constitutionnelle et organique – sont en fait supprimées et l'on passe directement à la troisième en demandant au Parlement de voter une sorte de loi-cadre certes mais en la forme ordinaire.

Ce n'est pas que la nouvelle majorité a oublié ce qu'elle avait mis au point lorsqu'elle était dans l'opposition ; et si cela avait été le cas d'ailleurs, le sénateur Pierre Schiele – qui, malicieusement, avait déposé une proposition de loi reprenant mot pour mot la proposition de loi socialiste (Proposition de loi constitutionnelle n° 378, Sénat, 2e session extraordinaire de 1980-1981) – l'aurait aidé à réparer cet oubli. En fait, le Gouvernement sait qu'il n'a pas la majorité nécessaire pour faire modifier la Constitution ; et que même, il ne pourrait faire voter la loi organique organisant la représentation des régions au Sénat, car l'approbation de la Haute assemblée – nécessaire en l'espèce, s'agissant d'une loi organique relative au Sénat – lui ferait défaut. En conséquence, le Gouvernement choisit de faire aboutir la réforme par la voie législative ordinaire...

Pour ce faire, il va tout d'abord renoncer à instituer un « pouvoir réglementaire propre » au profit des autorités locales. Puis, chaque fois qu'en cours de discussion sont annoncés les arguments mettant très fortement en question la constitutionnalité de telle ou telle disposition de son projet, il va accepter les amendements qui tempèrent les effets décentralisateurs de la réforme.

6 . Ainsi va-t-il admettre finalement d'assez nombreuses réserves juste après la proclamation des principes : la commune « peut intervenir en matière économique et sociale » mais c'est compte tenu du fait que « l'État a la responsabilité de la conduite de la politique économique et sociale et de la défense de l'emploi », et « sous réserve du respect de la liberté du commerce et de l'industrie, du principe de l'égalité des citoyens devant la loi, etc. » (art. 5) ; les régions reçoivent un statut de collectivités territoriales mais « la création et l'organisation des régions en métropole et outre-mer ne portent atteinte ni à l'unité de la République ni à l'intégrité du territoire » ; la région « a compétence pour promouvoir le développement économique et social, sanitaire, culturel et scientifique de la région... » mais à condition de respecter « l'intégrité, l'autonomie et les attributions des départements et communes » ainsi que les compétences de l'État dans ce domaine ; la suppression du Préfet et l'institution du Commissaire de la République ne sont pas officiellement prévues dans la loi parce qu'on craint une censure du Conseil constitutionnel ; la tutelle est supprimée mais tous les actes doivent être transmis au représentant de l'État, et celui-ci peut demander le sursis à exécution à la seule condition qu'il y ait un moyen sérieux. On pourrait ainsi multiplier les exemples d'auto-limitation de la majorité gouvernementale par crainte d'une censure du juge constitutionnel dont la menacent régulièrement les parlementaires de

l'opposition en soulevant force exceptions d'irrecevabilité et questions préalables. Et progressivement, le Gouvernement enlève de son texte ou atténue les dispositions qui risquent d'être censurées.

Certes, nous verrons qu'il reste beaucoup d'éléments importants de la réforme dans le texte qui est finalement voté. Mais il aurait pu y avoir beaucoup plus et la décentralisation a été, à notre avis, sensiblement atténuée non seulement par les omissions du départ (la non-attribution d'un pouvoir normatif propre aux autorités locales) ou les suppressions en cours de discussion, mais aussi par les très nombreuses corrections et adjonctions qui « affadissent » en définitive les principes et ramènent leurs proclamations à de plus modestes propositions. Alors surtout que parfois, l'état du droit nouveau n'est pas très éloigné de la situation qui existait en fait auparavant (cf. en ce sens, J. Moreau, *A.J.*, 1982, p. 311).

Cette auto-limitation de la majorité gouvernementale explique sans doute les conditions dans lesquelles le Conseil constitutionnel a été saisi et a statué.

7 . Les décisions du *25 février 1982*, quant à leur contenu, ne sont comparables ni par la longueur ni par la densité du raisonnement à celles rendues à propos de la loi *Sécurité et liberté*, ou de *la loi de nationalisation.* Mais on peut dire aussi que les saisines n'ont rien de comparable, qu'elles émanent des députés ou des sénateurs.

En fait, et contrairement à ce qui s'est passé dans les deux cas évoqués ci-dessus, les parlementaires requérants n'ont nullement mis en cause l'ensemble des deux textes. Ils se sont bornés à contester quelques points, importants certes, mais peu nombreux. Après avoir combattu pendant six mois sur le terrain juridique, et après avoir préparé un projet de saisine très complet, l'opposition ne saisit le juge inconstitutionnel que « du bout des lèvres ». Par ailleurs, elle donne l'impression de vouloir rattraper, à propos de la Corse, certaines omissions du premier recours notamment en ce qui concerne l'article 72, alinéa 1er.

L'attitude de l'opposition peut avoir plusieurs explications : peut-être les concessions et atténuations acceptées par le Gouvernement sont-elles apparues suffisantes ; ou bien, s'est fait jour le sentiment que, à quelques semaines des élections cantonales, il n'était peut-être pas bon de sembler s'opposer à la décentralisation ; ou bien encore, l'opposition a-t-elle pris conscience que si elle gagnait les élections locales, elle serait aise de bénéficier des mesures de décentralisation.

En toute hypothèse, saisi de quelques questions seulement et n'ayant pas cru devoir soulever d'office d'autres moyens, le Conseil constitutionnel a rendu une décision quelque peu frustrante pour ceux qui attendaient une réponse à plusieurs interrogations fondamentales. Il est vrai que certaines réponses ont été fournies ensuite dans la décision relative à la Corse. Mais à bien examiner le texte des deux décisions on s'aperçoit qu'il va bien au-delà des seules considérations techniques.

Reste posé le problème de savoir si une loi-cadre peut conditionner la validité d'une loi de mise en œuvre alors qu'elles ont la même nature (législative ordinaire) ; mais à quoi sert la loi-cadre si le législateur n'est pas tenu de la respecter ?

I. - Le sens des deux décisions

8 . Pour faire apparaître le sens des deux décisions, il convient de se situer sur plusieurs plans.

9 . *Au plan de la méthode législative*, tout d'abord, on constatera que le juge constitutionnel admet la validité de la démarche assez particulière suivie par le Gouvernement ;

- il n'est pas nécessaire de mettre en tête du train de réformes, les lois constitutionnelle et organique ; ce train peut être entraîné par une loi ordinaire ; les lois organiques – notamment celle relative à la représentation des régions au Sénat – peuvent être votées après : ainsi dans la décision sur la Corse, aux députés qui estimaient que l'entrée en vigueur de la loi portant statut particulier de cette région devait être subordonnée au vote préalable de la loi organique permettant de représenter cette nouvelle collectivité territoriale au Sénat, le Conseil constitutionnel répond : « Considérant que, si l'article 24 de la Constitution exige la modification de ces dispositions législatives, il n'impose pas qu'elle intervienne avant l'entrée en vigueur de la loi portant statut particulier de la région de Corse » (138 DC, § 15) ;
- il est admis qu'il y ait une loi générale ou loi-cadre, et en quelque sorte des lois d'application ou de mise en œuvre dont l'énoncé est d'ailleurs prévu à l'alinéa 2 de l'article 1er de la loi ;
- il n'est pas exigé cependant que la loi particulière soit votée après que la loi générale eût été elle-même votée et mise en vigueur même si elle s'appuie sur certaines dispositions de la loi générale :

> « Considérant que, si la référence ainsi faite par la loi portant statut particulier de la région de la Corse au titre III de la loi relative aux droits et libertés des communes, des départements et des régions ne peut avoir d'effet avant la promulgation des nouvelles dispositions dudit titre III à la suite de la décision du Conseil constitutionnel 137 DC du 25 février 1982, cette circonstance n'est pas de nature à affecter la conformité à la Constitution de l'article 44 de la loi soumise à l'examen du Conseil constitutionnel » *(138 DC, § 17)*.

Mais si cela n'affecte pas sa constitutionnalité, quel est en revanche l'effet qu'aurait produit sur la mise en vigueur de la loi sur la Corse, la non-promulgation de la loi générale ? Dans la mesure où, selon le Conseil constitutionnel lui-même, « la création de la région de Corse intervient dans le cadre de la législation relative aux droits et libertés des communes, des départements et des régions », et s'appuie formellement sur l'article 59 de cette loi, que serait-il advenu si la « catégorie » n'avait pas été créée ?

- l'affirmation que le « contrôle administratif » prévu à l'article 72, alinéa 3 de la Constitution au profit du délégué du Gouvernement peut se réduire à la faculté de déclencher un contrôle juridictionnel : « que... en donnant au représentant de l'État la faculté de soumettre au contrôle juridictionnel tous les actes dont il s'agit, les articles 3, 46 et 69 de la loi n'ont pas restreint la portée de l'article 72, alinéa 3 de la Constitution ».

On constate donc que les deux décisions du *25 février 1982* sont, malgré les apparences, riches en précisions sur le droit constitutionnel des collectivités locales que nous essayeront de décrire plus loin. Certes, ces décisions auraient pu être un véritable « traité » si toutes les questions en suspens avaient été posées au Conseil constitutionnel ; mais plusieurs décisions venant compléter les premières sont intervenues ensuite.

10 . *Quant au fond du droit*, les décisions du *25 février 1982* contiennent une série de précisions importantes :

- tout d'abord l'affirmation solennelle de la subordination du législateur au « principe de légalité » (ou plutôt de constitutionnalité) qui fait écho à l'affirmation particulièrement retentissante faite dans l'affaire des nationalisations (cf. *supra*, **32**-27, 28).
- ensuite le rappel vigoureux de la prééminence de l'État sur les collectivités territoriales, et du caractère constitutionnel de la structure unitaire de l'État qui condamne toute évolution vers une formule fédérale ou même quasi fédérale de type italien ou espagnol ;
- la confirmation du caractère constitutionnel du principe de libre administration des collectivités territoriales ou des collectivités locales et de la compétence du législateur pour le mettre en œuvre (décision 137 DC, 4e considérant ; décision 138 DC, 6e considérant), conformément à la jurisprudence antérieure et notamment à la décision du 23 mai 1979 *(Territoire de Nouvelle-Calédonie)* qui est ici cependant précisée ;
- la confirmation de l'applicabilité du principe d'égalité aux personnes morales de droit public, et notamment aux régions (138 DC, 10e et 11e considérants) ;
- l'affirmation du rôle constitutionnel du Sénat en tant que représentant de toutes les collectivités territoriales de la République, en application de l'article 24 de la Constitution (138 DC, 15e considérant) ;
- la possibilité de créer une catégorie nouvelle de collectivités territoriales par une loi ordinaire, ce qui conduit à faire désormais une distinction entre les collectivités territoriales à statut constitutionnel et celles à statut législatif ordinaire (138 DC, 4e considérant) ;
- la possibilité de créer des catégories de collectivités territoriales ne comprenant qu'une unité, de même qu'il y a des catégories d'établissements publics ne comprenant qu'un établissement (*idem*) ;
- l'affirmation que la Ville de Paris et la collectivité territoriale de Mayotte constituent à elles seules des catégories, et sont donc des collectivités territoriales sans équivalent sur le plan national (138 DC, 4e considérant).

II. - Les problèmes soulevés par l'exécution de la décision 137 DC

11 . La rédaction de la décision 137 DC, et notamment des derniers considérants et du dispositif, ont visiblement plongé le

Gouvernement et le ministre de l'Intérieur dans un grand embarras et on les comprend.

1° *Les difficultés d'interprétation de la décision.*

12 . *La première difficulté d'interprétation* résultait de ce que les dispositions déclarées non conformes ne l'étaient que « pour autant que... » (7e considérant) et « dans la mesure indiquée dans les motifs... » (art. 1er du dispositif) : c'est-à-dire que les dispositions en cause n'étaient pas annulées et pouvaient encore produire certains effets. Ainsi par exemple, les alinéas 2 et 5 de l'article 3 prévoyaient-ils que le représentant de l'État devait observer un préavis de vingt jours avant de saisir le Tribunal administratif d'un recours contre un acte de l'autorité municipale et que, pendant ce délai, le recours était irrecevable, et l'acte pouvait donc produire effet, sauf à pouvoir demander le sursis à exécution, en cas d'atteinte à une liberté publique ou individuelle. Le Conseil constitutionnel a estimé que, même avec le correctif des sursis, ceci était contraire à la Constitution, *dans la mesure où le représentant de l'État ne pouvait pendant vingt jours exercer sa mission de contrôle.* Il fallait donc extraire de ces dispositions ce qui était irrégulier et laisser subsister le reste. Mais cela conduisait pratiquement à *réécrire* les alinéas en cause, ce qui nécessitait au moins une nouvelle lecture. En fait, il a été décidé de supprimer purement et simplement l'ensemble des dispositions en cause et c'est ainsi, par exemple, que les conditions d'octroi du sursis ont été aussi enlevées du texte alors qu'elles n'étaient nullement en cause et que c'est seulement par *a contrario* que la possibilité d'octroi d'un sursis pendant le délai de vingt jours était irrégulière dans la mesure où elle apparaissait comme une exception à un principe condamné. En conséquence, le texte a été publié sans les dispositions en cause et avec des points de suspension (ce qui constitue une « première » !), ce qui aboutit à laisser penser que, en cas de menace à l'égard d'une liberté, le sursis est en quelque sorte de droit. Même démarche et même conséquence pour l'alinéa 1er de l'article 2 : était irrégulier le fait que l'acte était exécutoire dès sa publication ou notification, alors que d'après le Conseil constitutionnel, il aurait fallu attendre la transmission au représentant de l'État pour lui donner ce caractère ; à la promulgation, la fin de l'alinéa est supprimé, ce qui ne change rien à la règle qu'a voulu faire supprimer le Conseil puisqu'il est désormais proclamé que les divers actes « sont exécutoires de plein droit » sans aucune réserve. Les réserves seront ajoutées par la circulaire du ministre de l'Intérieur du 5 mars 1982 qui s'appuyant sur la décision du Conseil, vient subordonner le caractère exécutoire des actes à leur transmission au représentant de l'État !

13 . *La deuxième difficulté d'interprétation* résultait de ce que le Conseil constitutionnel avait, comme conséquence du raisonnement précédent, déclaré que devaient être remises en cause les abrogations de dispositions auxquelles étaient substituées les dispositions annulées, mais sans énumérer ou désigner ces dispositions abrogées qu'il fallait faire revivre. Il incombait donc au Gouvernement de rechercher dans les très longues listes de dispositions abrogées figurant aux

articles 17 et 21 (pour la commune) et 58 (pour le département), celles qui étaient visées. En fait, cela revenait à prévoir le retour au système antérieur, c'est-à-dire à faire revivre le régime des lois de 1884 et 1871. Au lieu de cela, la circulaire du 5 mars 1982 a adopté une solution radicale dispensant le Gouvernement de faire la recherche précitée : tous les actes des autorités locales verront leur caractère exécutoire subordonné à leur transmission et à leur réception par le représentant de l'État. En sorte que de très nombreux actes qui, sous le régime des lois de 1884 et de 1871 n'étaient pas soumis à la tutelle et étaient exécutoires dès leur signature, ont été soumis à l'obligation de transmission et ont perdu leur caractère exécutoire immédiat.

Non seulement donc, du fait de la décision du Conseil constitutionnel, on revenait au système de 1884 mais encore du fait de l'interprétation donnée par la circulaire, ce système était, dans une certaine mesure aggravé ! Et c'est ce qu'ont très vite constaté les élus locaux, et notamment les maires, qui ont alors alerté les sénateurs, lesquels ont déposé une proposition de loi visant à compléter la loi du 2 mars 1982.

14 . Devant le Sénat, le ministre de l'Intérieur a protesté de sa bonne foi en révélant même finalement qu'il avait demandé son avis au Conseil constitutionnel tout d'abord parce que, pour la première fois, la décision du juge constitutionnel ne se suffisait pas à elle-même, et qu'ensuite, à appliquer strictement cette décision, on aboutissait à remettre en vigueur deux régimes différents (pour les communes et les départements) en matière de transmission des actes au représentant de l'État.

On aboutit donc, du fait de la rédaction de la décision du Conseil constitutionnel, à une situation étonnante où le ministre de l'Intérieur consulte le Conseil constitutionnel de manière tout à fait officieuse, car cela n'est pas prévu par les textes, avant de modifier ou de combler les lacunes de la loi par un rectificatif et par une circulaire ! En fait, comme l'a souligné le sénateur P. Schiele dans une question orale avec débat, c'est une loi qui était nécessaire pour compléter la loi du 2 mars 1982 telle qu'amputée par la décision du Conseil constitutionnel. Et finalement, à l'initiative des sénateurs, une loi complémentaire sera votée (le 22 juillet 1982) et une nouvelle circulaire d'application, remplaçant la précédente, sera signée le même jour (Loi n° 82-623 du 22 juillet 1982 modifiant et complétant la loi du 2 mars 1982. Circulaire du 22 juillet 1982, *J.O.*, 23 juillet 1982, p. 2347 et p. 2354).

2° *Séparabilité et inséparabilité.*

15 . Les questions de technique procédurale peuvent avoir, en contentieux constitutionnel, des incidences considérables. L'affaire présente en est une remarquable illustration et est de plus l'occasion d'une réflexion sur les pouvoirs respectifs des organes de l'État.

L'imbroglio a été provoqué en fait par le caractère inachevé de la décision du Conseil constitutionnel et par l'ambiguïté, en l'espèce, de la notion d'inséparabilité. S'y ajoutent le climat de cette période pré-électorale et la hâte du Gouvernement de voir promulguer la loi avant les élections cantonales.

Il arrive au juge constitutionnel de prononcer des décisions de « conformité sous réserve » ; mais ici il a rendu, en quelque sorte, une décision de « non-conformité sous réserve » dont nous avons souligné plus haut la difficulté d'interprétation. Par ailleurs, le Conseil constitutionnel n'a pas lui-même défini les dispositions qui, du fait de la non-conformité des mesures d'abrogation, étaient remises en vigueur. S'il l'avait fait, il aurait été alors conduit à déclarer ces dispositions soit inséparables de l'ensemble du texte, soit inséparables d'une partie du texte (celui relatif à la suppression des tutelles) qui serait alors tombée avec les dispositions déclarées non conformes. Encore que l'on puisse aussi interpréter en ce sens le 8e considérant : « Considérant que ces dispositions sont séparables du reste de la loi, *à l'exception des abrogations énoncées aux articles 17, 21 et 58 de dispositions auxquelles étaient substituées celles déclarées non conformes à la Constitution »*. Mais quel est le sens exact de ce considérant : faut-il comprendre que les « abrogations énoncées aux articles 17, 21 et 58 » sont inséparables ?

En toute hypothèse, le pouvoir exécutif a compris qu'il n'y avait pas d'inséparabilité et que la loi devait être promulguée. Mais était-ce si sûr ?

3° *La promulgation était-elle possible ?*

16 . La loi du 2 mars 1982 pouvait-elle être promulguée telle qu'elle l'a été ?

La question a été explicitement posée lors d'une séance du Sénat et un débat intéressant a eu lieu sur les pouvoirs du Président de la République en matière de promulgation, débat ainsi introduit par le sénateur Dailly : « La procédure de promulgation de la loi relative aux droits et libertés des communes... a-t-elle été régulière ?... La question n'est pas sans importance car elle intéresse... le fonctionnement même de nos institutions à travers le respect des droits du Parlement... ». Et M. Dailly a développé l'idée selon laquelle le Président de la République ayant compétence liée lorsqu'il exerce son pouvoir de promulgation, il ne peut qu'appliquer strictement une décision du Conseil constitutionnel sans se livrer à une quelconque interprétation du texte qu'il a à promulguer. Or, du fait de la rédaction imprécise de la décision du Conseil constitutionnel, le chef de l'État a eu à opérer « une sorte de “tri” dans le texte voté par le Parlement, au regard d'une interprétation forcément contestable comme toutes les interprétations, de la décision du Conseil constitutionnel ». En sorte que, placé devant une telle situation, il aurait dû soit demander une nouvelle lecture au Parlement, comme l'y autorise l'article 23 de l'ordonnance portant loi organique sur le Conseil constitutionnel, soit déposer immédiatement un nouveau projet de loi, comme cela a été fait dans l'affaire des nationalisations. Mais pressé par le temps, à quelques jours des cantonales (prévues pour les 14 et 21 mars), le pouvoir exécutif a exclu ces deux voies qui auraient trop retardé la promulgation de la loi et a préféré « légiférer par circulaire » (E. Dailly, *J.O.*, Débats, Sénat, p. 1802).

17 . Et la longueur de la « loi complémentaire » du 22 juillet 1982, et l'abondance de ses dispositions montrent qu'en effet l'intervention du législateur était tout à fait nécessaire.

C'est d'ailleurs ce que reconnaît en définitive le ministre de l'Intérieur dans sa nouvelle circulaire du 22 juillet 1982 : « ...au plan pratique, il était souhaitable que le législateur intervienne à nouveau au moins pour les deux raisons suivantes : - inscrire expressément dans la loi le principe dégagé par le Conseil constitutionnel afin que ce principe soit connu de tous ; - *adapter telle ou telle disposition de la loi dans la mesure où la décision du Conseil constitutionnel a modifié à certains égards l'équilibre* du texte voté par le Parlement ». Dans sa circulaire du 22 juillet 1982, cependant, le Ministre d'État, ministre de l'Intérieur et de la Décentralisation, déclare : « Il m'a semblé préférable que la loi du 2 mars 1982 puisse être appliquée pendant quelques mois afin que la loi complémentaire soit également l'occasion de rectifier si nécessaire restaurée de ses dispositions dont la mise en cause aurait pu faire apparaître telle ou telle difficulté » (sic).

En fait, la loi du 22 juillet 1982 a réécrit entièrement certains articles de la loi du 2 mars, et cela seul le législateur pouvait le faire. Et ce sont les sénateurs de l'opposition qui on en fait contraint le Gouvernement à remplacer une circulaire par une loi. Ainsi la catégorie naissante des « circulaires à caractère législatif » – faisant pendant aux circulaires à caractère réglementaire – a-t-elle rapidement été étouffée dans l'œuf.

18 . En définitive, comme dans l'affaire des nationalisations mais d'une autre manière, le contrôle à double détente a joué, même si le Conseil constitutionnel n'a pas été saisi à nouveau. Le Parlement a été appelé à tirer les conséquences d'une décision de non-conformité du Conseil constitutionnel et cela a été sûrement d'un meilleur effet que si le Conseil constitutionnel avait lui-même « corrigé » et complété la loi contrôlée. Mais il aurait mieux valu que cela fût fait immédiatement et que la loi ne fût pas promulguée telle quelle (voir sur les problèmes d'inséparabilité et de nouvelle délibération, *infra*, **41**-2).

III. - L'INDIVISIBILITÉ DE LA RÉPUBLIQUE : L'INTERPRÉTATION STRICTE DES ARTICLES 2 ET 73 DE LA CONSTITUTION

19 . Rendant compte des décisions du *25 février 1982*, le président François Luchaire souligne que le Conseil constitutionnel a posé « des principes dont l'importance mérite d'être soulignée » car « il précise ce que le législateur ne pourra faire et même ce qu'il devra faire ». Ces limites et ces directives ont trait essentiellement à *la préservation du caractère unitaire de l'État* et elles déterminent le cadre maximum dans lequel la réforme pourra se développer. En rappelant très fermement qu'il veillerait à ce que le législateur ne porte pas atteinte « au caractère indivisible de la République et à l'intégrité du territoire », le Conseil constitutionnel a, de manière générale, tracé

les limites extrêmes de la décentralisation. Et en soulignant dans sa décision sur la loi générale que « libre administration » ne signifiait pas « libre gouvernement », il a marqué que les collectivités territoriales locales et la collectivité territoriale étatique ne se situaient pas au même niveau.

1° *L'indivisibilité de l'État : l'absence de pouvoir normatif autonome des collectivités territoriales.*

20 . La frontière entre l'État indivisible et l'État divisible se détermine par référence à l'inexistence ou à l'existence d'un pouvoir normatif autonome. Là réside le critère décisif : la collectivité secondaire a-t-elle un pouvoir normatif initial et non susceptible d'être anéanti par la collectivité supérieure ? Si oui, nous sortons du cadre de l'État indivisible ; si non, nous y restons.

Ainsi, dans les territoires d'outre-mer, les autorités locales exercent-elles un pouvoir réglementaire : mais, d'une part, les délibérations des assemblées territoriales sont annulables par l'autorité étatique (C.E., 27 février 1970, *Saïd Ali Tourqui, A.J.*, 1970, p. 731) ; et d'autre part, le législateur définissant lui-même le domaine d'intervention des autorités normatives locales – en vertu de l'article 74 de la Constitution – peut à tout moment se substituer à l'autorité locale ainsi que l'a admis le Conseil constitutionnel dans sa décision 155 DC du 30 décembre 1982 (Loi de finances rectificative pour 1982, *R.D.P.*, 1983, p. 385). En conséquence, il n'y a pas de pouvoir normatif autonome, et même dans les T.O.M., pas d'atteinte à l'indivisibilité de la République. En revanche, il n'y a plus d'unité de la République, car les droits applicables peuvent être différents dans les diverses portions du territoire national ; mais cela ne fait pas de la France un État fédéral, car aucune de ces collectivités composantes ne dispose d'un pouvoir normatif initial et insusceptible d'être anéanti par la collectivité supérieure.

21 . La meilleure manière de vérifier cela est d'ailleurs de faire une comparaison avec les systèmes étrangers.

Dans leur excellente étude du régionalisme espagnol (*Les autonomies régionales dans la Constitution espagnole*, Economica, 1981), les professeurs Moderne et Bon montrent que le modèle espagnol de « l'État régional » se situe entre l'État unitaire et l'État fédéral parce que, à la différence de l'État unitaire, dans l'État régional les collectivités composantes ont l'autonomie législative mais elles n'ont pas, à la différence de l'État fédéral, l'autonomie statutaire ou constituante.

Et à notre sens la limitation essentielle fixée par le Conseil constitutionnel réside dans le refus d'octroi d'un pouvoir normatif autonome : le « statut particulier » de la Corse ne le gêne pas, ni même l'appellation « d'Assemblée de Corse », tant que cette Assemblée n'a pas de pouvoir normatif autonome, et cela bien qu'elle soit élue désormais au suffrage universel direct. Malgré le « statut particulier » il y a une source normative unique, de caractère national, laquelle peut, sans porter atteinte à l'indivisibilité de la République, édicter des régimes différents.

Il semble cependant que la différence de régime juridique ne puisse exister en ce qui concerne les institutions : sauf exception prévue par la Constitution pour les T.O.M., le droit institutionnel doit être partout le même car cette uniformité est garante de l'indivisibilité de la République.

Ainsi le Conseil constitutionnel a-t-il souligné à propos de la Corse que le régime électoral des diverses régions, y compris la Corse, devait être le même parlant même à cette occasion de « droit commun applicable à l'ensemble des régions ».

Telles sont, semble-t-il, les limites extrêmes que la Constitution fixe à la réforme : non-attribution d'un pouvoir normatif propre aux collectivités locales, droit commun institutionnel. Et ces principes vont être appliqués au cas des départements d'outre-mer.

2° *L'application de ces principes au cas des D.O.M. : la décision 147 DC du 2 décembre 1982.*

22 . La décision 147 DC du 2 décembre 1982 annulant l'ensemble de la loi portant adaptation de la loi du 2 mars 1982 aux D.O.M. est dans la droite ligne de la jurisprudence définie le *25 février 1982.*

La loi du 2 mars 1982, au dernier alinéa de son article 1er, dispose : « En ce qui concerne les départements d'outre-mer, la présente loi s'applique jusqu'à la promulgation de lois adaptant certaines de ses dispositions à la spécificité de chacune des collectivités concernées ».

La loi du 2 mars s'est donc appliquée immédiatement aux D.O.M., en même temps qu'aux départements métropolitains, et il y a eu ainsi suppression de la tutelle, transfert de l'exécutif départemental du Préfet au Président du Conseil général, etc. Néanmoins, en application de ce dernier alinéa de l'article 1er, a été préparée l'adaptation de la loi du 2 mars aux D.O.M., adaptation permise par l'article 73 de la Constitution.

23 . Le problème, il faut bien le voir, a des dimensions politiques autant que juridiques.

Les Conseils généraux des D.O.M. sont dominés par l'opposition. Lors du dernier renouvellement des assemblées départementales, le Gouvernement avait essayé de ne pas organiser les élections cantonales dans les D.O.M., mais avait dû y renoncer devant les protestations de l'opposition. Et l'opposition avait assez nettement conforté ses positions.

Dans l'une de ses 110 propositions, le candidat François Mitterrand avait promis de doter les D.O.M. d'un nouveau statut comportant une *assemblée unique.* Il s'agissait donc de remplacer le conseil régional et le conseil général par une seule assemblée. Mais, afin de ne pas heurter de front la Constitution qui prévoit l'existence de « *départements* d'outre-mer », fut imaginé un système – sur le modèle de Paris – faisant coexister deux collectivités territoriales (le département et la région) dotés d'une seule assemblée dénommée le « Conseil général et régional » – et d'un seul exécutif – le président de ce conseil général et régional, l'assemblée et l'exécutif agissant tantôt comme organes du département, tantôt comme organes de la région. L'assemblée unique pouvait être élue soit à la représentation proportionnelle comme devaient l'être les futurs conseils régionaux sur le modèle corse, soit au scrutin uninominal à deux tours dans le cadre cantonal, comme le conseil général. Le Gouvernement a choisi le premier système au motif qu'il s'agit d'un mode de scrutin plus démocratique.

L'opposition a alors fait valoir, notamment au sein des conseils généraux, qu'il s'agissait là d'une opération politique visant à assurer la conquête du pouvoir par la gauche grâce à l'assemblée unique élue à la représentation proportionnelle ; car la majorité gouvernementale aurait pu respecter la Constitution, tout en procédant à une réforme démocratique, en choisissant l'une des solutions suivantes :

• ou bien maintenir le système existant depuis 1972 de coexistence des deux organisations régionale et départementale, avec deux assemblées et deux exécutifs distincts ;

• ou bien adopter la solution corse et créer deux départements et une région dans chaque D.O.M. ;

• ou bien maintenir le département sans créer une région.

En fait, si le gouvernement avait fait du département la pièce centrale de l'assemblage, en donnant à l'assemblée unique les traits d'un Conseil général et en greffant l'organisation régionale sur cet élément de base – au lieu de faire l'inverse – le projet eût été conforme à la Constitution car le département subsistait vraiment. Mais alors l'assemblée unique n'eût pas été élue à la représentation proportionnelle dans une circonscription unique : or, c'est cela qu'attendaient les partis de gauche, et notamment le parti communiste.

24 . Le raisonnement suivi par le Conseil constitutionnel dans sa décision – courte mais dense – du 2 décembre 1982 peut être décomposé de la manière suivante :

• les départements d'outre-mer sont des départements ;

• donc ils doivent être dotés de l'organisation d'un département ;

• or, cette organisation repose essentiellement sur le Conseil général ;

• le Conseil général est une assemblée assurant la représentation des composantes territoriales du département (en l'état actuel de la législation) ;

• toute assemblée n'assurant pas ce type de représentation n'est pas un conseil général ;

• en conséquence, doter les D.O.M. d'une telle assemblée est leur conférer une organisation autre que celle des départements ;

• le législateur n'était pas autorisé par la Constitution à opérer cette différenciation s'agissant des D.O.M., alors qu'il eût pu le faire s'agissant des T.O.M. ;

• le législateur a donc excédé ses pouvoirs et son acte doit être annulé pour vice d'incompétence.

25 . Après avoir rappelé les termes de l'article 72 (les deux premiers alinéas) et de l'article 73, le Conseil constitutionnel déclare : qu'il résulte de ces articles que le statut des D.O.M. doit être le même que celui des départements métropolitains... ».

La Haute juridiction confirme ainsi définitivement l'existence du *principe d'assimilation* consacré à diverses reprises par la doctrine, la jurisprudence (administrative) et la pratique.

26 . *La compétence d'adaptation conférée par l'article 73* de la Constitution à l'égard des D.O.M. n'est pas la compétence d'organisation conférée par l'article 74 à l'égard des T.O.M.

La différence majeure entre un « département » et un « territoire » est que, à la notion de département s'attachent une organisation administrative et un régime législatif précis, tandis que la notion de « territoire » recouvre des réalités très différentes et mouvantes.

Le schéma institutionnel général est adapté par le législateur aux départements d'outre-mer ; un schéma institutionnel propre est créé par le législateur pour chaque T.O.M.. Supprimer le Conseil général, et donc le département, et appliquer le schéma régional seul, c'est créer une organisation propre pour la Guadeloupe, la Martinique, la Réunion et la Guyane. Objecter qu'on peut faire moins dans les D.O.M. qu'on n'a fait en Corse n'a pas de sens car le statut particulier de la Corse ne change pratiquement rien au schéma institutionnel général : qu'on imagine, en revanche, la Corse sans Conseils généraux et sans départements et avec pour toute l'île une assemblée unique élue à la proportionnelle, et un seul exécutif, représentant tour à tour et à la fois la région et le département, et on pourra alors comparer avec ce qui était projeté pour les D.O.M..

Nul doute que le Conseil constitutionnel a ainsi condamné la thèse selon laquelle, en vertu de l'article 73, même les dispositions constitutionnelles pouvaient faire l'objet d'une adaptation.

En fait, l'article 73 de la Constitution ne déroge pas aux règles normales de répartition des compétences et « il doit être interprété comme habilitant chacune des autorités constitutionnelles à décider des adaptations dans son domaine propre de compétence » ; ainsi le constituant, le législateur et le pouvoir réglementaire doivent-ils intervenir selon qu'il s'agit d'adapter une disposition constitutionnelle, législative ou réglementaire. Cette conclusion (à laquelle parvient F. Miclo dans son ouvrage, p. 125) s'appuie sur la jurisprudence du Conseil constitutionnel et du Conseil d'État : en effet, il ressort des décisions du Conseil constitutionnel en date des 27 février et *26 juin 1969* * « que la détermination de la compétence pour réaliser l'extension dépend de la détermination de la nature des dispositions à étendre et respecte le partage de compétence prévu par l'article 34 ». Le Conseil d'État décide de même à propos de l'extension de dispositions législatives, extension qui ne peut être faite que par la loi. Certes, il s'agit de cas d'extension mais « l'opération d'extension n'est pas foncièrement différente de celle d'adaptation » (Miclo, *op. cit.*, p. 124).

En toute hypothèse, dans sa décision 152 DC du 14 janvier 1983, le Conseil constitutionnel prend clairement position dans ce sens en décidant que s'agissant des mesures d'adaptation de l'article 73, « de telles mesures relèvent, *selon leur objet*, de la voie législative ou de la voie réglementaire » ; et il ajoute, de manière décisive que : « s'agissant de simples mesures d'application d'une disposition législative, même si elles doivent comporter une certaine adaptation à la situation des D.O.M., c'est à l'autorité réglementaire qu'il appartient normalement de les prendre ».

Il y a donc là, et depuis longtemps, une démarche logique et concordante du Conseil constitutionnel et du Conseil d'État.

27 . Certes, M. Luchaire (*A.J.D.A.*, 1979, p. 7) invoque une décision rendue par le Conseil constitutionnel le 2 juillet 1965 (nº 65-34 L) (à l'époque où il était membre de la Haute juridiction) et selon laquelle l'article 73 permet de « déroger au régime législatif résultant de l'article 34 de la Constitution ». En fait, même si la décision du 2 juillet 1965 peut être interprétée en ce sens (la rédaction complète est la suivante : « Considérant que si, d'après l'article 73 de la Constitution, le régime législatif des D.O.M. peut faire l'objet de mesures d'adaptations nécessitées par leur situation particulière, l'organisation des T.O.M. peut, *a fortiori*, déroger au régime législatif résultant de l'article 34 de la Constitution » (nº 65-34 L, § 21), on doit constater qu'elle a été contredite par les décisions rendues par le Conseil constitutionnel en 1969 et qu'elle n'était pas par ailleurs en concordance avec la jurisprudence du Conseil d'État.

Quelles sont alors la portée réelle et l'utilité de l'article 73 ? Tout d'abord, il convient de considérer que cet article institue en quelque sorte une exception au principe d'assimilation découlant de l'article 72, alinéa 1er, et qu'il doit donc être interprété de manière restrictive. Par ailleurs, « il permet d'écarter le grief d'atteinte au principe d'égalité devant la loi et les règlements » (F. Miclo, *op. cit.*, p. 127) dont pourraient faire état les habitants des D.O.M..

28 . Une décision 174 DC du 25 juillet 1984 est venue compléter l'interprétation de l'article 73 de la Constitution, dans la ligne précédemment définie.

Tout d'abord, le juge constitutionnel a choisi l'acception géographique de l'expression « département d'outre-mer », et non l'acception strictement juridique, comme le demandaient les sénateurs requérants. Ceci conduit donc à considérer que dans les D.O.M., non seulement le département mais aussi la région et les communes (la décision [§ 13] admet clairement la possibilité d'adaptation pour les communes lorsqu'à propos de l'exclusion des communes des D.O.M. de la procédure d'adaptation, le Conseil constitutionnel déclare « qu'une telle exclusion... ne saurait être regardée comme une mesure d'adaptation nécessitée par la situation particulière des communes de ce département ») peuvent voir leur organisation administrative faire l'objet de mesures d'adaptation. Ceci est d'ailleurs conforme à la pratique suivie jusque là, car les communes des D.O.M. ont toujours connu un certain nombre d'adaptations qui, cependant, allaient en décroissant.

Dans la décision 174 DC, le Conseil s'engage dans la mise au point d'une « théorie » des adaptations. Sont ainsi considérées comme inconstitutionnelles : l'exclusion des communes des D.O.M. du processus de consultation dans la préparation de la planification régionale, alors que « les raisons (de cette exclusion) n'apparaissent pas » (§ 13) ; le dessaisissement du département de la plus grande partie de ses attributions en matière d'habitat et en matière de transport, au profit de la région, alors que « le département représentatif des composantes territoriales » aurait dû conserver ses attributions, ceci constituant un dépassement des « mesures d'adaptation nécessitées par la situation particulière » visée à l'article 73 de la Constitution (§ 13 et 21). En revanche, sont admissibles les adaptations qui apparaissent comme ajoutant aux compétences des régions sans enlever des attributions aux départements : représentation des conseils régionaux dans les conseils d'administration du S.A.F.E.R., institution d'un centre régional de promotion de la santé, consultation d'un conseil régional de l'habitat.

De même, est régulier le transfert d'attributions du département à la région, dès lors que ces attributions sont spécifiques aux D.O.M. (octroi de mer par exemple) et ne figurent pas parmi les attributions des départements de métropole.

Le Conseil constitutionnel s'efforce donc d'écarter toute dérogation au droit institutionnel commun des départements et régions, qui, soit n'est pas « nécessitée par la situation particulière » visée à l'article 73 (mais dont on n'a pas, pour le moment, de définition) soit dépasse la simple adaptation et s'apparente à « l'organisation particulière ». Lorsqu'il n'y a pas de référence au droit institutionnel commun, le législateur retrouve sa liberté, à condition de ne pas toucher au statut départemental. Mais ceci doit, sans doute, être considéré comme remis en cause par la nouvelle jurisprudence inaugurée le *9 mai 1991* * dans la décision sur le statut de la Corse et à laquelle il faut se reporter *infra*.

29 . Toujours dans la ligne d'un respect strict de l'indivisibilité de la République, les décisions 160 DC du 19 juillet 1983 et 197 DC du *23 août 1985* * soulignent fortement la compétence exclusive du législateur national pour déterminer l'organisation et donc le statut des T.O.M. : il n'est pas question de conférer aux T.O.M. une quelconque compétence d'auto-organisation.

Ceci est constatable, tout d'abord, dans la première affaire où le Conseil constitutionnel s'attache à enlever tout caractère égalitaire à la convention entre l'État et un territoire d'outre-mer et à marquer que les relations entre l'État et une collectivité territoriale, fût-elle un T.O.M., sont définies en fait unilatéralement par le législateur national (v. H. Labayle) : de telles conventions sont « de pur droit interne » ; l'emploi de termes tels qu'« impôt calédonien » résulte d'une commodité de langage et « n'ont aucune autre portée juridique » ; le législateur « ne peut s'interdire lui-même, que ce soit *unilatéralement* ou conventionnellement, de modifier la loi en vigueur » ; les stipulations de la convention ne sauraient... avoir ni pour objet, ni pour effet d'affecter l'exercice de la compétence du législateur telle qu'elle résulte de l'article 34 de la Constitution. La cause est entendue ; le législateur a tout pouvoir pour établir et modifier le statut des T.O.M. et rien ne saurait restreindre sa compétence. On est loin non seulement de la compétence d'auto-organisation des États fédérés de type américain mais aussi de celle des provinces, communautés autonomes de type espagnol ou italien.

Mêmes précautions dans la décision *196 DC du 8 août 1985** à propos pourtant d'un statut qui se veut en évolution, la disposition prévoyant de demander aux populations intéressées de se prononcer sur l'accession du territoire à l'indépendance « en association avec la France », « se borne *à formuler une déclaration d'intention sans contenu normatif* », qui n'est même pas susceptible de censure constitutionnelle, « s'agissant d'un objectif que le législateur se fixe à lui-même ». Et à plusieurs reprises (§ 9, 14) le Conseil constitutionnel insiste sur la compétence du législateur pour fixer l'organisation particulière de chacun des T.O.M.

30 . On citera également la décision 177 DC du 30 août 1984 dans laquelle le Conseil constitutionnel a estimé, à propos d'un cas particulier d'incompatibilité institué en Nouvelle-Calédonie et en Polynésie (entre fonctions de membres du gouvernement du territoire et mandat de député européen) que « cette incompatibilité, qui intéresse l'exercice des droits civiques, touche certains citoyens en fonction de leurs attaches avec une partie déterminée du territoire de la France ; *qu'elle est donc contraire* à l'indivisibilité de la République consacrée par l'article 2 de la Constitution » (§ 7).

Le Conseil constitutionnel a encore veillé à ce qu'il n'y ait pas de distinction entre les citoyens en raison de leurs « attaches avec une partie déterminée du territoire de la République », dans la décision 321 DC (20 juillet 1993) en décidant que la suppression du droit à l'attribution de la nationalité française n'est possible que pour les enfants nés en France de parents eux-mêmes nés dans des territoires d'outre-mer ou colonies ayant depuis accédé à l'indépendance (et non à ceux nés de parents nés dans des territoires qui sont toujours français) ; en approuvant l'abrogation, au profit des enfants nés à Mayotte et Wallis-et-Futuna, d'une « restriction à l'exercice d'un droit lié à des attaches avec une partie déterminée du territoire de la France » (§ 17 et 25).

31 . On sait aussi que l'indivisibilité de la République fait obstacle à ce que les députés français au Parlement européen soient élus autrement que dans le cadre d'une circonscription nationale (Décision 71 DC du 30 décembre 1976).

IV. - Les collectivités territoriales dans le cadre de l'État unitaire : l'interprétation souple de l'article 72 de la Constitution

32 . Après avoir défini, en quelque sorte, les lignes dures de sa position, le Conseil constitutionnel va se montrer finalement beaucoup plus compréhensif dans l'interprétation de la Constitution pour ce qui est de questions moins importantes à ses yeux et dont la solution n'est pas susceptible de remettre en cause sa position de principe sur le caractère indivisible de la République. C'est ainsi qu'il a admis certaines dispositions de la loi générale et de la loi sur la Corse dont la constitutionnalité n'apparaissait pas évidente. On peut même dire qu'il est allé jusqu'aux limites extrêmes de *l'interprétation de l'article 72 de la Constitution.*

1° *Les collectivités territoriales.*

33 . Les collectivités territoriales (ou locales) voient leurs traits précisés par la jurisprudence du Conseil constitutionnel, qu'il s'agisse de la notion même de collectivité territoriale, ou des diverses catégories possibles.

34 . La *notion* de collectivité territoriale est interprétée de la manière suivante par le Conseil constitutionnel (sur la notion, voir C. Bacoyannis, *Le principe constitutionnel de libre administration des collectivités territoriales*, Paris, 1993).

35 . Tout d'abord, on s'interrogeait sur le point de savoir s'il fallait distinguer collectivité territoriale et collectivité locale ou considérer qu'il n'y avait là qu'une seule et même notion. Pour notre part, nous avions estimé (*R.D.P.*, 1976, p. 233), au vu de la jurisprudence du Conseil constitutionnel relative au partage des compétences législative et réglementaire en matière de collectivités locales, que la distinction s'imposait.

En fait, dans ses décisions du 25 février 1982, le Conseil constitutionnel ne fait apparemment aucune distinction entre les deux notions, employant indifféremment l'une pour l'autre. De même, dans la décision du *23 août 1985* *, est-il question de « libre administration des collectivités locales », alors que le principe s'applique à un territoire d'outre-mer.

36 . *La notion de tutelle ou de contrôle administratif* est inhérente à celle de collectivité territoriale : il ne peut y avoir collectivité territoriale sans tutelle. Si la tutelle disparaît, la collectivité territoriale devient autre chose qu'une composante d'un État unitaire décentralisé : elle change de nature et s'identifie à la collectivité composante d'un État de type quasi fédéral. Et on ne peut opposer à ce raisonnement le fait que la Constitution prévoit elle-même dans le même article 72 que les collectivités territoriales « s'administrent librement » car administrer n'a jamais voulu dire gouverner, c'est-à-dire prendre les décisions à caractère politique.

Le Conseil constitutionnel, dans sa première décision du *25 février 1982* a d'ailleurs confirmé cette analyse dans un considérant de principe qu'il convient de citer : « Considérant qu'il résulte des dispositions... de l'article 72 de la Constitution que si *la loi peut fixer les conditions de la libre administration des collectivités locales, c'est sous la réserve qu'elle respecte les prérogatives de l'État* énoncées à l'alinéa 3 de cet article ; que ces prérogatives ne peuvent être ni restreintes ni privées d'effet... ; que l'intervention du législateur est donc subordonnée à la condition que le contrôle administratif prévu par l'article 72, alinéa 3, permette d'observer le respect des lois, et plus généralement la sauvegarde des intérêts nationaux... ». Le Conseil constitutionnel souligne donc sans ambiguïté qu'une « libre administration » n'est pas, en quelque sorte, une « administration souveraine ». Et ceci est conforme à notre tradition constitutionnelle et administrative, car depuis 1789, et même lors des périodes de grande décentralisation comme dans les premières années de la République, il n'y a jamais eu suppression du contrôle administratif exercé préalablement par l'autorité étatique. Toutefois, le contrôle administratif ne doit pas aboutir à trop restreindre la libre administration des collectivités territoriales : sont aussi considérées comme privant de « garanties suffisantes l'exercice de la libre administration des collectivités locales » des dispositions qui « ont pour effet de permettre au représentant de l'État de provoquer à tout moment, jusqu'à ce que le juge administratif ait statué définitivement sur le recours en annulation, la suspension, pendant un délai de trois mois, des actes des collectivités locales dans des domaines importants relevant de leurs compétences, en interrompant le cas échéant, leur mise en œuvre » (316 DC, 20 janv. 1993, § 57).

37 . L'existence de variétés ou *catégories de collectivités territoriales* (ou locales) est consacrée par les décisions du *25 février 1982* et les décisions ultérieures.

38 . À propos des catégories de collectivités territoriales, une autre question s'est vite posée quant à leur contenu : *y a-t-il en quelque sorte des « règles constitutives » définissant l'appartenance commune à une catégorie et donc un droit commun institutionnel ?*

39 . La question s'est d'abord posée, pour les régions, à propos de la Corse : la Corse fait-elle partie de la catégorie des régions ou doit-elle être considérée comme à part ? En réalité le Conseil constitutionnel a rattaché la Corse à la catégorie des régions tout en lui reconnaissant une situation particulière au sein de cette catégorie ; mais il a même fait allusion au droit commun, qui en matière électorale devait régir l'ensemble des régions y compris la Corse. La formule exacte est la suivante : « Considérant qu'en l'état actuel de la législation et jusqu'à l'intervention du texte destiné à fixer le régime général des élections aux conseils régionaux, rien ne permet de soutenir que le régime applicable à la région de Corse sera *dérogatoire au droit commun applicable à l'ensemble des régions* » (§ 11). Ainsi dans les règles constitutives communes, il y a certainement les règles composant le régime électoral. Car par quoi reconnaître un type de collectivités territoriales sinon par la manière dont sont constitués et donc élus les organes de ces collectivités. Bien évidemment, la situation juridique de la Corse doit être reconsidérée depuis l'intervention du nouveau statut (v. *infra*, observations *9 mai 1991**).

40 . Une illustration nouvelle de cette idée a d'ailleurs été fournie à propos des départements d'outre-mer. En effet, dans sa décision du 2 décembre 1982, le Conseil constitutionnel a invalidé la loi portant adaptation de la décentralisation aux départements d'outre-mer, au motif notamment qu'en instituant une assemblée unique confondant conseil général et conseil régional, le législateur avait méconnu le principe d'identité entre les départements métropolitains et les départements d'outre-mer. À partir du moment en effet où les départements d'outre-mer font partie de la catégorie des départements,

ils doivent avoir les mêmes règles constitutives. A cet égard, il convient de citer le considérant qui nous intéresse :

« Considérant qu'en confiant la gestion des départements d'outre-mer à une assemblée qui, contrairement au conseil général des départements métropolitains en l'état actuel de la législation, *n'assure pas la représentation des composantes territoriales du département*, la loi soumise à l'examen du Conseil constitutionnel confère à cette assemblée une nature différente de celle des conseils généraux » *(147 DC, 2 décembre 1982, § 5, même considérant dans la décision 174 DC du 25 juillet 1984).*

Ce considérant permet d'ailleurs aussi, à la lumière de la requête formulée notamment par les sénateurs, de montrer que le département, en l'état actuel des choses, se définit notamment par la manière dont sont élus les conseillers généraux c'est-à-dire dans le cadre cantonal. En effet, le département est cette circonscription dans laquelle l'assemblée délibérative représente différentes composantes « territoriales » de cette circonscription c'est-à-dire les cantons, alors qu'aujourd'hui la région va se différencier du fait qu'elle repose sur un scrutin à la représentation proportionnelle. En sorte qu'il y a une continuité logique entre les deux décisions du *25 février 1982* et celle du 2 décembre 1982 en ce sens que pour la Corse, on affirme que le régime électoral, c'est-à-dire la manière dont est élue l'assemblée, doit être le même que celui des assemblées des régions métropolitaines et pour les départements le même raisonnement est tenu, la composante territoriale de l'assemblée départementale doit exister qu'il s'agisse des conseils généraux métropolitains ou des conseils généraux d'outre-mer.

41 . Enfin, le problème a été soulevé, pour les communes dans l'affaire du statut de Paris, Lyon et Marseille (149 DC, 28 déc. 1982).

Les parlementaires requérants faisaient valoir tout d'abord que Paris, Lyon et Marseille étant considérés comme des *communes* par le législateur lui-même, il ne pouvait être dérogé au « principe de l'unité communale » sous peine de sortir de la catégorie des communes. Or, d'après les requérants, « ce principe est violé en tant que le conseil d'arrondissement et le maire d'arrondissement disposent de pouvoirs propres échappant à l'autorité hiérarchique du conseil municipal et du maire ». Le Conseil constitutionnel rejette cette argumentation au motif que rien dans la Constitution n'interdit au législateur « d'instituer des divisions administratives au sein de communes ni d'instituer des organes élus autres que le conseil municipal et le maire » ; et que « dès lors si les dispositions critiquées... dérogent, pour les trois plus grandes villes de France, au droit commun de l'organisation communale, elles ne méconnaissent pas pour autant la Constitution ».

Une interprétation peut être donnée de cette réponse. Dans le considérant cité ci-dessus, le Conseil constitutionnel estime que rien n'interdit de donner une organisation particulière aux « trois plus grandes villes de France » dès lors que l'on ne touche pas au schéma institutionnel essentiel constituant le noyau dur de l'organisation communale, c'est-à-dire dès lors que l'on conserve le conseil municipal et le maire élu par le conseil, seuls organes d'une personnalité morale qui reste unique, ainsi que prend soin de le noter le juge constitutionnel dans le considérant précédent :

> « Considérant que la loi soumise à l'examen du Conseil constitutionnel crée, à Paris, Marseille et Lyon, des conseils d'arrondissement élus et des maires d'arrondissement élus dans leur sein par lesdits conseils sans pour autant ériger les arrondissements en collectivités territoriales possédant la personnalité morale et un patrimoine propre » *(§ 2).*

2° *Les rapports entre l'État et les collectivités territoriales.*

42 . En ce qui concerne *les rapports entre l'État et les collectivités territoriales*, le juge constitutionnel a interprété très libéralement l'article 72 de la Constitution en validant les mesures prises par le législateur.

43 . Ainsi le Conseil constitutionnel a-t-il réaffirmé le maintien du *contrôle administratif* prévu par l'article 72, alinéa 3 de la Constitution ; mais il s'est montré ensuite peu exigeant quant aux modalités de ce contrôle (137 DC, § 4 et 5).

En effet, dans les considérants suivants, le juge constitutionnel admet qu'en donnant au représentant de l'État la faculté de soumettre au contrôle juridictionnel tous les actes dont s'agit (c'est-à-dire les actes des autorités locales visées aux articles 3, 46 et 69) la loi n'a pas « restreint la portée de l'article 72, alinéa 3, de la Constitution ». Ainsi la simple faculté de soumettre les actes des autorités locales au contrôle du Tribunal administratif, suffirait à assurer le contrôle administratif prévu par la Constitution. Ceci est évidemment assez surprenant, et témoigne de ce que la grande rigueur que l'on a reprochée au Conseil constitutionnel d'observer à l'égard des grandes lois de réforme de la nouvelle majorité est pour le moins absente. Car même sans la loi, le représentant de l'État aurait pu avoir cette « faculté » ; par ailleurs, dans un État fédéral, le représentant de l'autorité centrale n'a pas moins de pouvoirs que le représentant de l'État désormais en France car il peut lui aussi déférer les actes des autorités locales aux tribunaux.

Il est vrai cependant que le Conseil constitutionnel a introduit, dans le considérant suivant, une réserve dont toutes les conséquences, qui n'ont peut-être pas été perçues immédiatement, sont susceptibles de réduire assez nettement la liberté d'action des autorités locales. Par ailleurs, on ne sait comment s'exercera exactement le contrôle des Tribunaux administratifs et s'il est susceptible de prendre la place de l'ancienne tutelle. Il convient donc d'attendre l'application de la réforme afin de savoir si la Constitution a été respectée dans sa lettre et dans son esprit.

À l'occasion du contrôle d'une loi récente (janvier 1994) le Conseil constitutionnel a (indirectement) marqué une certaine réserve. L'article 10 de la loi attaquée introduisait des dispositions modifiant les conditions de délai en matière de déféré préfectoral en ce qu'il supprimait la prorogation des délais de recours lorsqu'un administré saisit le préfet d'une demande tendant à déférer au Tribunal administratif un acte d'une collectivité locale et que le Préfet refuse de manière implicite ou expresse de satisfaire à la demande (Conseil d'État, 25 janvier 1991, *Brasseur*, *Rec.*, p. 23). Le Conseil constitutionnel considère que cet article dépasse le cadre de la loi et constitue pour ce motif un « cavalier législatif ». Même s'il ne se prononce donc pas sur le fond le Conseil constitutionnel précise que l'article 10 de la loi modifie l'équilibre général sur lequel repose le contrôle de légalité des actes des collectivités territoriales exercé par le représentant de l'État en vertu du troisième alinéa de l'article 72 de la Constitution. Dépassant le cadre du simple contentieux en matière d'urbanisme l'article 10 qui a été introduit par voie d'amendement ne peut être tant en raison de son champ d'application que de son objet, regardé comme ayant un lien avec le texte en discussion (93-335 DC, Urbanisme et construction).

44 . *La disparition de l'institution préfectorale* a été entérinée implicitement par le Conseil constitutionnel. Le Préfet était en quelque sorte un symbole : il n'a pas disparu en tant que tel, du moins théoriquement, mais ses fonctions ont, elles, disparu. En effet, il n'est plus autorité de tutelle car la tutelle a été supprimée et il n'est plus exécutif départemental ou régional, ses pouvoirs ayant été transférés au président de l'assemblée élue.

- L'institution préfectorale n'a pas été supprimée par la loi elle-même qui évite d'ailleurs soigneusement d'employer le mot de « Préfet ». L'institution a été supprimée par un décret !

En fait, l'existence d'une controverse constitutionnelle explique cette étrange démarche. Au départ, le projet de loi prévoyait la disparition du Préfet et son remplacement par le « Commissaire de la République » ; mais devant les objections constitutionnelles soulevées par l'opposition et la menace de recours au Conseil constitutionnel, le ministre de l'Intérieur a préféré supprimer la mention dans la loi.

C'est que la suppression du Préfet et son remplacement par le Commissaire de la République posait un double problème. D'une part, les Préfets figurent expressément au nombre des hauts fonctionnaires dont l'article 13, alinéa 3 de la Constitution prévoit qu'ils sont nommés par décret du Président de la République : ils ont donc une existence constitutionnelle, et pour les supprimer, il faudrait réviser la Constitution ; en tout cas une simple loi ne peut le faire car elle serait contraire à l'article 13, alinéa 3. Par ailleurs, en jouant sur les mots, on pourrait dire qu'ils ne disparaissent pas et que, simplement, apparaît une nouvelle catégorie de hauts fonctionnaires nommés en Conseil des ministres ; mais, même alors, la loi eût été contraire à l'article 13, alinéa 3 de la Constitution, car selon cet article, « une loi organique détermine les autres emplois auxquels il est pourvu en Conseil des ministres... ».

Ces arguments ont été avancés au cours des débats parlementaires et on ne peut les considérer comme dépourvus de sens.

- Le Préfet n'est plus exécutif départemental ou régional, la loi ayant transféré cette fonction au président de l'assemblée élue.

Juridiquement, cependant, il y avait un problème de nature constitutionnelle. En effet, la Constitution de 1946 ayant expressément prévu ce transfert de compétences, et la Constitution de 1958 ayant, au contraire, omis de le prévoir, il y avait deux manières d'interpréter le silence des constituants de 1958 : ou bien, considérer que ce qui était prévu expressément en 1946, l'était implicitement en 1958 ; ou bien, au contraire, estimer qu'il y avait eu omission *volontaire* en 1958 et que, faute d'avoir été précisé, le transfert n'était constitutionnellement pas possible. dans les deux cas, la question posée était bien de nature constitutionnelle. Mais comme elle n'a pas été soumise au Conseil constitutionnel, par les députés ou les sénateurs, le juge constitutionnel n'a pas eu à y répondre. On peut évidemment considérer que dans la mesure où il n'a pas soulevé d'office de moyen, il a par là admis implicitement la constitutionnalité de la disposition portant transfert ; mais il serait hasardeux de l'affirmer compte tenu des méthodes du juge constitutionnel.

3° *Le principe de la libre administration des collectivités territoriales.*

45 . Le principe constitutionnel de libre administration des collectivités territoriales affirmé pour la première fois dans la décision du 23 mai 1979, a été repris dans la décision 137 DC du *25 février 1982*, et ultérieurement dans de nombreuses décisions qui ont apporté des précisions quant au contenu du principe, sa conciliation avec d'autres principes de valeur constitutionnelle à l'autorité compétente pour sa mise en œuvre, et à sa protection (sur l'ensemble, voir C. Bacoyannis, *op. cit.* ; A. Roux, *R.F.D.A.*, 1992).

La violation de ce principe constitutionnel a été sanctionnée à plusieurs reprises (83-168 DC, § 15 ; 92-316 DC, § 43 ; 98-407 DC, § 26) par le Conseil constitutionnel.

46 . On peut considérer qu'en vertu du principe de libre administration, est désormais constitutionnelle l'administration des collectivités territoriales par :

- des assemblées élues (art. 34 et 72 de la Constitution) ;
- des assemblées délibérantes (art. 72) ;
- des assemblées élues par les citoyens (de la circonscription) : application de l'article 3 de la Constitution (C.C., 18 nov. 1982, Quotas par sexe) ;
- des assemblées élues par les citoyens dont le droit de vote et l'éligibilité sont des droits constitutionnels (C.C., 18 nov. 1982) ;
- des assemblées ou conseils élus qui peuvent ne pas être unique au sein d'une collectivité territoriale (C.C., 28 déc. 1982, *P.L.M.*) ;
- des assemblées ou des conseils qui doivent être élus de la même manière selon les catégories (C.C., 25 fév. 1982, statut de la Corse ; C.C., 2 déc. 1982, statut des D.O.M.). *A contrario* : C.C., 12 janv. 1983, Élections municipales dans les T.O.M. ;
- des assemblées dont le bureau doit être élu (90-180 DC).
- des assemblées qui établissent leur propre règlement (98-407 DC, § 26).

On peut noter aussi que le principe de libre administration s'oppose à ce que :

- un établissement public territorial impose une charge à une collectivité territoriale (83-168 DC, § 15) ;

- le représentant de l'État puisse provoquer la suspension des actes des collectivités locales pendant trois mois (92-316 DC, § 57) ;

- la liberté contractuelle des autorités locales subisse « sans justification appropriée une contrainte excessive » (92-316 DC, § 43).

47 . La conciliation du principe avec d'autres principes à valeur constitutionnelle a déjà été faite par le Conseil constitutionnel : il a ainsi admis que le principe de libre administration puisse être limité par le principe de continuité (149 DC) et par celui d'égalité combiné avec la liberté de l'enseignement (184 DC, 185 DC et surtout 329 DC, voir observations *supra*, **26**-8).

48 . La compétence de mise en œuvre du principe constitutionnel de libre administration appartient au législateur ainsi qu'il est clairement affirmé dans la décision 90-274 DC (§ 12) (« Considérant que si, en vertu de l'article 72 de la Constitution, les collectivités territoriales s'administrent librement par des conseils élus, chacune d'elles le fait dans les conditions prévues par la loi »). Et c'est au législateur qu'il appartient de procéder à la conciliation entre principe de libre administration et autres principes à valeur constitutionnelle.

Normalement le pouvoir réglementaire n'intervient que pour mettre en œuvre les normes législatives ; son intervention n'est donc que médiate. Le problème qui était posé était celui de savoir si ce pouvoir réglementaire était national ou local. Pour certains, le pouvoir réglementaire national ne pouvait intervenir en ce domaine ni de manière initiale ni de manière conditionnée, car la mise en œuvre des règles législatives en ce domaine ne pouvait se faire que par le pouvoir réglementaire local (voir, en ce sens, intervention Bourjol *in* Colloque d'Angers, *Cahiers du C.F.P.C.*, 1983). Nous pensions, quant à nous, qu'il y avait compétence partagée entre les pouvoirs réglementaires national et local, le second n'intervenant que dans la mesure où le premier s'était abstenu, c'est-à-dire à titre subsidiaire. Dans sa décision 168 DC du 20 janvier 1984, le Conseil constitutionnel a admis l'intervention du pouvoir réglementaire national à titre principal (voir obs. L. Favoreu, *in R.D.P.*, 1984, nº 3). On peut aussi considérer que le Conseil d'État est allé dans le même sens dans l'arrêt *Département de la Loire* du 1er avril 1996.

(Sur le pouvoir réglementaire local, cf. B. Faure, *Le pouvoir réglementaire des collectivités locales*, Paris, LGDJ, 1998).

49 . La libre administration des collectivités territoriales doit être protégée contre l'État, mais aussi contre certaines émanations des collectivités territoriales, et contre les collectivités territoriales elles-mêmes (83-168 DC, § 15). En ce sens, la libre administration se distingue de la décentralisation, qui ne se conçoit, elle, que par rapport et par opposition à l'État.

On notera, à cet égard, qu'un arrêt de la Cour d'appel de Papeete (26 février 1992, *Vernaudon c/ Juventin*, *J.C.P.* 1992, II, 336, note Moyrand) reprend textuellement notre formule pour admettre l'existence d'une voie de fait (cf. note Moyrand).

V. La représentation des collectivités territoriales par le Sénat

50. Le débat sur la réforme des collectivités territoriales a attiré l'attention sur une disposition de la *Constitution* jusque-là peu étudiée, *l'article 24, alinéa 3* aux termes duquel « le Sénat... assure la représentation des collectivités territoriales de la République ».

51. Le problème a été posé de la manière suivante par les parlementaires de l'opposition au cours des débats devant les assemblées : à partir du moment où l'on crée une nouvelle catégorie de collectivités territoriales, il faut assurer leur représentation au Sénat, afin de respecter l'article 24, alinéa 3 précité ; à ce moment-là de deux choses l'une : ou bien on fait assurer cette représentation par les sénateurs actuels en ajoutant par une loi ordinaire les conseillers régionaux à la liste des grands électeurs actuels (c'est-à-dire les conseillers municipaux et généraux et les députés) ; mais alors est-ce compatible avec le fait qu'actuellement les sénateurs étant élus dans le cadre du département, sont des sénateurs « départementaux » qu'il est difficile de considérer comme représentant les régions ; ou bien il faut créer de nouveaux sièges de sénateurs « régionaux » mais alors cela nécessite la modification de l'ordonnance n° 58-1097 portant loi organique, et donc le vote d'une loi organique.

L'alternative ainsi définie n'était pas, contrairement aux apparences, dénuée de portée : en effet, si l'intervention d'une loi organique était nécessaire pour respecter l'article 24 de la Constitution, cela impliquait d'une part, le contrôle obligatoire du Conseil constitutionnel et d'autre part, *l'accord nécessaire du Sénat* car, aux termes de l'article 46, alinéa 4 de la Constitution « les lois organiques relatives au Sénat doivent être votées dans les mêmes termes par les deux assemblées ».

Interrogé à diverses reprises, notamment au Sénat, le ministre de l'Intérieur n'avait pas répondu à la question qui lui était posée de la représentation des nouvelles collectivités territoriales. Pourtant lorsqu'il était dans l'opposition, le parti socialiste avait expressément prévu de compléter sa proposition de loi organique (n° 1557) destinée à modifier et à augmenter le nombre des sénateurs, ceci afin de respecter l'article 24, alinéa 3 de la Constitution.

52. Saisi de la question à propos de la Corse, le Conseil constitutionnel allait trancher en faveur de cette dernière thèse en affirmant que « l'article 24 de la Constitution exige la modification » des dispositions législatives assurant la représentation des collectivités territoriales au Sénat. Il donne donc raison aux parlementaires requérants sur ce point ; mais il ne les suit pas lorsque ceux-ci estiment que cette modification doit intervenir avant l'entrée en vigueur de la loi créant de nouvelles collectivités territoriales.

En conséquence, dans sa décision 138 DC du *25 février 1982*, le Conseil constitutionnel, conformément d'ailleurs à la pratique législative antérieure selon laquelle chaque création de nouvelle collectivité territoriale avait été suivie de la modification des dispositions organiques relatives à la composition du Sénat, juge que la création de catégories de collectivités territoriales devra entraîner le vote d'une loi organique modifiant l'ordonnance n° 58-1097, et ceci au plus tard avant le prochain renouvellement triennal de la Haute assemblée.

En fait, ce renouvellement triennal a eu lieu (sept. 1983) sans qu'intervienne cette loi organique. Mais il est vrai qu'à part la Corse et les D.O.M., aucune région n'a encore été érigée en collectivité territoriale. Pour les D.O.M., une loi ordinaire est intervenue (n° 85-149 du 30 juin 1983) qui ajoute les conseillers régionaux à la liste des électeurs sénatoriaux, ce qui ne soulève pas de problème car région et département se recouvrent.

53 . Finalement, cette loi n'a pas été votée lorsque a été mis en place le système électoral applicable à l'ensemble des régions, car le gouvernement a esquivé le problème de la manière suivante.

La loi n° 85-692 du 10 juillet 1985 relative à l'élection des conseillers régionaux a prévu, en effet, que ceux-ci seraient élus dans le cadre départemental, ce qui a permis d'ajouter simplement les conseillers régionaux au collège départemental chargé d'élire les sénateurs (art. L 280 du Code électoral modifié par la loi du 10 août 1985).

Le Conseil constitutionnel n'ayant pas été saisi de cette loi, on ne sait si l'article 24, al. 3, de la Constitution a été vraiment respecté.

54 . Ce qui précède a été remis en cause par la nouvelle jurisprudence inaugurée le *9 mai 1991** dans l'affaire du statut de la Corse et il convient donc de s'y reporter (*infra*, n° 34 et s.).

33

30 juillet 1982

BLOCAGE DES PRIX ET DES REVENUS (143 DC)

Définition de la notion de loi
Domaine de la loi et du règlement
Autorité normative compétente pour définir les peines contraventionnelles

Décision 82-143 DC, *Rec.* 57, *RJC* I-130.
Article 61, al. 2, de la Constitution.
Saisine par un groupe de 68 députés du texte de la loi sur les prix et les revenus.
L'empiétement du législateur dans le domaine réglementaire n'est pas contraire à la Constitution.
Compétence législative pour déterminer les peines contraventionnelles.

RÉFÉRENCES

a) *Notes doctrinales*

- FAVOREU (L.) : *R.D.P.*, 1983, nº 2, p. 333. - VILLIERS M. (de) : *R.A.*, 1983, p. 247 (I) et 360 (II).

b) *Autres références*

- *Le domaine de la loi et du règlement*, Colloque d'Aix-en-Provence, 1977, sous la direction de L. Favoreu, Economica et P.U.A.M., 1981 ; Rapport CAPITANT (nº 528, IIIᵉ Législature, p. 4). - LEVASSEUR (G.) : « Une révolution en droit pénal : Le nouveau régime des contraventions », *D.*, 1959, chron. XVIII, p. 123. - LUCHAIRE (F.) : Le Conseil constitutionnel et la protection des droits et libertés du citoyen, *Mélanges Waline*, II, p. 563. - VEDEL (G.) : « Encore une petite phrase... », *Le Monde*, 5 déc. 1973. - FAVOREU (L.) : « Les règlements autonomes n'existent pas », *R.F.D.A.*, 1987, nº 6. - SACCONE (G.) : « De l'utilité d'invoquer la violation des articles 34 et 37, al. 1 dans le cadre des saisines parlementaires », *A.I.J.C.*, 1985, p. 169.

c) *Jurisprudence*

- *du Conseil constitutionnel*

• 8 DC du *11 août 1960* *, Taxe radiophonique.
• 27 DC du 18 décembre 1964, *Rec.* 29, *RJC* I-14. Commission de vérification des entreprises publiques.
• 55 L du *26 juin 1969* *, Protection des sites.
• 57 L du 24 octobre 1969, *Rec.* 32, *RJC* II-38. École polytechnique.
• 75 L du 21 décembre 1972, *Rec.* 36, *RJC* II-50. Procédure en matière fiscale.
• 80 L du 28 novembre 1973, *Rec.* 45, *RJC* II-57. Mesures privatives de liberté, ; *G.D.*, 3e éd., nº 23.
• 95 DC du 27 juillet 1978, *Rec.* 26, *RJC* I-60. Enseignement et formation professionnelle agricole.
• 104 DC du 23 mai 1979, *Rec.* 27, *RJC* I-69. Territoire de Nouvelle-Calédonie.
• 119 DC du *22 juillet 1980* *, Validation d'actes administratifs.
• 139 DC du *11 février 1982* *, Nationalisations.
• 142 DC du 27 juillet 1982, *Rec.* 52, *RJC* I-128. Planification.
• 162 DC du 19 juillet 1983, *Rec.* 49, *RJC* I-157. Démocratisation du secteur public.
• 167 DC du 19 janvier 1984, *Rec.* 23, *RJC* I-177. Contrôle des établissements de crédit.
• 182 DC du 18 janvier 1985, *Rec.* 27, *RJC* I-207. Administrateurs judiciaires.
• 184 DC du 29 décembre 1984, *Rec.* 44, *RJC* I-212. Loi de finances 1985.
• 186 DC du 29 décembre 1984, *Rec.* 107, *RJC* I-222. Loi de finances rectificative pour 1984.
• 139 L du 8 août 1985, *Rec.* 94, *RJC* II-105. Code de la Sécurité sociale.
• 142 L du 13 novembre 1985, *Rec.* 116, *RJC* II-115. Code de la Sécurité sociale.
• 151 L du 23 septembre 1987, *Rec.* 53, *RJC* II-125. Contraventions de grande voirie.

- *du Conseil d'État*

• 12 février 1960, *Société Eky, Rec.* 101 ; S., 1960, p. 131, concl. Kahn ; J.C.P., 1960, II, 11629 *bis*, note Vedel ; *D.*, 1960, p. 263, note L'Huillier ; *Rev. Sc. Crim.*, 1961, p. 103, obs. Legal.
• 2 octobre 1981, Mama M'Bodj, *Rec.* 342.
• 12 mars 1982, *Conseil national de l'Ordre des médecins, Rec.* 109.
• 8 février 1985, *Ass. des Centres distributeurs E. Leclerc, Rec.* 26.
• 8 mars 1985, *Féd. des Ass. françaises de tir au vol, Rec.* 72.

- *de la Cour de cassation*

• Crim., 26 février 1974, *D.*, 1974, p. 279, *G.D.*, 1974, 27-28 mars, p. 21, concl. Touffait.

LE CONSEIL CONSTITUTIONNEL,

Saisi le 21 juillet 1982, par MM. Jean-Claude Gaudin et autres..., députés, dans les conditions prévues à l'article 61, alinéa 2, de la Constitution, du texte de la loi sur les prix et les revenus adoptée par le Parlement et notamment de ses articles 1er, 3 et 4 ;

Vu la Constitution ;

Vu l'ordonnance du 7 novembre 1958 portant loi organique sur le Conseil constitutionnel, notamment les articles figurant au chapitre II du titre II de ladite ordonnance ;

Ouï le rapporteur en son rapport ;

SUR L'ARTICLE PREMIER DE LA LOI :

En ce qui concerne les paragraphes I et II :

1. Considérant, d'une part, que, dans son dernier état, et contrairement à ce que soutiennent les députés auteurs de la saisine, l'article premier de la loi sur les prix et revenus, loin d'étendre le champ d'application de l'ordonnance du 30 juin 1945 sur les prix aux produits et services qu'il vise, détermine lui-même les règles de fixation des prix de ces produits et services et se borne à prévoir que les infractions nouvelles qu'il crée, seront constatées, poursuivies et réprimées selon les dispositions de la seconde ordonnance du 30 juin 1945 ; que, s'agissant de la redevance d'assainissement, dont le caractère de taxe fiscale n'entraîne pas l'obligation de recourir à une loi de finances, c'est la loi elle-même qui, en son article premier, en limite directement le taux ; que, sur aucun de ces points, il n'est porté atteinte aux dispositions de l'article 34 de la Constitution ;
2. Considérant, d'autre part, qu'en admettant, comme le font valoir les députés auteurs de la saisine, que l'article premier de la loi sur les prix et revenus soit de nature à compromettre l'application d'autres dispositions législatives et, notamment, de celles qui régissent l'équilibre financier de certains services communaux, cette circonstance serait sans incidence sur la conformité dudit article à la Constitution ;

En ce qui concerne le paragraphe III :

3. Considérant qu'en vertu de cette disposition : «à compter du 1er novembre 1982, il est mis fin au blocage par décret, au vu notamment des accords de régulation qui auront pu être conclus avec les professionnels» ;
4. Considérant que les députés auteurs de la saisine soutiennent qu'en renvoyant à un décret le soin de mettre fin au blocage, le législateur a méconnu l'étendue de sa compétence telle qu'elle est définie par l'article 34 de la Constitution ;
5. Considérant qu'il résulte des termes mêmes du paragraphe III de l'article premier que le pouvoir conféré au Gouvernement ne peut s'exercer qu'entre le 1er novembre 1982 et le 31 décembre 1983, date ultime fixée par le paragraphe I du même article, et que la levée du blocage doit être opérée au vu notamment des accords de régulation qui auront pu être conclus, que, dans le cadre des limites de temps et de procédure ainsi tracées par la loi et compte tenu des exigences propres à un système de contrôle des prix, les dispositions du paragraphe III de l'article premier ne sont pas contraires à l'article 34 de la Constitution ;

SUR L'ARTICLE 3 DE LA LOI :

En ce qui concerne le paragraphe II.

6. Considérant qu'aux termes de ce texte : «les sociétés qui ont décidé, avant le 11 juin 1982, la mise en distribution de bénéfices qui excèdent le plafond fixé au paragraphe I ci-dessus, ne pourront procéder à aucune distribution de bénéfices en 1983».
7. Considérant, d'une part, que c'est à tort que les députés auteurs de la saisine croient pouvoir affirmer que les dispositions pénales du paragraphe V qui sanctionnent la méconnaissance des dispositions de l'article 3 ont un effet rétroactif, puisque, dans les différents cas visés par l'article 3, seules pourront être réprimées les infractions commises après l'entrée en vigueur de la loi.
8. Considérant d'autre part, que la différence entre les situations affectées par les mesures de blocage des prix, au regard de la date de référence du 11 juin 1982, permet l'édiction de modalités différentes pour l'application de l'article 3 ; que, dès lors, les dispositions critiquées ne sont pas contraires au principe de l'égalité devant la loi ;

En ce qui concerne le paragraphe V :

9. Considérant qu'aux termes de ce paragraphe : «Les sociétés qui contreviennent aux dispositions du présent article sont passibles d'une amende d'un montant de 20 à 50 F par titre» ; que, *selon les députés auteurs de la saisine, cette disposition encourt la double critique de méconnaître le principe de droit pénal d'après lequel, seules les personnes physiques seraient passibles de sanctions pénales et d'édicter une règle qui ne relève pas du domaine de la loi en instituant une amende contraventionnelle ;*

10. Considérant, sur le premier point, qu'il n'existe aucun principe de valeur constitutionnelle s'opposant à ce qu'une amende puisse être infligée à une personne morale ;

11. Considérant, sur le second point, que, *si les articles 34 et 37, al. 1er, de la Constitution établissent une séparation entre le domaine de la loi et celui du règlement, la portée de ces dispositions doit être appréciée en tenant compte de celles des articles 37, al. 2 et 41 ; que la procédure de l'article 41 permet au Gouvernement de s'opposer au cours de la procédure parlementaire et par la voie d'une irrecevabilité à l'insertion d'une disposition réglementaire dans une loi, tandis que celle de l'article 37, al. 2, a pour effet, après la promulgation de la loi et par la voie d'un déclassement, de restituer l'exercice de son pouvoir réglementaire au Gouvernement et de donner à celui-ci le droit de modifier une telle disposition par décret : que l'une et l'autre de ces procédures ont un caractère facultatif ; qu'il apparaît ainsi que, par les articles 34 et 37, al. 1er, la Constitution n'a pas entendu frapper d'inconstitutionnalité une disposition de nature réglementaire contenue dans une loi, mais a voulu, à côté du domaine réservé à la loi, reconnaître à l'autorité réglementaire un domaine propre et conférer au Gouvernement, par la mise en œuvre des procédures spécifiques des articles 37, al. 2 et 41, le pouvoir d'en assurer la protection contre d'éventuels empiétements de la loi ; que, dans ces conditions, les députés auteurs de la saisine ne sauraient se prévaloir de ce que le législateur est intervenu dans le domaine réglementaire pour soutenir que la disposition critiquée serait contraire à la Constitution ;*

SUR L'ARTICLE 4 DE LA LOI :

12 . Considérant, d'une part, qu'en vertu du paragraphe VII de cet article : «A compter de l'entrée en vigueur de la présente loi et jusqu'au 31 octobre 1982, tout employeur qui aura procédé à une augmentation des rémunérations ou maintenu une augmentation contraire aux dispositions des paragraphes I à V ci-dessus sera puni d'une amende de 300 à 8 000 F qui sera appliquée autant de fois qu'il y aura eu de salariés concernés et pour chaque mois de cette période» ; qu'il résulte des termes mêmes de cette disposition que le fait délictueux doit avoir été commis après l'entrée en vigueur de la loi, qu'il s'agisse d'une augmentation nouvelle des rémunérations ou du maintien d'une augmentation antérieure qui ne satisfait pas aux prescriptions de la loi ; que le paragraphe VII de l'article 4 n'a donc pas d'effet rétroactif ;

13. Considérant, d'autre part, que, si les députés auteurs de la saisine reprochent à cette même disposition de porter atteinte à la règle du non-cumul des peines en matière de crimes et délits, *cette règle n'a que valeur législative et qu'il peut donc toujours y être dérogé par une loi ;*

14. Considérant qu'en l'espèce il n'y a lieu pour le Conseil constitutionnel de soulever d'office aucune question de conformité à la Constitution en ce qui concerne les autres dispositions de la loi soumise à son examen ;

Décide :

ARTICLE PREMIER. - La loi sur les prix et les revenus est déclarée conforme à la Constitution.

ART. 2. - La présente décision sera publiée au *Journal officiel* de la République française.

Délibéré par le Conseil constitutionnel dans sa séance du 30 juillet 1982.
(*J.O.*, 31 juillet 1982, p. 2470).

La composition du Conseil constitutionnel à la date du 30 juillet 1982 était la suivante : M. FREY (Président), MM. BROUILLET, GROS, JOXE, LECOURT, MONNERVILLE, PERETTI, SÉGALAT, VEDEL.

OBSERVATIONS

1 . La décision *143 DC du 30 juillet 1982* * marque une étape essentielle de la jurisprudence du Conseil constitutionnel dans la mesure où, en affirmant pour la première fois que la loi peut statuer dans le domaine du règlement sans être entachée d'inconstitutionnalité, le juge constitutionnel ruine définitivement la thèse de la définition matérielle de la loi. Mais, en outre, cette décision offre l'occasion de présenter d'autres aspects de la jurisprudence du Conseil constitutionnel, favorable à l'extension du domaine législatif.

2 . Le Conseil constitutionnel a été saisi, le 21 juillet 1982, du texte de la loi instituant un blocage des prix et des revenus, adopté le 20 juillet après que l'Assemblée nationale l'eût votée seule en dernière lecture. La requête, signée par 68 députés U.D.F. et R.P.R., mettait particulièrement en cause les articles 1er, 3 et 4 de la loi en ce qu'ils auraient méconnu, d'une part, certains principes à valeur constitutionnelle applicables en matière pénale ainsi que le principe d'égalité et d'autre part, diverses dispositions de l'article 34, soit de manière positive, soit de manière négative.

Le Conseil constitutionnel rend sa décision le 30 juillet 1982 en rejetant l'ensemble des griefs avancés et la loi est alors promulguée le même jour (loi n° 82-660, *J.O.*, 31 juill. 1982). La motivation de la décision est relativement courte ; mais elle contient un considérant de principe (le 11e) qui retiendra d'abord notre attention.

I . Une loi statuant dans le domaine réglementaire n'est pas inconstitutionnelle : l'abandon de la définition « matérielle » de la loi

3 . Le Conseil constitutionnel a été contraint de prendre position clairement sur le problème de l'inconstitutionnalité d'une loi empiétant sur le domaine réglementaire à propos d'une banale question d'amendes contraventionnelles. En effet, les requérants faisaient valoir que la loi attaquée (en son article 3, § V) établissait des peines d'amende de 20 à 50 F pour infraction à la nouvelle réglementation, alors que seul le règlement pouvait le faire, s'agissant de peines contraventionnelles. Mis au pied du mur, le juge constitutionnel a très nettement écarté le grief d'inconstitutionnalité dans un considérant de principe.

> « Considérant... que les députés auteurs de la saisine ne sauraient se prévaloir de ce que le législateur est intervenu dans le domaine réglementaire pour soutenir que la disposition critiquée serait contraire à la Constitution ».

Ce même considérant de principe a été repris dans deux décisions ultérieures : 162 DC du 19 juillet 1983, *Démocratisation du secteur public*, et 167 DC du 19 janvier 1984, *Contrôle des établissements de crédit*. La jurisprudence est donc bien établie.

4 . Ce faisant, le juge constitutionnel tranche définitivement une controverse qui durait depuis plusieurs années et avait été largement

évoquée au cours du colloque d'Aix : la méconnaissance du partage de compétences entre Parlement et Gouvernement constitue-t-elle, en toute hypothèse, une inconstitutionnalité et un moyen d'ordre public susceptible d'être sanctionné par le Conseil constitutionnel saisi en vertu de l'article 61 ? Ou bien, s'agit-il d'un simple vice susceptible d'être couvert par l'acceptation implicite ou explicite du Gouvernement et donc non invocable par la voie de l'article 61 ?

En faveur de la première thèse, on peut relever, tout d'abord, la position du général de Gaulle lui-même qui, en Conseil des ministres, avait répliqué à une remarque de V. Giscard d'Estaing : « ... ce qui est anti-constitutionnel, c'est de laisser le Parlement se mêler de ce qui relève du domaine réglementaire » (cité par A. Peyrefitte : *C'était de Gaulle*, p. 461). C'était aussi l'opinion des premiers commentateurs des décisions du Conseil constitutionnel, et notamment du professeur Léo Hamon déclarant, à propos de la décision 8 DC : « ... Le Premier ministre a parfaitement pu engager la procédure de l'article 61 alors que l'inconstitutionnalité de ce qui allait devenir les articles 17 et 18 n'avait pas été fermement opposée au cours des discussions parlementaires : le grief d'inconstitutionnalité ne saurait en effet se couvrir : il est par nature d'ordre public ». C'est aussi ce que nous avions pensé au regard de cette jurisprudence et de la jurisprudence ultérieure (voir *G.D.*, 2e éd., p. 95). En effet, à diverses reprises, le Conseil constitutionnel a accepté d'examiner, sur la base de l'article 61, al. 2, un moyen tiré de la méconnaissance par le Parlement de la compétence du Gouvernement. Tout d'abord, dans une décision 27 DC du 18 décembre 1964 (*Rec.*, p. 29, *RJC* I-14), il a non seulement accepté d'examiner au fond le moyen tiré de la méconnaissance par le législateur du domaine réglementaire, mais il a même annulé la disposition litigieuse comme non conforme à la Constitution. Ainsi dans la décision 95 DC (27 juill. 1978), les sénateurs ayant fait valoir que la loi attaquée méconnaissait la compétence réservée au pouvoir réglementaire par l'article 21 de la Constitution, le juge constitutionnel examine au fond le moyen et y répond en ces termes : « Considérant... qu'en adoptant ce texte le législateur a méconnu les dispositions de l'article 21 de la Constitution relatives à l'exécution des lois et à l'exercice du pouvoir réglementaire ». Dans une autre décision 104 DC (23 mai 1979) il accepte de statuer sur la requête des sénateurs invoquant l'empiétement du Parlement sur les compétences du Gouvernement en matière de contrôle des assemblées locales. En 1980, le Conseil constitutionnel est saisi par les parlementaires du problème de savoir si une loi portant validation d'actes réglementaires n'est pas contraire aux articles 34 et 37 de la Constitution (119 DC, 22 juill. 1980) ; et le moyen n'est rejeté qu'après avoir été examiné au fond. Dans la deuxième décision sur les nationalisations (139 DC, 11 févr. 1982) le juge constitutionnel se prononce sur le point de savoir si l'article 34 donnait le pouvoir au législateur d'arrêter la liste des banques nationalisables à la place de l'autorité administrative. Enfin, dans l'affaire de la planification (142 DC, 27 juill. 1982), les parlementaires n'ont cessé, tant devant l'Assemblée que devant le Conseil constitutionnel, de faire valoir que cette matière ne figurait pas dans l'énumération de l'article 34. Certes, le recours a été rejeté mais après avoir été examiné au fond.

5 . La décision *143 DC* constitue-t-elle alors un revirement de jurisprudence ?

On serait en droit de le penser, compte tenu de la jurisprudence antérieure car le Conseil constitutionnel se refuse nettement à examiner un moyen tiré de la violation des décisions constitutionnelles relatives à la répartition des compétences, alors qu'auparavant il semblait accepter de le faire.

Certes, dans tous les cas précédents – sauf un – le moyen avait été rejeté en définitive ; tandis qu'en l'espèce, il avait les meilleures chances d'être retenu, car il était reproché au législateur d'avoir institué une amende contraventionnelle. Or, comme on le sait, les peines contraventionnelles n'emportant pas privation de liberté sont incontestablement du domaine du règlement.

On pourrait faire observer aussi que, dans quelques-uns des cas cités, il ne s'agit pas, à proprement parler, de partage des compétences normatives tel qu'il est prévu par les articles 34 et 37 : décisions *8 DC* * (*11 août 1960* *, compétences financières), 104 DC (23 mai 1979, exercice de la tutelle par le Parlement ou par le Gouvernement) et 95 DC (27 juill. 1978, compétence normative exercée par le Gouvernement agissant en vertu de l'article 21 et non de l'article 37). Mais, même si l'on admet – ce qui se discute, notamment pour le dernier – que ces précédents ne comptent pas, restent quand même ceux des décisions 27 DC (18 déc. 1964), *119 DC* * (22 juill. 1980), *139 DC* * (11 févr. 1982) et 142 DC (27 juill. 1982) qui sont difficilement récusables.

6 . En toute hypothèse, qu'il s'agisse d'un revirement, d'un infléchissement ou d'une correction de jurisprudence, il faut reconnaître que la solution ne soulève pas d'objections majeures.

Tout d'abord, sur le plan doctrinal, elle peut se réclamer des opinions de René Capitant, Michel Debré et Jean Foyer. Ce dernier, en effet, dans son rapport écrit au colloque d'Aix, invoque les avis des deux premiers, pour les approuver et constater d'ailleurs qu'ils sont en accord avec la pratique suivie (*Le domaine de la loi et du règlement*, p. 98) : « Une conception inverse de celle qui vient d'être exposée a été défendue par deux constitutionnalistes éminents, dont l'un peut d'ailleurs avoir dans ce cas particulier quelque prétention à l'exégèse ».

Dans un rapport fait au nom de la Commission des Lois, en novembre 1967, René Capitant, alors président de cette Commission, soutenait la thèse suivante :

> « ... bien que l'article 34 de la Constitution énumère de façon limitative les matières qui constituent le domaine de la loi, et que l'article 37, al. 1er, dispose, en outre : les "matières autres que celles qui sont du domaine de la loi ont un caractère réglementaire", il ne résulte pas de ces textes que la distinction des deux domaines soit aussi tranchée qu'une lecture superficielle pourrait le laisser croire. Il faut, en effet, interpréter ces dispositions en tenant compte de l'article 37, al. 2, et de l'article 41 de la Constitution. Il apparaît alors clairement que le constituant n'a pas adressé au législateur une interdiction absolue de pénétrer dans le domaine réglementaire. Il a seulement donné au Gouvernement le moyen de paralyser cette intervention,

en opposant l'irrecevabilité, irrecevabilité sur laquelle statue le Conseil constitutionnel en cas de désaccord entre le Gouvernement et le président de l'Assemblée intéressée. À défaut pour le Gouvernement d'avoir opposé l'irrecevabilité, la loi votée en matière réglementaire est valable. La Constitution précise seulement à son égard qu'elle n'est législative que par sa forme – ce qui suffit à la rendre insusceptible de tout recours contentieux, mais n'empêche pas le Gouvernement de pouvoir la modifier par décret, après déclaration de son caractère réglementaire par le Conseil constitutionnel » (Rapport nº 528, 3ᵉ Législature, p. 4).

La même thèse fut soutenue par Michel Debré en 1972, alors qu'il était ministre d'État chargé de la Défense nationale (*J.O., Assemblée nationale, débats*, 2 juin 1972, p. 2916). Elle fut reprise par lui dans l'exposé des motifs d'une proposition de loi déposée en 1974, dans lequel il écrit :

« ... il faut bien considérer que la Constitution de 1958, après avoir défini le domaine du législateur (art. 34), a implicitement reconnu au Parlement le droit de statuer en dehors de son domaine. Le Gouvernement peut même faire appel à la loi pour statuer en un domaine réglementaire... De cette souplesse de la Constitution, les gouvernements, au cours des dernières années, ont fait une très large application » *(Proposition de loi [nº 1219] tendant à créer un ministère de la Science).*

Ainsi, cette thèse, en prônant en définitive la validité du seul critère formel, prend-elle le contrepied de la conception précédente.

7 . Sur le plan du fonctionnement des institutions, il est certain que très vite le législateur s'est évadé du cadre rigide de l'article 34 et cela avec l'assentiment du Gouvernement. Et les raisons pour lesquelles cela était nécessaire sont très bien exposées dans le rapport Foyer précité. On peut ajouter que, dans la période de réformes vécue par la France depuis mai 1981, ces motivations se comprennent encore mieux.

Et, en définitive, pour de simples raisons de politique jurisprudentielle, on voit mal comment le Conseil constitutionnel aurait pu ne pas prévenir et arrêter par avance une vague de recours basés, notamment, sur la violation des articles 34 et 37 : en effet, comme il avait été souligné au colloque d'Aix, le risque était grand de voir ainsi se multiplier les recours à l'initiative des parlementaires (voir observations L. Philip, *op. cit.*, p. 172-173) ou à celle du Président de la République au cas où il y aurait à l'Assemblée une majorité différente de la majorité présidentielle, qui aurait paralysé l'action du Gouvernement. Cette dernière hypothèse évoquée par M. Janot en ces termes (en décembre 1977) : « Imaginez un instant le Président de la République avec une majorité qui serait sensiblement différente de celle qui l'a porté au pouvoir, une majorité parlementaire qui voterait des textes et le Président dirait à chaque instant au Conseil constitutionnel : « Là ils sont allés un peu trop loin ». Ce serait la guerre civile permanente... Ce serait très dangereux » (*op. cit.*, p. 241). La remarque est intéressante dans le contexte de l'après-mars 1986.

Le Conseil constitutionnel a donc adopté une position raisonnable de nature à éviter un blocage de l'activité normative de la majorité gouvernementale et parlementaire et un risque d'utilisation trop systématique du contrôle de constitutionnalité. Le juge constitutionnel a ainsi canalisé le flot du changement mais il est difficile de dire qu'il a systématiquement gêné son écoulement (voir L. Favoreu, *op. cit.*).

8 . Reste cependant le problème de savoir quelle est *la portée* exacte de cette importante décision.

Le premier point à trancher est relativement simple : à quelles saisines s'applique la nouvelle jurisprudence ? Il ne fait pas de doute que les saisines parlementaires sont en premier lieu visées puisque c'est à l'occasion d'une telle saisine que la solution est donnée. Mais peut-on considérer aussi que la saisine par le Premier ministre est désormais exclue pour faire sanctionner une violation par le législateur du domaine réservé au pouvoir réglementaire ? Il semble que oui compte tenu de la formulation générale de la décision : « Considérant que par les articles 34 et 37... la Constitution n'a pas entendu frapper d'inconstitutionnalité une disposition de nature réglementaire contenue dans une loi ». Et ceci est donc aussi valable pour les saisines des présidents des assemblées et du chef de l'État.

Le deuxième point à résoudre est plus délicat : le recours à l'article 61, al. 2, est-il interdit pour faire sanctionner tout empiétement du législateur sur les compétences gouvernementales ou seulement les empiétements sur la compétence définie par les articles 34 et 37 ? Compte tenu du libellé de la décision, il semble que l'on doive exclure tout ce qui n'entre pas dans le champ des articles 34 et 37 : ainsi en est-il de l'empiétement sur une compétence gouvernementale non normative (104 DC, Territoire de Nouvelle-Calédonie) ou sur une compétence non réglementaire (dresser une liste de sociétés nationalisables n'est pas exercer une compétence réglementaire) (139 DC, *Nationalisations* *). En revanche, créer une taxe parafiscale entre dans le champ des articles 34 et 37 (*8 DC* *, 11 août 1960), mais y a-t-il exercice d'une compétence normative ou d'une compétence budgétaire ?

Une troisième question se pose : les lois organiques sont-elles concernées par la décision du 30 juillet 1982 ? On sait, en effet, qu'en vertu de l'article 61, al. 1er, des lois organiques sont obligatoirement et entièrement soumises à un contrôle de constitutionnalité : ce contrôle peut-il porter sur le respect des articles 34 et 37, malgré la décision du 30 juillet et son affirmation selon laquelle « la Constitution n'a pas entendu frapper d'inconstitutionnalité une disposition de nature réglementaire contenue dans une loi » ? La réponse est difficile à donner, car, jusqu'ici, il n'y a eu d'indication ni dans un sens ni dans l'autre. On peut se demander d'ailleurs si les lois organiques entrent dans le champ d'application des articles 34 et 37. En outre, si tel était le cas, l'article 41 serait susceptible de jouer à propos de telles lois, mais on conçoit mal que l'article 37, al. 2, puisse s'appliquer, car, la loi organique ayant été obligatoirement et complètement soumise à l'examen du Conseil constitutionnel, il est exclu qu'il puisse subsister une quelconque méconnaissance du texte constitutionnel (voir en ce sens notre étude sur la délégalisation des textes de forme législative, *Mélanges Waline*, 1974, I, p. 429, et *contra*, Th. Renoux, *Le Conseil constitutionnel et l'autorité judiciaire*, p. 84).

9 . Un dernier point mérite d'être souligné : la décision du *30 juillet* a pour effet de ruiner définitivement la thèse de la définition matérielle de la loi (du moins au sens où on l'entend habituellement, c'est-à-dire une définition de la loi par son objet). Car si une loi peut comporter des dispositions réglementaires sans être inconstitutionnelle, c'est que la loi se définit simplement comme l'acte voté par le Parlement selon certaines formes, sans prendre en considération la matière sur laquelle porte cet acte.

10 . Cela correspond d'ailleurs tout à fait à l'état du droit positif, car il y a de multiples lois qui contiennent des dispositions réglementaires et qui n'ont jamais fait l'objet de délégalisations.

Et s'il y avait encore quelques doutes, la lecture des déclarations d'un membre du Gouvernement (Michel Rocard) devant l'Assemblée nationale, appelant à sa rescousse « des auteurs et des praticiens qu'on ne saurait suspecter de partialité » (en l'occurrence Jean Foyer et Michel Debré), les lèverait définitivement : constatant que son projet de loi comporte « un certain nombre de dispositions dont il n'est pas illégitime de considérer qu'elles relèvent habituellement du pouvoir réglementaire », le ministre d'État soutient que « le Gouvernement a le droit » de les faire figurer dans le projet de loi et il l'affirme « en compagnie des meilleurs auteurs » (*J.O. Déb. A.N.*, 14 juin 1982, pp. 3335-3336).

Ainsi M. Foyer qui déclarait, lors d'un colloque qui s'est tenu en 1977 à Aix-en-Provence, que la Constitution n'interdit pas au « Parlement de se mêler d'affaires qui ne sont pas comprises dans le domaine de la loi ». Ainsi M. Debré, plus net encore dans l'exposé des motifs de la proposition de loi déposée en 1974 sous le numéro 1219 :

> « ... Le Gouvernement peut faire des incursions dans le domaine du Parlement, si celui-ci l'accepte – c'est l'article 38 et les ordonnances. Le Parlement peut faire des incursions dans le domaine du Gouvernement si celui-ci l'accepte et à plus forte raison si celui-ci l'y invite. Telle est la logique de notre Constitution et de nos institutions ».

La différence est cependant qu'il faut une autorisation expresse d'ailleurs prévue par la Constitution, pour que le Gouvernement intervienne dans le domaine législatif, et que toute incursion non autorisée est une inconstitutionnalité aux yeux du Conseil d'État... et du Conseil constitutionnel (voir décision Bernard des 16-20 avril 1982), tandis que les incursions du législateur dans le domaine réglementaire se font sans autorisation expresse (non prévue d'ailleurs par la Constitution) et ne constituent pas une inconstitutionnalité (30 juill. 1982).

11 . Ceux qui maintiennent qu'il y a cependant encore quelques traces de la définition matérielle de la loi, font valoir que le gouvernement peut « récupérer » les matières qu'il a abandonnées au pouvoir législatif, en utilisant la procédure de l'article 37, al. 2.

Certes, le Conseil constitutionnel motive sa décision en distinguant les domaines de la loi et du règlement et en rappelant que le Gouvernement dispose des procédures des articles 41 et 37, al. 2, pour protéger son domaine, cette dernière procédure permettant notamment « de restituer l'exercice de son pouvoir réglementaire au Gouvernement » ; mais ce raisonnement se situe au plan théorique. Si l'on examine en effet la pratique suivie depuis 1959, on constate que la procédure de l'article 41 est tout à fait obsolète : elle n'a donné lieu qu'à onze décisions du Conseil constitutionnel en trente-et-un ans, la dernière décision donnant tort au Parlement remontant à 1966 ; il n'y a plus eu de décision depuis sept ans et sous la VIIe législature, l'article 41 n'a pas été invoqué une seule fois par le Gouvernement. Quant à la procédure de délégalisation de l'article 37, al. 2, elle a abouti de 1959 à 1986 à 146 décisions concernant moins de 100 lois, alors que près de 3 000 lois ont été votées au cours de la même période et que, comme nous l'avons montré, à peine 0,2 % des dispositions sont réellement touchées par la délégalisation ; par ailleurs, sur ces 146 décisions, il n'y a qu'une centaine de décisions de délégalisations, et, sur ces décisions, une vingtaine n'ont jamais été utilisées. Ces résultats ne semblent pas être profondément bouleversés par les dernières décisions intervenues depuis lors.

En définitive, la procédure de l'article 37, al. 2, ne peut, en aucune manière, être considérée comme permettant de maintenir même de manière très limitée, la définition matérielle de la loi. Encore une fois, au-delà des textes, il faut prendre en considération l'application qui en est faite sous peine de méconnaître le droit positif.

12 . Bien évidemment, si la loi peut intervenir en toute matière – avec une probabilité quasi inexistante de « récupération » –, cela réduit à néant la théorie du domaine réservé du règlement – déjà bien chancelante.

Si le fait que la loi pénètre dans le domaine réglementaire n'est pas une inconstitutionnalité (et n'est donc pas sanctionnée) il n'y a plus de domaine réglementaire réservé et donc plus de pouvoir réglementaire « autonome », car l'une des caractéristiques majeures du pouvoir réglementaire dit autonome – selon ses partisans – est d'avoir un domaine à l'abri des incursions législatives. Comment peut-on soutenir encore qu'il y a un domaine dans lequel les règlements dits autonomes sont préservés du contact avec les lois, lorsque, comme en l'espèce, une loi peut intervenir impunément dans l'un de leurs « sanctuaires » (à savoir les contraventions punies de peines d'amendes) ? Déjà les matières dites réglementaires s'étaient réduites comme une peau de chagrin et les auteurs les mieux disposés à l'égard du pouvoir réglementaire autonome ne peuvent désormais en citer que très peu : la procédure civile, la procédure administrative et la détermination des contraventions et des peines applicables (v. Chapus, *Droit administratif général*, 1985, p. 48, n° 75) ; mais voilà qu'en outre, ces derniers sanctuaires peuvent être investis, sans coup férir, par le pouvoir législatif. La décision 143 DC (30 juill. 1982) est le coup de grâce pour les règlements dits autonomes (voir observ. L. Favoreu, « Les règlements autonomes n'existent pas », *R.F.D.A.*, 1987, n° 6).

Mais il apparaît aussi qu'*« en profondeur »* le secteur réservé au pouvoir réglementaire est moins protégé. En effet, jusque-là on pouvait dire qu'en toute matière, il y avait une place pour le pouvoir réglementaire d'exécution des lois, « la mise en œuvre » des règles posées par le législateur restait de la compétence du pouvoir réglementaire. Or, avec la décision *143 DC* *, il n'est plus possible de sanctionner l'incompétence du législateur de ce chef. Et cette jurisprudence s'harmonise assez bien avec celle inaugurée dans la décision *132 DC* * (16 janvier 1982) et selon laquelle la loi peut fixer même les mesures de détail, y compris individuelles si cela est nécessaire (voir *supra*, **33**-16).

II. La compétence législative pour déterminer les peines contraventionnelles.

13 . Ainsi qu'il a été noté plus haut, le Conseil constitutionnel aurait dû, normalement, s'il n'avait pas adopté sa nouvelle jurisprudence, se prononcer sur la compétence pour fixer les règles relatives aux contraventions car les requérants invoquaient expressément l'incompétence du législateur pour instituer « une amende contraventionnelle ». Le problème était ainsi posé de savoir si relèvent du domaine du règlement les règles relatives à toutes les peines contraventionnelles ou seulement celles relatives aux « amendes contraventionnelles ».

14 . Cette question avait été soulevée par la décision du 28 novembre 1973, *Mesures privatives de liberté* (73-80 L, *Rec.* 45 ; *G.D.*, 3e éd., no 23). Saisi avant codification, en vertu de l'article 37, al. 2, le Conseil constitutionnel avait à se prononcer sur le caractère législatif ou réglementaire de diverses dispositions contenues dans des textes de forme législative. Et à propos de l'une d'entre elles, alors que cela n'était pas nécessaire pour la solution à donner au problème, le juge constitutionnel déclara :

> « Considérant qu'il résulte des dispositions combinées du Préambule, des alinéas 3 et 5 de l'article 34 et de l'article 66 de la Constitution, que la détermination des contraventions et des peines qui leur sont applicables est du domaine réglementaire *lorsque lesdites peines ne comportent pas de mesure privative de liberté* ».

15 . Pour bien comprendre le raisonnement du Conseil constitutionnel, il faut d'abord connaître l'interprétation « classique » de la disposition de l'article 34, al. 2, selon laquelle « la loi fixe les règles concernant la détermination des crimes et délits ainsi que les peines qui leur sont applicables ».

16 . Cette interprétation a été donnée par le Conseil d'État dans l'arrêt *Société Eky* et adoptée par la doctrine : l'article 34 confie au législateur la détermination des « crimes et délits », mais ne parle pas des contraventions ; par ailleurs, aucune autre disposition de la Constitution ne prévoit que la matière des contraventions appartient au domaine de la loi ; en conséquence, « il résulte de l'ensemble de la Constitution, et notamment des termes précités de l'article 34, que les auteurs de la Constitution ont entendu exclure dudit domaine la détermination des contraventions et des peines dont elles sont assorties » ; et que, par suite, ils ont entendu « aussi spécialement déroger au principe général énoncé par l'article 8 de la Déclaration des

droits » ; dès lors, si cette matière des contraventions ne relève pas du domaine législatif, elle relève forcément du domaine réglementaire, l'article 37 stipulant que toute matière étrangère au premier domaine appartient au second.

Ce raisonnement apparaît d'une solidité à toute épreuve. Pourtant il présente deux points faibles : l'interprétation de l'expression « détermination des crimes et délits », et la conciliation de la règle contenue dans l'article 8 de la Déclaration des droits avec cette interprétation (voir *G.D.*, 3e éd., no 23).

Le Conseil constitutionnel n'est pas parti du postulat selon lequel l'expression « crimes et délits » ne désignerait que les deux plus importantes catégories d'infractions. Il prend cette expression comme l'un des éléments (art. 34, al. 5) de la formule qui va lui permettre d'arriver à la solution ; et à cet élément, il ajoute ceux tirés du Préambule (et donc de la Déclaration des droits), de l'article 66 et d'un autre alinéa de l'article 34 (cf. en ce sens G. Vedel, *Le Monde*, 5 déc. 1973 : « [Le Conseil constitutionnel] a refusé d'isoler dans son raisonnement la partie de l'article 34 de la Constitution citée plus haut. Il l'a rapprochée d'abord du Préambule...»).

En visant le Préambule, le juge constitutionnel a entendu se référer, d'après les commentateurs, à la Déclaration des droits et, plus précisément, à l'article 7 selon lequel « nul ne peut être accusé, *arrêté ou détenu* que dans les cas déterminés par la *loi* ». Cette interprétation a reçu la caution de l'un de ceux qui ont pris la décision du 28 novembre (F. Luchaire, *Mélanges Waline*, p. 572), et on peut donc la considérer comme authentique. L'alinéa 3 de l'article 34 (à noter que le Conseil considère comme alinéa toute subdivision de l'article 34, sans distinguer entre alinéa et sous-alinéa), est invoqué dans la mesure où il place sous la sauvegarde du législateur (Vedel) « les garanties fondamentales accordées aux citoyens pour l'exercice des libertés publiques », la compétence du législateur pour établir des restrictions à la liberté individuelle apparaissant comme une garantie fondamentale. Dans l'article 66 de la Constitution (« nul ne peut être arbitrairement détenu, l'autorité judiciaire, gardienne de la liberté individuelle, assure le respect de ce principe dans les conditions prévues par la loi », c'est la seconde phrase qu'il faut retenir et non la première : ceci semble pouvoir être déduit d'une intervention de M. Coste-Floret (futur membre du Conseil constitutionnel) à l'Assemblée nationale, intervention dans laquelle, pour affirmer la compétence législative en matière de contravention, il faisait valoir – déjà – la Déclaration des droits et l'article 66 qu'il invoquait ainsi : « Il est écrit “dans les conditions prévues par la loi” et non “dans les conditions prévues par le règlement”, ce qui suffit à exclure les contraventions nouvelles, *au moins lorsqu'elles sont assorties de peines privatives de liberté* » (Débats A.N., séance du 13 mai 1965, *J.O.*, p. 1324).

17 . Dix-huit ans après, le problème posé n'a pas encore reçu de solution. Le Conseil d'État et la Cour de cassation, estimant qu'ils n'étaient pas liés par la décision du Conseil constitutionnel (celui-ci n'ayant exprimé qu'une « doctrine » dans des motifs qui n'étaient pas

le soutien nécessaire du dispositif) et se heurtant, par ailleurs, à « l'écran » de la loi (la compétence de l'autorité réglementaire en matière de contraventions étant prévue par des dispositions à caractère législatif) ont continué à admettre la validité de règlements établissant des peines contraventionnelles même privatives de liberté (voir les décisions du Conseil d'État rendues en 1985).

En fait, la remise en ordre suggérée par le Conseil constitutionnel aurait dû être le fait du législateur auquel il appartenait d'abroger les textes législatifs contraires à une interprétation raisonnable du Préambule (c'est-à-dire de la Déclaration des droits) et des articles 34 et 66 de la Constitution. Mais pas plus les gouvernements de gauche que ceux de droite n'ont proposé au Parlement de réaliser cette réforme et celui-ci ne s'en est pas saisi de lui-même.

Quant au Conseil constitutionnel, s'il n'a pas pris position dans la présente décision 143 DC, il n'en a pas moins admis – indirectement – la compétence législative pour instituer des amendes contraventionnelles. En outre, dans deux décisions ultérieures rendues en vertu de l'article 37, al. 2, 139 L (8 août 1985) et 142 L (13 nov. 1985), il a admis la compétence réglementaire à propos de contraventions – ce qui n'est pas surprenant –, mais en soulignant chaque fois qu'il s'agit de « peines d'*amendes* contraventionnelles », ce qui semble indiquer que le Conseil entend conserver la position prise dans sa décision 80 L et distinguer entre peines d'amendes contraventionelles (qui relèvent du domaine réglementaire) et peines contraventionnelles privatives de liberté (relevant du domaine législatif). On peut se demander sinon pourquoi le juge constitutionnel a-t-il tenu à préciser « que la définition des peines d'*amendes* contraventionnelles est de nature réglementaire » Cela laisse donc supposer que lorsque l'affaire s'y prêtera, le Conseil réaffirmera – cette fois-ci avec force de chose jugée – sa position de 1973.

On notera d'ailleurs que dans le considérant suivant il n'est pas précisé, à propos d'une « condamnation délictuelle », si elle a consisté en une amende ou une peine de prison (142 L, § 9).

18. Dans une décision n° 87-151 L (23 septembre 1987, *Rec.* 53, *RJC* II-125, *R.F.D.A.* 1988, p. 273, Comm. B. Genevois), le Conseil constitutionnel a été amené à se prononcer sur la nature législative ou réglementaire des contraventions de grande voirie. Il s'agit là de sanctions, propres au droit public et qui présentent une originalité certaine par rapport aux contraventions de police. Dans son *Traité de la juridiction administrative et des recours contentieux*, Laferrière les définissait jadis comme des faits matériels « pouvant compromettre la conservation du domaine public, ou nuire à l'usage auquel il est légalement destiné ».

C'est précisément cette spécificité qui rendait délicat leur classement dans le domaine de la loi ou du règlement. Et cela d'autant plus que dans son avis du 7 juillet 1983 (cité par B. Genevois in *A.I.J.C.* 1987 p. 584), l'Assemblée générale du Conseil d'État avait précisé que « les contraventions de grande voirie, bien que sanctionnées par des amendes pénales, ne sont pas, compte tenu de leur objet et de leur régime particulier, notamment des règles de procédure et de compétence applicables, des contraventions de police et n'entrent pas dans les catégories énumérées à l'article R. 25 du Code pénal. Elles restent soumises aux mêmes règles quel que soit le montant des amendes applicables ; par suite, elles n'ont pas le caractère de délits lorsque le taux de ces amendes dépasse le maximum fixé à l'article 466 du Code pénal pour les amendes de police ».

En d'autres termes dès lors qu'aucune contravention de grande voirie n'est passible d'une amende d'un montant supérieur au plafond légal définissant les contraventions de police, on pouvait considérer que les dispositions de l'article 34 de la Constitution réservant au législateur le soin de fixer les règles concernant la détermination des crimes et délits ainsi que les peines qui leur sont applicables n'étaient pas concernées.

Dans sa décision 87-151 L, le Conseil constitutionnel adopte une analyse plus nuancée, en retenant une lecture particulièrement explicite de l'article 34 de la Constitution :

> « Considérant qu'en vertu de l'article 34 de la Constitution, la loi fixe les règles concernant "la détermination des crimes et délits ainsi que les peines qui leur sont applicables" ; que par ces dispositions le constituant a entendu, en matière répressive, conférer au législateur une compétence pour la détermination des infractions les plus graves ; que l'échelle de gravité résulte de la distinction opérée par la loi entre les crimes et les délits, d'une part, et les contraventions de police, d'autre part, ainsi qu'entre les peines qui leur sont respectivement applicables ;
>
> Considérant que les contraventions de grande voirie, qui tendent à réprimer tout fait matériel pouvant compromettre la conservation d'une dépendance du domaine public ou nuire à l'usage auquel cette dépendance est légalement destinée, ne sont pas, compte tenu de leur objet et des règles de procédure et de compétence qui leur sont applicables, des contraventions de police... ».

Ainsi, c'est bien au législateur que la Constitution confie le soin de déterminer les infractions les plus graves, ce qui inclut la fixation des peines.

Cependant la circonstance que les contraventions de grande voirie ne constituent pas des crimes ou des délits pénaux n'exclut pas pour autant toute compétence du législateur. Il suffit que le montant de l'amende sanctionnant la contravention de grande voirie excède celui prévu (par la loi) pour les contraventions de police pour que le législateur, en raison de la gravité de la sanction, redevienne compétent pour instituer une telle infraction, ce qui suppose non seulement de définir tous ses éléments constitutifs mais également les causes d'exonération dont elle est éventuellement assortie.

En l'espèce, l'institution d'une contribution de grande voirie assortie d'une peine d'amende ne dépassant pas le plafond légal pour les contraventions de police (10.000 F depuis la loi du 7 août 1985) est donc bien du domaine réglementaire.

Dépourvues de peines d'amende suffisamment graves au sens précité, pour impliquer la compétence législative, les contraventions de grande voirie sont, naturellement, dépourvues également de toutes peines privatives de liberté.

Ceci explique le silence gardé par la décision 87-151 L sur ce point et devrait calmer les inquiétudes de certains commentateurs (ainsi M. Puech, *Droit pénal général,* p. 22) se demandant si l'on ne devait pas distinguer dans cette décision un abandon de la jurisprudence inaugurée par la décision 80 L du 28 novembre 1973 (« Peines privatives de liberté »).

III . La compétence législative pour écarter les principes généraux du droit

19 . La compétence législative, pour écarter certains principes généraux du droit voit, une fois de plus (cf. *supra* **18**-7 et s.), son existence reconnue à propos de la règle du non-cumul des peines.

Les députés requérants ayant en effet opposé à une disposition de la loi le principe du non-cumul des peines, le Conseil constitutionnel écarte cette argumentation au motif que « cette règle n'a que valeur législative et qu'il peut donc toujours y être dérogé par une loi ».

Le Conseil avait adopté la même démarche dans les décisions *55 L* *, 57 L et 75 L (21 déc. 1972). Mais c'est la première fois qu'il admet explicitement la valeur législative d'un principe général du droit car jusqu'ici il n'y avait qu'une définition négative.

Jusqu'ici, le Conseil constitutionnel a reconnu l'existence des principes généraux à valeur législative suivants : le silence vaut refus (*55 L* *, 352 DC) ; la non-rétroactivité en matière non pénale (57 L) et notamment en matière fiscale (184 DC, 186 DC) ; le non-cumul des peines en matière de crimes et délits (143 DC). Les droits de la défense en matière non pénale étaient rangés parmi ces principes (75 L) ; mais depuis les décisions 182 DC et 184 DC il n'y a plus de doute quant à leur valeur constitutionnelle au titre des principes fondamentaux reconnus par les lois de la République.

On notera toutefois, à propos du non-cumul, que dans une décision 96-378 DC (§ 15) il a considéré « qu'une sanction administrative de nature pécuniaire ne peut se cumuler avec une sanction pénale ».

20 . La reconnaissance de nouveaux principes à valeur constitutionnelle en matière pénale n'a pas été admise : ainsi en a-t-il été du principe de droit pénal selon lequel seules les personnes physiques seraient passibles de sanctions pénales « il n'existe aucun principe de valeur constitutionnelle s'opposant à ce qu'une amende puisse être infligée à une personne morale ».

En revanche, les principes de non-rétroactivité des lois en matière pénale et d'égalité ont reçu de nouvelles applications.

33 bis

18 novembre 1982

QUOTAS PAR SEXE (146 DC)

Indivisibilité du corps électoral
Principe d'égalité

Décision 146 DC, *Rec.* 66, *RJC* I-184
Article 61 al. 2 de la Constitution.
Irrecevabilité d'une saisine individuelle.
Saisine d'un groupe de députés. Conclusion soulevée d'office.
Portée et interprétation des articles 3 C. et 6 DDHC.
Non conformité de l'article 260 bis du code électoral. Interdiction de toute division par catégories des électeurs ou des éligibles.

RÉFÉRENCES

a) *Notes doctrinales*

- Avril (P.) et Gicquel (J.) : *Pouvoirs* 1983, nº 25, p. 190. - Boulouis (J) : *A.J.*, 1983, p. 74. - Favoreu (L.), *R.D.P.*, 1983, p. 333, § 58, 59, 66, 108, 109, 120. - Hamon (L.), *D.* 1984, somm. comm. p. 469-470. - Lochak (D.) : *Droit social*, 1983, p. 131. - Marchand (J.-M.) : *J.C.P.*, 1983, 19 946.

b) *Autres références*

- FAVOREU (L.) : « Principe d'égalité et représentation politique des femmes : la France et les exemples étrangers », in Rapport public du Conseil d'État 1996, *E.D.C.E.* nº 48, p. 395. - DEMICHEL (F.) : « À parts égales : contribution au débat sur la parité », *D.* 1996, chron., p. 95. - MÉLIN-SOUCRAMANIEN (F.) : *Le principe d'égalité dans la jurisprudence du Conseil constitutionnel*, Economica-PUAM, 1997. - GHEVONTIAN (R.) : Note sous 98-407 DC, *R.F.D.C.*, 37-1999, p. 142. - SCHOETTL (J.-E.) : Note sous 98-407 DC, *A.J.D.A.*, 1999, p. 149.

c) *Presse*

- VEDEL (G.) : « Le quota aux élections municipales : les 20 % de femmes et la Constitution », *Le Monde*, 3 fév. 1979 ; « La parité vaut mieux qu'un marivaudage législatif », *Le Monde*, 8 décembre 1998. - LAIGNEL (A.) : « Le gouvernement des juges ? », *Le Monde*, 27 janv. 1983. - HALIMI (G.) : « Égalité égal parité », *Le Monde*, 22 avril 1994. - BADINTER (R.) : « Non aux quotas de femmes », *Le Monde*, 12 juin 1996.

d) *Jurisprudence*

• Décision 407 DC du 14 janvier 1999, *J.O.* 24 janvier 1999, p. 4238.

LE CONSEIL CONSTITUTIONNEL,

Saisi le 23 octobre 1982 par MM. Claude Labbé et autres, députés, dans les conditions prévues à l'article 61, alinéa 2, de la Constitution, du texte de loi modifiant le code électoral et le code des communes et relative à l'élection des conseillers municipaux et aux conditions d'inscription des Français établis hors de France sur les listes électorales, telle qu'elle a été adoptée par le Parlement, et, notamment, du nouvel article L. 262 du code électoral tel qu'il résulte de son article 4 ;

Saisi également d'une demande d'examen de la conformité à la Constitution d'autres dispositions de cette loi, par une lettre de M. Alain Tourret, demeurant à Moult, Calvados, en date du 23 octobre 1982 ;

Vu la Constitution ;
Vu l'ordonnance du 7 novembre 1958 portant loi organique sur le Conseil constitutionnel, notamment les articles figurant au chapitre II du titre II de ladite ordonnance ;

Ouï le rapporteur en son rapport :

1. Considérant qu'aux termes de l'article 61 de la Constitution « les lois peuvent être déférées au Conseil constitutionnel, avant leur promulgation, par le Président de la République, le Premier ministre, le Président de l'Assemblée nationale, le Président du Sénat ou soixante députés ou soixante sénateurs » ; que cette désignation des autorités habilitées à soumettre au Conseil l'examen de la conformité à la Constitution du texte d'une loi adoptée par le Parlement avant sa promulgation, interdit cette saisine à toute autre personne ; qu'il suit de là que la demande de M. Alain Tourret est irrecevable ;

SUR LA CONFORMITÉ DE LA LOI À LA CONSTITUTION :

En ce qui concerne les dispositions de l'article L. 262 du code électoral, tel qu'il résulte de l'article 4 de la loi :

2. Considérant que pour les communes de 3 500 habitants et plus les conseillers municipaux sont élus au scrutin de liste à deux tours ; qu'aux termes de l'article L. 262 du code électoral, tel qu'il résulte de l'article 4 de la loi soumise à l'examen du Conseil : « Au premier tour de scrutin, il est attribué à la liste qui a recueilli la majorité absolue des suffrages exprimés un nombre de sièges égal à la moitié du nombre des sièges à pourvoir, arrondi, le cas échéant, à l'entier supérieur lorsqu'il y a plus de quatre sièges à pourvoir et à l'entier inférieur lorsqu'il y a moins de quatre sièges à pourvoir... Si aucune liste n'a recueilli la majorité absolue des suffrages exprimés au premier tour, il est procédé à un deuxième tour. Il est attribué à la liste qui a obtenu le plus de voix un nombre de sièges égal à la moitié du nombre des sièges à pourvoir, arrondi, le cas échéant, à l'entier supérieur lorsqu'il y a plus de quatre sièges à pourvoir et à l'entier inférieur lorsqu'il y a moins de quatre sièges à pourvoir ;
3. Considérant que, selon les députés auteurs de la saisine, le fait que le nombre des sièges attribués à la liste venant en tête soit égal à la moitié des sièges à pourvoir, arrondi, lorsqu'il s'agit d'un nombre impair, au chiffre inférieur quand il y a moins de quatre sièges à pourvoir et au chiffre supérieur quand il y en a plus, serait contraire au principe d'égalité, aucune différence de situation justifiant l'application de ces règles différentes ;
4. Considérant qu'il appartient au législateur de poser la règle d'attribution du siège restant après division par deux du nombre total des sièges à pourvoir dont une moitié est attribuée à la liste parvenue en tête et l'autre répartie à la proportionnelle lorsque ce nombre total est impair ; qu'aucun principe de valeur constitutionnelle n'impose que la règle appliquée soit identique quel que soit le nombre total des sièges à pourvoir mais que le principe d'égalité exige seulement que la même règle soit appliquée à chaque fois que le nombre de sièges à répartir est le même ; que la loi soumise à l'examen du Conseil constitutionnel répond à cette exigence et, dès lors, ne méconnaît pas le principe d'égalité devant la loi ;

En ce qui concerne les dispositions de l'article L. 260 bis du code électoral, tel qu'il résulte de l'article 4 de la loi ;

5. Considérant qu'en vertu de l'article 4 de la loi soumise à l'examen du Conseil, les conseillers municipaux des villes de 3 500 habitants et plus sont élus au scrutin de liste : que les électeurs ne peuvent modifier ni le contenu ni l'ordre de présentation des listes et qu'en vertu de l'article *260 bis* : « les listes de candidats ne peuvent comporter plus de 75 pour cent de personnes du même sexe ;

6. Considérant qu'aux termes de l'article 3 de la Constitution :

« La souveraineté nationale appartient au peuple qui l'exerce par ses représentants et par la voie du référendum.

Aucune section du peuple ni aucun individu ne peut s'en attribuer l'exercice.

Le suffrage peut être direct ou indirect dans les conditions prévues par la Constitution. Il est toujours universel, égal et secret.

Sont électeurs, dans les conditions déterminées par la loi, tous les nationaux français majeurs des deux sexes, jouissant de leurs droits civils et politiques » et qu'aux termes de l'article 6 de la Déclaration des droits de l'homme et du citoyen : « Tous les citoyens étant égaux aux yeux de la loi « sont également admissibles à toutes dignités, places et emplois publics, selon leur capacité, et sans autre distinction que celles de leurs vertus et de leurs talents » ;

7. Considérant que du rapprochement de ces textes il résulte que la qualité de citoyen ouvre le droit de vote et l'éligibilité dans des conditions identiques à tous ceux qui n'en sont pas exclus pour une raison d'âge, d'incapacité ou de nationalité, ou pour une raison tendant à préserver la liberté de l'électeur ou l'indépendance de l'élu ; que ces principes de valeur constitutionnelle s'opposent à toute division par catégories des électeurs ou des éligibles ; qu'il en est ainsi pour tout suffrage politique, notamment pour l'élection des conseillers municipaux ;

8. Considérant qu'il résulte de ce qui précède que la règle qui, pour l'établissement des listes soumises aux électeurs, comporte une distinction entre candidats en raison de leur sexe, est contraire aux principes constitutionnels ci-dessus rappelés ; qu'ainsi, l'article L. *260 bis* du code électoral tel qu'il résulte de l'article 4 de la loi soumise à l'examen du Conseil constitutionnel doit être déclaré contraire à la Constitution ;

9. Considérant que doivent être déclarées contraires à la Constitution, par voie de conséquence, les dispositions qui, aux articles L. 265 et L. 268 du code électoral, font application de la règle posée à l'article L. *260 bis* ;

En ce qui concerne les autres dispositions de la loi :

10. Considérant qu'en l'espèce il n'y a lieu pour le Conseil constitutionnel de soulever d'office aucune autre question de conformité à la Constitution de la loi soumise à son examen ;

Décide :

ARTICLE PREMIER. - La demande de M. Alain Tourret est irrecevable.

ARTICLE 2. - Sont déclarées contraires à la Constitution les dispositions de l'article 4 de la loi modifiant le code électoral et le code des communes et relative à l'élection des conseillers municipaux et aux conditions d'inscription des Français établis hors de France sur les listes électorales qui introduisent dans le code électoral un article L. *260 bis*.

Est également déclarée contraire à la Constitution l'adjonction du mot « sexe » à l'article L. 265 ainsi que des mots « et L. *260 bis* » aux articles L. 265 et L. 268 du code électoral.

ARTICLE 3. - Les autres dispositions de la loi soumise à l'examen du Conseil constitutionnel sont déclarées conformes à la Constitution.

ARTICLE 4. - La présente décision sera publiée au *Journal officiel* de la République française.

Délibéré par le Conseil constitutionnel dans sa séance du 18 novembre 1982.

La composition du Conseil constitutionnel à la date du 18 novembre 1982 était la suivante : M. FREY (Président), MM. BROUILLET, GROS, JOXE, LECOURT, MONNERVILLE, PERETTI, SÉGALAT, VEDEL*.

* M. Georges Vedel s'est abstenu de siéger lors de cette séance.

OBSERVATIONS

1 . L'insertion, *a posteriori*, de la décision *Quotas par sexe* dans le recueil des *Grandes décisions* apparaissait comme une nécessité depuis plusieurs années : un ancien président du Conseil constitutionnel (Robert Badinter) la présente même, selon M. Schoettl (*RFDA*, 1999, p. 153) « comme la plus importante jamais rendue par le Conseil ». En toute hypothèse, la décision rendue le 14 janvier 1999 (98-407 DC), dans laquelle le Conseil constitutionnel reprend mot pour mot le raisonnement développé seize ans plus tôt, et la révision constitutionnelle du 28 juin 1999, imposée par l'existence d'une telle jurisprudence, justifient, s'il en était besoin, cette insertion.

2 . Le Conseil constitutionnel a été conduit à prendre position sur l'institution des quotas par sexe au sein des listes de candidature aux élections municipales, dans les circonstances suivantes, qui méritent d'être relatées.

En janvier 1979, Mme Monique Pelletier, ministre de la Famille et de la Condition féminine, propose que les listes de candidats aux élections municipales pour les communes de plus de 2 500 habitants, comportent obligatoirement au moins 20 % de femmes. En novembre 1980, à quelques mois des élections présidentielles, le Premier ministre Raymond Barre saisit le Parlement d'un projet de loi imposant la présence « d'au moins 20 % de personnes de chaque sexe » – le doyen Vedel, non encore membre du Conseil constitutionnel, ayant fait remarquer dans un article du *Monde* (3 février 1979) qu'ainsi on pouvait échapper au risque d'inconstitutionnalité – sur les listes de candidature aux élections municipales. Ce projet est voté en première lecture par l'Assemblée nationale à une large majorité – 439 voix contre 3 – mais ne peut être examiné par le Sénat pour cause de fin de session parlementaire.

Au cours de l'été 1982, le projet de loi de réforme des élections municipales préparé par le ministre de l'Intérieur, ne reprend pas la proposition de création de quotas, Gaston Defferre estimant qu'il appartient aux partis politiques de veiller à ce que les listes de candidature comportent une proportion suffisante de femmes. Un amendement de Gisèle Halimi, député socialiste, proposant d'instituer un quota de 30 % (abaissé à 25 % par sous-amendement du gouvernement) est voté par l'Assemblée nationale, par 476 voix contre 4 et 3 abstentions, et définitivement adopté par celle-ci en troisième lecture. La loi est déférée le 23 octobre 1982 au Conseil constitutionnel par les députés de l'opposition, qui se gardent bien cependant d'invoquer l'inconstitutionnalité de l'amendement Halimi : mais cette inconstitutionnalité est soulevée d'office par le Conseil constitutionnel qui déclare « contraire à la Constitution l'adjonction du mot "sexe" à l'article L. 265 » du code électoral, au terme d'un raisonnement dont la portée dépasse très largement le cas d'espèce soumis au juge constitutionnel.

Deux questions majeures sont soulevées par la décision et seront l'objet essentiel des observations qui vont suivre : l'indivisibilité du corps électoral corrélat de l'indivisibilité de la République (I) ; le principe constitutionnel d'égalité envisagé sous l'angle de l'égalité *par la loi* et des discriminations positives (II). Seront traitées beaucoup plus brièvement ensuite des questions de procédure relatives aux conclusions et moyens soulevés d'office (III).

I. - L'INDIVISIBILITÉ DU CORPS ÉLECTORAL

3 . L'article 4 de la loi attaquée ajoutait au code électoral un article 260 bis aux termes duquel dans les villes de 3 500 habitants et plus dont les conseillers municipaux sont élus au scrutin de liste « les listes de candidats ne peuvent comporter plus de 75 % de personnes du même sexe ». Examinant d'office la constitutionnalité de cette disposition, le Conseil constitutionnel, après avoir rappelé les termes de l'article 3 de la Constitution et ceux de l'article 6 de la Déclaration des droits de l'homme et du citoyen, déclare :

> « Considérant que du rapprochement de ces textes il résulte que la qualité de citoyen ouvre le droit de vote et l'éligibilité dans des conditions identiques à tous ceux qui n'en sont pas exclus pour une raison d'âge, d'incapacité ou de nationalité, ou pour une raison tendant à préserver la liberté de l'électeur ou l'indépendance de l'élu ; que ces principes de valeur constitutionnelle s'opposent à toute division par catégories des électeurs ou des éligibles ; qu'il en est ainsi pour tout suffrage politique, notamment pour l'élection des conseillers municipaux » (§ 7).

Et il en tire la conclusion :

> « Considérant qu'il résulte de ce qui précède que la règle qui, pour l'établissement des listes soumises aux électeurs, comporte une distinction entre candidats en raison de leur sexe, est contraire aux principes constitutionnels ci-dessus rappelés ; qu'ainsi, l'article L. *260 bis* du code électoral tel qu'il résulte de l'article 4 de la loi soumise à l'examen du Conseil constitutionnel doit être déclaré contraire à la Constitution » (§ 8).

Jean Boulouis et Léo Hamon avaient bien vu la portée de ces considérants. Le premier, notamment, avait très clairement situé le problème :

> « .... la décision du Conseil constitutionnel revêt dès lors une importance doctrinale majeure. Elle se présente en effet comme la consécration renouvelée de l'un des fondements du droit constitutionnel. *Concept abstrait lié à l'existence du corps politique, le citoyen en est la composante élémentaire dont l'interchangeabilité garantit avec la parfaite homogénéité de ce corps l'indivisibilité de la souveraineté dont il est titulaire.* La qualité qui s'y attache [...] ne saurait être démembrée par une quelconque différenciation en catégories dont la seule existence porterait atteinte à l'essence même du concept et à ce qu'il est destiné à représenter et à garantir » (*AJDA* 1984, p. 470).

On est ici au cœur du problème : « l'interchangeabilité » des citoyens et la « parfaite homogénéité de ce corps » garantissent l'indivisibilité de la souveraineté. Ceci rejoint le souci exprimé par Léo Hamon, de « bannir les risques d'une *fragmentation abusive* de la représentation » (D. 1984, IR, p. 470). Et l'on comprend dès lors que ces principes s'appliquent tant aux élections nationales qu'aux élections locales, c'est-à-dire à toutes les élections faisant intervenir l'électeur comme citoyen en tant que « composante élémentaire et interchangeable ». En cela, les élections politiques au sens large s'opposent à celles qui font intervenir l'élection en tant qu'« homme situé », pour reprendre la terminologie de Georges Burdeau à laquelle fait d'ailleurs référence Jean Boulouis qui poursuit :

> « À la représentation politique dont Sieyès rappelait qu'elle se fonde non pas sur ce qui différencie mais sur ce qui est commun – l'appartenance au corps politique – s'oppose ainsi la représentation des intérêts qui, à l'inverse, se doit de traduire la diversité de ceux-ci à partir des catégories qu'elle engendre ».

Et l'auteur de conclure qu'« il est heureux qu'en présence *de l'oubli ou de l'ignorance des principes qui fondent le droit constitutionnel depuis la Révolution*, le Conseil constitutionnel ait éprouvé le besoin de les rappeler et de les sanctionner au risque d'encourir seul l'opprobre antiféministe ».

4 . En fait, cette prise de position capitale avait été préfigurée par une autre, moins visible parce que plus implicite, établie quelques années auparavant, et elle a été le point de départ d'une série d'autres prises de position essentielles.

Dans sa décision *Assemblée européenne* des 29-30 décembre 1976 (*GD*, 6e éd., nº 25, le Conseil constitutionnel avait tenu à souligner que ne figurait dans le traité examiné « aucune stipulation fixant pour l'élection des représentants français à l'Assemblée des Communautés européenne, des modalités de nature à mettre en cause l'indivisibilité de la République dont le principe est réaffirmé à l'article 2 de la Constitution » et que « les termes de "procédure électorale uniforme" ne sauraient être interprétés comme pouvant permettre qu'il soit porté atteinte à ce principe ». Ces réserves d'interprétation ont été respectées lors de l'établissement des modalités d'élection : les représentants français à Strasbourg sont élus à la représentation proportionnelle dans le cadre d'une circonscription unique, le territoire de la République. Ceci garantit l'interchangeabilité dont il était question plus haut et permet à tout citoyen, quel que soit son lieu de résidence et même si celui-ci est situé hors d'Europe, en Polynésie ou en Guyane, d'élire les représentants de la France.

Les principes dégagés dans la décision *Quota par sexe** seront ensuite appliqués régulièrement et dans diverses circonstances :

– il ne peut être institué d'incompatibilité entre les fonctions de membre de l'exécutif d'un Territoire d'outre-mer et de député européen car une telle incompatibilité toucherait seulement certains citoyens en fonction de leurs attaches avec une partie déterminée du territoire de la France (84-177 DC, 30 août 1984, *RJC* I-194) ;

– la loi ne peut avantager la composante canaque de la population néo-calédonienne (85-196 DC, 8 août 1985, § 12 et 16, *RJC* I-236) ;

- la mention faite par le législateur du « peuple corse composante du peuple français » est contraire à la Constitution « laquelle ne connaît que le peuple français composé de tous les citoyens français... » (9 mai 1991, *Statut de la Corse**) ;

– le législateur ne peut faire bénéficier « certains parlementaires, en raison de leur élection dans une circonscription déterminée, de prérogatives particulières dans le cadre de la procédure d'élaboration de la loi » (*Statut de la Corse**) ;

– il ne peut être prescrit « d'assurer la parité entre candidats féminins et masculins sur les listes de candidature aux élections régionales » (98-407 DC du 14 janvier 1999, *Quotas par sexe II*).

– « la Charte européenne des langues régionales ou minoritaires, en ce qu'elle confère des droits spécifiques à des "groupes" de locuteurs de langues régionales ou minoritaires, à l'intérieur de "territoires" dans lesquels ces langues sont pratiquées, porte atteinte aux principes constitutionnels d'indivisibilité de la République, d'égalité devant la loi et d'unicité du peuple français (99-412 DC, 15 juin 1999).

5 . La décision du 14 janvier 1999 reprend exactement, seize ans après, la solution et la rédaction adoptées dans la première décision *Quotas par sexe*.

Anticipant la révision constitutionnelle à venir, la majorité avait tenu à inscrire dans la loi relative au mode d'élection des conseillers régionaux que « chaque liste assure la parité entre candidats féminins et masculins ». Les sénateurs requérants ayant invoqué la violation de l'article 3 de la Constitution, de l'article 6 de la Déclaration des droits de l'homme et du citoyen ainsi que de la chose jugée par le Conseil constitutionnel dans la décision *Quotas par sexe*, le juge constitutionnel leur donne raison :

> « Considérant que, en l'état, et pour les motifs énoncés dans la décision susvisée du 18 novembre 1982, la qualité de citoyen ouvre le droit de vote et l'éligibilité dans des conditions identiques à tous ceux qui n'en sont exclus ni pour une raison d'âge, d'incapacité ou de nationalité, ni pour une raison tendant à préserver la liberté de l'électeur ou l'indépendance de l'élu, sans que puisse être opérée aucune distinction entre électeurs ou éligibles en raison de leur sexe ; que, par suite, les dispositions contestées doivent être déclarées contraires à la Constitution » (§ 12).

Le Conseil constitutionnel précise qu'il statue de la sorte « en l'état » : comme le dit M. Schoettl (*AJDA* 1999, p. 154) « en attendant (la) révision (annoncée) le Conseil constitutionnel n'a pu que faire droit à la requête sénatoriale "pour les motifs énoncés dans sa décision du 18 novembre 1982" ».

La révision constitutionnelle a effectivement été votée définitivement par le Congrès le 28 juin 1999 : désormais, l'article 3 de la Constitution est complété par un nouvel alinéa aux termes duquel « la loi favorise l'égal accès des femmes et des hommes aux fonctions et aux mandats ».

Il est douteux cependant que cette nouvelle disposition constitutionnelle permette au législateur de reprendre, sans risques, la formule consacrée par la décision *Quotas par sexe II*. Comme n'a pas manqué, en effet, de le relever le doyen Vedel (*Le Monde*, 8 décembre 1998, p 16), la formule utilisée laisse entier le problème et c'est, par définition, au juge constitutionnel, qu'il reviendra de trancher à la place du pouvoir constituant, ce qui n'est pas son rôle.

6 . La décision *Langues régionales* est dans le droit-fil de celles qui l'ont précédée, et notamment évidemment des décisions *Quotas par sexe** et *Statut de la Corse**, comme l'ont souligné les premiers commentateurs (P. Avril et J. Gicquel, *Le Monde*, 1er juillet 1999)

qui suivent attentivement la jurisprudence du Conseil constitutionnel depuis plus de vingt ans :

> « Une jurisprudence [...] constante repose sur la conception française de la République laquelle ne retient que les qualités qui sont communes à tous les citoyens (pour citer Sieyès) et refuse d'accueillir les différences "naturelles" qui caractérisent les groupes définis *"par une communauté d'origine, de culture, ou de croyance"* en leur reconnaissant *"des droits collectifs"* ».

Et comme ces spécialistes, nous estimons que si le pouvoir constituant peut, dans certaines circonstances, « reprendre la parole » après une décision du Conseil constitutionnel, « encore faut-il que l'enjeu soit clairement déterminé, ce qui est loin d'être le cas de la Charte européenne des langues régionales ». En outre, on peut se demander raisonnablement s'il est possible de toucher, même par une révision, aux principes constitutionnels d'indivisibilité et d'unicité du peuple français.

7. La comparaison de la solution adoptée le *18 novembre 1982** avec celles retenues à l'étranger conforte la position du Conseil constitutionnel.

En Italie, le législateur a mis en place un système semblable à celui proposé en France au début des années quatre-vingt en prévoyant, dans une loi n° 81 du 25 mars 1993, que pour l'élection des conseillers municipaux dans les communes où la population est égale ou inférieure à 15 000 habitants, « sur les listes de candidats aucun des deux sexes ne peut être, en principe, représenté dans une proportion supérieure à deux tiers ». Mais par une sentence n° 422 du 12 septembre 1995, la Cour constitutionnelle, sensible semble-t-il à une argumentation doctrinale faisant état notamment de la décision *Quotas par sexe**, a consacré également cette idée dans sa sentence du 12 septembre 1995. Mettant l'accent sur le concept de citoyenneté, « élément unificateur du corps social (et électoral) » la Cour a montré que sa nature « universaliste et égalitaire » s'oppose à quelque type d'intervention législative qui, en vue de compenser ou mettre fin à une inégalité matérielle entre les individus, finit par créer des discriminations actuelles comme remède à des discriminations passées.

La contre-épreuve est fournie par l'exemple belge. Une loi du 24 mai 1994 « visant à promouvoir une répartition équilibrée des hommes et des femmes sur les listes de candidature aux élections » interdit pour toutes les élections que, sur une même liste, le nombre de candidats d'un même sexe « excède une quotité de deux tiers du total constitué par la somme des sièges à pourvoir pour l'élection ». Mais comme le montre un commentaire approfondi de cette loi (in *Journal des Tribunaux*, 1995, p. 252) « si le législateur belge a pu porter atteinte au principe d'égalité – sous réserve de l'appréciation que n'a pas jusqu'ici faite la Cour d'Arbitrage – en instituant des quotas sur les listes électorales, c'est que la Belgique, État fédéral pluri-communautaire, a déjà largement inscrit cette pratique dans son ordre juridique : non seulement dans la fonction publique mais aussi dans l'organisation des pouvoirs constitués ». C'est ainsi que : en vertu de l'article 67 alinéa 2 de la Constitution, une représentation minimale d'élus bruxellois doit être assurée au Sénat, l'article 99 alinéa 2 garantit la présence d'un nombre égal de ministres d'expression française et néerlandaise au sein du Conseil des ministres, il en va de même pour la composition du gouvernement de la région de Bruxelles de 19 communes de la région bilingue de Bruxelles capitale etc. Comme le souligne le commentaire précité « les quotas liés à la structure fédérale de l'État (quotas linguistiques ou quotas visant à protéger une entité fédérée ou une communauté) participent de la logique fédérale et constituent un des éléments fondamentaux de notre système institutionnel. Ceci explique qu'il ait fallu procéder à un changement fondamental de la Constitution en Belgique – qui est ainsi passée en quelques années du statut d'État unitaire à celui d'État fédéral – pour autoriser de telles pratiques ».

II. - Le principe constitutionnel d'égalité et les discriminations positives

8 . On partait habituellement de la décision *Quotas par sexe** pour exclure toute possibilité de discrimination positive. Il avait néanmoins été souligné (L. Favoreu, *Le principe d'égalité dans la jurisprudence constitutionnelle en France*, 1986, p. 300) que cette jurisprudence intervenait « dans un domaine particulièrement sensible qui est celui du droit à l'éligibilité en matière d'élections politiques », et qu'il n'était donc pas certain qu'elle serait d'application générale. C'est ce qui s'est confirmé par la suite, même si, objectivement, nous avons tardé à le reconnaître. Un nouvel éclairage a été apporté par des travaux récents (cf. F. Mélin-Soucramanien, *Le principe d'égalité dans la jurisprudence du Conseil constitutionnel*, p. 200 et s.).

Dans la décision *Troisième voie d'accès à l'ENA* (83-153 DC) est admise implicitement une forme de discrimination positive au profit de certains candidats pour lesquels est ouvert un troisième concours. Toujours en matière de fonction publique, le Conseil constitutionnel n'a pas mis en cause la validité « d'un mode d'accès privilégié à la fonction publique des populations locales » de Nouvelle-Calédonie (cf. F. Mélin-Soucramanien, *op. cit.*, n° 358 et s.).

On notera aussi dans le même sens, les décisions 89-257 DC (*Prévention des licenciements économiques*) et 94-357 DC (*Diverses dispositions d'ordre social*) dans lesquelles des critères sociaux le conduisent à admettre que des « salariés âgés » ou « présentant des caractéristiques sociales particulières » peuvent bénéficier de mesures protectrices spéciales (89-257 DC) ou que les « associations intermédiaires » peuvent embaucher certaines personnes sans emploi « eu égard aux *difficultés* et aux *handicaps* qui peuvent affecter l'insertion professionnelle des personnes concernées » (94-357 DC).

La localisation géographique peut aussi être prise en considération ainsi que le Conseil constitutionnel l'a admis d'abord en 1986 (25-26 juin, *Privatisations**) en ne censurant pas une disposition permettant « ... en vue d'inciter à la création d'emplois, de consentir, pour une période limitée, aux entreprises situées dans *certaines zones*, où la situation de l'emploi est particulièrement grave, des exonérations ou des réductions d'impôts ... » ; puis, en 1994 (*Statut de la Corse**), au profit des résidents de la collectivité territoriale de Corse, décision confirmée par celle du 20 décembre 1994 (*Statut fiscal de la Corse*) dans laquelle le juge constitutionnel estime compatible avec le principe constitutionnel d'égalité l'article 1er de la loi selon lequel « la Corse est dotée d'un statut fiscal destiné à *compenser* les contraintes de l'insularité et à promouvoir son développement économique et social ». D'autres décisions rendues à propos d'avantages accordés à certains résidents de collectivités territoriales métropolitaines (89-270 DC, 91-291 DC) annonçaient la décision remarquée sur *l'aménagement du territoire* (94-358 DC) déclarant conformes à la Constitution des dispositions dérogatoires ne s'appliquant qu'à l'intérieur de certaines zones et affirmant que « le principe d'égalité ne fait pas obstacle à ce que le législateur édicte, par l'octroi d'avantages fiscaux, des mesures d'incitation au développement et à l'aménagement de certaines parties du territoire dans un but d'intérêt général » (§ 34).

Les discriminations positives restent interdites en revanche, dans le domaine du contrôle strict, c'est-à-dire chaque fois que ces discriminations font appel à l'un des « critères prohibés par la Constitution comme la race, l'origine, la religion, les croyances ou le sexe » ou qu'elles « conduiraient à remettre en cause un droit fondamental ». Ce qui était évidemment le cas dans la décision *Quotas par sexe** et qui explique que cette jurisprudence reste toujours valable.

III. - MOYENS ET CONCLUSIONS SOULEVÉS D'OFFICE

9 . La décision du Conseil constitutionnel avait, en son temps, fait quelque bruit, non seulement du fait de la solution adoptée au fond, mais parce que l'inconstitutionnalité avait été relevée d'office. Certains avaient, en effet, affirmé que le Conseil constitutionnel n'avait jamais examiné d'office auparavant la constitutionnalité d'une disposition législative non critiquée par les auteurs de la saisine (cf. A. Laignel, « Le gouvernement des juges ? », *Le Monde*, 27 janvier 1983). En fait, comme il est bien précisé dans le commentaire de Danièle Lochak citant notamment les *Grandes décisions*, il était acquis depuis 1978 et en tout cas depuis la décision *Sécurité et liberté** que le Conseil constitutionnel se reconnaissait le droit de procéder ainsi (cf. **7**, 13-15, **46**, 3).

Aujourd'hui nul ne met plus en doute la faculté qu'a le Conseil constitutionnel d'examiner d'office certains dispositions (cf. Th. Di Manno, *Le Conseil constitutionnel et les moyens et conclusions soulevés d'office*, Paris, 1994).

3 4

29 décembre 1983
29 décembre 1984

PERQUISITIONS FISCALES
(164 DC, 184 DC)

Droit constitutionnel fiscal
Principes du droit fiscal de valeur constitutionnelle

Décision 83-164 DC, *Rec.* 67, *RJC* I-166.
Article 61, al. 2, de la Constitution.
Saisines parlementaires dirigées contre la loi de finances pour 1984.
Dispositions fiscales.
Pouvoirs de perquisition et de saisie des agents de l'administration fiscale, liberté individuelle, inviolabilité du domicile.
Principes de légalité, d'égalité, sanctions fiscales, rétroactivité de la loi fiscale, droits de la défense

RÉFÉRENCES

a) *Notes doctrinales*

- DRAGO (R.) et DECOCQ (A.) : *J.C.P.*, 1984, II, 20160. - ETIEN (R.) : *R.A.*, 1984, p. 142. - PHILIP (L.) : *A.J.D.A.*, févr. 1984, p. 97. - VIALA (A.) et AMADIO (M.) : L'arrêt (*sic*) du Conseil constitutionnel du 29 décembre 1983, *G.P.*, 2 et 3 mars 1984. - X. : Les perquisitions et saisies fiscales en échec, *Droit fiscal*, 1984, 46. - LUCHAIRE (F.) : *Le fisc, la liberté individuelle et la Constitution, Études de finances publiques*, Economica, 1984, p. 97.

b) *Autres références*

- PHILIP (L.) : *R.D.P.*, 1974, 531 ; 1976, 465 ; 1982, 127 ; 1985, 651. - *Droit fiscal*, 1980, nº 31, p. 932 ; 1981, nº 6, p.161 ; 1982, nº 14, p. 521 ; 1988, nº 43, p. 1228 ; R.F.D.C., nº 1, 2, 4, 5, 8, 9, 15, 24, 25, 29, 32, 37. - PLAGNET (B.) : *R.F.F.P.*, 1985, p. 223 et 1986, p. 262. - DIBOUT (P.) : A propos du contrôle juridictionnel du droit de visite et de saisie de l'administration fiscale, *Droit fiscal*, 1989, nº 9, p. 330. PHILIP (L.) : *Droit fiscal constitutionnel*, Economica, 1990 ; Le principe constitutionnel d'égalité en matière fiscale, *Droit fiscal*, 1990, nº 12. - TUROT (J.) : Les lois fiscales rétroactives, *R.J.F.*, 1990, nº 10. - LE BOS-LE POURHIET (A.M.) et BUISSON (J.) : La Constitution et la procédure de sanction fiscale, *A.J.D.A.*, 1991, nº 7-8. - LAMARQUE (J.) : Droit fiscal général, *Les cours du droit*, Litec, Paris, 1998, p. 327-393. - Sources du droit fiscal, Procédures fiscales, fasc. 110 et 112, *Jurisclasseurs*. - CAPORAL (S.) : Droit constitutionnel fiscal, *Jurisclasseur administratif*, 1994. - PHILIP (L.) : *Les fondements constitutionnels des finances publiques*, Economica, 1995. - MELIN-SOUCRAMANIEN (F.) : *Le principe d'égalité dans la jurisprudence du Conseil constitutionnel*, thèse, Aix, 1996. - NÉGRIN (O.) : *L'application dans le temps des textes fiscaux*, thèse, Aix, 1997. - PHILIP (L.) : Constitution et lois fiscales, *Droit fiscal*, nº 23, 3 juin 1998.

c) *Jurisprudence*

- *du Conseil constitutionnel*

- Décision 51 DC du *27 décembre 1973* *, Principe d'égalité.
- Décision 89 DC du 30 déc. 1977, *Rec.* 46, *RJC* I-54. Légalité fiscale (limites).
- Décision 126 DC du 30 déc. 1980, *Rec.* 53, *RJC* I-89. Harmonisation de la fiscalité européenne et principe de réciprocité (art. 55 C). Indexation de la fiscalité régionale et légalité fiscale.
- Décision 133 DC du 30 déc. 1981, *Rec.* 41, *RJC* I-111. Principe de l'annualité, indexation du tarif d'un impôt, légalité fiscale. Principe d'égalité.
- Décision 155 DC du 30 déc. 1982, *Rec.* 88, *RJC* I-149. Principe de non rétroactivité : application à toute sanction ayant le caractère d'une punition.
- Décision 170 DC du 4 juin 1984, *Rec.*. 45, *RJC* I-183. Portée de l'article 2 L.O., non-application aux dispositions fiscales.
- Décision 184 DC du 29 déc. 1984, *Rec.* 94, *RJC* I-212. Impôt et liberté individuelle.
- Décision 186 DC du 29 déc. 1984, *Rec.* 107, *RJC* I-222. Rétroactivité de la loi fiscale. Égalité devant l'impôt.
- Décision 191 DC du 10 juillet 1985, *Rec.* 46, *RJC* I-228. Imprécision de la loi fiscale, violation de l'article 34, légalité fiscale. Incompétence négative.
- Décision 200 DC du 16 janv. 1986, *Rec.* 9, *RJC* I-245. Principe d'égalité et principe de l'égalité devant les charges publiques (rupture caractérisée), violation de l'article 13 de la Déclaration de 1789.
- Décision 223 DC du 29 déc. 1986, *Rec.* 184, *RJC* I-301. Incompétence négative (article 34 C). Validations et rétroactivités d'impositions irrégulières.
- Décision 237 DC du 30 déc. 1987, *Rec.* 63, *RJC* I-324. Principe de proportionnalité (art. 8 DDH). Légalité fiscale, pouvoir d'agrément et pouvoir discrétionnaire. Principe d'égalité devant la loi et devant les charges publiques.
- Décision 239 DC du 30 déc. 1987, *Rec.* 69, *RJC* I-328. Incompétence négative (art. 34 C).
- Décision 250 DC du 29 déc. 1988, *Rec.* 267, *RJC* I-346. Validation et effet rétroactif de dispositions fiscales irrégulières.
- Décision 268 DC du 29 déc. 1989, *Rec.* 110, *RJC* I-382. Principe d'égalité (rectification d'erreurs). Principe des droits de la défense (amende fiscale). Rétroactivité.
- Décision 270 DC du 29 déc. 1989, *Rec.* 129, *RJC* I-396. Principe d'égalité (art. 2 C).
- Décision 283 DC du 8 janv. 1991, *Rec.* 11, *RJC* I-417. Incompétence négative.
- Décision 285 DC du 28 déc. 1990, *Rec.* 95, *RJC* I-424. Principe des droits de la défense. Principe d'égalité. Recouvrement de l'impôt. Principe de progressivité de l'impôt sur le revenu (C.S.G.).

- Décision 286 DC du 28 déc. 1990, *Rec.* 107, *RJC* I-429. Droits de la défense. Égalité. Liberté. Droit de propriété. Proportionnalité.
- Décision 298 DC du 24 juillet 1991, *Rec.* 87, *RJC* I-465. Disposition interprétative. Limites de la rétroactivité des lois fiscales.
- Décision 302 DC du 30 déc. 1991, *Rec.* 137, *RJC* I-476. Principe d'égalité (annulation).
- Décision 320 DC du 21 juin 1993, *Rec.* 146, *RJC* I-526. Principe d'égalité. Progressivité de l'impôt sur le revenu et égalité devant les charges publiques.
- Décision 330 DC du 29 déc. 1993, *Rec.* 572, *RJC* I-558. Principe de la nécessité de l'impôt.
- Décision 350 DC du 20 décembre 1994, *Rec.* 134, *RJC* I-605. Principe de l'égalité devant l'impôt.
- Décision 365 DC du 27 juillet 1995, *Rec.* 214 (relèvement du taux de la T.V.A., légalité fiscale).
- Décision 369 DC du 28 déc. 1995, *Rec.* 257 (loi de finances pour 1996, égalité devant l'impôt, rétroactivité fiscale, nécessité de l'impôt).
- Décision 370 DC du 30 déc. 1995, *Rec.* 269 (plan Juppé, légalité fiscale, dispositions fiscales prises par ordonnance).
- Décision 371 DC du 29 déc. 1995, *Rec.* 265 (loi de finances rectificative pour 1995, principe d'égalité, nécessité de l'impôt).
- Décision 385 DC du 30 déc. 1996, *Rec.* 145 (loi de finances pour 1997, égalité devant l'impôt).
- Décision 388 DC du 20 mars 1997, *RJC* I-701. (loi créant les plans d'épargne retraite, principe d'égalité).
- Décision 393 DC du 18 déc. 1997, *J.O.* p. 18 635 (loi de financement de la sécurité sociale, égalité devant l'impôt).
- Décision 395 DC du 30 déc. 1997, *Rec.* 333 (loi de finances pour 1998, principe de proportionnalité des sanctions fiscales).
- Décision 405 DC du 29 déc. 1998, *Rec.* 326 (loi de finances pour 1999).

- de la Cour de cassation

- 15 déc. 1988, ch. mixte, *D.F.*, 1989, nº 9, p. 333. *J.C.P* 1989, II, 21263, obs. Dugrip ; *D.* 1989, II, p. 189 ; *G.P.*, nº 78 à 80, 19, 20 et 21 mars 1989, concl. Jéol (visites domiciliaires).
- 21 déc. 1990, ass. plénière (limites à la rétroactivité des lois fiscales interprétatives), *D.F.*, 1991, nº 15, p. 652.
- 23 mars 1993, Sté Santerne, *R.J.F.* nº 6. 1993, 359 (conditions d'exercice du droit de perquisition).
- 18 fév. 1997, Cass. comm., *L.P.A.*, 19 janv. 1998 (conditions d'exercice du droit de visite, communication au juge de tous les éléments d'information de nature à justifier la visite ; revirement de jurisprudence par rapport à Cass. comm. 24 janvier 1995, *R.J.F.*, 4-95, nº 492).

- de la juridiction administrative

- Cour administrative d'appel de Nantes, plénière, 23 sept. 1992 (alignement sur la jurisprudence du Conseil constitutionnel en matière de respect des droits de la défense), *D.F.*, 1993, nº 29, p. 1320.

I

Le Conseil constitutionnel a été saisi (2), les 20 et 21 décembre 1983, par MM. Jean Arthuis et autres, sénateurs, et le 22 décembre 1983 par MM. Jean-Claude Gaudin et autres, députés, dans les conditions prévues à l'article 61, alinéa 2, de la Constitution, de la conformité à celle-ci de la loi de finances pour 1984 ;

LE CONSEIL CONSTITUTIONNEL,

Vu la Constitution ;

Vu l'ordonnance du 7 novembre 1958 portant loi organique sur le Conseil constitutionnel, notamment le chapitre II du titre II de ladite ordonnance ;

Vu l'ordonnance du 2 janvier 1959 portant loi organique relative aux lois de finances ;

Le rapporteur ayant été entendu ;

[...]

SUR L'ARTICLE 89 RELATIF À LA RECHERCHE D'INFRACTIONS EN MATIÈRE D'IMPÔTS SUR LE REVENU ET DE TAXES SUR LE CHIFFRE D'AFFAIRES :

24 . Considérant que l'article 89 permet à certains agents de l'administration des impôts spécialement habilités à cet effet de procéder, assistés d'un officier de police judiciaire, à des investigations comportant des perquisitions et des saisies pour la recherche des infractions en matière d'impôts directs et de taxes sur le chiffre d'affaires, à la condition d'y être autorisés par ordonnance du président du Tribunal de grande instance ou du juge d'instruction qu'il a désigné pour le suppléer ; que ces opérations doivent être effectuées en présence de l'occupant des lieux ou du représentant qu'il aura été invité à désigner par l'officier de police judiciaire ou, à défaut, de deux témoins requis par ce dernier en dehors des personnes relevant de son autorité ou de celle de l'administration fiscale ; que ces témoins doivent signer le procès-verbal de saisie ; que la visite d'un lieu servant exclusivement à l'habitation doit faire l'objet d'une autorisation spéciale du juge ;

25. Considérant que, selon les députés et certains sénateurs auteurs de la saisine, l'article 89 est rédigé de façon imprécise et générale en ce qui concerne la nature des infractions poursuivies et les pouvoirs qu'il confère aux agents de l'administration des impôts ; qu'en outre, il laisse les perquisitions qu'il prévoit à la discrétion de fonctionnaires qui peuvent y procéder alors même qu'il n'existe aucun indice d'infraction ; que, par suite, ils estiment ces dispositions contraires à la liberté individuelle dont l'article 66 de la Constitution confie la garde à l'autorité judiciaire ;

26. Considérant que l'article 13 de la Déclaration des droits de l'homme et du citoyen proclame : «Pour l'entretien de la force publique, et pour les dépenses d'administration, une contribution commune est indispensable ; elle doit être également répartie entre tous les citoyens, en raison de leurs facultés ;

27. Considérant qu'il suit nécessairement de ces dispositions ayant force constitutionnelle que l'exercice des libertés et droits individuels ne saurait en rien excuser la fraude fiscale ni en entraver la légitime répression ; qu'ainsi dans leur principe les dispositions de l'article 89 ne peuvent être critiquées ;

28. Considérant cependant que, si les nécessités de l'action fiscale peuvent exiger que des agents du fisc soient autorisés à opérer des investigations dans les lieux privés, de telles investigations ne peuvent être conduites que dans le respect de l'article 66 de la Constitution qui confie à l'autorité judiciaire la sauvegarde de la liberté individuelle sous tous ses aspects et notamment celui de l'inviolabilité du domicile ; que l'intervention de l'autorité judiciaire doit être prévue pour conserver à celles-ci toute la responsabilité et tout le pouvoir de contrôle qui lui reviennent ;

29. Considérant que, quelles que soient les garanties dont les dispositions de l'article 89 entourent les opérations qu'elles visent, ces dispositions ne précisent pas l'acception du terme infraction qui peut être entendu en plusieurs sens et ne limitent donc pas clairement le domaine ouvert aux investigations en question ; qu'elles n'assignent pas de façon explicite au juge ayant le pouvoir d'autoriser les investigations des agents de l'administration la mission de vérifier, de façon concrète, le bien-fondé de la demande qui lui est soumise ; qu'elles passent sous silence les possibilités d'intervention et de contrôle de l'autorité judiciaire dans le déroulement des opérations autorisées ;

qu'enfin, elles n'interdisent pas une interprétation selon laquelle seules les visites effectuées dans les locaux servant exclusivement à l'habitation devraient être spécialement autorisées par le juge, de telle sorte que, *a contrario*, les visites opérées dans d'autres locaux pourraient donner lieu à des autorisations générales ;

30. Considérant qu'ainsi, pour faire pleinement droit de façon expresse tant aux exigences de la liberté individuelle et de l'inviolabilité du domicile qu'à celles de la lutte contre la fraude fiscale, les dispositions de l'article 89 auraient dû être assorties de prescriptions et de précisions interdisant toute interprétation ou toute pratique abusive et ne sauraient dès lors, en l'état, être déclarées conformes à la Constitution ;

[...]

SUR L'ARTICLE 114 RELATIF À LA PUBLICITÉ DE L'IMPÔT :

40. Considérant que l'article 114 de la loi de finances prévoit qu'une liste de personnes assujetties à l'impôt sur le revenu, à l'impôt sur les sociétés ou à l'impôt sur les grandes fortunes est dressée de manière à distinguer les trois impôts par commune ; qu'elle est complétée par l'indication des personnes non assujetties dans la commune à l'impôt sur le revenu ou à l'impôt sur les sociétés mais qui y possèdent une résidence ; que la liste concernant l'impôt sur le revenu comporte, outre la mention du montant de l'impôt et du nombre des parts du quotient familial, l'indication du revenu imposable et de l'avoir fiscal ; qu'enfin, pour l'impôt sur les grandes fortunes, la liste est complétée par l'indication de la valeur du patrimoine déclaré et du montant de l'impôt mis à la charge de chaque redevable ;

41. Considérant que, selon les députés auteurs de la saisine, ces dispositions auraient été adoptées, sur amendement d'origine parlementaire, contrairement aux règles de recevabilité, posées par les articles 40 de la Constitution et 42 de l'ordonnance du 2 janvier 1959 ; qu'elles méconnaissent l'article 2 de la Déclaration des droits de l'homme et du citoyen en ce qu'elles portent atteinte à la fois au «respect de la vie privée» et à «la sûreté des citoyens» ; qu'elles sont contraires aux prescriptions de l'article 1er de l'ordonnance du 2 janvier 1959 portant loi organique relative aux lois de finances en ce qu'elles n'ont pas une portée financière ou fiscale ;

42. Considérant que le reproche de méconnaissance par l'amendement dont elles tirent leur origine des conditions de recevabilité posées par les articles 40 de la Constitution et 42 de l'ordonnance du 2 janvier 1959 ne saurait être invoqué devant le Conseil constitutionnel dès lors qu'une exception d'irrecevabilité n'a pas été soulevée selon la procédure prévue par le Règlement de celle des assemblées du Parlement devant laquelle cet amendement a été déposé ;

43. Considérant qu'aux termes de l'article 2 de la Déclaration des droits de l'homme et du citoyen «le but de toute association politique est la conservation des droits naturels et imprescriptibles de l'homme. Ces droits sont la liberté, la propriété, la sûreté et la résistance à l'oppression» ; que les dispositions de l'article 114 ne portent aucune atteinte à ces principes non plus qu'à aucune autre règle ou principe de valeur constitutionnelle ;

44. Considérant que ces dispositions sont de nature à améliorer la sincérité des déclarations fiscales, et comme telles, sont au nombre de celles qui peuvent trouver place dans une loi de finances ;

SUR L'ENSEMBLE DE LA LOI :

45. Considérant qu'en l'espèce, il n'y a lieu pour le Conseil constitutionnel de soulever d'office aucune question de conformité à la Constitution en ce qui concerne les autres dispositions de la loi soumise à son examen ;

Décide :

ARTICLE PREMIER. - L'inscription des chapitres nº 31-60 et 31-62 portée à l'annexe «services votés et mesures nouvelles» du ministère de l'Éducation nationale ainsi que l'article 89 de la loi de finances pour 1984 sont déclarés non conformes à la Constitution.

ART. 2. - Les autres dispositions de la loi de finances pour 1984 sont déclarées conformes à la Constitution.

ART. 3. - La présente décision sera publiée au *Journal officiel* de la République française.

Délibéré par le Conseil constitutionnel dans sa séance du 29 décembre 1983.

(*J.O.*, 30 décembre 1983, p. 3871).

La composition du Conseil constitutionnel à la date du 29 décembre 1983 était la suivante : M. MAYER (Président), MM. GROS, JOXE, JOZEAU-MARIGNÉ, LECOURT, LEGATTE, MARCILHACY, SÉGALAT, VEDEL.

II

Le Conseil constitutionnel a été saisi le 21 décembre 1984 : par MM. Pasqua et autres, par MM. Dailly et autres, par MM. Pasqua et autres, sénateurs ; le 22 décembre 1984 : par MM. Chirac et autres, députés ; le 28 décembre 1984, par MM. Pasqua et autres, sénateurs, dans les conditions prévues à l'article 61 alinéa 2 de la Constitution, de la conformité à celle-ci de la loi de finances pour 1985 ;

LE CONSEIL CONSTITUTIONNEL

Vu la Constitution ;

Vu l'ordonnance du 7 novembre 1958 portant loi organique sur le Conseil constitutionnel, notamment le chapitre II du titre II de ladite ordonnance ;

Vu l'ordonnance du 2 janvier 1959 portant loi organique relative aux lois de finances ;

Le rapporteur ayant été entendu ;

[...]

SUR L'ARTICLE 94 :

34. Considérant que les députés auteurs d'une saisine soutiennent que l'article 94 par l'imprécision des conditions dans lesquelles il ouvre le droit de procéder à des perquisitions et à des saisies est contraire au principe de la liberté individuelle dont l'article 66 de la Constitution confie la sauvegarde à l'autorité judiciaire et que, d'autre part, ce même article par l'insuffisance des garanties dont il entoure le déroulement des opérations, la conservation des documents saisis, leur restitution et leur utilisation éventuelle, permet qu'il soit procédé non à de simples constatations de fait mais à des « vérifications occultes » ne respectant pas les droits de la défense.

35. Considérant que l'article 94 de la loi de finances pour 1985 ne méconnaît aucune des exigences constitutionnelles assurant la conciliation du principe de la liberté individuelle et des nécessités de la lutte contre la fraude fiscale telles qu'elles ont été explicitées par la décision du Conseil constitutionnel en date du 29 décembre 1983 ; qu'en effet, il détermine de façon satisfaisante le domaine ouvert aux investigations par une définition précise des infractions, il assure le contrôle effectif par le juge de la nécessité de procéder à chaque visite et lui donne les pouvoirs d'en suivre effectivement le cours, de régler les éventuels incidents et, le cas échéant, de mettre fin à la visite à tout moment ; qu'ainsi, le texte critiqué ne méconnaît en rien l'article 66 de la Constitution ;

36. Considérant, en ce qui concerne les droits de la défense, que l'article 94, par la procédure qu'il instaure, garantit la sincérité des constatations faites et l'identification certaine des pièces saisies lors des visites ; qu'il ne fait en rien obstacle à ce que le principe du contradictoire, qui n'est pas obligatoire pour de telles investigations, reçoive application dès lors que l'administration fiscale ou le ministère public entendrait se prévaloir du résultat de ces investigations ; qu'enfin, aucun principe constitutionnel ne s'oppose à l'utilisation, dans un intérêt fiscal, de documents ou de constatations résultant d'une perquisition régulière dans le cas où aucune poursuite pénale ne serait engagée ; qu'il suit de ce qui précède que l'article 94 ne méconnaît en rien les droits de la défense et qu'il doit être déclaré conforme à la Constitution.

SUR L'ENSEMBLE DE LA LOI :

52. Considérant qu'en l'espèce, il n'y a lieu pour le Conseil constitutionnel de soulever d'office une question de conformité à la Constitution en ce qui concerne les autres dispositions de la loi soumise à son examen ;

Décide :

ARTICLE PREMIER. - Sont déclarées non conformes à la Constitution les dispositions du paragraphe III de l'article 119 de la loi de finances pour 1985.

ARTICLE 2. - Les autres dispositions de la loi de finances pour 1985 sont déclarées conformes à la Constitution.

ARTICLE 3. - La présente décision sera publiée au *Journal officiel* de la République française.

Délibéré par le Conseil constitutionnel dans sa séance du 29 décembre 1984.

(*J.O.*, 30 décembre 1984, p. 4180).

La composition du Conseil constitutionnel à la date du 29 décembre 1984 était la suivante : M. MAYER (Président), MM. JOXE, JOZEAU-MARIGNÉ, LECOURT, LEGATTE, MARCILHACY, SÉGALAT, SIMONNET, VEDEL.

OBSERVATIONS

1 . Dans leurs recours dirigés contre la loi de finances pour 1984 (*164 DC, 29 décembre 1983**), les requérants contestaient des dispositions relatives : à l'impôt sur les grandes fortunes, à la taxe intérieure sur les produits pétroliers, à la taxe foncière sur les propriétés bâties, à la règle du secret fiscal, à la publicité de l'impôt et, surtout, aux pouvoirs d'investigation de l'administration fiscale qui allaient donner lieu à une deuxième décision à l'occasion de la loi de finances pour 1985 (*184 DC, 29 décembre 1984**).

La jurisprudence constitutionnelle fiscale prend, ainsi, de plus en plus d'importance. Contrairement à la jurisprudence budgétaire qui porte surtout sur le non respect des règles de procédure (n° **28** et **48**), la jurisprudence fiscale est dominée par le problème du respect des droits et libertés fondamentaux applicables à l'impôt : liberté individuelle, légalité fiscale, garanties en matière de contrôle fiscal et de sanctions fiscales (sur le principe de l'égalité devant l'impôt, v. *supra*, n° 21 et sur le problème de la rétroactivité fiscale, *infra*, n° **50**).

I . L'IMPÔT ET LE PRINCIPE DE LIBERTÉ

2 . Le principe de liberté a un contenu très riche. S'il existe un principe général de liberté, ce principe s'applique de manière différente selon les domaines. En matière fiscale, il a une place particulière. D'une part, les prélèvements obligatoires se traduisent toujours par une atteinte à la liberté et au droit de propriété dans la mesure où ils amputent le contribuable d'une partie de ses biens ; le contrôle fiscal est de nature à porter atteinte au respect de la vie privée et aux droits de

la défense. D'autre part, le principe de liberté se heurte au principe de la nécessité de l'impôt formulé par l'article 13 de la Déclaration de 1789 auquel le Conseil constitutionnel reconnaît valeur constitutionnelle. Il convient donc de concilier le principe de liberté avec celui de la nécessité de l'impôt lequel implique la possibilité de lutter contre la fraude fiscale et la faculté de la réprimer.

C'est surtout à l'occasion de l'exercice du droit de communication et du contrôle de l'administration fiscale que cette conciliation va se réaliser. Celle-ci s'opère de manière différente selon que la loi fiscale restreint le droit de propriété ou selon qu'elle porte atteinte aux libertés individuelles.

3 . Déjà, en 1981, des requérants parlementaires avaient estimé que l'article de la loi de finances pour 1982 qui autorisait les agents de l'administration fiscale à procéder à des tests de contrôle des procédures de traitement automatisé de la comptabilité était inconstitutionnel. Ils considéraient que cette disposition, qui ne prévoyait pas d'indemnisation pour privation temporaire de jouissance du matériel de l'entreprise, était contraire à l'article 17 de la Déclaration de 1789.

Le Conseil avait rejeté ce moyen en considérant « qu'aucune règle constitutionnelle n'impose l'indemnisation des sujétions subies par une entreprise du fait du contrôle fiscal » (décision 133 DC). Cette solution était logique, car l'exercice du pouvoir fiscal implique nécessairement une atteinte au droit de propriété. Le rôle du juge est de vérifier si cette atteinte n'est pas exagérée ou injustifiée. Par la suite, le Conseil précisera que le droit de propriété doit s'entendre compte tenu de l'évolution de ce droit (depuis 1789) et, également, des limitations justifiées par l'intérêt général (cf. 132 DC, 150 DC, 162 DC, 172 DC et 256 DC). Mais il peut vérifier si le taux d'un impôt n'a pas pour effet de porter atteinte au droit de propriété (405 DC, cons. 23).

4 . Le problème est différent lorsqu'il est porté atteinte directement à la *liberté individuelle*, notamment à la sûreté, à l'inviolabilité du domicile, au respect de la vie privée. Ces droits méritent une plus grande protection que le droit de propriété.

5 . En 1983, les requérants contestaient l'article de la loi de finances qui autorisait certains agents de l'administration fiscale à procéder à des investigations comportant des perquisitions et des saisies. Ils s'appuyaient sur la décision 75 DC du *12 janvier 1977* * (visite des véhicules) et faisaient valoir que ces dispositions portaient atteinte à la liberté individuelle dont l'article 66 de la Constitution confie la garde à l'autorité judiciaire, car ces opérations étaient soumises à des conditions trop générales et imprécises.

Le Conseil constitutionnel consacre, sur ce point, entièrement la thèse développée par les parlementaires et sa décision comporte des précisions intéressantes.

D'une part, il affirme que l'article 66 de la Constitution confie à l'autorité judiciaire la sauvegarde de la liberté individuelle sous tous ses aspects et, notamment, celui de l'inviolabilité du domicile dont la valeur constitutionnelle se trouve ainsi expressément reconnue. C'est une confirmation de la décision 75 DC, qui consacrait déjà une notion large de la liberté individuelle, mais dans des termes encore plus nets.

D'autre part, il se réfère à la disposition de l'article 13 de la Déclaration de 1789 relative à la nécessité de la contribution publique (c'est-à-dire de l'impôt), dont il affirme la valeur constitutionnelle. Il résulte nécessairement de ce texte que l'exercice des libertés et des droits individuels « ne saurait en rien excuser la fraude fiscale ni en entraver la légitime répression ». Le principe même des perquisitions à domicile dans le cadre de la lutte contre la fraude fiscale se trouve ainsi légitimé.

Une conciliation entre deux principes de valeur constitutionnelle (la sauvegarde de la liberté individuelle et la nécessité de l'impôt) s'avère ainsi nécessaire (v. n° **27**-21 s.). Dans le cas présent, elle est relativement facile à opérer : les investigations des agents du fisc ne sont constitutionnelles que dans la mesure où elles sont opérées *sous la responsabilité et sous le contrôle effectif* de l'autorité judiciaire.

Le Conseil montre que ce n'est pas le cas de l'article 89 de la loi de finances dont la rédaction est défectueuse, car elle est de nature à donner lieu à des interprétations et à des pratiques abusives.

Il invite le législateur à reprendre son texte en lui indiquant, de manière précise, les points sur lesquels celui-ci doit être corrigé :

- Le terme d'infraction doit être précisé (afin de limiter clairement le domaine ouvert aux investigations).

- La mission du juge chargé d'autoriser les investigations doit être explicitée (afin qu'il puisse vérifier de façon concrète le bien-fondé de la demande qui lui est soumise).

- Les possibilités d'intervention et de contrôle de l'autorité judiciaire dans le déroulement des opérations autorisées ne doivent pas être passées sous silence.

- Le texte doit être modifié afin de supprimer toute interprétation pouvant laisser penser que seules les perquisitions des locaux servant exclusivement à l'habitation doivent donner lieu à des autorisations spéciales, tandis que les visites opérées dans les autres locaux pourraient l'être sur la base d'autorisations générales.

On ne peut pas considérer que la déclaration de non-conformité à la Constitution de l'article 89 de la loi de finances constitue, véritablement, une censure du législateur : c'est plutôt une invitation à encore mieux rédiger la loi.

En effet, c'est moins l'œuvre du législateur qui est censurée, que le texte primitif tel qu'il a été présenté par le Gouvernement et rédigé par l'administration. Le Conseil va, au contraire, dans le sens des parlementaires puisque ceux-ci avaient déjà sensiblement modifié le projet initial dans le but d'assurer une meilleure protection des droits des contribuables.

On assiste ainsi au développement d'un contrôle parlementaire de constitutionnalité des lois de nature non juridictionnelle, préalablement à celui exercé par le Conseil. Spontanément s'exerce une sorte d'autocontrôle, notamment à partir des menaces de saisine.

6 . La loi de finances de l'année suivante devait reprendre l'ancien article déclaré non conforme en le modifiant afin de tenir compte des exigences posées par le juge constitutionnel dans sa décision de 1983.

a) Pourtant, la nouvelle rédaction n'a pas satisfait les parlementaires de l'opposition qui, de nouveau, ont saisi le Conseil pour le même motif (*184 DC*).

Ceux-ci rappellent que l'article en question a pour but de donner une base légale aux perquisitions que l'administration effectuait, jusqu'alors, sous le couvert de l'ordonnance de 1945 sur la répression des infractions à la législation économique, donc illégalement. Et ils considèrent que le nouveau texte encourt les mêmes reproches que l'ancien : à savoir un risque d'arbitraire de la part de l'administration fiscale. Il serait même plus dangereux.

Dans leur requête, qui se présente comme une consultation juridique, ils soulignent qu'une lecture attentive du nouveau texte permet de démontrer que, non seulement ce dernier ne garantit pas suffisamment le respect de la liberté individuelle, mais qu'il institue, au profit de l'administration fiscale, un droit de vérification occulte qui va pouvoir s'exercer en dehors des garanties qui entourent normalement la vérification de l'ensemble de la situation fiscale personnelle du contribuable (ESFP) ou la vérification de comptabilité. Ils invoquent l'imprécision des conditions dans lesquelles l'article litigieux ouvre le droit de procéder à des perquisitions et saisies : le fait, notamment, qu'il n'est pas précisé quelle est l'autorité administrative compétente pour saisir l'autorité judiciaire, que le texte n'impartit aucune limite dans le temps à l'exercice du droit de perquisition. Ainsi, concluent-ils, les droits de perquisition et de saisie vont pouvoir être utilisés par l'administration fiscale, non pas dans un but pénal, mais dans un but purement administratif. « Il y a là un détournement de procédure qui ne peut qu'encourir la censure du Conseil constitutionnel, exactement comme pour le précédent de la fouille des véhicules qui a fait l'objet de la décision du 12 janvier 1977 ».

b) Le Conseil rejette cette argumentation dans deux brefs considérants.

Dans le premier, il constate que l'article critiqué « ne méconnaît aucune des exigences constitutionnelles assurant *la conciliation du principe de la liberté individuelle et des nécessités de la lutte contre la fraude fiscale*, telles qu'elles ont été explicitées par la décision du Conseil constitutionnel en date du 29 décembre 1983 ». Les requérants, dans leur argumentation ont, en effet, quelque peu oublié le principe de la nécessité de la lutte contre la fraude fiscale. Ce principe, qui a aussi valeur constitutionnelle, permet d'apporter certaines limites à d'autres principes constitutionnels. Ce que le Conseil constitutionnel avait exigé dans sa décision de 1983, c'est le strict respect de l'article 66 de la Constitution, ce qui est le cas désormais puisque les perquisitions et les saisies s'opèrent sous le contrôle *effectif* de l'autorité judiciaire.

Dans le deuxième considérant, le Conseil observe que *le respect des droits de la défense* est assuré. D'une part, il précise que le principe du contradictoire n'est pas obligatoire pour de telles investigations, mais qu'il devra être respecté, dès lors que l'administration, ou le ministère public, entendraient se prévaloir du résultat de ces investigations. Dans ces conditions, il paraît peu vraisemblable de voir l'administration fiscale utiliser ses pouvoirs d'investigations dans le but de procéder à des contrôles fiscaux occultes en écartant les garanties prévues par le livre des procédures fiscales. D'autre part, aucun principe constitutionnel ne s'oppose à l'utilisation, dans un intérêt fiscal, de documents ou de constatations résultant d'une perquisition régulière dans le cas où aucune poursuite pénale ne serait engagée.

7 . La Cour de cassation a eu l'occasion, par la suite, d'assurer le respect de cette jurisprudence constitutionnelle relative au contrôle effectif de l'autorité judiciaire sur les perquisitions fiscales. Dans quatre arrêts rendus le 15 décembre 1988, elle a adressé un avertissement aux présidents des tribunaux de grande instance afin qu'ils examinent avec plus de rigueur les demandes de visite domiciliaire présentées par l'administration fiscale et, dans un arrêt du 23 mars 1993, *Société Santerne*, elle censure une autorisation de visite domiciliaire délivrée par le président du Tribunal alors que celui-ci n'avait pas désigné lui-même les officiers de police judiciaire chargés d'assister à l'opération, laissant ce soin au commissaire de police.

On a là des exemples remarquables des effets concrets de la jurisprudence constitutionnelle sur celle des Cours suprêmes et, par là même, sur l'ensemble de la jurisprudence.

Par ailleurs, les deux décisions du Conseil de 1983 et 1984 ont également influencé le législateur puisque celui-ci devait, ensuite, étendre ce même régime en matière de contributions indirectes et de droits de douanes par la loi du 30 décembre 1986 (loi de finances pour 1987).

Enfin, dans deux décisions (281 DC du 27 décembre 1990 et 286 DC du 28 décembre 1990) le Conseil constitutionnel précise le régime juridique applicable aux « visites d'entreprise » permettant aux agents de l'administration de vérifier, avec le consentement de la personne vérifiée, la conformité des matériels de télécommunication ou de télétransmission avec la réglementation en vigueur. Même pour des perquisitions ou pour des visites « consenties », le Conseil constitutionnel exige du législateur l'énoncé d'un minimum de garanties « suffisantes pour assurer le respect des droits et libertés de valeur constitutionnelle » (281 DC).

Cette protection minimale peut être décrite comme comprenant trois éléments principaux (Th. Renoux, *R.F.D.C.*, 1991, p. 125). En premier lieu, le droit de perquisition ou de visite doit être limité aussi bien dans le temps que dans l'espace et l'inviolabilité du domicile doit être présumée. Ainsi, dans la décision 281 DC, le Conseil souligne que la loi était silencieuse pour l'accès aux locaux qui « serviraient, pour partie, de domicile aux intéressés ». En second lieu, le respect des droits de la défense doit être assuré afin de « garantir la sincérité des constatations faites et l'identification certaine des pièces saisies lors des visites » (184 DC). Enfin, l'autorité judiciaire doit exercer un contrôle effectif sur l'entier déroulement de la procédure (sur ce dernier point, voir *supra*, *Fouille des véhicules**, 12 janvier 1977, nº 24).

L'article 108 de la loi de finances pour 1990 complétera l'article L. 16 B du Livre des procédures fiscales en prévoyant que doivent être mentionnés dans l'ordonnance les éléments de fait et de droit qui laissent présumer des comportements frauduleux.

L'ordonnance du juge autorisant une perquisition fiscale peut se baser sur des dénonciations anonymes à la condition que celles-ci soient consignées dans le rapport établi et dûment signé par les agents de l'administration fiscale habilitées pour effectuer la perquisition et qu'elle soit corroborée par d'autres éléments d'information décrits et analysés par lui (Cass. comm., 16 juin 1998, Société Médiatine).

8 . En 1983, les requérants critiquaient aussi des articles de la loi de finances relatifs au *secret fiscal* et à la publicité de l'impôt. Ils estimaient que ces dispositions portaient atteinte au respect de la vie privée. Selon eux, le principe du secret fiscal a valeur constitutionnelle, car le secret des affaires financières est inclu dans le respect de la vie privée.

Le Conseil constitutionnel n'apporte pas de réponses très précises à ces affirmations.

a) Le principe du secret fiscal est posé par les articles L. 103 et suivants du livre des procédures fiscales. Il n'a pas, *a priori*, valeur constitutionnelle, mais simple valeur législative. Le législateur lui a d'ailleurs apporté plusieurs dérogations. Selon l'article 111-I du livre des procédures fiscales, la liste des contribuables à l'impôt sur le revenu et à l'impôt sur les sociétés peut être consultée à la direction des services fiscaux par les contribuables du ressort. Elle comporte le montant de l'impôt dû par chaque contribuable, ainsi que l'indication du nombre de parts. Mais, il est interdit de faire état de ces renseignements sous peine d'une amende égale au montant de l'impôt divulgué (art. 1768 ter).

L'objet de l'article 93 de la loi de finances pour 1984, contesté par certains requérants sénateurs, est d'autoriser les créanciers d'aliments à consulter la liste (quand bien même ils ne sont pas contribuables dans le département). Il était reproché au texte de ne pas créer d'obligation de secret à l'égard des créanciers d'aliments, l'imprécision du texte pouvant laisser supposer que ceux-ci pourraient utiliser le fruit de leur recherche devant les juridictions judiciaires.

Le Conseil constitutionnel se borne à répondre que le texte, qui permet à certaines personnes, « dans des conditions clairement définies », d'avoir accès à ces documents, ne méconnaît aucun principe ou règle de valeur constitutionnelle (cons. 36). Le secret de l'impôt ne constitue pas, semble-t-il, en lui-même, un élément du respect de la vie privée.

b) L'article 114 de la loi de finances pour 1984 apportait plusieurs autres modifications à l'article 111 du livre des procédures fiscales. Il prévoyait qu'une liste des personnes assujetties à l'impôt sur le revenu, à l'impôt sur les sociétés ou à l'impôt sur les grandes fortunes sera dressée par commune. Cette liste comportait davantage de renseignements (outre le montant de l'impôt et le nombre de parts, elle indiquait le revenu imposable, l'avoir fiscal et, pour l'I.G.F., la valeur du patrimoine déclaré et le montant de l'impôt).

Les requérants députés estimaient que ces nouvelles dispositions (compte tenu de la faculté dont dispose l'administration de prescrire éventuellement l'affichage de ces documents et la possibilité pour certains tiers d'avoir accès à ces informations) portaient atteinte à l'article 2 de la Déclaration de 1789 et, plus particulièrement, au respect de la vie privée et à la sûreté des citoyens. Ils faisaient valoir que la divulgation de telles informations pourrait permettre à des personnes peu scrupuleuses « (...) de perpétrer, à l'encontre de certains contribuables, des agissements (chantage, enlèvement avec demande de rançon...) incompatibles avec la sûreté que reconnaît à chaque citoyen la Constitution » (sic !).

La réponse du Conseil est assez laconique. Il se borne à constater qu'aux termes de l'article 2 de la Déclaration de 1789, les droits du citoyen sont « (..) la liberté, la propriété, la sûreté et la résistance à l'oppression (et) que les dispositions contestées ne portent aucune atteinte à ces principes non plus qu'à aucune autre règle ou principe de valeur constitutionnelle » (consid. 42).

9 . En 1989, le Conseil a, de nouveau, été saisi d'un article de la loi de finances qui modifiait les règles habilitant les agents des administrations fiscales et douanières à procéder à des perquisitions et saisies pour la recherche d'infractions et, notamment, leur permettant de procéder à l'ouverture de coffres. Mais, dans l'espèce, il a considéré que les nouvelles dispositions ne méconnaissaient pas les exigences constitutionnelles assurant la conciliation du principe de la liberté individuelle et des nécessités de la lutte contre la fraude fiscale (268 DC). De même, en 1998, il considère que l'utilisation par l'administration fiscale du numéro d'inscription ay répertoire national d'identification des personnes physiques ne porte pas atteinte à la liberté individuelle et à la protection de la vie privée (405 DC, cons. 62).

II . L'IMPÔT ET LE PRINCIPE DE LÉGALITÉ

10 . Le principe de légalité a, lui aussi, une force particulière en matière fiscale. Il repose sur deux textes de valeur constitutionnelle : l'article 14 de la Déclaration de 1789 et l'article 34 de la Constitution de 1958. Comme on le sait, le Parlement a acquis ses prérogatives à partir de la conquête du pouvoir fiscal. On comprend donc que les élus soient très attachés au respect de ce principe.

L'exercice, par le législateur, de ses compétences fiscales soulève le problème des modalités des modifications de la législation fiscale et surtout celui du partage de la compétence fiscale entre la loi et le règlement.

a) *La modification des dispositions fiscales*

11 . Dans plusieurs recours, des parlementaires de l'opposition ont invoqué la disposition de l'article 2 de l'ordonnance de 1959 selon laquelle : « Seules des lois de finances dites rectificatives peuvent, en

cours d'année, modifier les dispositions de la loi de finances de l'année ». EN 1983, ils contestaient, en particulier, la modification, par voie d'ordonnance, du tarif de la taxe intérieure sur les produits pétroliers (cons. 11 à 13). Mais le Conseil estime que le monopole ainsi reconnu aux lois de finances rectificatives pour modifier, en cours d'année, la loi de finances initiale, ne s'applique pas aux dispositions fiscales. Il justifie cette position audacieuse au regard de la lettre de l'article 2, en soulignant qu'il résulte de l'article 34 de la Constitution et de l'article 1er de l'ordonnance de 1959 que le législateur et le Gouvernement peuvent faire figurer des dispositions fiscales, soit dans une loi de finances, soit dans une loi ordinaire. L'interprétation littérale de l'article 2 aboutirait à méconnaître cette liberté de choix que la Constitution reconnaît au législateur. Elle doit donc être écartée. De plus, elle limiterait indûment l'initiative des parlementaires en matière fiscale à un droit d'amendement (décisions 170 DC et 298 DC, cons. 6). Il résulte de cette jurisprudence que les dispositions fiscales d'une loi de finances peuvent être modifiées, en cours d'année, aussi bien par une loi ordinaire par voie d'ordonnance, ou encore, par une loi de finances.

b) *La pratique de l'indexation*

12 . Les parlementaires ont contesté, par ailleurs, la pratique de l'indexation de certains tarifs fiscaux :

- indexation du plafond des ressources fiscales, par habitant, perçues par les régions sur la formation brute de capital fixe des administrations publiques (décision 126 DC) ;
- indexation du tarif de la taxe intérieure de consommation sur les produits pétroliers sur la septième tranche de l'impôt sur le revenu (décision 133 DC).

Ils estimaient qu'il y avait là une méconnaissance du principe de légalité, le taux de l'impôt n'étant plus fixé réellement par le législateur.

Pour le Conseil, il n'y a là aucune atteinte au principe de légalité. L'article 34 de la Constitution n'interdit pas au législateur de fixer le taux d'un impôt par référence à des éléments qu'il détermine. De même, aucune règle ou principe de valeur constitutionnelle ne fait obstacle à ce que le législateur puisse, pour un impôt déterminé, retenir un élément d'assiette qui sert déjà de base à un autre impôt (décision 184 DC).

c) *L'étendue de la compétence fiscale du législateur*

13 . Le principe de la légalité pose surtout le problème de l'étendue du domaine de la loi en matière fiscale.

a) Contrairement à ce qui a été affirmé, au début de la Ve République, le rôle du Conseil constitutionnel est moins de protéger le domaine réglementaire (lequel est fréquemment envahi par la loi) que de veiller à ce que le législateur exerce effectivement sa compétence. Aussi il sanctionne toute disposition qui laisserait au pouvoir réglementaire une part de la compétence que l'article 34 de la

Constitution attribue au législateur (incompétence négative) ou, ce qui revient au même, un trop large pouvoir discrétionnaire à l'administration.

Ainsi, déclare-t-il inconstitutionnelles des dispositions fiscales d'une précision insuffisante et étant susceptible d'au moins deux interprétations différentes (191 DC) ; prévoyant qu'un décret fixera la date d'entrée en vigueur d'une mesure abrogeant un article du code général des impôts (223 DC) ; ou reconnaissant à un établissement public le pouvoir de fixer, sans limites, le taux d'un impôt (239 DC).

Lorsqu'il estime possible de faire prévaloir une interprétation, il choisit celle qui enlève tout pouvoir discrétionnaire aux autorités réglementaires. S'agissant d'une disposition élargissant le régime de la déduction des dons aux organismes culturels agréés par les ministres des Finances et de la Culture, il considère que cet agrément n'implique aucun pouvoir discrétionnaire : les deux ministères ne peuvent que vérifier l'existence des deux conditions prévues par la loi : le caractère culturel de l'association et la poursuite d'un intérêt général (décision 184 DC). Dans le même sens, à propos du régime de la fiscalité des groupes de sociétés, il estime qu'à défaut d'autres critères fixés par la loi, « l'existence d'un agrément n'a pas pour conséquence de conférer à l'autorité ministérielle le pouvoir, qui n'appartient qu'à la loi... de déterminer le champ d'application d'un avantage fiscal » (décision 237 DC).

Dès lors, sauf disposition contraire de la loi, l'agrément constitue un droit pour les personnes qui remplissent les conditions légales pour l'obtenir, l'administration ne dispose en ce domaine d'aucun pouvoir discrétionnaire et elle est tenue de motiver ses décisions de refus (cf. L. Philip, « La jurisprudence du Conseil constitutionnel en matière d'agréments fiscaux », *D.F.*, n° 43, 1988).

b) Le partage entre la loi et le règlement en matière fiscale s'opère selon les principes habituels (cf. *supra*, décision 1 L* et 55 L* et L. Philip ; « Le partage de la loi et du règlement en matière fiscale », *Droit fiscal,* 1980, n° 31 et 1981, n° 6). L'article 34 de la Constitution dispose que la loi fixe les règles concernant : « ... l'assiette, le taux et les modalités de recouvrement des impositions de toutes natures », mais cela ne signifie pas que le législateur soit tenu de fixer *toutes* les règles.

- Il n'est pas nécessaire que la loi fixe elle-même le taux de chaque impôt ; elle peut se borner à déterminer les limites à l'intérieur desquelles un établissement à caractère administratif est habilité à arrêter le taux d'une imposition établie en vue de pourvoir à ses dépenses (239 DC, cons. 4).
- La loi doit fixer les règles d'assiette avec une précision suffisante (191 DC, cons. 5).
- La loi peut, lorsqu'il s'agit d'une imposition perçue au profit d'une collectivité locale, confier à cette dernière la tâche d'assurer ce recouvrement, mais à condition d'en déterminer les règles avec une précision suffisante (405 DC, cons. 59).

Dans tous les cas, il reste une place au domaine réglementaire : il lui appartient toujours de fixer les modalités d'application des dispositions législatives.

Le domaine de la compétence fiscale du législateur pose surtout la délicate question de la distinction entre la taxe fiscale et la redevance non fiscale (sur ce point, cf. *supra*, décision *8 DC**).

c) Dans les rapports entre l'État et les collectivités locales, le principe de la légalité fiscale implique la compétence du législateur en matière de fiscalité locale. Mais les mesures fiscales prises par le législateur ne doivent pas avoir pour effet de restreindre les ressources des collectivités au point d'entraver leur libre administration (291 DC et 298 DC, cf. L. Philip : « Les garanties constitutionnelles du pouvoir financier local », *R.F.D.A.*, mars-avril 1992).

14 . Le principe de légalité fiscale, dans la mesure où il est lié au principe de l'annualité, pose un dernier problème.

L'autorisation de percevoir les impôts est annuelle et, chaque année, c'est la loi de finances qui renouvelle cette autorisation. Dans ces conditions, on peut se demander si, à l'occasion du recours exercé contre la loi de finances primitive, il ne serait pas possible de remettre en cause toute la législation fiscale en vigueur. La jurisprudence *187 DC**, qui fait une distinction entre les lois créatrices de normes et les lois permettant de mettre en vigueur un régime normatif déjà existant, incite à répondre par la négative (cf. *infra*, 7-2).

Cependant, toute loi fiscale déjà en vigueur peut être contestée dès lors que la loi de finances comporte une disposition qui la modifie, la complète ou affecte son domaine (décisions *187 DC** et 256 DC).

III. - Le respect des droits de la défense et le régime des sanctions fiscales

15 . Le principe du respect des droits de la défense, auquel le Conseil constitutionnel a reconnu, en 1976, valeur constitutionnelle (70 DC), est fréquemment invoqué par les requérants à l'égard de dispositions fiscales. Il a justifié l'annulation de plusieurs dispositions.

À deux reprises le Conseil a censuré des dispositions prévoyant que des amendes fiscales seraient recouvrées comme en matière de timbre. Or, ce mode de recouvrement n'astreignait nullement l'administration au respect des droits de la défense avant le prononcé de l'amende (268 DC, cons. 89 et 285 DC, cons. 57).

Le juge constitutionnel, en assimilant le régime des pénalités fiscales à celui des sanctions pénales et en imposant au législateur le strict respect des droits de la défense du contribuable, contribue au renforcement de ses garanties face aux conséquences du contrôle fiscal. Ceci d'autant plus qu'il a précisé que ce principe constitutionnel s'impose à l'autorité administrative sans qu'il soit besoin pour le législateur d'en rappeler l'existence (395 DC, cons. 38).

Cette jurisprudence impliquait une sérieuse modification de la législation fiscale afin de la mettre en conformité avec le respect de ce principe. Elle a déjà conduit plusieurs juridictions à annuler des pénalités dont le mode de recouvrement était contraire aux droits de la défense, ce qui conduit désormais l'administration à notifier au contribuable la motivation des sanctions fiscales avant leur mise en recouvrement (cf. le rapport du Conseil d'État sur « les pouvoirs de l'administration dans le domaine des sanctions », *La Documentation française*, 1995).

En revanche, il a été jugé que ce principe ne saurait interdire à l'administration de rectifier une *erreur non substantielle* commise par elle lors d'un contrôle fiscal, sous réserve d'y être autorisée par le juge et à condition que cela ne porte pas atteinte aux intérêts de la partie qu'elle concerne (v. P. Philip, L'erreur substantielle dans la procédure d'imposition, thèse, Aix, 1997).

16 . Une autre garantie du contribuable découle de l'application du principe de proportionnalité aux sanctions fiscales.

En 1987, des parlementaires contestaient devant le Conseil une disposition de la loi de finances qui rendait possible la publication ou la diffusion du revenu imposable d'un contribuable, d'une amende égale au montant de ce revenu. Le juge constitutionnel a censuré cette disposition en estimant qu'elle pourrait, dans nombre de cas, revêtir un caractère manifestement disproportionné, contrairement aux exigences de l'article 8 de la Déclaration des droits de l'homme (237 DC, cons. 16).

En 1997, il censure aussi un article sanctionnant des omissions ou inexactitudes constatées dans des factures de nature à donner lieu, dans nombre de cas, à l'application de sanctions manifestement hors de proportion avec l'irrégularité commise (395 DC, cons. 39).

Le problème s'est posé de savoir si le principe de proportionnalité impliquait la reconnaissance d'un pouvoir de modulation des sanctions fiscales de la part du juge fiscal (cf. C. cass., 29 avril 1997, Ferreire et CAA de Paris, 9 avril 1998, Fattel) et s'il interdisait le cumul des sanctions fiscales et pénales. Sur ce dernier point, le Conseil considère que le principe de proportionnalité implique que le montant global des sanctions ne dépasse pas le montant le plus élevé de l'une des sanctions encourues (260 DC, cons. 22 et 395 DC, cons. 41).

17 . Le Conseil accorde au principe des droits dee la défense une très large portée et la question se pose de savoir dans quelle mesure il s'applique aussi lors de la procédure de l'établissement de l'impôt, c'est-à-dire en dehors de toute sanction.

La Cour européenne des droits de l'homme a jugé que la procédure applicable devant la CIF entrait dans le champ d'application de l'article 6 al. 1 de la Convention et la Cour de cassation a condamné la procédure devant la COB en raison de l'absence de distinction suffisamment nette entre l'instruction et le jugement des affaires (5 février 1999).

En 1998, les requérants critiquaient une disposition de la loi de finances pour 1999 permettant à l'administration de procéder à des redressements d'office en cas de non respect par le contribuable soumis à l'ISF de ses obligations déclaratives. Ils estimaient cette procédure contraire aux droits de la défense. Mais le Conseil a jugé que la procédure étant contradictoire il n'y avait pas atteinte au principe (405 DC, cons. 31).

35

20 janvier 1984

LIBERTÉS UNIVERSITAIRES (165 DC)

Article 11 de la Déclaration des droits de l'Homme
Principe fondamental reconnu par les lois de la République
Obligations du législateur en matière de libertés fondamentales

Décision 83-165 DC, *Rec* 30, *RJC* I-171 ; art. 61, al. 2 de la Constitution.
Saisine par un groupe de 100 sénateurs et un groupe de 86 députés.
L'indépendance des professeurs d'université, principe fondamental reconnu par les lois de la République.
Article 11 DDH, fondement de la liberté d'expression des enseignants-chercheurs.
Le législateur ne peut abroger une législation protectrice d'une liberté fondamentale sans la remplacer par une autre offrant des garanties équivalentes.

RÉFÉRENCES

a) *Notes doctrinales*

- BOULOUIS (J.) : *A.J.D.A.*, 1984, nº 3, p. 163. - FAVOREU (L.) : *R.D.P.*, 1984, nº 2, p. 702. - GAUDEMET (Y.) : *D.*, 1984, Chron., p. 125. - HAMON (L) : *G.P.*, 19-20 déc. 1984, nº 354-355. - LUCHAIRE (F.) : *D.*, 1984, p. 593. - VILLIERS (M. de) : *R.A.*, 1984, p. 261.

b) *Autres références*

- BRETON (J.-M.) : « Enseignement supérieur, services complémentaires et libertés universitaires », *A.J.F.P.*, 1997, nº 3, p. 31. - FROMONT (M.) : « La cogestion des universités et la liberté de la science », *R.D.P.*, 1975, p. 153-154. - TOULEMONDE (B.) « Le cumul du mandat parlementaire avec l'exercice de la fonction de professeur de l'enseignement supérieur en France », *R.D.P.*, 1978, p. 949. - THERY : Conclusions sur C.E. 5 avril 1974, *A.J.*, 1974, p. 441. - VEDEL (G.) : « Les libertés universitaires », *Revue de l'enseignement supérieur*,

1960, p. 134-139. - BACOYANNIS (C.) : « Les bases constitutionnelles de l'organisation universitaire en Grèce selon la Cour spéciale supérieure. L'influence de la jurisprudence du Conseil constitutionnel », *A.I.J.C.*, 1985, vol. I, p. 457-475.

c) *Jurisprudence*

- du Conseil constitutionnel

- 101 DC du 17 janvier 1979, *Rec.* 23, *RJC* I-67. Conseil des Prud'hommes.
- 181 DC du 10-11 octobre 1984, *Entreprises de presse* *.
- 185 DC du 18 janvier 1985, *Rec.* 71, *RJC* I-219. Loi Chevènement.
- 210 DC du 29 juillet 1986, *Rec.* 110, *RJC* I-270.
- 322 DC du 28 juillet 1993, *Rec.* 204, *RJC* I-533.

- de la Cour constitutionnelle de R.F.A.

- T.C., 29 mai 1973, R.D.P., 1975, 153-154, obs. Fromont.

- du Conseil d'État

- 29 mai 1992, Association amicale des professeurs titulaires du Muséum national d'histoire naturelle, concl. Kessler, Rec. 217.
- 29 juillet 1994, *Le Calvez,* Req. nº 66966.
- 9 juillet 1997, Étienne Picard, et autres, R.F.D.A., 1998, nº 3, p. 625.
- 23 décembre 1997, Franquard et autres, Req. nº 188-347 et 188-423.
- 10 juin 1998, Fédération syndicale généraux éducation nationale et recherche publique, *D. adm.*, 1998, nº 8.

Le Conseil constitutionnel a été saisi, le 21 décembre 1983, par MM. Jean Arthuis, et autres, sénateurs, et le 22 décembre 1983, par MM. Claude Labbé, et autres, députés, dans les conditions prévues à l'article 61, al. 2, de la Constitution, de la conformité à celle-ci de la loi sur l'enseignement supérieur.

LE CONSEIL CONSTITUTIONNEL,

Vu la Constitution ;

Vu l'ordonnance du 7 novembre 1958 portant loi organique sur le Conseil constitutionnel, notamment les articles figurant au chapitre II du titre II de ladite ordonnance ;

Le rapporteur ayant été entendu ;

[...]

...Sur les dispositions relatives à la composition des organes assurant l'administration des universités :

[...]

...En ce qui concerne les principes applicables à l'examen des dispositions critiquées :

[...]

8 . Considérant que *les dispositions critiquées ne touchent pas à la liberté de l'enseignement mais sont relatives à l'organisation d'un service public et aux droits et obligations des enseignants chercheurs chargés de l'exécution de ce service* et associés à sa gestion et, comme tels, relevant d'un statut différent de celui des personnes privées ; *que cependant ce statut ne saurait limiter le droit à la libre communication des pensées et des opinions garanti par l'article 11 de la Déclaration des droits de l'homme et du citoyen que dans la seule mesure des exigences du service public en cause ;*

9 . Considérant que, selon les termes de l'article 3 de la loi soumise à l'examen du Conseil constitutionnel : «le service public de l'enseignement supérieur est laïc et indépendant de toute emprise politique, économique, religieuse ou idéologique ; il tend à l'objectivité du savoir ; il respecte la diversité des opinions. Il doit garantir ç l'enseignement et à la recherche leurs possibilités de libre développement scientifique, créateur et critique» ;

10 . Considérant dès lors que, par leur nature même, les fonctions d'enseignement et de recherche non seulement permettent mais demandent, dans l'intérêt même du service, que la libre expression et l'indépendance des personnels soient garanties par les dispositions qui leur sont applicables ; que l'article 57 de la loi fait, dans leur principe droit à ces exigences en disposant : «Les enseignants-chercheurs, les enseignants et les chercheurs jouissant d'une pleine indépendance et d'une entière liberté d'expression dans l'exercice de leurs fonctions d'enseignement et dans leurs activités de recherche, sous les réserves que leur imposent, conformément aux traditions universitaires et aux dispositions de la présente loi, les principes de tolérance et d'objectivité» ;

11 . *Considérant qu'en ce qui concerne les professeurs, auxquels l'article 55 de la loi confie des responsabilités particulières, la garantie de l'indépendance résulte en outre d'un principe fondamental reconnu par les lois de la République et notamment par les dispositions relatives à la réglementation des incompatibilités entre le mandat parlementaire et les fonctions publiques ;*

12 . Considérant que c'est à la lumière de ces principes que doivent être examinées les critiques adressées aux diverses dispositions mises en cause par l'une et l'autre saisine ;

En ce qui concerne la composition du Conseil scientifique et du Conseil des études et de la vie universitaire (art. 30 et 31 de la loi).

13 . Considérant que le Conseil scientifique, eu égard à ses attributions, ne comporte pas de représentation des personnels administratifs, techniques, ouvriers et de service et ne fait place, pour les étudiants, qu'à une proportion maximale de 12,5 % ; qu'ainsi le grief manque en fait et que l'article 30 n'est pas contraire à la Constitution ;

14 . Considérant que, si la composition du Conseil des études et de la vie universitaire comporte une participation des étudiants dans une proportion maximale de 40 % au regard d'une participation égale des enseignants-chercheurs et une participation maximale de 15 % des personnels administratifs, techniques, ouvriers et de service, cette composition, eu égard à la nature et au caractère purement consultatif des attributions dudit Conseil, n'est pas de nature à porter atteinte à la liberté et à

l'indépendance des enseignants-chercheurs et notamment des professeurs ; qu'ainsi l'article 31 n'est pas contraire à la Constitution ;

En ce qui concerne l'article 39, al. 2, de la loi :

15 . Considérant qu'il résulte des dispositions combinées des alinéas 2 et 3 de l'article 19 que si, dans la représentation des enseignants-chercheurs, le nombre des professeurs doit être égal à celui des autres enseignants-chercheurs, la désignation de l'ensemble des représentants des enseignants-chercheurs se fait par un collège électoral unique, sous la seule réserve des règles particulières concernant le Conseil scientifique ;

16 . Considérant qu'aux termes de l'article 38, al. 2, de la loi «L'élection s'effectue pour l'ensemble des personnels au scrutin de liste à un tour avec représentation proportionnelle au plus fort reste, panachage et possibilité de listes incomplètes» ;

17 . Considérant qu'aux termes de l'article 39, al. 2, «les enseignants-chercheurs et les personnels qui leur sont assimilés forment un collège électoral unique. Il en va de même pour les personnels administratifs, techniques, ouvriers et de service et les personnels qui leur sont assimilés. La composition de chacun de ces collèges peut varier en fonction de la représentation à assurer au sein de chaque conseil. Pour l'élection du conseil scientifique, les personnels sont répartis en trois sections correspondant aux catégories énumérées au deuxième alinéa de l'article 30 de la présente loi, qui désignent séparément leurs représentants» ; qu'aux termes du même article 39, al. 3 : «Au sein de la représentation des enseignants-chercheurs et personnels assimilés de chaque conseil, le nombre des professeurs et personnels de niveau équivalent doit être égal à celui des autres personnels» ;

18 . Considérant qu'aux termes de l'article 60, al. 2 : «les personnels scientifiques des bibliothèques et des musées sont assimilés aux enseignants-chercheurs pour leur participation aux différents conseils et au fonctionnement de l'établissement» ;

En ce qui concerne les griefs élevés contre ces dispositions par les auteurs de l'une et l'autre saisine :

[...]

25 . Considérant qu'il est constant que, en raison de la disproportion numérique existant entre le corps des professeurs et celui des autres corps d'enseignants-chercheurs, l'indépendance des professeurs serait menacée à divers points de vue par le système ainsi institué ; que, notamment, le libre exercice des responsabilités particulières qui leur sont attribuées par l'article 55, avant-dernier alinéa, en ce qui concerne la préparation des programmes, l'orientation des étudiants et la coordination des équipes pédagogiques et par leur participation obligatoire aux décisions individuelles concernant la carrière des autres enseignants-chercheurs prévue par l'article 56, al. 2, serait altérée par l'existence d'un collège électoral unique ; que cette indépendance serait d'autant plus atteinte du fait qu'au sein de la juridiction disciplinaire prévue par l'article 29 de la loi, les professeurs devant composer la formation chargée de juger les professeurs seraient désignés par l'ensemble des représentants des enseignants-chercheurs eux-mêmes élus par l'ensemble des enseignants-chercheurs toutes catégories confondues, sans que, parmi leurs juges, les professeurs puissent compter des représentants émanant de leur propre vote ;

26 . *Considérant, d'autre part, que l'indépendance des enseignants-chercheurs autres que les professeurs et la sincérité de leur suffrage risqueraient elles-mêmes, compte tenu des articles 55, avant-dernier alinéa, et 56, al. 2, sus-rappelés, d'être mise sen cause dans le cadre d'un collège électoral unique ;*

27 . *Considérant que l'indépendance des professeurs comme celle des enseignants-chercheurs ayant une autre qualité suppose, pour chacun de ces deux ensembles, une représentation propre et authentique dans les conseils de la communauté universitaire ;*

28 . Considérant dès lors que, sans qu'il soit besoin d'examiner la portée que pourrait avoir un «principe de représentation» de caractère général, l'alinéa 2 de l'article 39 et l'alinéa 2 de l'article 29 ne sont pas conformes à la Constitution ;

En ce qui concerne l'article 60 relatif au personnel des bibliothèques :

29 . Considérant que l'article 60, al. 2, de la loi assimile les personnels scientifiques des bibliothèques et des musées aux enseignants-chercheurs pour la participation aux différents conseils et au fonctionnement de l'établissement ;

30 . Considérant que ces dispositions qui concernent un personnel étroitement associé à l'enseignement et à la recherche ne sont contraires à aucun principe ou règle de valeur constitutionnelle ;

Sur diverses dispositions de la loi critiquées par la première saisine :

En ce qui concerne l'article 46 relatif au contrôle administratif et financier :

[...]

32 . Considérant que, selon les sénateurs auteurs de la première saisine, ces dispositions, parles pouvoirs qu'elles confèrent au chancelier, sont contraires à l'autonomie de l'établissement et donc, à la liberté d'enseigner ;

33 . Considérant que ces dispositions tendent, en premier lieu, à consacrer le pouvoir du chancelier d'assurer le respect de la légalité par le recours à la juridiction administrative ; que par suite, elles ne sauraient être conformes à la Constitution ;

34 . Considérant que ces dispositions tendent, en second lieu, à prévenir l'exécution de décisions ou de délibérations arguées d'illégalité dans le cas où elles seraient de nature à compromettre gravement le fonctionnement de l'établissement ; que l'exercice du pouvoir ainsi conféré au chancelier est lui-même, de plein droit, soumis au contrôle du juge ; qu'il n'en résulte aucune atteinte à des règles ou principes de valeur constitutionnelle ;

En ce qui concerne l'article 68, avant-dernier alinéa, de la loi relatif aux aménagements à apporter à l'ordonnance du 30 décembre 1958 ;

35 . Considérant que l'avant-dernier alinéa de l'article 68 de la loi est ainsi conçu : «Les dispositions de l'ordonnance nº 58-1373 du 30 décembre 1958 demeurent applicables sous réserve des aménagements nécessaires apportés par voie de décret en Conseil d'Etat...» ;

36 . Considérant que *les sénateurs auteurs de la première saisine soutiennent que ces dispositions sont contraires à l'article 37, al. 2, de la Constitution, en ce qu'elles permettent la modification d'un texte de forme législative intervenu après l'entrée en vigueur de la Constitution de 1958 sans décision de déclassement du Conseil constitutionnel ;*

37 . Considérant que cette critique est justifiée et qu'elle conduit à déclarer contraire à la Constitution le membre de phrase ainsi conçu : «apportés par voie de décret en Conseil d'État» ;

En ce qui concerne l'article 70 de la loi relatif aux territoires d'outre-mer :

[...]

40 . Considérant que cette critique est justifiée ; qu'en effet la loi soumise à l'examen du Conseil constitutionnel intéresse l'organisation particulière des territoires d'outre-mer et que, dès lors, elle ne saurait être applicable dans ces territoires en vertu d'une disposition législative votée sans consultation préalable des assemblées territoriales intéressées ; que, dès lors, l'article 70 de la loi doit être déclaré non conforme à la Constitution ;

Sur l'alinéa 1er de l'article 68 de la loi abrogeant la loi du 12 novembre 1968 d'orientation de l'enseignement supérieur :

[...]

42 . Considérant que si l'abrogation des dispositions de la loi ancienne contraires aux dispositions de la nouvelle ainsi que le maintien en vigueur de la réglementation ancienne jusqu'à son remplacement par une réglementation nouvelle n'appellent pas d'observations du point de vue de leur conformité à la Constitution, *en revanche l'abrogation totale de la loi d'orientation du 12 novembre 1968 dont certaines dispositions donnaient aux enseignants des garanties conformes aux exigences constitutionnelles qui n'ont pas été remplacées dans la présente loi par des garanties équivalentes n'est pas conforme à la Constitution ; qu'ainsi l'alinéa 1er de l'article 68, d'ailleurs superfétatoire en ce qui regarde l'abrogation des dispositions anciennes contraires à la nouvelle loi et au maintien en vigueur de la réglementation nouvelle, n'est pas conforme à la Constitution ;*

Sur l'ensemble de la loi :

43 . Considérant qu'en l'espèce il n'y a lieu pour le Conseil constitutionnel de soulever d'office aucune question de conformité à la Constitution en ce qui concerne les autres dispositions de la loi soumise à son examen ;

Décide :

ARTICLE PREMIER. - Sont déclarés non conformes à la Constitution le deuxième alinéa de l'article 29, le deuxième alinéa de l'article 39, le premier alinéa de l'article 68, le membre de phrase de l'avant-dernier alinéa de l'article 68 ainsi conçu : «apportés par voie de décret en Conseil d'État» et l'article 70 de la loi sur l'enseignement supérieur.

ART. 2. - les autres dispositions de la loi sur l'enseignement supérieur sont déclarées conformes à la Constitution.

ART. 3. - La présente décision sera publiée au *Journal officiel* de la République française.

Délibéré par le Conseil constitutionnel dans sa séance du 20 janvier 1984.

(*J.O.*, 21 janv. 1984, p. 370).

La composition du Conseil constitutionnel à la date du 20 janvier 1984 était la suivante : M. MAYER (Président), MM. GROS, JOXE, JOZEAU-MARIGNÉ, LECOURT, LEGATTE, MARCILHACY, SÉGALAT, VEDEL.

OBSERVATIONS

1. La décision du *20 janvier 1984* est le pendant de celle du *22 juillet 1980* * : après la consécration de l'indépendance des juridictions (administratives et judiciaires) le juge constitutionnel affirme le caractère constitutionnel de l'indépendance de l'enseignement et de la recherche universitaires. Certes, c'est apparemment à propos d'un problème mineur – l'institution d'un collège électoral unique pour les professeurs et les autres enseignants – qu'a été posé le principe ; mais la position prise par le juge constitutionnel va bien au-delà de la solution apportée à cette question. Et le droit comparé permet, à la fois, de constater une significative communauté de vues sur le même problème et de mesurer l'importance de la solution adoptée. Dans cette décision, le Conseil constitutionnel a également dégagé un nouveau principe fondamental reconnu par les lois de la République. Et il a été conduit, pour la première fois, à définir les conditions d'exercice de la compétence législative en matière d'aménagement d'une liberté fondamentale de premier rang.

2 . La discussion de la loi sur l'enseignement supérieur a commencé le 24 mai 1983, et malgré la déclaration d'urgence faite par le Gouvernement, les deux lectures devant le Sénat et les trois lectures devant l'Assemblée n'ont pu aboutir que le 20 décembre 1983, date à laquelle le texte a été adopté en dernière lecture par les députés.

Le Conseil constitutionnel a été saisi le 21 décembre par 100 sénateurs de l'union centriste et du R.P.R., et le 22 décembre par 86 députés R.P.R. et U.D.F. Les deux saisines mettaient essentiellement en cause l'article 39 de la loi instituant un « collège unique » pour l'élection des représentants des enseignants au Conseil d'Université, en faisant valoir la violation, soit de la liberté de l'enseignement et du principe d'égalité (sénateurs), soit du principe de participation (députés). Dans sa décision rendue le *20 janvier 1984*, soit à l'expiration du délai d'un mois, le Conseil constitutionnel a retenu ce grief et annulé l'article 39, al. 2, mais sur des motifs quelque peu différents de ceux invoqués dans les requêtes. Il a aussi, à la demande des sénateurs, annulé des dispositions moins importantes : et d'office il a considéré comme non conforme la disposition portant abrogation totale de la loi ancienne. La loi a été promulguée le 26 janvier 1984 (*J.O.* du 27) amputée des dispositions censurées.

La décision ainsi rendue est fortement motivée – elle comporte plus de quarante considérants – et son importance est grande car elle marque un nouveau développement de la protection des libertés fondamentales.

Elle a été confirmée par une décision 322 DC (28 juillet 1993) intervenue à propos d'une loi modifiant la loi Savary.

I. L'AFFIRMATION DE LA VALEUR CONSTITUTIONNELLE DES FRANCHISES ET LIBERTÉS UNIVERSITAIRES

3. La décision a une double portée : générale d'abord, dans la mesure où sont reconnues, en conformité avec l'article 11 de la Déclaration des droits de l'homme et du citoyen, la liberté d'expression et l'indépendance des personnels enseignants et chercheurs ; particulière, ensuite mais complémentaire, dans la mesure où est consacré, en tant que principe fondamental reconnu par les lois de la République, l'indépendance des professeurs d'université.

1° La liberté d'expression et l'indépendance des enseignants-chercheurs.

4. Les sénateurs avaient demandé au Conseil constitutionnel d'affirmer que la liberté de l'enseignement, principe à valeur constitutionnelle affirmé par la décision du *23 novembre 1977* * à propos de l'enseignement privé, s'appliquait à l'enseignement supérieur et singulièrement aux enseignants des universités. Le juge constitutionnel a refusé, consacrant *apparemment une notion étroite de la liberté* de l'enseignement :

> « Considérant que les dispositions critiquées ne touchent pas à la liberté de l'enseignement mais sont relatives à l'organisation d'un service public et aux droits et obligations des enseignants et chercheurs chargés de l'exécution de ce service et comme tels, relevant d'un statut différent de celui des personnes privées » (17ᵉ considérant).

Pour le Conseil, il n'y a de liberté de l'enseignement qu'au sens de la « liberté d'entreprise » dans l'enseignement : peut-on ou non créer et faire fonctionner un enseignement privé ? c'est la question qui se posait dans la décision du *23 novembre 1977* * à propos de la loi Guermeur.

Mais il y a d'autres sens de la liberté de l'enseignement (*supra*, **25**-5).

On peut également citer (comme le fait le commissaire du Gouvernement Thery dans ses conclusions sur C.E. du 5 avril 1974, *A.J.D.A.*, 1974, p. 441), les propos du président de la commission de la Constitution devant la première Assemblée constituante :

> « C'est aussi la liberté pour tout homme d'enseigner ce qu'il considère comme conforme à la vérité ; c'est la garantie de la liberté du maître dans l'exercice de sa fonction. Cette liberté très limitée dans son exercice en ce qui concerne

l'enseignement primaire, l'est moins dans le secondaire, et est à peu près totale dans le supérieur, là où le maître s'adresse non plus à des enfants infiniment malléables, mais à des adultes ayant déjà une personnalité affirmée » *(séances de la commission, p. 187).*

5 . En fait, ce qu'a consacré le Conseil constitutionnel sous les termes de « liberté d'expression et indépendance des personnels » n'est pas très éloigné du second sens de la liberté d'enseignement exposé plus haut.

Et, d'ailleurs, le juge constitutionnel lui-même fait référence à l'article 11 de la Déclaration des droits en soulignant que le statut des enseignants « ne saurait limiter le droit à la libre communication des pensées et des opinions garanti par l'article 11 de la Déclaration des droits... ».

Or, historiquement en France, il y a liaison entre cet article et la liberté de l'enseignement dans le supérieur ; et par ailleurs, à l'étranger et notamment en Allemagne fédérale, le même type de liaison est fait.

L'enseignement supérieur a une spécificité. C'est ce que souligne M. Thery dans les conclusions précitées :

« La spécificité de ce service tient à la nature des prestations qu'il fournit : transmission de la culture, initiation au savoir et éveil des consciences, communication d'informations, d'idées et de valeurs. De ce point de vue, on serait presque tenté de dire de l'enseignement, notamment de l'enseignement supérieur, ce que le Conseil constitutionnel disait de la radiotélévision française, dans sa décision des 17-19 mars 1964, quand il déduisait de ce qu'elle a pour objet notamment la communication des idées et des informations qu'elle intéresse ainsi une des libertés publiques ».

Cette liaison, faite par M. Thery, avait déjà été soulignée lors de la discussion sur la liberté de l'enseignement supérieur en 1879, par le député de gauche Paul Bert (*J.O.*, Chambre, 18 juin 1879) :

« C'est à la Révolution qu'apparaît la thèse de la liberté de l'enseignement. Elle est implicitement contenue dans la Déclaration des droits de 1791 ; elle est formellement inscrite dans la législation par le décret du 29 frimaire an II, dont l'article 1er porte : “L'enseignement est libre”. La liberté d'enseignement, de droit naturel, telle que l'entendait la Révolution, telle que nous l'entendons, consiste à exprimer ses pensées librement. Donc toute liberté doit être donnée, toutes facilités doivent être laissées par la loi à celui qui, publiquement, s'adresse à des citoyens semblables à lui, à des esprits faits, mûrs, qui leur expose certaines doctrines, certaines théories, tend à les enrôler dans certaines parties scientifiques, historiques, littéraires ou doctrinales ».

Un autre député, toujours lors de la même discussion devant la Chambre en 1879 (*J.O.*, Chambre, 18 juin 1879, p. 5322) déclarait :

« ... La Déclaration des droits de l'homme et du citoyen de 1791 porte en son article 11, que “la libre communication des pensées et des opinions est un des droits les plus précieux de l'homme. Tout citoyen peut donc parler, écrire, imprimer librement, sauf à répondre de l'abus de cette liberté dans les cas déterminés par la loi”. Or, cette libre communication des pensées et des opinions implique le droit d'enseigner et la liberté de l'enseignement ».

6 . En Allemagne fédérale, la même liaison est faite dans l'article 5 de la Constitution : dans cet article consacré à la « liberté d'expression », le premier alinéa ressemble beaucoup à l'article 11 de

la Déclaration des droits ; et l'alinéa 3 déclare que « l'art et la science, la recherche et l'enseignement sont libres ».

Et c'est de ce simple énoncé que la Cour constitutionnelle allemande a tiré en 1973 l'affirmation de la liberté de l'enseignement dans le supérieur et de l'autonomie institutionnelle des universités ainsi décrite par M. Fromont :

> « La liberté individuelle d'enseigner et de faire des recherches signifie que l'enseignant et le chercheur doivent être affranchis de toute dépendance vis-à-vis de l'extérieur et plus particulièrement vis-à-vis des autorités gouvernementales : c'est le principe de l'indépendance de l'enseignant-chercheur. Entendue au sens institutionnel, cette liberté signifie que l'organisation de l'enseignement et de la recherche doit être confiée, du moins dans une large mesure, à des organismes indépendants de l'État : c'est le principe de l'autonomie des universités ».

C'est cette démarche et ce précédent qui ont visiblement inspiré les sénateurs requérants et l'on s'en convaincra aisément en lisant l'intervention du président du groupe de l'union centriste au Sénat (séance du 26 octobre 1983, *J.O.*, Débats, p. 2473).

7 . En définitive, on n'est pas très loin de la liberté de l'enseignement, conçue comme liberté des enseignants et de l'institution, lorsque le Conseil constitutionnel proclame que « par leur nature même, les fonctions d'enseignement et de recherche non seulement permettent mais demandent, dans l'intérêt même du service, que la libre expression et l'indépendance des personnels soient garanties par les dispositions qui leur sont applicables » (formule reprise *in* 93-322 DC, § 7).

Liberté d'expression et indépendance des enseignants-chercheurs et liberté ou autonomie institutionnelle sont liées, comme le démontre en fait le Conseil constitutionnel lui-même dans les considérants 25 à 28. N'est-il pas significatif d'ailleurs que dans son étude sur « les libertés universitaires », le doyen Vedel, après avoir déclaré : « jusqu'ici nous n'avons mesuré que la liberté des individus. Il faut prendre les dimensions de la liberté du corps universitaire » (*op. cit.*, p. 134-139), s'attache à démontrer l'autonomie institutionnelle des Facultés, parlant à plusieurs reprises « d'autogestion du corps universitaire » et soulignant que « l'indépendance du corps universitaire, l'autogestion de l'Enseignement supérieur reposent bien autant sur une tradition et sur des mœurs que sur des textes ».

Il est significatif d'ailleurs de constater à cet égard que dans sa décision 322 DC, du 28 juillet 1993, le Conseil constitutionnel n'hésite pas à considérer que la liberté des enseignants-chercheurs peut être compromise par des réformes institutionnelles.

8 . L'importance de la reconnaissance générale de la valeur constitutionnelle de la liberté d'expression et de l'indépendance des universitaires est considérable même si, en l'espèce, elle a une application limitée (puisque l'essentiel va concerner les seuls professeurs).

Elle aurait pu conduire par exemple à censurer l'article 55 du projet de loi prévoyant un certain contrôle des étudiants sur les enseignants, si cette disposition avait été maintenue. Elle pourrait permettre de faire annuler des dispositions supprimant, par exemple, les garanties particulières offertes par le système disciplinaire applicable aux universitaires ; ou bien faire déclarer inconstitutionnelle toute mesure excluant l'élection pour la désignation des organes de direction des universités.

On pourrait à cet égard reprendre – en l'actualisant – l'énumération que le doyen Vedel donnait en 1960 en distinguant les garanties relatives au « service » lui-même (autonomie des facultés et universités, établissements publics dotés de la personnalité morale et administrés par leurs membres ou leurs élus, consultation obligatoire d'organes représentatifs avant la prise de normes générales par le ministre) et les garanties relatives aux « membres de l'enseignement supérieur » (accès au corps par concours ou par appréciation scientifique ; intervention des organes représentatifs locaux ou nationaux pour toute mesure relative à la carrière ; système disciplinaire particulier ; pas d'inspection ; pas de notation).

On perçoit d'ailleurs une préoccupation de cette nature dans le 27e considérant dans lequel il est dit que « l'indépendance des professeurs comme celle des enseignants-chercheurs ayant une autre qualité suppose, pour chacun des deux ensembles, une représentation propre et authentique dans les conseils de la communauté universitaire ».

Et cette préoccupation est évidemment encore plus sensible pour les professeurs.

2° *L'indépendance des professeurs, principe fondamental reconnu par les lois de la République.*

9 . Un traitement particulier est réservé aux professeurs par le 20e considérant :

> « Considérant qu'en ce qui concerne les professeurs, auxquels l'article 55 de la loi confie des responsabilités particulières, la garantie de l'indépendance résulte en outre d'un principe fondamental reconnu par les lois de la République, et notamment par les dispositions relatives à la réglementation des incompatibilités entre le mandat parlementaire et les fonctions publiques ».

10 . Il est bien souligné que pour cette catégorie d'enseignants « la garantie de l'indépendance résulte *en outre* d'un principe fondamental... ». C'est-à-dire que leur liberté d'expression et leur indépendance sont renforcées, et cela sans doute parce qu'ils sont eux-mêmes les garants de l'indépendance et de la liberté de l'ensemble des enseignants. Leur statut est une garantie pour eux et pour les autres. C'est du moins une interprétation que l'on peut donner de la décision du Conseil.

11 . L'indépendance des professeurs résulte d'un principe fondamental reconnu par les lois de la République et reconnu notamment, précise le Conseil, « par les dispositions relatives à la réglementation des incompatibilités entre le mandat parlementaire et les fonctions publiques ».

Cette indication permet de retrouver aisément les lois de la République dont il s'agit. En effet, traditionnellement, l'une des très rares exceptions à l'interdiction du cumul du mandat parlementaire et des fonctions publiques concerne les professeurs des universités. Ceci a été posé par la loi organique du 15 mars 1849 (art. 86) sous la IIe République, par la loi organique du 30 novembre 1875 (art. 9) (confirmée par la loi de finances du 30 décembre 1928) sous la IIIe République, par la loi organique du 6 janvier 1950 (art. 11) sous la IVe République et par l'ordonnance du 24 octobre 1958 portant loi organique (art. 12) sous la Ve République. Ainsi sous quatre Républiques et sensiblement dans les mêmes termes, le même principe est repris dans des lois organiques. Comme le dit M. Toulemonde, « La tradition dont bénéficient les professeurs de l'enseignement supérieur possède un ancrage solide dans le droit constitutionnel » (*op. cit.*, p. 954).

Et si cette exception a été faite à la règle du non-cumul, c'est que le professeur d'université jouit d'une réputation d'indépendance, ainsi que le démontre par exemple le républicain de gauche Jules Simon, dans son rapport fait au nom de la commission chargée d'examiner (au Sénat) le projet de loi relatif à la liberté de l'enseignement supérieur dès 1879 (« La capacité, comme l'impartialité du professeur de l'État, résulte de son grade, de sa carrière toujours surveillée et toujours connue, des formes de sa nomination à laquelle concourent les plus grandes autorités scientifiques et universitaires, enfin, de l'inamovibilité dont il est investi », *J.O.*, Sénat, 27 déc. 1879, p. 11573).

Il est assez remarquable de constater qu'en 1971 un amendement du recteur Capelle proposant de supprimer cette situation exceptionnelle soulève une opposition générale et notamment celle de M. Defferre qui déclare : « Si nous suivions M. Capelle, nous tournerions le dos à une tradition française républicaine de liberté » (*J.O.*, Débats, Ass. Nat., 1re séance du 25 novembre 1971, p. 6114).

12 . Et M. Toulemonde, en 1978, pose une question de caractère prémonitoire : « Cette tradition ne pourrait-elle être rangée parmi "les principes fondamentaux reconnus par les lois de la République", principes de valeur constitutionnelle dont le Conseil constitutionnel impose le respect au législateur ordinaire » ? Il est vrai que l'auteur estime l'hypothèse peu vraisemblable, car les principes fondamentaux ont été réservés jusque-là à « quelques libertés publiques particulièrement fondamentales ». Mais l'indépendance des professeurs d'université garantissant la liberté de l'enseignement et de la recherche n'est-elle pas une liberté fondamentale ? Sans doute oui, comme dans la plupart des États démocratiques modernes.

Du point de vue de l'élaboration d'une théorie des principes fondamentaux reconnus par les lois de la République, il est peu commode de trouver un meilleur exemple que celui-ci : quatre textes sous quatre Républiques reprenant le même principe, et qui plus est, quatre lois organiques.

13 . Le Conseil constitutionnel a réaffirmé l'existence de ce principe fondamental dans la décision 322 DC (28 juillet 1993), en sanctionnant même sa violation potentielle.

Quant au Conseil d'État, il a lui aussi, sanctionné la méconnaissance du principe de l'indépendance des professeurs d'université dans un arrêt du 29 mai 1992 (*Assoc. des professeurs du muséum d'histoire naturelle, Rec.* 217) et précisé, dans un arrêt du 29 juillet 1994 (*Le Calvez*, Req. nº 66-966) que ce principe ne vaut que pour les professeurs d'université et ne s'applique pas aux autres catégories d'enseignants, notamment aux maîtres de conférences.

II . L'APPLICATION DE CES PRINCIPES CONSTITUTIONNELS AU SYSTÈME UNIVERSITAIRE

14 . On peut, à cet égard, distinguer deux séries de questions d'inégale importance : la constitution et la composition des divers conseils, les modalités du contrôle administratif et financier.

1º *La constitution, la composition des divers conseils et les principes constitutionnels.*

15 . Étaient, en fait, en cause la composition du conseil scientifique et du conseil des études et de la vie universitaire, d'une part, et les règles d'élection des membres du conseil d'administration et du conseil des études et de la vie universitaire, d'autre part.

16 . La composition du conseil scientifique et du conseil des études était critiquée par les sénateurs requérants du fait que les étudiants et les personnels non enseignants étaient appelés à « participer à la définition des orientations de l'université en matière de recherche », dans le cadre du conseil scientifique, et à l'élaboration de propositions d'orientation des enseignements de formation initiale et continue, dans le cadre du conseil des études.

Sans se prononcer sur son opportunité, on remarquera que la réponse du Conseil constitutionnel sur ces points n'est pas entièrement satisfaisante.

Certes, pour le conseil scientifique, le Conseil constitutionnel a bien marqué qu'il ne devait comporter que des personnes directement intéressées par la recherche, c'est-à-dire des enseignants-chercheurs et des étudiants de troisième cycle « déjà engagés dans la recherche ». Mais, son affirmation selon laquelle « le conseil scientifique eu égard à ses attributions ne comporte pas de représentants des personnels administratifs, techniques, ouvriers et de service » semble inexacte, car l'article 30 prévoit expressément que parmi les représentants des personnels au conseil scientifique « le nombre des sièges est attribué... pour un douzième au moins aux autres personnels *parmi lesquels la moitié au moins d'ingénieurs et de techniciens »* (qui font partie des personnels théoriquement exclus par le Conseil). À moins de considérer que les ingénieurs et techniciens sont assimilables aux chercheurs, ce qui soulève quand même un problème.

Par ailleurs, en ce qui concerne le conseil des études et de la vie universitaire, peut-on affirmer vraiment la « nature » et le « caractère purement consultatif des attributions dudit conseil », alors que, selon l'article 31, al. 2, de la loi, il « *propose* au conseil d'administration les orientations des enseignements de formation initiale » combine et « instruit les demandes d'habilitation et les projets de nouvelles filières », ce qui signifie – si l'on se réfère à la théorie générale du pouvoir de propositions – que le conseil d'administration ne peut délibérer que sur les propositions et les dossiers préparés par le conseil des études. En outre, « il est garant des libertés politiques et syndicales des étudiants », ce qui peut signifier qu'il a un pouvoir de décision.

Dans la mesure où, dans ce conseil, les enseignants-chercheurs ont, au maximum, 40 % des sièges, peut-on dire que l'indépendance et la liberté d'expression de ces enseignants sont sauvegardées ? À moins de considérer ici aussi que le Gouvernement et le législateur n'ont pas tenu compte de la décision du Conseil constitutionnel selon laquelle le conseil des études ne devait avoir qu'un caractère purement consultatif, et donc rendre des avis et non formuler des *propositions.*

Car il s'agit bien, dans le texte tel qu'il a été promulgué, d'un droit de proposition que, comme l'a dit il y a longtemps le doyen Hauriou, « il ne faut pas du tout confondre avec le droit d'avis consultatif ». En effet, « la proposition est souvent exigée par les textes législatifs et réglementaires et elle a pour fonction, manifeste ou latente, de réduire la liberté d'action de l'organe investi du pouvoir de décision » (F. Moderne, *Mélanges Waline,* II, p. 597).

Sur ce point encore, il aurait fallu reprendre le texte législatif avant de le promulguer.

17 . Le mode d'élection des représentants des enseignants au conseil d'administration et au conseil des études et de la vie universitaire était mis en cause parce qu'à la différence de celui finalement prévu pour le conseil scientifique, il supposait l'institution d'un *collège électoral unique.*

Le système prévu était le suivant : le conseil d'administration devait comporter 40 à 45 % de représentants des enseignants-chercheurs et le conseil des études 30 à 40 % ; par ailleurs, au moins pour le conseil d'administration, la représentation des professeurs devait être égale à celle des autres enseignants. Mais l'élection des représentants des professeurs, comme d'ailleurs celle des autres enseignants, au lieu de se faire par collèges séparés devait se faire par un collège électoral unique regroupant toutes les catégories d'enseignants. Et les députés comme les sénateurs requérants faisaient alors valoir que, compte tenu de ce que les professeurs représentent tant au plan national qu'au niveau de chaque université une nette minorité, les représentants des professeurs seraient en fait élus par les maîtres assistants et les assistants.

18 . Le Conseil constitutionnel prend acte de ce premier élément de fait incontestable en soulignant « la disproportion numérique existant entre le corps des professeurs et celui des autres corps enseignants » (25e considérant). Et il en tire la conséquence que, compte tenu de cette disproportion, « l'indépendance des professeurs serait menacée à divers points de vue par le système ainsi institué »

Elle serait menacée tout d'abord dans l'exercice des « responsabilités particulières » que la loi critiquée elle-même leur a reconnu dans l'article 55, avant-dernier alinéa, en ce qui concerne la préparation des programmes, l'orientation des étudiants et la coordination des équipes pédagogiques (« les professeurs ont la responsabilité principale de la préparation des équipes pédagogiques »). Responsabilités particulières aussi qui découlent de la participation obligatoire des professeurs aux décisions individuelles concernant la carrière des autres enseignants, et le Conseil fait ici référence au fait que les professeurs participent à toutes les formations des commissions de spécialistes, des conseils d'U.E.R. (ou d'U.F.R.) et des conseils d'universités statuant sur les questions individuelles concernant notamment la carrière de tous les enseignants. Dans tous ces cas, le comportement des professeurs ne doit pas dépendre des promesses électorales faites au moment de la désignation des membres des conseils d'université.

L'indépendance des professeurs serait d'autant plus atteinte, souligne le Conseil, « du fait qu'au sein de la juridiction disciplinaire prévue par l'article 29 de la loi, les professeurs devant composer la formation chargée de juger les professeurs seraient désignés par l'ensemble des représentants des enseignants-chercheurs eux-mêmes élus par l'ensemble des enseignants-chercheurs toutes catégories confondues, sans que, parmi leurs juges, les professeurs puissent compter des représentants émanant de leur propre vote ».

19 . On retrouve là l'attention toute particulière que le Conseil constitutionnel porte à la composition des juridictions : déjà dans la décision 101 DC (*R.D.P.*, 1979, p. 1689 et 1725), il avait souligné que « s'agissant de la désignation des membres d'une juridiction » (les conseils de prud'hommes) le législateur devait être encore plus respectueux des principes et règles à valeur constitutionnelle, et notamment du principe d'égalité.

La décision du *20 janvier 1984* s'inscrit, à cet égard, dans le droit-fil de cette jurisprudence. En effet, le Conseil constitutionnel sanctionne le fait que la formation du conseil d'administration statuant à l'égard des professeurs en matière juridictionnelle, aurait eu un mode de désignation doublement défavorable aux professeurs : en effet, les membres de cette juridiction auraient été désignés par l'ensemble des représentants enseignants du conseil d'administration, lesquels auraient eux-mêmes été élus par l'ensemble des personnels enseignants. En sorte que, comme le dit le Conseil, il n'aurait pas été possible que « parmi leurs juges, les professeurs puissent compter des représentants émanant de leur propre vote ».

20 . L'inconstitutionnalité du collège électoral unique résulte aussi des atteintes à l'indépendance de l'ensemble des enseignants-chercheurs car, comme le remarque expressément le juge constitutionnel, les enseignants-chercheurs autres que les professeurs auraient été eux aussi gênés dans l'expression de leur suffrage, ne serait-ce que parce qu'ils participent ou sont susceptibles de participer aux instances examinant « les questions individuelles relatives au recrutement, à l'affectation et à la carrière des personnels ».

21 . En définitive, le « socle » constitutionnel des libertés universitaires s'enrichit d'une nouvelle précision ou d'une nouvelle règle exprimée par le 27e considérant : « l'indépendance des professeurs, comme celle des enseignants-chercheurs ayant une autre

qualité, suppose, pour chacun des deux ensembles, une *représentation propre et authentique dans les conseils de la communauté universitaire »*.

Ceci a donc valeur de principe général et condamne toute forme de collège unique qu'il s'agisse de la représentation proprement dite (pas de sièges attribués globalement aux diverses catégories d'enseignants-chercheurs) ou du mode de désignation de ces représentants (pas de désignation par l'ensemble des enseignants-chercheurs).

2° *Le contrôle administratif des universités et les principes constitutionnels.*

22 . Les sénateurs requérants faisaient valoir que la tutelle organisée par l'article 46, al. 1 et 2, de la loi au profit du recteur chancelier était contraire à l'autonomie des établissements et donc à la liberté d'enseignement, dès lors que ce texte subordonnait l'entrée en vigueur des décisions et délibérations présentant un caractère réglementaire à leur transmission au recteur, et attribuait à celui-ci le pouvoir de suspendre de manière discrétionnaire pour une durée de trois mois les décisions ou délibérations frappées de recours devant le tribunal administratif.

Dès lors que le Conseil constitutionnel avait écarté l'idée d'une liaison entre l'autonomie institutionnelle et l'indépendance de l'enseignement et de la recherche, il était probable qu'il rejetterait cette argumentation. C'est ce qui s'est produit, mais il est à remarquer cependant qu'il a pris soin de répondre au fond et de motiver sa décision, essentiellement en faisant valoir que les actes du recteur étant soumis au contrôle juridictionnel, il n'y avait aucune atteinte à des règles ou principes de valeur constitutionnelle.

III . La constitutionnalisation des libertés universitaires et la compétence du législateur

23 . La constitutionnalisation des libertés universitaires produit (ou devrait produire, à terme) un double effet apparemment contradictoire sur la compétence du législateur en provoquant tout à la fois son extension et sa limitation.

1° *Une compétence plus large.*

24 . La compétence du législateur devrait s'étendre, car, selon un principe plusieurs fois vérifié, la mise en œuvre de règles constitutionnelles relève du législateur (et non du pouvoir réglementaire). Ainsi, la constitutionnalisation de l'indépendance des juridictions administratives conduit progressivement à remplacer les textes réglementaires par des textes législatifs ; et il en va de même en matière de collectivités territoriales. Les mêmes conséquences devraient donc être observées en l'espèce : notamment les textes relatifs aux enseignants-chercheurs des universités devraient être pris par la voie législative. Or, pour le moment, cela ne s'est pas vraiment vérifié car le gouvernement a pris des décrets en application de la loi pour réglementer les carrières des enseignants-chercheurs. Et il s'est

bien gardé d'opposer l'irrecevabilité de l'article 41 de la Constitution à une proposition de loi votée par le Sénat et visant à abroger le décret réglementant la carrière des universitaires, car il craignait de provoquer ainsi la saisine du Conseil constitutionnel qui aurait sans doute donné raison aux sénateurs quant à la nécessité de reconnaître compétence au législateur en ce domaine (Proposition de loi présentée par M. D. Seramy, Document Sénat, n° 472, 1983-1984). Ce n'est pas cependant ainsi qu'a statué le Conseil d'État qui dans plusieurs arrêts du 2 mars 1988 a considéré que « les dispositions relatives aux professeurs d'université contenues dans la loi du 12 novembre 1968... et dans la loi du 26 janvier 1984... et destinées, notamment, à mettre en œuvre les garanties d'indépendance reconnues à ces agents par les lois de la République, n'ont eu ni pour objet, ni pour effet de donner au législateur compétence pour fixer leur statut particulier » (*R.F.D.A.*, 1988, p. 629, concl. Laroque).

Cette motivation est, à notre sens, peu convaincante car il est bien évident que des dispositions législatives ne peuvent fonder la compétence du législateur.

On peut noter, en revanche, qu'en matière de statut des institutions universitaires, le Conseil constitutionnel a adopté une interprétation très compréhensive des dispositions de l'article 34 relatives à la création de catégories d'établissements publics, en estimant que le législateur avait méconnu sa compétence en laissant au pouvoir réglementaire le soin d'établir des dérogations aux règles constitutives des établissements publics universitaires (322 DC, 28 juillet 1993).

2° *Une compétence plus dense : la première manifestation de la jurisprudence dite du « cliquet ».*

25 . Plus étendue, la compétence du législateur a, en même temps une densité plus grande, car, comme le marque pour *la première fois* le Conseil constitutionnel, certaines libertés fondamentales ne sont susceptibles d'être réglementées par le législateur que si celui-ci s'emploie à renforcer leurs garanties.

26 . Ainsi, lorsqu'une loi abroge les dispositions d'une loi précédente, sans reprendre à son compte les garanties que prévoyait le premier texte, elle est inconstitutionnelle.

C'est ce qu'a décidé le Conseil constitutionnel, à propos de l'abrogation de la loi du 12 novembre 1968 par la loi Savary, en des termes tout à fait explicites :

> « Considérant que si l'abrogation des dispositions de la loi ancienne contraires aux dispositions de la loi nouvelle, ainsi que le maintien en vigueur de la réglementation ancienne jusqu'à son remplacement par une réglementation nouvelle n'appellent pas d'observations du point de vue de leur conformité à la Constitution, en revanche l'abrogation totale de la loi d'orientation du 12 novembre 1968 dont certaines dispositions donnaient aux enseignants des garanties conformes aux exigences constitutionnelles qui n'ont pas été remplacées dans la présente loi par des garanties équivalentes n'est pas conforme à la Constitution ».

Il s'agit là évidemment d'une jurisprudence majeure du Conseil constitutionnel qui a été complétée depuis par plusieurs autres décisions très importantes allant dans le même sens.

Ainsi, dans les décisions des *10-11 octobre 1984* * et du 29 juillet 1986 (210 DC) relative au statut des entreprises de presse, la même idée est reprise dans une formule deux fois répétée : « considérant qu'il n'appartient pas au Conseil constitutionnel de déterminer dans quelle mesure le législateur aurait entendu prononcer de telles abrogations au vu des déclarations de non-conformité à la Constitution de certaines dispositions de la loi...».

De même, dans la décision 185 DC du 18 janvier 1985 *(loi Chevènement)* le Conseil constitutionnel estime qu'une loi peut abroger une autre loi « sauf si cette abrogation avait pour effet de porter atteinte à l'exercice d'un droit ou d'une liberté ayant valeur constitutionnelle » (voir dans le même sens : 217 DC du 18 septembre 1986 ; 265 DC du 9 janvier 1990).

On notera enfin que cette jurisprudence est pour la première fois appliquée à un droit économique et social (la protection de la santé) dans une décision 287 DC du 16 janvier 1991, suivie par une décision 296 DC du 29 juillet 1991 (pluralisme syndical).

La jurisprudence ainsi inaugurée dans la présente décision du *20 janvier 1984* est donc riche en potentialités et la liste n'est sans doute pas close des décisions appliquant les mêmes principes. La question qui se pose alors évidemment est de savoir si l'on n'aboutit pas ainsi à « constitutionnaliser » le contenu de certaines lois de la Ve République. Mais, en fait, les décisions précitées du Conseil constitutionnel n'interdisent pas de modifier ou d'abroger des lois existantes dès lors que la nouvelle loi prend des dispositions – qui peuvent être d'une nature et d'une portée différentes – pour protéger les libertés.

27 . À partir de là, le Conseil constitutionnel a commencé à édifier une jurisprudence importante et originale qu'il a perfectionnée au fur et à mesure des décisions qu'il rendait.

Dans la décision des *10-11 octobre 1984* *, le Conseil constitutionnel déclare « que... s'agissant d'une liberté fondamentale... la loi ne peut en réglementer l'exercice qu'en vue de le rendre plus effectif... » (§ 37). Ceci rejoint et renforce l'idée précédente selon laquelle la compétence du législateur, s'agissant de certaines libertés fondamentales, est limitée : il ne peut abroger les dispositions législatives garantissant ces libertés sans les remplacer par d'autres, d'efficacité équivalente ; il ne peut intervenir que pour renforcer ces garanties. En d'autres termes, le législateur ne peut diminuer les garanties qu'il a déjà édictées au profit d'une liberté fondamentale, soit en abrogeant ces garanties sans les remplacer, soit en remplaçant ces garanties par des garanties moins fortes.

C'est ce qui est clairement exprimé dans les décisions suivantes : moins dans la décision 185 DC du 18 janvier 1985 (Loi Chevènement) qui confirme la jurisprudence du *20 janvier 1984* quant à la limitation du pouvoir d'abrogation du législateur que dans la décision du 29 juillet 1986, où il fait une sorte de synthèse de ses positions précédentes :

« Considérant qu'il est à tout moment loisible au législateur, statuant dans le domaine qui lui est réservé par l'article 34 de la Constitution, de modifier des textes antérieurs ou d'abroger ceux-ci en leur substituant, le cas échéant, d'autres dispositions ; qu'il ne lui est pas moins loisible d'adopter, pour la réalisation ou la conciliation d'objectifs de nature constitutionnelle, des modalités nouvelles dont il lui appartient d'apprécier l'opportunité et qui peuvent comporter la modification ou la suppression de dispositions qu'il estime excessives ou inutiles ; que, cependant, l'exercice de ce pouvoir ne saurait aboutir à priver de garanties légales des exigences de caractère constitutionnel ».

Ce considérant a été repris intégralement dans la décision 217 DC du 18 septembre 1986 (§ 4) et, légèrement raccourci, dans la décision 259 DC du 26 juillet 1989 (§ 4), ces deux dernières décisions concernant la liberté de communication audiovisuelle. On le retrouve également dans de nombreuses décisions jusqu'à la décision 404 DC du *18 décembre 1998** à propos de mesures fiscales rétroactives :

« Considérant que le principe de non-rétroactivité des lois n'a valeur constitutionnelle [...] qu'en matière répressive, si le législateur a la faculté d'adopter des dispositions fiscales rétroactives, il ne peut le faire qu'en considération d'un motif d'intérêt général suffisant et sous réserve de ne pas priver de garanties légales des exigences constitutionnelles ».

On regrettera cependant qu'il y ait deux variantes : le plus souvent, conformément à la formulation d'origine, il est affirmé que le législateur « ne doit pas priver de garanties légales des exigences constitutionnelles » ; et parfois « exigences constitutionnelles » est remplacé par « principes constitutionnels » ce qui ne nous paraît pas être la même chose.

IV . Le respect des formes prévues par la Constitution : la sanction du vice de forme

28 . La décision du *20 janvier 1984* prononce deux annulations pour vice de forme. *Dans le premier cas*, le législateur a apparemment voulu gagner du temps ou faire gagner du temps au gouvernement en lui donnant l'autorisation de négliger la procédure préalable de déclassement prévue par l'article 37, al. 2, pour modifier par décret les dispositions d'une ordonnance édictée le 30 décembre 1958, c'est-à-dire après la promulgation de la Constitution. Le Conseil constitutionnel donne raison aux sénateurs requérants en un bref considérant (35e). On peut simplement se demander s'il y avait vice de forme (autorisation de méconnaître une procédure) ou incompétence (modification d'une disposition constitutionnelle). *Dans le second cas,* le législateur a commis une erreur difficilement explicable. En effet, il a prévu des dispositions pour les T.O.M., alors qu'il n'y a ni universités ni enseignement supérieur dans ces territoires. D'autre part, alors qu'il y a désormais une jurisprudence bien établie selon laquelle tout ce qui touche l'organisation particulière des T.O.M. ne peut être discuté et voté par le Parlement qu'après consultation des assemblées territoriales, le gouvernement a omis de procéder à cette consultation. Les dispositions relatives aux T.O.M. sont donc annulées.

V. Droit comparé

29. Le Conseil constitutionnel a pu s'inspirer de l'arrêt de la Cour constitutionnelle allemande du 24 mai 1973 qui a tiré le principe d'indépendance de l'article 5 de la Constitution (voir *supra*, § 6).

La Cour spéciale supérieure hellénique s'est, quant à elle, inspirée des précédents allemand et français pour statuer dans le même sens (2 mai 1985, observ. Bacoyannis in *A.I.J.C.*, I, 1985, p. 456-473).

On notera, en revanche, que les Cours autrichienne et espagnole n'ont pas statué dans le même sens.

36

10 et 11 octobre 1984

ENTREPRISES DE PRESSE
(181 DC)

Droit constitutionnel des libertés
Liberté de la presse. Pluralisme.
Partis politiques
Objectif de valeur constitutionnelle

Décision n° 84-181 DC, *Rec.* 73, *RJC* I-199. Article 61, al. 2 de la Constitution.
Saisine par un groupe de 91 députés et un groupe de 152 sénateurs.
La liberté de la presse, droit fondamental du lecteur.
La construction d'une théorie générale des libertés fondamentales.
L'application uniforme d'une liberté fondamentale.
Les libertés fondamentales et les circonstances exceptionnelles.
L'application du principe de séparation des pouvoirs.
Statut des partis politiques.
L'interprétation conforme et les pouvoirs d'injonction du juge constitutionnel.

RÉFÉRENCES

a) *Notes doctrinales*

- AVRIL (P.) et GICQUEL (J.) : *Pouvoirs*, n° 33 p. 163. - BIENVENU (J.J.) : *A.J.*, 1984, 684. - FAVOREU (L.) : *RDP*, 1986, n° 2 p. 395. - PERIER-DAVILLE (D.) : *Gaz. Pal.*, 2-4 déc. 1984. - VILLIERS (M. DE) : *R.A.*, 1984, p. 580.

Voir aussi :
- DEBBASCH (CH.) et DROUOT (G.) : « La loi du 23 octobre 1984 et la liberté de la presse », *Actualité législative Dalloz*, 1985. - HUBAC (S.) et SCHOETTL (E.) : « La situation des groupes de presse à la suite de la décision des 10 et 11 octobre 1984 du Conseil constitutionnel et de la promulgation de la loi du 23 octobre 1984 », *Rev. Sc. crim.*, 1985, n° 1 p. 3. - MASCLET (J.-C.) : « La loi sur les entreprises de presse », *A.J.*, 1984, 644.

b) *Autres références*

- QUEYRANNE (J.-J.) : *La Croix,* 3 nov. 1984. - MALEVILLE (G.) :*Le Monde*, 2-3 déc. 1984. - ROBERT (J.) :*Le Monde*, 23-24 déc. 1984. - NEUBORNE (B.) : Judicial review and separation of powers in France, New-York. - FAVOREU (L.) : « Libertés locales et libertés universitaires », *R.D.P.*, 1984, p. 687. - BEGUIN (J.-C.) : *Le contrôle de constitutionnalité des lois en R.F.A.*, Paris, Economica-P.U.A.M., 1982. - KAYSER (P.) : Le Conseil constitutionnel protecteur du secret de la vie privée à l'égard des lois, *Mélanges P. Raynaud*, 1985, p. 342. - PRÉTOT (X.) : Sur la pénétration dans le droit administratif des concepts formulés par le Conseil constitutionnel, T.A. Versailles, 22 oct. 1987, *A.J.D.A.*, 1988, p. 54.

c) *Jurisprudence*

- *Théorie générale des libertés fondamentales :*

• 44 DC, *16 juillet 1971*, Liberté d'association *.
• 127 DC, *19-20 janvier 1981*, Sécurité et liberté *.
• 165 DC, *20 janvier 1984*, Libertés universitaires *.
• 172 DC, 26 juillet 1984, *Rec.* 58, *RJC* I-185. Exploitations agricoles et statut du fermage.
• 185 DC, 18 janv. 1985, *Rec.* 36, *RJC* I-219. Loi Chevènement.
• 189 DC, 17 juillet 1985, *Rec.* 49, *RJC* I-224. Principes d'aménagement.
• 210 DC, 29 juilllet 1986, *Rec.* 110, *RJC* I-270. Réforme juridique de la presse.
71 DC du 11 janv. 1990, *Rec.* 21, *RJC* I-397 (aide financière aux groupements ayant détenu plus de 5%).
• 333 DC du 21 janv. 1994, *Rec.* 32. *RJC* I-569. Liberté de communication, objectif de valeur constitutionnelle.

- *Libertés fondamentales et circonstances exceptionnelles* :

• 187 DC, 25 janvier 1985, *État d'urgence en Nouvelle-Calédonie* *.

- *Interprétation conforme et pouvoirs d'injonction du juge constitutionnel*

• 127 DC, *19-20 janvier 1981*, Loi sécurité et liberté *.
• 165 DC, *20 janvier 1984*, Indépendance des professeurs d'Université *.

Le Conseil constitutionnel a été saisi, d'une part, le 12 septembre 1984, par MM. Charles Pasqua et autres, sénateurs, d'autre part, le 14 septembre 1984 par MM. Jean-Claude Gaudin et autres, députés, dans les conditions prévues à l'article 61, al. 2, de la Constitution, de la conformité à celle-ci, de la loi visant à limiter la concentration et à assurer la transparence financière et le pluralisme des entreprises de presse.

LE CONSEIL CONSTITUTIONNEL,

Vu la Constitution ;

Vu l'ordonnance du 7 novembre 1958 portant loi organique sur le Conseil constitutionnel, notamment les articles figurant au chapitre II du titre II de ladite ordonnance ;

Le rapporteur ayant été entendu ;

Sur la procédure législative :

[...]

3 . Considérant que le projet dont est issue la loi soumise à l'examen du Conseil constitutionnel a été examinée en commission, avant sa discussion en séance publique, lors de chacune de ses lectures ; qu'aucun amendement n'a été rejeté au motif qu'il n'aurait pas été soumis à la commission ; que, par suite, les articles 43 et 44 de la Constitution n'ont pas été méconnus ;

4 . Considérant que les articles 86, 90 et 91 du règlement de l'Assemblée nationale précisent l'objet, le contenu et la forme du rapport qui doit, après que la proposition ou le projet de loi ait été soumis à une commission comme le veut l'article 43 de la Constitution, être présenté aux députés au nom de la commission ;

5 . *Considérant que les règlements des assemblées parlementaires n'ayant pas en eux-mêmes valeur constitutionnelle*, la seule méconnaissance des dispositions réglementaires invoquées ne saurait avoir pour effet de rendre la procédure législative contraire à la Constitution ;

6 . Considérant, dès lors, que la loi soumise à l'examen du Conseil constitutionnel a été adoptée selon une procédure qui n'est pas contraire à la Constitution ;

Sur l'article 2 de la loi :

[...]

9 . Considérant, d'une part, que les termes de «personne», «entreprise de presse», «contrôle» sont définis de façon suffisamment précise pour que les dispositions de caractère pénal qui s'y réfèrent, directement ou indirectement, ne méconnaissent pas, de ce seul chef, *le principe constitutionnel de la légalité des délits et des peines* :

10 . Considérant, d'autre part, que l'article 4 de la Constitution dispose : «Les partis et groupements politiques concourent à l'expression du suffrage. Ils se forment et exercent leur activité librement. Ils doivent respecter les principes de la souveraineté nationale et de la démocratie.

11 . Considérant que ces dispositions n'ont ni pour objet ni pour effet *de conférer aux partis politiques, en matière de liberté de la presse, des droits supérieurs à ceux que l'article 11 de la Déclaration des droits de l'homme et du citoyen de 1789 reconnaît à tous les citoyens* : qu'il incombe seulement au législateur de formuler des prescriptions tendant à empêcher que l'application des règles relatives à la transparence financière et au pluralisme des entreprises de presse n'entrave l'activité spécifique des partis politiques dont le libre exercice est garanti par l'article 4 de la Constitution ;

12 . Considérant que l'article 21 de la loi dispose : «Pour l'accomplissement des missions qui lui sont assignées par la présente loi, la commission peut recueillir tous les renseignements nécessaires auprès des administrations et des personnes sans que puissent lui être opposées d'autres limitations que celles résultant du libre exercice de l'activité des partis et groupements politiques visés à l'article 4 de la Constitution... ;

13 . Considérant qu'il est ainsi satisfait aux exigences de l'article 4 de la Constitution ;

14 . Considérant, dès lors, que l'article 2 de la loi n'est pas contraire à la Constitution ;

Sur les dispositions du titre 1er de la loi relatives à la transparence et sur celles du titre IV relatives aux sanctions correspondantes :

[...]

16 . Considérant que, loin de s'opposer à la liberté de la presse ou de la limiter, la mise en œuvre de l'objectif de transparence financière tend à renforcer un exercice effectif de cette liberté : qu'en effet, en exigeant que soient connus du public les dirigeants réels des entreprises de presse, les conditions de financement des journaux, les transactions financières dont ceux-ci peuvent être l'objet, les intérêts de tous ordres qui peuvent s'y trouver engagés, *le législateur met les lecteurs à même d'exercer leur choix de façon vraiment libre et l'opinion à même de porter un jugement éclairé sur les moyens d'information qui lui sont offerts par la presse écrite* ;

17 . Considérant que, sans contester dans son principe l'objectif de transparence, les auteurs des saisines soutiennent que certaines des dispositions susvisées ne sont pas conformes à la Constitution ;

En ce qui concerne les articles 3 et 26 :

[...]

19 . Considérant que les députés auteurs de l'une des saisines font valoir que ni l'article 3 ni l'article 26 précités ne définissent les éléments constitutifs de l'infraction de prête-nom, notamment en ce qui concerne le domaine de l'interdiction, et sont ainsi contraires au principe de la légalité des délits et des peines proclamé par l'article 8 de la Déclaration des droits de l'homme et du citoyen de 1789 ;

20 . Considérant, d'une part, que les éléments constitutifs de l'infraction ressortent des termes mêmes de l'article 3 dont il reviendrait aux juridictions compétentes de faire application dans les espèces qui leur seraient soumises ; que, d'autre part, il résulte nécessairement de la place de ces dispositions dans une loi tendant à assurer la transparence financière des entreprises de presse que l'interdiction de prête-nom visée par ces dispositions ne concerne, sans préjudice de semblable interdiction en d'autres matières, que les actes de prête-nom pouvant porter atteinte aux règles de transparence financière intéressant les entreprises de presse ; qu'ainsi les articles 3 et 26 de la loi ne sont pas contraires à la Constitution ;

En ce qui concerne les articles 4 et 27 :

[...]

22 . Considérant que les députés auteurs de l'une des saisines font valoir que les expressions «dirigeants de droit ou de fait», «qui n'auront pas fait toute diligence» sont d'une imprécision telle que l'article 27 méconnaît le principe constitutionnel de la légalité des délits et des peines ;

23 ; Considérant que, malgré leur généralité, les termes critiqués et qui sont d'ailleurs employés dans d'autres textes législatifs définissent de façon suffisamment précise les infractions pénales visées à l'article 27 ; que celui-ci n'est donc pas contraire à la Constitution ;

En ce qui concerne l'article 5 :

[...]

25 . Considérant que, selon les députés auteurs de l'une des saisines, ces dispositions méconnaîtraient le droit au secret des affaires et du patrimoine, éléments essentiels du droit au respect de la vie privée ;

26 . Considérant que le texte critiqué qui, pour assurer la transparence financière, permet à certaines personnes ayant un intérêt légitime de consulter le compte de valeurs nominatives des sociétés visées à l'article 4 ne méconnaît aucun principe ou règle de valeur constitutionnelle ;

En ce qui concerne les articles 6 et 28 de la loi :

[...]

30 . Considérant que ces mêmes députés font valoir, en second lieu, que l'article 6 ne précise pas à quelle personne -cédant ou cessionnaire- incombe l'obligation d'insertion prescrite par le texte ; qu'ainsi l'infraction visée par la première phrase de l'article 28 est édictée *en méconnaissance du principe constitutionnel de la légalité des délits et des peines publiques puisque* la détermination de son auteur est incertaine ;

31 . *Considérant que cette critique est fondée* : que, par suite, la première phrase de l'article 28 n'est pas conforme à la Constitution ; que la rédaction du texte rend la seconde phrase de l'article 28, qui cependant n'appelle pas en elle-même de critique du point de vue constitutionnel, inséparable de la première ; qu'ainsi l'article 28 dans son ensemble n'est pas conforme à la Constitution ;

En ce qui concerne les articles 8 et 30 :

[...]

33 . Considérant que les députés auteurs de l'une des saisines soutiennent que ces dispositions sont contraires au secret des affaires et au secret du patrimoine, éléments essentiels du droit au respect de la vie privée ;

34 . Considérant que ces dispositions qui se justifient par l'objectif de transparence financière ne méconnaissent aucun principe ou règle de valeur constitutionnelle, alors d'ailleurs qu'aux termes du deuxième alinéa de l'article 21 «les renseignements ainsi recueillis ne peuvent être utilisés à d'autres fins que l'accomplissement des missions de la commission et leur divulgation est interdite» et que l'article 35 punit de peines d'amende les auteurs de divulgations illicites ; qu'ainsi les articles 8 et 30 de la loi ne sont pas contraires à la Constitution ;

Sur les dispositions du titre II de la loi relatives au pluralisme :

35 . Considérant que l'article 11 de la Déclaration des droits de l'homme et du citoyen de 1789 énonce : «La libre communication des pensées et des opinions est l'un des droits les plus précieux de l'homme ; tout citoyen peut donc parler, écrire, imprimer librement sauf à répondre de l'abus de cette liberté dans les cas déterminés par la loi».

36 . Considérant que le principe ainsi proclamé ne s'oppose point à ce que le législateur, compétent aux termes de l'article 34 de la Constitution pour fixer «les règles concernant les droits civiques et les garanties fondamentales accordées aux citoyens pour l'exercice des libertés publiques», édicte des règles concernant l'exercice du droit de libre communication et de la liberté de parler, écrire et imprimer ;

37 . Considérant que, cependant, s'agissant d'une liberté fondamentale, d'autant plus précieuse que son existence est l'une des garanties essentielles du respect des autres droits et libertés et de la souveraineté nationale, la loi ne peut en réglementer l'exercice qu'en vue de le rendre plus effectif ou de le concilier avec celui d'autres règles ou principes de valeur constitutionnelle ;

38 . Considérant que le pluralisme des quotidiens d'information politique et générale auquel sont consacrées les dispositions du titre II de la loi est en lui-même un objectif de valeur constitutionnelle ; qu'en effet la libre communication des pensées et des opinions, garantie par l'article 11 de la Déclaration des droits de l'homme et du citoyen de 1789, ne serait pas effective si le public auquel s'adressent ces quotidiens n'était pas à même de disposer d'un nombre suffisant de publications de tendances et de caractères différents ; qu'en définitive l'objectif à réaliser est que les lecteurs qui sont au nombre des destinataires essentiels de la liberté proclamée par l'article 11 de la Déclaration de 1789 soient à même d'exercer leur libre choix sans que ni les intérêts privés ni les pouvoirs publics puissent y substituer leurs propres décisions ni qu'on puisse en faire l'objet d'un marché ;

39 . Considérant que, dans leur principe, la recherche, le maintien et le développement du pluralisme de la presse nationale, départementale ou locale sont conformes à la Constitution ; qu'il convient d'examiner si les modalités de mise en œuvre de ce principe le sont également ;

En ce qui concerne les articles 10, 11, 12 :

[...]

41 . Considérant que, prises isolément ces dispositions seraient évidemment inconstitutionnelles ; qu'en effet elles imposeraient à tout moment aux personnes possédant ou contrôlant les quotidiens visés le respect de plafonds dont le dépassement peut dépendre du succès auprès du public desdits quotidiens ou des mécomptes des quotidiens concurrents ; *qu'elles porteraient ainsi à la liberté de ces personnes et plus encore, à la liberté des lecteurs, une atteinte directement contraire à l'article 11 de la Déclaration de 1789* ;

42 ; Considérant cependant que l'article 13 de la loi dispose : «Les plafonds des 15 p. 100 fixés aux articles 10 et 11 et ceux de 10 p. 100 fixés à l'article 12 s'apprécient sur une même période constituée par les douze derniers mois connus précédant l'acquisition ou la prise de contrôle. - Pour les situations existant au moment de la publication de la présente loi, ces plafonds s'apprécient sur une même période constituée par les douze derniers mois connus précédant la publication de la présente loi».

43 . Considérant que les articles 10, 11 et 12 de la loi ne sauraient être lus que compte tenu des termes de l'article 13 précité qui limitent l'application des plafonds énoncés aux articles 10, 11 et 12 à deux

hypothèses seulement : d'une part, en cas de dépassement au moment de la publication de la loi et, d'autre part, pour l'avenir, aux cas de dépassement provenant exclusivement d'acquisitions ou de prises de contrôle ; que la loi elle-même exclut le jeu des plafonds au cas de création de nouveaux quotidiens ou au cas de développement de la diffusion dû à d'autres causes que des opérations d'acquisition ou de prise de contrôle ; que, donc, la liberté de création et de développement naturel des quotidiens n'est en rien atteinte ni le libre choix des lecteurs ;

44 . Considérant que cette interprétation d'ailleurs conforme aux travaux préparatoires doit prévaloir ; qu' *en conséquence toute autre interprétation qui conduirait à faire application des dispositions des articles 10, 11 et 12 de la loi en dehors du cadre tracé par l'article 13 serait contraire à la Constitution* ;

[...]

Quant au deuxième alinéa de l'article 13 ;

46 . Sans qu'il soit besoin de statuer sur d'autres moyens ;

Considérant que l'effet des dispositions de l'alinéa 2 de l'article 13 serait d'obliger des entreprises de presse à se conformer au respect des plafonds définis par les articles 10, 11 et 12, alors que la situation existante de ces entreprises s'est constituée sous l'empire d'une législation ne comportant pas de tels plafonds ;

47 . Considérant que, s'il est loisible au législateur, lorsqu'il organise l'exercice d'une liberté publique en usant des pouvoirs que lui confère l'article 34 de la Constitution, d'adopter pour l'avenir, s'il l'estime nécessaire, des règles plus rigoureuses que celles qui étaient auparavant en vigueur, il ne peut, s'agissant de situations existantes intéressant une liberté publique, les remettre en cause que dans deux hypothèses : celle où ces situations auraient été illégalement acquises ; celle où leur remise en cause serait réellement nécessaire pour assurer la réalisation de l'objectif constitutionnel poursuivi ;

48 . Considérant, d'une part, que l'alinéa 2 de l'article 13 ne fait aucune référence au caractère licite ou illicite des conditions de la création des situations existant au moment de la publication de la loi, pas plus qu'aux décisions, même éventuelles, des tribunaux, seuls compétents en la matière, pour apprécier ce caractère ;

49 . Considérant, d'autre part, en ce qui concerne les quotidiens nationaux, qu'il ne peut être valablement soutenu que le nombre, la variété de caractères et de tendances, les conditions de diffusion de ces quotidiens méconnaîtraient actuellement l'exigence de pluralisme de façon tellement grave qu'il serait nécessaire, pour restaurer celui-ci, de remettre en cause les situations existantes, notamment en procédant à des transferts ou à des suppressions de titre éventuellement contre le gré des lecteurs ;

50 . Considérant, dès lors, que les dispositions de l'alinéa 2 de l'article 13 qui tendent de façon indivisible à l'application des plafonds des articles 10, 11 et 12 aux situations existant lors de la publication de la loi ne se justifient ni par une référence à l'illégalité de ces situations ni par la nécessité de restaurer un pluralisme effectif qui aurait déjà disparu et ne sont donc pas conformes à la Constitution ;

Quant au premier alinéa de l'article 13 :

51 . Considérant que, *selon l'interprétation ci-dessus exposée, qui est la condition impérative de la constitutionnalité des articles 10, 11 et 12,* l'alinéa 1er de l'article 13 de la loi soumise au Conseil constitutionnel tend à interdire que soient dépassés les plafonds définis aux articles 10, 11 et 12 lorsque ce dépassement serait le résultat d'opérations d'acquisitions ou de prises de contrôle postérieures à la publication de la loi, sans que ces plafonds puissent s'appliquer en quoi que ce soit aux situations résultant de la création de nouveaux quotidiens ou de développement de la clientèle des quotidiens existants et, compte tenu de la déclaration de non-conformité à la Constitution concernant l'alinéa 2 de l'article 13, sans que soient remises en cause les situations existant lors de la publication de la loi ;

52 . Considérant que, *dans l'acception ainsi strictement définie*, les dispositions de l'alinéa 1er de l'article 13 ne sont contraires ni à l'article 11 de la Déclaration de 1789, ni à aucun principe ou règle de valeur constitutionnelle concernant la liberté définie par ce texte ; qu'elles n'empêchent ni la création de nouveaux quotidiens ni le développement des quotidiens existants lors même qu'il en résulterait un dépassement des plafonds fixés par les articles 10, 11 et 12 ; qu'elles ne font application de ces plafonds qu'au cas où leur dépassement résulterait de pures transactions financières de nature à

desservir le pluralisme dont le maintien et le développement sont nécessaires à l'exercice effectif de la liberté proclamée par l'article 11 de la Déclaration des droits de l'homme et du citoyen ; qu'ainsi, les critiques adressées à ces dispositions par les auteurs des saisines sur le fondement dudit article 11 ne sont pas justifiées ;

53 . Considérant que ceux-ci ne sauraient davantage soutenir que ces dispositions méconnaissent *la liberté d'entreprendre* alors qu'elles ne limitent en rien la création de nouveaux quotidiens ou l'expansion de la clientèle des quotidiens existants.

54 . Considérant que, si l'interdiction de certaines opérations financières ayant pour effet le dépassement des plafonds fixés par les articles 10, 11 et 12, limite les conditions de l'exercice du *droit de propriété* de personnes qui seraient à même d'entreprendre de telles opérations, cette limitation qui ne s'accompagne d'aucune privation du droit de propriété ni d'aucune interdiction de ses autres modes d'exercice et qui se fonde sur la nécessité de préserver le pluralisme de la presse, ne constitue pas, contrairement à ce que soutiennent les auteurs des saisines, une méconnaissance des dispositions de l'article 17 de la Déclaration de 1789 ;

55 . Considérant que, si effectivement, les plafonds de 15 p. 100 concernant d'une part les quotidiens nationaux et d'autre part les autres quotidiens sont beaucoup moins protecteurs du pluralisme pour ces derniers que pour les premiers, cette différence de rigueur entre deux catégories de publications de caractère différent ne saurait être regardée comme enfreignant le principe d'égalité ;

Quant à l'ensemble de l'article 13 :

[...]

59 . Considérant que, en vue d'assurer les objectifs de transparence et de pluralisme, il était loisible au législateur d'exiger que chacune des publications visées à l'article 14 possède une «autonomie de conception» et ne soit pas, sous couvert d'un titre différent propre à abuser le lecteur, le décalque d'une autre publication ;

60 . Considérant qu'aux termes de l'article L. 761-2 du Code du travail auquel l'article 14 fait référence : «Le journaliste professionnel est celui qui a pour occupation principale, régulière et rétribuée, l'exercice de sa profession dans une ou plusieurs publications quotidiennes ou périodiques ou dans une ou plusieurs agences de presse et qui en tire le principal de ses ressources» ;

61 . Considérant qu'il suit de là que les dispositions de l'article 14 n'exigent point que l'équipe rédactionnelle soit composée de journalistes ayant au moment de leur embauche la possession de la carte professionnelle ; que cet article ne confère aucun monopole à quiconque, l'accès à la profession de journaliste étant libre, et exige simplement que l'équipe rédactionnelle soit composée de personnes exerçant réellement les fonctions qui leur sont attribuées ; que ces dispositions ne sont pas contraires à l'article 11 de la Déclaration des droits de l'homme et du citoyen de 1789 ;

62 ; Considérant d'autre part que la nature, la mission et la composition de l'«équipe rédactionnelle permanente» sont définies par l'alinéa 2 de l'article 14 avec une précision suffisante pour satisfaire au principe de la légalité des délits et des peines ;

63 . Considérant dès lors que les articles 14 et 33 de la loi ne sont pas contraires à la Constitution ;

En ce qui concerne l'article 15 :

[...]

66 . Considérant qu'en tant que l'article 15 prévoit une déclaration destinée à informer la commission et permet à celle-ci d'avertir les intéressés de ce qu'elle les estime en infraction avec les dispositions des articles 10 et 14 de la loi, il n'institue pas un régime d'autorisation préalable qui serait contraire à l'article 11 de la Déclaration de 1789 ;

67 . Considérant cependant que, compte tenu de la déclaration de non-conformité à la Constitution des articles 19 et 20 de la loi qui sera prononcée plus loin, la dernière phrase dudit article ne saurait être maintenue ;

68 . Considérant, dès lors, que doit être déclarée non conforme à la Constitution la dernière phrase de l'article 15 ainsi conçue : «Si cette opération est néanmoins réalisée, il est fait application des articles 19 et 20 ;

Sur les dispositions du titre III de la loi relative à la commission pour la transparence et le pluralisme de la presse :

69 . Considérant que le titre III de la loi, dans ses articles 16 à 25, institue une commission pour la transparence et le pluralisme de la presse, définit ses attributions et règle les procédures selon lesquelles elle les exerce ; (...)

75 . Considérant que les auteurs de l'une et l'autre saisines soutiennent que ces dispositions confèrent à la commission des pouvoirs de nature juridictionnelle en méconnaissance du principe de la séparation des pouvoirs et de l'article 66 de la Constitution ;

76 . Considérant, d'une part, que l'article 66 de la Constitution est ainsi conçu : «Nul ne peut être arbitrairement détenu. - L'autorité judiciaire, gardienne de la liberté individuelle, assure le respect de ce principe dans les conditions prévues par la loi» ; *qu'aucune des dispositions des articles 19 et 20 ne met en cause la liberté individuelle au sens de l'article 66 de la Constitution* ;

77 . Considérant, d'autre part, que dans la mesure où la procédure prévue par les articles 19 et 20 tend à l'instruction préalable d'un dossier par la voie administrative, elle ne saurait être regardée comme contraire à la Constitution ;

78 . Considérant en revanche, et sans qu'il soit besoin de statuer sur d'autres moyens, que l'alinéa 2 de l'article 19 permet à la commission, sans pour autant l'autoriser à rechercher si le pluralisme est effectivement menacé, d'adresser aux personnes intéressées des mises en demeure et de prescrire les mesures nécessaires ; que, selon les termes mêmes employés par le législateur, il ne s'agit pas de simples invitations à se conformer à la loi, mais de décisions exécutoires émanant d'une autorité administrative qui trouvent d'ailleurs une sanction dans les deux derniers alinéas de l'article 20 ;

79 . Considérant qu'en effet ces deux derniers alinéas, lorsque la décision de la commission n'a pas été exécutée dans le délai que celle-ci a fixé, sanctionnent la résistance des intéressés par la privation pour les publications en cause d'avantages fiscaux et postaux ; que cette privatisation, dont les conséquences peuvent être très graves, suit immédiatement et automatiquement la constatation par la commission que sa décision n'a pas été exécutée et produit effet avant même que le ministère public ait pu commencer l'instruction du dossier qui lui est transmis ;

80 . *Considérant que l'ensemble de ces dispositions, dont les autres dispositions des articles 19 et 20 ne sont pas séparables, produit des effets équivalents à ceux d'un régime d'autorisation préalable* ; qu'elles sont, de ce chef, contraires à l'article 11 de la Déclaration de 1789 ; qu'à supposer même qu'elles aient pour objet de réprimer des «abus» au sens dudit article 11, cette répression ne saurait être confiée à une autorité administrative ;

81 . Considérant, dès lors, que les articles 19 et 20 doivent être déclarés non conformes à la Constitution ;

[...]

En ce qui concerne l'article 22 :

[...]

89 . Considérant que le magistrat qui, aux termes de l'article 22 présentement examiné, peut donner l'autorisation de procéder à la visite d'entreprise ne peut le faire que par une ordonnance spécialement rendue, doit contrôler la nature des vérifications requises et leur adaptation aux objectifs de transparence et de pluralisme de la presse ; que la visite se déroule en présence d'un officier de police judiciaire ; que le magistrat peut à tout moment mettre fin à la visite d'entreprise, ce qui implique qu'il en garde le contrôle ; qu'ainsi il est satisfait aux exigences de l'article 66 de la Constitution ;

90 . Considérant, dès lors, que l'article 22 de la loi n'est pas contraire à la Constitution ;

[...]

En ce qui concerne l'article 32 :

[...]

97 . Considérant que les articles 10 et 11 de la loi distinguent deux catégories de quotidiens d'information politique et générale, d'une part l'ensemble des quotidiens nationaux dont la définition est donnée par l'alinéa 2 de l'article 10, d'autre part l'ensemble des autres quotidiens soit régionaux, soit départementaux, soit locaux ; que la division entre ces deux catégories est opérée de façon suffisamment nette par lesdits articles ; qu'en revanche au regard de l'infraction visée par l'article 32,

la sous-distinction entre presse régionale, presse départementale et presse locale est sans portée ; que dès lors l'article 32 n'est pas contraire au principe de la légalité des délits et des peines ;

98 . Mais considérant que l'application de l'article 32 ne peut se faire que compte tenu de l'interprétation donnée plus haut des articles 10, 11 et 12 de la loi ainsi que de l'article 13 tel qu'il subsiste après la déclaration de non-conformité à la Constitution de son alinéa 2 ; qu'ainsi l'article 32 ne saurait sanctionner ni les dépassements de plafonds résultant de situations acquises avant la publication de la loi ni, après la publication de la loi, de dépassements de plafonds résultant d'autres causes que l'acquisition ou la prise de contrôle d'une ou plusieurs publications : *que toute autre interprétation de l'article 32 serait contraire à la Constitution* ;

Sur les dispositions du titre V de la loi :

[...]

En ce qui concerne l'article 40 :

101 . Considérant que l'article 40 est ainsi conçu : «Les articles 1er, 3, 4, 5, 6, 9, 11, 16, 17, 18, 19, 20 (alinéas 2, 3 et 4) et 21 de l'ordonnance du 26 août 1944 sur l'organisation de la presse française sont abrogés. - Dans le premier alinéa de l'article 20 de cette ordonnance, les références aux articles abrogés sont supprimées».

102 . *Considérant qu'il n'appartient pas au Conseil constitutionnel de déterminer dans quelle mesure le législateur aurait entendu prononcer de telles abrogations au vu des déclarations de non-conformité à la Constitution de certaines dispositions de la loi présentement examinée* ; qu'ainsi les dispositions de l'article 40 doivent être regardées comme inséparables des dispositions déclarées contraires à la Constitution ;

Sur les autres dispositions de la loi :

103 . Considérant qu'en l'espèce il n'y a pas lieu pour le Conseil constitutionnel de soulever d'office aucune question de conformité à la Constitution en ce qui concerne les autres dispositions de la loi soumise à son examen.

Décide :

ARTICLE PREMIER. - Sont déclarées non conformes à la Constitution les dispositions suivantes de la loi visant à limiter la concentration et à assurer la transparence financière et le pluralisme des entreprises de presse ;

Le deuxième alinéa de l'article 13 ;

La dernière phrase de l'article 15 ainsi conçue : «Si cette opération est néanmoins réalisée, il est fait application des articles 19 et 20» ;

Dans l'article 21, premier alinéa, *in fine*, les mots «19 et 20» ;

Le deuxième alinéa de l'article 23 ;

L'article 28 ;

L'article 39 ;

L'article 40 ;

ART. 2 . - Sous les strictes réserves d'interprétation énoncées plus haut, les autres articles de la loi ne sont pas contraires à la Constitution.

ART. 3. - La présente décision sera publiée au *Journal officiel* de la République française.

Délibéré par le Conseil constitutionnel dans ses séances des 10 et 11 octobre 1984.
Le président,
Daniel MAYER.
(*J.O.*, 13 oct. 1984, p. 3206)

La composition du Conseil constitutionnel aux dates des 10 et 11 octobre 1984 était la suivante : M. MAYER (Président), MM. JOXE, JOZEAU-MARIGNÉ, LECOURT, LEGATTE, MARCILHACY, SÉGALAT, SIMONNET, VEDEL.

OBSERVATIONS

1 . L'affaire de la réforme du statut des entreprises de presse a été au premier rang de l'actualité pendant près d'un an, de fin 1983 à fin 1984, et a provoqué un débat passionné au Parlement. Déposé en décembre 1983 par le gouvernement Mauroy, le projet de loi n'a été voté que le 12 septembre 1984 après 218 heures de débats en séance publique et 2491 amendements déposés en première lecture (un double record), sur vote de l'Assemblée nationale en quatrième lecture et échec de la commission mixte paritaire.

Le Conseil constitutionnel a été saisi le même jour par 152 sénateurs et le 14 septembre par 91 députés UDF et RPR. Il a rendu sa décision le 11 octobre 1984, après que M. Simonnet ait été nommé membre le 9 octobre à la place de M. Gros décédé. Cette décision, qui comporte plus de cent considérants, est une des plus longues qu'ait rendues le Conseil. Ayant à statuer sur une quinzaine de moyens développés dans les différents mémoires (Voir M. de Villiers), le juge constitutionnel a prononcé l'annulation partielle ou totale de dix des 45 articles de la loi. Néanmoins, la loi a été promulguée le 23 octobre (*J.O.*, 24 oct. 1984, p. 3323) : simplement quelques articles figurent avec leurs numéros mais sans le texte, une note en bas de page indiquant que « les dispositions du présent article ont été déclarées non conformes à la Constitution par décision du Conseil constitutionnel en date des 10 et 11 octobre 1984 ». Malgré cela, la décision a été accueillie avec satisfaction par l'opposition comme par la majorité (V. *Le Monde* du 13 oct. 1984 ; *Le Figaro,* 13 oct 1984 ; Libération, 13-14 oct. 1984). Quelques réactions négatives sont venues après (J.-J. Queyranne, *op. cit.*) ; mais la critique la plus virulente est venue d'un membre du Conseil d'État (G. Maleville, *op. cit.*) qui a vivement critiqué le fait que le Conseil constitutionnel ait annulé certaines dispositions de la loi sur les entreprises de presse alors que « l'assemblée générale du Conseil d'État, composée en majorité de juristes professionnels, avait admis la constitutionnalité de ces dispositions lorsque le projet de loi lui fut soumis ». Et l'éminent conseiller d'État honoraire n'a pas hésité à invoquer la pensée de Léon Blum afin de mieux fustiger un Conseil constitutionnel qui « depuis juin 1981... a tendance à se comporter comme une troisième assemblée législative, refaisant les lois, après l'Assemblée nationale et le Sénat, selon des options plus politiques que juridiques ». Curieux arguments : le Conseil constitutionnel n'est-il pas lui aussi « composé en majorité de juristes professionnels » et non des moindres (trois conseillers d'État, deux professeurs de droit, trois avocats ou avoués dont l'ancien président de la Cour de justice des communautés européennes) ; par ailleurs, comme l'a heureusement souligné Jacques Robert (*op. cit.*), « il faut se garder d'oublier que ce n'est point parce que le Conseil d'État, saisi pour avis, a admis la constitutionnalité de textes sur lesquels il est consulté que le Conseil constitutionnel perdrait son droit de les estimer – lui – non conformes à la Constitution ! Le Conseil d'État statuant au contentieux n'est pas tenu par l'avis qu'ont donné avant lui ses sections administratives. Le juge constitutionnel doit-il plus de révérence à l'organe consultatif ? ».

Il est vrai que, sur le plan juridique, la décision *181 DC* n'est pas aisée à comprendre au premier abord ; mais les questions traitées sont fort riches et le raisonnement suivi fort intéressant. Nous en donnerons une vue aussi simple que possible en exposant d'abord la conception de la liberté de la presse consacrée par le Conseil constitutionnel puis les débuts de l'édification d'un régime des libertés fondamentales ; enfin en nous arrêtant à une série de contributions à des questions importantes telles que le principe de légalité des délits et des peines, l'article 66 de la Constitution, les partis politiques, les techniques d'interprétation et les pouvoirs du Conseil constitutionnel.

I . La liberté de la presse, droit fondamental des lecteurs

2 . La conception de la liberté de la presse qu'a adoptée le Conseil constitutionnel, est incontestablement celle qui privilégie les droits des lecteurs. À plusieurs reprises, il est fait référence à « la liberté des lecteurs » (§ 41), au « libre choix des lecteurs » (§ 43), au fait que « les lecteurs sont au nombre des destinataires essentiels de la liberté proclamée par l'article 11 de la Déclaration des droits » (§ 38). Ainsi que plusieurs commentateurs l'ont noté, la première conception de la liberté de la presse illustrée par la loi du 29 juillet 1881 – à savoir la liberté de ceux qui « font » la presse : auteurs, éditeurs et imprimeurs – a été complétée par la liberté de ceux qui reçoivent l'information – à savoir les lecteurs –, et c'est ce deuxième aspect de la liberté de la presse qui est mis en valeur dans la loi du 23 octobre 1984 et dans la décision *181 DC.* On a pu dire ainsi que : « les lecteurs, le public, l'opinion sont les acteurs principaux de ce deuxième acte, alors que le premier mettait en scène les auteurs et les éditeurs. Nous sommes sur cet autre versant de la liberté de la presse en présence du *droit à être informé et non plus du droit d'informer* » (J.-C. Masclet, *op. cit.*, c'est nous qui soulignons). C'est ce que dit également, sous une autre forme, J.-J. Bienvenu (*op. cit.*) : « Cette grande décision (du 10 oct. 1984) est donc moins celle de la liberté de la presse que de celle de son tempérament par l'intervention du droit à l'information ».

Ce n'est pas que le Conseil constitutionnel méconnaisse le premier aspect de la liberté de la presse ; mais incontestablement, il accepte une certaine limitation de la liberté d'entreprendre et du droit de propriété des patrons de presse afin de préserver le droit à l'information. Ceci est perceptible notamment dans les considérants 52 et suivants dans lesquels il admet notamment que le droit de propriété reçoive certaines limitations. De même, les contraintes imposées par l'objectif de transparence financière peuvent-elles être gênantes pour « le secret des affaires » ; mais le juge constitutionnel ne les considère pas comme inconstitutionnelles dès lors qu'elles respectent certaines limites (§ 14).

En définitive, nous avons ici sensiblement la même évolution que pour la liberté d'enseignement (voir *supra* **25**-4 et s.) : cette liberté a d'abord été celle du fondateur de l'école et du maître ; mais c'est aussi de plus en plus le droit de l'élève et de ses parents à bénéficier d'un enseignement et à choisir cet enseignement. De même, dans les deux cas, on considère que ce droit à l'information ne peut exister que s'il existe une action positive en faveur de celui-ci. Et de la même manière que le Conseil constitutionnel entérine une conception économique et sociale de la liberté d'enseignement, il consacre une semblable conception de la liberté de la presse. C'est ce que disent Pierre Avril et Jean Gicquel à propos de la décision des *10-11 octobre 1984* :

> « Le Conseil constitutionnel consacre, sur le plan des principes, la conception interventionniste du législateur, pour lequel la liberté de la presse ne se définit pas exclusivement par l'absence d'empêchement mais exige une action positive. C'est ici la philosophie du Préambule de 1946 qui vient compléter le libéralisme de 1789 ».

3 . Dès lors qu'il est constaté que s'impose cette conception de la liberté de la presse, plusieurs aspects de la décision reçoivent un éclairage différent.

4 . Tout d'abord, l'acceptation par le Conseil constitutionnel des « objectifs de pluralisme et de transparence » proposés par le législateur s'explique par la nécessité de favoriser au maximum l'exercice du droit à l'information des individus.

C'est ce qu'exprime très clairement le Conseil constitutionnel à propos du pluralisme qui est inhérent à cette conception de la liberté de la presse et qui, de ce fait, « est *en lui-même* un objectif de valeur constitutionnelle », parce « qu'en effet, la libre communication des pensées et des opinions, garantie par l'article 11 de la Déclaration des droits de l'homme et du citoyen de 1789, ne serait pas effective si le public n'était pas à même de disposer d'un nombre suffisant de publications de tendances et de caractères différents » (§ 38). Quant à la transparence, elle n'est pas en elle-même un « objectif de valeur constitutionnelle » mais seulement un moyen d'atteindre l'objectif de pluralisme :

> « En effet, en exigeant que soient connus du public les dirigeants réels des entreprises de presse, les conditions de financement des journaux, les transactions financières dont ceux-ci peuvent être l'objet, les intérêts de tous ordres qui peuvent s'y trouver engagés, *le législateur met les lecteurs à même d'exercer leur choix* de façon vraiment libre et l'opinion à même de porter un jugement éclairé sur les moyens d'information qui lui sont offerts par la presse écrite ».

L'essentiel donc dans la liberté de la presse, c'est le libre choix des lecteurs grâce à la préservation du pluralisme, lequel est lui-même facilité par la transparence. On retrouve donc, comme en matière de liberté de l'enseignement, le pluralisme qui est au cœur de la liberté, selon une conception très « libérale » des droits fondamentaux – mais qui ne peut être atteint que par la prise en considération et la résolution de problèmes économiques et financiers – conformément à une conception « interventionniste » des droits et libertés.

La notion d'objectif de valeur constitutionnelle consacrée depuis quelques années (le pluralisme des courants d'opinion et le respect d'autrui, la protection de la santé publique, la sauvegarde de l'ordre public, la continuité des services publics, la liberté d'autrui, la lutte contre la fraude fiscale, la possibilité de disposer d'un logement décent) a pour fonction d'éviter de conférer un caractère absolu aux principes de valeur constitutionnelle (cf. *R.F.D.A.*, 1987, p. 851). Il en résulte deux conséquences. En premier lieu, l'objectif de valeur constitutionnelle doit être concilié avec d'autres principes (ou objectifs) ayant aussi une valeur constitutionnelle. En second lieu, une loi qui met en œuvre un objectif de valeur constitutionnelle, ne pourrait être abrogée sans que soient accordées des garanties équivalentes.

5 . S'explique aussi, dès lors, que le Conseil constitutionnel ne se soit pas référé à la grande loi du 29 juillet 1881 et qu'il n'en ait pas tiré un « principe fondamental reconnu par les lois de la République » comme il l'avait fait pour la liberté d'association : en effet, cette loi consacre le premier aspect de la liberté de la presse (liberté des auteurs et des éditeurs) et non le second (liberté des lecteurs) qui est adopté par le Conseil constitutionnel. C'est pourquoi la référence de base est l'article 11 de la Déclaration des droits de l'homme et du citoyen qui peut fonder à la fois la liberté de ceux qui font la presse et de ceux qui la lisent, et qui présente, au surplus, l'avantage de baser la décision du Conseil sur un texte et non sur un principe (voir en ce sens J.-C. Masclet, *op. cit.* p. 657, citant obs. L. Favoreu, *R.D.P.* 1983 p. 359).

6 . La conception « interventionniste » ou active de la liberté de la presse adoptée par le Conseil constitutionnel, explique enfin la « canalisation » de l'exercice de ce droit par les *objectifs de valeur constitutionnelle*, technique à laquelle nous avions déjà fait allusion à propos de l'apparition de la notion d'objectifs dans la décision sur la communication audiovisuelle (141 DC, L. Favoreu, *R.D.P.* 1983, p. 389). La liberté de la presse exige la réalisation de l'objectif de pluralisme lequel, à son tour, exige que soit atteint l'objectif de transparence : et le législateur est tenu de suivre ce canal ou de respecter ce cadre finalement assez contraignant lorsqu'il intervient (au sens du droit du lecteur à l'information libre).

D'une manière générale d'ailleurs, il y a une limitation de la compétence du législateur du fait de l'importance croissante des prescriptions constitutionnelles, importance d'autant plus sensible que nous sommes en présence d'une super-liberté ou d'une liberté de premier rang (v. Favoreu, *R.D.P.*, 1986, p. 493) D'après le Conseil, la liberté de la presse est « une liberté fondamentale d'autant plus précieuse que son exercice est l'une des garanties essentielles du respect des autres droits et libertés et de la souveraineté nationale ». De ce fait, et du fait que le caractère de cette liberté impose une intervention *positive* du législateur, celui-ci ne peut agir *que* pour renforcer les objectifs définis. La conséquence en est que, s'agissant des situations existantes à la date de publication de la loi, le législateur ne peut intervenir que si « ces situations ont été illégalement acquises » ou « si leur remise en cause est réellement nécessaire pour assurer la réalisation de l'objectif constitutionnel poursuivi » c'est-à-dire le pluralisme (§ 47). Ceci est de nature à rendre plus compréhensible la décision du Conseil relative aux situations existantes et à montrer l'inutilité du recours à la notion de rétroactivité qui est ici sans intérêt. Nous verrons plus loin qu'il y a d'autres raisons d'écarter cette motivation.

7 . On remarquera que dans certains pays comme les États-Unis, le principe consacré par la Cour suprême est au contraire celui de la non-intervention de l'État dans le fonctionnement des entreprises de presse (d'une manière générale sur le droit comparé, voir les actes de la Table ronde internationale sur la liberté de l'information in *A.I.J.C.*, 1987, vol. III, p. 227-413).

II . La construction d'une théorie générale des libertés fondamentales

8 . La décision des *10-11 octobre 1984* est essentielle car elle contient plusieurs des indications et orientations en ce domaine. Il paraît donc intéressant, à partir de cette décision, de récapituler les premiers éléments de cette théorie générale et puis de constater qu'ils ne s'appliquent pas uniformément à toutes les libertés fondamentales.

1° *Les premiers éléments d'une théorie générale des droits fondamentaux*

9 . Les premiers éléments d'une théorie générale figurent dans la décision des *10-11 octobre 1984* ainsi que dans celles du *20 janvier 1984* *, 18 janvier 1985 (Loi Chevènement, 185 DC) et des décisions postérieures.

10 . *L'interdiction de l'autorisation préalable* est clairement affirmée dans la décision des *10-11 octobre 1984* comme n'étant pas conciliable avec le statut d'une liberté fondamentale.

Ainsi l'attribution à la Commission pour la transparence et le pluralisme de pouvoirs lui permettant de prendre des décisions et d'infliger des sanctions (la privation d'avantages fiscaux et postaux) qui s'appliquent automatiquement dès la constatation de l'inexécution de ces décisions et produisent « effet avant même que le ministère public ait pu commencer l'instruction du dossier qui leur est transmis » est assimilable à un régime d'autorisation préalable car cela place pratiquement l'entreprise dans la nécessité de s'abstenir de réaliser l'opération tant qu'elle n'est pas assurée de l'aval de la commission (J.-C. Masclet p. 664 ; *contra* : S. Hubac et J.-E. Schoettl p. 12). C'est ce qu'a jugé le Conseil constitutionnel (§ 81) : après avoir considéré que les dispositions attaquées produisaient des « effets équivalents à ceux d'un régime d'autorisation préalable », il les déclare « de ce chef, contraires à l'article 11 de la Déclaration de 1789 » (§ 81).

On rejoint ici évidemment la position prise par le juge constitutionnel dans la décision du *16 Juillet 1971* * à propos de la liberté d'association : la déclaration préalable est admissible ; mais en aucun cas l'autorisation préalable, même si elle émanait non plus de l'autorité administrative mais de l'autorité judiciaire.

En revanche, pour d'autres libertés, le Conseil constitutionnel a admis la possibilité d'un régime d'autorisation préalable : liberté de communication audiovisuelle et droit de propriété (v. *infra* 14).

11 . *La compétence et le rôle du législateur*. La décision *181 DC* contient, à cet égard, des considérants essentiels, et notamment celui-ci :

« Considérant que... s'agissant d'une liberté fondamentale... la loi ne peut en réglementer l'exercice qu'en vue de le rendre plus effectif ou de le concilier avec celui d'autres règles ou principes de valeur constitutionnelle » (§ 37) (voir aussi 325 DC, § 81 et 345 DC, § 5).

La compétence du législateur est ainsi délimitée par l'assignation de deux objets dont le second avait déjà été précisé mais dont le premier apparaît pour la première fois de manière aussi nette.

La tâche de conciliation de principes à valeur constitutionnelle avait été déjà confiée au législateur par le Conseil constitutionnel à partir de 1979 (cf. *supra* **27**-1 et s.), et ceci avait été particulièrement net dans la décision des *19-20 janvier 1981* *.

En revanche, c'est la première fois que le juge constitutionnel indique qu'en dehors du cas précédent, le législateur *ne peut* intervenir *que* pour rendre plus effectif l'exercice d'une liberté. Comme nous l'avons vu plus haut, cela restreint assez nettement le champ d'intervention du législateur : ainsi, le législateur ne pourra abroger un régime de garantie d'une liberté fondamentale (la liberté de l'enseignement et de la recherche) que pour la remplacer par un régime au moins aussi protecteur (*20 janvier 1984, libertés universitaires, 165 DC* *) ; il ne pourra mettre en cause une réglementation relative à des situations existantes que si ces situations ont été illégalement acquises ou si cela est réellement nécessaire pour rendre effectif l'exercice de la liberté considérée (*10-11 octobre 1984,* voir *supra*, observ. sous *20 janvier 1984* *, 25 et s.).

Et le juge constitutionnel va veiller au respect de cette délimitation de la compétence du législateur : ainsi à l'argument selon lequel la loi Chevènement, en abrogeant la loi Guermeur, a enlevé de la législation applicable la garantie du respect du « caractère propre » de l'établissement d'enseignement privé, le juge constitutionnel répond que la loi attaquée a, en réalité, maintenu l'exigence du caractère propre en remettant en vigueur la loi Debré : une loi peut abroger une autre loi, « sauf si cette abrogation avait pour effet de porter atteinte à l'exercice d'un droit ou d'une liberté ayant valeur constitutionnelle » (185 DC).

12 . *L'application uniforme d'une liberté fondamentale*. La décision 185 DC a posé un principe susceptible d'avoir d'importantes répercussions : le Conseil refuse que « les conditions essentielles d'application d'une loi organisant une liberté publique dépendent de décisions de collectivités territoriales et ainsi puissent ne pas être les mêmes sur l'ensemble du territoire ».

Nous avons vu plus haut (**25**-8) quelles pouvaient être les conséquences de cette affirmation. Elle marque, d'une part, le caractère essentiel des libertés fondamentales, et d'autre part, les limites du principe de libre administration.

Le Conseil constitutionnel a confirmé cette jurisprudence de manière particulièrement forte dans la décision 96-373 DC du 9 avril 1996 rendue sur contrôle d'une loi organique relative aux Territoires d'outre-mer qui ne réservait à l'État que « les garanties *fondamentales* des libertés publiques ».

> « Considérant que ni le principe de libre administration des collectivités territoriales ni la prise en compte de l'organisation particulière des Territoires d'outre-mer ne sauraient conduire à ce que les conditions essentielles de mise en œuvre des libertés publiques, et par suite l'ensemble des garanties que... ainsi, puissent ne pas être les mêmes sur l'ensemble des territoires de la République » (§ 25) (voir aussi 329 DC, § 27 et C.E., Ass., 9 avril 1994 : Haut commissaire de la République en Nouvelle-Calédonie, Rec. p. 205).

L'attitude du Conseil constitutionnel appelle quelques réserves d'une part, parce que c'est considérer que la compétence reconnue aux assemblées des Territoires d'outre-mer de statuer à la place du législateur n'est que partielle ; et d'autre part, c'est réduire assez nettement l'autonomie normative des autorités territoriales.

2° *La distinction entre types de libertés et droits.*

13 . La question peut être posée de savoir si tous les droits et libertés bénéficient du traitement privilégié décrit ci-dessus.

14 . En effet, le droit de propriété ne semble pas avoir droit à ce traitement : la technique de l'autorisation préalable est admise sous certaines conditions (172 DC, 26 juillet 1984, *Structures des exploitations agricoles* ; 189 DC, 17 juillet 1985, *Principes d'aménagement*) ; le législateur peut intervenir non pour rendre plus effectif l'exercice de ce droit mais pour lui porter certaines atteintes qui sont admises sous réserve qu'il n'y ait pas dénaturation (172 DC, 26 juillet 1984 préc. ; 198 DC, 13 déc. 1985, *Amendement Tour Eiffel*) ; l'application de ce droit peut ne pas être uniforme sur l'ensemble du territoire, les autorités locales pouvant assurer la mise en œuvre des lois le concernant (189 DC, 17 juillet 1985, *Principes d'aménagement*).

Faut-il en déduire que le droit de propriété est un droit de second rang et qu'il existe des libertés plus protégées que d'autres ? On peut en tout cas noter que dans la décision *181 DC*, il est dit, à propos de la liberté de la presse qu'il s'agit « d'une liberté fondamentale, d'autant plus précieuse que son exercice est *l'une des garanties essentielles du respect des autres droits et libertés et de la souveraineté nationale* ». Ne dit-on pas aussi, à propos de la liberté individuelle qu'elle est le « bouclier » des autres libertés ? Il y aurait ainsi la liberté individuelle, la liberté de la presse, la liberté de l'enseignement et de la recherche qui bénéficieraient du régime décrit plus haut ; et d'autres libertés et droits qui, comme le droit de propriété, bénéficieraient d'une protection constitutionnelle plus atténuée. En ce qui concerne le droit de propriété, évidemment, il y a quelque difficulté à concilier cette constatation avec l'affirmation contenue dans la décision *132 DC* * « du caractère fondamental du droit de propriété... qui est mis au même rang que la liberté, la sûreté et la résistance à l'oppression ». Mais, à bien considérer la jurisprudence récente, on ne peut que constater qu'il y a une différence entre les libertés fondamentales précitées et le droit de propriété.

Une explication de cette jurisprudence a été proposée qui distingue entre la protection de *la propriété* et la protection du *droit de propriété* (voir L. Favoreu, *La jurisprudence du Conseil constitutionnel et le droit de propriété proclamé par la Déclaration de 1789-1989, in* Colloque sur la Déclaration des droits de l'homme et du citoyen et la jurisprudence, Paris, 25-26 mai 1989).

15 . La question peut se poser également pour la liberté de communication audiovisuelle car un régime d'autorisation est ici admis par le Conseil constitutionnel (voir observ. sous *17 janvier 1989* *).

3° *Les libertés fondamentales et les circonstances exceptionnelles.*

16 . Le législateur ne peut intervenir, dans certains cas, que pour rendre plus effectif l'exercice d'une liberté fondamentale.

Mais dans la décision *187 DC* * il est intervenu pour permettre la réduction de l'exercice des libertés, et cela bien que la Constitution ne lui ait pas donné un titre particulier de compétence pour le faire ; car si l'état de siège est prévu par la Constitution, l'état d'urgence ne l'est pas.

Le Conseil constitutionnel a justifié la compétence du législateur de la manière suivante :

« Considérant qu'en vertu de l'article 34 de la Constitution la loi fixe les règles concernant les garanties fondamentales accordées aux citoyens pour l'exercice des libertés publiques ; que dans le cadre de cette mission, il appartient au législateur d'opérer la conciliation nécessaire entre le respect des libertés et la sauvegarde de l'ordre public sans lequel l'exercice des libertés ne saurait être assuré ».

C'est en somme l'application de la théorie des circonstances exceptionnelles : dans certaines circonstances graves et exceptionnelles, l'exercice des libertés ne peut être préservé que si l'ordre public est rétabli et maintenu même au prix d'atteintes momentanées aux libertés (voir observations sous *187 DC* *, *25 janvier 1985*).

III . LA SÉPARATION DES AUTORITÉS ADMINISTRATIVES ET JURIDICTIONNELLES

17 . La requête des sénateurs a bien posé le problème en soutenant que les articles 18 et 19 de la loi attribuant des pouvoirs de sanction à la Commission pour la transparence et le pluralisme (§ 7, *J.O.* 13 oct. 1984, p 3207) violaient le principe de la séparation des pouvoirs dans la mesure où la loi conférait « à une autorité administrative des pouvoirs juridictionnels ». Mais, ensuite leur raisonnement a en quelque sorte « dérapé » : confondant autorité judiciaire et autorité juridictionnelle, ils ont invoqué l'article 66 de la Constitution et le principe selon lequel l'autorité judiciaire est gardienne de la liberté individuelle qui n'a évidemment rien à faire ici, à moins de croire que la liberté de la presse est une liberté individuelle

(confusion déjà dénoncée). Le Conseil constitutionnel a donc rejeté cet argument assez sèchement : « considérant... qu'aucune des dispositions des articles 19 et 20 ne met en cause la liberté individuelle au sens de l'article 66 de la Constitution » (§ 77).

En fait, les parlementaires auraient pu soutenir avec pertinence qu'il y avait bien violation du principe de séparation des pouvoirs parce qu'une autorité administrative était investie de fonctions juridictionnelles (et non judiciaires). On peut reprendre ici l'analyse remarquable de la jurisprudence du Conseil faite par un auteur américain sous l'angle de la séparation des pouvoirs (B. Neuborne, *op. cit.*). D'après lui, le Conseil applique, sinon ouvertement du moins implicitement, une conception selon laquelle chaque organe du pouvoir doit remplir la fonction à laquelle il correspond : ainsi une assemblée législative ne peut statuer sur la conformité à la Constitution de la déclaration politique d'un groupe parlementaire car c'est faire acte de juge (*2 DC *, Règlement de l'Assemblée nationale*) ; de même le président du tribunal de grande instance ne peut décider quelles affaires seront attribuées à un juge unique ou à une juridiction collégiale car c'est faire acte de législateur (56 DC). De la même manière, en l'espèce, on aurait pu dire que la Commission, autorité administrative, ne peut faire acte de juge. C'est ce que les requérants voulaient dire sans doute en concluant leur argumentation : « En conséquence, en attribuant ainsi à une autorité administrative des pouvoirs qui relèvent normalement de l'autorité judiciaire (il eût fallu dire : juridictionnelle) la loi porte atteinte au principe de la séparation des pouvoirs » (*J.O.*, 13 oct. 1984, p. 3207). Comme on l'a vu plus haut, le Conseil constitutionnel n'a pas voulu opérer de lui-même la rectification qui s'imposait, sans doute parce que les requérants ont lourdement insisté sur la compétence de l'autorité judiciaire gardienne de *la liberté individuelle* en prenant des exemples tout à fait étrangers à cette liberté.

En réalité, il fallait soutenir que l'autorité administrative ne pouvait faire acte de juge et que seule une autorité juridictionnelle (mais pas forcément judiciaire !) pouvait le faire : les sanctions auraient dû être prononcées par un juge administratif. Et il y a quelque chose en ce sens dans la décision du Conseil constitutionnel car, après avoir censuré le système comme équivalent à une autorisation préalable, le juge constitutionnel ajoute « qu'à supposer même qu'elles aient pour objet de réprimer des “abus”... *cette répression ne saurait être confiée à une autorité administrative* », ce qui revient très clairement à dénier à une autorité administrative le pouvoir d'infliger des sanctions parce que c'est faire acte de juge. Dans son commentaire, J.-C. Masclet a bien vu le problème mais il hésite à conclure en ce sens parce que cela lui paraît condamner tout le système des sanctions administratives infligées par des autorités administratives. Mais c'est bien là la signification. Et le juge constitutionnel aurait pu faire l'économie d'une conception extensive (assez discutée) de l'autorisation préalable en condamnant simplement l'attribution de pouvoirs de sanction à la commission pour la transparence, autorité administrative, en invoquant simplement la violation du principe de la séparation des pouvoirs.

Il faut noter cependant que, par la suite, le Conseil constitutionnel n'a pas statué en ce sens (v. *17 janvier 1989* *).

18 . Sur un autre point, il aurait pu y avoir aussi une solution plus claire et moins controversée si le Conseil constitutionnel avait suivi une argumentation des sénateurs (qui aurait évidemment mérité d'être plus clairement formulée).

Pour justifier la violation du principe de séparation des pouvoirs, les requérants, outre les arguments relatifs aux pouvoirs de sanction de la Commission pour la transparence, soutenaient ceci :

« Or, il est de notoriété publique que le projet de loi a été rédigé pour s'appliquer à un seul cas, celui d'un dirigeant de groupe de presse, que le juge n'avait pas sanctionné. Tout se passe dès lors comme si le législateur avait décidé de se comporter comme un juge de substitution.

S'il est certes admissible que le législateur puisse être appelé à valider un acte réglementaire après qu'il eut été annulé par le juge, lorsque la solution législative est la seule qui permette de résoudre des problèmes humains en réglant une situation inextricable, c'est que le législateur n'est alors substitué au juge que pour cause de force majeure. Ce n'est pas le cas pour la loi déférée à votre examen ».

C'était fort bien poser le problème ; malheureusement la liaison était faite juste avant avec un exemple jurisprudentiel qui n'avait aucune relation avec le raisonnement et le juge constitutionnel a écarté ce grief sans l'examiner.

Or il était capital car effectivement, faire régler par le législateur un problème qui relève du juge est contraire à la séparation des pouvoirs. Le gouvernement ne pouvant faire condamner M. Hersant par le juge judiciaire devant lequel il était poursuivi pour infraction à l'ordonnance de 1944, voulait parvenir au même résultat par une loi. Certes, le juge constitutionnel a finalement fait obstacle à cette démarche en refusant l'application de la nouvelle loi aux situations existantes (47e considérant), au prix d'un raisonnement qui a paru, à certains, laborieux et qui aurait pu être très clair si le Conseil constitutionnel avait simplement retenu la violation du principe de la séparation des pouvoirs. D'ailleurs il y a quelque trace de cette dernière motivation lorsque la Haute juridiction fait allusion, à propos du caractère licite ou illicite des conditions de création des situations existant au moment de la publication de la loi, « aux décisions, mêmes éventuelles, des tribunaux, *seuls compétents en la matière*, pour apprécier ce caractère »(§ 47).

C'est indiquer clairement que le législateur n'est pas compétent pour régler les situations existantes parce que cela porterait atteinte aux pouvoirs des tribunaux saisis des litiges relatifs à l'application de l'ordonnance de 1944 et qui seraient alors dessaisis en violation du principe de séparation des pouvoirs. N'y a-t-il pas là une application implicite du raisonnement exposé plus haut ?

Il est vrai aussi que sanctionner ouvertement le législateur pour violation du principe de séparation des pouvoirs aurait été reconnaître qu'il y avait eu détournement de procédure.

IV. L'ARTICLE 4 DE LA CONSTITUTION ET LA PRESSE DES PARTIS POLITIQUES

19. Les parlementaires requérants avaient mis en cause l'article 20 de la loi au motif que ce texte, d'une part, permettait (éventuellement) à la Commission pour la transparence et le pluralisme de faire procéder à des perquisitions dans des entreprises de presse dépendant d'un parti politique, et que d'autre part, la limitation des pouvoirs d'investigation consistant à rappeler la nécessité de respecter le libre exercice de l'activité des partis et groupements politiques était trop générale pour être efficace.

Le Conseil constitutionnel rejette cette argumentation en faisant valoir tout d'abord que les partis politiques n'ont pas plus de droits que les citoyens :

> « Considérant que ces dispositions (de l'article 4 de la Constitution) n'ont pour objet ni pour effet de conférer aux partis politiques, en matière de liberté de la presse, des droits supérieurs à ceux que la Déclaration des droits de l'homme et du citoyen de 1789 reconnaît à tous les citoyens » (§ 91).

Il enjoint ensuite au législateur de « formuler des prescriptions tendant à empêcher que l'application des règles relatives à la transparence financière ou au pluralisme des entreprises... n'entrave l'activité spécifique des partis politiques dont le libre exercice est garanti par l'article 4 de la Constitution ». Et il estime ensuite que cette condition est bien respectée.

20. Le Conseil constitutionnel a rendu plusieurs décisions à propos de l'article 4 de la Constitution qui ont toutes apporté des précisions quant à l'interprétation de ce texte mais sans véritablement en donner une vue d'ensemble.

21. Tout d'abord, à deux reprises, le Conseil constitutionnel a censuré une disposition du règlement de l'Assemblée nationale visant à faire assurer un contrôle de la conformité des déclarations politiques (formulées lors de la création des groupes parlementaires) à l'article 4 de la Constitution par l'Assemblée elle-même, ce qui aurait été de nature à faire obstacle à la libre constitution d'un groupe politique au sein des assemblées (*17-18-24 juin 1959* * ; 42 DC, 18 mai 1971).

22. Ensuite, le juge constitutionnel a, dans une décision 104 DC du 23 mai 1979 (v. *G.D.*, 2e éd., nº 30) statué sur le problème de la constitutionnalité, au regard de l'article 4 de la Constitution, de la fixation d'un pourcentage de voix (5 %) pour la restitution du cautionnement versé et le remboursement des frais de propagande, ceci étant, d'une part, de nature à empêcher un parti ou un groupement de faire acte de candidature, et constituant d'autre part, une sanction pécuniaire pour la formation qui n'obtenait pas le pourcentage exigé : toutes choses contraires, selon les requérants, à l'article 4 de la Constitution garantissant le libre concours des partis à l'expression du suffrage.

Il est à remarquer que les requérants ne mettaient pas en cause une autre disposition restrictive de la loi (l'article 2), selon laquelle « seules les listes ayant obtenu un nombre de suffrages au moins égal à 7,5 % du nombre des électeurs inscrits participent à la répartition des sièges à pourvoir », et cela, déclarent les députés dans leur requête, « afin d'éviter une atomisation de la représentation au détriment de la démocratie ». En revanche, ils considéraient l'obstacle pécuniaire à la candidature comme un « élément inégalitaire, indépendant de la volonté des formations ».

Ils souhaitaient donc en fait que tous les partis ou tendances concourent librement à l'expression du suffrage même s'ils ne sont pas tous admis à en recueillir les fruits. En somme, tous les partis, même les plus petits, peuvent participer à la campagne, mais non à la répartition des sièges, position qui n'est pas évidemment partagée par les petits partis, notamment d'extrême gauche ainsi que les écologistes comme cela est apparu au moment des élections européennes.

Sur cette question de l'« obstacle pécuniaire », la réponse du Conseil constitutionnel est claire :

« (considérant que) cette disposition (l'article 4 de la Constitution), *dont il appartient à la loi d'assurer la mise en œuvre*, ne fait pas obstacle à ce que celle-ci subordonne la restitution d'un cautionnement et le remboursement des frais de propagande à l'obtention d'un nombre minimum de suffrages ».

On retrouve là la même démarche qu'en ce qui concerne le principe de participation ou le droit de grève (*25 juillet 1979* *, n° 27) : il appartient à la loi de « mettre en œuvre » le principe constitutionnel, c'est-à-dire de prévoir ses modalités d'application, à condition que les règles de mise en œuvre prévues ne vident pas le principe de son contenu et ne le dénaturent pas : ainsi, si le cautionnement était d'un montant tel qu'il empêche véritablement les partis ou tendances de constituer les listes, il pourrait y avoir violation du principe.

Cette validation du système du seuil au-dessous duquel les candidats ou les listes ne récupèrent pas le cautionnement ou les frais de procédure a une grande portée : en effet, sont ainsi indirectement mais certainement reconnues conformes à la Constitution, les mesures semblables prises pour les élections présidentielles, législatives, européennes et cantonales.

23 . Dans la décision 217 DC du 18 septembre 1986 (§ 65), le Conseil constitutionnel a jugé que « la possibilité de diffuser des messages publicitaires à caractère politique sur les ondes... n'entrave pas le libre exercice par les partis et groupements politiques de leur activité » et que par suite la disposition législative qui prévoit cette possibilité, « n'est pas contraire à l'article 4 de la Constitution ».

24 . La décision 271 DC du 11 janvier 1990 (loi relative à la limitation des dépenses électorales et à la clarification des activités politiques) consacre le principe de l'aide publique accordée aux partis et groupements politiques. Comme celle précédemment admise en faveur des candidats aux élections (242 DC du 10 mars 1988), cette aide n'est pas, en elle-même, contraire aux principes posés par les articles 2, 3 et 4 de la Constitution mais, pour être conforme aux principes de liberté et d'égalité, elle doit obéir à des critères objectifs et ne doit aboutir « ni à établir un lien de dépendance d'un parti politique vis-à-vis de l'État, ni à compromettre l'expression

démocratique des divers courants d'idées et d'opinion ». Le « pluralisme des courants d'idées et d'opinion qui constitue le fondement de la démocratie » représente une exigence constitutionnelle qui ne doit pas être méconnue par le mécanisme de répartition de l'aide. Ainsi ce dernier ne doit pas retenir comme critère exclusif la représentation parlementaire des partis (c'était le mécanisme prévu par la loi du 11 mars 1988 qui aurait ainsi été annulée sur ce point si elle avait été déférée au Conseil). En revanche, la division de l'aide publique en deux parts égales, l'une calculée en fonction de la représentation parlementaire, l'autre en fonction des résultats des partis aux élections législatives respecte l'exigence d'indépendance des partis et du pluralisme. Mais, si le Conseil admet que cette seconde fraction de l'aide soit réservée aux partis justifiant d'un minimum d'audience (présentation de candidats dans au moins 75 circonscriptions), il annule en revanche la disposition prévoyant que la répartition ne prendrait en compte que les résultats égaux ou supérieurs à 5% des suffrages exprimés dans chaque circonscription. Le seuil retenu est jugé de nature à entraver « l'expression de nouveaux courants d'idée et d'opinion » et il est donc contraire à la fois au principe d'égalité entre les partis et à celui de leur liberté.

Par rapport à la décision 104 DC du 23 mai 1979, cette décision marque un renforcement du contrôle opéré par le Conseil qui n'hésite pas à annuler le seuil de répartition fixé par le législateur, au nom du respect du pluralisme et de l'égalité des partis (comme l'avait fait avant lui la Cour constitutionnelle allemande dans une décision du 3 décembre 1968), sans préciser pour autant quel seuil devrait être choisi pour respecter les exigences constitutionnelles.

24 bis . Il a été précisé dans la décision 316 DC (20 janv. 1993) « qu'en prescrivant la publication de la liste des personnes morales qui ont consenti des dons à des candidats ou à des partis, le législateur a entendu assurer une meilleure information des citoyens » et « qu'il n'a ainsi porté atteinte ni à la liberté de communication des pensées et des opinions ni à l'activité des partis et groupements politiques garantie par les dispositions constitutionnelles précitées » (article 4 C.) (§ 19).

V. L'INTERPRÉTATION CONFORME ET LES POUVOIRS D'INJONCTION DU JUGE CONSTITUTIONNEL

25 . La décision *181 DC* * marque incontestablement *le franchissement d'un degré supplémentaire* quant aux pouvoirs d'interprétation et d'injonction du Conseil constitutionnel. Jamais, jusque-là, le juge constitutionnel n'avait été aussi précis et impératif dans l'affirmation du caractère obligatoire de ses interprétations : notamment il déclare clairement que toute interprétation du texte autre que celle qu'il donne « serait contraire à la Constitution » (§ 44, 98) ; ou bien, il affirme que l'interprétation qu'il vient de faire « est la condition impérative de la constitutionnalité des articles 10, 11 et 12 de la loi » (§ 51) ; ou il est fait état enfin « d'acception ainsi strictement définie ».

On retrouve les types de conformité sous réserve que nous avons distingués (v. Favoreu, *op. cit.*) : conformité sous réserve d'interprétation directive (citations faites ci-dessus) ; conformité sous réserve d'interprétation neutralisante (par exemple, au 61e considérant, la disposition réservant à des journalistes titulaires de la carte professionnelle le droit de faire partie d'une équipe rédactionnelle est interprétée comme n'exigeant pas la possession d'une carte professionnelle) ; conformité sous réserve d'interprétation constructive (au 20e considérant, ne sont interdits que « les actes de prête-nom pouvant porter atteinte aux règles de transparence financière intéressant les entreprises de presse », lorsque la loi ne contient pas cette précision).

Et alors que ces interprétations ont déjà autorité de chose jugée dans la mesure où elles sont le soutien nécessaire du dispositif, il éprouve le besoin (comme le fait la Cour constitutionnelle italienne) d'inclure pour la première fois les interprétations dans le dispositif par la formule selon laquelle les articles, autres que ceux qui ont été annulés, « ne sont pas contraires à la Constitution... sous les strictes réserves d'interprétation énoncées plus haut ».

26 . *Ces injonctions s'adressent aux pouvoirs publics et aux autorités administratives et juridictionnelles* chargées d'appliquer les décisions du Conseil. Leur caractère impératif, souligné par le juge, n'autorise aucune hésitation quant à l'obligation faite à ces divers pouvoirs et autorités de se conformer aux interprétations ainsi formulées. En ce qui concerne le juge, les jurisprudences récentes du Conseil d'État et de la Cour de cassation renforcent considérablement l'effet de ces interprétations.

Le problème qui sera posé sans doute progressivement est celui du caractère normatif de décisions telles que celle des *10-11 octobre 1984* *, et cela peut ouvrir une controverse, comme en droit italien, sur la légitimité de cette activité à caractère normatif du juge. Mais la même question a été posée à propos de la jurisprudence du Conseil d'État.

On notera toutefois que le Conseil d'État, notamment dans un arrêt d'assemblée du 20 décembre 1985, a reconnu autorité aux réserves interprétatives formulées par le Conseil constitutionnel (cf. observ. sous *16 janvier 1962* *).

27 . *Il y a aussi un certain nombre de directives qui s'adressent au législateur lui-même.*

Ainsi, dans les considérants 47, 48 et 49, le Conseil constitutionnel indique de manière précise au législateur les limites de sa compétence au cas de mise en cause de situations existantes en matière de libertés fondamentales particulièrement protégées ; et le législateur devra se conformer à ces indications à l'avenir, sous peine d'invalidation.

Il y a aussi des indications implicites que le juge constitutionnel laisse au législateur le soin de suivre. En effet, le Conseil constitutionnel ne va pas, comme la Cour constitutionnelle allemande (v. Beguin, *op. cit.*), jusqu'à dicter au législateur la manière dont il doit réécrire sa loi, ou même jusqu'à réécrire la loi lui-même. Ainsi au

102e considérant, déclare-t-il à propos d'un article de la loi prononçant l'abrogation de plusieurs articles de la loi précédente :

« Considérant qu'il n'appartient pas au Conseil constitutionnel de déterminer dans quelle mesure le législateur aurait entendu prononcer de telles abrogations au vu des déclarations de non-conformité à la Constitution de certaines dispositions de la loi présentement examinée ».

En conséquence, il déclare cet article inséparable des dispositions annulées, ce qui a pour effet de laisser subsister les dispositions de la loi ancienne. Et ceci est une invitation au législateur de revenir sur son texte de loi et de le modifier lui-même pour le mettre en conformité avec la décision du Conseil. Et la même démarche du juge est constatable dans la décision *165 DC* *, mais le ministre de l'Éducation nationale, à la différence du ministre de l'Intérieur dans l'affaire du statut de la fonction publique territoriale, (v. observ. Favoreu, in *R.D.P* , 1984 *op. cit.*) n'a pas donné suite à l'invitation du juge constitutionnel.

VI . Le principe de la légalité des délits et des peines

28 . Le principe de la légalité des délits et des peines tiré de l'article 8 de la Déclaration des droits de l'homme a donné lieu à une annulation et à plusieurs applications sans annulations.

Dans le 31e considérant, le Conseil constitutionnel fait droit à la requête des députés : ceux-ci soutenaient que l'article 6 de la loi ne précisant pas à quelle personne – cédant ou cessionnaire – incombe l'obligation d'insertion de la cession, l'infraction visée par l'article 28 de la loi était édictée en violation du principe de la légalité des délits et des peines. Le juge constitutionnel déclare simplement que « la critique est fondée ».

En revanche, à quatre autres reprises il repousse l'imputation. Au 9e considérant, notamment, il déclare que « les termes de "personne", "entreprise de presse", "contrôle" sont définis de façon suffisamment précise pour que les dispositions de caractère pénal qui s'y réfèrent, directement ou indirectement, ne méconnaissent pas, de ce seul chef, le principe constitutionnel de la légalité des délits et des peines ». On peut encore citer les applications faites aux considérants 20, 29 et 97 qui dans les deux derniers cas donnent lieu à des interprétations constructive ou neutralisante.

VII . L'article 66 de la Constitution est plusieurs fois invoqué (parfois à tort) et appliqué mais ne donne pas motif à annulation

29 . Tout d'abord, la décision contient des précisions intéressantes quant à la notion de vie privée, qui est l'un des éléments ou aspects de la liberté individuelle. Il semblerait, à première vue, que le Conseil constitutionnel rejette le caractère constitutionnel du droit au respect de la vie privée dans la mesure où il considère (§ 26) que, contrairement aux allégations des députés, la consultation du compte des valeurs nominatives tenu par les sociétés de presse, par les actionnaires ou par les membres de l'équipe rédactionnelle, ne

méconnaît aucun principe ou règle de valeur constitutionnelle. Mais, en fait, si cela est contraire au « secret des affaires », cela n'est pas pour autant contraire au droit au respect de la vie privée car le secret des affaires « est généralement considéré comme ne faisant pas partie du droit au respect de la vie privée » (P. Kayser, *op. cit.*). La même observation peut être faite à propos d'un autre considérant (§ 34).

Ensuite, le Conseil a l'occasion de préciser à nouveau le rôle nécessaire de l'autorité judiciaire gardienne de la liberté individuelle, et cela à propos des « visites d'entreprises » qui peuvent être demandées par la Commission pour la transparence : après avoir procédé aussi à un examen minutieux des conditions dans lesquelles, selon la loi, doivent se dérouler ces visites, le Conseil constate « qu'il est satisfait aux exigences de l'article 66 de la Constitution » (§ 88-89).

On reste quand même un peu perplexe devant cette conclusion car il n'y a pas véritablement de réponse à la question posée, sinon que les partis politiques doivent se contenter de la même protection que les citoyens.

En matière de transparence et de pluralisme, le Conseil constitutionnel a confirmé sa jurisprudence dans la décision 210 DC du 29 juillet 1986 : reprenant parfois mot pour mot les formules de la décision des *10-11 octobre 1984*, il a annulé une disposition comme contraire à l'objectif de pluralisme et donc à l'article 11 de la Déclaration des droits de l'homme.

37

25 JANVIER 1985

ÉTAT D'URGENCE EN NOUVELLE-CALÉDONIE (187 DC)

Exception d'inconstitutionnalité Circonstances exceptionnelles et libertés fondamentales

85-187 DC, *Rec.* 43, *RJC,* I, 223 ; Articles 61 al. 2 de la Constitution.
Saisine par un groupe de députés et par un groupe de sénateurs.
Notion de loi d'application d'une autre loi.
Conciliation entre respect des libertés et sauvegarde de l'ordre public.
Mise en cause de la constitutionnalité de l'état d'urgence (non).
Possibilité et conditions de mise en cause de dispositions législatives déjà promulguées.

RÉFÉRENCES

a) *Texte du recours* : *J.O.* du 26 janvier 1985, p. 1139.

b) *Notes doctrinales* :

FAVOREU (L.) : *R.D.P.*, 1986, nº 2, p. 395 et s. - FRANCK (Cl.) : *J.C.P.*, 1985, II, 20356. - GENEVOIS (B.) : *A.I.J.C.*, 1985, p. 400-402. - LUCHAIRE (F.) : *D.*, 1985, p. 361. - VILLIERS (M. de) : *R.A.*, 1985, p. 355. - WACHSMANN (P.) : *A.J.D.A.*, 1985, p. 362.

c) *Autres références*:

- CHEROT (J.-Y.), L'exception d'inconstitutionnalité devant le Conseil constitutionnel, *A.J.D.A.*, 1982, p. 59. - RENOUX (Th.) : *Le Conseil constitutionnel et l'autorité judiciaire*, Economica et P.U.A.M., 1984, p. 77 à 87 (à propos de l'incontestabilité des ordonnances portant loi organique). - FERSTENBERT (J.) : Le contrôle, par le Conseil constitutionnel, de la régularité constitutionnelle des lois promulguées, *R.D.P.* 1991, p. 339. - KISSANGOULA (J.) : Le Conseil d'État, juge de l'exception d'inconstitutionnalité ?, *Rev. adm.*, 1997, nº 299, p. 518.

d) *Jurisprudence* :

- 178 DC, 30 août 1984, *Rec.* 69, *RJC* I-195. Statut du Territoire de Nouvelle-Calédonie.

- *Exception d'inconstitutionnalité*

• 56 DC, 23 juillet 1975, *Rec.* 22, *RJC* I-32. Juge unique, *G.D.*, 2e éd., nº 27.
• 96 DC, 27 juillet 1978, *Rec.* 29, *RJC* I-61. Monopole de la radio et de la télévision.
• 120 DC, 17 juillet 1980, *Rec.* 39, *RJC* I-85. Loi Sauvage.
• 125 DC, 19 décembre 1980, *Rec.* 51, *RJC* I-88. Répression du viol.
• 183 DC, 18 janvier 1985, *Rec.* 32, *RJC* I-88. Redressement et liquidation judiciaire des entreprises.
• 377 DC, 16 juillet 1996, *Rec.* 87, *RJC* I-671.
• 410 DC, 15 mars 1999, *J.O.* 21 mars 1999, p. 4234.

- *Contenu de la loi ; notion de loi d'application :*

• 104 DC, 23 mai 1979, *Rec.* 27, *RJC* I-69. Territoire de Nouvelle-Calédonie.
• 162 DC, 19-20 juillet 1983, *Rec.* 49, *RJC* I-157. Démocratisation du secteur public.
• 185 DC, 18 janvier 1985, *Rec.* 36, *RJC* I-219. Loi Chevènement.
• 192 DC, 24 juillet 1985, *Rec.* 56, *RJC* I-229. Élections au C.S.P.U..
• 256 DC, 25 juillet 1989, *Rec.* 53, *RJC* I-355. TGV Nord.
• 299 DC, 2 août 1991, *Rec.* 124, *RJC* I-470.
• 322 DC, 28 juillet 1993, *Rec.* 204, *RJC* I-533. Établissements universitaires dérogatoires.

Le Conseil constitutionnel a été saisi le 25 janvier 1985, d'une part, par MM. Jacques Chirac, et autres députés, et d'autre part, par MM. Michel Alloncle, et autres sénateurs, dans les conditions prévues à l'article 61, alinéa 2, de la Constitution, de la conformité à celle-ci de la loi relative à l'état d'urgence en Nouvelle-Calédonie et dépendances ;

LE CONSEIL CONSTITUTIONNEL,

Vu la Constitution ;
Vu l'ordonnance du 7 novembre 1985 portant loi organique sur le Conseil constitutionnel, notamment le chapitre II du titre II de ladite ordonnance ;

Le rapporteur ayant été entendu ;

1. Considérant que les députés et les sénateurs auteurs des saisines par lesquelles la loi relative à l'état d'urgence en Nouvelle-Calédonie et dépendances est déférée au Conseil constitutionnel font valoir à l'encontre des dispositions de cette loi des griefs, tantôt communs à l'une et l'autre saisine, tantôt propres à l'une d'elles ;

Sur l'incompétence du législateur pour établir l'état d'urgence en l'absence d'une disposition expresse de la Constitution :

2. Considérant que les auteurs des saisines soutiennent que le législateur ne peut porter d'atteintes, mêmes exceptionnelles et temporaires aux libertés constitutionnelles que dans les cas prévus par la Constitution ; que l'état d'urgence qui, à la différence de l'état de siège, n'est pas prévu par la Constitution ne saurait donc être instauré par une loi ;
3. *Considérant qu'en vertu de l'article 34 de la Constitution la loi fixe les règles concernant les garanties fondamentales accordées aux citoyens pour l'exercice des libertés publiques ;* que, *dans le cadre de cette mission, il appartient au législateur d'opérer la conciliation nécessaire entre le respect des libertés et la sauvegarde de l'ordre public sans lequel l'exercice des libertés ne saurait être assuré ;*
4. Considérant que, si la Constitution, dans son article 36, vise expressément l'état de siège, elle n'a pas pour autant exclu la possibilité pour le législateur de prévoir un régime d'état d'urgence pour concilier, comme il vient d'être dit, les exigences de la liberté et la sauvegarde l'ordre public ; qu'ainsi la Constitution du 4 octobre 1958 n'a pas eu pour effet d'abroger la loi du 3 avril 1955 relative à l'état d'urgence, qui, d'ailleurs, a été modifiée sous son empire ;

Sur le moyen tiré de l'absence de consultation de l'assemblée territoriale :

5. Considérant que les auteurs des saisines soutiennent que les dispositions relatives à l'état d'urgence en Nouvelle-Calédonie auraient dû, en vertu de l'article 74 de la Constitution, être soumises à la consultation de l'assemblée territoriale ;
6. Considérant qu'aux termes de l'article 74 de la Constitution : «Les territoires d'outre-mer de la République ont une organisation particulière tenant compte de leurs intérêts propres dans l'ensemble des intérêts de la République. Cette organisation est définie et modifiée par la loi après consultation de l'assemblée territoriale intéressée» ;
7. Considérant que la loi relative à l'état d'urgence en Nouvelle-Calédonie et dépendances a pour objet, en application de l'article 119 de la loi du 6 septembre 1984, de conférer au Haut-Commissaire de la République de ce territoire, jusqu'au 30 juin 1985, les pouvoirs prévus par la loi du 3 avril 1955 modifiée ; *qu'ainsi, la loi déférée au Conseil constitutionnel n'est qu'une mesure d'application des deux lois de 1955 et 1984 et, de par cette nature, n'avait pas à être soumise à la consultation de l'assemblée territoriale ;*

Sur les autres moyens :

8. Considérant que les auteurs des saisines estiment que les règles de l'état d'urgence en Nouvelle-Calédonie et dépendances définissent de façon imprécises les pouvoirs du Haut-Commissaire, qu'elles n'offrent pas de garanties suffisantes, notamment juridictionnelles, au regard des limitations ou atteintes portées aux libertés, et que certaines de ces règles ont été fixées par un décret alors que la

loi seule eût été compétente ; qu'elles méconnaissent ainsi les dispositions des articles 34, 66 et 74 de la Constitution :

9. Considérant que ces moyens portent sur les règles mêmes de l'état d'urgence telles qu'elles résultent de la loi du 3 avril 1955 modifiée et de l'article 119 de la loi du 6 septembre 1984 ;

10. Considérant que, *si la régularité au regard de la* Constitution des termes d'une loi promulguée peut être utilement contestée à l'occasion de l'examen de dispositions législatives qui la modifient, la complètent ou affectent son domaine, il ne saurait en être de même lorsqu'il s'agit de la simple mise en application d'une telle loi, que, dès lors, tous les moyens développés par les auteurs de saisines ne peuvent être accueillis ;

Sur l'ensemble de la loi :

11. Considérant, en l'espèce, qu'il n'y a lieu pour le Conseil constitutionnel de soulever d'office aucune autre question de conformité à la Constitution en ce qui concerne la loi soumise à son examen ;

Décide :

ARTICLE PREMIER. - La loi relative à l'état d'urgence en Nouvelle-Calédonie et dépendances est déclarée conforme à la Constitution.

ART. 2. - La présente décision sera publiée au *Journal officiel* de la République française.

Délibéré par le Conseil constitutionnel dans sa séance du 25 janvier 1985.
(J.O., 26 janv. 1985, p. 1139).

La composition du Conseil constitutionnel à la date du 25 janvier 1985 était la suivante : M. MAYER (Président), MM. JOXE, JOZEAU-MARIGNÉ, LECOURT, LEGATTE, MARCILHACY, SÉGALAT, SIMONNET, VEDEL.

OBSERVATIONS

1 . La décision du 25 janvier 1985 a été rendue dans des conditions inhabituelles de précipitation qui s'expliquent par une certaine négligence du gouvernement.

En effet, alors que l'état d'urgence avait été proclamé en Nouvelle-Calédonie par le Haut commissaire de la République et cela conformément à la loi 84-821 du 6 septembre 1984 étendant le régime de l'état d'urgence à ce territoire, le gouvernement s'est avisé le 23 janvier 1985 que le délai de douze jours au-delà duquel, selon la loi du 3 avril 1955 modifiée, il doit y avoir prorogation par une loi, était sur le point d'expirer. Il a donc fait voter une loi de prorogation en 48 heures les 23 et 24 janvier, et le Conseil constitutionnel saisi quelques instants après le vote de la loi (mais après que l'opposition ait été avisée officieusement qu'un bref délai lui était laissé avant la promulgation), a statué le lendemain même, dans le délai le plus court qu'il ait observé depuis son avis sur la mise en œuvre de l'article 16 le *23 avril 1961**.

Le juge constitutionnel a rejeté l'ensemble des arguments avancés par les requérants. La loi a été promulguée le jour même et a prorogé l'état d'urgence ou du moins « rétabli » celui-ci jusqu'au 30 juin 1985.

L'intérêt de cette décision réside essentiellement dans le changement de position du Conseil constitutionnel quant à la possibilité de mettre en cause des lois ou des dispositions législatives déjà promulguées.

Mais, sont aussi à retenir la première définition du régime des libertés fondamentales en période de circonstances exceptionnelles, et l'apparition de la notion de loi d'application d'une autre loi.

I. - La mise en cause de lois déjà promulguées

2 . À l'occasion d'une décision de rejet (comme le fait assez fréquemment le Conseil d'État) le Conseil constitutionnel a adopté une nouvelle jurisprudence susceptible d'avoir une grande portée en ce qui concerne la possibilité de mise en cause de la régularité de lois déjà promulguées. Invité à se prononcer sur la constitutionnalité des lois du 3 avril 1955 et du 6 septembre 1984 à l'occasion de leur mise en œuvre par la loi du 25 janvier 1985, le Conseil constitutionnel déclare, dans un considérant de principe :

> « Considérant que si la régularité au regard de la Constitution des termes de la loi promulguée peut être utilement contestée à l'occasion de l'examen de dispositions législatives qui la modifient, la complètent ou affectent son domaine, il ne saurait en être de même lorsqu'il s'agit de la simple mise en application d'une telle loi ».

En l'espèce, la loi contestée ne faisait que mettre en application le régime prévu par les lois antérieures du 3 avril 1955 et du 6 septembre 1984 : dès lors, les moyens développés dans les saisines ne pouvaient être accueillis. Mais si les requérants avaient contesté, avant sa promulgation, la loi du 6 septembre 1984, au motif notamment qu'elle étendait le champ d'application de la loi du 3 avril 1955 (jusque là non applicable dans les territoires d'outre-mer), leurs moyens eussent été recevables et susceptibles d'être accueillis au fond. *À certaines conditions donc – et ceci est incontestablement nouveau – la constitutionnalité de lois déjà promulguées peut être mise en cause.*

La première application positive de cette jurisprudence a eu lieu dans la décision 99-410 DC du 16 mars 1999 qui, pour la première fois, déclare l'inconstitutionnalité de dispositions législatives déjà promulguées.

3 . *Il faut toutefois bien marquer la signification et la portée exactes de cette nouvelle jurisprudence.*

En effet, il est clair que la constitutionnalité de dispositions législatives déjà promulguées n'est réexaminable que parce que le contrôle d'une loi non promulguée en donne l'occasion ; ce qui signifie donc qu'en dehors d'une telle hypothèse, la loi déjà promulguée demeure incontestable ; notamment devant les tribunaux ordinaires. Par ailleurs, si la loi contestée reprend exactement ou met en oeuvre une loi déjà promulguée sans y ajouter quoi que ce soit, il ne peut y avoir contrôle ni de la loi contestée, ni des lois antérieures. Il n'y a possibilité (nouvelle) de contrôle que si la loi contestée modifie ou complète les lois antérieures, ou bien si elle augmente ou restreint leur domaine d'application. En d'autres termes, le contrôle n'est admis que s'il y a un élément nouveau et relativement à celui-ci.

Car il importe de saisir que par sa décision du *25 janvier 1985*, le Conseil constitutionnel s'autorise à examiner la constitutionnalité de dispositions législatives déjà promulguées uniquement pour mettre en cause la loi non promulguée qui lui est soumise ; et qu'en revanche, les dispositions promulguées dont l'inconstitutionnalité est établie ne sont pas affectées par la décision du Conseil constitutionnel. En somme, l'inconstitutionnalité des dispositions déjà promulguées ne sert qu'à mettre en cause la régularité de la loi (non promulguée) qui est contestée (Luchaire, *op. cit.*) ; mais uniquement en ce qu'elle apporte de nouveau par rapport à la loi précédente : ainsi, si elle avait été soumise au Conseil constitutionnel sur ce point, la loi du 6 septembre 1984 eût été déclarée inconstitutionnelle parce que la loi dont elle étendait le champ d'application était inconstitutionnelle et seulement dans la mesure où elle étendait l'application de la loi de 1955 à la Nouvelle-Calédonie (ce qui signifie que la loi de 1955 serait restée applicable aux autres parties du territoire malgré son inconstitutionnalité).

Ainsi s'explique que la loi qui ne fait que reprendre ou mettre en œuvre une loi précédente, ne peut voir sa validité contestée du fait de l'inconstitutionnalité de la loi antérieure, parce que la loi attaquée étant « transparente », prononcer son annulation serait prononcer celle de la loi antérieure (déjà promulguée) contrairement aux principes régissant le contrôle *a priori*, selon l'article 61 de la Constitution.

4 . Dès lors, *il est mis fin à une relative incohérence de la jurisprudence antérieure.*

En effet, la décision de principe était celle du 27 juillet 1978 (*Monopole de la radio et de la télévision,* 96 DC) : le Conseil constitutionnel rappelant que la constitutionnalité des lois déjà promulguées « ne peut être mise en cause même par voie d'exception » en avait déduit que la validité d'une loi créant des sanctions pour violation d'un monopole confirmé par une loi antérieure (« dont la conformité à la Constitution ne peut être contestée par voie d'exception ») ne pouvait être contestée devant lui.

Mais, comme nous l'avions relevé (*R.D.P.* 1980, p. 1646, et *R.D.P.* 1981 p. 63), cette position n'était pas en conformité avec des décisions antérieures et postérieures du Conseil constitutionnel qui apparaissaient ainsi en quelque sorte dérogatoires au droit commun : dans la décision 56 DC (23 juillet 1975, *Juge unique*, *G.D.*, 2e éd., n° 27) il avait déclaré contraires à la Constitution des dispositions qui étendaient à tous les délits des règles déjà applicables à certaines catégories de délits ; dans la décision 120 DC (17 juillet 1980, *Conseils d'université et d'U.E.R.*) il accepte d'examiner le grief d'inconstitutionnalité du quorum pour les élections étudiantes, quorum déjà établi par une loi précédente mais repris dans un contexte nouveau ; enfin, dans la décision 125 DC (19 décembre 1980, *Répression du viol*), une loi venant modifier des dispositions du code pénal est examinée au fond bien qu'elle reprenne des dispositions législatives antérieures.

En réalité, ce sont ces « dérogations » qui sont désormais en harmonie avec la position de principe du Conseil constitutionnel et qui deviennent donc le droit commun, la jurisprudence *Monopole de la radio et de la télévision* étant abandonnée, non dans son affirmation de l'incontestabilité de la loi déjà promulguée, mais quant à l'application qu'elle en avait fait en refusant d'envisager l'inconstitutionnalité de dispositions déjà promulguées comme cause de l'annulation de dispositions non promulguées.

La décision du *25 janvier 1985* est donc une décision de principe en ce qu'elle fixe une jurisprudence jusque là hésitante ; mais elle ne peut s'analyser en un revirement de jurisprudence compte tenu des décisions antérieures qui pouvaient la laisser présager.

5 . Il n'en reste pas moins que la situation ainsi créée n'est pas entièrement satisfaisante : car, si notre interprétation est la bonne, des dispositions législatives en vigueur pourront voir leur inconstitutionnalité constatée par le Conseil constitutionnel, sans que cela entraîne de conséquences quant à leur applicabilité. (Mais les décisions 256 DC du 25 juillet 1989 et 410 DC du 16 mars 1999 changent sans doute les choses).

Ainsi le choix entre juge unique et juge collégial est encore possible pour les délits prévus par la loi du 29 décembre 1972, alors qu'il a été déclaré inconstitutionnel, ce qui a entraîné l'annulation de la loi de juin 1975 (Juge unique) ; et l'arrêt de la Cour d'appel d'Amiens (22 janvier 1976, *G.P.*, 1976, I, 133, note Y.M.) excipant de la décision du Conseil constitutionnel pour écarter l'application de la loi du 29 décembre 1972 comme inconstitutionnelle est resté tout à fait isolé et est considéré comme « hérétique » (G. Rouhette, *Mélanges Raynaud*, 1985, p. 703).

On peut citer encore la décision 183 DC du 18 janvier 1985 qui annule, pour violation du principe de légalité des délits et des peines, l'article 207 de ce qui va devenir la loi du 25 janvier 1985 alors que cet article reprend en le modifiant l'article 146 de la loi du 13 juillet 1967 sur le règlement judiciaire qui, lui, reste en vigueur. Ce qui provoque la vive protestation d'un pénaliste (Doucet, *G.P.*, 1986).

> « Pour un pénaliste libéral, aucun argument de forme ne saurait justifier qu'un prévenu se voit appliquer une sanction pénale dans des conditions portant atteinte aux règles constitutionnelles de fond. En conséquence dans l'espèce soumise à la Cour de cassation le 24 juillet 1985 ... il nous semble que la chambre criminelle, par respect pour l'esprit de la Constitution, aurait dû avoir l'audace de déclarer d'office que l'article 146 de la loi du 13 juillet 1967 ne peut plus être appliqué par les tribunaux répressifs depuis que le Conseil constitutionnel a déclaré inconstitutionnels les termes employés pour sa définition ».

Nous soulignions dans notre précédente édition qu'au fur et à mesure que les situations décrites deviendraient plus nombreuses, les conséquences de la décision du *25 janvier 1985* *, demanderaient à être précisées.

6 . Il semble que *la décision 256 DC du 25 juillet 1989 (TGV Nord) apporte quelques-unes des précisions souhaitées.*

En effet, les requérants ayant contesté la validité d'un article d'une loi venant d'être voté, au motif qu'il étendait le champ d'application des dispositions de l'article L. 15-9 du Code de l'expropriation considérées elles-mêmes comme inconstitutionnelles le Conseil constitutionnel applique, de lui-même, et pour la première fois, sa jurisprudence *État d'urgence en Nouvelle-Calédonie* en reprenant le considérant de principe de celle-ci (§ 10) et en examinant et en affirmant, ensuite, qu'« il (lui) appartient ... de s'assurer que les termes de l'article unique de la loi n° 70-1263 du 23 déc. 1970, codifié sous l'article L. 15-9, *ne sont pas* contraires à la Constitution ». Et, le Conseil constitutionnel se livre ensuite à un examen approfondi de la constitutionnalité de ces dispositions avant de conclure à leur non-contrariété à la Constitution.

7 . Mais c'est la décision 99-410 DC du 16 mars 1999 qui donne les précisions définitives éclairées par les observations du secrétaire général du Conseil constitutionnel (in *AJDA* 1999, p. 332).

- Pour la première fois, tout d'abord, le Conseil constitutionnel a déclaré l'inconstitutionnalité de dispositions législatives déjà promulguées, en l'occurrence les articles 192, 194 et 195 de la loi n° 85-98 du 25 janvier 1985 relative au redressement et à la liquidation judiciaire des entreprises.

- Qui plus est, ladite loi avait été précédemment soumise à son examen (84-183 DC du 18 janvier 1985) mais la constitutionnalité de ces dispositions n'avait pas été examinée, et le Conseil constitutionnel avait clos sa décision par le « considérant-balai » habituel. C'est pourquoi nous ne comprenons pas exactement le sens des observations de M. Schoettl selon lequel « le Conseil constitutionnel a ainsi implicitement nécessairement jugé que l'autorité qui s'attache à ses décisions en vertu de l'article 62 de la Constitution ne lui est pas opposable ».

- Le Conseil constitutionnel a accepté de contrôler au fond la régularité des dispositions déjà promulguées dès lors qu'il y avait extension de leur domaine d'application à un cas nouveau prévu par la loi organique soumise à son examen ; ceci est la confirmation de la jurisprudence antérieure appliquée pour la première fois à une loi organique mais que nous avions considérée comme allant de soi (ci-dessus *Indépendance des magistrats**).

- Le Conseil constitutionnel a estimé qu'étaient inconstitutionnelles les dispositions de la loi du 25 janvier 1985, et par voie de conséquence de la loi organique soumise à son examen, mais dans le dispositif, il ne déclare « contraires à la Constitution » que ces dernières : l'ambiguïté évoquée dans les précédentes éditions (9e éd., voir **37**-7) est donc levée.

- Reste donc toujours posée la question de savoir quelle est la portée de la constatation de l'inconstitutionnalité des dispositions déjà promulguées : pour MM. Renoux (*D*. 1986, p. 425) Luchaire et Conac (in *Le droit de la cohabitation*, p. 266), les juridictions ordinaires devraient refuser d'appliquer ces dispositions législatives ; M. Genevois (*AIJC* V-1989) est plus circonspect et estime pour sa part que « tout au plus il appartiendrait aux juridictions ordinaires, au cas où la loi ancienne aurait été promulguée antérieurement au 4 octobre 1958, d'en constater l'abrogation par l'effet des dispositions constitutionnelles ».

M. Schoettl, quant à lui, va plus loin que son prédécesseur, rejoignant les positions des auteurs précités et aussi la nôtre mais en s'en remettant finalement à la décision du juge ordinaire :

> « La déclaration de non-conformité des dispositions de la loi du 25 janvier 1985... est le soutien nécessaire de la censure des dispositions directement soumises à l'examen du Conseil constitutionnel. Elle s'impose donc, en vertu de l'article 62 de la Constitution, à toutes les autorités administratives et juridictionnelles. Prive-t-elle pour autant d'effets, pour l'avenir comme pour le passé, des dispositions promulguées ? Met-elle fin, en particulier, aux effets des peines d'inéligibilité en cours, lorsqu'elles trouvent leur base dans la loi du 25 janvier 1985 ? Il appartiendra aux juridictions ordinaires – et notamment au juge électoral – d'en décider ».

On remarquera que dans sa décision 96-10 D du 5 septembre 1996 (*RJC* VI-17), le Conseil constitutionnel constate la déchéance de plein droit de Bernard Tapie de sa qualité de membre de l'Assemblée nationale en application de l'article 194 de la loi précitée du 25 janvier 1985. M. Tapie eût échappé aujourd'hui à cette déchéance !

7 bis . L'application de la jurisprudence *État d'urgence en Nouvelle-Calédonie* au cas des engagements internationaux n'a été admise par le Conseil constitutionnel, par la décision *92-308 DC* (*Maastricht I**, § 8, cf. *infra* 45-5) que pour établir la « portée » de ces engagements (et non leur validité).

II. État d'urgence et libertés fondamentales

8 . Les requérants soulevaient l'incompétence du législateur pour établir l'état d'urgence en l'absence d'une disposition expresse de la Constitution fondant cette compétence : selon eux, en effet, le législateur « ne peut porter d'atteintes, même exceptionnelles et temporaires, aux libertés constitutionnelles que dans les cas prévus par la Constitution » ; or, à la différence de l'état de siège qui est prévu par l'article 36 de la Constitution, aucune disposition de celle-ci n'autorise l'état d'urgence.

À cela, le Conseil constitutionnel répond en trois temps : le législateur a reçu compétence (en vertu de l'article 34 de la Constitution) pour fixer les règles relatives aux libertés publiques et donc pour « opérer la conciliation nécessaire entre le respect des libertés et la sauvegarde de l'ordre public »; cette compétence générale s'exerce même à défaut d'être prévue expressément par la Constitution ; et dès l'instant que celle-ci n'a pas exclu cette possibilité de prévoir un régime d'état d'urgence, elle n'a pas pu abroger la loi du 3 avril 1955 relative à l'état d'urgence.

9 . Il convient tout d'abord de bien situer ce raisonnement : il n'est valable évidemment que pour justifier une législation établissant un régime d'état d'urgence, c'est-à-dire un régime législatif en période de circonstances exceptionnelles et non pour valider des mises en oeuvre régulières d'un régime exceptionnel de restriction des libertés. Il ne pourra y avoir atteinte aux libertés qu'au cas de circonstances exceptionnelles et dans les limites prévues par la législation sur l'état d'urgence. En dehors de ces cas exceptionnels, le législateur voit au

contraire sa compétence restreinte par la dernière jurisprudence du Conseil qui ne lui reconnaît compétence – à l'égard de certaines libertés essentielles – que pour renforcer les garanties de ces libertés (voir *supra* **35**-25 à 27, **36**-6, 11 et *infra* **46**-28 et observations Favoreu *in R.D.P.*, 1986, nº 2, p. 233). Il ne faut donc pas commettre ici de contresens et confondre la conciliation en période normale et cas par cas, entre une liberté fondamentale d'une part et une autre liberté ou les nécessités de l'ordre public d'autre part, et les atteintes aux diverses libertés autorisées, en période exceptionnelle, au profit du législateur ou des autorités administratives. À titre de comparaison, la jurisprudence Benjamin n'a jamais été confondue avec la jurisprudence Dol et Laurent (voir Long, Weil et Braibant, *G.A.*, nº 52 et 37). On ne doit pas non plus confondre la jurisprudence *Droit de grève à la radio** ou Protection des matières nucléaires (117 DC) avec la jurisprudence *État d'urgence en Nouvelle-Calédonie*.

10 . Nul ne conteste sérieusement la nécessité d'autoriser le législateur à opérer la conciliation entre le respect des libertés et la sauvegarde de l'ordre public. Mais ce qui fait difficulté c'est qu'un régime général d'état d'urgence soit entièrement défini par le législateur ordinaire sans que le législateur constitutionnel soit intervenu préalablement pour établir le cadre de ce régime.

De ce point de vue, la proposition de François Luchaire visant à présenter l'état d'urgence comme une variété de l'état de siège – le constituant ayant au fond laissé au législateur le soin de définir ce qu'était l'état de siège – est intéressante car elle a le mérite de donner un fondement constitutionnel à l'état d'urgence. (Encore que l'on doive remarquer qu'à ce moment là, il eût été difficile de justifier l'attribution du déclenchement de l'état d'urgence au Haut-commissaire de la République car ceci est réservé par l'article 36 de la Constitution au Conseil des ministres). Mais il faut reconnaître que la base constitutionnelle ainsi retrouvée est assez étroite car elle ne contient, en fait, que deux dispositions sur le déclenchement et la prorogation de l'état d'urgence. C'est pourquoi le Conseil constitutionnel s'est cru tenu, comme le fait souvent le Conseil d'État, de pallier ces lacunes en trouvant lui-même un fondement plus général à l'état d'urgence. Il n'a pas voulu laisser de vide juridique et contrecarrer l'action du gouvernement au moment où il y avait urgence et nécessité d'assurer la continuité de l'État.

11 . Ceci étant, le juge constitutionnel a clairement indiqué qu'il aurait procédé à un examen de la législation antérieure, et notamment de la loi du 3 avril 1955 révisée en 1960, s'il avait été saisi, non d'une simple loi d'application, mais d'un texte modifiant ou étendant cette législation antérieure, par exemple la loi du 6 août 1984. Certes, il aurait pu se saisir d'office de l'inconstitutionnalité des dispositions législatives de 1955 à l'occasion de l'examen de la loi de septembre 1984 ; mais s'il ne l'a pas fait, dans la décision du 30 août 1984 (178 DC) on ne peut lui donner tort car on ne voit pas le Conseil constitutionnel s'engager d'office dans l'examen de l'inconstitutionnalité des lois antérieures, alors surtout qu'il n'avait pas encore

changé sa jurisprudence relative à la mise en cause des lois promulguées.

Il n'en reste pas moins qu'un gouvernement, soucieux d'expurger l'ordre juridique des lois portant atteinte aux libertés, aurait pu, après la décision du *25 janvier 1985*, faire adopter une loi modifiant la loi du 3 avril 1955, afin de permettre l'intervention du juge constitutionnel. Mais comme pour la législation relative à l'autorité compétente pour établir des peines contraventionnelles privatives de liberté (voir *supra* **33**-13 à 17), le gouvernement s'est abstenu de provoquer le changement de l'état de droit, montrant ainsi les limites d'une action de « restauration » des libertés qui aurait été rendue nécessaire par la politique législative menée pendant les six premières législatures de la Ve République. Pourtant, s'il y a une législation attentatoire aux libertés, c'est bien celle résultant de la loi du 3 avril 1955 qui n'aurait jamais passé le cap du contrôle de constitutionnalité, s'il avait existé à l'époque.

12 . Il y a donc, désormais, dans la théorie générale des libertés fondamentales en cours de formation, un nouveau chapitre relatif au régime de ces libertés et à la compétence du législateur au cas de circonstances exceptionnelles. Mais il reste au Conseil constitutionnel à donner un contenu à ce régime exceptionnel, car, dans l'affaire du 25 janvier 1985, les requérants n'ayant pas suffisamment développé une argumentation mettant en cause spécifiquement la condition d'intervention de la loi prorogeant l'état d'urgence (longueur du délai d'application de l'état d'urgence, régularité de l'organisation d'élections pendant l'état d'urgence, définition des pouvoirs du délégué du gouvernement, etc.). Le Conseil constitutionnel n'a pas eu à préciser les limites à fixer aux atteintes aux libertés. Ceci est regrettable et l'on peut même considérer que le Conseil constitutionnel a fait preuve d'une certaine timidité en n'examinant pas les griefs tirés d'une trop faible précision de la définition des pouvoirs des autorités administratives.

Mais on ne peut reprocher au juge constitutionnel d'avoir avalisé trop facilement un système d'organisation des pouvoirs en période exceptionnelle trop sévère, car s'il a effectivement, dans un cas, laissé s'appliquer ce système, il n'a pas pour autant renoncé à poser des limites aux pouvoirs des autorités et cela dès que l'occasion lui en sera donnée, par exemple par un recours dirigé contre une loi modifiant la loi du 3 avril 1955.

13 . On remarquera, par ailleurs, que d'autres juges constitutionnels ont eu à faire face à des situations semblables : ainsi la Cour constitutionnelle italienne a-t-elle dû adopter une jurisprudence non exempte de critiques en ce qui concerne la constitutionnalité de la législation adoptée pour lutter contre le terrorisme dans les années soixante-dix. Comme le souligne l'ancien président de cette haute juridiction, Leopoldo Elia, la période « d'emergenza », à partir de 1974-75, a donné lieu à un certain nombre de sentences moins favorables à la protection des libertés (voir son intervention au colloque d'Aix, *Cours constitutionnelles européennes et droits fondamentaux,* Economica, 1982, p. 339).

III . La notion de loi d'application d'une loi

14 . Une nouvelle notion est apparue avec la décision du 25 janvier 1989 : celle de loi « mesure d'application » d'une ou plusieurs autres lois. Les requérants reprochant au législateur d'avoir voté une loi touchant à l'organisation particulière du territoire sans avoir au préalable recueilli l'avis de l'assemblée territoriale compétente, il leur est répondu que « la loi déférée au Conseil constitutionnel n'est qu'une mesure d'application des deux lois de 1955 et 1984, et, de par cette nature, elle n'avait pas à être soumise à la consultation de l'assemblée territoriale ».

15 . Il convient tout d'abord de signaler que ceci n'est pas le fait d'une décision isolée. En effet, on a déjà pu relever une jurisprudence cohérente en train de se former (cf. L. Favoreu, *R.D.P.*, 1986, nº 2, p. 439 82 et s.) et selon laquelle il semble se formuler une nouvelle définition de la loi et de son contenu. Certes, il est affirmé que les lois ont toutes la même valeur (185 DC) ; mais de cette affirmation, on infère déjà que rien n'interdit au législateur « après avoir adopté une règle générale d'y faire exception ou d'y déroger fût-ce par voie de dispositions particulières » (162 DC) ceci laisse clairement entendre que la loi peut contenir des dispositions particulières, comme cela avait déjà été admis dans la décision *Nationalisations**. Dans le même sens la décision du 24 juillet 1985 (192 DC) admet que le législateur peut valider directement « des mesures individuelles » alors qu'il avait été soutenu – au vu de la décision *Validation des actes administratifs** – qu'il ne pourrait arriver à ce résultat qu'indirectement en validant les dispositions réglementaires soutien des mesures individuelles.

16 . L'apparition de « lois d'application » ne remet pas en question la hiérarchie des normes (*contra* : Franck, *op. cit.*) puisque, comme l'a souligné lui-même le Conseil dans sa décision 162 DC, rien n'interdit au législateur, « après avoir adopté une règle générale, d'y faire exception ou d'y déroger, fût-ce par voie de disposition particulière ». Le législateur de 1985 pouvait donc parfaitement déroger aux lois de 1955 et 1984 ; mais, à ce moment-là, il s'exposait à une censure du juge constitutionnel car celui-ci aurait pu alors, selon sa nouvelle jurisprudence, examiner la constitutionnalité des dispositions auxquelles il était dérogé.

17 . Quelle qualification attribuer alors à ces « lois d'application » et comment les situer par rapport à la distinction entre la loi et le règlement ?

Tout d'abord, elles ne sont pas nécessairement *que* des « lois d'application » : la loi prorogeant l'état d'urgence aurait pu contenir d'autres dispositions à caractère normatif et général. Mais supposons que nous soyons dans l'hypothèse où la loi ne contient que des « mesures d'application », un rapprochement pouvant d'ailleurs être fait avec les lois prorogeant l'état de siège au-delà de 12 jours ou autorisant la déclaration de guerre (Luchaire, *op. cit.*). En réalité, nous sommes ici en présence – comme nous l'avions noté en commentant la décision du 23 mai 1979 à propos de dispositions législatives mettant fin aux mandats des membres du gouvernement et de l'Assemblée territoriale de Nouvelle-Calédonie – de « décisions non normatives » du Parlement, ou du moins ne contenant pas de dispositions normatives à caractère général. Dès lors, comme l'a estimé le Conseil constitutionnel dans la décision précitée du 23 mai 1979, ces dispositions « n'entrent pas dans le champ d'application des articles 34 et 37 de la Constitution ». Ce qui a pour conséquence que la procédure de l'article 41 – à supposer qu'elle soit envisageable – ne pourrait jouer car le Conseil a décidé le 26 avril 1979 (voir *supra* **6**-8) que, saisi sur la base de l'article 41, il ne pouvait statuer que sur le point de savoir si une disposition entrait dans le domaine de la loi ou avait un caractère réglementaire : bien évidemment, les mesures d'application des lois n'ont pas un « caractère réglementaire » puisque, par hypothèse, elles n'ont pas un caractère normatif et sont plutôt des décisions particulières. Pour la même raison, ne pourrait jouer la procédure de l'article 37 alinéa 2. Nous sommes donc en présence de dispositions législatives à caractère non normatif et à objet particulier, ce qui est naturellement peu conforme à la définition traditionnelle de la loi ; mais, comme il a été constaté plus haut, cette définition a profondément changé (voir commentaire sous *Blocage des prix**).

18 . De la notion de « loi de mesure d'application » le Conseil constitutionnel a déduit en l'espèce deux conséquences qu'il est difficile de contester à partir du moment où on admet la logique du couple loi-règle/loi-mesure d'application. Tout d'abord, la loi d'application n'apportant rien de nouveau par rapport à la loi-règle, il n'y a aucune « prise » où pourrait « s'accrocher » le contrôle de constitutionnalité.

Ensuite, l'assemblée territoriale n'avait pas à être consultée puisque les règles dont fait application la seconde loi ont déjà été soumises à l'avis de ladite assemblée. Ceci évidemment laisse supposer que l'assemblée territoriale ne doit donner un avis que sur l'aspect juridique des projets qui lui sont soumis et non sur l'opportunité de ceux-ci. Or ce n'est peut-être *pas* aussi certain que cela.

IV . L'ABROGATION IMPLICITE DES LOIS PRÉCONSTITUTIONNELLES

19 . Le Conseil considère que « la Constitution... *n'a pas eu* pour effet d'abroger la loi du 3 avril 1955 ». Ce faisant, il admet que la Constitution de 1958 est susceptible d'abroger des lois antérieures. En effet, les conflits entre ces lois et le nouveau texte constitutionnel s'analysent *aussi* en des conflits de lois dans le temps dont la solution réside dans l'application du principe de la *lex posterior*. Ce moyen contentieux est donc recevable, comme il l'est aussi en contentieux constitutionnel comparé.

20 . En acceptant de contrôler le maintien en vigueur après 1958 d'une loi préconstitutionnelle, et en refusant de contrôler dans le même temps sa constitutionnalité, le Conseil distingue nettement entre le contrôle de l'éventuelle abrogation de la loi et le contrôle de

constitutionnalité. C'est donc en tant que juge et non en tant que juge constitutionnel que le Conseil recherche l'abrogation de la loi. Il en résulte que les juges ordinaires sont fondés eux aussi à effectuer cette recherche. C'est ce qu'admet déjà le Conseil d'État (C.E. 10 mai 1972, Féd. nat. des synd. d'ingénieurs, *Rec.* 350).

La Cour de cassation a une position plus nuancée, même si certains de ses membres ont eu l'occasion d'affirmer leur intérêt pour cette technique (cf. rapport du premier avocat général Jéol, in *La Cour de cassation et la Constitution de la République*, Paris, La Documentation française, 1995).

38

8 et 23 août 1985

ÉVOLUTION DE LA NOUVELLE-CALÉDONIE (196 DC, 197 DC)

Conseil constitutionnel et Président de la République Nature de la loi et du contrôle de constitutionnalité Statut constitutionnel des T.O.M.

Décisions n° 85-196 DC, *Rec.* 63, *RJC* I-234, et 85-197 DC, *Rec.* 70, *RJC*, I-238.
Art. 61 al. 2 de la Constitution.
Saisine par 89 députés et 136 sénateurs (196 DC), 100 députés, 192 sénateurs (197 DC).
Loi sur l'évolution de la Nouvelle Calédonie.
Découpage en quatre régions.
Nombre de représentants au Congrès du territoire fixé en fonction de critères essentiellement démographiques.
Erreur manifeste d'appréciation (oui).
Exécution des décisions du Conseil constitutionnel par le Président de la République.
Demande de nouvelle délibération de la loi pour sa mise en conformité avec la Constitution.

RÉFÉRENCES

a) *Notes doctrinales*

- AVRIL (P.) et GICQUEL (J.) : *Pouvoirs*, nº 36 (1986), p. 179. - ETIEN (P.) : *R.A.*, 1985 p. 572. - FAVOREU (L.) : *R.D.P*, 1986, nº 2, p. 395. - GENEVOIS (B) : *A.I.J.C.*, 1985, p. 423. - HAMON (L.) : *A.J.D.A.*, 1985, p. 605. - LUCHAIRE (F.) : *D.* , 1986, p. 45.

b) *Jurisprudence*

- *Exécution des décisions d'annulation par le Président de la République*

• 198 DC du 13 décembre 1985, *Rec.* 78, *RJC* I-242. Amendement Tour Eiffel.

- Le principe de constitutionnalité

- 132 DC du 16 janvier 1982, *Nationalisations* *.
- 137 DC du 25 février 1982, *Décentralisation* *.

- Erreur manifeste d'appréciation :

- 132 DC du *16 janvier 1982* *. Nationalisations.
- 164 DC du *29 décembre 1983* , *Rec.* 67, *RJC* I-166. Perquisitions fiscales.
- 176 DC du 25 juillet 1984, *Rec.* 55, *RJC* I-192. Communication audiovisuelle.
- 179 DC du 12 septembre 1984, *Rec.* 73, *RJC* I-197. Limite d'âge dans la fonction publique et le secteur public.
- 192 DC du 24 juillet 1985, *Rec.* 56, *RJC* I-229. Élections au Conseil supérieur des Universités.
- *208 DC des 1er et 2 juillet 1986* *
- 209 DC du 3 juillet 1986, *Rec.* 86, *RJC* I-266. Loi de finances rectificatives pour 1986.
- 210 DC du 29 juillet 1986, *Rec.* 110, *RJC* I-270. Réforme du régime juridique de la presse.
- 215 DC du 3 septembre 1986, *Rec.* 130, *RJC* I-278. Lutte contre la criminalité et la délinquance.
- 227 DC du 7 juillet 1987, *Rec.* 41, *RJC* I-310. Régime électoral de la ville de Marseille.
- 232 DC du 7 janvier 1988, *Rec.* 17, *RJC* I-317. Mutualisation de la Caisse Nationale de Crédit Agricole.
- 237 DC du 30 décembre 1987, *Rec.* 63, *RJC* I-324. Loi de finances rectificative pour 1987.
- 244 DC du 20 juillet 1988, *Rec.* 119, *RJC* I-334. Loi d'amnistie.
- 280 DC du 6 décembre 1990, *RJC* I-412. Concomitance des élections régionales et cantonales.
- 285 DC du 28 décembre 1990, *RJC* I-424. CSG.
- 389 DC du 22 avril 1997, *Rec.* 45, *RJC* I-707. Certificats d'hébergement.
- 402 DC du 25 juin 1998, *Rec.* 269. Loi portant diverses dispositions d'ordre économique et financier.
- 404 DC du 18 décembre 1998, *J.O.* 27 décembre 1998, p. 19 663, *Rec.* 315.
- 411 DC du 16 juin 1999, *J.O.* 19 juin 1999, p. 9018. Loi portant diverses mesures relatives à la sécurité routière.

I

Le Conseil constitutionnel a été saisi, le 26 juillet 1985, par MM. Claude Labbé et autres, députés, et le 27 juillet 1985 par MM. Étienne Dailly et autres, sénateurs, dans les conditions prévues à l'article 61, alinéa 2, de la Constitution, de la conformité à celle-ci de la loi sur l'évolution de la Nouvelle-Calédonie ;

LE CONSEIL CONSTITUTIONNEL,

Vu la Constitution ;
Vu l'ordonnance du 7 novembre 1958 portant loi organique sur le Conseil constitutionnel, notamment le chapitre II du titre II de ladite ordonnance ;

Le rapporteur ayant été entendu ;

[...]
Sur la procédure législative :
2 . Considérant que les auteurs des saisines font grief à la loi d'avoir été adoptée en méconnaissance de l'article 74 de la Constitution en ce que l'assemblée territoriale de Nouvelle-Calédonie a été saisie après le dépôt du projet de loi devant l'Assemblée nationale et que celle-ci a commencé sa délibération avant d'avoir pu connaître l'avis de l'assemblée territoriale ;
3 . Considérant qu'aux termes de l'article 74 de la Constitution l'organisation des territoires d'outre-mer «est définie et modifiée par la loi après consultation de l'assemblée territoriale intéressée» ;
4 . Considérant qu'il résulte de cette disposition que l'avis émis en temps utile par l'assemblée territoriale, consultée avec un préavis suffisant, doit être porté à la connaissance des parlementaires, pour lesquels il constitue un élément d'appréciation nécessaire, avant l'adoption en première lecture de la loi par l'assemblée dont ils font partie, mais qu'aucune disposition de valeur constitutionnelle n'exige que cet avis soit demandé avant le dépôt du projet de loi devant le Parlement ;
5 . Considérant que le projet de loi a été déposé sur le bureau de l'Assemblée nationale le 30 avril 1985 et que l'assemblée territoriale, qui en a été saisie le 2 mai, a émis son avis le 31 mai ; que, si l'Assemblée nationale a entrepris la discussion générale du projet de loi le 29 mai et poursuivi l'examen des articles le 30 mai, elle a suspendu cet examen le même jour et procédé à une seconde délibération du projet le 4 juin 1985, après avoir reçu l'avis de l'assemblée territoriale ; qu'ainsi cet avis a pu être émis en temps utile et qu'il a été porté à la connaissance de l'Assemblée nationale avant l'adoption de la loi en première lecture ; que le moyen n'est donc pas fondé ;
Sur le fond :
En ce qui concerne les moyens tirés de la méconnaissance des articles 53, al. 3, 55 et 88 de la Constitution et des principes du droit international public :
[...]
7 . Considérant qu'en prévoyant de demander aux populations intéressées de se prononcer sur l'accession du territoire à l'indépendance «en association avec la France», sans autre précision, l'article 1er, premier alinéa, de la loi, se borne à formuler une déclaration d'intention sans contenu normatif ; que, s'agissant d'un objectif que le législateur se fixe à lui-même en vue de dispositions législatives ultérieures, il ne saurait, en l'état, être comme tel susceptible de censure constitutionnelle ; que, dès lors, les moyens invoqués ne sauraient être accueillis ;
En ce qui concerne les moyens tirés de la méconnaissance des articles 2, 34 et 72 de la Constitution :
[...]
9 . Considérant qu'aux termes de l'article 72, deuxième alinéa, de la Constitution, les collectivités territoriales «s'administrent librement par des conseils élus et dans les conditions prévues par la loi» ; que l'article 34 prévoit que «la loi détermine les principes fondamentaux... de la libre administration des collectivités locales, de leurs compétences et de leurs ressources» ; que, selon l'article 2 de la Constitution, la France «assure l'égalité devant la loi de tous les citoyens sans distinction d'origine, de

race ou de religion» ; qu'en outre l'article 74 de la Constitution dispose : «Les territoires d'outre-mer de la République ont une organisation particulière tenant compte de leurs intérêts propres dans l'ensemble des intérêts de la République. Cette organisation est définie et modifiée par la loi après consultation de l'assemblée territoriale intéressée» ;

10 . Considérant qu'il résulte, d'une part, de l'article 74 susvisé que le législateur, compétent pour fixer l'organisation particulière de chacun des territoires d'outre-mer en tenant compte de ses intérêts propres, peut prévoir, pour l'un d'entre eux, des règles d'organisation répondant à sa situation spécifique, distinctes de celles antérieurement en vigueur comme de celles applicables dans les autres territoires ; qu'il résulte, d'autre part, de l'article 72 que, pour s'administrer librement, le territoire doit, dans les conditions qu'il appartient à la loi de prévoir, disposer d'un conseil élu doté d'attributions effectives ;

11 . Considérant qu'en opérant une nouvelle répartition d'attributions entre les conseils de région et le congrès du territoire et en maintenant à ce dernier les compétences prévues par la loi nº 84-821 du 6 septembre 1984 non expressément modifiées par l'article 24 de la loi soumise au Conseil constitutionnel, celle-ci, en faisant application de l'article 74, n'a méconnu ni l'article 72, ni l'article 34 de la Constitution ; qu'elle n'a pas davantage violé ces dispositions en permettant au Gouvernement, dans les conditions limitativement prévues à l'article 27 de la loi, non de modifier le statut du territoire, mais de prendre les mesures d'adaptation qu'impose la loi ; qu'en prévoyant que le territoire dispose d'un conseil élu celle-ci a pu charger ses membres d'une double fonction territoriale et régionale, sans enfreindre aucune règle constitutionnelle ; qu'enfin, le principe constitutionnel de libre administration des collectivités locales non plus que le principe d'égalité ne sont méconnus par le rôle confié au haut-commissaire, qui comporte l'obligation de préparer les délibérations du congrès du territoire et d'exécuter ses décisions ; que ces moyens ne sont donc pas fondés ;

En ce qui concerne les moyens tirés de la méconnaissance du principe d'égalité :

12 . Considérant que les députés auteurs de l'une des saisines soutiennent que les articles 3 à 5 de la loi, qui selon eux, tendent à «conférer la majorité au sein du congrès à une ethnie qui n'est pas majoritaire en nombre dans la population du territoire», sont contraires au principe d'égalité ; *qu'ils estiment, en effet, que «par la sur-représentation de certaines régions et la représentation minorée d'une autre» les dispositions critiquées méconnaissent à la fois le principe de l'égalité du suffrage et celui de l'égalité devant la loi sans distinction d'origine, de race ou de religion, énoncés respectivement par le troisième alinéa de l'article 3 et par le premier alinéa de l'article 2 de la Constitution ;*

13 . Considérant que *les sénateurs auteurs de l'autre saisine soutiennent que le principe d'égalité du suffrage, qui résulte de l'article 6 de la Déclaration des droits de l'homme et du citoyen et de l'article 2 de la Constitution est méconnu par plusieurs dispositions de la loi soumise au Conseil constitutionnel ;* qu'ils font valoir, en premier lieu, que le découpage en quatre régions opéré par l'article 3 de la loi et la répartition des électeurs entre ces quatre régions obéissent «à des considérations qui s'inspirent directement de critères ethniques» contraires au principe d'égalité énoncé par le premier alinéa de l'article 2 de la Constitution, en second lieu, que l'article 4 crée une «inégalité de représentation entre chacune des régions» dès lors qu'il sera deux fois plus difficile d'être élu dans la région de Nouméa que dans n'importe laquelle des autres régions ; qu'ils font valoir, enfin, qu'en laissant au haut-commissaire la possibilité de décider que le dépouillement pourra s'effectuer dans d'autres lieux que les bureaux de vote, l'article 13 permet que ce dépouillement puisse se dérouler dans des conditions dont le haut-commissaire sera seul maître et qui pourront être différentes selon les bureaux ;

14 . *Considérant qu'aux termes de l'article 2, premier alinéa, déjà cité, de la Constitution, la République «assure l'égalité devant la loi de tous les citoyens sans distinction d'origine, de race ou de religion» ; que, selon l'article 3, troisième alinéa, le suffrage «est toujours universel, égal et secret» ; que l'article 6 de la Déclaration des droits de l'homme et du citoyen de 1789 dispose que la loi «doit être la même pour tous, soit qu'elle protège, soit qu'elle punisse. Tous les citoyens étant égaux à ses yeux sont également admissibles à toutes dignités, places et emplois publics, selon leur capacité et sans autre distinction que celle de leurs vertus et de leurs talents» ;*

15 . Considérant que *ces dispositions ne font pas obstacle à la possibilité pour le législateur, en conformité avec l'article 74 de la Constitution, d'instituer et de délimiter des régions dans le cadre de l'organisation particulière d'un territoire d'outre-mer en tenant compte de tous éléments d'appréciation, notamment de la répartition géographique des populations ;* que ce faisant, l'article 3 de la loi n'a pas violé l'article 2 de la Constitution ;

16 . *Mais considérant que le congrès, dont le rôle comme organe délibérant d'un territoire d'outre-mer ne se limite pas à la simple administration de ce territoire doit, pour être représentatif du territoire et de ses habitants dans le respect de l'article 3 de la Constitution, être élu sur des bases essentiellement démographiques ; que s'il ne s'ensuit pas que cette représentation doive être nécessairement proportionnelle à la population de chaque région ni qu'il ne puisse être tenu compte d'autres impératifs d'intérêt général, ces considérations ne peuvent cependant intervenir que dans une mesure limitée qui, en l'espèce, a été manifestement dépassée ;*

17 . Considérant qu'ainsi l'énoncé des nombres 9, 9, 18, 7 dans le tableau figurant à l'alinéa 2 de l'article 4 de la loi doit être déclaré non conforme à la Constitution ; *que, par suite, l'alinéa 2, inséparable de l'énoncé de ces nombres, doit dans son ensemble être déclaré non conforme à la Constitution ;* que les autres dispositions des articles 4 et 5 ne sont pas contraires à la Constitution ;

[...]

En ce qui concerne les moyens tirés de la méconnaissance des principes du secret et de la liberté du scrutin :

[...]

En ce qui concerne le moyen tiré de la méconnaissance de l'article 61 de la Constitution :

21 . Considérant que les sénateurs auteurs d'une saisine demandent au Conseil constitutionnel de déclarer l'article 27 de la loi non conforme à la Constitution comme ne permettant pas l'exercice effectif du droit de saisir le Conseil constitutionnel ; qu'ils exposent que les ordonnances ne sont en effet, jusqu'à leur ratification, que des actes administratifs ne relevant pas du contrôle dudit Conseil et que le délai accordé jusqu'au 1er décembre 1985 au Gouvernement pour le dépôt du projet de loi de ratification prive ce projet de toute chance sérieuse d'être voté avant la fin de la législature ; qu'est ainsi exclue toute possibilité de saisir le Conseil constitutionnel ;

22 . Considérant qu'aux termes de l'article 61 de la Constitution «les lois peuvent être déférées au Conseil constitutionnel, avant leur promulgation, par le Président de la République, le Premier ministre, le président de l'Assemblée nationale, le président du Sénat ou soixante députés ou soixante sénateurs» ;

23 . Considérant que, si en vertu de cette disposition, le contrôle de constitutionnalité exercé par le Conseil constitutionnel ne peut porter que sur les lois, et non sur les ordonnances prévues par l'article 38 de la Constitution, celles-ci n'en sont pas moins soumises au contrôle du juge de l'excès de pouvoir ; qu'enfin, en fixant au 1er décembre 1985 le terme du délai imparti au gouvernement pour le dépôt de la loi de ratification des ordonnances, le législateur a exercé, sans le dénaturer, le pouvoir qui lui est conféré par l'article 38 de la Constitution ; que, par suite, le moyen doit être rejeté ;

En ce qui concerne l'ensemble de la loi :

24 . Considérant qu'en l'espèce il n'y a lieu pour le Conseil constitutionnel de soulever d'office aucune question de conformité à la Constitution en ce qui concerne les autres dispositions de la loi soumise à son examen.

Décide :

ARTICLE PREMIER. - Les dispositions de l'alinéa 2 de l'article 4 de la loi sur l'évolution de la Nouvelle-Calédonie sont déclarées non conformes à la Constitution.

ART. 2. - Les autres dispositions de la loi sur l'évolution de la Nouvelle-Calédonie sont déclarées conformes à la Constitution.

ART. 3. - La présente décision sera publiée au *Journal officiel* de la République française.

Délibéré par le Conseil constitutionnel dans sa séance du 8 août 1985.

(*J.O.*, 9 août 1985, p. 9127)

II

Le Conseil constitutionnel a été saisi (2), le 20 août 1985, d'une part, par MM. Jean-Claude Gaudin et autres, députés, d'autre part, par MM. Alain Poher, et autres, sénateurs ; le 21 août 1985, par MM. Charles Pasqua, et autres, sénateurs ; et le 22 août 1985, par MM. Alain Poher, Étienne Dailly, et autres, sénateurs, dans les conditions prévues à l'article 61, alinéa 2, de la Constitution, de la conformité à celle-ci de la loi sur l'évolution de la Nouvelle-Calédonie.

LE CONSEIL CONSTITUTIONNEL,

Vu la Constitution ;

Vu l'ordonnance du 7 novembre 1958 portant loi organique sur le Conseil constitutionnel, notamment le chapitre II du titre II de ladite ordonnance ;

Le rapporteur ayant été entendu ;

[...]

Sur la procédure législative :

2 . Considérant que le dispositif de la décision nº 85-196 DC du Conseil constitutionnel en date du 8 août 1985 est ainsi conçu : «*Article premier* : les dispositions de l'alinéa 2 de l'article 4 de la loi sur l'évolution de la Nouvelle-Calédonie sont déclarées non conformes à la Constitution. - *Art. 2* : Les autres dispositions de la loi sur l'évolution de la Nouvelle-Calédonie sont déclarées conformes à la Constitution. - *Art. 3* : La présente décision sera publiée au *Journal officiel de la République française*» ;

3 . Considérant qu'en date du 9 août 1985 le Président de la République a, *avec le contreseing du Premier ministre*, pris deux décrets l'un et l'autre publiés au *Journal officiel* du même jour ;

4 . Considérant que le premier décret «portant convocation du Parlement en session extraordinaire» est ainsi conçu : «Le Président de la République, sur le rapport du premier ministre, vu les articles 29 et 30 de la Constitution, décrète : *Article premier* : Le Parlement est convoqué en session extraordinaire pour le 12 août 1985. - *Art. 2* : L'ordre du jour de cette session extraordinaire comprendra une nouvelle délibération de la loi sur l'évolution de la Nouvelle-Calédonie. - *Art. 3* : Le Premier ministre est chargé de l'exécution du présent décret qui sera publié au *Journal officiel* de la République française» ;

5 . Considérant que le second décret «soumettant la loi sur l'évolution de la Nouvelle-Calédonie à une nouvelle délibération» est ainsi conçu : «Le Président de la République, vu la loi sur l'évolution de la Nouvelle-Calédonie ; vu la Constitution et notamment son article 10 (2e al.) ; vu l'ordonnance du 7 novembre 1958 portant loi organique sur le Conseil constitutionnel, et notamment son article 23 (1er al.) ; vu la décision du Conseil constitutionnel nº 85-196 DC du 8 août 1985, décrète ; *Article premier* : Il est demandé au Parlement une nouvelle délibération de la loi sur l'évolution de la Nouvelle-Calédonie. Cette délibération interviendra en premier lieu à l'Assemblée nationale. - *Art. 2* : Le Premier ministre est chargé de l'exécution du présent décret, qui sera notifié au Président de l'Assemblée nationale et au Président du Sénat et publié au *Journal officiel* de la République française» ;

6 . Considérant que le texte présentement soumis à l'examen du Conseil constitutionnel a été adopté après une lecture devant chaque chambre et après la réunion infructueuse d'une commission mixte paritaire par le vote de l'Assemblée nationale statuant définitivement dans les conditions prévues à l'article 45 de la Constitution ;

7 . Considérant que les auteurs des saisines déposées le 20 août 1985, rédigées d'ailleurs sur ce point en termes identiques, soutiennent que la procédure législative ainsi suivie est contraire à la Constitution ; qu'à l'appui de cette affirmation, ils font valoir divers moyens ;

8 . Considérant tout d'abord que, selon eux, si l'article 23 de l'ordonnance du 7 novembre 1958 portant loi organique sur le Conseil constitutionnel permet au Président de la République, dans le cas où le

Conseil constitutionnel déclare contraire à la Constitution une disposition d'une loi votée sans constater en même temps qu'elle est inséparable de l'ensemble de la loi, de demander une «nouvelle lecture», cette nouvelle lecture, qui ne saurait être confondue avec une nouvelle délibération, n'est pas justiciable de l'application de l'article 45 de la Constitution et ne saurait donc ouvrir au Gouvernement ni le droit de provoquer la réunion d'une commission mixte paritaire, ni celui de demander à l'Assemblée nationale de statuer définitivement ; qu'en effet, «en l'absence de toute référence dans l'article 23 de l'ordonnance portant loi organique à cet article 45 de la Constitution, la nouvelle lecture prévue par l'article 23 de l'ordonnance ne peut être assimilée à celle de l'article 45 de la Constitution» ; que «au demeurant, l'article 45 de la Constitution ne s'applique qu'aux projets et aux propositions de loi et en aucun cas aux lois votées par le Parlement et les facultés qu'il comporte, de provoquer la réunion d'une commission mixte paritaire, puis, après une nouvelle lecture par l'Assemblée nationale et par le Sénat, de demander à l'Assemblée nationale de statuer définitivement, n'y sont respectivement accordées qu'au Premier ministre et au Gouvernement, en aucun cas au Président de la République» ;

9 . Considérant que, d'autre part, les auteurs de ces saisines contestent le recours du Président de la République aux dispositions de l'article 10 de la Constitution et y voient un «détournement de procédure» ; qu'en effet, selon eux, en ce qui concerne la prérogative traditionnelle reconnue au chef de l'État de demander aux chambres une nouvelle délibération de la loi votée, «dans l'esprit de la Constitution, il est clair qu'il s'agit, pour le Président de la République, non pas d'intervenir dans la procédure parlementaire, mais seulement d'inviter le Parlement, par un acte solennel, à reconsidérer une loi sur laquelle le Président de la République a une opinion défavorable» ; que, toujours selon eux, «l'usage fait de cet article 10 dans le cas présent est d'une toute autre nature. Il ne s'agit nullement de demander au Parlement de réexaminer une loi qu'il a votée et sur laquelle le Président de la République veut alerter son jugement, mais de demander au Parlement de réexaminer une loi qui a le plein agrément du Président de la République mais dont une disposition, au demeurant essentielle, a été déclarée par le Conseil constitutionnel contraire à la Constitution» ; que, dès lors, le recours à l'application de l'article 10 de la Constitution n'a eu d'autre objet que de pallier l'impossibilité sur le seul fondement de l'article 23 de l'ordonnance du 7 novembre 1958 de faire appel aux dispositions de l'article 45 de la Constitution et constitue ainsi le détournement de procédure allégué ;

10 . Considérant, en effet, selon les auteurs de ces saisines, qu'une application correcte de l'article 23 de l'ordonnance du 7 novembre 1958 n'aurait pu aboutir à un texte valablement adopté que si celui-ci avait obtenu l'accord de l'Assemblée nationale et du Sénat ; qu'à défaut de cet accord, le Gouvernement aurait dû recourir, pour pouvoir utiliser l'article 45 de la Constitution, au dépôt d'un nouveau projet de loi qui eût nécessité la consultation préalable du Conseil d'État, celle, également préalable, de l'assemblée territoriale de Nouvelle-Calédonie en vertu de l'article 74 de la Constitution et le déroulement d'une procédure législative nouvelle ; que c'est pour écarter ces exigences constitutionnelles que l'article 10 de la Constitution a été détourné de sa finalité ;

11 . Considérant que les auteurs de ces saisines font valoir que la nouvelle délibération demandée par le Président de la République au Parlement portait sur la loi telle qu'elle avait été précédemment adoptée, y compris l'article 4, al. 2, déclaré non conforme à la Constitution par la décision précitée du Conseil constitutionnel, qu'ainsi la demande de seconde délibération a méconnu l'article 62, al. 2, de la Constitution, aux termes duquel «Les décisions du Conseil constitutionnel ne sont susceptibles d'aucun recours. Elles s'imposent aux pouvoirs publics et à toutes les autorités administratives et juridictionnelles» ;

12 . Considérant enfin que, dans un mémoire complémentaire, certains sénateurs auteurs d'une saisine font valoir qu'il n'est pas interdit d'interpréter la Constitution à la lumière d'une loi organique, comme cela ressort de la décision nº 62-20 DC du Conseil constitutionnel, en date du 6 novembre 1962 ;

En ce qui concerne les griefs tirés de la méconnaissance de l'article 10 de la Constitution :

13 . Considérant que l'article 10 de la Constitution dispose : «Le Président de la République promulgue les lois dans les quinze jours qui suivent la transmission au Gouvernement de la loi définitivement adoptée. Il peut, avant l'expiration de ce délai, demander au Parlement une nouvelle délibération de la loi ou de certains de ses articles. Cette nouvelle délibération ne peut être refusée».

14 . Considérant *que l'exercice de la prérogative conférée au Président de la République par le deuxième alinéa de l'article 10 précité n'est soumis à aucune condition autre que celles résultant de ce texte et,, en ce qui concerne le contreseing, de l'article 19 de la Constitution ;*

15 . *Considérant en particulier qu'il est loisible au Président de la République qui, par la promulgation, atteste que la loi a été régulièrement délibérée et votée, de demander au parlement une nouvelle délibération en vue d'assurer la conformité de la loi à la Constitution : qu'il en est notamment ainsi lorsque, par l'effet d'une décision du Conseil constitutionnel, il apparaît que certaines dispositions de la loi, non conformes à la Constitution, sans la rendre dans son ensemble contraire à la Constitution, peuvent , au cours de la nouvelle délibération, se voir substituer de nouvelles dispositions conformes à la Constitution ;*

16 . Considérant que, *loin de tenir en échec ces règles constitutionnelles, claires et précises, qui n'appellent aucune interprétation, ou d'en modifier les conditions d'exercice, ce que d'ailleurs une loi organique n'aurait pu faire, les articles 22 et 23 de l'ordonnance du 7 novembre 1958 portant loi organique sur le Conseil constitutionnel n'en constituent que les modalités d'application.*

17 . Considérant ainsi que les divers griefs dirigés contre la demande de nouvelle délibération de la loi sur l'évolution de la Nouvelle-Calédonie ne sauraient être retenus ;

En ce qui concerne les griefs tirés de la méconnaissance de l'article 23, 1er al., de l'ordonnance nº 58-1067 du 7 novembre 1958 portant loi organique sur le Conseil constitutionnel :

18 . Considérant que l'article 22 de l'ordonnance du 7 novembre 1958 portant loi organique sur le Conseil constitutionnel dispose : «Dans le cas où le Conseil constitutionnel déclare que la loi dont il est saisi contient une disposition contraire à la Constitution et inséparable de l'ensemble de cette loi, celle-ci ne peut être promulguée» ;

19 . Considérant que l'alinéa 1er de l'article 23 de la même ordonnance est ainsi conçu : «Dans le cas où le Conseil constitutionnel déclare que la loi dont il est saisi contient une disposition contraire à la Constitution sans constater en même temps qu'elle est inséparable de l'ensemble de cette loi, le Président de la République peut, soit promulguer la loi à l'exception de cette disposition, soit demander aux chambres une nouvelle lecture» ;

20 . Considérant que *le contrôle de constitutionnalité établi par la Constitution du 4 octobre 1958 s'exerce à titre préventif après le vote de la loi et avant sa promulgation ; que le Conseil constitutionnel doit se prononcer dans le délai d'un mois à compter du jour où il est saisi et s'il y a urgence, dans un délai de huit jours ; qu'ainsi l'objet de ce contrôle est non de gêner ou de retarder l'exercice du pouvoir législatif mais d'assurer sa conformité à la Constitution et, le cas échéant, lorsqu'une loi n'est pas déclarée dans sa totalité contraire à la Constitution, d'en permettre la promulgation, soit après amputation des dispositions déclarées contraires à la Constitution, soit après substitution à celles-ci de nouvelles dispositions réalisant une mise en conformité avec la Constitution ;*

21 . *Considérant que tel est le but visé par l'article 23 de l'ordonnance du 7 novembre 1958 portant loi organique qui ouvre au Président de la République une option qu'il exerce sous réserve de contreseing, discrétionnairement, dans le cadre de sa compétence de promulgation ;*

22 . *Considérant que si, choisissant le premier terme de cette option, le Président de la République décide de promulguer la loi votée amputée de la ou des dispositions déclarées non conformes à la Constitution, la procédure législative est close par la promulgation, de telle sorte qu'il est nécessaire de recourir à une nouvelle procédure législative pour compléter, le cas échéant, la loi promulguée par les dispositions se substituant à celles déclarées non conformes à la Constitution ;*

23 . *Considérant au contraire que, lorsque le Président de la République décide de recourir à la seconde lecture prévue par l'article 23 de l'ordonnance du 7 novembre 1958, cette décision a évidemment pour objet de réaliser la mise en conformité de la loi votée avec la Constitution en substituant aux dispositions non conformes à celle-ci des dispositions nouvelles faisant droit à la décision du Conseil constitutionnel ; que, dans ce cas, il ne s'agit pas du vote d'une loi nouvelle, mais de l'intervention, dans la procédure législative en cours, d'une phase complémentaire résultant du contrôle de constitutionnalité ;*

24 . Considérant qu'aucune disposition constitutionnelle ne permet d'écarter, pour la conclusion de cette phase complémentaire, les dispositions de l'article 45 de la Constitution qui sont applicables de plein

droit à la nouvelle délibération demandée par le Président de la République ; *que les termes «nouvelle lecture» employés par l'article 23 précité de l'ordonnance du 7 novembre 1958 ayant force de loi organique ne sauraient être interprétés comme ayant une signification différente de celle des mots «nouvelle délibération» employés à l'article 10 de la Constitution dont l'article 23 n'est qu'un cas d'application*; qu'ainsi les divers moyens développés par les auteurs des saisines sur la base de l'article 23 de l'ordonnance du 7 novembre 1958 doivent être écartés ;

25 . Considérant de même qu'il ne saurait être objecté à la procédure législative suivie pour l'adoption de la loi présentement examinée que l'article 45 ne vise que les projets et propositions de loi alors qu'il s'agirait d'une loi déjà adoptée ; qu'en effet, comme il a été dit, le recours par le Président de la République à la deuxième branche de l'option ouverte par l'article 23 de l'ordonnance du 7 novembre 1958 a pour effet de prolonger par une phase complémentaire, la procédure législative issue du projet ou de la proposition de loi.

26 . Considérant que, s'il est exact, comme le font observer les auteurs des saisines, que la faculté de recourir à la réunion d'une commission mixte paritaire et celle de demander à l'Assemblée nationale de statuer en dernier ressort sont réservées par l'article 45 au premier ministre et au Gouvernement, il ressort de la procédure suivie que cette attribution de compétence a été respectée ; qu'ainsi le moyen manque en fait ;

27 . Considérant donc que la procédure législative utilisée pour mettre en conformité avec la Constitution la disposition déclarée non conforme à celle-ci par le Conseil constitutionnel a fait de l'article 23 de l'ordonnance du 7 novembre 1958 portant loi organique une application ne méconnaissant en rien les règles de l'article 10 de la Constitution et a répondu aux exigences du contrôle de constitutionnalité dont l'un des buts est de permettre à la loi votée, qui n'exprime la volonté générale que dans le respect de la Constitution, d'être sans retard amendé à cette fin ;

En ce qui concerne les griefs tirés de la méconnaissance de l'article 62 de la Constitution :

28 . Considérant que si, pour des raisons de forme, la demande de seconde lecture, en application de l'article 23 de l'ordonnance du 7 novembre 1958, a été accompagnée du texte comportant la disposition déclarée non conforme à la Constitution, le Gouvernement n'en a pas moins déposé un amendement destiné à substituer à cette disposition un texte nouveau, propre, selon lui, à assurer la mise en conformité avec la Constitution de la loi soumise à nouvelle lecture ; qu'ainsi la procédure suivie a eu pour effet d'assurer le respect de la décision du Conseil constitutionnel ;

En ce qui concerne l'ensemble de la procédure législative :

29 . Considérant qu'il résulte de ce qui précède que la loi soumise à l'examen du Conseil constitutionnel a été adoptée selon une procédure conforme à la Constitution ;

Sur le fond :

En ce qui concerne les dispositions de la loi autres que l'alinéa 2 de l'article 4 :

30 . Considérant que les sénateurs auteurs de la saisine déposée le 21 août 1985 font valoir divers griefs dirigés contre certaines dispositions de la loi autres que celles de l'alinéa 2 de l'article 4 ;

31 . Considérant que ces critiques portent sur des dispositions identiques à celles que, dans sa décision nº 85-196 DC du 8 août 1985, relative à la même loi, le Conseil constitutionnel a déclarées conformes à la Constitution ;

32 . Considérant qu'aux termes de l'article 62, al. 2, de la Constitution, «les décisions du Conseil constitutionnel ne sont susceptibles d'aucun recours» ;

33 . Considérant dès lors qu'il n'y a pas lieu à un nouvel examen de la constitutionnalité des dispositions de la loi autres que celles de l'alinéa 2 de l'article 4 ;

En ce qui concerne le nouvel alinéa 2 de l'article 4 :

34. Considérant que les auteurs de l'une et l'autre saisines déposées le 20 août 1985 soutiennent qu'en se bornant à porter de 18 à 21 le nombre de conseillers représentant la région Sud, le législateur, dans la nouvelle rédaction de l'article 4, al. 2, n'a pas fait droit aux principes dégagés par la décision du Conseil constitutionnel ayant censuré la première rédaction de cette disposition ; qu'en effet, la correction ainsi opérée laisse subsister un déséquilibre très important au détriment des électeurs de la région Sud et au profit des autres régions en ce qui concerne le rapport entre le nombre d'habitants et le nombre de sièges à pourvoir ;

35 . Considérant que le Congrès, dont le rôle comme organe délibérant d'un territoire d'outre-mer ne se limite pas à la simple administration de ce territoire, doit, pour être représentatif du territoire et de ses habitants dans le respect de l'article 3 de la Constitution, être élu sur des bases essentiellement démographiques ; qu'il ne s'ensuit pas que cette représentation doive être nécessairement proportionnelle à la population de chaque région et qu'il ne puisse être tenu compte d'autres impératifs d'intérêt général, lesquels peuvent intervenir dans une mesure limitée ; que cette mesure, compte tenu des termes du nouvel alinéa 2 de l'article 4, n'a pas été manifestement dépassée ;

36 . Considérant ainsi que l'alinéa 2 de l'article 4 de la loi soumise à l'examen du Conseil constitutionnel est conforme à la Constitution ;

Décide :

ARTICLE PREMIER. - La loi sur l'évolution de la Nouvelle-Calédonie est déclarée conforme à la Constitution.

ART. 2. - La présente décision sera publiée au *Journal officiel* de la République française.

Délibéré par le Conseil constitutionnel dans sa séance du 23 août 1985.
(*J.O.*, 24 août 1985, p. 9818).

La composition du Conseil constitutionnel aux dates des 8 et 23 août 1985 était la suivante : M. MAYER (Président), MM. JOXE, JOZEAU-MARIGNÉ, LECOURT, LEGATTE, MARCILHACY, SIMONNET, SÉGALAT, VEDEL.

OBSERVATIONS

1. On pourrait résumer les deux décisions des *8 et 23 août 1985*, en disant que le Conseil constitutionnel a donné successivement une leçon à la majorité puis à l'opposition tout en faisant un exposé magistral de sa doctrine quant au rôle que lui attribue la Constitution.

Le Conseil constitutionnel a été saisi, une première fois, le 26 juillet 1985 par 89 députés R.P.R et U.D.F et 136 sénateurs R.P.R et centristes de la loi sur l'évolution de la Nouvelle-Calédonie votée le jour même, en dernière lecture, par la seule Assemblée nationale. Par sa décision rendue le *8 août*, le Conseil constitutionnel a annulé pour « erreur manifeste d'appréciation », les dispositions de l'alinéa 2 de l'article 4 de la loi – fixant le nombre des membres des Conseils régionaux – sans cependant déclarer ces dispositions inséparables du reste de la loi.

Le Président de la République décide néanmoins de ne pas promulguer la loi et convoque une session extraordinaire du Parlement afin que celui-ci procède à « une nouvelle délibération de la loi » : il prend à cette fin deux décrets contresignés par le Premier ministre (le 9 août 1985, *J.O.* du 10 août 1985), l'un convoquant le Parlement en session extraordinaire, l'autre soumettant la loi à une nouvelle délibération. L'urgence ayant été déclarée et le Sénat n'ayant pas accepté de voter (le 19 août) le même texte que celui adopté par l'Assemblée (le 12 août), la commission mixte paritaire est réunie mais n'aboutit pas à un accord ; le 20 août, après une nouvelle lecture devant chaque assemblée, c'est l'Assemblée nationale qui adopte seule le texte définitif. Le même jour, la quasi-totalité des députés (100) et des sénateurs (192) de l'opposition – approchant ainsi avec un total de 292 signataires le record absolu (296) atteint pour les nationalisations – saisissent le Conseil constitutionnel, lequel rejette les recours par décision du *23 août*. La loi est alors promulguée le 24 août.

Les décisions des *8 et 23 août 1985* soulèvent une série de questions importantes relatives aux rapports entre le Président de la République et le Conseil constitutionnel, à la nature juridique de la loi et du contrôle de constitutionnalité, à l'égalité du suffrage et au contrôle du découpage électoral, au contrôle minimum et l'erreur manifeste, enfin – et à nouveau – au principe de libre administration des collectivités territoriales.

I. L'exécution des décisions du Conseil constitutionnel par le Président de la République et le droit de demander une nouvelle délibération

1° *Les conditions d'exécution des décisions d'annulation partielle par le Président de la République.*

2. Le Conseil constitutionnel a mis à profit l'occasion qui lui était donnée de préciser les *conditions d'exécution de ses décisions d'annulation partielle par les pouvoirs publics et singulièrement par le Président de la République*, en donnant son interprétation de l'article 23 de l'ordonnance portant loi organique du 7 novembre 1958.

Des considérants 20 à 23 de la décision du *23 août 1985*, il résulte que le chef de l'État a un choix ou une « option », qu'il peut exercer discrétionnairement, entre deux voies possibles : en effet l'objet de contrôle de constitutionnalité est :

> « ... lorsqu'une loi n'est pas déclarée dans sa totalité contraire à la Constitution, d'en permettre la promulgation *soit* après amputation des dispositions déclarées contraires à la Constitution, *soit* après substitution à celles-ci de nouvelles dispositions réalisant une mise en conformité avec la Constitution ».

3. Si le Président choisit la deuxième voie, conformément à l'article 23 de l'ordonnance du 7 novembre 1958, et comme il l'a fait en l'espèce, cette « décision a pour objet de réaliser la mise en conformité de la loi votée avec la Constitution en substituant aux dispositions non conformes à celles-ci des dispositions nouvelles faisant droit à la décision du Conseil constitutionnel » ; et « dans ce cas, il ne s'agit pas du vote d'une loi nouvelle mais de l'intervention, dans la procédure législative en cours, d'une phase complémentaire résultant du contrôle de constitutionnalité ».

Il semble résulter de ce considérant les précisions suivantes qui viennent répondre à des questions posées notamment au moment de l'élaboration de la Constitution. Devant le Comité consultatif constitutionnel (voir *infra*), M. Debré exprimait la crainte qu'en cas de demande de nouvelle délibération par le chef de l'État, « rien ne (puisse) empêcher une assemblée de marquer sa mauvaise humeur en reprenant son texte ». Or, le Conseil constitutionnel assigne pour objet à la nouvelle délibération la seule mise en conformité de la loi votée avec la Constitution, notamment par remplacement des dispositions annulées par des dispositions conformes. Et, très logiquement, il en déduit qu'il n'y a pas à recommencer le processus de vote de la loi, car il y a seulement prolongation de la procédure législative en cours par une « phase complémentaire » permettant de réaliser ladite mise en conformité. Dès lors, le Parlement n'est saisi que pour assurer l'exécution de la décision du Conseil constitutionnel et contrairement à la crainte de M. Debré, il ne pourrait reprendre le texte initial car ce serait méconnaître l'autorité de chose jugée de la décision du Conseil.

4 . Si le Président choisit la première voie, il peut promulguer la loi amputée des dispositions annulées, mais il doit alors, s'il veut « compléter la loi promulguée » en substituant aux dispositions annulées de nouvelles dispositions conformes à la décision du Conseil, « recourir à une nouvelle procédure législative » (la première étant close) ; et cela suppose alors qu'il reprenne le cycle législatif à son début.

Le Président de la République a suivi effectivement cette voie après annulation de « l'amendement Tour Eiffel » dans la décision 198 DC (13 décembre 1985). Il a, en effet, promulgué la loi sans la disposition annulée, puis fait déposer un projet de loi reprenant la substance de cet amendement avec les modifications demandées par le Conseil constitutionnel. La loi a été votée et l'opposition, estimant sans doute que les conditions posées par le juge constitutionnel avaient été respectées, n'a pas déposé de nouveau recours. Si le chef de l'État n'a pas suivi ici la « voie calédonienne », c'est sans doute parce qu'il n'y avait pas de consultation de l'assemblée territoriale à recueillir, mais aussi, a-t-on écrit, parce que la solution adoptée avait l'avantage d'éviter de resoumettre au Parlement l'ensemble du texte, et donc d'échapper à l'examen de nombreux amendements, qui, au Sénat, aurait sans doute pris beaucoup de temps (cf. *Libération*, 14-15 déc. 1985 : « pour ne pas courir ce risque [du réexamen de l'ensemble de la loi] le gouvernement a donc choisi de ne soumettre aux parlementaires qu'un article de la loi. C'est autant d'amendements en moins et donc de temps de gagné... »). On peut se demander, toutefois, si les précisions précitées du Conseil constitutionnel n'excluent pas les risques de la « voie calédonienne ».

5 . En toute hypothèse, il est satisfaisant de voir utiliser les deux procédures possibles – la voie « calédonienne » et la voie « parisienne » – pour tirer les conséquences d'une décision d'annulation partielle, car l'une et l'autre permettent, d'une part, de respecter l'autorité de chose jugée et d'autre part, de redonner la parole au Parlement, afin qu'il corrige lui-même la loi entachée d'un vice d'inconstitutionnalité, ce qui est à porter à l'actif du contrôle préventif (Voir obs. Favoreu in *R.D.P.*, 1984, p. 1187). En outre, la satisfaction vient aussi de ce que le Président de la République n'a pas procédé comme lors de l'annulation partielle de la loi de décentralisation, qu'il avait promulguée avec des points de suspension

plutôt que d'utiliser l'une des procédures précitées (Voir obs. Favoreu in *R.D.P.*, 1982, p. 1273).

Le « contrôle à double détente » que nous avions relevé à l'origine à propos des règlements d'assemblée (v. *18-24 juin 1959* *) est donc, désormais, bien organisé pour les lois : les décisions des *24-30 décembre 1979* *, des *16 janvier* et *11 février 1982* * et aujourd'hui celle des *8 et 23 août 1985* en sont des témoignages.

2° *Le droit du Président de la République de demander une nouvelle délibération.*

6 . Le Conseil constitutionnel a également précisé *les conditions d'exercice du droit de demander une nouvelle délibération* ce qui l'a conduit d'une part à trancher une controverse juridique et politique de grande ampleur qui s'était déclenchée après que le Président de la République ait choisi la voie décrite ci-dessus pour exécuter la décision du Conseil constitutionnel quant à l'assimilation entre « nouvelle lecture » et « nouvelle délibération », et d'autre part, à trancher un autre problème qui n'avait pas été soulevé expressément dans le recours.

7 . a) *Nouvelle lecture et nouvelle délibération sont synonymes* : c'est ce que décide sans ambiguïté le Conseil constitutionnel le *23 août*. L'opposition faisait valoir que la « nouvelle délibération » visée à l'article 10 de la Constitution ne pouvait être confondue avec la « nouvelle lecture » prévue à l'article 23 de l'ordonnance du 7 novembre 1958 portant loi organique sur le Conseil constitutionnel : ceci au motif que l'article 23 de l'ordonnance ne fait nullement référence à l'article 45 de la Constitution et que la faculté d'utiliser la procédure prévue par ce dernier article est ouverte au gouvernement et au Premier ministre et non au Président de la République. Par ailleurs, les pouvoirs du Président ne sont pas les mêmes dans les deux cas : dans le cas de l'article 45, le Président peut demander une nouvelle délibération s'il n'est pas d'accord avec le contenu de la loi ; tandis que dans le second, le Président ne peut demander une nouvelle lecture que pour exécuter en quelque sorte la décision du Conseil constitutionnel. Enfin, la nouvelle lecture permet au gouvernement de passer outre le refus d'approbation du Sénat par l'utilisation de la procédure de l'article 45, tandis que la nouvelle délibération requiert l'accord du Sénat. Et à défaut d'accord, il faut recommencer toute la procédure, du dépôt du projet de loi en passant par les avis du Conseil d'État et de l'assemblée territoriale jusqu'au vote final. C'est donc en commettant un détournement de procédure que le chef de l'État a utilisé la voie (rapide) de l'article 45.

Le Conseil constitutionnel écarte la distinction entre nouvelle délibération et nouvelle lecture : pour lui l'article 23 de l'ordonnance organique n'est qu'une « modalité d'application » de l'article 10 de la Constitution et il ne saurait en être autrement car des dispositions organiques ne peuvent tenir en échec des règles constitutionnelles ou y déroger (§ 16) :

« Considérant que les termes "seconde lecture" employés par l'article 23... ne sauraient être interprétés comme ayant une signification différente de celle des mots "nouvelle délibération" employés à l'article 10 de la Constitution dont l'article 23 n'est qu'un cas d'application ».

En outre, l'exercice de la prérogative présidentielle conférée par l'article 10 n'est soumis à aucune condition de fond et est admissible (apparemment) tant dans le cas évoqué par les parlementaires requérants – un désaccord de fond sur la loi – que dans l'hypothèse des suites à donner à une décision d'annulation partielle du Conseil constitutionnel (§ 25).

8 . On doit dire que jusqu'à la controverse soulevée par l'opposition, c'est l'interprétation retenue par le Conseil constitutionnel qui prévalait généralement. On peut à cet égard, verser au dossier les discussions intervenues au Comité consultatif constitutionnel à propos de cette question (Avis et Débats du C.C.C., p. 76-77) :

« *M. Dejean*. - L'article 60 (actuel art. 62) me paraît mal rédigé : si, sur 50 articles, un seul est anticonstitutionnel, il serait regrettable que le texte entier ne pût pas être promulgué. D'ailleurs, M. Valentin avait proposé que le texte incriminé puisse être modifié au cours d'une *nouvelle délibération* : cela me paraît une solution plus heureuse que la suppression pure et simple.

M. le garde des Sceaux (M. Michel Debré). - Ne créons pas de source de conflit : si le Président de la République demande une *deuxième délibération* sur un article, rien ne pourra empêcher une assemblée de marquer sa mauvaise humeur en reprenant son texte. Ne précisons donc pas : le Gouvernement pourra soit demander un nouveau débat, soit promulguer les articles qui n'auront pas été déclarés anticonstitutionnels, soit simplement attendre quelque temps. Il ne convient pas, à mon avis, de décider que la *nouvelle délibération* sera automatique »

On remarquera que la proposition du garde des Sceaux est celle qui a été adoptée dans l'article 23 de l'ordonnance : simplement, « nouvelle délibération » a été remplacé par « nouvelle lecture » et la question est alors de savoir s'il y a eu négligence des rédacteurs (hypothèse exclue d'après l'un de ces rédacteurs, F. Luchaire, *D.*, 1985, p. 51), soit volonté de changer le sens de la démarche (position aujourd'hui défendue par M. Debré). En toute hypothèse, la question est désormais tranchée.

9 . b) *La demande de nouvelle délibération doit être contresignée par le Premier ministre.*

Une question a curieusement suscité un certain nombre d'interrogations avant la décision du *23 août* alors qu'à notre avis la réponse faisait peu de doutes : le chef de l'État devait-il avoir le contreseing du Premier ministre pour prendre le décret demandant une nouvelle délibération et le Conseil constitutionnel était-il habilité à contrôler indirectement ce décret ?

Bien que le Président de la République ait effectivement fait contresigner ses décrets par le Premier ministre, le Conseil constitutionnel, à deux reprises, a marqué la nécessité de ce contreseing : en soulignant que l'exercice de la prérogative conférée au Président de la République par l'article 10 de la Constitution « n'est soumise à aucune condition autre que celles résultant de ce texte, et *en ce qui concerne le contreseing, de l'article 19 de la Constitution* » (§ 14), et que le choix qu'exerce le Président de la République entre la voie « calédonienne » et la voie « Tour Eiffel », se fait discrétionnairement « sous réserve de contreseing ».

En fait, à la lecture de l'article 19 de la Constitution, il était difficile d'adopter une autre solution car l'article 10 ne figurant pas parmi les articles de la Constitution pour l'application desquels le contreseing est exclu, on ne voit pas comment le décret portant demande de nouvelle délibération aurait échappé à cette obligation. Il n'y avait guère, en doctrine, qu'une seule opinion en ce sens et encore était-ce au prix d'une certaine subtilité car il fallait supposer au préalable que le Président de la République, ne pouvant communiquer directement avec le Parlement, devait avoir recours pour demander une nouvelle délibération à son droit de message, lequel peut s'exercer sans contreseing (J.-Y. Plouvin).

10 . Il n'empêche que la décision est importante également sur ce point parce que, d'une part, toute équivoque est levée quant à l'obligation du contreseing, et d'autre part, *le Conseil constitutionnel a ainsi, indirectement mais certainement, exercé un contrôle d'un décret du Président de la République.* Or, dans la perspective de la cohabitation de l'après-mars 1986, cette double précision a tout son intérêt et l'on a même eu tendance, dans l'opposition, à justifier la saisine du Conseil constitutionnel par la poursuite de cet objectif.

L'examen du décret du Président de la République était rendu nécessaire par la logique même du contrôle de constitutionnalité de la loi votée sur deuxième délibération : en effet, on ne pouvait admettre l'incontestabilité de la loi au motif que le décret qui la rendait possible était incontrôlable. Par ailleurs, le Conseil a déjà eu l'occasion de contrôler directement la constitutionnalité d'un décret du Président de la République portant convocation des électeurs en juin 1981 (cf. *supra,* **12-24-25**)

II . La nature juridique de la loi et du contrôle de constitutionnalite

11 . La nature juridique de la loi et du contrôle de constitutionnalité fait l'objet d'une mise au point de la part du Conseil constitutionnel dans des considérants de principe (§ 20 et 27) de la décision du *23 août 1985.*

1° *La nature de la loi.*

12 . Tout d'abord, dans sa définition du contrôle de constitutionnalité, le Conseil montre bien que pour lui, la loi existe, dès lors qu'elle a été votée et même si elle n'a pas été promulguée. Ceci résulte d'une part, de l'emploi du mot « loi » (et non projet ou texte de loi) et d'autre part, du fait que « la loi votée » exprime la volonté générale si elle est conforme à la Constitution ; enfin, en affirmant que l'objet du contrôle de constitutionnalité, même assuré à titre préventif, est bien d'assurer la conformité de la loi à la Constitution, le Conseil a confirmé que la loi existait déjà.

13 . Ensuite, le juge constitutionnel a montré que la loi « n'exprime l'expression de la volonté générale », selon la définition de la Déclaration des droits de 1789, que « dans le respect de la Constitution » (§ 27). Cette formule essentielle est riche de sens.

Elle exprime, en premier lieu, ce que nous avons appelé le principe de constitutionnalité (L. Favoreu, Le principe de constitutionnalité, *Mélanges Eisenmann,* 1975), c'est-à-dire la soumission du législateur à la règle de droit, en l'occurrence la plus haute, la Constitution. Ce principe a été expressément affirmé et répété dans les décisions du *16 janvier 1982* * et du *25 février 1982* *. Et il est explicité de manière lumineuse et définitive dans la présente décision du *23 août.*

En effet, tel qu'il est formulé dans cette dernière décision, il signifie que la majorité, quelle qu'elle soit, n'exprime la volonté générale que si elle respecte la Constitution. C'est le contre-pied exact de la formule du député Laignel apostrophant l'opposition : « Vous avez juridiquement tort parce que vous êtes politiquement minoritaires », et qui impliquait, *a contrario,* que l'on avait forcément raison si l'on était politiquement majoritaire. La minorité doit s'incliner devant les décisions de la majorité – ce qui est la loi de notre démocratie car celle-ci est censée représenter la volonté générale – mais à condition que ces décisions de la majorité soient conformes à la Constitution.

Ceci est d'ailleurs en harmonie avec la Déclaration des droits de 1789 : car si celle-ci dispose que « la loi est l'expression de la volonté générale », elle contient aussi dans son préambule l'affirmation selon laquelle « les droits naturels inaliénables et sacrés de l'homme » sont proclamés « afin que *les actes du pouvoir législatif* et ceux du pouvoir exécutif, *pouvant être à tout instant comparés avec le but de toute institution politique*, en soient plus respectés ».

2° *La nature du contrôle de constitutionnalité.*

14 . Le Conseil constitutionnel se prononce également sur la nature juridique du contrôle de constitutionnalité.

Tout d'abord, il s'agit d'une procédure de type juridique et non politique : « L'objet de ce contrôle est non de gêner ou retarder l'exercice du pouvoir législatif mais d'assurer sa conformité à la Constitution ». C'est un avertissement à l'opposition et aussi à la majorité, qui sera peut-être demain dans l'opposition : le juge constitutionnel ne se laissera pas entraîner à participer aux batailles politiques ; ceci est l'écho de l'affirmation plusieurs fois répétée du Conseil (*in 15 janv. 1975* *, *19-20 janvier 1981* * et plus récemment, 176 DC, 25 juillet 1984) et selon laquelle « l'article 61 ne confère pas au Conseil constitutionnel un pouvoir général d'appréciation et de décision identique à celui du Parlement ». C'est aussi une mise au point de nature à freiner les ardeurs réformatrices : le Conseil n'est pas une troisième chambre, c'est un juge.

Et dans un autre considérant, le Conseil a précisé à nouveau sa mission et donc sa nature en soulignant que l'un des buts du contrôle de constitutionnalité est, au cas d'inconstitutionnalité constatée, « de permettre à la loi votée, qui n'exprime la volonté générale que dans le respect de la Constitution, d'être *sans retard amendée à cette fin* ».

Cela signifie que le juge constitutionnel ne corrige pas lui-même la loi car ce serait faire œuvre de législateur : il laisse ce soin au Parlement, qui doit voter lui-même les aménagements nécessaires et éventuellement renoncer à sa loi s'il considère que les annulations partielles prononcées lui enlèvent trop son sens. C'est ainsi qu'il faut interpréter la décision des *10-11 octobre 1984* * dans laquelle le Conseil déclare « qu'il n'appartient pas au Conseil constitutionnel de déterminer dans quelle mesure le législateur aurait entendu prononcer de telles abrogations au vu des déclarations de non-conformité à la Constitution de certaines dispositions de la loi présentement examinées ». Et l'on peut remarquer, comme nous l'avons déjà fait que, finalement, le contrôle préventif de constitutionnalité permet mieux que le contrôle *a posteriori* de respecter la volonté du législateur puisqu'en cas de censure, il lui donne la possibilité de corriger lui-même, ou de ne pas corriger, le texte de la loi contrôlée, alors qu'au cas de contrôle *a posteriori* c'est le juge lui-même qui effectue la correction.

III . L'ÉGALITÉ DU SUFFRAGE ET LE CONTRÔLE DU DÉCOUPAGE ÉLECTORAL

15 . Le Conseil constitutionnel s'engage pour la première fois dans le contrôle du découpage des circonscriptions électorales sur la base du principe d'égalité du suffrage. On sait quelle confirmation éclatante et quelle extension il donnera à cette jurisprudence, l'année suivante, par les décisions *208 DC* du *1er juillet 1986* * et *218 DC* du *18 novembre 1986* *.

L'occasion en a été fournie au juge constitutionnel par le découpage de la Nouvelle-Calédonie en quatre régions.

Le législateur a institué des conseils régionaux dont les membres élus ont non seulement la qualité de conseillers régionaux mais aussi celle de membres de l'assemblée du territoire, dénommée « Congrès du territoire ». L'opposition estimait qu'en fixant le nombre de conseillers de la région de Nouméa – et donc le nombre de représentants de cette région au Congrès – à 18, alors que les autres régions se voyaient doter de 9 ou de 7 conseillers régionaux, le législateur avait sous-représenté la région la plus peuplée et sur-représenté les autres :

« Alors qu'en moyenne 3 380 habitants sont représentés par un élu, chacun des futurs élus de la région Nord ne représentera que 2 390 habitants pendant qu'un élu de la région Sud en représentera pour sa part 4 727. Il sera donc deux fois plus difficile d'être élu dans la région de Nouméa que dans n'importe quelle des trois autres régions» (Requête des Sénateurs, *J.O.* , 9 août 1985, p. 9130).

Le Conseil constitutionnel estime que cette argumentation est recevable car « le Congrès, dont le rôle comme organe délibérant d'un territoire d'outre-mer ne se limite pas à la simple administration de ce territoire, *doit, pour être représentatif du territoire et de ses habitants, dans le respect de l'article 3 de la Constitution,* être élu sur des bases essentiellement démographiques ».

On retiendra donc, d'abord, que l'article 3 de la Constitution qui pose le principe d'égalité du suffrage en son alinéa 3 exige qu'une assemblée, pour être représentative d'un territoire et de ses habitants, soit élue sur « des bases essentiellement démographiques ». Toutefois, précise le Conseil, « il ne s'ensuit pas que cette représentation doit être nécessairement proportionnelle à la population de chaque région » car si les bases de la représentation doivent être « essentiellement » démographiques, il n'est pas nécessaire qu'elle le soient « exclusivement ». En conséquence, il pourra « être tenu compte d'autres impératifs d'intérêt général ». En somme, les critères du découpage sont essentiellement (mais non exclusivement) démographiques et ils peuvent être complétés par d'« autres impératifs d'intérêt général ». Cependant, les considérations d'intérêt général ne peuvent intervenir que « dans une mesure limitée » – comme en l'espèce – sinon il y aura annulation pour violation de l'article 3 de la Constitution.

IV . Le contrôle minimum et l'erreur manifeste d'appréciation

16 . Le Conseil constitutionnel a admis pour la première fois l'existence d'une erreur manifeste d'appréciation dans la décision du *8 août*, et il a permis de mesurer la marge séparant l'erreur manifeste de l'erreur ordinaire dans la décision du *23 août*. Ceci fait apparaître la prudence et la réserve du juge constitutionnel, prudence et réserve qu'il a lui-même soulignées dans la décision du *23 août*.

17 . Le Conseil constitutionnel a estimé qu'un écart de 1 à 2,13 %, c'est-à-dire donc de 113 %, permettait de déceler une *erreur manifeste d'appréciation* en matière de découpage des circonscriptions électorales ; en revanche compte tenu de ce que, comme il a été vu plus haut, des considérations autres que démographiques peuvent entrer en ligne de compte dans une limite raisonnable, cette limite n'a pas été manifestement dépassée avec un écart de 82 %.

On remarquera que certains ont quelque peu daubé sur le Conseil constitutionnel, au motif que l'on ne voyait pas pourquoi dans un cas il y avait erreur manifeste et pas dans l'autre. Mais il arrive aussi fréquemment au Conseil d'État de fixer ainsi des seuils en usant de son pouvoir d'appréciation. Les autres juridictions constitutionnelles procèdent également de la même manière (cf. *infra*).

Le Conseil a ainsi voulu montrer que, sur une aussi délicate affaire que celle du découpage électoral il entendait laisser le maximum de liberté d'action au législateur, ce qui, comme le remarque un commentateur de la décision du *23 août*, est tout à fait justifié : « Est-ce que cette fois la mesure est dépassée ? Elle ne l'est pas manifestement, répond le Conseil. Il y a doute et le doute doit profiter au pouvoir législatif, qui tient précisément de son investiture populaire le pouvoir d'apprécier les contingences politiques. Le pouvoir d'opportunité – sous la condition de ne pas heurter à l'évidence la règle constitutionnelle – s'exerce souverainement. Disant cela, le Conseil n'innove pas du tout. Il fait application au cas particulier d'un principe indiscutable. Il faut bien qu'à l'intérieur du cadre constitutionnel, on laisse à la majorité sa liberté de décision politique» (J.-C. Soyer, *Le Figaro,* 26 août 1985). On notera dans ce même sens, le considérant 29 de la décision du *8 août* dans lequel le Conseil constitutionnel déclare qu'il appartient au législateur « d'apprécier l'opportunité » d'assortir certaines mesures de sanctions pénales.

18 . En quatre ans, la notion d'erreur manifeste d'appréciation (qui est apparue pour la première fois dans la décision du *16 janvier 1982* *) a été appliquée sept fois (*132 DC* * précitée ; *164 DC, 29 déc. 1983* * ; 176 DC, 25 juillet 1984 ; 179 DC, 12 sept. 1984 ; 192 DC, 24 juillet 1985 ; *196 DC et 197 DC 8 et 23 août 1985*) et elle a donc provoqué une annulation.

On peut noter que depuis il y a eu onze nouveaux cas d'application (207 DC, § 55 ; 208 DC, § 24 ; 209 DC, § 33 ; 210 DC, § 18 ; 215 DC, § 7 ; 227 DC, § 6 ; 232 DC, § 42 ; 237 DC, § 16 ; 244 DC, § 27 ; 280 DC, § 26 ; 285 DC, § 35) et trois nouveaux cas d'annulation (232 DC ; 237 DC ; 244 DC).

Il ne sera pas procédé ici à une étude systématique de ces décisions. On remarquera toutefois que la technique semble désormais consacrée et qu'elle est devenue habituelle au cours des dernières années. Elle a été utilisée dans des cas divers, comme le montrent les décisions étudiées : la fixation d'une proportion pour définir la nature de biens professionnels exclus de l'impôt sur les grandes fortunes (164 DC) ; l'appréciation de la nécessité de peines au sens de l'article 8 de la Déclaration des droits de l'homme (176 DC) ; la fixation d'une limite d'âge différente selon les corps de fonctionnaires (179 DC) ; la fixation d'un délai pendant lequel des dispositions validées restent provisoirement applicables (192 DC) ; le nombre de sièges d'un conseil régional dans un T.O.M. (196 DC ; 197 DC). Il n'y a pas de lien nécessaire apparemment avec le principe d'égalité. En fait, dans les cas les plus récents (à partir de 215 DC) il y a une liaison très nette avec le concept de *proportionnalité*.

« Considérant qu'en l'absence de disproportion manifeste entre l'infraction et la peine encourue, il n'appartient pas au Conseil constitutionnel de substituer sa propre appréciation à celle du législateur » (215 DC). Ou encore : « (cons.) que... les écarts de représentation entre les secteurs... ne sont ni manifestement injustifiables ni disproportionnés de manière excessive » (227 DC). Enfin, dans les affaires où il y a eu annulation, il est relevé « une atteinte (au principe d'égalité) qui dépasse manifestement ce qui serait nécessaire » (232 DC), « une sanction qui pourrait... revêtir un caractère manifestement disproportionné » (237 DC) ou des « dispositions (qui) dépassent manifestement les limites que le respect de la Constitution impose au législateur en matière d'amnistie » (244 DC).

V . Le statut constitutionnel des territoires d'outre-mer au sein de la République

19 . Les deux décisions des *8 et 23 août 1985* * font application des trois articles de la Constitution qui définissent le statut des territoires d'outre-mer au sein de la République : les articles 72, 74 et 53 al. 3.

1° *L'article 72 de la Constitution : les T.O.M., collectivités territoriales de la République.*

20 . a) Tout d'abord, quel que soit le degré d'autonomie auquel est parvenue une collectivité territoriale au sein de la République française, son statut demeure *de nature législative.*

À la différence de ce qui se passe dans un État fédéral, le statut des collectivités composantes ne peut jamais être de nature constitutionnelle dans un État unitaire comme la France. On ajoutera que les constituants de 1958 qui auraient pu exiger une loi organique pour arrêter ou modifier le statut des T.O.M., ont simplement prévu l'intervention de la loi ordinaire. C'est ce que le secrétaire d'État aux D.O.M.-T.O.M. est obligé de rappeler aux sénateurs qui mettaient en doute la compétence du législateur dans une première affaire relative à la Nouvelle-Calédonie jugée en 1979 (23 mai 1979, Territoire de Nouvelle-Calédonie, *G.D.*, 4e éd., n° 30) : « Le statut de la Nouvelle-Calédonie est un texte de loi comme un autre et ce que le Parlement fait, il peut parfaitement le défaire... Il ne s'agit pas de modifier la Constitution, ni une ordonnance, ni une loi organique, il suffit simplement d'utiliser la procédure législative... C'est tout à fait normal... » (Débats Sénat, séance du 26 avril 1979, *J.O. Débats*, p. 1001). Et effectivement, dans sa décision, le Conseil constitutionnel rappelle que s'appliquent les règles de la procédure législative ordinaire et notamment les articles 40, 41 et 44.

En conséquence, une affirmation comme celle avancée par un sénateur socialiste à propos du projet de loi, affirmation selon laquelle « l'administration et l'État français interviennent dans la vie politique locale pour contrecarrer le choix des habitants », n'a pas de sens au regard de la Constitution car l'État et son Parlement, dans un État unitaire, ne sont pas en quelque sorte des « étrangers » ou des « tiers » à l'égard d'une collectivité territoriale décentralisée, car dans un État unitaire il n'y a qu'*une seule volonté politique* qui s'exprime par la voie des institutions *nationales* représentatives.

21 . La compétence du législateur est donc entière pour modifier ou abroger le statut des T.O.M. C'est ce qui ressort pleinement des deux décisions des *8 et 23 août* car le juge constitutionnel reconnaît la possibilité au législateur de revenir en arrière quant au degré de libre administration accordé précédemment à ces territoires.

Dans la décision 196 DC du *8 août 1985*, la question était posée de savoir si, en matière de libre administration, l'évolution ne pouvait se faire qu'en progressant dans la voie du renforcement de cette libre administration ; ou bien, si cette évolution pouvait aussi se faire en régressant, et si oui, dans quelles limites.

La réponse a été apportée à propos de l'évolution du statut de la Nouvelle-Calédonie inscrite dans la loi d'août 1985 : en effet, alors que l'opposition reprochait à la loi d'être revenue en arrière en remplaçant l'exécutif du territoire par un exécutif nommé (le haut-commissaire), le Conseil constitutionnel a estimé que cela n'était pas contraire à l'article 72 de la Constitution :

> « Considérant qu(e) le principe constitutionnel de libre administration des collectivités locales non plus que le principe d'égalité ne sont méconnus par

le rôle confié au haut-commissaire, qui comporte l'obligation de préparer les délibérations du territoire et d'exécuter ses décisions ».

On en revient à la situation antérieure (assemblée élue, exécutif nommé) qui, constituant la règle pour les départements comme pour les T.O.M., était conforme à l'article 72 de la Constitution. On peut d'ailleurs, sur la base du même raisonnement, concevoir que le législateur revienne aussi en arrière pour les départements et pour les régions.

22 . La limite aux pouvoirs du législateur est le maintien des « conseils élus », car cela est expressément prévu par l'article 72, al. 2 de la Constitution. D'ailleurs, le Conseil constitutionnel le précise dans le considérant précédent, par une formule chargée de sens, car elle signifie que si l'on peut (comme nous le verrons) créer une nouvelle organisation territoriale et un double niveau de collectivité territoriale, ceci ne doit pas conduire à un effacement de l'assemblée du territoire (nouvellement dénommée Congrès du territoire) car ce serait porter atteinte à la règle constitutionnelle prévoyant une administration par des conseils élus :

« (Considérant) qu'il résulte... de l'article 72 que, pour s'administrer librement, le territoire *doit*, dans les conditions qu'il appartient à la loi de préciser, *disposer d'un conseil élu doté d'attributions effectives* ».

Ce qui signifie clairement que, si le législateur peut à son gré modifier les structures en ce qui concerne l'exécutif local et prévoir qu'il sera tantôt élu tantôt nommé, il ne peut le faire pour l'assemblée délibérante.

23 . Mais ce faisant, le Conseil constitutionnel applique aux T.O.M. le régime général des collectivités territoriales de la République conformément d'ailleurs à une jurisprudence bien établie du Conseil d'État, selon laquelle les assemblées délibérantes des T.O.M. étant des assemblées administratives, leurs décisions sont des actes administratifs non seulement susceptibles du recours pour excès de pouvoir mais même annulables par l'autorité étatique de tutelle (C.E. Ass., 27 fév. 1970, *Saïd Ali Tourqui*, *Rec.* 138 : cet arrêt est d'autant plus significatif qu'il a été rendu à propos d'une délibération de la « chambre des députés des Comores »).

Le Conseil constitutionnel a admis implicitement cette nature administrative des assemblées territoriales et de leurs actes, en déclarant conforme à la Constitution une mesure législative de validation permettant de soustraire à la censure du juge administratif des délibérations de l'assemblée territoriale de Nouvelle-Calédonie frappées de recours en annulation (155 DC).

Mais il va désormais plus loin en suivant le Conseil d'État sur la voie de la banalisation des pouvoirs normatifs des autorités territoriales : le juge administratif a considéré que les délibérations des assemblées territoriales devaient respecter les principes généraux du droit (voir nos observations in *RFDA* 1996, p. ...), ce qui rabaisse ces actes au niveau des actes réglementaires ordinaires, alors qu'ils sont censés se substituer aux lois dans les matières déléguées aux T.O.M. ; le Conseil constitutionnel va dans le même sens en décidant que la mise en œuvre des libertés publiques doit être la même sur l'ensemble du territoire de la République (96-373 DC, cf. *supra* **36**-12) ce qui revient à dire que les autorités territoriales ne peuvent réglementer leur exercice comme le fait le législateur. Autant dire que le pouvoir réglementaire des autorités des T.O.M. ne diffère guère du pouvoir réglementaire ordinaire.

2° *L'article 74 : le territoire d'outre-mer, collectivité territoriale à « organisation particulière ».*

24 . Les décisions des *8 et 23 août* * font application de l'article tant en ce qui concerne les modalités de définition du statut par la loi et notamment la consultation des assemblées territoriales, que le contenu même de ce statut.

On notera cependant, au préalable, que le Conseil constitutionnel a jugé que « ces dispositions ne sont pas applicables à Mayotte, qui ne constitue pas un territoire d'outre-mer tel que défini par les articles 72 et 74 de la Constitution » et « que dès lors la consultation du Conseil général de ce territoire (n'est) pas requise par la Constitution » (93-321 DC, § 29).

25 . a) *La consultation des assemblées territoriales au cas de définition par le législateur d'une « organisation particulière » du territoire.* Dans la décision du *8 août* (§ 1 à 4), le Conseil constitutionnel se prononce sur les conditions dans lesquelles l'avis de l'assemblée territoriale a été émis et communiqué aux chambres. Il importe, à cette occasion, de récapituler l'évolution de la jurisprudence en ce domaine.

26 . Les cas dans lesquels la consultation est obligatoire se déterminent au regard de deux facteurs : la notion d'organisation particulière et la nature des actes à adopter.

- La *notion* d'« organisation particulière », dont la modification par le législateur nécessite une consultation préalable de l'assemblée territoriale, est assez largement entendue par le Conseil constitutionnel. Elle ne s'applique pas uniquement aux institutions proprement dites telles qu'assemblée territoriale et Conseil de gouvernement ; plus largement, la notion couvre ce que l'on pourrait appeler le régime administratif (et aussi l'organisation juridictionnelle) ainsi que l'affirme de manière très nette la décision 122 DC (L. Favoreu, *R.D.P.*, 1980, p. 1649) en considérant que la justice pénale est un « élément de l'organisation particulière de ces territoires ».

Concernent également l'organisation particulière des T.O.M. : les dérogations au monopole d'État de la radiodiffusion (129 DC) ; les règles de procédure pénale (131 DC) ; les nationalisations, dans la mesure où elles toucheraient des entreprises ayant leur siège dans les T.O.M. (*16 janvier 1982* *) ; l'organisation de la communication audiovisuelle (141 DC ; 248 DC) ; les lois de plan (142 DC) ; le régime électoral des conseils municipaux (151 DC) ; l'organisation de l'enseignement supérieur (165 DC) ; la prévention et le règlement amiable des difficultés des entreprises (169 DC) ; le découpage électoral (108 DC) ; la protection des personnes qui se prêtent à des recherches biomédicales (269 DC, 22 janvier 1990).

- En principe seule l'adoption des lois nécessite une consultation préalable de l'assemblée territoriale.

La question se pose pour les conventions internationales. Le Conseil constitutionnel a été saisi du problème à l'occasion d'un recours contre une loi autorisant la ratification d'une convention internationale et invoquant la violation de l'article 74 pour non consultation de l'assemblée territoriale : le Conseil semble avoir accepté d'examiner le moyen avant de le rejeter au fond (247 DC, 17 janvier 1989).

Il faudrait en revanche exclure les lois organiques, le Conseil constitutionnel ayant (selon B. Genevois, *La jurisprudence du Conseil constitutionnel,* éd. S.T.H., 1988, n° 505) implicitement écarté la nécessité d'une consultation préalable des assemblées territoriales (205 DC). Mais après la loi constitutionnelle du 25 juin 1992, l'article 74 de la Constitution est désormais ainsi rédigé : « Les statuts des territoires d'outre-mer sont fixés par des lois organiques... après consultation de l'assemblée territoriale intéressée ».

27 . Le *moment* de la consultation a été précisé par diverses décisions du Conseil constitutionnel et notamment par celle du *8 août* (196 DC).

Le Conseil constitutionnel utilise dans la décision *196 DC* une formule générale résumant les garanties accordées aux prérogatives des assemblées territoriales, en vertu de l'article 74 de la Constitution :

> « Considérant... qu'il résulte de cette disposition que l'avis émis en temps utile par l'assemblée territoriale, consultée avec un préavis suffisant, doit être porté à la connaissance des parlementaires, pour lesquels il constitue un élément d'appréciation nécessaire *avant l'adoption en première lecture* du projet de loi par l'assemblée dont ils font partie mais qu'aucune disposition de valeur constitutionnelle n'exige que cet avis soit demandé avant le dépôt du projet de loi devant le Parlement » (196 DC, § 3).

L'avis des assemblées territoriales doit être communiqué au Parlement avant que la première lecture, devant la première assemblée, n'ait été achevée (169 DC) ; mais si la première lecture a commencé avant communication de l'avis, l'avis peut être valablement communiqué dès lors que l'assemblée saisie suspend ses délibérations et les reprend après communication de l'avis (*196 DC*).

Le Conseil constitutionnel a cependant restreint la portée de cette jurisprudence en décidant, dans la décision 248 DC, que dans des « circonstances particulières » (si par exemple l'assemblée territoriale saisie pour avis n'a pas statué dans le délai d'un mois), « l'irrégularité de procédure » (résultant de l'absence d'avis avant la première délibération de l'Assemblée ou du Sénat)... ne saurait, faute de revêtir un caractère substantiel, conduire à ce que l'article 30 de la loi déférée soit déclaré contraire à la Constitution ».

28 . La question s'est posée de savoir si les *amendements* à un texte de loi devaient être soumis préalablement aux assemblées territoriales. Dans sa décision 79-104 DC il a, à juste titre, estimé que l'article 74 ne peut être interprété « sous peine de porter atteinte aux prérogatives du Parlement comme faisant obligation de soumettre

au cours d'un débat parlementaire, le texte d'un amendement à l'avis de l'assemblée territoriale intéressée ». Il en va différemment lorsque le texte amendé n'a pas été lui-même soumis initialement aux assemblées territoriales (129 DC, § 8), qu'il s'agisse d'ailleurs d'un projet de loi ou d'une proposition de loi (129 DC, § 8, 321 DC, § 31).

29 . Lorsqu'il y a obligation de consultation de l'assemblée territoriale, la méconnaissance de cette obligation entraîne non l'invalidation des dispositions législatives mais leur inapplicabilité aux T.O.M., sauf si la loi concerne entièrement les T.O.M. : auquel cas elle est invalidée (122 DC, 22 juillet 1980 : loi rendant applicable le Code de procédure pénale dans les T.O.M.).

30 . b) *Ce que peut être l'« organisation particulière ».* Le Conseil constitutionnel a eu l'occasion de préciser, dans quelques décisions, en quoi pouvait consister l'« organisation particulière » (voir aussi *infra* les observations sur la décision du *9 mai 1991**).

En fait, compte tenu de sa jurisprudence sur l'indivisibilité de la République (voir *supra,* **32**-19 et s.) le particularisme ne peut aller très loin : pas de pouvoir normatif autonome (c'est-à-dire non susceptible d'invalidation par les organes de l'État), pas de compétence d'auto-organisation.

Dans ces limites, l'assemblée territoriale (ou le Congrès du territoire en Nouvelle-Calédonie) peut exercer les compétences dévolues au législateur pour le reste de la République, et cela pour certaines matières déterminées par le statut (65-34 L, 2 juillet 1965) ; mais, comme il a déjà été indiqué, le législateur national peut, à tout moment, reprendre ses compétences, même rétroactivement (155 DC, 30 déc. 1982). Le particularisme de l'organisation peut se manifester non seulement par rapport aux autres subdivisions de la République, mais aussi par rapport aux autres T.O.M. (151 DC, 12 janv. 1983) ; et c'est ce qu'a réaffirmé la décision présentement commentée du *8 août 1985* ; les règles définissant une organisation particulière peuvent être « distinctes de celles antérieurement en vigueur comme de celles applicables dans les autres territoires » (§ 9). Enfin, comme l'admet la décision du *8 août 1985*, le législateur peut créer des « régions » dans le cadre de l'organisation particulière (§ 14).

30 bis . *Les conséquences de la révision constitutionnelle de 1992.* Depuis le 25 juin 1992, « les statuts des territoires d'outre-mer sont fixés par des lois organiques qui définissent notamment les compétences de leurs institutions propres, et modifiés, dans la même forme, après consultation de l'assemblée territoriale ». Et « les autres modalités de leur organisation particulière sont définies et modifiées par la loi après consultation de l'assemblée territoriale intéressée ».

Une interprétation de la portée de cet article a été donnée par les décisions 93-318 DC et 319 DC du 30 juin 1993 : aux parlementaires requérants qui soutenaient que l'autorisation de ratifier des engagements internationaux ayant des incidences sur le statut des territoires d'outre-mer devait désormais être donnée par une *loi organique*, le Conseil constitutionnel a répondu que, faute d'être prévu expressément à l'article 53 de la Constitution, une loi n'était pas exigée pour accorder cette autorisation.

Dans une décision 364 DC (8 février 1995), le Conseil constitutionnel a procédé à un tri parmi les dispositions d'une loi organique portant dispositions statutaires et préparatoires à l'autodétermination en Nouvelle-Calédonie. Pour plusieurs d'entre elles il a déclaré qu'elles étaient « étrangères au domaine d'intervention d'une loi organique » au motif notamment qu'elles ne définissent ni les compétences des institutions propres du territoire ni les règles essentielles d'organisation et de fonctionnement de celles-ci ».

3° *L'article 53 al. 3 : Le territoire d'outre-mer, collectivité territoriale susceptible de sortir de la République.*

31 . Dans la décision *196 DC du 8 août* (§ 6), le Conseil constitutionnel a admis – comme il l'avait déjà fait dans sa décision 59 DC du 30 décembre 1975 relative à l'autodétermination des Comores – l'applicabilité de l'article 53 al. 3 de la Constitution au cas des T.O.M., aux termes duquel « nulle cession, nul échange de territoire n'est valable sans le consentement des populations intéressées ». Cette applicabilité a été réaffirmée dans la décision 226 DC du 2 juin 1987.

32 . L'interprétation de l'alinéa 3 de l'article 53 avait donné lieu, au début de la Ve République, à une série de discussions quant à l'applicabilité d'une procédure de cession ou d'échange à un cas de sécession. Le Conseil constitutionnel a tranché clairement en faveur de l'applicabilité dans la décision précitée du 30 décembre 1975.

33 . Députés socialistes et communistes ont mis en cause, en décembre 1975, la loi par laquelle était reconnue l'indépendance des trois îles de l'archipel des Comores tandis que le sort de la quatrième, Mayotte, devait être tranché après consultation de sa population : les députés de l'Union de la Gauche reprochaient à cette loi de ne pas avoir *globalement* reconnu l'indépendance de l'archipel et d'avoir ainsi méconnu les règles du « droit public international », notamment celles contenues dans la charte des Nations-Unies, et des principes généraux du droit qui imposeraient notamment la non-balkanisation des territoires coloniaux accédant à l'indépendance.

En fait, dans sa décision 59 DC (île de Mayotte), le Conseil constitutionnel a refusé de se placer sur le terrain du droit international, et a apprécié la constitutionnalité de la loi au regard du seul article 53 de la Constitution. Ce faisant, il a donné de cet article une interprétation décisive, consacrant ce que l'on a appelé la « doctrine Capitant » (cf. J.-C. Maestre, *R.D.P.*, 1976, p. 431).

34 . a) *Cette « doctrine », développée par le professeur René Capitant* dans un rapport rédigé au nom de la Commission des lois de l'Assemblée nationale (Doc. n° 2199, 1966) avant le scrutin d'autodétermination de Djibouti en 1966, consiste à considérer que l'article 53 de la Constitution vise non seulement les hypothèses de « cession de territoire » – expression effectivement contenue dans le

texte –, mais aussi celles de « sécession », bien que le texte soit muet sur ce point et n'ait pas été visiblement pris en ce sens. Cette interprétation ayant déjà été consacrée une fois (Djibouti en 1966), sinon deux (l'Algérie), il était difficile au Conseil constitutionnel de ne pas l'adopter :

> « Considérant que les dispositions de cet article doivent être interprétées comme étant applicables, non seulement dans l'hypothèse où la France céderait à un État étranger ou bien acquerrait de celui-ci un territoire, mais aussi dans l'hypothèse où un territoire cesserait d'appartenir à la République pour constituer un État indépendant ou y être rattaché ».

La portée du dernier alinéa de l'article 53 est donc désormais fixée, et cela dans un sens qui semble communément admis, mais qui n'est pas – il faut le constater – le sens littéral et premier. On observera cependant que la référence, dorénavant autorisée officiellement, à l'article 53, dernier alinéa, au cas de sécession, aura deux sens, même si, en l'espèce, le Conseil constitutionnel n'a en vue que le second : 1° La sécession d'un territoire est constitutionnellement possible ; 2° Elle doit être précédée d'une consultation des populations intéressées.

35 . En « recréant le droit », le juge constitutionnel adapte la Constitution aux exigences nouvelles et évite ainsi, soit un blocage du processus de décolonisation, soit une révision de la Constitution (comme le montre en effet J.-C. Maestre, seule une révision de la Constitution aurait permis de rouvrir le délai). Certes, en l'espèce, tel n'était pas le but poursuivi, puisque ni l'opposition ni le gouvernement ne mettaient en doute la régularité constitutionnelle d'une sécession des Comores ; mais tel est le but atteint cependant, de manière implicite sinon involontaire. Le Conseil constitutionnel avait besoin du dernier alinéa de l'article 53 pour établir la nécessité d'une consultation de la population de Mayotte et il a du même coup, en invoquant ce texte, validé la sécession d'un territoire d'outre-mer au-delà du délai d'option ouvert en 1958 par les articles 76 et 91 de la Constitution. Il a même rétroactivement justifié le référendum organisé à Djibouti en 1966. À vrai dire, il convient de parler de consultation et non de référendum.

36 . En 1966, M. Prélot s'était séparé de R. Capitant sur un seul point : *la nature juridique de la consultation prévue à l'article 53.* À l'Assemblée, R. Capitant avait soutenu qu'il ne s'agissait pas d'un véritable référendum et qu'en conséquence l'article 60 de la Constitution, prévoyant la compétence du Conseil constitutionnel pour connaître des opérations de référendum, ne s'appliquait pas en l'espèce. Au contraire, devant le Sénat, M. Prélot, refusant cette argumentation, s'était prononcé pour l'assimilation de cette consultation aux référendums des articles 11 et 89 et donc pour la compétence du Conseil constitutionnel. Le Parlement avait suivi R. Capitant ; néanmoins, l'argumentation de M. Prélot ne manquait pas de pertinence, et l'on pouvait penser que si le Conseil constitutionnel avait été saisi à l'époque du texte de la loi organisant la consultation à Djibouti, sa décision n'eût pas manqué d'intérêt quant à la notion de référendum et à la définition de sa propre compétence.

En l'espèce, le Conseil constitutionnel n'a pas été saisi sur ce point précis, mais il se prononce néanmoins implicitement sur la question et cela de manière nette. En effet, la formule générale par laquelle il déclare que « les dispositions autres que les deux premiers articles ne sont contraires à aucune disposition de la Constitution » valide, par là même, l'attribution de la compétence de contrôle des opérations électorales à une commission *ad hoc*, marquant ainsi que ce contrôle ne relève pas de lui parce qu'il ne s'agit pas d'un référendum. Le juge constitutionnel a ainsi, non seulement défini la nature juridique de la consultation prévue par l'article 53, mais aussi délimité négativement sa compétence consultative et juridictionnelle : l'organisation et le contentieux des référendums ayant pour objet de consulter les populations de certaines parties du territoire sur leur volonté de rester ou de sortir de l'ensemble français, ou sur leur désir de modifier ou non leur statut au sein de la République (de territoire d'outre-mer devenir par exemple département d'outre-mer), échappent à l'appréciation du Conseil constitutionnel. La Haute juridiction est donc exclusivement le juge des référendums organisés à l'intention de l'ensemble de la population française, à l'exclusion de ceux qui, bien que pouvant avoir une portée nationale, ne s'adressent qu'à une fraction de la population : référendums djiboutien, comorien, mahorais, de Saint-Pierre-et-Miquelon, etc.. Certes, cette interprétation se conçoit très bien si l'on considère que le constituant a vraisemblablement voulu viser les référendums des articles 11 et 89 en prévoyant la compétence du Conseil à l'article 60, mais, l'admission de sa compétence par le Conseil constitutionnel aurait pu se concevoir également, ne serait-ce *que pour affirmer* la *plénitude* de compétence du juge constitutionnel en matière de votations politiques. Il est vrai qu'il y avait déjà un précédent (Djibouti), et qu'il aurait été difficile de le désavouer *a posteriori*.

37 . b) Ce qui importait en fait au Conseil constitutionnel, c'était d'affirmer, d'une part, que *la procédure de sécession* doit comporter la consultation de chaque population intéressée et, d'autre part, que la sécession ne peut être autorisée et prendre effet qu'après la décision prise par le Parlement souverain. Le Parlement et donc la République restent maîtres de la décision d'accorder l'indépendance et du moment auquel cette indépendance prendra effet ainsi que des modalités. Une « instance internationale », quelle qu'elle soit, ne peut définir ni le moment, ni les conditions ou modalités de l'accession d'un territoire à l'indépendance. Tant que ce vote du Parlement n'est pas intervenu, le territoire est toujours partie intégrante de la République française et, en conséquence, il reste soumis aux règles constitutionnelles françaises :

> « Considérant que l'île Mayotte fait partie de la République française ; que cette constatation ne peut être faite que dans le cadre de la Constitution, nonobstant toute intervention d'une instance internationale...».

Ceci est conforme à la conception selon laquelle c'est à l'État qui est touché par un mouvement de sécession de consentir à la sécession et d'en déterminer souverainement les conditions de mise en œuvre. Le Conseil constitutionnel consacre cette conception qui est celle de la France traditionnellement. Sa décision ne peut manquer de retenir l'attention sur ce point. Elle a d'ailleurs été clairement confirmée, depuis, par la décision 226 DC précitée, aux termes de laquelle la mise en œuvre des principes de libre détermination des peuples « doit permettre, *dans le cadre de la Constitution*, aux populations consultées par les autorités compétentes de la République de manifester leur volonté » (§ 6).

38 . La question qui se pose est celle de savoir s'il pouvait ainsi apprécier la régularité de la procédure au regard du seul droit interne.

D'après l'article 61 de la Constitution, le Conseil constitutionnel se prononce sur la conformité des lois « à la Constitution ». Certes, la notion de Constitution peut être entendue largement, et le bloc de constitutionnalité comprend, selon la jurisprudence même de la Haute Juridiction, d'autres règles que celles énoncées dans les articles de la Constitution. Mais, lorsque l'un de ces articles contient une règle précise, il est évident que la conformité de la loi doit s'apprécier au regard de cette règle. C'est la démarche qu'a suivie le Conseil constitutionnel après avoir fixé le contenu de l'article 53, al. 3. Cette démarche peut trouver une justification supplémentaire dans le fait que même si la règle constitutionnelle est contraire à une règle de droit international, et même si l'on admet que la seconde doit s'imposer à la première, il n'est pas possible au Conseil constitutionnel de déclarer la Constitution contraire au Droit. Cela résulte d'ailleurs implicitement de l'article 54 de la Constitution selon lequel les traités contraires à la Constitution ne peuvent être ratifiés qu'après révision de celle-ci.

Il en va différemment lorsque la règle constitutionnelle n'existe pas et que la règle internationale peut la suppléer. Ainsi, si la Constitution française n'avait pas aménagé dans l'article 53 la mise en œuvre du principe de libre détermination des peuples en droit interne, il aurait pu être fait appel directement aux principes de droit international.

La référence aux principes du « droit public international » que la République s'est engagée à respecter n'a de valeur que si la Constitution a consacré et aménagé ces principes ou s'ils ne sont pas contraires à une disposition formelle de la Constitution. Nous retrouvons là une démarche déjà suivie dans la décision du *15 janvier 1975* *.

39 . d) L'interprétation donnée par le Conseil constitutionnel de l'article 53, al. 3, rend possible la sécession d'une partie du territoire : mais cela est-il valable seulement pour les territoires d'outre-mer ou bien pour toute partie composante de la République telle que les départements d'outre-mer (ou métropolitains) ?

On peut tout d'abord considérer que le Conseil constitutionnel n'a entendu faire jouer le droit de sécession qu'au profit des territoires d'outre-mer : en effet, le préambule n'invoque expressément le principe de la « libre détermination des peuples », qu'à propos des territoires d'outre-mer ; par ailleurs, l'article 53 n'a joué en ce sens que pour deux territoires d'outre-mer (Djibouti et les Comores) ; enfin, le Conseil constitutionnel statue sur le cas d'un territoire d'outre-mer. La portée de l'article 53, al. 3, serait donc limitée au cas des territoires d'outre-mer, ainsi que l'affirmait R. Capitant en soulignant qu'il ne pouvait s'appliquer aux départements d'outre-mer.

Si, toutefois, on s'attache seulement à la lettre de la décision 59 DC, on constate que le Conseil constitutionnel n'a fait aucune réserve et que s'il a employé le terme de « territoire », c'est comme il l'a dit lui-même, dans un sens différent de celui de territoire d'outre-mer. Doit-on alors considérer que le droit de sécession s'applique aussi aux diverses parties du territoire national et notamment aux départements d'outre-mer et métropolitains ?

Il est difficile d'affirmer que telle a été la volonté du Conseil constitutionnel puisqu'il ne statuait que sur le cas d'un territoire d'outre-mer ; mais la formulation générale employée n'exclut pas cette possibilité. Si l'on admettait cette interprétation large, il conviendrait cependant de noter que le droit de sécession a joué pour une île d'une certaine dimension, entourée d'eaux internationales et qu'il en irait peut-être différemment pour des départements inclus dans l'hexagone. La Corse, en revanche, présenterait à juger le même cas et l'on peut se demander, si c'est pour cette raison que le député corse Alfonsi a finalement refusé de signer le recours.

La décision précitée du 2 juin 1987 apporte une réponse lorsqu'elle fait expressément référence, à propos du processus d'autodétermination de la Nouvelle-Calédonie, « aux principes de libre détermination des peuples et de libre manifestation de leur volonté, *spécifiquement prévus pour les territoires d'outre-mer* par l'alinéa 2 du préambule ». *A contrario* ceci exclut les autres collectivités territoriales de la République.

40 . La décision 226 DC (2 juin 1987) a apporté deux précisions quant aux conditions de « la consultation des populations intéressées ».

Le Conseil constitutionnel a précisé d'abord très nettement que « la question posée aux populations intéressées doit satisfaire à la double exigence de loyauté et de clarté (et) que s'il est loisible aux pouvoirs publics, dans le cadre de leurs compétences, d'indiquer aux populations intéressées les orientations envisagées, la question posée aux votants ne doit pas comporter d'équivoque » (§ 7). Et, en l'espèce, il a estimé que la question posée comportait des termes équivoques et il a invalidé les dispositions les contenant.

S'agissant de la notion de « populations intéressées » il aurait implicitement admis que l'exigence de résidence de trois années en Nouvelle-Calédonie pour être électeur n'était pas contraire à la Constitution (B. Genevois, *op. cit.*, p. 325) : mais il faut déduire cela de la non-invocation d'office par le Conseil de l'inconstitutionnalité d'une telle disposition. En toute hypothèse, il eût certainement soulevé d'office l'inconstitutionnalité de l'exigence d'une résidence de dix ans contenue dans le nouveau statut de la Nouvelle-Calédonie (adopté le 6 novembre 1988) si la loi n'avait pas été votée par référendum pour la soustraire à son contrôle (voir obs. L. Favoreu, in *Le Monde* du 4 novembre 1988).

39

25-26 juin 1986

PRIVATISATIONS
(207 DC)

Droit constitutionnel économique
Ordonnances de l'article 38
Services publics constitutionnels

Décision n° 86-207 DC, Rec. 61, *RJC* I-254.
Saisine par 92 députés et 61 sénateurs.
Contrôle de la loi d'habilitation autorisant le Gouvernement à prendre par ordonnances des mesures de privatisation.
Régime juridique des ordonnances de l'article 38.
Régime juridique des privatisations.
Notion de service public constitutionnel.

RÉFÉRENCES

a) *Notes doctrinales*

- AVRIL (P.) et GICQUEL (J.) : *Pouvoirs*, nº 40 (1987, p. 178) - FAVOREU (L.) : *R.D.P.*, 1989 nº 2, p.399 - GENEVOIS (B.) : *A.I.J.C.*, 1986, p.427 et 454 - GUYON (Y.) : *Revue des sociétés*, 1986, p. 606 - RIVERO (J.) : *A.J.D.A.*, 1986, p. 575.

b) *Autres références*

• *Sur les lois de privatisations :*

- COFFY DE BOISDEFFRE (M.J.) : *Act. Lég. Dalloz* 1987 p. 21 - D'ORMESSON (O.) et MARTIN (D.) : L'élaboration des lois de privatisation, Présentation générale du cadre juridique, *Droit et pratique du commerce international* 1987 nº 3 p. 405-456 - DURUPTY (M.) : *Les privatisations en France,* Paris (N.E.D. nº 4857) 1988 - GUYON (Y.) : L'évaluation des valeurs mobilières à l'occasion des opérations de privatisation, *R.F.D.A.* 1987 nº 2, p. 170-176 - RAPP (L.) : Les lois de privatisation et la « respiration » du secteur public, *ibid*, p. 153-176 - PENE (D.) : La privatisation en France, *A.J.D.A.* 1987, p. 291-303.

• *Sur les ordonnances de l'article 38* :

- BOYER-MERENTIER (C.) : « Les ordonnances de l'article 38 de la Constitution, une place ambiguë dans la hiérarchie des normes », *R.F.D.A.*, 1998, nº 5, p. 924. - FAVOREU (L.) : « Le pouvoir normatif primaire du Gouvernement en droit français », *R.F.D.C.*, 1997-32, p. 713 ; « Principes généraux du droit et ordonnances non codifiées », *R.F.D.A.*, 1996, nº 6, p. 1111. - MAUGUË (C.) : « Le contrôle par le juge administratif des ordonnances non codifiées », *R.F.D.A.*, 1996, nº 6, p. 1109.

• *Sur les services publics constitutionnels* :

- ESPUGLAS (P.) : *Conseil constitutionnel et service public*, coll. Bibliothèque constitutionnelle et de science politique, L.G.D.J., 1994.

• *Articles de presse* :

- COLOMBANI (J.M.) : Le juge ménage l'avenir, *Le Monde* 28 juin 1986 - FAVOREU (L.) : Contradictions, *Le Monde,* 22 juillet 1986 - DUVERGER (M.) : Le sifflet des arbitres, Le *Monde*, 22 juillet 1986.

c) *Jurisprudence*

- *sur le régime juridique des ordonnances de l'article 38 :*

• 73 L du 29 février 1972, *Rec.* 31, *RJC* II-48..
• 72 DC du 12 janvier 1977, *Rec.* 31, *RJC* I-42.
• 134 DC du 5 janvier 1982, *Rec.* 15, *RJC* I-113.
• 156 DC du 28 mai 1983, *Rec.* 41, *RJC* I-152.
• 170 DC du 4 juin 1984, *Rec.* 45, *RJC* I-183.
• 176 DC du 25 juillet 1984, *Rec.* 55, *RJC* I-192.
• *196 DC du 8 août 1985 **.
• *208 DC des 1er-2 juillet 1986 **.
• 224 DC du 23 janvier 1987 *.
• 370 DC du 30 décembre 1995, *RJC* I-650.

- *sur le régime juridique des privatisations :*

• *132 DC du 16 janvier 1982 **.
• 217 DC du 18 septembre 1986, *Rec.* 141, *RJC* I-283.
• 254 DC du 4 juillet 1989, *Rec.* 41, *RJC* I-352.
• 182 L du 6 mars 1998, *J.O.* 10 mars 1998, p. 3629, *Rec.* 184.

- *sur les services publics constitutionnels :*

• 217 DC du 18 septembre 1986, *Rec.* 141, *RJC* I-283.
• 232 DC du 7 janvier 1988, *Rec.* 17, *RJC* I-317.
• 380 DC du 23 juillet 1996, *Rec.* 107,*RJC* I-681.

Le Conseil constitutionnel,

A été saisi, d'une part, le 3 juin 1986, par MM. Pierre Joxe et autres députés et, d'autre part, le 4 juin 1986, par MM. André Méric et autres sénateurs, dans les conditions prévues à l'article 61, alinéa 2 de la Constitution, de la conformité à celle-ci de la loi autorisant le Gouvernement à prendre diverses mesures d'ordre économique et social.

Le Conseil constitutionnel,

Vu la Constitution ;

Vu l'ordonnance nº 58-1067 du 7 novembre 1958 portant loi organique sur le Conseil constitutionnel, notamment les articles figurant au chapitre II du titre II de ladite ordonnance ;

Vu l'ordonnance nº 58-1360 du 29 décembre 1958 portant loi organique relative au Conseil économique et social ;

Vu l'ordonnance nº 59-2 du 2 janvier 1959 portant loi organique relative aux lois de finances ;

Le rapporteur ayant été entendu ;

1. Considérant que la loi autorisant le Gouvernement à prendre diverses mesures d'ordre économique et social, soumise à l'examen du Conseil constitutionnel, tend, en ce qui concerne la plupart de ses dispositions, à permettre au Gouvernement de prendre par ordonnances, pendant un délai limité, des mesures qui sont normalement du domaine de la loi ; qu'elle fait référence à l'article 38 de la Constitution ;
2. Considérant que l'article 38 de la Constitution dispose :
3. Considérant que la Constitution ne soumet le recours à cette procédure à aucune autre condition que celles énoncées à l'article 38 précité et à l'article 13 aux termes duquel «le Président de la République signe les ordonnances et les décrets délibérés en conseil des ministres» ;

[...]

Sur la procédure législative :

En ce qui concerne l'absence de consultation du Conseil économique et social :

[...]

6. Considérant qu'en vertu de l'article 70 de la Constitution «tout plan ou tout projet de loi de programme à caractère économique ou social» est soumis pour avis au Conseil économique et social ; que l'article 2 de l'ordonnance nº 58-1360 du 29 décembre 1958 portant loi organique relative au Conseil économique et social précise, dans son deuxième alinéa, que ce conseil «est obligatoirement saisi pour avis des projets de loi de programme ou de plans à caractère économique ou social, à l'exception des lois de finances» et, dans son quatrième alinéa, qu'il peut «être consulté sur tout problème de caractère économique ou social intéressant la République» ; qu'aux termes de l'avant-dernier alinéa de l'article 34 de la Constitution «des lois de programme déterminent les objectifs de l'action économique et sociale de l'État» ; que le dernier alinéa de l'article 1er de l'ordonnance nº 59-2 du 2 janvier 1959 portant loi organique relative aux lois de finances dispose que "les plans approuvés par le Parlement, définissant des objectifs à long terme, ne peuvent donner lieu à des engagements de l'État que dans les limites déterminées par des autorisations de programme votées dans les conditions fixées par la présente ordonnance. Les autorisations de programme peuvent être groupées dans des lois dites « lois de programme » ;
7. Considérant qu'il résulte de la combinaison de ces dispositions que, pour l'application de l'article 70 de la Constitution, on doit entendre par "loi de programme à caractère économique ou social" une loi qui, non seulement définit des objectifs à moyen ou long terme en matière économique et sociale, mais comporte, en outre, des prévisions de dépenses chiffrées pour la réalisation de ces objectifs ;
8. Considérant que, si la loi soumise à l'examen du Conseil constitutionnel se réfère à certains objectifs de caractère économique et social proposés par le gouvernement, elle ne comporte aucune prévision de dépenses chiffrées ; qu'ainsi le vote de ladite loi ne devait pas être obligatoirement précédé de la consultation du Conseil économique et social, même s'il eût été loisible au Gouvernement, en application du quatrième alinéa de l'article 2 de l'ordonnance nº 58-1360, de procéder à la consultation de cet organisme ;

En ce qui concerne les conditions dans lesquelles la loi a été examinée par l'Assemblée nationale et par le Sénat :

9. Considérant que les sénateurs, auteurs de la seconde saisine, soutiennent que la procédure législative ayant abouti au vote de la loi présentement examinée n'a respecté ni la lettre ni l'esprit des articles 41 à 45 de la Constitution et particulièrement de l'article 45, aux termes duquel : «Tout projet ou proposition de loi est examiné successivement dans les deux assemblées du Parlement en vue de l'adoption d'un texte identique» ;

[...]

11. Considérant que, indépendamment des discussions ou consultations auxquelles le projet de loi a donné lieu avant sa transmission au Sénat, il ressort de l'examen de la procédure législative que le texte adopté par l'Assemblée nationale en première lecture a été transmis au Sénat puis a été débattu par celui-ci au cours de huit séances ; que plusieurs centaines d'amendements ont été déposés et discutés ; qu'ainsi les prescriptions des articles 41 à 45 de la Constitution n'ont pas été méconnues ;

En ce qui concerne l'ensemble de la procédure législative :

12. Considérant qu'il résulte de ce qui précède que la loi soumise à l'examen du Conseil constitutionnel n'a pas été adoptée selon une procédure contraire à la Constitution ;

Sur le fond :

13. Considérant que, s'il est spécifié à l'alinéa 1er de l'article 38 de la Constitution précité que c'est pour l'exécution de son programme que le Gouvernement se voit attribuer la possibilité de demander au Parlement l'autorisation de prendre, par voie d'ordonnances pendant un délai limité, des mesures qui sont normalement du domaine de la loi, ce texte doit être entendu comme faisant obligation au Gouvernement d'indiquer avec précision au Parlement quelle est la finalité des mesures qu'il se propose de prendre et leurs domaines d'intervention ;

14. *Considérant que les dispositions d'une loi d'habilitation ne sauraient avoir ni pour objet ni pour effet de dispenser le Gouvernement, dans l'exercice des pouvoirs qui lui sont conférés en application de l'article 38 de la Constitution, du respect des règles et principes de valeur constitutionnelle ;*

15. Considérant qu'il appartient au Conseil constitutionnel, d'une part, de vérifier que la loi d'habilitation ne comporte aucune dispositions qui permettrait de méconnaître ces règles et principes, d'autre part, *de n'admettre la conformité à la Constitution de la loi d'habilitation que sous l'expresse condition qu'elle soit interprétée et appliquée dans le strict respect de la Constitution* ;

16. Considérant que les auteurs de l'une et de l'autre saisine élèvent des griefs d'inconstitutionnalité à l'encontre de chacun des articles 1er à 7 de la loi ;

En ce qui concerne l'article 1er de la loi :

17. Considérant que l'article 1er de la loi est ainsi conçu

[...]

Quant au grief tiré du défaut de précision des termes de l'habilitation :

21. Considérant que, si le Gouvernement doit définir avec précision les finalités de l'habilitation qu'il demande en vue de la réalisation de son programme, *il n'est pas tenu de faire connaître la teneur des ordonnances qu'il prendra en vertu de cette habilitation* et qu'il ne lui est pas interdit de faire dépendre cette teneur des résultats de travaux et d'études dont il ne connaîtra que plus tard les conclusions ;

22. Considérant que, si l'article 1er de la loi assigne comme finalité aux ordonnances qu'il autorise le Gouvernement à prendre la définition d'un nouveau droit de la concurrence et la recherche d'une plus grande liberté de gestion aux entreprises, il n'autorise pas pour autant le Gouvernement à modifier ou à abroger l'ensemble des règles de droit civil, commercial, pénal, administratif ou social intéressant la vie économique ; qu'il résulte de ses termes, éclairés par les travaux préparatoires et, notamment, par les déclarations du Gouvernement devant le Parlement, que l'habilitation demandée vise la modification ou l'abrogation des dispositions spécifiques de la législation économique relatives au contrôle des concentrations, à la concurrence et aux prix ainsi qu'à la répression des infractions économiques contenues dans les ordonnances du 30 juin 1945, dans la loi nº 77-806 du 19 juillet 1977 et dans les dispositions législatives particulières sur les prix ; *que, dans ces limites, l'habilitation accordée par l'article 1er n'est pas contraire aux termes de l'article 38 de la Constitution ;*

23. Considérant que la précision apportée par l'alinéa 2 de l'article 1er sur les garanties au profit des agents économiques et sur le caractère contradictoire des procédures ne saurait être entendue comme excluant les autres garanties résultant des *principes et règles de valeur constitutionnelle et en particulier celles relatives au contrôle juridictionnel et aux droits de la défense* ; qu'elle ne saurait davantage être comprise comme excluant des garanties les personnes physiques ou morales n'ayant pas la qualité d'agents économiques ;

24. Considérant de même que les ordonnances ne sauraient être contraires, *en méconnaissance de l'article 55 de la Constitution* aux obligations internationales de la France ;

Quant à la constitutionnalité de l'abrogation éventuelle des ordonnances du 30 juin 1945 relatives aux prix :

25. Considérant qu'aucun principe ou règle de valeur constitutionnelle n'exige que le législateur édicte des textes de portée permanente conférant au Gouvernement des pouvoirs particuliers en cas de circonstances éventuelles ; que, d'ailleurs, l'article 1er de la loi, s'il autorise la modification ou l'abrogation des ordonnances du 30 juin 1945 relatives aux prix, ne permet pas que soient modifiés ou abrogés les règles ou les principes actuellement en vigueur donnant compétence au Gouvernement ou aux agents de l'autorité publique en cas de crise, de circonstances exceptionnelles ou de calamité nationale :

Quant à l'ensemble de l'article 1er :

26. Considérant que, dans les limites et sous la réserve de l'interprétation qui viennent d'être énoncées, l'article 1er de la loi n'est pas contraire à la Constitution :

En ce qui concerne l'article 2 de la loi :

[...]

Quant au grief tiré du défaut de précision de l'habilitation :

[...]

29. Considérant que ces critiques ne sauraient être accueillies ; qu'en effet, la finalité de l'autorisation accordée au Gouvernement par l'article 2 et le domaine dans lequel les ordonnances pourront intervenir sont définis avec une précision suffisante pour satisfaire aux exigences de l'article 38 de la Constitution ;

Quant au grief de la méconnaissance du principe d'égalité :

[...]

31. Considérant qu'aucun principe non plus qu'aucune règle de valeur constitutionnelle n'interdit au législateur de prendre des mesures propres à venir en aide à des catégories de personnes défavorisées ; que le législateur pouvait donc, en vue d'améliorer l'emploi des jeunes, autoriser des mesures propres à cette catégorie de travailleurs ; que les différences de traitement qui peuvent résulter de ces mesures entre catégories de travailleurs ou catégories d'entreprises répondent à une fin d'intérêt général qu'il appartenait au législateur d'apprécier et ne sont, dès lors, pas contraires à la Constitution ;

32. Considérant que, d'ailleurs, les dispositions de l'article 2 n'autorisent ni la méconnaissance du droit au travail ni celle des obligations internationales de la France ;

[...]

34. Considérant qu'en réservant le bénéfice du report de la limite d'âge aux mères d'enfants nés vivants, le législateur ne s'est pas fondé sur une appréciation discriminatoire de la situation des mères intéressées mais sur la nécessité de définir de façon claire et objective le critère auquel est attaché le report de la limite d'âge ; qu'ainsi le principe d'égalité n'a pas été méconnu ;

Quant au grief tiré de la méconnaissance du principe de non-rétroactivité ;

35. Considérant *que le principe de non-rétroactivité des lois n'a valeur constitutionnelle, en vertu de la Déclaration des droits de l'homme de 1789, qu'en matière répressive* ; que, dès lors, les dispositions du 1 de l'article 2, qui permettent d'attacher une portée rétroactive aux exonérations de charges sociales autorisées par la loi, ne sont pas contraires à la Constitution ;

Quant au grief tiré de la violation de l'ordonnance nº 59-2 du 2 janvier 1959 portant loi organique relative aux lois de finances :

[...]

37. Considérant que la prohibition portée par le quatrième alinéa de l'article 1er de l'ordonnance nº 59-2 est limitée aux mesures législatives ou réglementaires qui, lors de leur application, auraient pour conséquence de compromettre l'équilibre financier par des charges nouvelles dont l'incidence n'aurait pu, au préalable, être appréciée et prise en compte dans une loi de finances ;

38. Considérant que les charges financières éventuelles que pourront entraîner les mesures prises en vertu de l'article 2 de la loi ne naîtront de ces mesures que lorsqu'elles seront appliquées ; qu'il y aura certes lieu, avant qu'elles n'entrent en vigueur, de faire application de la règle susmentionnée posée par le quatrième alinéa de l'article 1er de l'ordonnance nº 59-2, mais qu'en *revanche la loi d'habilitation elle-même peut autoriser le Gouvernement à prendre de telles mesures sans que les charges qui, éventuellement, découleront de celles-ci soient dès maintenant prévues, évaluées et autorisées* ;

Quant à l'ensemble de l'article 2 ;

Considérant qu'ainsi les dispositions de l'article 2 ne sont pas contraires à la Constitution ;

En ce qui concerne l'article 3 :

40. Considérant que l'article 3 de la loi dispose...

Quant au grief tiré du défaut de précision de l'habilitation

[...]

42. Considérant que ces critiques ne sauraient être accueillies ; qu'en effet, la finalité de l'autorisation accordée au Gouvernement par l'article 3 de la loi et le domaine dans lequel les ordonnances pourront intervenir sont définis avec une précision suffisante pour satisfaire aux exigences de l'article 38 de la Constitution ;

Quant au grief tiré de la méconnaissance du principe d'égalité :

[...]

44. Considérant que, d'une part, si le 2º de l'article 3 de la loi prévoit que la législation sur les sociétés anonymes pourra être modifiée en vue de permettre éventuellement à des représentants des salariés de siéger avec voix délibérative au sein du conseil d'administration ou au sein du conseil de surveillance et si des dispositions analogues ne sont pas prévues pour les sociétés d'une autre forme ou pour les entreprises individuelles, cette différence de traitement qui se justifie par les différences de régime juridique des entreprises n'est pas contraire au principe d'égalité ;

45. Considérant, d'autre part, que, s'il est exact que la participation des salariés aux résultats de l'entreprise peut entraîner des avantages inégaux ou variables, cette circonstance qui ne résulte pas d'une *discrimination arbitraire* et qui est la conséquence nécessaire de tout système de participation ne saurait être regardée comme correspondant à une violation du principe d'égalité ;

Quant à l'ensemble de l'article 3 :

46. Considérant dès lors que l'article 3 de la loi n'est pas contraire à la Constitution ;

En ce qui concerne les articles 4 et 5 de la loi et la liste annexée à la loi :

47. Considérant que l'article 4 de la loi est ainsi conçu :...

48. Considérant que l'article 5 de la loi dispose :...

49. Considérant que, sur la liste annexée à la loi et mentionnée à l'article 4 de celle-ci figurent soixante-cinq entreprises relevant du secteur public ;

Quant au principe des transferts du secteur public au secteur privé :

50. Considérant que l'article 34 de la Constitution place dans le domaine de la loi «les règles concernant[...] les nationalisations d'entreprises et les transferts de propriété d'entreprises du secteur public au secteur privé» ;

51. Considérant que, si *cette disposition laisse au législateur l'appréciation de l'opportunité des transferts du secteur public au secteur privé et la détermination des biens ou des entreprises sur lesquels ces transferts doivent porter, elle ne saurait le dispenser, dans l'exercice de sa compétence, du respect des principes et des règles de valeur constitutionnelle qui s'imposent à tous les organes de l'État* ;

Quant à la détermination des entreprises visées par l'article 4 et figurant sur la liste annexée à la loi :

52. Considérant que les députés auteurs de la première saisine soutiennent que les dispositions de l'article 4 et les énonciations de la liste d'entreprises annexée à la loi méconnaîtraient les dispositions du neuvième alinéa du préambule de la Constitution de 1946 aux termes duquel «tout bien, toute entreprise dont l'exploitation a ou acquiert les caractères d'un service public national ou d'un monopole

de fait, doit devenir la propriété de la collectivité» ; qu'il suit de là que serait contraire à la Constitution le transfert du secteur public au secteur privé de certaines entreprises figurant sur la liste annexée à la loi et dont l'exploitation revêt les caractères d'un service public national ou d'un monopole de fait ;

53. Considérant que, si la nécessité de certains services publics nationaux découle de principes ou de règles de valeur constitutionnelle, la détermination des autres activités qui doivent être érigées en service public national est laissée à l'appréciation du législateur ou de l'autorité réglementaire selon les cas ; qu'il suit de là que le fait qu'une activité ait été érigée en service public par le législateur sans que la Constitution l'ait exigé ne fait pas obstacle à ce que cette activité fasse, comme l'entreprise qui en est chargée, l'objet d'un transfert au secteur privé ;

54. Considérant qu'aucune des entreprises qui figurent sur la liste mentionnée à l'article 4 de la loi ne peut être regardée comme exploitant un service public dont l'existence et le fonctionnement seraient exigée par la Constitution ; qu'en particulier, à supposer que le législateur ait, comme le font valoir les députés auteurs de la première saisine, entendu créer par la nationalisation de l'ensemble des banques, un service public du crédit, cette création qui ne procédait d'aucune exigence constitutionnelle n'a pu mettre obstacle à ce que certaines activités de crédit et les banques qui s'y livrent fassent, en vertu d'une nouvelle législation, retour au secteur privé ;

55. Considérant que la notion de monopole de fait visée dans le neuvième alinéa précité du préambule de la Constitution de 1946 doit s'entendre compte tenu de l'ensemble du marché à l'intérieur duquel s'exercent les activités des entreprises ainsi que de la concurrence qu'elles affrontent dans ce marché de la part de l'ensemble des autres entreprises ; qu'on ne saurait prendre en compte les positions privilégiées que telle ou telle entreprise détient momentanément ou à l'égard d'une production qui ne représente qu'une partie de ses activités ; que, compte tenu de ces considérations, il n'est pas établi, en l'état, que ce soit par une erreur manifeste d'appréciation que les entreprises figurant sur la liste annexée à la loi ainsi que leurs filiales aient été regardées comme ne constituant pas des monopoles de fait ;

56. Considérant, dès lors, que la détermination des entreprises auxquelles s'appliquent les dispositions de l'article 4 de la loi conformément à la liste annexée à cette loi n'est pas contraire à la Constitution ;

Quant aux conditions et au prix auxquels seront transférées au secteur privé les entreprises visées à l'article 4 de la loi :

[...]

58. Considérant que la Constitution s'oppose à ce que des biens ou des entreprises faisant partie de patrimoines publics soient cédés à des personnes poursuivant des fins d'intérêt privé pour des prix inférieurs à leur valeur ; *que cette règle découle du principe d'égalité invoqué par les députés auteurs de la saisine* ; qu'elle ne trouve pas moins un fondement dans les dispositions de la Déclaration des droits de l'homme de 1789 relatives au droit de propriété et à la protection qui lui est due ; *que cette protection ne concerne pas seulement la propriété privée des particuliers mais aussi, à un titre égal, la propriété de l'État et des autres personnes publiques* ;

59. Mais considérant que l'article 4 de la loi prévoit, dans son deuxième alinéa, que les transferts seront effectués par le Gouvernement conformément aux règles définies par les ordonnances mentionnées à l'article 5 ; que l'article 5 de la loi prévoit que, par voie d'ordonnance, seront fixées les règles d'évaluation des entreprises et la détermination des prix d'offre, ce qui interdit de transférer les entreprises visées à l'article 4 de la loi lorsque le prix auquel elles pourraient être cédées serait inférieur à leur valeur réelle ; qu'il résulte des travaux préparatoires que le Gouvernement s'est engagé à faire procéder à des évaluations par des experts indépendants et à ne pas céder les entreprises visées à l'article 4 de la loi à un prix inférieur à leur valeur ; que les garanties qui doivent préserver l'indépendance nationale résulteront également des ordonnances prévues par l'article 5 de la loi ;

60. Considérant qu'il ressort de ce qui précède que l'article 4 de la loi doit se comprendre comme ne prévoyant la date limite du 1er mars 1991 que pour la réalisation des transferts à un prix conforme aux intérêts patrimoniaux de l'État, et dans le respect de l'indépendance nationale, étant entendu que les transferts qui, à cette date, n'auraient pas été engagés ou terminés ne pourraient avoir lieu ou s'achever qu'en vertu d'une nouvelle disposition législative ; que toute autre interprétation serait contraire à la Constitution.

61. Considérant, de même, que les dispositions de l'article 5 auxquelles renvoie le deuxième alinéa de l'article 4 doivent se comprendre comme imposant au Gouvernement de prendre par voie d'ordonnance les dispositions selon lesquelles l'évaluation de la valeur des entreprises à transférer sera faite par des experts compétents totalement indépendants des acquéreurs éventuels ; qu'elle sera conduite selon les méthodes objectives couramment pratiquées en matière de cession totale ou partielle d'actifs de société en tenant compte, selon une pondération appropriée à chaque cas, de la valeur boursière des titres, de la valeur des actifs, des bénéfices réalisés, de l'existence des filiales et des perspectives d'avenir ; que, de même, l'ordonnance devra interdire le transfert dans le cas où le prix proposé par les acquéreurs ne serait pas supérieur ou au moins égal à cette évaluation ; que le choix des acquéreurs ne devra procéder d'aucun privilège ; que l'indépendance nationale devra être préservée ; que toute autre interprétation serait contraire à la Constitution ;

Quant au grief tiré de ce que les transferts visés à l'article 4 pourraient être opérés sans que soient intervenues les ordonnances qui devront être prises en vertu de l'article 5 :

[...]

63. Considérant qu'aux termes du deuxième alinéa de l'article 4 de la loi "ces transferts seront effectués par le Gouvernement conformément aux règles définies par les ordonnances mentionnées à l'article 5" ; qu'il suit de ces dispositions que le Gouvernement ne peut opérer aucun des transferts visés à l'article 4 sans que les ordonnances visées au 1º de l'article 5 aient été prises ; qu'ainsi le moyen manque en fait ;

Quant au grief tiré de ce que la combinaison des articles 5 et 7 de la loi permettrait au Gouvernement de s'affranchir de la règle constitutionnelle selon laquelle les transferts du secteur public au secteur privé ne peuvent résulter que de la loi :

64. Considérant que ce grief formulé par les députés auteurs de la première saisine doit être réservé pour être joint à ceux concernant l'article 7 ;

65. *En ce qui concerne l'article 6 :*

Considérant que l'article 6 de la loi dispose : [...]

66. Considérant que les sénateurs auteurs de la seconde saisine font valoir à l'encontre des dispositions précitées que la décision de mettre fin, dans les conditions qu'elles prévoient et pour les entreprises qu'elles visent, au mandat du président du conseil d'administration ou du président-directeur général, selon le cas, ainsi qu'à celui des membres désignés des conseils d'administration procéderait de la volonté d'évincer, en raison de leurs opinions, les personnes ainsi visées ; que, dès lors, l'article 6, contraire tout à la fois à l'article 6 de la Déclaration de 1789 et *au cinquième alinéa* du Préambule de 1946, ne saurait être regardé comme conforme à la Constitution ;

67. Considérant que, *s'agissant d'entreprises dont l'activité ne touche pas à l'exercice des libertés publiques*, il était loisible au législateur, en vue de l'application de la loi présentement examinée, d'ouvrir la possibilité de changements dans l'administration de ces entreprises, sans pour autant méconnaître un principe ou une règle de valeur constitutionnelle ;

68. Considérant que les sénateurs auteurs de la seconde saisine font également valoir que les dispositions de l'article 6 seraient difficiles à harmoniser, voire inconciliables avec celles d'autres textes législatifs concernant la gestion des entreprises publiques et particulièrement avec la loi du 26 juillet 1983 relative à la démocratisation du secteur public ; que ce grief, même s'il était fondé, ne serait pas de nature à faire regarder l'article 6 de la loi comme contraire à la Constitution ;

69. Considérant qu'ainsi l'article 6 doit être déclaré non contraire à la Constitution ;

En ce qui concerne l'article 7 de la loi :

70. Considérant que l'article 7 de la loi présentement examinée dispose : [...]

72. *Considérant que l'article 34 de la Constitution n'impose pas que toute opération impliquant un transfert du secteur public au secteur privé soit directement décidée* par le législateur ; qu'il appartient à celui-ci de poser des règles dont l'application incombera aux autorités ou aux organes désignés par lui ; qu'il ne lui est cependant pas loisible d'attribuer aux seuls organes des entreprises concernées un pouvoir discrétionnaire d'appréciation et de décision soustrait à tout contrôle et d'une étendue excessive ;

73. Considérant que les sénateurs auteurs de l'une des saisines font grief au législateur de n'avoir pas englobé dans le critère des transferts devant être déterminés cas par cas par la loi les participations indirectes de l'État et celles des personnes publiques autres que l'État ;

74. Considérant que ce grief ne saurait être retenu ; qu'en effet, s'il n'est pas permis au législateur d'exclure de telles participations dans la détermination des entreprises appartenant au secteur public au sens de l'article 34 de la Constitution, aucun principe ou règle de valeur constitutionnelle ne lui impose de prévoir des modalités de transfert identiques entre les entreprises dans lesquelles l'État détient directement une partie du capital social et les autres entreprises y compris celles où la majorité des participations directes et indirectes appartient à l'État ou aux personnes publiques ;

[...]

76. Considérant que l'éventualité d'un détournement de procédure ou d'un abus *dans l'application d'une loi* ne saurait la faire regarder comme contraire à la Constitution ; que, d'ailleurs, il appartiendrait aux juridictions compétentes de paralyser et, le cas échéant, de réprimer de telles pratiques ;

77. Considérant que les députés auteurs de la première saisine font valoir que, en ne prenant pas le soin de déterminer lui-même la nature de l'autorité administrative devant approuver les opérations de transfert visées au paragraphe II de l'article 7, le législateur a opéré une subdélégation non permise par la Constitution ;

78. Considérant que ce grief ne saurait davantage être retenu ; qu'en effet *une loi d'habilitation a pour objet normal de confier à une ou plusieurs ordonnances le soin de poser des règles de compétence, de procédure ou de fond en vue de la réalisation des finalités qu'elle énonce* ; que tel est précisément l'objet du 2º de l'article 5 de la loi qui prévoit que seront définies par voie d'ordonnance les conditions juridiques des transferts visés par le paragraphe II de l'article 7, ce qui implique nécessairement la détermination des autorités compétentes ;

79. Considérant qu'ainsi les dispositions de l'article 7 de la loi présentement examinée ne sont pas contraires à la Constitution ; que, cependant, pour être conforme aux exigences de l'article 34 de la Constitution telles qu'elles ont été rappelées plus haut l'ordonnance prévoyant les conditions de délivrance de l'autorisation administrative visée au paragraphe II de l'article 7 devra non seulement respecter les prescriptions précédemment énoncées relatives aux conditions de transfert, mais également comporter des dispositions qui, d'une part, tiendront compte de l'incidence sur le prix du transfert, des charges qui demeureront pour le secteur public après la cession et, d'autre part, seront de nature à garantir un contrôle effectif de la régularité et de la finalité des transferts selon des procédures et par des autorités appropriées ; qu'en outre, pour les transferts qui concernent des entreprises dans lesquelles des collectivités territoriales ont des intérêts, les dispositions dont il s'agit devront respecter le principe de libre administration de ces collectivités posé par l'article 72 de la Constitution ; qu'enfin devront être respectées les dispositions du neuvième alinéa du préambule de la Constitution de 1946 relatives à la nationalisation des entreprises dont l'exploitation présente les caractères d'un service public national ou d'un monopole de fait ;

Sur les autres dispositions de la loi soumise à l'examen du Conseil constitutionnel :

80. Considérant que les autres dispositions de la loi soumise à l'examen du Conseil constitutionnel ne sont pas contraires à la Constitution,

Décide :

Article premier- Sous les strictes réserves d'interprétation énoncées plus haut, la loi autorisant le Gouvernement à prendre diverses mesures d'ordre économique et social n'est pas contraire à la Constitution.

Art. 2 - La présente décision sera publiée au *Journal officiel* de la République française.

Délibéré par le Conseil constitutionnel dans ses séances des 25 et 26 juin 1986.

(*J.O.* 27 juin 1986, pp. 7978-7983)

La composition du Conseil constitutionnel aux dates des 25 et 26 juin 1986 était la suivante : M. BADINTER (Président), MM. FABRE, JOXE, JOZEAU-MARIGNÉ, LECOURT, MARCILHACY, MAYER, SIMONNET, VEDEL.

OBSERVATIONS

1 . Après les élections de mars 1986, le nouveau gouvernement de J. Chirac, à peine mis en place, a entrepris de faire voter la loi d'habilitation l'autorisant à opérer la privatisation d'entreprises publiques par voie d'ordonnances.

Le projet de loi est adopté début avril et la discussion a lieu à l'Assemblée nationale du 22 au 30 avril, puis du 5 au 15 mai. Ce projet est considéré comme adopté après invocation de l'article 49 al. 3 par le gouvernement, le 16 mai. La discussion a lieu au Sénat du 21 mai au 2 juin et le vote de la Haute assemblée a lieu le 2 juin. Le Conseil constitutionnel est saisi le 3 juin par 92 députés et le 4 juin par 61 sénateurs des groupes socialistes des deux assemblées.

La loi est déclarée conforme par le Conseil constitutionnel par la présente décision des *25-26 juin*, et elle est promulguée le 2 juillet (loi n° 88-793, *J.O.* du 3 juil. 1986, p. 8240). Le projet d'ordonnance portant privatisation est adopté en Conseil des ministres mais le Président de la République, le 14 juillet, refuse de signer l'ordonnance.

Le gouvernement revient alors vers la voie parlementaire et fait adopter un projet de loi se substituant à l'ordonnance qui deviendra la loi du 6 août (loi n° 86-912, *J.O.* du 7 août, p. 9695), le Conseil constitutionnel n'ayant pas été saisi à nouveau par les parlementaires de l'opposition. Par cette loi du 6 août sont prévues les modalités de la privatisation des 65 entreprises publiques figurant sur la liste annexe à la loi du 2 juillet.

2 . La décision des *25-26 juin 1986* est une des plus longues qui aient été rendues jusqu'ici (80 considérants).

La loi est finalement déclarée conforme mais « sous les strictes réserves d'interprétation énoncées » dans les motifs. De nombreuses questions sont abordées ou traitées. Mais nous en retiendrons essentiellement trois : les ordonnances de l'article 38 (I), les privatisations (II) et les services publics constitutionnels (III).

I. Les ordonnances de l'article 38

3 . La décision des *25-26 juin* a mis l'accent sur la procédure de délégation législative de l'article 38 de la Constitution, après que majorité et opposition aient abondamment débattu des conditions d'utilisation de cette procédure et de ses limites et que le Président de la République ait mis en garde le gouvernement Chirac contre un trop fréquent recours à celle-ci.

L'article 38 de la Constitution dispose : « Le Gouvernement peut, pour l'exécution de son programme, demander au Parlement l'autorisation de prendre par ordonnances, pendant un délai limité, des mesures qui sont normalement du domaine de la loi.

Les ordonnances sont prises en Conseil des ministres après avis du Conseil d'État. Elles entrent en vigueur dès leur publication mais deviennent caduques si le projet de loi de ratification n'est pas déposé devant le Parlement avant la date fixée par la loi d'habilitation.

À l'expiration du délai mentionné au premier alinéa du présent article, les ordonnances ne peuvent plus être modifiées que par la loi dans les matières qui sont du domaine législatif ».

La décision des *25-26 juin 1986* est la première décision d'ensemble sur la question : mais avant et après elle d'autres décisions ont précisé le régime juridique des lois d'habilitation et des ordonnances.

1° *Ce qui était acquis avant la décision des 25-26 juin*

4 . La question de la *possibilité d'un recours contre une loi d'habilitation* avait été résolue par la décision 72 DC du 12 janvier 1977 (relative à « la loi autorisant le Gouvernement à modifier par ordonnances les circonscriptions pour l'élection des membres de la Chambre des députés du territoire français des Afars et des Issas ») qui, pour la première fois, a statué sur la conformité d'une loi d'habilitation à la Constitution (cf. nos obs. *in R.D.P.*, 1977, p. 470).

5 . Cette même décision avait également précisé la notion de *« programme »*, en réponse à l'argumentation des députés (socialistes et radicaux) requérants (voir nos observations plus détaillées sur ce point *in R.D.P.*, précitée ou *G.D.*, 4e édit., p. 414 et s.).

Dans leur requête, les députés socialistes et radicaux font valoir que le programme dont il est question à l'article 38 ne peut être que le « programme » dont le gouvernement doit, d'après l'article 49, demander l'approbation au moment de son entrée en fonction : « Il ressort des travaux préparatoires de la Constitution, tels qu'ils ont été publiés soit officiellement, soit par des personnalités ayant participé à l'élaboration de la Constitution qu'en raison de la nature parlementaire du régime, le programme visé à l'article 38 ne peut qu'être celui que le Premier ministre a préalablement soumis à l'Assemblée nationale et fait approuver par elle, conformément à l'article 49, al. 1er, de la Constitution ».

Or, le Premier ministre nommé le 25 août 1976 n'a pas engagé la responsabilité de son gouvernement sur un programme dans les conditions prévues à l'article 49, al. 1er. En conséquence, le Gouvernement ne pouvant demander une habilitation pour l'exécution d'un programme qui n'a été ni examiné ni agréé par l'Assemblée, la loi d'habilitation est irrégulière comme contraire à la Constitution. Et ce n'est pas la déclaration de politique générale faite le 5 octobre 1976 devant l'Assemblée qui pourrait remplacer la présentation et l'approbation du programme gouvernemental, car elle ne saurait être assimilée à un tel programme et en toute hypothèse, elle ne faisait aucune allusion à la situation dans le Territoire français des Afars et des Issas.

Cette argumentation des requérants fait sienne cette première interprétation de l'article 38 selon laquelle le programme visé est le programme *général* du gouvernement alors que, selon une autre interprétation, il suffit de présenter un programme *particulier*. Selon certains, enfin, on peut se demander si un programme est nécessaire.

6 . Entre ces trois interprétations, le Conseil constitutionnel a choisi la deuxième – celle du « programme particulier » – dans sa décision du 12 janvier ; « considérant que s'il est... spécifié à l'alinéa 1er de l'article 38... de la Constitution que c'est pour l'exécution de son programme que le Gouvernement se voit attribuer la possibilité de demander au Parlement l'autorisation de légiférer, par voie d'ordonnances, ...ce texte doit être entendu comme faisant obligation au Gouvernement d'indiquer avec précision au Parlement lors du dépôt d'un projet de loi d'habilitation et pour la justification de la demande présentée par lui, quelle est la finalité des mesures qu'il se propose de prendre ».

La première interprétation défendue dans la requête est très nettement écartée dans le troisième considérant, et ce pour trois motifs :

Tout d'abord, le Conseil note très justement que dans l'article 49, al. 1er, le terme « programme » a une acception analogue à l'expression « déclaration de politique générale », ce qui le rend assez flou et ne fait que renforcer les deux objections suivantes : la première objection tient au fait que le « programme » entendu au sens de l'article 49, al. 1er, ne fait aucune place aux « notions de circonstances imprévues ou de situation requérant des mesures d'urgence » ; or, le fondement même de la procédure de délégation réside dans ces notions de circonstances imprévues et de mesures d'urgence. Par ailleurs, la notion de programme ou de déclaration de politique générale, est si vaste que, pratiquement, il n'y aurait plus de limitation au champ d'application de la procédure d'habilitation et on aboutirait à un résultat inverse de celui souhaité, à savoir un contrôle strict du Parlement. Ces arguments sont difficilement contestables et cette interprétation a par ailleurs l'avantage de donner un effet utile à cette disposition de l'article 38 relative au programme.

La décision du 12 janvier condamne également la troisième interprétation : le programme n'est pas un simple *but*. Le Gouvernement a en effet l'obligation « d'indiquer avec *précision* au Parlement... pour la *justification* de la demande présentée par lui, quelle est la finalité des mesures qu'il se propose de prendre », et le Conseil vérifie bien qu'en l'espèce « ces précisions ont été dûment fournies par le Gouvernement ». Ceci condamne donc une bonne partie de la pratique antérieure et à l'avenir les demandes d'habilitation ne pourront reposer sur des motivations trop générales et imprécises ; c'était peut-être en définitive le résultat recherché, car il va dans le sens d'une meilleure protection des *prérogatives du Parlement* non seulement en donnant une signification contraignante à l'expression « pour l'exécution de son programme », mais aussi en annonçant un contrôle assez strict des autres conditions d'application de l'article 38.

Confirmation est donnée dans la décision 95-370 DC, § 16-17.

7 . Le Conseil constitutionnel avait également eu l'occasion de décider précédemment que la procédure de l'article 38 ne pouvait s'appliquer aux lois organiques (134 DC, 5 janvier 1982, solution implicite) ce qui se comprend car les garanties particulières (et notamment le contrôle obligatoire du Conseil constitutionnel ou le

droit de veto du Sénat pour les lois organiques le concernant) ne pourraient jouer au cas d'application de l'article 38 ; mais, qu'en revanche, l'article 40 de la Constitution était parfaitement applicable aux lois d'habilitation car il s'agit là d'une « irrecevabilité instituée *sans aucune réserve* par la Constitution » (même décision).

Des dispositions fiscales peuvent faire l'objet d'une loi d'habilitation et l'article 14 de la DDHC ne s'y oppose pas (95-370 DC, § 18-25).

8 . Le Conseil a accepté de vérifier la constitutionnalité des lois de ratification des ordonnances (156 DC, 28 mai 1983 ; 170 DC, 4 juin 1984), et à l'occasion de cette vérification, il a aussi procédé au contrôle de la validité des ordonnances ratifiées.

Dans le premier cas (156 DC, 28 mai 1983, *Prestations de vieillesse*), est essentiellement en cause une ordonnance du 26 mars 1982 que l'article 8 de la loi du 31 mai 1983 a ratifiée mais en la modifiant. Le Conseil examine la constitutionnalité de ce texte en parlant tantôt de l'ordonnance, tantôt de l'article 8 de la loi. Et il conclut en déclarant la conformité de la loi de ratification.

Dans le second cas (170 DC, 4 juin 1984, *Taxe sur les produits pétroliers*), la loi attaquée ratifie quatre ordonnances mais une seule est contestée et, après avoir examiné les griefs formulés contre elle (et non contre la loi), le Conseil constitutionnel conclut :

« Considérant qu'il résulte de tout ce qui précède que l'ordonnance du 18 mai 1983 *et donc la disposition législative qui la ratifie*, sont conformes à la Constitution ».

Mais, dans le dispositif, c'est la loi de ratification qui est déclarée conforme.

Dans la décision 196 DC * les requérants reprochent à l'article 17 de la loi sur l'évolution de la Nouvelle-Calédonie, autorisant le gouvernement à légiférer par ordonnance, de prévoir un délai de dépôt de loi de ratification (au plus tard le 1er décembre 1985) qui ne permettra pas sans doute, compte tenu de l'encombrement d'une fin de session budgétaire au terme d'une législature, de faire voter la loi de ratification et donc de rendre possible le contrôle du Conseil constitutionnel, ce qui serait contraire à l'article 61 de la Constitution.

Le Conseil constitutionnel répond par une formule qui, à notre sens, est maladroite car elle semble indiquer que le contrôle des ordonnances n'est pas possible alors que, comme on l'a vu plus haut, ce contrôle est effectivement exercé par le Conseil :

« Considérant que si en vertu de cette disposition, le contrôle de constitutionnalité exercé par le Conseil constitutionnel ne peut porter que sur les lois, et non sur les ordonnances prévues par l'article 38 de la Constitution, celles-ci n'en sont pas moins soumises au contrôle du juge de l'excès de pouvoir » (§ 23).

En réalité, le juge constitutionnel a voulu dire que, certes, il ne pouvait être saisi de la constitutionnalité des ordonnances qu'au travers, en quelque sorte, de la loi de ratification mais qu'en attendant le dépôt de cette loi, les ordonnances étaient susceptibles d'être frappées de recours devant le juge administratif. Les requérants le savaient certainement ; mais ils ont pu se dire que l'efficacité du recours devant le Conseil d'État n'était pas la même que celle du recours devant le Conseil constitutionnel, car le second est jugé dans le mois qui suit le dépôt de la requête et il peut mettre en cause la loi elle-même (ce que ne peut faire le juge administratif).

9 . Dans une décision 73 L du 29 février 1972, le Conseil constitutionnel a admis que la ratification d'une ordonnance « peut résulter d'une manifestation de volonté *implicitement* mais clairement exprimée par le Parlement ».

La ratification implicite ainsi admise – comme l'avait fait le Conseil d'État auparavant pour les décrets-lois (C.E. sect. 25 janv. 1957, Sté des Établ. Charlionnais) – a été confirmée et étendue par la décision ultérieure *224 DC* *.

10 . Dans la décision *196 DC* *, le Conseil a confirmé la jurisprudence du Conseil d'État selon laquelle l'ordonnance non ratifiée est un acte administratif susceptible d'être attaqué par la voie du recours pour excès de pouvoir (§ 23).

2°) *Les apports de la décision des 25-26 juin 1986*

11 . a) D'une manière générale, la décision des *25-26 juin* a, à la fois, « normalisé » cette procédure et l'a neutralisée. Là réside *l'apport fondamental de cette décision.*

12 . Les partis de gauche n'ont cessé de mettre en cause la légitimité de cette procédure depuis le début de la Ve République, et cela bien qu'elle fût inscrite expressément dans la Constitution. C'était, à leurs yeux, une procédure anormale qui ne pouvait être utilisée que de manière très exceptionnelle. Ils avaient déjà essayé de la rendre pratiquement inutilisable en donnant de la notion de programme une interprétation des plus strictes, mais avaient échoué en 1977 (v. *supra* n° 5), déjà contre un Gouvernement dirigé par M. Chirac. Au pouvoir, sous les gouvernements Mauroy et Fabius, leurs préventions tombent et la procédure est utilisée sans restrictions. Ces préventions renaissent lorsqu'ils se retrouvent dans l'opposition, en 1986, alors surtout que le Président de la République laisse entendre que c'est une procédure peu orthodoxe. Par deux fois (dans les décisions du *25-26 juin 1986* et du *1er juillet 1986* *) les requérants socialistes invoquent le « détournement de procédure » que représenterait l'utilisation de la technique des ordonnances pour procéder aux privatisations et au découpage électoral. Mais le Conseil constitutionnel n'a pas suivi cette argumentation et a clairement affirmé le caractère normal de cette procédure, en déclarant en exergue de sa décision (§ 3) :

> « Considérant que la Constitution ne soumet le recours à cette procédure à *aucune autre condition* que celles énoncées à l'article 38 précité et à l'article 13... ».

Et il l'a tout aussi fermement répété dans la décision *208 DC* *, en réponse aux allégations selon lesquelles le recours à cette procédure serait incompatible avec le principe de séparation des pouvoirs, et serait, en outre, constitutif d'un détournement de procédure car elle répondrait exclusivement au souci d'éluder le contrôle du Conseil constitutionnel. Pour le juge constitutionnel, « l'article 38 peut être mis en œuvre (en matière de délimitation des circonscriptions électorales)... sans qu'il en résulte une atteinte au principe de la séparation des pouvoirs » (§ 7) et « si le fait pour le Gouvernement d'obtenir du Parlement une habilitation au titre de l'article 38 de la Constitution a des incidences sur les modalités d'exercice du contrôle de constitutionnalité, cette circonstance qui est la *conséquence nécessaire d'une procédure prévue par la Constitution,* n'a pas pour effet d'interdire au Gouvernement de faire usage de cette procédure ou *d'en restreindre l'utilisation à l'intervention de mesures urgentes » (§ 8).*

13 . Mais si le Conseil constitutionnel a effectivement et définitivement consacré le caractère normal du recours à la procédure de l'article 38, il l'a d'un autre côté – et d'une certaine manière, par compensation – pratiquement *neutralisée.*

En effet, la décision des *25-26 juin 1986* contient un tel nombre de réserves et d'interprétations restrictives (dont l'autorité est renforcée par leur réitération dans le dispositif) que l'on a pu conclure que, désormais, les ordonnances sont assimilables aux *règlements d'administration publique* (v. L. Favoreu, *R.F.D.A.*, 1987, n° 5), ce qui leur enlève beaucoup d'intérêt aux yeux des gouvernants.

14 . b) Si l'on examine dans le détail les précisions apportées par la décision des *25-26 juin* à l'interprétation de l'article 38 de la Constitution, on constate que le Gouvernement et sa majorité sont soumis à un strict contrôle portant non seulement sur la loi d'habilitation mais aussi, et par avance, sur les ordonnances elles-mêmes.

15 . *La loi d'habilitation* est contrôlée tant du point de vue de son élaboration que de son contenu.

S'agissant de la procédure de vote du texte, le Conseil se livre à un contrôle normal, c'est-à-dire du même type que celui exercé à l'égard des autres lois (la question s'était posée de savoir si les conditions d'adoption d'une loi d'habilitation pouvaient être contrôlées). Est écarté le grief de non consultation du Conseil économique et social car « si la loi soumise à l'examen du Conseil se réfère à certains objectifs de caractère économique et social proposés par le Gouvernement, elle ne comporte aucune prévision de dépenses chiffrées » et n'est donc pas assimilable à une « loi de programme à caractère économique et social » qui aurait exigé, pour son adoption, la consultation préalable du Conseil économique et social en application de l'article 70 de la Constitution (§ 8). De même est rejeté le moyen tiré de la violation des articles 41 à 45 de la Constitution (et plus précisément de l'article 45 al. 1er) et selon lequel le projet de loi aurait été examiné *simultanément* par les deux assemblées, car « il ressort de l'examen de la procédure législative que le texte adopté par l'Assemblée nationale en première lecture a été transmis au Sénat puis a été débattu par celui-ci au cours de huit séances » (§ 11).

Du point de vue du contenu, le contrôle du Conseil constitutionnel va porter surtout sur le degré de précision des diverses dispositions autorisant le Gouvernement à intervenir par ordonnances. En fait, le Gouvernement ayant, par avance, été bien au-delà de ce qui était fait auparavant en pareil cas, les critiques des requérants seront repoussées, après un examen minutieux des dispositions attaquées et quelques interprétations sous réserve. La position générale du Conseil constitutionnel est ainsi exprimée (§ 21) :

> « Considérant que si le Gouvernement doit définir avec précision les finalités de l'habilitation... il n'est pas tenu de faire connaître la teneur des ordonnances qu'il prendra... et... il ne lui est pas interdit de faire dépendre cette teneur de travaux et d'études dont il ne connaîtra que plus tard les conclusions ».

Encore heureux qu'une telle limite ait été fixée car, sinon, il serait resté peu de choses des pouvoirs du Gouvernement en matière de détermination du contenu des ordonnances.

Le Conseil constitutionnel va encore s'assurer – en reprenant une formule utilisée pour la première fois dans la décision 134 DC – que le Gouvernement n'a pas été dispensé, « dans l'exercice des pouvoirs qui lui sont conférés en application de l'article 38 de la Constitution, du respect des principes et règles de valeur constitutionnelle » (§ 14), ce qui le conduit à vérifier, au regard de ces principes et règles, la teneur des dispositions de la loi d'habilitation, et à ne déclarer conforme celle-ci que « sous l'expresse condition qu'elle soit interprétée et appliquée dans le strict respect de la Constitution » (§ 15). Ce luxe de précautions s'explique par la nécessité de compenser, en quelque sorte, la reconnaissance de la normalité de la procédure de l'article 38.

16 . *Les ordonnances* sont, par avance, mises sous surveillance ainsi que le Gouvernement qui les édicte.

Les ordonnances devront respecter : 1° Les principes et règles de valeur constitutionnelle et « en particulier celles relatives au contrôle juridictionnel et les droits de la défense » (§ 23) ; l'article 55 de la Constitution et les obligations internationales de la France (§ 24) ; « l'indépendance nationale » (§ 59) ; l'article 17 de la Déclaration des droits de l'homme et la nécessité d'évaluer les entreprises cédées au juste prix (§ 61) ; l'article 72 de la Constitution s'agissant des « transferts qui concernent des entreprises dans lesquelles les collectivités territoriales ont des intérêts » (§ 79) ; l'alinéa 9 du Préambule de la Constitution de 1946 (§ 79) ; et par voie de conséquence les directives quant à l'évaluation des entreprises cédées découlant de l'interprétation donnée par le Conseil constitutionnel aux dispositions de l'article 34 de la Constitution concernant les transferts d'entreprises.

Cette énumération et le soin qu'a apporté le Conseil à la faire peuvent étonner : mais cela s'explique par le fait que le Conseil d'État, traditionnellement lorsqu'il examine la validité des ordonnances non ratifiées s'interdit de rechercher des normes de référence ailleurs que dans la loi d'habilitation elle-même. Alors, le Conseil constitutionnel lui donne, en quelque sorte, des munitions supplémentaires, en déterminant par avance les normes par rapport auxquelles le Conseil d'État pourra opérer son contrôle. Mais, comme nous l'avons montré (*R.F.D.A.*, 1987, n° 5, p. 688) cette prédétermination des normes de référence au bénéfice et à destination du Conseil d'État a une utilité réduite sinon quasi inexistante, car sur 160 ordonnances prises depuis 1959, le Conseil d'État n'en a jamais annulé que deux (et encore tout à fait au début) et n'a jamais eu à connaître que de très rares recours. D'ailleurs, à notre connaissance, les ordonnances édictées en 1986 n'ont pas fait l'objet de recours à l'exception d'une, semble-t-il.

3°) *Les précisions fournies par la jurisprudence ultérieure*

17 . Les deux décisions intervenues depuis celle des *25-26 juin* sont la décision *208 DC* * déjà citée et la décision *224 DC* *.

La première vient confirmer, comme il a été exposé *supra*, l'interprétation générale donnée par le Conseil constitutionnel à l'article 38 de la Constitution. Elle vient, en outre, préciser que l'article 74 est applicable au cas des lois d'habilitation et qu'en conséquence les assemblées territoriales doivent être consultées préalablement (§ 13).

Quant à la seconde, elle apporte deux précisions en matière de ratification implicite. Tout d'abord, si le Conseil constitutionnel qui avait déjà admis la validité d'une ratification implicite (« la ratification peut résulter d'une manifestation de volonté implicitement mais clairement exprimée par le Parlement »), va plus loin en admettant même qu'il puisse y avoir ratification « impliquée » :

> « en principe, il n'est pas exclu que la ratification de tout ou partie des dispositions d'une des ordonnances visées à l'article 38 de la Constitution puisse résulter d'une loi qui, sans avoir cette ratification pour objet direct, l'implique nécessairement » (§ 24).

Donc, au-delà de l'intention du législateur, on peut rechercher s'il n'existe pas une nécessité objective de la ratification née du contenu même de la loi : il y aurait donc « un critère subjectif tiré de la volonté exprimée par le législateur » et « un critère objectif tiré du contenu même de la loi » (B. Genevois, *op. cit.*, p. 298). Reste à savoir comment s'appliqueront ces critères, et notamment le second. D'ores et déjà, on peut observer que lorsque le gouvernement a resoumis au Parlement un projet de loi (corrigé) sur le Conseil de la Concurrence, il a bien pris soin d'indiquer que sa loi ne valait pas ratification de l'ordonnance du 1er décembre 1986.

Ensuite, le Conseil constitutionnel estime qu'au cas de ratification « impliquée » il peut aussi contrôler l'ordonnance ainsi ratifiée :

> « Saisi d'une loi de cette nature... il appartiendrait au Conseil constitutionnel de dire... si les dispositions auxquelles la ratification confère valeur législative sont conformes à la Constitution ».

On notera aussi que la décision *224 DC* * précise que si le gouvernement n'oppose pas l'irrecevabilité de l'article 41, le Parlement peut légiférer dans le domaine de l'habilitation et modifier une ordonnance bien que la période d'habilitation ne soit pas achevée (§ 14).

4°) *Les questions non encore tranchées*

18 . Plusieurs questions relatives au régime juridique des ordonnances de l'article 38 sont encore non résolues.

En premier lieu, le problème de la *signature des ordonnances* : en effet, contrairement à ce qui est parfois soutenu, la décision des *25-26 juin* n'a pas tranché la question en déclarant, au 3e considérant, que « la Constitution ne soumet le recours à cette procédure à aucune autre condition que celles énoncées à l'article 38 et à *l'article 13 aux termes duquel* "le Président de la République signe les ordonnances et les décrets délibérés en Conseil des ministres" ». On a voulu en déduire que le Conseil constitutionnel avait ainsi, par avance, admis que le Président puisse refuser de signer certaines des ordonnances. Mais la réalité est beaucoup plus nuancée.

Le Conseil constitutionnel a peut-être voulu dire que le véritable auteur de l'ordonnance est le Président de la République (et non le Conseil des ministres) : mais même si l'on admet que l'ordonnance est un acte administratif ayant le Président pour auteur, reste à établir qu'il a un pouvoir discrétionnaire en l'espèce, et non compétence liée. En outre, même s'il a un pouvoir discrétionnaire, il ne peut refuser sa signature pour n'importe quel motif (en ce sens, L. Favoreu, *R.F.D.A.*, 1987, n° 5, p. 695 ; B. Genevois, *A.I.J.C.*, 1986, p. 429). Le débat reste donc ouvert.

Autre question non tranchée : quels sont les effets de l'invalidation d'une loi de ratification à l'égard des ordonnances ratifiées ? Sur ce point, on relèvera une seule indication dans la décision *208 DC* * (§ 11) : l'annulation de l'ordonnance ferait revivre le régime juridique antérieur. Mais, pour certains auteurs (F. Luchaire, in *Colloque Conseil constitutionnel et Conseil d'État*, p. 385) l'invalidation de la loi de ratification n'entraîne pas l'annulation de l'ordonnance qui reste en vigueur... (*contra :* P. Delvolvé, même colloque, p. 385 : L. Favoreu, même colloque, p. 388).

On pourrait évoquer d'autres questions du même type relatives par exemple à la place des ordonnances dans la hiérarchie des actes juridiques ou à la modifiabilité des ordonnances non ratifiées (cf. L. Favoreu, *R.F.D.A.*, 1987, p. 694-695).

II . Les privatisations

19 . Un spécialiste a pu souligner l'importance de la décision des *25 et 26 juin 1986* « qui met en place... les grands principes du régime juridique des privatisations » (Durupty, *Les privatisations*, *op. cit.*, p. 46). En effet, le Conseil constitutionnel est conduit à préciser, pour la première fois, l'autorité compétente et les conditions dans lesquelles doivent s'opérer les privatisations, en ayant comme référence sa précédente décision du *16 janvier 1982* * rendue à propos de l'opération symétriquement inverse des nationalisations : il est vrai qu'il y est aidé par le fait que, dans les deux cas, on trouve le même rapporteur (le doyen G. Vedel).

1°) *L'autorité compétente*

20 . Le Conseil constitutionnel consacre la *compétence exclusive du législateur* pour procéder aux privatisations en application de l'article 34 al. 9 de la Constitution aux termes duquel « la loi fixe les règles concernant ... les transferts de propriété d'entreprises du secteur public ou secteur privé ». Pour le juge constitutionnel, en effet, « cette disposition laisse au législateur l'appréciation de l'opportunité des transferts du secteur public au

secteur privé et la détermination des biens et des entreprises sur lesquels ces transferts doivent porter... » (§ 51).

Toutefois, cette compétence exclusive est limitée – comme toute compétence législative – par le haut et par le bas. Par le haut, dans la mesure où, en application du principe de constitutionnalité tel qu'il a été affirmé dans la décision *Nationalisations* * et selon la même formule, si l'article 34 al. 9 « laisse au législateur l'appréciation de l'opportunité... » (voir *supra*), « elle ne saurait le dispenser, dans l'exercice de sa compétence, du respect des principes et des règles de valeur constitutionnelle, qui s'imposent à tous les organes de l'État » (§ 51). Symétriquement, la compétence législative est limitée par le bas car « l'article 34 n'impose pas que toute opération impliquant un transfert du secteur public au secteur privé soit *directement* décidée par le législateur : il appartient à celui-ci de poser des règles dont l'application incombera aux autorités et aux organes désignés par lui » ; à condition, il est vrai, de ne pas « attribuer aux seuls organes des entreprises concernées un pouvoir discrétionnaire d'appréciation soustrait à tout contrôle et d'une étendue excessive » (§ 72).

Cette démarche est exactement celle suivie par le Conseil constitutionnel pour apprécier la constitutionnalité de la législation sur les nationalisations : la différence tient à ce que, en matière de nationalisations, le Conseil avait invalidé une disposition législative laissant trop de liberté d'appréciation aux organes des sociétés nationales, alors qu'en l'espèce, il constate que le législateur a correctement utilisé sa compétence (§ 72).

21 . On remarquera, cependant, que la limitation de la compétence législative par le bas, est, en quelque sorte, volontaire : en effet, en utilisant la formule selon laquelle « l'article 34 *n'impose pas* que le législateur » intervienne directement, le Conseil constitutionnel souligne bien qu'il pourrait le faire, s'il le souhaitait. Ainsi dans l'affaire des *Nationalisations* * le juge constitutionnel a-t-il refusé de censurer le législateur au motif que celui-ci aurait outrepassé sa compétence en fixant lui-même la liste des entreprises à nationaliser (voir nos observations *supra,* **31**-26). Dans la présente affaire des *Privatisations*, le législateur fixe d'ailleurs aussi la liste des entreprises à privatiser et le Conseil constitutionnel non seulement ne met pas en cause la démarche du législateur (non plus d'ailleurs que les requérants) mais encore statue au fond sur la validité du contenu de cette liste (§ 56).

22 . En fait, le Conseil constitutionnel autorise le législateur à prévoir un système dans lequel il ne serait pas tenu d'intervenir lui-même pour chaque transfert d'entreprise du secteur public au secteur privé mais pourrait laisser à l'autorité administrative, sous réserve d'observer des règles précises fixées par lui, le soin de décider dans chaque cas.

C'est ce qui s'est produit : la loi du 6 août 1986, dite loi de « respiration » du secteur public, a mis en place un tel système dans ses articles 20 et 21 : les autorisations de transfert sont accordées par décret pour les entreprises dont les effectifs sont supérieurs à 1 000 personnes au 31 décembre précédant le transfert ou le chiffre d'affaires consolidé (de l'entreprise et de ses filiales) supérieur à 500 millions de francs, à la date de clôture de l'exercice précédant le transfert et par arrêté implicite d'autorisation du ministre chargé de l'Économie pour les autres entreprises (cf. L. Rapp, *R.F.D.A.*, 1987, p. 161).

2°) *Les activités publiques susceptibles d'être privatisées*

23 . En fait, ici, il convient de procéder à une définition négative des activités publiques susceptibles d'être transférées : sont transférables les activités ou entreprises ne constituant ni un « service public national » ni un « monopole de fait » au sens de l'alinéa 9 du Préambule de la Constitution de 1946 tel qu'interprété par le Conseil constitutionnel.

Selon le Conseil constitutionnel, les « services publics nationaux » insusceptibles de privatisation sont uniquement ceux dont « la nécessité... découle de principes ou de règles de valeur constitutionnelle » (§ 53). En revanche, les autres services publics nationaux sont privatisables car *« le fait qu'une activité ait été érigée en service public par le législateur sans que la Constitution l'ait exigé ne fait pas obstacle à ce que cette activité fasse, comme l'entreprise qui en est chargée, l'objet d'un transfert au secteur privé »* (§ 53). En somme donc, seuls les « services publics constitutionnels » sont exclus de la privatisation. Toutefois, si l'activité considérée constitue un « monopole de fait » la privatisation est également exclue (§ 55).

Nous reprendrons plus loin la définition de ces deux notions de services publics constitutionnels et de monopole de fait. Mais d'ores et déjà, l'on peut dire que la définition de ces deux notions étant assez restrictive, le champ possible de la privatisation est assez considérable.

3°) *L'indemnisation juste et préalable*

24 . Il était aisé de trouver une norme constitutionnelle de référence pour justifier l'indemnisation des propriétaires d'entreprises nationalisées (dès lors que l'article 17 de la Déclaration des droits de l'Homme était reconnu avoir valeur de droit positif). Il n'en allait pas de même pour les privatisations : néanmoins le Conseil constitutionnel a valablement justifié l'obligation d'indemnisation juste et préalable en lui donnant deux fondements : le principe d'égalité et l'article 17 de la Déclaration des droits de l'homme.

> « Considérant que la Constitution s'oppose à ce que des biens ou des entreprises faisant partie de patrimoines publics soient cédés à des personnes poursuivant des fins d'intérêt privé pour des prix inférieurs à leur valeur ; que cette règle découle du principe d'égalité invoqué par les députés auteurs de la saisine ; qu'elle ne trouve pas moins un fondement dans les dispositions de la Déclaration des droits de l'homme de 1789 relatives au droit de propriété et à la protection qui lui est due ; que cette protection ne concerne pas seulement la propriété privée des particuliers mais aussi, à un titre égal, la propriété de l'État et des autres personnes publiques ».

25 . L'extension, à la propriété publique, de la protection accordée à la propriété privée par l'article 17 de la Déclaration des droits de l'homme a été critiquée au motif que les auteurs de la Déclaration avaient en vue la protection des *droits de l'homme* et non ceux de la collectivité. Sans entrer dans la controverse, on peut souligner tout d'abord que l'invocation de l'article 17 de la Déclaration n'étant pas nécessaire, le premier motif (le respect du principe d'égalité) étant suffisant, la décision était, en toute hypothèse, justifiée ; et ensuite que « la Déclaration de 1789 doit, aujourd'hui, être lue à la lumière du Préambule de la Constitution de 1946 dont l'alinéa 9 consacre – et exige – l'existence d'un important secteur de « propriété collective » (F. Luchaire, La lecture actualisée de la Déclaration, Colloque du Conseil constitutionnel, 25-26 mai 1989).

Dans la décision 346 DC (21 juil. 1994) le Conseil constitutionnel a réaffirmé que l'article 17 de la Déclaration ne concerne pas seulement la propriété privée mais aussi, à titre égal, la propriété de l'État et des autres personnes publiques » (§ 2).

26 . Une fois posé le principe, le Conseil constitutionnel veille à ce que soient concrètement prévues les *modalités* de l'indemnisation juste et préalable et par une interprétation constructive des dispositions soumises à son examen, il suggère un certain nombre de ces modalités (qui seront effectivement reprises dans la loi du 6 août 1986).

Tout d'abord, l'évaluation de la valeur des entreprises à transférer sera fait par « des experts compétents totalement indépendants des acquéreurs éventuels », règle très classique en droit commercial « car le droit des sociétés fait largement recours à l'expertise » mais « le Conseil constitutionnel rend ce recours obligatoire alors qu'il n'est que facultatif en droit commercial » (Y. Guyon, *op. cit.*, p. 610).

Ensuite, le Conseil définit les méthodes d'évaluation souhaitables en mettant l'accent sur la nécessité de recourir à des « méthodes *objectives* couramment pratiquées en matière de cession totale ou partielle d'actifs de sociétés » ; en précisant qu'il doit être tenu compte « selon une pondération appropriée à chaque cas, de la valeur boursière des titres, de la valeur des actifs des bénéfices réalisés, de l'existence de filiales et des perspectives d'avenir ». Là encore ces méthodes et critères apparaissent raisonnables aux spécialistes qui se félicitent d'ailleurs que les critères « soient plus précis que ceux édictés par la troisième directive européenne sur les fusions » (*J.C.P.*, 1978, III, 47777).

27 . Des précisions complémentaires ont été données par la décision 217 DC du 18 septembre 1986 – qui reprend, par ailleurs, intégralement les prescriptions contenues dans la décision des *25-26 juin* – à savoir que « le prix d'acquisition d'un ensemble d'actions donnant à un groupe d'acquéreurs le contrôle de la société (doit être) fixé en tenant compte de cet avantage spécifique » (§ 49).

Ceci paraît également justifié au regard du droit commercial ; mais, avec une réserve, car la décision précitée peut être « interprétée comme réintroduisant insidieusement une distinction entre actionnaires majoritaires et actionnaires minoritaires que le droit boursier avait fait disparaître non sans peine ».

Cette démarche a cependant été suivie, en janvier 1987 lors de la privatisation de Paribas car, afin de constituer un « noyau de contrôle stable », des actions ont été réservées à des investisseurs privilégiés qui se sont engagés à conserver 80 % de leur participation pendant au moins deux ans et à se soumettre à une clause de préemption. On sait que depuis est intervenue une loi modifiant la loi du 6 août 1986, et rendant leur liberté à ces actionnaires privilégiés sans que le Conseil constitutionnel y voit un obstacle d'ordre constitutionnel (254 DC, 4 juill. 1989 § 9).

28 . Le Conseil d'État (CE Ass. 7 fév. 1987, Joxe et Bollon) a été appelé à statuer (sur requête de M. Joxe, président du groupe socialiste à l'Assemblée nationale) sur l'évaluation faite par la commission de la Privatisation – collège d'experts créé par la loi du 6 août 1986 et mis en place le 22 septembre 1986 – de la valeur des actions de la Société nationale Elf-Aquitaine. Il a rejeté la requête au motif, notamment, que la Commission de la Privatisation avait correctement appliqué les prescriptions de la loi (et donc les recommandations du Conseil constitutionnel) en matière d'évaluation.

III . Les services publics constitutionnels

Cf. L. Favoreu, Service public et Constitution, A.J.D.A. 1997 (numéro spécial)

29 . La notion apparaît, pour la première fois, dans la décision des 25-26 juin : il est question (cf. *supra* **23**) de services publics « dont la nécessité... découle de principes ou de règles de valeur constitutionnelle » (§ 59). La notion est ensuite reprise dans les décisions 86-217 DC (« service public ayant son fondement dans des dispositions de nature constitutionnelle » § 9), la décision 232 DC du 7 janvier 1988 (« service public exigé par la Constitution » § 39) et 96-375 DC (« service public dont l'existence et le fonctionnement seraient exigés par la Constitution » (§ 5).

Comme le souligne un commentateur, « il faut bien convenir qu'avec cette nouvelle notion de service public, les juristes se trouvent à nouveau devant "une catégorie introuvable" du droit public, tant les principes constitutionnels sont délicats à manier » (M. Durupty, *op. cit.*, p. 47). Effectivement, la tâche n'est pas facile car, pour le moment, il y a peu d'indices dans une jurisprudence limitée (quatre décisions) permettant de cerner la notion. En toute hypothèse, le problème doit être posé en termes de droit constitutionnel et non de droit administratif, car c'est de l'interprétation de la Constitution qu'il s'agit (Cf. en ce sens J. Rivero, *A.J.D.A.*, 1986, p. 583).

En premier lieu, la décision du Conseil constitutionnel conduit à faire désormais une distinction entre les services publics « exigés par la Constitution » (que nous appellerons services publics constitutionnels) et services publics créés par le législateur (services publics législatifs) ou même par le pouvoir réglementaire. Mais ce sont surtout les deux premières catégories qui nous intéressent, ou plus globalement les services publics constitutionnels et les autres.

La principale différence entre ces deux catégories réside, en l'état actuel de la jurisprudence, en ce que les premiers ne peuvent être transférés au secteur privé, tandis que les autres le peuvent (sauf s'ils correspondent à un « monopole de fait »).

« Considérant que, si la nécessité de certains services publics nationaux découle de principes ou de règles de valeur constitutionnelle, la détermination des autres activités qui doivent être érigées en service public national est laissée à l'appréciation du législateur ou de l'autorité réglementaire selon les cas ; qu'il suit de là que le fait qu'une activité ait été érigée en service public par le législateur sans que la Constitution l'ait exigé ne fait pas obstacle à ce que cette activité fasse, comme l'entreprise qui en est chargée, l'objet d'un transfert au secteur privé ».

On pourrait commencer par dire *ce qu'ils ne sont pas* puisque la jurisprudence nous fournit quelques exemples de services publics non constitutionnels.

Ainsi, en est-il du « service public du crédit » (207 DC, § 56). De même est-il affirmé par le Conseil constitutionnel « qu'aucune des entreprises qui figurent sur la liste mentionnée à l'article 4 de la loi (liste de 65 entreprises, essentiellement du secteur bancaire et des assurances) ne peut être regardée comme exploitant un service public dont l'existence et le fonctionnement seraient exigés par la Constitution » (207 DC, § 56). Dans la décision sur la liberté de communication, il est déclaré, s'agissant de la télévision par voie hertzienne que « ce mode de communication ne constitue pas une activité de service public ayant son fondement dans des dispositions de matière constitutionnelle » (217 DC, § 30).

De même le Conseil constitutionnel a décidé en 1988 que « la distribution de prêts bonifiés n'a pas le caractère d'un service public exigé par la Constitution » (87-232 DC, § 30). Enfin en 1996, le service des télécommunications n'est pas considéré comme un service public constitutionnel (96-380 DC).

30 . On est tenté alors de considérer que les services publics constitutionnels sont essentiellement des services publics à caractère administratif ; mais tous les services publics à caractère administratif ne sont pas des services publics constitutionnels. Il faut en effet que « leur existence et leur fonctionnement soient exigés par la Constitution ».

Répondent à ces conditions, de manière certaine, les services publics de la défense nationale, de la justice, des affaires étrangères, et de la police. Pour ces services publics, le rattachement à des dispositions de la Constitution ne fait pas de difficultés et, en toute hypothèse, on pourrait en quelque sorte les déduire de l'agencement même du système constitutionnel. S'agissant du service public pénitentiaire, le Conseil constitutionnel distingue entre prononcé des peines (qui relève des juges) et exécution des peines (qui relève de l'administration) ; en outre, il *est difficile de rattacher l'administration pénitentiaire à la police* (voir sur ce point nos observations in *Les prisons dites privées,* P.U.A.M. et Economica,

1987, p. 46 et s.). Les services publics constitutionnels correspondraient donc aux fonctions de souveraineté.

Mais la liste ne s'arrête pas là car on peut déduire l'existence d'autres services publics constitutionnels du Préambule de la Constitution de 1946, puisqu'aussi bien c'est de là qu'est issue la notion de services publics constitutionnels. Ainsi les services publics de l'enseignement, de la santé, de l'aide sociale sont-ils sans doute des services publics constitutionnels. Peut-on aller aussi jusqu'à y ranger aussi ceux de la culture, de la formation professionnelle continue ou même de l'assurance-chômage, comme il est fait parfois (Cf. Durupty, *op. cit.*, p. 47) et cela au motif qu'ils sont mentionnés ou induits du Préambule de 1946 ? La question est plus difficile à résoudre.

En toute hypothèse, il semble qu'il faille distinguer au sein même des services publics constitutionnels entre ceux qui ne souffrent aucune concurrence du secteur privé comme les services publics correspondant aux « fonctions de souveraineté » et les autres. En effet, s'agissant de ceux-ci, on constatera qu'ils admettent l'existence d'un secteur privé à côté du secteur public et on peut même considérer, du moins pour l'enseignement, que la pluralité de modes d'organisation de l'enseignement est une nécessité constitutionnelle (cf. *23 nov. 1977* *). Dès lors, l'obligation de non-privatisation que le Conseil constitutionnel a déduite de l'alinéa 9 du préambule de la Constitution de 1946, ne s'appréciera pas de la même manière selon que l'on se trouve en présence des services publics constitutionnels du premier type ou du second type. Dans ce dernier cas, en effet, l'obligation de non-privatisation doit s'interpréter comme s'appliquant à un niveau minimum de service public, tel que chacun par exemple, puisse accéder au service public de l'enseignement ou de la santé : mais, l'obligation de non-privatisation ne semble pas interdire de faire assurer contractuellement ce service public par un organisme privé, ni même de transférer une partie des moyens publics au secteur privé. Mais il y a moins de certitude sur ce dernier point.

Enfin la décision 96-380 DC du 23 juillet 1996 a montré que la notion de service public constitutionnel est plus étroite que celle de service public national : un service public national (comme celui des télécommunications) n'est pas nécessairement un service public constitutionnel.

31 . La décision France-Télécom (96-380 DC) a apporté des précisions quant au *régime constitutionnel des services publics*.

- Le Conseil constitutionnel a affirmé la nécessité de respecter « les prescriptions à valeur constitutionnelle » (§ 6) *attachées de manière générale à la notion de service public* : « l'égalité de traitement des usagers », « la neutralité et la confidentialité des services », la « continuité du service public ».

L'égalité devant le service public n'a pas été jusqu'ici appliquée en tant que telle, ni d'ailleurs la prescription de confidentialité et de neutralité des services, même si l'on peut rattacher ces prescriptions aux normes constitutionnelles qui protègent l'égalité, la laïcité ainsi que la vie privée.

La continuité des services publics est préservée depuis la décision *79-105 DC* * (v. *supra* **23**). Elle a été liée au maintien des biens nécessaires à la gestion du service public dans la décision 94-346 DC (§ 6). Elle semble également être implicitement respectée dans la décision 96-380 DC dans la mesure où « la continuité du service public ne fait pas obstacle à la sortie du bien, qui en était le garant, du domaine public si, après déclassement, ce bien reste grevé de charges liées à la garantie de la continuité du service public » (L. Favoreu, *op. cit.*, p. 19).

- S'agissant spécifiquement des services publics constitutionnels, il semble qu'on puisse considérer que, du moins pour ceux correspondant à des fonctions de souveraineté, ils doivent être gérés par des organismes publics.

Quant aux services publics nationaux (non constitutionnels) ils peuvent être gérés par des personnes de droit privé dès lors que l'État reste majoritaire dans le capital (96-380 DC, § 4).

40

1er-2 juillet 1986
18 novembre 1986

DÉCOUPAGE ÉLECTORAL
(208 DC ; 218 DC)

Droit constitutionnel institutionnel
Droit de suffrage et égalité
de représentation

Décisions 86-208 DC, *Rec.* 78, *RJC* I-262 et 86-218 DC, *Rec.* 167, *RJC* I-294.
Article 61 al. 2 de la Constitution.
Saisine par un groupe de parlementaires.
Loi d'habilitation en matière électorale.
Question préalable.
Conditions de vote de la loi.
Procédure législative.
Principe d'égalité et droit de suffrage.
Règle des bases essentiellement démographiques.
Prohibition de l'arbitraire.

RÉFÉRENCES

a) *Notes doctrinales*

- BOULOUIS (J.), *A.J.D.A.* 1987 p. 243 et 263. - FAVOREU (L.) *R.D.P.* 1989 p. 458 ; GENEVOIS (B.), *A.I.J.C.* 1986 p. 449. - GOURDON (H.), *R.A.* 1987 p. 28.

b) *Presse.*

FAVOREU (L.), *Le Figaro*, 17 nov. 1986, La jurisprudence plaide pour la conformité ; 19 nov. 1986, Une double leçon. - KAJMAN (M.), *Le Monde*, 20 nov. 1986, Gouvernement des juges, gouvernement sans juges.

b) *Autres références*

• *Principe d'égalité et droit de suffrage,* Actes de la VIe Table ronde internationale de justice constitutionnelle, Aix-en-Provence, 12 juillet 1989 (particulièrement rapport de ROUX (A.) et TERNEYRE (Ph.) sur la France), *in Annuaire international de justice constitutionnelle*, V-1989 (1991), p. 195-329. - PONCEYRI (R.), Le découpage électoral, Paris, Economica, 1988.

c) *Jurisprudence*

- du Conseil constitutionnel

- sur le droit de suffrage et l'égalité de représentation :
• 97 DC du 27 juillet 1978, *Rec.* 31, *RJC* I-62.
• 191 DC du 10 juillet 1985, *Rec.* 46, *RJC* I-228.
• 198 DC du 13 décembre 1985, *Rec.* 78, *RJC* I-242.
• 199 DC du 28 décembre 1985, *Rec.* 83, *RJC* I-244.
• 209 DC du 3 juillet 1986, *Rec.* 86, *RJC* I-266.
• 221 DC du 29 décembre 1986, *Rec.* 179, *RJC* I-298.
• 225 DC du 23 janvier 1987, *Rec.* 13, *RJC* I-305.
• 251 DC du 12 janvier 1989, CNFPT, *Rec.* 10, *RJC* I-349.

- du Conseil d'État

• C.E., Ass., Commune d'Armoy et autres, *R.F.D.A.* nº 1, janvier 1999, p. 270.

I

LE CONSEIL CONSTITUTIONNEL

Vu la Constitution ;
Vu l'ordonnance nº 58-1067 du 7 novembre 1958 portant loi organique sur le Conseil constitutionnel, notamment les articles figurant au chapitre II du titre II de ladite ordonnance ;

Le rapporteur ayant été entendu ;

1. Considérant que les auteurs de la saisine contestent la conformité à la Constitution de la loi relative à l'élection des députés, et autorisant le Gouvernement à délimiter par ordonnance les circonscriptions électorales au motif, en premier lieu, qu'une loi organique serait nécessaire, en deuxième lieu, qu'il n'était pas possible de recourir à la procédure de l'article 38 de la Constitution pour modifier les circonscriptions électorales, en troisième lieu, qu'il n'est pas établi que les dispositions de la loi concernant les territoires d'outre-mer aient été adoptées dans le respect des règles posées par l'article 74 de la Constitution et, enfin, que les règles prévues par la loi pour l'établissement des circonscriptions électorales confèrent au Gouvernement des pouvoirs excessifs et sont contraires au principe de l'égalité de suffrage ;

Sur le moyen tiré de la nécessité du vote préalable d'une loi organique :

2 . Considérant que, selon les auteurs de la saisine, la substitution du scrutin uninominal majoritaire à un ou deux tours au scrutin de liste à la représentation proportionnelle supposait la modification ou l'abrogation de dispositions ayant valeur de loi organique, qui, en application de l'article 25 de la Constitution, ont pour objet de fixer le nombre des députés ainsi que les conditions de leur remplacement ; qu'il est soutenu à cet égard, d'une part, que le fait de laisser inchangé le nombre des députés composant l'Assemblée nationale tel qu'il a été fixé par les lois organiques nº 85-688 et nº 85-689 du 10 juillet 1985 serait constitutif d'un détournement de procédure, et, d'autre part, que le rétablissement du scrutin uninominal aurait pour conséquence d'abroger les dispositions de l'article L.O. 176 du code électoral qui déterminent les conditions dans lesquelles il est pourvu au remplacement des députés élus au scrutin de liste, ce qui excède la compétence de la loi ordinaire ;

3 . Considérant qu'en vertu de l'article 34 de la Constitution la loi fixe les règles concernant le régime électoral des assemblées parlementaires, qu'ainsi elle peut, dès lors qu'elle se conforme aux prescriptions ayant valeur de loi organique qui fixent le nombre des membres de l'Assemblée nationale, changer le mode de scrutin applicable à l'élection des députés sans l'intervention préalable d'une nouvelle loi organique ; que les dispositions de la loi soumise à l'examen du Conseil constitutionnel, qui prévoient la délimitation d'un nombre de circonscriptions électorales égal au nombre de députés composant l'Assemblée nationale, tel qu'il a été fixé par les lois organiques nº 85-688 et nº 85-689 du 10 juillet 1985, satisfont à cette exigence ;

4 . Considérant que, contrairement à ce que soutiennent les auteurs de la saisine, la loi présentement examinée n'a ni pour objet ni pour effet d'abroger les dispositions de l'article L.O. 176 du code électoral ; qu'ainsi, il ne saurait être fait grief à cette loi d'avoir empiété sur la compétence réservée à la loi organique par la Constitution ;

Sur les moyens relatifs au principe même du recours à l'article 38 de la Constitution :

5 . Considérant que l'article 38 de la Constitution dispose : «le Gouvernement peut, pour l'exécution de son programme, demander au Parlement l'autorisation de prendre par ordonnances, pendant un délai limité, des mesures qui sont normalement du domaine de la loi. - Les ordonnances sont prises en Conseil des Ministres après avis du Conseil d'État. Elles entrent en vigueur dès leur publication mais deviennent caduques si le projet de loi de ratification n'est pas déposé devant le Parlement avant la date fixée par la loi d'habilitation. - A l'expiration du délai mentionné au premier alinéa du présent article, les ordonnances ne peuvent plus être modifiées que par la loi dans les matières qui sont du domaine législatif» ; qu'aux termes du premier alinéa de l'article 13 de la Constitution : «Le président de la République signe les ordonnances et les décrets délibérés en Conseil des Ministres» ;

6 . Considérant que les députés auteurs de la saisine contestent le principe de l'utilisation de l'article 38 de la Constitution à l'effet de permettre au Gouvernement, comme le font les articles 5 et 6 de la loi déférée, de délimiter par ordonnances les circonscriptions électorales pour l'élection des députés ; qu'ils font valoir que le recours à cette procédure serait incompatible avec le principe de séparation des pouvoirs ; qu'en outre, son utilisation serait constitutive d'un détournement de procédure car elle répondrait exclusivement au souci d'éluder le contrôle du Conseil constitutionnel sur la délimitation des circonscriptions ; qu'elle risquerait, en tout état de cause, d'aboutir à une situation de fait qui serait susceptible de porter atteinte au fonctionnement régulier des pouvoirs publics constitutionnels ;

En ce qui concerne le grief tiré d'une atteinte au principe de la séparation des pouvoirs :

7 . Considérant qu'il résulte des dispositions susmentionnées de l'article 38 que, pour l'exécution de son programme, le Gouvernement se voit attribuer la possibilité de demander au Parlement l'autorisation de prendre, par voie d'ordonnances, dans les conditions prévues par l'article 13 de la Constitution et pendant un délai limité, des mesures qui sont normalement du domaine de la loi ; qu'au nombre des matières ressortissant à la compétence du législateur en vertu de l'article 34 de la Constitution figure la fixation des règles concernant le régime électoral des assemblées parlementaires ; que la délimitation des circonscriptions électorales est une composante de ce régime ; que, dès lors, sans qu'il en résulte une atteinte au principe de la séparation des pouvoirs, l'article 38 de la Constitution peut être mis en œuvre pour permettre l'intervention d'ordonnances à l'effet de délimiter des circonscriptions électorales ;

En ce qui concerne le grief tiré d'un détournement de procédure :

8 . Considérant que, si le fait pour le Gouvernement d'obtenir du Parlement une habilitation au titre de l'article 38 de la Constitution a des incidences sur les modalités d'exercice du contrôle de constitutionnalité de la loi, cette circonstance, qui est la conséquence nécessaire d'une procédure prévue par la Constitution, n'a pas pour effet d'interdire au Gouvernement de faire usage de cette procédure ou d'en restreindre l'utilisation à l'intervention de mesures urgentes ; qu'au demeurant, les dispositions d'une loi d'habilitation ne sauraient avoir ni pour objet ni pour effet de dispenser le Gouvernement, dans l'exercice des pouvoirs qui lui sont conférés en application de l'article 38 de la Constitution, du respect des règles et principes de valeur constitutionnelle ;

9 . Considérant qu'ainsi ce grief doit être écarté ;

En ce qui concerne le grief tiré de l'atteinte au fonctionnement régulier des pouvoirs publics :

10 . Considérant que les auteurs de la saisine font valoir que le fait pour la loi déférée de définir elle-même le mode de scrutin tout en réservant à des ordonnances le soin de délimiter les circonscriptions électorales aurait pour conséquence de «grever d'hypothèques incontrôlables» le fonctionnement régulier des pouvoirs publics constitutionnels ; qu'il en irait ainsi dans les cas où les ordonnances prises sur le fondement de la loi seraient annulées par le juge de l'excès de pouvoir ou deviendraient caduques, en raison, soit de l'absence de dépôt, dans le délai qui est imparti à cet effet, du projet de loi portant ratification des ordonnances, soit du refus d'adoption de ce texte par le Parlement, soit, si la loi de ratification est adoptée, du fait de la constatation par le Conseil constitutionnel de sa non-conformité à la Constitution ;

11 . Considérant que, si le législateur a l'obligation de définir le régime électoral des assemblées parlementaires dans des termes et suivant des modalités qui assurent qu'il puisse être pourvu en toute hypothèse à la désignation des représentants du peuple, aucune disposition de la loi présentement examinée n'interdit qu'il puisse être satisfait à cette exigence ; qu'en effet, l'entrée en vigueur de la loi nouvelle et l'abrogation corrélative des dispositions antérieures définissant le régime électoral sont nécessairement subordonnées à la publication des ordonnances délimitant les circonscriptions électorales, comme l'indique l'article 10 de la loi ; que la caducité ou l'annulation pour excès de pouvoir de ces ordonnances aurait pour conséquence, selon le cas, de maintenir en application le régime électoral antérieur ou de le remettre en vigueur ; qu'il ne s'ensuivrait aucune situation qui serait incompatible avec l'exigence du fonctionnement régulier des pouvoirs publics ;

Sur le moyen tiré de la violation de l'article 74 de la Constitution :

12 . Considérant que les auteurs de la saisine invitent le Conseil constitutionnel à vérifier si les dispositions de l'article 6 de la loi soumise à son examen, qui sont relatives à la délimitation des

circonscriptions électorales dans les territoires de Nouvelle-Calédonie et dépendances et de la Polynésie française, ont été adoptées dans le respect de l'article 74 de la Constitution ;

13 . Considérant qu'aux termes de l'article 74 de la Constitution l'organisation des territoires d'outre-mer «est définie et modifiée par la loi après consultation de l'assemblée intéressée» ; qu'il résulte de cette disposition que l'avis émis en temps utile par l'assemblée territoriale, consultée avec un préavis suffisant, doit être porté à la connaissance des parlementaires, pour lesquels il constitue un élément d'appréciation nécessaire, avant l'adoption en première lecture de la loi par l'assemblée dont ils font partie, mais qu'aucune disposition de valeur constitutionnelle n'exige que cet avis soit demandé avant le dépôt du projet de loi devant le Parlement ;

14 . Considérant que le projet de loi a été déposé sur le bureau de l'Assemblée nationale le 9 avril 1986 et que les assemblées territoriales de Polynésie française et de Nouvelle-Calédonie et dépendances, qui en ont été saisies, pour la première, le 9 avril 1986 et, pour la seconde, le 11 avril 1986, ont émis leur avis sur ce projet respectivement les 16 avril et 14 mai 1986 ; que ces avis ont été portés à la connaissance de l'Assemblée nationale et du Sénat le 16 mai 1986, c'est-à-dire avant le 22 mai 1986, date de l'adoption de la loi en première lecture par l'Assemblée nationale ; qu'il s'ensuit que l'article 74 de la Constitution n'a pas été méconnu ;

Sur les moyens tirés de ce que l'habilitation donnée au gouvernement aurait une portée excessive et méconnaîtrait le principe de l'égalité de suffrage :

En ce qui concerne l'article 5 :

15 . Considérant que l'article 5 de la loi soumise à l'examen du Conseil constitutionnel est ainsi rédigé : «dans un délai de six mois à compter de la publication de la présente loi, le Gouvernement est autorisé à établir par ordonnance le tableau nº 1 annexé au code électoral. - Le nombre des circonscriptions créées dans chaque département est fixé par le tableau annexé à la présente loi. - sauf en ce qui concerne les départements dont le territoire comporte des parties insulaires ou enclavées, les circonscriptions sont constituées par un territoire continu. En outre, à l'exception des circonscriptions qui seront créées dans les villes de Paris, Lyon et Marseille et dans les départements comprenant un ou des cantons non constitués par un territoire continu, ou dont la population, au recensement général de la population de 1982, est supérieure à 40 000 habitants, la délimitation des circonscriptions respecte les limites cantonales. - Les écarts de population entre les circonscriptions ont pour objet de permettre la prise en compte d'impératifs d'intérêt général ; en aucun cas la population d'une circonscription ne peut s'écarter de plus de 20 % de la population moyenne des circonscriptions du département» ;

16 . Considérant que les auteurs de la saisine soutiennent, d'une part, que ces dispositions ne satisfont pas à l'exigence qui s'impose à toute loi d'habilitation de fixer avec précision les objectifs poursuivis par le Gouvernement et, d'autre part, et en tout état de cause, qu'elles méconnaissent le principe de l'égalité de suffrage ;

Quant au grief tiré du défaut de précision des termes de l'habilitation :

17 . Considérant qu'à l'appui du grief tiré de l'imprécision des termes de l'habilitation, il est reproché au législateur de permettre au Gouvernement de s'affranchir, pour l'établissement des circonscriptions, du respect de l'unité cantonale dans un nombre élevé de cas, sans que soit alors prévue l'obligation pour lui de se conformer à une autre circonscription administrative territoriale ; qu'il est soutenu également que le Gouvernement pourrait se fonder sur les dispositions de l'article 3 de l'ordonnance nº 45-2604 du 2 novembre 1945 aux termes desquelles «Les modifications à la circonscription territoriale du canton, les créations et suppressions de canton et le transfert de leur chef-lieu sont décidés par décret en Conseil d'État après consultation du Conseil général», pour modifier les limites cantonales au moment même où il procédera à l'établissement des circonscriptions électorales, qu'il n'en irait autrement que si le Conseil constitutionnel considérait que les dispositions de ce dernier texte ont été abrogées implicitement par l'article 34 de la Constitution ;

18 . Considérant que la finalité de l'autorisation accordée au Gouvernement par l'article 5 et le domaine dans lequel les ordonnances pourront intervenir sont définis avec une précision suffisante ; qu'ainsi l'article 5 de la loi présentement examinée satisfait aux exigences de l'article 38 de la Constitution ; que, dans ces conditions, il n'y a pas lieu pour le Conseil constitutionnel de rechercher si les

dispositions de portée générale de l'article 34 de la Constitution définissant le domaine de la loi ont eu une incidence sur les habilitations consenties au profit du Gouvernement par des lois spéciales antérieures et si, en conséquence, l'article 3 de l'ordonnance nº 45-2604 du 2 novembre 1945 a été abrogé ;

Quant au grief tiré de l'atteinte au principe de l'égalité de suffrage :

19 . Considérant que les auteurs de la saisine soutiennent que l'article 5 de la loi méconnaît le principe de l'égalité de suffrage rappelé par la Constitution en son article 3 ; qu'en effet, l'article 5 renvoie, dans son deuxième alinéa, à un tableau annexé au texte de la loi qui pose comme postulat que chaque département doit élire au moins deux députés, ce qui entraîne des écarts de représentation très importants ; que l'atteinte au principe de l'égalité de suffrage est aggravée par le fait qu'à l'intérieur d'un même département la population d'une circonscription peut s'écarter, en plus ou en moins, de 20 % de la population moyenne des circonscriptions ; qu'une variation de cette ampleur ne saurait être justifiée par des impératifs d'intérêt général alors surtout que dans les départements comprenant un ou des cantons dont la population est supérieure à 40 000 habitants, la délimitation des circonscriptions n'est même pas astreinte au respect des limites cantonales ; que les écarts de représentation autorisés par la loi sont excessifs compte tenu du caractère de l'élection ;

20 . Considérant qu'aux termes de l'article 2, premier alinéa, de la Constitution, la République «assure l'égalité devant la loi de tous les citoyens sans distinction d'origine, de race ou de religion» ; que l'article 3 de la Constitution dispose, dans son premier alinéa, que «la souveraineté nationale appartient au peuple qui l'exerce par ses représentants et par la voie du référendum» et, dans son troisième alinéa, que le suffrage «est toujours universel, égal et secret» ; que, selon le deuxième alinéa de l'article 24 de la Constitution «les députés à l'Assemblée nationale sont élus au suffrage direct» ; que l'article 6 de la Déclaration des Droits de l'Homme et du Citoyen de 1789 proclame que la loi «doit être la même pour tous, soit qu'elle protège, soit qu'elle punisse. Tous les citoyens étant égaux à ses yeux sont également admissibles à toutes dignités, places et emplois publics, selon leur capacité et sans autre distinction que celle de leurs vertus et de leurs talents» ;

21 . Considérant qu'il résulte de ces dispositions que l'Assemblée nationale, désignée au suffrage universel direct, doit être élus sur des bases essentiellement démographiques ; que, si le législateur peut tenir compte d'impératifs d'intérêt général susceptibles d'atténuer la portée de cette règle fondamentale, il ne saurait le faire que dans une mesure limitée ;

22 . Considérant qu'en réservant à chaque département une représentation d'au moins deux députés, le législateur a entendu assurer un lien étroit entre l'élu d'une circonscription et les électeurs ; qu'eu égard, d'une part, à la répartition de la population sur le territoire national telle qu'elle résulte du dernier recensement général connu et, d'autre part, au nombre très restreint de départements pour lesquels le choix ainsi fait entraîne un écart de représentation en leur faveur, les dispositions du deuxième alinéa de l'article 5 de la loi ne sont pas, par elles-mêmes, contraires à la Constitution ; qu'elles impliquent, toutefois, que les inégalités de représentation qui en résultent ne puissent être sensiblement accrues par le biais des règles qui président à la délimitation des circonscriptions à l'intérieur d'un même département ;

23 . Considérant que, pour la délimitation des circonscriptions à l'intérieur d'un même département, le quatrième alinéa de l'article 5 de la loi autorise le Gouvernement agissant par voie d'ordonnance à s'écarter de plus ou de moins de 20 % par rapport à la population moyenne d'un département afin de permettre, dans l'intention du législateur, la prise en compte d'impératifs d'intérêt général ; qu'ainsi qu'il ressort du troisième alinéa de l'article 5 l'écart retenu répond au souci que la délimitation des circonscriptions respecte les limites cantonales ; qu'il a été précisé par le Gouvernement au cours des débats parlementaires que l'écart de représentation avait également pour but, dans le cas où il n'y a pas respect des limites cantonales, de tenir compte des «réalités naturelles que constituent certains ensembles géographiques» et «des solidarités qui les unissent».

24 . Considérant que si, en elles-mêmes, les exceptions apportées au principe de l'égalité de suffrage ne procèdent pas, pour chacune d'elles, d'une erreur manifeste d'appréciation, elles pourraient par leur cumul aboutir à créer des situations où ce principe serait méconnu ; qu'en conséquence, les dispositions des alinéas 3 et 4 de l'article 5 de la loi doivent s'entendre comme suit : qu'il convient, en

premier lieu, de considérer que la faculté de ne pas respecter les limites cantonales dans les départements comprenant un ou plusieurs cantons non constitués par un territoire continu ou dont la population est supérieure à 40 000 habitants ne vaut que pour ces seuls cantons ; qu'en deuxième lieu, la mise en œuvre de l'écart maximum mentionné à l'alinéa 4 de l'article 5 doit être réservée à des cas exceptionnels et dûment justifiés ; que l'utilisation de cette faculté ne pourra intervenir que dans une mesure limitée et devra s'appuyer, cas par cas, sur des impératifs précis d'intérêt général ; qu'enfin, la délimitation des circonscriptions ne devra procéder d'aucun arbitraire ; que toute autre interprétation serait contraire à la Constitution ;

En ce qui concerne l'article 6 :

25 . Considérant que l'article 6 de la loi présentement examinée est ainsi rédigé : «Dans le délai prévu à l'article 5, le Gouvernement est autorisé à déterminer par ordonnance, après avis de l'assemblée territoriale compétente, deux circonscriptions sur le territoire de la Nouvelle-Calédonie et dépendances et deux circonscriptions sur celui de la Polynésie française» ;

26 . Considérant que les auteurs de la saisine présentent à l'encontre de l'article 6 de la loi des moyens tirés respectivement de l'absence de précision des termes de l'habilitation et de l'atteinte au principe de l'égalité de suffrage ;

27 . Considérant qu'en vertu de l'article 34 de la Constitution la fixation du régime électoral des assemblées parlementaires relève du domaine de la loi, que les dispositions précitées de l'article 6 de la loi, qui ne sauraient avoir ni pour objet ni pour effet de dispenser le Gouvernement, dans l'exercice des pouvoirs qui lui sont conférés en application de l'article 38 de la Constitution, du respect des règles et principes de valeur constitutionnelle et notamment du principe de l'égalité de suffrage, ne sont pas, en elles-mêmes, contraires à la Constitution ; que, cependant, l'ordonnance prévue par l'article 6 devra déterminer les circonscriptions à l'intérieur des territoires en cause sur des bases essentiellement démographiques ; que, si le Gouvernement a néanmoins la faculté de tenir compte d'impératifs d'intérêt général liés aux caractères spécifiques des territoires considérés, ce ne peut être que dans une mesure limitée ; qu'enfin, la délimitation des circonscriptions ne devra procéder d'aucun arbitraire ; que toute autre interprétation serait contraire à la Constitution ;

En ce qui concerne l'article L. 125 du code électoral, tel qu'il résulte de l'article 2 de la loi :

28 . Considérant qu'aux termes du second alinéa ajouté à l'article L. 125 du code électoral par l'article 2 de la loi soumise à l'examen du Conseil : «Il est procédé à la révision des limites des circonscriptions, en fonction de l'évolution démographique, après le deuxième recensement général de la population suivant la dernière délimitation» ;

29 . Considérant que le respect dû au principe de l'égalité de suffrage implique que la délimitation des circonscriptions électorales pour la désignation des députés fasse l'objet d'une révision périodique en fonction de l'évolution démographique ; que la constatation d'une telle évolution peut résulter de chaque recensement général de la population ; que, si l'article 2 de la loi méconnaît ce principe, il ne saurait cependant lier pour l'avenir le législateur ; que, dès lors, en raison de son caractère inopérant, il n'y a pas lieu de le déclarer contraire à la Constitution ;

Sur les autres dispositions de la loi soumise à l'examen du Conseil constitutionnel :

30 . Considérant qu'en l'espèce il n'y a lieu pour le Conseil constitutionnel de soulever d'office aucune autre question de conformité à la Constitution en ce qui concerne les autres dispositions de la loi soumise à son examen :

Décide :

ARTICLE PREMIER. - Sous les strictes réserves d'interprétation énoncées plus haut, la loi relative à l'élection des députés, et autorisant le Gouvernement à délimiter par ordonnance les circonscriptions électorales n'est pas contraire à la Constitution.

ART. 2. - La présente décision sera publiée au *Journal officiel* de la République française.

Délibéré par le Conseil constitutionnel dans ses séances des 1er et 2 juillet 1986.

(*J.O.* du 3 juillet 1986 et rectificatif *J.O.* du 30 juillet 1986)

II

LE CONSEIL CONSTITUTIONNEL,

Vu la Constitution ;

Vu l'ordonnance nº 58-1067 du 7 novembre 1958 portant loi organique sur le Conseil constitutionnel, notamment les articles figurant au chapitre II du titre II de ladite ordonnance ;

Le rapporteur ayant été entendu ;

1 . Considérant que la conformité à la Constitution de la loi relative à la délimitation des circonscriptions pour l'élection des députés est contestée en raison tant de la procédure suivie pour son adoption que du contenu de ses dispositions ;

Sur la procédure législative :

2 . Considérant que les sénateurs auteurs de la seconde saisine font valoir que la procédure suivie pour l'adoption de la loi a été irrégulière car la question préalable a été mise en œuvre lors de l'examen en première lecture du projet de loi dans le seul but d'interdire aux sénateurs le libre exercice du droit d'amendement qui leur est conféré par l'article 44 de la Constitution ;

3 . Considérant qu'en vertu de l'alinéa 3 de l'article 44 du règlement du Sénat, la question préalable a pour objet de faire décider qu'il n'y a pas lieu de poursuivre la délibération et que son adoption, après un débat limité comme il est dû à l'alinéa 8 du même article, a pour effet d'entraîner le rejet du texte auquel elle s'applique.

4 . Considérant que le projet de loi relatif à la délimitation des circonscriptions pour l'élection des députés, qui faisait suite à la loi nº 86-825 du 11 juillet 1986 rétablissant le scrutin uninominal à deux tours, a, après déclaration d'urgence par le Gouvernement, été considéré comme adopté en première lecture par l'Assemblée nationale, le 13 octobre 1986 ; qu'il a été rejeté par le Sénat du fait de l'adoption par cette assemblée de la question préalable, dans des conditions qui n'affectent pas, au cas présent, la régularité de la procédure législative ; qu'il a été fait ensuite application des dispositions des deuxième et troisième alinéas de l'article 45 de la Constitution ; que le texte proposé par la commission mixte paritaire a été considéré comme adopté par l'Assemblée nationale, le 23 octobre 1986, puis voté dans les mêmes termes par le Sénat, le 24 octobre ; qu'il suit de là que la loi déférée au Conseil constitutionnel n'a pas été adoptée selon une procédure irrégulière ; que le moyen invoqué doit, en conséquence, être écarté ;

Sur le fond :

5 . Considérant que les députés auteurs de la première saisine, tout comme les sénateurs auteurs de la seconde saisine qui déclarent souscrire à leur argumentation, font valoir que la délimitation des circonscriptions opérée par la loi est arbitraire ; qu'en effet, la délimitation effectuée aurait dû, chaque fois que cela était démographiquement possible, conserver l'ancien découpage ou en respecter l'économie ; qu'il aurait dû en aller ainsi pour ceux des départements qui conservent le même nombre de députés et dont les anciennes circonscriptions étaient démographiquement à peu près equilibrées, pour les départements qui avaient plusieurs circonscriptions se trouvant proches de la moyenne démographique départementale dont seules une ou deux s'en écartaient et pour ceux des départements dans lesquels les axes cardinaux du précédent découpage conservaient leur pertinence géographique et étaient compatibles avec les données démographiques ; que, de plus, l'arbitraire réside dans l'hétérogénéité des critères de délimitation retenus, du point de vue de la démographie, de la géographie, de l'histoire et des données économiques et sociales ; qu'ont été choisies des réponses radicalement différentes à des questions largement identiques ; qu'à l'inverse, le critère tiré de l'intérêt qu'escomptent, sur le plan politique, les auteurs du découpage a été, lui, utilisé avec une parfaite homogénéité ;

6 . Considérant qu'aux termes de l'article 2, premier alinéa, de la Constitution, la République «assure l'égalité devant la loi de tous les citoyens sans distinction d'origine, de race ou de religion» ; que l'article 3 de la Constitution dispose, dans son premier alinéa, que «la souveraineté nationale

appartient au peuple qui l'exerce par ses représentants et par la voie du référendum» et, dans son troisième alinéa, que le suffrage «est toujours universel, égal et secret» ; que, selon le deuxième alinéa de l'article 24 de la Constitution «les députés à l'Assemblée nationale sont élus au suffrage direct» ; que l'article 6 de la déclaration des Droits de l'Homme et du Citoyen de 1789 proclame que la loi «doit être la même pour tous, soit qu'elle protège, soit qu'elle punisse. Tous les citoyens étant égaux à ses yeux sont également admissibles à toutes dignités, places et emplois publics, selon leur capacité et sans autre distinction que celle de leurs vertus et de leurs talents» ;

7 . Considérant qu'il résulte de ces dispositions que l'Assemblée nationale, désignée au suffrage universel direct, doit être élue sur des bases essentiellement démographiques ; que, si le législateur peut tenir compte d'impératifs d'intérêt général susceptibles d'atténuer la portée de cette règle fondamentale, il ne saurait le faire que dans une mesure limitée et en fonction d'impératifs précis ;

8 . Considérant qu'il ressort de la loi présentement examinée que, sauf impossibilité d'ordre géographique, les circonscriptions sont constituées par un territoire continu ; que les limites cantonales ont été, d'une manière générale, respectées ; que le territoire de cantons discontinus et de cantons de plus de 40 000 habitants n'a été réparti entre plusieurs circonscriptions que dans un nombre restreint de cas ; que l'écart entre la population d'une circonscription et la population moyenne des circonscriptions d'un même département n'est pas disproportionné de manière excessive ;

9 . Considérant cependant, que les députés auteurs de la première saisine soutiennent que la délimitation effectuée par la loi, même si elle n'est pas fondamentalement critiquable sur le plan démographique, n'en est pas moins entachée d'arbitraire ;

10 . Considérant que la Constitution ne confère pas au Conseil constitutionnel un pouvoir général d'appréciation et de décision identique à celui du Parlement ; qu'il ne lui appartient donc pas de rechercher si les circonscriptions ont fait l'objet de la délimitation la plus équitable possible ; qu'il ne lui incombe pas davantage de faire des propositions en ce sens, comme peut être amené à le faire le Conseil d'État dans l'exercice de ses fonctions administratives ;

11 . Considérant, d'ailleurs, que, pour l'examen de situations de fait, le Conseil constitutionnel, saisi d'une loi votée et en instance de promulgation, se prononce dans des conditions différentes de celles dans lesquelles la juridiction administrative est appelée à statuer sur la légalité d'un acte administratif ;

12 . Considérant que, quelle que puisse être la pertinence de certaines critiques adressées par les députés auteurs de la première saisine à l'encontre de la délimitation des circonscriptions opérées par la loi, il n'appartient pas, en l'état du dossier, et compte tenu de la variété et de la complexité des situations locales pouvant donner lieu à des solutions différentes, dans le respect de la même règle démographique que les choix effectués par le législateur aient manifestement méconnu les exigences constitutionnelles ;

13 . Considérant qu'en l'espèce il n'y a lieu pour le Conseil constitutionnel de soulever d'office aucune question de conformité à la Constitution en ce qui concerne les autres dispositions de la loi soumise à son examen ;

Décide :

ARTICLE PREMIER. - La loi relative à la délimitation des circonscriptions pour l'élection des députés n'est pas contraire à la Constitution.

ART. 2. - La présente décision sera publiée au *Journal officiel* de la République française.
Délibéré par le Conseil constitutionnel dans ses séances des 17 et 18 novembre 1986.

(*J.O.* du 19 novembre 1986).

La composition du Conseil constitutionnel aux dates des 1er et 2 juillet 1986 et du 18 novembre 1986 était la suivante : M. BADINTER (Président), MM. Fabre, JOXE, JOZEAU-MARIGNÉ, LECOURT, MARCILHACY, MAYER, SIMONNET, VEDEL.

OBSERVATIONS

1 . Dès leur arrivée au pouvoir, en mars 1986, la nouvelle majorité de droite et le gouvernement de Jacques Chirac, ont entrepris de modifier la loi électorale qu'avait fait voter le gouvernement de gauche, un an auparavant, le 10 juillet 1985.

La querelle sur les modes de scrutin est traditionnelle en France sous la Ve République. Le général de Gaulle n'ayant pas accepté la proposition de M. Debré visant à inscrire le mode de scrutin dans la Constitution, il suffit d'une loi ordinaire pour changer le mode de scrutin. Seul le nombre de députés est fixé par une loi organique plus difficile à modifier qu'une loi ordinaire.

De 1958 à 1986, l'Assemblée nationale a compté 491 députés élus au scrutin uninominal majoritaire à deux tours dans le cadre de circonscriptions d'une taille équivalente aux arrondissements. En 1985, le gouvernement de gauche fait voter deux lois (le 10 juillet), prévoyant qu'il y aurait désormais 577 députés élus, dans le cadre des départements, à la représentation proportionnelle ; et ceci afin que les élections du 16 mars 1986 aient lieu selon ce mode de scrutin, normalement plus favorable à la gauche.

Au printemps 1986, le gouvernement Chirac entreprend de modifier la loi du 10 juillet 1985 pour revenir au scrutin majoritaire à deux tours ; mais il décide de maintenir 577 députés, et non de revenir aux 491 députés que comptait l'Assemblée nationale avant 1985. Il faut alors envisager une nouvelle délimitation des circonscriptions électorales ou, comme on le dit habituellement, un nouveau découpage électoral, l'ancien étant désormais périmé.

Après une bataille assez vive menée par l'opposition de gauche (socialistes et communistes) et par l'opposition d'extrême droite (le Front national, qui ne doit ses sièges qu'à la représentation proportionnelle), le Parlement vote fin mai 1986, une loi établissant le scrutin uninominal majoritaire à deux tours et habilitant le gouvernement à établir, par ordonnances (prises en vertu de l'article 38 de la Constitution), un nouveau découpage électoral, sous réserve de respecter un certain nombre de directives. Le Conseil constitutionnel est immédiatement saisi, et rend les 1er et 2 juillet 1986 une longue et importante décision dans laquelle il déclare la loi « non contraire à la Constitution... sous les strictes réserves d'interprétation énoncées » dans les motifs. Ces « strictes réserves » sont très abondantes et précises car elles s'adressent en réalité au gouvernement habilité à faire le découpage électoral.

Après que la loi ait été promulguée le 11 juillet 1986, le gouvernement prépare un projet d'ordonnance portant délimitation des circonscriptions électorales. Ce projet est d'abord soumis à une commission des « sages » (du 21 juillet au 9 août) qui impose des corrections au gouvernement ; puis examiné par le Conseil d'État (25 août-11 septembre) et à nouveau par la Commission (13-14 septembre) ; le gouvernement corrige à nouveau son découpage qui est réexamine par le Conseil d'État (16-20 septembre) ; et le gouvernement procède à une troisième correction (21-22 septembre) avant l'ultime examen par le Conseil d'État (23 septembre). Malgré cela, le 2 octobre, le Président de la République refuse de signer l'ordonnance.

Le projet d'ordonnance est alors transformé en projet de loi et il est voté par le Parlement, le 24 octobre. Les députés socialistes saisissent alors le Conseil constitutionnel qui rend le 18 novembre une décision déclarant la loi portant découpage électoral « non contraire à la Constitution ». Et cette loi est alors promulguée le 24 novembre.

2 . Les décisions *208 DC des 1er et 2 juillet et 218 DC du 18 novembre 1986* sont importantes essentiellement pour leur apport à la jurisprudence relative à l'égalité de représentation dans les élections politiques : elles fixent cette jurisprudence, déjà bien ébauchée dans les décisions du *8 et 23 août 1985* * et qui, aujourd'hui, a été complétée par la décision 227 DC du 7 juillet 1987 (Régime électoral de la ville de Marseille) (I). On peut aussi s'attacher aux problèmes qu'elles soulèvent quant à la procédure législative et au vote de la loi (II).

I. - Droit de suffrage et égalité de représentation

3 . Le Conseil constitutionnel, dans ses décisions *208 DC et 218 DC*, a clairement confirmé les principes déjà posés dans les décisions *196 DC et 197 DC** et a soigneusement défini les conditions d'application de ces principes, et aussi leurs limites.

1°) *Les principes*

4 . Le Conseil constitutionnel s'est appuyé sur plusieurs dispositions constitutionnelles pour dégager les principes devant présider à tout découpage électoral et dans les décisions *208 DC et 218 DC*, il a complété celles de ces dispositions déjà énumérées dans la décision *196 DC**. Cependant, il a été reproché au Conseil constitutionnel de ne pas avoir tenu compte d'autres dispositions constitutionnelles qui l'auraient conduit à adopter une autre attitude.

Les deux considérants de principe sont les suivants :

« Considérant qu'aux termes de l'article 2, premier alinéa, de la Constitution, la République “assure l'égalité devant la loi de tous les citoyens sans distinction d'origine, de race ou de religion” ; que l'article 3 de la Constitution dispose, dans son premier alinéa, que “la souveraineté nationale appartient au peuple qui l'exerce par ses représentants et par la voie du référendum” et, dans son troisième alinéa, que le suffrage “est toujours universel, égal et secret” ; que, selon le deuxième alinéa de l'article 24 de la Constitution “les députés à l'Assemblée nationale sont élus au suffrage direct” ; que l'article 6 de la Déclaration des droits de l'homme et du citoyen de 1789 proclame que la loi “doit être la même pour tous, soit qu'elle protège, soit qu'elle punisse. Tous les citoyens étant égaux à ses yeux sont également admissibles à toutes les dignités, places et emplois publics, selon leur capacité et sans autre distinction que celle de leurs vertus et de leurs talents ».

Considérant qu'il résulte de ces dispositions que l'Assemblée nationale désignée au suffrage universel direct doit être élue sur *des bases essentiellement démographiques »*.

5 . a) *Le principe d'équilibre démographique : « les bases essentiellement démographiques »*. Le principe dégagé par le Conseil constitutionnel des dispositions constitutionnelles précitées est donc que la délimitation des circonscriptions électorales doit être effectuée en respectant le principe d'égale représentation des *populations* de chacune de ces circonscriptions, sans pour autant être astreint à une stricte proportionnalité.

6 . La notion de proportionnalité appelle une première précision. Dans la décision *196 DC**, le Conseil constitutionnel avait estimé, s'agissant de la délimitation des circonscriptions pour des élections régionales, qu'il ne découlait pas des textes que cette représentation doive être « nécessairement proportionnelle à la population de chaque région » (§ 15). Dans la décision *208 DC* en revanche, la proportionnalité semble exigée, la réserve précédente ayant disparu, comme faisant partie de la règle elle-même, (en ce sens, J. Boulouis, *A.J.D.A.*, 1987, p. 269 ; B. Genevois, *La jurisprudence du Conseil constitutionnel,* p. 251). Mais ça ne peut être qu'une proportionnalité « approchée », comme nous le verrons plus loin.

7 . La notion de « population » appelle également quelques commentaires. Le Conseil constitutionnel s'y réfère expressément et souligne que l'élément pris en considération est bien le nombre d'habitants par circonscriptions et non celui des électeurs, notamment lorsqu'il fait état de la « répartition de la *population* sur le territoire national telle qu'elle résulte du dernier *recensement général ». (208 DC,* § 22). Ceci confirme d'ailleurs la position prise précédemment dans la décision *196 DC **.

Le fait que le Conseil constitutionnel prenne comme élément d'appréciation le nombre d'habitants (lesquels ne sont pas forcément des électeurs, ce qui est fréquemment le cas dans les régions où l'on compte une proportion notable d'étrangers) a été contesté au nom du « principe représentatif » qui, notamment consacré dans les articles 26 et 27 de la Constitution (ce dernier article consacrant la nullité du mandat impératif), fait du député le représentant de la Nation toute entière : « de sorte que jauger chaque député à l'aune du nombre d'électeurs de sa circonscription procèd(e) d'une idée juridiquement fausse » et conduit à considérer que « dès le choix de ses fondements, la règle fondamentale est orientée vers une conception, qui transcendant l'ambiguïté de l'article 3 de la Constitution, *doit plus à la souveraineté populaire qu'à la souveraineté nationale »* (J. Boulouis, *A.J.D.A.*, 1987, p. 268).

L'argument est fort ; mais on constatera que la pratique institutionnelle sous les IIIe et IVe Républiques est déjà en contradiction avec le principe représentatif car, depuis 1875, seules deux lois électorales sur sept ne font pas référence au critère de proportionnalité (cf. A. Roux, rapport précité, p. 30, note 89). On a pu même dire qu'il y a une « prépondérance de ce critère dans la tradition républicaine » (B. Genevois, *op. cit.*, p. 280 qui cite Barthélémy et Duez, *Traité de droit constitutionnel*, p. 229). La conception adoptée par le Conseil constitutionnel – et dont il a tiré toutes les conséquences en exigeant une révision de la délimitation des circonscriptions après chaque recensement général – n'est donc pas aussi hérétique que l'on aurait pu le croire. Elle se rattache, en outre, à une conception contemporaine de la représentation démocratique, selon laquelle l'égalité doit être non seulement objective ou abstraite mais aussi réalisée concrètement : même si la condamnation des « bourgs pourris » ne date pas d'hier, le mouvement lancé par la Cour suprême américaine puis par le Tribunal constitutionnel allemand ne peut être ignoré, en France, quelles que soient les différences entre les situations juridiques, politiques et sociologiques des divers pays concernés.

8 . b) *Le principe d'équilibre politique : « La délimitation des circonscriptions ne devra procéder d'aucun arbitraire ».* Ce principe, formulé dans la décision *208 DC* (§ 24) est la traduction d'une autre exigence du principe d'égalité en matière électorale : il s'agit ici moins de l'égalité entre électeurs que de l'égalité entre candidats ou, mieux, entre forces politiques en compétition dans la bataille électorale. En fait, on retrouve la préoccupation majeure qui est celle d'assurer l'égalité dans l'exercice du droit de suffrage car on veut éviter par là que les dés ne soient pipés et que l'électeur ne soit grugé ou en partie dépouillé de son droit de choisir par un aménagement approprié des circonscriptions électorales.

Mais, bien évidemment, la mise en œuvre du principe sera ici plus difficile à contrôler.

2°) *Les conditions de mise en œuvre des principes*

9 . Seront surtout décrites ici les conditions de mise en œuvre du principe d'égalité démographique qui relèvent de la surveillance du Conseil constitutionnel ; quant au principe d'égalité politique, les conditions de sa mise en œuvre relèvent surtout de la surveillance du juge administratif.

10 . a) *Mise en œuvre du principe d'équilibre démographique.* Le Conseil constitutionnel fait siens un certain nombre de préceptes qui peuvent apparaître comme des correctifs au critère démographique mais qui constituent à ses yeux des aménagements nécessaires : en effet, « le législateur peut tenir compte d'impératifs d'intérêt général susceptibles d'atténuer la portée de cette règle fondamentale » (§ 21) ; à condition toutefois de ne le faire « que dans une mesure limitée » (§ 21).

11 . Ces *« impératifs d'intérêt général »* peuvent être : la représentation minimum de chaque département ; les caractères spécifiques des territoires d'outre-mer ; des « impératifs précis d'intérêt général ».

Le Conseil constitutionnel a accepté que le législateur respecte la tradition selon laquelle chaque département soit au moins représenté par deux députés, moins au nom de cette tradition (non évoquée) que de l'utilité « d'assurer un lien étroit entre les élus d'une circonscription et ses électeurs » (§ 22), ce qui est peut-être en désaccord avec la conception initiale de la représentation politique en droit français mais s'accorde bien avec la conception moderne de celle-ci. Toutefois, les « écarts de représentation » pouvant en résulter ne sont pas considérés comme contraires à la Constitution dans la mesure seulement où existe « (un) nombre très restreint de départements pour lesquels le choix ainsi fait entraîne un écart de représentation en leur faveur » (§ 22). En fait, si l'on considère que le chiffre moyen retenu était de 108 000 habitants par député, seuls deux départements (Hautes-Alpes et Lozère) ont ainsi bénéficié d'un siège supplémentaire. La première condition posée par le Conseil constitutionnel a donc été satisfaite. La deuxième condition était que dans ces départements, les inégalités de représentation ainsi provoquées « ne puissent être sensiblement accrues par le biais des règles qui président à la délimitation des circonscriptions à *l'intérieur d'un même département* » (§ 22). Ces règles, décrites *infra*, n'ont pas semble-t-il, accentué les disparités au sein des deux départements précités.

Les « impératifs d'intérêt général liés aux caractéristiques spécifiques des T.O.M. » (§ 27) sont aisément compréhensibles, s'agissant de la Nouvelle-Calédonie et de la Polynésie. Toutefois la jurisprudence établie par les décisions *196 DC et 197 DC* * pour la Nouvelle-Calédonie n'est peut-être pas exactement transposable, car il s'agissait d'élections régionales et non d'élections législatives.

Enfin les « impératifs précis d'intérêt général » sont définis, au cas par cas, sous le contrôle du juge constitutionnel (si la délimitation est opérée par la loi) ou par le juge administratif (si elle l'est par ordonnance).

12 . Le Conseil constitutionnel a cependant formulé un certain nombre de directives permettant d'encadrer en quelque sorte la détermination de ces « impératifs précis d'intérêt général ».

Les impératifs qui peuvent conduire à mettre en cause l'égalité démographique sont les suivants :

- Tout d'abord la règle de la « continuité territoriale des circonscriptions » à laquelle le législateur proposait de ne déroger qu'« en ce qui concerne les départements dont le territoire comporte des parties insulaires ou enclavées ». Dans sa décision *218 DC* le Conseil constate qu'il ressort de la loi procédant au découpage électoral que « sauf impossibilité d'ordre géographique, les circonscriptions sont constituées par un territoire continu ».

- Une deuxième contrainte tient au respect des limites cantonales. A. Roux l'explique ainsi : « Tel qu'il était rédigé, l'article 5 al. 2 de la loi déférée permettait aux auteurs du découpage de s'affranchir du respect des limites cantonales non seulement pour les cantons dépassant 40 000 habitants (au nombre de 105) ou pour ceux constitués par un territoire discontinu (au nombre de 53), mais aussi pour tous les cantons d'un département où l'un d'entre eux aurait dépassé ce seuil de population ou aurait été formé pour un territoire discontinu. Ainsi formulée, cette exception conférait donc une grande latitude d'action aux auteurs du découpage, notamment dans les départements les plus peuplés, donc ceux élisant le plus de députés ». Pour réduire cette marge de manœuvre, le Conseil constitutionnel décide qu'« 'il convient de considérer que la faculté de ne pas respecter les limites cantonales dans les départements comprenant un ou plusieurs cantons non constitués par un territoire continu ou dont la population est supérieure à 40 000 habitants, *ne vaut que pour ces seuls cantons* » (*208 DC,* § 24). Dans sa deuxième décision du *18 novembre 1986,* le Conseil constitutionnel a pu constater que la « faculté » sus-évoquée n'avait été utilisée « que dans un nombre restreint de cas » (§ 8) : 15 cantons sur 53 ayant un territoire discontinu et 18 cantons sur 105 ayant plus de 40 000 habitants.

- Enfin, le Conseil constitutionnel a entériné en les renforçant les règles qu'avait lui-même fixées le législateur à l'intention du gouvernement statuant par ordonnances (et qui, finalement, se sont appliquées à lui-même) : 1) l'autorité compétente pour opérer la délimitation à l'intérieur d'un même département peut « s'écarter de plus ou de moins de 20 % par rapport à la population moyenne d'un département » ; 2) cet écart peut être justifié par le souci de respecter les limites cantonales, ou bien, au cas de non-respect de ces limites, par le souci de tenir compte « des réalités naturelles que constituent certains ensembles géographiques » et des « solidarités qui les unissent » (§ 23) ; 3) la mise en œuvre de l'écart maximum (20 %) « doit être réservée à des cas exceptionnels et dûment justifiés » (§ 24) ; 4) en toute hypothèse « l'utilisation de cette faculté ne pourra intervenir que dans une mesure limitée et devra s'appuyer, cas par cas, sur des impératifs précis d'intérêt général ».

13 . b) *Mise en œuvre du principe d'équilibre politique.* La mise en œuvre de ce principe est beaucoup plus délicate à réaliser et le Conseil constitutionnel ne s'est pas risqué, en vérité, à donner des directives ou des orientations en ce domaine. À deux reprises, il affirme que « la délimitation des circonscriptions ne devra procéder d'aucun arbitraire » (208 DC § 24 et § 27) ; mais, apparemment, il ne suggère aucun critère permettant de déceler cet arbitraire.

On relèvera cependant que le soin apporté à « encadrer » ou à orienter la démarche suivie pour opérer la délimitation à l'intérieur des départements (voir paragraphe précédent) dénote le souci d'éviter que se produisent des abus non plus sur le plan démographique mais sur le plan politique.

En outre, le Conseil constitutionnel a compté sur le Conseil d'État statuant à titre consultatif et sur la commission des sages instituée par la loi du 11 juillet 1986 pour veiller à l'impartialité du découpage.

3°) *Le contrôle exercé par le Conseil constitutionnel*

14 . La démarche du Conseil constitutionnel dans cette affaire, s'agissant notamment de la seconde décision du *18 novembre,* a été considérée, par certains commentateurs, comme traduisant un malaise ou comme quelque peu embarrassée ; ce n'est pas notre avis : la logique de cette démarche nous était apparue telle, que nous avions pu la décrire, par avance (voir L. Favoreu, *Le Figaro* du 17 nov. 1986).

Et aujourd'hui la connaissance des résultats chiffrés du découpage réalisé, conforte cette logique.

En fait, il convient de distinguer contrôle de l'équilibre politique démographique et contrôle de l'équilibre politique pour bien saisir cette logique.

15 . Mais avant même d'exposer la manière dont ces deux contrôles ont été opérés, il convient de rappeler que les parlementaires socialistes, auteurs des requêtes contre la seconde loi, auraient eu de meilleures chances de succès s'ils avaient pu attaquer l'ordonnance portant délimitation des circonscriptions électorales devant le Conseil d'État : car, comme l'a souligné le Conseil constitutionnel lui-même, dans sa décision du *18 novembre,* le juge administratif aurait eu tout loisir de vérifier, éventuellement cas par cas, si le découpage électoral avait été fait conformément aux directives très précises données par le Conseil constitutionnel. Mais, comme on le sait, le Président de la République a fermé la voie royale du contrôle du découpage électoral (qu'avait ouverte le Conseil constitutionnel dans sa décision *1er-2 juillet,* dont la plupart des réserves interprétatives étaient destinées à fournir des armes au Conseil d'État, compétent pour contrôler l'ordonnance normalement prévue), en refusant de signer l'ordonnance. Comme le souligne pertinemment Jean Boulouis « on repassait ainsi de ce qui aurait pu être le contrôle par le juge administratif d'un pouvoir dont la discrétionnarité avait été réduite à néant par les "strictes réserves" à un contrôle par le juge constitutionnel d'un pouvoir qui s'exprimait par des dispositions identiques mais qui, étant exercé par le législateur, ne pouvait pas être assujetti à des conditions aussi rigoureuses ni aussi profondément contrôlées » (*A.J.D.A.*, 1987, p. 270).

C'est exactement ce qu'a voulu dire le Conseil constitutionnel, à l'intention visiblement des requérants et peut-être du Président de la République lorsqu'il a déclaré :

> « Considérant... que pour l'examen de situations de fait, le Conseil constitutionnel, saisi d'une loi votée et en instance de promulgation se prononce dans des conditions différentes de celles dans lesquelles la juridiction administrative est appelée à statuer sur la légalité d'un acte administratif » (*218 DC,* § 11).

Ce n'est pas une réaction embarrassée : c'est une leçon de droit constitutionnel jurisprudentiel (voir L. Favoreu, Une double leçon, *Le Figaro*, 19 nov. 1986).

16 . Quant à la manière dont le contrôle a été exercé par le Conseil constitutionnel, il est inexact de penser que ce contrôle dit à double détente n'a pas fonctionné : en réalité, il a donné les résultats habituels, alors même qu'il s'est exercé dans des circonstances inhabituelles. Mais pour bien comprendre ce qui s'est passé, il convient de distinguer les deux types de contrôle.

17 . a) *Le contrôle de l'équilibre démographique.* Dans sa première décision des *1er-2 juillet,* le Conseil avait établi un certain nombre de directives à l'intention du gouvernement et le législateur avait intégré ces directives dans la loi du 11 juillet 1986 ; mais,

l'ordonnance n'ayant pas été signée, ces directives n'avaient plus d'objet. C'est ce que reconnaissent explicitement les députés dans leur recours contre la loi votée en substitution de l'ordonnance non signée :

> « La loi du 11 juillet 1986 contraignait le Gouvernement au respect de *certaines règles qui, juridiquement, ont cessé de s'imposer* dès lors que, formellement au moins, c'est le législateur lui-même qui est réputé avoir délimité les circonscriptions » (J.O. *19 nov. 1986, p. 13770).*

Néanmoins, le texte de l'ordonnance ayant été intégralement transformé en projet de loi, les directives de la loi du 11 juillet ont bien été intégrées dans la nouvelle loi (alors même qu'elles n'étaient pas contraignantes pour le législateur). Et, d'ailleurs, l'opposition socialiste ne conteste pas, en fait, dans ses recours, la régularité du découpage quant à l'équilibre démographique, mais plutôt quant à l'équilibre politique :

> « À examiner, les uns après les autres, chacun des départements contestés, il peut se produire souvent que les solutions retenues semblent logiques et raisonnables. Hormis quelques cas, dont on reconnaît bien volontiers qu'ils sont largement minoritaires… *l'arbitraire* pour les autres ne ressort pas immédiatement » (J.O., *18 nov. 1986, p. 13770).*

Et le Conseil constitutionnel en prend acte d'ailleurs, dans sa décision *218 DC* (§ 9) :

> « Considérant cependant, que les députés auteurs de la première saisine soutiennent que la délimitation effectuée par la loi, *même si elle n'est pas fondamentalement critiquable sur le plan démographique,* n'en est pas moins entachée d'arbitraire ».

En réalité, comme dans les divers cas de contrôle à double détente, le phénomène d'auto-limitation a joué à plein et la seconde décision du Conseil a simplement constaté – comme dans les autres cas types, car il n'y a pas un seul exemple de deuxième annulation sur contrôle à double détente – que le législateur s'était conformé aux directives du juge constitutionnel (*218 DC,* § 8) (ce qui est d'autant plus remarquable qu'en l'espèce, rappelons-le, il s'agissait de « super-directives » destinées au Gouvernement statuant sur ordonnances).

18 . Et si l'on examine les résultats concrets du découpage tels qu'ils sont aujourd'hui disponibles, on comprend l'apparente réserve du Conseil constitutionnel (qui, en fait, a examiné soigneusement l'ensemble du dossier à sa disposition) et la modération de l'opposition.

En définitive, en effet (cf. Ponceyri, *Le découpage électoral*) :

- la règle du minimum de deux députés par département n'a joué que pour deux départements sur cent, ce qui relativise, pour ne pas dire plus, le reproche de laxisme que certains ont pu faire un peu rapidement au Conseil constitutionnel.

- L'écart maximum autorisé à l'intérieur d'un même département, n'a joué que dans un très faible nombre de cas (26 circonscriptions sur 577, soit moins de 5 %, s'écartant de 15 à 20 % de la moyenne départementale).

- La faculté de ne pas respecter les limites cantonales a été utilisée dans 15 cantons sur 53 ayant un territoire discontinu et dans 18 sur 105 ayant plus de 40 000 habitants).

Certes, la règle du minimum de deux députés par département a eu pour conséquence de laisser subsister un écart extrême entre deux circonscriptions : de 1 à 3,5 entre la 2e circonscription de Lozère (35 408 habitants) et la 4e des Hauts-de-Seine (123 765). Mais en 1985, cet écart extrême était de 1 à 10 (2e circ. de Corse du Sud : 30 398 et 10e des Bouches-du-Rhône : 818 770 hab.). En outre, globalement il y a une réduction très importante des inégalités par le découpage de 1986 par rapport à la situation antérieure.

19 . On peut faire une rapide comparaison avec les systèmes étrangers (voir d'une manière plus approfondie, les actes de la Table ronde internationale sur ce thème *in A.I.J.C.* 1989 et donnant la situation des pays suivants : Autriche, Belgique, Espagne, États-Unis, France, Italie, Japon, Pologne, Portugal, République fédérale d'Allemagne, Pays scandinaves).

20 . b) *Le contrôle de l'équilibre politique.* Ce que recherchait, en réalité, l'opposition socialiste, c'était de faire effectuer par le Conseil constitutionnel un contrôle de l'équilibre politique à travers la notion *d'arbitraire* : mais ceci est un tout autre problème, car on est ici aux frontières du politique et du juridique. Les députés requérants en ont eu d'ailleurs tout à fait conscience : dans leur requête ils soulignent que la définition de l'arbitraire est « malaisée » et que parmi ces trois composantes (démographique, géographique et politique) de tout découpage électoral, « la troisième... est par nature rétive à un encadrement juridique ».

En fait, les députés socialistes souhaitaient démontrer que le découpage avantageait le R.P.R. et l'U.D.F. et désavantageait le parti socialiste.

En elle-même, cette prétention s'exposait à deux objections : une objection d'ordre technique, en ce sens que – à la différence de l'équilibre démographique – l'équilibre politique ne peut être vérifié qu'à partir de simulations électorales toujours plus ou moins contestables ou des résultats réels, c'est-à-dire *a posteriori* ; une objection d'ordre juridique, en ce sens que les députés socialistes pouvaient être réputés plaider pour la cause du parti socialiste en laissant de côté ceux du parti communiste, également dans l'opposition. La mise en cause de l'équilibre politique réalisé par le découpage supposait donc la réunion de conclusions (techniques et juridiques) qui faisaient manifestement défaut aux requérants.

En outre, et c'est sur ce terrain que s'est placé le Conseil constitutionnel, un tel contrôle eût très vite porté sur l'opportunité même du découpage plus que sur sa constitutionnalité et comme l'a souligné le Conseil, en reprenant une formule habituelle, la Constitution ne lui « confère pas un pouvoir général d'appréciation et de décision identique à celui du Parlement » (§ 10).

Malgré tout, et contrairement à ce qui a pu être parfois écrit, le Conseil n'a pas renoncé à exercer son contrôle car il marque bien « qu'il n'apparaît pas, *en l'état du dossier*... que les choix effectués par le législateur aient manifestement méconnu les exigences constitutionnelles » (§ 12). Certes, il s'agit d'un contrôle minimum ; mais comme le montre la jurisprudence du Conseil d'État, et aussi celle du Conseil constitutionnel depuis la décision *196 DC* *, le contrôle de l'erreur manifeste d'appréciation est un contrôle effectif et non un pseudo-contrôle comme voudraient le faire croire les non-spécialistes du contentieux.

21 . En toute hypothèse, de ce point de vue, le Conseil constitutionnel a fait au moins aussi bien que ses homologues étrangers.

En effet, jusqu'ici, seule la Cour suprême des États-Unis s'est engagée dans cette voie et encore l'a-t-elle fait presque simultanément avec le Conseil constitutionnel. Dans un premier temps, elle a contrôlé les découpages électoraux du point de vue de l'équilibre démographique, se refusant, en revanche, à vérifier s'il y avait équilibre entre les forces politiques concernées. Ce n'est que par un arrêt du 30 juin 1986 *Davis c/ Sandemer* – c'est-à-dire donc presque simultanément avec le Conseil constitutionnel – qu'elle s'est engagée dans un contrôle du « gerrymandering » politique (voir sur cette affaire, le commentaire de M.H. Davis in *A.I.J.C.*, 1986, pp. 396 et 407). Et encore l'a-t-elle fait avec beaucoup de prudence car elle a exigé que les plaignants démontrent « l'existence d'une discrimination intentionnelle contre un groupe politique particulier ainsi qu'un effet discriminatoire réel et concret à l'encontre de ce groupe ». Il est très probable qu'en l'espèce la Cour américaine n'aurait pas conclu qu'étaient satisfaites ces conditions car les députés socialistes n'ont établi rien de tel dans leur requête. En réalité les deux contrôles sont assez proches car les conditions strictes auxquelles la Cour suprême a subordonné l'exercice de son contrôle, rapprochent celui-ci du contrôle minimum français.

En dehors du cas américain et donc du cas français, nous ne connaissons pas d'autres exemples de contrôle du « gerrymandering » politique.

4°) *Le champ d'application de la jurisprudence*

22 . La question est de savoir si la jurisprudence décrite ci-dessus s'applique à d'autres élections qu'aux élections législatives. La réponse est complexe et nuancée, mais par souci de clarté, nous dirons que les principes essentiels (de cette jurisprudence) s'appliquent à toutes les élections qui, directement ou indirectement, contribuent à la désignation des organes exerçant la souveraineté nationale.

23 . On peut dire, tout d'abord, que la règle fondamentale des « bases essentiellement démographiques » s'applique à toutes les élections susvisées, avec plus ou moins d'intensité selon les types d'élections, l'intensité la plus forte étant réservée aux élections législatives.

Ceci n'était pas inclus, de manière évidente, dans la première décision intervenue en la matière, à savoir les décisions *196 DC* * et *197 DC* * relatives aux élections régionales en Nouvelle-Calédonie car si la règle des bases démographiques est appliquée en cas d'élections locales, il semble découler du libellé de la décision que c'est uniquement parce que le Congrès du territoire « ne se limite pas à la simple administration de ce territoire » et qu'*a contrario*, pour l'élection d'assemblées locales ordinaires, la règle des bases démographiques ne s'applique pas (en ce sens *G.D.*, 4e éd., p. 692). La conséquence négative ainsi tirée de la décision *196 DC* * avait été critiquée (cf. Avril et Gicquel, *Pouvoirs* n° 36, p. 184) au motif que de ce fait, cette décision n'était pas en harmonie avec la décision 18 novembre 1982 *(Quotas par sexe)* assimilant les élections locales à des élections politiques. L'ambiguïté (ou l'incertitude) a été levée avec la décision 227 DC du 7 juillet 1987 *(Régime électoral de Marseille)* dans laquelle le Conseil constitutionnel décide que « l'organe délibérant d'une commune doit être élu sur des bases essentiellement démographiques résultant d'un recensement récent » : la jurisprudence a donc été appliquée aussi à l'élection d'un conseil municipal et la généralité de la formule employée (« l'organe délibérant d'une commune ») autorise à penser qu'elle le sera également aux assemblées des autres collectivités territoriales (départements, régions), dès lors que les membres de ces assemblées participent à la désignation des sénateurs. Cette déduction peut être faite à partir du libellé de la décision 227 DC car, pour justifier l'extension de la règle des « bases essentiellement démographiques », le Conseil constitutionnel s'appuie non seulement sur les articles 72 al. 1er et 2e, mais aussi sur le fait « qu'en vertu du 3e alinéa de l'article 24 de la Constitution, *le Sénat, qui est élu au suffrage indirect,* « assure la représentation des collectivités territoriales de la République » (§ 4). Cela signifie très clairement que la règle des bases démographiques s'applique à l'élection des conseillers municipaux parce que ceux-ci participent à l'élection des sénateurs : on peut donc considérer que le même raisonnement serait valable pour l'élection des conseillers généraux, des conseillers régionaux et des conseillers de Paris. Alors surtout que l'article 3 de la Constitution avait été déjà appliqué aux élections municipales considérées par le Conseil constitutionnel comme des « élections politiques » quant à l'interdiction de division des éligibles en catégorie (146 DC, 10 nov. 1982).

24 . La question a été posée de savoir si la règle des bases démographiques s'applique aussi aux élections sénatoriales elles-mêmes. Certains auteurs excluent cette possibilité en fonction du libellé de la décision *208 DC* qui vise expressément « l'Assemblée nationale élue au suffrage *universel direct »* (§ 20). Mais depuis, le juge constitutionnel n'a pas repris cette formule dans la décision 227 DC précitée et ceci au contraire souligne le rôle du Sénat « élu au suffrage indirect » et qui « assure la représentation des collectivités territoriales ». Il n'est donc pas impossible que le Conseil étende aussi sa jurisprudence aux élections sénatoriales : mais il le ferait sans doute alors de manière moins stricte que pour les élections législatives car il représente aussi les collectivités territoriales en tant que telles (en ce sens A. Roux, *op. cit.*).

II. Vote de la loi et procédure législative

25. Dans la seconde affaire jugée le *18 novembre,* les sénateurs ont consacré leur enquête (dirigée contre la loi de découpage électoral) à mettre en cause la régularité de la procédure ayant conduit à l'adoption de cette loi et notamment les conditions de son examen et de son vote par le Sénat (en mettant l'accent sur ce problème de la *question préalable).* C'est sans doute la première fois qu'une requête est entièrement consacrée à la mise en cause de la procédure suivie pour le vote d'une loi ; mais ceci traduit bien la tendance (relevée depuis 1985) à faire vérifier dans presque toutes les affaires, la régularité de la procédure législative.

26. Dans la décision *218 DC* , les sénateurs socialistes ont mis en cause l'utilisation de la procédure de la question préalable par la majorité du Sénat, au motif que cela privait les sénateurs du droit d'amendement.

La question préalable est une procédure créée par le règlement des assemblées mais acceptée par le Conseil constitutionnel, qui « intervenant après l'exception d'irrecevabilité a pour objet "de faire décider qu'il n'y a pas lieu à délibérer" (art. 91 al. 4 Règlement Ass. Nat.) et concerne donc l'opportunité et non la constitutionnalité du texte visé » (Avril et Gicquel, *Droit parlementaire*, p. 145). Le vote de la question préalable peut signifier une opposition irréductible au texte (par exemple, les question préalables adoptées par le Sénat lors du vote des lois de nationalisations et de décentralisation en 1982) ou bien, au contraire, avoir pour but de faciliter et d'accélérer le vote du texte à propos duquel elle intervient (ce qui a été le cas pour le vote des lois de privatisation et de découpage électoral, en 1986). En 1982, la minorité socialiste du Sénat n'a rien trouvé à redire au vote d'une question préalable « négative » qui accélérait la procédure de vote des lois de nationalisation et décentralisation proposées par le Gouvernement Mauroy, alors que les sénateurs étaient également privés, de ce fait, du droit d'amendement ; en 1986, la même minorité conteste la régularité d'une question préalable « positive », au nom de la préservation du droit d'amendement des sénateurs, parce qu'elle facilite la tâche du Gouvernement Chirac. On remarquera, au surplus, qu'en l'espèce, le projet de loi soumis aux assemblées est le texte même de l'ordonnance que le Président de la République a refusé de signer.

27. Le Conseil constitutionnel a rejeté l'argumentation présentée au motif que le projet de loi avait été rejeté au Sénat du fait de l'adoption de la question préalable dans des conditions qui « n'affectent pas, *au cas présent,* la régularité de la procédure législative » (§ 4).

Selon J. Boulouis, « il semble bien qu'au cas présent" ne puisse que renvoyer aux motifs » que le Sénat a donné de son attitude, à savoir le refus présidentiel de signer les ordonnances ; et « s'il en est bien ainsi il faut admettre que ce refus trouve ici sa sanction » (*A.J.D.A.*, 1987, p. 269). Selon B. Genevois, en revanche, l'emploi de l'expression « donne à penser que la Haute instance a rendu une décision d'espèce, liée au fait que le projet de loi... faisait suite à la loi du 11 juillet 1986, tout en réservant sa position de principe pour le cas où il y aurait un usage répété de la question préalable positive » (*La jurisprudence du Conseil constitutionnel*, p. 147). Pour notre part, nous ne voyons pas pourquoi l'usage répété de la question préalable positive serait plus critiquable que celui de la question préalable négative, car tous deux portent également atteinte au droit d'amendement. Cette jurisprudence est confirmée in 95-370 DC, § 10-12.

En revanche, l'idée selon laquelle le refus de signature de l'ordonnance « a trouvé sa sanction » nous semble beaucoup plus admissible.

41

23 janvier 1987

CONSEIL DE LA CONCURRENCE (224 DC)

Séparation des pouvoirs et séparation des autorités Réserve de compétence de la juridiction administrative Droits de la défense

Décision 86-224 DC, *Rec.* 8, *RJC* I-303, article 61-2 de la Constitution.
Saisine par un groupe de 62 députés.
Loi transférant à la juridiction judiciaire le contentieux du Conseil de la concurrence et modifiant une ordonnance avant l'expiration du délai d'habilitation.
Conformité à la Constitution du transfert à la juridiction judiciaire du contentieux de la concurrence.
Non conformité de la loi pour violation des droits de la défense (pour absence de sursis à exécution).

RÉFÉRENCES

a) Texte des recours in *J.O.* du 25 janvier 1987, p. 928.

b) *Notes doctrinales*

- CHEVALLIER (J.) : *A.J.D.A.*, 1987, p. 315. - FAVOREU (L.) : *R.F.D.A.*, 1987, p. 301 et *R.D.P.*, 1989, p. 482. - GAUDEMET (Y.) : *R.D.P.*, 1987, p. 1341. - GENEVOIS (B.) : *R.F.D.A.*, 1987, p. 287 et *A.I.J.C.*, 1987, p. 600. - LEPAGE-JESSUA (C.) : *G.P.*, 18-19 mars 1987. - LUCHAIRE (F.) : *D.* 1988, p. 117. - ROUSSEAU (D.) : *J.C.P.*, Cah. Dr. Entrep., 25 juin 1987. - SELINSKY (V.) : *L.P.A.*, 13 fév. 1987. - SESTIER (J.-F.) : *J.C.P.*, 1987, II, 20854. - SOREL (J.-M.) : *R.A.*, 1988, p. 29. - VIALA (A.) : *G.P.*, 31 mars 1987.
- Voir aussi : LONG (M.), WEIL (P.), BRAIBANT (G.), GENEVOIS (B), *G.A.J.A.*, nº 113.

c) Autres références

- DRAGO (R.) : Le Conseil de la concurrence, *J.C.P.*, Éd. E, nº 27, p. 403 - DE MELLO (X.) : L'ordonnance (modifiée) sur la concurrence et la Constitution, *G.P.*, 14-15 janv. 1987 - MOREAU (J.) : Encyclopédie Dalloz, Contentieux administratif, Vº, Séparation des autorités. - CHEROT (J.-Y.) : « La soumission d'actes de droit public au droit de la concurrence n'est pas contraire à la Constitution », *D.*, chron., 1991, p. 163 et s. - RENOUX (Th.S.) : « L'apport du Conseil constitutionnel à l'application de la théorie de la séparation des pouvoirs en France », *D.*, chron., 1991, p. 169 et s. - VEDEL (G.) :« La loi des 16-24 août 1790 : Texte ? Prétexte ? Contexte ? », *R.F.D.A.*, 1990, p. 698. - MESTRE (J.-L.) : « Contrôle des actes administratifs et séparation des pouvoirs », *R.F.D.A.*, 1996, p. 301.

d) Jurisprudence

- sur la répartition des compétences

. du Conseil constitutionnel

• *75 DC du 12 janvier 1977 **
• *119 DC du 22 juillet 1980 **
• 261 DC du 28 juillet 1989, *Rec.* 81, *RJC* I-370.

. du Tribunal des conflits

• TC, 5 juillet 1951, Avranches et Desmaret, *Rec.* 638.
• TC, 16 novembre 1964, Clément, *D.* 1965, p. 668.
• TC, 6 juin 1989, Préfet Région Ile de France, *R.F.D.A.*, 1989, p. 457.

- sur les droits de la défense

• 75 L du 21 décembre 1972, *Rec.* 36, *RJC* I-50.
• 70 DC du 2 décembre 1976, *Rec.* 39, *RJC* I-41.
• 83 DC du 20 juillet 1977, *Rec.* 39, *RJC* I-50.
• 92 DC du 18 janvier 1978, *Rec.* 21, *RJC* I-57.
• 117 DC du 22 juillet 1980, *Rec.* 42, *RJC* I-81.
• *127 DC du 19-20 janvier 1981 **
• 182 DC du 18 janvier 1985, *Rec.* 27, *RJC* I-207.
• 184 DC du 29 décembre 1984, *Rec.* 94, *RJC* I-212.
• 213 DC du 3 septembre 1986, *Rec.* 122, *RJC* I-275.
• 214 DC du 3 septembre 1986, *Rec.* 128, *RJC* I-278.
• 215 DC du 3 septembre 1986, *Rec.* 130, *RJC* I-278.
• *248 DC du 17 janvier 1989**.
• 260 DC du 28 juillet 1989, *Rec.* 71, *RJC* I-365.
• 268 DC du 29 déc. 1989, *Rec.* 126, *RJC* I-382.
• 285 DC du 28 déc. 1990, *Rec.* 95, *RJC* I-424.
• 389 DC du 22 avril 1997, *Rec.* 45, *RJC* I-707. Certificats d'hébergement.
• 395 DC du 30 décembre 1997, *Rec.* 333, *RJC* I-732. Loi de finances pour 1998.

Le Conseil constitutionnel a été saisi, le 24 décembre 1986, par MM. Pierre Joxe et autres, députés, dans les conditions prévues à l'article 61, alinéa 2, de la Constitution, de la conformité à celle-ci de la loi transférant à la juridiction judiciaire le contentieux des décisions du conseil de la concurrence ;

LE CONSEIL CONSTITUTIONNEL,

Vu la Constitution ;

Vu l'ordonnance nº 58-1067 du 7 novembre 1958 portant loi organique sur le Conseil constitutionnel, notamment les articles figurant au chapitre II du titre II de ladite ordonnance ;

Le rapporteur ayant été entendu ;

[...]

11. Considérant, ainsi qu'il convient pour le Conseil d'examiner, en premier lieu, la conformité à la Constitution de la procédure législative ayant abouti à la loi qui lui est déférée, en second lieu, la conformité à la Constitution des dispositions transférant à la Cour d'appel de Paris le contrôle des décisions du conseil de la concurrence, enfin l'existence et, le cas échéant, la conformité à la Constitution de la ratification implicite par le législateur de tout ou partie des dispositions de l'ordonnance du 1er décembre 1986 ;

Sur la procédure législative :

12. Considérant que la loi soumise à l'examen du Conseil constitutionnel modifie les articles 12 et 15 de l'ordonnance du 1er décembre 1986 prise, dans le cadre de l'article 38 de la Constitution, en vertu de la loi du 2 juillet 1986, alors que cette dernière loi accordait au Gouvernement l'autorisation de statuer par voie d'ordonnances jusqu'à une date postérieure à celle à laquelle la loi présentement examinée a été votée ;

[...]

14. Considérant qu'au cours de la discussion devant le Parlement de la proposition de loi qui est à l'origine de la loi présentement examinée, le Gouvernement n'a opposé aucune irrecevabilité comme il aurait eu la faculté de le faire, qu'ainsi la procédure législative suivie n'a comporté aucune méconnaissance de la Constitution ;

Sur le transfert à la juridiction judiciaire du contrôle des décisions du conseil de la concurrence :

15. Considérant que les dispositions des articles 10 et 13 de la loi des 16 et 24 août 1790 et du décret du 16 fructidor An III qui ont posé dans sa généralité le principe de séparation des autorités administratives et judiciaires n'ont pas en elles-mêmes valeur constitutionnelle ; que, néanmoins, conformément à la conception française de la séparation des pouvoirs, figure au nombre des «principes fondamentaux reconnus par les lois de la République» celui selon lequel, à l'exception des matières réservées par nature à l'autorité judiciaire, relève en dernier ressort de la compétence de la juridiction administrative l'annulation ou la réformation des décisions prises, dans l'exercice des prérogatives de puissance publique, par les autorités exerçant le pouvoir exécutif, leurs agents, les collectivités territoriales de la République ou les organismes publics placés sous leur autorité ou leur contrôle ;

16. Considérant cependant que, dans la mise en œuvre de ce principe, lorsque l'application d'une législation ou d'une réglementation spécifique pourrait engendrer des contestations contentieuses diverses qui se répartiraient, selon les règles habituelles de compétence, entre la juridiction administrative et la juridiction judiciaire, il est loisible au législateur, dans l'intérêt d'une bonne administration de la justice, d'unifier les règles de compétence juridictionnelle au sein de l'ordre juridictionnel principalement intéressé ;

17. Considérant que, si le conseil de la concurrence, organisme administratif, est appelé à jouer un rôle important dans l'application de certaines règles relatives au droit de la concurrence, il n'en demeure pas moins que le juge pénal participe également à la répression des pratiques anticoncurrentielles sans préjudice de celle d'autres infractions intéressant le droit de la concurrence ; qu'à des titres divers le juge civil ou commercial est appelé à connaître d'actions en responsabilité ou en nullité fondées sur le droit de la concurrence ; que la loi présentement examinée tend à unifier sous l'autorité

de la Cour de cassation l'ensemble de ce contentieux spécifique et ainsi à éviter ou à supprimer des divergences qui pourraient apparaître dans l'application et dans l'interprétation du droit de la concurrence ;

18. Considérant dès lors que cet aménagement précis et limité des règles de compétence juridictionnelle, justifié par les nécessités d'une bonne administration de la justice, ne méconnaît pas le principe fondamental ci-dessus analysé tel qu'il est reconnu par les lois de la République ;

19. Mais considérant que la loi déférée au Conseil constitutionnel a pour effet de priver les justiciables d'une des garanties essentielles à leur défense ;

20. Considérant en effet que le troisième alinéa de l'article 15 de l'ordonnance du 1er décembre 1986 dispose que le recours formé contre une décision du conseil de la concurrence «n'est pas suspensif» ; que cette disposition n'aurait pas fait obstacle à ce que, conformément à l'article 48 de l'ordonnance nº 45-1708 du 31 juillet 1945 et au décret nº 63-766 du 30 juillet 1963, le Conseil d'État pût, à la demande du requérant, accorder un sursis à l'exécution de la décision attaquée si son exécution risquait d'entraîner des conséquences difficilement réparables et si les moyens énoncés dans la requête paraissaient sérieux et de nature à justifier l'annulation de la décision attaquée ;

21. Considérant au contraire, que la Cour d'appel de Paris, substituée par la loi présentement examinée au Conseil d'État, saisie d'un recours contre une décision du conseil de la concurrence, ne pourrait prononcer aucune mesure de sursis à exécution ; qu'en effet, la loi a laissé subsister dans son intégralité le troisième alinéa de l'article 15 de l'ordonnance du 1er décembre 1986 et n'a pas donné à la Cour d'appel le pouvoir de différer l'exécution d'une décision de caractère non juridictionnel frappée d'un recours auquel est dénié tout effet suspensif, et ceci quelle que soit la gravité des conséquences de l'exécution de la décision et le sérieux des moyens invoqués contre celle-ci ;

22. *Considérant que, compte tenu de la nature non juridictionnelle du conseil de la concurrence, de l'étendue des injonctions et de la gravité des sanctions pécuniaires qu'il peut prononcer, le droit pour le justiciable formant un recours contre une décision de cet organisme de demander et d'obtenir, le cas échéant, un sursis à l'exécution de la décision attaquée constitue une garantie essentielle des droits de la défense ;*

23. Considérant dès lors que les dispositions de l'article 2 de la loi présentement examinée ne sont pas conformes à la Constitution ; que, les dispositions de l'article 1er n'en étant pas séparables, la loi doit, dans son ensemble, être regardée comme non conforme à la Constitution ;

Sur les dispositions de l'ordonnance du 1er décembre 1986 :

24. Considérant qu'en principe il n'est pas exclu que la ratification de tout ou partie des dispositions d'une des ordonnances visées à l'article 38 de la Constitution puisse résulter d'une loi qui, sans avoir cette ratification pour objet direct, l'implique nécessairement ; que, saisi d'une loi de cette nature, il appartiendrait au Conseil constitutionnel de dire si la loi comporte effectivement ratification de tout ou partie des dispositions de l'ordonnance en cause et, dans l'affirmative, si les dispositions auxquelles la ratification confère valeur législative sont conformes à la Constitution ;

25. Mais, considérant en l'espèce que la déclaration de non conformité à la Constitution qui doit, pour les raisons sus-énoncées, être prononcée à l'encontre de la loi présentement examinée prive celle-ci d'effet ; que, dès lors, en tout état de cause, l'ordonnance du 1er décembre 1986 est et demeure dans sa totalité, jusqu'à l'intervention d'une loi la ratifiant, un texte de valeur réglementaire dont la régularité juridique ne peut être appréciée par le Conseil constitutionnel,

Décide :

ARTICLE PREMIER. - La loi transférant à la juridiction judiciaire le contentieux des décisions du conseil de la concurrence est contraire à la Constitution.

ART. 2. - La présente décision sera publiée au *Journal officiel* de la République française.

Délibéré par le Conseil constitutionnel dans ses séances des 22 et 23 janvier 1987.

(*J.O.*, 25 janvier 1987).

La composition du Conseil constitutionnel à la date du 23 janvier 1987 était la suivante : M. BADINTER (Président), MM. FABRE, JOXE, JOZEAU-MARIGNÉ, LECOURT, MARCILHACY, MAYER, SIMONNET, VEDEL.

OBSERVATIONS

1 . Au départ assez banale, l'affaire du *Conseil de la concurrence* a finalement abouti à une décision du Conseil constitutionnel de portée considérable (cf. sur l'ensemble des faits le commentaire très complet de B. Genevois, *R.F.D.A.*, 1987, p. 287).

Par la loi n° 86-793 du 2 juillet 1986 (à propos de laquelle a été rendue la décision *207 DC* *), le gouvernement a été autorisé à modifier ou abroger par ordonnances « certaines dispositions de la législation économique relatives aux prix et à la concurrence » afin de définir « un nouveau droit de la concurrence ». Le gouvernement a effectivement mis au point un texte qui est devenu l'ordonnance n° 86-1243 du 1er décembre 1986 (*J.O.*, 9 déc. 1986, p. 14773) relative à la liberté des prix et de la concurrence. Cette ordonnance crée notamment un Conseil de la concurrence doté des attributions consultatives de l'ancienne Commission de la concurrence mais aussi de pouvoirs d'injonction (mesures conservatoires) et de sanction qui faisaient défaut à celle-ci. Sont prévus un recours en référé contre les mesures conservatoires devant le président de la section du contentieux du Conseil d'État et un recours de pleine juridiction ouvert – dans un délai de deux mois – aux personnes concernées et au ministre chargé de l'Économie, devant le Conseil d'État.

En fait, le projet d'ordonnance prévoyait à l'origine, un recours devant la Cour d'appel de Paris : mais le Conseil d'État saisi pour avis, ayant formulé des objections et recommandé un retour à la compétence administrative, le gouvernement modifia son texte en conséquence. Toutefois, deux jours après la publication de l'ordonnance, des députés de la majorité déposèrent une proposition de loi visant à revenir à la compétence judiciaire par modification de l'article 15, al. 1er de l'ordonnance précitée. La loi modifiant l'ordonnance dans ses articles 15 al. 1er et 12 al. 4, fut votée le 20 décembre, alors que le délai d'habilitation autorisant le gouvernement à statuer par ordonnances n'était pas expiré et que le projet de loi de ratification n'était pas encore déposé (il le sera le 21). Dès le 24 décembre, la loi fut attaquée par les députés socialistes, qui reprochaient à la loi essentiellement de paraître ratifier implicitement l'ordonnance et, beaucoup plus nettement, de transférer le contentieux de la concurrence au juge judiciaire.

2 . Statuant par une décision du *23 janvier 1987*, le Conseil constitutionnel faisait de la constitutionnalité du transfert de compétence la question principale, soulevait d'office le problème de la régularité de l'intervention du législateur en période d'habilitation du gouvernement à statuer par ordonnances, ainsi que celui du respect des droits de la défense. Il réglait rapidement la question de la ratification implicite des ordonnances. En définitive, il invalidait, pour violation des droits de la défense, les dispositions du seul article 2 de la loi (en ce qu'elles donnaient compétence à la Cour d'appel de Paris sans prévoir de sursis à exécution), les déclarait inséparables des autres dispositions de la loi et pour ce motif, déclarait la loi, dans son

ensemble, contraire à la Constitution, après avoir rejeté les autres griefs ou considéré qu'en toute hypothèse, ils n'avaient plus d'objet.

Quatre points méritent de retenir l'attention : la constitutionnalisation de la réserve de compétence au profit du juge administratif et la « conception française de la séparation des pouvoirs » (I) ; les droits de la défense (II) ; la ratification et le contrôle des ordonnances de l'article 31 (III) et le régime juridique des autorités administratives indépendantes (IV). Mais l'accent sera mis surtout sur les deux premiers, quitte à renvoyer aux commentaires des décisions *207 DC* * et *248 DC* * pour les deux autres.

I. LA « CONCEPTION FRANÇAISE DE LA SÉPARATION DES POUVOIRS »

3. Une question capitale était soulevée implicitement par la requête des députés : le transfert des compétences de la juridiction administrative à la juridiction judiciaire n'était-il pas contraire au principe de séparation des autorités administratives et judiciaires que beaucoup considéraient – bien que posé seulement par la loi des 16-24 août 1790 – comme ayant valeur constitutionnelle ?

Le Conseil constitutionnel allait répondre très clairement à cette question par un raisonnement en quatre points (§ 15 à 18) :

- Le principe de séparation des autorités administratives et judiciaires n'a pas valeur constitutionnelle (§ 15) ;
- mais, conformément à la conception française de la séparation des pouvoirs et en vertu d'un principe fondamental reconnu par les lois de la République, la juridiction administrative bénéficie d'une compétence réservée en matière d'annulation et de réformation des actes de puissance publique (§ 15) ;
- toutefois, ce principe ne s'applique pas s'agissant des « matières réservées par nature à l'autorité judiciaire » et il peut y être dérogé dans l'intérêt d'une bonne administration de la justice (§ 17) ;
- ce dernier cas est réalisé en l'espèce, car le législateur a entendu former un bloc de compétence au profit de l'ordre judiciaire, déjà principalement concerné par le contentieux de la concurrence : le transfert de compétence est donc régulier (§ 18).

1° *Séparation des pouvoirs et séparation des autorités : la fin de la confusion.*

4. On faisait souvent – sinon habituellement – découler le principe de séparation des autorités administratives et judiciaires de celui de la séparation des pouvoirs, ce qui conduisait à attribuer valeur constitutionnelle au second comme au premier et à considérer que les dispositions des articles 10 et 13 de la loi des 16-24 août 1790 et du décret du 16 fructidor An III avaient donc, en elles-mêmes, valeur constitutionnelle.

Rappelons que les dispositions précitées ont pour objet d'interdire aux tribunaux judiciaires de connaître des activités de l'administration mais que l'on en a fait découler aussi, habituellement, la compétence des juridictions administratives quant à ces mêmes questions, ce qui n'est pas prévu dans ces textes. On soulignera également que la plupart des auteurs en tiraient une clause de compétence générale au profit de la juridiction administrative pour tout ce qui touchait l'administration.

5 . Le rattachement du principe de séparation des autorités à celui de la séparation des pouvoirs n'avait rien de logique car si le principe de séparation des pouvoirs était interprété comme interdisant aux tribunaux de connaître des activités administratives, cette interdiction aurait dû valoir aussi pour les juridictions administratives : et il eût fallu alors rebaptiser le principe de séparation des autorités et l'appeler principe de séparation des autorités administratives et *juridictionnelles*. Mais cela n'aurait pas eu de sens car l'administration ne peut être soustraite à tout contrôle juridictionnel en vertu du principe de séparation des pouvoirs. D'ailleurs aux États-Unis, où le principe de séparation des pouvoirs est strictement appliqué, il n'a jamais été question de déduire de ce principe que les tribunaux ordinaires devaient s'abstenir de tout contrôle sur l'administration.

6 . En fait le principe de séparation des autorités a une origine différente et il a été simplement consacré par des dispositions législatives (la loi de 1790 et le décret de l'An III). Et c'est ce que constate le Conseil constitutionnel dans un considérant de principe (§ 15) :

> « Considérant que les dispositions des articles 10 et 13 de la loi des 16 et 24 août 1790 et du décret du 16 fructidor An III qui ont posé dans sa généralité le principe de la séparation des autorités administratives et judiciaires *n'ont pas en elles-mêmes valeur constitutionnelle* ».

Cette affirmation – qu'il est difficile de discuter et qui d'ailleurs ne l'a été par aucun des commentateurs – a une portée considérable : on ne pourra plus invoquer ce principe comme fournissant une réponse d'ensemble au problème de la délimitation des compétences entre les ordres administratif et judiciaire, et comme supérieur aux autres principes susceptibles de s'appliquer aussi. Ainsi, par exemple, le principe selon lequel l'autorité judiciaire est gardienne de la liberté individuelle n'a pas à céder le pas au principe de séparation des autorités : c'est plutôt le contraire qui doit se produire car le premier a valeur constitutionnelle tandis que le second n'a que valeur législative (voir *infra*).

2° *La constitutionnalisation d'une réserve de compétence au profit de la juridiction administrative*

7 . L'existence de la juridiction administrative avait déjà été implicitement constitutionnalisée par la décision du *22 juillet 1980* * car on voit mal comment le Conseil constitutionnel aurait pu constitutionnaliser l'indépendance de la juridiction administrative sans, en même temps, consacrer son existence. Il reste cependant que cette consécration ne pouvait avoir un sens que si, en même temps, était affirmée l'existence d'une réserve de compétence au profit de la juridiction administrative. C'est ce qui est fait en des termes précis, par le Conseil constitutionnel :

> « (Considérant) que... conformément à la conception française de la séparation des pouvoirs figure, au nombre des « principes fondamentaux

reconnus par les lois de la République », celui selon lequel, à l'exception des matières réservées par nature à l'autorité judiciaire, relève en dernier ressort de la compétence de la juridiction administrative l'annulation ou la réformation des décisions prises, dans l'exercice des prérogatives de puissance publique, par les autorités exerçant le pouvoir exécutif, leurs agents, les collectivités territoriales de la République ou les organismes publics placés sous leur autorité ou leur contrôle » (§ 15).

8 . a) Le *fondement* de la constitutionnalisation de la réserve de compétence au profit de la juridiction administrative est un principe fondamental reconnu par les lois de la République.

Certes, le Conseil constitutionnel fait référence à la « conception française de la séparation des pouvoirs » ; mais ceci n'est pas une norme de référence. Il s'agit, en fait, de faire comprendre que le principe de séparation des pouvoirs a pris, historiquement, en France, une signification particulière : en somme, la compétence refusée aux tribunaux judiciaires a été récupérée par la juridiction administrative ; l'administratif et l'exécutif n'ont pas été contrôlés par le juge ordinaire (ou de droit commun) mais par un juge *ad hoc*.

Et cette attribution privilégiée de compétence peut s'appuyer sur des lois républicaines (cf. B. Genevois, *R.F.D.A.*, p. 292 et 987) : la loi organique du 3 mars 1849 sur le Conseil d'État (IIe République) ; la loi du 24 mai 1872 portant réorganisation du Conseil d'État (IIIe République) et l'ordonnance du 31 juillet 1945 (IVe République). L'invocation d'un principe fondamental reconnu par les lois de la République n'est donc pas ici sujette à discussion, alors surtout qu'il y avait déjà un précédent avec la décision précitée du *22 juillet 1980* * qui fait également application d'un principe fondamental reconnu par les lois de la République très proche sinon identique à celui-ci.

9 . b) *L'étendue* de la réserve de compétence ainsi constitutionnalisée demande à être précisée ; et la décision 261 DC du 28 juillet 1989 (Loi Joxe) permet de compléter utilement les enseignements tirés de la présente décision *224 DC*.

Première précision : la réserve de compétence ne concerne que le contentieux de l'annulation et de la réformation. En fait, il s'agit essentiellement du contentieux de l'excès de pouvoir et de quelques contentieux spécialisés dans lesquels le juge administratif peut avoir un pouvoir de réformation : par exemple celui des installations classées pour la protection de l'environnement (cf. B. Genevois, *op. cit.*, p. 294). Ceci laisse donc en dehors de la réserve de compétence le contentieux de pleine juridiction (responsabilité, contrats, etc...) et le contentieux de l'appréciation de légalité et de l'interprétation, ce qui est loin d'être négligeable. Cela signifie donc que le législateur pourrait transférer, sans encourir la censure du Conseil constitutionnel, des pans entiers de l'actuel contentieux administratif au juge ordinaire. Cela signifie aussi que le Conseil d'État et le Tribunal des conflits ne peuvent interpréter restrictivement les textes donnant compétence à l'autorité judiciaire en matière administrative que si l'on est dans le domaine du contentieux de l'annulation ou de la réformation.

Deuxième précision : la réserve de compétence ne concerne que les décisions prises par les autorités de l'État et leurs agents, par celles des collectivités territoriales (communes, départements, régions et T.O.M.) et par « les organismes publics placés sous leur autorité ou leur contrôle ». Les deux premières catégories sont assez faciles à définir, la troisième, en revanche, est assez vaste pour regrouper, au-delà des établissements publics (nationaux ou locaux), tous les organismes, même dépourvus de personnalité juridique, qui ont un caractère public : on peut ici y faire entrer sans doute les autorités administratives indépendantes puisque le Conseil de la concurrence (dont le régime des décisions qu'il prend est justement en question) est qualifié, dans la décision elle-même, d'« organisme administratif » (§ 17), et qui n'échappe à la compétence administrative que parce que le législateur a voulu créer un bloc de compétence au profit du juge judiciaire. On peut penser, en revanche, que les actes administratifs émanant d'organismes privés (ou d'organismes innomés) gérant des services publics administratifs ne font pas partie de la réserve de compétence.

Troisième précision : la réserve de compétence ne concerne que les décisions prises par les autorités ou organismes susvisés, « dans l'exercice de leurs prérogatives de puissance publique ». Cela signifie bien sûr que les actes de gestion ainsi que les contrats (déjà exclus de la compétence réservée, comme il a été vu plus haut) ne font pas partie du domaine constitutionnellement protégé.

10 . Le Conseil constitutionnel a fait application de ces différents critères dans la décision 261 DC précitée et précisé notamment ce que pouvaient être des « décisions (qui) constituent l'exercice de prérogatives de puissance publique » : les mesures de refus d'entrée sur le territoire national, les décisions relatives à l'octroi d'une carte de séjour, ou celles concernant la délivrance de la carte de résident, l'arrêté préfectoral de reconduite à la frontière d'un étranger se trouvant en situation irrégulière, l'expulsion d'un étranger ou son assignation à résidence (§ 21).

Tout ceci ne soulevait pas de difficultés dès lors évidemment que l'on considérait que ces mesures ne concernaient pas la protection de la liberté individuelle ou d'autres matières réservées « par nature » à l'autorité judiciaire.

3° *Les limitations à la réserve de compétence de la juridiction administrative.*

11 . Les contentieux de l'annulation et de la réformation des décisions des autorités publiques sont réservés au juge administratif pour autant que ne sont pas en cause « des matières réservées par nature à l'autorité judiciaire ».

S'agissant, en effet, de telles matières la réserve de compétence du juge administratif ne joue plus : le juge judiciaire sera compétent pour statuer sur des demandes d'annulation ou de réformation, ces contentieux cessant d'être un monopole du juge administratif. Il n'y a pas ici dérogation à un principe : il y a tout simplement l'application de dispositions ou de principes de valeur (constitutionnelle) égale. En effet, l'expression « à l'exception » ne signifie nullement que les cas énumérés à la suite de cette expression sont des « exceptions » : elle signifie « à l'exclusion de » ou « à part » et non « par dérogation ».

Ces matières réservées à l'autorité judiciaire sont la protection de la liberté individuelle en vertu de l'article 66 de la Constitution, la propriété privée immobilière en vertu d'un principe fondamental reconnu par les lois de la République (consacré par la décision 256 DC du 25 juillet 1989), l'état et la capacité des personnes ainsi que le fonctionnement des services judiciaires (en ce sens B. Genevois, *op. cit.*, p. 293 citant J. Moreau, *Répertoire de contentieux administratif*, V° « séparation des autorités »). Cette énumération a été partiellement confirmée par le Conseil constitutionnel, dans sa décision 261 DC : la liberté individuelle ainsi que l'état et la capacité des personnes sont bien des matières qui, par nature, sont réservées à l'autorité judiciaire.

12 . La décision 261 DC (28 juillet 1989) constitue une application des principes répartiteurs de compétences posés par la décision 224 DC. À la question de savoir si le juge judiciaire doit être compétent pour connaître du contentieux de la légalité des arrêtés de reconduite à la frontière, le Conseil constitutionnel répond par la négative dès lors que de tels actes constituent de simples mesures restrictives de liberté mettant en cause la liberté d'aller et venir sans toucher la liberté individuelle. Le principe de l'autorité judiciaire gardienne de la liberté individuelle n'a dès lors pas lieu de s'appliquer et la réserve de compétence du juge administratif doit donc s'imposer. Le Conseil constitutionnel adopte ainsi une position opposée à celle défendue par le gouvernement dans ses observations sur les recours (p. 6) qui soulignait que « l'arrêté de reconduite à la frontière relève de la police des étrangers et, à ce titre, du juge administratif ; mais l'arrêté de reconduite à la frontière, même s'il concerne un étranger en situation irrégulière, *touche aussi très clairement au domaine de la liberté et de la sûreté individuelle dont l'autorité judiciaire est garante et assure le respect en vertu de l'article 66 de la Constitution* ». Pour le juge constitutionnel au contraire, il convient de distinguer *les mesures restrictives de liberté* qui, tels les arrêtés de reconduite à la frontière, affectent la seule liberté d'aller et venir, et *les mesures privatives de liberté* qui mettent en cause également la liberté individuelle et qui, seules, justifient l'intervention du juge judiciaire. À la lumière de cette distinction, il rattache ainsi à la catégorie des mesures privatives de liberté, le maintien d'un étranger en zone d'attente (par décision d'une autorité administrative) dès lors qu'il a « pour conséquence d'affecter la liberté individuelle de la personne qui en fait l'objet au sens de l'article 66 de la Constitution » (§ 15).

13 . La décision 261 DC s'inscrit dans le prolongement de la décision 224 DC et vient confirmer les conclusions que nous avions tirées (cf. L. Favoreu in *R.F.D.A.*, 1987, p. 302) quant à la survivance ou au bien-fondé des jurisprudences Clément (T.C., 16 nov. 1964, *D.*, 1965, p. 668, note Demichel) et Avranches et Desmarets (T.C. 5 juillet 1951, Rec. 638) : en effet, la réserve de compétence ne

concerne que le contentieux de l'annulation ou de la réformation et non celui de l'appréciation de légalité ; en conséquence, le principe constitutionnel selon lequel l'autorité judiciaire est gardienne de la liberté individuelle devrait recevoir son plein effet, au besoin par le vote d'une loi que le Conseil constitutionnel pourrait difficilement, sans se déjuger, déclarer inconstitutionnelle.

Rappelons que dans l'arrêt Clément, le Tribunal des conflits, malgré une disposition législative expresse (article 136 du Code de procédure pénale) interdisant l'élévation du conflit « dans tous les cas d'atteinte à la liberté individuelle », avait contourné la loi en décidant que si les tribunaux judiciaires sont compétents pour statuer au fond sur l'action en réparation (au cas d'atteintes à la liberté individuelle), ils ne peuvent ni apprécier la légalité ni donner l'interprétation des décisions qui sont à l'origine du préjudice. Quant à la jurisprudence Avranches et Desmarets, elle fait interdiction, en contradiction avec la plénitude de compétence du juge pénal, d'apprécier la légalité des actes administratifs *non réglementaires* : mais l'on sait que la Cour de cassation est passée outre, et que la chambre criminelle s'est reconnue compétente pour contrôler les actes non réglementaires même non pénalement sanctionnés (25 avril 1985, Vuckovic, *D.*, 1985, p. 329). La question est résolue aujourd'hui puisque le nouvel article 111-5 du Code pénal attribue plénitude de compétence aux tribunaux répressifs pour apprécier la légalité des actes administratifs réglementaires ou indviduels.

Par ailleurs, la Cour de cassation a reconnu la compétence du juge judiciaire, saisie d'une demande de prolongation de la rétention administrative d'un étranger en voie d'éloignement du territoire français, pour apprécier de manière incidente la légalité de la décision administrative de placement en rétention administrative et pour ordonner sa remise en liberté s'il apparaît que son interpellation a été irrégulière (C. cass., 2e ch. civ., 28 juin 1995, *M. Bechta*). De même, la Cour d'appel de Paris a reconnu au juge judiciaire la faculté de connaître, dans le cadre de l'article 136 du code de procédure pénale, de la question de la légalité des actes administratifs portant atteinte à la liberté individuelle ainsi que celle de se prononcer, au besoin, sur la légalité d'une décision administrative de placement d'office dans un hôpital psychiatrique (C.A., Paris, 1re ch. B, 31 mai 1996, *Centre hospitalier spécialisé de Lannemezan et autres*).

Nous rappellerons que Charles Eisenmann, puis Paul Amselek et André Demichel avaient condamné l'attitude du Tribunal des conflits et que nous l'avons fait après eux (cf. Favoreu, *R.F.D.A.*, 1987) : le courant doctrinal en faveur de la reconnaissance de la plénitude de juridiction du juge judiciaire n'est donc ni récent ni limité.

On constatera cependant que le Tribunal des conflits ne semble pas vouloir s'engager dans cette voie et que dans un arrêt du 12 mai 1997, *Préfet de police de Dijon c/ Tribunal de grande instance de Paris*, la thèse du juge administratif l'a encore une fois emporté.

4° *Les exceptions à la réserve de compétence de la juridiction administrative*

14 . Le législateur peut déroger au principe de la réserve de compétence dans l'intérêt d'une bonne administration de la justice :

« Considérant cependant que, dans la mise en œuvre de ce principe, lorsque l'application d'une législation ou d'une réglementation spécifique pouvait engendrer des contestations contentieuses diverses qui se répartiraient, selon les règles habituelles de compétence, entre la juridiction administrative et la juridiction judiciaire, *il est loisible au législateur, dans l'intérêt d'une bonne administration de la justice, d'unifier les règles de compétence* juridictionnelle au sein de l'ordre juridictionnel principalement intéressé » (§ 16).

Ces principes, pleins de bon sens, ont été appliqués immédiatement au cas du droit de la concurrence, le Conseil constitutionnel constatant qu'en fait, le juge pénal mais aussi le juge civil ou commercial intervenaient dans cette matière, ce qui justifiait l'intention du législateur « d'unifier sous l'autorité de la Cour de cassation l'ensemble de ce contentieux spécifique et d'éviter ainsi ou de supprimer des divergences qui pourraient apparaître dans l'application et dans l'interprétation du droit de la concurrence » (§ 17).

Le Conseil constitutionnel a appliqué cette jurisprudence à propos de l'attribution du contrôle de certaines décisions de l'Autorité de régulation des télécommunications à la Cour d'appel de Paris en faisant appel à nouveau aux nécessités d'une bonne administration de la justice » (96-378 DC, § 24).

15 . Sur ce point aussi, la décision 261 DC a réduit la portée de la décision du *23 janvier 1987*, sans que l'on sache s'il s'agit d'une décision d'espèce, ou d'une orientation plus durable de la jurisprudence du Conseil constitutionnel (ce qui serait regrettable).

Le législateur avait deux bonnes raisons de penser qu'il agissait « dans l'intérêt d'une bonne administration de la justice ». Tout d'abord, il souhaitait réaliser un bloc de compétence au profit du juge judiciaire afin d'éviter une situation dans laquelle la division et même la dispersion de contentieux entre deux juges risquait de diminuer fâcheusement la protection juridictionnelle des individus. En matière de reconduite à la frontière, « coexistent deux procédures juridictionnelles qui sont intimement liées et qui doivent être menées à terme dans un délai maximum de 72 heures à compter de l'intervention de l'arrêté de reconduite » : la première procédure est menée contre la décision préfectorale de reconduite devant le juge administratif et la seconde fait intervenir le juge judiciaire pour prononcer la prolongation de la rétention administrative au-delà de 24 heures ou pour statuer en appel sur de telles mesures (en vertu de l'article 35 bis). Et d'après le gouvernement lui-même,

« ces deux procédures doivent être traitées en urgence par deux ordres juridictionnels différents et, très souvent, dans deux villes différentes : il n'est pas possible d'assurer ainsi, dans de bonnes conditions, le respect des règles propres à chaque juridiction dans des délais aussi brefs » (mémoire en défense du Gouvernement).

Pour B. Genevois « en raison même de leur caractère exceptionnel les mesures de surveillance prises au titre de l'article 35 bis sont très inférieures en nombre aux arrêtés de reconduite à la frontière » ; mais les chiffres qu'il cite lui-même sont loin d'être négligeables puisque s'il y a eu 4056 reconduites à la frontière en 1986, on comptait quand même 2170 ordonnances de maintien en rétention en 1985 ce qui veut dire que dans plus de 2000 cas (soit dans un cas sur deux) il y a bien eu coexistence des deux procédures décrites ci-dessus. L'unification des contentieux au profit du juge judiciaire était souhaitée pour une *seconde raison pratique* : le souci de rapprocher la justice du justiciable. En effet, il existe 181 tribunaux de grande instance, soit au moins un par département, alors qu'il n'y a que 26 tribunaux administratifs en France métropolitaine.

16 . Le Conseil a rejeté ces arguments de manière assez peu convaincante en faisant valoir notamment que la prolongation de la rétention « ne saurait revêtir un caractère systématique et s'appliquer, *tant s'en faut*, à tous les cas où il y a intervention d'une décision administrative d'éloignement d'un étranger du territoire national » (§ 25) : une proportion de 50 % (voir ci-dessus) n'est quand même pas négligeable ! De même, il a écarté l'argument selon lequel des questions d'état-civil peuvent se poser au cas de reconduite à la frontière (âge ou situation familiale) au motif que cela n'était pas si fréquent.

17 . On notera que le Tribunal des conflits a, lui aussi, réduit quelque peu la portée de la jurisprudence *Conseil de la concurrence* en interprétant de manière restrictive les dispositions de l'ordonnance du 1er décembre 1986 attribuant compétence au Conseil de la concurrence, et donc à la Cour d'appel de Paris (T.C., 6 juin 1989, Préfet région Ile-de-France, *R.F.D.A.*, 1989, p. 457, concl. Stirn).

II . Les droits de la défense

18 . La décision *224 DC* consacre, de manière éclatante, la valeur constitutionnelle du principe du respect des droits de la défense même en matière non pénale puisqu'elle prononce l'invalidation de la loi pour méconnaissance de ce principe, après avoir considéré que la possibilité pour un justiciable de demander un sursis à exécution constitue, dans certaines circonstances, « une garantie essentielle des droits de la défense » :

> « Considérant que, compte tenu de la nature non juridictionnelle du conseil de la concurrence, de l'étendue des injonctions et de la gravité des sanctions pécuniaires qu'il peut prononcer, le droit pour le justiciable formant un recours contre une décision de cet organisme de demander et d'obtenir, le cas échéant, un sursis à l'exécution de la décision attaquée constitue une garantie essentielle des droits de la défense ».

Le moyen a été soulevé d'office par le juge constitutionnel après qu'il ait été constaté que la loi, en transférant le contentieux des décisions du Conseil de la concurrence du Conseil d'État à la Cour d'appel de Paris, supprimait la possibilité pour le justiciable d'obtenir un sursis à exécution : en effet, si cette procédure est prévue de manière générale devant le Conseil d'État, il n'en va pas de même devant une Cour d'appel, s'agissant d'un recours ne pouvant être assimilé à un appel. Le Conseil constitutionnel a, en outre, pris en considération le fait que le Conseil de la concurrence n'était pas une juridiction (et n'offrait donc pas toutes les garanties de procédure afférentes à ce type d'institution) ainsi que « l'étendue des injonctions et la gravité des sanctions pécuniaires qu'il peut prononcer ».

Le cas est d'autant plus intéressant que c'est la première fois que le Conseil prononce une annulation pour violation des droits de la défense en matière non pénale.

1° *Le champ d'application du principe*

19 . La valeur constitutionnelle du principe du respect des droits de la défense *en matière pénale* a été reconnue assez tôt : elle est, en effet, consacrée dans la décision du 2 décembre 1976 relative à la prévention des accidents du travail (voir *supra, 127 DC* *) ; et elle est ensuite sanctionnée dans la décision *Sécurité et Liberté* où le Conseil invalide une disposition de la loi du même nom pour méconnaissance des droits de la défense au motif que des sanctions pouvaient être prises contre un avocat (voir *supra, 127 DC* *) pour l'ensemble de la question en matière pénale.

20 . *En matière non pénale*, la reconnaissance de la valeur constitutionnelle du principe n'a pas été aussi claire, dès le début.

En effet, la notion apparaît bien dans une décision prise en vertu de l'article 37, al. 2 (75 L, 21 déc. 1972) mais c'est uniquement pour établir la compétence législative et écarter la compétence réglementaire. Le principe du respect des droits de la défense est encore invoqué dans l'affaire du « service fait » (83 DC, 20 juillet 1977) ; mais le Conseil constitutionnel ne se prononce pas, à notre sens, sur la valeur du principe dans la mesure où il estime que la retenue sur traitement est une « mesure de portée comptable » qui « se trouve dès lors hors du champ d'application du principe des droits de la défense ». Le principe est une nouvelle fois invoqué dans l'affaire de la contrevisite médicale (92 DC, 18 janv. 1978) mais il est encore une fois écarté parce qu'il n'y a pas, en fait, méconnaissance du principe. Enfin, dans la décision 117 DC du 22 juillet 1980 (protection des matières nucléaires), la position du Conseil est encore ambiguë à notre sens (Favoreu, *R.D.P.*, 1989, p. 1658). La véritable reconnaissance de la valeur constitutionnelle du principe apparaît dans les décisions 182 DC du 18 janvier 1985 (Administrateurs judiciaires) et 184 DC du 29 décembre 1984 (Loi de finances pour 1985) où le Conseil contrôle clairement la validité de la loi au regard de ce principe à propos, d'une part, de procédures disciplinaires et, d'autre part, de perquisitions ou visites domiciliaires en matière fiscale. Et une confirmation sans ambiguïté est faite par la présente décision du *23 janvier 1987* qui a été suivie de la décision du *17 janvier 1989* * rendue à propos du Conseil supérieur de l'audiovisuel et par celle du 29 décembre 1989 (268 DC, *Rec.* 110, *RJC* I-382) qui invalide une disposition instituant une amende fiscale sans astreindre l'administration à respecter les droits de la défense (cf. n° **34-23**).

2° *Fondement et contenu du principe.*

21 . Le Conseil constitutionnel a d'abord invoqué le principe du respect des droits de la défense sans lui donner de *fondement* constitutionnel ; puis, il a indiqué, dans la décision du 2 décembre 1976 puis dans la décision *Sécurité et Liberté* * qu'il s'agissait d'un principe fondamental reconnu par les lois de la République ; et il a, depuis, rappelé régulièrement ce fondement, notamment dans la décision 260 DC :

> « Considérant que le principe du respect des droits de la défense constitue un des principes fondamentaux reconnus par les lois de la République réaffirmé par le préambule de la Constitution du 27 octobre 1946, auquel se réfère le préambule de la Constitution de 1958 » (§ 43).

La question est de savoir à quelles lois de la République fait référence ce principe ; mais comme l'ont souligné certains auteurs, il ne manque pas de lois pouvant être invoquées à ce titre sous la IIIe République.

22 . Le *contenu* du principe n'est pas encore clairement et complètement défini.

On peut dire que ce principe impose essentiellement de mettre à même l'individu de présenter sa défense soit devant une juridiction soit devant un organisme administratif ayant un pouvoir de sanction. Le contenu du principe s'est enrichi ensuite et nous paraît être bien résumé dans un considérant de la décision 182 DC :

> « (Considérant) qu'en prévoyant l'obligation de mettre l'intéressé en demeure de présenter ses observations, celle de statuer par une décision motivée la faculté de recours devant la Cour d'appel et le caractère suspensif de ce recours, les dispositions susvisées ne méconnaissent pas le principe des droits de la défense » (§ 8).

On notera que déjà, le Conseil constitutionnel vise le « caractère suspensif » du recours : ceci annonce la présente décision *224 DC* qui sanctionne l'absence de caractère suspensif du recours ou, à défaut, de procédure de sursis à exécution.

Le Conseil constitutionnel semble avoir franchi un pas supplémentaire dans sa décision 360 DC en considérant que le principe « implique, notamment en matière pénale, l'existence d'une procédure juste et équitable, garantissant l'équilibre des droits des parties » (§ 43). On se rapproche là de la jurisprudence des juridictions constitutionnelles étrangères qui font respecter en fait l'exigence d'une procédure légale et équitable (« due process of law »).

22 bis . La Cour de cassation (Ass. plén. 30 juin 1995) a reconnu, à la suite du Conseil constitutionnel, la valeur constitutionnelle des droits de la défense : « Attendu que la défense constitue pour toute personne un droit fondamental à caractère constitutionnel ».

III . Les ordonnances de l'article 38

23 . La présente décision apporte trois compléments à la jurisprudence du Conseil constitutionnel (analysé *supra*, dans

observations sous *207 DC* * auxquelles on renverra pour plus de détails) : tout d'abord, en admettant que le législateur peut modifier une ordonnance alors que le délai d'habilitation n'est pas expiré (§ 14) ; ensuite, quant à la notion de ratification implicite, en considérant qu'« il n'est pas exclu que la ratification de tout ou partie des dispositions d'une des ordonnances visées à l'article 38... *puisse résulter* d'une *loi* qui, sans avoir cette ratification pour objet direct, l'implique nécessairement » (§ 24), ce qui crée la catégorie des « ratifications impliquées » comme variété des « ratifications implicites » ; et d'autre part, en confirmant qu'il appartient bien au Conseil constitutionnel de vérifier si « les dispositions auxquelles la ratification confère valeur législative sont conformes à la Constitution » (§ 24).

IV . Les autorités administratives indépendantes

24 . La décision *224 DC* contribue à préciser le régime juridique applicable aux autorités administratives indépendantes (pour une analyse d'ensemble de la jurisprudence relative aux autorités administratives indépendantes, cf. *infra*, *248 DC* *) : il apparaît que le Conseil de la concurrence est un « organisme administratif, de nature non juridictionnelle », doté de pouvoirs importants de sanction (bien que non juridictionnel) et pouvant cependant relever, quant à ses activités, du contrôle du juge judiciaire.

42

17 janvier 1989

CONSEIL SUPÉRIEUR DE L'AUDIOVISUEL (248 DC)

Liberté de communication audiovisuelle Autorités administratives indépendantes Sanctions administratives et séparation des pouvoirs

Décision 88-248 DC, *Rec.* 18, *RJC* I-339. Saisine par 64 députés.
Loi modifiant la loi nº 86-1067 du 30 septembre 1986 relative à la liberté de communication.
Création, organisation et attributions du C.S.A. remplaçant la C.N.C.L.
Limites du pouvoir réglementaire d'une autorité administrative indépendante.
Pouvoir de prononcer des sanctions administratives.

RÉFÉRENCES

a) Texte des recours : *J.O.*, 18 janvier 1989, p. 758.

b) *Notes doctrinales*

- AVRIL (P.) et GICQUEL (J.), chron. const., *Pouvoirs* nº 50, 1989, p. 197. - AUTIN (J.-L.) : *Rev. Adm.*, 1989, p. 223. - FAVOREU (L.) : *R.D.P.*, 1989, p. 399. - GENEVOIS (B.) : *R.F.D.A.*, 1989, nº 2, p. 215 ; *A.I.J.C.*, vol. V, 1989 (Paris 1991), p. 481, 487, 488, 491, 497, 499, 501.
- Voir aussi : DEBBASCH (Ch.), *Grands arrêts du droit de l'audiovisuel*, 1991, nº 51.

c) *Autres références*

- CHEVALLIER (J.) : De la C.N.C.L. au C.S.A. Premiers commentaires de la loi du 17 janvier 1989, *A.J.D.A.*, 1989, p. 59. - DEBBASCH (Ch.) : *Droit de l'audiovisuel*, 2e éd. 1991. - DEBBASCH (éd.) : *La C.N.C.L.*, Paris, 1988. - NEVOLTRY (F.) et DELCROS (B.) : Le C.S.A., Paris, 1989. - COLLIARD et TIMSIT (éd.) : *Les autorités administratives indépendantes*, P.U.F., 1988, (notamment la contribution de C. TEITGEN-COLLY). - La liberté de l'information dans les jurisprudences constitutionnelles comparées (Actes de la IVe Table ronde internationale. Aix,

22 oct. 1987) *A.I.J.C.* 1987, p. 227-413 (voir notamment le rapport d'A. Roux). - GENEVOIS (B.) : « Sur les pouvoirs de la C.O.B. », *R.F.D.A.*, 1989, nº 4. - ROBERT (J.) : « Les sanctions administratives et le juge constitutionnel », *L.P.A.*, nº 8, janvier 1990, p. 42 et s. - TEITGEN-COLY (C.) : « Les instances de régulation et la Constitution », *R.D.P.*, 1990, p. 153 et s.

d) *Jurisprudence*

• Décision 8-DC du *11 août 1960* *.
• Décision 64-27 L des 17-19 mars 1964, *Rec.* 33, *RJC* II-13..
• Décision 68-50 L du 30 janvier 1968, *Rec.* 23, *RJC* II-32. Publicité O.R.T.F., *G.D.*, 2e éd., p. 197.
• Décision 78-96 DC du 27 juillet 1978, *Rec.* 29, *RJC* I-61. Monopole radio-télévision, *G.D.*, 3e éd.
• Décision 79-105 DC du *25 juillet 1979* *.
• Décision 81-129 DC du 31 octobre 1981, *Rec.* 35, *RJC* I-100. Radios libres.
• Décision 82-141 DC du 27 juillet 1982, *Rec.* 48, *RJC* I-126. Communication audiovisuelle,.
• Décision 84-173 DC du 26 juillet 1984, *Rec.* 63, *RJC* I-187. Réseaux câblés.
• Décision 84-176 DC du 25 juillet 1984, *Rec.* 55, *RJC* I-192. Publicité sur radios libres.
• Décision 85-198 DC du 13 décembre 1985, *Rec.* 78, *RJC* I-242. Amendement Tour Eiffel.
• Décision 86-210 DC du 29 juillet 1986, *Rec.* 110, *RJC* I-270. Régime juridique de la presse.
• Décision 86-217 du 19 septembre 1986, *Rec.*141, *RJC* I-283. Liberté de communication,.
• Décision 89-259 DC du 26 juillet 1989, *Rec.* 66, *RJC* I-364. Présidence unique A2/FR3.
• Décision 89-260 DC du 28 juillet 1989, *Rec.* 71, *RJC* I-365.

Le Conseil constitutionnel,

Vu la Constitution ;

Vu l'ordonnance nº 58-1067 du 7 novembre 1958 portant loi organique sur le Conseil constitutionnel, notamment le chapitre II du titre II de ladite ordonnance ;

Vu l'ordonnance nº 59-2 du 2 janvier 1959 portant loi organique relative aux lois de finances ;

Le rapporteur ayant été entendu ;

1. Considérant que les auteurs de la saisine visent à faire déclarer contraires à la Constitution les articles 5, 8, 11, 13, 19 et 30 de la loi modifiant la loi nº 86-1067 du 30 septembre 1986 relative à la liberté de communication ;

Sur l'article 5 relatif au régime du personnel et aux crédits de fonctionnement du Conseil supérieur de l'audiovisuel :

[...]

4. Considérant qu'aux termes du cinquième alinéa de l'article 34 de la Constitution «les lois de finances déterminent les ressources et les charges de l'État dans les conditions et sous les réserves prévues par une loi organique» ; qu'il ressort de l'article 39 de la Constitution que l'initiative des lois de finances appartient au Premier ministre ; que l'article 37 de l'ordonnance nº 59-2 du 2 janvier 1959 portant loi organique relative aux lois de finances dispose que «sous l'autorité du Premier ministre, le ministre des finances prépare les projets de loi de finances qui sont arrêtés en conseil des ministres» ;

5. Considérant qu'en prévoyant que le Conseil supérieur de l'audiovisuel propose, lors de l'élaboration du projet de loi de finances de l'année, les crédits nécessaires à l'accomplissement de ses missions, l'article 5-11 de la loi déférée a entendu consacrer expressément au profit de cet organisme un pouvoir de proposition, tout en se conformant aux règles constitutionnelles et organiques régissant la préparation des projets de loi de finances ; qu'il n'a en rien méconnu le principe de la libre communication des pensées et des opinions proclamé par l'article 11 de la Déclaration des droits de l'homme et du citoyen ;

Sur l'article 8 relatif aux compétences du Conseil supérieur de l'audiovisuel à l'égard du secteur public :

[...]

8. Considérant qu'en se référant au concept de «manquement grave» par les organismes du secteur public de l'audiovisuel aux obligations qui leur sont imposées en vertu de la loi du 30 septembre 1986 modifiée, des décrets en Conseil d'État prévus en son article 27, ou des cahiers des charges, le législateur a entendu exclure, pour des manquements sans gravité, la mise en œuvre d'une procédure contraignante à l'égard des sociétés nationales de programme ou de l'Institut national de l'audiovisuel ; qu'il appartiendra au Conseil supérieur de l'audiovisuel de se conformer, sous le contrôle du juge de la légalité, à la distinction faite par la loi selon le degré de gravité du manquement ; qu'ainsi, il ne saurait être fait grief au législateur d'être resté en deçà de la compétence qui est la sienne en vertu de la Constitution, et notamment de son article 34 ;

En ce qui concerne l'exonération de la responsabilité personnelle du président de l'organisme :

9. Considérant que nul ne saurait, par une disposition générale de la loi, être exonéré de toute responsabilité personnelle quelle que soit la nature ou la gravité de l'acte qui lui est imputé ; qu'ainsi, doivent être déclarées contraires au principe constitutionnel d'égalité les dispositions de la dernière phrase de l'article 13 de la loi du 30 septembre 1986, dans leur rédaction résultant de l'article 8 de la loi déférée, et qui sont ainsi rédigées : « Les mesures prises en exécution de ces décisions ne peuvent en aucun cas engager la responsabilité personnelle du président de l'organisme » ;

[...]

Sur l'article 11 relatif aux dispositions communes aux secteurs public et privé de la communication audiovisuelle :

En ce qui concerne le renvoi à des décrets en Conseil d'État :

13. Considérant que la loi du 30 septembre 1986 a fixé elle-même des dispositions qui limitent la compétence dévolue dans son article 27 alinéa 1er, au Gouvernement agissant par voie de décret en Conseil d'État ; que l'article 1er de la loi précitée dispose, dans sa rédaction issue de l'article 1er de la loi déférée, que «la communication audiovisuelle est libre» et que «l'exercice de cette liberté ne peut être limité que dans la mesure requise, d'une part, par le respect de la dignité de la personne humaine, de la liberté et de la propriété d'autrui, du caractère pluraliste de l'expression des courants de pensée et d'opinion et, d'autre part, par la sauvegarde de l'ordre public, par les besoins de la défense nationale, par les exigences de service public, par les contraintes techniques inhérentes aux moyens de communication, ainsi que par la nécessité de développer une industrie nationale de production audiovisuelle» ; qu'en outre l'article 70 de la loi du 30 septembre 1986 et l'article 73, tel qu'il est modifié par l'article 12 de la loi présentement examinée, définissent les règles générales applicables à la diffusion des œuvres cinématographiques par les services de communication audiovisuelle ainsi qu'à l'interruption publicitaire dont cette diffusion peut faire l'objet ; que l'article 27, alinéa 1er, de la loi du 30 septembre 1986, dans sa rédaction résultant de la loi déférée, circonscrit le domaine d'application des mesures réglementaires qu'il énonce ; qu'au surplus il subordonne leur élaboration au respect de garanties essentielles ; que, dans les hypothèses mentionnées au premier alinéa de l'article 27 nouveau, le Gouvernement devra se prononcer en Conseil d'État après avoir recueilli l'avis public et motivé du Conseil supérieur de l'audiovisuel comme il est dit au deuxième alinéa du même article ; qu'il suit de là que les dispositions des premier et deuxième alinéas de l'article 27 de la loi du 30 septembre 1986, dans leur rédaction résultant de l'article 11 de la loi soumise à l'examen du Conseil constitutionnel, ne méconnaissent ni l'article 11 de la Déclaration des droits de l'homme et du citoyen, ni l'article 34 de la Constitution ;

En ce qui concerne l'attribution de compétences réglementaires au Conseil supérieur de l'audiovisuel :

14. Considérant que les deux premiers alinéas de l'article 21 de la Constitution sont ainsi conçus : «Le Premier ministre dirige l'action du Gouvernement. Il est responsable de la défense nationale. Il assure l'exécution des lois. Sous réserve des dispositions de l'article 13, il exerce le pouvoir réglementaire et nomme aux emplois civils et militaires. Il peut déléguer certains de ses pouvoirs aux ministres» ;

15. Considérant que ces dispositions confèrent au Premier ministre, sous réserve des pouvoirs reconnus au Président de la République, l'exercice du pouvoir réglementaire à l'échelon national ; que si elles ne font pas obstacle à ce que le législateur confie à une autorité de l'État autre que le Premier ministre le soin de fixer des normes permettant de mettre en œuvre une loi, c'est à la condition que cette habilitation ne concerne que des mesures de portée limitée tant par leur champ d'application que par leur contenu ;

16. Considérant que la loi habilite le Conseil supérieur de l'audiovisuel à fixer seul par voie réglementaire non seulement les règles déontologiques concernant la publicité mais également l'ensemble des règles relatives à la communication institutionnelle, au parrainage et aux pratiques analogues à celui-ci ; qu'en raison de sa portée trop étendue cette habilitation méconnaît les dispositions de l'article 21 de la Constitution ; qu'il suit de là que doivent être déclarées contraires à celle-ci les dispositions du troisième alinéa de l'article 27 de la loi du 30 septembre 1986, dans leur rédaction issue de l'article 11 de la loi déférée ; que sont inséparables du troisième alinéa de l'article 27 de la loi de 1986 les mots : «sous réserve des dispositions du dernier alinéa du présent article » qui figurent au 1º du premier alinéa dudit article ;

Sur l'article 13 relatif aux conventions passées pour l'exploitation des services privés de communication audiovisuelle par voie hertzienne terrestre ou par satellite :

[...]

19. Considérant que le fait pour le législateur de subordonner l'octroi d'une autorisation pour l'exploitation d'un service privé de radiodiffusion sonore ou de télévision diffusé par voie hertzienne terrestre ou par satellite à la passation d'une convention répond au souci de permettre au Conseil supérieur de l'audiovisuel d'adapter à chaque situation particulière les règles de portée générale définies par la loi du 30 septembre 1986 modifiée ou sur son fondement ; que, dans le même esprit, l'article 28 nouveau établit une distinction entre, d'une part, des exigences qui comme celles tenant au respect de

l'honnêteté et du pluralisme de l'information ont un caractère impératif, et, d'autre part, des éléments d'appréciation qui revêtent un caractère indicatif, non limitatif et même, pour certains d'entre eux, évolutif ; qu'il est expressément spécifié par l'article 28 nouveau que doivent être respectées «l'égalité de traitement entre les différents services» ainsi que les «conditions de concurrence propres à chacun d'eux» ; que les règles ainsi posées, loin de méconnaître le principe d'égalité, permettent, tout au contraire, d'en assurer la mise en œuvre ;

Sur l'article 19 relatif aux pouvoirs de sanction du Conseil supérieur de l'audiovisuel :

20. Considérant que l'article 19 de la loi déférée substitue au texte initial de l'article 42 de la loi du 30 septembre 1986 des dispositions nouvelles sous la forme d'un article 42 nouveau et d'articles 42-1 à 42-11 ajoutés à la loi de 1986 ;

[...]

23. Considérant que les auteurs de la saisine soutiennent en premier lieu que les sanctions administratives sont inconstitutionnelles dans leur principe ; qu'ils font valoir en deuxième lieu que, même si le principe de telles sanctions est admis, les sanctions prévues par la loi déférée ne satisfont pas aux exigences constitutionnelles ; qu'en tout état de cause, la sanction énoncée au 1º de l'article 42-1 est attentatoire à la liberté d'expression ;

En ce qui concerne le principe même de l'institution de sanctions administratives :

24. Considérant que les auteurs de la saisine font valoir tout d'abord que les article 42-1 et 42-2 ajoutés à la loi du 30 septembre 1986, en ce qu'ils confèrent à une autorité administrative et non à une autorité juridictionnelle le pouvoir d'infliger des sanctions, méconnaissent le principe de la séparation des pouvoirs affirmé par l'article 16 de la Déclaration des droits de l'homme ; que le respect de ce principe s'impose d'autant plus qu'est en cause la libre communication des pensées et des opinions garantie par l'article 11 de la Déclaration de 1789 ;

25. Considérant qu'aux termes de l'article 11 de la Déclaration des droits de l'homme et du citoyen : « La libre communication des pensées et des opinions est un des droits les plus précieux de l'homme ; tout citoyen peut donc parler, écrire, imprimer librement, sauf à répondre de l'abus de cette liberté, dans les cas déterminés par la loi » ;

26. Considérant qu'il appartient au législateur, compétent en vertu de l'article 34 de la Constitution pour fixer les règles concernant les garanties fondamentales accordées aux citoyens pour l'exercice des libertés publiques, de concilier, en l'état actuel des techniques et de leur maîtrise, l'exercice de la liberté de communication telle qu'elle résulte de l'article 11 de la Déclaration des droits de l'homme, avec, d'une part, les contraintes techniques inhérentes aux moyens de la communication audiovisuelle et, d'autre part, les objectifs de valeur constitutionnelle que sont la sauvegarde de l'ordre public, le respect de la liberté d'autrui et la préservation du caractère pluraliste des courants d'expression socioculturels auxquels ces modes de communication, par leur influence considérable, sont susceptibles de porter atteinte ;

27. Considérant que, pour la réalisation de ces objectifs de valeur constitutionnelle, il est loisible au législateur de soumettre les différentes catégories de services de communication audiovisuelle à un régime d'autorisation administrative ; qu'il lui est loisible également de charger une autorité administrative indépendante de veiller au respect des principes constitutionnels en matière de communication audiovisuelle de pouvoirs de sanction dans la limite nécessaire à l'accomplissement de sa mission ;

28. Considérant qu'il appartient au législateur d'assortir l'exercice de ces pouvoirs de mesures destinées à sauvegarder les droits et libertés constitutionnellement garantis ;

29. Considérant que, conformément au principe du respect des droits de la défense, lequel constitue un principe fondamental reconnu par les lois de la République, aucune sanction ne peut être infligée sans que le titulaire de l'autorisation ait été mis à même tant de présenter ses observations sur les faits qui lui sont reprochés que d'avoir accès au dossier le concernant ; qu'en outre, pour les sanctions prévues aux 2º, 3º et 4º de l'article 42-1 ainsi que dans le cas du retrait de l'autorisation mentionné à l'article 42-3 , le législateur a prescrit le respect d'une procédure contradictoire qui est diligentée par un membre de la juridiction administrative suivant les modalités définies à l'article 42-7 ; qu'il ressort de l'article 42-5 que le Conseil supérieur de l'audiovisuel ne peut être saisi de faits remontant à plus de

trois ans, s'il n'a été accompli «aucun acte tendant à leur recherche, leur constatation ou leur sanction» ;

30. Considérant que le pouvoir d'infliger les sanctions énumérées à l'article 42-1 est conféré au Conseil supérieur de l'audiovisuel qui constitue une instance indépendante ; qu'il résulte des termes de la loi qu'aucune sanction ne revêt un caractère automatique ; que, comme le prescrit l'article 42-6, toute décision prononçant une sanction doit être motivée ; que la diversité des mesures susceptibles d'être prises sur le fondement de l'article 42-1 correspond à la volonté du législateur de proportionner la répression à «la gravité du manquement» reproché au titulaire d'une autorisation ; que le principe de proportionnalité doit pareillement recevoir application pour l'une quelconque des sanctions énumérées à l'article 42-1 ; qu'il en va ainsi en particulier des sanctions pécuniaires prévues au 3º de cet article ; qu'à cet égard, l'article 42-2 précise que le montant de la sanction pécuniaire doit être fonction de la gravité des manquements commis et en relation avec les avantages tirés du manquement par le service autorisé ; qu'un même manquement ne peut donner lieu qu'à une seule sanction administrative, qu'elle soit légale ou contractuelle ; qu'il résulte du libellé de l'article 42-1 (3º) qu'une sanction pécuniaire ne peut se cumuler avec une sanction pénale ;

31. Considérant qu'il convient de relever également que toute décision infligeant une sanction peut faire l'objet devant le Conseil d'État d'un recours de pleine juridiction, comme le précise l'article 42-8 ; que ce recours est suspensif d'exécution en cas du retrait de l'autorisation mentionné à l'article 42-3 que, dans les autres cas, le sursis à l'exécution de la décision attaquée peut être demandé en application de l'article 48 de l'ordonnance nº 45-1078 du 31 juillet 1945 et du décret nº 63-766 du 30 juillet 1963 ; que le droit de recours étant réservé à la personne sanctionnée, son exercice ne peut, conformément aux principes généraux du droit, conduire à aggraver sa situation ;

32. Considérant que, s'agissant de manquements à des obligations attachées à une autorisation administrative et eu égard aux garanties prévues, qui sont d'ailleurs également applicables aux pénalités contractuelles et à la sanction susceptible d'être infligée en vertu de l'article 42-4, les articles 42-1 et 42-2 ajoutés à la loi du 30 septembre 1986 par l'article 19 de la loi déférée, ne sont pas contraires, dans leur principe, aux articles 11 et 16 de la Déclaration des droits de l'homme et du citoyen ;

En ce qui concerne les moyens tirés de la violation de l'article 8 de la Déclaration des droits de 1789 et de l'article 34 de la Constitution :

33. Considérant que, selon les auteurs de la saisine, même si le principe des sanctions administratives est admis, les articles 42-1 et 42-2 n'en sont pas moins contraires à l'article 8 de la Déclaration de 1789 qui impose que nul ne peut être puni qu'en vertu d'une loi établie et légalement appliquée ainsi qu'à l'article 34 de la Constitution qui réserve à la loi le soin de fixer les garanties fondamentales accordées aux citoyens pour l'exercice des libertés publiques ; qu'en effet, la loi a fixé au cas présent des limites financières maximales sans définir de manière précise les infractions pouvant donner lieu à de telles sanctions ;

34. Considérant que l'article 8 de la Déclaration des droits de l'homme et du citoyen dispose que «la loi ne doit établir que des peines strictement et évidemment nécessaires, et nul ne peut être puni qu'en vertu d'une loi établie et promulguée antérieurement au délit, et légalement appliquée» ;

35. Considérant qu'il résulte de ces dispositions, comme des principes fondamentaux reconnus par les lois de la République, qu'une peine ne peut être infligée qu'à la condition que soient respectés le principe de légalité des délits et des peines, le principe de nécessité des peines, le principe de non-rétroactivité de la loi pénale d'incrimination plus sévère ainsi que le principe du respect des droits de la défense ;

36. Considérant que ces exigences ne concernent pas seulement les peines prononcées par les juridictions répressives mais s'étendent à toute sanction ayant le caractère d'une punition même si le législateur a laissé le soin de la prononcer à une autorité de nature non judiciaire ;

37. Considérant toutefois, qu'appliquée en dehors du droit pénal, l'exigence d'une définition des infractions sanctionnées se trouve satisfaite, en matière administrative, par la référence aux obligations auxquelles le titulaire d'une autorisation administrative est soumis en vertu des lois et règlements ;

38. Considérant qu'il résulte du rapprochement de l'article 42 nouveau et de l'article 42-1 de la loi du 30 septembre 1986 que les pouvoirs de sanction dévolus au Conseil supérieur de l'audiovisuel ne sont susceptibles de s'exercer, réserve faite du cas régi par les articles 42-3 et 42-9, qu'après mise en demeure des titulaires d'autorisation pour l'exploitation d'un service de communication audiovisuelle «de respecter les obligations qui leur sont imposées par les textes législatifs et réglementaires et par les principes définis à l'article 1er » de la loi précitée, et faute pour les intéressés de respecter lesdites obligations ou de se conformer aux mises en demeure qui leur ont été adressées ; que les obligations susceptibles d'être sanctionnées sont uniquement celles résultant des termes de la loi ou celles dont le respect est expressément imposé par la décision d'autorisation prise en application de la loi et des textes réglementaires qui, dans le cadre déterminé par le législateur, fixent les principes généraux définissant les obligations des différentes catégories de services de communication audiovisuelle ;

39. Considérant que, sous les réserves d'interprétation ci-dessus mentionnées, les articles 42-1 et 42-2 ne sont pas contraires aux dispositions ni de l'article 8 de la Déclaration des droits de l'homme, ni de l'article 34 de la Constitution qui définissent l'étendue de la compétence du législateur ;

En ce qui concerne la sanction énoncée au 1º de l'article 42-1 :

[...]

41. Considérant qu'au nombre des sanctions susceptibles d'être prononcées par le Conseil supérieur de l'audiovisuel «compte tenu de la gravité du manquement», figure «la suspension, après mise en demeure, de l'autorisation ou d'une partie du programme pour un mois au plus», alors que sous l'empire du troisième alinéa de l'article 42 de la loi du 30 septembre 1986, dans sa rédaction antérieure, l'instance de régulation pouvait suspendre l'autorisation pour une durée d'un mois au plus ;

42. Considérant qu'il résulte des débats parlementaires qui ont précédé l'adoption du 1º de l'article 42-1 que le législateur a entendu proportionner aussi bien la durée que l'ampleur de la suspension à la gravité du manquement commis par le titulaire de l'autorisation ; que, dans cet esprit, la partie du programme qui peut faire l'objet d'une mesure de suspension temporaire n'excédant pas un mois doit être en relation directe avec le manquement relevé ; que, par là même, la sanction qui vise à le réprimer n'est pas contraire au principe constitutionnel de libre communication des pensées et des opinions ; qu'au surplus, toute décision du Conseil supérieur de l'audiovisuel qui interviendrait en violation des dispositions législatives ou réglementaires serait susceptible d'entraîner la mise en jeu de la responsabilité de la puissance publique ;

Sur l'article 30 en ce qu'il rend la loi applicable à la Polynésie française :

[...]

45. Considérant qu'aux termes de l'article 74 de la Constitution, l'organisation des territoires d'outre-mer «est définie et modifiée par la loi après consultation de l'assemblée territoriale intéressée» ; qu'il résulte de cette disposition que l'avis émis en temps utile par l'assemblée territoriale, consultée avec un préavis suffisant, doit être porté à la connaissance des parlementaires, pour lesquels il constitue un élément d'appréciation nécessaire, avant l'adoption en première lecture du projet de loi par l'assemblée dont ils font partie, mais qu'aucune disposition de valeur constitutionnelle n'exige que cet avis soit demandé avant le dépôt du projet de loi devant le Parlement ;

46. Considérant que la loi nº 86-1067 du 30 septembre 1986 est applicable à l'ensemble des territoires d'outre-mer, conformément à son article 108 ; que le projet de loi modifiant la loi précitée a été adressé à la date du 18 octobre 1988 par le haut-commissaire de la République en Polynésie française au président de l'Assemblée territoriale à l'effet de recueillir l'avis de cette assemblée , que, lors de l'examen en première lecture du projet de loi, le Sénat, après avoir relevé que l'avis sollicité n'avait pas été émis, a exclu la Polynésie française du champ d'application du texte ; que l'Assemblée nationale, appelée à se prononcer en première lecture, a considéré que, du fait de l'expiration du délai d'un mois imparti à l'Assemblée territoriale par l'article 72 de la loi nº 84-820 du 6 septembre 1984 pour rendre son avis, celui-ci devait être réputé favorable ; qu'en conséquence, elle a étendu le texte à la Polynésie française ; que le Sénat s'est par la suite prononcé dans le même sens ; que, dans ces circonstances particulières, l'irrégularité de procédure relevée par les auteurs de la saisine au

stade de l'examen du projet de loi en première lecture ne saurait, faute de revêtir un caractère substantiel, conduire à ce que l'article 30 de la loi déférée soit déclaré contraire à la Constitution ;

47. Considérant qu'en l'espèce il n'y a lieu pour le Conseil constitutionnel de soulever d'office aucune autre question de conformité à la Constitution en ce qui concerne les autres dispositions de la loi soumise à son examen.

Décide :

Article premier- Sont déclarées contraires à la Constitution les dispositions suivantes de la loi modifiant la loi nº 86-1067 du 30 septembre 1986 relative à la liberté de communication :

Dans le texte de l'article 8, la seconde phrase du troisième alinéa de la rédaction nouvelle de l'article 13 de la loi du 30 septembre 1986 ainsi conçue : «Les mesures prises en exécution de ces décisions ne peuvent en aucun cas engager la responsabilité personnelle du président de l'organisme» ;

Dans le texte de l'article 11, le troisième alinéa de la rédaction nouvelle de l'article 27 de la loi du 30 septembre 1986 ainsi rédigé : «Les règles déontologiques concernant la publicité et les règles applicables à la communication institutionnelle, au parrainage et aux pratiques analogues à celui-ci sont fixées par le Conseil supérieur de l'audiovisuel».

Art. 2. - Sont inséparables des dispositions de l'article 11 déclarées contraires à la Constitution par l'article 1er de la présente décision, les mots «sous réserve des dispositions du dernier alinéa du présent article» figurant au 1º de l'article 27 de la loi du 30 septembre 1986 dans sa rédaction issue dudit article 11

Art. 3. - La présente décision sera publiée au Journal officiel de la République française.

Délibéré par le Conseil constitutionnel dans sa séance du 17 janvier 1989.

La composition du Conseil constitutionnel à la date du 17 janvier 1989 était la suivante : M. BADINTER (Président), MM. FABRE, JOZEAU-MARIGNÉ, LATSCHA, LECOURT, MAYER, MOLLET-VIEVILLE, ROBERT, VEDEL.

OBSERVATIONS

1. La majorité de gauche revenant au pouvoir décide, une nouvelle fois – et comme l'avait fait la majorité de droite qui l'avait précédée – de réformer la législation relative à la communication audiovisuelle, le but réel étant (comme pour la précédente majorité) de changer les membres de l'« autorité administrative indépendante » chargée de réguler le fonctionnement des diverses institutions de la communication audiovisuelle : comme l'avait fait en 1986, la loi Léotard en remplaçant la Haute Autorité de la communication audiovisuelle (H.A.C.A.) par la Commission nationale de la communication et des libertés (C.N.C.L.), la nouvelle loi Lang-Tasca vise à substituer le Conseil supérieur de l'audiovisuel (C.S.A.) à la C.N.C.L. au motif qu'il faut établir une réelle indépendance de l'instance de régulation.

Le projet de loi est soumis le 27 septembre 1988 au Conseil d'État qui rend son avis le 6 octobre. Le 12 octobre, le projet est adopté en Conseil des ministres et déposé sur le bureau du Sénat le 14 octobre, avec déclaration d'urgence du Gouvernement. Après examen au Sénat (8 au 10 novembre) puis à l'Assemblée nationale (5 au 7 décembre) et réunion de la Commission mixte paritaire (14 décembre), une deuxième lecture a lieu à l'Assemblée (15 décembre) puis au Sénat (20 décembre) ; enfin, l'Assemblée adopte seule le texte après que le Gouvernement ait fait jouer l'article 49, al. 3, face à quelques hésitations de sa majorité (21 décembre). Le 22 décembre, le Conseil constitutionnel est saisi par 64 députés R.P.R., et il rend sa décision le 17 janvier 1989, censurant deux articles de la loi qui peut être promulguée le même jour et publiée le lendemain (loi n° 89-25 du 17 janvier 1989, *J.O.*, 18 janvier, p. 728).

2 . Pour l'essentiel, la nouvelle loi vise à modifier la composition et un certain nombre de pouvoirs de l'instance régulatrice, et permet de mettre fin immédiatement au mandat des membres de la C.N.C.L. qui est remplacée, dans les jours qui suivent, par le C.S.A. Il s'agit donc une nouvelle fois d'une « loi de révocation » mais le Conseil constitutionnel, de même qu'en septembre 1986 à propos de la « révocation » des membres de la Haute Autorité, ne censure pas ce détournement de procédure du législateur (v. obs. Favoreu in *R.D.P.*, 1989, p. 493).

Il va s'efforcer, en revanche, de déterminer assez strictement la manière dont doivent être comprises et renforcées les garanties offertes par l'instance régulatrice ainsi qu'un encadrement de ses pouvoirs.

Trois points méritent attention dans la décision du *17 janvier 1989*, même si celle-ci n'innove pas sur tous ces points : la liberté de communication audiovisuelle (I), les autorités administratives indépendantes (II) et les sanctions administratives (III).

I . La liberté de communication audiovisuelle

3 . Le statut constitutionnel de la communication audiovisuelle a fait l'objet d'une construction dont on suit la progression, dans la jurisprudence du Conseil constitutionnel, pratiquement depuis le début de la Ve République, et cela au fur et à mesure que se succédaient les lois et les réformes en ce domaine : de 1960 à 1989 on compte ainsi une quinzaine de décisions (*8 DC* *, 27 L, 50 L, 96 DC, *105 DC* *, 129 DC, 141 DC, 173 DC, 176 DC, 198 DC, 210 DC, 217 DC, *248 DC*, 259 DC, 333 DC) dont plus de la moitié sont intervenues depuis l'alternance de 1981, et qui constituent un ensemble dont la cohérence commence à s'affirmer après un certain nombre de tâtonnements.

La présente décision synthétise ou concentre, en deux considérants essentiels (§ 26 et 27), les résultats de l'évolution qui s'est ainsi produite et que l'on peut résumer de la manière suivante :

- La liberté de communication audiovisuelle, qui est une branche de la liberté de communication proclamée par l'article 11 de la Déclaration des droits de l'homme, est une liberté aménagée pour les « récepteurs » plus que pour les « émetteurs » : c'est une liberté de réception ;

- cette liberté, à la différence de celle de la presse, ne peut s'exercer que sous régime d'autorisation préalable : c'est une liberté sous autorisation ;

- enfin, cette liberté est une de celles qui nécessitent d'être garanties par une autorité administrative indépendante.

1° *Une liberté de « réception ».*

4 . Dans le considérant 26 de la présente décision, le Conseil constitutionnel donne les principaux éléments caractérisant aujourd'hui la liberté de communication audiovisuelle :

« Considérant qu'il appartient au législateur, compétent en vertu de l'article 34 de la Constitution pour fixer les règles concernant les garanties fondamentales accordées aux citoyens pour l'exercice des *libertés publiques*, de concilier, en l'état actuel des techniques et de leur maîtrise, l'exercice de la liberté de communication telle qu'elle résulte de l'article 11 de la Déclaration des droits de l'homme, avec d'une part, les contraintes techniques inhérentes aux moyens de la communication audiovisuelle, et d'autre part les objectifs de valeur constitutionnelle que sont la sauvegarde de l'ordre public, le respect de la liberté d'autrui et la préservation du caractère pluraliste des courants d'expression socio-culturels auxquels ces modes d'expression, par leur influence considérable, sont susceptibles de porter atteinte ».

5 . C'est une des *libertés* protégées par la Constitution. Le Conseil constitutionnel l'avait affirmé, dès le début, de manière indirecte mais certaine lorsque, ayant à opérer la délimitation des compétences législative et réglementaire à propos du statut de la Radiodiffusion-Télévision française (27 L, 17-19 mars 1964) puis de l'Office de Radiodiffusion-Télévision française (50 L, 30 janvier 1968), il s'est appuyé notamment sur le fait que les libertés publiques étaient en cause pour retenir la compétence législative :

« Considérant que la R.T.F. a pour objet notamment la communication des idées et des informations ; qu'elle intéresse aussi une des libertés publiques dont les garanties fondamentales relèvent de la disposition précitée de l'article 34 » (27 L, § 2).

Et cette référence est expressément reprise dans la décision 50 L à propos de l'O.R.T.F.

6 . C'est une liberté qui trouve son fondement constitutionnel dans *l'article 11 de la Déclaration des droits de l'homme.*

À vrai dire, le Conseil constitutionnel, dans le considérant reproduit ci-dessus, fait état « de la *liberté de communication* telle qu'elle résulte de l'article 11 de la Déclaration des droits de l'homme ». Il ne peut évidemment, comme pour la liberté de la presse, faire découler directement la liberté de communication audiovisuelle de l'article 11 de la Déclaration ; mais il prend en considération la liberté de communication au sens large qui englobe la liberté de la presse et la liberté de communication audiovisuelle. Et ceci est confirmé par la décision 210 DC dans laquelle il marque très clairement son intention d'envisager de manière globale, et non séparément, « les modalités de protection du pluralisme... des moyens de communication *dont la presse est une composante* » (§ 23). Et le gouvernement n'ayant pas tiré les conséquences de cette prise de position, dans la loi sur la communication audiovisuelle, il souligne à nouveau (dans la décision 217 DC), à propos des mesures prises pour limiter les concentrations, que « du fait des lacunes de la loi, risquent de se développer... des situations caractérisées par des concentrations, non seulement dans le domaine de l'audiovisuel, *mais également au regard de l'ensemble des moyens de communication dont l'audiovisuel est une des composantes essentielles* » (§ 35) ; et dans le considérant suivant, il constate que les dispositions examinées « ne satisfont pas... à l'exigence de préservation du pluralisme ni dans le secteur de la communication audiovisuelle ni dans *celui de la communication en général* » (§ 36).

7 . C'est *une liberté* dont bénéficient essentiellement les individus qui reçoivent l'information : de même que la liberté de la presse est un « droit fondamental des lecteurs » (cf. *supra*, décision *181 DC* *), la liberté de la communication audiovisuelle est un droit fondamental des auditeurs et téléspectateurs :

> « (Considérant) que l'objectif à réaliser est que les auditeurs et les téléspectateurs, *qui sont au nombre des destinataires essentiels* de la liberté proclamée par l'article 11 de la Déclaration de 1789 soient à même d'exercer leur libre choix sans que ni les intérêts privés ni les pouvoirs publics puissent y substituer leurs propres décisions, ni qu'on puisse en faire les objets d'un marché » *(217 DC, § 11).*

On retrouve les mêmes formules que dans la décision *181 DC* * relative à la liberté de la presse et on peut donc renvoyer à ce qui est dit *supra* à ce sujet. Il faut noter que le droit des individus à l'information avait déjà été affirmé auparavant, à propos de la communication audiovisuelle, dans la loi du 29 juillet 1982 : « Les citoyens ont droit à une communication audiovisuelle libre et pluraliste ».

8 . Dès lors s'explique le soin avec lequel le Conseil constitutionnel a veillé à préserver ce droit à une communication audiovisuelle libre et pluraliste : dès la décision du 27 juillet 1982, il a ainsi – dans l'intérêt de ceux qui reçoivent l'information – fait de « la liberté d'autrui » et de la « préservation du caractère pluraliste des courants d'expression socio-culturels » des *objectifs de valeur constitutionnelle* (§ 5). Cette exigence de pluralisme se retrouvera ensuite dans la décision sur la liberté de la presse (*181 DC* *) comme un objectif majeur.

L'objectif de préservation du pluralisme va conduire d'une part à l'exigence constitutionnelle de limitation des concentrations, envisagée comme nous l'avons vu globalement, c'est-à-dire quant à l'ensemble des moyens de communication (presse écrite et audiovisuel) : c'est ce qui est parfois appelé le « pluralisme externe » ; et d'autre part, à l'exigence de diversification des programmes d'information. La libre communication des pensées et des opinions, garantie par l'article 11 de la Déclaration des droits de l'homme, « ne serait pas effective si le public auquel s'adressent les moyens de communication audiovisuelle n'était pas à même de disposer, aussi bien dans le cadre du secteur public que dans celui du secteur privé, de *programmes qui garantissent l'expression de tendances de caractères différents dans le respect de l'impératif d'honnêteté de l'information* » (217 DC, § 11 ; même formule dans 333 DC, § 26). : c'est ici le « pluralisme interne ».

Bien évidemment, cette dernière exigence n'a pas de sens en matière de presse écrite, car elle suppose qu'existe un régime d'encadrement administratif de la liberté considérée, lequel est exclu en matière de presse, comme l'a décidé le Conseil constitutionnel dans sa décision *181 DC* * en censurant des dispositions instituant « un système produisant des effets équivalents à ceux d'un régime d'autorisation préalable » (§ 80). Or le Conseil a, au contraire, validé l'institution d'un système d'autorisation préalable pour la communication audiovisuelle.

2° *Une liberté sous autorisation.*

9 . La présente décision marque clairement la liaison entre la réalisation des objectifs de valeur constitutionnelle et le régime d'autorisation administrative (§ 27) :

> « Considérant que, pour la réalisation de ces objectifs de valeur constitutionnelle il est loisible au législateur de soumettre les différentes catégories de services de communication audiovisuelle à un régime d'autorisation administrative ».

En réalité, la nécessité d'admettre un régime d'autorisation préalable résulte de la disparition du monopole d'État sur la radio et la télévision.

Une première remise en cause partielle du monopole a été le fait de la loi du 9 novembre 1981 légalisant les radios locales privées sous forme de « dérogations » au monopole : et déjà apparaît la nécessité, admise par le Conseil constitutionnel, de « subordonner le bénéfice de ces dérogations à "une autorisation administrative préalable" » (129 DC, § 12). Le monopole est fortement atteint par la loi du 29 juillet 1982 sur la communication audiovisuelle : et c'est à l'occasion de l'examen de cette loi que le Conseil constitutionnel établit les objectifs de valeur constitutionnelle qui ne peuvent être réalisés que s'il y a un régime d'autorisation administrative lequel est reconnu licite de manière générale en pareil cas (141 DC, § 2).

10 . Le régime d'autorisation préalable est nécessaire pour des raisons d'ordre technique, comme le souligne le Conseil constitutionnel dès 1982 (et comme il le répète ensuite régulièrement en utilisant la formule même que l'on retrouve dans la décision présentement commentée : il appartient au législateur de « concilier, en l'état actuel des techniques et de leur maîtrise, l'exercice de la liberté de communication avec, d'une part, les *contraintes techniques inhérentes aux moyens de la communication audiovisuelle*.. .».

Ces « contraintes techniques » ont trait, notamment, à la limitation des fréquences disponibles et à la nécessité d'instaurer une certaine discipline dans l'attribution de ces fréquences.

11 . Il en résulte que, si l'on considère que la liberté de communication comporte à la fois la liberté d'émettre des informations (qui implique la liberté de créer des sources ou entreprises de communication et celle de s'exprimer grâce à ces moyens) et la liberté de recevoir des informations, la liberté d'émission sera assez fortement diminuée. Ce qui conduit F. Luchaire à la conclusion selon laquelle « il est difficile de considérer comme une liberté au sens de la Déclaration de 1789 une faculté qui, par suite d'impératifs techniques, ne peut être exercée que par un petit nombre de personnes ayant, pour

cette raison, chacune besoin d'une autorisation nominative » (*La protection constitutionnelle des droits et libertés*, p. 134). On remarquera cependant que, même aux États-Unis, il a fallu se résoudre à admettre un régime d'autorisation par les États, en matière de radio, de télévision et de réseaux câblés, alors que le principe de non-intervention de l'autorité publique a une valeur quasi sacrée aux yeux de la Cour suprême (cf. M.-H. Davis, *A.I.J.C.*, III-1987, p. 306). En outre, si la liberté de l'émetteur est faible sinon inexistante, c'est finalement au profit de la liberté du récepteur.

Afin de limiter cependant les effets négatifs du régime d'autorisation préalable, s'est progressivement imposée l'idée selon laquelle l'attribution des autorisations devait être confiée à un organisme neutre, du type « Federal Communications Commission », comme cela existe aux États-Unis depuis l'avant-guerre.

3° *Une liberté garantie par une autorité administrative indépendante.*

12 . La présente décision du *17 janvier 1989* comporte ce troisième volet : en effet, après avoir reconnu au législateur la possibilité de recourir au procédé de l'autorisation préalable, le Conseil ajoute « qu'il lui est loisible également de charger une autorité administrative indépendante de veiller au respect des principes constitutionnels en matière de communication audiovisuelle » (§ 27).

Ce perfectionnement du système est prévu par la loi du 29 juillet 1982 qui crée la Haute Autorité de la communication audiovisuelle et, dans sa décision 173 DC (26 juillet 1984), le Conseil constitutionnel lui reconnaît à la désignation le caractère de garantie fondamentale pour l'exercice d'une liberté publique :

> « Considérant que la désignation d'une autorité administrative indépendante du gouvernement pour exercer une attribution aussi importante au regard de la liberté de communication que celle d'autoriser l'exploitation du service de radio-télévision mis à la disposition du public sur un réseau câblé constitue *une garantie fondamentale pour l'exercice d'une liberté publique* et relève de la compétence exclusive du législateur » *(§ 4).*

La question est posée de savoir si l'intervention d'une autorité administrative indépendante est, pour le Conseil constitutionnel, une nécessité ou simplement une possibilité. En effet, dans la décision 217 DC, alors que les requérants soutenaient que « la mise en œuvre moderne de la liberté de communication... suppose l'existence d'une instance indépendante », le Conseil constitutionnel semble accepter ce raisonnement en déclarant que « la substitution à la Haute Autorité.... de la C.N.C.L. n'a pas, *à elle seule,* pour effet de priver de garanties légales des exigences de caractère constitutionnel » (§ 5) : *a contrario*, on peut en déduire que la suppression de la Haute Autorité sans remplacement par une instance semblable, priverait de garanties légales des exigences constitutionnelles, et cela surtout si l'on prend en considération la position prise par le Conseil dans la décision précitée 173 DC (§ 4). Par contre, dans la présente décision, l'utilisation, par le Conseil constitutionnel, de l'expression « il est *loisible* au législateur... de changer une autorité administrative indépendante... » incline à penser que l'intervention d'une telle instance n'est pas une garantie indispensable. Ceci cadrerait mal évidemment avec la volonté du Président de la République de constitutionnaliser l'instance régulatrice en matière de communication audiovisuelle : car si la création de celle-ci n'est même pas une obligation pour le législateur ordinaire, on voit difficilement comment elle pourrait apparaître comme une « exigence constitutionnelle ».

13 . La décision du *17 janvier 1989* ajoute une précision à la construction jurisprudentielle sus-évoquée :

> « (Considérant) que la loi peut... sans qu'il soit porté atteinte au principe de la séparation des pouvoirs, doter l'autorité indépendante chargée de garantir l'exercice de la liberté de communication audiovisuelle de *pouvoirs de sanction* dans la limite nécessaire à l'accomplissement de sa mission » *(§ 27).*

La question de savoir si une autorité administrative indépendante pouvait être dotée de pouvoirs de sanction n'avait pas été clairement tranchée jusque-là : certes, on pouvait interpréter certaines décisions, et notamment celle relative au *Conseil de la concurrence* * comme reconnaissant cette possibilité ; mais il subsistait un doute qui a été clairement levé par la présente décision, qui a été d'ailleurs confirmée, comme nous le verrons ci-dessous, par la décision 260 DC relative à la Commission des opérations de bourse.

4° *Une liberté qui admet peu de limitations*

13 bis . Dans sa décision 345 DC (29 juillet 1994), le Conseil constitutionnel a estimé qu'imposer, sous peine de sanctions, aux organismes et services de radiodiffusion sonore et télévisuelle publics ou privés, de faire usage d'une « terminologie officielle », était contraire à l'article 11 de la Déclaration des droits de l'homme et du citoyen. La « loi Toubon » relative à l'emploi de la langue française entendait imposer à ces organismes de faire usage de certains mots ou expressions définis par voie réglementaire sous forme d'une terminologie officielle.

II . LES AUTORITÉS ADMINISTRATIVES INDÉPENDANTES

14 . On s'est beaucoup interrogé sur la nature juridique et le statut de ces autorités administratives indépendantes qui, apparues en 1978, ont connu rapidement un grand succès. En fait, la jurisprudence du Conseil constitutionnel, comme celle du Conseil d'État, ont eu assez vite pour effet de « normaliser » les autorités administratives indépendantes : ce sont des autorités administratives, ou même des « organismes administratifs », faisant partie comme telles, de l'appareil administratif (voir sur ce point, C. Teitgen-Colly, Les autorités administratives indépendantes : histoire d'une institution *in Les autorités administratives indépendantes*, Paris, 1988, p. 63). De leur nature, découle aussi la place de leurs actes dans la hiérarchie des normes.

15 . a) Pour caractériser les autorités administratives indépendantes, on peut dire, d'après le Conseil constitutionnel, que ce sont des organismes non juridictionnels, soumis au contrôle du juge administratif et même, semble-t-il, aux « autorités exerçant le pouvoir exécutif ».

16 . De la présente décision, il ressort que le Conseil supérieur de l'audiovisuel, en tant qu'autorité administrative indépendante, ne se voit pas reconnaître les traits d'un organisme juridictionnel et que le Conseil constitutionnel en déduit la nécessité d'« encadrer très strictement l'exercice de son pouvoir de sanction » (§ 30, 31, 32) et de relever que le recours contre ses décisions infligeant une sanction, est suspensif. Sur ce dernier point, on rappellera aussi que, dans la décision *224 DC* *, le Conseil a exigé, pour ce motif, que la Cour d'appel puisse prononcer le sursis à exécution des décisions du Conseil de la concurrence prononçant des sanctions. On relèvera de même que dans la décision 260 DC du 28 juillet 1989, la Commission des opérations de bourse est qualifiée « d'autorité de nature non juridictionnelle » (§ 18). En fait, ce premier point ne soulevait pas de problèmes.

17 . En revanche, la qualification d'autorité ou même d'organisme administratif (ou public) soumis banalement au contrôle du juge administratif n'allait pas de soi chez les premiers commentateurs des textes relatifs aux autorités administratives indépendantes. La question est désormais tranchée, en des termes dépourvus d'équivoque, par le Conseil constitutionnel qui a ainsi entériné la jurisprudence du Conseil d'État (lequel, comme on le sait, accepte de connaître des recours contre les actes des autorités administratives indépendantes, y compris le médiateur) :

> « Considérant... que, dans l'exercice de ses compétences, la C.N.C.L. sera, à l'instar de *toute autorité administrative* soumise à un contrôle de légalité qui pourra être mis en œuvre tant par le Gouvernement, qui est responsable devant le Parlement des activités des administrations de l'État, que par toute personne qui y aurait intérêt » *(217 DC, § 24)*.

Le Conseil constitutionnel rejette ici visiblement toute construction visant à faire une place à part aux autorités administratives indépendantes et à les considérer comme n'étant rattachables ni au pouvoir législatif ni au pouvoir exécutif : les autorités administratives indépendantes sont rangées parmi les « administrations de l'État » dont le gouvernement, conformément à la Constitution, est responsable devant le Parlement. Ceci implique un certain contrôle du gouvernement sur les autorités administratives indépendantes : et effectivement la décision *224 DC* * les range implicitement parmi les organismes publics placés sous l'autorité ou le contrôle des autorités exerçant le pouvoir exécutif. Et l'on verra plus loin que la subordination du pouvoir réglementaire des autorités administratives indépendantes au pouvoir réglementaire général du Premier ministre est susceptible de renforcer cette situation de dépendance.

18 . Néanmoins, le Conseil constitutionnel s'attache à préserver « *l'indépendance » des autorités administratives indépendantes* : ainsi le fait-il pour la C.N.C.L. (217 DC, § 96) et aussi, de manière particulièrement attentive pour la C.O.B. (260 DC).

Ces deux attitudes successives ou simultanées peuvent apparaître contradictoires : sauf si l'on considère que par « autorité indépendante » le Conseil constitutionnel entend sans doute « autorité impartiale », ce qui n'est pas nécessairement la même chose, car, si l'indépendance est attachée au statut, l'impartialité l'est plutôt au comportement. Mais il faut admettre que la situation actuelle, résultant de la jurisprudence, n'est pas très claire.

En toute hypothèse, même si l'on admet qu'il y a indépendance à l'égard du gouvernement, il est difficile de dire qu'elle existe à l'égard du législateur. En effet, celui-ci peut, à tout moment, mettre fin à son mandat en changeant les règles de composition et de recrutement.

La question de la constitutionnalité de ces révocations déguisées avait été soulevée expressément, devant le Conseil constitutionnel, par les députés socialistes, en septembre 1986, à propos du remplacement de la Haute autorité de l'audiovisuel par la C.N.C.L., en des termes dépourvus d'équivoque selon les requérants, il ne s'agissait « nullement de contester le droit qu'a le législateur de modifier la dénomination de cette instance (la Haute autorité) de changer sa composition ou encore de redéfinir ses attributions » car « les choix du Parlement ne sont pas constitutionnellement discutables dans leur principe ». En revanche, ajoutent les requérants, « il n'en va pas de même... de la fin prématurée du mandat des membres de la Haute autorité. Quelle serait en effet l'indépendance réelle de toute institution dont les membres, nonobstant la durée que la loi donne à leur mandat, sont remplacés en vertu d'une loi nouvelle dont l'adoption fait suite à l'alternance politique ? Quelle peut être l'indépendance d'une instance dont, ainsi, le sort des membres est lié à la stabilité d'une coalition électorale ? Il est clair que cette indépendance est en fait réduite à néant quelles que puissent être les qualités personnelles des membres appelés à siéger dans l'instance renouvelée ».

Les députés requérants, cependant, n'entendent pas interdire au Parlement de légiférer en ce domaine :

« Cela ne signifie nullement l'impossibilité pour le législateur de modifier les règles de composition d'un tel organisme, d'en porter le nombre de neuf à treize ou de confier à d'autres le soin de les désigner... Cela signifie seulement que le législateur, dès lors que l'instance concernée joue un rôle éminent dans le domaine des libertés publiques, doit prévoir un mécanisme permettant aux membres nommés d'achever normalement leur mandat » (*J.O.*, 19 sept. 1986, p. 11302).

On ne peut que souscrire à un tel raisonnement qui exprime clairement ce que devrait être le droit. Mais le problème est que le Conseil constitutionnel ne peut censurer ces lois de révocation qu'en ayant recours à la notion de détournement de procédure, ce qu'il s'est refusé à faire jusqu'ici. Certes, les requérants avançaient que le maintien en fonction des membres de la Haute autorité constituerait une « exigence constitutionnelle » dictée par le respect de l'article 11 de la Déclaration des droits de l'homme et du citoyen ; mais ils oubliaient que, lorsqu'ils étaient eux-mêmes au pouvoir, le Conseil constitutionnel avait rejeté une requête mettant en cause l'abaissement de l'âge de la retraite au motif qu'une telle disposition avait pour effet de « mettre fin aux fonctions du président d'une société relevant du secteur public de l'audiovisuel avant la date prévue pour l'expiration » de son mandat, en violation de l'article 11 de la Déclaration des droits de l'homme et du citoyen (179 DC, 12 sept. 1984, § 19). Il est vrai qu'à l'époque, le Conseil constitutionnel avait justifié son rejet par le caractère général des dispositions relatives à l'abaissement de l'âge de la retraite ; tandis qu'en l'espèce il s'agit de dispositions spécifiques au secteur de l'audiovisuel et même au CSA.

À l'argumentation ainsi développée le Conseil constitutionnel répond de manière assez embarrassée, dans sa décision 217 DC, en rappelant d'abord que le législateur peut à tout moment modifier les lois en vigueur et qu'il lui est « loisible d'adopter pour la réalisation ou la conciliation d'objectifs de nature constitutionnelle des modalités nouvelles dont il lui appartient d'apprécier l'opportunité ou la suppression de dispositions législatives qu'il estime inutiles » (§ 4) (mais ceci n'est pas contesté par les requérants comme nous l'avons vu plus haut). Quant à la substitution de la C.N.C.L. à la Haute autorité, elle « n'a pas, à elle seule, pour effet de priver de garanties légales les exigences de caractère constitutionnel » et en conséquence, « le législateur peut décider de mettre fin, au moment de cette substitution choisi par lui, au mandat des membres de la Haute autorité » (§ 5).

19 . Il est permis, semble-t-il, de ne pas être convaincu par le raisonnement du Conseil constitutionnel : car il ne répond pas exactement à la question posée. On comprend que les exigences constitutionnelles soient satisfaites par le remplacement de la Haute autorité par la Commission nationale de la communication et des libertés (ou de la C.N.C.L. par le C.S.A.) : « mais cela n'implique pas que le remplacement soit immédiat et qu'un régime transitoire soit exclu. Ou alors il aurait fallu faire apparaître l'impossibilité d'organiser un régime transitoire. D'un autre côté, on comprend que le Conseil constitutionnel éprouve quelque difficulté à expliciter une norme constitutionnelle qui rende illicite la suppression de la période transitoire car le principe d'indépendance des membres des autorités indépendantes n'est pas consacré constitutionnellement, à la différence de celui applicable aux magistrats ou de celui des professeurs d'université.

Mais il semble difficile de maintenir une situation dans laquelle chaque alternance génère presque obligatoirement des lois de réforme camouflant des révocations sans qu'il y ait sanction ! On peut citer comme exemples de ces lois de réforme-révocation : celles relatives à la C.N.C.L., au C.S.A., à l'abaissement de l'âge de la retraite des hauts fonctionnaires et des hauts magistrats (intervenues à deux reprises), et les lois de 1986 et de 1989 relatives au Centre national de la fonction publique territoriale. Il y a là un mélange des genres qui ne peut durer : le législateur n'est pas habilité à prendre des mesures d'administration mais seulement des mesures normatives ; la pratique du législateur-administrateur ou du législateur-juge (dans la mesure où certaines de ces réformes apparaissent comme des sanctions infligées à des institutions qui ont « démérité ») n'est pas conforme au principe de séparation des pouvoirs et un jour ou l'autre, le Conseil constitutionnel sera conduit à l'affirmer, surtout dans le domaine des libertés fondamentales.

20 . Une solution, envisagée par les actuels gouvernants, aurait été de constitutionnaliser le C.S.A. pour éviter une nouvelle réforme remettant en cause la composition de l'autorité de régulation de l'audiovisuel.

Sans aller exactement jusque-là, le Comité consultatif pour la révision de la Constitution « a proposé d'inscrire à l'article 4 de la Constitution que, pour préserver la liberté et le pluralisme de la communication, soit créé « un organisme indépendant dont la composition et les missions sont fixés par une loi organique... » (La Documentation française, collection Les rapports officiels, p. 76).

21 . b) *Le pouvoir réglementaire reconnu aux autorités administratives indépendantes* a, lui aussi, été banalisé ou normalisé par la jurisprudence du Conseil constitutionnel.

Il était soutenu assez couramment en doctrine que les autorités administratives indépendantes disposaient d'un pouvoir réglementaire autonome ou qui, du moins, n'était soumis qu'à la loi ; et de manière plus précise encore que, dans le domaine de compétence des autorités administratives indépendantes il n'y avait place que pour la loi et les règlements de ces autorités, les règlements des autorités gouvernementales étant exclus.

En fait, ces affirmations ne s'appuyaient sur aucun élément de droit positif. On pouvait observer au contraire – comme nous l'avons fait en 1983 – que, dans la réalité, « les actes du pouvoir réglementaire national s'interposent entre la loi et les règlements édictés par ces autorités » (*Cahiers du C.F.P.C.*, 1983, nº 13, p. XI). Ainsi, la loi du 29 juillet 1982 précisait-elle que la compétence réglementaire de la Haute autorité de l'audiovisuel s'exerce « sous réserve des dispositions législatives et réglementaires applicables ».

22 . Le Conseil constitutionnel a clairement infirmé les analyses sus-évoquées dans les deux décisions intervenues à propos de la C.N.C.L.. et du C.S.A..

Dans la première (217 DC), le Conseil constitutionnel a, certes, admis que les dispositions de l'article 21 de la Constitution « ne font pas obstacle à ce que le législateur confie à une autorité autre que le Premier ministre le soin de fixer... des normes permettant de mettre en œuvre une loi » ; mais, à la condition que ce soit « dans un domaine déterminé et dans le cadre défini par les lois et règlements » (§ 58). En outre, il a déclaré inconstitutionnelle une disposition de la loi subordonnant les normes posées par décret aux règles générales fixées par la C.N.C.L.. (§ 60) ce qui condamne très clairement toute exclusivité des autorités indépendantes quant à la mise en œuvre de la loi dans le domaine qui est le leur.

Il a été cependant soutenu après cette décision, que les compétences du Premier ministre et des autorités indépendantes étaient parallèles. Mais même cette position de repli semble avoir été condamnée par la présente décision du *17 janvier 1989* car, après avoir rappelé que l'article 21 n'exclut pas la compétence réglementaire des autorités indépendantes « c'est à la condition que cette habilitation ne concerne que des mesures de portée limitée tant par leur champ d'application que par leur contenu » (§ 15). Ce qui signifie, en clair, que non seulement la compétence réglementaire des autorités indépendantes est limitée « en surface », (ce qui découlait de la décision 217 DC) mais aussi « en profondeur » : les autorités indépendantes peuvent arrêter les mesures de détail après que le pouvoir réglementaire national ait défini les éléments essentiels.

Ceci est confirmé sans ambiguïté par le considérant suivant dans lequel le Conseil constitutionnel – après avoir constaté que le C.S.A. est habilité « à fixer seul par voie réglementaire non seulement les règles déontologiques concernant la publicité mais également l'ensemble des règles relatives à la communication institutionnelle... » – estime « qu'en raison de sa portée trop étendue cette habilitation méconnaît les dispositions de l'article 21 de la Constitution ».

Cette formule est la même que celle utilisée pour stigmatiser les incompétences négatives du législateur et elle a une signification identique : c'est au Premier ministre d'intervenir pour fixer d'abord les règles principales de mise en œuvre de la loi ; et ensuite, le C.S.A. interviendra pour préciser ces règles et, bien entendu, sans pouvoir les mettre en cause.

23 . Le pouvoir réglementaire des autorités indépendantes est donc, comme nous le pensions, un pouvoir subordonné et second par rapport au pouvoir réglementaire national, lorsqu'il est nécessaire que celui-ci intervienne. Il est donc du même type que celui exercé par les autorités locales dont la situation avait déjà été fixée par une jurisprudence établie à partir de 1984.

Il n'y a donc pas de source réglementaire parallèle et de même niveau que la source réglementaire nationale, même dans un domaine délimité et restreint.

III . Les sanctions administratives et la séparation des pouvoirs

24 . La question de principe, posée pour la première fois au Conseil constitutionnel dans la présente décision du *17 janvier 1989* était celle de savoir si une autorité administrative avait le pouvoir d'infliger des sanctions au regard du principe de séparation des pouvoirs consacré par l'article 16 de la Déclaration des droits de l'homme et du citoyen.

Il tranche cette question de principe et précise aussi le régime des sanctions administratives.

1° *La reconnaissance d'un pouvoir de sanction aux autorités administratives est-elle compatible avec le principe de séparation des pouvoirs ?*

25 . Il y avait, dans la requête, une argumentation principale mettant en cause l'attribution de pouvoirs de sanction au C.S.A.,

autorité administrative, au nom du principe de séparation des pouvoirs, tel que proclamé par l'article 16 de la Déclaration des droits de l'homme :

« Le C.S.A. reçoit de la loi le pouvoir de prononcer toute une série de sanctions, et notamment des sanctions pécuniaires qui peuvent aller jusqu'à 3 % du chiffre d'affaires, et jusqu'à 5 % en cas de récidive.

Or, le C.S.A. est une autorité administrative et non une autorité juridictionnelle. En conséquence, il est soutenu que les dispositions des articles 42-1 et 42-2 violent le principe constitutionnel de séparation des pouvoirs, affirmé solennellement par l'article 16 de la Déclaration des droits de l'homme : le pouvoir, en effet, d'infliger des sanctions ou des peines appartient exclusivement au juge et seule une loi constitutionnelle pourrait déroger à ce principe en le confiant à une autorité administrative et l'exigence du respect de la séparation des pouvoirs est d'autant plus forte, en l'espèce, qu'il s'agit de protéger l'une des principales libertés fondamentales, inscrite à l'article 11 de la Déclaration des droits de l'homme » (*J.O.*, 18 janv. 1989, p. 760).

Et la requête s'appuyait sur la condamnation que, d'une manière générale, la doctrine a faite de la pratique des sanctions administratives. Ainsi Marcel Waline écrivait-il dans son Traité de droit administratif « La pratique des sanctions administratives est assez grave parce qu'elle contribue, avec les sanctions fiscales, à la création et au développement (qui est un des phénomènes les plus caractéristiques et les plus inquiétants de l'ascension récente du droit) de ce que l'on peut appeler un pseudo-droit pénal » (4e éd., 1963).

26 . À la question qui lui était posée pour la première fois de manière claire et directe, le Conseil constitutionnel n'a pas répondu aussi directement. Il n'a pas cependant esquivé le problème, car après avoir examiné longuement les garanties, notamment procédurales, dont devait être entouré l'exercice du pouvoir de sanction, il déclare en conclusion :

> « Considérant que, s'agissant de manquements à des *obligations attachées à une autorisation administrative* et *eu égard aux garanties prévues...* les articles 42-1 et 42-2 ne sont pas contraires, dans leur principe, aux articles 11 et 16 de la Déclaration des droits de l'homme et du citoyen » *(§ 32).*

On peut en déduire que l'attribution d'un pouvoir de sanction à une autorité administrative ne porte pas atteinte au principe de séparation des pouvoirs si, d'une part, on se situe dans le cadre d'un régime d'autorisation administrative rendu nécessaire par l'obligation de tenir compte de contraintes techniques et d'objectifs de valeur constitutionnelle et, d'autre part, si ce pouvoir est exercé par une autorité administrative indépendante (compte tenu du libellé des considérants 26 et 27 analysés plus haut). Si ces conditions ne sont pas remplies, il ne peut y avoir pouvoir de sanction accordé à une autorité administrative. Par exemple, ce serait impossible en matière de presse écrite parce que le régime d'autorisation administrative est exclu.

Ceci était en accord avec le mémoire en défense du gouvernement, qui développait l'idée selon laquelle, dès lors que les médias audiovisuels entrent dans un système d'autorisation administrative (rendu nécessaire par les contraintes techniques), ils en sont les bénéficiaires – privilège qui est réservé à un petit nombre – mais, en même temps ils doivent en subir les contraintes et sont astreints au respect des règles fixées dans les textes et les cahiers des charges sous peine de s'exposer à des sanctions infligées par le C.S.A..

27 . Mais ces déclarations que nous avions cru pouvoir faire au vu de la décision du *17 janvier 1989* (v. Favoreu, *R.D.P.*, 1989, p. 486) n'ont pas été confirmées par le Conseil constitutionnel. En effet, dans la décision 260 DC du 28 juillet 1989, il va au-delà de ces déductions en reconnaissant la possibilité d'instituer un pouvoir de sanction au profit de toute autorité administrative :

> « Considérant que le principe de la séparation des pouvoirs, non plus qu'aucun principe ou règle de valeur constitutionnelle ne fait obstacle à ce qu'une autorité administrative, agissant dans le cadre de prérogatives de puissance publique, puisse exercer un pouvoir de sanction dès lors, d'une part, que la sanction susceptible d'être infligée est exclusive de toute privation de liberté et, d'autre part, que l'exercice du pouvoir de sanction est assorti par la loi de mesures destinées à sauvegarder les droits et libertés constitutionnellement garantis » *(§ 6)*.

La possibilité pour le législateur d'instituer un pouvoir de sanction est donc reconnu de manière générale au profit de toute autorité administrative agissant dans le cadre des prérogatives de puissance publique, sous réserve de respecter les deux limites sus-indiquées. À vrai dire, on ne saisit pas immédiatement la raison pour laquelle le Conseil constitutionnel s'est ainsi écarté de la ligne jurisprudentielle qu'il avait suivie jusque-là et selon laquelle chacun des trois pouvoirs devait rester dans les limites de ses compétences : au législateur de poser des règles (et non d'administrer ou de juger), au juge de trancher les litiges et d'infliger des punitions ou des sanctions (et non de légiférer ou d'administrer), à l'exécutif d'administrer et de gérer (et non de légiférer ou de juger). Entérinant encore une fois la jurisprudence du Conseil d'État, le Conseil constitutionnel admet l'évolution qui s'est produite depuis une cinquantaine d'années vers la consécration de l'administration-juge.

Certes, des commentateurs autorisés nous expliquent que « plutôt que d'opposer un obstacle de principe aux sanctions administratives, ce qui n'irait pas sans conséquences en particulier en matière de droit de la concurrence, le juge constitutionnel a choisi la voie de l'encadrement de ce type de solution » car « ce qui importe c'est moins l'autorité compétente pour infliger une sanction d'ordre pécuniaire que le respect, sur le plan procédural comme sur le fond, des principes du droit répressif ayant valeur constitutionnelle » (B. Genevois, *R.F.D.A.*, 1989, n° 3). Mais on nous permettra cependant de ne pas être tout à fait convaincus.

2° *L'encadrement de l'exercice du pouvoir de sanction.*

28 . L'exercice du pouvoir de sanction est encadré par toute une série de prescriptions protectrices des droits des administrés.

Il avait déjà été jugé par le Conseil constitutionnel que le principe de non-rétroactivité des sanctions pénales, posé par l'article 8 de la Déclaration des droits de l'homme et du citoyen, s'appliquait aussi aux sanctions administratives (155 DC, 30 déc. 1982). De même, le principe de nécessité ou de proportionnalité des peines consacré également par l'article 8 de la Déclaration, a été appliqué aux sanctions administratives et a même provoqué l'invalidation de la disposition législative prévoyant une sanction fiscale disproportionnée (237 DC, 30 déc. 1987). La présente décision *248 DC* reprend cette jurisprudence et l'élargit en déclarant applicable aux sanctions administratives l'ensemble des principes constitutionnels applicables aux sanctions pénales (§ 35 et 36) :

> « Considérant qu'il résulte de ces dispositions, comme des principes fondamentaux reconnus par les lois de la République, qu'une peine ne peut être infligée qu'à la condition que soient respectés le principe de légalité des délits et des peines, le principe de nécessité des peines, le principe de non-rétroactivité de la loi pénale d'incrimination plus sévère ainsi que le principe du respect des droits de la défense ;
>
> Considérant que ces exigences ne concernent pas seulement les peines prononcées par les juridictions répressives mais s'étendent à toute sanction ayant le caractère d'une punition même si le législateur a laissé le soin de la prononcer à une autorité de nature non judiciaire ».

Sont donc désormais applicables aux sanctions administratives : le principe de légalité des délits et peines, le principe de nécessité des peines, le principe de non-rétroactivité de la loi pénale d'incrimination plus sévère ainsi que le principe du respect des droits de la défense. Toutefois, s'agissant du principe de légalité des délits et des peines, le Conseil constitutionnel considère que « l'exigence d'une définition des infractions sanctionnées se trouve satisfaite, en matière administrative, par la référence aux obligations auxquelles le titulaire d'une autorisation administrative est soumis en vertu des lois et règlements » (§ 37).

29 . Dans la décision 260 DC du 28 juillet 1989, le Conseil constitutionnel a renforcé ces garanties en s'attachant notamment à vérifier si les conditions d'existence d'une indépendance de la Commission des opérations de bourse étaient bien réunies et en faisant une application remarquée du principe de proportionnalité :

> « Considérant... que le principe de proportionnalité implique qu'en tout état de cause, le montant global des sanctions éventuellement prononcées ne dépasse pas le montant le plus élevé de l'une des sanctions encourues » *(§ 22).*

Et dans la décision 96-378 DC (§ 15) il a décidé « qu'une sanction administrative de caractère pécuniaire ne peut se cumuler avec une sanction pénale ».

30 . La décision 321 DC du 20 juillet 1993 étend le champ d'application de la jurisprudence sus-évoquée en considérant « que les principes énoncés par l'article 8 de la Déclaration des droits de l'homme et du citoyen ne concernent pas seulement les peines prononcées par l'autorité judiciaire *mais aussi les incapacités* qui y sont attachées du fait de la loi ; que ces principes *sont également*

applicables lorsque le législateur fait découler de telles incapacités de décisions prises par une autorité administrative » (§ 12). En l'espèce, la perte du droit à l'acquisition de la nationalité française par l'effet de la naissance sur le sol français qui résulterait soit d'un arrêté de reconduite à la frontière soit d'un arrêté d'assignation à résidence non expressément rapporté ou abrogé, « apparaît comme une sanction manifestement disproportionnée par rapport aux faits susceptibles de motiver de telles mesures en méconnaissance de l'article 8 de la Déclaration de 1789 » (§ 15).

43

7 novembre 1990

RÈGLEMENT DU SÉNAT
(278 DC)

Droit constitutionnel parlementaire
Procédure législative
Droit d'amendement

Décision 90-278 DC, *Rec.*79, *RJC* I-410.
Article 61, al. 1er de la Constitution
Contrôle de modifications apportées au règlement du Sénat. Interdiction des « lois de commission » et des « lois sans commission ». Exercice du droit d'amendement. Procédure législative devant les deux assemblées. Prérogatives du Gouvernement.

RÉFÉRENCES

a) *Notes doctrinales*

- Chaumont (J.-P.) : *L.P.A.*, 1er février 1991, nº 14, p. 21-23 ; Renoux (Th.S.) : *R.F.D.C.* 5-1991 (janvier-mars), p. 113.

b) *Autres références*

- Avril (P.) et Gicquel (J.) : *Pouvoirs*, nº 42 (1987), p. 169-170. - Carcassonne (G.) : « À propos du droit d'amendement : les errements du Conseil constitutionnel », *Pouvoirs*, nº 41 (1987), p. 162-169. - Baufumé (B.) : *Le droit d'amendement et la Constitution sous la Ve République*, L.G.D.J., Paris, 1993. - Oliva (É.) : *L'article 41 de la Constitution de 1958*, Paris, PUAM et Economica, 1997. - Matt (J.-L.) : « Une nouvelle limitation du droit d'amendement au bénéfice de la quotité du travail parlementaire », *L.P.A.*, 1998, nº 135, p. 9. - Gicquel (J.-E.) : « La lutte contre l'abus du droit d'amendement au Sénat », *R.D.P.*, 1997, p. 1351.

c) *Jurisprudence*

- Décision 3 DC des 24 et 25 juin 1959, *Rec.* 61, *RJC* I-2.
- Décision 282 DC du 8 janv. 1991, *Rec.* 9, *RJC* I-417.
- Décision 316 DC du 20 janv. 1983, *Rec.* 14, *RJC*-I-516.
- Décision 317 DC du 21 janv. 1993, *Rec.* 27, *RJC* I-522.
- Décision 339 DC du 31 mai 1994, *Rec.* 80, *RJC* I-588.

• Décision 393 DC du 18 déc. 1997, *RJC* I-721.
• Décision 395 DC du 30 déc. 1997, *RJC* I-732.
• Décision 402 DC du 25 juin 1998, *J.O.* 3 juill. 1998, p. 10 147.
• Décision 403 DC du 29 juill. 1998, *J.O.* 31 juill. 1998, p. 11 710.
• Décision 404 DC du 18 déc. 1998, *J.O.* 27 déc. 1998, p. 19 663.

LE CONSEIL CONSTITUTIONNEL,

Le Conseil constitutionnel a été saisi, le 8 octobre 1990 par le Président du Sénat, conformément aux dispositions de l'article 61, alinéa 1, de la Constitution, d'une résolution en date du 4 octobre 1990 modifiant les articles 16, 24, 29 et 48 du règlement du Sénat et introduisant dans celui-ci des articles 47 ter, 47 quater, 47 quinquies, 47 sexies, 47 septies, 47 octies, 47 nonies et 56 bis A ;

Vu la Constitution ;

Vu l'ordonnance nº 58-1067 du 7 novembre 1958 portant loi organique sur le Conseil constitutionnel, notamment ses articles 17, alinéa 2, 19 et 20 ;

Vu l'ordonnance nº 58-1100 du 17 novembre 1958 modifiée relative au fonctionnement des assemblées parlementaires ;

Vu l'ordonnance nº 59-2 du 2 janvier 1959 portant loi organique relative aux lois de finances ;

Le rapporteur ayant été entendu ;

1. Considérant que les modifications et adjonctions apportées au règlement du Sénat par la résolution soumise à l'examen du Conseil constitutionnel répondent à plusieurs objets ; qu'elles visent, en premier lieu, à assurer une plus grande publicité des travaux des commissions permanentes et des commissions spéciales ; qu'elles tendent, en deuxième lieu, à introduire des procédures abrégées d'examen d'un projet ou d'une proposition de loi ; qu'elles mettent en harmonie avec ces nouvelles procédures diverses dispositions du règlement ; qu'enfin, elles précisent les cas d'application de l'exception d'irrecevabilité soulevée à l'encontre des articles additionnels ;

Sur la publicité des travaux des commissions :

2. Considérant que l'adjonction apportée à l'article 16 du règlement par l'article 2 de la résolution a pour objet de permettre à une commission permanente ou à une commission spéciale de décider la publicité, par les moyens de son choix, de tout ou partie de ses travaux ; qu'est abrogée par l'article 1er de la résolution la disposition de l'article 16 du règlement suivant laquelle, lorsque l'ordre du jour des travaux d'une commission comporte une audition, la communication à la presse des travaux de cette commission ne peut s'effectuer par voie de publication de tout ou partie du compte rendu de l'audition que sous réserve de l'accord des personnalités entendues ; que les articles 1er et 2 de la résolution ne sont pas contraires à la Constitution ;

3. Considérant que n'est pas davantage contraire à la Constitution le onzième alinéa ajouté à l'article 16 du règlement par l'article 4 de la résolution, aux termes duquel « la commission peut décider de siéger en comité secret à la demande du Premier ministre, de son président ou d'un dixième de ses membres. Elle décide ensuite de la publication du compte rendu de ses débats au Journal officiel » ;

Sur les procédures abrégées :

4. Considérant que l'article 3 de la résolution soumise à l'examen du Conseil constitutionnel insère dans le règlement du Sénat un chapitre VII bis intitulé « Des procédures abrégées » ; que ce chapitre, qui comporte des articles 47 ter à 47 nonies, tend à instituer deux procédures nouvelles d'examen et de vote d'un projet ou d'une proposition de loi sous la forme, d'une part, d'une procédure de « vote sans débat » et, d'autre part, d'une procédure de « vote après débat restreint » ;

En ce qui concerne les règles de principe applicables à l'institution des procédures abrégées :

5. *Considérant qu'aux termes du premier alinéa de l'article 34 de la Constitution « la loi est votée par le Parlement »* ; que, selon le premier alinéa de l'article 39 de la Constitution, l'initiative des lois appartient concurremment au Premier ministre et aux membres du Parlement ; qu'en vertu de l'article 43 de la Constitution, les projets et propositions de loi sont, à défaut de création d'une commission spéciale, envoyés pour examen à l'une des commissions permanentes dont le nombre est limité à six dans chaque assemblée ; que l'article 44 de la Constitution énonce, dans son premier alinéa, que « les membres du Parlement et le Gouvernement ont le droit d'amendement » ; que le deuxième alinéa du même article confère au Gouvernement la possibilité de s'opposer à l'examen de tout amendement qui n'a pas été antérieurement soumis à la commission ;

6. Considérant qu'il ressort de ces dispositions que l'examen d'un projet ou d'une proposition de loi par la commission saisie au fond constitue une phase de la procédure législative ; qu'il est loisible à une assemblée parlementaire, par les dispositions de son règlement, d'accroître le rôle législatif préparatoire de la commission saisie au fond du texte d'un tel projet ou d'une telle proposition, dans le but de permettre une accélération de la procédure législative prise dans son ensemble ;

7. *Considérant cependant que les modalités pratiques retenues à cet effet doivent être conformes aux règles de valeur constitutionnelle de la procédure législative ; qu'en particulier, il leur faut respecter aussi bien les prérogatives conférées au Gouvernement dans le cadre de cette procédure que les droits des membres de l'assemblée concernée et, notamment, l'exercice effectif du droit d'amendement garanti par le premier alinéa de l'article 44 de la Constitution* ;

En ce qui concerne les modalités retenues par la résolution adoptée par le Sénat :

8. Considérant que la résolution exclut du champ d'application des « procédures abrégées » plusieurs catégories de textes énumérées limitativement à l'article 47 nonies et subordonne, pour les autres textes, le recours à l'une des procédures abrégées à « l'accord de tous les présidents de groupes politiques », ainsi qu'il est dit au deuxième alinéa de l'article 47 ter ; que, sous réserve du respect de ces conditions, il appartient, conformément au premier alinéa de l'article 47 ter, à la Conférence des présidents de décider du recours à l'une ou l'autre des procédures abrégées, à la demande du Président du Sénat, du président de la commission saisie au fond, d'un président de groupe ou du Gouvernement ; qu'il est spécifié que la Conférence des présidents « fixe un délai limite pour le dépôt des amendements » ;

9. Considérant que ces diverses dispositions, qui visent uniquement les amendements émanant des sénateurs, *ne sont pas, par elles-mêmes, contraires à la Constitution, dès lors que le délai choisi pour le dépôt des amendements est déterminé de façon à ne pas faire obstacle à l'exercice effectif du droit d'amendement et que n'est pas interdite la possibilité de déposer ultérieurement des sous-amendements* ;

10. Considérant qu'il y a lieu de relever que, suivant les alinéas 2 à 4 de l'article 47 quater, le Gouvernement, dont la participation aux débats de la commission est de droit lorsqu'il y a lieu à « vote sans débat », a la faculté de se fonder sur l'*article 41* de la Constitution pour soulever l'exception d'irrecevabilité prévue par cet article et qu'en cas de désaccord avec le Président du Sénat, le Conseil constitutionnel est appelé à se prononcer ; qu'en outre, est expressément envisagée par l'alinéa 5 de l'article 47 quater, même en cas de « vote sans débat », l'application des irrecevabilités fondées sur les dispositions de l'article 40 de la Constitution ou sur l'une des dispositions de l'ordonnance nº 59-2 du 2 janvier 1959 portant loi organique relative aux lois de finances ; que l'article 47 sexies, relatif à la procédure de vote après débat restreint, réserve l'exercice du droit d'amendement tant des membres du Sénat que du Gouvernement ; qu'en son alinéa 2, il se conforme aux dispositions du troisième alinéa de l'article 44 de la Constitution concernant le recours au vote bloqué ; qu'il n'interdit pas au Gouvernement d'opposer l'irrecevabilité ayant pour fondement le deuxième alinéa du même article ;

11. Considérant qu'il y a lieu également de relever que l'article 47 octies prévoit qu'en cas de recours aux procédures abrégées les initiatives mentionnées à l'article 44 du règlement du Sénat, à savoir : l'exception d'irrecevabilité, la question préalable, les motions préjudicielles ou incidentes ainsi que les demandes de priorité ou de réserve, doivent être présentées lors de la réunion de la commission ou, en séance publique, lorsqu'elles émanent de la commission elle-même ou du Gouvernement ; que ces règles ne sont pas contraires à la Constitution dès lors que, d'une part, les initiatives auxquelles se réfère l'article 47 octies n'ont pas leur fondement dans des dispositions de valeur constitutionnelle et que, d'autre part, demeurent inchangées les dispositions du septième alinéa de l'article 44 du règlement en vertu desquelles les motions préjudicielles ou incidentes ne peuvent être présentées au cours de la discussion de textes qui ont été inscrits à l'ordre du jour prioritaire conformément au premier alinéa de l'article 48 de la Constitution ;

12. Considérant que s'il est loisible à une assemblée parlementaire de prévoir, par son règlement, que, dans le cadre de la procédure de « vote sans débat », le président met aux voix l'ensemble du texte, y compris les amendements adoptés par la commission lorsqu'il n'en existe pas d'autres, *en revanche, porte atteinte au droit d'amendement, reconnu à chaque parlementaire par le premier alinéa*

de l'article 44 de la Constitution, l'interdiction faite à tout membre de l'assemblée saisie du texte de reprendre en séance plénière un amendement relatif à celui-ci au motif que cet amendement aurait été écarté par la commission saisie au fond ;

13. Considérant qu'il suit de là que les dispositions de l'article 47 quinquies du règlement du Sénat, qui ne satisfont pas à ces exigences constitutionnelles, doivent être déclarées contraires à la Constitution ;

14. Considérant que ne sont pas séparables des dispositions déclarées non conformes à la Constitution les dispositions du règlement du Sénat, dans leur rédaction résultant de la résolution soumise à l'examen du Conseil constitutionnel, qui ont trait à la procédure de « vote sans débat » à savoir : - dans le texte de l'article 16, les alinéas 9 et 10, - dans le texte de l'article 29, à l'alinéa 4, les mots « de vote sans débat ou » et à l'alinéa 6, les mots « sans débat ou », - dans le texte de l'article 47 ter, à l'alinéa 1, les mots « le vote sans débat ou », et à l'alinéa 2 les mots « le vote sans débat ou », - l'article 47 quater, - l'article 47 septies, - dans le texte de l'article 47 octies les mots « sans débat ou », - dans le texte de l'article 47 nonies les mots « de vote sans débat ou », - dans le texte de l'article 48, à l'alinéa 1, les mots « ou faisant l'objet d'une procédure de vote sans débat », - l'article 56 bis A ;

Sur l'exception d'irrecevabilité à l'encontre des articles additionnels :

15. Considérant que, dans sa rédaction présentement en vigueur l'alinéa 3 de l'article 43 du règlement du Sénat énonce que les amendements présentés sous forme d'articles additionnels ne sont recevables que s'ils sont proposés « dans le cadre » du projet ou de la proposition en discussion ; que la résolution examinée subordonne la recevabilité des amendements précités au fait *qu'ils ne soient pas « dépourvus de tout lien avec l'objet du texte en discussion »* ;

16. Considérant que cette modification, qui est par elle-même sans incidence sur la distinction effectuée par la Constitution entre les projets et les propositions de loi, et les amendements qui peuvent leur être apportés, n'est contraire à aucune règle non plus qu'à aucun principe de valeur constitutionnelle ;

Décide :

ARTICLE PREMIER. - Sont déclarées non conformes à la Constitution les dispositions de l'article 47 quinquies ajouté au règlement du Sénat par la résolution soumise à l'examen du Conseil constitutionnel.

ART. 2. - Sont inséparables des dispositions déclarées non conformes à la Constitution les dispositions du règlement du Sénat, dans la rédaction résultant de la résolution, énumérées ci-après :

- dans le texte de l'article 16, les alinéas 9 et 10 ;
- dans le texte de l'article 29, à l'alinéa 4, les mots « de vote sans débat ou » et, à l'alinéa 6, les mots « sans débat ou » ;
- dans le texte de l'article 47 ter, à l'alinéa 1, les mots « le vote sans débat ou » et, à l'alinéa 2, les mots « le vote sans débat ou » ;
- l'article 47 quater ;
- l'article 47 septies ;
- dans le texte de l'article 47 octies les mots « sans débat ou » ;
- dans le texte de l'article 47 nonies les mots « de vote sans débat ou » ;
- dans le texte de l'article 48, à l'alinéa 1, les mots « ou faisant l'objet d'une procédure de vote sans débat ;
- l'article 56 bis A.

ART. 3. - Les autres dispositions du règlement du Sénat, dans la rédaction résultant de la résolution, ne sont pas contraires à la Constitution.

ART. 4. - La présente décision sera notifiée au Président du Sénat et publiée au *Journal officiel de la République française.*

Délibéré par le Conseil constitutionnel dans sa séance du 7 novembre 1990 (*J.O.* du 9 novembre, p. 13714).

La composition du Conseil constitutionnel à la date du 7 novembre 1990 était la suivante : M. BADINTER (Président), MM. CABANNES, FABRE, FAURE, JOZEAU-MARIGNÉ, LATSCHA, MAYER, MOULET-VIEVILLE, ROBERT.

OBSERVATIONS

1 . Au cours de ces dernières années, le Conseil constitutionnel a eu à statuer, à plusieurs reprises, sur des questions de procédure législative sur la base soit de l'article 61, al. 2 dans le cadre du contrôle des lois ordinaires, soit de l'article 61, al. 1er à propos du contrôle des règlements d'assemblée et des lois organiques. En vérité, cela s'explique par la conjonction de deux phénomènes : d'une part, la jurisprudence du Conseil constitutionnel lui-même qui, notamment en matière d'exercice du droit d'amendement, a provoqué à partir du milieu des années quatre-vingt, une remise en cause du mode de fonctionnement de la procédure législative ; et d'autre part, le souci des deux assemblées d'améliorer la qualité du travail parlementaire et de faciliter son exécution qui s'est traduit par le vote de réformes du règlement de chacune des assemblées.

2 . Il a semblé approprié de retenir la décision *278 DC du 7 novembre 1990* rendue à propos de modifications du règlement du Sénat, car elle permet à la fois au Conseil constitutionnel de vérifier la régularité de nouvelles modalités du travail parlementaire et d'approuver des dispositions entérinant sa jurisprudence sur l'exercice du droit d'amendement. Elle est aussi caractéristique en ce sens que le juge constitutionnel fait preuve d'une assez grande sévérité à l'égard de tentatives de réformes, confirmant ainsi sa tendance à faire respecter strictement la Constitution par les assemblées parlementaires (tendance également perceptible dans la décision 292 DC du 23 mai 1991 statuant aussi sur des tentatives d'amélioration des conditions du travail parlementaire à l'Assemblée nationale).

Le Sénat avait, pendant l'hiver 1989-90, entrepris de réformer son règlement, et dès le début de la session d'automne, les réformes prévues étaient débattues lors des séances des 3 et 4 octobre 1990 sur rapport de M. Larché (v. *R.F.D.C.*, 5-1991, p. 103). Statuant le mois suivant le Conseil constitutionnel a invalidé un certain nombre de dispositions et l'on a pu faire un rapprochement entre cette censure et l'attitude du Sénat lors de la tentative de révision constitutionnelle du printemps 1990 visant à élargir la saisine du Conseil constitutionnel. On remarquera cependant que le Conseil constitutionnel a statué, avec une rigueur comparable, sur la réforme du règlement de l'Assemblée nationale en mai 1991.

3 . Dans la décision du *7 novembre 1990*, le Conseil constitutionnel a arrêté une position de principe quant aux rôles respectifs de l'assemblée et des commissions dans la procédure de vote de la loi (I) et confirmé une autre position de principe quant à l'exercice du droit d'amendement, en liaison d'ailleurs avec la précédente (II). D'autres précisions pourront être ajoutées quant au déroulement de la procédure législative (III).

I. La loi est votée par chaque assemblée après examen en commission : l'interdiction des « lois de commission » et des « lois sans commission »

4. Ayant à examiner la constitutionnalité de « procédures abrégées » (Sénat) ou « de procédures d'adoption simplifiée des textes » (Assemblée nationale), le Conseil constitutionnel va rappeler au préalable ce qu'il appelle « les règles de principe applicables » :

« Considérant qu'il ressort de ces dispositions que l'examen d'un projet ou d'une proposition de loi par la *commission* saisie au fond constitue une phase de la procédure législative ; qu'il est loisible à une assemblée parlementaire, par les dispositions de son règlement, d'accroître le rôle législatif préparatoire de la commission saisie au fond du texte d'un tel projet ou d'une telle proposition, dans le but de permettre une accélération de la procédure législative prise dans son ensemble » ;

« Considérant cependant que les modalités pratiques retenues à cet effet doivent être conformes aux règles de valeur constitutionnelle de la procédure législative ; qu'en particulier, *il leur faut respecter aussi bien les prérogatives conférées au Gouvernement dans le cadre de cette procédure que les droits des membres de l'assemblée concernée et, notamment, l'exercice effectif du droit d'amendement garanti par le premier alinéa de l'article 44 de la Constitution* » ;

Ces considérants, repris exactement dans la décision 292 DC du 23 mai 1991 à propos de la réforme du système de l'Assemblée nationale, marquent bien les limites d'une simplification de la procédure législative qui peut être obtenue par la pratique du *« vote sans débat »* et du *« vote après débat restreint »* : une loi ne peut être adoptée en commission ; ni d'ailleurs sans être examinée par une commission.

1° *L'interdiction des « lois de commission »*

5. Le Conseil constitutionnel a déclaré inconstitutionnelle la disposition du règlement modifié du Sénat qui prévoyait que des amendements éliminés en commission ne pouvaient être rediscutés en séance plénière :

« Considérant que... porte atteinte au droit *d'amendement*, reconnu à chaque parlementaire par le 1er alinéa de l'article 44 de la Constitution l'interdiction faite à tout membre de l'assemblée saisie du texte de reprendre en séance plénière un amendement relatif à celui-ci *au motif que cet amendement avait été écarté par la commission saisie au fond* » (§ 12).

Ainsi qu'ont pu le souligner les commentateurs (Renoux, *R.F.D.C*, 5-1991, p. 116 ; Chaumont, *L.P.A.*, 1991, n° 14, p. 21) c'était reconnaître aux commissions le pouvoir de « filtrer » les amendements et donc de se substituer à l'assemblée dans son rôle législatif. Comme le souligne Th. Renoux, « il n'est pas possible de transposer en droit parlementaire français, sauf révision de la Constitution, le système italien des *leggine* » (*R.F.D.C*, 5-1991, p. 115) c'est-à-dire des « lois de commission ».

2° *L'interdiction des « lois sans commission »*

6 . On peut, de manière symétrique, tirer de la décision 292 DC (§ 26) la conclusion selon laquelle l'article 43 de la Constitution « implique que les projets et propositions de lois sont, à défaut de création d'une commission spéciale, envoyés pour examen à une commission permanente... (et) qu'il suit de là que le recours à la procédure d'adoption simplifiée d'un texte *n'est conforme à la Constitution que pour autant que la commission saisie au fond ait été au préalable mise à même de procéder à l'examen de ce texte* ».

3° *En définitive, les « procédures abrégées » ont-elles une utilité ? et la réforme du travail parlementaire est-elle possible ?*

7 . On peut se poser la question, compte tenu de ce que le Conseil constitutionnel vérifie dans chacune des deux décisions que tant devant le Sénat que devant l'Assemblée, toutes les prérogatives du gouvernement sont respectées ainsi que les droits des parlementaires (voir les considérants 10 et 11). On ne voit guère que les « initiatives mentionnées à l'article 44 du règlement du Sénat », c'est-à-dire « l'exception d'irrecevabilité, la question préalable, les motions préjudicielles ou incidentes ainsi que les motions de priorité ou de réserve » qui puissent être « traitées » en commission car ces « initiatives... n'ont pas leur fondement dans des dispositions de valeur constitutionnelle » (§ 11).

8 . Il était sans doute difficile au Conseil constitutionnel de décider autrement car la Constitution ne lui laissait pas vraiment le choix. Il en va différemment de la jurisprudence relative aux conditions d'exercice du droit d'amendement, qui a été confirmée par la décision *278 DC* et dont le fondement constitutionnel est nettement moins évident.

II. - L'EXERCICE DU DROIT D'AMENDEMENT

9 . Le règlement du Sénat en vigueur, selon lequel les amendements présentés sous forme d'articles additionnels ne sont recevables que s'ils sont proposés « dans le cadre » du projet ou de la proposition en discussion, est complété par une résolution qui subordonne la recevabilité desdits amendements au fait qu'ils ne soient pas « dépourvus de tout lien avec l'objet du texte en discussion ». Le Conseil constitutionnel constate, dans la décision *278 DC*, que « cette modification... n'est contraire à aucune règle non plus qu'à aucun principe de valeur constitutionnelle » (§ 16). Et pour cause, car cette modification a pour objet de reprendre et d'entériner une jurisprudence du Conseil constitutionnel. Mais cette reprise est incomplète car le Sénat, et son président, s'étaient élevés assez vivement contre le second volet de cette jurisprudence au début de 1987 (voir *infra*).

Il convient d'exposer la formation et la teneur de cette jurisprudence établie de 1985 à 1987, avant d'évoquer la controverse qu'elle a suscitée.

1° *Formation et teneur de la jurisprudence établie de 1985 à 1987, et confirmée en 1989-90*

10 . Dans son dernier état (par exemple dans la décision 251 DC du 12 janvier 1989, *CNFPT, Rec.* 12, *RJC* I-349), cette jurisprudence est ainsi formulée par le Conseil constitutionnel : après avoir rappelé la teneur des articles 39, al. 1er et 2, 44, al. 1er et 45, il déclare (§ 4) :

« Considérant qu'il résulte de l'ensemble de ces dispositions que le droit d'amendement, qui est le corollaire de l'initiative législative peut, sous réserve des limitations posées aux troisième et quatrième alinéas de l'article 45, s'exercer à chaque stade de la procédure législative ; que toutefois, les adjonctions ou modifications ainsi apportées au texte en cours de discussion, ne sauraient, sans méconnaître les articles 39 (alinéa 1) et 44 (alinéa 1) de la Constitution, ni être sans lien avec ce dernier ni dépasser par leur objet et leur portée, les limites inhérentes à l'exercice du droit d'amendement qui relève d'une procédure spécifique ».

Le juge constitutionnel précise ainsi trois points : le moment de l'amendement ; le rattachement ou le lien de celui-ci avec le texte principal ; la dimension de l'amendement.

11 . *Un amendement peut être déposé à tout moment*, notamment après la réunion de la Commission mixte paritaire. Cependant, dans ce dernier cas, les décisions 98-402 DC (§ 2 à 4) et 98-403 DC (§ 49 à 51) ont posé deux limites supplémentaires s'il y a échec : l'amendement doit être en relation directe avec le texte en discussion ou doit être nécessité par la coordination avec d'autres dispositions législatives en discussion.

Lorsque la Commission mixte paritaire réussit, le Conseil constitutionnel accepte des amendements du gouvernement additionnels au texte élaboré par cette commission et revenant sur des dispositions déjà adoptées par les deux chambres (199 DC, § 5).

« Considérant qu'il résulte des dispositions précitées de l'article 45 de la Constitution que l'adoption par la Commission mixte paritaire d'un texte commun sur les dispositions restant en discussion ne fait pas obstacle à ce que le gouvernement, en soumettant pour approbation aux deux assemblées le texte élaboré par la Commission mixte, modifie ou complète celui-ci par les amendements de son choix, au besoin prenant la forme d'articles additionnels ; que ces amendements peuvent même avoir pour effet d'affecter des dispositions qui ont déjà été votées dans les mêmes termes par les deux assemblées ».

Cette solution a provoqué une double critique : d'une part, elle a pour conséquence d'autoriser le gouvernement à introduire des textes nouveaux à propos desquels les parlementaires ne pourront déposer des amendements (G. Carcassonne, *Pouvoirs* n° 41) ; d'autre part, elle autorise le gouvernement à revenir sur des dispositions qui, normalement, auraient dû être considérées comme définitivement acquises (P. Avril et J. Gicquel). Mais souligne Bruno Genevois (*A.I.J.C* 1986 (vol. II) p. 422) ceci est accompagné de deux compensations ou « tempéraments » : l'amendement doit avoir un lien avec le texte en cours de discussion et ne pas excéder une certaine dimension.

12 . *L'amendement ne doit pas être dépourvu de tout lien avec le texte en cours de discussion* : inaugurée avec la décision 191 DC du 10 juillet 1985 et réitérée dans les décisions 198 DC (13 déc. 1985, *Amendement Tour Eiffel*) et 199 DC (28 déc. 1985), la jurisprudence reçoit une nouvelle application avec la décision précitée du 29 décembre 1986 (ainsi qu'avec les décisions ultérieures : 225 DC, *Amendement Séguin*, et 251 DC, *CNFPT*).

Au départ, le Conseil constitutionnel n'avait pas accepté de contrôler l'existence d'un tel lien, parce que cette condition était posée dans le règlement de l'Assemblée et qu'il se refusait à contrôler la régularité d'une loi par rapport au règlement (97 DC, 27 juil. 1978, *R.D.P.* 1979 p. 504). Le Conseil, à l'époque, laissait au Parlement le soin d'examiner la recevabilité des amendements. À partir de 1985, il franchit le pas en faisant de la norme contenue dans le règlement d'assemblée, une norme constitutionnelle et cela par interprétation de l'article 44 al. 1er de la Constitution.

13 . *L'amendement ne doit pas dépasser une certaine dimension* : « les adjonctions ou modifications ... ne sauraient, sans méconnaître les articles 39, al. 1 et 44, al. 1 de la Constitution ... dépasser par leur objet et leur portée, les limites inhérentes à l'exercice du droit d'amendement » (221 DC, § 5).

Cette nouvelle condition apparaît pour la première fois dans la décision du 29 décembre 1986 et c'est elle qui va provoquer l'annulation de « l'amendement Séguin » dans la décision 225 DC du 23 janvier 1987.

Les circonstances de l'affaire méritent d'être rappelées. Le 10 décembre 1986, est adoptée en Conseil des ministres, une ordonnance sur l'aménagement du temps de travail préparée par le ministre du Travail, M. Philippe Séguin. Le 17 décembre, le président Mitterrand fait savoir qu'il refuse de signer cette ordonnance alors que la session ordinaire du Parlement doit s'achever trois jours plus tard. Le gouvernement décide alors d'insérer les vingt articles de l'ordonnance sous forme d'amendement dans un texte fourre-tout qui est en fin de discussion, le projet de loi relatif à diverses mesures d'ordre économique et social ; et l'ensemble est voté le 20 décembre, c'est-à-dire juste avant la fin de la session parlementaire. Le 24 décembre, le Conseil constitutionnel est saisi et le 23 janvier 1987 il rend une décision déclarant non conforme l'article 39 de la loi (contenant *l'amendement Séguin*) au motif « qu'à raison tant de leur ampleur que de leur importance, les dispositions qui sont à l'origine de l'article 39 excèdent les limites inhérentes à l'exercice du droit d'amendement » (§ 11). Selon la presse, la décision a été acquise, en l'absence de Louis Joxe souffrant, par quatre voix contre quatre et voix prépondérante du président du Conseil constitutionnel. Le président du Sénat, Alain Poher, réagit immédiatement de manière très vigoureuse. Le président de l'Assemblée nationale Jacques Chaban-Delmas a les mêmes réactions que le président du Sénat : « ...la décision d'hier me paraît faire bon marché des droits du Parlement au nom des principes constitutionnels qui ne figurent pas dans la Constitution » (déclaration faite le 24 janvier 1987, *Le Monde*, 25-26 janvier 1987, M. Chaban-Delmas publiera ensuite un article dans *Le Monde*).

2° *La controverse*

14 . La position adoptée par le Conseil constitutionnel a été critiquée à trois points de vue.

Tout d'abord, (position de P. Avril et J. Gicquel *in Droit parlementaire,* PUF, 1988) les cas dans lesquels la Constitution traite de la recevabilité des amendements sont « précis et limitatifs (art. 40, 41, 44 al. 2 et 3, 45 al. 3 et 4) » ; dans les autres cas, on laissait jusque-là aux assemblées le soin de se prononcer en application de leur règlement. Dans ce premier état de sa jurisprudence, le Conseil respectait l'autonomie des assemblées en se bornant à contrôler l'application des règles constitutionnelles (précitées). En revanche « dans la mesure où elle transforme la distinction purement procédurale en une règle de fond, la décision du 23 janvier impose au législateur une règle de création prétorienne (elle a suscité pour cette raison la protestation inhabituelle des présidents des assemblées) » (*Pouvoirs*, n° 42 p. 170). Cela revient à dire donc que le Conseil constitutionnel a créé une règle qui n'existait pas dans un domaine où le respect de *l'autonomie parlementaire* exigerait au contraire que l'on s'en tienne strictement aux règles précisées dans la Constitution.

Ensuite, l'appréciation du juge ne peut être que subjective car, à partir de quel moment un amendement dépasse-t-il les limites ? Comme le souligne Guy Carcassonne, « refuser les adjonctions tardives... permet de mettre en œuvre un critère simple et objectif. Refuser les innovations sortant des limites inhérentes au droit d'amendement amène le Conseil constitutionnel à un choix subjectif, à substituer sa propre appréciation à celle du Parlement » (*Pouvoirs*, n° 41). Et la preuve en est d'ailleurs que « le gouvernement a introduit par amendements au (même) projet de loi... les dispositions substantielles d'un autre projet de loi sur le rétablissement du secteur privé dans les hôpitaux publics, ce dont le Conseil constitutionnel aurait pu s'offusquer en bonne cohérence » (G. Carcassonne, *op. cit.* p. 169 note 12).

Enfin, le Conseil constitutionnel a établi sa nouvelle jurisprudence dans une décision du 29 décembre 1986, alors que *l'amendement Séguin* était déjà voté et que le recours contre ce texte avait été déposé depuis le 24. On ne change pas les règles du jeu au milieu du match ; tel a été l'avis, en substance de plusieurs commentateurs. Dans de telles circonstances, la meilleure solution n'aurait-elle pas consisté à délivrer un simple avertissement au Parlement et au Gouvernement afin de les inciter à changer leur manière de procéder ?

15 . Des arguments favorables à la position du Conseil constitutionnel ont été présentés par M. Genevois (*Annuaire international de justice constitutionnelle*, 1989, vol. V, p. 492) :

« La jurisprudence sur les conditions d'exercice du droit d'amendement a... pour objet d'éviter des *détournements de procédure* à chaque stade de discussion d'un texte. En début de procédure, ce sont les contraintes liées à l'établissement de l'ordre du jour prioritaire qui pouvaient être déjouées par le non-respect des limites inhérentes à l'exercice du droit d'amendement. En fin de procédure, lorsqu'il y a discussion du texte établi par la commission mixte paritaire et que seuls sont recevables les amendements qui ont l'accord du gouvernement, les risques de détournement ne sont pas moindres comme cela fut mis en évidence par la décision 225 DC du 23 janvier 1987 ».

Et M. Genevois d'ajouter : « Ces précisions ont convaincu une partie de la doctrine » (cf. note P. Wachsmann, *A.J.D.A.*, 1989, p. 322 ; L. Hamon, *D.* 1989, p. 573).

16 . En effet, MM. Hamon et Waschmann sont sensibles à l'argument selon lequel il ne doit pas y avoir « abus » ou *« détournement de procédure »*. Et l'on comprend par exemple, tout à fait, que si la procédure de vote d'un projet de loi suppose le respect et l'accomplissement d'une série de formalités, il est anormal qu'un amendement permette de s'y soustraire. Ceci est surtout valable, il est vrai, pour les projets de loi et les amendements d'origine gouvernementale. Pour les propositions de loi et les amendements parlementaires, l'argument est moins fort même si la proposition de loi est soumise à la discussion en commission : mais il est vrai qu'un amendement non soumis à la commission peut se voir opposer une irrecevabilité par le gouvernement (art. 44, al. 2 de la Constitution).

Le second auteur développe aussi l'idée selon laquelle « la loi votée [...] n'exprime la volonté générale que dans le respect de la Constitution » (p. 325).

17 . Le problème est que la Constitution ne fixe elle-même aucune limite à l'exercice du droit d'amendement (alors qu'elle est par ailleurs précise et impérative pour tout ce qui touche la « rationalisation du travail législatif ») et que le Conseil constitutionnel est donc contraint d'avoir recours (implicitement) à la notion de *détournement de procédure* pour censurer la loi votée, alors que dans bien d'autres circonstances il s'y refuse (voir obs. Favoreu in *R.D.P.*, 1989, p. 494 à propos des détournements de procédure non censurés).

Le problème est aussi que le seul cas de « dépassement des limites inhérentes à l'exercice du droit d'amendement » qui ait été sanctionné jusqu'ici (comme nous le verrons *infra*) est celui de « l'amendement Séguin » alors que la décision dans cette affaire est intervenue dans des circonstances assez particulières, et que la « manœuvre » du gouvernement était une réponse à une « manœuvre » du Président de la République consistant à refuser de signer une ordonnance le jour de la clôture de la session ordinaire du Parlement (et à refuser de convoquer une session extraordinaire).

Le problème est enfin que le juge constitutionnel français s'est ainsi engagé dans un contrôle du fonctionnement interne du Parlement qu'aucun de ses homologues étrangers n'a jamais entrepris car ceux-ci sont soucieux de sauvegarder l'autonomie interne du Parlement.

3° *Les suites et les applications*

18 . Cette jurisprudence a donné lieu à de nombreuses applications depuis son établissement.

Le 12 janvier 1989 (décision 251 DC précitée), le Conseil constitutionnel censure deux amendements sans lien évident avec l'objet de la loi : alors que le projet de loi en discussion était relatif essentiellement à la fonction publique territoriale, le groupe socialiste de l'Assemblée avait fait voter deux amendements portant, l'un, modification du régime électoral des communes comprenant de 2500 à 3500 habitants et, l'autre, l'abrogation du régime spécifique de contrôle des dépenses de fonctionnement du Conseil de Paris. Dans une autre décision (277 DC du 25 juillet 1990, *Rec.* 70, *RJC* I-406) le juge constitutionnel a invalidé d'office pour absence de lien avec le texte en discussion, un amendement émanant de sénateurs de l'opposition et visant à établir une dérogation à l'article L. 145-5 du Code de l'urbanisme au profit d'unités touristiques nouvelles. Dans une décision 287 DC du 16 janvier 1991 (*R.F.D.C.* 6-1991 p. 295, obs. Favoreu) le Conseil constitutionnel invalide plusieurs amendements sans lien avec le texte en discussion qui était une loi « portant dispositions relatives à la santé publique et aux assurances sociales ».

Même démarche dans une décision 317 DC (21 janv. 1993) : le Conseil constitutionnel déclare « dépourvues de lien avec le texte » en discussion trois séries de dispositions au contenu assez hétéroclite (§ 7).

Le Conseil constitutionnel (335 DC, 21 janv. 1994) censure deux articles de la loi dépourvus de lien avec le texte en discussion. L'article 10 (qui vient modifier la jurisprudence Conseil d'État, 25 janvier 1991, Brasseur) a une portée et un champ d'application qui ne sont pas limités au contentieux de l'urbanisme et modifie l'équilibre général sur lequel repose le contrôle de légalité des actes des collectivités locales que le représentant est tenu d'assurer en vertu du troisième alinéa de l'article 72 de la Constitution. L'article 23 de la loi qui a trait à la désignation des membres des syndicats d'agglomération nouvelle est dépourvu également de lien avec le texte en discussion bien que ces syndicats disposent d'attributions en matière d'urbanisme.

19 . Dans tous les autres cas, le Conseil constitutionnel a rejeté les arguments des parlementaires requérants, faisant une « application souple des principes posés » (B. Genevois, *A.I.J.C.*, 1989, vol. V, p. 493) : l'amnistie prévue pour la Guadeloupe peut être étendue à la Corse (258 DC, 8 juillet 1989, *Rec.* 48, *RJC* I-361) ; l'extension à la construction de voies ferrées de l'expropriation selon la procédure d'extrême urgence peut être introduite dans un texte relatif à l'urbanisme et aux agglomérations nouvelles (256 DC, 25 juillet 1989, *TGV Nord, Rec.* 53, *RJC* I-355) ; des dispositions d'ordre financier et fiscal peuvent être ajoutées par amendement à une loi de finances (268 DC, 29 déc. 1989, *Rec.* 110, *RJC* I-382) ; il en va de même pour des modifications du Code de la sécurité sociale dans une loi « portant diverses dispositions relatives à la sécurité sociale et à la santé » (269 DC, 22 janv. 1990, *Rec.* 33, *RJC* I-392) ; même solution pour des amendements à une loi relative au droit au logement (274 DC, 29 mai 1990, *Rec.* 61, *RJC* I-403) : dès lors qu'un texte a trait à la fiscalité directe locale, tout amendement ayant le même objet est recevable (277 DC, 25 juillet 1990, *Rec.* 70, *RJC* I-406 ; l'autorisation d'émission d'un emprunt de 40 milliards de francs n'est pas étranger au projet de loi de finances rectificative (320 DC, 21 juin 1993, *RJC* I-526, § 50. Le Conseil constitutionnel considère qu'un amendement gouvernemental prévoyant l'aide financière des

collectivités locales (astuce procédurale permettant d'éviter l'irrecevabilité financière de la proposition Bourg-Broc), ne saurait être considéré comme sans lien avec les dispositions de la proposition en cause parce qu'il concerne la même matière et n'a pas méconnu les limites inhérentes au droit d'amendement en dépit de la portée normative réduite de la proposition initiale (329 DC). Le Conseil constitutionnel considère dans la décision 332 DC (13 janv. 1994) que l'article 85 de la loi relative à la santé publique et à la protection sociale adopté par voie d'amendement présenté par le gouvernement ne peut être considéré comme dépourvu de tout lien avec le texte en discussion dans la mesure où cet article qui a une incidence financière sur les régimes de protection sociale est bien en accord avec le titre de la loi auquel il se rapporte qui regroupe des mesures destinées à assurer l'équilibre financier des régimes de sécurité sociale. Le Conseil constitutionnel considère (335 DC que ne sont pas dépourvus de tout lien avec le texte en discussion trois articles de la loi (les articles 7, 8 et 22 qui ont respectivement pour objet de faciliter la réalisation d'opérations d'urbanisation (article 7) ou la réalisation d'ouvrages publics (article 8) ou qui ont pour objet d'éviter des conséquences préjudiciables à l'effort de construction des organismes d'habitation à loyer modéré (article 22).

Le droit d'amendement « est susceptible de s'exercer selon les mêmes modalités en première et en seconde délibération qui constituent deux phases de la même lecture », ce qui signifie que peut être présenté en seconde délibération un amendement qui n'a pas été discuté en première (316 DC, *RJC* I-516, § 4).

Le Conseil constitutionnel est appelé pour la première fois à se prononcer sur le bon usage de l'irrecevabilité prévue par l'article 44 alinéa 2 du règlement du Sénat qui permet d'écarter de la discussion les amendements contraires à une disposition constitutionnelle, légale ou réglementaire. De ce chef, 69 amendements ont été déclarés irrecevables. Quatre d'entre eux étaient contraires aux articles 72 de la Constitution et 10 de la Déclaration des droits de l'homme et du citoyen. Les 65 autres amendements ont été déclarés irrecevables au motif qu'ils étaient dépourvus de tout lien avec le texte en discussion. Le Conseil constitutionnel observe que certains de ces amendements ont pu être écartés sans justification appropriée mais que cette restriction n'a pas revêtu un caractère substantiel de nature à entacher la procédure législative d'irrégularité. C'est la première fois que le Conseil constitutionnel distingue en la matière entre formalité substantielle et non substantielle (pour une autre application cf. 334 DC, 20 janv. 1994).

Le Conseil constitutionnel (334 DC, 20 janv. 1994) est appelé à se prononcer sur une motion d'irrecevabilité ayant conduit à écarter de la discussion 46 amendements en application de l'article 48 alinéa 3 du règlement du Sénat pour défaut de lien avec le texte en discussion. Le Conseil constitutionnel ayant rappelé que les règlements des assemblées parlementaires n'ont pas valeur constitutionnelle en déduit que la seule méconnaissance des dispositions du règlement ne saurait rendre la procédure législative contraire à la Constitution. Mais il examine le moyen en se référant aux articles 39, 44 et 45 de la Constitution en recherchant si les 46 amendements en cause étaient ou non dépourvus de lien avec le texte en discussion. Il considère que ces amendements n'étaient pas sans lien avec le texte en discussion mais que la méconnaissance du droit d'amendement qui doit s'apprécier au regard du contenu de ces amendements ainsi que des conditions générales du débat n'a pas revêtu un caractère substantiel de nature à entacher la procédure législative de nullité (Rappr. 329 DC, 13 janv. 1994, Loi Falloux).

La décision 94-358 DC du 26 janvier 1995 semble apporter un assouplissement : le juge constitutionnel reconnaît qu'un amendement modifiant la représentation au sein des conseils de communautés de communes n'est pas sans lien avec un texte relatif à l'aménagment et au développement du territoire.

4º *Autres précisions sur l'exercice du droit d'amendement*

20 . Le Conseil constitutionnel s'attache de plus en plus à distinguer entre la procédure des projets et propositions de lois et la procédure des amendements, ce qui le conduit à définir ce qu'est un amendement.

Ainsi décide-t-il que « sous l'empire de la Constitution de 1958, une *lettre rectificative* signée du Premier ministre constitue non un amendement apporté par le gouvernement à son projet de loi sur le fondement de l'article 44, al 1 de la Constitution mais la mise en œuvre du pouvoir d'initiative des lois que le Premier ministre tient du premier alinéa de l'article 39 de la Constitution » (90-285 DC, § 5 et 6).

De la même manière, dans la décision 329 DC (Révision Loi Falloux), la distinction est apparue, la commission des lois pouvant proposer un texte (ce qu'elle a fait avec la proposition Bourg-Broc en retirant l'article entraînant son irrecevabilité financière) tandis que l'assemblée ne peut discuter que du texte déposé par le gouvernement, les commissions n'ayant pas la possibilité de substituer au texte gouvernemental leur propre texte. De ce point de vue la question s'est posée à l'Assemblée nationale de savoir si le bureau chargé d'examiner la recevabilité financière d'une proposition de loi devait se prononcer sur le texte déposé ou sur celui modifié éventuellement par la commission saisie au fond. Le bureau a décidé qu'il devait se prononcer sur le texte de la commission (cf. rapport Barrot, L'article 40 de la Constitution, p. 211-212). Le Conseil constitutionnel a semble-t-il accepté cette interprétation du bureau puisqu'il considère que l'article 40 a bien été soulevé en ce qui concerne la proposition de loi définitivement adoptée et se déclare incompétent pour connaître du texte de propositions de loi non débattu.

21 . Le règlement du Sénat peut, dans le cadre des recours aux procédures abrégées, fixer un délai limite pour le dépôt des amendements en commission « dès lors que le délai choisi [...] est déterminé de façon à ne pas faire obstacle à l'exercice effectif du droit d'amendement et que n'est pas interdite la possibilité de disposer ultérieurement des sous-amendements » (*90-278 DC*, § 9).

De même, dans la décision 95-366 DC du 8 novembre 1995, le Conseil constitutionnel a précisé (consid. 23) qu'une disposition restreignant le droit d'amendement n'est pas contraire à la

Constitution dès lors qu'elle est déterminée de façon à ne pas faire obstacle à l'exercice effectif du droit d'amendement. Cela laisse à penser que le juge n'hésitera pas dans l'avenir à s'assurer que l'application des restrictions posées par le règlement de l'Assemblée nationale ne porte pas atteinte à l'exercice de ce droit. (Voir également sur la conciliation entre la question préalable et l'exercice effectif du droit d'amendement Conseil constitutionnel, décision nº 95-370 DC du 30 décembre 1995 relations entre le respect des droits de la minorité et l'usage excessif de ces droits).

21 bis . Le Conseil constitutionnel a précisé, à propos des avis que peuvent émettre les assemblées quant aux propositions d'actes communautaires, qu'« une proposition de résolution peut faire l'objet d'amendements de la part des membres d'une assemblée sans que soient pour autant applicables les dispositions constitutionnelles concernant l'exercice de ce droit, lesquelles visent exclusivement les projets ou propositions de lois » (92-314 DC, § 6).

21 ter . La question préalable et le droit d'amendement (voir *supra*, **40** - 26 et s.)

III . Le déroulement de la procédure législative devant les deux assemblées

22 . Sur le déroulement de la procédure législative devant les deux assemblées, deux points sont à noter.

Tout d'abord, le Conseil constitutionnel a rejeté le recours de sénateurs socialistes faisant valoir qu'en méconnaissance de la lettre et de l'esprit des articles 41 à 45 de la Constitution, la loi (d'habilitation en matière de privatisation) avait « été examinée simultanément par les deux assemblées » au lieu de l'être successivement (207 DC, *25-26 juin 1986** § 11). En réalité, les requérants contestaient le fait que les commissions du Sénat avaient commencé à travailler avant que le projet n'ait été adopté par l'Assemblée en première lecture. Pour le Conseil constitutionnel, il n'y a pas là irrégularité dès l'instant que la procédure s'est ensuite déroulée normalement (pendant huit séances et avec des centaines d'amendements, souligne le Conseil).

S'agissant du *vote des lois de finances*, l'article 47 de la Constitution prévoit que l'Assemblée a quarante jours pour se prononcer, le gouvernement pouvant, au-delà de ce délai, transmettre le texte au Sénat. Ce délai avait été effectivement dépassé pour le vote de la loi de finances rectificative pour 1986 ; mais le Conseil constitutionnel a estimé que le fait de laisser l'Assemblée continuer à délibérer, au-delà de la date limite, « ne constitue... une irrégularité de nature à vicier la procédure que s'il a pour conséquence de réduire le délai dont dispose le Sénat en vertu du deuxième alinéa de l'article 47 de la Constitution, pour statuer en première lecture » (209 DC, 3 juillet 1986, § 5), ce qui n'était pas le cas en l'espèce.

IV . Prérogatives du Gouvernement

23 . Dans la décision présentement commentée du *7 novembre 1990*, le Conseil constitutionnel a fortement insisté à propos de

l'utilisation des « procédures abrégées », sur la nécessité de « respecter [...] les prérogatives conférées au gouvernement dans le cadre de [la] procédure » législative (§ 7), et il s'est employé à les rappeler une à une :

- au cas de *« vote sans débat »* (§ 10) :
  • participation de droit du gouvernement aux débats de la commission ;
  • possibilité de faire jouer l'article 41 de la Constitution (voir *supra*, *Prix des baux à ferme*, n° 6) ainsi que l'article 40 (voir *supra*, *Assurance maladie des exploitants agricoles*, n° 9).
- au cas de *« vote avec débat restreint »* :
  • possibilité de faire application du 3e alinéa de l'article 44 de la Constitution concernant le vote bloqué ;
  • possibilité d'opposer l'irrecevabilité tirée de l'alinéa 2 de l'article 44.

24 . S'agissant des conditions d'engagement de la responsabilité du gouvernement sur le vote d'un texte, en vertu de l'*article 49, al. 3* de la Constitution le juge constitutionnel est venu apporter les précisions suivantes :

- l'article 49 al. 3 exige seulement que le Conseil des ministres délibère sur l'engagement de responsabilité et ne pose aucune autre condition ;
- le ministre chargé par le Président de la République de l'intérim du Premier ministre possède l'intégralité des pouvoirs qui lui sont confiés à titre intérimaire et a par suite compétence pour engager la responsabilité du gouvernement sur le vote d'un texte.

Ces solutions ont été appliquées dans trois décisions : 89-264 DC, § 5 ; 89-269 DC, § 6 ; 89-268 DC, § 8).

On ajoutera que le Conseil constitutionnel peut vérifier en demandant « la production d'un extrait de relevé de décisions du Conseil des ministres que celui-ci a (effectivement) délibéré de l'engagement de la responsabilité du gouvernement » (95-370 DC, § 7).

V. - CONSULTATION OU AVIS

25 . Pour la première fois, semble-t-il, la non-consultation du Conseil économique et social a été invoquée comme moyen d'annulation (*207 DC, 25-26 juin 1986**). Le Conseil constitutionnel a repoussé l'argument en considérant que cette consultation n'était obligatoire, selon la Constitution (art. 70), que pour un plan ou un projet de loi de programme à caractère économique ou social, ce que n'était pas la loi, soumise à son examen, car une loi de programme est une loi qui « non seulement définit des objectifs à long ou moyen terme en matière économique et sociale mais comporte, en outre, des prévisions de dépense chiffrées pour la réalisation de ses objectifs ».

VI. - PROCÉDURE DE VOTE DE RÉSOLUTIONS RELATIVES AUX PROPOSITIONS D'ACTES COMMUNAUTAIRES

La révision constitutionnelle du 25 juin 1992 a, en dehors des dispositions spécialement consacrées à la mise en adéquation de la

Constitution avec le Traité de Maastricht (voir *infra*, n° 45), introduit un certain nombre de mesures destinées à associer plus étroitement le Parlement français au processus d'élaboration des actes communautaires.

La possibilité désormais accordée aux parlementaires de voter des résolutions touchant aux propositions d'actes communautaires apparaît à cet égard comme une innovation importante.

Appelé pour sa part à s'assurer de la conformité à la Constitution des règlements de l'Assemblée et du Sénat précisant les modalités d'application de cette faculté, le Conseil constitutionnel a – pour l'essentiel – validé le mécanisme ainsi mis en place (Décisions 314 DC du 17 décembre 1992, *RJC* I-511 et 315 DC du 12 janvier 1993, *RJC* I-513).

Il a en outre déclaré non conforme à l'article 20 de la Constitution la disposition du règlement du Sénat modifié prévoyant que lors du dépôt d'une proposition d'acte communautaire, le Gouvernement ne peut avant un mois demander au Sénat de l'examiner (sur ce point *infra*, **45**-11).

Mais pour le reste, l'accord du Conseil constitutionnel a conduit à donner plein effet aux nouvelles dispositions des règlements tout en assortissant, il est vrai, certaines d'entre elles de déclarations de conformité sous réserve. C'est ainsi, sans méconnaître la Constitution, que les règlements ont pu prévoir :

- l'association comme membre à titre permanent de la conférence des présidents, du président de la délégation parlementaire pour les Communautés européennes ;
- la communication obligatoire aux parlementaires des propositions d'actes communautaires soumises par le Gouvernement aux deux assemblées ; il en va de même pour ce qui concerne tant la communication aux parlementaires du rapport établi et adopté par la Commission compétente que celle des résolutions adoptées par l'assemblée intéressée au Gouvernement ainsi qu'à l'autre chambre ;
- l'application aux propositions de résolution de l'article 88-4 de la Constitution de règles de procédure identiques à celles applicables aux autres propositions de résolution ;
- la consultation par la Commission compétente de la délégation pour les Communautés européennes sur une proposition d'acte communautaire ainsi que l'association à ses travaux du président de ladite délégation ;
- la possibilité pour toute commission permanente ainsi qu'à la délégation pour les Communautés de présenter – *proprio motu* – des observations ainsi que des amendements sur les propositions de résolution ;
- les conditions dans lesquelles le droit pour tout parlementaire de déposer des amendements sur la proposition de résolution est aménagé ainsi que les conditions de leur examen soit par la Commission compétente, soit par l'assemblée intéressée.

Des précisions touchant à la procédure d'adoption *stricto sensu* des propositions de résolution ont, dans l'ensemble reçu également l'aval du Conseil constitutionnel, mais les réserves d'interprétation qui les ont affectées en ont quelque peu tempéré la portée. Ces réserves ont d'ailleurs concerné le « règlement de l'Assemblée nationale comme celui du Sénat.

Le règlement du Sénat tout d'abord, a fait l'objet d'une double mise au point :

- l'obligation de transmission au Parlement des propositions d'actes communautaires ne s'imposant très précisément qu'à l'égard de ceux de ces actes qui comporteraient des dispositions de nature législative, le Conseil constitutionnel a estimé que l'appréciation de cette incidence ne devait relever en dernier ressort que du seul Gouvernement ; ainsi y échapperont en toute hypothèse les propositions d'actes qu'il considérait ne pas comporter de dispositions de cette nature. (Depuis la révision constitutionnelle du 25 janvier 1999, le Gouvernement peut présenter aux assemblées tout projet ou proposition d'actes ainsi que tous documents émanant d'une institution européenne. Il n'est donc plus nécessaire que ces actes comportent des dispositions de nature législative).

- l'affirmation ainsi réitérée de la prééminence des prérogatives gouvernementales a également conduit le Conseil à préciser que les délais au terme desquels une proposition de résolution devait être considérée comme adoptée s'appliquent sans préjudice de la possibilité pour le Gouvernement de demander – avant leur expiration – l'inscription à l'ordre du jour prioritaire d'une proposition de résolution.

Les réserves d'interprétation ont ensuite affecté une série de dispositions du règlement de l'Assemblée nationale ; là encore, l'incidence des délais gouvernant la procédure d'adoption des résolutions en a été sensiblement atténuée.

- Il résulte en premier lieu de la combinaison des articles 20, 31 et 48 de la Constitution, que le Gouvernement peut à *tout moment* inviter l'Assemblée à se prononcer sur une proposition de résolution et ce indépendamment des délais figurant à cet égard dans le règlement ; les mêmes exigences s'appliquent en ce qui concerne l'inscription d'une telle proposition à l'ordre du jour prioritaire.

- Mais inversement, en second lieu, et alors que le Gouvernement est en mesure de s'affranchir des délais prescrits par le règlement, les organes compétents de l'Assemblée ne sauraient, en l'absence de délai prévu, s'affranchir eux, d'une obligation de diligence. Ainsi en va-t-il pour ce qui concerne l'adoption des propositions de résolution dans l'intervalle de l'intersession : la Commission saisie au fond ne saurait dans l'exercice de ses attributions concéder alors un délai raisonnable.

- Pour autant, et en dernier lieu, l'application hors session des mécanismes gouvernant l'adoption des propositions de résolution ne saurait par elle-même remettre en cause les droits reconnus en la matière aux députés. Ainsi lorsqu'un délai franc commande la procédure d'adoption des propositions de résolution présentées hors session, son décompte ne peut s'effectuer qu'à compter du moment où les députés (comme le Gouvernement d'ailleurs) sont réputés disposer de toutes les informations nécessaires (rapport de la Commission saisie au fond devant être imprimé et distribué).

44

9 mai 1991

STATUT DE LA CORSE
(290 DC)

Droit constitutionnel local
Indivisibilité de la République
Concept juridique
de « peuple français »

Décision 91-290 DC, *Rec.* 50 ; *RJC* I-438.
Art. 61, al. 2, de la Constitution, saisine de 177 députés, du Président du Sénat et de 166 sénateurs. Mention du « peuple corse composante du peuple français » contraire à la Constitution.
Différence entre « organisation particulière » et « organisation spécifique »
Représentation des collectivités territoriales au Sénat

RÉFÉRENCES

a) *Notes doctrinales*

- CARPENTIER (C.) : *L.P.A.*, 1991, nº 82, p. 20. - ETIEN (R.) : *R.A.*, 1991, p. 234. - FAVOREU (L.) : *R.F.D.C.*, 6-1991 (avril-juin), p. 305 ; 7-1991 (juillet-septembre). - GENEVOIS (B.) : *R.F.D.A.*, 1991, nº 3, p. 407. - HOUTEER (C.) : *L.P.A.*, 1991, nº 74, p. 17 et nº 80, p. 21. - LUCHAIRE (F.) : *R.F.D.C.*, 7-1991.

- *Presse*
- FAVOREU (L.) : *Le Figaro*, 10 mai 1991. - BRÉHIER (Th.) : *Le Monde*, 11 mai 1991. - GOGUEL (F.) : *Le Figaro*, 11 mai 1991. - MAZEAUD (P.) : *Le Monde*, 12-13 mai 1991. - VEDEL (G.) : *L'express*, 16 mai 1991.

b) *Autres références*

- DEBBASCH (R.) : *Le principe révolutionnaire d'unité et d'indivisibilité de la République*, Economica et PUAM, 1988. - FAVOREU (L.) : « La région au regard du droit constitutionnel », *R.F.D.A.*, 1986, p. 537 ; « Problématique constitutionnelle des projets de réforme des collectivités territoriales », *R.F.D.A.*, 1990, p. 399. - MICHALON (Th.) : « Une voie pour la Corse : la spécialité législative », *R.S.A.M.O.*, 1990, p. 75. - ROUSSEAU (D.) : « La constitutionnalité d'un statut propre à la Corse », *R.S.A.M.O.*, 1990, p. 63.

- Presse

- DEMICHEL (A.) : *Le Monde*, 22 novembre 1990. - FAVOREU (L.) : *Le Monde*, 22 novembre 1990 ; *Le Figaro*, 8 avril 1991 ; 4-5 mai 1991. - PHILIP (L.) : *La Croix*, 20 mars 1990. - ROUSSEAU (D.) : *Libération*, 21 novembre 1990. - ROUX (A.) : *La Croix*, 20 mars 1991.

- Pour une liste plus exhaustive, se reporter au nº 7 de la R.F.D.C.

c) *Jurisprudence*

• Décision 138 DC du *25 février 1982 **
• Décision 147 DC du 2 décembre 1982, *Rec.* 70, *RJC* I-135. Statut des DOM.
• Décision 409 DC du 15 mars 1999, *J.O.* 21 mars 1999, p. 4238.
• Décision 410 DC du 15 mars 1999, *J.O.* 21 mars 1999, p. 4234.
• Décision 412 DC du 15 juin 1999, *J.O.* 18 juin 1999, p. 8964.

Le Conseil constitutionnel a été saisi, le 12 avril 1991, par MM. Pierre Mazeaud, Jacques Chirac et autres, députés, le 15 avril 1991 d'une part, par le Président du Sénat, M. Alain Poher, et d'autre part, par MM. François Giacobbi, Charles Ornano et autres, sénateurs, dans les conditions prévues à l'article 61, alinéa 2 de la Constitution, de la conformité à celle-ci de la loi portant statut de la collectivité territoriale de Corse ;

LE CONSEIL CONSTITUTIONNEL,

Vu la Constitution du 4 octobre 1958 ;
Vu le préambule de la Constitution du 27 octobre 1946 ;
Vu l'ordonnance nº 58-1067 du 7 novembre 1958 modifiée portant loi organique sur le Conseil constitutionnel, notamment le chapitre II du titre II de ladite ordonnance ;
Vu l'ordonnance nº 59-2 du 2 janvier 1959 modifiée portant loi organique relative aux lois de finances ;
Vu la loi nº 72-619 du 5 juillet 1972 modifiée portant création et organisation des régions ;
Vu la loi nº 75-536 du 15 mai 1975 portant réorganisation de la Corse ;
Vu la loi nº 82-213 du 2 mars 1982 modifiée relative aux droits et libertés des communes, des départements et des régions ;
Vu la loi nº 82-1153 du 30 décembre 1982 d'orientation des transports intérieurs ;
Vu la loi nº 83-8 du 7 janvier 1983 relative à la répartition de compétences entre les communes, les départements, les régions et l'État, modifiée notamment par la loi nº 83-663 du 22 juillet 1983 ;
Vu la loi nº 87-10 du 3 janvier 1987 relative à l'organisation régionale du tourisme ;
Vu la loi nº 90-449 du 31 mai 1990 visant à la mise en œuvre du droit au logement ;
Vu le mémoire complémentaire présenté par les députés auteurs de la première saisine, enregistré au secrétariat général du Conseil constitutionnel le 15 avril 1991 ;
Le rapporteur ayant été entendu ;

1. Considérant que les saisines défèrent au Conseil constitutionnel la loi portant statut de la collectivité territoriale de Corse ; que les auteurs de la première saisine contestent la régularité de la procédure suivie pour son adoption ; que les députés et les sénateurs, auteurs respectivement des première et troisième saisines critiquent, pour d'autres motifs, la constitutionnalité de plusieurs articles de la loi ;

Sur la procédure législative :

[...]

4. Considérant que si le droit d'amendement, qui est le corollaire de l'initiative législative, peut s'exercer à chaque stade de la procédure, il est soumis à des limitations particulières quand est mis en discussion le texte élaboré par la commission mixte paritaire ou lorsque le Gouvernement invite l'Assemblée nationale, sur le fondement du quatrième alinéa de l'article 45 de la Constitution, à statuer définitivement ; que, dans l'hypothèse où l'Assemblée est appelée à se prononcer sur le dernier texte voté par elle, ne peuvent être adoptés que les amendements votés par le Sénat lors de la dernière lecture par lui du texte en discussion ;
5. Considérant qu'à la suite de l'échec de la procédure de la commission mixte paritaire, le Sénat, appelé à débattre en nouvelle lecture du projet de loi portant statut de la collectivité territoriale de Corse, a adopté la question préalable ; qu'il a ainsi renoncé à l'amender à ce stade de la procédure ; que le Gouvernement a alors demandé à l'Assemblée nationale de se prononcer définitivement ; que, dans ces circonstances, c'est par une exacte application des dispositions du quatrième alinéa de l'article 45 de la Constitution qu'ont été déclarées irrecevables, lors de la lecture définitive du texte par l'Assemblée nationale, les amendements qui se proposaient de reprendre ceux qui avaient été adoptés en première lecture par le Sénat ;
6. Considérant qu'il résulte de ce qui précède que le moyen tiré de l'irrégularité de la procédure législative doit être écarté ;

Sur les autres moyens d'inconstitutionnalité invoqués :

[...]

En ce qui concerne l'article 1er :

10. Considérant que l'article 1er de la loi est ainsi rédigé : « La République française garantit à la communauté historique et culturelle vivante que constitue le peuple corse, composante du peuple français, les droits à la préservation de son identité culturelle et à la défense de ses intérêts économiques et sociaux spécifiques. Ces droits liés à l'insularité s'exercent dans le respect de l'unité nationale, dans le cadre de la Constitution, des lois de la République et du présent statut » ;

11. Considérant que cet article est critiqué en ce qu'il consacre juridiquement l'existence au sein du peuple français d'une composante, « le peuple corse » ; qu'il est soutenu par les auteurs de la première saisine que cette reconnaissance n'est conforme ni au préambule de la Constitution de 1958 qui postule l'unicité du « peuple français », ni à son article 2 qui consacre l'indivisibilité de la République, ni à son article 3 qui désigne le peuple comme seul détenteur de la souveraineté nationale ; qu'au demeurant, l'article 53 de la Constitution se réfère aux « populations intéressées » d'un territoire et non pas au concept de peuple ; que les sénateurs auteurs de la troisième saisine font valoir qu'il résulte des dispositions de la Déclaration des droits de 1789, de plusieurs alinéas du préambule de la Constitution de 1946, de la loi constitutionnelle du 3 juin 1958, du préambule de la Constitution de 1958 comme de ses articles 2, 3 et 91, que l'expression « le peuple », lorsqu'elle s'applique au peuple français, doit être considérée comme une catégorie unitaire insusceptible de toute subdivision en vertu de la loi ;

12. Considérant qu'aux termes du premier alinéa du préambule de la Constitution de 1958 « le peuple français proclame solennellement son attachement aux droits de l'homme et aux principes de la souveraineté nationale tels qu'ils ont été définis par la déclaration de 1789, confirmée et complétée par le préambule de la Constitution de 1946 » ; que la Déclaration des droits de l'homme et du citoyen à laquelle il est ainsi fait référence émanait des représentants « du peuple français » ; que le préambule de la Constitution de 1946, réaffirmé par le préambule de la Constitution de 1958, énonce que « le peuple français proclame à nouveau que tout être humain, sans distinction de race, de religion ni de croyance, possède des droits inaliénables et sacrés » ; que la Constitution de 1958 distingue le peuple français des peuples d'outre-mer auxquels est reconnu le droit à la libre détermination ; que la référence faite au « peuple français » figure d'ailleurs depuis deux siècles dans de nombreux textes constitutionnels ; qu'ainsi le concept juridique de « peuple français » a valeur constitutionnelle ;

13. Considérant que la France est, ainsi que le proclame l'article 2 de la Constitution de 1958, une République indivisible, laïque, démocratique et sociale qui assure l'égalité devant la loi de tous les citoyens quelle que soit leur origine ; que dès lors la mention faite par le législateur du « peuple corse, composante du peuple français » est contraire à la Constitution, laquelle ne connaît que le peuple français, composé de tous les citoyens français sans distinction d'origine, de race ou de religion ;

14. Considérant en conséquence que l'article 1er de la loi n'est pas conforme à la Constitution ; que toutefois il ne ressort pas du texte de cet article, tel qu'il a été rédigé et adopté, que ses dispositions soient inséparables de l'ensemble du texte de la loi soumise au Conseil constitutionnel ;

En ce qui concerne le moyen tiré de ce que la collectivité territoriale de Corse serait dotée d'une « organisation particulière » en méconnaissance des articles 72 et 74 de la Constitution :

[...]

18. Considérant que la consécration par les articles 74 et 76 de la Constitution du particularisme de la situation des territoires d'outre-mer, si elle a notamment pour effet de limiter à ces territoires la possibilité pour le législateur de déroger aux règles de répartition des compétences entre la loi et le règlement, ne fait pas obstacle à ce que le législateur, agissant sur le fondement des dispositions précitées des articles 34 et 72 de la Constitution, crée une nouvelle catégorie de collectivité territoriale, même ne comprenant qu'une unité, et la dote d'un statut spécifique ;

19. Considérant cependant que, dans l'exercice de sa compétence, le législateur doit se conformer aux règles et principes de valeur constitutionnelle, et notamment au principe de libre administration des collectivités territoriales énoncé au deuxième alinéa de l'article 72 ; qu'il doit également assurer le respect des prérogatives de l'État comme l'exige le troisième alinéa du même article ;

20. Considérant que l'Assemblée de Corse, élue au suffrage universel direct, est investie du pouvoir de régler par ses délibérations les affaires de la collectivité territoriale de Corse ; que, si la loi institue un

Conseil exécutif doté de pouvoirs propres, ce conseil est élu par l'Assemblée de Corse en son sein et est responsable devant elle ; que le représentant de l'État dans la collectivité territoriale de Corse conserve la charge des intérêts nationaux, du respect des lois et du contrôle administratif ; qu'enfin, ni l'Assemblée de Corse ni le Conseil exécutif ne se voient attribuer des compétences ressortissant au domaine de la loi ; *qu'ainsi cette organisation spécifique à caractère administratif de la collectivité territoriale de Corse ne méconnaît pas l'article 72 de la Constitution* ;

En ce qui concerne l'édiction par l'article 7 de la loi d'une incompatibilité spécifique aux élus de Corse :

[...]

23. Considérant que l'article L. 46-1 ajouté au code électoral par la loi nº 85-1046 du 30 décembre 1985 limite la possibilité pour une même personne de cumuler plus de deux des mandats électoraux ou fonctions électives qu'il énumère ; qu'au nombre des mandats pris en compte pour l'application de cette législation de portée générale figurent notamment le mandat de conseiller général et celui de conseiller régional ; que l'article 8 de la loi présentement soumise à l'examen du Conseil constitutionnel place sur le même plan au regard de la réglementation générale des cumuls le mandat de conseiller à l'Assemblée de Corse et celui de conseiller régional ; que, dès lors qu'il entendait procéder à une semblable assimilation, le législateur ne pouvait, sans méconnaître le principe d'égalité, interdire aux conseillers à l'Assemblée de Corse de cumuler ce mandat avec celui de conseiller général, alors qu'un tel cumul est autorisé sur l'ensemble du territoire de la République et qu'aucune justification tirée de la spécificité de la collectivité territoriale de Corse ne fonde une telle interdiction ;

24. Considérant qu'il y a lieu par suite pour le Conseil constitutionnel de déclarer contraire à la Constitution l'article L. 369 *bis* ajouté au code électoral par l'article 7 de la loi déférée ;

En ce qui concerne les conditions de représentation au Sénat de la collectivité territoriale de Corse :

[...]

28. Considérant qu'il résulte de ces diverses dispositions que l'entrée en vigueur d'une loi instituant une nouvelle catégorie de collectivités territoriales n'est pas subordonnée à l'adoption préalable d'une loi organique ; que si l'article 24 de la Constitution impose que les différentes collectivités territoriales soient représentées au Sénat, il n'exige pas que chaque catégorie de collectivités dispose d'une représentation propre ; que l'article L.O. 274 du code électoral, dans sa rédaction issue de l'article 3 de la loi organique nº 86-957 du 13 août 1986, en disposant que « le nombre de sénateurs élus dans les départements est de 304 » implique seulement que, sous réserve d'exceptions prévues par d'autres textes ayant valeur de loi organique, les sénateurs soient élus dans le cadre du département ; qu'il ne fait pas obstacle à ce que les dispositions législatives relatives au régime électoral du Sénat organisent la participation au collège électoral de délégués de collectivités territoriales autres que le département ;

29. Considérant dans ces conditions que les articles 10 à 14 de la loi, en prévoyant que dans les deux départements de Corse des conseillers à l'Assemblée de Corse sont substitués aux conseillers régionaux au sein des collèges électoraux sénatoriaux, n'ont ni empiété sur la compétence réservée à la loi organique par la Constitution ni introduit de différence de traitement inconstitutionnelle entre les sénateurs élus dans les départements de Corse et les autres sénateurs ;

En ce qui concerne le moyen tiré de l'atteinte portée aux compétences des deux départements de Corse :

[...]

33. Considérant qu'en érigeant la Corse en collectivité territoriale à statut particulier et en la substituant à la région de Corse, sans pour autant mettre en cause l'existence des deux départements créés par la loi nº 75-356 du 15 mai 1975 sur le territoire de Corse, le législateur a entendu prendre en compte les caractères spécifiques de ce dernier ; qu'à cet effet, dans son titre III, intitulé « De l'identité culturelle de la Corse », ainsi que dans son titre IV, intitulé « Du développement économique de la Corse », la loi confère à la collectivité territoriale de Corse des compétences plus étendues que celles confiées en règle générale aux régions en vertu de l'article 59 de la loi nº 82-213 du 2 mars 1982 et de la législation subséquente ; qu'en effet la nouvelle collectivité territoriale se voit doter, en sus des compétences de la région de Corse, d'attributions qui lui sont transférées par l'État ;

34. Considérant ainsi que la définition par le législateur des compétences de la collectivité territoriale de Corse n'a pas pour conséquence d'affecter de façon substantielle les attributions des deux départements de Corse ; qu'il suit de là que la définition des compétences de la collectivité territoriale de Corse ne porte pas atteinte aux dispositions de l'article 72 de la Constitution ;

En ce qui concerne l'article 53, alinéa 2, relatif à l'insertion de la langue et de la culture corses dans le temps scolaire :

[...]

37 . Considérant que l'article 53 prévoit l'insertion dans le temps scolaire de l'enseignement de la langue et de la culture corses ; que cet enseignement n'est pas contraire au principe d'égalité dès lors qu'il ne revêt pas un caractère obligatoire ; qu'il n'a pas davantage pour objet de soustraire les élèves scolarisés dans les établissements de la collectivité territoriale de Corse aux droits et obligations applicables à l'ensemble des usagers des établissements qui assurent le service public de l'enseignement ou sont associés à celui-ci ; que, par suite, le fait pour le législateur d'autoriser la collectivité territoriale de Corse à promouvoir l'enseignement de la langue et de la culture corses, ne saurait être regardé comme portant atteinte à aucun principe de valeur constitutionnelle ;

En ce qui concerne l'article 85 relatif à la refonte des listes électorales :

[...]

39. Considérant que les auteurs des première et troisième saisines font valoir que la limitation de la refonte des listes électorales aux seules communes de Corse est contraire au principe d'égalité des citoyens devant la loi ; que les auteurs de la première saisine ajoutent que la mise en œuvre des dispositions de l'article 85 peut conduire à priver momentanément un citoyen du droit de vote ;

Quant au moyen tiré de la violation du principe d'égalité:

40. Considérant que le principe constitutionnel d'égalité ne s'oppose ni à ce que le législateur règle de façon différente des situations différentes ni à ce qu'il déroge à l'égalité pour des raisons d'intérêt général pourvu que, dans l'un et l'autre cas, la différence de traitement qui en résulte soit en rapport avec l'objet de la loi qui l'établit ;

41. Considérant que la législation électorale ne confère pas aux citoyens une totale liberté de choix de leur lieu d'inscription sur les listes électorales ; que, sous réserve des dispositions régissant la situation particulière des Français établis hors de France, des militaires et des mariniers, l'inscription sur les listes d'une commune est subordonnée, soit à une condition de domicile réel ou légal ou encore de résidence, soit à la circonstance que les intéressés figurent pour la cinquième fois sans interruption au rôle d'une des contributions directes communales ; que, conformément au principe constitutionnel de l'égalité du suffrage, l'article L. 10 du code électoral énonce que « nul ne peut être inscrit sur plusieurs listes électorales » ;

42. Considérant que la situation des listes électorales des communes de Corse, telle qu'elle ressort des informations fournies lors des débats parlementaires, présente des particularités qui autorisent le législateur, dans le cadre de la réorganisation administrative de la Corse, à arrêter des modalités spécifiques de refonte des listes électorales, sans méconnaître le principe d'égalité devant la loi ;

Quant au moyen tiré de la privation du droit de suffrage :

43. Considérant que la refonte des listes électorales des communes des départements de Corse ne produira son plein effet qu'à compter du 1er mars 1992 ; qu'indépendamment de cette refonte il sera procédé dans les autres communes françaises à la révision annuelle des listes électorales ; que, dans le cadre de cette révision, il est loisible aux personnes qui ne satisfont pas dans les communes des départements de Corse aux conditions posées par les articles L. 11 à L. 14 du code électoral de solliciter leur inscription sur les listes d'une autre commune ; qu'il suit de là que si l'article 85 de la loi est susceptible d'affecter le lieu d'exercice du droit de vote il n'affecte pas cet exercice lui-même ;

44. Considérant qu'il résulte de ce qui précède que les moyens dirigés contre l'article 85 de la loi ne peuvent être accueillis ;

Sur l'article 26 de la loi relatif à la consultation de l'assemblée de Corse, à la dévolution à son profit d'un pouvoir de proposition et à la création d'une procédure d'injonction :

[...]

46. Considérant que le quatrième alinéa de l'article 26 confère à l'Assemblée de Corse un pouvoir de proposition en matière législative et réglementaire dans les domaines touchant à l'organisation administrative de la Corse ou concernant son développement économique, social ou culturel ; qu'il est spécifié au cinquième alinéa que les propositions sont adressées au président du Conseil exécutif qui les transmet au Premier ministre ; que le sixième alinéa de l'article 26 dispose que « les parlementaires élus dans les départements de Corse en sont informés et reçoivent communication des propositions adressées au Premier ministre » ; que le septième alinéa de l'article 26 énonce que « lorsque le Premier ministre est saisi dans les conditions fixées au cinquième alinéa, il accuse réception dans les quinze jours et fixe le délai dans lequel il apportera une réponse au fond avant le début de la session ordinaire suivante de l'Assemblée » ;

47. Considérant que l'article 26 de la loi tend ainsi à prévoir la consultation de l'Assemblée de Corse sur certains textes, à lui attribuer un pouvoir de proposition au Premier ministre et à enjoindre à celui-ci d'y donner suite ; qu'il confère dans le cadre de ces procédures des prérogatives aux parlementaires élus dans les départements de Corse ;

En ce qui concerne la dévolution à l'Assemblée de Corse d'un pouvoir de consultation en matière législative :

48. Considérant que le fait de prévoir la consultation de l'Assemblée de Corse sur les projets de loi comportant des dispositions spécifiques à la Corse ne saurait avoir une quelconque incidence sur la régularité de la procédure législative laquelle relève de la Constitution et des lois organiques prises pour son application ; qu'ainsi la consultation prévue par l'alinéa 1er de l'article 26 de la loi ne saurait en rien limiter le droit d'initiative du Gouvernement en matière législative ;

En ce qui concerne la dévolution à l'Assemblée de Corse d'un pouvoir de proposition et d'injonction faite au Premier ministre d'y donner suite :

49. Considérant que les dispositions des quatrième et cinquième alinéas de l'article 26 de la loi, qui confèrent à l'Assemblée de Corse un pouvoir de proposition dans des domaines qui ne sont pas sans lien avec ses compétences, ne sont pas en elles-mêmes contraires à la Constitution ;

50. Considérant toutefois que la Constitution attribue au Gouvernement, d'une part, et au Parlement, d'autre part, des compétences qui leur sont propres ; que le législateur ne saurait, sans excéder la limite de ses pouvoirs, enjoindre au Premier ministre de donner une réponse dans un délai déterminé à une proposition de modification de la législation ou de la réglementation, émanant de l'organe délibérant d'une collectivité territoriale ;

51. Considérant en conséquence que le septième alinéa de l'article 26 de la loi, qui fait obligation au Premier ministre de se justifier sur la suite à donner à une proposition de modification de la législation ou de la réglementation émanant de l'Assemblée de Corse, doit être déclaré contraire à la Constitution ;

En ce qui concerne la situation des parlementaires élus dans les départements de Corse :

52. Considérant qu'aux termes du premier alinéa de l'article 3 de la Constitution, « la souveraineté nationale appartient au peuple qui l'exerce par ses représentants et par la voie du référendum » ; que l'article 24 de la Constitution dispose, dans son premier alinéa, que le Parlement comprend l'Assemblée nationale et le Sénat, prescrit dans son deuxième alinéa que les députés sont élus au suffrage direct et énonce, en son troisième alinéa, que le Sénat est élu au suffrage indirect ; que, conformément au premier alinéa de l'article 27 de la Constitution, « tout mandat impératif est nul » ; que selon le premier alinéa de l'article 34 « la loi est votée par le Parlement » ;

53. Considérant qu'il ressort de ces dispositions que les membres du Parlement ont la qualité de représentants du peuple ; qu'à ce titre ils sont appelés à voter la loi dans les conditions fixées par la Constitution et les dispositions ayant valeur de loi organique prises pour son application ; qu'en conséquence, il n'appartient pas au législateur de faire bénéficier certains parlementaires, en raison de leur élection dans une circonscription déterminée, de prérogatives particulières dans le cadre de la procédure d'élaboration de la loi ;

54. Considérant que ces exigences constitutionnelles sont méconnues par les dispositions des alinéas 2 et 6 de l'article 26 de la loi en ce qu'elles organisent au profit des parlementaires élus dans les départements de Corse une information particulière concernant les projets de loi soumis pour avis à

l'Assemblée de Corse ainsi que les propositions de modification de la législation émanant de cette Assemblée ;

55. Considérant par suite qu'il y a lieu pour le Conseil constitutionnel de déclarer contraires à la Constitution tant l'alinéa 2 que l'alinéa 6 de l'article 28 de la loi soumise à son examen ;

Sur l'article 78 de la loi relatif aux ressources de la collectivité territoriale de Corse et à la compensation des charges financières résultant des compétences qui lui sont transférées :

[...]

58. Considérant que l'ordonnance nº 59-2 du 2 janvier 1959 portant loi organique relative aux lois de finances réserve, dans son article 1er, alinéa 2, à un texte de loi de finances l'édiction des « dispositions législatives destinées à organiser l'information et le contrôle du Parlement sur la gestion des finances publiques » ; que ces exigences sont méconnues par les dispositions précitées des paragraphes III et VI de l'article 78 de la loi déférée qui fixent des règles ayant pour objet d'organiser l'information du Parlement sur la gestion des finances publiques ;

59. Considérant dès lors que les paragraphes III et VI de l'article 78 de la loi, qui empiètent sur le domaine exclusif d'intervention des lois de finances, doivent être déclarés contraires à la Constitution ;

Décide :

ARTICLE PREMIER - Ne sont pas conformes à la Constitution les dispositions suivantes de la loi portant statut de la collectivité territoriale de Corse :

- l'article 1er ;
- dans le texte de l'article 7, l'article L. 369 bis ajouté au code électoral ;
- dans le texte de l'article 26, les alinéas 2, 6 et 7 ;
- dans le texte de l'article 78, les paragraphes III et VI.

ART. 2 - La présente décision sera publiée au *Journal officiel* de la République française.

La composition du Conseil constitutionnel à la date du 9 mai 1991 était la suivante : M. BADINTER (Président), MM. CABANNES, FABRE, FAURE, JOZEAU-MARIGNÉ, LATSCHA, MAYER, MOLLET-VIEVILLE, ROBERT.

OBSERVATIONS

1. Comme dans les grandes occasions, la décision du Conseil constitutionnel a fait la une des quotidiens et un éditorialiste a même pu écrire que « jamais, sans doute, depuis 1959, une décision du juge constitutionnel n'avait été aussi attendue » (A. Peyrefitte, *le Figaro*, 10 mai 1991).

Il est vrai que la date même à laquelle cette décision a été rendue y est pour beaucoup, car elle est intervenue la veille même du dixième anniversaire de l'arrivée au pouvoir du Président de la République, François Mitterrand, et comme l'a souligné le même éditorialiste, ce « dixième anniversaire a bien failli être marqué d'une pierre noire. Et même de plusieurs... ». En fait, pour la plupart des journaux, cet anniversaire a été terni par le « désaveu » infligé au pouvoir exécutif par le Conseil constitutionnel.

En réalité, le juge constitutionnel n'a invalidé qu'une petite partie du texte et celui-ci, pour sa plus grande part, a échappé à la censure du Conseil. Toutefois, l'invalidation de la mention du « peuple corse » a eu valeur de symbole et l'on s'est surtout arrêté à ce qui, politiquement et affectivement, revêtait de l'importance aux yeux de l'opinion. Mais comme l'a dit un commentateur avisé, « les apparences ne doivent pas tromper. La décision du Conseil constitutionnel... avalise l'essentiel du nouveau statut de la Corse » (T. Bréhier, *Le Monde*, 10 mai 1991, p. 6). Et à la différence de ce qui s'était posé en janvier 1982, lors de la fameuse décision sur les nationalisations, le Conseil constitutionnel n'a pas déclaré les dispositions invalidées inséparables de l'ensemble et n'a pas interdit la promulgation de la loi, ce qui en 1982 avait été assimilé à une annulation totale.

2 . L'affaire a commencé avec le dépôt du projet de loi préparé par le ministre de l'Intérieur, M. Pierre Joxe, devant l'Assemblée nationale, lors de la session d'automne de 1990. L'examen du projet a été retardé par la guerre du Golfe et c'est un nouveau ministre de l'Intérieur (M. Marchand) qui a pris le relais pour défendre devant le Parlement ce que l'on a continué à appeler le « projet Joxe ».

Déposé et enregistré sous le numéro 1692, le projet de loi portant statut de la Corse sera discuté à l'Assemblée nationale les 21, 22 et 23 novembre 1990. Dès la première séance du 21 novembre 1990, la discussion prendra une tournure constitutionnelle avec l'exception d'irrecevabilité déposée en application de l'article 91, alinéa 4 du règlement de l'Assemblée nationale par M. Pons et les membres du groupe RPR. Cette exception pour l'essentiel centrée autour des articles 2 et 3 de la Constitution, de la notion de souveraineté nationale énoncée dans le préambule de la Constitution et de l'interprétation des articles 72 et 74 du texte constitutionnel sera finalement rejetée au scrutin public par les députés. Après trois jours de discussion l'Assemblée nationale adoptera finalement le texte par 282 voix contre 258.

Au Sénat, le projet de loi adopté par l'Assemblée nationale sera discuté les 20, 21 et 22 mars 1991. Lors de la séance du 21 mars 1991, le Sénat supprimera par 235 voix contre 81 la référence faite à la notion de peuple corse. Il supprimera également le Conseil exécutif ainsi que son président préférant revenir au plan institutionnel au droit commun des régions. Le texte sera ensuite adopté avec ces modifications le 22 mars 1991 par 229 voix contre 86. Revenu selon le mécanisme de la navette devant l'Assemblée nationale le 3 avril 1991, le texte modifié par le Sénat se voit opposer la question préalable soulevée en vertu de l'article 91, alinéa 4 du règlement par M. Millon et les membres du groupe UDF. La question sera rejetée au cours de la 2e séance du 4 avril 1991 par 274 voix contre 262.

Le Sénat quant à lui, constatant que l'Assemblée nationale avait rétabli l'intégralité du texte et n'avait retenu aucune de ses modifications, considérant en outre que le texte mettait en cause l'unité du peuple français adopta une motion tendant à opposer la question préalable et rejeta le projet de loi adopté par l'Assemblée nationale en nouvelle lecture.

En application de l'article 45 de la Constitution l'Assemblée nationale se prononcera en dernière lecture et adoptera le projet de loi le 12 avril 1991.

Le Conseil constitutionnel sera saisi, dès le 12 avril, par un groupe de 117 députés RPR et UDF, conduits par M. Pierre Mazeaud (qui aura mené le combat du début jusqu'à la fin) et le 15 avril, d'une part, par le Président du Sénat, M. Alain Poher, et d'autre part, par 66 sénateurs. On remarquera que le Président du Sénat avait aussi saisi le Conseil constitutionnel, dans une circonstance semblable où l'indivisibilité de la République lui avait paru mise en cause : à propos du statut des DOM (décision du 2 décembre 1982)

3 . Comme il a été souligné *supra*, le Conseil constitutionnel n'a invalidé que quelques dispositions de la loi portant statut de la collectivité territoriale de Corse. L'essentiel a été conservé et la loi a pu être promulguée, amputée des dispositions invalidées, dès le 13 mai 1991. Il n'en reste pas moins qu'il s'agit d'une « grande décision » compte tenu de l'importance considérable des positions prises par le Conseil constitutionnel quant à la structure même de la République.

La décision du *9 mai* comporte de multiples aspects. L'accent sera mis sur les points essentiels : la réaffirmation de l'indivisibilité du « peuple français » et et le refus de toute discrimination personnelle (I) qui s'accompagne de l'abandon de l'exigence d'identité institutionnelle (II) et l'acceptation de la diversité territoriale ; ce qui conduit à se demander si, à terme, l'unité du pouvoir normatif pourra, à elle seule, maintenir l'indivisibilité de la République (III). La portée de la décision sera enfin étudiée compte tenu de la controverse qu'elle soulève (IV).

I . La réaffirmation de l'indivisibilité du « peuple français » et le refus de toute discrimination personnelle entre citoyens

4 . La richesse de la décision du *9 mai* conduit à se montrer prudent quant à l'appréciation de la signification et de la portée des considérants 10 à 14 dans lesquels le Conseil, après avoir affirmé la valeur constitutionnelle du concept de peuple français et son indivisibilité, invalide l'article 1er proclamant l'existence du « peuple corse composante du peuple français ».

Néanmoins, des lignes directrices semblent pouvoir être dégagées, à partir de l'idée force suivante : c'est moins la considération des risques d'une « dérive » internationale qui a conduit les juges constitutionnels à prendre leur décision que la crainte de voir remettre en cause le principe, hérité de la Révolution, selon lequel les individus indifférenciés – les citoyens – forment de manière indivisible « le peuple français ».

5 . Le raisonnement du Conseil constitutionnel est bâti en deux propositions : la Constitution ne connaît qu'un seul peuple ; et ce peuple est composé de « citoyens », c'est-à-dire d'individus indifférenciés.

6 . *La Constitution ne connaît qu'un seul peuple.* La démonstration avait déjà été faite, à partir des textes constitutionnels, par la plupart des juristes ; mais le juge constitutionnel y ajoute une note particulière.

Le Conseil rappelle tout d'abord que le concept de « peuple français » figure dans le premier alinéa du préambule de la Constitution de 1958, dans la Déclaration des droits de l'homme et du citoyen de 1789, dans le préambule de la Constitution de 1946, c'est-à-dire dans les trois éléments principaux du bloc de constitutionnalité ; et il constate ensuite que « la Constitution de 1958 distingue le peuple français des peuples d'outre-mer auxquels est reconnu le droit à la libre détermination » (§ 12). Il n'y a donc qu'un seul peuple reconnu, le « peuple français », et ceci s'inscrit d'ailleurs dans la continuité constitutionnelle depuis 1789 car « la référence au "peuple français" figure... depuis deux siècles dans de nombreux textes constitutionnels ».

En conséquence, « le concept juridique de "peuple français" a valeur constitutionnelle » (§ 12), ce qui signifie, semble-t-il, que la mention du "peuple français" comporte des effets juridiques (ce dont il faudra tenir compte désormais) et que le seul peuple qui puisse exister est le peuple français. Ceci peut être considéré comme une réponse aux observations en défense du Gouvernement selon lequel « la portée de ces termes est essentiellement politique... Ainsi, l'article 1er de la loi déférée, dont la portée est plus explicative que normative, ne peut par définition être contraire à la Constitution » (p. 5). Dans la décision 99-412 DC du 15 juin 1999, le Conseil constitutionnel a fait référence au principe d'« unicité du peuple français » auquel il a reconnu valeur constitutionnelle.

7 . *La Constitution ne connaît que le peuple français composé de tous les citoyens français sans distinction d'origine, de race ou de religion*

« La mention faite par le législateur du "peuple corse composante du peuple français" est contraire à la Constitution » laquelle ne connaît que le peuple français composé de tous les citoyens français sans distinction d'origine, de race ou de religion » (§ 13).

a) Tel est le considérant essentiel qui exprime bien toute la philosophie de la décision du Conseil : la mention du peuple corse, distinct du peuple français est dangereuse essentiellement parce qu'elle porte en germe toute une série de discriminations et de distinctions que, depuis deux siècles, la France s'est toujours efforcée de bannir de son droit. Ceci avait été expressément souligné dans le mémoire produit par les députés requérants en réplique aux observations de Gouvernement (p. 1) :

« Admettre la consécration législative du peuple corse c'est admettre à plus ou moins brève échéance celle de "peuple martiniquais", de "peuple réunionnais", de "peuple canaque" etc. Or, ceci est directement contraire à l'article 2 de la Constitution qui interdit toutes distinctions à raison de l'origine ou de la race. Comment, en effet, distinguer le peuple corse des autres composantes du peuple français sinon par l'origine ethnique ? Si le Gouvernement a d'autres critères qu'il les donne ».

On peut citer également la réaction du sénateur François Giacobbi, président du conseil général de Haute Corse : « Quand vous reconnaissez le peuple corse à l'intérieur du peuple français, vous faites une distinction raciste ».

Le droit français, depuis la Révolution, a toujours exclu toute reconnaissance officielle de différences entre les individus à raison de leur origine, de leur race ou de leur religion. C'est une conquête de la Révolution jamais remise en cause, et qui est pratiquement acquise dès 1790 (voir E. et R. Badinter, *Condorcet, un intellectuel en politique*, Paris, Fayard, 1988, p. 289 et s.). Elle explique le refus de toute reconnaissance constitutionnelle de minorités en droit interne, et les précautions prises par la France lors de la signature d'engagements internationaux (cf. B. de Witte, « Minorités nationales : reconnaissance et protection », *Pouvoirs*, 1991, n° 57, p. 116) qui rappelle que « la France avait... par une déclaration interprétative, exclu l'application de l'article 27 du Pacte des Nations Unies en territoire français, parce que la France se définissait dans la Constitution comme indivisible et ne pouvait donc reconnaître l'existence de minorités ».

Et c'est dans cette logique que s'inscrit la neutralisation par la décision commentée, de la disposition prévoyant l'insertion de l'enseignement de *la langue et de la culture corses* dans le temps scolaire par la formule selon laquelle « cet enseignement n'est pas contraire au principe d'égalité dès lors qu'il ne revêt pas un caractère obligatoire » (§ 37).

8 . Le droit comparé permet de mieux comprendre la démarche du juge constitutionnel. Ainsi, par exemple, la Constitution canadienne reconnaît-elle ou autorise-t-elle un statut particulier fondé sur la race, la religion, la langue ou la culture, notamment au profit des « peuples autochtones » mais aussi d'autres minorités ou groupes. Il en va de même dans un certain nombre d'autres États même lorsqu'ils ne revêtent pas la forme fédérale mais unitaire.

On notera, par contraste, que le Conseil constitutionnel n'a même pas accepté, comme l'a souligné le mémoire en réplique précité, que soit pris en considération « le critère ethnique pour admettre le déséquilibre entre la représentation de la population et celle des autres populations » dans l'affaire du découpage régional en Nouvelle Calédonie (*8 août 1985**). La décision commentée se situe dans la même perspective que la jurisprudence établie précédemment et selon laquelle, il ne peut y avoir aucune différenciation entre citoyens constituant un même peuple (*Quotas par sexe**).

De manière plus précise, il a été jugé en 1984, qu'une incompatibilité ne pouvait être prévue entre les fonctions de membre du gouvernement d'un TOM et celle de parlementaire européen, car une telle incompatibilité touchant certains citoyens en fonction de leurs attaches avec une partie déterminée du territoire de la France est contraire à l'indivisibilité de la République (177 DC, 30 août 1984). Cette dernière jurisprudence explique dans une certaine mesure, que le Conseil constitutionnel ait, dans la présente décision, invalidé la disposition instituant une incompatibilité entre les mandats de conseiller général et de membre de l'Assemblée de Corse (§ 23) même si le motif principalement invoqué est la violation du principe d'égalité.

9 . On peut aussi rattacher à la notion d'indivisibilité du peuple sans distinction d'origine, la censure d'office des dispositions organisant au profit des parlementaires élus dans les départements de

Corse une information particulière concernant les projets de lois soumis pour avis à l'Assemblée de Corse, ainsi que les propositions de modifications de la législation émanant de cette Assemblée.

Pour le Conseil constitutionnel, « les membres du Parlement ont la qualité de représentants du peuple » et à ce titre ils sont appelés à voter la loi dans les mêmes conditions, ce qui interdit au législateur « de faire bénéficier certains parlementaires, en raison de leur élection dans une circonscription déterminée, de prérogatives particulières dans le cadre de la procédure d'élaboration de la loi » (§ 53). Ce rappel à l'ordre du législateur est d'autant plus clair que le Conseil avait pris soin de se référer préalablement à l'article 27 de la Constitution selon lequel « tout mandat impératif est nul ». Encore une fois le juge constitutionnel entend souligner que les citoyens sont strictement égaux dès lors qu'il sont considérés comme formant le peuple et qu'ils ne peuvent être représentés que de manière égale et indifférenciée.

II. L'ABANDON DE L'EXIGENCE D'IDENTITÉ INSTITUTIONNELLE DES COLLECTIVITÉS TERRITORIALES AUTRES QUE LES TERRITOIRES D'OUTRE-MER ET L'ACCEPTATION DE LA DIVERSITÉ TERRITORIALE : L'INTERPRÉTATION DES ARTICLES 72, 73 ET 74 DE LA CONSTITUTION

10. Ferme sur le maintien de l'indivisibilité du peuple français en tant qu'excluant toute discrimination à raison de l'origine, de la race ou de la religion, le Conseil constitutionnel a, en revanche, considérablement assoupli sa position quant à l'exigence d'identité institutionnelle des collectivités territoriales autres que les territoires d'outre-mer. On peut avancer que, pour le Conseil, dès lors que les dispositions institutionnelles n'opèrent aucune des discriminations précitées et que les citoyens sont représentés de manière identique au plan national, peu importe qu'au plan local, il y ait différenciation dans la manière de représenter et d'administrer les citoyens.

11. Toutefois, la portée de la décision du *9 mai* ne peut être clairement déterminée, en l'état actuel, non seulement parce qu'il faut attendre, comme pour toute décision établissant une jurisprudence, des applications ultérieures, mais aussi en raison des « silences » qu'elle comporte et des explications fournies *a posteriori* sur le sens de certaines de ses dispositions par des commentateurs auxquels leurs fonctions actuelles ou antérieures confèrent une autorité particulière (B. Genevois *in R.F.D.A.*, 1991, n° 3, p. 407 et S. ; F. Luchaire, *R.F.D.C.*, 7-1991).

Il paraît utile, dès lors, d'exposer successivement la thèse du revirement jurisprudentiel puis celle de la continuité jurisprudentielle, avant de montrer que les objections que soulève celle-ci confirment la validité de la première.

1° *La thèse du revirement jurisprudentiel.*

12. Ainsi que nous l'avons écrit dans un premier commentaire (cf. Favoreu, *R.F.D.C.*, 6-1991), le Conseil constitutionnel a abandonné, dans sa décision du *9 mai*, l'exigence d'identité institutionnelle des

collectivités territoriales autres que les TOM, et accepté la diversité territoriale qu'elle institue.

13 . a) *L'exigence d'identité institutionnelle des collectivités territoriales (autres que les TOM) résultant de la jurisprudence établie de 1982 à 1984*

Des décisions 138 DC du *25 février 1982** (Statut de la Corse), 147 DC du 2 décembre 1982 (Statut des DOM), 149 DC du 28 décembre 1982 (Loi PLM), 151 DC du 12 janvier 1983 (Conseils municipaux des TOM), et 174 DC du 25 juillet 1984 (Régions d'outre-mer), il découlait, d'après les commentaires habituellement faits et non controversés jusqu'ici, que les collectivités territoriales (autres que les territoires d'outre-mer) devaient être organisées selon un schéma institutionnel commun. Cette constatation pouvait être tirée des éléments suivants :

- dans les décisions précitées du *25 février 1982** et du 28 décembre 1982, le Conseil constitutionnel affirme l'existence d'un « droit commun applicable à l'ensemble des régions » (138 DC § 11) et d'un « droit commun de l'organisation communale » (149 DC, § 6) ;

- bien qu'elle se soit vue reconnaître déjà la qualité de collectivité territoriale constituant à elle seule une catégorie, la Corse a vu aligner le régime électoral de son assemblée sur celui des autres assemblées régionales, en 1985, et cela pour respecter la décision précitée du 25 février 1982 ;

- les départements d'outre-mer doivent avoir la même organisation institutionnelle que les autres départements et être notamment administrés par une assemblée élue dans le cadre cantonal (2 déc. 1982 ; 25 juillet 1984) ;

- les communes des territoires d'outre-mer peuvent ne pas avoir la même organisation institutionnelle d'un territoire d'outre-mer à l'autre ; mais cela parce que l'article 74 de la Constitution autorise en quelque sorte cette dérogation au schéma général de l'organisation communale (12 janvier 1983) ;

- les départements d'outre mer, bien que leur organisation administrative puisse faire l'objet « d'adaptations » sur autorisation de la Constitution (art. 73) ne peuvent voir ces adaptations dépasser un certain seuil, par rapport au schéma institutionnel général des départements, ce qui leur donnerait une « organisation particulière » réservée aux territoires d'outre-mer (2 déc. 1982).

De l'ensemble de cette jurisprudence, dont la cohérence ne peut être contestée, il ressort que, d'après le Conseil constitutionnel, l'indivisibilité de la République suppose que les collectivités territoriales soient organisées selon un schéma institutionnel commun.

14 . En outre, par la décision du 2 décembre 1982 (statut des départements d'outre-mer) il est établi une frontière entre les territoires d'outre-mer et toutes les autres collectivités territoriales : seuls les territoires d'outre-mer peuvent avoir une « organisation particulière » ; et une collectivité territoriale peut être considérée comme dotée d'une « organisation particulière » en considération seulement

du mode d'élection de son assemblée délibérante (et sans prendre aucunement en compte, par exemple, l'attribution ou la non attribution d'un pouvoir normatif autonome).

15 . b) *L'acceptation de la diversité territoriale instituée par la décision du 9 mai 1991*

La décision du *9 mai* ne fait aucune allusion à la jurisprudence précédemment établie : le Conseil constitutionnel semble vouloir tout reprendre à zéro et donne une interprétation neuve des textes constitutionnels applicables aux collectivités territoriales.

Désormais, les dispositions constitutionnelles relatives aux collectivités territoriales doivent s'interpréter de la manière suivante.

16 . Le législateur peut créer, en vertu de l'article 72 al. 1er (2e phrase), une nouvelle catégorie de collectivités territoriales ne comprenant qu'une unité (ce qui était déjà acquis) et peut la doter d'un statut spécifique à condition de respecter simplement le principe de la libre administration des collectivités territoriales (art. 72 al. 2) et les prérogatives de l'État (art. 72, al. 3). En conséquence, dès lors qu'est prévue une assemblée délibérante élue au suffrage universel direct, un représentant de l'État conservant la charge des intérêts nationaux, du respect des lois et du contrôle administratif et qu'est exclue l'attribution aux autorités locales de compétences ressortissant au domaine de la loi, la Constitution est respectée, et au-delà de ce minimum tout est possible.

17 . En outre, s'agissant des territoires d'outre-mer, l'« organisation particulière » se définit désormais non par l'organisation institutionnelle mais par l'aménagement du système normatif (v. *infra*, n° 30, 31).

18 . *Les implications de cette nouvelle lecture des articles 72 et 74* ont une importance considérable quant au statut des collectivités territoriales au sein de la République.

19 . On peut estimer tout d'abord que l'article 73 de la Constitution est « gommé » et qu'il n'y a plus lieu de s'en préoccuper.

En effet, il suffit que les départements d'outre-mer se transforment en collectivités territoriales à statut spécial (en adoptant chacun une structure particulière ou en se dotant d'une structure identique au sein d'une catégorie nouvelle) pour créer, par exemple, l'assemblée unique élue dans le cadre départemental à la représentation proportionnelle qui leur a été refusée par le Conseil constitutionnel en 1982. En outre, il n'y aura plus à se demander si telle ou telle adaptation de régime législatif ou de l'organisation administrative de ces collectivités territoriales est autorisée (voir *supra*, n° *32*- 27-28) puisque tout est possible dès lors que sont respectées les trois exigences minimum exposées plus haut.

A moins de considérer, ce qui serait quand même paradoxal et peu vraisemblable, que les départements d'outre-mer sont les seules collectivités territoriales de la République à continuer à être astreintes aux conditions strictes fixées par la jurisprudence de 1982 (voir cependant *infra*, les positions de MM. Genevois et Luchaire).

20 . De manière générale, ensuite, la décision du *9 mai 1991* ne met aucune limite à un processus possible de modification profonde du système institutionnel local.

Ce système reposait sur l'uniformité de l'organisation institutionnelle alors qu'aux États-Unis ou en RFA, ou même en Grande-Bretagne, la règle est plutôt la diversité d'organisation des collectivités locales secondaires.

Désormais, la décision du *9 mai 1991* autorise de multiples variations. On peut ainsi avoir des collectivités territoriales à statut spécial, dotées des mêmes institutions polynésiennes que la Corse, non seulement dans les îles d'outre-mer, mais aussi en Alsace ou en Bretagne car, répétons-le, dans les considérants 15 à 20, il n'est précisé, à aucun moment, que l'étendue de la compétence du législateur est fonction de telle ou telle donnée sociologique, géographique ou historique particulière.

Il est ainsi concevable que la catégorie ne comprenant, en l'état actuel, qu'un seul spécimen, la Corse, s'enrichisse d'autres cas, par transformation de certaines régions sur le modèle corse. On aboutirait ainsi à une situation à « l'italienne », où coexistent deux types de région à statut différent.

On pourrait ainsi avoir des régions à exécutif responsable devant l'assemblée et d'autres à exécutif non responsable. Il semble, en revanche, que des régions à exécutif directement élu par les citoyens seraient à exclure car le Conseil constitutionnel souligne dans le considérant 20 que « si la loi institue un conseil exécutif doté de pouvoirs propres, ce conseil *est élu par l'Assemblée de Corse en son sein* et est responsable devant elle », ce qui signifie sans doute que l'administration des collectivités territoriales ne peut se faire, aux termes de l'article 72 al. 2, que par ou sous la responsabilité des assemblées élues.

2° *La thèse de la continuité jurisprudentielle.*

21 . La thèse de la continuité jurisprudentielle est développée par les auteurs précités (*supra*, n° 11).

La décision du *9 mai* serait simplement l'occasion de compléter et d'affirmer une jurisprudence existant déjà : « la décision 91-290 DC offre... l'intérêt de préciser *à quelles conditions la loi peut instaurer un particularisme institutionnel en France métropolitaine...* » (B. Genevois, *op. cit.* p. 416, souligné par l'auteur). Et la démonstration est faite en quatre temps.

22 . En premier lieu, le Conseil constitutionnel admet, depuis la décision 138 DC du *25 février 1982**, que le législateur puisse créer une catégorie de collectivités territoriales à exemplaire unique (ce que nul ne conteste) et que, ce faisant, il peut doter la collectivité territoriale ainsi créée d'une organisation dérogatoire au schéma institutionnel général, comme l'attestent les précédents de Paris, Mayotte et Saint-Pierre et Miquelon (version prudente de certains

auteurs) ou comme l'a reconnu le Conseil constitutionnel à propos des mêmes cas (version plus aventureuse d'autres auteurs).

23 . En deuxième lieu, la seule limite à la dérogation ainsi opérée est l'interdiction d'intégrer dans l'organisation de la collectivité considérée l'une des « composantes d'essence constitutionnelle » du *statut* des territoires d'outre-mer : le Conseil constitutionnel, dans son considérant 18, a cité l'une de ces « composantes » (à savoir « la possibilité pour le législateur de déroger aux règles de répartition des compétences entre la loi et le règlement ») mais il faut comprendre qu'en utilisant l'adverbe « notamment » il a fait allusion à d'autres « composantes d'essence constitutionnelle » telles que la consultation obligatoire de l'Assemblée territoriale des TOM, la nature particulière de l'organe délibérant d'un TOM, les limitations au principe de libre administration ou les compétences des autorités des TOM en matière d'expropriation. En revanche, « l'organisation de type polynésien », qui caractérise l'aménagement des nouvelles institutions corses, n'est qu'un « élément d'ordre législatif du statut d'un TOM et non une de ses composantes d'ordre constitutionnel ».

24 . En troisième lieu, la dérogation au schéma institutionnel général doit, selon le Conseil constitutionnel (ceci découlant apparemment de la référence du Conseil à l'obligation pour le législateur de « se conformer aux règles et principes de valeur constitutionnelle », *op. cit.* p. 419) être motivée par des spécificités, car « le principe d'égalité devant la loi implique que la création d'une collectivité à statut particulier, qui se différencie du régime institutionnel de droit commun, soit justifiée par des éléments de particularisme », éléments qui, en Corse, sont aisés à déceler ainsi que le souligne P. Ferrari en 1982 (*op. cit.* p. 419).

25 . Ceci implique donc, en quatrième lieu, que la portée de la jurisprudence « Statut de la Corse » est limitée et n'est pas générale (voir *infra*).

3° *Les objections que soulève la thèse précédemment exposée.*

26 . a) *Les objections soulevées sont de plusieurs types.* Tout d'abord, il est pour le moins difficile, sinon impossible, de déceler dans le texte de la décision les étapes 2, 3 et 4 du raisonnement précédent : les considérants 18, 19 et 20 dans lesquels le Conseil constitutionnel définit sa position, ne contiennent rien à ce sujet à part l'adverbe « notamment » qui n'éclaire pas, à lui seul, leur sens Dès lors, on n'est pas tenu d'accepter telle interprétation plutôt que telle autre.

En outre, on ne peut manquer d'être frappé par le « silence » gardé sur la jurisprudence « Statut des DOM » du 2 décembre 1982, pourtant essentielle pour la définition des limites au particularisme institutionnel (on y reviendra *infra*) : dans le commentaire précité, il n'en est pas plus question que dans la décision elle-même (sauf de manière tout à fait accessoire et non significative à la note 29).

27 . Ensuite, *Les précédents de Paris, Mayotte et Saint-Pierre et Miquelon*, si souvent cités et utilisés, en liaison avec celui de la Corse de 1982, ont la valeur de précédents institutionnels mais non de précédents jurisprudentiels : en d'autres termes, on ne peut en inférer, et tout commentateur attentif des décisions du Conseil constitutionnel le sait pertinemment (d'où la prudence soulignée plus haut de certains auteurs), aucune conséquence quant à l'existence d'une véritable jurisprudence du Conseil constitutionnel relativement à l'étendue des dérogations susceptibles d'être apportées au schéma institutionnel général au cas de création d'une catégorie de collectivités territoriales à exemplaire unique.

En effet, les lois du 10 juillet 1964 et du 31 décembre 1975 affirmant le particularisme du statut de Paris, n'ont jamais été soumises au Conseil constitutionnel (cf. B. Genevois, *op. cit.* note 18), et si la loi du 31 décembre 1982 l'a été, le Conseil constitutionnel ne pouvait à l'occasion de son examen, revenir bien évidemment sur la constitutionnalité du statut de 1975 qui était maintenu dans ses grandes lignes. De même « la loi du 6 mai 1976 (relative aux incompatibilités entre les fonctions de président du Conseil général et de maire de Paris) n'est pas [...] déterminante dans la mesure où elle n'a pas été avant sa promulgation soumise au Conseil constitutionnel » (*op. cit.* note 18). Chacun sait aussi que les lois du 11 juin 1985 et du 24 décembre 1986 créant des collectivités territoriales *sui generis* à Saint-Pierre et Miquelon et Mayotte, n'ont pas été déférées au Conseil constitutionnel.

Et on ne peut, pour « valider » ces précédents, s'appuyer sur la décision 138 DC du *25 février 1982** car d'une part, le Conseil constitutionnel a simplement affirmé que le législateur avait interprété la Constitution comme n'excluant pas la création de catégories de collectivités territoriales ne comprenant qu'une unité dans les cas de Paris et de Mayotte, et d'autre part, parce que le juge constitutionnel ne pouvait en aucun cas se prononcer, à cette occasion, sur la constitutionnalité de lois déjà promulguées (et cela même si la jurisprudence *État d'urgence en Nouvelle-Calédonie** avait déjà été adoptée, car les conditions posées par cette jurisprudence n'étaient même pas réunies).

Enfin, la décision du *25 février 1982** sur la Corse, ne peut être invoquée que comme validant la possibilité de création de catégorie de collectivités territoriales à exemplaire unique, car pour le reste, le fameux « statut particulier » de 1982 n'avait de vraiment dérogatoire au schéma institutionnel général que le régime électoral de l'Assemblée de Corse, et encore était-ce une dérogation *supposée*, puisque le régime électoral général des conseils régionaux n'avait pas encore été établi. Et qu'au surplus, lorsqu'il a été institué, on a aligné le régime électoral corse sur le régime général au motif que la décision du Conseil constitutionnel excluait toute dérogation en ce domaine. Ceci ressort clairement des débats parlementaires au Sénat (*J.O.* Débats Sénat, séance du 6 juin 1985, p. 1016 à 1018 et p. 1029 cité par F. Sabiani, *A.J.D.A.*, 1986, p. 221-222).

En conséquence, on ne peut déduire de cette jurisprudence que l'indication selon laquelle le législateur peut créer une catégorie de collectivités territoriales à exemplaire unique et pas davantage. Il n'y a en revanche aucune continuité de jurisprudence entre la décision du *25 février 1982** et celle du *9 mai 1991* quant à l'étendue des dérogations susceptibles d'être apportées au schéma institutionnel général au cas de création d'une catégorie de collectivités territoriales à exemplaire unique. On peut dire, au contraire, qu'il y a rupture dans la mesure où, en 1985, on a déduit de la décision *138 DC du 25 février 1982** le fait qu'une dérogation – somme toute minime au regard de ce qui sera fait plus tard en 1991 – au régime électoral général était interdite.

28 . b) En fait, *le problème central* – dont la référence à la jurisprudence précitée ne fait que reculer la résolution – *est bien celui des limites à apporter aux dérogations* : et c'est ici que prend place la principale *objection* à la thèse de la continuité jurisprudentielle. Celle-ci en effet esquive la difficulté, d'une part, en « oubliant » la jurisprudence Statut des DOM du 2 décembre 1982 et d'autre part, en opérant un amalgame entre « statut » et « organisation particulière » des territoires d'outre-mer.

29 . Il y a accord entre les différents commentateurs sur le fait que la limite des dérogations est dépassée dès lors que l'on donne à une collectivité territoriale « l'organisation particulière » d'un territoire d'outre-mer. Toute la question est donc de savoir ce qu'est, d'après le Conseil constitutionnel, cette « organisation particulière ».

– Pour qui lit seulement la décision du *9 mai 1991* et notamment ses considérants 15 à 20, l'invocation, par les requêtes des députés et des sénateurs, de la méconnaissance de l'article 74 de la Constitution, n'apparaîtra pas très claire car il ignore qu'en réalité les requérants ont surtout mis en avant la jurisprudence établie par la décision du 2 décembre 1982, seule décision dans laquelle le Conseil constitutionnel ait fait application de la notion d'« organisation particulière » (tirée de l'article 74 de la Constitution) comme limite aux dérogations à apporter au schéma institutionnel général des collectivités territoriales : les rédacteurs de la décision du *9 mai 1991* qui, habituellement, rappellent dans le détail les principaux éléments des saisines, ont complètement passé sous silence la décision du 2 décembre 1982 qui est pourtant le support essentiel de l'argumentation des requérants et sans l'évocation de laquelle la référence à l'article 74 de la Constitution est incompréhensible. On ajoutera que ceci est d'autant plus étonnant que, depuis plusieurs mois, le débat juridique avait porté sur ce point comme l'attestent les actes du colloque organisé en 1990 sur le thème « Quelles réformes institutionnelles pour la Corse » et notamment les rapports de Dominique Rousseau et Thierry Michalon, dans lesquels était préconisée l'adoption du statut de territoire d'outre-mer pour la Corse afin d'échapper aux conséquences de la décision du 2 décembre 1982 (cf. *R.S.A.M.O.*, nº 29-30, juin 1990, p. 65 et p. 78 notamment).

Dans cette décision (cf. *supra 32* - 22 et s.), le Conseil constitutionnel, après avoir affirmé que les adaptations au statut de la Réunion, de la Guadeloupe, de la Martinique et de la Guyane « ne sauraient avoir pour effet de conférer aux départements d'outre-mer une "organisation particulière" prévue par l'article 74 pour les seuls territoires d'outre-mer », a invalidé la loi portant réforme de ce statut pour le motif justement qu'elle dotait les départements d'outre-mer de cette « organisation particulière » uniquement en *changeant le régime électoral des assemblées* de ces départements.

– Il découle donc de cette décision, d'une part que *l'objet* de « l'organisation particulière » peut concerner les institutions locales et que *le contenu* de « l'organisation particulière » peut consister en une spécificité du régime électoral d'une assemblée locale.

Ceci est en parfaite harmonie tant avec la jurisprudence du Conseil constitutionnel qu'avec les analyses doctrinales. Les auteurs constatent de manière unanime que l'objet de « l'organisation particulière » touche essentiellement à la composition, aux compétences et au rôle des autorités délibérantes et exécutives mais que la jurisprudence du Conseil constitutionnel est allée au-delà en l'étendant à la législation applicable dans le territoire (voir en ce sens P. Lampué, *R.D.P.*, 1984, p. 9-10 ; F. Luchaire, *La protection constitutionnelle des droits et libertés*, p. 177 ; D. Rousseau, *Droit du contentieux constitutionnel*, p. 203 ; J.-C. Maestre et F. Miclo, *in* Luchaire et Conac, *La Constitution de la République française*, p. 1284). Il est aussi généralement entendu que le particularisme de l'organisation se marque non seulement à l'égard des autres types de collectivités territoriales mais aussi à l'égard des autres territoires d'outre-mer, comme l'a bien marqué le Conseil constitutionnel dans ses décisions du 12 janvier 1983 et *8 août 1985** (voir en ce sens G. Vedel et P. Delvolvé, *Droit administratif*, II, p. 570).

– Enfin le Conseil constitutionnel a marqué la distinction qu'il convenait d'opérer entre le « statut » des TOM et leur « organisation particulière » dans sa décision du *8 août 1985**. Comme le souligne expressément François Luchaire, dans cette décision (§ 11) en estimant « qu'une loi autorisant le Gouvernement à intervenir par voie d'ordonnances, dans des matières qui relevaient incontestablement de l'organisation particulière (notamment le régime fiscal et les compétences des régions) ne lui permettait cependant pas de "modifier le statut des territoires" mais seulement de prendre les mesures d'adaptation qu'impose la loi ». « Le Conseil constitutionnel a introduit une curieuse distinction entre "le statut du territoire" et son "organisation particulière" [...]. Cette distinction peut être ainsi interprétée : « Le Conseil constitutionnel considère que le statut a un sens beaucoup plus restreint que l'organisation particulière et doit être compris comme désignant seulement le statut constitutionnel des TOM : cette [...] interprétation peut s'appuyer sur l'article 76 de la Constitution *qui emploie le mot statut et non celui d'organisation particulière* pour décider que "les territoires d'outre-mer peuvent garder leur statut au sein de la République" » (*in La protection constitutionnelle des droits et libertés*, p. 178).

Cette distinction nous paraît tout à fait fondée et en harmonie avec le reste de la jurisprudence du Conseil constitutionnel car si on assimile statut et organisation particulière comme l'a fait le Conseil, en rupture avec sa jurisprudence précédente, dans sa décision du *9 mai 1991*, on a de la peine à comprendre.

30. Le Conseil constitutionnel a opéré un amalgame entre « statut » et « organisation particulière » dans les considérants 18 à 20 : et cette impression est confortée par le commentaire précité.

— Le Conseil constitutionnel n'emploie pas l'expression « organisation particulière » mais utilise la périphrase : « particularisme de la situation des TOM », ce qui n'est pas la même chose. En outre, il invoque expressément l'article 76 de la Constitution qui consacre avec l'article 74, ce « particularisme ».

Cette invocation de l'article 76 nous avait surpris car l'article 76 ne peut être considéré comme étant en vigueur aujourd'hui (cf. Favoreu, *R.F.D.C.*, 6-1991, p. 312). Mais elle s'explique si on se réfère au commentaire précité et à ce qu'écrivait son auteur dès 1988 (*op. cit.* p. 312, n° 498) : il n'est question, en effet, que du « statut » des TOM et jamais de « l'organisation particulière » dans l'explication des considérants 18 à 20 ; et cela s'explique car les « composantes d'essence constitutionnelle » ne peuvent avoir trait qu'au « statut » – qui est constitutionnel – et non à « l'organisation particulière » qui relève par définition de la compétence législative. Enfin, dans l'ouvrage précité, il est opéré une liaison entre l'article 74 et l'article 76 (p. 312, n° 498) avant de définir le particularisme de la situation des TOM par référence à « la particularité de la répartition des compétences entre la loi et le règlement [...], la nécessité de consulter l'assemblée territoriale intéressée...».

– Or on ne peut assimiler « statut » et « organisation particulière » des TOM pour les raisons suivantes :

• Le « statut » dont il est question seulement à l'article 76 de la Constitution (qui, rappelons-le, n'était qu'une disposition transitoire et n'a plus lieu de s'appliquer aujourd'hui) désigne la situation constitutionnelle des TOM : selon l'article 76 les TOM pouvaient garder leur statut (constitutionnel) de TOM ou bien opter pour celui de DOM, ou d'État membre de la Communauté, comme l'indique l'alinéa 2 du même article.

• En revanche, dans l'article 74, le terme d'« organisation » a été substitué à celui de « statut » lors du Conseil des ministres du 3 septembre 1958 alors qu'il était maintenu à l'article 76 (*Documents pour servir...*, vol. III, p. 587).

• Cette modification est compréhensible car sinon l'article 74 aurait été inapplicable : en effet, le « statut » ayant un contenu constitutionnel, il ne peut être modifié que par le constituant ; tandis que « l'organisation particulière » étant, aux termes de l'article 74 « *définie et modifiée par la loi* après consultation de l'assemblée territoriale intéressée », on ne voit pas comment la loi pourrait intervenir si elle avait un contenu constitutionnel.

• En conséquence « l'organisation particulière » ne peut avoir des « composantes d'essence constitutionnelle » car sinon elle ne pourrait être modifiée par la loi : comment imaginer que le législateur puisse par exemple supprimer l'obligation de consultation de l'assemblée territoriale ?

• Enfin, une autre différence entre le « statut » et « l'organisation particulière » est que le statut est le même pour les divers TOM (et notamment ses « composantes d'essence constitutionnelle ») tandis que l'organisation particulière est différente selon les TOM.

– En réalité, la compétence particulière reconnue au législateur pour aménager de manière originale et « sur mesure » l'organisation institutionnelle des TOM s'explique par la nécessité de tenir « compte de leurs intérêts propres dans l'ensemble des intérêts de la République ». Le législateur ne reçoit d'autorisation d'user d'une large compétence que parce que la Constitution a reconnu cette nécessité et seulement dans ces cas. Pour toutes les autres collectivités territoriales cette autorisation n'existe pas car la Constitution, en dehors des TOM, ne reconnaît pas l'existence « *d'intérêts propres* dans l'ensemble des intérêts de la République ».

31 . On remarquera enfin qu'appliquée à la décision du 2 décembre 1982, la « grille d'analyse » proposée (à partir des « composantes d'essence constitutionnelle ») *n'explique rien* car, dans l'affaire du statut des DOM, il n'était absolument pas question d'intégrer l'une de ses « composantes d'essence constitutionnelle » dans la nouvelle organisation.

4º *Quelle est alors la portée de la décision ?*

32 . Si l'on suit M. Genevois, la jurisprudence inaugurée le *9 mai 1991* ne s'applique que dans des circonstances particulières, semblables à celles de la Corse, le justifiant ; sinon c'est le droit institutionnel commun qui doit être appliqué. Le problème est que la décision du *9 mai* ne fixe aucune limite de ce type dans son énoncé même.

La position de M. Luchaire est quelque peu différente : les collectivités territoriales dont l'existence est prévue par la Constitution (telles les départements et on peut supposer, les communes) ne peuvent se voir appliquer la jurisprudence du *9 mai* et pour elles reste alors valable la jurisprudence du 2 décembre 1982 ; en conséquence, la jurisprudence désignée s'applique essentiellement aux régions d'outre-mer et de métropole (observations *in R.F.D.C.*, 7-1991). Mais, encore une fois, rien de tel n'est indiqué dans la décision du *9 mai* ni même suggéré puisque cette décision ignore totalement la jurisprudence du 2 décembre 1982. En outre, il y a divergence avec la position précédente.

33 . Force est alors de conclure, comme nous l'avons déjà fait, que la décision du *9 mai* ne fixe aucune limite – sauf celles inscrites aux alinéas 2 et 3 de l'article 72 – à la compétence du législateur (voir *supra*, nº 20). Et dans ce cas nous maintenons que l'article 73 de la Constitution n'a plus d'intérêt, car on peut aller beaucoup plus loin en utilisant l'article 72, alinéa 1er (2e phrase) qu'en invoquant l'article 73. Or ceci pose un problème car, comme l'a souligné M. Luchaire à propos justement de l'article 73 (dans d'autres circonstances) « lorsqu'une disposition est susceptible de deux sens, on doit plutôt l'entendre dans celui avec lequel elle peut avoir quelque effet, que dans le sens avec lequel elle n'en pourrait produire aucun » (*in La protection constitutionnelle des droits et libertés*, p. 167).

III . La représentation des collectivités territoriales au Sénat : l'interprétation de l'article 24 de la Constitution

34 . *La nouvelle interprétation donnée à l'article 24 de la Constitution* s'inscrit aussi dans la même perspective de renonciation à l'exigence d'identité institutionnelle et d'égalité de représentation. Mais il est également soutenu ici qu'il y aurait continuité jurisprudentielle et non revirement.

1° *La thèse du revirement jurisprudentiel*

35 . Ici encore, la jurisprudence avait été fixée en 1982 par la décision du *25 février** relative à la Corse, et respectée par le Gouvernement et le législateur lors de l'élaboration du vote de la loi du 10 juillet 1985 établissant le mode d'élection des conseillers régionaux.

Ainsi que l'écrivent les députés requérants dans le mémoire en réplique précité :

« En 1982, les parlementaires requérants avaient fait valoir que la nouvelle collectivité territoriale de Corse – dont l'assemblée était élue, comme l'actuelle, dans le cadre d'une seule circonscription – devait être représentée de manière spécifique au Sénat et que, à cette fin, était nécessaire la modification de la loi organique et de la loi ordinaire relatives à la composition du Sénat. Le Conseil constitutionnel avait, en réponse, estimé en effet que « l'article 24 de la Constitution exige(ait) la modification de ces dispositions législatives ».

La question (de la modification de la loi organique relative au Sénat) ne s'était pas posée finalement en 1985, parce que le Gouvernement, afin de respecter la décision du Conseil constitutionnel du 25 février 1982, avait imaginé un système permettant l'élection des conseillers régionaux dans le cadre départemental, ce qui « rendait possible l'affectation desdits conseillers au collège électoral sénatorial du département dans lesquels ils avaient été élus ». Et en conséquence, « le système électoral corse (celui de 1982) a été modifié en ce sens afin que les conseillers régionaux désormais élus dans le cadre de l'un des deux départements, puissent figurer dans l'un des deux collèges électoraux sénatoriaux » (mémoire précité p. 4).

Et, après avoir rappelé cela, les députés requérants soutenaient que le système adopté par la loi attaquée ne respectait pas les impératifs ainsi fixés : en effet, « l'Assemblée de Corse, une fois son effectif réparti proportionnellement à la population de chacun des deux départements, procède à la désignation de ceux de ses membres appelés à la représenter au sein du collège électoral du département le plus peuplé » ; et ensuite « les conseillers... non désignés font partie de plein droit du collège électoral du département le moins peuplé » (§ 25). Ce système évidemment ne permet plus de réaliser, comme y avait été contraint le législateur de 1985, l'adéquation entre la circonscription électorale du conseiller régional et son département de rattachement comme grand électeur sénatorial.

En conséquence, les requérants demandaient que soient créés des sièges de « sénateurs régionaux » préalablement au vote de la loi sur la Corse et donc que la loi organique relative à la composition du Sénat soit préalablement modifiée, conformément à la décision du 25 février 1982.

36 . La réponse du Conseil constitutionnel a, cette fois-ci, été différente en raison d'une nouvelle lecture de l'article 24 de la Constitution.

Désormais, en effet, pour le juge constitutionnel, « si l'article 24 de la Constitution impose que les « différentes collectivités territoriales soient représentées au Sénat, *il n'exige pas que chaque catégorie dispose d'une représentation propre* » (§ 28). Jusque-là, il était admis que les régions, englobant les départements, devaient avoir une représentation propre et seul le stratagème de l'élection des conseillers régionaux dans le cadre du département avait permis de préserver l'exclusivité de représentation des sénateurs départementaux parce qu'ils étaient censés aussi représenter la région. À partir de maintenant, peu importe, car il n'y a aucun obstacle à ce que « les dispositions législatives relatives au régime électoral du Sénat, organisent la participation au collège électoral sénatorial de délégués de collectivités territoriales autres que le département » (§ 28). On le comprend aisément pour les communes car elles sont englobées dans le département et l'on conçoit qu'elles soient représentées par les sénateurs départementaux ; mais, pour les régions, c'est beaucoup plus difficile à admettre (sauf évidemment pour les régions mono-départementales).

En toute hypothèse, dès lors que la solution ne s'applique qu'à la Corse, il y a inégalité de représentation des citoyens selon que ceux-ci sont électeurs en Corse ou hors de Corse, quant à la désignation des sénateurs. Mais pour le Conseil constitutionnel, cela « (n')introduit (pas) de différence de traitement inconstitutionnelle entre les sénateurs élus dans les départements de Corse et les autres sénateurs » (§ 29). Là encore, il y a changement de position car, en 1985, il a paru nécessaire de modifier le système de désignation des conseillers de l'Assemblée de Corse pour éviter qu'il n'y ait inégalité, notamment quant à la participation de ces conseillers à l'élection des sénateurs, alors qu'aujourd'hui le Conseil constitutionnel s'accommode de cette différence. Différence qui nous paraît d'ailleurs poser problème plutôt du côté des électeurs que du côté des sénateurs : en effet, les électeurs de Corse ne sauront pas qui ils désignent, comme grands électeurs sénatoriaux devant siéger dans le collège électoral de tel département ; tandis que les électeurs des autres régions le savent.

37 . On remarquera enfin que le rejet opéré par le Conseil constitutionnel, et surtout sa motivation, produisent un double effet : d'une part, la loi sur la Corse ne sera pas déclarée non promulgable et d'autre part, la voie de la réforme du mode de scrutin, pour les élections régionales, est désormais ouverte.

En effet, l'un des obstacles à la mise en place – vivement souhaitée par le parti socialiste – d'un mode de scrutin à la représentation proportionnelle dans le cadre régional pour les élections régionales, résidait dans le fait que la représentation au Sénat n'aurait pu être assurée selon des modalités conformes aux exigences constitutionnelles, telles que l'on pouvait les dégager de la jurisprudence du Conseil constitutionnel (voir obs. Favoreu *in R.F.D.A.*, 1990, p. 404-405). Cet obstacle est aujourd'hui levé dans la mesure où la décision du *9 mai 1991* affirme que la Constitution « n'exige pas que chaque catégorie de collectivité territoriale dispose d'une représentation propre » : il suffira au législateur ordinaire de prévoir, dans la loi portant réforme du mode de scrutin régional, que les conseillers régionaux élus dans le cadre de la région (et non plus des départements) seront affectés aux collèges électoraux sénatoriaux de chaque département selon la méthode inaugurée en Corse, c'est-à-dire en procédant à la désignation successive des grands électeurs d'abord dans les départements les plus peuplés, puis dans les moins peuplés. Pour le Conseil constitutionnel, en effet, la seule exigence découlant de la Constitution et des lois organiques, est que « les sénateurs soient élus dans le cadre du département » (§ 28).

2° *La thèse de la continuité jurisprudentielle et les objections qu'elle soulève.*

38 . Il nous est affirmé ici aussi qu'il n'y a pas eu revirement de jurisprudence mais continuité et là encore on ne peut être d'accord. En revanche, ici, les conséquences de la nouvelle jurisprudence du Conseil constitutionnel sont aisément perceptibles et seront sans doute d'une grande importance.

39 . a) *La thèse de la continuité jurisprudentielle* est soutenue de manière différente par MM. Genevois et Luchaire.

Pour le premier, c'est moins une continuité jurisprudentielle qu'un changement de circonstances qui est exposé. Tout d'abord, il nous est révélé que le législateur organique a, en 1986, changé la formule de l'article LO 274 du code électoral : cet article ne fixe plus le nombre des sénateurs « *pour* les départements » mais celui des sénateurs « élus *dans* les départements », changement dont le Conseil constitutionnel, saisi en fait à propos de la loi organique relative au régime électoral de Saint-Pierre et Miquelon (212 DC, 12 août 1986, *Rec.* 118), ni d'ailleurs les commentateurs habituels, n'ont pas saisi toute l'importance. Ensuite, est invoquée l'opinion de MM. François et Yves Luchaire (*in Droit de la décentralisation*, 2e éd., p. 91), approuvés par M. Mazères (*in R.D.P.*, 1990, p. 621), selon laquelle la Constitution « n'exige pas que chaque collectivité territoriale soit représentée par un ou plusieurs sénateurs ». Enfin, « pour souhaitable qu'elle soit, l'intervention de dispositions organiques nouvelles ne peut cependant être érigée en préalable faute de quoi serait paralysée la compétence que le législateur tient de l'article 72 de la Constitution, de créer, par une loi ordinaire, une nouvelle catégorie de collectivités territoriales » (*R.F.D.A.*, 1991, n° 3, p. 419).

Pour le second, la décision du *9 mai* est « dans le droit-fil » de celle du *25 février 1982** (138 DC) car le Conseil constitutionnel avait jugé en 1982 que la création de la région de Corse exigeait simplement « la modification des dispositions législatives » et plus exactement des « règles électorales relatives au Sénat » et non des dispositions organiques relatives au nombre de sénateurs (*R.F.D.C.*, 7-1991).

40 . b) *Les objections à la thèse de la continuité jurisprudentielle* sont assez aisées à formuler.

- Tout d'abord la formule exacte utilisée dans la décision 138 DC du *25 février 1982** est la suivante :

« Considérant que [...] la loi relative au statut particulier de la région de Corse, méconnaîtrait les dispositions de la Constitution pour autant que l'entrée en vigueur de cette loi n'est pas subordonnée à l'intervention d'*une loi organique et d'une loi ordinaire*, modifiant les règles électorales relatives au Sénat et permettant d'y assurer la représentation de cette collectivité territoriale ;

Considérant que si l'article 24 de la Constitution exige la modification de *ces* dispositions législatives, il n'impose pas... » (§ 14 et 15).

Il avait été compris à l'époque que « ces dispositions législatives » visaient à la fois la loi organique et la loi ordinaire citées plus haut : c'est l'interprétation adoptée par les rédacteurs de la loi du 10 juillet 1985 ainsi que par la plupart des commentateurs. On notera par exemple que l'un de ceux-ci, pourtant favorable à une interprétation restrictive de la jurisprudence du Conseil constitutionnel en ce domaine, l'avait compris de cette façon (cf. Sabiani, *in A.J.D.A.*, 1986, p. 224).

– Il y a donc bien eu changement de position du Conseil constitutionnel et celle-ci ne peut être justifiée par la modification du libellé de l'article L.O. 274 du code électoral, car à supposer que ce changement ait été fait en toute connaissance de cause, il n'appartient pas au législateur organique de modifier les exigences constitutionnelles, non plus d'ailleurs qu'à la doctrine.

– Enfin, l'argument selon lequel l'exigence d'une modification préalable de la loi organique « paralyserait la compétence que le législateur tient de l'article 72 de la Constitution » (B. Genevois, *R.F.D.A.*, 1991, p. 419) n'est pas un argument recevable sur le plan juridique car, s'il y a risque de paralysie, ce n'est pas pour des raisons juridiques mais pour des raisons politiques, le Gouvernement n'ayant pas la majorité au Sénat et n'étant pas sûr, dans ces conditions, de pouvoir faire voter la loi organique augmentant le nombre de sénateurs.

41 . c) *La portée de la décision du 9 mai, du point de vue de la représentation des collectivités territoriales au Sénat* est dépourvue d'ambiguïté (comme il a été indiqué *supra* n° 36-38).

Au plan constitutionnel général, cette portée est assez considérable car elle semble condamner ce qui paraissait être, avec la réforme de 1982, l'un des progrès de la décentralisation : les collectivités territoriales pesaient ainsi d'un plus grand poids dans la vie politique nationale et le principe de libre administration en était renforcé.

Sur le plan électoral plus immédiat, le changement de jurisprudence ouvre la voie à la réforme du mode de scrutin régional et notamment l'élection des conseillers régionaux dans le cadre de la région.

IV . L'unité du pouvoir normatif assurera-t-elle, à elle seule, le maintien de l'indivisibilité de la République ?

42 . Avant la décision du *9 mai 1991*, l'indivisibilité de la République reposait, selon la jurisprudence du Conseil constitutionnel, sur deux piliers : l'unité du pouvoir normatif et l'identité institutionnelle (voir obs. Favoreu in *RDP*, 1982, nº 5, p. 1278).

Il ne reste plus aujourd'hui véritablement que le premier, et la question est donc de savoir s'il sera assez solide pour soutenir l'ensemble de l'édifice.

43 . Le Conseil constitutionnel a préservé ce qui constitue la limite extrême de la décentralisation, c'est-à-dire la non-reconnaissance d'un pouvoir normatif autonome au profit des autorités locales corses. Il l'a bien marqué à deux reprises : en affirmant, tout d'abord, qu'est limitée aux territoires d'outre-mer « la possibilité pour le législateur de déroger aux règles de répartition des compétences entre la loi et le règlement » (§ 18) et en soulignant ensuite que « ni l'Assemblée de Corse, ni le conseil exécutif ne se voient attribuer des compétences ressortissant au domaine de la loi » (§ 20), ce qui le conduit à en déduire « qu'ainsi cette organisation spécifique à *caractère administratif* ne méconnaît pas l'article 72 de la Constitution » (§ 20).

De ce fait, et comme nous l'avions déjà relevé (voir *Le Monde* du 22 novembre 1990, p. 2) on est encore loin du statut des États fédérés ou des Lander allemands, ou même des « communautés autonomes » espagnoles, surtout si l'on ajoute que les actes des autorités locales sont toujours soumis au contrôle du représentant de l'État et du juge administratif et qu'aucun pouvoir d'auto-organisation n'est conféré aux organes de la nouvelle collectivité.

Sur l'échelle qui va de la décentralisation au fédéralisme et à l'autonomie, on n'en est encore qu'aux premiers échelons.

44 . Néanmoins, la diversification territoriale rendue largement possible par la décision du *9 mai*, et l'abandon de l'exigence de l'identité institutionnelle soulèvent quelques interrogations alors surtout qu'est mise en place une forme d'organisation institutionnelle plus proche de l'organisation politique que de l'organisation administrative.

En effet, l'existence d'un exécutif distinct de la présidence de l'Assemblée et responsable devant celle-ci évoque immédiatement un schéma de régime politique : on pense à un « gouvernement » responsable devant « l'Assemblée » et il ne peut pas ne pas y avoir un rapprochement avec l'aménagement des pouvoirs étatiques.

Ne peut-on penser que l'Assemblée de Corse sera tentée, à plus ou moins long terme, de réclamer des compétences normatives propres ? L'exécutif ne sera-t-il pas enclin à ouvrir des « représentations », à l'étranger ? Une série de questions peuvent être ainsi posées.

45

9 avril 1992
2 septembre 1992
23 septembre 1992

MAASTRICHT I, II, III
(308 DC, 312 DC, 313 DC)

Droit constitutionnel international
Contrôle de constitutionnalité des engagements internationaux
Droit de vote et d'éligibilité
Contrôle des lois constitutionnelles et supra-constitutionnalité

Décisions 92-308 DC, *Rec.* 55, *RJC* I-496 ; 92-312 DC, *Rec.* 76, *RJC* I-505 ; 92-313 DC, *Rec.* 94, *RJC* I-511. Article 54 de la Constitution.
Saisines du Président de la République (Maastricht I) et de sénateurs (Mastricht II).
Article 61 al. 2 de la Constitution. Saisine de députés (Maastricht III).
Contrôle de conformité des clauses du Traité de l'Union européenne à la Constitution.
Première déclaration de non-conformité sur saisine en vertu de l'article 54 de la Constitution.
Premier contrôle à triple détente d'un engagement international.
Droit de vote et d'éligibilité des ressortissants communautaires aux élections municipales.
Interprétation de l'article 3 de la Constitution.
Contrôle des lois constitutionnelles.
Contrôle des lois référendaires (non).

RÉFÉRENCES

a) *Notes doctrinales et commentaires :*

- Maastricht I, II et III :

- *Revue française de droit constitutionnel :*

11-1992 : « La Constitution française et le Traité de Maastricht » : P. AVRIL, R. DEBBASCH, L. FAVOREU, P. GAIA, J. GICQUEL, C. GREWE, D. MAUS, J. RIDEAU.

L. FAVOREU : Le contrôle de constitutionnalité du Traité de Maastricht et le développement du "droit constitutionnel international" », *R.G.D.I.P.*, 1993, nº 1, p. 39-66.

- Maastricht I :

** Notes doctrinales :*

- ETIEN (R.) : *R.A.*, nº 266, 1992, p. 126. - FAVOREU (L.) : *R.F.D.C.*, 10-1992, p. 340. - GAIA (P.) : *R.F.D.C.*, 11-1992, p. 398. - GAUTRON (J.-C.) in *La Constitution et l'Europe*, Montchrestien, 1992, p. 344. - GENEVOIS (B.) : *R.F.D.A.*, 1992, p. 373. - JACQUE (J.-P.) : *R.T.D.E.*, 1992, p. 251. - LUCHAIRE (F.) : *R.D.P.*, 1992, p. 589. - MATHIEU (B.) et VERPEAUX (M.) : *L.P.A.*, 26 juin 1992, p. 6. - PRÉTOT (X.) in *La Constitution et l'Europe*, Montchrestien, 1992, p. 327. - ROUSSEAU (D.) : *R.D.P.*, 1-1993, p. 14. - SIMON (D.) : *Europe*, nº 5, 1992, p. 1. - NGUYEN VAN TUONG : *JCP*, 1992, II, Nº 2.1853.

** Presse*

- GOGUEL (F.) : « La souveraineté nationale menacée », *Le Figaro*, 9 avril 1992. - DUVERGER (M.) : Entretien sur la décision du Conseil constitutionnel, *France -Soir*, 11 avril 1992. - FAVOREU (L.) : « La boîte de Pandore », *Le Monde*, 11 avril 1992. - SCHWARTZENBERG (R.-G.) : « Le Congrès d'abord, le référendum ensuite », *Le Quotidien de Paris*, 11 avril 1992. - FAVOREU (L.) : « Il y a référendum et référendum », *Le Quotidien de Paris*, 14 avril 1992. - DUHAMEL (O.) : « Vers le référendum », *Le Monde*, 17 avril 1992. - FAVOREU (L.) : « Constitution révisée ou Constitution bis », *Le Figaro*, 21 avril 1992. - MAUS (D.) : « Un référendum s'impose », *Le Quotidien de Paris*, 11 mai 1992. - FAVOREU (L.) : « Pour une clarification du débat constitutionnel », *Le Figaro*, 15 mai 1992. - FAVOREU (L.) : « Un imbroglio juridique », *Le Figaro*, 4 juin 1992. - ROUSSEAU (D.) : « Maastricht constitutionnel ? », *Libération*, 10 juin 1992.

- Maastricht II :

** Notes doctrinales :*

- BEAUD (O.) : *L.P.A.*, 31 mars 1993, p. 14. - FAVOREU (L.) : *R.F.D.C.*, 11-1992, p. 408, 12-1992, p. 735. - GAIA (P.) : *R.F.D.C.*, 12-1992, p. 729. - GENEVOIS (B.) : *R.F.D.A.*, 1992, Nº 6, P. 937. GREWE (C.) et RUIZ-FABRI (H.) : « Le Conseil constitutionnel et l'unité européenne », *RUDH*, 1992, p. 277. - LUCHAIRE (F.) : *R.D.P.*, 6-1992, p. 1587. - MATHIEU (B.) et VERPEAUX (M.) : *Les Petites Affiches*, 9 décembre 1992, p. 14. - PICARD (E.) : « Vers l'extension du bloc de constitutionnalité au droit européen ? », *RFDA*, 1993, p. 47. - ROUSSEAU (D.) : *R.D.P.*, 1-1993, p. 17, 28. - NGUYEN VAN TUONG : *J.C.P.* 1992, nº 46, II, 21943.

** Presse*

- FAVOREU (L.) ; « Un ajournement est-il possible ? », *Le Figaro*, 2 septembre 1992. - FOYER (J.) : « Le Sénat bafoué », *Le Monde*, 3 septembre 1992. - FAVOREU (L.) : « Une décision en demi teinte », *Le Figaro*, 4 septembre 1992. - BRÉHIER (Th.) : « Le traité est conforme à la Constitution », *Le Monde*, 4 septembre 1992.

- HAMON (L.) : « Les leçons du Conseil constitutionnel », *Le Quotidien de Paris*, 9 septembre 1992.

- Maastricht III :

** Notes doctrinales*

- ETIEN (R.) : *R.A.* nº 269, 1992, p. 413. - FAVOREU (L.) : *R.F.D.C.*, 12-1992, p. 743. - LUCHAIRE (F.) : *R.D.P.*, 1992, nº 6, p. 1587. - MATHIEU (B.) et VERPEAUX (M.) : *L.P.A.*, 9 décembre 1992, p. 14. - PICARD (E.) : *A.J.D.A.*, 1993, p. 151. - ROUSSEAU (D.) : *R.D.P.*, 1-1993, p. 33. - NGUYEN VAN TUONG : *J.C.P.*, 1992, II, 21956.

** Presse*

BRÉHIER (Th.) : « Le recours de M. Mazeaud a été rejeté », *le Monde*, 25 septembre 1992. - FAVOREU (L.) : « Il n'y aura pas de Maastricht III », *Le Figaro*, 26 septembre 1992.

b) *Autres références*

- *La Constitution et l'Europe*, Journée d'étude du 25 mars 1992, Montchrestien, Paris, 1992. - Numéro spécial de la RFDC, 12-1992 : *Les Constitutions européennes et le Traité de Maastricht* (C. AUTEXIER, F. DELPÉRÉE, J.-C. ESCARRAS, M. LUCIANI, J. MIRANDA, J. RIDEAU, F. RUBIO LLORENTE) ; FAVOREU (L.) et VEDEL (G.) : Souveraineté et supra-constitutionnalité, *Pouvoirs*, nº 67, 1993. - ARNÉ (S.) : Existe-t-il des normes supra-constitutionnelles ?, *R.D.P.*, nº 2, 1993.

c) *Jurisprudence*

- *sur le contrôle de constitutionnalité des engagements internationaux :*

• Décision 39 DC du 19 juin 1970, *Rec.* 15, *RJC* I-21. Traité des Communautés européennes.
• Décision 89 DC du 30 décembre 1977, *Rec.* 46, *RJC* I-54. Loi de finances pour 1978.
• Décision 90 DC du 30 décembre 1977, *Rec.* 44, *RJC* I-55.. Loi de finances rectificative pour 1977.
• Décision 93 DC du 29 avril 1978, *Rec.* 23, *RJC* I-58. FMI.
• Décision 99 DC du 29 décembre 1978, *Rec.* 36, *RJC* I-64. SME.
• Décision 116 DC du 16 juillet 1980, *Rec.* 36, *RJC* I-80. Convention d'entraide judiciaire franco-allemande.
• Décision 160 DC du 19 juillet 1983, *Rec.* 43, *RJC* I-154. Convention fiscale avec la Nouvelle-Calédonie.
• Décision 188 DC du 22 mai 1985, *Rec.* 15, *RJC* I-224. Abolition de la peine de mort.
• Décision 247 DC du 17 janvier 1989, *Rec.* 15, *RJC* I-338. Convention OIT.
• Décision 294 DC du 25 juillet 1991, *Rec.* 91, *RJC* I-455. Accord de Schengen.
• Décision 318 DC du 30 juin 1993, *RJC* I-524.
• Décision 319 DC du 30 juin 1993, *RJC* I-525.
• Décision 394 DC du 31 décembre 1997, *J.O.* 3 janvier 1998, p. 165.
• Décision 408 DC du 22 janvier 1999, *J.O.* 24 janvier 1999, p. 1317.

• Décision 412 DC du 15 juin 1999, *J.O.* 18 juin 1999, p. 8964.

- sur le droit de vote et d'éligibilité :

• Décision 71 DC du 30 décembre 1976, *Rec.* 15, *RJC* I-41.
• Décision 101 DC du 17 janvier 1979, *Rec.* 23, *RJC* I-67.
• Décision 130 DC du 30 octobre 1981, *Rec.* 31, *RJC* I-102.
• Décision 146 DC du 18 novembre 1982, *Rec.* 66, *RJC* I-134.
• Décision 148 DC du 14 décembre 1982, *Rec.* 73, *RJC* I-137.
• Décision 196 DC *du 8 août 1985* *
• Décision 227 DC du 7 juillet 1987, *Rec.* 41, *RJC* I-310.
• Décision 290 DC *du 9 mai 1991* *

- sur le contrôle des lois constitutionnelles et la supra-constitutionnalité :

• Décision 20 DC du *6 novembre 1962* *
• Décision 410 DC du 15 mars 1999, *J.O.* 21 mars 1999, p. 4234.

MAASTRICHT I

Le Conseil constitutionnel a été saisi, le 11 mars 1992, par le Président de la République, conformément à l'article 54 de la Constitution, de la question de savoir si, compte tenu des engagements souscrits par la France et des modalités de leur entrée en vigueur, l'autorisation de ratifier le traité sur l'Union européenne signé à Maastricht le 7 février 1992 doit être précédée d'une révision de la Constitution ;

Le Conseil constitutionnel,

Vu la Constitution du 4 octobre 1958 ;

Vu le préambule de la Constitution du 27 octobre 1946 ;

Vu l'ordonnance nº 58-1067 du 7 novembre 1958 modifiée portant loi organique sur le Conseil constitutionnel, notamment ses articles 18, alinéa 2, 19 et 20 ;

[...]

Vu la lettre en date du 25 mars 1992 par laquelle le Président de la République précise que la saisine qu'il a effectuée « concerne l'ensemble des engagements souscrits par la France, tels qu'ils résultent du traité lui-même, des protocoles qui lui sont annexés et des déclarations de la conférence des ministres, y compris, dans la mesure où elles interprètent les stipulations du traité, celles dont la conférence a pris acte » ;

Les rapporteurs ayant été entendus ;

SUR LE CONTENU DE L'ENGAGEMENT INTERNATIONAL SOUMIS À L'EXAMEN DU CONSEIL CONSTITUTIONNEL :

1. Considérant que l'engagement international dont il est demandé au Conseil constitutionnel d'apprécier s'il comporte une clause contraire à la Constitution est composé de trois séries d'éléments ;

2. Considérant, en premier lieu, que, sous les articles A à S, l'engagement international institue entre les Hautes Parties contractantes une Union européenne ; [...]

3. Considérant, en deuxième lieu, que les Hautes Parties contractantes sont convenues d'annexer, d'une part, seize protocoles au traité instituant la Communauté européenne et, d'autre part, le protocole mentionné au point 17 aussi bien au traité sur l'Union européenne qu'aux traités instituant les Communautés européennes ;

4. Considérant, en troisième lieu, qu'au moment de signer les textes susmentionnés, les Hautes Parties contractantes ont adopté à Maastricht, le 7 février 1992, un ensemble de trente-trois déclarations ;

SUR LE FAIT QUE LE TRAITÉ SUR L'UNION EUROPÉENNE MODIFIE DES ENGAGEMENTS INTERNATIONAUX ANTÉRIEURS :

5. Considérant que la saisine invite le Conseil constitutionnel à se prononcer « compte tenu des engagements souscrits par la France » ;

6. Considérant que dans ses titres II, III et IV, le traité sur l'Union européenne porte modification d'engagements internationaux antérieurement souscrits par la France et introduits dans son ordre juridique en vertu de l'effet conjugué de lois qui en ont autorisé la ratification et de leur publication soit au *Journal officiel* de la République française, soit au *Journal officiel* des Communautés européennes, conformément à l'article 3 du décret nº 53-192 du 14 mars 1953 modifié ;

7. Considérant que le quatorzième alinéa du préambule de la Constitution de 1946, auquel se réfère le préambule de la Constitution de 1958, proclame que la République française « se conforme aux règles du droit public international ; qu'au nombre de celles-ci figure la règle *Pacta sunt servanda* qui implique que tout traité en vigueur lie les parties et doit être exécuté par elles de bonne foi ; que l'article 55 de la Constitution de 1958 dispose, en outre, que « les traités ou accords régulièrement ratifiés ou approuvés ont, dès leur publication, une autorité supérieure à celle des lois, sous réserve, pour chaque accord ou traité, de son application par l'autre partie » ;

8. Considérant qu'il appartient au Conseil constitutionnel, saisi, au titre de la procédure instituée par l'article 54 de la Constitution, d'un traité qui modifie ou complète un ou plusieurs engagements internationaux déjà introduits dans l'ordre juridique interne de déterminer la portée du traité soumis à son examen en fonction des engagements internationaux que ce traité a pour objet de modifier ou compléter ;

SUR LES NORMES DE RÉFÉRENCE DU CONTRÔLE INSTITUÉ PAR L'ARTICLE 54 DE LA CONSTITUTION :

9. Considérant que le peuple français a, par le préambule de la Constitution de 1958, proclamé solennellement « son attachement aux droits de l'homme et aux principes de la souveraineté nationale tels qu'ils ont été définis par la Déclaration de 1789 confirmée et complétée par le préambule de la Constitution de 1946 » ;

10. Considérant que, dans son article 3, la Déclaration des droits de l'homme et du citoyen énonce que « le principe de toute souveraineté réside essentiellement dans la nation » ; que l'article 3 de la Constitution de 1958 dispose, dans son premier alinéa, que « la souveraineté nationale appartient au peuple qui l'exerce par ses représentants et par la voie du référendum » ;

11. Considérant que le préambule de la Constitution de 1946 proclame, dans son quatorzième alinéa, que la République française se « conforme aux règles du droit public international » et, dans son quinzième alinéa, que « sous réserve de réciprocité, la France consent aux limitations de souveraineté nécessaires à l'organisation et à la défense de la paix » ;

12. Considérant que dans son article 53, la Constitution de 1958 consacre comme le faisait l'article 27 de la Constitution de 1946, l'existence de « traités ou accords relatifs à l'organisation internationale » ; que ces traités ou accords ne peuvent être ratifiés ou approuvés par le Président de la République qu'en vertu d'une loi ;

13. Considérant qu'il résulte de ces textes de valeur constitutionnelle que le respect de la souveraineté nationale ne fait pas obstacle à ce que, sur le fondement des dispositions précitées du préambule de la Constitution de 1946, la France puisse conclure, sous réserve de réciprocité, des engagements internationaux en vue de participer à la création ou au développement d'une organisation internationale permanente, dotée de la personnalité juridique et investie de pouvoirs de décision par l'effet de transferts de compétences consentis par les États membres ;

14. Considérant toutefois qu'au cas où des engagements internationaux souscrits à cette fin contiennent une clause contraire à la Constitution ou portent atteinte aux conditions essentielles d'exercice de la souveraineté nationale, l'autorisation de les ratifier appelle une révision constitutionnelle ;

15. Considérant que c'est au regard de ces principes qu'il revient au Conseil constitutionnel de procéder à l'examen du traité sur l'Union européenne ;

SUR L'EXIGENCE DE RÉCIPROCITÉ DES ENGAGEMENTS :

16. Considérant que les engagements contenus dans les stipulations soumises à l'examen du Conseil constitutionnel ne prennent effet, conformément à l'article R du traité sur l'Union européenne, qu'après le dépôt du dernier instrument de ratification ; que cette exigence vaut aussi bien pour le traité lui-même que pour les protocoles qui lui sont annexés et les déclarations adoptées par les conférences des gouvernements ; qu'il suit de là que ces instruments internationaux ont le caractère d'engagements réciproques ; qu'il est ainsi satisfait à la condition de réciprocité prescrite par le quinzième alinéa du préambule de la Constitution de 1946 ;

SUR LA GARANTIE DES DROITS ET LIBERTÉS DES CITOYENS :

17. Considérant qu'aux termes du paragraphe 2 de l'article F du traité sur l'Union européenne : « L'Union respecte les droits fondamentaux, tels qu'ils sont garantis par la Convention européenne des droits de l'homme et des libertés fondamentales, signée à Rome le 4 novembre 1950, et tels qu'ils résultent des traditions constitutionnelles communes aux États membres, en tant que principes généraux du

droit communautaire » ; que leur respect est assuré par la Cour de justice des communautés européennes, notamment à la suite d'actions engagées à l'initiative des particuliers ;

18. Considérant que les stipulations du paragraphe 2 de l'article F, conjuguées avec l'intervention des juridictions nationales statuant dans le cadre de leurs compétences respectives, sont à même de garantir les droits et libertés des citoyens ; qu'à cet égard l'engagement international soumis au Conseil constitutionnel ne porte pas atteinte aux règles et principes de valeur constitutionnelle ;

SUR L'INSTAURATION D'UNE CITOYENNETÉ DE L'UNION :

19. Considérant qu'il ressort de l'article B du traité sur l'Union européenne que l'Union se donne notamment pour objectif « de renforcer la protection des droits et des intérêts des ressortissants de ses États membres par l'instauration d'une citoyenneté de l'Union » ; que l'article G du traité précité modifie le traité de Rome du 25 mars 1957 instituant la Communauté économique européenne afin d'instituer la Communauté européenne ; que, dans sa nouvelle rédaction, l'article 8 de ce dernier traité stipule qu'il est « institué une citoyenneté de l'Union » et précise qu'« est citoyen de l'Union toute personne ayant la nationalité d'un État membre » ;

20. Considérant qu'au nombre des droits reconnus à un citoyen de l'Union figure, en vertu de l'article 8 B ajouté au traité instituant la Communauté européenne, le droit de vote et d'éligibilité dans l'État membre où il réside, d'une part, aux élections municipales et, d'autre part, aux élections au Parlement européen ;

En ce qui concerne la reconnaissance du droit de vote et d'éligibilité aux élections municipales :

21. Considérant qu'aux termes du paragraphe I de l'article 8 B ajouté au traité instituant la Communauté européenne, « tout citoyen de l'Union résidant dans un État membre dont il n'est pas ressortissant a le droit de vote et d'éligibilité aux élections municipales dans l'État membre où il réside, dans les mêmes conditions que les ressortissants de cet État » ; qu'il est prévu que ce droit sera exercé sous réserve des modalités à arrêter par le conseil formé par un représentant de chaque État membre au niveau ministériel, statuant à l'unanimité, sur proposition de la commission et après consultation du Parlement européen ; que l'article 8 B, paragraphe 1, stipule *in fine* que « ces modalités peuvent prévoir des dispositions dérogatoires lorsque des problèmes spécifiques à un État membre le justifient » ;

22. Considérant que les « modalités à arrêter » auront pour objet de fixer les règles applicables à l'exercice du droit de vote et d'éligibilité ; qu'au nombre de celles-ci figurent notamment la preuve de la jouissance des droits civiques dans l'État d'origine, la durée de résidence dans l'État dont l'intéressé n'est pas le ressortissant ainsi que la prohibition de doubles inscriptions ;

23. Considérant que l'intervention de modalités à définir ultérieurement et qui peuvent inclure des dispositions dérogatoires ne s'oppose pas à ce que le Conseil constitutionnel exerce son contrôle sur le point de savoir si la clause précitée de l'engagement international soumis à son examen, telle qu'elle est stipulée, n'énonce pas un principe qui par lui-même contrevient à une disposition de valeur constitutionnelle ;

24. Considérant que l'article 3 de la Constitution dispose, dans son premier alinéa, que « la souveraineté nationale appartient au peuple qui l'exerce par ses représentants et par la voie du référendum » ; que le même article dispose, dans son troisième alinéa, que « le suffrage peut être direct ou indirect dans les conditions prévues par la Constitution. Il est toujours universel, égal et secret » ; qu'il est spécifié au quatrième alinéa de l'article 3 que « sont électeurs, dans les conditions déterminées par la loi, tous les nationaux français majeurs des deux sexes, jouissant de leurs droits civils et politiques » ;

25. Considérant qu'en vertu de l'article 24 de la Constitution, le Sénat, qui est élu au suffrage indirect, « assure la représentation des collectivités territoriales de la République » ; qu'aux termes du premier alinéa de l'article 72 de la Constitution, « les collectivités territoriales de la République sont les communes, les départements, les territoires d'outre-mer. Toute autre collectivité territoriale est créée par la loi », que selon le deuxième alinéa du même article, « ces collectivités s'administrent librement par des conseils élus et dans les conditions prévues par la loi » ;

26. Considérant qu'il résulte de ces dispositions que l'organe délibérant d'une collectivité territoriale de la République ne peut procéder que d'une élection effectuée au suffrage universel ; que le Sénat doit, dans la mesure où il assure la représentation des collectivités territoriales de la République, être élu par un corps électoral qui est lui-même l'émanation de ces collectivités ; qu'il s'ensuit que la désignation des conseillers municipaux a une incidence sur l'élection des sénateurs ; qu'en sa qualité d'assemblée parlementaire le Sénat participe à l'exercice de la souveraineté nationale ; que, dès lors, le quatrième alinéa de l'article 3 de la Constitution implique que seuls les « nationaux français » ont le droit de vote et d'éligibilité aux élections effectuées pour la désignation de l'organe délibérant d'une collectivité territoriale de la République, et notamment pour celle des conseillers municipaux ou des membres du Conseil de Paris ;

27. Considérant qu'en l'état l'article 8 B, paragraphe I, ajouté au traité instituant la Communauté européenne par l'article G de l'engagement international soumis au Conseil constitutionnel, est contraire à la Constitution ;

En ce qui concerne la reconnaissance du droit de vote et d'éligibilité aux élections au Parlement européen :

[...]

30. Considérant que si le droit de vote et d'éligibilité aux élections au Parlement européen des citoyens de l'Union européenne doit être exercé selon des modalités à définir ultérieurement et qui peuvent comprendre des dispositions dérogatoires, cette double circonstance ne fait pas obstacle à ce que, pour les motifs indiqués ci-dessus à propos du paragraphe I de l'article 8 B, le Conseil constitutionnel exerce son contrôle sur la clause précitée de l'engagement international soumis à son examen ;

31. Considérant qu'il ressort des dispositions combinées du quatrième alinéa de l'article 3 de la Constitution et des autres alinéas du même article que la règle constitutionnelle qui limite le droit de vote aux « nationaux français » ne s'impose que pour l'exercice du droit de suffrage « dans les conditions prévues par la Constitution » ;

32. Considérant que le Parlement européen a pour fondement juridique, non les termes de la Constitution de 1958, mais des engagements internationaux souscrits, sur une base de réciprocité, dans le cadre des dispositions de valeur constitutionnelle mentionnées précédemment ; qu'au demeurant, selon l'article E du traité sur l'Union européenne, le Parlement européen exerce ses attributions dans les conditions et aux fins prévues, d'une part, par les dispositions des traités instituant les communautés européennes et des traités et actes subséquents qui les ont modifiés et complétés et, d'autre part, par les autres stipulations du traité sur l'Union européenne ; que le principe ainsi posé trouve son illustration dans les modifications apportées à l'article 4 du traité instituant la Communauté européenne, à l'article 7 du traité instituant la Communauté européenne du charbon et de l'acier et à l'article 3 du traité instituant la Communauté européenne de l'énergie atomique, respectivement par les articles G, H et I du traité sur l'Union européenne ; qu'il est stipulé que le Parlement européen, à l'instar des autres institutions communautaires, agit « dans les limites des attributions qui lui sont conférées » par chacun des traités précités ;

33. Considérant qu'il suit de là que la reconnaissance au profit de tout citoyen de l'Union européenne, sur une base de réciprocité, du droit de vote et d'éligibilité aux élections au Parlement européen dans un État membre de la Communauté européenne où il réside, sans en être ressortissant, ne contrevient pas à l'article 3 de la Constitution ;

34. Considérant, au surplus, que le traité sur l'Union européenne n'a pas pour conséquence de modifier la nature juridique du Parlement européen ; que ce dernier ne constitue pas une assemblée souveraine dotée d'une compétence générale et qui aurait vocation à concourir à l'exercice de la souveraineté nationale ; que le Parlement européen appartient à un ordre juridique propre qui, bien que se trouvant intégré au système juridique des différents États membres des communautés, n'appartient pas à l'ordre institutionnel de la République française ;

35. Considérant, dans ces conditions, que le paragraphe 2 de *l'article 8 B* ajouté au traité instituant la Communauté européenne par l'article G du traité sur l'Union européenne n'est contraire à aucune règle non plus qu'à aucun principe de valeur constitutionnelle ;

SUR L'ÉTABLISSEMENT D'UNE POLITIQUE MONÉTAIRE ET D'UNE POLITIQUE DE CHANGE UNIQUES

[...]

43. Considérant qu'il résulte des dispositions applicables à compter du début de la troisième phase de l'Union économique et monétaire que la réalisation d'un semblable objectif se traduira par la mise en œuvre d'une politique monétaire et d'une politique de change uniques suivant des modalités telles qu'un État membre se trouvera privé de compétences propres dans un domaine où sont en cause les conditions essentielles d'exercice de la souveraineté nationale ;

44. Considérant que, dans leur état, les dispositions de la Constitution font obstacle à ce que la France s'intègre à l'Union économique et monétaire instituée par le traité ;

45. Considérant que, pour ces motifs, sont contraires à la Constitution :

- l'article B du traité sur l'Union européenne en tant qu'il prévoit l'établissement d'une union économique et monétaire composant à terme une monnaie unique ;
- l'article G du traité précité, en tant qu'il a pour objet d'insérer dans le traite instituant la Communauté européenne l'article 3 A, paragraphe 2, l'article 105, paragraphe 2, l'article 105 A, l'article 107, l'article 109, l'article 109 G, alinéa 2, l'article 109 L, paragraphe 4 ;
- les autres dispositions des chapitres 11, 111 et IV du titre VI ajouté au traité instituant la Communauté européenne ainsi que celles des protocoles nº 3 et 10, dans la mesure où elles sont indissociables des articles précités ;

SUR LES MESURES RELATIVES À L'ENTRÉE ET À LA CIRCULATION DES PERSONNES :

[...]

49. Considérant que les engagements internationaux souscrits par les autorités de la République française ne sauraient affecter l'exercice par l'État de compétences qui relèvent des conditions essentielles de sa souveraineté ; que ne sont pas contraires à cette exigence les dispositions de l'article 100 C qui sont relatives à la détermination des pays tiers dont les ressortissants doivent être munis d'un visa lors du franchissement des frontières extérieures des États membres, dès lors qu'elles concernent la période antérieure au 1er janvier 1996 ; qu'en effet la politique commune des visas à l'égard des pays tiers est décidée par le Conseil des ministres des communautés à l'unanimité, sous la seule réserve de mesures de sauvegarde motivées par l'urgence et temporaires dans leurs effets ; qu'en revanche l'abandon de la règle de l'unanimité à compter du 1er janvier 1996, comme le prévoit le paragraphe 3 de l'article 100 C, pourrait conduire, en dépit des dispositions des paragraphes 4 et 5 du même article, à ce que se trouvent affectées des conditions essentielles d'exercice de la souveraineté nationale ;

50. Considérant qu'il suit de là qu'en l'état, le paragraphe 3 de l'article I00 C ajouté au traité instituant la Communauté européenne par l'article G du traité sur l'Union européenne est contraire à la Constitution ;

SUR L'ENSEMBLE DE L'ENGAGEMENT INTERNATIONAL SOUMIS À L'EXAMEN DU CONSEIL CONSTITUTIONNEL.

51. Considérant qu'aucune des autres dispositions de l'engagement international soumis au Conseil constitutionnel au titre de l'article 54 de la Constitution n'est contraire à celle-ci.

52. Considérant que, pour les motifs ci-dessus énoncés l'autorisation de ratifier en vertu d'une loi le traité sur l'Union européenne exige une révision constitutionnelle ;

Décide :

ARTICLE PREMIER. - L'autorisation de ratifier en vertu d'une loi le traité sur l'Union européenne ne peut intervenir qu'après révision de la Constitution.

ART. 2. - La présente décision sera notifiée au Président de la République et publiée au *Journal officiel* de la République française.

Délibéré par le Conseil constitutionnel dans ses séances des 7, 8 et 9 avril 1992.

(*J.O.*, 11 avril 1992, p. 5354).

MAASTRICHT II

Le Conseil constitutionnel a été saisi, le 14 août 1992, par MM. Charles Pasqua et autres, sénateurs, en application de l'article 54 de la Constitution dans sa rédaction issue de l'article 2 de la loi constitutionnelle no 92-554 du 25 juin 1992, à l'effet de « se prononcer sur la conformité du traité de Maastricht » à la Constitution ;

Le Conseil constitutionnel ;

Vu la Constitution du 4 octobre 1958 ;

Vu le préambule de la Constitution du 27 octobre 1946 ;

Vu l'ordonnance nº 58-1067 du 7 novembre 1958 portant loi organique sur le Conseil constitutionnel, notamment ses articles 18, alinéa 2, 19 et 20 ;

Vu le traité sur l'Union européenne signé à Maastricht le 7 février 1992 ;

Vu la décision nº 92-308 DC du 9 avril 1992 ;

Vu la loi constitutionnelle nº 92-554 du 25 juin 1992 ajoutant à la Constitution un titre : « Des communautés européennes et de l'Union européenne », notamment ses articles 2 et 5 ;

Le rapporteur ayant été entendu ;

1. Considérant que le traité sur l'Union européenne a été signé le 7 février 1992 à Maastricht par les plénipotentiaires de douze États ; que les représentants de la République française ont apposé leur signature au bas de ce traité ; qu'ont été également arrêtés des protocoles ainsi qu'un ensemble de déclarations ;
2. Considérant qu'à la date du 11 mars 1992 le Président de la République a, sur le fondement de l'article 54 de la Constitution, saisi le Conseil constitutionnel de la question de savoir si, compte tenu des engagements souscrits par la France et des modalités de leur entrée en vigueur, l'autorisation de ratifier le traité sur l'Union européenne devait être précédée d'une révision de la Constitution ;
3. Considérant que le Conseil constitutionnel a, par une décision motivée rendue le 9 avril 1992, jugé que l'autorisation de ratifier en vertu d'une loi le traité sur l'Union européenne ne pouvait intervenir qu'après révision de la Constitution ;
4. Considérant qu'aux termes de l'article 62 *in fine* de la Constitution, « les décisions du Conseil constitutionnel... s'imposent aux pouvoirs publics et à toutes les autorités administratives et juridictionnelles » ; que l'autorité des décisions visées par cette disposition s'attache non seulement à leur dispositif mais aussi aux motifs qui en sont le soutien nécessaire et en constituent le fondement même ;
5. Considérant que lorsque le Conseil constitutionnel, saisi en application de l'article 54 de la Constitution, a décidé que l'autorisation de ratifier en vertu d'une loi un engagement international est subordonnée à une révision constitutionnelle, la procédure de contrôle de contrariété à la Constitution de cet engagement, instituée par l'article précité, ne peut être à nouveau mise en œuvre, sauf à méconnaître l'autorité qui s'attache à la décision du Conseil constitutionnel conformément à l'article 62, que dans deux hypothèses ; d'une part, s'il apparaît que la Constitution, une fois révisée, demeure contraire à une ou plusieurs stipulations du traité ; d'autre part, s'il est inséré dans la Constitution une disposition nouvelle qui a pour effet de créer une incompatibilité avec une ou des stipulations du traité dont s'agit ;
6. Considérant que c'est au regard de ces principes qu'il y a lieu d'examiner l'argumentation des auteurs de la saisine ;

SUR L'ARGUMENTATION SELON LAQUELLE LE TRAITÉ N'EST PAS EN ÉTAT D'ÊTRE RATIFIÉ :

[...]

8. Considérant qu'aux termes du premier alinéa de l'article 52 de la Constitution, « le Président de la République négocie et ratifie les traités » ; qu'en vertu du second alinéa du même article, « il est informé de toute négociation tendant à la conclusion d'un accord international non soumis à

ratification » ; que les traités qui sont énumérés au premier alinéa de l'article 53 de la Constitution « ne peuvent être ratifiés ou approuvés qu'en vertu d'une loi » ; qu'il est spécifié au deuxième alinéa de l'article 53 que les engagements internationaux mentionnés à l'alinéa précédent « ne prennent effet qu'après avoir été ratifiés ou approuvés » ;

9. Considérant que, dans sa rédaction issue de la loi constitutionnelle nº 92-554 du 25 juin 1992, l'article 54 de la Constitution dispose que : « Si le Conseil constitutionnel, saisi par le Président de la République, par le Premier ministre, par le président de l'une ou l'autre assemblée ou par soixante députés comporte une clause contraire à la Constitution, l'autorisation de ratifier ou d'approuver l'engagement international en cause ne peut intervenir qu'après la révision de la Constitution » ;

10. Considérant qu'il résulte de ces dispositions qu'un engagement international peut être soumis au Conseil constitutionnel sur le fondement de l'article 54 de la Constitution dès lors qu'il a été signé au nom de la République française et avant que ne soit adopté, dans l'ordre juridique interne, le texte qui en autorise la ratification ou l'approbation ; que la recevabilité d'une saisine opérée en vertu de l'article 54 n'est en aucune façon tributaire du processus de ratification de l'engagement international en cause dans les autres États qui en sont signataires ; que cette recevabilité ne dépend pas davantage de la réalisation des conditions mises à l'entrée en vigueur d'un traité au plan international ;

11. Considérant qu'il est constant que le traité sur l'Union européenne a été signé au nom de la République française le 7 février 1992 ; qu'à la date de la présente décision n'a pas été adoptée la loi qui en autorise la ratification, que les auteurs de la saisine sont par suite recevables à soumettre cet engagement international au Conseil constitutionnel par application de l'article 54 de la Constitution ;

12. Considérant que les arguments tirés par eux de l'état d'avancement du processus de ratification du traite dans d'autres pays ainsi que des conditions de son entrée en vigueur sont sans influence sur l'existence même de l'engagement international qu'ils défèrent au juge constitutionnel ; qu'en conséquence il revient au Conseil constitutionnel d'exercer, dans le respect de la chose jugée par sa décision du 9 avril 1992, son contrôle sur le point de savoir si l'autorisation de ratifier le traité sur l'Union européenne doit ou non être précédée, dans l'ordre juridique national, d'une révision de la Constitution ; que l'exercice par le Conseil constitutionnel d'un tel contrôle, destiné à produire effet dans l'ordre interne, ne contrevient nullement aux règles du droit public international ;

13. Considérant dès lors, et sans qu'il soit besoin pour le Conseil constitutionnel d'ordonner le supplément d'instruction sollicité, que le moyen tiré de ce que le traité sur l'Union européenne ne serait pas en état d'être ratifié ne peut qu'être écarté ;

SUR LES STIPULATIONS DU TRAITÉ RELATIVES AU DROIT DE VOTE ET D'ÉLIGIBILITÉ AUX ÉLECTIONS MUNICIPALES :

[...]

En ce qui concerne le moyen tiré de la méconnaissance de l'article 3 de la Déclaration de 1789 :

18. Considérant que dans sa décision du 9 avril 1992 le Conseil constitutionnel a jugé qu'il n'y avait pas de contrariété entre l'article 8 B, paragraphe I précédemment cité et les dispositions de l'article 3 de la Déclaration de 1789 ; que l'argumentation invoquée par les auteurs de la saisine se heurte à 1a chose jugée par le Conseil constitutionnel ;

En ce qui concerne le moyen tiré de ce que le traité n'est pas conforme à l'article 3 de la Constitution :

19. Considérant que sous réserve, d'une part, des limitations touchant aux périodes au cours desquelles une révision de la Constitution ne peut pas être engagée ou poursuivie, qui résultent des articles 7, 16 et 89, alinéa 4, du texte constitutionnel et, d'autre part, du respect des prescriptions du cinquième alinéa de l'article 89 en vertu desquelles « la forme républicaine du gouvernement ne peut faire l'objet d'une révision », le pouvoir constituant est souverain ; qu'il lui est loisible d'abroger, de modifier ou de compléter des dispositions de valeur constitutionnelle dans la forme qu'il estime appropriée ; qu'ainsi, rien ne s'oppose à ce qu'il introduise dans le texte de la Constitution des dispositions nouvelles qui, dans le cas qu'elles visent, dérogent à une règle ou à un principe de valeur constitutionnelle ; que cette dérogation peut être aussi bien expresse qu'implicite :

20. Considérant qu'aux termes de la première phrase de l'article 88-3 de la Constitution, « sous réserve de réciprocité selon les modalités prévues par le traité sur l'Union européenne signé le 7 février 1992, le droit de vote et d'éligibilité aux élections municipales peut être accordé aux seuls citoyens de l'Union résidant en France » ; qu'il ne saurait par suite être valablement soutenu que l'article 8 B, paragraphe I, ajouté au traité instituant la Communauté européenne par l'article G du traité sur l'Union européenne serait contraire à l'article 3 de la Constitution ;

En ce qui concerne le moyen tiré de ce que le traité demeure contraire à l'article 24 de la Constitution :

[...]

22. Considérant sans doute qu'il découle des dispositions combinées des articles 3, 24 et 72 de la Constitution que le Sénat, élu au suffrage universel indirect, assure notamment la représentation des collectivités territoriales de la République, dont les organes délibérants sont eux-mêmes issus du suffrage universel ; qu'en conséquence, la désignation de l'organe délibérant d'une collectivité territoriale est susceptible, dans le cadre d'un suffrage indirect à plusieurs degrés, d'avoir un effet sur l'élection des sénateurs ;

23. Mais considérant que comme il a été dit ci-dessus, la première phrase de l'article 88-3 de la Constitution prévoit la reconnaissance, pour les élections municipales, du droit de vote et d'éligibilité aux citoyens de l'Union européenne résidant en France, autres que les nationaux français, selon les modalités prévues par le traité sur l'Union européenne ; qu'il est nécessairement dérogé aux dispositions combinées des articles 3, 24 et 72 de la Constitution avec lesquelles l'article 8 B, paragraphe 1, précité entrait en contradiction ; que les prescriptions de la deuxième phrase de l'article 88-3, en vertu desquelles les citoyens de l'Union européenne ne peuvent « participer à la désignation des électeurs sénatoriaux et à l'élection des sénateurs », impliquent que les ressortissants de l'Union autres que les nationaux français ne puissent pas, en leur qualité d'élus municipaux, participer aux phases ultérieures éventuelles du processus conduisant à l'élection des sénateurs au sens donné à cette dernière expression par l'article 59 de la Constitution ;

24. Considérant que, pour ces divers motifs, l'article 8 B, paragraphe 1, ne méconnaît en rien l'article 24 de la Constitution ;

En ce qui concerne le moyen tiré de ce que l'article 88-3 prévoit à titre facultatif le droit de vote et d'éligibilité des ressortissants communautaires aux élections municipales :

25. Considérant que les auteurs de la saisine relèvent qu'au cours des débats ayant précédé l'adoption de la loi constitutionnelle du 25 juin 1992, l'article 88-3 fut regardé par le gouvernement comme contraire à l'article 8 B ajouté au traité instituant la Communauté européenne, dans la mesure où le droit de vote et d'éligibilité des ressortissants communautaires n'y était prévu qu'à titre facultatif et non obligatoire ; qu'ils invitent le Conseil constitutionnel à examiner d'office toute incompatibilité entre l'article 8 B précité et l'article 88-3 de la Constitution ;

26. Considérant que les dispositions de la première phrase de l'article 88-3, en vertu desquelles, sous réserve de réciprocité et selon les modalités prévues par le traité sur l'Union européenne, le droit de vote et d'éligibilité aux élections municipales « peut être accordé » aux seuls citoyens de l'Union résidant en France, ont pour effet de lever l'obstacle d'ordre constitutionnel qui existait à la reconnaissance de principe du droit dont s'agit ; qu'en se référant aux « modalités prévues par le traité sur l'Union européenne », le pouvoir constituant a entendu prendre en compte le fait qu'aux termes du paragraphe I de l'article 8 B ajouté au traité instituant la Communauté européenne, le droit de vote et d'éligibilité dans l'État membre de résidence des citoyens de l'Union, autres que les nationaux de cet État, sera exercé « sous réserve des modalités à arrêter avant le 31 décembre 1994 par le Conseil statuant à l'unanimité sur proposition de la Commission et après consultation du Parlement européen » ;

27. Considérant, il est vrai, que la troisième phrase de l'article 88-3 énonce que : « Une loi organique votée dans les mêmes termes par les deux assemblées détermine les conditions d'application du présent article » ;

28. Mais considérant que le renvoi, pour la détermination des conditions d'application de l'article 88-3, à une loi organique postule que ce dernier texte soit lui-même conforme aux modalités d'exercice du droit de vote et d'éligibilité aux élections municipales des ressortissants communautaires autres que les nationaux français, « prévues par le traité sur l'Union européenne » ; qu'ainsi, la loi organique devra respecter les prescriptions édictées à l'échelon de la Communauté européenne pour la mise en œuvre du droit reconnu par l'article 8 B, paragraphe I ;
29. Considérant qu'il résulte de tout ce qui précède que la mise en cause, au regard de la Constitution révisée, des stipulations du traité relatives au droit de vote et d'éligibilité aux élections municipales des citoyens de l'Union européenne résidant dans un État de l'Union sans en être ressortissant, ne peut qu'être écartée ;

SUR L'ARGUMENTATION TIRÉE DE CE QUE DES STIPULATIONS DU TRAITÉ ONT POUR EFFET DE PRIVER LE PARLEMENT DE CERTAINES DE SES COMPÉTENCES EN VIOLATION DES ARTICLES 3 ET 34 DE LA CONSTITUTION :

30. Considérant que, selon les auteurs de la saisine, de nombreuses stipulations du traité ont pour objet de priver le Parlement d'un certain nombre de ses compétences au profit des organes communautaires ; qu'il y a par là même atteinte aux prérogatives des représentants du peuple, qu'ils en déduisent que les articles 3 et 34 de la Constitution auraient dû être modifiés afin qu'il y ait adéquation entre les stipulations du traité et les dispositions constitutionnelles ;
31. Considérant que cette analyse est développée à propos non seulement de la réalisation de la troisième phase de l'union économique et monétaire, mais aussi de plusieurs autres dispositions du traité ; que sont évoquées à cet égard les stipulations du traité « en matière de sécurité », l'article 104 C ajouté au traité instituant la Communauté européenne ainsi que l'article 171 nouveau de ce dernier traité, qui prévoit des sanctions infligées par la Cour de justice en cas de manquement d'un État membre aux obligations qui lui incombent en vertu dudit traité ;

En ce qui concerne les dispositions concernant la troisième phase de l'union économique et monétaire :

32. Considérant que le Conseil constitutionnel a, par sa décision du 9 avril 1992, inféré des stipulations applicables à compter du début de la troisième phase de l'union économique et monétaire que la réalisation de cette union se traduira par la mise en œuvre d'une politique monétaire et de change uniques suivant des modalités telles qu'un État membre se trouvera privé de compétences propres dans un domaine où sont en cause les conditions essentielles d'exercice de la souveraineté nationale ; qu'il a jugé en conséquence que, dans leur état, les dispositions de la Constitution faisaient obstacle à ce que la France s'intègre à l'union économique et monétaire instituée par le traité ;
33. Considérant qu'il ressort de l'article 88-2 ajouté à la Constitution par la loi constitutionnelle du 25 juin 1992 que « sous réserve de réciprocité, et selon les modalités prévues par le traité sur l'Union européenne signé le 7 février 1992, la France consent aux transferts de compétences nécessaires à l'établissement de l'union économique et monétaire européenne » ;
34. Considérant que, dans les limites précédemment indiquées, le pouvoir constituant est souverain ; qu'il lui est loisible d'abroger, de modifier ou de compléter des dispositions de valeur constitutionnelle dans la forme qu'il estime appropriée ;
35. Considérant que les dispositions précitées de l'article 88-2 ont pour effet de lever les obstacles d'ordre constitutionnel à l'intégration de la France au sein de l'union économique et monétaire instituée par le traité ; que relève du pouvoir d'appréciation du constituant le fait de choisir d'ajouter à la Constitution une disposition nouvelle, plutôt que d'apporter des modifications ou compléments à ses articles 3 et 34 relatifs aux compétences des représentants du peuple ; que l'argumentation fondée sur la violation de ces articles est par suite dénuée de pertinence ;

En ce qui concerne les autres stipulations du traité présentées comme méconnaissant les articles 3 et 34 de la Constitution :

36. Considérant que, dans sa décision du 9 avril 1992, le Conseil constitutionnel, après avoir indiqué celles des stipulations du traité soumis à son examen qui étaient, en l'état, contraires à la Constitution, a estimé que tel n'était le cas d'aucune des autres dispositions de l'engagement international dont s'agit ; que l'autorité qui s'attache à la chose jugée par le Conseil constitutionnel s'oppose à ce que puissent être utilement mises en cause les stipulations du traité sur l'Union européenne « en matière de sécurité », non plus que l'article 104 C ajouté au traité instituant la Communauté européenne ou la nouvelle rédaction conférée à son article 171 ;

SUR LES STIPULATIONS DU TRAITÉ RELATIVES À L'ENTRÉE ET À LA CIRCULATION DES PERSONNES :

37. Considérant qu'une argumentation tirée du défaut de modification des articles 3 et 34 de la Constitution, analogue à celle qui a été précédemment examinée, est présentée par la saisine au sujet des stipulations du traité relatives à l'entrée et à la circulation des personnes ; qu'il est soutenu en outre que l'article 100 C ajouté au traité instituant la Communauté européenne est contraire à la Constitution, non seulement dans son paragraphe 3, mais également dans ses paragraphes 1, 4 et 5 ;

En ce qui concerne l'absence de modification expresse des articles 3 et 34 de la Constitution

38. Considérant que le Conseil constitutionnel a, par sa décision du 9 avril 1992, inféré des mesures relatives a l'entrée et à la circulation des personnes dans le marché intérieur, applicables à compter du 1er janvier 1996, que se trouvera affecté l'exercice par l'État de compétences qui relèvent des conditions essentielles de sa souveraineté, qu'il a jugé qu'en l'état le paragraphe 3 de l'article 100 C ajouté au traité instituant la Communauté européenne par l'article G du traité sur l'Union européenne était contraire à la Constitution ;

39. Considérant qu'il ressort de l'article 88-2 ajouté à la Constitution par la loi constitutionnelle du 25 juin 1992 que, sous réserve de réciprocité et selon les modalités prévues par le traité sur l'Union européenne signé le 7 février 1992, la France consent aux transferts de compétences nécessaires « à la détermination des règles relatives au franchissement des frontières extérieures des États membres de la Communauté européenne » ;

40. Considérant que, dans le domaine qu'elles visent, ces dispositions ont pour effet de lever les obstacles d'ordre constitutionnel relevés dans la décision du Conseil constitutionnel du 9 avril 1992 ; que ressortit exclusivement au pouvoir d'appréciation du constituant le choix consistant à ajouter à la Constitution une disposition nouvelle plutôt que d'apporter des modifications ou compléments à un ou plusieurs articles ; qu'ainsi les critiques formulées par les auteurs de la saisine sur les conditions d'adéquation entre les dispositions constitutionnelles et les stipulations du traité sont sans valeur ;

En ce qui concerne les paragraphes 1, 4 et 5 de l'article 100 C

41. Considérant que par sa décision du 9 avril 1992 le Conseil constitutionnel, après avoir analysé le contenu des paragraphes 1, 4 et 5 de l'article 100 C ajouté au traité instituant la Communauté européenne, n'a soulevé à leur encontre aucune contrariété à la Constitution, que les observations formulées par les auteurs de la saisine en ce qui concerne les paragraphes dont s'agit, qui mettent en cause la chose jugée par le Conseil constitutionnel, sont par suite dépourvues de tout fondement ;

SUR LE MOYEN TIRÉ DE LA VIOLATION DE L'ARTICLE 20 DE LA CONSTITUTION :

42. Considérant qu'aux termes du premier alinéa de l'article 20 de la Constitution « le gouvernement détermine et conduit la politique de la nation » que les auteurs de la saisine soutiennent que cet article aurait dû être modifié par le constituant pour tenir compte des stipulations du traité concernant la politique économique et monétaire, la politique étrangère et de sécurité commune ainsi que la coopération dans le domaine de la police et des affaires intérieures ;

43. Considérant que, pour des motifs analogues à ceux qui ont été précédemment exposés à propos de l'absence de modification directe des articles 3 et 34 de la Constitution, le moyen tiré de la violation de l'article 20 de la Constitution ne peut être accueilli ; qu'en effet, s'agissant de la troisième phase de l'union économique et monétaire, ce moyen met en cause le pouvoir souverain d'appréciation du constituant ; que, pour le surplus, il se heurte à la chose jugée par le Conseil constitutionnel dans sa décision du 9 avril 1992 ;

SUR L'ARGUMENTATION RELATIVE AUX « LIMITES D'UNE ADÉQUATION DE LA CONSTITUTION À LA CONSTRUCTION EUROPÉENNE » :

44. Considérant que pour les auteurs de la saisine, dans la mesure où l'ordre juridique constitutionnel français est construit autour de l'idée centrale de souveraineté nationale, la question qui se trouve posée au Conseil constitutionnel est celle de savoir jusqu'où peuvent aller des révisions de la Constitution entérinant des atteintes successives aux « conditions essentielles d'exercice de la souveraineté » ;

45. Considérant que l'article 54 de la Constitution, dans sa rédaction initiale comme dans son libellé issu de l'article 2 de la loi constitutionnelle du 25 juin 1992, donne uniquement compétence au Conseil constitutionnel pour contrôler si un engagement international déterminé soumis à son examen comporte ou non une clause contraire à la Constitution ; que la question posée par les auteurs de la saisine ne vise nullement le point de savoir si le traité sur l'Union européenne comporte une stipulation qui serait contraire à la Constitution, que l'argumentation en cause est par suite inopérante ;

SUR L'ENSEMBLE DU TRAITÉ :

46. Considérant que le traité sur l'Union européenne ne comporte pas de clause contraire à la Constitution ; que l'autorisation de le ratifier peut ainsi intervenir sur le fondement d'une loi,

Décide

ARTICLE PREMIER - Le traité sur l'Union européenne, signé le 7 février 1992 à Maastricht, n'est pas contraire à la Constitution

ART. 2 - La présente décision sera publiée au *Journal officiel* de la République française

Délibéré par le Conseil constitutionnel dans sa séance du 2 septembre 1992.

(*J.O.*, 3 septembre 1992, p. 12)

MAASTRICHT III

Le Conseil constitutionnel a été saisi, le 20 septembre 1992, par MM. Pierre Mazeaud et autres, députés, sur la base de l'article 61, alinéa 2, de la conformité à celle-ci du texte de la loi autorisant la ratification du traité sur l'Union européenne, adopté par voie de référendum ;

Le Conseil constitutionnel,

Vu la Constitution ;

Vu l'ordonnance nº 58-1067 du 7 novembre 1958 portant loi organique sur le Conseil constitutionnel, modifiée par l'ordonnance nº 59-223 du 4 février 1959 et par les lois organiques nº 74-1101 du 26 décembre 1974 et nº 90-383 du 10 mai 1990 ;

Vu le code électoral, notamment ses articles L.O. 136, L.O. 136-1, L.O. 150, L.O. 151, L.O. 296 et L.O. 297 ;

Le rapporteur ayant été entendu ;

1. Considérant que la compétence du Conseil constitutionnel est strictement délimitée par la Constitution ; qu'elle n'est susceptible d'être précisée et complétée par voie de loi organique que dans le respect des principes posés par le texte constitutionnel, que le Conseil constitutionnel ne saurait être appelé à se prononcer au titre d'autres chefs de compétence que ceux qui sont expressément prévus par la Constitution ou la loi organique ;

2. Considérant que l'article 61 de la Constitution donne au Conseil constitutionnel mission d'apprécier la conformité à la Constitution des lois organiques et des lois ordinaires qui, respectivement, doivent ou peuvent être soumises à son examen, sans préciser si cette compétence s'étend à l'ensemble des textes de caractère législatif, qu'ils aient été adoptés par le peuple à la suite d'un référendum ou qu'ils aient été votés par le Parlement, ou si, au contraire, elle est limitée seulement à cette dernière catégorie ; que, toutefois, au regard de l'équilibre des pouvoirs établi par la Constitution, les lois que celle-ci a entendu viser dans son article 61 sont uniquement les lois votées par le Parlement et non point celles qui, adoptées par le Peuple français à la suite d'un référendum contrôlé par le Conseil constitutionnel au titre de l'article 60, constituent l'expression directe de la souveraineté nationale ;

3. Considérant, au demeurant, qui ni l'article 60 de la Constitution, qui détermine le rôle du Conseil constitutionnel en matière de référendum, ni l'article 11 ne prévoient de formalité entre l'adoption d'un projet de loi par le peuple et sa promulgation par le Président de la République ;

4. Considérant, au surplus, que les dispositions de l'article 17 de l'ordonnance portant loi organique susmentionnée du 7 novembre 1958 ne font état que des « lois adoptées par le Parlement », que l'article 23 de la même ordonnance dispose que : « Dans le cas où le Conseil constitutionnel déclare que la loi dont il est saisi contient une disposition contraire à la Constitution sans constater en même temps qu'elle est inséparable de l'ensemble de la loi, le Président de la République peut soit promulguer la loi à l'exception de cette disposition, soit demander aux chambres une nouvelle lecture » ;

5. Considérant qu'il résulte de ce qui précède qu'aucune disposition de la Constitution, non plus d'ailleurs que d'une loi organique prise sur son fondement, ne donne compétence au Conseil constitutionnel pour se prononcer sur la demande susvisée concernant la loi adoptée par le Peuple français par voie de référendum le 20 septembre 1992,

Décide :

ARTICLE PREMIER. - Le Conseil constitutionnel n'a pas compétence pour se prononcer sur la demande susvisée.

ART. 2. - La présente décision sera publiée au *Journal officiel* de la République française.

Délibéré par le Conseil constitutionnel dans sa séance du 23 septembre 1992.

(*J.O.*, 23 septembre 1992).

La composition du Conseil constitutionnel aux dates des 9 avril, 2 et 23 septembre 1992 était la suivante : M. BADINTER (Président), MM. ABADIE, CABANNES, FABRE, FAURE, LATSCHA, Mme LENOIR, MM. ROBERT, RUDLOFF.

OBSERVATIONS

+ LO du 25 Mai 1998 (JO 26) 98-404 et décision 98-400 du 20 Mai 1998 (JO 20)

1 . L'année 1992 a été assez largement occupée par le débat sur le Traité de Maastricht relatif à l'Union européenne et, notamment, par la discussion constitutionnelle provoquée par la nécessité de réviser la Constitution afin de permettre la ratification de ce traité.

Le Conseil constitutionnel a été appelé à statuer à trois reprises : une première fois, le *9 avril (308 DC)* sur la conformité du Traité à la Constitution, à l'initiative du Président de la République ; une deuxième fois, le *2 septembre (312 DC)* à l'initiative d'un groupe de sénateurs utilisant la nouvelle possibilité offerte par l'article 54 de la Constitution et aux fins de vérifications de la conformité du Traité à la Constitution révisée ; et une troisième fois, le *23 septembre (313 DC),* sur la régularité de la loi référendaire autorisant le Président à ratifier le Traité, sur saisine d'un groupe de députés. Ces trois décisions ne sont pas dissociables, même si elles sont d'inégale importance, la dernière notamment, ayant une portée plus réduite que les autres.

2 . Trois questions méritent de retenir l'attention tout d'abord, le contrôle de constitutionnalité des engagements internationaux (I) ; ensuite le droit de vote et d'éligibilité et l'interprétation de l'article 3 de la Constitution (II) ; enfin, le contrôle des lois constitutionnelles et le problème de la supra-constitutionnalité (III). Sera simplement évoqué, pour mémoire le contrôle des lois référendaires (IV).

I. - LE CONTRÔLE DE CONSTITUTIONNALITÉ DES ENGAGEMENTS INTERNATIONAUX

3 . En France, le contrôle de constitutionnalité est toujours associé au concept de lois alors que dans les autres pays dotés d'une justice constitutionnelle, le contrôle de constitutionnalité peut avoir – et a même le plus souvent – pour objet, de vérifier le respect de la Constitution par les actes administratifs et les actes juridictionnels. Il était, en revanche, moins fréquent jusqu'ici de parler de contrôle de constitutionnalité des traités ou des engagements internationaux : mais ceci devrait changer.

Même si les résultats du contrôle paraissent différents de ceux obtenus dans les autres cas, c'est bien d'un véritable contrôle de constitutionnalité qu'il s'agit.

1° *Un contrôle à triple détente*

4 . Il a été demandé successivement à trois reprises, et selon trois procédures différentes, au Conseil constitutionnel de se prononcer sur la constitutionnalité du traité sur l'Union européenne.

5 . a) *La saisine du Président de la République au titre de l'article 54 de la Constitution* (Maastricht I). C'est la septième utilisation de la procédure de l'article 54.

On pouvait penser, au départ, que la procédure serait surtout mise en œuvre à l'initiative des présidents des Assemblées, car l'on ne voyait pas ce qui pourrait pousser le chef de l'État ou le chef du gouvernement – ces deux autorités ayant pouvoir et initiative exclusive en matière de conclusion des traités et accords internationaux – à saisir le juge constitutionnel. On imaginait simplement cette possibilité en cas de désaccord entre eux (cf. Nguyen Quoc Dinh, *R.D.P.*, 1959, p. 546).

Les faits allaient à la fois démentir et confirmer cette analyse. Tout d'abord en effet, l'article 54 n'a été mis en œuvre jusqu'ici qu'à l'initiative du Premier ministre et du Président de la République, mais il s'agit en fait de saisines « provoquées », le Premier ministre et le

Président de la République ayant été pratiquement contraints de saisir le Conseil constitutionnel, à la suite d'une contestation de la constitutionnalité du projet d'engagement international, par M. Foyer, président de la Commission des lois de l'Assemblée, en 1970, par M. Debré, en 1976 (cf. nos observations in *R.D.P.*, 1977, p. 145) et à nouveau en 1985 (cf. nos observations in *A.F.D.I.*, 1985) ; en outre, on sait maintenant qu'il y a bien eu désaccord entre le chef de l'État et son Premier ministre (M. Chirac) pendant l'été 1976 à propos de la construction européenne et du projet d'élection de l'Assemblée des communautés au suffrage universel.

Les décisions des 19 juin 1970 (*Traité des Communautés européennes, GD*, 1e éd. n° 23) et 30 décembre 1976 (*Assemblée européenne, GD*, 6e éd., n° 25) et même celle du 22 mai 1985, sont d'une grande importance (sur cette jurisprudence et d'une manière générale, sur l'ensemble de la question, on se reportera à l'ouvrage de référence : P. Gaïa, *Le Conseil constitutionnel et l'insertion des engagements internationaux dans l'ordre juridique interne*, Paris 1991).

6 . La création de cette compétence du Conseil constitutionnel est due au Comité consultatif constitutionnel, comme d'ailleurs celle découlant de l'article 37, al. 2. En effet, dans l'avant-projet de Constitution, il était dit simplement : « Lorsqu'un engagement international comporte une clause contraire à la Constitution ou à une loi organique, l'autorisation de la ratifier ou de l'approuver ne peut intervenir qu'après la révision de la Constitution ou la modification de la loi organique ».

L'intervention du Conseil constitutionnel fut prévue sur amendement de M. Coste-Floret : « Si le Conseil constitutionnel, saisi par l'une des autorités énumérées à l'article 58 (futur article 61), a déclaré qu'un engagement international comporte... » (*Travaux préparatoires des institutions de la Ve République*, Vol. II, p. 134 et s.). Cet amendement fut accepté par le commissaire du Gouvernement qui, en revanche, s'opposa à ce que la référence à la loi organique fût supprimée dans ce texte, comme le souhaitait M. Teitgen ; en fait, cette référence disparut ensuite du texte définitif (cf. L. Favoreu, Le droit international *in L'écriture de la Constitution*, Paris 1992, p. 577).

7 . Opérant donc la troisième saisine présidentielle en trente-trois ans, M. Mitterrand a demandé le 11 mars 1992 au Conseil constitutionnel « si, compte tenu des engagements souscrits par la France et des modalités de leur entrée en vigueur, l'autorisation de ratifier le traité doit être précédée d'une révision de la Constitution » (*J.O.*, 14 avril 1992, p. 5428).

Ce faisant le Président de la République écartait une interprétation – à notre sens assez peu orthodoxe – selon laquelle ratification et révision constitutionnelles auraient pu se faire en une seule opération. En effet, avant la décision, le doyen Vedel s'exprimait ainsi (*in R.F.D.A.* 1992, p. 173) « selon (F. Luchaire) il serait possible, sans recours préalable au Conseil constitutionnel, que le Président de la République dépose un projet de révision tendant tout simplement à habiliter le législateur à donner l'autorisation de ratifier le Traité de Maastricht. En somme si cette procédure devait être suivie et aboutir, notre Constitution serait pourvue d'un 93e article dont le seul objet serait celui qu'on vient d'indiquer ». Et le Doyen Vedel ajoute : « ...la procédure ainsi imaginée, pour être insolite, ne serait pas moins juridiquement valable ».

La démarche suivie par le Président de la République nous paraît la seule conforme à la lettre et à l'esprit de la Constitution car l'article 54 impose qu'il soit procédé à la révision *avant* une éventuelle ratification. En revanche, cette procédure de la révision-ratification était envisageable sous la IVe République (et a d'ailleurs été préconisée par divers auteurs à propos du traité sur la CED, cf. *Droits,* n° 16 p. 109), car il n'existait pas de dispositions semblables à celles contenues dans l'article 54.

8 . Le chef de l'État devait compléter sa demande par une lettre du 25 mars précisant que la saisine effectuée « concerne l'ensemble des engagements souscrits par la France, tels qu'ils résultent du Traité lui-même, de protocoles qui lui sont annexés et des déclarations de la conférence des ministres, y compris, dans la mesure où elles interprètent des stipulations du Traité, celles dont la conférence a pris acte ».

9 . Le Conseil constitutionnel procéda, en moins d'un mois à un examen du traité, des 16 protocoles et des 33 déclarations. Il rendit le 9 avril une décision comportant une cinquantaine de considérants et dans laquelle il constatait que le traité était « contraire à la Constitution » sur trois points, avant de décider que « l'autorisation de ratifier en vertu d'une loi le traité sur l'Union européenne ne peut intervenir qu'après révision de la Constitution ».

Les trois cas de contrariété entre les stipulations du traité et la Constitution étaient clairement délimités : l'article 8 B § 1er instituant le droit de vote et d'éligibilité des ressortissants communautaires aux élections municipales (consid. 27) ; les articles ayant trait à l'établissement d'une union économique et européenne comportant à terme une monnaie unique, et les autres dispositions indissociables des précédentes (articles énumérés au consid. 45) ; le § 3 de l'article 100 C en tant qu'il prévoit l'abandon de la règle de l'unanimité à compter du 1er janvier 1996 pour les décisions du Conseil des ministres statuant sur la politique des visas (consid. 50).

Le Conseil constitutionnel constate la contrariété des stipulations en cause du traité aux articles 3, 24 et 72 de la Constitution dans le premier cas et aux « conditions essentielles d'exercice de la souveraineté nationale » dans les deux autres cas.

10 . Le 22 avril, un projet de révision constitutionnelle est adopté en Conseil des ministres et déposé sur le bureau de l'Assemblée nationale.

Ce projet a pour objet d'introduire dans la Constitution un nouveau Titre intitulé « *De l'Union européenne* » qui, en deux articles, autorise, « sous réserve de réciprocité et pour l'application du Traité sur l'Union européenne signé le 7 février 1992 », ce que la Constitution refusait jusque-là, sur les trois points précités.

Après une première lecture devant l'Assemblée nationale et le Sénat, l'Assemblée nationale se rallie, en seconde lecture, au texte voté par le Sénat qui est donc adopté le 18 juin. Le Congrès du Parlement est aussitôt convoqué pour le 23 juin, et le 25 juin, il adopte la loi constitutionnelle dans un texte très sensiblement modifié et augmenté par rapport au projet déposé par le gouvernement le 22 avril.

11 . La révision constitutionnelle du 25 juin 1992 comporte deux séries de dispositions :

• d'une part des dispositions étrangères à la question du Traité de Maastricht et concernant la reconnaissance constitutionnelle du français comme « langue de la République » (art. 2 de la Constitution), le statut des Territoires d'outre-mer (art. 74), l'élargissement de la saisine du Conseil constitutionnel en matière d'engagements internationaux à 60 députés ou 60 sénateurs (art. 54), cette dernière disposition devant avoir évidemment des répercussions sur les suites de l'affaire (v. *infra*) ;

• d'autre part, des dispositions formant les trois articles du nouveau titre XIV intitulé « Des communautés européennes et de l'Union européenne » ; dont les deux premiers reprenant (avec de substantielles modifications) les propositions du projet gouvernemental et dont le troisième prévoit la soumission à l'Assemblée nationale et au Sénat des « propositions d'actes communautaires comportant des dispositions de nature législative ».

Entre temps, et à la suite du référendum négatif danois du 2 juin, le Président de la République avait décidé de soumettre au peuple par voie de référendum, l'adoption de la loi autorisant la ratification du traité, une fois la révision constitutionnelle effectuée. Le référendum est fixé au 20 septembre.

12 . b) *La saisine du Conseil constitutionnel par 70 sénateurs au titre de l'article 54 (nouveau) de la Constitution* (Maastricht II). La révision du 25 juin a corrigé l'« omission » de la révision du 29 octobre 1974 : à l'époque, en effet, il avait été omis – volontairement ou involontairement – de prévoir que l'élargissement de la saisine à soixante députés ou sénateurs, pour le contrôle des lois, s'appliquerait au contrôle des engagements internationaux. Une tentative en ce sens avait déjà été faite mais sans succès, en 1990, lors de la réforme avortée de la saisine du Conseil constitutionnel.

Cette nouvelle possibilité de saisine va être utilisée immédiatement : en effet, dès le 14 août, un groupe de 70 sénateurs conduits par M. Charles Pasqua saisit le Conseil constitutionnel d'une demande, fortement motivée, de contrôle de conformité du Traité à la Constitution révisée. Le 2 septembre, après échange contradictoire de mémoires, le juge constitutionnel rejette l'ensemble des griefs des sénateurs dans une décision aussi longuement argumentée que la première et dont le 46e et dernier considérant affirme que « le traité sur l'Union européenne ne comporte pas de clause contraire à la

Constitution » et qu'en conséquence « l'autorisation de le ratifier peut intervenir sur le fondement d'une loi ».

13 . Confirmant qu'il n'y a pas de délai pour mettre en œuvre la procédure de l'article 54, le Conseil constitutionnel a admis que le recours puisse être introduit tant que la loi autorisant la ratification n'a pas été votée (consid. 11) conformément à ce que soutenaient les requérants (*J.O.* 3 septembre 1992, p. 12105) : en l'espèce, un recours déposé la veille du référendum aurait donc été recevable.

14 . Normalement « la procédure de contrôle de contrariété à la Constitution (d'un) engagement international... ne peut être à nouveau mise en œuvre *sauf à méconnaître l'autorité qui s'attache à la décision du Conseil constitutionnel,* conformément à l'article 62 ». Mais un second contrôle est possible, d'une part, s'il apparaît que la Constitution une fois révisée « demeure contraire à une ou plusieurs stipulations du traité » et, d'autre part, s'il est inséré dans la Constitution « une disposition nouvelle qui a pour effet de créer une incompatibilité avec une ou des stipulations du traité dont il s'agit » (consid. 5). Ceci correspondait en fait aux deux séries d'arguments formulés dans la saisine.

15 . On notera enfin que les sénateurs requérants ayant demandé au Conseil constitutionnel « au cas où il s'estimerait insuffisamment informé sur les conséquences juridiques du refus danois, de provoquer une consultation d'experts internationaux et de recueillir l'avis des communautaires dans le cadre de la procédure d'instruction des affaires » (saisine § VI), ne se voient pas opposer un refus de principe mais simplement la constatation qu'en l'espèce cela n'était pas nécessaire (consid. 13).

16 . Le premier grief formulé par les requérants posait la question de savoir s'il était « conforme à la Constitution de soumettre à ratification un engagement international qui n'est pas en état d'être ratifié tel qu'il est aujourd'hui rédigé » compte tenu du refus danois du 2 juin 1992. Et de manière plus précise, dans la réplique aux observations du gouvernement (cf. *R.F.D.C.* 12-1992, p. 722). Il était souligné que les règles du « droit public international » visées par l'alinéa 14 du Préambule de la Constitution de 1946 ayant été rappelées par le Conseil constitutionnel dans sa décision 92-308 DC du 9 avril, il convenait de faire respecter, par le gouvernement, les principes posés par la Convention de Vienne et notamment ses articles 30 et 40.

Le Conseil constitutionnel a rejeté cet argument en se cantonnant exclusivement à l'espace juridique national pour apprécier la régularité de la procédure de ratification (ce qui est conforme aux principes du droit international) mais en refusant de faire entrer dans son appréciation les règles du droit public international pourtant expressément rappelées dans sa précédente décision :

« Considérant que les arguments tirés (par les requérants) de l'état d'avancement du processus de ratification du traité dans d'autres pays ainsi que les conditions de son entrée en vigueur sont sans influence sur l'existence même de l'engagement international qu'ils défèrent au juge constitutionnel… ; que l'exercice par le Conseil constitutionnel (de son contrôle sur le point de savoir si l'on doit ou non réviser la Constitution avant de ratifier le Traité) destiné à produire effet dans l'ordre interne, ne contrevient nullement aux règles du droit public international ».

En somme, dès l'instant que l'engagement international existe selon les règles du droit interne, peu importe qu'au regard des règles du droit international, il n'ait aucune chance de produire effet.

17. Le recours des sénateurs fait ensuite essentiellement grief au traité de rester en contradiction avec l'article 3 de la Déclaration des droits de l'homme et du citoyen et avec les articles 3, 20, 24 et 34 de la Constitution.

Le Conseil constitutionnel va écarter plusieurs de ces griefs au nom de « l'autorité de chose jugée ». Il en est ainsi des allégations de violation de l'article 3 de la Déclaration des droits de l'homme et du citoyen (cons. 18) de l'article 20 de la Constitution (cons. 42) et des articles 3 et 34 de la Constitution (cons. 36 et 41). Dans d'autres cas, il va invoquer le « pouvoir souverain d'appréciation du constituant », notamment pour affirmer qu'il était « loisible » à celui-ci de réviser la Constitution selon les modalités qui lui convenaient et notamment qu'il était libre de procéder à une « révision-adjonction » par insertion d'un nouveau titre dans la Constitution plutôt qu'à une modification de tous les articles de la Constitution qu'aurait nécessitée la mise en harmonie de la Constitution avec le Traité.

18. S'agissant du grief le plus embarrassant, le Conseil constitutionnel est obligé, pour y répondre, de donner tort à l'Exécutif et d'avoir recours à une technique jamais utilisée jusque-là à propos d'une loi constitutionnelle.

Les requérants ayant fait valoir qu'aux dires mêmes du gouvernement, l'institution du vote et de l'éligibilité des ressortissants communautaires comme faculté et non comme obligation, n'était pas conforme à l'article 8 B du Traité, le Conseil constitutionnel répond que dès lors que l'article 88-3 de la Constitution prévoit que le droit de vote et d'éligibilité « peut être accordé », ces dispositions « ont pour effet de lever l'obstacle constitutionnel qui existait à la reconnaissance de principe du droit dont s'agit » (cons. 20). Et pour neutraliser une paralysie possible de cette faculté par le renvoi opéré par ce même article 88-3 à une « loi organique votée dans les mêmes termes par les deux assemblées » le Conseil constitutionnel précise que « le renvoi pour la détermination des conditions d'application de l'article 88-3 à une loi organique, *postule que ce dernier texte soit lui-même conforme* aux modalités d'exercice du droit de vote et d'éligibilité aux élections municipales des ressortissants communautaires… (et) qu'ainsi *la loi organique devra* respecter les prescriptions édictées à l'échelon de la Communauté européenne par la mise en œuvre du droit reconnu par l'article 8 B § 1 ».

Le Conseil a, en ce sens, dans sa décision du 20 mai 1998, contrôlé la loi organique déterminant les conditions d'application de l'article 88-3 de la Constitution par rapport à une directive communautaire et à l'article 8 B du traité instituant la Communauté européenne (98-400 DC, § 4, voir nos observations **23**-24 bis).

19 . Une dernière question fondamentale était posée au Conseil constitutionnel par les sénateurs requérants : « Jusqu'où peuvent aller des révisions constitutionnelles entraînant des atteintes successives aux conditions essentielles d'exercice de la souveraineté » et « quel est le seuil au-delà duquel des transferts de compétence touchant ou ne touchant pas à ces conditions essentielles et consentis pour favoriser la construction européenne, conduiront à changer la nature de l'État ? » (*J.O.* 3 septembre 1992 p. 12107).

Le juge constitutionnel refuse de répondre au motif que « la question posée par les auteurs de la saisine ne vise nullement le point de savoir si le traité sur l'Union européenne comporte ou non une clause contraire à la Constitution », alors que c'est la seule mission que lui confie l'article 54 de la Constitution (cons. 45). C'est regrettable car désormais coexistent deux Constitutions : « l'une correspondant à la conception traditionnelle de la souveraineté nationale et de son exercice indivisible par les représentants du peuple français et l'autre introduisant l'idée d'une souveraineté partagée et d'un État membre d'un ensemble plus vaste de type quasi fédéral » (L. Favoreu, *Le Figaro,* 22 avril 1992).

Cette non-réponse explique sans doute qu'une nouvelle saisine ait eu lieu.

20 . c) *La saisine du Conseil constitutionnel par 63 députés au titre de l'article 61 al. 2 (Maastricht III)*

Le 20 septembre, deux heures après la clôture des opérations du référendum, 63 députés (RPR et UDF) conduits par M. Pierre Mazeaud saisissent le Conseil constitutionnel d'un recours contre la loi référendaire autorisant le Président de la République à ratifier le traité de Maastricht. Le 23 septembre, après qu'ait eu lieu l'échange contradictoire habituel (cf. *RFDC* 12-1992, p. 744), le Conseil constitutionnel rejette le recours en reprenant presque mot pour mot (à deux exceptions près fort importantes, cf. *supra*, 14) la motivation de sa décision du 6 novembre 1962 par laquelle il avait excipé de son incompétence pour apprécier la constitutionnalité d'une loi adoptée par voie de référendum.

21 . Mais ceci ne signifie nullement que le contrôle du traité n'aurait pu jouer une troisième fois.

En effet, si l'autorisation de ratifier le Traité avait été donnée par une loi parlementaire, nul doute que le Conseil constitutionnel eût admis d'appliquer sa jurisprudence inaugurée le 17 juillet 1980 (80-116 DC, Convention franco-allemande d'entraide judiciaire) et plusieurs fois réaffirmée, en vertu de laquelle il accepte d'être saisi de la constitutionnalité d'un engagement international par le biais d'un recours dirigé contre la loi autorisant la ratification (cf. *supra*, 12, 23 et Gaïa, *op. cit.*, p. 133 et s.). Cette hypothèse avait d'ailleurs été expressément envisagée par M. Genevois dans son commentaire de la décision Maastricht I (*R.F.D.A.*, 1992, p. 374).

22 . Les députés requérants invoquaient au fond deux arguments.

Tout d'abord, était mise en cause l'utilisation de la voie référendaire de l'article 11 de la Constitution pour autoriser la ratification d'un traité qui « aux dires mêmes des partisans de la ratification » n'a pas d'incidence sur le fonctionnement des institutions. Les auteurs du recours soutenaient que la voie référendaire n'était ouverte « que pour les traités qui ne sont pas contraires à la Constitution et qui n'ont pas donné lieu à révision préalable de cette même Constitution ». En outre, les députés requérants reposaient la question du caractère ratifiable du Traité en faisant observer qu'« un traité international ne se définit pas seulement par le contenu de ses dispositions mais encore par l'identité de ses signataires, le nombre de ceux-ci commandant en effet la réciprocité dont la Constitution elle-même fait une condition de primauté des engagements internationaux ». Il aurait été intéressant d'avoir une réponse à ces deux questions.

23 . Il est désormais établi que les engagement internationaux peuvent être contrôlés à trois moments : après la signature et avant le vote de la loi autorisant la ratification ; après la révision constitutionnelle exigée par une première décision, pour vérification de la non contrariété du Traité avec la Constitution révisée ; enfin, après vote de la loi autorisant la ratification et avant sa promulgation. Et dans chaque cas, peuvent saisir soit l'une des quatre hautes autorités, soit 60 députés ou 60 sénateurs, soit les deux. Bien évidemment, l'autorité de chose jugée réduira, au fur et à mesure, le champ du contrôle.

23 bis . La saisine du Conseil constitutionnel qui, traditionnellement, s'opère en cette matière à l'initiative d'autorités individuelles a connu dans les dernières décisions rendues en la matière de nouvelles modalités d'exercice. Ainsi, c'est à deux reprises et successivement (décision 394 DC du 31 décembre 1997 et 408 DC du 22 janvier 1999) que le Président de la République et le Premier ministre ont conjointement saisi le Conseil constitutionnel ; une telle initiative, pour symbolique qu'elle soit, est néanmoins remarquable à plus d'un titre : outre qu'il s'agit d'une première sous la Ve République, elle intervient en période de cohabitation mais veut surtout signifier qu'en matière de construction européenne (394 DC), et plus largement, sur les dossiers internationaux même les plus sensibles (408 DC) règne un consensus national auquel les deux hauts responsables du pouvoir exécutif entendent s'associer.

2° *Les normes de référence*

24 . Comme tout contrôle de constitutionnalité, le contrôle des engagements internationaux s'exerce au regard des normes constitutionnelles qui sont de manière exclusive les normes de référence. Mais plusieurs équivoques ont pu naître à partir des premières décisions rendues en la matière et l'intérêt des décisions

Maastricht I et Maastricht II est de les faire disparaître. Toute la question, cependant, est de bien situer les clarifications apportées par ces deux décisions.

25 . a) *Première clarification : « toutes les normes constitutionnelles ».* Le débat a été obscurci par le fait qu'après la décision des 29-30 décembre 1976, toute l'attention s'est portée sur l'opposition entre *limitations et transferts de souveraineté,* qui, objet de critiques virulentes de la part des spécialistes de droit européen et international, est devenue la formule-clé définissant les paramètres ou normes de référence en matière de contrôle de constitutionnalité des engagements internationaux.

Or, cette formule n'a d'intérêt que si l'on se trouve dans une situation identique ou comparable à celle existant dans l'affaire de l'élection du Parlement européen au suffrage universel : c'est-à-dire s'il s'agit de transférer des compétences d'un organe national à un organe international. Dans les autres cas, elle ne peut servir à établir les normes de référence pour le contrôle de constitutionnalité des engagements internationaux. Elle n'est qu'une interprétation du 15e alinéa du Préambule de la Constitution de 1946 et les normes contenues dans cette disposition ne représentent qu'une très petite partie des normes contenues dans les quatre éléments du bloc de constitutionnalité, à savoir la Déclaration des droits de l'homme et du citoyen, le Préambule de 1946, la Constitution de 1958 et les principes fondamentaux reconnus par les lois de la République.

Cette formule ne peut jouer que s'il y a risque d'atteinte à celles des normes constitutionnelles qui déterminent des compétences et l'exercice de celles-ci, et même de manière plus précise que s'il y a projet de transfert au profit d'une organisation internationale. Ainsi est-elle inapplicable au cas ayant fait l'objet de la décision du 19 juin 1970 puisque le traité examiné « ne contient que des dispositions relatives au fonctionnement interne des Communautés », ainsi qu'au cas résolu par la décision du 22 mai 1985 dans la mesure où l'engagement international examiné (abolition de la peine de mort) n'implique aucun transfert. D'où l'utilisation dans ces deux affaires de la formule plus générale de l'atteinte aux « conditions essentielles d'exercice de la souveraineté ».

Dans l'affaire des accords de Schengen (294 DC, 25 juil. 1991) en revanche, se posent à la fois la question de transferts de compétences et celle plus générale d'atteintes à la souveraineté nationale : en conséquence, le Conseil constitutionnel emploie les deux formules.

26 . L'utilisation de ces deux formules générales ne doit pas occulter le fait que, dès le début, le Conseil constitutionnel a aussi vérifié la compatibilité des clauses des engagements internationaux avec des dispositions précises de la Constitution. Ainsi a-t-il invoqué les articles 34 et 53 de la Constitution dans la décision du 19 juin 1970 ; les articles 2, 3, 23 et 34 de la Constitution dans la décision du 30 décembre 1976 ; le 4e alinéa du Préambule de la Constitution de 1946 (droit d'asile) et l'article 64 de la Constitution dans la décision du 17 juillet 1980 ; les 4e et 11e alinéas du Préambule de 1946 et

l'article 2 de la Constitution dans la décision du 25 juillet 1991 (accords de Schengen) ; l'article 3 de la Déclaration des droits de l'homme et du citoyen, les 14e et 15e alinéas du Préambule de 1946, les articles 3, 20, 24, 34, 53, 54 et 72 de la Constitution dans les décisions des 9 avril et 2 septembre 1992.

Dans la décision 408 DC, sont par ailleurs visés et, le cas échéant, déclarés sources d'incompatibilité directe du traité avec la Constitution, les articles 26 (immunités parlementaires), 68 (responsabilité du chef de l'État), 68-1 de la Constitution (privilège de juridiction des membres du gouvernement) ainsi que les articles 7, 8, 9 DDHC et 17 de la Constitution.

En outre, et par trois fois dans cette même décision – ce qui montre bien l'utilisation autonome de cette norme de référence (voir cons. nº 29 et s.) – le Conseil a fait application du principe tiré de l'atteinte aux conditions essentielles d'exercice de la souveraineté nationale. Dans l'affaire du Traité d'Amsterdam (394 DC), le Conseil a déclaré que portaient atteinte à ces conditions, certaines des mesures relatives au franchissement des frontières intérieures et extérieures des États membres de l'Union en raison de l'abandon en ces matières de la règle de l'unanimité. Enfin, dans la décision concernant la Charte européenne des langues régionales (412 DC), le Conseil a fait une utilisation combinée des articles 1 et 2 de la Constitution d'une part et des articles 3 et 11 de la DDHC d'autre part.

27 . Dès lors s'explique et se comprend la formule générale utilisée dans la décision du 9 avril 1992 :

« Considérant qu'au cas où des engagements internationaux... contiennent une *clause contraire à la Constitution ou portent atteinte* aux conditions essentielles d'exercice de la souveraineté nationale... » (consid. 14).

Comme le souligne B. Genevois (*R.F.D.A.*, 1992, p. 384) « cette formulation implique, comme cela ressortait déjà de la décision 188 DC du 22 mai 1985 que la non-conformité à la Constitution d'un traité peut résulter, soit d'une clause directement contraire à des principes ou règles de valeur constitutionnelle, soit de façon plus diffuse, d'une atteinte portée aux conditions essentielles d'exercice de la souveraineté nationale ».

28 . Le Traité de Maastricht a un objet autrement plus ample que celui des engagements internationaux soumis au Conseil constitutionnel en 1970, 1976, 1980, 1985 et 1991 : il ne s'agit pas que de problèmes de répartition des compétences, et bien d'autres normes constitutionnelles sont concernées que celles ayant trait aux compétences. En conséquence, il est fait mention d'abord de clauses directement contraires à des normes contenues dans l'un des quatre éléments du bloc de constitutionnalité et individualisables. Ensuite, il est fait référence aux « conditions essentielles d'exercice... », formule globale ou générale recouvrant des atteintes à des normes non individualisables ou identifiables par référence à une disposition précise de la Constitution (sauf à tout rattacher aux articles 3 de la Déclaration des droits de l'homme et du citoyen et de la Constitution de 1958).

29 . Dans cette formule globale est incluse celle distinguant limitations et transferts de souveraineté qui, de centrale, devient marginale compte tenu des circonstances et du contexte, et non par suite d'un brusque revirement de jurisprudence.

La distinction entre transferts de compétences ordinaires et transferts de compétences touchant aux conditions essentielles d'exercice de la souveraineté nationale recouvre évidemment celle opposant limitations et transferts de souveraineté. Simplement, la référence aux conditions essentielles d'exercice de la souveraineté nationale est plus large dans la mesure où elle peut s'appliquer à des situations sans transfert. En outre, elle présente l'avantage, du point de vue de la politique jurisprudentielle du Conseil constitutionnel, d'éviter de déclarer publiquement qu'il y a bien eu transfert de souveraineté dans deux cas au moins, et que c'est justement pour cette raison que la Constitution doit être révisée conformément à la position définie en 1976. Sauf à considérer que les institutions communautaires étant toujours celle d'une organisation internationale (et non d'un État en formation), il ne peut y avoir transfert de souveraineté. Auquel cas la non utilisation de la formule maudite ne révèle pas une conversion du Conseil constitutionnel à la thématique supra-nationale mais au contraire un ancrage solide dans la conviction que la Communauté européenne est une simple organisation internationale. Ce qui rejoindrait ou conforterait d'autres indices que nous signalerons plus loin.

30 . Cette première clarification qui met en lumière le fait que le principe de souveraineté nationale n'est qu'une des normes de référence pour le contrôle de constitutionnalité des engagements internationaux, a aussi l'avantage de faire apparaître que ce type de contrôle ne se réduit pas à une vérification de la régularité de transferts de compétence.

Il peut concerner, comme le montrent les exemples, cités plus haut, d'autres hypothèses notamment la confrontation des clauses des traités aux normes constitutionnelles relatives aux droits et libertés fondamentaux. Et à l'avenir, on peut assister à un développement du contrôle d'engagements internationaux, étrangers à la construction européenne, et relatifs à toutes sortes de domaines.

Compte tenu de l'institution de la saisine parlementaire, on peut dire que l'expérience ne fait que commencer.

31 . b) *Seconde clarification : « rien que les normes constitutionnelles ».* Les décisions des *9 avril* et *2 septembre 1992* ont eu le mérite de mettre un terme à quelques ambiguïtés quant à la nature des normes de référence en matière de contrôle de constitutionnalité des engagements internationaux : les clauses de ceux-ci ne peuvent être confrontées qu'aux normes constitutionnelles et en aucun cas ni aux normes du droit international conventionnel, ni à celles du droit international général.

32 . Le contrôle de constitutionnalité des engagements internationaux *ne peut s'effectuer au regard des normes contenues dans d'autres engagements internationaux.*

Ceci avait été nettement affirmé par le Conseil constitutionnel à deux reprises déjà : tant en 1980 (116 DC, Convention franco-allemande) qu'en 1991 (294 DC, Accord de Schengen) il déclare « qu'il n'appartient pas au Conseil constitutionnel, lorsqu'il est saisi en application de l'article 61 de la Constitution, d'apprécier la conformité d'un engagement international aux stipulations d'un Traité ou à un accord international ». Comme le dit P. Gaïa, compte tenu de la manière dont la question a été posée en 1991, on ne pouvait se méprendre sur la portée de la décision d'incompétence du Conseil constitutionnel (*R.F.D.C.*, 8-1991, p. 715).

Certains espéraient cependant que le Conseil constitutionnel appliquerait au contrôle des traités, la jurisprudence « État d'urgence en Nouvelle-Calédonie » (*supra*, 37) applicable au contrôle des lois et selon laquelle, « la régularité au regard de la Constitution des termes d'une loi promulguée peut être utilement contestée à l'occasion de l'examen de dispositions législatives qui la modifient, la complètent ou affectent son domaine ». En fait, pour qu'il n'y ait plus aucun doute, le Conseil constitutionnel a repris la formulation de la décision du 25 janvier 1985 mais en ayant soin de limiter son intervention à une simple détermination de la « *portée* » de l'engagement international à la lumière de ceux qu'il complète ou modifie. En revanche, il faut souligner le fait que le Conseil a appliqué la jurisprudence « État d'urgence en Nouvelle-Calédonie » à propos du contrôle d'une loi de 1952 « nécessaire à la mise en œuvre d'un engagement international » (399 DC, § 13 à 18, voir J.-E. Schoettl, *A.J.D.A.*, 1998, p. 491).

La position retenue en 1992 est justifiée, selon M. Genevois, par l'invocation dans le considérant précédent, de l'article 55 de la Constitution et de l'une des règles du droit public international (visées par le 14e alinéa du préambule de 1946) à savoir la règle « *pacta sunt servanda* ». À vrai dire, l'utilité de telles justifications n'est pas évidente, car dès lors qu'il s'agit de vérifier que les clauses de l'engagement international ne sont pas contraires « *à la Constitution* », on ne voit pas la nécessité de s'interroger sur le point de savoir si les normes contenues dans les engagements internationaux sont visées, alors surtout que le Conseil constitutionnel refuse d'intégrer les normes internationales dans le bloc de constitutionnalité s'agissant du contrôle des lois.

On peut se demander, en définitive, s'il était bien utile de consacrer quatre considérants à une telle question alors surtout que, contrairement à ce qu'affirme le Conseil, au considérant 5, elle ne se posait peut-être pas : en effet, lorsque le Président de la République demande au Conseil constitutionnel si « compte tenu des engagements souscrits par la France... l'autorisation de ratifier le traité doit être précédée d'une révision de la Constitution », il semble qu'il ait voulu viser les engagements pris dans le Traité de Maastricht lui-même et non ceux acceptés dans des traités antérieurs ; car sinon, pourquoi aurait-il ajouté, après « compte tenu des engagements souscrits par la France », le membre de phrase : « et des modalités de leur mise en vigueur » ? En outre, la première interprétation fait des engagements antérieurs la seule raison possible de réviser la Constitution, ce qui n'est pas logique car c'est bien le risque de contrariété avec la

Constitution elle-même qui conduit le Président de la République à saisir le Conseil constitutionnel, et non la seule crainte d'une méconnaissance des engagements antérieurs.

33 . Le contrôle de constitutionnalité des engagements internationaux *ne s'effectue pas au regard des normes du droit international général.*

On pourrait être tenté de penser que l'invocation de la règle « *Pacta sunt servanda* » atteste de l'intégration des règles du « droit public international » dans le bloc de constitutionnalité. Mais, à notre sens, il n'en est rien pour deux raisons : d'une part, la règle est invoquée pour justifier la non remise en cause d'engagements internationaux antérieurs (voir *supra*) et non comme norme de référence utilisable pour contrôler la constitutionnalité du traité de Maastricht ; d'autre part, les sénateurs requérants ayant voulu « tester » les bonnes dispositions du Conseil constitutionnel en ce domaine, ont expressément demandé à celui-ci d'apprécier la régularité de la procédure de ratification au regard des règles du droit public international (en l'espèce les articles 40 de la Convention de Vienne) et le juge constitutionnel s'y est refusé (consid. 12 de la décision Maastricht II).

En fait, le Conseil constitutionnel constate l'existence de règles du droit public international telles que « *Pacta sunt servanda* » (voir 321 DC, § 35-37 ; 408 DC, § 32) ou la règle selon laquelle la procédure de ratification des traités est définie par chaque ordre juridique national de telle manière que l'exercice par le Conseil constitutionnel du contrôle prévu par l'article 54, « destiné à produire effet dans l'ordre interne, ne contrevient nullement aux règles du droit public international » (cons. 13). Mais il n'incorpore ces règles au bloc de constitutionnalité que lorsqu'elles ont été reprises par la Constitution, comme par exemple le droit des peuples à s'autodéterminer dans l'affaire des Comores (30 déc. 1975, « Autodétermination des Comores », *R.D.P.,* 1976, p. 557, note Favoreu).

34 . A notre sens, le Conseil constitutionnel a confirmé cette position dans sa décision 321 DC (20 juil. 1993, code de la nationalité, *Rec.* 37, *RJC* I-529).

35 . Cette position du Conseil constitutionnel est non seulement logique mais inéluctable car, dès lors que la Constitution dispose qu'au cas de déclaration d'inconstitutionnalité d'un engagement international, « l'autorisation de le ratifier ou de l'approuver ne peut intervenir qu'après révision de la Constitution », on ne voit pas comment on procéderait à une « révision de la Constitution » si les normes au regard desquelles la déclaration de contrariété a été prononcée, sont des normes internationales. Le pouvoir constituant n'est en effet pas habilité à modifier des normes internationales, qu'elles soient d'ailleurs écrites ou non écrites.

Dans ces conditions, le contrôle opéré au titre de l'article 54 ne peut être qu'un contrôle de constitutionnalité c'est-à-dire une vérification de conformité ou de compatibilité des clauses des engagements internationaux avec, exclusivement, les normes constitutionnelles.

3° *Les effets du contrôle*

36 . Pour la première fois, la vérification de la conformité d'un engagement international à la Constitution a abouti à une déclaration de contrariété et à l'exigence d'une révision préalable de la Constitution.

Ainsi que nous l'avons vu, ceci a posé diverses questions techniques de caractère original car propres à la fois à notre système de justice constitutionnelle et à notre manière de faire contrôler l'insertion des engagements internationaux dans l'ordre juridique interne : portée de l'autorité de chose jugée d'une telle décision à l'égard de l'Exécutif et du pouvoir constituant, contenu d'une loi de révision faisant application d'une telle décision, intensité du contrôle du juge constitutionnel au cas de deuxième saisine après révision, etc.

Mais ce qui retiendra ici l'attention c'est que, apparemment, le contrôle de constitutionnalité des engagements internationaux aboutit à des résultats inverses de ceux que produit le contrôle de constitutionnalité des lois : c'est le texte de référence qui doit être révisé, et non le texte contrôlé. En fait, l'opposition n'existe pas toujours entre les deux formes de contrôle. Ainsi sous la IVe République, si le Comité constitutionnel déclarait une loi inconstitutionnelle, il appartenait aux pouvoirs publics de faire réviser la Constitution s'ils voulaient faire entrer la loi dans l'ordre juridique ; on peut noter aussi qu'en Autriche, il arrive assez fréquemment qu'après déclaration d'inconstitutionnalité d'une loi par la Cour constitutionnelle, soit votée une loi constitutionnelle reprenant le contenu de la loi ordinaire invalidée. En sens inverse, on peut noter avec Claude Blumann que « l'article 54 n'exclut pas, après la déclaration d'inconstitutionnalité, une ratification du traité par la France, assortie d'une réserve sur les clauses litigieuses, du moins si le droit international le permet » (*R.G.D.I.P.*, 1977, p. 568).

En définitive, comme le note très justement ce même auteur dès 1977, constate-t-on « l'absence de véritable distinction entre contrôle de constitutionnalité des lois et contrôle de constitutionnalité des traités ».

37 . On retiendra aussi que la conclusion de traités internationaux est une manière pour le pouvoir exécutif, et singulièrement pour le Président de la République, de « forcer la main » de l'opposition afin de la contraindre à opérer une révision constitutionnelle à laquelle elle ne souhaitait pas donner son accord. Dans un pays comme la France, où à la différence de l'Allemagne, de l'Autriche ou de l'Italie, la réforme constitutionnelle est l'occasion, pour la majorité au pouvoir, de réaliser des « coups politiques », ce que l'on peut appeler « la voie internationale » de la révision peut avoir un certain succès. Il est vrai cependant que la manœuvre n'a pas totalement réussi car le Sénat a réussi à imposer des réformes dont ne voulait pas le Président de la République.

4º *La portée*

De l'affaire de Maastricht et des décisions qu'elle a provoquées, on peut tirer une triple série de conclusions.

38 . a) *L'affaire de Maastricht a provoqué la mise en place et l'expérimentation d'une série de procédures potentiellement contraignantes et limitatives*

39 . Alors qu'au début de la Vᵉ République, n'avait été mise en place qu'une procédure de contrôle de l'insertion des engagements internationaux dans l'ordre juridique interne, il y en a aujourd'hui, en fait trois, dont les deux dernières introduites en 1980 et 1992, sont susceptibles de jouer plus souvent que la première, parce qu'elles peuvent être déclenchées par les parlementaires de l'opposition (voire même par ceux de la majorité). Il est vrai cependant que, jusqu'ici, les saisines parlementaires ont été le fait soit des députés communistes (1980) soit des députés (1991, 1992) ou des sénateurs (1992) gaullistes : or les communistes ne sont plus en mesure ni à l'Assemblée, ni au Sénat de réunir à eux seuls, les 60 signatures nécessaires ; quant aux gaullistes, ils sont dans la majorité depuis mars 1993, ils ne devraient plus normalement saisir le Conseil constitutionnel ; quant aux socialistes, leurs initiatives sont moins probables sauf à considérer que les questions européennes ne seront pas les seules à se poser et qu'ils peuvent aussi vouloir s'opposer à la majorité.

40 . Une autre perspective apparaît : c'est que les parlementaires pourraient désormais saisir le Conseil constitutionnel, au titre de l'article 54, d'engagements internationaux tels que les actes des organes communautaires, notamment les directives mais aussi, peut-être, les règlements communautaires. Ceci n'est nullement à exclure car comme l'ont bien montré ceux qui ont étudié la jurisprudence du Conseil constitutionnel (P. Gaïa), le terme d'engagement international est très large : selon E. Zoller (*Droit des relations extérieures*, Paris, 1992, p. 270), « c'est un mot attrape-tout... en fait l'immense majorité des actes juridiques internationaux sont des engagements » ; et ajoute l'auteur « le Conseil constitutionnel en a tout naturellement tiré les conséquences en se reconnaissant compétent, en dépit des objections doctrinales, pour apprécier la constitutionnalité de tous les engagements juridiques pris en application de traités initiaux, qu'il s'agisse de traités constitutifs d'organisations internationales ou de traités communautaires, quand bien même ces engagements ne seraient ni des "traités" ni des "accords" au sens de l'article 53 de la Constitution ».

Comme le souligne encore E. Zoller, ceci a été vivement critiqué (notamment par D. Carreau) au motif que le juge national ne peut pas apprécier la régularité d'actes pris en application d'un traité initial dès lors surtout que sont prévus des « mécanismes juridictionnels internationaux propres à chaque traité ». À la réponse faite par E. Zoller (à savoir que ces mécanismes juridictionnels ne peuvent pas toujours jouer), on ajoutera que l'appréciation de régularité des engagements internationaux est faite, par le Conseil constitutionnel, au regard des normes constitutionnelles exclusivement (voir *supra)* tandis qu'elle est effectuée, au regard des normes internationales par le juge international ou communautaire. Si le juge constitutionnel estime que l'engagement international ne peut entrer dans l'ordre juridique interne sans réviser préalablement la Constitution, ceci relève de l'organisation interne des procédures d'insertion des engagements internationaux dans l'ordre juridique.

41 . Il n'y a là rien de choquant, par ailleurs, dans la mesure où le contrôle de constitutionnalité n'est pas véritablement un verrou mais plutôt un aiguillage. En effet, comme en matière de contrôle des lois, l'objet du contrôle de constitutionnalité est en définitive d'orienter les réformes vers les voies normatives adéquates : telle mesure prise sous forme de loi ordinaire sera rejetée, mais adoptée sous forme de loi constitutionnelle, elle sera acceptée ; tel traité pourra voir sa ratification autorisée par une loi ordinaire, mais tel autre ne pourra être ratifié qu'après vote d'une loi constitutionnelle. C'est en ce sens qu'anticipant sur la discussion à venir sur la ratification du traité de Maastricht, le doyen Vedel pouvait affirmer que « le débat se concentre sur le point de savoir si... notre Constitution n'interdit pas à tout organe non pourvu du pouvoir constituant d'accepter des "transferts" de souveraineté » (*R.F.D.A.*, 1992, p. 175).

42 . Cela signifie évidemment que chaque fois qu'interviendront de nouveaux accords ou engagements internationaux faisant progresser la construction européenne, il faudra ajouter de nouveaux articles dans la Constitution qui, comme les articles 88-1 et 2 porteront la date de l'engagement international (comme cela a été fait pour celui de Maastricht).

Ceci ne sera pas incontestablement très favorable à la progression de la construction communautaire, contrairement à ce que pensaient certains commentateurs de la décision du 9 avril alors surtout que le Conseil constitutionnel n'a pas changé d'avis, quant à la nature juridique des Communautés européennes.

43 . b) *La nature juridique des Communautés européennes et de leurs institutions.* Dans sa décision du *9 avril*, le Conseil constitutionnel a bien marqué que l'ordre juridique européen était un « ordre juridique propre » distinct de l'ordre juridique national et que, notamment, cet ordre « n'appartient pas à l'ordre institutionnel de la République française » (cons. 34). Et cela même depuis l'intervention du traité sur l'Union européenne car ce traité « n'a pas pour conséquence de modifier la nature juridique du Parlement européen » qui « ne constitue pas une assemblée souveraine dotée d'une compétence générale et qui aurait vocation à concourir à l'exercice de la souveraineté nationale » (cons. 34).

Le Conseil constitutionnel maintient donc, et de manière peut-être plus explicite encore, la position adoptée dans sa décision du 30 décembre 1976 qui avait fait l'objet de vives critiques de la part de ceux qui considéraient que le juge constitutionnel aurait dû se rallier à la « thèse de la nature *sui generis* ou de la spécificité de la Communauté qui se trouve exprimée avec vigueur dans l'arrêt *Flaminio Costa* du 15 juillet 1964 » (Blumann, *op. cit.*, p. 598).

Le juge constitutionnel marque à plusieurs reprises son attachement à la thèse du caractère non spécifique de la Communauté européenne : référence à l'article 55 de la Constitution et à l'alinéa 14 du préambule de 1946 autorisant la participation de la France à « la création ou au développement d'une organisation internationale permanente » (cons. 13), vérification du respect de la condition de réciprocité (cons. 16).

44 . Et on peut se demander si l'inscription dans la Constitution d'un titre spécifiquement consacré aux Communautés européennes et à l'Union européenne modifiera le comportement du juge constitutionnel qui reste, somme toute, tributaire d'une logique à laquelle il est resté fidèle dès le départ : soit en effet, la Communauté européenne est une organisation internationale comme une autre et alors les transferts de compétence qui sont opérés n'ont pas de caractère définitif et ne peuvent être assimilés à des transferts de souveraineté puisque le destinataire des transferts n'est pas une entité souveraine ; soit la Communauté est une structure quasi fédérale ou même un État fédéral en devenir, et à ce moment-là la jurisprudence du Conseil constitutionnel doit être complètement reconsidérée. Mais on ne peut pas soutenir les deux positions à la fois : on ne peut, en même temps, mettre en cause le concept de transfert de souveraineté et soutenir qu'il faut reconnaître à la Communauté toutes les caractéristiques d'une organisation supra-nationale, avec primauté de son ordre juridique sur les ordres juridiques nationaux, application directe des règles communautaires, assimilation des juges nationaux à des juges communautaires ayant l'obligation d'appliquer le droit communautaire, etc.

45 . En définitive, notre Constitution, telle qu'elle est interprétée par le Conseil constitutionnel, conduit à ne pas distinguer véritablement la problématique des rapports entre droit constitutionnel et droit communautaire de celle des rapports entre droit constitutionnel et droit international. La question peut être posée de savoir si c'est justifié au regard de la jurisprudence de la Cour de justice des Communautés. Mais tout le problème est là : en signant les traités institutifs les gouvernements se sont-ils engagés à tout ce qui allait découler de la jurisprudence de la Cour ? L'ancien juge Pierre Pescatore dans un entretien récent, parle de la « révolution juridique » que la Cour a provoquée au début des années soixante et dit avoir « toujours été étonné par ce manque, cette absence de réaction de la part des États membres au regard d'une jurisprudence très ferme qui s'installe à partir... de l'année 1962... (avec) au début de l'année 1963 l'arrêt Van Gend en Loos (et) peu de temps après l'arrêt « Costa contre Enel ». Et M. Pescatore ajoute : « On laissait faire les juges » avant d'admettre que cela s'est fait contre la volonté de la plupart des gouvernements des États membres (*Commentaire* n° 59, p. 570).

46 . c) *Les rapports entre droit constitutionnel et droit international.* Le développement d'un droit constitutionnel jurisprudentiel accentue, dans les divers pays européens dotés d'une

justice constitutionnelle, l'opposition entre ordre juridique international et ordre juridique national. Les Cours constitutionnelles ne sont pas soumises à l'obligation de renvoi des questions préjudicielles à la Cour de Luxembourg et ne sont donc pas tenues de se conformer à la jurisprudence de celle-ci. En outre, le contrôle de constitutionnalité qu'elles exercent ne s'effectue pas au regard des normes internationales, notamment communautaires et le droit qu'elles appliquent est donc toujours le droit national et plus particulièrement celui de la Constitution. Certes, il peut y avoir quelque influence des jurisprudences des Cours de Luxembourg et de Strasbourg ; mais ce n'est, comme en Espagne, que pour orienter une interprétation de la Constitution.

En France, comme dans les autres pays cités, les normes internationales n'ont pas de rang hiérarchique supérieur aux normes constitutionnelles car, comme l'a bien dit Joël Rideau, « il n'existe aucune Constitution poussant jusqu'au bout les conséquences du monisme ». En définitive, mieux vaut considérer que le problème de hiérarchie entre normes constitutionnelles et internationales ne se pose pas, même dans le cas français où la procédure de l'article 54 semble pourtant impliquer une relation hiérarchique (*R.F.D.C.*, 2-1990, p. 261). Il y a coexistence de deux systèmes de normes sans interpénétration, du moins au niveau constitutionnel. Le Conseil d'État a affirmé de manière significative que la suprématie conférée par l'article 55 de la Constitution aux engagements internationaux « ne s'applique pas, dans l'ordre interne, aux dispositions de nature constitutionnelle » (C.E., Ass., 30 octobre 1998, Sarran, *A.J.D.A.*, 1998, p. 1039).

47 . C'est en matière de droits fondamentaux que la concurrence entre les deux types de normes ira en se renforçant.

La décision du *9 avril* a d'ailleurs bien marqué cette coexistence de deux systèmes de protection des droits fondamentaux dans les considérants 17 et 18 lorsqu'elle a délivré, sur ce point, un brevet de conformité au Traité de Maastricht : en constatant que la protection au niveau européen telle qu'elle est prévue par l'article F § 2 du Traité se conjuguera « avec l'intervention des juridictions nationales statuant dans le cadre de leurs compétences respectives ». On notera que, en lui-même, le système de protection communautaire n'a pas donné entière satisfaction au Conseil constitutionnel puisqu'il a cru bon d'ajouter l'intervention des juridictions nationales. C'est qu'en fait, c'est à celles-ci et en premier lieu aux juridictions constitutionnelles d'assurer principalement la protection des droits et libertés fondamentaux, les juridictions européennes n'intervenant qu'à défaut de la protection nationale.

48 . Il est à remarquer que, compte tenu des nouveaux mécanismes de contrôle de constitutionnalité des engagements internationaux, il est probable que la vérification de non contrariété des clauses de ceux-ci à la Constitution va se faire de plus en plus, en France, au regard des dispositions ou principes constitutionnels assurant la protection des droits fondamentaux, et donc au regard de la Déclaration des droits de l'homme et du citoyen, du préambule de 1946 et des

principes fondamentaux reconnus par les lois de la République. L'insertion des engagements internationaux dans l'ordre interne sera donc sans doute autant l'occasion d'une vérification du respect des droits fondamentaux que du principe de souveraineté nationale.

Ceci peut avoir les conséquences suivantes. Tout d'abord un développement du contentieux des droits fondamentaux jusqu'ici surtout alimenté par le contrôle des lois. Ensuite, une meilleure surveillance de l'entrée des normes internationales dans l'ordre interne et donc un rééquilibrage du contrôle de l'activité normative qui, jusque là, s'exerce surtout à l'égard des lois et des règlements (alors que les engagements internationaux sont d'importantes sources du droit). Enfin, un contrôle de l'Exécutif qui, dans le système français, a la haute main sur la mise au point des engagements internationaux : ceci se combinant d'ailleurs avec la surveillance instituée, au profit du Parlement, par l'article 88-3 nouveau de la Constitution, sur les actes communautaires.

49 . Le Conseil constitutionnel n'est pas la seule juridiction constitutionnelle devant laquelle se soient posés les problèmes de constitutionnalité soulevés par la ratification du Traité de Maastricht.

C'est ce qu'ont montré les travaux d'une table ronde internationale organisée le 19 septembre 1992 à Aix-en-Provence sur le thème : « La justice constitutionnelle et les accords de Maastricht » (*in R.F.D.C.*, 12-1992, p. 611-688). Les questions constitutionnelles posées par le Traité de Maastricht ont été débattues en Allemagne, Belgique, Espagne, Italie et Portugal. Mais elles n'ont pas toutes abouti, pour le moment, à une saisine de la Cour ou du Tribunal constitutionnel compétent parce que le contrôle de constitutionnalité s'effectue essentiellement *a posteriori*. Le Tribunal constitutionnel espagnol a cependant été saisi d'un recours préventif par le gouvernement, le 13 mai 1992, aux fins d'appréciation de la conformité de l'article 8 B du Traité à l'article 13-2 de la Constitution, et le Tribunal a constaté le 1er juillet 1992 que la Constitution devait être révisée pour autoriser le « droit de suffrage passif » (c'est-à-dire le droit d'éligibilité) aux ressortissants communautaires. La révision de la Constitution fut approuvée le 30 juillet. La Cour constitutionnelle allemande a également été saisie d'un recours constitutionnel direct contre la loi autorisant la ratification et s'est prononcée dans une décision du 12 octobre 1993 (voir C. Autexier et B. Genius-Devime, *R.F.D.C.*, 1998, p. 421-432). Le Tribunal constitutionnel portugais et les Cours italienne et belge sont aussi susceptibles d'être saisis – mais on voit mal ces juridictions constitutionnelles invalider un traité déjà ratifié.

En définitive, l'efficacité du système français de contrôle de constitutionnalité des traités est certaine et il est en outre le seul, avec le système espagnol, qui respecte les règles du droit international puisqu'il s'exerce avant l'insertion des engagements dans l'ordre juridique interne. La question est de savoir ce qui se passera si est adoptée la réforme visant à instaurer un contrôle *a posteriori*, par renvoi du juge ordinaire, de la constitutionnalité des lois. Pourra-t-on alors revenir sur toutes les lois qui ont dans le passé autorisé la ratification d'engagements internationaux ? La question est posée car ceci n'est pas exclu dans les systèmes de contrôle *a posteriori* pratiqués en Allemagne ou en Italie par exemple. Affaire à suivre...

II. Le droit de vote et d'éligibilité et l'interprétation de l'article 3 de la Constitution

50. L'un des intérêts majeurs des décisions du *9 avril et du 2 septembre* est de donner une nouvelle interprétation de l'article 3 de la Constitution, et plus particulièrement des alinéas 3 et 4.

1° *Rappel de la jurisprudence antérieure*

Il convient d'apprécier la portée des décisions précitées au regard de la jurisprudence antérieure, jurisprudence établie essentiellement par la décision du 18 novembre 1982 (Quotas par sexes) et *9 mai 1991 (Statut de la Corse)* * et dont on peut retenir quatre éléments principaux :

51. a) *La distinction entre élections politiques et élections corporatives.* Toute élection faisant intervenir les citoyens en tant que tels, indépendamment de toute autre qualité ou particularité, se voit appliquer l'article 3 al. 4 de la Constitution selon lequel « sont électeurs les nationaux français majeurs des deux sexes ». Il en est ainsi non seulement des élections nationales mais des élections municipales, comme l'a expressément souligné le Conseil constitutionnel dans sa décision du 18 novembre 1982 :

> « Considérant… que la qualité de citoyen ouvre le droit de vote et l'éligibilité dans des conditions identiques à tous ceux qui n'en sont pas exclus pour une raison d'âge, d'incapacité ou de nationalité ; … qu'il en est ainsi pour tout suffrage politique notamment pour l'élection des conseillers municipaux ».

Bien évidemment ceci est aussi valable pour les autres élections locales, cantonales et régionales, auxquelles le citoyen participe en cette même qualité. En revanche, les élections auxquelles les individus participent à d'autres titres, par exemple les élections professionnelles ou universitaires, ne relèvent pas de l'article 3 al. 4 de la Constitution.

52. L'erreur de base de la distinction entre élections nationales et élections locales est de ne pas avoir considéré que le corps politique est unique et qu'il est composé, dans les deux cas, des mêmes citoyens « dont l'interchangeabilité garantit, avec la parfaite homogénéité du corps, l'indivisibilité de la souveraineté dont il est titulaire ». Le « corps politique » est le même qu'il s'agisse d'élire des représentants au niveau national ou au niveau local : les citoyens ne changent pas de nature et le corps politique censure son homogénéité.

Cela se traduit, en droit positif, par l'application d'un régime commun enraciné dans la tradition :

- la liste électorale est unique, depuis l'instauration du suffrage universel au milieu du XIXe siècle ;

- le Code électoral comporte un titre Ier commun aux élections des députés, conseillers généraux et conseillers municipaux et fait application, dès ses premiers articles des principes constitutionnels contenus dans l'article 3 de la Constitution, sans distinguer entre les types d'édiction ;

- l'alinéa 3 de l'article 3 de la Constitution (« Le suffrage ... est toujours universel, égal et secret ») s'applique aux élections nationales et locales, sans qu'il ait jamais été objecté que l'article 3 ne concernait que les élections nationales.

53 . La distinction entre élections nationales et locales découle aussi certainement d'une vision ou d'une approche "administrativiste" du problème qui a toujours écarté, en France, les collectivités territoriales du droit constitutionnel pour les garder dans le giron du droit administratif, contrairement à ce qui se passe dans d'autres pays. Pourtant dès 1946, s'exprime au sein de la Constitution, le sentiment que « la souveraineté du peuple ne saurait s'exprimer que dans le cadre de la Nation », et l'émergence aujourd'hui du concept de « libre administration », beaucoup plus constitutionnaliste que celui de décentralisation va dans ce sens. Il est significatif à cet égard de constater que dans son arrêt du 30 octobre 1990, la Cour constitutionnelle allemande a considéré que « les décisions essentielles de la Constitution touchant aux principes de la souveraineté du peuple et de la démocratie... ne doivent pas valoir en droit seulement pour les niveaux fédéral et fédéré mais aussi pour les subdivisions des Länder, les communes et les groupements de communes » ; et cela parce que la Constitution « garantit à toutes les collectivités sur le territoire de la RFA l'unicité de la légitimité démocratique » (O. Beaud, *RFDA*, 1992, p. 420). Et la Cour en déduit que, même pour les élections à des assemblées de quartier à Hambourg, le droit de vote ne peut pas être accordé aux étrangers car le peuple allemand, détenteur de la souveraineté, est composé des nationaux allemands, quel que soit le niveau ou l'échelon de gestion.

54 . En réalité, en Allemagne comme en France, le véritable clivage est entre élections politiques et élections corporatives ou professionnelles. Ceci avait été souligné par le doyen Boulouis dans son analyse de la décision du 18 novembre 1982 : « ...le "citoyen" se distingue radicalement de cet "homme situé" cher à M. Burdeau et qui lui se caractérise par son appartenance à telle ou telle catégorie économique, sociale, familiale ou autre? À la représentation politique... s'oppose la représentation des intérêts... ».

C'est ce même raisonnement que tient le juge constitutionnel allemand dont Olivier Beaud montre que :

> « L'apport théorique essentiel... tient... à cette règle fondamentale qui se dégage de la comparaison du régime juridique des deux types de suffrages : *on ne peut pas invoquer la constitutionnalité du droit de vote des étrangers en matière corporative pour en inférer la constitutionnalité du droit de vote des étrangers en matière de suffrage politique*. Pourquoi ? Parce que le juge estime qu'il existe une *différence de nature* et non pas de *degré* entre les institutions publiques (étatiques) et les autres institutions (non étatiques). Les étrangers peuvent participer à des scrutins « corporatifs », non politiques, mais pas à des scrutins « étatiques ».

55 . Telle est effectivement la situation en France où les « étrangers peuvent participer aux élections universitaires (81-130 DC) ainsi qu'aux élections aux organismes de Sécurité sociale. C'est d'ailleurs à propos de ces dernières que le Conseil constitutionnel a bien précisé les choses, par une décision 82-148 DC dans laquelle il déclare que « les élections prévues pour la désignation des représentants des assurés sociaux ne se rapportent ni à l'exercice des droits politiques ni à la désignation des juges », faisant ainsi allusion à la décision 101 DC du 17 janvier 1979, *RJC* I-67, dans laquelle le Conseil constitutionnel a considéré que les élections aux conseils de prud'hommes devaient se voir appliquer le principe de l'égalité de suffrage prévue à l'alinéa 3 de l'article 3, ce qui d'après les commentateurs s'expliquaient par le fait que les juges rendent leurs décisions au nom du peuple français. La décision 82-148 DC est ainsi le pendant de la décision 82-146 DC du 18 novembre et de ces deux décisions nous avions pu, à l'époque, « déduire qu'il y a "suffrage politique" ou "exercice de droits politiques" chaque fois que les citoyens sont appelés à voter sans justifier d'une autre qualité. En revanche, il y a élections non politiques lorsque l'intéressé vote à titre d'assuré social, employeur, salarié, étudiant etc... » (*RDP*, 1983, p. 368). On retrouve donc la distinction allemande précitée entre "suffrage politique" et "suffrage corporatif".

Dans la ligne de cette jurisprudence, le Conseil constitutionnel a rendu encore une décision significative le *8 août 1985* * en appliquant au cas des élections régionales en Nouvelle Calédonie l'alinéa 3 de l'article 3 de la Constitution, en tant qu'il affirme l'égalité de suffrage.

56 . b) *La liaison entre électorat et éligibilité.* La décision du 18 novembre 1982 considère que, du rapprochement de l'article 3 de la Constitution et de l'article 6 de la Déclaration des droits de l'homme et du citoyen « il résulte que la qualité de citoyen ouvre le *droit de vote et l'éligibilité...* ».

L'éligibilité n'est pas expressément prévue dans les textes mais elle est déduite de l'affirmation du droit de vote. Comme nous le remarquions à l'époque, « la liaison entre électorat et éligibilité est logique et fait partie de notre tradition constitutionnelle depuis la IIIe République : le droit de vote et le « droit d'éligibilité – selon la formule du doyen Hauriou – sont indissociables » (*R.D.P.*, 1983, p. 389).

57 . c) *L'interdiction de la division par catégorie des électeurs et des éligibles.* Ceci est clairement affirmé par le juge constitutionnel dans sa décision du 18 novembre 1982 : cette interdiction découle, pour lui, de l'article 3 de la Constitution et de l'article 6 de la Déclaration des droits de l'homme et du citoyen qui « s'opposent à toute division par catégorie des électeurs ou des éligibles ».

58 . d) *Le suffrage universel direct n'est pas réservé à l'expression de la souveraineté nationale.* Ceci résulte implicitement de la décision du 30 décembre 1976 (*Assemblée européenne*), dans la mesure où est rejeté le moyen tiré de ce que l'article 3 de la Constitution

réserverait l'utilisation du suffrage universel direct aux cas prévus par la Constitution, c'est-à-dire à l'expression de la souveraineté nationale. En réalité, l'article 3 al. 3 de la Constitution dispose que « le suffrage est direct ou indirect dans les *conditions* prévues par la Constitution » (et non « dans les *cas prévus* » comme il était disposé dans le premier état du texte constitutionnel).

2° *L'apport des décisions du 9 avril et 2 septembre 1992 : un infléchissement de la jurisprudence antérieure.*

La décision du *9 avril,* confirmée par celle du *2 septembre*, contient un certain nombre de confirmations ou de précisions attendues ; mais elle est aussi, à certains points de vue, en contradiction avec la jurisprudence antérieure.

59 . a) *Les confirmations ou précisions attendues.* Le Conseil constitutionnel, tout d'abord, confirme la liaison entre électorat et éligibilité en reprenant, mais dans une version légèrement différente, la formule de 1982 : « droit de vote et d'éligibilité » au lieu de « droit de vote et l'éligibilité ». En fait, on s'aperçoit qu'il a repris à son compte la formule de l'article 8 du Traité de Maastricht mais que cette formule est assez curieusement en accord avec le vocabulaire utilisé par Hauriou en 1929 (voir *supra*) : le "droit d'éligibilité", c'est-à-dire le droit d'être éligible, est ainsi entré dans le vocabulaire juridique.

60 . Le Conseil constitutionnel, ensuite, ne remet pas en cause l'interdiction de la division par catégories car il n'a pas eu à se prononcer sur ce point. En revanche, lors de la révision constitutionnelle du 25 juin, il a été institué deux types de conseillers municipaux, en distinguant entre ceux ayant la nationalité française et les autres citoyens de l'Union, sans toutefois instituer de *quotas*, comme il avait été proposé à un certain moment.

61 . Sur un autre point, le Conseil apporte une précision qui était attendue quant à l'interprétation de l'article 3 al. 4. Il avait en effet été soutenu par certains auteurs (O. Duhamel, *Droit constitutionnel*, p. 913 ; F. Luchaire, *R.D.P.*, 1992, p. 548), notamment en faisant appel aux « travaux préparatoires » de la Constitution, que « la disposition d'après laquelle "sont électeurs... tous les nationaux français majeurs des deux sexes" n'avait rien d'exclusif », car en 1958, lors de la discussion devant le Conseil d'État, on aurait laissé la porte ouverte aux ressortissants de la Communauté (avec les peuples d'outre-mer). Selon cette interprétation, le constituant pour réserver l'exclusivité du droit de vote aux nationaux français, aurait dû préciser que « *seuls* les nationaux français avaient le droit de vote.

En toute hypothèse, elle a été rejetée clairement par le Conseil constitutionnel pour lequel « le 4e alinéa de l'article 3 de la Constitution implique que *seuls* les nationaux français ont le droit de vote et d'éligibilité » (§ 26). Et comme le précise M. Genevois, « l'évolution qu'a connue la Communauté, postérieurement à la loi constitutionnelle... du 4 juin 1960, a conduit... à écarter toute interprétation de l'article 3 alinéa 4, qui aurait eu pour effet de permettre à la loi d'étendre le droit de vote des non nationaux » (*R.D.P.*, 1992, p. 389).

62 . Autre confirmation mais plus ambiguë : le Sénat ne peut assurer, selon l'article 24 de la Constitution, la représentation des collectivités territoriales que s'il est « élu par un *corps électoral* qui est lui-même l'émanation de ces collectivités » (§. 26).

On pourrait considérer qu'ainsi est consacré constitutionnellement le système électoral faisant des conseillers municipaux, généraux et régionaux, les grands électeurs sénatoriaux : en somme, le Conseil constitutionnel aurait déclaré que l'élection des sénateurs par les élus locaux ou leurs délégués est le seul mode d'élection qui soit compatible avec l'article 34 de la Constitution (notamment *in La Constitution et l'Europe*). Mais ce n'est pas si sûr car M. Luchaire a plusieurs fois affirmé que le mode de scrutin actuel ne relevait que de la loi ordinaire et que l'on pouvait très bien imaginer, comme en 1946, l'élection des sénateurs par de grands électeurs directement élus par la population de chaque collectivité territoriale. Et il maintient ses affirmations après que soit intervenue la décision du 9 avril (*R.D.P.*, 1992, p. 598).

Dès lors, l'ambiguïté du terme « corps électoral » apparaît en pleine lumière : le Conseil constitutionnel a-t-il volontairement utilisé cette expression assez large pour pouvoir y inclure soit les élus locaux (qui constituent aujourd'hui le "corps électoral") soit les grands électeurs qui seraient désignés par la population ? Mais dans ce dernier cas, pourrait-on dire qu'il y a une véritable représentation des collectivités territoriales dès lors que ce ne sont plus leurs organes élus qui constituent le "corps électoral" ? Nous verrons plus loin les conséquences très importantes de ce choix.

63 . b) *Les inflexions et interprétations discutables.* Sur d'autres points, le Conseil constitutionnel apporte des inflexions à sa jurisprudence antérieure et se livre à certaines interprétations pour le moins discutables.

64 . Il s'agit, tout d'abord, de la distinction entre élections nationales et locales – quant à l'application de l'article 3 al. 4 de la Constitution – qui avait été clairement condamnée par la décision du 18 novembre 1982 et la jurisprudence subséquente (voir *supra*). On pouvait se demander (v. *R.F.D.C.*, 10-1992 p. 341) si cette jurisprudence était maintenue ou s'il y avait changement ou inflexion. D'après M. Genevois, le Conseil constitutionnel « a quelque peu infléchi sa position » car la décision du *9 avril* « offre... la particularité d'écarter une violation directe de l'article 3 pour retenir une contrariété au regard des dispositions combinées des articles 3, 24 et 72 de la Constitution » (*R.F.D.A.*, 1992 p. 389) : l'octroi aux citoyens de l'Union du droit de vote et d'éligibilité aux élections municipales n'est contraire à l'alinéa 4 de l'article 3 que parce que les élections municipales sont en connexion avec les élections sénatoriales.

On ne comprend pas ce qui a conduit à infléchir sinon à abandonner une jurisprudence parfaitement cohérente et fondée : M. Genevois a pu mettre en avant les critiques d'une partie de la doctrine, en citant l'appréciation que nous avions portée en 1983 (*R.D.P.*, 1983, p. 368). Mais outre que l'on peut douter qu'une critique doctrinale ait une telle influence sur le juge constitutionnel, on relèvera que notre appréciation n'était pas une critique et que nous prenions acte immédiatement de la position prise par le Conseil constitutionnel (voir *supra*) qui, compte tenu notamment des explications souvent citées de Jean Boulouis, apparaissait solidement fondée. Alors surtout qu'elle était confirmée par les décisions des 14 décembre 1982 et 8 août 1985 déjà citées.

M. Genevois indique aujourd'hui que dans la décision 87-227 DC (*Régime électoral de Marseille*) il fallait voir "l'esquisse" du raisonnement développé dans la décision du *9 avril 1992*. Il faut avouer que ceci avait échappé aux commentateurs extérieurs qui n'ont vu dans l'invocation des articles 24 et 72 qu'un renforcement de l'assimilation entre élections nationales et locales déjà fondée par la référence à l'article 3 de la Constitution.

Quoi qu'il en soit, cette position ne repose pas sur des bases solides. Elle remet en cause, sans véritable justification, l'unité d'expression du corps politique qui s'était traduite, comme nous l'avons vu, dans une jurisprudence cohérente distinguant élections politiques et élections corporatives, comme en Allemagne. Elle manque de cohérence, si l'on constate qu'après avoir invoqué à la fois l'article 3 et les articles 24 et 72 (§ 26), le Conseil constitutionnel déduit « la règle constitutionnelle qui limite le droit de vote aux "nationaux français" » du seul article 3 (§ 31). Comment concevoir, en outre, que soit adoptée, d'une part, une interprétation globale de l'article 3 (par exemple au § 31) et que d'autre part, on procède à une application sélective des divers alinéas de cet article, l'alinéa 3 s'appliquant bien aux élections locales mais pas l'alinéa 4 ?

65 . L'interprétation de l'article 3 de la Constitution faite à propos des élections au Parlement européen, prête aussi à discussion.

Il est dit (§ 31) « qu'il ressort des dispositions combinées du 4e alinéa de l'article 3 de la Constitution et des autres alinéas du même article que la règle constitutionnelle qui limite le droit de vote aux « nationaux français » ne s'impose que dans l'exercice du droit de suffrage "dans les conditions prévues par la Constitution" ». Or, ainsi que nous l'avons souligné plus haut, la mention « des conditions prévues par la Constitution » ne s'applique qu'au cas de la forme directe ou indirecte du suffrage, dans le cadre du seul alinéa 2 : il est pour le moins hardi de considérer que l'exclusivité du droit de vote au profit des nationaux ne joue qu'au cas de l'exercice du droit de suffrage « dans les conditions prévues par la Constitution ». C'est ce qu'a compris aussi (et qu'approuve apparemment) M. Luchaire dans sa note : « ... le suffrage visé par cet article 3 ne concerne que les élections fixées "dans les conditions prévues par la Constitution" » (*R.D.P.,* 1992 p. 598). Comme le soulignent d'autres commentateurs (B. Mathieu et M. Verpeaux, *LPA* 1992 n° 77 p. 9) « le Conseil procède ainsi à un amalgame rapide car la référence à la Constitution n'est faite qu'à l'alinéa 3 à propos du choix entre le suffrage direct ou le suffrage indirect ».

On notera de même que déduire des articles 3, 24 et 72 de la Constitution « que l'organe délibérant d'une collectivité territoriale de la République ne peut procéder que d'une élection effectuée au suffrage universel » (§ 26) n'est pas évident car l'article 72 ne fait état que de « conseils élus » sans préciser le type de suffrage. À moins de considérer que le suffrage universel s'impose parce que l'élection des conseillers municipaux, généraux et régionaux est la première étape du processus de désignation des sénateurs et qu'il ne s'imposerait donc pas si les élections locales n'avaient que pour seul objet de désigner des administrations et gestionnaires locaux, ce qui est évidemment peu admissible et démontre bien, encore une fois, le mal fondé d'une inapplication de l'alinéa 4 de l'article 3 aux élections locales en tant que telles.

66 . Enfin, la décision n'est pas exempte de reproches dans la mesure où elle infléchit – sans véritable raison sinon celle d'éviter une déclaration de non conformité – la jurisprudence Assemblée européenne quant aux modalités de représentation des peuples de la Communauté. En 1976, le Conseil constitutionnel avait pris en considération le fait que l'Assemblée européenne « demeure composée de représentants de chacun des peuples » des États membres. Mais comme le souligne M. Genevois « la participation à l'élection des représentants de la France de non nationaux pouvait être regardée comme affectant la notion de peuple français » dont le Conseil constitutionnel a consacré la valeur constitutionnelle (cf. la décision *91-290 DC**).

En conséquence, cette exigence est abandonnée au motif notamment que la décision du 30 décembre 1976 « ajoutait à la lettre du texte de l'article 137 du traité CEE » en exigeant que « chaque peuple » soit représenté (*R.F.D.A.*, 1992, p. 391). À vrai dire, c'est la seule interprétation compatible avec la nécessité de représenter « les peuples » de la Communauté ; car la conception adoptée par le Conseil aboutit en fait non à représenter les peuples des États mais le peuple européen (en ce sens, cf. J. Rideau, *RAE*, 3-1982, p. 23-24).

3° *Les implications possibles des décisions des 9 avril et 2 septembre.*

67 . À bien analyser la décision du 9 avril, on découvre, après maints recoupements, des implications sinon dissimulées, du moins difficilement perceptibles au lecteur moyen. Apparemment, la décision 92-308 DC a écarté la possibilité d'une ouverture du droit de vote et d'éligibilité aux étrangers (non communautaires) pour les élections municipales ; mais à y regarder de plus près, ce n'est pas si évident.

En effet, en abandonnant la position claire adoptée par la décision du 18 novembre 1982 et la jurisprudence subséquente (voir *supra*), le Conseil constitutionnel a ouvert une brèche par laquelle pourraient parfaitement se glisser le droit de vote des étrangers au niveau local, du moins si l'on admet la validité du processus suivant.

Dès lors que l'article 3 de la Constitution n'assure l'exclusivité du droit de vote et d'éligibilité aux nationaux français pour les élections locales que dans la mesure où celles-ci sont reliées aux élections sénatoriales, la « déconnexion » des deux types d'élections supprime l'obstacle constitutionnel. Cette "déconnexion" peut se faire, selon M. Luchaire, en remplaçant, *par une loi ordinaire*, l'élection des sénateurs par les élus locaux, par l'élection de ceux-ci par des Grands électeurs directement élus par les électeurs de nationalité française de la collectivité territoriale concernée, et en supprimant la qualité de représentant de l'État des Maires. Cette opération étant réalisée, le droit de vote et d'éligibilité aux élections locales peut être accordé par une loi ordinaire non seulement aux ressortissants communautaires mais aussi aux autres étrangers.

Ce scénario suppose cependant que l'on puisse supprimer l'élection des sénateurs par les élus locaux sans se heurter à des obstacles constitutionnels. Or, il n'est pas certain, tout d'abord, que le Conseil constitutionnel ne considère pas que le « corps électoral » dont il est question au § 26 de la décision *du 9 avril,* ne doive pas être exclusivement composé d'élus locaux. Ensuite, on peut estimer que la désignation des sénateurs par les élus locaux est protégé par un principe fondamental reconnu par les lois de la République, car les lois de la République ont précisé de manière constante ce procédé de désignation jusqu'au 27 octobre 1946 ce qui, comme on le sait, est une condition essentielle de la consécration d'un principe fondamental reconnu par les lois de la République (*supra*, n° 10).

III. Le pouvoir constituant peut-il être contrôlé ?

68. C'est la question majeure soulevée par la décision *92-312 DC* et la doctrine française de droit constitutionnel avait, jusque-là, difficilement envisagé qu'elle pût être posée tant il paraissait sacrilège d'en évoquer même l'éventualité. Ce qui est couramment débattu en Allemagne, Autriche, Espagne, Italie ou Portugal est un sujet tabou en France ; il est vrai qu'il y a peu, il était inenvisageable de contrôler le pouvoir législatif...

Le Conseil constitutionnel ne semble pas, en fait, tellement intimidé par le caractère iconoclaste de la question posée par les requérants, de manière, il faut le dire, assez indirecte mais cependant très significative. Il répond en effet, sans ambiguïté, en affirmant que « le pouvoir constituant est souverain » et qu'il dispose d'un large pouvoir d'appréciation ; mais il précise cependant aussi que certaines limites doivent être observées. N'est-ce pas contradictoire ?

1° *« Le pouvoir constituant est souverain » : le rejet apparent de la supra constitutionnalité*

69. L'argumentation des sénateurs requérants n'invoquait pas la contrariété des dispositions constitutionnelles nouvellement adoptées avec celles déjà contenues dans le bloc de constitutionnalité et ne reprenait pas notamment l'affirmation formulée à diverses reprises au cours des débats et selon laquelle le pouvoir constituant ne pouvait méconnaître la Déclaration des droits de l'homme et du citoyen (et singulièrement son article 3). En fait, les requérants faisaient valoir essentiellement que la révision intervenue le 25 juin 1992 avait laissé subsister la contrariété de clauses du Traité avec diverses dispositions constitutionnelles non modifiées et qui auraient dû, selon eux, recevoir une nouvelle rédaction. Indirectement, ils reprochaient ainsi aux

auteurs du projet de révision, d'avoir eu recours à un subterfuge pour ne pas clairement reconnaître qu'il était porté atteinte à des dispositions essentielles de la Constitution, telles que celles proclamant la souveraineté nationale.

Il était donc surtout fait grief au pouvoir exécutif – et, au premier chef, au Président de la République – d'avoir volontairement escamoté le problème crucial d'atteinte à la souveraineté nationale, et par là même d'avoir empêché les constituants de se prononcer, en toute clarté et connaissance de cause, sur la réforme à opérer, sous le contrôle de l'opinion (alors que cela apparaîtra en pleine lumière, mais trop tard, lors de la campagne référendaire). Or, la fonction de la justice constitutionnelle et singulièrement du contrôle de constitutionnalité, est d'obliger les gouvernants à emprunter les voies normatives exigées par l'importance de la réforme, et ce, en pleine clarté et sans ambiguïté.

70 . Le Conseil constitutionnel répond, en deux temps, à cette argumentation.

Il oppose tout d'abord à la requête des sénateurs une fin de non recevoir générale en invoquant le caractère souverain du pouvoir constituant : « Considérant que… le pouvoir constituant est souverain » (§. 19). Il donne ainsi satisfaction au doyen Vedel qui craignait une certaine « dérive de la logique juridique » au nom d'une « mystérieuse "supra-constitutionnalité" qui emprunte au droit naturel sa commode plasticité », dérive « qui serait plus grave qu'une simple erreur de logique » dans la mesure où « elle mettrait en cause à plus ou moins long terme l'équilibre démocratique et le contrôle de constitutionnalité » (*R.F.D.A.*, 1992, p. 179). Les objections et risques évoqués par l'éminent auteur ont beaucoup de poids ; mais on fera observer, cependant, qu'en droit comparé ils ne font pas obstacle à ce que le contrôle des lois constitutionnelles soit assuré par le juge constitutionnel non seulement en République fédérale d'Allemagne, mais également en Autriche. Dans ces pays, la doctrine admet parfaitement l'idée de « normes constitutionnelles inconstitutionnelles » ainsi que celle d'une hiérarchie entre normes constitutionnelles (voir *AIJC*, VI-1990, p. 15 et s.). Il en va de même en Italie depuis que la Cour constitutionnelle dans un arrêt n° 1146 de 1988 a affirmé expressément que « la Constitution italienne comprend quelques *principes suprêmes* qui ne peuvent être renversés ou modifiés dans leur contenu essentiel même pas par une loi de révision constitutionnelle ou par d'autres lois constitutionnelles ».

71 . Ceci fait ressortir le contraste avec la position précitée du Conseil constitutionnel, telle surtout qu'elle est explicitée dans les phrases qui suivent, dans le même considérant (§. 19) :

> « Considérant que… le pouvoir constituant est souverain ; qu'il *lui est loisible d'abroger, de modifier ou de compléter* des dispositions de valeur constitutionnelle ».

En effet, le juge constitutionnel français marque ainsi qu'il n'y a aucune limite à la volonté du pouvoir constituant, quelles que soient les dispositions constitutionnelles susceptibles d'être concernées. Et il souligne que le caractère souverain du pouvoir constituant lui permet de choisir « la forme qu'il estime appropriée » pour opérer cette révision et donc que rien ne s'oppose à ce qu'il introduise dans le texte de la Constitution des dispositions nouvelles qui, dans le cas qu'elles visent, dérogent à un principe ou à une règle de valeur constitutionnelle ; cette dérogation pouvant être aussi bien « expresse qu'implicite ». Ceci est une réponse à l'argument des requérants selon lequel les constituants auraient dû modifier le texte des dispositions auxquelles il était dérogé et d'une manière plus générale, assurer la cohérence de l'ensemble de la Constitution afin de ne pas laisser subsister l'impression que notre Constitution est désormais une « Constitution duale » (L. Favoreu, *Le Figaro*, 21 avril 1992).

Au nom de la souveraineté du pouvoir constituant, le Conseil constitutionnel admet ainsi que le texte fondamental doive s'interpréter dorénavant en tenant compte de « dérogations implicites » apportées à certaines dispositions : de manière plus précise, cela signifie que les articles 3, 24 et 72 de la Constitution doivent désormais être lus à la lumière des implications de l'article 88-III.

2° *Le pouvoir constituant est souverain mais « sous réserve » ou « dans les limites » fixées par certaines dispositions de la Constitution : l'admission d'un contrôle des lois constitutionnelles*

72 . L'étonnant est que le Conseil constitutionnel affirme au § 19 que le pouvoir constituant est souverain mais « sous réserve, d'une part, des limitations touchant aux périodes au cours desquelles… » et qu'au considérant 34 il récidive en soulignant que l'exercice du pouvoir constituant se conçoit « dans les limites précédemment indiquées ».

Ces limites ont trait : d'une part à l'impossibilité d'opérer une révision constitutionnelle « durant la vacance de la présidence de la République ou durant la période qui s'écoule entre la déclaration du caractère définitif de l'empêchement du Président de la République et l'élection de son successeur » (art. 7 al. 6), la durée de l'application de l'article 16 et « lorsqu'il est porté atteinte à l'intégrité du territoire » (art. 89 al. 4) ; et d'autre part, à l'interdiction de modifier « la forme républicaine du gouvernement » (art. 89 al. 5).

73 . La mention de ces limites (au considérant 19, voir également 410 DC, § 3) appelle deux remarques.

Tout d'abord, c'est par une interprétation doctrinale que, jusqu'ici, il était considéré qu'une révision constitutionnelle ne pouvait avoir lieu pendant la durée d'application de l'article 16 car ce texte ne contient aucune prescription à ce sujet ; il est simplement déduit de la mention « pouvoirs publics constitutionnels » que le Président de la République ne peut modifier la Constitution, en usant de ses pouvoirs exceptionnels ; et on ajoute que la Constitution ne peut être révisée pendant cette période. À vrai dire, si la première déduction est logique, la seconde l'est moins car on pourrait très bien concevoir que le Président de la République demande aux assemblées, d'abord séparément, puis au Congrès (ou au peuple par voie de référendum), de modifier la Constitution.

Le Conseil constitutionnel, par sa décision 92-312 DC, entérine l'interprétation doctrinale sous ces deux aspects et, apparemment, sans se poser de questions alors que ce n'était pas si évident. Il interprète donc largement la notion de périodes d'interdiction de la révision constitutionnelle.

S'agissant ensuite de la limite de fond à l'exercice du pouvoir de révision, à savoir l'intangibilité de « la forme républicaine du gouvernement », on peut se demander s'il faut entendre l'expression au sens strict (c'est-à-dire comme s'opposant à la forme monarchique) ou bien au sens plus large de ce qui constitue l'héritage républicain et qui inclut toute une série de valeurs fondamentales inscrites dans l'article 2 de la Constitution et dans les « principes fondamentaux reconnus par les lois de la République ». Bien évidemment, si l'on adopte la seconde signification, qui est en harmonie avec le texte constitutionnel de 1958, la limite rappelée par le Conseil constitutionnel a une portée considérable.

74 . En toute hypothèse, le fait même que le juge constitutionnel ait, à deux reprises, affirmé que le pouvoir constituant devait respecter les limites sus-exposées, suscite deux observations. En premier lieu, découle incontestablement de ces mises en garde que le Conseil constitutionnel acceptera, le cas échéant, de vérifier si la loi constitutionnelle a bien respecté les limites fixées (et il l'a sans doute fait implicitement dans la présente espèce). Ce qui implique évidemment qu'il admettra la recevabilité de recours formés soit par l'une des quatre hautes autorités de l'État, soit par 60 députés ou 60 sénateurs, contre une loi constitutionnelle dès lors que celle-ci aura été adoptée par le Congrès (et non par voie de référendum). On ne voit pas en effet quel serait l'intérêt de ces mises en garde si la méconnaissance des interdictions rappelées n'était pas susceptible d'être sanctionnée. En second lieu, est-il logique d'affirmer que le pouvoir constituant est souverain et de préciser aussitôt qu'il doit respecter des limites fixées par le texte constitutionnel, surtout si le respect de ces limites doit être assuré par le juge ? Si le pouvoir constituant est souverain, il peut méconnaître les limites qu'il s'est lui-même fixées ; mais alors à quoi bon rappeler celles-ci de manière aussi précise et en interprétant même certaines dispositions constitutionnelles (l'article 16) de façon aussi extensive ?

75 . En définitive, la décision 312 DC nous paraît devoir être interprétée comme admettant le contrôle des lois constitutionnelles adoptées par le Congrès, aux fins de vérification non seulement des règles de procédure mais également des prescriptions ou interdictions contenues dans les articles 7 al. 11, 16 et 89 al. 4 et 5 de la Constitution, cette dernière disposition (l'al. 5 de l'article 89) pouvant, selon certains auteurs, être interprétée de manière compréhensive pour y inclure les valeurs fondamentales de la République. Imagine-t-on, par exemple, que le Conseil constitutionnel refuserait de contrôler une loi constitutionnelle apportant une dérogation à l'interdiction de discrimination raciale ou religieuse ?

Certains font valoir toutefois qu'en rappelant « que l'article 61 de la Constitution donne au Conseil constitutionnel mission d'apprécier la conformité à la Constitution *des lois organiques* et *des lois ordinaires...* », le juge constitutionnel aurait marqué les limites de sa compétence.

IV . Le contrôle des lois référendaires

76 . Dans la décision *313 DC,* le Conseil constitutionnel a maintenu la jurisprudence établie trente ans plus tôt par sa décision du *6 novembre 1962* * en affirmant son incompétence en matière de contrôle des lois adoptées par référendum.

Il a cependant quelque peu changé sa motivation (cf. *supra*, les observations sous la décision du *6 novembre 1962* *).

46

12-13 août 1993

MAÎTRISE DE L'IMMIGRATION
(325 DC)

Statut constitutionnel des étrangers

Droit d'asile
Droit à mener une vie familiale normale et au regroupement familial
Liberté du mariage

Décision 93-325 DC, *Rec.* 224, *RJC* I-539
Article 61 al. 2 de la Constitution.
Saisine de 86 députés et 60 sénateurs.
Loi relative à la maîtrise de l'immigration et aux conditions d'entrée, d'accueil et de séjour des étrangers en France.
[Non] conformité à l'article 66 de la Constitution, à l'article 8 de la Déclaration des droits, aux alinéas 4 et 10 du Préambule de 1946, au principe d'égalité et à un PFRLR de 8 dispositions de la loi.
Affirmation des effets directs de l'alinéa 4 du Préambule de 1946.
Première consécration constitutionnelle du droit à mener une vie familiale normale et au regroupement familial et de la liberté de mariage.
Conception large de la liberté individuelle.
Régime de la police des étrangers (étendue et limites).

RÉFÉRENCES

a) *Notes doctrinales*

L. FAVOREU : *R.F.D.C.*, 15-1993, p. 587. - GENEVOIS (B.) : *R.F.D.A.*, 1993, p. 871. - LUCHAIRE (F.) : *R.D.P.*, 1, 1994, p. 5. - DUPEYROUX (J.-J.) et PRÉTOT (X.) : *Droit social*, janv. 1994, p. 69. - B. MATHIEU et M. VERPEAUX : *L.P.A.*, 1994, nº 108.

b) *Presse*

- BRÉHIER (Th.) : « Nécessaires garde-fous », *Le Monde*, 15-16 août 1993. - DUPIN (E.) : « Immigration : Pasqua corrigé par les sages », *Libération*, 16 août

1993. - FAVOREU (L.) : « L'affirmation d'un statut protecteur des étrangers », *Le Figaro*, 16 août 1993.

c) *Autres références*

- L. FAVOREU : « Le droit d'asile : aspects de droit constitutionnel comparé », in *Immigrés et réfugiés dans les démocraties occidentales* (sous la direction de D. Turpin) Economica, 1989, p. 214. - H. LABAYLE : « Le statut constitutionnel des étrangers », *Journées franco-espagnoles de droit constitutionnel*, Pau, 31 mai-1er juin 1991, dact. ; « Terrorisme et droit d'asile », in *Immigrés et réfugiés dans les démocraties occidentales* (sous la direction de D. Turpin) Economica, 1989, p. 223. - D. LOCHAK : « L'entrée et le séjour des étrangers en France : une législation sous influence », *AJDA*, 1989, p. 586. - F. MODERNE : « Les bénéficiaires ou titulaires de droits fondamentaux en France », *AIJC*, VII-1991, p. 237 ; « Les aspects constitutionnels du droit d'asile », *A.I.J.C.*, X-1994, p. 288. D. TURPIN : « Le statut constitutionnel des étrangers », *L.P.A.*, 15 mars 1991, p. 13. - DUPEYROUX (J.-J.) et PRÉTOT (X.) : Le droit de l'étranger à la protection sociale, *D.S.*, janv. 1994. - LAFERRIÈRE (J.) : Le mythe de l'immigration zéro, *A.J.D.A.*, nº 2, 1994. - GAÏA (P.) : Droit d'asile et Constitution, *Revue belge de droit constitutionnel*, 1994, p. 203. - PINTO (R.) : Le Conseil constitutionnel et la Cour suprême des États-Unis confrontés au droit international ; entrée et séjour des étrangers, *Journal de droit international*, nº 2, 1994. - TEITGEN-COLLY (C.) : Le droit d'asile, la fin des illusions, *A.J.D.A.*, nº 2, 1994. - PELLISSIER (G.) : Le statut constitutionnel des droits et libertés des étrangers, *L.P.A.*, nº 77, 27 juin 1997. - XIVe Table ronde, Les droits et libertés des étrangers en situation irrégulière, Aix-en-Provence, 11 et 12 septembre 1998, *A.I.J.C.*, 1998. - LECUCQ (O.) : *Le statut constitutionnel des étrangers en situation irrégulière*, thèse, Aix-en-Provence, 1999.

- *Presse*

BRÉHIER (Th.) : « Un droit sacré », *Le Monde*, 26 avril 1993 ; « Le traquenard du droit d'asile », *Le Monde*, 31 août 1993. - DUPIN (E.) : « L'asile ; faut-il modifier la Constitution ? », *Libération*, 26 août 1993 ; DUVERGER (M.) : « Éviter la révision à tout prix », *Le Monde*, 3 septembre 1993. - FAVOREU (L.) : Contribution au débat sur le droit d'asile, *Le Figaro*, 3 septembre 1993, « Monument ou façade ? », *Le Figaro*, 7 septembre 1993.

- Droit d'asile : faut-il réformer la Constitution ? Inutile (F. LUCHAIRE) : Nécessaire (P. BORDRY), *Le Monde*, 28 août 1993. - VEDEL (G.) : « Les petits cailloux de Schengen », *Le Nouvel Observateur*, 9 septembre 1993.

d) *Jurisprudence*

- Statut constitutionnel des étrangers

• Décision 109 DC du 9 janvier 1980, *Rec.* 29, *RJC* I-75.
• Décision 216 DC du 3 septembre 1986, *Rec.* 135, *RJC* I-281.
• Décision 261 DC du 28 juillet 1989, *Rec.* 81, *RJC* I-371.
• Décision 269 DC du 22 janvier 1990, *Rec.* 33, *RJC* I-392.
• Décision 294 DC du 25 juillet 1991, *Rec.* 91, *RJC* I-455.
• Décision 307 DC du 25 février 1992, *Rec.* 48, *RJC* I-493.
• Décision 377 DC du 16 juillet 1996, *Rec.* 87, *RJC* I-671.
• Décision 389 DC du 22 avril 1997, *Rec.* 45, *RJC* I-707.
• Décision 399 DC du 5 mai 1998, *J.O.* p. 7092, *Rec.* 245.

- Régime général des libertés

• Décision 75 DC *du 12 janvier 1977* *

Le Conseil constitutionnel,

Saisi, le 15 juillet 1993, par MM. Claude Estier et autres..., sénateurs, et le même jour par MM. Martin Malvy et autres..., députés, dans les conditions prévues à l'article 61, alinéa 2, de la Constitution, de la conformité à celle-ci de la loi relative la maîtrise de l'immigration et aux conditions d'entrée, d'accueil et de séjour des étrangers en France ;

LE CONSEIL CONSTITUTIONNEL,

Vu la Déclaration des droits de l'homme et du citoyen du 26 août 1789 ;
Vu le Préambule de la Constitution du 27 octobre 1946 ;
Vu la Constitution du 4 octobre 1958 ;
Vu la Convention de Genève du 28 juillet 1951 sur le statut des réfugiés, ensemble la loi nº 54-290 du 17 mars 1954 autorisant sa ratification ;
Vu le protocole relatif au statut des réfugiés, signé à New-York le 31 janvier 1967, ensemble la loi nº 70-1076 du 25 novembre 1970 autorisant l'adhésion de la France à ce protocole ;
Vu la Convention signée à Dublin le 15 juin 1990 relative à la détermination de l'État responsable de l'examen d'une demande d'asile présentée auprès d'un État membre des Communautés européennes ;
Vu la Convention d'application de l'accord de Schengen signée le 19 juin 1990 ;
Vu l'ordonnance nº 45-2658 du 2 novembre 1945 modifiée relative aux conditions d'entrée et de séjour des étrangers en France ;
Vu le code civil, ensemble la loi nº 93-333 du 22 juillet 1993 réformant le droit de la nationalité ;
Vu le code pénal ;
Vu le code de la construction et de l'habitation ;
Vu le code de la famille et de l'aide sociale ;
Vu le code de procédure pénale, et notamment son article 78-2 ;
Vu le code de la sécurité sociale ;
Vu le code du travail ;
Vu le code de la santé publique ;
Vu la loi nº 52-893 du 25 juillet 1952, modifiée portant création d'un office français de protection des réfugiés et apatrides ;
Vu la loi nº 73-548 du 27 juin 1973 modifiée relative à l'hébergement collectif ;
Vu la loi nº 78-17 du 6 janvier 1978 modifiée relative à l'informatique, aux fichiers et aux libertés ;
Vu les décisions nº 91-294 DC du 25 juillet 1991 et nº 93-307 DC du 25 février 1992 ;
Le rapporteur ayant été entendu ;

1. Considérant que les sénateurs, auteurs de la première saisine, défèrent au Conseil constitutionnel la loi relative à la maîtrise de l'immigration et aux conditions d'entrée, d'accueil et de séjour des étrangers en France ; qu'à l'appui de leur saisine ils font valoir que sont contraires à la Constitution les dispositions des articles 1er, 3, 8-IV, 14-II, 15, 16, 17, 23, 25 et 27 de la loi qu'ils soumettent à l'examen du Conseil constitutionnel ; que les députés, auteurs de la seconde saisine, font valoir pour leur part que sont contraires à la Constitution les articles 3, 5, 7, 8, 9, 11, 12, 13, 14, 15, 16, 17, 18, 21, 23, 24, 25, 27, 29, 30, 31, 33, 34, 35, 36, 38, 40, 41, 43, 44, 45 et 46 de cette même loi ;

- SUR LES NORMES DE CONSTITUTIONNALITÉ APPLICABLES AU CONTRÔLE DE LA LOI DÉFÉRÉE

2. Considérant qu'aucun principe non plus qu'aucune règle de valeur constitutionnelle n'assure aux étrangers des droits de caractère général et absolu d'accès et de séjour sur le territoire national ; que les conditions de leur entrée et de leur séjour peuvent être restreintes par des mesures de police administrative conférant à l'autorité publique des pouvoirs étendus et reposant sur des règles spécifiques ; que le législateur peut ainsi mettre en oeuvre les objectifs d'intérêt général qu'il

s'assigne ; que dans ce cadre juridique, les étrangers se trouvent placés dans une situation différente de celle des nationaux ; que l'appréciation de la constitutionnalité des dispositions que le législateur estime devoir prendre ne saurait être tirée de la comparaison entre les dispositions de lois successives ou de la conformité de la loi avec les stipulations de conventions internationales mais résulte de la confrontation de celle-ci avec les seules exigences de caractère constitutionnel ;

3. Considérant toutefois que si le législateur peut prendre à l'égard des étrangers des dispositions spécifiques, il lui appartient de respecter les libertés et droits fondamentaux de valeur constitutionnelle reconnus à tous ceux qui résident sur le territoire de la République ; que s'ils doivent être conciliés avec la sauvegarde de l'ordre public qui constitue un objectif de valeur constitutionnelle, figurent parmi ces droits et libertés, la liberté individuelle et la sûreté, notamment la liberté d'aller et venir, la liberté du mariage, le droit de mener une vie familiale normale ; qu'en outre les étrangers jouissent des droits à la protection sociale, dès lors qu'ils résident de manière stable et régulière sur le territoire français ; qu'ils doivent bénéficier de l'exercice de recours assurant la garantie de ces droits et libertés ;

4. Considérant en outre que les étrangers peuvent se prévaloir d'un droit qui est propre à certains d'entre eux, reconnu par le quatrième alinéa du Préambule de la Constitution de 1946 auquel le peuple français a proclamé solennellement son attachement, selon lequel tout homme persécuté en raison de son action en faveur de la liberté a droit d'asile sur les territoires de la République ;

SUR LES CONDITIONS GÉNÉRALES D'ENTRÉE ET DE SÉJOUR DES ÉTRANGERS EN FRANCE :

- En ce qui concerne l'article 1er :

[...]

7. Considérant que le législateur peut, s'agissant des mesures applicables à l'entrée des étrangers, décider que les modalités de mise en oeuvre des objectifs qu'il s'assigne notamment en matière d'ordre public reposeront soit sur des règles de police spécifiques aux étrangers, soit sur un régime de sanctions pénales, soit même sur une combinaison de ces deux régimes ; que les décisions prises dans le cadre d'un régime de police administrative sont susceptibles d'être exécutées d'office ; que dès lors le grief invoqué doit être écarté ;

- En ce qui concerne l'article 3 :

[...]

10. Considérant que dans l'exercice des pouvoirs qui lui sont conférés par cet article, le maire agit en qualité d'autorité de l'État ; que les décisions qu'il peut être conduit à prendre sont soumises au recours hiérarchique du préfet représentant de l'État dans le département ; qu'il incombe au maire comme le cas échéant au préfet de se prononcer dans le délai le plus bref possible ; que les éventuels refus opposés à des visites des agents de l'office des migrations internationales doivent, pour être pris en compte, résulter d'une manifestation non équivoque de volonté ;

11. Considérant que dès lors les dispositions contestées ne sont pas de nature à porter atteinte à la liberté individuelle et que le moyen tiré d'une atteinte à la vie privée manque en fait ;

- En ce qui concerne l'article 5 :

[...]

14. Considérant que dans le cadre d'un régime administratif d'autorisation préalable, le législateur est en mesure d'exiger des étrangers la détention, le port et la production des documents attestant la régularité de leur entrée et de leur séjour en France ; qu'il peut à cette fin prévoir la possibilité de vérifier la mise en œuvre de ces prescriptions en dehors de la recherche d'auteurs d'infractions et en l'absence de circonstances particulières relatives à la prévention d'atteintes à l'ordre public ;

15. Considérant, d'une part, qu'au regard des objectifs que le législateur s'est ainsi assignés, les étrangers et les nationaux sont placés dans une situation différente ; que dès lors les dispositions contestées ne sont pas constitutives d'une rupture du principe d'égalité ;

16. Considérant, d'autre part, que la mise en œuvre des vérifications ainsi confiées par la loi à des autorités de police judiciaire doit s'opérer en se fondant exclusivement sur des critères objectifs et en excluant, dans le strict respect des principes et règles de valeur constitutionnelle, toute discrimination

de quelque nature qu'elle soit entre les personnes ; qu'il appartient aux autorités judiciaires et administratives de veiller au respect intégral de cette prescription ainsi qu'aux juridictions compétentes de censurer et de réprimer, le cas échéant, les illégalités qui seraient commises et de pourvoir éventuellement à la réparation de leurs conséquences dommageables ; que sous ces strictes réserves d'interprétation la disposition contestée n'est pas contraire à la Constitution ;

- En ce qui concerne l'article 7 :

[...]

20. Considérant, d'une part, que la loi prévoit par ailleurs par son article 17 que ne peuvent être reconduits à la frontière les étrangers qui justifient par tous moyens résider en France habituellement depuis qu'ils ont atteint l'âge de six ans ; que la prise en compte d'une menace à l'ordre public ne peut sans circonstance aggravante être de nature à motiver une mesure d'expulsion ;
21. Considérant, d'autre part, qu'il appartient au législateur d'apprécier les conditions dans lesquelles les droits de la famille peuvent être conciliés avec les impératifs d'intérêt public s'agissant d'étrangers entrés irrégulièrement sur le territoire français ;
22. Considérant que dès lors les exigences prescrites par la loi ne sont pas de nature à porter des atteintes excessives à la liberté individuelle non plus qu'à méconnaître le droit à la vie familiale ;

- En ce qui concerne l'article 8

[...]

25. Considérant, en premier lieu, que la carte de résident, valable pour une durée de dix ans, est renouvelable de plein droit ; qu'eu égard aux exigences de la sauvegarde de l'ordre public et compte tenu des objectifs d'intérêt général qu'il s'est assignés, le législateur a pu exiger que l'obtention de cette carte soit soumise à la double condition de l'absence de menace à l'ordre public et de la régularité du séjour préalable des intéressés sans porter des atteintes excessives aux principes de valeur constitutionnelle invoqués par les députés auteurs de la saisine ; qu'il a également pu imposer, pour cette obtention, aux conjoints de ressortissants français, une durée d'une année de mariage sans cessation de la communauté de vie ;
26. Considérant en deuxième lieu que pour l'obtention des droits que comporte la carte de résident, les étrangers qui ont séjourné préalablement sur le territoire français dans le seul but d'y effectuer des études, lesquelles se seraient prolongées pendant dix années au moins, sont placés dans une situation différente de celle des autres étrangers au regard des raisons justifiant le séjour qu'a entendu prendre en compte le législateur ; que dès lors le grief tiré d'une atteinte au principe d'égalité doit être écarté ;
27. Considérant en troisième lieu qu'en prévoyant pour les conjoints d'étrangers ayant obtenu le statut de réfugié les mêmes conditions à l'octroi de la carte de résident que pour les conjoints de ressortissants français, le législateur ne saurait avoir méconnu ni le principe d'égalité ni le droit d'asile ;
28. Considérant en quatrième lieu, d'une part, que les étrangers mineurs ne peuvent faire l'objet de décisions de reconduite à la frontière ou d'expulsion, d'autre part, que dès lors qu'il est né en France, l'enfant d'un réfugié a droit, en vertu du dernier alinéa de l'article contesté, à la carte de résident de plein droit dès lors qu'il remplit les conditions d'acquisition de la nationalité française prévues à l'article 21-7 du code civil ; que l'application des dispositions de cet alinéa doit être regardée comme n'étant pas subordonnée à une absence de menace à l'ordre public ; que sous réserve de cette interprétation, le législateur n'a pas, par une méconnaissance du droit à une vie familiale normale des réfugiés, porté atteinte au droit d'asile ;

- En ce qui concerne l'article 9 :

[...]

31. Considérant, en premier lieu, que l'obtention d'une carte de résident ne peut concerner qu'une personne étrangère ; qu'ainsi il ne saurait y avoir, au regard de la réglementation régissant cette obtention, de discrimination entre les nationaux et les étrangers ;

32. Considérant, en second lieu, que la disposition contestée doit être entendue comme n'étant applicable qu'aux étrangers qui vivent en France en état de polygamie ; que sous réserve de cette interprétation, le législateur en prenant cette disposition en vue de l'objectif d'intérêt public qu'il s'est assigné, n'a pas méconnu de principe ni de règle à valeur constitutionnelle ;

- En ce qui concerne l'article 11 :

[...]

35. Considérant qu'il revient au législateur de déterminer, dans le respect des principes constitutionnels, compte tenu de l'intérêt public qu'il s'assigne, les conditions d'exercice de la liberté du séjour des étrangers en France ; qu'en modifiant les règles de procédure prévues par l'article 18 bis de l'ordonnance précitée par la limitation des cas et par la restriction de la portée de l'intervention préalable de la commission susvisée sans porter atteinte aux garanties juridictionnelles de droit commun applicables aux étrangers concernés, il n'a méconnu aucune disposition de la Constitution ni aucun principe de valeur constitutionnelle ;

- En ce qui concerne l'article 12 :

[...]

38. Considérant, d'une part, qu'il ressort de la décision du Conseil constitutionnel nº 92-307 DC du 25 février 1992 que la disposition contestée n'est pas contraire au principe de la légalité des peines ;

39. Considérant, d'autre part, qu'en portant de 5.000 à 10.000 francs l'amende maximale encourue par les entreprises de transport routier concernées, le législateur n'a pas fixé un montant manifestement disproportionné par rapport au manquement qu'il a entendu réprimer ;

- En ce qui concerne l'article 13 :

[...]

42. Considérant que la mise en oeuvre de la disposition contestée est placée sous le contrôle de l'autorité judiciaire à qui il revient d'assortir sa décision d'une motivation spéciale au regard de la gravité de l'infraction ; qu'ainsi, la faculté ménagée par le législateur ne méconnaît pas le principe de la légalité des peines et ne porte pas à la liberté individuelle une atteinte excessive ;

- En ce qui concerne l'article 14 :

[...]

45. Considérant que les modifications apportées aux cas susceptibles de justifier des arrêtés de reconduite à la frontière concernent des étrangers qui ne seraient pas titulaires d'un titre de séjour en cours de validité, qui auraient fait l'objet d'une mesure de retrait de titre de séjour ou qui, dans différents cas, seraient dépourvus de titre de séjour en raison d'une menace à l'ordre public ; qu'en étendant ainsi les cas où des mesures de police peuvent être prises en l'absence de possession d'un titre de séjour régulier, sans porter atteinte aux garanties juridictionnelles applicables en l'espèce, le législateur n'a méconnu aucune disposition de la Constitution ni aucun principe de valeur constitutionnelle ;

46. Considérant en revanche que l'article 8 de la Déclaration des droits de l'homme et du citoyen dispose que : « La loi ne doit établir que des peines strictement et évidemment nécessaires, et nul ne peut être puni qu'en vertu d'une loi établie et promulguée antérieurement au délit, et légalement appliquée » ;

47. Considérant qu'il résulte de ces dispositions, comme des principes fondamentaux reconnus par les lois de la République, qu'une peine ne peut être infligée qu'à la condition que soient respectés le principe de légalité des délits et des peines, le principe de nécessité des peines, le principe de non rétroactivité de la loi pénale d'incrimination plus sévère ainsi que les droits de la défense ;

48. Considérant que ces exigences ne concernent pas seulement les peines prononcées par les juridictions répressives mais s'étendent à toute sanction ayant le caractère d'une punition même si le législateur a laissé le soin de la prononcer à une autorité de nature non juridictionnelle ;

49. Considérant qu'en vertu des dispositions contestées, tout arrêté de reconduite à la frontière entraîne automatiquement une sanction d'interdiction du territoire pour une durée d'un an sans égard à la gravité du comportement ayant motivé cet arrêté, sans possibilité d'en dispenser l'intéressé ni même d'en faire varier la durée ; que, dans ces conditions, le prononcé de ladite interdiction du territoire par l'autorité administrative ne répond pas aux exigences de l'article 8 de la Déclaration de 1789 ; qu'ainsi le dernier alinéa de l'article 14 de la loi est contraire à la Constitution ;

- En ce qui concerne les articles 15 et 16 :

[...]

52. Considérant que les cas visés par les dispositions contestées concernent des décisions d'expulsion et les demandes d'abrogation des arrêtés prononçant de telles décisions ; qu'en ne liant plus dans ce domaine les décisions de l'autorité administrative par l'avis d'une commission consultative, le législateur a modifié une procédure administrative sans porter atteinte aux garanties juridictionnelles de droit commun applicables en l'espèce ; qu'il n'a ainsi méconnu aucun principe ni aucune règle de valeur constitutionnelle ;

- En ce qui concerne l'article 17 :

[...]

55. Considérant en premier lieu qu'au regard de leurs attaches avec la France les étrangers qui n'ont résidé sur le territoire français que pour y effectuer des études ne sont pas dans la même situation que ceux qui y ont résidé pendant la même durée pour d'autres motifs ; que, dès lors, compte tenu du but que s'est assigné le législateur, la réserve qu'il a prévue concernant certains étudiants ne méconnaît pas le principe d'égalité ;

56. Considérant en deuxième lieu qu'il appartient au législateur d'assurer la conciliation du droit à mener une vie familiale normale avec les exigences de l'ordre public ; que s'il peut permettre à l'autorité chargée de se prononcer sur l'expulsion d'un étranger de tenir compte de tous éléments d'appréciation, notamment de sa situation personnelle et familiale, il ne transgresse aucune disposition constitutionnelle en faisant prévaloir en cas de menace grave à l'ordre public les nécessités de ce dernier ;

57. Considérant en troisième lieu que les décisions d'expulsion qui constituent des mesures de police n'entrent pas dans le champ d'application de l'article 8 de la Déclaration de 1789 ; que dès lors qu'il n'a pas porté atteinte aux garanties juridictionnelles de droit commun qui leur sont applicables, le législateur ne peut être regardé comme ayant méconnu le principe de la liberté individuelle ;

- En ce qui concerne l'article 18 :

[...]

60. Considérant qu'eu égard aux conditions posées par cet article qui relèvent d'exigences impérieuses de l'ordre public, les modalités spécifiques qu'il prévoit pour l'intervention de décisions d'expulsion, mesures de police administrative, ne portent pas à la liberté individuelle des atteintes excessives ;

- En ce qui concerne l'article 21 :

[...]

63. Considérant que les dispositions contestées ne portent pas atteinte aux droits de recours des intéressés à l'encontre des mesures d'éloignement du territoire dont ils ont pu faire l'objet ; qu'elles ne portent pas non plus atteinte aux effets suspensifs que peuvent le cas échéant comporter de tels recours ; qu'elles ne concernent que la remise en cause de ces décisions, après l'expiration des délais de recours ; qu'en prévoyant que cette remise en cause ne puisse intervenir à la demande des intéressés lorsque ceux-ci résident en France, sauf s'ils subissent une peine privative de liberté, le législateur a entendu prendre en compte les cas où ils se seraient soustraits à l'exécution d'une telle mesure et non ceux où ils seraient régulièrement revenus sur le territoire français après l'exécution de cette mesure ; qu'ainsi eu égard à la situation particulière des étrangers concernés, le législateur à qui

il incombe de concilier les garanties de recours avec la sauvegarde de l'ordre public, n'a porté atteinte ni au principe d'égalité ni à tout autre principe de valeur constitutionnelle ;

- En ce qui concerne l'article 30 :

[...]

66. Considérant que les dispositions contestées maintiennent l'existence des garanties juridictionnelles de droit commun applicables aux mesures de police administrative lesquelles comportent la faculté d'assortir les pourvois de conclusions à fin de sursis à exécution ; qu'en ne prévoyant pas la consultation d'une commission non juridictionnelle, elles se bornent à aménager des procédures administratives ; que les modalités particulières qu'elles prévoient pour une durée limitée peuvent être justifiées par l'état des flux migratoires dans certaines zones concernées et l'existence de contraintes administratives liées à l'éloignement ou à l'insularité des collectivités en cause ; que dès lors l'article 30 ne méconnaît aucune disposition de la Constitution non plus qu'aucun principe à valeur constitutionnelle ;

SUR LE DROIT AU REGROUPEMENT FAMILIAL :

[...]

69. Considérant que le dixième alinéa du préambule de la Constitution de 1946 dispose que : « La Nation assure à l'individu et à la famille les conditions nécessaires à leur développement » ;

70. Considérant qu'il résulte de cette disposition que les étrangers dont la résidence en France est stable et régulière ont, comme les nationaux, le droit de mener une vie familiale normale ; que ce droit comporte en particulier la faculté pour ces étrangers de faire venir auprès d'eux leurs conjoints et leurs enfants mineurs sous réserve de restrictions tenant à la sauvegarde de l'ordre public et à la protection de la santé publique lesquelles revêtent le caractère d'objectifs de valeur constitutionnelle ; qu'il incombe au législateur tout en assurant la conciliation de telles exigences, de respecter ce droit ;

71. Considérant en premier lieu que pour l'ouverture du droit au regroupement familial le législateur a exigé une durée de séjour préalable et régulier en France de deux années ; qu'il importe que la demande de regroupement puisse être formulée avant l'expiration de ce délai pour que ce droit soit effectivement susceptible d'être ouvert à son terme ; que sous cette réserve d'interprétation, cette condition est conforme à la Constitution ;

72. Considérant en deuxième lieu que le regroupement familial prévu par les dispositions contestées ne concerne que les étrangers ; que dès lors le grief tiré d'une rupture du principe d'égalité entre étrangers et nationaux au regard des ressources prises en compte ne saurait qu'être écarté ;

73. Considérant en troisième lieu que dès lors que le législateur a prévu qu'un regroupement partiel pouvait être autorisé pour des motifs tenant à l'intérêt des enfants, il doit être nécessairement admis qu'à cette fin une demande de regroupement partiel pourrait être présentée ; que ce n'est que sous cette réserve d'interprétation que la règle selon laquelle de façon générale l'exercice du droit au regroupement familial concerne la famille dans son ensemble est conforme à la Constitution ;

74. Considérant en quatrième lieu que l'exclusion de tout regroupement familial au bénéfice des étrangers qui au moment où ils formulent leur demande résident en France en qualité d'étudiant n'est pas justifiée, au regard du caractère général que le Préambule de la Constitution de 1946 confère au droit au regroupement familial, par une différence par rapport à la situation des autres demandeurs potentiels ; que par suite l'alinéa aux termes duquel « Les étrangers séjournant en France sous le couvert d'un titre de séjour portant la mention "étudiant" ne peuvent bénéficier du regroupement familial » est contraire à la Constitution ;

75. Considérant en cinquième lieu que le délai de deux années imposé à tout étranger pour faire venir son nouveau conjoint après dissolution ou annulation d'un précédent mariage dans le cadre du regroupement familial méconnaît le droit de mener une vie familiale normale ; que par suite est contraire à la Constitution l'alinéa aux termes duquel « Lorsque le mariage entre un étranger résidant en France et son conjoint qui a été admis au séjour comme membre de la famille a été dissous ou annulé au terme d'une procédure juridique, cet étranger ne peut faire venir auprès de lui un nouveau

conjoint au titre du regroupement familial qu'après un délai de deux ans à compter de la dissolution ou de l'annulation du mariage » ;

76. Considérant en sixième lieu que lorsque le représentant de l'État dans le département prescrit en vertu des dispositions contestées une visite du logement par des agents de l'office des migrations internationales, la prise en compte d'un éventuel refus de l'occupant pour présumer que les conditions relatives à ce logement ne sont pas remplies doit résulter d'une manifestation non équivoque de volonté ;

77. Considérant en septième lieu que les conditions d'une vie familiale normale sont celles qui prévalent en France, pays d'accueil, lesquelles excluent la polygamie ; que dès lors les restrictions apportées par la loi au regroupement familial des polygames et les sanctions dont celles-ci sont assorties ne sont pas contraires à la Constitution ;

78. Considérant en huitième lieu qu'en vue du respect des conditions du regroupement familial, il était loisible au législateur de prescrire le retrait de son titre de séjour à l'étranger dont le comportement fait apparaître qu'il a refusé de se conformer à ces conditions et de prévoir que si ces conditions ne sont plus remplies au moment de la demande du titre de séjour, ce dernier peut être refusé ;

79. Considérant en neuvième lieu que le législateur pouvait sans méconnaître sa compétence renvoyer à un décret en Conseil d'État la détermination d'un délai au terme duquel l'autorisation donnée au regroupement familial deviendrait caduque ;

80. Considérant qu'à l'exception des dispositions déclarées ci-dessus contraires à la Constitution et sous la réserve des interprétations susmentionnées, l'article 23 de la loi ne méconnaît aucun principe ni règle de valeur constitutionnelle ;

SUR LE DROIT D'ASILE :

81. Considérant que le préambule de la Constitution du 27 octobre 1946 auquel renvoie le préambule de la Constitution de 1958 dispose par son quatrième alinéa : « Tout homme persécuté en raison de son action en faveur de la liberté a droit d'asile sur les territoires de la République » ; que si certaines garanties attachées à ce droit ont été prévues par des conventions internationales introduites en droit interne, il incombe au législateur d'assurer en toutes circonstances l'ensemble des garanties légales que comporte cette exigence constitutionnelle ; que s'agissant d'un droit fondamental dont la reconnaissance détermine l'exercice par les personnes concernées des libertés et droits reconnus de façon générale aux étrangers résidant sur le territoire par la Constitution, la loi ne peut en réglementer les conditions qu'en vue de le rendre plus effectif ou de le concilier avec d'autres règles ou principes de valeur constitutionnelle ;

- En ce qui concerne l'article 24 :

[...]

84. Considérant que le respect du droit d'asile, principe de valeur constitutionnelle, implique d'une manière générale que l'étranger qui se réclame de ce droit soit autorisé à demeurer provisoirement sur le territoire jusqu'à ce qu'il ait été statué sur sa demande ; que sous réserve de la conciliation de cette exigence avec la sauvegarde de l'ordre public, l'admission au séjour qui lui est ainsi nécessairement consentie doit lui permettre d'exercer effectivement les droits de la défense qui constituent pour toutes les personnes, qu'elles soient de nationalité française, de nationalité étrangère ou apatrides, un droit fondamental à caractère constitutionnel ;

85. Considérant en premier lieu que l'article 31 bis de l'ordonnance du 2 novembre 1945 permet de refuser l'admission en France d'un demandeur d'asile dans différents cas « sous réserve du respect des dispositions de l'article 33 de la Convention de Genève du 28 juillet 1951..., modifiée par le protocole de New-York du 31 janvier 1967 » ; que cette réserve doit s'entendre comme concernant l'ensemble des stipulations de cette convention susceptibles d'être appliquées ; qu'à défaut, la loi méconnaîtrait les dispositions de l'article 55 de la Constitution ; que sous cette réserve d'interprétation ladite disposition n'est pas contraire à la Constitution ;

86. Considérant en deuxième lieu que l'article 31 bis de l'ordonnance précitée énumère quatre cas dans lesquels l'admission au séjour d'un demandeur d'asile peut être refusée ; que le premier cas, visé au 1º de cet article, concerne l'examen d'une demande d'asile qui « relève de la compétence d'un autre

État, en application des stipulations de la Convention de Dublin du 15 juin 1990 relative à la détermination de l'État responsable de l'examen d'une demande d'asile présentée auprès d'un État membre des Communautés européennes, ou du chapitre VII du titre II de la convention signée à Schengen le 19 juin 1990, ou d'engagements identiques à ceux prévus par la Convention de Dublin souscrits avec d'autres États conformément à la déclaration annexée au procès-verbal de la conférence de signature de la convention du 15 juin 1990, à compter de leur entrée en vigueur» ; que cet article dispose par ailleurs que lorsque l'admission au séjour a été refusée dans ce cas, le demandeur d'asile ne peut saisir l'office français de protection des réfugiés et apatrides d'une demande de reconnaissance de la qualité de réfugié ; qu'en privant ainsi les étrangers concernés de faire valoir leur droit, le législateur a méconnu les principes de valeur constitutionnelle ci-dessus rappelés ; qu'ainsi, dès lors qu'ils comportent cette restriction, les mots « pour l'un des motifs visés aux 2º à 4º du présent article » qui figurent au dernier alinéa de l'article 31 bis de l'ordonnance sont contraires à la Constitution ;

87. Considérant en troisième lieu que dans les trois cas prévus par les 2º à 4º de l'article 31 bis, si l'autorité administrative peut s'opposer à l'admission au séjour des intéressés, ces derniers ont le droit, en vertu des dispositions de l'article 32 bis, de se maintenir sur le territoire français jusqu'à ce que l'office français de protection des réfugiés et apatrides leur notifie sa décision lorsque cette décision est une décision de rejet ; qu'au regard des exigences de valeur constitutionnelle de sauvegarde de l'ordre public, le législateur pouvait, dès lors qu'il garantissait la possibilité d'un recours, prévoir que l'intéressé n'aurait pas droit à être maintenu pendant l'examen de ce recours sur le territoire français ; qu'ainsi les dispositions concernées ne méconnaissent pas le droit d'asile, non plus qu'aucun autre principe ou règle de valeur constitutionnelle ;

88. Considérant en quatrième lieu que le huitième alinéa du même article dispose que : « Les dispositions du présent article ne font pas obstacle au droit souverain de l'État d'accorder l'asile à toute personne qui se trouverait néanmoins dans l'un des cas mentionnés aux 1º à 4º du présent article » c'est-à-dire aux quatre cas de refus d'admission au séjour prévus par cet article ; que comme le Conseil constitutionnel l'a relevé par sa décision nº 91-294 DC du 25 juillet 1991, la détermination d'un autre État responsable du traitement d'une demande d'asile en vertu d'une convention internationale n'est admissible que si cette convention réserve le droit de la France d'assurer, même dans ce cas, le traitement d'une demande d'asile en application des dispositions propres à son droit national ; que le quatrième alinéa du préambule de la Constitution de 1946 fait obligation aux autorités administratives et judiciaires françaises, de procéder à l'examen de la situation des demandeurs d'asile qui relèvent de cet alinéa c'est-à-dire de ceux qui seraient persécutés pour leur action en faveur de la liberté ; que le respect de cette exigence suppose que les intéressés fassent l'objet d'une admission provisoire de séjour jusqu'à ce qu'il ait été statué sur leur cas ; que le droit souverain de l'État à l'égard d'autres parties contractantes à des conventions doit être entendu comme ayant été réservé par le législateur pour assurer le respect intégral de cette obligation ; que ce n'est que sous cette stricte réserve d'interprétation que la disposition sus analysée peut être regardée comme conforme à la Constitution.

- En ce qui concerne l'article 25 :

[...]

91. Considérant que les dispositions de cet article prévoient des mesures de police que le législateur peut déterminer eu égard à l'objectif de restriction des cas d'admission au séjour des étrangers en France qu'il s'est assigné ; que les intéressés ne sont pas dépourvus des garanties juridictionnelles de droit commun dont sont assorties les mesures de police prises par les autorités publiques en matière de police administrative ; que toutefois ces dispositions doivent s'entendre compte tenu de la réserve d'interprétation énoncée ci-dessus s'agissant des étrangers qui entendraient se prévaloir de l'application directe du quatrième alinéa du préambule de la Constitution de 1946 ; que sous cette réserve, l'article contesté ne méconnaît aucun principe ni aucune règle de valeur constitutionnelle ;

- En ce qui concerne les articles 45 et 46 :

[...]

94. Considérant d'une part que la disposition précitée de l'article 45 doit s'entendre comme ne concernant que les étrangers qui ne seraient pas déjà titulaires, avant de se réclamer de la qualité de réfugié, d'un titre régulier de séjour ;

95. Considérant d'autre part que la circonstance, qu'en vertu de conventions internationales un refus d'admission au séjour serait opposé à des demandeurs d'asile ne saurait sans méconnaître les droits de la défense, les priver de la faculté de saisir de leur situation l'office de protection des réfugiés et apatrides et le cas échéant la Commission des recours ; que dès lors est contraire à la Constitution le dernier alinéa de l'article 45 aux termes duquel « L'office n'est pas compétent pour connaître de la demande présentée par un demandeur d'asile à l'égard duquel le représentant de l'État dans le département ou, à Paris, le Préfet de police, fait application du 1º de l'article 31 bis de cette ordonnance » ainsi que l'article 46 de la loi déférée ;

SUR LE RESPECT DE PRINCIPES ESSENTIELS DE LA LIBERTÉ INDIVIDUELLE :

- En ce qui concerne l'article 27 :

[...]

98. Considérant qu'il est loisible au législateur de modifier les cas dans lesquels une mesure de rétention peut être imposée à un étranger qui doit quitter le territoire, pendant le temps strictement nécessaire à son départ, à condition qu'il ne prive pas de garanties légales des exigences de caractère constitutionnel ; que cette rétention ne peut intervenir que dans des cas et sous des formes et conditions strictement définis par lui, sous le contrôle du juge et dans le respect des droits de la défense ;

99. Considérant qu'en prévoyant que cette mesure intervient, s'il y a nécessité, dans des cas limitativement énoncés, sans priver l'autorité judiciaire de la possibilité d'interrompre la prolongation du maintien en rétention, le législateur n'a méconnu aucune exigence de caractère constitutionnel ;

100. Considérant, en revanche, qu'une telle mesure de rétention, même placée sous le contrôle du juge, ne saurait, sauf urgence absolue et menace d'une particulière gravité pour l'ordre public, être prolongée sans porter atteinte à la liberté individuelle garantie par la Constitution ; qu'en étendant à tous les étrangers qui ont fait l'objet d'un arrêté d'expulsion ou d'une mesure de reconduite à la frontière, dès lors qu'ils n'ont pas présenté de documents de voyage, la possibilité de les retenir pendant trois jours supplémentaires, dans des locaux ne relevant pas de l'administration pénitentiaire, le III de l'article 27 de la loi a méconnu la Constitution ;

- En ce qui concerne l'article 29 :

[...]

103. Considérant qu'il revient au législateur d'assurer la conciliation qui doit être opérée entre d'une part la liberté d'aller et venir, laquelle n'est pas limitée au territoire national mais comporte également le droit de le quitter, et la protection de la sécurité nationale, nécessaires, l'une et l'autre, à la sauvegarde de droits de valeur constitutionnelle ;

104. Considérant qu'en conférant à l'autorité administrative la faculté d'imposer une déclaration préalable à la sortie du territoire à certaines catégories d'étrangers, pour les besoins de la protection de la sécurité nationale, le législateur n'a pas subordonné le fait de quitter le territoire français à une exigence d'autorisation préalable ; qu'en effet, la délivrance du visa de sortie par l'autorité administrative ne permet pas à celle-ci d'exercer une appréciation quant à l'opportunité du déplacement envisagé par l'étranger ; que la déclaration préalable effectuée doit entraîner la délivrance de ce visa justifiant de l'accomplissement de la formalité exigible ; que, sous ces réserves d'interprétation, l'article 29 de la loi n'apporte pas à la liberté d'aller et venir une gêne excessive ;

- En ce qui concerne l'article 31 :

[...]

107. Considérant que l'article 175-2 du code civil tel qu'il est inséré dans ce code par le III de l'article 31 fait obligation à l'officier d'état civil de saisir le procureur de la République lorsqu'il existe des indices sérieux laissant présumer que le mariage n'est envisagé que dans un but autre que l'union

matrimoniale ; que le procureur de la République dispose d'un délai de quinze jours durant lequel il peut décider qu'il sera sursis à la célébration du mariage pour une durée pouvant aller jusqu'à trois mois, sans que sa décision soit assortie d'une voie de recours ; qu'en subordonnant la célébration du mariage à de telles conditions préalables, ces dispositions méconnaissent le principe de la liberté du mariage qui est une des composantes de la liberté individuelle ; que dès lors que celles-ci ne sont pas séparables des autres dispositions de l'article 175-2 du code civil, cet article doit être regardé dans son ensemble comme contraire à la Constitution ;

- En ce qui concerne les articles 33, 35, 43 et 44 :

[...]

110. Considérant que la mise en œuvre des dispositions contestées est placée sous le contrôle de l'autorité judiciaire à qui il revient d'assortir sa décision d'une motivation spéciale au regard de la gravité de l'infraction ; qu'ainsi, la faculté ménagée par le législateur ne méconnaît pas le principe de la légalité des peines et ne porte pas à la liberté individuelle une atteinte excessive ;

- En ce qui concerne l'article 34 :

[...]

113. Considérant qu'aux termes de l'article 66 de la Constitution : « Nul ne peut être arbitrairement détenu. L'autorité judiciaire, gardienne de la liberté individuelle, assure le respect de ce principe dans les conditions prévues par la loi »;

114. Considérant que la rétention judiciaire n'est pas une peine ; que, s'agissant d'une mesure aboutissant à priver totalement une personne de sa liberté pendant une période déterminée dans le cours d'un procès pénal, elle ne saurait être assortie de garanties moindres que celles assurées aux personnes placées en détention provisoire ; que, dès lors, la disposition contestée ne satisfait pas aux garanties légales de la liberté individuelle ; qu'ainsi les I, II et IV de l'article 34 de la loi sont contraires à la Constitution ;

SUR LES DROITS SOCIAUX DES ÉTRANGERS :

- En ce qui concerne l'article 36 :

[...]

116. Considérant que les dispositions de l'article 36 doivent en outre être combinées avec celles de l'article 48 qui, sauf en ce qui concerne les avantages d'invalidité, préservent les droits à prestations ouverts à toute personne de nationalité étrangère à raison de cotisations versées avant l'entrée en vigueur de la loi ; que le législateur, en posant une condition de régularité du séjour pour la liquidation des avantages en matière d'invalidité et de vieillesse, que ceux-ci aient été régulièrement acquis après l'entrée en vigueur de la loi ou régularisés en vertu dudit article 48, a entendu que l'autorité administrative accorde, sous réserve des exigences de l'ordre public, aux étrangers qui solliciteraient leur entrée sur le territoire français pour obtenir cette liquidation, un titre de séjour dont la durée est de nature à permettre effectivement celle-ci ;

117. Considérant que les députés auteurs de la seconde saisine allèguent à l'encontre de ces dispositions une méconnaissance du respect de la liberté individuelle, une rupture du principe d'égalité et une atteinte au droit à la vie privée, lequel aurait, selon eux, le caractère d'un principe à valeur constitutionnelle ; qu'ils font valoir en outre que cet article organise l'enrichissement sans cause des caisses de sécurité sociale ;

118. Considérant que les étrangers qui résident et travaillent régulièrement sur le territoire français et ceux qui ne satisfont pas aux mêmes conditions de régularité ne sont pas dans la même situation au regard de l'objet de la loi ; qu'au regard de cet objet, les nationaux et les étrangers sont également placés dans des situations différentes ; que dès lors le grief tiré d'une rupture du principe d'égalité doit être écarté ;

119. Considérant que les cotisations versées aux régimes obligatoires de sécurité sociale qui résultent de l'affiliation à ces régimes constituent des versements à caractère obligatoire de la part des

employeurs comme des assurés ; que ces cotisations ouvrent vocation à des droits aux prestations et avantages servis par ces régimes ;

120. Considérant qu'en édictant des conditions de régularité du séjour et du travail, le législateur a pu, sans méconnaître aucun principe de valeur constitutionnelle, en tirer les conséquences qu'il a déterminées au regard des droits à prestations d'assurance-maladie, maternité et décès et au regard de la liquidation en France d'un avantage d'invalidité et de vieillesse ;

121. Considérant enfin qu'en prévoyant que les organismes chargés de la gestion d'un régime obligatoire de sécurité sociale pourront avoir accès aux fichiers de l'État pour vérifier que les assurés étrangers satisfont aux conditions de régularité de leur situation en France, le législateur a explicitement entendu assurer l'application des dispositions protectrices de la liberté individuelle prévues par la législation relative à l'informatique, aux fichiers et aux libertés ;

- *En ce qui concerne l'article 38 :*

[...]

125. Considérant qu'il incombe, tant au législateur qu'au Gouvernement, conformément à leurs compétences respectives, de déterminer, dans le respect des principes proclamés par le onzième alinéa du Préambule, les modalités de leur mise en œuvre ;

126. Considérant d'une part que le législateur a prévu au bénéfice des personnes de nationalité étrangère, les prestations d'aide sociale à l'enfance, l'aide sociale en cas d'admission dans un centre d'hébergement et de réadaptation sociale, l'aide médicale en cas de soins dispensés par un établissement de santé ou de prescriptions ordonnées à cette occasion, y compris en cas de consultation externe, l'aide médicale à domicile à condition que les intéressés justifient soit de la régularité de leur séjour en France, soit d'une résidence ininterrompue en France métropolitaine depuis au moins trois ans, des allocations aux personnes âgées à condition que les intéressés justifient d'une résidence ininterrompue en France métropolitaine depuis au moins quinze ans avant l'âge de soixante-dix ans ;

127. Considérant d'autre part que le législateur a subordonné le bénéfice des autres formes d'aide sociale à la régularité du séjour des personnes concernées ; que toutefois il a confié au ministre chargé de l'action sociale la responsabilité de déroger à cette règle générale ainsi qu'à la condition de résidence prévue s'agissant de l'aide médicale à domicile pour tenir compte de circonstances exceptionnelles ; que cette disposition doit être entendue comme destinée à assurer la mise en œuvre effective des principes énoncés par les dispositions précitées du Préambule de la Constitution de 1946 ; que sous cette réserve d'interprétation, les dispositions contestées ne sont pas contraires à la Constitution ;

- *En ce qui concerne l'article 40 :*

[...]

130. Considérant qu'eu égard à la nature de la prestation concernée et en l'état de la législation relative à l'aide sociale, la restriction introduite par le législateur n'est pas susceptible de méconnaître les exigences constitutionnelles posées par les dispositions sus-rappelées ; que dès lors le grief invoqué doit être écarté ;

- *En ce qui concerne l'article 41 :*

[...]

133. Considérant qu'eu égard à l'objet de la loi les nationaux et les étrangers sont placés dans des situations différentes et que le législateur a explicitement entendu assurer l'application des dispositions protectrices *de la liberté individuelle prévues par la législation relative à l'informatique, aux fichiers et aux libertés ;* que dès lors les griefs invoqués ne sauraient qu'être écartés ;

134. Considérant qu'il n'y a pas lieu pour le Conseil constitutionnel de soulever d'office des questions de conformité à la Constitution s'agissant des autres dispositions de la loi soumises à son examen ;

Décide

ARTICLE PREMIER. - Sont contraires à la Constitution :

- le II de l'article 14
- à l'article 23, les mots : « Les étrangers séjournant en France sous le couvert d'un titre de séjour portant la mention "étudiant" ne peuvent bénéficier du regroupement familial .» et les mots : « Lorsque le mariage entre un étranger résidant en France et son conjoint qui a été admis au séjour comme membre de la famille a été dissous ou annulé au terme d'une procédure juridique, cet étranger ne peut faire venir auprès de lui un nouveau conjoint au titre du regroupement familial qu'après un délai de deux ans à compter de la dissolution ou de l'annulation du mariage » ;
- à l'article 24, au dernier alinéa de l'article 31 bis de l'ordonnance du 2 novembre 1945 les mots « pour l'un des motifs visés au 2º à 4º du présent article » ;
- le III de l'article 27
- au III de l'article 31, l'article 175-2 du code civil,
- les I, II et IV de l'article 34
- à l'article 45, le dernier alinéa
- l'article 46

ART. 2. - La présente décision sera publiée au *Journal officiel* de la République française.

Délibéré par le Conseil constitutionnel dans ses séances des 12 et 13 août 1993.

(*J.O.*, 18 août 1993, p. 11722).

La composition du Conseil constitutionnel aux dates des 12 et 13 août 1993 était la suivante : M. BADINTER (Président), MM. ABADIE, CABANNES, FABRE, FAURE, LATSCHA, Mme LENOIR, MM. ROBERT, RUDLOFF.

OBSERVATIONS

1 . Comme plusieurs autres « grandes décisions », la décision des *12-13 août 1993* a provoqué un important débat dans la presse, alors que la période estivale est généralement peu propice à ce genre de discussion.

C'est qu'elle était la dernière d'une série de décisions (321 DC, 20 juill. 1993 ; 322 DC, 28 juillet, 323 DC, 5 août ; 324 DC, 3 août ; 326 DC, 11 août) qui, intervenues sur contrôle des lois de la nouvelle majorité, avaient déjà prononcé plusieurs invalidations de dispositions législatives (y compris une invalidation totale). En outre elle était fort attendue, en elle-même, car chacun savait l'importance que le gouvernement attachait à ce que soit adoptée une nouvelle législation sur l'immigration.

Votée le 13 juillet, la loi est déférée au Conseil constitutionnel, dès le 15, par 60 sénateurs (socialistes) et 86 députés (socialistes, communistes et radicaux de gauche). Le Conseil constitutionnel a pris, les 12 et 13 août, une très longue décision dont la teneur a été connue dans la soirée du vendredi 13 août et qui prononçait l'invalidation de 8 dispositions de la loi (qui compte 51 articles), sans compter de nombreuses réserves d'interprétation. La loi, ainsi « corrigée », a été promulguée le 24 août (*J.O.* 29 août 1993, p. 12196).

La décision des *12-13 août* est celle des records et marque sans doute une étape importante dans l'évolution de la jurisprudence du Conseil constitutionnel. Elle établit un véritable statut constitutionnel des étrangers (I) mais apporte également une importante contribution à la théorie générale des libertés fondamentales (II) et des relations entre droit constitutionnel et droit international (III).

Elle a été complétée par une importante décision du 22 avril 1997 (97-389 DC).

2 . C'est la plus longue décision qu'ait rendue le Conseil constitutionnel : 134 considérants, soit une vingtaine de plus que la décision 305 DC (*RJC* I, 483).

C'est aussi celle qui a donné lieu à l'invocation du plus grand nombre de moyens : environ quatre-vingts répartis en une quinzaine de catégories différentes : liberté individuelle y compris inviolabilité du domicile, liberté d'aller et venir, liberté du mariage etc..., droits de la défense, droit de recours, légalité des délits et des peines, proportionnalité et nécessité des sanctions, droit de mener une vie familiale normale et au regroupement familial, droit aux prestations sociales, principe d'égalité, indivisibilité de la République, incompétence négative du législateur : et trois moyens apparemment non reconnus recevables : l'atteinte à la vie privée, l'enrichissement sans cause et le détournement de procédure. Songeons qu'en 1984 l'invocation d'une quinzaine de moyens dans la décision *Entreprises de presse* nous avait paru considérable !

Le Conseil constitutionnel a prononcé l'invalidation de dix dispositions relevant de huit cas différents :

- *Cons. 49* : Une mesure de reconduite à la frontière ne peut être assortie d'une sanction automatique – l'interdiction du territoire pour une durée d'un an – sans violer *l'article 8 de la Déclaration des droits de l'homme : invalidation du* dernier alinéa de l'article 14 de la loi.

- *Cons. 74* : L'interdiction du regroupement familial au profit des étudiants méconnaît *l'alinéa 10 du Préambule de la Constitution de 1946* (droit au regroupement familial) : invalidation d'un alinéa de l'article 23 de la loi.

- *Cons. 75* : Imposer un délai de deux ans, après dissolution ou annulation d'un précédent mariage, avant de faire venir le nouveau conjoint est *contraire à l'alinéa 10 du Préambule de 1946* (droit de mener une vie familiale normale) : invalidation d'un alinéa de l'article 3 de la loi).

- *Cons. 86* : La suppression de la possibilité de saisir l'OFPRA en cas de rejet d'une demande d'asile, dès lors que la demande a déjà été repoussée par un autre État, *méconnaît un principe fondamental reconnu par les lois de la République* (respect des droits de la défense) et *l'alinéa 4 du Préambule de 1946* (droit d'asile) : invalidation d'un membre de phrase dans l'article 24.

- *Cons. 95* : Même motif pour deux autres dispositions, les articles 45, dernier alinéa et 46 étant invalidés.

- *Cons. 100* : La prolongation de la rétention administrative de 7 à 10 jours, même sous le contrôle du juge judiciaire, *méconnaît l'article 66 de la Constitution* : invalidation du III de l'article 27 de la loi.

- *Cons. 107* : La subordination de la célébration du mariage d'un étranger à certaines conditions méconnaît l'article 66 de la Constitution (liberté du mariage) : invalidation de certaines dispositions du nouvel article 175-2 du Code civil, et du fait de leur inséparabilité avec les autres dispositions, de l'ensemble de l'article 175-2.

- *Cons. 114* : La « rétention judiciaire » (voir *infra*) ne peut avoir lieu dans des locaux ne dépendant pas de l'administration pénitentiaire, sans *méconnaître l'article 66 de la Constitution* : invalidation des I, III et IV de l'article 34 de la loi.

La décision 325 DC est donc une des plus sévères qui aient été prononcées surtout si l'on ajoute aux huit cas d'invalidation, la douzaine de « réserves d'interprétation » formulées dont trois expressément qualifiées de « strictes réserves d'interprétation » : aux considérants n° 16, 28, 32, 71, 73, 74, 85, 88, 91, 94, 104 et 127. Au total donc, plus de vingt dispositions ont été considérées comme inconstitutionnelles, ce qui est beaucoup si l'on considère surtout que la loi ne comportait que 51 articles. Il est vrai cependant qu'il ne s'agissait que d'invalidations partielles d'articles (sauf dans un cas, concernant l'article 46) et d'autre part, que la loi ayant une forte densité, le nombre de moyens soulevés (80) et d'articles critiqués (37 sur 51) était exceptionnel.

3 . Le nombre des invalidations et des conformités sous réserve prononcées rend d'autant plus surprenante l'absence de conclusions formulées d'office.

Alors qu'au cours de la législature précédente, le nombre des dispositions examinées d'office avait considérablement augmenté (cf. Th. Di Manno, *Le Conseil constitutionnel et les moyens et conclusions soulevés d'office*, Paris, Economica, 1994), les décisions intervenues après mars 1993 – y compris celle-ci – contiennent un seul cas (92-321 DC, § 39).

Plusieurs explications peuvent être données : soit le juge constitutionnel fait preuve de retenue et de prudence à l'égard d'une nouvelle majorité dont il sait qu'on risque de l'accuser de la contrôler trop étroitement ; soit la multiplication des moyens invoqués rend inutile la propre recherche du juge ; soit les rédacteurs des recours de la nouvelle opposition sont mieux avisés que ceux de l'ancienne ou plus « en phase » avec le Conseil constitutionnel.

On remarquera aussi, à cet égard, que le « considérant-balai » a fait sa réapparition dans les décisions de l'après-mars 1993 et qu'il figure dans la présente décision (§ 134) alors qu'il avait pratiquement disparu au début des années 90. Comme le remarque Th. Di Manno (*op. cit.*, p. 177-178) ceci est lié à une modification du dispositif des décisions destinée semble-t-il à tenir compte d'une éventuelle création de « l'exception » d'inconstitutionnalité.

S'agissant des conclusions formulées d'office le répit a été de courte durée : en effet, de mars 1993 à mai 1997 (10e législature) on compte 17 cas de conclusions d'office dont 13 ayant conduit à une annulation (321 DC, § 39 ; 328 DC, § 16 ; 335 DC, § 21 ; 351 DC, § 27 et 28 ; 358 DC, § 54, 57 et 58 ; 360 DC, § 5-7 ; 363 DC, § 6 ; 377 DC, § 30 ; 386 DC, § 14 et 17) et 4 à une interprétation conforme (358 DC, § 56 ; 363 DC, § 2 et 9 ; 387 DC, § 21). La fréquence d'utilisation est assez comparable, en définitive, à celle observée au cours de la 9e législature (cf. Th. Di Manno).

4 . La forme des décisions semble aussi avoir en partie changé.

Certes, l'on retrouve la même démarche qu'auparavant : exposé du contenu de la disposition examinée ; puis des moyens invoqués ; et enfin du raisonnement suivi et de la solution adoptée. Mais le style n'est pas exactement le même, et semble-t-il, un certain nombre de notions ou de concepts ont changé.

Ainsi par exemple, l'expression « normes de constitutionnalité » (en exergue, avant le 9me considérant) n'a jamais été utilisée jusqu'ici : dans la décision Maastricht I, figure celle de « normes de référence » qui nous paraît mieux appropriée ; ou si l'on avait voulu souligner le caractère constitutionnel des normes de référence, l'expression « normes constitutionnelles ».

De même il est souvent dit que telle liberté « est un principe de valeur constitutionnelle ». En fait, jusque-là, il était indiqué que telle liberté est protégée par un principe ou une règle de valeur constitutionnelle, ceux-ci pouvant être de différents types : la liberté individuelle est protégée par une disposition de la Constitution de 1958, l'article 66 ; les droits de la défense par un principe fondamental reconnu par les lois de la République ; la présomption d'innocence par l'article 9 de la Déclaration des droits de l'homme et du citoyen ; le droit d'asile par l'alinéa 4 du Préambule de la Constitution de 1946 ; la liberté de conscience à la fois par l'article 3 de la Constitution de 1958, l'alinéa 5 du Préambule de 1946 et l'article 10 de la Déclaration des droits de l'homme.

D'autre part, comment faut-il entendre le considérant suivant : « ...que figurent parmi les droits et libertés la liberté individuelle et la sûreté, notamment la liberté d'aller et venir, la liberté de mariage, le droit de mener une vie familiale normale » (§ 3) ? La « liberté d'aller et venir » précédée de « notamment » fait désormais certainement partie de la liberté individuelle (ce qui était parfois contesté jusque là ; cf. *supra*, 26) ; la « liberté de mariage » aussi, compte tenu de ce qui est dit au considérant 107 ; mais sans doute pas le « droit de mener une vie familiale normale » qui, bien que compris dans l'énumération suivant le « notamment » doit être rattaché à l'alinéa 10 du Préambule de 1946 (§ 67 et s.).

I . Le statut constitutionnel des étrangers

5 . Le statut constitutionnel des étrangers, déjà esquissé dans plusieurs décisions précédentes, a été fortement structuré par la décision du *13 août 1993* : non seulement sont affirmés en tête de la décision les grands principes applicables aux étrangers (dans les 2me et 7me considérants) mais encore, la construction de la décision est visiblement destinée à faire apparaître les principaux points de ce statut.

De manière générale, deux grandes orientations sont fermement établies : d'une part, les étrangers ne sont pas nécessairement placés dans la même situation que les nationaux ; d'autre part, il convient de distinguer, pour le bénéfice de certains droits, entre les étrangers en situation régulière et ceux qui ne le sont pas.

Confirmation de cette démarche est donnée par les importantes décisions 97-389 DC du 22 avril 1997, *Certificat d'hébergement* et 98-399 DC du 5 mai 1998, *Loi RESEDA*, qui, sur plusieurs points, viennent compléter l'édifice.

1° *Le régime général de l'entrée et du séjour des étrangers*

6 . S'agissant de leurs conditions d'entrée et de séjour, les étrangers sont placés dans un « cadre juridique » différent de celui des nationaux et caractérisé par le fait que des « pouvoirs étendus » sont accordés à l'autorité publique, singulièrement en matière de police administrative (§ 2) ; que ce cadre est celui d'« un régime administratif d'autorisation préalable » (§ 14) ; et que l'ordre public à faire respecter est l'ordre public français.

Cette analyse a été confirmée et renforcée par la décision 389 DC du 22 avril 1997 aux termes de laquelle « aucun principe non plus qu'aucune règle de valeur constitutionnelle n'assure aux citoyens des droits de caractère général et absolu d'accès et de séjour sur le territoire » (§ 2), qui fait écho à la décision 92-307 DC du 25 février 1992.

7 . a) *Un régime de police administrative spécifique*. « Les conditions d'entrée et de séjour des étrangers peuvent être restreintes par des mesures de police administrative étendues et reposant sur des règles spécifiques » (§ 2). À partir de ces principes un certain nombre de conséquences sont tirées, en réponse aux arguments des requérants.

8 . Tout d'abord, conformément à une jurisprudence déjà établie (261 DC, § 12, *RJC* I, 371), le législateur peut « décider que les modalités de mise en œuvre des objectifs qu'il s'assigne, notamment en matière d'ordre public, reposeront soit sur des règles de police spécifiques aux étrangers, soit sur un régime de sanctions pénales, soit sur une combinaison des deux » (§ 7).

Cela signifie donc qu'un régime de procédure pénale – et donc la compétence exclusive du juge judiciaire – ne s'impose pas et qu'un régime de police administrative – et donc la compétence du juge administratif – peut être institué (voir en ce sens B. Genevois, *R.F.D.A.*, 1989, p. 693).

9 . De manière plus concrète, cela signifie :

- que la procédure « d'exécution d'office » peut être utilisée pour les mesures de police (§ 7) ;

- que les décisions d'expulsion « qui constituent des mesures de police n'entrent pas dans le champ d'application de l'article 8 de la Déclaration de 1789 » (§ 57), ce qui, bien établi depuis que la décision 109 DC (*RJC* I-75) a jugé que « les mesures d'expulsion sont des mesures de police auxquelles sont assignés des objectifs différents de ceux de la répression pénale » (§ 6), signifie que ne s'appliquent pas à ces mesures les principes habituellement applicables en matière de sanctions (voir § 47 pour un rappel de ces principes) ;

- que, s'agissant d'une « procédure administrative », peut être supprimée l'exigence d'un avis conforme d'une « commission consultative » (§ 52) ou la saisine d'une commission et l'obligation de suivre son avis au cas d'avis favorable (§ 35). Étant entendu évidemment que, dans chaque cas, doivent être maintenues les « garanties juridictionnelles de droit commun », c'est-à-dire la compétence des juridictions administratives.

- que le législateur ait pu, sans porter atteinte aux garanties juridictionnelles de droit commun, abroger l'article 18 bis de l'ordonnance de 1945 instituant une commission départementale du séjour des étrangers, dont la consultation était obligatoire lorsque le préfet envisageait de refuser de délivrer un titre de séjour à certains étrangers (389 DC, 22 avril 1997, § 46 et 48).

10 . b) *Un régime d'autorisation préalable.* En déclarant que, s'agissant de l'entrée et du séjour des étrangers, l'on se trouvait dans le « cadre d'un régime d'autorisation préalable », le Conseil constitutionnel a bien souligné le caractère atténué de la protection accordée aux étrangers pour certains droits et libertés.

En revanche, pour la sortie du territoire, il a été conduit à préciser, par une interprétation neutralisante, qu'en conférant à l'autorité administrative la faculté d'imposer *une déclaration* préalable à la sortie du territoire à certaines catégories d'étrangers, le législateur n'a pas subordonné le fait de quitter le territoire français à une autorisation préalable (§ 104).

11 . Ce régime d'autorisation préalable justifie d'après le Conseil constitutionnel, que :

- le législateur puisse exiger des étrangers « la détention, le port et la production de documents attestant la régularité de leur séjour en France » ce qui permet de vérifier « la mise en œuvre de ces prescriptions en dehors de la recherche d'infractions et en l'absence de circonstances particulières relatives à la prévention d'atteintes à l'ordre public » (§ 15) mais encore vérifier cette détention dans une zone comprise entre les frontières terrestres ou le département de la Guyane et une ligne tracée à 20 km en deçà « sans rompre l'équilibre que le respect de la Constitution impose d'assurer entre les nécessités de l'ordre public et la sauvegarde de la liberté individuelle » (97-389 DC, § 72).

- le législateur puisse aménager (et donc instituer) les conditions dans lesquelles sont délivrées les cartes de séjour (§ 17 et s.) et les cartes de résident (§ 23 et s.).

Toutefois, le législateur ne peut soumettre à autorisation la sortie du territoire de l'étranger compte tenu de son droit à quitter celui-ci (cf. *supra*) ce qui exclut toute « retenue du passeport » et implique donc « qu'à toute demande formulée par l'étranger de restitution du document en vue d'un départ effectif du territoire national, celui-ci devra lui être remis sans délai du lieu où il quittera le territoire français » (97-389 DC, § 12).

12 . c) *Un ordre public français.* La polygamie étant prohibée en France, le législateur est en droit d'interdire la délivrance d'une carte de résident à tout ressortissant étranger qui vit en état de polygamie ainsi qu'à ses conjoints (§ 32). Ceci n'est applicable qu'aux étrangers vivant dans cet état en France (389 DC, § 37) et ne doit introduire aucune différence entre les hommes et les femmes (388 DC, § 37).

13 . En définitive, ceci confirme que, comme le soulignait Franck Moderne à propos déjà de la décision 269 DC, cela « contribue puissamment à appliquer aux relations entre les étrangers et l'État français, qu'il s'agisse de l'entrée ou de la sortie du territoire, un véritable régime de police, où la notion de liberté individuelle n'apparaît qu'en second plan ».

On notera toutefois que dans la décision du *13 août* se manifeste plus distinctement le souci de protection des libertés et notamment de la liberté individuelle.

2° *La reconnaissance et l'exercice des droits et libertés*

14 . Il est rappelé, dès le début de la décision, que si le législateur peut prendre à l'égard des étrangers des mesures spécifiques, « il lui appartient de respecter les libertés et droits de valeur constitutionnelle reconnus à tous ceux qui résident sur le territoire de la République » (§ 2), formule déjà contenue dans la décision 269 DC (§ 73).

Et ces droits sont énumérés par la décision qui distingue quatre séries de droits ou garanties, selon un ordre que nous adoptons pour l'exposé :

- « ...figurent parmi ces droits et libertés la liberté individuelle et la sûreté, notamment la liberté d'aller et venir, la liberté du mariage, le droit de mener une vie familiale normale » ;
- « qu'en outre les étrangers jouissent des droits à la protection sociale dès lors qu'ils résident de manière stable et régulière sur le territoire français » ;
- « qu'ils doivent bénéficier de l'exercice de recours assurant la garantie de ces droits et libertés » ;
- « que les étrangers peuvent se prévaloir d'un droit qui est propre à certains d'entre eux reconnu par le 4ᵉ alinéa du Préambule de la Constitution de 1946 ».

La décision 97-389 DC (§ 12) vient préciser que les étrangers résidant en France mais en situation irrégulière ont droit à exercer « les libertés et droits qui ne sont pas subordonnés à la régularité du séjour » et qu'en conséquence « la substitution du récépissé du passeport ou document de voyage ne fait en aucune manière obstacle à [cet] exercice ».

15 . a) *Les droits et libertés reconnus sans conditions.* Il ne sera question ici que de ceux reconnus par la présente décision ou par les précédentes. D'autres droits et libertés s'ajouteront certainement par la suite.

16 . – *La liberté individuelle.* Le statut des étrangers a été l'occasion, à maintes reprises, de faire progresser la reconnaissance de

la liberté individuelle et de ses composantes, et par voie de conséquence de la compétence exclusive du juge judiciaire (v. *infra,* § 17).

Cinq points sont à examiner plus particulièrement : la liberté individuelle et la rétention administrative ; la liberté d'aller et venir ; la liberté de mariage : l'inviolabilité du domicile ; la protection de la vie privée.

17 . • *La rétention administrative.* Le Conseil constitutionnel a surtout envisagé la question de la rétention administrative sous l'angle de la *durée* et des garanties assurées par l'autorité publique : il a d'abord jugé qu'une rétention de sept jours sans intervention du juge judiciaire était « excessive » et contraire à l'article 66 de la Constitution (109 DC, 9 janv. 1980) ; il a censuré ensuite la prolongation, par l'autorité judiciaire, de trois jours de la durée de la rétention administrative déjà prorogée de six jours par la même autorité (après une rétention de 24 h ordonnée par le Préfet) dans la mesure notamment où cette possibilité était « étendue indistinctement à tous les étrangers qui ont fait l'objet d'un arrêté d'expulsion ou d'une mesure de reconduite à la frontière » (216 DC, § 22), considération qui paraissait déterminante à M. Genevois (*R.F.D.A.*, 1987, p. 124). Dans la décision du *13 août*, le Conseil censure pareillement une telle prolongation mais dès lors que les étrangers faisant l'objet d'un arrêté d'expulsion ou d'une mesure de reconduite à la frontière, « n'ont pas présenté de document de voyage » (§ 100), ce qui apparaît comme une justification non examinée par le juge constitutionnel, alors que celui-ci aurait pu apprécier la proportionnalité de la mesure à l'objectif poursuivi.

Toutefois, dans la décision 97-389 DC (§ 52), il est admis que le législateur puisse autoriser la réitération d'un maintien en rétention à condition :

- qu'il n'y ait qu'une seule réitération ;
- que ce soit « dans les seuls cas où l'intéressé s'est refusé à déférer à la mesure d'éloignement prise à son encontre et que « d'éventuels changements des situations de fait soient pris en compte par l'administration sous le contrôle du juge ». Il n'empêche que la réitération du maintien en rétention peut aboutir à un maximum de 20 jours (10 + 10) alors que ce maximum était jusque-là de 10 jours.

On peut rapprocher de la rétention administrative le maintien en « zone de transit » à propos duquel le Conseil constitutionnel a considéré que « en raison de l'effet conjugué du *degré de contrainte* qu'il revêt et de sa *durée* » il a pour conséquence « d'affecter la liberté individuelle de la personne qui en fait l'objet au sens de l'article 66 » (307 DC, § 15).

Bien évidemment, et depuis la décision du 9 janvier 1980, la rétention administrative est placée sous la garde de l'autorité judiciaire. Il en va de même pour le maintien en zone de transit, le Conseil constitutionnel censurant dans ce cas l'absence d'intervention de l'autorité judiciaire (307 DC, § 12 et s.).

N'est pas considérée comme une violation de l'article 66 de la Constitution, la prolongation de 24 h à 48 h du délai à l'expiration duquel l'autorité judiciaire doit être saisie (97-389 DC, § 55).

18 . • *La rétention judiciaire.* C'est une mesure qui peut être ordonnée pour une durée maximum de 3 mois, lorsqu'un tribunal reconnaissant un étranger coupable de n'avoir pas présenté à l'autorité compétente les documents de voyage (permettant l'exécution d'une mesure de refus d'entrée sur le territoire, de reconduite à la frontière ou d'expulsion), ajourne le prononcé de la peine ; le Conseil constitutionnel a estimé dans la décision du 13 août que « s'agissant d'une mesure aboutissant à priver totalement une personne de sa liberté pendant une période déterminée dans le cours d'un procès pénal, elle ne saurait être assortie de garanties moindres que celles assurées aux personnes placées en détention provisoire », et en conséquence il a censuré la disposition la prévoyant dès lors que la « rétention judiciaire » impliquait le maintien dans des « locaux ne relevant pas de l'administration pénitentiaire » (§ 114).

19 . • *La liberté d'aller et venir* et le droit de *quitter le territoire national* ont été reconnus aux étrangers : le Conseil constitutionnel affirme dans la décision du *13 août* en effet : « la liberté d'aller et venir, laquelle n'est pas limitée au territoire national, mais comporte également le droit de le quitter » (§ 103), et considère, en conséquence, qu'« en conférant à l'autorité administrative la faculté d'imposer une déclaration préalable à la sortie du territoire... le législateur n'a pas subordonné le fait de quitter le territoire français à une autorisation préalable ». Et par une interprétation neutralisante, il interdit à l'autorité administrative toute appréciation d'opportunité (§ 104). Ceci est confirmé par la décision 97-389 DC (§ 10).

20 . • *La liberté de mariage.* Le Conseil constitutionnel reconnaissant, pour la première fois, valeur constitutionnelle à la liberté de mariage, estime que « le principe de la liberté du mariage est méconnu dès lors que la célébration du mariage est subordonnée à des conditions préalables » telles que la saisine éventuelle du Procureur de la République par l'officier d'état-civil lorsqu'il y a des indices sérieux laissant présumer que le mariage n'est envisagé que dans un but autre que l'union matrimoniale, et la décision de surseoir à la célébration pour une durée pouvant aller jusqu'à trois mois, sans recours possible contre cette décision (§ 104).

21 . • *L'inviolabilité du domicile* est également protégée au profit des étrangers par le Conseil constitutionnel, celui-ci acceptant d'examiner au fond le grief tiré de ce que la loi n'aurait pas suffisamment précisé les conditions dans lesquelles devaient se dérouler des vérifications domiciliaires opérées par l'Office des migrations internationales à la demande du maire chargé de délivrer un certificat d'hébergement (§ 10).

Mêmes garanties procédurales pour les contrôles dans les lieux professionnels visant à lutter contre le travail clandestin (97-389 DC, § 76).

22 . • L'utilisation des *données informatiques* (voir *infra*, n° 47) est évoquée à travers la notion de vie privée : le Conseil constitutionnel répond en faisant valoir directement que « le

législateur a entendu explicitement assurer l'application des dispositions protectrices de la liberté individuelle prévues par la législation relative à l'informatique, aux fichiers et aux libertés » (§ 133).

De manière générale, s'agissant de la vie privée, la décision 97-389 DC indique clairement que les méconnaissances graves du droit au respect de leur vie privée sont pour les étrangers comme pour les nationaux de nature à porter gravement atteinte à leur liberté individuelle » (§ 44).

- Dans la décision 97-389 DC, le Conseil évoque la même garantie à propos du traitement informatique des certificats d'hébergement alors que celui-ci, comme cela est précisé, n'avait été envisagé qu'au stade des travaux parlementaires (§ 5) ou encore (mais la loi vise directement la loi informatique et liberté) en matière de traitement informatique des relevés d'empreintes digitales (§ 24).

23 . Pour en terminer avec la liberté individuelle, on notera qu'à plusieurs reprises (§ 22, 42, 60), le juge constitutionnel constate qu'il n'est pas porté à cette liberté « des atteintes *excessives* », ce qui semble indiquer que, compte tenu du régime de police particulier applicable aux étrangers, un certain nombre d'atteintes – non excessives – à la liberté individuelle, sont possibles.

24 . — *Les garanties et recours.* À plusieurs reprises, le Conseil constitutionnel a fait référence aux « droits de la défense », au « droit de recours » et plus largement « aux garanties juridictionnelles de droit commun » (cf. par exemple, § 35, 66, 91), ce qui fait allusion principalement aux garanties apportées par les juridictions administratives en matière de mesures de police. On peut y rattacher également les principes applicables en matière de sanctions.

25 . Le Conseil a affirmé solennellement que les étrangers doivent être mis en situation « d'exercer effectivement les *droits de la défense* qui constituent pour toutes les personnes, qu'elles soient de nationalité française, de nationalité étrangère ou apatrides, un droit fondamental à caractère constitutionnel » (§ 84).

Le respect des droits de la défense a été largement invoqué par les requérants et sanctionné par le Conseil constitutionnel :

- notamment pour justifier, avec d'autres moyens, l'invalidation de plusieurs dispositions : la sanction d'interdiction automatique de territoire attachée à une mesure de reconduite à la frontière (§ 49) ; l'absence de recours à l'OFPRA pour le demandeur d'asile déjà débouté par un autre État (§ 86 et 95) ;

- pour justifier l'obligation d'admission provisoire sur le territoire français des demandeurs d'asile.

Le Conseil constitutionnel a affirmé (97-388 DC, § 32) que « le principe constitutionnel des droits de la défense s'impose à l'autorité administrative sans qu'il soit besoin pour le législateur d'en rappeler l'existence ».

26 . Conjointement est reconnu au profit des étrangers, un « droit de recours » (.....) souvent invoqué par les requérants et, pour

la première fois semble-t-il, admis par le Conseil, « droit de recours » qui est en fait très proche des droits de la défense.

27 . Le Conseil applique également aux étrangers l'article 8 de la Déclaration des droits de l'homme et du citoyen et les principes fondamentaux reconnus par les lois de la République aux termes desquels « une peine ne peut être infligée qu'à la condition que soient respectés le principe de légalité des délits et des peines, le principe de nécessité des peines, le principe de non-rétroactivité de la loi pénale, d'incrimination plus sévère ainsi que des droits de la défense » (§ 47).

Ces garanties constitutionnelles s'appliquent notamment aux mesures de retrait de carte de séjour temporaire ou de carte de résident dont peut être frappé tout employeur dès lors qu'il est « en infraction avec l'article L. 341-6 du code du travail » ou qu'il a « occupé un travailleur étranger en violation des dispositions du même article », dès lors que ces mesures revêtent le caractère de sanction (97-389 DC, § 31).

28 . Enfin le Conseil constitutionnel met en œuvre, également, au profit des étrangers, et à propos particulièrement du droit d'asile, le principe selon lequel « s'agissant d'un droit fondamental dont la reconnaissance détermine l'exercice par les personnes concernées des libertés et droits reconnus de façon générale aux étrangers résidant sur le territoire par la Constitution, la loi ne peut en réglementer les conditions qu'en vue de le rendre plus effectif ou de le concilier avec d'autres règles ou principes de valeur constitutionnelle » (§ 81).

29 - b) *Le principe d'égalité* avait été appliqué de manière assez spectaculaire dans la décision 89-269 DC (§ 34) : le Conseil constitutionnel examinant, de lui-même, la constitutionnalité d'une disposition non critiquée, a affirmé que « l'exclusion d'office des étrangers résidant régulièrement en France du bénéfice (d'une) allocation, dès lors qu'ils ne peuvent se prévaloir d'engagements internationaux ou de règlements pris sur leur fondement, *méconnaît le principe constitutionnel d'égalité* ».

De cette décision, nous avions tiré plusieurs conclusions qui demandaient à être confirmées (Favoreu, *R.F.D.C.*, 2-1990 p. 331-332) et qui l'ont été par la décision du 13 août :

- l'égalité entre nationaux et étrangers est accordée aux étrangers en situation régulière s'agissant des droits sociaux : ceci est affirmé de manière générale d'abord pour la protection des droits sociaux (§ 3) puis pour le regroupement familial (§ 70) ; mais cette condition n'est pas exigée pour les droits classiques comme les droits de la défense (§ 6, 7) ;

- les discriminations sont admises dès lors qu'elles sont justifiées :

• « au regard des objectifs que le législateur s'est... assignés, les étrangers et les nationaux sont placés dans une situation différente ; que dès lors les dispositions contestées ne sont pas constitutives d'une rupture du principe d'égalité » (§ 15) ;

• « l'obtention d'une carte de résident ne peut concerner qu'une personne étrangère ; qu'ainsi il ne saurait y avoir, au regard de la réglementation régissant cette obtention, de discrimination entre les nationaux et les étrangers » (§ 31)

Le même raisonnement est applicable aux discriminations introduites entre catégories d'étrangers :

• « compte tenu du but que s'est assigné le législateur, la réserve qu'il a prévue concernant certains étudiants ne méconnaît pas le principe d'égalité » (§ 55)

• en revanche, il n'y a pas discrimination justifiée dès lors qu'est faite une distinction, quant au droit au regroupement familial, entre les étrangers ayant la qualité d'étudiant et les autres (§ 74).

30 . c) *Les droits et libertés reconnus aux étrangers « résidant en France de manière stable et régulière »*. Deux séries de droits sont concernées : le droit de mener une vie familiale normale, et donc le droit au regroupement familial et les « droits à la protection sociale ».

31 . *Le droit à mener une vie familiale normale et au regroupement familial.*

Après avoir cité le 10me alinéa du Préambule de la Constitution de 1946 aux termes duquel « la Nation assure à l'individu et à la famille les conditions nécessaires à leur développement », le Conseil constitutionnel affirme :

« qu'il résulte de cette disposition que les étrangers dont la résidence en France est stable et régulière, ont, comme les nationaux, le droit de mener une vie familiale normale ; que ce droit comporte en particulier la faculté pour ces étrangers de faire venir auprès d'eux leurs conjoints et leurs enfants mineurs sous réserve des restrictions tenant à la sauvegarde de l'ordre public et à la protection de la santé publique lesquelles revêtent le caractère d'objectifs de valeur constitutionnelle ; qu'il incombe au législateur tout en assurant la conciliation de telles exigences, de respecter ce droit ».

Le Conseil constitutionnel en a tiré la conséquence qu'une « simple menace pour l'ordre public ne saurait suffire à fonder un refus de renouvellement d'une carte de résident, dès lors qu'au moment où il formule une telle demande, l'étranger peut se prévaloir d'une présence régulière sur le territoire français d'une durée de dix ans au moins », cette stabilité étant de nature à avoir fait naître entre l'étranger et le pays d'accueil des liens multiples » : ce serait porter des « atteintes excessives au droit de l'intéressé au respect de sa vie familiale et privée » (97-389 DC, § 45).

32 . De ce considérant de principe et de ceux qui suivent (§ 69 à 80) peuvent être tirées un certain nombre de prescriptions ou conclusions.

33 . Quant aux bénéficiaires du regroupement familial : sont exclus, outre les étrangers en situation irrégulière, les polygames car « les conditions d'une vie familiale normale sont celles qui prévalent en France », pays d'accueil, lesquelles excluent la polygamie (§ 77, ce qui fait écho au § 32 *supra*, n° 12). Dans l'une des saisines, il était

avancé que la polygamie était admise sur le territoire de la République : mais ils oubliaient de préciser que l'article 75 de la Constitution permettait à certains « citoyens de la République » de conserver leur statut personnel tant qu'ils n'y ont pas renoncé ». Mais le Conseil constitutionnel ne fait pas allusion à ce moyen. On observera que ce refus de faire bénéficier les polygames du regroupement familial est en contradiction avec la jurisprudence du Conseil d'État, qui dans l'arrêt *Montcho* (C.E. Ass., 11 juill. 1980) a adopté la solution inverse.

S'agissant des étudiants, le Conseil constitutionnel censure leur exclusion de la liste des bénéficiaires au motif que cette exclusion « n'est pas justifiée au regard du caractère général que le Préambule de la Constitution de 1946 confère au droit au regroupement familial, par une différence par rapport à la situation des autres demandeurs potentiels » (§ 74). La question est de savoir si, à propos des étudiants, il peut être toujours établi qu'ils ont « une résidence stable et régulière ».

34 . Le Conseil constitutionnel précise encore que la durée de séjour préalable et régulier en France de deux ans exigée pour ouvrir le droit au regroupement familial est admissible dès lors que la demande de regroupement peut être formulée avant l'expiration du délai (« réserve d'interprétation », § 71) ; il en va de même de la règle selon laquelle le regroupement familial concerne la famille dans son ensemble dès lors que le législateur a prévu qu'un regroupement partiel peut être autorisé dans l'intérêt des enfants (§ 73). En revanche, doit être censurée l'exigence d'un délai de deux ans imposé à tout étranger pour faire venir son nouveau conjoint après dissolution ou annulation d'un précédent mariage (§ 75).

En définitive, avec deux invalidations et trois réserves d'interprétation, c'est le chapitre du regroupement familial qui a été le plus sévèrement contrôlé.

35 . *Les droits à la protection sociale.* Selon le Conseil constitutionnel, « les étrangers jouissent des droits à la protection sociale dès lors qu'ils résident de manière stable et régulière sur le territoire français » (§ 3). Ceci fait écho à la décision du 22 janvier 1990 (269 DC, § 34-35) selon laquelle le législateur ne peut, sans méconnaître le « principe constitutionnel d'égalité », « exclure des étrangers *résidant régulièrement en France* du bénéfice de l'allocation supplémentaire » du Fonds national de solidarité. En revanche, il peut sans violer le principe d'égalité, exclure du bénéfice des prestations « ceux qui ne satisfont pas aux mêmes conditions de régularité », car ils ne sont pas dans « la même situation » que les étrangers qui résident et travaillent régulièrement « au regard de l'objet de la loi » (§ 118).

Le législateur a pu valablement édicter des conditions de régularité de séjour et de travail et « en tirer les conséquences au regard des droits à prestation d'assurance maladie, maternité et décès et au regard de la liquidation en France d'un avantage d'invalidité et de vieillesse » (§ 120).

d) *Le droit d'asile.*

36 . La décision du *13 août* consacre, de manière particulièrement éclatante, la pleine valeur constitutionnelle du droit d'asile, tel qu'il est affirmé par l'alinéa 4 du Préambule de 1946 : « tout homme persécuté en raison de son action en faveur de la liberté a droit d'asile sur les territoires de la République ». Non seulement, il le traite comme l'un des droits les mieux protégés en utilisant la formule inaugurée par la décision *Entreprises de presse** (voir *supra* n° 28), mais encore il lui donne un contenu particulièrement fort dans un considérant de principe (§ 84) :

« Considérant que le respect du droit d'asile, principe de valeur constitutionnelle, implique d'une manière générale que l'étranger qui se réclame de ce droit soit autorisé à demeurer provisoirement sur le territoire jusqu'à ce qu'il ait été statué sur sa demande ».

(Cf. M. Fromont, Le droit d'asile en France, *ERPL/REDP*, vol. 7, n° 3, 1995).

37 . Ceci est d'autant plus étonnant que, jusqu'à la décision du *13 août*, le droit d'asile était considéré plutôt comme un droit faible, un droit de second rang (cf. L. Favoreu, « Le droit d'asile : aspects de droit constitutionnel comparé », in *Immigrés et réfugiés dans les démocraties occidentales* sous la dir. de D. Turpin, Economica, 1989).

En effet, dans ses premières décisions (109 DC, 116 DC et 216 DC), le Conseil se contentait, en fait, de renvoyer aux lois et conventions internationales mettant en œuvre le droit d'asile. Comme le souligne Bruno Genevois (*La jurisprudence du Conseil constitutionnel*, p. 265), à propos de la décision 216 DC, le juge constitutionnel « a relativisé la portée de la norme constitutionnelle de référence en relevant que le principe posé par le Préambule est mis en œuvre par la loi et les conventions internationales introduites en droit interne avec l'autorité prévue à l'article 55 de la Constitution ».

Jacques Robert constate que dans sa décision du 3 septembre 1986, « le Conseil constitutionnel se borne à relever que la seule obligation positive d'exercice de l'asile découle des conventions, lois et règlements qui interdisent seulement le renvoi du réfugié ou du demandeur d'asile vers le pays où il craint pour sa vie et sa liberté » (*R.A.E.*, n° 1-1992, p. 12).

Et de l'avis général, les décisions du 25 juillet 1991 sur l'accord de Schengen et du 25 février 1992 sur les zones de transit n'ont pas fondamentalement changé les choses : la même formule est reproduite dans la dernière décision dès après l'énoncé de l'alinéa 4 du Préambule (voir cependant l'opinion de Danièle Lochak in *J.D.I.*, 1992, p. 685).

En fait, comme il n'y avait ni lois ni règlements mettant en œuvre le droit d'asile (ainsi que le constate formellement le Conseil d'État dans l'arrêt *Dakoury*), la protection du droit d'asile était assurée au travers de la Convention de Genève : de sorte que le droit d'asile était un droit d'asile « conventionnel » et non un droit d'asile constitutionnel. Avant le 13 août 1993, l'alinéa 4 du Préambule de 1946 était une « coquille vide » (voir L. Favoreu, *Le Figaro* du 8 septembre 1993). Aucune demande d'asile n'invoquait l'alinéa 4 du Préambule, les décisions des juridictions administratives et judiciaires n'y faisaient pas référence, et le Conseil d'État dans les arrêts *Dakoury* et *N'Kodia* s'était appuyé sur « un principe » (et en fait sur la Convention de Genève) et non sur l'alinéa 4 du Préambule.

38 . Le Conseil constitutionnel a donc surpris en affirmant que non seulement l'alinéa 4 du Préambule produisait directement des effets mais qu'au surplus il fallait désormais l'interpréter comme comportant l'obligation pour l'État (d'une manière générale) d'autoriser le demandeur d'asile à demeurer provisoirement sur le territoire jusqu'à ce qu'il ait été statué sur sa demande.

Il est vrai que le Conseil d'État, dont l'interprétation était la même que celle du Conseil constitutionnel à l'origine, avait changé de position dans des arrêts d'assemblée du 13 décembre 1991 (*Dakoury* et *N'Kodia*) dans lesquels il affirmait que l'étranger qui sollicite la reconnaissance de la qualité de réfugié (doit être) en principe autorisé à demeurer provisoirement sur le territoire jusqu'à ce qu'il ait été statué sur sa demande ». Et, observant qu'« un annotateur averti de la jurisprudence constitutionnelle (B. Genevois) avait déjà souligné le changement de « dimension » qu'impliquait la nouvelle jurisprudence du Conseil d'État », Franck Moderne annonçait déjà que, « connaissant le souci de la jurisprudence constitutionnelle de ne pas s'éloigner sans raison déterminante de la jurisprudence administrative », il y aurait une évolution de l'attitude du Conseil constitutionnel. C'est ce qui s'est produit avec la décision du *13 août.*

39 . Le Conseil constitutionnel a immédiatement tiré les conséquences du nouveau contenu qu'il donnait au droit d'asile en censurant les dispositions privant les demandeurs d'asile de la faculté de saisir l'OFPRA (§ 86 et 95).

Il a, par ailleurs, émis quatre réserves d'interprétation dont l'une qualifiée de « stricte » (§ 88).

40 . Cette dernière concerne surtout l'application des conventions de Dublin et de Schengen : la loi attaquée a prévu, en application de ces conventions que, même lorsque la demande d'asile a déjà été examinée par un autre État, la France conserve le droit de traiter cette demande selon son droit national, c'est-à-dire en application du Préambule de la Constitution de 1946. Le Conseil constitutionnel déclare cette disposition conforme à la Constitution sous « la stricte réserve d'interprétation » suivante : les autorités administratives et judiciaires françaises ont « *l'obligation* de procéder à l'examen de la situation des demandeurs d'asile » et « le respect de cette exigence suppose que les intéressés fassent l'objet d'une admission provisoire en séjour jusqu'à ce qu'il ait été statué sur leur cas ».

Dans la décision 294 DC (§ 31) relative à l'accord de Schengen, le Conseil constitutionnel avait déjà pris en considération cette réserve contenue dans l'accord à l'article 29-4, mais dans un tout autre contexte : c'est pour rejeter l'argument selon lequel faire traiter les demandes d'asile par un autre État équivalait à un abandon de souveraineté, que le juge constitutionnel a relevé que la France conserverait la faculté de traiter elle-même la demande d'asile, « pour des raisons particulières tenant notamment au droit national », au regard de l'alinéa 4 du Préambule de 1946. Dans la décision du *13 août*, le traitement des demandes d'asile après un rejet par le premier État, devient une *obligation* et implique l'admission provisoire au séjour sur le territoire.

Le ministre de l'Intérieur a immédiatement soulevé la difficulté que créait cette nouvelle interprétation à la fois de la réserve de l'article 29-4 de l'accord et de l'alinéa 4 du Préambule : en effet, cela conduit inéluctablement à recevoir toutes les demandes d'asile avec admission provisoire sur le territoire alors que l'Allemagne, sur la base de nouvelles dispositions constitutionnelles s'apprête à rejeter des dizaines de milliers de demandes de réfugiés des pays de l'Est ; en outre, cela aboutit à remettre en question le système de Schengen dans la mesure où ce qui devait être, au départ, une dérogation, devient d'application générale.

En conséquence, une révision de la Constitution est intervenue par la loi constitutionnelle du 25 novembre 1993 qui a inséré dans la Constitution un nouvel article 53-1 aux termes duquel « la République... » (Cf. *Code constitutionnel*, pp. 419 et s.) : constitutionnalisée, la solution censurée par le Conseil constitutionnel peut donc être maintenue.

41 . Le Conseil constitutionnel a renforcé les « garanties légales » du droit d'asile, dans sa décision 97-389 DC (§ 26), en « considérant que la confidentialité des éléments d'information par l'OFPRA relatifs à la personne sollicitant en France la qualité de réfugié est une garantie essentielle du droit d'asile » et en soulignant que seuls les agents habilités à mettre en œuvre le droit d'asile, *notamment par l'octroi du statut de réfugié*, peuvent avoir accès, après information, en particulier aux empreintes digitales des demandeurs du statut de réfugié, ce qui rend inconstitutionnel l'accès des gendarmes et de la police au ficher de ces empreintes digitales.

Mais, en même temps, il a gravement obscurci les notions de demandeur d'asile et de demandeur du statut de réfugié en les confondant : pour lui, apparemment (comme d'ailleurs pour le Conseil d'État, l'asile constitutionnel accordé à celui qui est persécuté politiquement en vertu de l'article 4 du Préambule de 1946 (et de l'article 53-1 de la Constitution) et le « refuge » accordé en vertu de la Convention de 1950, sont la même chose ! Cette assimilation est manifestement contraire aux dispositions constitutionnelles précitées et aboutissent pratiquement à les neutraliser.

II . Régime général des droits et libertés

42 . De nouveaux droits et libertés ont été consacrés ; d'autres ont vu leur contenu précisé ou modifié ; enfin, s'agissant des normes de référence, le Préambule de la Constitution de 1946 a connu des applications nombreuses et significatives.

1° *De nouveaux droits et libertés consacrés*

43 . Consacrés à propos des étrangers, ces nouveaux droits et libertés – la liberté de mariage et le droit de mener une vie familiale normale – sont évidemment d'application générale.

44 . La *liberté de mariage* s'est vu reconnaître valeur constitutionnelle en tant que « composante de la liberté individuelle » (§ 107). Ceci a été confirmé par la décision 97-389 DC (§ 10).

Cette reconnaissance était envisagée depuis un certain temps (cf. F. Luchaire, « Les fondements constitutionnels du droit civil », *Rev. trim. dr. civil,* 1982, p. 259), mais sur la base d'autres normes constitutionnelles : soit un principe fondamental reconnu par les lois de la République tiré de l'article 146 du Code civil ; soit le préambule de la Constitution de 1946 et plus précisément le 10me alinéa, d'où est d'ailleurs tiré l'autre principe relatif au droit de mener une vie familiale normale.

La conséquence de la reconnaissance de la liberté de mariage en tant que composante de la liberté individuelle est que sa protection relève exclusivement du juge judiciaire ce qui évidemment ne manquera pas de soulever quelques problèmes.

45 . Le droit à mener une vie familiale normale et au regroupement familial, avait déjà été consacré par la jurisprudence du Conseil d'État (Ass. 8 déc. 1978, *G.I.S.T.I.*) sur la base du 10me alinéa du Préambule de 1946. On retrouve d'ailleurs dans la présente décision du *13 août* la formule utilisée par le Conseil d'État dans l'arrêt précité : « ...les étrangers résidant régulièrement en France ont, comme les nationaux, le droit de mener une vie familiale normale ». Et le Conseil d'État en avait déduit aussi le droit au regroupement familial. Sans doute va-t-il cesser à l'avenir de qualifier de principe général du droit la norme de protection de ce droit et la tirer directement du 10me alinéa du Préambule.

Dans une décision 216 DC du 3 septembre 1986 le Conseil constitutionnel avait fait référence aux « droits de la famille », déjà à propos des étrangers.

À vrai dire, en l'état actuel, ce droit et notamment le droit au regroupement familial est réservé, en fait, aux étrangers.

46 . On peut aussi noter qu'apparaît pour la première fois le « droit au recours ». invoqué par les requérants, il est admis par le Conseil constitutionnel, aux côtés des droits de la défense, sans que l'on sache exactement à quoi il se rattache et quelle est sa signification.

2° *Le retour à une conception large de la liberté individuelle*

47 . D'après la décision du *13 août*, la liberté individuelle englobe la sûreté, la liberté d'aller et venir, l'inviolabilité du domicile, la liberté du mariage et la protection contre la diffusion des données informatiques.

Ceci remet tout à fait en cause l'évolution qui s'était dessinée dans le sens d'une réduction du champ d'application de la liberté individuelle.

En effet, en 1992, M. Genevois notait dans son commentaire de la décision *Zones de transit* que le Conseil constitutionnel s'était « efforcé de donner de l'article 66 de la Constitution une interprétation ni réductrice de sa portée, ni par trop extensive » (*R.F.D.A.*, 1992, p. 193). L'approche réductrice aurait conduit à limiter le champ d'application de ce texte aux cas de détention d'un individu. Le Conseil constitutionnel a choisi, dès le début, une autre approche mais sans pour autant considérer que « la liberté individuelle... se trouvait automatiquement mise en cause par toute mesure restreignant ou affectant la liberté d'un individu ». Ainsi, selon M. Genevois, le Conseil constitutionnel donne-t-il valeur constitutionnelle à la liberté d'aller et venir sans la rattacher à l'article 66 de la Constitution.

En outre, à partir de 1988, on a vu émerger « le concept de "liberté personnelle" indépendamment de la "liberté individuelle" visée à l'article 66 » ; et a été ainsi, notamment, rattaché à la notion de liberté personnelle ce qui touche à l'utilisation des fichiers informatisés dans la décision 91-294 DC (§ 49). Le recours à cette notion de liberté personnelle permettant « d'étendre largement le champ des libertés constitutionnelles, sans que leur protection relève nécessairement de l'autorité judiciaire » (*op. cit.*, p. 194).

Car là est la clé de l'explication : toute extension du champ d'application de la liberté individuelle se traduit par l'extension corrélative du domaine de compétence exclusive du juge judiciaire. Et c'est pourquoi d'ailleurs, la protection de la vie privée et de la dignité humaine, que le Comité consultatif pour la révision de la Constitution avait introduite dans l'article 66 a été déplacée dans l'article 1er nouveau du projet gouvernemental, parce qu'ainsi le juge administratif retrouvait une compétence concurrente.

48 . Mais tout ceci est remis en cause par la décision du *13 août*.

En effet, la liberté d'aller et venir et la protection contre l'utilisation des fichiers informatisés sont expressément comprises dans la notion de liberté individuelle et relève donc de la compétence exclusive du juge judiciaire, sans qu'il ne soit plus question de liberté personnelle. En outre, la liberté de mariage a été aussi rattachée à la liberté individuelle, et donc à l'article 66.

On en revient donc à la conception large que nous avions cru pouvoir déduire de la décision *Fouille des véhicules* *, avec cependant cette restriction que la protection de la vie privée ne semble pas devoir y être incluse car le Conseil constitutionnel a pris soin de noter, chaque fois qu'elle était invoquée, que cette invocation était le fait des requérants (§ 9 ; § 132). On ne sait donc si le Conseil constitutionnel considère que la vie privée fait partie de la liberté individuelle et doit être protégée à ce titre.

III . Normes internationales et bloc de constitutionnalité

49 . Le Conseil a, de manière on ne peut plus claire, réaffirmé les principes contenus depuis 1975 dans sa jurisprudence et que certains avaient pu croire – à tort – remis en cause sinon abandonnés dans les décisions *Maastricht I et II**.

Sous le chapitre « Normes de constitutionnalité applicables au contrôle de la loi déférée », il est inscrit dans un considérant de principe que « l'appréciation de la constitutionnalité des dispositions que le législateur estime devoir prendre ne saurait être tirée... de la conformité de la loi avec les stipulations de conventions internationales mais résulte de la confrontation de celle-ci avec les *seules exigences de caractère constitutionnel* » (§ 2).

Ceci n'avait jamais été dit aussi fermement alors que les parlementaires requérants affirmaient dans leur saisine que la présente espèce ne pourra que conduire le juge constitutionnel à aménager la jurisprudence dite « IVG » et que « s'en remettre aux juges administratifs et judiciaires pour faire respecter l'article 55 de la Constitution aboutirait, dans les circonstances de l'espèce, à une méconnaissance d'une ampleur inédite du principe constitutionnel *Pacta sunt servanda* mais encore à un véritable déni de justice » ! (*JO* 18 août 1993, p. 11735).

47

27 juillet 1994

BIOÉTHIQUE (343-344DC)

Droit constitutionnel des libertés Dignité de la personne humaine

Décision n° 94-343-344 DC, *Rec.*, p. 100 ; RJC I-592 ;
Article 61 al. 2 de la Constitution.
Saisine par le Président de l'Assemblée nationale et 68 députés.
Loi relative au respect du corps humain et loi relative au don et à l'utilisation des éléments et produits du corps humain, à l'assistance médicale, à la procréation et au diagnostic prénatal.
Conciliation de la première phrase du Préambule de la Constitution de 1946 avec les articles 1er, 2 et 4 de la Déclaration des droits de l'homme et du citoyen et les 10e et 11e alinéas du Préambule de la Constitution de 1946.
Pouvoir d'appréciation discrétionnaire du législateur.
Principes à valeur constitutionnelle : Principe consacrant la protection du patrimoine commun de l'humanité (non),
Droit de l'enfant de rechercher la paternité hors mariage (non),
Principe de la responsabilité personnelle en matière civile, Principe fondamental reconnu par les lois de la République (non).
Première consécration constitutionnelle du principe de sauvegarde de la dignité de la personne.
Fondement constitutionnel à la liberté individuelle : Déclaration des droits de l'homme et du citoyen (art. 2).

RÉFÉRENCES

a) Textes des recours in *J.O.*, 29 juillet 1994, p.1103.
Loi n° 94-653 du 29 juillet 1994, *J.O.*, 30 juillet 1994, p. 11056.
Loi n° 94-654 du 29 juillet 1994, *J.O.*, 30 juillet 1994, p. 11060.

b) *Notes doctrinales*

- DESWARTES (M.-P.) : *Journal international de bioéthique*, 1996, vol. 7, n° 1, p. 10-15. - DUPRAT (J.P.) : *L.P.A.*, 1994, n° 149, p.34. - EDELMAN, *D.*, 1995, n° 27, chron., p. 205. - FAVOREU (L.) : *R.F.D.C.*, 1994, p.799. - FAVOREU (L.) et RENOUX

(Th.S.) : *DS,* som. com., 1995. - LUCHAIRE (F.) : *R.D.P.* ,1994, 1647. - MATHIEU (B.) : *R.F.D.A.*, 1994, p. 1019 ; *D.S.*, 1995, p. 238.

- Presse

- BRÉHIER (T.) : *Le Monde*, 29 juillet 1994 - FAVOREU (L.) : *Le Figaro,* 26 juillet 1994.

b) *Autres références*

- CARVAIS-ROSENBLATT (H.) : De la procréation médicalement assistée à l'assistance médicale à la procréation : les nouvelles dispositions de la loi du 29 juillet 1994, *G.P.,* 1994, nº 294 - GRANET-LAMBRECHTS (F.) : Les dons d'organes, de tissus, de cellules et de produits du corps humain : de la loi Caillavet aux lois de bioéthique, *Revue de droit sanitaire et social,* 1995, nº 1, p. 1 ; *L.P.A.*, numéro spécial, Bioéthique, 1994, nº 149 - RAYMOND (G.) : De l'assistance médicale à la procréation (Après la promulgation des « lois bioéthiques »), *J.C.P.*, 1994, nº 43.

- Presse

- COURTOIS (G.) : *Le Monde*, 16 avril 1994 et 20 mai 1994 - HURIET (C.) : *Le Figaro*, 18 mai 1994 - NAU (J.-Y) : *Le Monde*, 25 juin 1994 - PARIS (G.) : *Le Monde*, 15 janvier 1994 et 19 janvier 1994 - POGNON (O.) : *Le Figaro*, 21 janvier 1994.

c) *Jurisprudence*

Pouvoir d'appréciation discrétionnaire du législateur

• Décision 54 DC du 15 janvier 1975, *Rec.* 19, *R.J.C.* I-30.
• Décision 132 DC du 16 janvier 1982, *Rec.* 18, *R.J.C.* I-104.
• Décision 139 DC du 11 février 1982, *Rec.* 31, *R.J.C.* I-121.

Conciliation de principes à valeur constitutionnelle

• Décision 87 DC du 23 novembre 1977, *Rec.* 42, *R.J.C.* I-52.
• Décision 105 DC du 25 juillet 1979, *Rec.* 33, *R.J.C.* I-71.
• Décision 127 DC des 19-20 janvier 1981, *Rec.* 15, *R.J.C.* I-91.
• Décision 132 DC du 16 janvier 1982, *Rec.* 18, *R.J.C.* I-104.
• Décision 137 DC du 25 février 1982, *Rec.* 38, *R.J.C.* I-117.
• Décision 141 DC du 27 juillet 1982, *Rec.* 48, *R.J.C.* I-126.
• Décision 149 DC du 28 décembre 1982, *Rec.* 76, *R.J.C.* I-138.
• Décision 164 DC du 29 décembre 1983, *Rec.* 67, *R.J.C.* I-166..
• Décision 184 DC du 29 décembre 1984, *Rec.* 94, *R.J.C.* I-212.
• Décision 185 DC du 18 janvier 1985, *Rec.* 36, *R.J.C.* I-219.

Application du Préambule de la Constitution de 1946

• Décision 39 DC du 19 juin 1970, *Rec.* 15, *R.J.C.* I-21.
• Décision 54 DC du 15 janvier 1975, *Rec.* 19, *R.J.C.* I-30
• Décision 71 DC du 29 et 30 décembre 1976, *Rec.* 15, *R.J.C.* I-41.
• Décision 87 DC du 23 novembre 1977, *Rec.* 42, *R.J.C.* I-52.
• Décision 105 DC du 25 juillet 1979, *Rec.* 33, *R.J.C.* I-71.
• Décision 117 DC du 22 juillet 1980, *Rec.* 42, *R.J.C.* I-81.
• Décision 127 DC du 19 et 20 janvier 1981, *Rec.* 15, *R.J.C.* I-91.

- Décision 132 DC du 16 janvier 1982, *Rec.* 18, *R.J.C.* I-104.
- Décision 139 DC du 11 février 1982, *Rec.* 31, *R.J.C.* I-121.
- Décision 207 DC du 25-26 juin 1986, *Rec.* 61, *R.J.C.* I-254.
- Décision 244 DC du 20 juillet 1988, *Rec.* 119, *R.J.C.* I-334.
- Décision 257 DC du 25 juillet 1989, *Rec.* 59, *RJC* I-358.
- Décision 283 DC du 8 janvier 1991, *Rec.* 11, *R.J.C.* I-417.
- Décision 296 DC du 29 juillet 1991, *Rec.* 102, *R.J.C.* I-460.
- Décision 297 DC du 29 juillet 1991, *Rec.* 108, *R.J.C.* I-463.
- Décision 308 DC du 9 avril 1992, *Rec.* 55, *RJC* I-497.
- Décision 321 DC du 20 juillet 1993, *Rec.* 196, *RJC* I-529.
- Décision 325 DC du 12 et 13 août 1993, *Rec.* 224, *R.J.C.* I-539.
- Décision 328 DC du 16 décembre 1993, *Rec.* 547, *RJC* I-557.
- Décision 359 DC du 19 janvier 1995, *Rec.* 176, RJC I-630.
- Décision 383 DC du 6 novembre 1996, *Rec.* 128, *RJC* I-686.
- Décision 387 DC du 21 janvier 1997, *RJC* I-698.
- Décision 388 DC du 20 mars 1997, *RJC* I-701.
- Décision 389 DC du 22 avril 1997, *RJC* I-707.
- Décision 393 DC du 18 décembre 1997, *RJC* I-721.
- Décision 394 DC du 31 décembre 1997, *RJC* I-727.
- Décision 399 DC du 5 mai 1998, *J.O.* 12 mai 1998, p. 7092.
- Décision 401 DC du 10 juin 1998, *J.O.* 14 juin 1998, p. 9033.
- Décision 403 DC du 29 juillet 1998, *J.O.* 31 juillet 1998, p. 11 710.
- Décision 408 DC du 22 janvier 1999, *J.O.* 24 janvier 1999, p. 1317.

Le Conseil constitutionnel a été saisi, le 29 juin 1994, par M. Philippe Séguin, président de l'Assemblée nationale, et le même jour, puis, par une saisine rectificative du 11 juillet 1994, par M. Jean-Louis Beaumont et autres... et le 22 juillet 1994 par M. Bernard de Froment et autres..., députés, dans les conditions prévues à l'article 61, alinéa 2, de la Constitution, de la conformité à celle-ci de la loi relative au respect du corps humain et de la loi relative au don et à l'utilisation des éléments et produits du corps humain, à l'assistance médicale à la procréation et au diagnostic prénatal ;

LE CONSEIL CONSTITUTIONNEL,

Vu la Déclaration des droits de l'homme et du citoyen du 26 août 1789 ;
Vu le Préambule de la Constitution du 27 octobre 1946 ;
Vu la Constitution du 4 octobre 1958 ;
Vu l'ordonnance nº 58-1067 du 7 novembre 1958 modifiée portant loi organique sur le Conseil constitutionnel ;
Vu le Code civil ;
Vu le Code de la santé publique ;
Vu la loi du 16 novembre 1912 ;

1. Considérant que les saisines adressées au Conseil constitutionnel par le président de l'Assemblée nationale en premier lieu, par 68 députés en second lieu concernent les mêmes lois ; qu'il y a lieu de les joindre pour y statuer par une seule décision ;

SUR LES NORMES DE CONSTITUTIONNALITÉ APPLICABLES AU CONTRÔLE DES LOIS DÉFÉRÉES :

2. Considérant que le préambule de la Constitution de 1946 a réaffirmé et proclamé des droits, libertés et principes constitutionnels en soulignant d'emblée que : « Au lendemain de la victoire remportée par les peuples libres sur les régimes qui ont tenté d'asservir et de dégrader la personne humaine, le peuple français proclame à nouveau que tout être humain, sans distinction de race, de religion ni de croyance, possède des droits inaliénables et sacrés » ; qu'il en ressort que la sauvegarde de la dignité de la personne humaine contre toute forme d'asservissement et de dégradation est un principe à valeur constitutionnelle ;
3. Considérant que la liberté individuelle est proclamée par les articles 1er, 2 et 4 de la Déclaration des droits de l'homme et du citoyen ; qu'elle doit toutefois être conciliée avec les autres principes de valeur constitutionnelle ;
4. Considérant qu'aux termes du dixième alinéa du Préambule de la Constitution de 1946 : « La nation assure à l'individu et à la famille les conditions nécessaires à leur développement » et qu'aux termes de son onzième alinéa : « Elle garantit à tous, notamment à l'enfant, à la mère... la protection de la santé... ».

SUR LES DISPOSITIONS CONTESTÉES PAR LES DÉPUTÉS AUTEURS DE LA SECONDE SAISINE :

En ce qui concerne les articles 8 et 9 de la loi relative au don et à l'utilisation des éléments et produits du corps humain, à l'assistance médicale à la procréation et au diagnostic prénatal :

5. Considérant que l'article 8 insère, après le chapitre II du titre Ier du livre II du Code de la santé publique, un chapitre II *bis* nouveau intitulé « Assistance médicale à la procréation » et comprenant dix articles L. 152-1 à L. 152-10 ;
6. Considérant que l'article L. 152-1 définit l'assistance médicale à la procréation en faisant référence aux pratiques cliniques et biologiques permettant la conception *in vitro*, le transfert d'embryons et l'insémination artificielle, ainsi qu'à toute technique d'effet équivalent permettant la procréation en dehors du processus naturel ; que l'article L. 152-2 dispose que cette assistance médicale destinée à répondre à la demande parentale d'un couple, a pour objet soit de remédier à une infertilité dont le

caractère pathologique a été médicalement diagnostiqué, soit d'éviter la transmission à l'enfant d'une maladie d'une particulière gravité ; que le même article impose que l'homme et la femme formant le couple soient vivants, en âge de procréer, mariés ou en mesure d'apporter la preuve d'une vie commune d'au moins deux ans, et consentant préalablement au transfert des embryons ou à l'insémination ; que l'article L. 152-3 prévoit que, compte tenu de l'état des techniques médicales, les deux membres du couple peuvent décider par écrit que sera tentée la fécondation d'un nombre d'ovocytes pouvant rendre nécessaire la conservation d'embryons dans l'intention de réaliser leur demande parentale dans un délai de cinq ans et qu'ils sont alors consultés chaque année pendant cinq ans sur le point de savoir s'ils maintiennent leur demande parentale ; qu'il pose la règle générale selon laquelle un embryon ne peut être conçu avec des gamètes ne provenant pas d'un au moins des deux membres du couple ; que toutefois l'article L. 152-4 dispose qu'à titre exceptionnel les deux membres du couple peuvent consentir par écrit à ce que les embryons conservés soient accueillis par un autre couple, que l'article L. 152-5 en fixe les conditions, à savoir que ce dernier couple réponde aux exigences formulées par l'article L. 152-2 et qu'il puisse bénéficier d'une assistance médicale à la procréation sans recours à un « tiers donneur » ; qu'il organise une procédure soumettant l'accueil de l'embryon à une décision de l'autorité judiciaire ; qu'il pose le principe selon lequel le couple accueillant l'embryon et celui y ayant renoncé ne peuvent connaître leurs identités respectives ; que l'article L. 152-6 souligne que l'assistance médicale à la procréation avec « tiers donneur » ne peut être pratiquée que comme ultime indication lorsque la procréation médicalement assistée à l'intérieur du couple ne peut aboutir ; qu'aux termes de l'article L. 152-7 : « Un embryon humain ne peut être conçu ni utilisé à des fins commerciales ou industrielles » ; que l'article L. 152-8 dispose que la conception *in vitro* d'embryons humains à des fins d'étude, de recherche ou d'expérimentation est interdite de même que toute expérimentation sur l'embryon ; qu'il prévoit toutefois qu'à titre exceptionnel l'homme et la femme formant le couple peuvent accepter par écrit que soient menées des études sur leurs embryons ; que ces études doivent alors avoir une finalité médicale et ne peuvent porter atteinte à l'embryon ; qu'elles ne peuvent être entreprises qu'après avis conforme d'une commission nationale de médecine et de biologie de la reproduction et du diagnostic prénatal instituée par l'article 11 de la loi insérant dans le Code de la santé publique un nouvel article L. 184-3 ; que l'article L. 152-9 a trait à l'agrément des praticiens habilités à pratiquer ces actes biologiques et cliniques et que l'article L. 152-10 organise une procédure imposée préalablement aux demandeurs.

7. Considérant que l'article 9 de la loi dispose que les embryons existant à la date de sa promulgation et dont il a été vérifié qu'ils ne font l'objet ni d'une demande parentale ni d'une opposition à un accueil par un couple tiers et qu'ils satisfont aux règles de sécurité sanitaire en vigueur au jour de leur transfert pourront être confiés à un couple remplissant les conditions prévues à l'article L. 152-5 et qu'il ajoute que « si leur accueil est impossible et si la durée de leur conservation est au moins égale à cinq ans, il est mis fin à cette conservation » ;

8. Considérant que les députés auteurs de la seconde saisine soutiennent que cette dernière disposition porte atteinte au droit à la vie des embryons qui selon eux possèdent dès la conception tous les attributs de la personne humaine ; qu'elle établit une discrimination rompant le principe d'égalité entre les embryons selon qu'ils auront été conçus avant ou après la date de la promulgation de la loi ; que de même la loi ne pouvait sans méconnaître le principe d'égalité entre embryons humains d'un couple autoriser les parents et le corps médical à « sélectionner ceux des embryons qui seront réimplantés de ceux qui ne le seront pas » et « à sélectionner ceux des embryons qui seront donnés à des couples tiers de ceux qui ne le seront pas » ; que la possibilité ménagée par la loi de mener des études sur les embryons porte atteinte au respect de l'intégrité de la personne et du corps humain ; que la sélection des embryons méconnaît le principe à valeur constitutionnelle de la protection du patrimoine génétique de l'humanité ; que la possibilité d'avoir des enfants dont le parent naturel est un « tiers donneur » met en cause les droits de la famille tels qu'ils ont été conçus et garantis par le Préambule de la Constitution de 1946 ; que l'interdiction faite aux enfants qui seront nés d'une fécondation *in vitro* faisant intervenir un « tiers donneur » de connaître leur identité génétique et leurs parents naturels porte atteinte au droit à la santé de l'enfant et au libre épanouissement de sa personnalité ; que le législateur ne pouvait reconnaître à la commission nationale de médecine et de

biologie de la reproduction et du diagnostic prénatal un pouvoir d'avis conforme sans violer le principe constitutionnel de séparation des pouvoirs d'autant plus qu'il a renvoyé au pouvoir réglementaire la détermination de la composition de cette commission ;

9. Considérant que le législateur a assorti la conception, l'implantation et la conservation des embryons fécondés *in vitro* de nombreuses garanties ; que cependant, il n'a pas considéré que devait être assurée la conservation, en toutes circonstances, et pour une durée indéterminée, de tous les embryons déjà formés ; qu'il a estimé que le principe du respect de tout être humain dès le commencement de sa vie ne leur était pas applicable ; qu'il a par suite nécessairement considéré que le principe d'égalité n'était pas non plus applicable à ces embryons ;

10. Considérant qu'il n'appartient pas au Conseil constitutionnel, qui ne détient pas un pouvoir d'appréciation et de décision identique à celui du Parlement, de remettre en cause, au regard de l'état des connaissances et des techniques, les dispositions ainsi prises par le législateur ;

11. Considérant que, s'agissant de la sélection des embryons, il n'existe, contrairement à ce que soutiennent les saisissants, aucune disposition ni aucun principe à valeur constitutionnelle consacrant la protection du patrimoine génétique de l'humanité ; qu'aucune disposition du Préambule de la Constitution de 1946 ne fait obstacle à ce que les conditions du développement de la famille soient assurées par des dons de gamètes ou d'embryons dans les conditions prévues par la loi ; que l'interdiction de donner les moyens aux enfants ainsi conçus de connaître l'identité des donneurs ne saurait être regardée comme portant atteinte à la protection de la santé telle qu'elle est garantie par ce préambule ; qu'enfin, s'agissant des décisions individuelles relatives à des études à finalité médicale, l'exigence de l'avis conforme d'une commission administrative, dont les règles générales de composition sont définies par l'article L. 184-3 nouveau du Code de la santé publique et qui doit notamment s'assurer qu'il n'est pas porté atteinte à l'embryon, pouvait être prévue par le législateur sans qu'il méconnaisse par là sa propre compétence ;

En ce qui concerne les articles 12 et 14 de la même loi :

12. Considérant que l'article 12 de la loi insère au début du chapitre IV du titre Ier du livre II du Code de la santé publique un article L. 162-16 ; que celui-ci organise un diagnostic prénatal ayant pour but de détecter *in utero* chez l'embryon ou le fœtus une affection d'une particulière gravité ; que l'article 14 de la loi insère un article L. 162-17 qui pose les conditions auxquelles peut être effectué un diagnostic biologique à partir de cellules prélevées sur l'embryon *in vitro* ;

13. Considérant que les députés auteurs de la seconde saisine prétendent que ces dispositions, qui faciliteraient le recours à l'interruption volontaire de grossesse, portent atteinte au droit à la vie ;

14. Considérant que l'article L. 162-16 qui concerne le diagnostic prénatal *in utero* n'autorise aucun cas nouveau d'interruption de grossesse ; que l'article L. 162-17 ne concerne que les diagnostics effectués à partir de cellules prélevées sur l'embryon *in vitro* ; que dès lors le grief invoqué manque en fait :

En ce qui concerne l'article 10 de la loi relative au respect du corps humain :

15. Considérant que l'article 10 de la loi insère au chapitre Ier du titre VII du livre Ier du Code civil une section 4 intitulée « De la procréation médicalement assistée » comprenant deux articles nouveaux 311-19 et 311-20 ; que l'article 311-19 dispose qu'en cas de procréation médicalement assistée avec « tiers donneur », aucun lien de filiation ne peut être établi entre l'auteur du don et l'enfant issu de la procréation et qu'aucune action en responsabilité ne peut être exercée à l'encontre du donneur ; que l'article 311-20 régit les conditions dans lesquelles les époux et concubins demandeurs doivent préalablement donner leur consentement à un juge ou un notaire qui les informe des engagements qu'ils prennent de ce fait au regard de la filiation ;

16. Considérant que les députés auteurs de la saisine mettent en cause l'anonymat des donneurs de gamètes vis-à-vis de l'enfant à naître au regard du principe de responsabilité personnelle posé par l'article 1382 du Code civil ; qu'ils font valoir en outre l'existence d'un principe fondamental reconnu par les lois de la République qui procéderait des dispositions de la loi du 16 novembre 1912 permettant à l'enfant de rechercher la paternité hors mariage à certaines conditions ;

17. Considérant que les dispositions de cette loi n'ont eu pour objet ni pour effet de régir les conditions d'attribution de paternité en cas d'assistance médicale à la procréation ; qu'aucune disposition ni aucun principe à valeur constitutionnelle ne prohibe les interdictions prescrites par le législateur d'établir un lien

de filiation entre l'enfant issu de la procréation et l'auteur du don et d'exercer une action en responsabilité à l'encontre de celui-ci ; que par suite les griefs des requérants ne sauraient qu'être écartés ;

SUR L'ENSEMBLE DES DISPOSITIONS DES LOIS SOUMISES À L'EXAMEN DU CONSEIL CONSTITUTIONNEL

18. Considérant que lesdites lois énoncent un ensemble de principes au nombre desquels figurent la primauté de la personne humaine, le respect de l'être humain dès le commencement de sa vie, l'inviolabilité, l'intégrité et l'absence de caractère patrimonial du corps humain ainsi que l'intégrité de l'espèce humaine ; que les principes ainsi affirmés tendent à assurer le respect du principe constitutionnel de sauvegarde de la dignité de la personne humaine ;

19. Considérant que l'ensemble des dispositions de ces lois mettent en œuvre, en les conciliant et sans en méconnaître la portée, les normes à valeur constitutionnelle applicables.

Décide :

ARTICLE PREMIER. – La loi relative au respect du corps humain et la loi relative au don et à l'utilisation des éléments et produits du corps humain, à l'assistance médicale à la procréation et au diagnostic prénatal, sont déclarées conformes à la Constitution.

ARTICLE 2. – La présente décision sera publiée au *Journal officiel* de la République française.

Délibéré par le Conseil constitutionnel dans ses séances des 26 et 27 juillet 1994.

La composition du Conseil constitutionnel à la date du 27 juillet 1994 était la suivante : M. BADINTER (Président), MM. ABADIE, CABANNES, FABRE, FAURE, LATSCHA, Mme LENOIR, MM. ROBERT, RUDLOFF.

OBSERVATIONS

1 . On attendait beaucoup du Conseil constitutionnel et il n'est pas certain que la décision *343-344 DC du 27 juillet 1994* ait répondu à toutes les attentes (voir par exemple les vives critiques exprimées au *D*. 1995, chron. p. 205). Le Conseil constitutionnel ne peut se substituer ni au législateur ni au constituant. Il lui appartient seulement d'indiquer quelle est la voie (normative) à suivre pour opérer telle ou telle réforme.

Il n'en reste pas moins qu'en consacrant la valeur constitutionnelle de la « sauvegarde de la dignité de la personne humaine » à partir du Préambule de la Constitution de 1946, le Conseil constitutionnel a rendu une grande décision.

2 . En juillet 1994, le Parlement a voté trois lois relatives à ce qui est désigné de manière générique comme la « bioéthique » : la première (94-548 du 1er juillet) relative au traitement de données nominatives ayant pour fin la recherche dans le domaine de la santé et modifiant la loi n° 78-17 du 6 janvier 1978, n'a pas été déférée au Conseil constitutionnel ; les deux autres du 29 juillet, l'une relative au respect du corps humain et l'autre au don et à l'utilisation des éléments et produits du corps humain, à l'assistance médicale à la procréation et au diagnostic prénatal, ont donné lieu à la décision 343-344 DC.

Ces lois sont l'aboutissement d'un long processus d'élaboration qui a commencé, en fait, avec la rédaction des rapports du Conseil d'État en 1988 et de Mme Noëlle Lenoir en 1991 et s'est poursuivi devant le Parlement. Préparés par le gouvernement de Pierre Bérégovoy, les projets de loi ont été adoptés par l'Assemblée nationale en première lecture le 25 novembre 1992. Ils ont ensuite été présentés au Sénat par le nouveau gouvernement et votés par la Haute assemblée en première lecture le 19 janvier 1994. ils ont été définitivement adoptés, après intervention de la commission mixte paritaire, par le Sénat le 15 juin 1994. À l'Assemblée nationale, alors que le groupe socialiste a voté pour et le groupe communiste s'est abstenu, les partis de la majorité se sont divisés : certes le RPR et l'UDF ont voté majoritairement pour, mais il y a eu, notamment pour la loi relative au don et à l'utilisation des produits du corps humain, une assez forte minorité hostile.

Le 28 juin, le Conseil constitutionnel a été saisi par le président de l'Assemblée nationale et le 29 par 64 députés RPR et UDF auxquels se sont joints quatre autres députés des mêmes partis le 22 juillet. Le Conseil constitutionnel a rendu une décision le 27 juillet par laquelle les deux lois attaquées sont déclarées conformes à la Constitution.

3 . Du point de vue procédural, on observera que, comme il l'avait fait déjà une fois en 1977 (80/81 DC, *RJC* I-48) à propos de deux lois organiques, le Conseil constitutionnel a statué par une seule décision sur deux lois ordinaires en joignant, qui plus est, les deux requêtes.

« Considérant que les saisines adressées au Conseil constitutionnel par le président de l'Assemblée nationale en premier lieu, par 68 députés en second lieu concernent les mêmes lois ; qu'il y a lieu de les joindre pour y statuer par une seule décision ».

On notera aussi que, comme en 1974-1975 à propos de la loi Veil, c'est la minorité de la majorité qui a saisi le Conseil constitutionnel, alors que l'opposition ne l'a pas fait, afin d'obtenir de celui-ci qu'il arrête la réforme. La saisine du président Philippe Séguin est très différente car, non motivée, elle tend non à l'invalidation des textes déférés mais au contraire à leur confirmation assortie d'une argumentation destinée à la conforter. C'est ce qu'avait fait aussi le président Chaban-Delmas en 1979 (*110 DC**) mais pour d'autres motifs et dans un autre contexte.

I . Le refus du Conseil constitutionnel d'étendre les normes de référence

4 . Le Conseil constitutionnel était invité par les deux requêtes à établir des normes de référence, de manière certes distincte, mais assez paradoxalement convergente : le président de l'Assemblée nationale demandait au juge constitutionnel que « puisse être consacrée par les voies les plus appropriées la valeur de référence des règles principales » édictées par les textes soumis à son contrôle « afin que leur conformité à la Constitution ne puisse être affectée d'aucune incertitude » ; tandis que les députés souhaitaient voir reconnaître la valeur constitutionnelle d'un certain nombre de principes afin d'obtenir, au contraire, la censure des textes déférés au Conseil constitutionnel.

5 . Les griefs des députés résumés dans le 8e considérant, sont très nombreux. S'agissant tout d'abord des « embryons », il est reproché aux textes d'avoir :

- porté atteinte à leur *« droit à la vie »*, alors qu'ils possèdent, dès la conception, tous les attributs de la personne humaine, en autorisant leur destruction et en facilitant l'interruption volontaire de grossesse par l'autorisation d'effectuer un diagnostic prénatal ;
- établi une *discrimination* : entre ceux conçus avant la promulgation de la loi et ceux conçus après ; entre « ceux qui seront réimplantés et ceux qui ne le seront pas » ; entre ceux « qui seront donnés à des couples tiers et ceux qui ne le seront pas » ;
- porté atteinte *au respect de l'intégrité de la personne et du corps humain* en permettant de faire des études sur eux ;
- méconnu le principe (à valeur constitutionnelle) de la « protection du patrimoine commun de l'Humanité » en autorisant leur sélection.

S'agissant des enfants, il est fait grief aux textes d'avoir :
- mis en cause les « droits de la famille » consacrés par le Préambule de la Constitution de 1946, en reconnaissant la possibilité d'avoir des enfants dont le parent naturel est un « tiers donneur » ;
- porté atteinte *au droit à la santé et au libre épanouissement de la personnalité*, des enfants nés d'une fécondation *in vitro* faisant intervenir un tiers donneur, en leur interdisant de connaître leur identité génétique et leurs parents naturels ;
- méconnu le *principe de responsabilité personnelle posé par l'article 1382 du code civil* ainsi qu'un *principe fondamental reconnu par les lois de la République* (qui serait déduit de la loi du 16 novembre 1912 autorisant l'enfant à rechercher la paternité hors mariage dans certaines conditions), en disposant qu'aucun lien de filiation ne peut être établi entre l'auteur du don et l'enfant issu de la procréation.

Sur un point particulier, enfin, il était reproché au législateur d'avoir violé *le principe constitutionnel de séparation des pouvoirs* en reconnaissant à la commission nationale de médecine et de biologie de la reproduction un pouvoir d'avis conforme et d'avoir renvoyé au pouvoir réglementaire la fixation de la composition de cette commission.

6 . La réponse du Conseil constitutionnel est argumentée de manière difficilement contestable.

Tout d'abord, il réaffirme – comme il l'avait fait la première fois à propos de la loi sur l'interruption volontaire de grossesse en 1975 – qu'« il ne détient pas un pouvoir d'appréciation et de décision identique à celui du Parlement » (10e consid.) ce qui signifie qu'il ne peut statuer qu'en droit. Or, l'ordre juridique français ne contient pas nécessairement toutes les normes de référence susceptibles de permettre un contrôle des dispositions arrêtées par le législateur, notamment dans un domaine où « l'état des connaissances et techniques » est constamment en évolution. En conséquence, le Conseil constitutionnel ne peut que respecter les choix du législateur qui n'enfreignent pas les normes constitutionnelles clairement déterminées.

Ces « normes de constitutionnalité » sont précisées par le juge constitutionnel en tête de sa décision : il s'agit de concilier le

Préambule de la Constitution de 1946 qui, dans sa première phrase, consacre « la sauvegarde de la dignité de la personne humaine contre toute forme d'asservissement et de dégradation », avec la liberté individuelle proclamée par les articles 1er, 2 et 4 de la Déclaration des droits de l'homme et du citoyen et les 10e et 11e alinéas du Préambule de la Constitution de 1946 reconnaissant à la mère et à l'enfant le droit à la protection de la santé et à la famille le droit au développement et à l'épanouissement.

Les droits fondamentaux ainsi énumérés ont trois titulaires : l'enfant, la mère et la famille. Cette énumération fait apparaître, d'une part, que l'embryon n'est pas titulaire de droits, et que les droits des trois titulaires ont à être conciliés car ils ne sont pas forcément en convergence.

7 . Au regard des « normes de constitutionnalité » ainsi précisées, et de l'identité de ceux qui peuvent les invoquer, le Conseil constitutionnel constate que le législateur « a estimé que le principe du respect de tout être humain dès le commencement de sa vie » ne s'applique pas aux embryons, de même d'ailleurs que le principe d'égalité. Le législateur est libre d'effectuer un tel choix, comme d'ailleurs de faire le choix inverse, car il n'y a pas, sur ce point, de « norme de constitutionnalité ». Quant au principe « consacrant la protection du patrimoine génétique de l'humanité », il n'a pas valeur constitutionnelle, de même que le principe de responsabilité personnelle posé par l'article 1382 du Code civil. Enfin, il n'existe pas de principe fondamental reconnu par les lois de la République permettant à l'enfant de rechercher la paternité hors mariage, car les dispositions de la loi de 1912 « n'ont eu ni pour objet ni pour effet de régir les conditions d'áttribution de paternité en cas d'assistance médicale à la procréation » (17e cons.).

Le Conseil constitutionnel rejette également les moyens tirés de la violation de « normes de constitutionnalité » reconnues au motif qu'il n'y a pas contradiction entre ces normes et les dispositions législatives incriminées : « le Préambule de la Constitution de 1946 ne fait (pas) obstacle à ce que les conditions du développement de la famille soient assurées par des dons de gamètes ou d'embryons... » ; l'interdiction de donner les moyens aux enfants ainsi conçus de connaître l'identité des donneurs ne saurait être regardée comme portant atteinte à la protection de la santé... ; le législateur n'a pas méconnu sa propre compétence à propos de l'avis conforme de la commission précitée (11e cons.). Enfin, un dernier moyen manque en fait : « le diagnostic prénatal *in utero* n'autorise aucun cas nouveau d'interruption de grossesse » (14e cons.).

8 . Le refus du Conseil constitutionnel d'admettre (ou de créer) de nouvelles normes de référence ou d'étendre le champ d'application de celles qui existent peut difficilement être critiqué.

Comment faire de la « protection du patrimoine génétique de l'humanité » une norme constitutionnelle ? Comment imagine-t-on le Conseil constitutionnel accéder à la demande de reconnaissance qui lui était faite dans la saisine des députés ? On aurait très certainement mis en cause une conception beaucoup trop laxiste des normes de référence.

Il est vrai que chez certains auteurs persiste encore l'impression, née au cours des années soixante-dix, selon laquelle le juge constitutionnel s'appuie sur des principes flous qu'il crée lui-même à sa convenance. Pour ces auteurs, le bloc de constitutionnalité s'identifie aux principes fondamentaux reconnus par les lois de la République (cf. par exemple Ph. Malaurie et L. Aynes in *Droit civil, Introduction générale* et E. Dailly, *Le Monde*, 22 octobre 1993) lesquels sont l'équivalent des principes généraux du droit au niveau constitutionnel, ce que le doyen Vedel a plusieurs fois démenti.

D'où l'invocation également, par les rédacteurs de la saisine (dont la pensée n'est pas très éloignée de celle des auteurs évoqués plus haut) d'un principe fondamental reconnu par les lois de la République protégeant le droit de l'enfant à rechercher la paternité hors mariage dont une loi de 1912 serait le fondement. En fait ce texte portant sur un point très particulier ne pouvait avoir vocation à donner naissance à un principe à portée suffisamment générale pour s'appliquer près d'un siècle plus tard à une situation tout à fait nouvelle.

Quant au principe du respect de l'intégrité de la personne et du corps humain, proclamé par le législateur lui-même, il ne peut servir en même temps de paramètre constitutionnel.

9 . En réalité, comment sérieusement reprocher au Conseil constitutionnel de n'avoir pas fait ce qu'aucun de ses homologues étrangers n'a réalisé jusqu'ici ?

En effet, si l'arrêt de la Cour suprême des États-Unis *Roe v. Wade* avait, au début des années soixante-dix, ouvert la série des décisions des juridictions constitutionnelles statuant sur la constitutionnalité de la dépénalisation de l'avortement, la décision française du 27 juillet 1994 est la première prise de position d'un juge constitutionnel sur des problèmes de bioéthique autres que celui de l'interruption volontaire de grossesse (cf. L. Favoreu in *Droits* n° 13). Sans doute aussi parce que le législateur français est, semble-t-il, le premier, à un niveau national, à se prononcer sur de telles questions, même si des législateurs locaux ont pu adopter un certain nombre de règles, comme aux États-Unis ou au Canada. La Cour suprême américaine a jusqu'ici en tout cas prudemment évité de se prononcer, notamment sur les maternités de substitution. En Europe, les cours constitutionnelles espagnole et italienne se sont également prononcées sur des problèmes touchant à la bioéthique : le Tribunal constitutionnel espagnol a rendu une décision du 19 décembre 1996 sur le don et l'utilisation des embryons et fœtus humains (décision n° 212-96, *Jurisprudencia constitucional*, 1996, t. XLVI, p. 901), tandis que la Cour constitutionnelle italienne, par une décision du 26 septembre 1998, fut la première à envisager les conséquences d'une procréation médicalement assistée (décision n° 347, *Giurisprudenza costituzionale*, 1998, n° 5, p. 2632).

Il est à remarquer qu'en toute hypothèse lorsque les juges constitutionnels ont eu à rendre des décisions sur la dépénalisation de l'avortement et donc sur le statut de l'embryon, ils l'ont fait avec beaucoup de prudence même lorsque les textes constitutionnels étaient plus explicites que les nôtres. Comme a pu le souligner Franck Moderne à l'issue d'une table ronde internationale consacrée à cette question, « Rares sont les jurisprudences qui ont choisi une interprétation radicale et exclusive du droit positif au détriment d'une autre. Les arguments en présence étant les plus souvent contradictoires mais également dignes d'être pris en considération, comment le leur reprocher ? »

C'est ainsi que dans deux pays fortement imprégnés de catholicisme, l'Italie et l'Espagne, les positions des cours constitutionnelles ont été nuancées. En Italie, la Cour constitutionnelle estime, dans un premier temps, que « la protection de l'embryon a un statut constitutionnel » et que l'embryon a un « droit à la vie » ; ce qui « empêcherait la mise en balance avec les droits de la femme et amènerait directement à la solution classique... soutenue par l'Église catholique (à savoir) la prépondérance absolue de l'embryon sur les droits de la mère » ; mais dans un second temps, « la Cour est alors obligée de changer de terminologie (et de conception juridique) : le droit inviolable de l'embryon se transforme en « intérêt protégé par la Constitution », c'est-à-dire en intérêt de la collectivité à la vie, qui concerne l'embryon de façon exclusivement indirecte... Même type d'argumentation subtile en Espagne : après avoir déclaré que « l'embryon constitue un bien juridique constitutionnellement protégé par l'article 15 de la Constitution », le Tribunal constitutionnel estime ensuite qu'« il ne bénéficie pas pour autant du droit absolu à la vie proclamé par le même article. En définitive, la conclusion tirée en 1988 de ces positions nuancées est toujours valable aujourd'hui (L. Favoreu) :

> « Si les juges constitutionnels affirment généralement que la protection doit être accordée dès le commencement de la vie, et donc au profit aussi de l'embryon, il est ensuite constaté que du moins au cours d'une première période et en considération d'un certain nombre de circonstances, les intérêts de la mère peuvent l'emporter sur ceux de l'embryon. Il est généralement évité par les juges constitutionnels de se prononcer sur le point de savoir si l'embryon est une personne et s'il existe un droit à naître ».

La situation est évidemment différente en Irlande où la Constitution dispose expressément que « l'État reconnaît le droit à la vie de l'enfant à naître et, tout en tenant compte du droit égal à la vie de la mère s'engage à respecter et à défendre ce droit dans sa législation dans toute la mesure du possible » (art. 40 al. 3). C'est le pouvoir constituant irlandais qui, par la voie du référendum, a adjoint cette disposition à la Constitution, en 1983.

10 . La solution irlandaise indique la voie à suivre : c'est au pouvoir constituant, et non au juge constitutionnel, qu'il appartient de se prononcer sur la question essentielle du commencement de la vie et du statut de l'embryon. Ceux qui ne se satisfont pas de la situation actuelle et qui estiment que la législation récemment adoptée est contraire à un certain nombre de principes, doivent faire reconnaître la valeur constitutionnelle de ces principes par le pouvoir constituant. Le juge constitutionnel pourra, ensuite, éventuellement, déclarer la législation non conforme à ces nouvelles normes constitutionnelles. Mais, en l'état actuel, si le Parlement estime que le principe du respect de tout être humain dès le commencement de sa vie et le principe d'égalité ne s'appliquent pas aux embryons, aucune norme constitutionnelle ne permet de censurer cette prise de position.

II . La dignité de la personne humaine placée sous la protection de la Constitution

11 . Il s'agit là de l'apport essentiel de la décision du 27 juillet 1994 : ce que le *Comité consultatif pour la révision de la Constitution* avait souhaité voir consacré par une révision constitutionnelle, est considéré comme faisant déjà partie de la Constitution par le Conseil constitutionnel, et cela de manière difficilement contestable, même si elle peut paraître quelque peu hardie.

Le juge constitutionnel, en effet, invoquant et citant la première phrase du Préambule de la Constitution de 1946 : « Au lendemain de la victoire remportée par les peuples libres sur les régimes qui ont tenté d'asservir et de dégrader la personne humaine, le peuple français proclame à nouveau que tout être humain, sans distinction de race, de religion ou de croyance, possède des droits inaliénables et sacrés » a tiré la conséquence selon laquelle la « sauvegarde de la dignité de la personne humaine contre toute forme d'asservissement et de dégradation est un principe à valeur constitutionnelle » (2e cons.).

Certes, il ne s'agit pas à proprement parler d'un « article numéroté » ; mais il en va de même des autres dispositions contenues dans le Préambule. Le Conseil constitutionnel a d'ailleurs « numéroté » lui-même l'ensemble. En outre, depuis les premières applications des dispositions du Préambule de 1946 au milieu des années soixante-dix, il a été admis – contrairement aux premières supputations doctrinales – que toutes les dispositions du texte seraient applicables, quelle que soit la manière dont elles sont libellées. Ensuite, cette première phrase exprime profondément l'orientation générale de ce Préambule et est en parfaite correspondance avec la deuxième phrase qui « réaffirme solennellement les droits et les libertés de l'homme et du citoyen consacrés par la Déclaration des droits de 1789 et les principes fondamentaux reconnus par les lois de la République, avec laquelle elle forme l'alinéa 1er désormais consacré comme tel, après l'avoir été par la décision fondatrice du 16 juillet 1971 qui s'appuie, en réalité, sur cette deuxième phrase dans la mesure où celle-ci donne valeur constitutionnelle aux principes fondamentaux reconnus par les lois de la République. Comment enfin ne pas souligner que cette première phrase est une exacte transposition de celle qui ouvre la Déclaration des droits de l'homme du projet de Constitution d'avril 1946, projet qui comporte un article 22 aux termes duquel :

« Tout être humain possède, à l'égard de la société, des droits qui garantissent, dans l'intégrité et la dignité de sa personne, son plein développement physique, intellectuel et moral ».

Et les références à cette « dignité » se retrouvent à l'article 27 (« La durée et les conditions de travail ne doivent porter atteinte ni à la santé, ni à la *dignité*... des travailleurs »), à l'article 28 (« hommes et femmes ont droit... aux ressources nécessaires pour vivre *dignement*... ») et à l'article 38 (« Nul ne saurait être placé dans une situation d'infériorité... contraire à sa *dignité*... »).

12 . Au sein du *Comité consultatif pour la révision de la Constitution*, nous avions été quelques-uns à souhaiter inscrire dans la Constitution à la fois le principe de la dignité de la personne et celui de la protection de la vie privée. D'où la proposition d'adjonction à l'article 66 de la Constitution d'un alinéa ainsi rédigé :

« Chacun a droit au respect de sa vie privée et de la dignité de sa personne ».

Cette proposition fut conservée par le gouvernement et le Président de la République lorsque furent arrêtés en Conseil des ministres les deux projets de révision constitutionnelle ; mais la disposition fut déplacée de l'article 66 à l'article 1er nouveau de la Constitution :

« La France est une République indivisible, laïque, démocratique et sociale. Elle assure l'égalité devant la loi de tous les citoyens sans distinction d'origine, de race ou de religion. Elle respecte toutes les croyances. Elle assure à chacun le respect de sa vie privée et de la dignité de sa personne ».

Ce déplacement peut s'expliquer par le souci de ne pas consacrer la compétence exclusive du juge judiciaire en ce domaine qui aurait résulté de l'inscription du principe dans l'article 66 de la Constitution. On peut penser que l'examen du projet de loi constitutionnelle par le Conseil d'État n'a pas été étranger à ce déplacement. Mais on remarquera aussi que le placer dans l'article 1er rénové, après l'affirmation d'autres grands principes, était une bonne idée.

En toute hypothèse, désormais située à l'alinéa 1er du Préambule de la Constitution de 1946, la protection de la dignité de la personne humaine échappe à la compétence exclusive du juge judiciaire et peut donc être assurée tant par celui-ci que par le juge administratif. Cette solution, qui ne saurait déplaire au Conseil d'État, se justifie d'ailleurs pleinement. Elle devrait permettre au juge administratif de ne pas avoir à créer certains principes généraux du droit dans la mesure où il a à sa disposition une norme constitutionnelle au prestige bien supérieur.

13 . On notera que, pour le *Comité consultatif pour la révision de la Constitution,* il ne s'agissait pas de consacrer un nouveau droit mais d'inscrire dans la Constitution un droit déjà reconnu.

« Il a paru nécessaire au Comité que ces droits *déjà reconnus* soient inscrits dans le texte de la Constitution ».

La décision du Conseil constitutionnel ne crée donc pas ce droit : elle le fait émerger – de manière très heureuse – du texte qui le contenait. Quant au respect de la vie privée, la décision 352 DC a consacré sa valeur constitutionnelle à travers la notion de liberté individuelle (cf. *supra* **24**-7).

14 . La constitutionnalisation de la sauvegarde de la dignité de la personne humaine a des conséquences sur le statut d'autres dispositions ou principes convergents qui contribuent à assurer cette sauvegarde.

C'est ce que constate le Conseil constitutionnel en soulignant que les deux lois énoncent quatre principes : la primauté de la personne humaine ; le respect de l'être humain dès le commencement de sa vie ; l'inviolabilité, l'intégrité et l'absence de caractère patrimonial du corps humain ; l'intégrité de l'espèce humaine ; et que « les principes ainsi affirmés tendent à assurer le respect du principe constitutionnel de sauvegarde de la dignité de la personne humaine » (18ᵉ cons.).

Et le Conseil constitutionnel ajoute que « l'ensemble des dispositions de ces lois mettent en œuvre, en les conciliant et sans en méconnaître la portée, les normes à valeur constitutionnelle applicables » (19ᵉ cons.).

15 . La première conséquence à tirer des deux considérants précités est que les quatre principes énumérés n'ont pas valeur constitutionnelle. Ainsi donc s'agissant notamment du principe du respect de l'être humain dès le commencement de la vie, cela vient infirmer l'interprétation que nous avons donnée avec prudence, cependant, de la décision du 15 janvier 1975, du moins jusqu'à la 6ᵉ édition des *Grandes décisions* comme le note à juste titre F. Luchaire dans son commentaire.

Toutefois, ces quatre principes tendant à « assurer le respect du principe constitutionnel de sauvegarde de la dignité de la personne humaine, s'appliquera la jurisprudence du « cliquet » selon laquelle le législateur ne peut abroger des dispositions législatives garantissant des droits et libertés sans les remplacer par des dispositions contenant des garanties équivalentes (cf. **35**-25). On peut donc penser que même si le législateur peut aménager différemment les garanties ainsi accordées au principe de sauvegarde de la dignité humaine, il ne pourra remettre en cause substantiellement des principes ainsi évoqués. Mais cela lui permet par exemple, d'appliquer ou de ne pas appliquer à l'embryon le principe du respect de tout être humain dès le commencement de sa vie.

On notera aussi que les dispositions des deux lois doivent mettre en œuvre « en les conciliant et sans en méconnaître la portée » les normes constitutionnelles énoncées au 2ᵉ considérant à savoir la dignité de la personne humaine, la liberté individuelle (de la mère) et la protection de la santé (de la mère et de l'enfant) ainsi que le développement de la famille. Ce qui signifie évidemment que les principes infra-constitutionnels susvisés devront recevoir les limitations et aménagements commandés par la nécessité de conciliation des normes constitutionnelles précitées.

III . Un nouveau fondement textuel pour la liberté individuelle

16 . On avait vu émerger, à partir de 1988, le concept de « liberté personnelle » notamment à propos de l'utilisation des fichiers informatisés : ce nouveau concept permettait de mettre un frein à l'extension de la notion de liberté individuelle, laquelle, en vertu de l'article 66 de la Constitution, entraîne la compétence exclusive du juge judiciaire pour assurer sa protection. La décision du 13 août 1993, en rattachant la question de l'utilisation des fichiers informatisés à la liberté individuelle et en y englobant dans celles-ci la liberté de mariage, nouvellement consacrée, revenait à une conception large de cette liberté, en restreignant donc d'autant la compétence du juge administratif.

Dans la présente décision, la liberté individuelle, dont la valeur constitutionnelle a été successivement tirée d'un principe fondamental reconnu par les lois de la République et de l'article 66 de la Constitution (*12 janvier 1977**) pris du seul article 66 de la Constitution (à partir des décisions 79-109 DC et 80-127 DC) est rattachée aux articles 1er, 2 et 4 de la Déclaration des droits de l'homme et du citoyen : « Considérant que la liberté individuelle est proclamée par les articles 1er, 2 et 4 de la Déclaration des droits de l'homme et du citoyen » (2e cons.). Ceci ne laisse pas de surprendre car ces dispositions affirment de manière générale le principe de liberté, qui vaut apparemment pour l'ensemble des libertés et non pas seulement pour la liberté individuelle. Le Conseil d'État avait déjà, quant à lui, rattaché la liberté d'aller et venir – composante de la liberté individuelle – à la Déclaration des droits de l'homme et du citoyen, dans une affaire relative à un retrait de passeport (CE, 8 avril 1987), affirmant ainsi sa compétence qui aurait pu être mise en cause s'il l'avait rattachée à l'article 66. On a donc l'impression qu'il s'agit, une nouvelle fois, de réduire le champ de la compétence exclusive du juge judiciaire : mais on ne saisit pas très bien alors l'intérêt de ce rattachement ; car à partir du moment où il est question de liberté individuelle, l'article 66 impose la compétence judiciaire. La référence, abandonnée, à la notion de « liberté personnelle » était plus efficace car la compétence exclusive du juge judiciaire n'avait plus lieu ici de s'appliquer.

16 bis - Le Conseil constitutionnel a invoqué, à nouveau, la sauvegarde de la dignité de la personne humaine – en complément du 10e alinéa du Préambule de la Constitution de 1946 – afin de considérer qu'« il résulte de ces principes que la possibilité pour toute personne de disposer d'un logement décent est un objectif de valeur constitutionnelle » (94-359 DC § 7). On sait que les OVC ne sont que des prolongements de normes constitutionnelles, qu'ils n'ont pas en eux-mêmes la valeur de celles-ci et qu'ils ne sont formulés qu'à l'intention des gouvernants.

On notera également que le Conseil d'État a fait référence « au respect de la dignité de la personne humaine » dans un arrêt d'assemblée du 27 octobre 1995 – qui fait désormais partie des « Grands arrêts » 11e éd. nº 119 – dans lequel il a considéré qu'un « spectacle de lancer de nains » portait atteinte à ce principe et qu'en conséquence les arrêtés de deux maires les interdisant étaient juridiquement fondés. Mais assez curieusement il a estimé que « le respect de la dignité de la personne humaine est une des composantes de l'ordre public » au lieu d'y voir une norme constitutionnelle.

17 . Au-delà de la question du rattachement textuel, il est intéressant de noter qu'ici la liberté individuelle visée est celle, sans doute, de la mère qui a le droit de disposer de son corps, droit qui est limité par les autres droits, comme le rappelle la décision : « Considérant que la liberté individuelle... doit être conciliée avec les autres principes à valeur constitutionnelle ».

On se permettra, de ce point de vue, de ne pas approuver la terminologie adoptée. La liberté individuelle n'a pas à être conciliée avec « d'autres principes à valeur constitutionnelle » : en effet, la liberté individuelle est protégée par des dispositions constitutionnelles (les articles 1er, 2 et 4 de la Déclaration) qui doivent être conciliées avec d'autres dispositions constitutionnelles protégeant la dignité de la personne humaine (al. 1er du Préambule de 1946, la santé de l'enfant et de la mère (al. 10 du Préambule) et la famille (al. 11). Autrement dit, ce sont les normes constitutionnelles protégeant telle ou telle liberté qui doivent être conciliées avec elles. Et ces normes peuvent être issues soit de dispositions textuelles (textes de 1789, 1946 et 1958) soit de principes à valeur constitutionnelle (principes fondamentaux reconnus par les lois de la République). Ainsi en 1981-82, à propos des nationalisations, étaient en conflit les normes constitutionnelles protégées, le droit de propriété (à savoir les articles 2 et 17 de la Déclaration des droits de l'homme et du citoyen et celles autorisant les nationalisations (c'est-à-dire le 9e alinéa du Préambule de la Constitution de 1946). On aurait pu écrire que le droit de propriété devait être concilié avec le Préambule de 1946.

Dans l'état antérieur de la jurisprudence, l'expression générique de « dispositions et principes de valeur constitutionnelle » ou de « principes et règles à valeur constitutionnelle » désignait l'ensemble des normes constitutionnelles, qu'elles soient ou non issues des textes. Il semble aujourd'hui qu'elle puisse être remplacée par l'expression simplifiée de « principes à valeur constitutionnelle ». Il vaudrait mieux revenir à l'expression plus complète et plus exacte de « dispositions et principes de valeur constitutionnelle » afin de couvrir l'ensemble du bloc de constitutionnalité. On notera d'ailleurs que c'est celle qui est utilisée aux 11e et 17e considérants.

IV. La protection de la santé de la mère et de l'enfant et les droits de la famille

18. Les 10e et 11e alinéas du préambule de la Constitution de 1946 sont à nouveau appliqués sans innovation manifeste.

On notera cependant que la protection de la santé et les droits de la famille sont mis au même rang que la sauvegarde de la dignité de la personne humaine et la liberté individuelle même si l'absence de hiérarchie entre droits de diverses générations a déjà été consacrée.

On soulignera également qu'aux termes du 10e alinéa du Préambule « (la Nation) garantit à tous notamment à l'enfant, à la mère... la protection de la santé... » alors que dans le projet de Constitution d'avril 1946, l'article 23 dispose expressément que « la protection de la santé dès la conception (et d'autres prestations)... sont garantis à tous et assurés par la Nation ». Le Conseil constitutionnel n'aurait évidemment pas raisonné de la même manière si, à l'instar d'autres dispositions contenues dans le projet d'avril 1946, celle-ci avait été transposée telle quelle dans le Préambule de la Constitution de 1946.

48

29 décembre 1994

CONTENU DES LOIS DE FINANCES
(351 DC)

Droit constitutionnel des finances publiques
Contrôle de la sincérité budgétaire et droit de contrôle du Parlement
Respect des règles relatives au contenu des lois de finances

Décision 94-351, *Rec.* 140, *RJC* I-606.
Article 61, al. 2 de la Constitution.
Saisine parlementaire.
Principes de l'unité et de l'universalité budgétaires (limites aux débudgétisations). Dispositions devant obligatoirement figurer dans une loi de finances et dispositions n'y ayant pas leur place (cavaliers budgétaires).
Étendue du droit de contrôle du Parlement sur les finances publiques.

RÉFÉRENCES

a) *Notes doctrinales*

- CAMBY (J.-P.) : *A.J.D.A.*, nº 4, p. 336. - NGUYEN VAN TUONG : *J.C.P.*, II, 22400. - PHILIP (L.) : *R.F.D.C.*, 1995, nº 21 et L'État et le budget, *Le Monde*, 13 janvier 1995.

b) *Autres références*

- SAÏDJ (L.) : Recherches sur la notion de finances publiques en droit constitutionnel et financier, *R.D.P.*, 1982, p. 1298 et s. - PHILIP (L.) : La constitutionnalisation du droit budgétaire français, *E.F.P.*, p. 49 ; Les normes juridiques dans l'élaboration de la loi de finances et le rôle du Conseil constitutionnel, *in Le budget de l'État*, I.F.S.A., Economica, 1988 ; Commentaire de l'ordonnance organique du 2 janvier 1959 relative aux lois de finances, doc. d'études nº 5-01, *La Documentation française*, 1996 ; L'évolution du droit constitutionnel des finances publiques, *R.F.F.P.*, nº 22, 1988 ; Les fondements constitutionnels des finances publiques, Economica-poche, 1995. - AMSELEK (P.) : La distinction des opérations permanentes et des opérations de trésorerie, *R.F.F.P.*, nº 51, 1995. - CAMBY (J.-P.) : Le Conseil constitutionnel et les principes du droit budgétaire, *R.F.F.P.*, nº 51, 1995. - PRÉTOT (X.) : Le Conseil constitutionnel et les finances publiques, *R.F.F.P.*, nº 55, 1996.

c) *Jurisprudence*

- décisions d'annulation (pour violation de l'article 42 puis, 1er L.O.).

- Décision 27 DC du 18 déc. 1964, *Rec.* 29, *RJC* I-14. Commission de vérification des comptes des entreprises publiques ; contrôle du Parlement sur les finances publiques (violation de l'art. 42 L.O.)..
- Décision 51 DC du 27 déc. 1973. Taxation d'office ; cavaliers budgétaires (violation de l'art. 42 L.O.).
- Décision 73 DC du 28 déc. 1976, *RJC* I-43. Loi de finances pour 1977 (violation des art. 39 C et 42 L.O.).
- Décision 74 DC du 28 déc. 1976, *RJC* I-45. Loi de finances rectificative pour 1976 (violation de l'art. 42 L.O.).
- Décision 136 DC du 31 déc. 1981, *Rec.* 48, *RJC* I-116, 3e loi de finances rectificative pour 1981 ; Contenu de la loi de finances. Cavalier budgétaire (violation de l'art. 1er L.O.).
- Décision 154 DC du 29 déc. 1982, *Rec.* 80, *RJC* I-147. Loi de finances pour 1983 ; Contenu de la loi de finances. Cavalier budgétaire (violation de l'art. 1er L.O.).
- Décision 155 DC du 30 déc. 1982, *Rec.* 88, *RJC* I-149. Loi de finances rectificative pour 1982 ; Contenu de la loi de finances. Cavalier budgétaire (violation de l'art. 1er L.O.) ; les dispositions qui sont la mise en œuvre de mesures financières de l'État peuvent figurer dans une loi de finances, mais non celles concernant des sociétés d'économie mixte.
- Décision 164 DC du 29 déc. 1983. Loi de finances pour 1984 ; Contenu de la loi de finances. Cavalier budgétaire (violation de l'art. 1er L.O.). Création de chapitres budgétaires pour mémoire.
- Décision 184 DC du 29 déc. 1984, *Rec.* 94, *RJC* I-1212. Loi de finances pour 1985. Cavalier budgétaire (violation de l'art. 1er L.O.). Création, par l'État d'établissements d'enseignement public.
- Décision 201 DC du 28 déc. 1985, *Rec.* 85, *RJC* I-1247. Loi de finances pour 1986 ; Contenu de la loi de finances. Cavalier budgétaire (violation de l'art. 1er L.O.).
- Décision 203 DC du 28 déc. 1985, *Rec.* 87, *RJC* I-250. Loi de finances rectificative pour 1985 ; Contenu de la loi de finances. Cavalier budgétaire (violation de l'art. 1er L.O.).
- Décision 209 DC du 3 juillet 1986, *Rec.* 86, *RJC* I-1250. Loi de finances rectificative pour 1986 ; Cavalier budgétaire (violation de l'art. 1er L.O.). Gestion des crédits du Conseil de Paris.
- Décision 221 DC du 29 déc. 1986, *Rec.* 179, *RJC* I-1298. Loi de finances pour 1987, art. 1er L.O. Barème de l'aide personnalisée au logement. Cavalier budgétaire (violation de l'art 1er L.O.).
- Décision 250 DC du 29 déc. 1988, *Rec.* 267, *RJC* I-1346, Loi de finances rectificative pour 1988, contenu de la loi de finances. Cavalier budgétaire (violation de l'art. 1er L.O.).
- Décision 268 DC du 29 déc. 1989, *Rec.* 110, *RJC* I-1382. Loi de finances pour 1990, contenu de la loi de finances. Cavaliers budgétaires (violation de l'art. 1er L.O.).

- Décision 270 DC du 29 déc. 1989, *Rec.* 129, *RJC* I-1396. Loi de finances pour 1991. Contenu de la loi de finances. Cavalier budgétaire (violation de l'art. 1er L.O.).
- Décision 285 DC du 28 déc. 1990, *Rec.* 141, *RJC* I-1424. Loi de finances pour 1991. Contenu de la loi de finances. Cavalier budgétaire (violation de l'art. 1er L.O.).
- Décision 302 DC du 30 déc. 1991, *Rec.* 141, *RJC* I-1476. Loi de finances pour 1992 (violation de l'art. 1er L.O. Pouvoir de contrôle des agents du service audiovisuel. Cavalier budgétaire.
- Décision 320 DC du 21 juin 1993, *Rec.* 146, *RJC* I-1526. Loi de finances rectificative pour 1993 (violation de l'art. 1er L.O.). Création d'un groupe d'intérêt public chargé de l'informatisation du livre foncier. Cavalier budgétaire.
- Décision 371 DC du 30 déc. 1995, *Rec.* 265, *RJC* - 653. Loi de finances rectificative pour 1995. Cavalier budgétaire (création d'un fonds de réserve et de garantie de la Caisse nationale d'épargne).
- Décision 386 DC du 30 déc. 1996, Rec. 154. Loi de finances rectificative pour 1996. Contenu de la loi de finances. Cavalier budgétaire (violation de l'art. 1er L.O.), recrutement d'agents contractuels de droit privé.
- Décision 395 DC du 30 déc. 1997, *Rec.* 333. Loi de finances pour 1998. Cavalier budgétaire (missions du fonds de gestion de l'espace rural).

- autres décisions

- Décision 60 DC du 30 déc. 1975, *Rec.* 28, *RJC* I-35. Contrôle parlementaire sur les comptes spéciaux du Trésor.
- Décisions 99 et 100 DC du 29 déc. 1978, *Rec.* 36, *RJC* I-64 et 38, *RJC* I-165. Système monétaire européen, absence d'effets juridiques, contenu du compte « pertes et bénéfices de change ». Principe de l'universalité, procédure de la lettre rectificative et art. 42. L.O.
- Décision 126 DC du 30 déc. 1980, *Rec.* 53, *RJC* I-189. Loi de finances pour 1981. Contrôle des opérations à caractère temporaire (F.D.E.S.). Principe de l'universalité. Article 42. L.O.
- Décision 135 DC du 31 déc. 1981, *Rec.* 45, *RJC* I-115, 4e loi de finances rectificative pour 1991. Procédure du fonds de concours, principe de l'universalité;
- Décision 140 DC du 28 juin 1982, *Rec.* 45, *RJC* I-124. Loi de finances rectificative pour 1982. Principe de l'universalité.
- Décision 202 DC du 16 janv. 1986, *Rec.* 14, *RJC* I-1248. Loi de règlement pour 1983 (contrôle de constitutionnalité et régularité budgétaire).
- Décision 298 DC du 21 juillet 1991, *Rec.* 82, *RJC* I-1465. Loi portant diverses dispositions d'ordre économique et financier. Caractère non-obligatoire de la loi de finances rectificative.
- Décision 300 DC du 20 nov. 1991, *Rec.* 130, *RJC* I-1472. Loi de règlement pour 1989 (pertes de trésorerie et charges budgétaires ; contrôle de constitutionnalité et régularité budgétaire).
- Décision 330 DC du 29 déc. 1993, *Rec.* 574, *RJC* I-1558. Loi de finances pour 1994. Transfert à l'État de la dette de 110 milliards de l'ACOSS ; opérations budgétaires et opérations de trésorerie.
- Décision 365 DC du 27 juillet 1995, *Rec.* 214, *RJC* I-638. Loi portant relèvement de la TVA. Domaine exclusif des lois de finances (non) ; définition de l'équilibre économique et financier.

- Décision 369 DC du 28 déc. 1995, *Rec.* 257, *RJC* I-646. Loi de finances pour 1996. Exonération partielle des droits de mutation (contraire au principe d'égalité) ; validation de titre de perception (la seule considération d'un intérêt financier ne constitue pas un intérêt général autorisant le législateur à faire obstacle aux effets d'une décision de justice) ; sincérité budgétaire, principes de l'unité et de l'universalité budgétaires.
- Décision 385 DC du 30 déc. 1996, *Rec.* 145. Loi de finances pour 1997. Contestation de la sincérité budgétaire (cons. 21 et 22).
- Décision 395 DC du 30 décembre 1997, *Rec.* 333. Loi de finances pour 1998. Contestation de la sincérité budgétaire, irrégularité (non sanctionnée) des fonds de concours.
- Décision 405 DC du 29 déc. 1998, *Rec.* 326. Loi de finances pour 1999. Contestation de la sincérité de la présentation budgétaire (recettes fiscales inscrites à la ligne des recettes non fiscales).
- Décision 406 DC du 29 déc. 1998, *Rec.* 340. Loi de finances rectificative pour 1998 (crédits ouverts destinés à être reportés sur l'exercice 1999).

Le Conseil constitutionnel a été saisi, le 22 décembre 1994, par MM. Martin Malvy et autres, députés, dans les conditions prévues à l'article 61, alinéa 2 de la Constitution, de la loi de finances pour 1995 ;

LE CONSEIL CONSTITUTIONNEL

Vu la Constitution ;

Vu l'ordonnance nº 58-1067 du 7 novembre 1958 modifiée portant loi organique sur le Conseil constitutionnel, notamment le chapitre II du titre II de ladite ordonnance ;

Vu l'ordonnance nº 59-2 du 2 janvier 1959 modifiée portant loi organique relative aux lois de finances ;

Vu la loi nº 72-657 du 13 juillet 1972 modifiée instituant les mesures en faveur de certaines catégories de commerçants et artisans âgés ;

Vu l'article 106 de la loi de finances pour 1982 (nº 81-1160 du 30 décembre 1981) ;

Vu la loi nº 93-923 de privatisation du 19 juillet 1993 ;

Vu l'article 71 de la loi de finances pour 1993 (nº 92-1375 du 30 décembre 1992) ;

Vu le Code rural, notamment ses articles 1003-4, 1024 et 1107 ;

Vu le Code de la sécurité sociale, notamment son article L. 135-2 ;

Vu le Code général des impôts ;

Vu le Code des pensions civiles et militaires ;

Vu les observations du Gouvernement enregistrées le 27 décembre 1994 ;

Vu les observations en réplique présentées par les auteurs de la saisine enregistrées le 28 décembre 1994 ;

Le rapporteur ayant été entendu ;

1. Considérant que les députés auteurs de la saisine demandent au Conseil constitutionnel de déclarer non conforme à la Constitution l'ensemble de la loi de finances pour 1995 et notamment ses articles 31, 34 et 36 ;

SUR L'ARTICLE 34 ;

2. Considérant qu'en vertu du I de cet article sont prises en charge par le fonds de solidarité vieillesse au titre de ses dépenses permanentes, les sommes correspondant au service des majorations de pensions accordées en fonction du nombre d'enfants ou pour conjoint à charge, dues au titre du régime des exploitants agricoles en application de l'article 1107 du Code rural et par l'État au titre du Code des pensions civiles et militaires ;

3. Considérant que le II de cet article, qui modifie l'article L. 135-2 du Code de la sécurité sociale, prévoit que la somme que le fonds de solidarité vieillesse verse à l'État en application de cet article sera minorée de celles qu'il versera désormais au titre du Code des pensions civiles et militaires ;

4. Considérant que les saisissants font valoir que l'article 34 de la loi déférée méconnaît l'article 6 de l'ordonnance portant loi organique du 2 janvier 1959, en tant qu'il transfère le financement de charges permanentes de l'État au fonds de solidarité vieillesse ; qu'ils prétendent que la charge que représente le financement des majorations de pensions servies aux fonctionnaires de l'État retraités ayant élevé au moins trois enfants est une composante de la dette viagère ; qu'ils soutiennent que cet article constitue dans sa totalité un transfert de charges nuisant à la sincérité d'ensemble de la présentation du projet de loi de finances et ne permet pas la prise en compte de charges certaines ; qu'enfin dans leur mémoire en réplique ils allèguent des méconnaissances des règles d'affectation fixées par l'ordonnance du 2 janvier 1959 susvisée ;

5. Considérant que l'article 34 de la Constitution dispose : « ...Les lois de finances déterminent les ressources et les charges de l'État dans les conditions et sous les réserves prévues par une loi organique » ; qu'aux termes du premier alinéa de l'article 1er de l'ordonnance organique du 2 janvier 1959 : « les lois de finances déterminent la nature, le montant et l'affectation des ressources et des charges de l'État... » ; que l'article 6 de ce texte inclut notamment dans les dépenses permanentes les dépenses de personnel ; que parmi ces dépenses, récapitulées dans le titre III, figure le service

des prestations sociales dues par l'État dont les pensions de retraite font partie ; qu'en vertu du premier alinéa de l'article 16 de la même ordonnance portant loi organique, le budget est constitué des comptes qui décrivent « toutes les ressources et toutes les charges permanentes de l'État » et que selon le premier alinéa de son article 18... « L'ensemble des recettes assurant l'exécution de l'ensemble des dépenses, toutes les recettes et toutes les dépenses sont imputées à un compte unique, intitulé budget général », sous les réserves que cet article énumère ;

6. Considérant que le respect des règles d'unité et d'universalité budgétaires ainsi énoncées s'impose au législateur ; que ces règles fondamentales font obstacle à ce que des dépenses qui, s'agissant des agents de l'État, présentent pour lui par nature un caractère permanent ne soient pas prises en charge par le budget ou soient financées par des ressources que celui-ci ne détermine pas ; qu'il en va ainsi notamment du financement des majorations de pensions, lesquelles constituent des prestations sociales légales dues par l'État à ses agents retraités ;

7. Considérant en outre que les règles énoncées ci-dessus s'appliquent aux budgets annexes, dont les dépenses d'exploitation suivent les mêmes règles que les dépenses ordinaires du budget, en vertu de l'article 21 de l'ordonnance du 2 janvier 1959 ;

8. Considérant qu'aux termes de l'article 1003-4 du Code rural, le budget annexe des prestations sociales agricoles (BAPSA) comporte en dépenses notamment les versements destinés au paiement par les caisses... « des prestations de l'assurance vieillesse des non-salariés agricoles... » ;

9. Considérant que, par suite, en prévoyant la prise en compte dans les dépenses du fonds de solidarité vieillesse d'une dépense à caractère permanent incombant au budget annexe des prestations sociales agricoles, l'article 34 de la loi déférée a méconnu le principe d'universalité susvisé ;

10. Considérant, dès lors, que doivent être déclarés contraires à la Constitution, au I de cet article, les mots : « et 1107 » et les mots : « et par l'État au titre du Code des pensions civiles et militaires » ; que ces dispositions constituent les seules adjonctions effectuées au troisième alinéa de l'article L. 135-2 du Code de la sécurité sociale par le I de l'article 34 ; qu'ainsi, eu égard à l'objet de l'article, l'ensemble de ce I doit être regardé comme inséparable et, de ce fait, contraire à la Constitution ; qu'il en va de même du II de cet article dont le seul objet est de tirer des conséquences des adjonctions opérées par le I ;

11. Considérant dès lors que l'article 34 doit être déclaré contraire à la Constitution ;

12. Considérant que, bien que situées en première partie de la loi de finances, ces dispositions ne remettent pas en cause les données générales de l'équilibre budgétaire ;

Sur la sincérité de la présentation générale de la loi de finances et la méconnaissance alléguée des droits du Parlement :

En ce qui concerne les ressources prévues par l'article 31 :

13. Considérant que les requérants font grief à l'article 31 de comporter un montant « irréaliste » des recettes attendues des opérations de privatisation, faussant ainsi le total des recettes et l'équilibre général figurant à l'article 36 de la loi déférée, de méconnaître les règles de non-affectation des recettes et de financer massivement des charges permanentes par des recettes « incertaines » et « temporaires » ;

14. Considérant que l'article 3 prévoit, par dérogation à l'article 7 de la loi de finances pour 1993 que les produits provenant d'opérations de privatisation seront affectés en recettes au budget général, au-delà des huit premiers milliards de francs, lesquels viennent en recettes d'un compte d'affectation spéciale ;

15. Considérant que les ressources de l'État retracées dans la loi de finances présentent un caractère prévisionnel et doivent tenir compte des effets économiques et financiers de la politique que le Gouvernement entend mener ; qu'eu égard à la liste des entreprises dont la privatisation a été autorisée par la loi du 19 juillet 1993 susvisée, le Gouvernement pouvait proposer au Parlement l'inscription au titre de 1995 de recettes prévisionnelles pour un montant de 55 milliards de francs ; qu'en outre, la circonstance qu'au-delà d'un plafond, les recettes ne soient plus affectées à un compte d'affectation spéciale mais soient versées au budget général ne méconnaît pas les règles d'affectation de recettes à des dépenses non plus qu'aucune autre règle à valeur constitutionnelle ;

En ce qui concerne la dissimulation alléguée de charges publiques :

16. Considérant que les députés auteurs de la saisine soutiennent que la « débudgétisation systématique », la sous-évaluation ou l'absence de prise en compte de nombreuses dépenses, le recours à des emplois en surnombre, le report de crédits d'équipement, l'insuffisance de créations d'emplois ou de certains crédits affectent la sincérité d'ensemble des charges de la loi de finances ; qu'en sus de la mise en cause de certaines dotations budgétaires, ils visent ainsi les articles 33 et 35 de cette loi ;

Quant à l'article 33 de la loi et au chapitre 46-40 du budget du ministère du logement :

17. Considérant que les requérants font valoir que l'article 33, en augmentant le montant de la part des recettes de TVA affecté au BAPSA, permet de diminuer la subvention de l'État à ce budget annexe ; qu'en outre ils mettent en cause la diminution d'un milliard de francs de la subvention du budget général au fonds d'aide au logement que fait apparaître le chapitre 46-40 du budget du ministère du logement ; que, selon eux, ces dispositions ne traduisent pas la réalité des besoins de financement public ;

18. Considérant que les dispositions contestées qui résultent de choix de gestion du Gouvernement ne méconnaissent aucun principe constitutionnel, ainsi d'ailleurs que les requérants l'admettent :

Quant à la sous-évaluation d'autres dépenses :

19. Considérant que les députés, auteurs de la saisine, mettent en cause la « pratique systématique de la sous-évaluation » de certaines dépenses ; qu'ils font grief à l'article 35 d'évaluer de façon minorée le montant du prélèvement sur recettes opéré au titre de la participation de la France au budget des Communautés européennes, au budget des charges communes de faire apparaître un versement limité à 5 milliards de francs à l'Union nationale interprofessionnelle pour l'emploi dans l'industrie et le commerce (Unedic), aux crédits d'équipement du budget du ministère de la défense de comporter un report de crédits de 6,5 milliards de francs ; qu'ils allèguent en outre qu'aucun crédit n'est prévu pour tirer les conséquences du financement de l'« Association pour la gestion de la structure financière » tel qu'il résulte d'un accord passé par l'État avec l'Association générale des institutions de retraite des cadres (Agirc) et l'Association des régimes de retraites complémentaires (Arrco) et qu'ils soutiennent que les crédits de l'éducation nationale ne tirent pas toutes les conséquences de la « loi de programmation du nouveau contrat pour l'école » en cours de discussion, tant en ce qui concerne les crédits que les créations de postes ; qu'il en va de même, selon eux, d'une disposition votée lors de l'examen de la loi portant diverses dispositions d'ordre social ; qu'ils mettent en cause la circonstance que quinze magistrats seraient recrutés en surnombre ; qu'enfin ils critiquent certaines dispositions de la loi de finances rectificative pour 1994 ;

20. Considérant que le grief relatif à l'article 35 tenant à l'absence de prise en compte des effets financiers de l'adhésion de nouveaux pays à l'Union européenne manque en fait :

21. Considérant que si les requérants font grief à la loi de finances contestée de prendre en compte un montant de subventions inférieur à celui qui résulte de l'accord signé le 13 juillet 1993 entre l'État et l'Unedic, cet accord a été modifié par un avenant permettant une diminution de l'engagement financier de l'État ; que, dès lors, ce grief doit être écarté ;

22. Considérant que le report de crédits contesté, conforme aux prescriptions de l'ordonnance du 2 janvier 1959 susvisée, ne méconnaît aucune règle de valeur constitutionnelle ;

23. Considérant que le chapitre 46-7 du budget du ministère du travail comporte l'inscription pour un montant de 1 617.45 millions de francs des crédits nécessaires au financement par l'État de l'accord passé avec l'Agirc et l'Arrco le 29 décembre 1993 ; qu'en conséquence le grief tiré de ce que de tels crédits ne figureraient pas dans la loi déférée manque en fait ;

24. Considérant que l'existence de recrutement en surnombre ne ressort pas de dispositions de la loi déférée ;

25. Considérant qu'en tout état de cause il n'incombe pas nécessairement à la loi de finances de prendre en compte des charges provenant de textes de loi dont l'adoption n'est pas définitive ; que, par ailleurs, les griefs tirés de dispositions de la loi de finances rectificative pour 1994 ne sauraient être utilement invoqués à l'encontre de la loi de finances pour 1995 ;

En ce qui concerne la méconnaissance alléguée des droits du Parlement :

26. Considérant que les députés auteurs de la saisine allèguent que les assemblées n'auraient pas disposé de l'information nécessaire à l'exercice effectif de leurs pouvoirs de contrôle du fait notamment des décalages qu'ils ont invoqués, d'une part, entre la prévision initiale et la réalité des recettes qui doivent être perçues, d'autre part, en raison de la sous-évaluation alléguée de certaines charges ; qu'il ne ressort pas, ainsi qu'il a été énoncé, des estimations ou charges en cause non plus que des conditions du débat au Parlement que ce dernier n'ait pas disposé en temps utile des informations nécessaires à l'exercice complet de ses prérogatives budgétaires, conformément aux prescriptions de l'article 32 de l'ordonnance nº 59-2 du 2 janvier 1959 ;

SUR L'ARTICLE 22 :

27. Considérant que cet article a notamment pour objet de créer à l'article 302 *bis* Z-B du Code général des impôts une taxe due par les concessionnaires d'autoroutes ; qu'il prévoit que « les conséquences de cette taxe sur l'équilibre financier des sociétés concessionnaires sont prises en compte par un décret en Conseil d'État qui fixe la durée des concessions autoroutières » ; que cette dernière disposition n'a par elle-même aucune portée relative aux charges ou aux ressources de l'État ou à l'assiette, au taux et aux modalités de recouvrement des « impositions de toutes natures » ; qu'ainsi, elle est étrangère à l'objet des lois de finances ;

SUR L'ARTICLE 87 :

28. Considérant que cet article se borne à fixer des conditions au versement de prestations relevant des régimes d'assurance vieillesse des professions artisanales, industrielles et commerciales ; que ses dispositions n'ont trait ni aux ressources ni aux charges de l'État mais aux conditions de versement d'une aide par les caisses des régimes sociaux concernés ; qu'ainsi cet article est étranger à l'objet des lois de finances ;

29. Considérant qu'il n'y a lieu pour le Conseil constitutionnel de soulever d'office aucune autre question de conformité à la Constitution.

Décide :

ARTICLE PREMIER. – Sont déclarés contraires à la Constitution :

- à l'article 22 de la loi déférée, dans l'article 302 *bis* Z-B du Code général des impôts, la phrase : « les conséquences de cette taxe sur l'équilibre financier des sociétés concessionnaires sont prises en compte par un décret en Conseil d'État qui fixe la durée des concessions autoroutières » ;
- l'article 34 ;
- l'article 87.

ART. 2. – La présente décision sera publiée au *Journal officiel* de la République française.

Délibéré par le Conseil constitutionnel dans sa séance du 29 décembre 1994.

(*J.O.* 30 décembre 1994, p. 18935).

La composition du Conseil constitutionnel à la date du 29 décembre 1994 était la suivante : M. BADNTER (Président), MM. ABADIE, CABANNES, FABRE, FAURE, LATSCHA, Mme LENOIR, MM. ROBERT, RUDLOFF.

OBSERVATIONS

1 . La décision du 29 décembre 1994 marque un tournant dans le contrôle de la constitutionnalité des lois de finances. Pour la première fois, le Conseil constitutionnel censure la pratique de la « débudgétisation ». Interprétant très largement les règles jugées « fondamentales » de l'unité et de l'universalité budgétaires, il

considère que les dépenses de l'État présentant un caractère permanent doivent nécessairement figurer dans la loi de finances. À cette occasion, il affirme clairement qu'il lui appartient, éventuellement, d'exercer un contrôle de la sincérité de la présentation budgétaire (I). Par ailleurs, cette décision confirme la jurisprudence, désormais traditionnelle, relative aux cavaliers budgétaires, c'est-à-dire aux dispositions étrangères aux lois de finances (II). Le renforcement du contrôle du contenu de la loi de finances manifeste la volonté du juge constitutionnel de permettre au Parlement d'exercer effectivement son pouvoir financier et de bénéficier, pour cela, d'un réel droit à l'information (III).

I - Le contrôle de la sincérité budgétaire

2 - La sincérité de la présentation budgétaire était, depuis longtemps, contestée par les parlementaires de l'opposition lors de la discussion budgétaire. Mais, jusqu'en 1994, cette question n'a jamais été au centre des saisines comme c'est devenu le cas depuis la décision du 29 décembre 1994. Dans cette affaire, la requête des députés portait à la fois : sur la prise en charge par le fonds de solidarité vieillesse (FSV) de certaines dépenses budgétaires, sur la sincérité des chiffres relatifs à certains postes du budget (en dépenses comme en recettes) et sur la sincérité de l'ensemble de la loi de finances (et, donc, sur la détermination de l'équilibre budgétaire).

3 . Pour que la présentation de la loi de finances puisse être jugée sincère, il faut d'abord qu'elle comporte effectivement toutes les données qui doivent normalement y figurer. Il est, en effet, trop facile de camoufler une part du déficit en transférant certaines charges de l'État sur d'autres organismes. Or, pour la première fois, le Conseil censure cette pratique : il affirme que les dépenses *présentant, par nature, un caractère permanent*, doivent obligatoirement être prises en charge par le budget général ou, du moins, financées par des ressources qu'il détermine. En se référant aux principes de l'unité et de l'universalité budgétaires, posés par l'article 18 de l'ordonnance organique de 1959, il fixe ainsi d'importantes limites à la pratique, souvent abusive dans le passé, des débudgétisations.

Un article de la loi de finances pour 1995 avait transféré des majorations de pensions du budget général au fonds de solidarité vieillesse, lequel est chargé de financer des dépenses relevant de la solidarité. En compensation, la somme que le fonds de solidarité vieillesse reversait, chaque année à l'État se trouvait minorée d'autant, si bien que les conditions générales de l'équilibre financier ne se trouveraient pas modifiées. Pourtant, le Conseil censure cette opération de débudgétisation en estimant qu'elle méconnaît les règles d'unité et d'universalité qu'il qualifie de « fondamentales ». Celles-ci impliquent, en effet, que toutes les dépenses soient imputées à un compte unique intitulé budget général. Il rappelle aussi qu'aux termes de l'article 1er de l'ordonnance organique les lois de finances déterminent la nature, le montant et l'affectation des ressources et des charges de l'État ; que l'article 6 du même texte inclut dans les dépenses permanentes les dépenses de personnel ; enfin, que, selon l'article 16, le budget est constitué par *l'ensemble des ressources et des charges permanentes* de l'État.

Il est donc désormais acquis que les rémunérations des agents de l'État (y compris les pensions et leurs majorations) doivent être prises en charge par le budget général (ou financées par des ressources qu'il détermine). Mais on peut penser que cette obligation s'appliquera, aussi bien, à d'autres catégories de dépenses : celles du titre II concernant les pouvoirs publics (Parlement, présidence de la République, Conseil constitutionnel, Conseil économique et social) ; celles du titre I relatif aux intérêts de la dette publique ; celles concernant les dépenses militaires et, d'une manière générale, toutes les dépenses liées au fonctionnement des services relevant de l'exercice de la puissance publique (police, justice, impôts, etc.) c'est-à-dire la plus grande part des dépenses de l'État. Toutefois, les missions présentant un caractère d'intérêt public (service de sécurité des aéroports) ne constituent pas pour autant des charges permanentes de l'État au sens de la loi organique (405 DC, cons. 66).

Il déclare, aussi, non conforme un article opérant la débudgétisation des prestations de l'assurance vieillesse du budget annexe des prestations sociales agricoles, mais pour un autre motif : il considère que les budgets annexes doivent nécessairement retracer toutes les dépenses qui sont énumérées dans l'acte institutif de chacun d'entre eux, ceci toujours au nom du principe de l'universalité budgétaire.

La décision est importante, non seulement parce qu'elle limite la pratique de la débudgétisation, mais aussi parce qu'elle institue, en fait, au niveau du budget général, des dépenses obligatoires. Celles-ci existaient déjà dans les budgets des collectivités locales et dans le budget européen, mais ce n'était pas le cas, jusqu'à présent, pour l'État. Cependant, il convient de préciser que le respect des règles d'unité et d'universalité budgétaires n'excluent pas, par principe, toute opération de débudgétisation : certaines dépenses peuvent être retirées du budget général et être assurées par d'autres organismes mais, à condition d'être financées par des ressources déterminées par le budget, ce qui implique que ces dernières fassent expressément l'objet d'une affectation.

Il faut aussi ajouter que, dans la tradition financière française, les *opérations de trésorerie* sont distinctes des *opérations budgétaires*. Seules les charges découlant des intérêts de la dette publique sont inscrites au budget. Mais, ce n'est le cas ni de l'encaissement du produit des emprunts ni de leur remboursement. Ceci explique le rejet des contestations dirigées contre l'article 105 de la loi de finances pour 1994 lequel avait pour objet la reprise d'une dette de 110 milliards de francs de la sécurité sociale qui ne figurait pas dans les opérations budgétaires, car cette somme n'était pas destinée à rester à la charge de l'État : elle devait être remboursée, sur une période de quinze ans, par le fonds de solidarité vieillesse, lequel bénéficiait, pour cela, de l'affectation d'une partie du produit de la CSG et des droits sur l'alcool. En effet, selon le Conseil constitutionnel, il résulte des dispositions de l'ordonnance organique de 1959 que « ... les opérations de trésorerie n'ont pas à figurer dans un titre déterminé du budget, mais qu'elles sont retracées dans des comptes de trésorerie distincts faisant apparaître les engagements de l'État (décision 330 DC du 29 décembre 1993).

4 . Les requérants critiquaient, par ailleurs, la surévaluation de certaines recettes et la sous-évaluation de certaines dépenses.

Ainsi, ils jugeaient irréaliste le montant des recettes attendues au titre des opérations de privatisation. À cette objection, le Conseil répond que les ressources présentent un caractère prévisionnel et qu'il convient de tenir compte des effets économiques et financiers de la politique que le Gouvernement entend mener. Dans ces conditions, il estime que « ... eu égard à la liste des entreprises dont la privatisation a été autorisée par la loi du 19 juillet 1993, le Gouvernement pouvait proposer au Parlement l'inscription, au titre de 1995, de recettes d'un montant de 55 milliards de francs ».

Les requérants contestaient également l'évaluation insuffisante de toute une série de dépenses : le montant de la participation de la France au budget des communautés européennes, les versements prévus à l'UNEDIC ou aux régimes de retraites complémentaires (AGIRC et ARRCO), les crédits de l'Éducation nationale, etc. Le juge constitutionnel écarte ces différents griefs, mais après les avoir examinés les uns après les autres.

Il convient de souligner que ni le Gouvernement dans ses observations ni le Conseil dans ses considérants, ne contestent le principe même de la mise en cause de la sincérité des évaluations de recettes et des autorisations de dépenses. Il est donc admis que le Conseil constitutionnel puisse contrôler la crédibilité des prévisions de recettes et l'évaluation des dépenses.

5 . Enfin, les requérants mettaient en cause la constitutionnalité de la loi de finances dans son ensemble. Ils estimaient que les surévaluations de recettes et les sous-évaluations de dépenses affectaient la crédibilité de l'article d'équilibre qui arrête le montant du déficit budgétaire. Sur ce point également, le Conseil accepte d'apprécier la sincérité de l'ensemble du texte, c'est-à-dire de se faire juge du réalisme de la détermination des conditions générales de l'équilibre financier. Ce point est très important car on peut se demander si cela ne va pas l'entraîner, en fait, à imposer aux pouvoirs publics le respect des dispositions de l'article 104 C du traité de Maastricht relatif à la prohibition des déficits excessifs (sur ce point, voir E. Picard : Vers l'extension du bloc de constitutionnalité au droit européen, *R.F.D.A.*, 1993, p. 47).

Toutefois, il exerce ce contrôle avec une certaine souplesse. Il estime que le manque de sincérité d'un élément n'est pas nécessairement de nature à entacher la crédibilité de la présentation de l'ensemble de l'article d'équilibre. C'est ainsi qu'après avoir réintégré, dans le budget général et dans le BAPSA, les dépenses concernant les majorations de pensions, il considère que ces dispositions, bien que situées en première partie de la loi de finances, ne remettent pas en cause les données générales de l'équilibre financier.

Dans le même sens, il considère que le versement, par France-télécom, d'une contribution forfaitaire exceptionnelle de 37,5 milliards de francs à un établissement public chargé de la gérer, trouve sa justification dans la prise en charge, par l'État, des retraites des agents de l'entreprise (décision 385 DC, cons. 22).

La Cour des comptes, dont l'optique est différente, fait preuve d'une plus grande rigueur en dénonçant : « ... des reports de charges ou des pratiques diverses de comptabilisation ou de présentation des opérations qui influent sur le résultat final, ... pratiques consistant, soit à inclure dans le budget des recettes qui ne devraient pas y figurer soit, à l'inverse, à en exclure des dépenses qu'il devrait comprendre » (rapport au Parlement sur l'exécution de la loi de finances pour 1996).

II - Le respect du contenu du budget et la censure des cavaliers budgétaires

6 . Le contenu des lois de finances est strictement réglementé par l'ordonnance organique de 1959. Celles-ci, aux termes de son article premier, ne peuvent contenir que des dispositions de nature financière. Et son article 42 conduit à écarter le dépôt de tout amendement de caractère non financier. Le Conseil constitutionnel veille depuis longtemps au respect de ces dispositions (v. décision 51 DC du 27 décembre 1973*).

7 . Toutefois, depuis 1981, il sanctionne la pratique des cavaliers budgétaires, non plus dans le cadre de la limitation du pouvoir d'amendement découlant de l'article 42 de la loi organique, comme il le faisait à l'origine, mais exclusivement dans celui de l'article premier.

Aux termes de cette dernière disposition, seules peuvent figurer dans une loi de finances les mesures relatives :

- aux *ressources et aux charges de l'État* ;
- à l'organisation de *l'information et du contrôle* du Parlement *sur la gestion des finances publiques* ;
- aux *responsabilités pécuniaires des agents* des services publics ;
- à l'assiette, au taux et aux modalités de recouvrement des *impositions de toute nature* ;
- aux *créations et transformations d'emplois*.

Tout article qui n'entre pas dans le cadre de cette énumération constitue nécessairement un « cavalier budgétaire » ou, selon les termes utilisés par le Conseil, une « disposition étrangère à l'objet des lois de Finances » et peut être frappé d'inconstitutionnalité.

Non seulement de telles dispositions peuvent être contestées par les requérants, mais le juge constitutionnel se réserve le droit de les déclarer d'office inconstitutionnelles, ce qu'il ne manque pas de faire assez souvent, comme ce fut le cas des articles 22 et 87 de la loi de finances pour 1995 ou de l'article 55 de la loi de finances rectificative pour 1996 (386 DC), alors que ces derniers n'avaient pas fait l'objet de contestation.

Pendant longtemps, c'est surtout le Gouvernement qui a été sanctionné car les dispositions de nature non financière insérées dans le projet de loi de finances l'étaient, à l'initiative de différents ministères qui souhaitaient profiter de la procédure budgétaire plus rapide et plus sûre que la procédure ordinaire.

Le ministère de l'Éducation nationale a d'abord été le plus fréquemment sanctionné à cet égard. Malgré plusieurs censures, il a longtemps continué à faire figurer dans les projets de lois de finances des dispositions qui n'y avaient pas leur place (cf. décisions : 73 DC, convention de coopération avec les établissements d'enseignement supérieur privés ; 154 DC, postes réservés sur des emplois créés ; 164 DC, création de nouveaux chapitres budgétaires pour mémoire ; 184 DC, autorisation accordée à l'État de créer à titre exceptionnel des établissements d'enseignement public dans certaines communes ; 201 DC et 203 DC, intégration du personnel enseignant dans le corps des instituteurs). Puis, ce fut surtout le tour du ministère des finances (cf. décisions 136 DC, composition de la commission de la concurrence et rémunération des porteurs de parts ; 155 DC, répartition de la dotation supplémentaire versée aux communes ; 209 DC, gestion des crédits du conseil de Paris ; 221 DC, barème de l'aide personnalisée au logement ; 250 DC, procédure de recouvrement de créances non fiscales et information des comptables publics ; 268 DC, conditions de répartition de la DGF et situation d'un comptable public nommé à la Cour des comptes ; 270 DC, intégration des douaniers de la Nouvelle-Calédonie ; 285 DC, organismes soumis au contrôle de la Cour des comptes ; 302 DC, pouvoir de contrôle des agents du service de la redevance de l'audiovisuel ; 320 DC, informatisation du livre foncier ; 371 DC, création d'un fonds de réserve et de garantie de la Caisse nationale d'épargne ; 386 DC, recrutement d'agents contractuels de droit privé par l'Agence d'accréditation et d'évaluation en santé ; 395 DC, élargissement de la compétence de l'Agence nationale pour l'aménagement de l'habitat). Dans la décision ci-dessus, les deux dispositions jugées étrangères à l'objet des lois de finances concernaient : l'une, le régime financier des concessions autoroutières et, l'autre, celui de l'assurance vieillesse des professions artisanales, industrielles et commerciales.

Avec le renforcement du contrôle du Conseil d'État sur la régularité du contenu de la loi de finances, les cavaliers budgétaires d'origine gouvernementale sont devenus moins fréquents et, à l'heure actuelle, ils sont, le plus souvent, issus d'amendements, généralement parlementaires mais, parfois aussi, gouvernementaux.

8 . Il n'est pas toujours facile de savoir si une disposition a, ou non, un caractère financier au sens de l'article l^{er} de l'ordonnance de 1959, notamment lorsqu'il s'agit d'une mesure qui est seulement de nature à exercer, dans l'avenir, une influence sur les ressources ou sur les charges de l'État. La jurisprudence constitutionnelle sur ce point n'est pas très rigoureuse. Le Conseil accepte que figurent dans une loi de finances les dispositions qui, sans être des ressources ou des charges de l'État, ont cependant une incidence sur le montant de ces ressources ou de ces charges. C'est le cas, par exemple, d'une mesure qui n'a pas un caractère fiscal et ne constitue pas une recette de l'État, mais qui forme un élément indivisible d'un dispositif financier (201 DC) ou d'éléments indivisibles d'un dispositif d'ensemble visant à satisfaire un besoin de financement de l'État (371 DC). C'est aussi le cas des dispositions relatives au régime de l'émission d'un emprunt (220 DC).

Depuis 1996, la jurisprudence semble s'être considérablement assouplie en ce domaine. En effet, il a jugé qu'une mesure qui ne constituait pas une charge financière, au titre de l'exercice budgétaire en cours mais qui était susceptible d'avoir des conséquences financières sur des exercices à venir, ne constituait pas un cavalier budgétaire, ce qui risque de réduire sérieusement le domaine des cavaliers budgétaires (sur ce point, voir nos observations sous les décisions 385 DC et 386 DC du 30 décembre 1996, *RFDC*, n° 29, 1997).

9 . Si l'ordonnance organique de 1959 interdit l'introduction de dispositions étrangères aux lois de finances, inversement, il contraint le législateur à ne faire figurer les dispositions énumérées par l'article 1er (à l'exception de celles relatives aux impositions de toute nature) que dans une loi de finances : elles n'ont donc pas leur place dans une loi ordinaire. C'est ainsi qu'ont été jugées contraires à la Constitution, parce que figurant dans une loi ordinaire : la création d'une contribution sur la publicité pour l'alcool affectée aux actions d'éducation sanitaire et de prévention contre l'alcoolisme (283 DC) ou des dispositions relatives à l'information et au contrôle du Parlement sur les finances publiques (290 DC et 358 DC).

Ce principe s'impose même aux lois organiques. Ainsi, le Conseil a censuré un article d'une loi organique modifiant le statut de la magistrature concernant des créations d'emplois, alors que l'article premier de l'ordonnance organique de 19S9 dispose expressément que les créations d'emplois ne peuvent résulter que de dispositions prévues par une loi de finances (355 DC). Cette obligation formelle consacre ainsi la supériorité de l'ordonnance organique relative aux lois de finances sur les autres lois organiques.

Mais, cela ne signifie pas, pour autant, qu'une disposition fiscale de nature organique puisse figurer dans une loi de finances. Ainsi, l'article 59 de la loi de finances pour 1997, validant une délibération de l'assemblée territoriale de Polynésie française (précédemment annulée par le juge administratif), a été jugée contraire à la Constitution car relevant de la compétence du législateur organique en application de l'article 74 de la Constitution (386 DC du 30 décembre 1996).

III - Le respect du droit de contrôle du Parlement

10 - Le Conseil constitutionnel précise dans sa décision : « ... qu'il ne ressort pas ... des estimations ou charges en cause, non plus que des conditions du débat au Parlement, que ce dernier n'ait pas disposé en temps utile des informations nécessaires à l'exercice complet de ses prérogatives budgétaires conformément aux prescriptions de l'article 32 de l'ordonnance de 1959 » (lequel précise que le projet de loi de finances de l'année est accompagné d'annexes générales destinées à l'information et au contrôle du Parlement). Il confirme par là sa jurisprudence précédente qui, en matière d'exercice du droit de contrôle, a toujours été assez favorable au Parlement.

Dès 1964, il avait affirmé l'existence d'un droit général de contrôle au profit du Parlement, aussi bien sur la gestion des finances publiques, que sur les comptes des établissements et entreprises fonctionnant avec des fonds publics (27 DC). En 1975, il avait précisé, au sujet de l'utilisation des crédits relatifs aux comptes spéciaux du Trésor dont la destination ne pouvait pas être précisée au moment de l'examen de la loi de finances, que l'utilisation de ces crédits devait faire l'objet, ultérieurement, de comptes rendus complets permettant au Parlement d'exercer le contrôle qui lui appartient (60 DC). En 1976, il avait rappelé, à propos d'une contestation relative à l'utilisation des crédits du FDES, qu'il appartient au gouvernement de donner au Parlement « ... des indications substantielles sur l'orientation générale de la politique qu'il entend suivre en ce qui concerne l'utilisation de ces fonds » (73 DC). On retrouve encore l'affirmation de ce droit de contrôle dans sa décision 126 DC : « ... Il résulte de l'ensemble de ces documents que l'Assemblée nationale a disposé des éléments lui permettant de remplir la mission de contrôle dont le Parlement est investi par la Constitution » ; ou encore, à propos de la loi de règlement : « Le contrôle du Parlement a pu s'exercer dans des conditions normales sur un projet qui était accompagné des divers documents énumérés à l'article 36 de la loi organique, en particulier d'un rapport détaillé de la Cour des comptes ... » (202 DC).

Mais, il précise aussi qu'il ne faut pas confondre contrôle de constitutionnalité de la loi de finances et contrôle de la régularité de l'exécution des opérations budgétaires (ce qui explique les différences d'appréciation avec celles de la Cour des comptes). Ainsi, l'irrégularité d'un décret relatif à des ressources budgétaires est sans influence sur la constitutionnalité de la loi de finances de règlement (184 DC). Celle-ci ne peut que retracer les ordonnancements de dépenses et les encaissements de recettes, quelle que soit la régularité de ces opérations et alors même que certaines d'entre elles auraient méconnu des règles de valeur constitutionnelle (décisions 202 DC et 300 DC). De même, il répond aux arguments avancés par les requérants, dans la présente décision, que les griefs tirés de dispositions de la loi de finances rectificative pour 1994, ne sauraient être utilement invoqués à l'encontre de la loi de finances pour 1995.

Par ailleurs, l'absence de dépôt d'une loi de finances rectificative n'est pas contraire au droit de contrôle du Parlement, dés lors que le Gouvernement a porté à la connaissance des élus un rapport sur l'évolution de l'économie nationale et des finances publiques (298 DC du 24 juillet 1991).

Cependant, pour que le Parlement puisse exercer effectivement son droit de contrôle, il faut qu'il soit correctement informé, ce qui implique que les évaluations présentées, notamment dans le rapport économique et financier, soient suffisamment crédibles. Et ceci oblige le Gouvernement à justifier du sérieux des prévisions qui ont été arrêtées. L'exigence est donc assez forte au niveau de la sincérité des documents budgétaires et de la clarté de l'information. Toutefois, la décision du 29 décembre 1994, bien qu'elle admette le principe d'une contestation de la sincérité budgétaire, n'implique pas, pour autant, que le juge constitutionnel accepte d'exercer un contrôle de la politique budgétaire ou des choix de gestion du Gouvernement.

11 - Il existe donc des limites à l'exercice de ce droit de contrôle. En effet, on voit mal le Conseil constitutionnel s'immiscer dans les polémiques relatives aux prévisions économiques à venir. Or, comme on le sait, les évaluations budgétaires sont étroitement liées à la réalisation de ces prévisions. Il n'est donc pas étonnant que si le juge constitutionnel a sanctionné, à de très nombreuses reprises, la pratique des cavaliers budgétaires, la violation du principe de la sincérité

budgétaire n'ait été sanctionnée qu'une seule fois (sous la forme d'une débudgétisation irrégulière), de même que la méconnaissance du droit de contrôle du Parlement (sous la forme d'une violation de la distinction entre les sévices votés et les autorisations nouvelles).

Il n'en reste pas moins que cette décision relative à la loi de finances pour 1995 marque une étape importante dans l'élargissement du droit de contrôle du Parlement en matière budgétaire. Pour la première fois, la Haute juridiction accepte d'examiner, méthodiquement, les différentes critiques avancées par les requérants concernant la sincérité des prévisions budgétaires et, par conséquent, la crédibilité de l'évaluation du déficit. Le principe est désormais admis : la constitutionnalité de la loi de finances peut être contestée sur la base d'une insuffisante sincérité, dans la mesure où celle-ci est de nature à porter atteinte aux prérogatives constitutionnelles du Parlement en tant qu'organe de contrôle.

12. Le fait que le Conseil constitutionnel qualifie dans cette décision l'unité et l'universalité budgétaires de règles « fondamentales » pose le problème de la valeur juridique de l'ordonnance organique du 2 janvier 1959. Celle-ci tire sa force constitutionnelle de l'ancien article 92 de la Constitution qui a autorisé le gouvernement à prendre les mesures nécessaires à la mise en place des institutions et au fonctionnement des pouvoirs publics. Il en découle que certaines dispositions de ce texte ont une valeur constitutionnelle. C'est le cas des dispositions de l'article 1er qui déterminent le contenu du budget et qui s'imposent au législateur ordinaire comme au législateur organique (355 DC) ; c'est le cas de la disposition prévoyant que les dispositions fiscales n'ont pas à figurer obligatoirement dans une loi de finances ; de celle relative à la définition de l'équilibre économique et financier considéré comme un principe fondamental (110 DC) ; des règles également fondamentales de l'unité et de l'universalité budgétaires (351 DC). Sur ces différents points, seule une révision de la Constitution pourrait modifier la portée de ces principes. S'il ne paraît pas raisonnable d'intégrer l'ensemble de l'ordonnance organique de 1959 au bloc de constitutionnalité, on doit en revanche admettre que ce texte comporte plusieurs principes et règles de valeur constitutionnelle.

49

18 décembre 1997

ALLOCATIONS FAMILIALES
(393 DC)

Droit constitutionnel social
Droits-créances. Droits de la famille
Lois de financement
de la sécurité sociale
Principe fondamentaux reconnus
par les lois de la République

Décision n° 97-393 DC, RJC I-791.
Article 61 alinéa 2 de la Constitution.
Saisine par 148 parlementaires et 145 sénateurs.
Loi de financement de la sécurité sociale pour 1998.
Contrôle des lois de financement de la sécurité sociale.
Droits créances. Droits de la famille.
Cavaliers sociaux. Incompétence négative. P.F.R.L.R.
Principe d'égalité. Lois de validation.

Références

a) *Notes doctrinales*

- Champeil-Desplats (V.) : D. 1998, J., p. 523. - Philip (L.) : *R.F.D.C.*, nº 33-1998, p. 167. - Prétot (X.) : « La conformité à la Constitution de la loi de financement de la sécurité sociale », *Dr. soc.*, 1998, p. 164. - Schoettl (J.-E.) : *A.J.D.A.*, 1998, nº 2, p. 127.

b) *Autres références*

- Delmas-Darroze (S.) : « La nature juridique des lois de financement de la sécurité sociale », *J.C.P.*, éd. G, nº 49, 2 décembre 1998, p. 2101-2107. - Favoreu (L.) : « Les sages et les deniers publics », *Le Figaro,* 2 janvier 1998. - Luchaire (F.) : « Le contrôle du Conseil constitutionnel sur les lois financières », *R.D.P.*, 1997, nº 2, p. 289-322. - Philip (L.) :« La révision constitutionnelle du 22 février 1996 », *R.F.D.C.*, 1996, nº 27, p. 451-460 ; « Nouvelles réflexions sur la nature et le devenir des lois de financement de la sécurité sociale », *Dr. soc.*, 1997, nº 9, p. 782-787. - Prétot (X.) : « Les bases constitutionnelles du droit social », *Dr. soc.*, mars 1991, p. 187. - Rousseau (D.) : « Le Conseil constitutionnel et le Préambule de 1946 », *Rev. adm.*, 1997, nº 296, p. 160. - Terneyre (P.) : « La Constitution devant le progrès économique et social », *L.P.A.*, 27 déc. 1991, nº 155, p. 4. ; « Droit constitutionnel social : inventaire en guise d'ouverture », *R.F.D.C.*, 1990, p. 339.

c) Jurisprudence

1. *Lois de financement de la sécurité sociale*

- Décision 96-379 DC du 16 juill. 1996, *Rec.* 95, *RJC* I-679. loi organique relative aux lois de financement de la sécurité sociale.
- Décision 96-384 DC du 19 déc. 1996, *Rec.* 141, *RJC* I-690. Loi de financement de la sécurité sociale pour 1997.
- Décision 98-404 DC du 18 déc. 1998, *J.O.* 27 déc. 1998, p. 19 663, *Rec.* 315.

2. *Alinéa 10 du Préambule*

- Décision 86-216 DC du 3 sept. 1986, *Rec.* 135, RJC I-281. Entrée et séjour des étrangers.
- Décision 93-325 DC du 13 août 1993, *Maîtrise de l'immigration**.
- Décision 97-389 DC du 22 avril 1997, *Rec.* 45, *RJC* I-707. Certificats d'hébergement.

3. *Alinéa 11 du Préambule*

- Décision 74-54 DC du 15 janvier 1975, *IVG**.
- Décision 77-92 DC du 18 janv. 1978, *Rec.* 21, *RJC* I-57, Contre-visite médicale.
- Décision 80-117 DC du 22 juill. 1980, *Rec.* 42, *RJC* I-81, Protection des matières nucléaires.
- Décision 86-225 DC du 23 janvier 1987, *Rec.* 19, *RJC* I-305, Amendement Séguin.
- Décision 89-269 DC du 22 janvier 1990, *Rec.* 33, *RJC* I-392, Égalité Français-étrangers.
- Décision 90-283 DC du 8 janvier 1991, *Rec.* 11, *RJC* I-417, Lutte contre le tabagisme et l'alcoolisme.
- Décision 90-287 DC du 16 janv. 1991, *Rec.* 24, *RJC* I-432, Santé publique et assurances sociales.
- Décision 91-296 DC du 29 juillet 1991, *Rec.* 102, *RJC* I-460, Maîtrise des dépenses de santé.
- Décision 93-325 DC du 13 août 1993, *Maîtrise de l'immigration**.
- Décision 93-330 DC du 29 déc. 1993, *Rec.* 572, *RJC* I-558, Loi de finances pour 1994.
- Décision 94-343-344 DC du 27 juill. 1994, *Bioéthique**.
- Décision 96-387 DC du 21 janv. 1997, *Rec.* 23, *RJC* I-698, Prestation spécifique dépendance.
- Décision 97-388 DC du 20 mars 1997, *Rec.* 31, *RJC* I-701, Fonds de pension.

4. *Alinéas 10 et 11 combinés*

- Décision 97-393 DC du 18 déc. 1997, *Allocations familiales**.

« L'exigence constitutionnelle résultant [des alinéas 10 et 11 du Préambule de 1946] implique la mise en œuvre d'une politique de solidarité nationale en faveur de la famille » (cons. 33).

- Décision 98-405 DC du 29 décembre 1998, *J.O.* 31 déc. 1998, p. 20 138, *Rec.* 326, Loi de finances pour 1999.

5. *Jurisprudence relative à l'objectif constitutionnel concernant la possibilité de disposer d'un logement décent*

- Décision 94-359 DC du 19 janv. 1995, *Rec.* 176, *RJC* I-630, Diversité de l'habitat.
- Décision 95-371 du 29 déc. 1995, *Rec.* 265, *RJC* I-653, Loi de finances rectificative pour 1995.
- Décision 98-403 DC du 29 juill. 1998, *J.O.* 31 juill. 1998, p. 11 170, *Rec.* 276.Taxe d'inhabitation.

6. *Alinéa 12 du Préambule*

- Décision 87-237 DC du 30 décembre 1987, *Rec.* 63, *RJC* I-324, Loi de finances pour 1988 (application du principe de solidarité nationale sans référence expresse, toutefois, à l'alinéa 12).

Le Conseil constitutionnel a été saisi, les 3 et 4 décembre 1997, par MM. Jean-Louis Debré et autres, députés à l'Assemblée nationale et le 4 décembre 1997, par M. Jacques Lardé et autres, sénateurs, dans les conditions prévues à l'article 61 alinéa 2 de la Constitution, de la conformité à celle-ci de la loi de financement de la sécurité sociale pour 1998 ;

LE CONSEIL CONSTITUTIONNEL,

Vu la Constitution ;

Vu l'ordonnance nº 58-1067 du 7 novembre 1958 modifiée portant loi organique sur le Conseil constitutionnel, notamment le chapitre II du titre II de ladite ordonnance ;

Vu la loi organique nº 96-646 du 22 juillet 1996 relative aux lois de financement de la sécurité sociale ;

Vu l'ordonnance nº 96-50 du 24 janvier 1996 relative au remboursement de la dette sociale ;

Vu la loi nº 93-1352 du 30 décembre 1993 portant loi de finances pour 1994 ;

Vu le Code de la sécurité sociale ;

Vu le Code général des impôts ;

Vu les observations du Gouvernement enregistrées le 11 décembre 1997 ;

Vu les observations en réplique présentées par les députés requérants enregistrées le 16 décembre 1997 ;

Vu les nouvelles observations du Gouvernement enregistrées le 17 décembre 1997 ;

Le rapporteur ayant été entendu :

1. Considérant que les auteurs des saisines demandent au Conseil constitutionnel de déclarer non conforme à la Constitution la loi de financement de la sécurité sociale pour 1998 ; que les députés requérants contestent la régularité de la procédure d'adoption de la loi et mettent en cause la conformité à la Constitution, en tout ou en partie, de ses articles 5, 9, 12, 21, 23, 24, 27 et 31 ; que les sénateurs requérants contestent pour leur part l'article 23 de la loi ;

[...]

4. Considérant que, si le projet de loi et le rapport ont été déposés le 8 octobre 1997 et mis en distribution le 15 octobre 1997, à l'Assemblée nationale, et si, conformément aux termes de l'article L.O. 11-6 du code précité, les annexes ont été également déposées à cette dernière date sur le bureau de l'Assemblée nationale, elles ne l'ont été qu'en quelques exemplaires, et n'ont été effectivement distribuées que le 21 octobre 1997 ; que, toutefois, ce retard, eu égard à sa durée, n'a pu avoir pour effet de priver l'Assemblée nationale de l'information à laquelle elle a droit pendant l'examen de la loi de financement de la sécurité sociale ; qu'ainsi, un tel retard n'est pas de nature à avoir vicié la procédure législative ;

SUR L'ARTICLE 5 :

[...]

7. Considérant que les dispositions critiquées se bornent à majorer le taux de la contribution sociale généralisée et sont sans incidence, par elles-mêmes, sur les taux des cotisations d'assurance maladie ; qu'il appartiendra au pouvoir réglementaire de fixer les nouveaux taux des cotisations d'assurance maladie de façon à ne pas créer de rupture caractérisée de l'égalité entre catégories socioprofessionnelles à l'occasion de l'augmentation des taux de la contribution sociale généralisée et de la diminution corrélative des taux des cotisations d'assurance maladie prévue par la loi ; que le grief doit donc être rejeté ;

[...]

10. Considérant que le principe d'égalité devant l'impôt doit s'apprécier au regard de chaque imposition prise isolément ; qu'en outre, lorsque plusieurs impositions ont pour finalité commune de concourir à l'équilibre financier des différentes branches de la sécurité sociale, dans le cadre de la mise en œuvre du principe de solidarité nationale, la détermination de leurs redevables ne saurait aboutir à une rupture caractérisée de l'égalité des citoyens devant les charges publiques ;

SUR L'ARTICLE 12 :

[...]

16. Considérant qu'en vertu de la réglementation en vigueur, et notamment de l'arrêté du 3 octobre 1962, relatif aux obligations des grossistes répartiteurs en ce qui concerne l'approvisionnement des officines de médicaments, les grossistes sont astreints à disposer, pour leur secteur géographique d'activité, d'un stock de médicaments correspondant à un mois de vente et comprenant au moins un tiers des spécialités commercialisables ; qu'ils sont également tenus de fournir à tout pharmacien de leur secteur toute spécialité faisant partie de leur « collection » dans un délai de vingt-quatre heures ; que la réglementation n'impose pas les mêmes obligations aux laboratoires pharmaceutiques ; qu'il ne résulte pas clairement de la directive nº 92-25 du 31 mars 1992 du Conseil des communautés européennes concernant la distribution en gros des médicaments à usage humain, non encore transposée, que les laboratoires pharmaceutiques seront soumis par un État membre aux mêmes obligations de service public que celles édictées à l'égard des grossistes répartiteurs ; qu'ainsi, et en tout état de cause, l'argumentation développée de ce chef ne peut qu'être écartée ;
17. Considérant qu'il résulte de ce qui précède que la différence de traitement opérée par la loi se fonde sur des critères objectifs et rationnels, en rapport avec les buts que s'est fixés le législateur ;
18. Considérant enfin que le taux de la contribution en cause n'est pas contraire à l'article 13 de la Déclaration des droits de l'homme et du citoyen ; que, par suite, le grief tiré du caractère excessif de ce taux doit être écarté ;

SUR L'ARTICLE 21 :

19. Considérant que cet article fixe rétroactivement à 2078,97 F, pour la période du 1er janvier au 31 décembre 1996, la base mensuelle de calcul des allocations familiales mentionnée à l'article L. 551-1 du Code de la sécurité sociale et dispose qu'à compter de 1997, la revalorisation est calculée à partir de cette référence chiffrée ;
20. Considérant que les députés requérants soutiennent que cette disposition constitue une validation qui tend à priver d'effet, pour les années 1996 et suivantes, les décisions du Conseil d'État du 28 mars 1997 annulant le refus de revalorisation de la base mensuelle de calcul des allocations familiales pour 1995 ; qu'une telle mesure de validation n'a pas, selon eux, sa place dans une loi de financement de la sécurité sociale ; qu'elle aurait été introduite selon une procédure irrégulière ; qu'aucun intérêt général ne la justifierait ;
21. Considérant, en premier lieu, qu'en introduisant cette disposition par voie d'amendement, lors de l'examen du texte en nouvelle lecture par l'Assemblée nationale, le Gouvernement a fait usage du droit qu'il tient des dispositions du premier alinéa de l'article 44 de la Constitution ; qu'aucune règle constitutionnelle ou organique ne faisant obstacle, en l'espèce, à l'exercice par le Gouvernement de ce droit ;
22. Considérant, en deuxième lieu, que l'article L.O. 11-3 du Code de la sécurité sociale, qui définit l'objet des lois de financement de la sécurité sociale, dispose en son dernier alinéa : « Les amendements non conformes aux dispositions du présent article sont irrecevables » ; que, dans le cadre des prérogatives propres aux assemblées parlementaires, le règlement de l'Assemblée nationale, en son article 121-2, et le règlement du Sénat, en son article 45, ont prévu des modalités selon lesquelles s'exerce, notamment à la diligence de tout parlementaire, le contrôle de la recevabilité des amendements aux projets de loi de financement de la sécurité sociale ; que, dans ces conditions, le Conseil constitutionnel ne peut être directement saisi de la conformité d'une disposition d'une loi de financement de la sécurité sociale à l'article L.O. 11-3 précité lorsque cette disposition est issue d'un amendement dont la question de la recevabilité n'a pas été préalablement soulevée devant le Parlement ;
23. Considérant qu'il ressort des travaux préparatoires de la loi que l'amendement dont résulte la disposition critiquée n'a pas fait l'objet, au cours de la procédure parlementaire, d'une contestation relative à sa recevabilité au regard de l'article L.O. 11-3 du Code de la sécurité sociale ; que, dès lors, le grief tiré de ce que cette disposition serait étrangère à l'objet des lois de financement de la sécurité sociale ne peut être retenu ;

24. Considérant, enfin, que, si le législateur a la faculté de prendre, sauf en matière répressive et sous réserve du respect des décisions de justice passées en force de chose jugée, des dispositions rétroactives, afin de valider des actes administratifs, il ne peut le faire qu'en considération de motifs d'intérêt général ou liés à des exigences constitutionnelles ; que c'est à la lumière de ces principes que doit être apprécié la constitutionnalité des dispositions soumises à l'examen du Conseil constitutionnel ;

25. Considérant que les décisions du Conseil d'État du 28 mars 1997, invoquées par les requérants, ont conduit le Gouvernement à revaloriser la base mensuelle de calcul des allocations familiales pour 1995 de 0,5 %, en sus de la revalorisation de 1,2 % découlant du décret nº 94-1231 du 30 décembre 1994 ; qu'à défaut de la disposition critiquée, cette revalorisation de la base relative à l'année 1995 aurait, par l'effet du report d'une année sur l'autre, accru le montant global des allocations familiales versées au cours des années 1996 et suivantes dans des proportions sensibles ; que la dépense supplémentaire qui en serait résultée est évaluée à plus de trois milliards de francs pour les années 1996 à 1998, venant aggraver à due concurrence le déficit de la branche famille du régime général ; qu'eu égard à l'exigence constitutionnelle qui s'attache à l'équilibre financier de la sécurité sociale et compte tenu des sommes en jeu, le législateur pouvait prendre la mesure de validation en cause ;

[...]

EN CE QUI CONCERNE LA MÉCONNAISSANCE ALLÉGUÉE D'UN PRINCIPE FONDAMENTAL RECONNU PAR LES LOIS DE LA RÉPUBLIQUE

28. Considérant que, selon le principe fondamental reconnu par les lois de la République invoqué par les requérants, le droit à l'attribution d'allocations familiales serait reconnu quelle que soit la situation de famille qui assument la charge de l'éducation et de l'entretien des enfants ;

29. Considérant que la législation républicaine intervenue avant l'entrée en vigueur du Préambule de la Constitution de 1946 a réaffirmé, à partir des années 1930, le devoir de la collectivité de protéger la cellule familiale et d'apporter, dans l'intérêt de l'enfant, un soutien matériel aux familles, en particulier aux familles nombreuses ; que, cependant, cette législation n'a jamais conféré un caractère absolu au principe selon lequel cette aide devrait être universelle et concerner toutes les familles ; qu'ainsi, notamment, la loi du 11 mars 1932, rendant obligatoire l'affiliation des employeurs à des caisses de compensation destinées à répartir la charge résultant des allocations familiales, ne prévoit l'attribution d'allocations qu'aux salariés ayant un ou plusieurs enfants à charge ; que le décret-loi du 29 juillet 1939 relatif à la famille et à la natalité françaises, a supprimé l'aide auparavant accordée dès le premier enfant, et n'a étendu le bénéfice des allocations familiales, à partir du deuxième enfant, qu'aux personnes exerçant une activité professionnelle ; que, par la suite, l'ordonnance du Gouvernement provisoire de la République française du 4 octobre 1945, portant organisation de la sécurité sociale, de même que la loi du 22 août 1946, fixant le régime des prestations familiales, ont subordonné au rattachement à une activité professionnelle le bénéfice des allocations familiales ; qu'ainsi l'attribution d'allocations familiales à toutes les familles, quelle que soit leur situation, ne peut être regardée comme figurant au nombre des principes fondamentaux reconnus par les lois de la République mentionnés par le Préambule de la Constitution de 1946 ;

EN CE QUI CONCERNE LE RESPECT DES DIXIÈME ET ONZIÈME ALINÉAS DU PRÉAMBULE DE LA CONSTITUTION DE 1946 :

30. Considérant qu'aux termes du dixième alinéa du préambule de la Constitution de 1946 : « La nation assure à l'individu et à la famille les conditions nécessaires à leur développement » ; que selon son onzième alinéa : « Elle garantit à tous, notamment à l'enfant, à la mère et aux vieux travailleurs, la protection de la santé, la sécurité matérielle, le repos et les loisirs... » ;

31. Considérant qu'il incombe au législateur, comme à l'autorité réglementaire, conformément à leurs compétences respectives, de déterminer, dans le respect des principes posés par ces dispositions, les modalités concrètes de leur mise en œuvre ;

32. Considérant, en particulier, qu'il est à tout moment loisible au législateur, statuant dans le domaine qui lui est réserve par l'article 34 de la Constitution, de modifier des textes antérieurs ou d'abroger ceux-ci en leur substituant, le cas échéant, d'autres dispositions ; qu'il ne lui est pas moins loisible d'adopter, pour la réalisation ou la coordination d'objectifs de nature constitutionnelle, des modalités nouvelles

dont il lui appartient d'apprécier l'opportunité et qui peuvent comporter la modification ou la suppression de dispositions qu'il estime excessives ou inutiles ; que, cependant, l'exercice de ce pouvoir ne saurait aboutir à priver de garanties légales des exigences de caractère constitutionnel ;

33. Considérant que l'exigence constitutionnelle résultant des dispositions précitées des dixième et onzième alinéas du Préambule de la Constitution de 1946 implique la mise en œuvre d'une politique de solidarité nationale en faveur de la famille ; qu'il est cependant loisible au législateur, pour satisfaire à cette exigence, de choisir les modalités d'aide aux familles qui lui paraissent appropriées ; qu'outre les prestations familiales directement servies par les organismes de sécurité sociale, ces aides sont susceptibles de revêtir la forme de prestations générales ou spécifiques, directes ou indirectes, apportées aux familles tant par les organismes de sécurité sociale que par les collectivités publiques ; que ces aides comprennent notamment le mécanisme fiscal du quotient familial ;

34. Considérant, en conséquence, que si les dispositions précitées des dixième et onzième alinéas du Préambule de la Constitution de 1946 ne font pas, par elles-mêmes, obstacle à ce que le bénéfice des allocations familiales soit subordonné à une condition de ressources, les dispositions réglementaires prévues par la loi ne sauraient fixer les plafonds de ressources, compte tenu des autres formes d'aides aux familles, de telle sorte que seraient remises en cause les exigences du préambule de 1946 ; que, sous cette réserve, l'article 23 n'est pas contraire aux dixième et onzième alinéas du préambule de la Constitution de 1946 ;

EN CE QUI CONCERNE L'ATTEINTE ALLÉGUÉE AU PRINCIPE D'ÉGALITÉ :

[...]

37. Considérant que, par la disposition critiquée, le législateur auquel il appartient d'apprécier les conditions dans lesquelles les droits de la famille doivent être conciliés avec d'autres impératifs d'intérêt général, a entendu rétablir l'équilibre financier de la branche famille du régime général de la sécurité sociale, en suspendant le versement des allocations familiales aux familles dont le niveau de ressources est le plus élevé ; qu'en disposant, à cet effet, que les allocations familiales, ainsi que les majorations pour âge, « sont attribuées au ménage ou à la personne dont les ressources n'excèdent pas un plafond qui varie en fonction du nombre des enfants à charge », en évitant certains effets de seuil liés à l'établissement du plafond par l'octroi d'allocations familiales différentielles dues lorsque les ressources excèdent le plafond d'un montant inférieur à une somme déterminée, et en marquant en outre le caractère transitoire de la mesure, laquelle doit s'appliquer « jusqu'à ce que soit décidée une réforme d'ensemble des prestations et des aides fiscales aux familles », le législateur a fondé la différence de traitement qu'il a établie sur des critères objectifs et rationnels en rapport avec les buts de la loi ;

[...]

39. Considérant que, même à revenu et nombre d'enfants égaux, la charge liée à la présence d'enfants au foyer est sensiblement différente selon qu'un seul membre du couple exerce une activité professionnelle ou selon qu'il s'agit d'une personne seule ou d'un couple dont les deux membres exercent une activité professionnelle effective, en raison des contraintes spécifiques liées à ces deux dernières situations ; qu'il appartient au pouvoir réglementaire de fixer le revenu professionnel minimal ouvrant droit à la majoration de manière à ne pas introduire de discriminations injustifiées ;

[...]

SUR L'ARTICLE 24 :

[...]

46. Considérant qu'aux termes de l'article 34 de la Constitution : « la loi détermine... les principes fondamentaux de la sécurité sociale » ; que, si, en vertu de cette disposition, relèvent du domaine de la loi tant la création de l'allocation de garde d'enfants que l'institution des règles selon lesquelles son montant constitue une fraction des cotisations sociales patronales et salariales légales ou conventionnelles, est plafonné et est majoré selon l'âge de l'enfant gardé et les ressources de la personne ou du ménage, il appartient au pouvoir réglementaire de fixer cette fraction et les divers plafonds prévus par le législateur de manière à ne pas créer, entre familles, des différences de traitement injustifiées ;

SUR L'ARTICLE 27 :

[...]

50. Considérant, en premier lieu, que les professionnels intéressés pourraient, en excipant des incompétences relevées par le Conseil d'État dans ses décisions précitées, réclamer le paiement de la différence entre l'ancienne cotation et celle résultant des actes partiellement validés ; qu'eu égard à l'incidence financière de ce paiement, la mesure de validation critiquée concourt de façon significative à l'équilibre financier des régimes obligatoires de la sécurité sociale ; que, dès lors, elle est au nombre de celles qui, en vertu des dispositions du III de l'article L.O. 11-3 du Code de la sécurité sociale, peuvent figurer dans une loi de financement de la sécurité sociale ;

51. Considérant, en second lieu, que, si le législateur peut, comme lui seul est habilité à le faire, valider un acte administratif dans un but d'intérêt général ou lié à une exigence de valeur constitutionnelle, c'est sous réserve du respect des décisions de justice ayant force de chose jugée et du principe de non-rétroactivité des peines et des sanctions ; qu'en outre, l'acte validé ne doit contrevenir à aucune règle, ni à aucun principe de valeur constitutionnelle, sauf à ce que le législateur, le cas échéant, sous le contrôle du Conseil constitutionnel, concilie entre elles les différentes exigences constitutionnelles en cause ;

52. Considérant, en l'espèce, que le législateur a entendu prévenir le développement de nombreuses contestations dont l'aboutissement aurait sensiblement aggravé le déséquilibre de la branche santé des régimes obligatoires de sécurité sociale ; que, par ailleurs, la validation ne concerne pas des actes contraires à une règle ou à un principe de valeur constitutionnelle et ne porte atteinte ni au respect des décisions de justice passées en force de chose jugée, ni au principe de non-rétroactivité des peines et des sanctions ; que, par suite, le législateur pouvait prendre la mesure de validation critiquée ;

SUR L'ARTICLE 31 :

[...]

55. Considérant que l'article contesté opère un nouveau transfert de la dette de l'Agence centrale des organismes de sécurité sociale à la Caisse d'amortissement de la dette sociale ; qu'en raison de l'ampleur de la dette ainsi transférée, cette mesure permettra d'alléger les frais financiers du régime général de la sécurité sociale et de réduire ses besoins de financement externes dans une proportion contribuant de façon significative à son équilibre financier ; que les autres dispositions de l'article 31 sont inséparables de celles relatives à ce transfert de dette ; qu'ainsi les dispositions de l'article 31 sont au nombre de celles qui, au regard des dispositions du III de l'article L.O. 111-3 du Code de la sécurité sociale, peuvent figurer dans une loi de financement de la sécurité sociale ;

56. Considérant, en second lieu, que les dispositions de l'ordonnance susvisée du 24 janvier 1996 modifiées par l'article 31 de la loi déférée et celles qui en sont inséparables, c'est-à-dire l'ensemble des dispositions de cette ordonnance à l'exception de ses articles 9 et 12, doivent être regardées comme implicitement ratifiées par la loi déférée ; qu'elles ne sont pas contraires à la Constitution ;

57. Considérant qu'il n'y a pas lieu pour le Conseil constitutionnel de soulever d'office d'autre question de conformité à la Constitution ;

Décide :

ARTICLE 1er. - Sous les réserves d'interprétation énoncées dans la présente décision, les articles 5, 9, 12, 21, 23, 24, 27 et 31 sont déclarés conformes à la Constitution.

ARTICLE 2. - La présente décision sera publiée au *Journal officiel* de la République française.

Délibéré par le Conseil constitutionnel dans sa séance du 18 décembre 1997.

La composition du Conseil constitutionnel à la date du 18 décembre 1997 était la suivante : M. DUMAS (Président), MM. ABADIE, AMELLER, CABANNES, FAURE, GUÉNA, LANCELOT, Mme LENOIR et M. ROBERT.

OBSERVATIONS

1 . La réforme du régime des allocations familiales et plus précisément la mise sous condition de ressources de leur attribution, a déclenché une forte bataille politique au cours de l'automne 1997, entre la majorité – à demi-convaincue par le ministre des Affaires sociales – et l'opposition, très vivement hostile à une telle réforme.

C'est d'ailleurs l'ensemble de l'opposition (148 députés et 145 sénateurs) qui saisit le Conseil constitutionnel les 3 et 4 décembre 1997. Après un échange inhabituellement fourni d'arguments (double saisine, observations du secrétaire général du gouvernement, réplique des députés, duplique du secrétaire général du gouvernement), la décision qui intervient le 18 décembre rejette l'ensemble des moyens invoqués en formulant cependant un certain nombre de réserves d'interprétation expressément rappelées dans le dispositif de la décision.

Celle-ci est à retenir néanmoins pour plusieurs raisons : tout d'abord, la procédure de vote et le champ d'application des lois de financement de la sécurité sociale sont précisés et fixés (I) ; ensuite, la question des allocations familiales a conduit le Conseil constitutionnel à s'intéresser aux droits de la famille tels qu'ils découlent notamment des articles 10 et 11 du préambule de la Constitution de 1946 (II) ainsi qu'à envisager la possibilité de l'existence de principes fondamentaux reconnus par les lois de la République en matière sociale (III). D'autres points sont à relever (les validations, le principe d'égalité, les incompétences négatives), mais étant traités par ailleurs, il sera fait des renvois (IV, V, VI).

I. - Le contrôle des lois de financement de la sécurité sociale

2 . La révision constitutionnelle du 22 février 1996 a créé une nouvelle catégorie de lois, les « lois de financement de la sécurité sociale » qui, comme les lois de finances dont elles sont très proches, doivent être votées chaque année suivant une procédure qui présente beaucoup de similitudes avec celle suivie pour l'adoption de celles-ci.

Ceci se traduit par l'insertion d'un nouvel alinéa dans l'article 34 de la Constitution :

> « Les lois de financement de la sécurité sociale déterminent les conditions générales de son équilibre financier et, compte tenu de leurs prévisions de recettes, fixent ses objectifs de dépenses, dans les conditions et sous les réserves prévues par une loi organique »

et d'un nouvel article 47-1 :

> « Le Parlement vote les projets de loi de financement de la sécurité sociale dans les conditions prévues par une loi organique.
>
> Si l'Assemblée nationale ne s'est pas prononcée en première lecture dans le délai de vingt jours après le dépôt d'un projet, le Gouvernement saisit le Sénat qui doit statuer dans un délai de quinze jours. Il est ensuite procédé dans les conditions prévues à l'article 45.
>
> Si le Parlement ne s'est pas prononcé dans un délai de cinquante jours, les dispositions du projet peuvent être mises en œuvre par ordonnance.

Les délais prévus au présent article sont suspendus lorsque le Parlement n'est pas en session et pour chaque assemblée, au cours des semaines où elle a décidé de ne pas tenir séance, conformément au deuxième alinéa de l'article 28.

La Cour des comptes assiste le Parlement et le Gouvernement dans le contrôle de l'application des lois de financement de la sécurité sociale ».

La loi organique relative aux lois de financement de la sécurité sociale, à laquelle renvoient les deux dispositions constitutionnelles précitées, a été promulguée le 26 juillet 1996, après que le Conseil constitutionnel l'ait déclarée conforme à la Constitution (96-379 DC du 16 juillet 1996). Le Conseil constitutionnel a également été saisi de la première loi de financement de la sécurité sociale et à rendu le 19 décembre 1996, à la demande des députés socialistes, une décision qui préfigurait celle aujourd'hui commentée.

Si l'on rapproche lois de finances et lois de financement de la sécurité sociale, on est frappé par la similitude des situations et des solutions.

1°) *Les normes de référence : la loi organique du 26 juillet 1996*

3 . Comme en matière de lois de finances (cf. 7-29), le Conseil constitutionnel opère un contrôle du respect par les lois de financement des exigences procédurales prescrites par la loi organique n° 96-646 relative aux lois de financement, en considérant, semble-t-il, que cela va de soi et qu'il peut conclure dans le dispositif qu'il y a conformité « à la Constitution », alors que sur plusieurs points, la vérification de conformité a eu lieu par rapport à la loi organique n° 96-646. Il en va ainsi du contrôle du dépôt, en temps utile, des « annexes » et de l'interdiction des « cavaliers sociaux ».

2°) *Les modalités du contrôle*

4 . a) *La mise à la disposition des parlementaires des annexes de la loi de financement.* L'article L.O. 111-6 du code de la sécurité sociale prescrit que des annexes doivent être jointes au projet de loi et distribuées aux députés dans un délai déterminé. or ceci ne fut fait que six jours après l'expiration de ce délai.

Le Conseil constitutionnel, tout en soulignant que cette exigence a pour objet d'assurer l'information des parlementaires, ne sanctionne pas cependant ce manquement en relevant que ces annexes avaient été déposées dans les délais sur le bureau de l'Assemblée nationale, en quelques exemplaires seulement il est vrai, mais ceci n'est pas de nature à avoir vicié la procédure (§ 4). Ce qui n'est pas très convaincant ; non plus que l'explication donnée par M. Schoettl (*A.J.*, 1998, p. 128) à savoir que si les annexes n'ont pu être distribuées que le 21 octobre c'est « en raison des délais de reprographie incombant en pratique au gouvernement », et cela même si « cette solution s'inspire étroitement du précédent relatif à la loi de fiances pour 1983 (n° 82-154 du 29 décembre 1982) ».

5 . b) *Les « cavaliers sociaux ».* Les requérants faisaient grief au législateur d'avoir introduit des dispositions étrangères au domaine des lois de financement tel que défini par les I et III de l'article 111-3 du

code de la sécurité sociale, autrement dit d'avoir introduit ce qu'il est convenu d'appeler, par similitude avec les cavaliers budgétaires, des « cavaliers sociaux ».

Le Conseil constitutionnel fait, à ce propos, une application sévère (pour les requérants) d'une jurisprudence esquissée dans la première décision rendue par les lois de financement en 1996 (96-384 DC) en estimant que :

> « le Conseil constitutionnel ne peut être directement saisi de la conformité d'une disposition d'une loi de financement de la sécurité sociale à l'article L.O. 111-3 précité lorsque cette disposition est issue d'un amendement dont la question de la recevabilité n'a pas été préalablement soulevée devant le Parlement » (§ 22).

Cette fin de non recevoir est d'autant plus contestable qu'elle concerne un amendement présenté subrepticement par le gouvernement en séance de nuit, en présence d'un nombre très réduit de députés.

Qui plus est, on en arrive à une situation paradoxale sinon absurde illustrée par la décision postérieure n° 404 DC *du 19 décembre 1998** : la pratique du « cavalier social » ne sera pas sanctionnée si le grief est formulé par les députés, dès l'instant qu'ils n'ont pas soulevé l'irrecevabilité au cours des débats conformément au règlement de l'Assemblée nationale (§ 22) ; en revanche, si le « cavalier social » résulte d'un amendement adopté par l'Assemblée nationale mais contesté par les sénateurs, ceux-ci pourront obtenir l'examen de leur grief et même la condamnation du « cavalier social » alors même qu'ils n'ont pas préalablement soulevé l'irrecevabilité de celui-ci (§ 29).

6 . c) *Le domaine des lois de financement.* À l'occasion de l'examen des contestations relatives aux « cavaliers sociaux », le Conseil constitutionnel a été amené à deux reprises à préciser le domaine des lois de financement tel qu'il est défini par la loi organique. Dans les deux cas, interprétant de manière assez extensive les dispositions organiques définissant le champ d'application des lois de financement, le juge constitutionnel utilise un critère ou un « standard » quantitatif (cf. la note de V. Champeil-Desplats) en considération de l'équilibre financier à établir :

> « eu égard à l'incidence financière de ce paiement, la mesure de validation critiquée concourt *de façon significative* à l'équilibre financier des régimes obligatoires de la sécurité sociale » (§ 50) :
>
> « (Considérant) qu'en raison de l'ampleur de la dette ainsi transférée, cette mesure permettra d'alléger les frais financiers du régime général de la sécurité sociale et de réduire ses besoins de financement externe dans une proposition contribuant de façon significative à son équilibre financier » (§ 55).

En définitive, selon le Conseil constitutionnel, tout ce qui contribue « de façon significative » à l'équilibre financier des régimes obligatoires de la sécurité sociale entre dans le champ d'application des lois de financement, quel que soit son objet.

On notera toutefois que les sénateurs ont obtenu satisfaction au moins une fois dans la décision *98-404 DC** (§ 29) en faisant reconnaître que subordonner l'autorisation de changement du lieu d'implantation d'un établissement de santé à des engagements de modération des dépenses remboursables par l'assurance maladie « ne concourt pas, de façon significative aux conditions générales de l'équilibre financier de l'assurance maladie » et que cette mesure « est dès lors étrangère [...] au domaine des lois de financement de la sécurité sociale ».

Il n'en reste pas moins que, compte tenu de l'exigence d'une contestation préalable devant l'Assemblée et de la définition extensive du domaine des lois de financement, celles-ci risquent de devenir rapidement des « lois fourre-tout ».

II. - Les droits-créances et le Préambule de la Constitution de 1946

7. La décision *Allocations familiales** donne l'occasion au Conseil constitutionnel, pour la première fois, de fournir une position explicite détaillée sur la revendication d'un droit-créance fondée sur les alinéas 10 et 11 du Préambule de 1946.

1°) *De la revendication du « droit aux allocations familiales » à l'affirmation d'une « exigence constitutionnelle (qui) implique la mise en œuvre d'une politique de solidarité nationale en faveur de la famille »*

8. Directement invité à faire application des dispositions du préambule de la Constitution de 1946 afin de faire reconnaître un droit-créance (le « droit aux allocations familiales »), le Conseil constitutionnel a développé une argumentation intéressante sinon hardie à propos des droits des familles.

En effet, alors qu'il lui était demandé de déduire des alinéas 10 et 11 du préambule de 1946 un « droit aux allocations familiales » comparable au « droit à la protection de la santé » en faisant valoir notamment que « la reconnaissance et le respect de ce droit permettant à la nation de compenser pour toutes les familles une partie des charges qu'implique un enfant supplémentaire », le Conseil constitutionnel répond que :

> « l'exigence constitutionnelle résultant des dispositions des 10ᵉ et 11ᵉ alinéas du préambule de la Constitution de 1946 implique la mise en œuvre d'une politique de solidarité nationale en faveur de la famille » (§ 33).

Et s'il estime que le législateur peut choisir la forme de ces aides, ce qui implique qu'il puisse écarter cette forme d'aide (par exemple les allocations familiales), il énumère les types d'aides : « prestations générales ou spécifiques, directes ou indirectes, apportées aux familles tant par les organismes de sécurité sociale que par les collectivités publiques,... mécanisme fiscal du quotient familial » (§ 33). Comme le souligne M. Schoettl, « les exigences du Préambule de 1946 en matière sociale, compte tenu de leur généralité, sont mises en œuvre non par une législation isolée, mais par un ensemble de législations et de politiques publiques (décision 86-225 DC du 23 janvier 1987, décision 93-330 DC du 29 décembre 1993).

En conséquence, selon le Conseil constitutionnel, le législateur peut subordonner le bénéfice des allocations familiales à une condition de ressources mais « les dispositions réglementaires prévues par la loi ne sauraient fixer les plafonds de ressources, compte tenu des autres formes d'aide aux familles, de telle sorte que seraient remises en cause les exigences du Préambule de 1946 ».

Ce qui signifie, en définitive, que le bénéfice de ces aides ne saurait être retiré aux familles et que la politique d'aide aux familles est donc constitutionnalisée sous ses diverses formes, même si chacun de ses éléments ne l'est pas strictement. Encore que l'on puisse remarquer que le gouvernement a rétabli, dès l'année suivante, l'attribution des allocations familiales à toutes les familles sans condition de ressources.

9 . Mais il a compensé ce rétablissement, du point de vue des ressources de l'État, en abaissant, dans la loi de finances pour 1999, de 16 380 à 11 000 le montant de l'avantage maximal d'impôt par demi-part résultant de l'application du mécanisme du quotient familial. Et le Conseil constitutionnel a considéré que, ce faisant, « le législateur n'a pas, compte tenu des autres aides aux familles, maintenues ou rétablies, remis en cause les exigences des 10e et 11e alinéas du Préambule de 1946 » (98-405 DC, 29 décembre 1998, § 12).

2°) *Les autres applications des alinéas 10 et 11 du Préambule de 1946*

On rapprochera de la décision *Allocations familiales** d'autres décisions ayant déjà fait application des articles 10 et 11 du Préambule de 1946.

10 . a) *« La possibilité pour toute personne de disposer d'un logement décent : objectif de valeur constitutionnelle »*. Après avoir considéré que « promouvoir le logement des personnes défavorisées [...] répond à une exigence d'intérêt national » (90-274 DC, § 13), le Conseil constitutionnel a estimé, au regard des alinéas 10 et 11 du Préambule et du principe de sauvegarde de la dignité de la personne humaine découlant de l'alinéa 1er que « la possibilité pour toute personne de disposer d'un logement décent est un objectif de valeur constitutionnelle » (94-359 DC, 19 janvier 1995, § 6 et 7).

Il s'agit d'un simple objectif à valeur constitutionnelle et non d'une norme constitutionnelle de pleine valeur, ce qui signifie qu'il cède beaucoup plus facilement devant l'invocation d'une nécessité d'intérêt général ou d'un droit fondamental. Ainsi en est-il par exemple dans la décision 95-371 DC (29 décembre 1995) où le prélèvement de 15 milliards de francs au profit du budget de l'État effectué sur les fonds de la Caisse des dépôts substituée à la Caisse de garantie du logement social n'est pas considéré comme « de nature à mettre en cause l'objectif à valeur constitutionnelle relatif à la possibilité pour toute personne de disposer d'un logement décent » (§ 6). De même et surtout, un tel objectif à valeur constitutionnelle s'incline devant un droit fondamental, pourtant considéré comme moins protégé que les autres, à savoir le droit de propriété (98-403 DC), § 38, 43).

11 . b) *Le droit à la protection de la santé* a été plusieurs fois consacré au titre de l'alinéa 11 du Préambule et cela dès la décision *IVG du 15 janvier 1975**, et a été déduit par le Conseil constitutionnel de

l'alinéa 10 du Préambule de 1946 (cf. 93-325 DC*, § 67-80 ; 97-387 DC, § 36 et 47). Mais il y a eu au départ, quant au fondement textuel, quelques hésitations qui sont aujourd'hui dissipées. Le Conseil constitutionnel a en effet successivement invoqué le « droit à la santé » (77-120 DC, *Contre-visite médicale*, § 10), puis la « protection de la santé et de la sécurité des personnes et des biens » (80-117 DC, *Protection des matières nucléaires*, § 84) avant de s'en tenir, à partir de la décision 90-269 DC (§ 25 et 26) à la référence au 11e alinéa du préambule de la Constitution de 1946 ; 90-283 DC, § 8 et 11 (« principe constitutionnel de protection de la santé publique » [...] conformément au 1er alinéa du Préambule de la Constitution du 27 octobre 1946 ») ; 90-287 DC, § 8 et 11 (« principe de protection de la santé proclamé par le 11e alinéa du préambule de la Constitution de 1946 » ; 94-343-344 DC, *Bioéthique** § 4 et 11).

Il incombe aux autorités législatives et réglementaires de mettre en œuvre ce droit mais cela n'exclut pas, cependant, le recours à une convention pour régir les rapports entre les caisses primaire d'assurance maladie et les médecins, car cela *« vise à diminuer la part des honoraires... à la charge des assurés sociaux »*, et, par conséquent, à permettre l'application effective du principe de protection de la santé (décision 89-269 DC précitée).

On a pu estimer que la réalisation de ce droit suppose que soit assuré le libre choix du médecin par le malade (Th.S. Renoux et M. de Villiers, 1991, p. 192), liberté plusieurs fois réaffirmée par le juge constitutionnel (décisions 89-269 DC précitée ; 90-287 DC du 16 janvier 1991. Le Conseil constitutionnel veille même à ce que les modalités des études de médecine respectent le principe constitutionnel de protection de la santé (décision 90-287 DC précitée). Enfin, il a été jugé que n'apparaissent pas contraires à ce principe les contre-visites médicales (décision 77-92 DC précitée) ou les conditions de résidence pour l'octroi de prestations sociales (décision 86-225 DC du 23 janvier 1987).

III. - Les conditions d'existence des principes fondamentaux reconnus par les lois de la République

12 . La décision *Allocations familiales** a donné l'occasion au Conseil constitutionnel de préciser sa position, en matière de consécration des principes fondamentaux reconnus par les lois de la République, sur deux points fort importants (on renverra sur l'ensemble de la question au commentaire *supra*, **19**, 28 et s.).

1°) *Des principes fondamentaux reconnus par les lois de la République peuvent-ils être consacrés en matière sociale ?*

13 . À cette question, le secrétaire général du Conseil constitutionnel répond en commentant la présente décision, que « rien n'interdirait *a priori* la reconnaissance d'un principe fondamental reconnu par les lois de la République en matière sociale » et, poursuit-il, « aussi le Conseil constitutionnel a-t-il recherché si la législation républicaine antérieure à l'entrée en vigueur de la Constitution traduisait sans discontinuité [...] le principe

« d'universalité des allocations familiales » invoqué par les requérants (*A.J.* 1998, p. 131). On ne voit, en effet, aucune raison d'exclure cette possibilité car, comme le souligne M. Schoettl, « même si le fondement constitutionnel des droits sociaux paraît plus naturellement se trouver (comme le montre l'espèce) dans le préambule de la Constitution de 1946 », des principes fondamentaux reconnus par les lois de la République peuvent aussi les fonder, ainsi qu'il en est justement pour les allocations familiales.

2°) *Les « lois de la République » peuvent-elles être des actes législatifs non parlementaires éventuellement postérieurs au 16 juin 1940 ?*

14 . Les requérants invoquaient la loi du 11 mars 1932, le décret-loi du 29 juillet 1939 et l'ordonnance du Gouvernement provisoire de la République du 4 octobre 1945.

Le Conseil constitutionnel n'a écarté aucun de ces textes : tout d'abord un décret-loi comme une ordonnance lui paraissent pouvoir être considérés comme des lois de la République ; en outre, non seulement un texte du 4 octobre 1945 est, à ses yeux, une loi de la République pouvant fonder un principe fondamental reconnu par les lois de la République, mais il y ajoute de lui-même une loi du 22 août 1946. Ce qui confirme que, comme nous le pensions (L. Favoreu, Les principes fondamentaux reconnus par les lois de la République, in *La République en droit français*, p. 233), les textes législatifs postérieurs au 16 juin 1940 y compris les actes législatifs signés par le général de Gaulle peuvent être des « lois de la République » (*contra*, F. Luchaire, *La protection constitutionnelle des droits et libertés*, Economica, 1987, p. 35).

15 . Le Conseil constitutionnel a, en définitive, refusé de consacrer le principe fondamental reconnu par les lois de la République d'universalité des allocations familiales mais au motif que la législation invoquée « n'a jamais conféré un "caractère absolu au principe selon lequel cette aide devrait être universelle et concerner toutes les familles", les textes invoqués ayant toujours subordonné le bénéfice des allocations familiales au "rattachement à une activité professionnelle" » (§ 29).

IV . - LE CONTRÔLE DES VALIDATIONS LÉGISLATIVES

16 . La décision *Allocations familiales** marque un nouveau resserrement du contrôle des validations législatives souligné par M. Schoettl pour lequel « l'ajout des mots "ou liés à des exigences constitutionnelles" au considérant habituel (§ 51) [...] manifeste le souci croissant du Conseil constitutionnel de trouver dans un motif de valeur constitutionnelle la contrepartie de cet "outrage" fait au principe constitutionnel de la séparation des pouvoirs que constitue une validation législative ».

On renverra de manière générale au commentaire *supra* décision n° **29**.

V. - Le principe d'égalité

16 . le principe d'égalité a été invoqué très fréquemment et les solutions habituelles ont été apportées (cf. *supra* n° **21**).

VI. - Le contrôle des incompétences négatives

17 . Aux nombreuses invocations d'incompétences négatives, le Conseil constitutionnel a opposé une fin de non-recevoir tout en s'efforçant par des réserves d'interprétation, d'encadrer l'exercice du pouvoir réglementaire d'exécution de la loi (cf. *supra*, n° **15**).

50

18 décembre 1998

LIMITES DE LA RÉTROACTIVITÉ FISCALE (404 DC)

Droit constitutionnel des finances sociales Rétroactivité de la loi fiscale Limites

Décision 98-404 DC, Rec. 315.
Article 61 al. 2 de la Constitution, saisines parlementaires.
Contenu de la loi de financement et exercice du droit d'amendement.
Régime de régulation des dépenses médicales.
Violation du principe d'égalité.
Principe du « médecin référent ». Modification rétroactive de l'assiette d'une contribution exceptionnelle à la charge d'entreprises pharmaceutiques. Principe de sécurité juridique (non).
Empiétement sur le domaine de la loi organique

RÉFÉRENCES

a) *Notes doctrinales*

- SCHOETTL (E.) : *A.J.D.A.*, 20 janv. 1999, p. 22. - MÉLIN-SOUCRAMANIEN (F.) : *R.F.F.P.*, nº 37, 1999, p. 123.

b) *Autres références*

- TUROT (J.) : Les lois fiscales rétroactives, *R.J.F.*, oct. 1990. - Rapport public du Conseil d'État de 1991 : De la sécurité juridique, *Documentation française*, 1992. - KERREST (A.) : La rétroactivité de la loi fiscale, *R.F.F.P.*, nº 42, 1993. - Rapport du Conseil des impôts : Sécurité juridique et stabilité des situations fiscales des entreprises, 1994. - PACTEAU (B.) : La sécurité juridique, un principe qui nous manque ?, *A.J.D.A.*, 1995, p. 151. - SCHRAMECK (O.) : Les validations législatives, *A.J.D.A.*, 20 mai 1996, p. 369. - FROMONT (M.) : Le principe de sécurité juridique, *A.J.D.A.*, 20 juin 1996. - NOËL (G.) : Pour un droit constitutionnel à la sécurité juridique, *R.F.C.*, avril 1996. - PUISSOCHET (J.-P.) : Vous avez dit confiance légitime ?, in *L'État de droit*, *Mélanges Braibant*, Dalloz 1996. - La rétroactivité de la loi fiscale face au principe de la sécurité juridique,

Colloque de la Société française de finances publiques et du Groupe Alma, *Droit fiscal,* nov. 1996, numéro hors série. - DOUET (F.) : *Contribution à l'étude de la sécurité juridique en droit fiscal interne français*, LGDJ, 1997. - NÉGRIN (O.) : *L'application dans le temps des textes fiscaux*, thèse, Aix, 1997. - PHILIP (L.) : Le contrôle de la constitutionnalité des lois fiscales, Colloque de Nice des 10 et 11 déc. 1998 sur l'Union européenne et les finances publiques nationales ; - Loi fiscale, rétroactivité et sécurité juridique, quelle conciliation ?, *Droit fiscal,* nº 17, 28 avril 1999. - BERTRAND (A.) : *La rétroactivité en droit fiscal*, thèse, Paris II, 1999.

c) *Jurisprudence*

- Décision 57 L. Mesure rétroactive, remboursement des frais de scolarité à l'école polytechnique, compétence de la loi (cons. 5).
- Décision 119 DC. Validation d'un décret illégal pour des raisons d'intérêt général (cons. 3).
- Décision 126 DC. Mesure rétroactive non relative au domaine pénal, seul concerné par l'art. 8 DDH (cons. 8).
- Décision 155 DC. Validation d'une délibération de l'assemblée territoriale de la Nouvelle-Calédonie ; le champ d'application de l'article 8 DDH s'étend à toute sanction ayant le caractère d'une punition (cons. 33).
- Décision 164 DC. Disposition interprétative modifiant les éléments de calcul d'une taxe (cons. 3).
- Décision 184 DC. Disposition interprétative.
- Décision 223 DC. Dispositions interprétatives et validation rétroactive d'impositions irrégulières. Le législateur peut prendre des mesures rétroactives sous réserve des décisions de justice passées en force de chose jugée par exception aux dispositions du code civil (cons. 5).
- Décision 250 DC. Validation de rôles et de mises en recouvrement (cons. 6).
- Décision 268 DC. Suppression d'une exonération fiscale (cons. 39) et disposition interprétative (cons. 80).
- Décision 298 DC. Disposition interprétative, non application aux prescriptions légalement acquises (cons. 23) et non atteinte au droit de propriété (cons. 25).
- Décision 369 DC. La limitation de la réduction d'impôt liée aux contrats d'assurance vie ne prive pas de garanties légales des exigences constitutionnelles (cons. 4) ; validation d'actes administratifs, la seule considération d'un intérêt financier ne constitue pas un motif d'intérêt général suffisant pour faire obstacle aux effets d'une décision de justice, annulation (cons. 35).
- Décision 375 DC. Validation dans un but d'intérêt général (cons. 7).
- Décision 384 DC. Loi de financement ; cavaliers sociaux, nécessité d'une contestation devant l'assemblée.
- Décision 385 DC. Aucune norme constitutionnelle ne garantit un principe de confiance légitime (cons. 18).
- Décision 390 DC. Validation d'un acte administratif dans un but d'intérêt général de valeur constitutionnelle, possibilité d'atteinte à un principe de valeur constitutionnelle sous le contrôle du Conseil constitutionnel (cons. 3).
- Décision 391 DC. La rétroactivité fiscale est possible dès lors que le législateur ne prive pas de garanties légales des exigences constitutionnelles (cons. 6).
- Décision 393 DC. Loi de financement, validations d'actes administratifs en considération de motifs d'intérêt général ou liés à des exigences constitutionnelles (cons. 24 et 51).

Le Conseil constitutionnel a été saisi, le 4 décembre 1998, par MM. José Rossi et autres, députés et le 7 décembre 1998, par MM. Charles Descours et autres, sénateurs, dans les conditions prévues à l'article 61 alinéa 2 de la Constitution, de la conformité à celle-ci de la loi de financement de la sécurité sociale pour 1999 :

LE CONSEIL CONSTITUTIONNEL,

Vu la Constitution ;
Vu les observations du Gouvernement enregistrées le 11 décembre 1998 ;

Le rapporteur ayant été entendu ;

1. Considérant que les auteurs des saisines demandent au Conseil constitutionnel de déclarer non conforme à la Constitution la loi de financement de la sécurité sociale pour 1999 ; que les députés requérants contestent les articles 10, 22, 24, 26, 27, 28, 30, 31 et 38 ; que, pour leur part, les sénateurs requérants contestent les articles 10, 22, 24, 26, 27, 30, 31, 32 et 34 ;

SUR L'ARTICLE 10 :

2. Considérant que cet article modifie le mode de calcul d'une contribution exceptionnelle mise à la charge des entreprises assurant l'exploitation d'une ou plusieurs spécialités pharmaceutiques, au profit de la Caisse nationale d'assurance maladie des travailleurs salariés, par le III de l'article 12 de l'ordonnance susvisée du 24 janvier 1996, relative aux mesures urgentes tendant au rétablissement de l'équilibre financier de la sécurité sociale ; qu'en vertu de cette disposition, l'assiette de la contribution, définie comme le chiffre d'affaires hors taxes réalisé en France, au titre des spécialités remboursables, par les entreprises redevables, entre le 1er janvier 1995 et le 31 décembre 1995, pouvait être minorée des charges comptabilisées au cours de la même période au titre des dépenses de recherche réalisées en France ;
3. Considérant que l'article 10 a pour objet de supprimer cette possibilité de déduction ; qu'en conséquence de l'élargissement de l'assiette de la contribution qui en résulte, son taux est abaissé à 1,47 % ; que les sommes dues par les entreprises en application de ce dispositif seront imputées sur les sommes acquittées en 1996, l'Agence centrale des organismes de sécurité sociale étant chargée, selon le cas, de recouvrer ou de reverser le solde résultant du nouveau mode de calcul de la contribution ;
4. Considérant que les auteurs des deux requêtes critiquent le caractère rétroactif de cet article, qui, selon les députés, « va bien au-delà des textes habituels en matière de rétroactivité fiscale », puisqu'il « modifie l'assiette d'un impôt déjà versé par les sociétés, et bouleverse une situation déjà soldée » ; que cette disposition méconnaîtrait les exigences constitutionnelles relatives aux validations législatives et à la rétroactivité des lois fiscales ; qu'elle serait contraire aux principes de sécurité juridique et de confiance légitime garantis selon eux par les articles 2 et 16 de la Déclaration de 1789, au principe de consentement à l'impôt garanti par l'article 14 de la même Déclaration, ainsi qu'au principe d'annualité de la loi de financement de la sécurité sociale ; que les sénateurs ajoutent que « l'importance des conséquences financières de l'article 10, pour de nombreux laboratoires français, évalués à 66 millions de francs, n'apparaît pas proportionnée par rapport au risque d'annulation contentieuse de l'ordonnance » du 24 janvier 1996 ; qu'il est également fait grief à cet article d'être entaché d'incompétence négative ; que l'article 10 violerait en outre le principe d'égalité devant les charges publiques en raison des modifications intervenues depuis 1996 dans l'industrie pharmaceutique, certaines entreprises ayant pu disparaître, notamment par l'effet de fusions ou d'absorptions ;
5. Considérant que le principe de non-rétroactivité des lois n'a valeur constitutionnelle, en vertu de l'article 8 de la Déclaration des droits de l'homme et du citoyen, qu'en matière répressive ; que, néanmoins, si le législateur a la faculté d'adopter des dispositions fiscales rétroactives, il ne peut le

faire qu'en considération d'un motif d'intérêt général suffisant et sous réserve de ne pas priver de garanties légales des exigences constitutionnelles ;

6. Considérant que la disposition critiquée aurait pour conséquence de majorer, pour un nombre significatif d'entreprises, une contribution qui n'était due qu'au titre de l'exercice 1995 et a été recouvrée au cours de l'exercice 1996 ;

7. Considérant que le souci de prévenir les conséquences financières d'une décision de justice censurant le mode de calcul de l'assiette de la contribution en cause ne constituait pas un motif d'intérêt général suffisant pour modifier rétroactivement l'assiette, le taux et les modalités de versement d'une imposition, alors que celle-ci avait un caractère exceptionnel, qu'elle a été recouvrée depuis deux ans et qu'il est loisible au législateur de prendre des mesures non rétroactives de nature à remédier aux dites conséquences ; que, dès lors, et sans qu'il soit besoin de statuer sur les autres griefs, l'article 10 doit être déclaré contraire à la Constitution ;

SUR L'ARTICLE 22

8. Considérant que cet article, qui modifie l'article L. 162-5 du code de la sécurité sociale, prévoit que les conventions nationales conclues entre les organismes d'assurance maladie et les organisations syndicales représentatives des médecins pourront notamment déterminer de nouvelles conditions d'exercice destinées « à favoriser la coordination des soins par un médecin généraliste choisi par le patient », ainsi que « la prise en charge globale des patients dans le cadre de réseaux de soins » ; que les parties à ces conventions pourront déterminer « les modes de paiement, autres que le paiement à l'acte » afférents à ces formes nouvelles d'exercice de la médecine libérale ou aux « activités non curatives des médecins », telles, par exemple, les activités « de prévention, d'éducation pour la santé, de formation, d'évaluation, d'études de santé publique, de veille sanitaire » ;

9. Considérant que les députés, auteurs de la première requête, comme les sénateurs, auteurs de la seconde requête, font grief à cette disposition d'être entachée d'incompétence négative ; qu'en vertu de l'article 34 de la Constitution, il revient à la loi de déterminer les principes fondamentaux de la sécurité sociale ; qu'en confiant aux parties à la convention la possibilité de déroger aux « principes fondamentaux de la médecine libérale », tels que le « libre choix du médecin par le malade », « le paiement direct des honoraires » ou encore « l'indépendance professionnelle des médecins », le législateur aurait méconnu sa propre compétence ; qu'au surplus les sénateurs font valoir que cette disposition n'entre pas dans le champ d'application des lois de financement de la sécurité sociale, tel que défini par l'article L.O. 111-3 du code de la sécurité sociale ;

10. Considérant, en premier lieu, qu'en raison même de leur objet, qui est d'engager des réformes structurelles dans les modes d'exercice de la médecine libérale s'accompagnant de nouvelles modalités de rémunération des médecins, et des effets financiers attendus de telles innovations, la disposition en cause est de nature à dégager des économies ayant une incidence significative sur les conditions générales de l'équilibre financier des comptes de l'assurance maladie ; que, dès lors, elle est au nombre de celles qui, en vertu du III de l'article L.O. 111-3 du code de la sécurité sociale, peuvent figurer dans une loi de financement de la sécurité sociale ;

11. Considérant, en second lieu, qu'il résulte de l'avant dernier alinéa de l'article 22 de la loi que les seules dérogations autorisées aux dispositions législatives du code de la sécurité sociale, dans le cadre des nouveaux modes d'exercice de la médecine prévus par les 12º et 13º nouveaux de l'article L. 162-5 du même code, sont celles « mentionnées au II de l'article L. 162-31-1 » de ce code ; qu'il s'agit des règles relatives aux tarifs, honoraires, rémunérations et frais accessoires dus aux médecins par les assurés sociaux édictées par les articles L. 162-5 et L. 162-5-2, du principe du paiement direct des honoraires par le malade édicté par l'article l. 162-2, du champ des frais couverts par l'assurance maladie tel qu'il résulte des articles L. 321-1 et L. 615-14 et des règles relatives à la participation de l'assuré aux tarifs servant de base au calcul des prestations prévues par les articles L. 322-3 et L. 615-16 ; que les dérogations autorisées par la loi aux dispositions législatives du code de la sécurité sociale sont ainsi limitativement énumérées et définies de façon suffisamment précise ; que par suite le moyen tiré de ce que le législateur aurait méconnu l'étendue de sa propre compétence manque en fait ;

[...]

SUR LES ARTICLES 26 ET 27 :

16. Considérant que l'article 26 instaure un nouveau dispositif de régulation des dépenses médicales en modifiant les dispositions des articles L. 162-5, L. 162-5-2 et L. 163-5-3 du code de la sécurité sociale relatifs aux relations conventionnelles ; que le I, qui modifie l'article L. 162-5, introduit dans le champ des conventions la fixation des modalités d'un « suivi périodique des dépenses médicales » ; que le II, qui modifie l'article L. 162-5-2, prévoit que l'annexe annuelle à la ou aux conventions « fixe, pour les médecins généralistes conventionnés d'une part, pour les médecins spécialistes conventionnés d'autre part, l'objectif des dépenses d'honoraires, de rémunérations, de frais accessoires et de prescription... dénommé objectif des dépenses médicales » ; que cet objectif de dépenses médicales, qui porte sur les seules dépenses remboursables, permet d'établir « le montant prévisionnel des dépenses médicales », lequel se décompose en « un montant prévisionnel des dépenses d'honoraires, rémunérations et frais accessoires » et un « montant prévisionnel des dépenses de prescription » ; qu'au cas où le montant constaté des dépenses médicales de l'année est inférieur à l'objectif des dépenses médicales, la différence est versée à un fonds de régulation ; que les sommes affectées à ce fonds sont, pour une part destinées au financement d'actions de modernisation du système de soins, et pour l'autre part à la revalorisation des tarifs applicables aux honoraires, rémunérations et frais accessoires des médecins ; que le III de l'article 26, qui modifie l'article L. 162-5-3 du code de la sécurité sociale prévoit, au II nouveau de cet article, un dispositif de suivi infra annuel des dépenses médicales par les parties à la convention ; qu'il les autorise notamment à opérer des ajustements de tarifs, pour une période déterminée, lorsqu'elles constatent que l'évolution de ces dépenses n'est pas compatible avec le respect de l'objectif fixé ; qu'aux termes du II nouveau de l'article L. 162-5-3 du code de la sécurité sociale : « En cas de non-respect de l'objectif des dépenses médicales par les médecins généralistes ou par les médecins spécialistes, les médecins conventionnés généralistes ou spécialistes sont redevables d'une contribution conventionnelle » ; que le montant global exigible des médecins au titre de cette contribution, « qui ne peut excéder le montant du dépassement constaté, est calculé en fonction des honoraires perçus et des prescriptions réalisées », selon les modalités déterminées par un décret en Conseil d'État ; que « la charge de cette contribution est répartie entre les médecins conventionnés en fonction des revenus au sens de l'article L. 131-6 qu'ils ont tiré de leurs activités professionnelles définies à l'article L. 722-1 au cours de l'année pour laquelle le dépassement est constaté » ; que le taux de la contribution est fixé par arrêté, de telle façon que son produit soit égal au montant global mis à la charge des médecins défini par l'annexe annuelle aux conventions ; que, toutefois, les parties à la convention pourront prévoir une modulation de ce taux en fonction du niveau des revenus des médecins ou de leur choix d'appliquer des honoraires différents de ceux fixés par la convention, sous réserve que le montant global de la contribution demeure inchangé ; que les dispositions du IV nouveau de l'article L. 162-5-3 prévoient les modalités de recouvrement de la contribution ; que le IV de l'article 26 de la loi, qui modifie l'article L. 162-5-4 du code de la sécurité sociale, dispose qu'en cas de non-paiement, total ou partiel, de la contribution, le médecin redevable peut, selon une procédure définie par ce même article, être placé hors de la convention ; qu'enfin l'article 27 de la loi fixe les objectifs des dépenses médicales applicables aux médecins généralistes ou spécialistes pour l'année 1998, ainsi que les règles applicables pour cette même année en cas de respect ou non-respect de ces objectifs ;

17. Considérant que les députés, auteurs de la première requête, font grief au dispositif institué par l'article 26 de la loi déférée d'instaurer « une responsabilité collective des médecins » contraire au « principe de responsabilité individuelle régissant le droit français » ; que les sénateurs, auteurs de la seconde requête, soutiennent également que cet article « méconnaît les principes de personnalité des peines et de responsabilité personnelle » et que les « pénalités financières » ainsi instituées seraient contraires à « l'interdiction d'automaticité des peines » ; qu'il est également fait grief à ces dispositions d'être entachées d'incompétence négative ; que, selon les députés requérants, le législateur ne pouvait renvoyer au décret la détermination de l'abattement forfaitaire dont pourra faire l'objet la contribution individuelle ; qu'il ne pouvait davantage, selon les députés et les sénateurs requérants, renvoyer aux partenaires conventionnels la faculté de moduler le taux de la contribution en fonction des revenus des médecins et de leur appartenance à l'un ou à l'autre des secteurs conventionnels ; qu'en outre, selon

les sénateurs requérants, le « périmètre des dépenses » dont dépend « le déclenchement de la contribution financière » ne serait pas déterminé avec la précision nécessaire ; qu'en particulier il ne pourra être tenu compte des décisions relatives à la détermination des dépenses remboursables par l'assurance maladie ; que les requérants estiment que la contribution instituée par l'article 26 porte également atteinte au principe d'égalité devant la loi et devant les charges publiques ; qu'en effet, selon les députés requérants, « en faisant peser sur des médecins une responsabilité pour des agissements dont ils ne sont pas les auteurs, le législateur établit entre ces médecins et les autres une discrimination injustifiée », traitant ainsi de la même façon des personnes relevant de situations différentes ; que, selon les sénateurs, le législateur ne pouvait rendre « chaque médecin conventionné financièrement responsable d'un objectif collectif de dépenses, quelle que soit l'évolution de sa propre activité » ; que le prélèvement institué pourrait en outre, selon eux, s'avérer confiscatoire et porter atteinte au droit de propriété ; qu'au surplus, selon les sénateurs, le mécanisme de reversement porterait atteinte à la liberté d'entreprendre et au libre exercice de la profession ; qu'enfin, la compétence dévolue à la juridiction administrative par le nouvel article L; 162-5-4 du code de la sécurité sociale pour connaître des litiges relatifs au déconventionnement des médecins par la caisse primaire d'assurance maladie méconnaîtrait l'article 66 de la Constitution ;

18. Considérant qu'il était loisible au législateur, dans un but de régulation des dépenses médicales, de prévoir, dans le cas où le montant constaté des dépenses est inférieur à l'objectif des dépenses, l'affectation de la différence à un fonds de régulation et à la revalorisation des honoraires des médecins, et, dans le cas inverse, l'assujettissement des médecins conventionnés à une contribution obligatoire assise sur leurs revenus professionnels ; qu'il devait, toutefois, pour respecter le principe d'égalité, fonder son appréciation sur des critères objectifs et rationnels en rapport avec l'objectif de modération des dépenses médicales qu'il s'était assigné ;

19. Considérant qu'en mettant à la charge de tous les médecins conventionnés, généralistes et spécialistes, une contribution assise sur leurs revenus professionnels, et ce, quel qu'ait été leur comportement individuel, en matière d'honoraires et de prescription pendant l'année au cours de laquelle le dépassement a été constaté, le législateur n'a pas fondé son appréciation sur des critères objectifs et rationnels en rapport avec l'objet de la loi ; que, dès lors, et sans qu'il soit besoin de statuer sur les autres griefs, il y a lieu de déclarer contraires à la Constitution les dispositions du II du nouvel article L. 162-5-3 du code de la sécurité sociale ; que les autres dispositions de l'article 26 de la loi en sont inséparables ; que les dispositions du III de l'article 27 de la loi, qui mettent à la charge des médecins conventionnés, au titre de l'année 1998, une contribution calculée selon les modalités prévues à l'article 26, sont également contraires à la Constitution ; que les autres dispositions de l'article 27 en sont inséparables ; qu'il y a lieu, en conséquence, de déclarer contraires à la Constitution, dans leur ensemble, les articles 26 et 27 de la loi déférée ;

SUR L'ARTICLE 28 :

20. Considérant qu'en vertu du premier alinéa de l'article 47-1 de la Constitution : « Le Parlement vote les projets de loi de financement de la sécurité sociale dans les conditions prévues par une loi organique » ; qu'il en résulte que seule la loi organique peut déterminer les rapports qui doivent être annexés aux projets de loi de financement de la sécurité sociale ; qu'il y a lieu, dès lors, de déclarer contraire à la Constitution, comme adopté au terme d'une procédure irrégulière, le I de l'article 28 de la loi déférée qui prévoit qu'un « rapport sur l'état de la santé bucco-dentaire de la population », dont il fixe le contenu, est joint à l'une des annexes au projet de loi de financement de la sécurité sociale ;

21. Considérant que l'article L.O. 111-3 du code de la sécurité sociale, qui définit l'objet des lois de financement de la sécurité sociale, dispose en son dernier alinéa : « Les amendements non conformes aux dispositions du présent article sont irrecevables » ; que, dans le cadre des prérogatives propres aux assemblées parlementaires, le règlement de l'Assemblée nationale, en son article 121-2, et le règlement du Sénat, en son article 45, ont prévu les modalités selon lesquelles s'exerce, notamment à la diligence de tout parlementaire, le contrôle de la recevabilité des amendements aux projets de loi de financement de la sécurité sociale ; que, dans ces conditions, le Conseil constitutionnel ne peut être directement saisi de la conformité d'une disposition d'une loi de financement de la sécurité sociale à

l'article L.O. 111-3 précité lorsque cette disposition est issue d'un amendement dont la question de la recevabilité n'a pas été soulevée selon la procédure prévue par le règlement de celle des assemblées du Parlement devant laquelle cet amendement a été déposé, dès lors que les parlementaires qui soulèvent un tel grief appartiennent à cette assemblée ;

22. Considérant qu'il ressort des travaux préparatoires de la loi que l'amendement dont résulte le II de l'article 28 a été adopté en première lecture à l'Assemblée nationale et n'a pas fait l'objet, lors de son adoption, d'une contestation relative à sa recevabilité au regard de l'article L.O. 111-3 du code de la sécurité sociale ; que, dès lors, le grief avancé par les députés requérants selon lequel ces dispositions seraient étrangères à l'objet des lois de financement de la sécurité sociale doit être rejeté ;

[...]

SUR L'ARTICLE 32 :

28. Considérant qu'aux termes du III de l'article L.O. 111-3 du code de la sécurité sociale qui définit l'objet des lois de financement de la sécurité sociale : « Outre celles prévues au I, les lois de financement de la sécurité sociale ne peuvent comporter que des dispositions affectant directement l'équilibre financier des régimes obligatoires de base ou améliorant le contrôle du Parlement sur l'application de lois de financement de la sécurité sociale... ».

29. Considérant que l'article 32, issu d'un amendement adopté à l'Assemblée nationale, a pour objet de donner à l'autorité compétente, lorsqu'elle est saisie de demandes d'autorisation de changement du lieu d'implantation d'un établissement de santé existant ne conduisant pas à un regroupement d'établissements, la faculté de subordonner cette autorisation à des engagements de modération des dépenses remboursables par l'assurance maladie ; que cette disposition ne concourt pas de façon significative aux conditions générales de l'équilibre financier de l'assurance maladie ; qu'elle est, dès lors, étrangère, ainsi que le soutiennent les sénateurs requérants, au domaine des lois de financement de la sécurité sociale ; qu'il y a lieu, par suite, de la déclarer contraire à la Constitution ;

30. Considérant que l'article 34, issu d'un amendement adopté à l'Assemblée nationale, prévoit, pour les professionnels de santé, médecins et auxiliaires médicaux, exerçant à titre libéral, la mise en œuvre, dans les établissements d'hébergement pour personnes âgées dépendantes, de conditions particulières d'exercice destinées notamment à assurer la coordination des soins et pouvant porter « sur des modes de rémunération particuliers autres que le paiement à l'acte et sur le paiement direct des professionnels par établissement » ; que, par l'effet attendu de telles innovations sur la maîtrise des dépenses d'assurance maladie dans le secteur des établissements médico-sociaux, l'article 34 concourt de façon significative aux conditions générales de l'équilibre financier de l'assurance maladie ; qu'il est, dès lors, au nombre des dispositions qui, en vertu du III de l'article L.O. 111-3 du code de la sécurité sociale, peuvent figurer dans une loi de financement de la sécurité sociale ; que doit être en conséquence rejeté le grief tiré par les sénateurs requérants de la non conformité de l'article 34 à l'article L.O. 111-3 du code de la sécurité sociale ;

[...]

SUR L'ARTICLE 43 :

33. Considérant qu'aux termes du premier alinéa de l'article 47-1 de la Constitution : « Le Parlement vote les projets de loi de financement de la sécurité sociale dans les conditions prévues par une loi organique » ; qu'en prévoyant, en son second alinéa, qu'« avant la première lecture du projet de loi de financement de la sécurité sociale par l'Assemblée nationale, le Parlement est informé de la répartition prévisionnelle de l'objectif national de dépenses d'assurance maladie », l'article 43 de la loi déférée a empiété sur le domaine réservé par la Constitution à la loi organique ; que, dès lors, le second alinéa de l'article 43 doit être déclaré contraire à la Constitution comme ayant été adopté au terme d'une procédure irrégulière ;

34. Considérant qu'il n'y a lieu, pour le Conseil constitutionnel, de soulever d'office l'inconstitutionnalité d'aucune autre disposition de la loi déférée ;

Décide :

ARTICLE PREMIER. - Sont déclarés contraires à la Constitution les articles 10, 26, 27, le I de l'article 28, l'article 32 et le second alinéa de l'article 43 de la loi de financement de la sécurité sociale pour 1999.

ARTICLE 2. - La présente décision sera publiée au *Journal officiel* de la République française.

Délibéré par le Conseil constitutionnel, dans sa séance du 18 décembre 1998.

La composition du Conseil constitutionnel à la date du 18 décembre 1998 était la suivante : M. DUMAS (Président), MM. ABADIE, AMELLER, COLLIARD, GUENA, LANCELOT, Mme Noëlle LENOIR, M. Pierre MAZEAUD et Mme Simone VEIL.

OBSERVATIONS

1 . La décision 404 DC* du 19 décembre 1998 a retenu l'attention pour deux raisons : d'une part, était déclarée inconstitutionnelle l'institution d'une responsabilité collective des médecins et d'autre part, de nouvelles limites étaient fixées à la rétroactivité fiscale.

2 . Ces questions ont été posées à l'occasion du contrôle de la nouvelle loi de financement de la sécurité sociale (sur ce contrôle, voir *supra* **49**) : les trois premières lois de financement ayant été déférées au Conseil constitutionnel, on peut penser que, comme pour les lois de finances, il y aura saisine du Conseil constitutionnel chaque année.

Les requérants, députés et sénateurs, contestaient la constitutionnalité de nombreux articles de la loi (9 pour les députés et 8 pour les sénateurs) qu'ils estimaient contraires au principe d'égalité, entachés d'incompétence négative ou constituant des « cavaliers sociaux ».

Le Conseil constitutionnel déclare inconstitutionnel six articles ou dispositions de la loi (dont deux qu'il soulève d'office) et il rejette les autres contestations.

I. - Le principe d'égalité et la responsabilité collective des médecins

3 . Les articles 26 et 27 de la loi instauraient un nouveau mécanisme de responsabilité financière des médecins en cas de dépassement de l'objectif de dépenses. Alors que l'ordonnance du 24 avril 1996 renvoyait à une convention, définissant les rapports entre les médecins et les organismes d'assurance maladie, le soin de fixer les critères selon lesquels le reversement incombant à chaque praticien serait individualisé, dans le nouveau système, le montant global exigible des médecins devait être réparti en proportion de leurs revenus professionnels.

La première question qu'il fallait résoudre était celle de la nature de la contribution conventionnelle prévue par l'article 26 de la loi. S'agissait-il d'une sanction, d'une redevance, d'une cotisation, d'un intéressement négatif ou encore d'une imposition ? Le Conseil constitutionnel n'a pas jugé nécessaire d'apporter une réponse à cette question. Il se situe sur le seul terrain du respect du principe d'égalité et considère qu'en mettant à la charge de tous les médecins une contribution assise sur leurs revenus professionnels et ce, quel qu'ait été leur comportement individuel en matière d'honoraires et de prescriptions pendant l'année au cours de laquelle le dépassement a été constaté, le législateur n'a pas « fondé son appréciation sur des critères objectifs et rationnels en rapport avec l'objet de la modération des dépenses médicales qu'il s'était assigné » (cons. 19).

Il ne condamne pas, comme le demandaient les requérants, le principe même d'une responsabilité financière collective des médecins, laquelle peut être admise sous réserve qu'elle n'entraîne pas une rupture caractérisée de l'égalité devant les charges publiques, mais il fait application de sa jurisprudence désormais bien établie en matière d'égalité devant la loi (**21**-11). Le nouveau dispositif de régulation des dépenses médicales est donc déclaré non conforme à la Constitution.

4 . Députés et sénateurs tentaient également de faire invalider les dispositions considérées comme des « cavaliers sociaux » : les sénateurs ont eu plus de réussite que les députés (cf. *supra*, **49**).

5 . La Haute juridiction déclare aussi d'office contraires à la Constitution deux dispositions n'ayant pas leur place dans une loi de financement, mais pour un autre motif : en raison de leur nature organique. La première concernait un rapport devant être joint au projet de loi de financement (cons. 20), la seconde disposait qu'avant la première lecture du projet de loi de financement par l'Assemblée nationale, le Parlement devait être informé de la répartition prévisionnelle de l'objectif national de dépenses d'assurance maladie (cons. 33).

6 . Une des dispositions les plus contestées concernait la possibilité, dans le cadre de conventions nationales entre organismes d'assurance maladie et médecine, de favoriser la coordination des soins par un médecin généraliste choisi par le patient.

Les requérants considéraient que cette disposition avait le caractère d'un cavalier social n'ayant pas sa place dans une loi de financement et qu'elle était entachée d'incompétence négative car elle mettait en jeu des principes fondamentaux de la sécurité sociale qui relèvent de la compétence du législateur.

Sur le premier point, le Conseil répond que cette mesure est de nature à dégager des économies ayant une incidence significative sur les conditions générales de l'équilibre financier des comptes de l'assurance maladie et que de ce fait elle peut figurer dans une loi de financement. Sur le second point, il relève que les dérogations autorisées par la loi aux dispositions législatives du code de la sécurité sociale sont limitativement énumérées et définies de façon suffisamment précises et que, dès lors, le législateur n'a pas méconnu l'étendue de sa propre compétence.

7 . De même, sont écartés toute une série d'autres griefs.

Le mécanisme d'aide à la cessation anticipée d'activité des médecins n'est pas entachée d'incompétence négative et n'est pas non plus contraire au principe d'égalité, car il est loisible au législateur de réserver le bénéfice d'une prestation de sécurité sociale à une certaine catégorie de personnes pour des raisons d'intérêt général, pourvu que la différence de traitements qui en résulte soit en rapport avec l'objet de la loi.

La contribution mise à la charge des entreprises exploitant des spécialités pharmaceutiques en cas d'accroissement excessif de leur chiffre d'affaires au titre de médicaments remboursables n'a pas le caractère d'une sanction mais celui d'une imposition. Les exonérations prévues reposent sur des critères objectifs et rationnels au regard du but poursuivi par le législateur. Ni la progressivité de la contribution ni ses effets de seuil ne sont excessifs au regard de la nécessaire prise en compte des facultés contributives de chacun telles qu'elles résultent de l'article 13 de la Déclaration des droits de l'homme et du citoyen.

L'article complétant les modalités de majoration des pensions de retraite pour enfants n'est pas davantage contraire au principe d'égalité devant les charges publiques.

Enfin, l'amendement relatif aux soins des personnes âgées dépendantes dans les établissements d'hébergement n'est pas étranger à l'objet de la loi de financement car les dispositions prévues peuvent concourir de façon significative aux conditions générales de l'équilibre financier de l'assurance maladie.

On constate ainsi qu'il existe une forte similitude, à quelques réserves près, entre le contentieux des lois de finances et celui des lois de financement.

II. - LES LIMITES DE LA RÉTROACTIVITÉ DES LOIS FISCALES

8 . Le principal apport de la décision 404 DC découle de l'annulation décidée par le Conseil constitutionnel de l'article 10 de la loi modifiant rétroactivement le mode de calcul d'une imposition. Cette censure marque un nouveau progrès dans la construction jurisprudentielle édifiée depuis les deux dernières décennies et tendant à encadrer assez strictement la pratique de la rétroactivité des lois fiscales.

9 . L'une des premières aspirations du contribuable est de pouvoir connaître, à l'avance, les règles du jeu fiscal : ceci impliquerait que la loi fiscale n'ait jamais d'effet rétroactif et que le législateur ne remette pas en cause avant l'échéance un régime fiscal privilégié qu'il a institué pour une certaine durée.

Mais face à cette exigence de sécurité juridique ou de confiance légitime, le législateur doit aussi prendre en compte à la fois les nécessités de la lutte contre l'évasion et la fraude fiscale et les besoins financiers de l'État, ce qui l'amène, en fin d'année, à moduler l'assiette et le taux de l'impôt frappant les revenus et bénéfices réalisés depuis le premier janvier de l'année et à procéder à un certain nombre de validations d'actes administratifs ou à introduire des dispositions interprétatives. Par ailleurs, la suppression de la rétroactivité serait préjudiciable aux intérêts du contribuable car la plupart des dispositions rétroactives lui sont favorables. En réalité, ce qu'il réclame c'est le maintien de ses avantages fiscaux.

Toutefois, il faut aussi admettre que l'administration, dans le passé, avait pris l'habitude de demander au législateur le vote de dispositions fiscales rétroactives parfois par simple commodité ou dans le seul but de faire consacrer par la loi sa propre doctrine condamnée par le juge fiscal, si bien que sans remettre en cause le principe même de lois rétroactives, il apparaissait nécessaire de fixer les limites.

La rétroactivité de la loi fiscale peut revêtir des formes très diverses.

On distingue d'abord ce que l'on appelle parfois la « petite » rétroactivité. Elle n'en est pas véritablement une en droit, mais l'est en fait. Elle découle du principe de l'annualité et de ce que le fait générateur de l'imposition des revenus se situe à la clôture de la période de leur réalisation. Il en résulte que les modifications décidées à la fin de chaque année dans le cadre de la loi de finances s'appliquent aux revenus et bénéfices qui ont été encaissés depuis le début de l'année ou de l'exercice. Ainsi, les sociétés qui clôturent leur exercice fiscal le 31 décembre verront leur bénéfice imposé en fonction de dispositions nouvelles qu'elles ignoraient au moment où elles ont réalisé ces bénéfices. Mais les lois de finances comportent aussi souvent d'heureuses surprises. C'est ainsi que la loi de finances pour 1984 a définitivement et rétroactivement exonéré les biens professionnels de l'ISF ou que la loi de finances pour 1990 a réduit rétroactivement le taux majoré de la TVA.

La rétroactivité a aussi pour but de lutter contre l'évasion fiscale et ne pas permettre au contribuable de modifier sa situation entre le moment où une nouvelle mesure fiscale est annoncée et celui où elle est adoptée. Elle est également utilisée afin que l'administration échappe aux conséquences d'une jurisprudence défavorable comme cela a été le cas avec l'article 108 de la loi de finances pour 1998 consacrant le principe de l'application immédiate aux formalités en cours des règles de procédure fiscale.

Elle peut également résulter de dispositions interprétatives. Celles-ci se bornent, normalement, à clarifier, sans rien ajouter, ce qu'une rédaction imparfaite d'une loi antérieure a rendu ambigu et susceptible de controverse. La loi interprétative est nécessairement rétroactive puisqu'elle précise seulement le sens de la loi et donc quelle était la véritable intention du législateur. Mais, dans la pratique, on constate l'existence de lois faussement interprétatives, c'est-à-dire qui attachent un caractère interprétatif à de nouvelles dispositions qui ajoutent au texte primitif et le modifient.

Enfin, les lois de validation, elles aussi, donnent parfois lieu à des abus. La validation peut concerner un règlement (ou une instruction réglementaire), un acte d'imposition ou de procédure. La validation est souvent utilisée pour consacrer, pour l'avenir, une doctrine ou pratique administrative condamnée ou sur le point de l'être.

Pour s'efforcer de limiter les abus de la rétroactivité, le Conseil d'État et la Cour de cassation ont posé les deux principes suivants : d'une part, la rétroactivité ne se présume pas, d'autre part, les lois rétroactives sont d'interprétation stricte.

10. Confronté au problème de la rétroactivité fiscale, le Conseil constitutionnel a élaboré une jurisprudence progressive aboutissant à encadrer, dans des conditions de plus en plus précises, la pratique de la rétroactivité de la loi fiscale.

Il a d'abord souligné, en 1980, que la disposition de l'article 8 de la Déclaration de 1789 ne concernait que les sanctions pénales (126 DC). Puis, dès 1982, il a modifié sa position en estimant que le principe de non rétroactivité devait s'étendre aussi bien à toute sanction revêtant le caractère d'une punition, même si le législateur laissait le soin de la prononcer à une autorité de nature non judiciaire (155 DC). Il en est résulté que le législateur ne pouvait plus prévoir de mesures rétroactives concernant des sanctions fiscales (à moins que celles-ci ne soient plus favorables aux contribuables que les sanctions primitives). Mais ceci ne concerne que les sanctions qui présentent le caractère d'une punition et non celles qui correspondent à des pénalités de retard.

Par ailleurs, tout en reconnaissant qu'aucun principe ou règle de valeur constitutionnelle n'interdit à la loi de revenir sur une exonération fiscale acquise sous l'empire d'une loi antérieure ou d'en réduire la durée (164 DC, cons. 3) ; en réaffirmant que la Constitution ne s'oppose pas à ce qu'une disposition fiscale ait un caractère rétroactif (184 DC, cons. 33 et 186 DC, cons. 4) ; ou encore que le pouvoir du législateur ne saurait être restreint du seul fait de l'existence de droits nés sous l'empire de la loi ancienne (223 DC, cons. 6) ; qu'il peut toujours supprimer une exonération fiscale (268 DC, cons. 39) ; il a fixé un certain nombre de limites. En 1986, il a précisé que la loi rétroactive ne pouvait porter atteinte à une décision de justice passée en force de chose jugée (c'est-à-dire ayant acquis un caractère définitif).

Surtout, cette même année, il a exigé que le recours à la rétroactivité soit justifié par un motif d'intérêt général en introduisant le considérant classique suivant : « *... par exception aux dispositions de valeur législative de l'article 2 du code civil, le législateur peut pour des raisons d'intérêt général, modifier rétroactivement les règles que l'administration fiscale et le juge de l'impôt ont pour mission d'appliquer...* ». Il a aussi estimé, à plusieurs reprises, que l'interdiction de faire renaître une prescription légalement acquise était le corollaire du principe de la non rétroactivité des sanctions fiscales (250 DC, cons. 61 et 298 DC, cons. 23). Il a aussi, en 1991, précisé que les dispositions rétroactives ne sauraient avoir pour conséquence, par leurs effets sur le patrimoine des contribuables, de porter atteinte au droit de propriété (298 DC, cons. 25).

En 1995, il a ajouté que le législateur ne peut valider un acte administratif que dans un but d'intérêt général ou lié à une exigence de valeur constitutionnelle, cet intérêt général ne pouvant se réduire à un simple intérêt financier (369 DC, cons. 35) et que la mesure rétroactive ne saurait avoir pour effet de priver de garantie légale des exigences de valeur constitutionnelle.

Il confirme, dans sa décision de 1998, sa jurisprudence antérieure selon laquelle le principe de non rétroactivité des lois n'a valeur constitutionnelle qu'en matière répressive, mais que néanmoins, si le législateur a la faculté d'adopter des dispositions fiscales rétroactives, il ne peut le faire qu'en considération d'un motif d'intérêt général et sous réserve de ne pas priver de garantie légale des exigences constitutionnelles mais, précision importante, il ajoute désormais que l'intérêt général justifiant le recours à la rétroactivité doit être *suffisant*.

11 . En l'occurrence, il s'agissait d'une contribution exceptionnelle, supportée, en 1996, par les laboratoires pharmaceutiques et assise sur le chiffre d'affaires réalisé en 1995. Toutefois, les dépenses liées à la réalisation en France d'opérations de recherche scientifique et technique étaient exclues de l'assiette de la contribution. Or, cette exonération s'est avérée être contraire au droit communautaire dans la mesure où elle portait atteinte à la liberté d'établissement et s'analysait en une aide indirecte de l'État en faveur des entreprises françaises. Le Conseil d'État saisi d'un recours sur cette question, a demandé l'avis de la Cour de justice des communautés européennes (CE, Ass., 28 mars 1997, Société Baxter).

La non conformité au droit communautaire des règles d'assiette de la contribution paraissant probable, le gouvernement avait introduit dans le projet de loi de financement de la sécurité sociale pour 1999 une disposition supprimant la déductibilité des dépenses de recherche laquelle était compensée par une baisse du taux afin de ne pas modifier le montant global du prélèvement qui avait été perçu. Le nouveau régime entraînait un prélèvement supplémentaire à la charge des entreprises françaises et un caractère rétroactif afin d'éviter les conséquences d'une annulation probable du prélèvement par le Conseil d'État, ce qui aurait eu pour conséquence de mettre à la charge de la Caisse nationale d'assurance maladie, bénéficiaire de cette contribution, un remboursement d'un montant d'un peu plus d'un milliard de francs.

Les requérants estimaient que l'article 10, en modifiant l'assiette d'un impôt déjà versé et en bouleversant une situation déjà soldée, allait bien au-delà des textes habituels en matière de rétroactivité fiscale. Il méconnaissait les exigences constitutionnelles des validations législatives et de la rétroactivité des lois fiscales et il était contraire au principe de sécurité juridique défini aux articles 2 et 16 de la Déclaration de 1789.

Pour le gouvernement au contraire, l'article 10 de la loi ne pouvait s'analyser comme une validation ; il s'agissait d'une véritable loi rétroactive justifiée par l'objectif d'équilibre financier de la sécurité sociale auquel le Conseil constitutionnel a reconnu un caractère constitutionnel (décision *393 DC**). Cette mesure, justifiée par la volonté de respecter le droit communautaire restait dans le cadre de la jurisprudence relative à la rétroactivité des lois fiscales et il soulignait que ce ne serait qu'au prix d'un revirement de jurisprudence que le Conseil pourrait accueillir les critiques portant sur son caractère rétroactif. Et il développe toute une argumentation pour souligner l'importance que le gouvernement attache à ce que le cadre constitutionnel qui est élaboré et qui régit la matière ne soit pas remis en cause.

12 . Le Conseil n'a pas suivi l'argumentation des requérants qui l'incitait à reconnaître la valeur constitutionnelle du principe de sécurité juridique, mais il n'a pas non plus suivi le gouvernement en estimant que le souci de prévenir les conséquences financières d'une

décision de justice censurant le mode de calcul de l'assiette de la contribution en cause ne constituait pas un motif d'intérêt général suffisant pour modifier rétroactivement l'assiette, le taux et les modalités de versement d'une imposition alors que celle-ci avait un caractère exceptionnel, qu'elle avait été recouvrée depuis deux ans et qu'il était loisible au législateur de prendre des mesures non rétroactives de nature à remédier aux dites conséquences, dès lors, cette rétroactivité doit être déclarée contraire à la Constitution.

Le Conseil exige désormais un intérêt général suffisant pour justifier une mesure rétroactive. Il avait déjà précisé qu'un simple intérêt financier ne pouvait suffire à justifier le recours à la rétroactivité démentant par là l'analyse de certains auteurs qui considéraient que l'exigence d'un intérêt général n'avait aucune portée réelle dans la mesure où le législateur était, par définition, seul apte à justifier de l'existence d'un intérêt général. Sa décision confirme que c'est lui qui vérifie si l'intérêt général justifie le recours à la rétroactivité et s'il est suffisant. Il souligne, par ailleurs, le caractère exceptionnel de la contribution en cause, ce qui laisse supposer que si elle n'avait pas présenté ce caractère, la solution pourrait être différente. Enfin, et c'est sans doute l'apport le plus important, le Conseil observe qu'il était loisible en l'occurrence au législateur de prendre des mesures non rétroactives pour remédier aux conséquences de la situation en cause. Il s'agit là d'une nouvelle condition dans l'application de la rétroactivité. Non seulement celle-ci doit être justifiée par un intérêt général suffisant, mais dès lors qu'une autre solution apparaît possible pour régler le problème devant lequel se trouve confronté le législateur, la rétroactivité serait interdite.

13. Il s'agit incontestablement d'une nouvelle avancée jurisprudentielle, mais toutefois le Conseil constitutionnel s'est refusé à saisir cette occasion pour se référer à une éventuelle valeur constitutionnelle du principe de sécurité juridique. Comme on l'a souligné, il accepte de se référer à la notion de sécurité juridique dans un certain nombre de cas : sûreté individuelle énoncée par la Déclaration de 1789 et l'article 66 de la Constitution, respect des situations légalement acquises dans le domaine des libertés fondamentales et exigence de clarté législative découlant de l'article 34 de la Constitution. En revanche, le terme de sécurité juridique a un contenu trop large et trop vague pour pouvoir être proclamé comme une norme constitutionnelle. Quant au principe de confiance légitime, il luit a dénié déjà à deux reprises toute valeur constitutionnelle (décisions 385 DC et 391 DC). C'est donc la notion d'intérêt général suffisant qui est essentielle en ce domaine.

Comme on a pu l'écrire c'est la première fois qu'il était appelé à se prononcer sur la constitutionnalité d'un dispositif fiscal rétroactif, il ne s'est pas contenté de vérifier l'exigence d'une justification d'intérêt général, mais a recherché en outre s'il y avait ou non une disproportion entre l'intensité de la rétroactivité et l'éminence du but poursuivi compte tenu de l'existence de solutions non rétroactives alternatives. C'est en cela que réside la percée jurisprudentielle de cette décision. Cette jurisprudence aboutit toutefois à lui conférer un pouvoir d'appréciation qui tend à devenir de plus en plus large.

LISTE DES DÉCISIONS ET DES NOTES *

La bibliographie des décisions commentées dans l'ouvrage, signalées ci-après en italique, se trouve en tête de chaque commentaire.

A. - *Décisions concernant la conformité à la Constitution* (art. 54 et 61 de la Constitution)

1959 59-1 DC du 14 mai 1959, *Rec.* 57, *RJC* I-1.
59-2 DC des 17, 18 et 24 juin 1959, Rec. 58, *G.D.* **3**, *RJC* I-1.
59-3 DC des 14 et 25 juin 1959, *Rec.* 58, *RJC* I-2.
59-4 DC du 24 juillet 1959, *Rec.* 61, *RJC* I-3.

1960 59-5 DC du 15 janvier 1960, *Rec.* 15, *RJC* I-3.
- AVRIL (P.) : *R.D.P.*, 1965, p. 404.
- FRANCK (C.) : *G.D.J.C.*, p. 199.

60-6 DC du 15 janvier 1960, *Rec.* 21, *RJC* I-4.
- HAMON (L.) : *D.*, 1960, p. 293.
- ROUSSET (M.) : *S.*, 1960, p. 247.

60-7 DC du 11 août 1960, *Rec.*, 22, *RJC* I-5.
- HAMON (L.) : *S.*, 1961, J., p. 102.

60-8 DC du 11 août 1960, Rec. 25, *G.D.* **7**, *RJC* I-5.
60-9 DC du 18 novembre 1960, *Rec.* 17, *RJC* I-6.
60-10 DC du 20 décembre 1960, *Rec.* 18, *RJC* I-6.

1961 *60-11 DC du 20 janvier 1961, Rec.* 29, *G.D.* **9**, RJC I-7.
61-12 DC du 30 mai 1961, *Rec.* 17, *RJC* I-7.
61-13 DC du 28 juillet 1961, *Rec.* 21, *RJC* I-8.
- HAMON (L.) : *S.*, 1962, J., p. 62.

61-14 DC du 28 juillet 1961, *Rec.* 22, *RJC* I-8.
- HAMON (L.) : *S.*, 1962, J., p. 62.

61-15 DC du 22 décembre 1961, *Rec.* 23, *RJC* I-8.
- HAMON (L.) : *D.*, 1963, J., p. 59.

61-16 DC du 22 décembre 1961, *Rec.* 24, *RJC* I-9.
- HAMON (L.) : *S.*, 1963, J., p. 305.

1962 62-17 DC du 10 juillet 1962, *Rec.* 23.
- HAMON (L.) : *D.*, 1963, J., p. 45.

62-18 DC du 10 juillet 1962, *Rec.* 17, *RJC* I-10.
- HAMON (L.) : *S.*, 1963, J., p. 277.

62-19 DC du 31 juillet 1962, *Rec.* 19, *RJC* I-10.
- HAMON (L.) : *D.*, 1964, J., p. 69.

62-20 DC du 6 novembre 1962, Rec. 27, *G.D.* **14**, *RJC* I-11.

1963 62-21 DC du 12 mars 1963, *Rec.* 23, *RJC* I-12.
- HAMON (L.) : *D.*, 1964, J., p. 489.

63-22 DC du 11 juin 1963, *Rec.* 15, *RJC* I-12.
- HAMON (L.) : *S.*, 1964, J., p. 63.

63-23 DC du 30 juillet 1963, *Rec.* 19, *RJC* I-13.

* Les auteurs remercient Stéphane GARNERI et Didier RIBES, allocataires de recherche à l'Université d'Aix-Marseille III (GERJC) pour leur précieuse contribution à la mise à jour de cet index.

• HAMON (L.) : *S.*, 1964, J., p. 207.

63-24 DC du 20 décembre 1963, *Rec.* 16, *RJC* I-13.

1964 63-25 DC du 21 janvier 1964, *Rec.* 23, *RJC* I-13.
64-26 DC du 15 octobre 1964, *Rec.* 25, *RJC* I-14.
64-27 DC du 18 décembre 1964, *Rec.* 29, *RJC* I-14.

• FAVOREU (L.) et PHILIP (L.) : *G.D.C.C.*, 1re éd., nº 18, p. 194.
• HAMON (L.) *D.*, 1966, J., p. 17.
• LAUBADERE (A. de) : *A.J.*, 1965, p. 100.

1966 66-28 DC du 8 juillet 1966, *Rec.* 15, *RJC* I-15.
66-29 DC du 8 juillet 1966, *Rec.* 19, *RJC* I-16.
66-30 DC du 8 juillet 1966, *Rec.* 20, *RJC* I-16.

1967 *67-31 DC du 26 janvier 1967*, *Rec.* 19, *G.D.* **15**, *RJC* I-16.
67-32 DC du 11 mai 1967, *Rec.* 15, *RJC* I-17.
67-33 DC du 12 juillet 1967, *Rec.* 21, *RJC* I-17.
67-34 DC du 12 juillet 1967, *Rec.* 22, *RJC* I-18.

1968 68-35 DC du 30 janvier 1968, *Rec.* 19, *RJC* I-18.
68-36 DC du 6 juin 1968, *Rec.* 15, *RJC* I-19.

1969 69-37 DC du 20 novembre 1969, *Rec.* 15, *RJC* I-19.

• EMERI C.) et SEURIN J.-L.) : *R.D.P.*, 1971, J., p. 172.
• FAVOREU (L.) et PHILIP (L.) : *G.D.C.C.*, 1re éd., nº 23, p. 257.
• FRANCK (C.) : *G.D.J.C.*, p. 238.
• GOOSE (P.-E.) : *EUR*, 1971, p. 60.
• ROUSSEAU (C.) : *R.G.D.I.P.*, 1971, p. 239.

1970 69-38 DC du 15 janvier 1970, *Rec.* 21, *RJC* I-20.
70-39 DC du 19 juin 1970, *Rec.* 15, *RJC* I-21.

• EMERI (C.) et GAUTRON (J.-C.) : Vie et droit parlementaires, *R.D.P.*, 1971, p. 172.
• RUZIE (D.) : *J.C.P.*, 1970, I., p. 2354.

70-40 DC du 9 juillet 1970, Rec. 25, *G.D.* **15**, *RJC* I-22.
70-41 DC du 30 décembre 1970, *Rec.* 29, *RJC* I-23.

1971 71-42 DC du 18 mai 1971, *Rec.* 19, *RJC* I-23.
71-43 DC du 17 juin 1971, *Rec.* 23, *RJC* I-24.
71-44 DC du 16 juillet 1971, Rec. 29, *G.D.* **19**, *RJC* I-24.
71-45 DC du 16 juillet 1971, *Rec.* 25, *RJC* I-25.

1972 71-46 DC du 20 janvier 1972, *Rec.* 21, *RJC* I-25.

• COTTERET (J.-M.) et EMERI (C.) : *R.D.P.*, 1972, p. 391.
• FRANCK (C.) : *G.D.J.C.*, p. 80.
• ROBERT (J.) : *D.*, 1972, Chron., p. 79.

72-47 DC du 28 juin 1972, *Rec.* 23, *RJC* I-26.
72-48 DC du 28 juin 1972, *Rec.* 17, *RJC* I-26.

1973 73-49 DC du 17 mai 1973, *Rec.* 15, *RJC* I-27.

• BERLIA (G.) : *R.D.P.*, 1973, p. 1031.

73-50 DC du 5 juillet 1973, *Rec.* 21, *RJC* I-28.
73-51 DC du 27 décembre 1973, Rec. 25, *G.D.* **21**, *RJC* I-28.

1974 74-52 DC du 23 décembre 1974, *Rec.* 19, *RJC* I-29.
74-53 DC du 30 décembre 1974, *Rec.* 28, *RJC* I-29.

• FAVOREU (L.) et PHILIP (L.) : *R.D.P.*, 1975, p. 182.
• FRANCK (C.) : *J.C.P.*, 1975, II, 18037.
• FRANCK (C.) : *G.D.J.C.*, p. 204.
• HAMON (L.) : *D.*, 1975, J., p. 721.
• LALUMIERE (P.) : *A.J.*, 1975, p. 357.

• MONTGROUX (P.) : *Ann. de Clermont*, 1976, p. 207.

1975 *74-54 DC du 15 janvier 1975*, *Rec.* 19, *G.D.* **23**, *RJC* I-30.
75-55 DC du 15 mai 1975, *Rec.* 15, *RJC* I-31.
75-56 DC du 23 juillet 1975, *Rec.* 22, *RJC* I-32.
• BEARDSLEY (J.-E.) : *Comparative constitutional law*, 1979, p. 69 et 372.
• FAVOREU (L.) et PHILIP (L.) : *R.D.P.*, 1975, p. 1313.
• FRANCK (C.) : *J.C.P.*, 1975, II, p. 18200.
• FRANCK (C.) : *G.D.J.C.*, p. 10.
• HAMON (L.) et LEVASSEUR (G.) : *D.*, 1977, J., p. 629.
• RIVERO (J.) : *A.J.*, 1976, p. 44.
75-57 DC du 23 juillet 1975, *Rec.* 24, *RJC* I-32.
• BOLLE (J.-M.) : *J.C.P.*, 1975, II, 18184.
• FAVOREU (L.) et PHILIP (L.) : *R.D.P.*, 1975, p. 1324.
• FRANCK (C.) : *G.P.*, 1975, II, p. 754.
• HAMON (L.) : *D.*, 1976, J., p. 509.
• LALUMIERE (P.) : *A.J.*, 1976, p. 86.
75-58 DC du 23 juillet 1975, *Rec.* 16, *RJC* I-33.
75-59 DC du 30 décembre 1975, *Rec.* 26, *RJC* I-34.
• FAVOREU (L.) : *R.D.P.*, 1976, p. 557.
• FRANCK (C.) : *A.J.*, 1976, p. 249.
• FRANCK (C.) : *G.D.J.C.*, p. 224.
• HAMON (L.) : *D.*, 1976, J., p. 537.
• LINOTTE (D.) : *G.P.*, 1976, II, p. 481.
• NGUYEN QUOC VINH : *R.G.D.I.P.*, p. 1001.
• RUZIE (D.) : *Clunet*, 1976, p. 392.
75-60 DC du 30 décembre 1975, *Rec.* 28, *RJC* I-35.
• BOLLE (J.-M.) : *J.C.P.*, 1976, II, 18368.
• CHIROUX (R.) et MONTGROUX (P.): *Ann. de Clermont*, 1976, p. 369.
• COT (J.-P.) : *R.D.P.*, 1977, p. 1005.
• FRANCK (C.) : *G.P.*, 1976, I, p. 388.
• FRANCK (C.) : *G.D.J.C.*, p. 231.
• HAMON (L.) : *D.*, 1976, J., p. 461.
• PHILIP (L.) : *R.D.P.*, 1976, p. 995 et *R.D.P.*, 1977, p. 1025.
• PY (P.) : *A.J.*, 1976, p. 308.
• RUZIE (D.) : *Clunet*, 1976, p. 465.

1976 75-61 DC du 28 janvier 1976, *Rec.* 25, *RJC* I-36.
76-62 DC du 28 janvier 1976, *Rec.* 26, *RJC* I-36.
• FAVOREU (L.) et PHILIP (L.) : *R.D.P.*, 1977, p. 452.
75-63 DC du 28 janvier 1976, *Rec.* 27, *RJC* I-37.
76-64 DC du 2 juin 1976, *Rec.* 21, *RJC* I-37.
• FAVOREU (L.) et PHILIP (L.) : *R.D.P.*, 1977, p. 466.
• MONTGROUX (P.) : *Ann. de Clermont*, 1976, p. 223.
76-65 DC du 14 juin 1976, *Rec.* 28, *RJC* I-38.
76-66 DC du 6 juillet 1976, *Rec.* 29, *RJC* I-38.
76-67 DC du 15 juillet 1976, *Rec.* 35, *RJC* I-39.
• FAVOREU (L.) : *R.D.P.*, 1978, p. 814.
• MONTGROUX (P.) : *Ann. de Clermont*, 1976, p. 251.
• NGUYEN QUOC VINH : *J.C.P.*, 1977, II, 18760.
76-68 DC du 15 juillet 1976, *Rec.* 30, *RJC* I-39.
• FAVOREU (L.) et PHILIP (L.) : *R.D.P.*, 1977, p. 450.
76-69 DC du 8 novembre 1976, *Rec.* 37, *RJC* I-40.
• AVRIL (P.) et GICQUEL (J.) : *Pouvoirs*, 1977, n° 1, p. 211.
• FAVOREU (L.) : *R.D.P.*, 1978, p. 817.
76-70 DC du 2 décembre 1976, *Rec.* 39, *RJC* I-41.
• FAVOREU (L.) : *R.D.P.*, 1978, p. 817.
• REINHARD (Y.) : *Revue de science criminelle*, 1978, p. 274.

76-71 DC des 29-30 décembre 1976, *Rec.* 15, *RJC* I-41.
- AVRIL (P.) et GICQUEL (J.) : *Pouvoirs*, 1977, n° 1, p. 312.
- BOULOUIS (J.) : *Cahiers de droit européen*, 1977, p. 458.
- COCATRE-ZIELGEN (A.) : *A.F.D.I.*, 1976, p. 805.
- DARRAS (J.) et PIROTTE (O.) : *R.T.D.E.*, 1977, p. 696.
- DE VILLIERS (M.) : *J.C.P.*, 1978, II, 2895.
- FAVOREU (L.) et PHILIP (L.) : *R.D.P.*, 1977, p. 129.
- FAVOREU (L.) : *Revue de droit prospectif*, 1977, n° 3-4, p. 79.
- FAVOREU (L.) et PHILIP (L.) : *G.D.C.C.*, 6e éd., n° 25, p. 331.
- FRANCK (C.) : *J.C.P.*, 1977, II, 18704.
- HAMON (L.) : *D.*, 1977, J., p. 201.
- KOVAR (R.) et SIMON (D.) : *R.T.D.E.*, 1977, p. 666.
- LACHAUME (J.-F.) : *A.F.D.I.*, 1977, p. 965.
- RAMBAUD (R.) : *A.F.D.I.*, 1977, p. 895.
- RUZIE (D.) : *Clunet*, 1977, p. 66.

1977 76-72 DC du 12 janvier 1977, *Rec.* 31, *RJC* I-42.
- AVRIL (P.) et GICQUEL (J.) : *Pouvoirs*, 1977, n° 1, p. 215.
- FAVOREU (L.) et PHILIP (L.) : *R.D.P.*, 1977, p. 468.
- FRANCK (C.) : *G.D.J.C.*, p. 180.
- HAMON (L.) : *D.*, 1979, J., p. 181.
- LEBRETON (J.-P.) : *A.J.*, 1977, J., p. 258.
- MONTGROUX (P.) : *Ann. de Clermont*, 1977, p. 185.

76-73 DC du 28 décembre 1976, Rec. 41, *RJC* I-43.
- AVRIL (P.) et GICQUEL (J.) : *Pouvoirs*, 1977, n° 1, p. 211, 219.
- BERGERES (M.-C.) : *J.C.P.*, 1979, II, 19109.
- DUCROS (J.-C.) : *A.J.*, 1977, p. 308.
- PHILIP (L.) : *R.D.P.*, 1977, p. 963.

76-74 DC du 28 décembre 1976, *Rec.* 45, *RJC* I-45.
76-75 DC du 12 janvier 1977, Rec. 33, *G.D.* **24**, *RJC* I-45.
76-76 DC du 28 décembre 1976, *Rec.* 31, *RJC* I-47.
76-77 DC du 12 janvier 1977, *Rec.* 23, *RJC* I-47.
76-78 DC du 28 décembre 1976, *Rec.* 32, *RJC* I-47.
77-79 DC du 5 juillet 1977, *Rec.* 35, *RJC* I-48.
- AVRIL (P.) et GICQUEL (J.) : *Pouvoirs*, 1977, n° 3, p. 179.
- DEBENE (M.) : *J.C.P.*, 1979, II, 19186.
- FAVOREU (L.) : *R.D.P.*, 1978, p. 825.
- FRANCK (C.) : *G.D.J.C.*, p. 169.
- HAMON (L.) : *D.*, 1979, J., p. 41.

77-80/81 DC du 5 juillet 1977, *Rec.* 24, *RJC* I-48.
- AVRIL (P.) et GICQUEL (J.) : *Pouvoirs*, 1977, n° 3, p. 185.
- FAVOREU (L.) : *R.D.P.*, 1979, 1680.
- FRANCK (C.) : *G.D.J.C.*, p. 77.
- HAMON (L.) : *D.*, 1979, J., p. 121.
- PHILIP (L.) : *R.D.P.*, 1978, p. 481.

77-82 DC du 20 juillet 1977, *Rec.* 37, *RJC* I-49.
- AVRIL (P.) et GICQUEL (J.) : *Pouvoirs*, 1977, n° 3, p. 177.
- HAMON (L.), *D.*, 1979, J., p. 1.
- PHILIP (L.), *R.D.P.*, 1978, p. 481.

77-83 DC du 20 juillet 1977, Rec. 39, *RJC* I-50.
- AVRIL (P.) et GICQUEL (J.) : *Pouvoirs*, 1977, n° 3, p. 179.
- DENOIX DE ST MARC (R.) : *A.J.*, 1977, p. 599.
- FAVOREU (L.) : *R.D.P.*, 1978, p. 827
- HAMON (L.) : *D.*, 1979, J., p. 297.
- MONTGROUX (P.) : *Ann. de Clermont*, 1977, p. 202.
- PLOUVIN (J.-Y.) : *R.A.*, 1977, p. 586.

77-84 DC du 20 juillet 1977, *Rec.* 26, *RJC* I-51.
77-85 DC du 20 juillet 1977, *Rec.* 17, *RJC* I-51.

• AVRIL (P.) et GICQUEL (J.) : *Pouvoirs*, 1977, n° 3, p. 167.
77-86 DC du 3 novembre 1977, *Rec.* 18, *RJC* I-52.
• AVRIL (P.) et GICQUEL (J.) : *Pouvoirs*, n° 4, p. 180.
77-87 DC du 23 novembre 1977, Rec. 42, *G.D.* **25**, *RJC* I-52.
77-88 DC du 23 novembre 1977, *Rec.* 27, *RJC* I-53.
• AVRIL (P.) et GICQUEL (J.) : *Pouvoirs*, 1978, n° 5, p. 188.
77-89 DC du 30 décembre 1977, *Rec.* 46, *RJC* I-54.
• AVRIL (P.) et GICQUEL (J.) : *Pouvoirs*, 1978, n° 5, p. 187.
• ISAAC (G.) et MOLINIER (J.) : *R.T.D.E.*, 1979, p. 145.
• PHILIP (L.) : *R.D.P.* 1979, p. 468.
77-90 DC du 30 décembre 1977, *Rec.* 44, *RJC* I-55.
• AVRIL (P.) et GICQUEL (J.) : *Pouvoirs*, 1978, n° 5, p. 187.
• PHILIP (L.) : *R.D.P.*, 1979, p. 468.

1978 77-91 DC du 18 janvier 1978, *Rec.* 19, *RJC* I-56.
• AVRIL (P.) et GICQUEL (J.) : *Pouvoirs*, 1978, n° 5, p. 183.
• PHILIP (L.) : *R.D.P.*, 1979, p. 483.
77-92 DC du 18 janvier 1978, *Rec.* 21, *RJC* I-57.
• AVRIL (P.) et GICQUEL (J.) : *Pouvoirs*, 1978, n° 5, p. 186.
• FAVOREU (L.) : *R.D.P.*, 1978, p. 834.
78-93 du 29 avril 1978, *Rec.* 23, *RJC* I-58.
• AVRIL (P.) et GICQUEL (J.) : *Pouvoirs*, 1978, n° 6, p. 197.
• BRINGUIER (P.) : *Ann. de Clermont*, 1978, p. 3.
• CARREAU (D.) : *R.G.D.I.P.*, 1979, p. 209.
• HAMON (L.) : *D.*, 1979, J., p. 541.
• PHILIP (L.) : *R.D.P.*, 1979, p. 494.
• RUZIE (D.) : *Clunet*, 1978, p. 577.
78-94 DC du 14 juin 1978, *Rec.* 15, *RJC* I-59.
• PHILIP (L.) : *R.D.P.*, 1978, p. 485.
• BOUSCARY (O.) : *J.C.P.*, 1979, II, 19106
• NGUYEN QUOC VINH : *J.C.P.*, 1979, II, 19309.
78-95 DC du 27 juillet 1978, *Rec.* 26, *RJC* I-60.
• AVRIL (P.) et GICQUEL (J.) : *Pouvoirs*, 1978, n° 7, p. 175, 179.
• FRANCK (C.) : *A.J.*, 1979, p. 29.
• PHILIP (L.) : *R.D.P.*, 1979, p. 486 et 487.
78-96 DC du 27 juillet 1978, *Rec.* 29, *RJC* I-61.
• AVRIL (P.) et GICQUEL (J.) : *Pouvoirs*, 1978, n° 7, p. 165.
• CHENEVOY (M.) : *Ann. de Clermont*, 1978, p. 145.
• FRANCK (C.) : *A.J.*, 1979, n° 10, p. 30.
• HAMON (L.) : *D.*, 1980, J., p. 169.
• PHILIP (L.) : *R.D.P.*, 1979, p. 499.
78-97 DC du 27 juillet 1978, *Rec.* 31, *RJC* I-62.
• AVRIL (P.) et GICQUEL (J.) : *Pouvoirs*, 1978, n° 7, p. 176, 182.
• FRANCK (C.) : *A.J.*, 1979, p. 31.
• NGUYEN QUOC VINH : *J.C.P.*, 1979, II, 19309.
• PHILIP (L.) : *R.D.P.*, 1979, p. 502.
78-98 DC du 22 novembre 1978, *Rec.* 33, *RJC* I-63.
• AVRIL (P.) et GICQUEL (J.) : *Pouvoirs*, 1979, n° 9, p. 193.
• FAVOREU (L.) : *R.D.P.*, 1979, 1686.
• NGUYEN QUOC VINH : *J.C.P.*, 1980, II, 19309.
77-99 DC du 29 décembre 1978, *Rec.* 36, *RJC* I-64.
• AVRIL (P.) et GICQUEL (J.) : *Pouvoirs*, 1979, n° 9, p. 199.
• PHILIP (L.) : *R.D.P.*, 1979, p. 476.
• RUZIE (D.) : *Clunet*, 1979, p. 79.
78-100 DC du 29 décembre 1978, *Rec.* 38, *RJC* I-65.
• AVRIL (P.) et GICQUEL (J.) : *Pouvoirs*, 1979, n° 9, p. 200.
• HAMON (L) : *D.*, 1979, J., p. 541.

• LACHAUME (F.) : *A.F.D.I.*, 1979, p. 855.
• PHILIP (L.) : *R.D.P.*, 1979, p. 477.

1979 78-101 DC du 17 janvier 1979, *Rec.* 23, *RJC* I-67.
• AVRIL (P.) et GICQUEL (J.) : *Pouvoirs*, 1979, n° 9, p. 195.
• FAVOREU (L.) : *R.D.P.*, 1979, 1689.
• FRANCK (C.) : *J.C.P.*, 1980, II, 19367.
• HAMON (L.) : *D.*, 1981, J., p. 117.

78-102 DC du 17 janvier 1979, *Rec.* 26, *RJC* I-68.
• HAMON (L.) : *D.*, 1980, p. 233.

78-103 DC du 17 janvier 1979, *Rec.* 19, *RJC* I-69.

79-104 DC du 23 mai 1979, *Rec.* 27, *RJC* I-69.
• AVRIL (P.) et GICQUEL (J.) : *Pouvoirs*, 1979, n° 11, p. 186.
• FAVOREU (L.) : *R.D.P.*, 1979, 1695.
• HAMON (L.) : *G.P.*, 1981, n° 53-55, p. 12.

79-105 DC du 25 juillet 1979, Rec. 33, *G.D.* **27**, *RJC* I-71.

79-106 DC du 25 juillet 1979, *Rec.* 20, *RJC* I-72.
• AVRIL (P.) et GICQUEL (J.) : *Pouvoirs*, 1979, n° 11, p. 183.

79-107 DC du 12 juillet 1979, *Rec.* 31, *RJC* I-73.
• AVRIL (P.) et GICQUEL (J.) : *Pouvoirs*, 1979, n° 11, p. 187.
• FAVOREU (L.) : *R.D.P.*, 1979, p. 1691.

79-108 DC du 21 novembre 1979, *Rec.* 15, *RJC* I-74.

1980 79-109 DC du 9 janvier 1980, *Rec.* 29, *RJC* I-74.
• AUBY (J.-B.) : *D.*, 1980, p. 249.
• AVRIL (P.) et GICQUEL (J.) : *Pouvoirs*, 1980, n° 13, p. 203.
• FAVOREU (L.) : *R.D.P.*, 1980, 1631.
• FRANCK (C.) : *A.J.*, 1980, p. 356.
• HAMON (L.) : *D.*, 1980, J., p. 420 ; *G.P.*, 1980, n° 258 à 260, p. 4.
• TURPIN (D.) : *R.C.D.I.P.*, 1980, p. 31 ; *Annales de l'Université de Clermont*, Fasc. 16.
• VINCENT (J.-Y.) : *R.A.*, 1980, p. 363.

79-110 DC du 24 décembre 1979, Rec. 36, *G.D.* **28**, *RJC* I-75.

79-111 DC du 30 décembre 1979, Rec. 39, *G.D.* **28**, *RJC* I-77.

79-112 DC du 9 janvier 1980, *Rec.* 32, *RJC* I-78.
• AVRIL (P.) et GICQUEL (J.) : *Pouvoirs*, 1980, n° 13, p. 204.
• FAVOREU (L.) : *R.D.P.*, 1980, p. 1627.
• HAMON (L.) : *D.*, 1980, p. 420.

80-113 DC du 6 mai 1980, *Rec.* 17, *RJC* I-78.

80-114 DC du 17 juin 1980, *Rec.* 18, *RJC* I-79.

80-115 DC du 1er juillet 1980, *Rec.* 34, *RJC* I-79.
• AVRIL (P.) et GICQUEL (J.) : *Pouvoirs*, 1980, n° 15, p. 172.
• FAVOREU (L.) : *R.D.P.*, 1980, p. 1637.
• HAMON (L.) : *D.*, 1981, IR., p. 361.
• LAUBADERE (A. de) : *A.J.*, 1980, Chr., p. 588.
• VILLIERS (M. de) : *R.A.*, 1981, p. 35.

80-116 DC du 17 juillet 1980, *Rec.* 36, *RJC* I-80.
• AVRIL (P.) et GICQUEL (J.) : *Pouvoirs*, 1980, n° 15, p. 167.
• FAVOREU (L.) : *R.D.P.*, 1980, p. 1640.
• VALLEE (Ch.) : *R.G.D.I.P.*, 1980, n° 1, p. 202.
• VILLIERS (M. de) : *R.A.*, 1981, p. 143.

80-117 DC du 22 juillet 1980, *Rec.* 42, *RJC* I-81.
• AVRIL (P.) et GICQUEL (J.) : *Pouvoirs*, 1980, n° 15, p. 172.
• FAVOREU (L.) : *R.D.P.*, 1980, p. 1652.
• TURPIN (D.) : *Droit social*, 1980, p. 441.

80-118 DC du 17 juillet 1980, *Rec.* 19, *RJC* I-83.

80-119 DC du 22 juillet 1980, Rec. 46, *G.D.* **29**, *RJC* I-83.

80-120 DC du 17 juillet 1980, *Rec.* 39, *RJC* I-85.
- AVRIL (P.) et GICQUEL (J.) : *Pouvoirs*, 1980, n° 15, p. 172.
- FAVOREU (L.) : *R.D.P.*, 1980, p. 1645.
- HAMON (L.) : *D.*, 1981, IR., p. 356.

80-121 DC du 17 juillet 1980, *Rec.* 23, *RJC* I-86.
- HAMON (L.) : *D.*, 1981, IR., p. 360.

80-122 DC du 22 juillet 1980, *Rec.* 49, *RJC* I-86.
- AVRIL (P.) et GICQUEL (J.) *Pouvoirs*, 1980, n° 15, p. 163.
- FAVOREU (L.) : *R.D.P.*, 1980, p. 1648.
- HAMON (L.) : *D.*, 1981, IR., p. 359.

80-123 DC du 24 octobre 1980, *Rec.* 24, *RJC* I-87.
- FAVOREU (L.) : *R.D.P.*, 1981, p. 636,
- HAMON (F.) : *A.J.D.A.*, 1981, p. 148.
- HAMON (L.) : *D.*, 1981, IR, p. 362.

80-124 DC du 29 octobre 1980, *Rec.* 20, *RJC* I-88.

80-125 DC du 19 décembre 1980, *Rec.* 51, *RJC* I-88.
- AVRIL (P.) et GICQUEL (J.) : *Pouvoirs*, 1980, n° 16, p. 209.
- FAVOREU (L.) : *R.D.P.*, 1981, p. 631.

80-126 DC du 30 décembre 1980, *Rec.* 53, *RJC* I-89.
- AVRIL (P.) et GICQUEL (J.) : *Pouvoirs*, 1981, n° 17, p. 210.
- DECAUX (E.) : *R.G.D.I.P.*, 1981, n° 3, p. 601.
- HAMON (L.) : *D.*, 1981, IR, p. 359.
- VILLIERS (M. de) : *R.A.*, 1981, p. 143.

1981 *81-127 DC des 19 et 20 janvier 1981*, *Rec.* 15, *G.D.* **30**, *RJC* I-91.

80-128 DC du 21 janvier 1981, *Rec.* 29, *RJC* I-99.
- AVRIL (P.) et GICQUEL (J.) : *Pouvoirs*, 1981, n° 17, p. 209.
- FAVOREU (L.) : *R.D.P.*, 1981, p. 34.

81-129 DC des 30 et 31 octobre 1981, *Rec.* 35, *RJC* I-100.
- AVRIL (P.) et GICQUEL (J.) : *Pouvoirs*, 1981, n° 20, p. 188.
- FAVOREU (L.) : *R.D.P.*, 1983, p. 333, § 62, 70, 71, 72, 73, 94, 96, 103, 105.
- HAMON (L.) : *D.*, 1982, J., p. 557.

81-130 DC du 30 octobre 1981, *Rec.* 31, *RJC* I-102.
- AVRIL (P.) et GICQUEL (J.) : *Pouvoirs*, 1981, n° 20, p. 190.
- FAVOREU (L.), *R.D.P.*, 1983, 333, § 62, 72, 73.

81-131 DC du 16 décembre 1981, *Rec.* 39, *RJC* I-104.
- AVRIL (P.) et GICQUEL (J.) : *Pouvoirs*, 1982, n° 21, p. 184.
- FAVOREU (L.) : *R.D.P.*, 1983, 333, § 94, 96.
- HAMON (L.) : *D.*, 1982, IR, p. 311.

1982 *81-132 DC du 16 janvier 1982*, *Rec.* 18, *G.D.* **31**, *RJC* I-104.

81-133 DC du 30 décembre 1981, *Rec.* 41, *RJC* I-111.
- AVRIL (P.) et GICQUEL (J.) : *Pouvoirs*, 1982, n° 21, p. 198.
- FAVOREU (L.) : *R.D.P.*, 1983, 333, § 36, 122.
- HAMON (L.) : *D.*, 1982, IR, p. 306.
- PHILIP (L.) : *Droit fiscal*, 1982, p. 521.

81-134 DC du 5 janvier 1982, *Rec.* 15, *RJC* I-113.
- AVRIL (P.) et GICQUEL (P.) : *Pouvoirs*, 1982, n° 21, p. 191.
- FAVOREU (L.) : *R.D.P.*, 1983, p. 333, § 36, 57, 76, 120.
- HAMON (L.) : *D.*, 1982, IR, p. 310 et *D.S.*, 1984, p. 159.
- VILLIERS (M. de) : *R.A.* , *1982,* p. 384.

81-135 DC du 31 décembre 1981, *Rec.* 46, *RJC* I-115.
- AVRIL (P.) et GICQUEL (J.) : *Pouvoirs*, 1982, n° 21, p. 198.
- HAMON (L.) : *D.*., 1982, IR, p. 307.

81-136 DC du 31 décembre 1981, *Rec.* 48, *RJC* I-116.
- AVRIL (P.) et GICQUEL (J.), *Pouvoirs*, 1982, n° 21, p. 198.
- FAVOREU (L.) : *R.D.P.*, 1983, p. 333, § 43, 62, 68.

• HAMON (L.) : *D.*, 1982, IR, p. 307.

81-137 DC du 25 février 1982, Rec. 38, *G.D.* **32**, *RJC* I-117.

82-138 DC du 25 février 1982, Rec. 41, *G.D.* **32**, *RJC* I-119.

82-139 DC du 11 février 1982, *Rec.* 31, *G.D.* **31**, *RJC* I-121.

82-140 DC du 28 juin 1982, *Rec.* 45, *RJC* I-124.
- AVRIL (P.) et GICQUEL (J.) : *Pouvoirs*, 1982, nº 23, p. 185.
- FAVOREU (L.) : *R.D.P.*, 1983, p. 333, § 120.

82-141 DC du 27 juillet 1982, *Rec.* 48, *RJC* I-126.
- AVRIL (P.) et GICQUEL (J.), *Pouvoirs*, 1982, nº 23, p. 180.
- ETIEN (R.) : *R.A.*, 1983, p. 36.
- FAVOREU (L.) : *R.D.P.*, 1983, p. 333, § 36, 42, 94, 96, 102, 104. 113, 127 bis, 128.

82-142 DC du 27 juillet 1982, *Rec.* 52, *RJC* I-128.
- AVRIL (P.) et GICQUEL (J.) : *Pouvoirs*, 1982, nº 23, p. 184.
- ETIEN (R.) : *R.A.*, 1982, p. 509.
- FAVOREU (L.) : *R.D.P.*, 1983, p. 333, § 30, 35, 39, 56, 62, 67, 94, 96, 97.
- JACQUOT (H.) : *A.J.*, 1982, p. 577.
- QUEROL (F.) : *J.C.P.*, 1988.

82-143 DC du 30 juillet 1982, Rec. 57, *G.D.* **33**, *RJC* I-130.

82-144 DC du 22 octobre 1982, *Rec.* 61, *RJC* I-132.
- AVRIL (P.) et GICQUEL (J.) : *Pouvoirs*, 1983, nº 25, p. 195.
- CHABAS (F.) : *G.P.*, 1983, nº 28/29, p. 6.
- FAVOREU (L.) : *R.D.P.*, 1983, p. 333, § 42, 57, 110, 111, 112, 113, 127 bis.
- HAMON (L.) : *Droit social*, 1983, p. 155.

82-145 DC du 10 novembre 1982, *Rec.* 64, *RJC* I-133.
- AVRIL (P.) et GICQUEL (J.) : *Pouvoirs*, 1983, nº 25, p. 197.
- FAVOREU (L.) : *R.D.P.*, 1983, p. 333, § 51, 52, 127 bis.
- HAMON (L.) : *Droit social*, 1983, p. 155.

82-146 DC du 18 novembre 1982, *G.D.* **33 bis**, *RJC* I-134.
- AVRIL (P.) et GICQUEL (J.) : *Pouvoirs*, 1983, nº 25, p. 190.
- BOULOUIS (J.) : *A.J.*, 1983, p. 74.
- FAVOREU (L.) : *R.D.P.*, 1983, p. 333, § 58, 59, 66, 108, 109, 124.
- HAMON (L.) : *D.* 1984, somm. comm., p. 469-470.
- LOCHAK (D.) : *Droit social*, 1983, p. 131.
- MARCHAND (J.-M.) : *J.C.P.*, 1983, 19946.

82-147 DC du 2 décembre 1982, *Rec.* 70, *RJC* I-135.
- AVRIL (P.) et GICQUEL (J.) : *Pouvoirs*, 1983, nº 25, p. 184.
- ETIEN (R.) : *R.A.*, 1982, p. 620.
- FORTIER (R.) : R.F. Adm. Publ., 1983, nº 311, p. 24.
- FAVOREU (L.) : *R.D.P.*, 1983, p. 333, § 83, 84, 85, 86, 87, 88, 89, 90, 91, 92, 123.

82-148 DC du 14 décembre 1982, *Rec.* 73, *RJC* I-137.
- AVRIL (P.) et GICQUEL (J.) : *Pouvoirs*, 1983, nº 25, p. 197.
- FAVOREU (L.) : *R.D.P.*, 1983, p. 333, § 58, 59, 61, 106.

82-149 DC du 28 décembre 1982, *Rec.* 76, *RJC* I-138.
- AVRIL (P.) et GICQUEL (J.) : *Pouvoirs*, 1983, nº 25, p. 185.
- FAVOREU (L.) : *R.D.P.*, 1983, p. 333, § 47, 79, 80, 81, 82.

82-150 DC du 30 décembre 1982, *Rec.* 86, *RJC* I-140.
- AVRIL (P.) et GICQUEL (J.) : *Pouvoirs*, 1983, nº 25, p. 198.
- BROUSSOLE (D.) : *A.J.*, 1983, p. 236.
- FAVOREU (L.) : *R.D.P.*, 1983, p. 333, § 39.

1983 82-151 DC du 12 janvier 1983, *Rec.* 29, *RJC* I-141.
- FAVOREU (L.) : *R.D.P.*, 1983, 333, § 94, 96, 99.
- LUCHAIRE (F.) : *A.J.*, 1983, p. 120.

82-152 DC du 14 janvier 1983, *Rec.* 31, *RJC* I-142.
- AVRIL (P.) et GICQUEL (J.) : *Pouvoirs*, 1983, nº 26, p. 180.
- FAVOREU (L.) : *R.D.P.*, 1983, p. 333, § 120.

82-153 DC du 14 janvier 1983, *Rec.* 35, *RJC* I-144.
- AVRIL (P.) et GICQUEL (J.) : Chr., *Pouvoirs*, 1983, nº 26, p. 180.
- FAVOREU (L.) : *R.D.P.*, 1983, 333, § 40, 62 bis, 125, 128.
- GAUDEMET (Y.) : *A.J.D.A.*, 1983, p. 312.

82-154 DC du 29 décembre 1982, *Rec.* 80, *RJC* I-147.
- AVRIL (P.) et GICQUEL (J.) : *Pouvoirs*, 1983, nº 25, p. 198.
- VILLIERS (M. de) : *R.A.*, 1983, p. 139.

82-155 DC du 30 décembre 1982, *Rec.* 88, *RJC* I-149.
- AVRIL (P.) et GICQUEL (J.) : *Pouvoirs*, 1983, nº 25, p. 199.
- FAVOREU (L.) : *R.D.P.*, 1983, 333, § 53, 68, 94, 98, 99, 107.
- VILLIERS (M. de) : *R.A.*, 1983, p. 142.

83-156 DC du 28 mai 1983, *Rec.* 41, *RJC* I-152.
- AVRIL (P.) et GICQUEL (J.), *Pouvoirs*, 1983, nº 26, p. 178 et 184.
- FAVOREU (L.) : *R.D.P.*, 1986, p. 395, § 95, 136, 208.
- LEBRIS (R.-F.) : *A.J.*, 1983, p. 619.

83-157 DC du 15 juillet 1983, *Rec.* 23, *RJC* I-153.

83-158 DC du 19 juillet 1983, *Rec.* 19, *RJC* I-154.

83-159 DC du 19 juillet 1983, *Rec.* 24, *RJC* I-154.
- FAVOREU (L.) : *R.D.P.*, 1986, p. 395, § 168, 171.

83-160 DC du 19 juillet 1983, *Rec.* 43, *RJC* I-154.
- FAVOREU (L.) : *R.D.P.*, 1986, p. 395, § 68, 112, 160.
- JARNEVIC (J.-P.) : *A.J.*, 1984, p. 28.
- LABAYLE (H.) : *J.C.P.* , 1985, II, nº 20352.

83-161 DC du 19 juillet 1983, *Rec.* 47, *RJC* I-156.
- HAMON (L.) : *D.*,, 1985, IR, p. 354.
- MARCHESSOU (Ph.) : *A.J.* , 1984, p. 33.

83-162 DC des 19-20 juillet 1983, *Rec.* 49, *RJC* I-157.
- FAVOREU (L.) : *R.D.P. , 1986,* p. 395, § 31, 36, 37, 45, 67, 68, 76, 77, 83, 93, 95-97, 106, 107, 177-179, 207, 209, 210, 212, 213.

83-163 DC du 14 décembre 1983, *Rec.* 25, *RJC* I-166.

83-164 DC du 29 décembre 1983, Rec. 67, *G.D.* **34**, *RJC* I-166.

1984 *83-165 DC du 20 janvier 1984*, *Rec.* 30, *G.D.* **35**, *RJC* I-171.

83-166 DC du 29 décembre 1983, *Rec.* 77, *RJC* I-175.
- FAVOREU (L.) : *R.D.P.*, 1986, p. 395, § 36, 53, 68, 142.
- HAMON (L.) : *D.*, 1985, IR, p. 354.

83-167 DC du 19 janvier 1984, *Rec.* 23, *RJC* I-177.
- FAVOREU (L.) : *R.D.P.*, 1986, p. 395, § 29, 30, 36, 67, 68, 96, 106, 108, 210, 212.
- HAMON (L.) : *D.*, 1985, IR, p. 357.

83-168 DC du 20 janvier 1984, *Rec.* 38, *RJC* I-180.
- FAVOREU (L.) : *R.D.P.*, 1984, p. 687 ; *R.D.P.* , 1986, p. 395, § 33, 36, 39, 45, 68, 119, 142.
- HAMON (L.) : *D.*, 1985, IR, p. 359.
- NEMERY (J.-Cl.) : *A.J.*, 1984, p. 258.

84-169 DC du 28 février 1984, *Rec.* 43, *RJC* I-183.
- FAVOREU (L.) : *R.D.P.*, 1986, p. 395, § 35, 39, 157.

84-170 DC du 4 juin 1984, *Rec.* 45, *RJC* I-183.
- FAVOREU (L.) : *R.D.P.*, 1986, p. 395, § 19, 136.

84-171 DC du 18 juin 1984, *Rec.* 19, *RJC* I-185.

84-172 DC du 26 juillet 1984, *Rec.* 58, *RJC* I-185.
- FAVOREU (L.) : *R.D.P.*, 1986, p. 395, § 179, 180, 182, 188, 210, 212.
- HAMON (L.) : *D.* 1985, IR, p. 360.

84-173 DC du 26 juillet 1984, *Rec.* 63, *RJC* I-187.

• FAVOREU (L.) : *R.D.P.*, 1986, p. 395, § 36, 68.

84-174 DC du 25 juillet 1984, *Rec.* 48, *RJC* I-188.
• FAVOREU (L.) : *R.D.P.*, 1986, p. 395, § 39, 149, 152-154, 210.
• FERSTENBERT (J.) : *A.J.*, 1984, p. 619.

84-175 DC du 26 juillet 1984, *Rec.* 15, *RJC* I-192.

84-176 DC du 25 juillet 1984, *Rec.* 55, *RJC* I-192.
• FAVOREU (L.) : *R.D.P.*, 1986, p. 395, § 69, 77, 79, 91, 205, 210.

84-177 DC du 30 août 1984, *Rec.* 66, *RJC* I-194.
• FAVOREU (L.) : *R.D.P.*, 1986, p. 395, § 39, 72, 100, 123.
• HAMON (L.) : *D.*, 1985, IR, p. 362.

84-178 DC du 30 août 1984, *Rec.* 69, *RJC* I-195.
• FAVOREU (L.) : *R.D.P.*, 1986, p. 395, § 39, 72, 100, 115, 123, 210, 216.

84-179 DC du 12 septembre 1984, *Rec.* 73, *RJC* I-197.
• BOULOUIS (J.) : *A.J.*, 1984, p. 682.
• FAVOREU (L.) : *R.D.P.*, 1986, p. 395, § 77, 79, 110, 115, 116, 118, 128, 163, 210, 216.
• HAMON (L.) : *D.*, 1985, IR, p. 661.
• ROHMER-BENOIT (F.) : *D.*, 1986, J., p. 97.

84-180 DC du 12 septembre 1984, *Rec.* 20, *RJC* I-199.
• BOULOUIS (J.) : *A.J.*, 1984, p. 682.

84-181 DC des 10-11 octobre 1984, Rec. 78, *G.D.* **36**, *RJC* I-199.

1985 84-182 DC du 18 janvier 1985, *Rec.* 27, *RJC* I-207.
• FAVOREU (L.) : *R.D.P.* ,1986, p. 395, § 39, 45, 75, 204, 210.
• GENEVOIS (B.) : *A.I.J.C.*, 1985, p. 418 et 425.
• RENOUX (Th.) : *D.*, 1986, J., p. 425.

84-183 DC du 18 janvier 1985, *Rec.* 32, *RJC* I-210.
• FAVOREU (L.) : *R.D.P.* , 1986, p. 395, § 33, 37, 38, 75, 91, 210, 219.
• GENEVOIS (B.) : *A.I.J.C.*, 1985, p. 413 et 419.
• RENOUX (Th.) : *D.* , 1986, p. 425.

84-184 DC du 29 décembre 1984, *Rec.* 94, *RJC* I-212.
• ETIEN (R.) : *R.A.*, 1985, p. 140, p. 252.
• FAVOREU (L.) : *RDP.* , 1986, p. 395, § 18, 30, 35, 45, 52, 75, 85, 91, 187, 190, 201, 202, 204, 210, 215.
• PHILIP (L.) : *R.D.P.*, 1985, p. 651.

84-185 DC du 18 janvier 1985, *Rec.* 36, *RJC* I-219.
• FAVOREU (L.) : *R.D.P.*, 1986, p. 395, § 82, 113, 143, 145, 183, 195, 200-203, 210, 220, 229, 230.
• GENEVOIS (B.) : *A.I.J.C.*, 1985, p. 416 et 421.

84-186 DC du 29 décembre 1984, *Rec.* 107, *RJC* I-222.
• FAVOREU (L.) : *R.D.P.*, 1986, p. 395, § 85, 118, 163, 210, 215.

85-187 DC du 25 janvier 1985, Rec. 43, *G.D.* **37**, *RJC* I-223.

85-188 DC du 22 mai 1985, *Rec.* 15, *RJC* I-224.
• FAVOREU (L.) : *A.F.D.I.*, 1985, p. 868.
• GENEVOIS (B.) : *A.I.J.C.*, 1985, p. 430.

85-189 DC du 17 juillet 1985, *Rec.* 49, *RJC* I-224.
• FAVOREU (L.) : *R.D.P.*, 1986, p. 395, § 31, 36, 68, 71, 75, 177-179, 182, 183, 185, 189, 210, 212.
• GENEVOIS (B.) : *A.I.J.C.*, 1985, p. 415

85-190 DC du 24 juillet 1985, *Rec.* 53, *RJC* I-226.
• ETIEN (R.) : *R.A.* , 1985, p. 462.
• FAVOREU (L.) : *R.D.P.* , *1*986, p. 395, § 35, 110.
• GENEVOIS (B.) : *A.I.J.C.*, 1985, p. 406

85-191 DC du 10 juillet 1985, *Rec.* 46, *RJC* I-228.
• FAVOREU (L.) : *R.D.P.* , 1986, p. 395, § 36, 68, 110, 126.
• GENEVOIS (B.) : *A.I.J.C.*, 1985, p. 403, 404 et 415.

85-192 DC du 24 juillet 1985, *Rec.* 56, *RJC* I-229.

• BIENVENU (J.-J.) : *A.J.*, 1985, J., p. 485.
• FAVOREU (L.) : *R.D.P.*, 1986, p. 395, § 79, 84, 118, 163, 164, 166, 171.
• FERNANDEZ (V.) : *L.P.A.* 7 août 1987, p. 2.
• GENEVOIS (B.) : *A.I.J.C.*, 1985, p. 427.

85-193 DC du 24 juillet 1985, *Rec.* 61, *RJC* I-231.
• FAVOREU (L.) : *R.D.P.*, 1986, p. 395, § 177, 178.

85-194 DC du 10 juillet 1985, *Rec.* 19, *RJC* I-232.
• FAVOREU (L.) : *R.D.P.*, 1986, p. 395, § 124.

85-195 DC du 10 juillet 1985, *Rec.* 20, *RJC* I-232.
• FAVOREU (L.) : *R.D.P.* , *1*986, p. 395, § 124, 130, 132, 155.
• GENEVOIS (B.) : *A.I.J.C.*, 1985, p. 407.

85-196 DC du 8 août 1985, Rec. 63, *G.D.* **38**, *RJC* I-234.

85-197 DC du 23 août 1985, Rec. 70, *G.D.* **38**, *RJC* I-238.

85-198 DC du 13 décembre 1985, *Rec.* 78, *RJC* I-242.
• BOULOUIS (J.) : *A.J.D.A.*, 1986, p. 171.
• DUFAU (J.) : *J.C.P.*, 1986, I, 3237.
• ETIEN (R.) : *R.A.* , 1985, p. 572.
• FAVOREU (L.) : *R.D.P.*, 1986, p. 395, § 11, 31, 36, 37, 46, 49, 68, 77, 110, 126, 177, 179, 180, 185, 187, 210, 221.
• GENEVOIS (B.) : *A.I.J.C.*, 1985, p. 421 et 427.
• LUCHAIRE (F.) : *D.*, 1986, J.,p. 345.
• SABLIERE (P.) : *C.J.E.G.*, 1986, p. 109.

85-199 DC du 28 décembre 1985, *Rec.* 83, *RJC* I-244.
• FAVOREU (L.) : *R.D.P.*, 1986, p. 395, § 37, 75, 110, 208, 210, 215, 221.

1986 85-200 DC du 16 janvier 1986, *Rec.* 9, *RJC* I-245.
• FAVOREU (L.) : *R.D.P.*, 1986, p. 395, § 95, 109, 117, 177, 178.
• GAUDEMET (Y.) : *Dr. Soc.*, 1986, p. 372.
• GENEVOIS (B.) : *A.I.J.C.*, 1986, p. 445.
• PRETOT (X.) : *R.T.D.S.S.*, 1986, p. 347.

85-201 DC du 28 décembre 1985, *Rec.* 85, *RJC* I-247.
• FAVOREU (L.) : *R.D.P.*, 1986, p. 395, § 33, 35.
• GENEVOIS (B.) : *A.I.J.C.*, 1985, p. 405.

85-202 DC du 16 janvier 1986, *Rec.* 14, *RJC* I-248.
• BATTISTON (D.) : *rev. Tr.* , 1986, p. 548.
• FAVOREU (L.) : *R.D.P.*, 1986, p. 395, § 18.
• GENEVOIS (B.) : *A.I.J.C.*, 1986, p. 426.

85-203 DC du 28 décembre 1985, *Rec.* 87, *RJC* I-250.
• FAVOREU (L.) : *R.D.P.*, 1986, p. 395, § 35, 110.
• GENEVOIS (B.) : *A.I.J.C.*, 1985, p. 405.

85-204 DC du 16 janvier 1986, *Rec.* 18, *RJC* I-251.
• FAVOREU (L.) : *R.D.P.*, 1986, p. 395, § 37, 75, 115, 116, 210, 216, 222.

85-205 DC du 28 décembre 1985, *Rec.* 24, *RJC* I-253.
• FAVOREU (L.) : *R.D.P.*, 1986, p. 395, § 125.

86-206 DC du 3 juin 1986, *Rec.* 43, *RJC* I-253.
• FAVOREU (L.) : *R.D.P.*, 1989, n° 2, p. 399.
• PHILIP (L.) : *R.D.P.*, 1987, p. 205 :

86-207 DC des 25 et 26 juin 1986, *Rec.* 61, *G.D.*, **39**, *RJC* I-254.

86-208 DC des 1er et 2 juillet 1986, *Rec.* 78, *G.D.* **40**, *RJC* I-262.

86-209 DC du 3 juillet 1986, *Rec.* 86, *RJC* I-266.
• FAVOREU (L.) : *R.D.P.*, 1989, n° 2, p. 399.
• GENEVOIS (B.) : *A.I.J.C.*, 1986, p. 424 et 442.

86-210 DC du 29 juillet 1986, *Rec.* 110, *RJC* I-270.
• AVRIL (P.) et GICQUEL (J.) :*Pouvoirs*, n° 40, chr. const. p. 184.
• ETIEN (R.) :*R.A.*, 1986, p. 458 et 564.
• FAVOREU (L.) : *R.D.P.*, 1989, n° 2, p. 399.
• GENEVOIS (B.) : *A.I.J.C.*, 1986, p. 432 et 439.

- PÉPY (G.) :*A.J.D.A.*, 1986, p. 527.

86-211 DC du 26 août 1986, *Rec.* 120, *RJC* I-274.
- FAVOREU (L.) : *R.D.P.*, 1989, nº 2, p. 399.
- PACTEAU. (B.) : L.P.A., 1er octobre 1986.
- LOLOUM (F.) et NGUYEN HUU (P.) : *Rev. sc.. crim.*, 1987, p. 566,

86-212 DC du 12 août 1986, *Rec.* 118, *RJC* I-274.

86-213 DC du 3 septembre 1986, *Rec.* 122, *RJC* I-275.
- FAVOREU (L.) : *R.D.P.*, 1989, nº 2, p. 399.
- LOLOUM (E.) et NGUYEN HUU (P.) : *Rev. sc. crim.*, 1987, p. 565.

86-214 DC du 3 septembre 1986, *Rec.* 128, *RJC* I-278.
- FAVOREU (L.) : *R.D.P.*, 1989, nº 2, p. 399.
- LOLOUM (E.) et NGUYEN HUU (P.) : *Rev. sc. crim.*, 1987, p. 565.

86-215 DC du 3 septembre 1986, *Rec.* 130, *RJC* I-278.
- FAVOREU (L.) : *R.D.P.*, 1989, nº 2, p. 399.
- GENEVOIS (B.) : *A.I.J.C.*, 1986, p. 444 et 451.
- LOLOUM (F.) et NGUYEN HUU (P.) : *Rev. sc. crim.*, 1987, p. 567,

86-216 DC du 3 septembre 1986, *Rec.* 135, *RJC* I-281.
- FAVOREU (L.) : *R.D.P.*, 1989, nº 2, p. 399.
- GENEVOIS (B.) : *A.I.J.C.*, 1986, p. 436 et 452.
- GENEVOIS (B.) : *R.F.D.A.*, 1987, p. 120.
- PINTO (R.) : *J.D.I.*, 1987, p. 289.
- LOLOUM (F.) et NGUYEN HUU (P.) : *Rev. Sc. crim.*, 1987, p. 566,

86-217 DC du 18 septembre 1986, *Rec.* 141, *RJC* I-283.
- ETIEN (R.) : *R.A.*, 1986, p. 458 et 564.
- FAVOREU (L.) : *R.D.P.*, 1989, nº 2, p. 399.
- GENEVOIS (B.) : *A.I.J.C.*, 1986, p. 430, 433, 435 et 441.
- GUYON (Y.) : *Revue des sociétés,* 1986, p. 606.
- WACHSMANN (P.) : *A.J.D.A.*, 1987, p. 102.
- MAISL (H.) : *D.*, 1987, Somm. p. 381,
- B. GENEVOIS (B.) : *A.I.J.C.,* 1986 (Vol. II), p. 442.

86-218 DC du 18 novembre 1986, *Rec.* 167, *G.D.* **40**, *RJC* I-294.

86-219 DC du 22 décembre 1986, *Rec.* 172, *RJC* I-296.
- FAVOREU (L.) : *R.D.P.*, 1989, nº 2, p. 399.

86-220 DC du 22 décembre 1986, *Rec.* 174, *RJC* I-297.
- AVRIL (P.) et GICQUEL (J.) :*Pouvoirs*, nº 41, chr. const. p. 213
- FAVOREU (L.) : *R.D.P.*, 1989, nº 2, p. 399.
- GENEVOIS (B.) : *A.I.J.C.*, 1986, p. 457.

86-221 DC du 29 décembre 1986, *Rec.* 179, *RJC* I-298.
- AVRIL (P.) et GICQUEL (J.) : *Pouvoirs*, Chr. p. 201.
- CARCASSONNE (G.) : *Pouvoirs*, nº 41, p. 163.
- FAVOREU (L.) : *R.D.P.*, 1989, nº 2, p. 399.
- GENEVOIS (B.) : *A.I.J.C.*, 1986, p. 423.

1987 86-222 DC du 6 janvier 1987, *Rec.* 7, *RJC* I-301.
- GENEVOIS (B.) : *A.I.J.C.*, 1987, p. 577.

86-223 DC du 29 décembre 1986, *Rec.* 184, *RJC* I-301.
- FAVOREU (L.) : *R.D.P.*, 1989, nº 2, p. 399.
- GENEVOIS (B.) : *A.I.J.C.*, 1986, p. 431.
- NGUYEN QUOC VINH : *J.C.P.*, 1987, II, 20903.
- AVRIL (P.) et GICQUEL (J.) : *Pouvoirs,* nº 41, p. 214, chr. const.

86-224 DC du 23 janvier 1987, *Rec.* 8, *G.D.* **41**, *RJC* I-303.

86-225 DC du 23 janvier 1987, *Rec.* 13, *RJC* I-305.
- AVRIL (P.) et GICQUEL (J.) : chron. const., *Pouvoirs*, nº 42, p. 169 et 193.
- CARCASSONNE (G.) : *Pouvoirs*, nº 41, p. 163.
- FAVOREU (L.) : *R.D.P.*, 1989, nº 2, p. 399.
- GENEVOIS (B.) : *A.I.J.C.*, 1987, p. 587 et 589.

- PRETOT (X.) : *Dr. Soc.*, 1987, p. 345.
- VILLIERS (M. de) : *R.A.*, 1987, p. 139.
- BAUMONT (S.) : *Ann. Un. Sc. soc. de Toulouse*, 1987, p. 178.
- AVRIL (P.) : *France Forum*, janv.-mars 1987, p. 36.

87-226 DC du 2 juin 1987, *Rec.* 34, *RJC* I-309.
- AVRIL (P.) et GICQUEL (J.) : chron. const., *Pouvoirs*, n° 43, p. 215-216.
- FAVOREU (L.) : *R.D.P.*, 1989, n° 2, p. 399.
- GENEVOIS (B.) : *A.I.J.C.*, 1987, p. 603.
- LUCHAIRE (F.) : *D.*, 1988, J., p. 259.
- PAVIA (M.L.) : *R.A.*, 1988, p. 440.

87-227 DC du 7 juillet 1987, *Rec.* 41, *RJC* I-310.
- AVRIL (P.) et GICQUEL (J.) : Chron. Const., *Pouvoirs*, n° 44, p. 184.
- FAVOREU (L.) : *R.D.P.*, 1989, n° 2, p. 399.

87-228 DC du 26 juin 1987, *Rec.* 38, *RJC* I-312.
- AVRIL (P.) et GICQUEL (J.) : Chron. Const., *Pouvoirs*, n° 43, chr. p. 215.
- FAVOREU (L.) : *R.D.P.*, 1989, n° 2, p. 399.
- GENEVOIS (B.) : *A.I.J.C.*, 1987, p. 569.

87-229 DC du 22 juillet 1987, *Rec.* 44, *RJC* I-313.
- FAVOREU (L.) : *R.D.P.*, 1989, n° 2, p. 399.
- GENEVOIS (B.) : *A.I.J.C.*, 1987, p. 593.

87-230 DC du 28 juillet 1987, *Rec.* 48, *RJC* I-315.
- AVRIL (P.) et GICQUEL (J.) : Chron. Const., *Pouvoirs*, n° 44, chr., p. 186.
- GENEVOIS (B.) : *R.F.D.A.*, 1987, p. 807
- PAVIA (M.-L.) : *R.A.*, 1988, p. 437.
- CRUCIS (H.M.) : *R.D.P.*, 1988, p. 1315.
- FAVOREU (L.) : *R.D.P.*, 1989, n° 2, p. 399.

1988 87-231 DC du 5 janvier 1988, *Rec.* 7, *RJC* I-317.
- FAVOREU (L.) : *R.D.P.*, 1989, n° 2, p. 399.

87-232 DC du 7 janvier 1988, *Rec.* 17, *RJC* I-317.
- AVRIL (P.) et GICQUEL (J.) : chr. const., *Pouvoirs*, n° 46, p. 179.
- FAVOREU (L.) : *R.D.P.*, 1989, n° 2, p. 399.
- GENEVOIS (B.) : chron., *A.I.J.C.*, vol. IV, 1988 (Paris, 1990), p. 403 et 404.
- GUYON (Y.) : *Rev. soc.*, 1988, p. 229.

87-233 DC du 5 janvier 1988, *Rec.* 9, *RJC* I-322.
- FAVOREU (L.) : *R.D.P.*, 1989, n° 2, p. 399.
- GENEVOIS (B.) : chron., *A.I.J.C.*, vol. IV, 1988 (Paris, 1990), p. 396-397, 414.

87-234 DC du 7 janvier 1988, *Rec.* 26, *RJC* I-323.
- AVRIL (P.) et GICQUEl (J.) : *Pouvoirs,* n° 46, 1988, p. 183.
- FAVOREU (L.) : *R.D.P.*, 1989, n° 2, p. 399.
- GENEVOIS (B.) : chron., *A.I.J.C.*, vol. IV, 1988 (Oaris, 1990), p. 395, 396, 402.
- PRETOT (X.) : obs. in som. com., *D.*, 1989, p. 82.

87-235 DC du 5 janvier 1988, *Rec.* 12, *RJC* I-324.
- FAVOREU (L.) : *R.D.P.*, 1989, n° 2, p. 399.
- GENEVOIS (B.) : chron., *A.I.J.C.*, vol. IV, 1988 (Paris, 1990), p. 391.

87-236 DC du 5 janvier 1988, *Rec.* 14, *RJC* I-324.
- FAVOREU (L.) : *R.D.P.*, 1989, n° 2, p. 399.

87-237 DC du 30 décembre 1987, *Rec.* 63, *RJC* 324.
- AVRIL (P.) et GICQUEL (J.) : Chron. Const., *Pouvoirs*, n° 45, chr., p. 174.
- FAVOREU (L.) : *R.D.P.*, 1989, n° 2, p. 399.
- GENEVOIS (B.) : *A.I.J.C.*, 1987, p. 578.
- GENEVOIS (B.) : *R.F.D.A.*, 1988, p. 350.
- LAMBERT (T.) : *R.A.*, 1988, p. 136.

- PHILIP (L.) : *Dr. fiscal*, 1988, p. 1228.

87-238 DC du 5 janvier 1988, *Rec.* 15, *RJC* I-327.
- FAVOREU (L.) : *R.D.P.*, 1989, n° 2, p. 399.

87-239 DC du 30 décembre 1988, *Rec.* 69, *RJC* I-328.
- FAVOREU (L.) : *R.D.P.*, 1989, n° 2, p. 399.
- GENEVOIS (B.) : *A.I.J.C.*, 1987, p. 579.

87-240 DC du 19 janvier 1988, *Rec.* 28, *RJC* I-328.
- FAVOREU (L.) : *R.D.P.*, 1989, n° 2, p. 399.
- GENEVOIS (B.) : chron., *A.I.J.C.*, vol. IV, 1988 (Paris, 1990), p. 403.

87-241 DC du 19 janvier 1988, *Rec.* 31, *RJC* I-330.
- FAVOREU (L.) : *R.D.P.*, 1989, n° 2, p. 399.
- GENEVOIS (B.) : chron., *A.I.J.C.*, vol. IV, 1988 (Paris, 1990), p. 415-416.

87-242 DC du 10 mars 1988, *Rec.* 36, *RJC* I-331.
- AVRIL (P.) et GICQUEL (J.) : Chron. Const., *Pouvoirs*, n° 46, chr. const., p. 170.
- FAVOREU (L.) : *R.D.P.*, 1989, n° 2, p. 399.
- GENEVOIS (B.) : chron., *A.I.J.C.*, vol. IV, 1988 (Paris, 1990), p. 394, 395, 409-412.
- PAVIA (M.-L.) : *R.A.*, 1988, p. 441.

88-243 DC du 13 juillet 1988, *Rec.* 85, *RJC* I-334.
- FAVOREU (L.) : *R.D.P.*, 1989, n° 2, p. 399.

88-244 DC du 20 juillet 1988, *Rec.* 119, *RJC* I-334.
- AVRIL (P.) et GICQUEL (J.) : chron. const., *Pouvoirs*, n° 48, 1989, p. 185.
- FAVOREU (L.) : *R.D.P.*, 1989, n° 2, p. 399.
- GENEVOIS (B.) : chron., *A.I.J.C.*, vol. IV, 1988 (Paris, 1990), p. 392, 405-409.
- PAILLET (M.) : *J.C.P.*, 1989, 21202.
- LUCHAIRE (F.) : *D.*, 1989, J., p. 269.
- PRETOT (X.) : *Dr. soc.*, 1988, p. 755.
- WACHSMANN (P.) : *A.J.D.A.*, 1988, p. 753.

88-245 DC du 18 octobre 1988, *Rec.* 153, *RJC* I-338.
- FAVOREU (L.) : *R.D.P.*, 1989, n° 2, p. 399.

88-246 DC du 20 décembre 1988, *Rec.* 266, *RJC* I-338.
- FAVOREU (L.) : *R.D.P.*, 1989, n° 2, p. 399.

1989 88-247 DC du 17 janvier 1989, *Rec.* 15, *RJC* I-338.
- FAVOREU (L.) : *R.D.P.*, 1989, n° 2, p. 399.

88-248 DC du 17 janvier 1989, Rec. 18, *G.D.* **42**, *RJC* I-339.

88-249 DC du 12 janvier 1989, *Rec.* 7, *RJC* I-345.
- AVRIL (P.) et GICQUEL (J.) : chron. const., *Pouvoirs*, n° 50, 1989, p. 197.
- FAVOREU (L.) : *R.D.P.*, 1989, n° 2, p. 399.
- GENEVOIS (B.) : chron., *A.I.J.C.*, vol. V, 1989 (Paris, 1991), p. 495.

88-250 DC du 29 décembre 1988, *Rec.* 267, *RJC* I-346.
- FAVOREU (L.) : *R.D.P.*, 1989, n° 2, p. 399.
- GENEVOIS (B.) : chron., *A.I.J.C.*, vol. IV, 1988 (Paris, 1990), p. 402-403.

88-251 DC du 12 janvier 1989, *Rec.* 10, *RJC* I-349.
- CHAMINADE (A.) : *J.C.P.*, 1990, *D.*, 3441.
- FAVOREU (L.) : *R.D.P.*, 1989, n° 2, p. 399, § 21, 22, 26, 77, 125, 136, 140, 161.
- FIALAIRE J.) : *L.P.A.*, n° 57, 1989, p. 13.
- GENEVOIS (B.) : chron., *A.I.J.C.*, vol. V, 1989 (Paris, 1991), p. 476, 491-493, 511-512.
- HAMON (L.) : *D.*, 1989, J., P. 573.
- WACHSMAN (P.), *A.J.D.A.*, 1989, p. 322.

89-252 DC du 7 juin 1989, *Rec.* 39, *RJC* I-352.
89-253 DC du 4 juillet 1989, *Rec.* 40, *RJC* I-352.
89-254 DC du 4 juillet 1989, *Rec.* 41, *RJC* I-352.
- GENEVOIS (B.) : chron., *A.I.J.C.*, vol. V, 1989 (Paris, 1991), p. 483, 496, 500, 505.
- GUYON (Y.), *Revue des sociétés*, 1990, n° 1, p. 27.
- LUCHAIRE (F.) : *D.*, 1990, p. 209.
- ZENATI (F.) : *R.T.D.C.*, 1990, p. 519.

89-255 DC du 4 juillet 1989, *Rec.* 47, *RJC* I-355.
89-256 DC du 25 juillet 1989, *Rec.* 53, *RJC* I-355.
- BON (P.) : *R.F.D.A.*, 1989, p. 1009.
- GENEVOIS (B.) : *C.J.E.G.*, 1990, p. 1.
- GENEVOIS (B.) : chron., *A.I.J.C.*, vol. V, 1989 (Paris 1991), p. 473, 493, 505, 509.

89-257 DC du 25 juillet 1989, *Rec.* 59, *RJC* I-358.
- AVRIL (P.) et GICQUEL (J.) : chron. const., *Pouvoirs*, n° 52, 1990, p. 187.
- BENOIT-ROHMER (F.) : *A.J.D.A.*, 1989, p. 796.
- GENEVOIS (B.) : chron., *A.I.J.C.*, vol. V, 1989 (Paris 1991), p. 488, 503, 504.
- PRÉTOT (X.) : *Dr. social*, 1989, p. 703.

89-258 DC du 8 juillet 1989, *Rec.* 48, *RJC* I-361.
- CHELLE (D.) et PRETOT (X.) : som. com., *D.* 1990, p. 138.
- FRANCK (C.) : *J.C.P.*, 1990, J., 21409.
- GENEVOIS (B.) : chron., *A.I.J.C.*, vol. V, 1989 (Paris 1991), p. 479, 480, 493, 496, 519.

89-259 DC du 26 juillet 1989, *Rec.* 66, *RJC* I-364.
- GENEVOIS (B.) : chron., *A.I.J.C.*, vol. V, 1989 (Paris 1991), p. 484.
- TURPIN (D.) : *L.P.A.*, n° 12, janv. 1990, p. 4.

89-260 DC du 28 juillet 1989, *Rec.* 71, *RJC* I-365.
AVRIL (P.) et GICQUEL (J.) : chron. const., *Pouvoirs*, n° 52, 1990, p. 189.
- GENEVOIS (B.) : *R.F.D.A.*, 1989, n° 4, p. 671.
- GENEVOIS (B.) : chron., *A.I.J.C.*, vol. V, 1989 (Paris 1991), p. 481, 482, 486, 487, 498, 507.

89-261 DC du 28 juillet 1989, *Rec.* 81, *RJC* I-370.
- CHEVALLIER (J.) : *A.J.D.A.*, 1989, p. 619.
- GENEVOIS (B.) : *R.F.D.A.*, n° 4, 1989, p. 691.
- GENEVOIS (B.) : chron., *A.I.J.C.*, vol. V, 1989 (Paris 1991), p. 510.
- OSMAN (F.) : *G.P.*, 25-27 fév. 1990, p. 2.
- PRETOT (X.) : *D.* 1990, J., p. 161.

89-262 DC du 7 novembre 1989, *Rec.* 90, *RJC* I-373.
- AVRIL (P.) et GICQUEL (J.) : chron. const., *Pouvoirs*, 1990, n° 53, p. 177.
- FERNANDEZ-MAUBLANC (L.) : *L.P.A.*, n° 47, avril 1990, p. 8.
- GENEVOIS (B.) : chron., *A.I.J.C.*, vol. V, 1989 (Paris 1991), p. 501-503.
- RENOUX (Th.), *R.F.D.C.*, 1-1990 (janv.-mars), p. 136.
- RENOUX (Th.S.) : *R.F.D.C.*, 2-1990 (avr.-juin), p. 239.

1990 89-263 DC du 11 janvier 1990, *Rec.* 18, *RJC* I-375.
- AVRIL (P.) et GICQUEL (J.) : chron.const., *Pouvoirs*, n° 54, 1990, p. 200.
- CHAUMONT (J.-P.), *L.P.A.*, n° 23, fév. 1990, p. 20.
- LUCHAIRE (L.) : *R.D.P.*, 1990, p. 832.
- RENOUX (Th.S.) : *R.F.D.C.*, 2-1990 (avril-juin), p. 320.

89-264 DC du 9 janvier 1990, *Rec.* 9, *RJC* I-376.
- FAVOREU (L.) : *R.F.D.C.*, 2-1990 (avril-juin), p. 323.
- PAILLET (M.) : *L.P.A.*, n° 81, juillet 1990, p. 32.

89-265 DC du 9 janvier 1990, *Rec.* 12, *RJC* I-377.
- RENOUX (Th.S.) : *R.F.D.C.*, 2-1990 (avril-juin), p. 323.

89-266 DC du 9 janvier 1990, *Rec.* 15, *RJC* I-378.
- AVRIL (P.) et GICQUEL (J.) : chron. const., *Pouvoirs*, n° 54, 1990, p. 196.
- FIALAIRE (J.) : *R.A.*, 1990, p. 40.
- GUIMEZANES (N.), *J.C.P.*, 1990, 21591.
- PRETOT (X.), *R.D.S.S.*, 1990, p. 437.
- RENOUX (Th.S.) : *R.F.D.C.*, 2-1990 (avril-juin), p. 326.

89-267 DC du 22 janvier 1990, *Rec.* 27, *RJC* I-379.
- AVRIL (P.) et GICQUEL (J.), chron. const. *Pouvoirs*, 1990, n° 54, p. 198.
- FAVOREU (L.) : *R.F.D.C.*, 2-1990 (avril-juin), p. 329.

89-268 DC du 29 décembre 1989, *Rec.* 110, *RJC* I-382.
- AVRIL (P.) et GICQUEL (J.) : chron. const., *Pouvoirs*, n° 53, 1990, p. 164 et 182.
- ETIEN (R.) : *R.A.*, 1990, p. 426.
- GENEVOIS (B.) : *R.F.D.A.*, 1990, p. 143.
- GENEVOIS (B.) : chron., *A.I.J.C.*, vol. V, 1989 (Paris 1991), p. 476, 489, 494, 496, 500, 503, 506, 508, 518.
- PHILIP (L.) : *D.F.*, n° 12, 1990, p. 464.
- PHILIP (L.) : *R.F.D.C.*, 1-1990 (janvier-mars), p. 122.
- X., *R.J.F.*, 1990, p. 134.

89-269 DC du 22 janvier 1990, *Rec.* 33, *RJC* I-392.
- AVRIL (P.) et GICQUEL (J.), chron. const., *Pouvoirs*, n° 54, 1990, p. 196, 199.
- BENOIT-ROHMER (F.) : *A.J.D.A.*, 1990, p. 471.
- DUBOUIS (L.) : *R.T.D.S.S.*, n° 4, 1990, p. 637.
- FAVOREU (L.) : *R.F.D.C.*, 2-1990 (avril-juin), p. 330.
- GENEVOIS (B.) : *R.F.D.A.*, 1990, p. 406.
- PRETOT (X.) : *R.T.D.S.S.*, 1990, p. 437.
- PRETOT (X.) : *Dr. soc.*, n° 4, 1990, p. 352.
- SIMON-DEPITRE (M.) : *R.C.D.I.P.*, 1990, p. 497.

89-270 DC du 29 décembre 1989, *Rec.*129, *RJC* I-396.
- GENEVOIS (B.) : chron., *A.I.J.C.*, vol. V, 1989 (Paris 1991), p. 476, 489.
- PHILIP (L.), *R.F.D.C.*, 1-1990 (janv. mars), p. 122.

89-271 DC du 11 janvier 1990, *Rec.* 21, *RJC* I-397.
- AVRIL (P.)et GICQUEL (J.) : chron. const., *Pouvoirs*, 1990, n° 54, p. 203.
- CHAUMONT (J.-P.) : *L.P.A.*, n° 23, février 1990, p. 20.
- PAVIA (M.-L.) : *R.A.*, 1990, p. 320.
- ROUX (A.) : *R.F.D.C.*, 2-1990 (avril-juin), p. 332.

89-272 DC du 22 janvier 1990, *Rec.* 42, *RJC* I-400.
- ROUX (A.) : *R.F.D.C.*, 2-1990 (avril-juin), p. 322.

90-273 DC du 4 mai 1990, *Rec.* 55, *RJC* I-401.
- AVRIL (P.) et GICQUEL (J.) : chron. const., *Pouvoirs*, n° 55, 1990, p. 216.
- LUCHAIRE (F.) : *R.D.P.*, 1990, p. 832.
- RENOUX (Th.S.) : *R.F.D.C.*, 3-1990 (juill.-sept.), p. 495.

90-274 DC du 29 mai 1990, *Rec.* 61, *RJC* I-403.
- AVRIL (P.) et GICQUEL (J.) : chron. const., *Pouvoirs*, n° 55, 1990, p. 206.
- FAVOREU (L.) : *R.F.D.C.*, 3-1990 (juill.-sept.), p. 497.
- PRETOT (X.) : *R.T.D.S.S.*, n° 4, 1990, p. 711.
- VEDEL (G.) : *Pouvoirs locaux*, n° 7, déc. 1990, p. 85 et n° 8, mars 1991, p. 16.

90-275 DC du 6 juin 1990, *Rec.* 67, *RJC* I-405.
- RENOUX (Th.) : *R.F.D.C.*, 3-1990 (juill.-sept.), p. 498.

90-276 DC du 5 juillet 1990, *Rec.* 69, *RJC* I-406.
- RENOUX (Th.S.) : *R.F.D.C.*, 4-1990 (oct.-déc.), p. 727.

90-277 DC du 25 juillet 1990, *Rec.* 70, *RJC* I-406.

AVRIL (P.) et GICQUEL (J.), chron. const., *Pouvoirs*, nº 56, 1991, p. 200, 202, 204, 209, 210.
• FAVOREU (L.) et PHILIP (L.) : *R.F.D.C.*, 4-1990 (oct.-déc.), p. 729.

90-278 DC du 7 novembre 1990, *Rec.* 79, *G.D.* **43**, *RJC* I-410.

90-279 DC du 7 novembre 1990, *Rec.* 77, *RJC* I-412.
• ROUX (A.) : *R.F.D.C.*, 5-1991 (janv.-mars), p. 117.

90-280 DC du 6 décembre 1990, *Rec.* 84, *RJC* I-412.
• ETIEN (R.) : *R.A.*, nº 258, 1990, p. 513.
• FAVOREU (L.) : *R.F.D.C.*, 5-1991 (janv.-mars), p. 129.
• LUCHAIRE (F.) : *R.D.P.*, 1991, nº 1, p. 265.

90-281 DC du 27 décembre 1990, *Rec.* 91, *RJC* I-415.
• RENOUX (Th.) : *R.F.D.C.*, 5-1991 (janv.-mars), p. 118.

1991 90-282 DC du 8 janvier 1991, *Rec.* 9, *RJC* I-417.
• AVRIL (P.) et GICQUEL (J.) : chron. const., *Pouvoirs*, nº 58, 1991, p. 146, 152, 153.

90-283 DC du 8 janvier 1991, *Rec.* 11, *RJC* I-417.
• AVRIL (P.) et GICQUEL (J.) : chron. const., *Pouvoirs*, nº 58, p. 137, 142-145.
• FAVOREU (L.) : *R.F.D.C.*, 6-1991 (avril-juin), p. 293.
• WACHSMANN (P.) : *A.J.D.A.*, nº 5, 1991, p. 382.

90-284 DC du 16 janvier 1991, *Rec.* 20, *RJC* I-422.
• AVRIL (P.) et GICQUEL (J.) : chron. const., *Pouvoirs*, nº 58, p. 145.
• MATHIEU (B.) : *D.* 1991, chron., p. 119.
• PRETOT (X.) : *D.* 1991, J., p. 321.
• ROUX (A.) : *R.F.D.C.*, 6-1991 (avril-juin), p. 300.

90-285 DC du 28 décembre 1990, *Rec.* 95, *RJC* I-424.
• CHAUMONT (J.-P.) : *L.P.A.*, nº 17, 1991, p. 15.
• FAVOREU (L.) : obs. in *R.F.D.C.*, 5-1991 (janv.-mars), p. 145.
• PHILIP (L.) : *R.F.D.C.*, 5-1991 (janv.-mars), p. 136.
• PHILIP (L.) : *D.F.*, nº 14, 1991, p. 612.
• PRETOT (X.) : *Dr. soc.*, nº 4, 1991, p. 338.

90-286 DC du 28 décembre 1990, *Rec.* 107, *RJC* I-429.
• PHILIP (L.) : *R.F.D.C.*, 5-1991 (janv.-mars), p. 136.

90-287 DC du 16 janvier 1991, *Rec.* 24, *RJC* I-432.
AVRIL (P.) et GICQUEL (J.) : chron. const., *Pouvoirs*, nº 58, 1991, p. 134, 145-146.
• FAVOREU (L.) : *R.F.D.C.*, 6-1991 (avril-juin), p. 293.

90-288 DC du 16 janvier 1991, *Rec.* 33, *RJC* I-436.
• AVRIL (P.) et GICQUEL (J.) : chron. const., *Pouvoirs*, nº 58, 1991, p. 146.
• RENOUX (Th.S.) : *R.F.D.C.*, 6-1991 (avril-juin), p. 291.

91-289 DC du 11 avril 1991, *Rec.* 38, *RJC* I-437.

91-290 DC du 9 mai 1991, *G.D.* **44**, *RJC* I-438.

91-291 DC du 6 mai 1991, *Rec.* 40, *RJC* I-445.
• PHILIP (L.) : *R.F.D.C.*, 7-1991, p. 497.
• ROUSSEAU (D.) : chron. de jurisp. const., *R.D.P.*, 1992, p. 50, 58, 74, 75.
• PRÉTOT (X.) : *R.D.S.S.*, 1991, nº 4, p. 639.
• AVRIL (P.) et GICQUEL (J.) : chron. const., *Pouvoirs*, 1991, nº 59.

91-292 DC du 23 mai 1991, *Rec.* 64, *RJC* I-450.

91-293 DC du 23 juillet 1991, *Rec.* 77, *RJC* I-453.
• HAMON (L.), *D.* 1991, *J.* 617.
• HOUTEER (Ch.) : *L.P.A.*, 6 sept. 1991, nº 107, p. 4.
• DUBOUIS (L.), *R.F.D.A.*, 1991, p. 903.
• GAIA (P.), *R.F.D.C.*, 1991-8, p. 699.
• PRÉTOT (X.), *D.* 1992, Ald, p. 67.

• LUCHAIRE (F.), *R.D.P.*, 1991, p. 1499.

91-294 DC du 25 juillet 1991, *Rec.* 91, *RJC* I-455.
• HAMON (L.), *D.* 1991, J. 617.
• LUCHAIRE (F.), *R.D.P.*, 1991, p. 1499.
• GAIA (P.), *R.R.J.*, 1-1992, p. 25.
• GAIA (P.), *R.F.D.C.*, 1991-8, P. 703.
• ROUSSEAU (D.), *R.D.P.*, 1992, CHRON. P. 63.
• VEDEL (G.), *R.F.D.A.*, 1992, p. 173.

91-295 DC du 23 juillet 1991, *Rec.* 81, *RJC* I-460.

91-296 DC du 29 juillet 1991, *Rec.* 102, *RJC* 460.
• PRÉTOT (X.), *Droit social*, 1991, p. 807.
• ROUX (A.), *R.F.D.C.*, 1991-8, p. 716.
• ROUSSEAU (D.), chron. de jurisp., *R.D.P.*, 1992, p. 81.
• AVRIL (P.) et GICQUEL (J.), chron. const., *Pouvoirs*, n° 60, 1992, p. 213.

91-297 DC du 29 juillet 1991, *Rec.* 108, *RJC* I-463.
• BOUTIN (Ch.), *L.P.A.*, 24 janv. 1992, n° 11, p. 11.
• RENOUX (Th. S.), *R.F.D.C.*, 1991-8, p. 720.
• ROUSSEAU (D.), chron. de jurisp. const., *R.D.P.*, 1992, p. 108.
• AVRIL (P.) et GICQUEL (J.), chron. const., *Pouvoirs*, n° 60, 1992.

91-298 DC du 24 juillet 1991, *Rec.* 82, *RJC* I-465.
• PHILIP (L.), *R.F.D.C.*, 1991-8, p. 722.
• AVRIL (P.) et GICQUEL (J.), chron. de jurisp. const., *Pouvoirs*, n° 60, 1992, p. 204, 216, 217.
• ROUSSEAU (D.), chron. de jurisp. const., *R.D.P.*, 1992, p. 50, 51, 55.

91-299 DC du 2 août 1991, *Rec.* 124, *RJC* I-470.
• FAVOREU (L.), *R.F.D.C.*, 1991-8, p. 727.
• ROUSSEAU D.), chron. de jurisp. const., *R.D.P.*, 1992, p. 102, 103.
• AVRIL (P.) et GICQUEL (J.), chron. const., *Pouvoirs*, n° 60, 1992, p. 201, 205, 214.
• LAURIN (Y.), *D.*, 1992, chron., p. 130.

91-300 DC du 20 novembre 1991, *Rec.* 130, *RJC* I-472.
• ETIEN (R.) : chron. des décisions du Conseil constitutionnel, *R.A.*, n° 265, 1992, p. 33.
• AVRIL (P.) et GICQUEL (J.) : chron. const., *Pouvoirs*, n° 61, 1992, p. 175, 183, 184.
• ORSONI (G.) : *R.F.D.C.*, 9-1992, p. 97.
• MATHIEU (B.) :chron. jurisp. const., *L.P.A.*, n° 95, 1992, p. 17.

1992 91-301 DC du 15 janvier 1992, *J.O.* 18 janvier 1992, p. 884, *RJC* I-473.
• AVRIL (P.) et GICQUEL (J.) : *Pouvoirs*, n° 62, p. 204.

91-302 DC du 30 décembre 1991, *Rec.* 137, *RJC* I-476.
• Etien (R.) : chron. des décisions du C.C., *R.A.*, n° 265, 1992, p. 33.
• PJILIP (L.) : *R.F.D.C.*, 9-1992, p. 101.
• MATHIEU (B.) : chron. jurisp. const., *L.P.A.*, n° 95, 1992, p. 15.

91-303 DC du 15 janvier 1992, *RJC* I-480.
• GUYON (Y.) : *R.F.D.C.*, 10-1992, p. 303.
• MATHIEU (B.) : chron. jurisp. const., *L.P.A.*, n° 95, 1992, p. 13.

91-304 DC du 15 janvier 1992, *RJC* I-481.
• AVRIL (P.) et GICQUEL (J.) : *Pouvoirs*, n° 62, p. 193 et 196.
• DEBBASCH (Ch.) : *D.* 1992, J., p. 201.
• PHILIPPE (X.) : *R.F.D.C.*, 10-1992, p. 307.

92-305 DC du 21 février 1992, *RJC* I-483.
• AVRIL (P.) et GICQUEL (J.) : chron. const., *Pouvoirs*, n° 62, 1992, p. 174-176, 193-194.
• LUCHAIRE (F.) : *R.D.P.*, 1992, p. 389.
• RENOUX (Th.) : *R.F.D.C.*, 10-1992, p. 318.
• RENOUX (Th.) : *Gaz. Pal.*, 1993, doct. 125-126.

92-306 DC du 25 février 1992, *RJC* I-492.
- AVRIL (P.) et GICQUEL (J.) : *Pouvoirs*, nº 62, p. 195.
- LUCHAIRE (F.) : *R.D.P.*, 1992, p. 389.
- MATHIEU (B.) et VERPEAUX (M.) : chron. jurisp. const., *L.P.A.*, nº 95, 1992, p. 18.

92-307 DC du 25 février 1992, *RJC* I-493.
- AVRIL (P.) et GICQUEL (J.) : chron. const., *Pouvoirs*, nº 62, 1992, p. 173, 189-192.
- BONNECHÈRE (M.) : *Droit ouvrier*, 1992, p. 146.
- GAÏA (P.) : *R.F.D.C.*, 10-1992, p. 311.
- GENEVOIS (B.) : *R.F.D.A.*, 1992, p. 187.
- JULIEN-LAFERRIÈRE : *A.J.D.A.*, 1992, p. 656.
- LOCHAK (D.) : *J.D.I.*, 1992, p. 677.
- NGUYEN VAN TUONG, *J.C.P.*, 1992, J., nº 21848.
- TURPIN (D.) : *L.P.A.*, 6 novembre 1992, p. 11.

92-308 DC du 9 avril 1992, G.D. **45**, *RJC* I-496.
- PHILIP (L.), *R.F.D.C.*, 12-92, P. 752.

92-309 DC du 9 juin 1992, *RJC* I-502.
- AVRIL (P.) et GICQUEL (J.) : *Pouvoirs*, nº 63, p. 166 et 172.
- CAMBY (J.-P.) : *R.F.F.P.*, nº 39, 1992, p. 193.
- VERDIER (M.-F.) : *L.P.A.*, 1993, nº 86, p. 11.

92-310 DC du 29 juillet 1992, *RJC* I-504.

92-311 DC du 29 juillet 1992, *RJC* I-504.
- AVRIL (P.) et GICQUEL (J.) : *Pouvoirs*, nº 64, 1993, p. 202.
- CAMBY (J.-P.) : *L.P.A.*, 13 janvier 1993, p. 10.
- MATHIEU (B.) : *L.P.A.*, 9 décembre 1992, p. 12.

92-312 DC du 2 septembre 1992, G.D. **45**, *RJC* I-505.

92-313 DC du 23 septembre 1992, G.D. **45**, *RJC* I-510.
- FAVOREU (L.) : *R.G.D.I.P.*, 97-1993-1, p. 39.
- PICARD (E.) : *A.J.D.A.*, 1993, nº 2 ; *R.F.D.A.*, nº 1, p. 47.

92-314 DC du 17 décembre 1992, *RJC* I-511.
- BIGAUT (C.) : *R.A.*, 1994, 277, p. 29.
- GAÏA (P.) : *R.F.D.C.*, 13-1993, P. 137.

1993 92-315 DC du 12 janvier 1993, *RJC* I-513.
- BIGAUT (C.) : *R.A.*, 1994, 277, p. 29.
- DREYFUS-SCHMIDT (M.) : *R.F.D.C.*, 14-1993, p. 371.
- GAÏA (P.) : *R.F.D.C.*, 13-1993, p. 132.
- VERDIER (M.-F.) : *L.P.A.*, 1993, nº 67, p. 8.

92-316 DC du 20 janvier 1993, *RJC* I-516.
- FAVOREU (L.), FRAYSSINET (J.), PHILIPPE (X.), RENOUX (TH. S.), ROUX (A.) : *R.F.D.C.*, 14-1993, p. 375.
- MATHIEU (B.) et VERPEAUX (M.), *L.P.A.*, 2 juin 1993, p. 4.
- POUYAUD (D.) : *R.F.D.A.*, 1993, nº 5, p. 902

92-317 DC du 21 janvier 1993, *RJC* I-522.
- MATHIEU (B.) et VERPEAUX (M.), *L.P.A.*, 2 juin 1993, p. 7.
- PHILIPPE (X.) : *R.F.D.C.*, nº 14-1993, p. 406.

93-318 DC du 30 juin 1993, *RJC* I-524.
- GAÏA (P.) : *R.F.D.C.*, 16-1993, p. 819.
- VERPEAUX (M.) : *L.P.A.*, nº 26, 2 mars 1994, p. 10.

93-319 DC du 30 juin 1993, *RJC*. I-525.
- GAÏA (P.) : *R.F.D.C.*, 16-1993, p. 819.
- VERPEAUX (M.) : *L.P.A.*, nº 26, 2 mars 1994, p. 10.

93-320 DC du 21 juin 1993, *RJC* I-526.
- MATHIEU (B.) et VERPEAUX (M.) : *L.P.A.*, 5 janvier 1994, p. 16.
- PHILIP (L.) : *R.F.D.C.*, 15-1993, p. 576.
- PRÉTOT (X.) : *Droit social*, 1993, 9-10, p. 787.

93-321 DC du 20 juillet 1993, *RJC* I-529.
- DOUBLET (Y.-M.) : *L.P.A.*, n° 121, 8 octobre 1993, p. 12.
- FABRE-ALIBERT (J.) : *R.T.D.H.*, n° 20, 1994, p. 519 à 555.
- PHILIPPE (X.) : *R.F.D.C.*, 16-1993, P. 823.
- SCHRAMIEK (O.) : *A.J.D.A.*, 1993, n° 11, p. 755.
- VERPEAUX (M.) : *L.P.A.*, 1994, n° 26, p. 11.

93-322 DC du 28 juillet 1993, *RJC* I-533.
- ETIEN (R.) : *R.A.*, 1993, n° 275, p. 443.
- MATHIEU (B.) et VERPEAUX (M.) : *L.P.A.*, n° 27, 4 mars 1994, p. 4.
- PHILIPPE (X.) : *R.F.D.C.*, 16-1993, p. 831.

93-323 DC du 5 août 1993, *RJC*. I-535.
- FAVOREU (L.) ; *R.F.D.C.*, 16-1993, p. 837.
- MATHIEU (B.) et VERPEAUX (M.), *L.P.A.*, n° 2, 5 janvier 1994, p. 18.
- WACHSMANN (P.) : *A.J.D.A.*, 1993, n° 11, p. 815.

93-324 DC du 3 août 1993, *RJC*. I-537.
- DAVIGNON (J.-F.) : *L.P.A.*, n° 73, 20 juin 1994, p. 33.
- DUPRAT (J.-P.) : *L.P.A.*, n° 47, 20 avril 1994, p. 4 ; *L.P.A.*, n° 49, 25 avril 1994, p. 4.
- GAÏA (P.) : *R.F.D.C.*, 16-1993, p. 844.
- LEROY (C.) : *L.P.A.*, n° 85, 18 juillet 1994, p. 5.
- MATHIEU (B.) et VERPEAUX (M.) : *L.P.A.*, n° 27, 4 mars 1994, p. 6.
- NGUYEN VAN TUONG, *J.C.P.*, Éd. G., n° 2, 1994, 22193.

93-325 DC des 12-13 août 1993, *G.D.* **46**, *RJC* I-539.
- DUPEYROUX (J.-J.) et PRÉTOT (X.) : *Droit social*, janvier 1994, p. 69.
- FAVOREU (L.) : *R.F.D.C.*, 15-1993, p. 587.
- GENEVOIS (B.) : *R.F.D.A.*, 1993, p. 871.
- LUCHAIRE (F.) : *R.D.P.*, 1, 1994, p. 5.

93-326 DC du 11 août 1993, *RJC* I-552.
- LE GUNEHEC (F.) : *J.C.P.*, 1993, n° 3720, p. 489.
- MATHIEU (B.) et VERPEAUX (M.) : *L.P.A.*, n° 2, 5 janvier 1994, p. 20.
- PRADEL (J.) : *D.*, n° 41 et 42, 1993, p. 299.
- RENOUX (T.S.) : *R.F.D.C.*, 16-1993, p. 849.

93-327 DC du 19 novembre 1993, *RJC* I-555.
- MATHIEU (B.) : *R.F.D.C.*, 17-1994, p. 134.

93-328 DC du 16 décembre 1993, *RJC* I-557.
- CHÉROT (J.-Y.) : *R.F.D.C.*, 17-1994, p. 139.
- PHILIP (L.) : *R.F.D.C.*, 17-1994, p. 142.
- PRÉTOT (X.) : *Droit social*, 1994, n° 2, p. 139.

1994 93-329 DC du 13 janvier 1994, *Rec.* 9, *RJC* I-562.
- ASWORTH (A.) : *J.C.P.*, 1994, Éd. G, II, 22241 ; *L.P.A.*, n° 53, 4 mai 1994, p. 19.
- COSTA (J.-P.) ; *A.J.D.A.*, 1994, n° 2, p. 135.
- FAVOREU (L.) : *R.F.D.C.*, 17-1994, p. 325.
- GENEVOIS (B.) : *R.F.D.A.*, 1994, n° 2, p. 209.
- LUCHAIRE (F.) : *R.D.P.*, 1994, n° 3, p. 609.
- PONTIER (J.-M.), *R.A.*, janv.-fév. 1994, n° 277, p. 61.
- VERPEAUX (M.) : *L.P.A.*, n° 28, 29 mars 1995, p. 4.

93-330 DC du 29 décembre 1993, *RJC* I-558.
- PHILIP (L.) : *R.F.D.C.*, 17-1994, p. 144.

93-331 DC du 13 janvier 1994, *Rec.* 17, *RJC* I-566.
- ROUX (A.) : *RFDC*, 18-1994, p. 343.
- ROUX (A.) et MÉLIN-SOUCRAMANIEN (F.) : *D.*, 1995, som. com.

93-332 DC du 13 janvier 1994, *Rec.* 21, *RJC* I-567.
- GAÏA (P.) : *R.F.D.C.*, 19-1994, p. 545.
- GAÏA (P.) et OLIVA (E.), *D.*, 1995, som. com.
- MATHIEU (B.) : *L.P.A.*, 29 mars 1995, n° 38, p. 7.

93-333 DC du 21 janvier 1994, *Rec.* 32, *RJC* I-569.

- BOUTIN (C.) : *L.P.A.*, 3 juin 1994, n° 66, p. 16.
- PHILIPPE (X.) : *R.F.D.C.*, 18-1994, p. 347.
- ROUX (A.) et MÉLIN-SOUCRAMANIEN (F.) : *D.*, 1995, som. com.
- VERPEAUX (M.) : *L.P.A.*, n° 38, 29 mars 1995, p. 8.

93-334 DC du 20 janvier 1994, *Rec.* 27, *RJC* I-573.
- RENOUX (T.S.) : *R.F.D.C.*, 18-1994, p. 353.
- RENOUX (T.S.) et OLIVA (E.), *D.*, 1995, som. com.

93-335 DC du 21 janvier 1994, *Rec.* 40, *RJC* I-576.
- GAÏA (P.) et OLIVA (E.) : *D.*, 1995, som. com.
- HOCREITÈRE (P.) : *R.F.D.A.*, 1-1995, p. 7 : *Rev. droit immobilier*, 16(2), avril-juin 1994, p. 163.
- MÉLIN-SOUCRAMANIEN (F.) : *R.F.D.C.*, 18-1994, p. 363.
- MORAND-DEVILLER (J.) : *R.A.*, n° 277, 1994, p. 75.

93-336 DC du 27 janvier 1994, *Rec.* 47, *RJC* I-579.
- MÉLIN-SOUCRAMANIEN (F.) : *R.F.D.C.*, 21-1995, p. 156.
- MÉLIN-SOUCRAMANIEN (F.) : *D.*, 1995, som. com.

93-337 DC du 27 janvier 1994, *Rec.* 55, *RJC* I-583.
- MÉLIN-SOUCRAMANIEN (F.) : *R.F.D.C.*, 21-1995, p. 161.
- RENOUX (T.S.) : *D.*, 1995, som. com.

93-338 DC du 10 mars 1994, *Rec.* 71, *RJC* I-585.
- JAN (P.) : *L.P.A.*, n° 87, 22 juillet 1994, p. 27.
- PINI (J.) : *R.F.D.C.*, 21-1995, p. 161.
- PINI (J.) : *D.*, 1995, som. com.

94-339 DC du 31 mai 1994, *Rec.* 80, *RJC* I-588.
- GHEVONTIAN (R.) : *R.F.D.C.*, 19-1994, p. 548.
- JAN (P.) : *L.P.A.*, n° 129, 28 oct. 1994, p. 7.
- PINI (J.) : *D.*, 1995, som. com.

94-340 DC du 14 juin 1994, *Rec.* 86, *RJC* I-589.
- CAR (J.-C.) : *D.*, 1995, som. com.
- LUCHAIRE (F.) : *R.D.P.*, 6-1994, p. 1621.

94-341 DC du 6 juillet 1994, *Rec.* 88, *RJC* I-589.
- PHILIPPE (X.) : *R.F.D.C.*, n° 20, 1994, p. 789.
- ROUX (A.) et MÉLIN-SOUCRAMENIEN (F.) : *D.*, 1995, som. com.

94-342 DC du 7 juillet 1994, *Rec.* 92, *RJC* I-591.
- PINI (J.) : *R.F.D.C.*, 20-1994, p. 793.
- PINI (J.) : *D.*, 1995, som. com.

94-343-344 DC du 27 juillet 1994, *GD* **48**, *RJC* I-592.

94-345 DC du 29 juillet 1994, *RJC* I-595.
- B.A. : *Légispresse*, 1994, n° 114, p. 71.
- CAMBY (J.-P.) : *R.D.P.*, n° 6, 1994, p. 1663.
- CLAPIÉ (M.) : *R.A.*, 1994, p. 472.
- DEBBASCH (R.) : *J.C.P.*, 1995, n° 22359.
- RIOU (A.) : *L.P.A.*, n° 18, 10 février 1995.
- ROUX (A.) et OLIVA (E.) : *D.*, 1995, som. com.
- VERPEAUX (M.) : *R.F.D.C.*, 20-1994, p. 811.
- WACHSMANN (P.) : *A.J.D.A.*, 1994, p. 721.

94-346 DC du 21 juillet 1994, *Rec.* 96, *RJC* I-598.
- BON (J.) : *R.F.D.C.*, 20-1994, p. 814.
- DE DAVID BEAUREGARD-BERTHIER (O.) : *J.C.P.*, 1995, I, 3812.
- GODFRIN (P.) : *C.J.E.G.*, 1995, n° 506, p. 1 à 26.
- GONDOIN (B.) : *A.J.D.A.*, 1994, p. 786.
- PAULIAT (P.) : *Actualité législative Dalloz*, 1995, p. 93.
- PIÉTRI (G.) et DE BERNIS (C.) : *L.P.A.*, n° 17, 8 février 1995, p. 16.
- PINI (J.) : *D.*, 1995, som. com.

94-347 DC du 3 août 1994, *Rec.* 113, *RJC* I-600.
- TRÉMEAU (J.) : *R.F.D.C.*, 20-1994, p. 826.
- TRÉMEAU (J.) : *D.*, 1995, som. com. ;

94-348 DC du 3 août 1994, *Rec.* 117, *RJC* I-602.
• BROUSSOLLE (Y.) : *J.C.P.*, 1995, n° 13, II, 22404.
• GAÏA (P.) : *R.F.D.C.*, 20-1994, p. 832.
• GAÏA (P.) et MÉLIN-SOUCRAMANIEN (F.) : *D.*, 1995, som. com.
• LAIGRE (P.) : *Droit social*, mars 1995, p. 306.
• LAIGRE (P.) : *Droit social*, avril 1995, p. 411.

94-349 DC du 20 décembre 1994, *Rec.* 132, *RJC* I-604.
• CAR (J.-C.) : *R.F.D.C.*, 21-1995, p. 165.
• CAR (J.-C.) : *D.*, 1995, som. com.

94-350 DC du 20 décembre 1994, *Rec.* 134, *RJC* I-605.
• TRÉMEAU (J.) : *R.F.D.C.*, 21-1995, p. 167.
• TRÉMEAU (J.) : *D.*, 1995, som. com.

94-351 DC du 29 décembre 1994, GD **48**, *RJC* I-606.

1995 *Voir pour l'ensemble de l'année les chroniques suivantes* :

- AVRIL (P.) et GICQUEL (J.), Chronique constitutionnelle française, *Pouvoirs*, 1996, n° 77, p. 237.
- BLACHER (P.), LARSONNIER (V.), MEINDL (T.), ROUX (J.) et VIALA (A.), Chronique de jurisprudence constitutionnelle 1995-1996, *R.A.*, 1996, n° 294, p. 642.
- Di MANNO (Th.), Chronique de contentieux constitutionnel (année 1995), *R.F.D.C.*, 26-1996, p. 345 ; 27-1996, p. 560.
- DRAGO (G.) et MOLFESSIS (N.), Justice constitutionnelle 1994-1995, *Justices*, 1996, n° 3, p. 308.
- Groupe d'études et de recherches sur la justice constitutionnelle, chronique, *A.I.J.C.*, 1995, vol. XI, p. 705.
- MATHIEU (B.) et VERPEAUX (M.) :
- *JCl* 1996-I, 3933.
- *L.P.A.*, 1996, n° 14 et 32.
- *R.E.D.P.*, printemps 1997, vol. 9, n° 1, p. 129.
- ROUSSEAU (D.), Chronique de jurisprudence constitutionnelle 1994-1995, *R.D.P.*, 1996, n 1, p. 11 et Chronique de jurisprudence constitutionnelle 1995-1996, *R.D.P.*, 1997, n° 1, p. 13.

94-352 DC du 18 janvier 1995, *Rec.* 140, *RJC* I-615.
• BARLOY (F.) : *R.A.*, 1995, p. 483.
• FAVOREU (L.) : *R.F.D.C.*, 22-1995, p. 362.
• LAFAY (F.) : *J.C.P.*, 1995, II, 22525.
• LUCHAIRE (F.) : *R.D.P.*, 1995, p. 575.
• NGUYEN VAN TUONG : *L.P.A.*, 21 avril 1995, n° 48, p. 18.
• MATHIEU (B.) : *L.P.A.*, 1995, n° 68, p. 7.
• PELLET (R.) : *R.A.*, 1995, n° 284, p. 142 et n° 285, p. 245.

94-353-356 DC du 11 janvier 1995, *Rec.* 166, *RJC* I-615.
• CAR (J.-C.) : *D.*, 1997, som. com. p. 115.
• GHEVONTIAN (R.) : *R.F.D.C.*, 22-1995, p. 372.

94-354 DC du 11 janvier 1995, *Rec.* 163, *RJC* I-617.
• CAR (J.-C.) : *D.*, 1997, som. com. p. 116.
• GHEVONTIAN (R.) : *R.F.D.C.*, 22-1995, p. 372 et 377.

94-355 DC du 10 janvier 1995, *Rec.* 151, *RJC* I-618.
• CAR (J.-C.) : *R.F.D.C.*, 22-1995, p. 377.
• CAR (J.-C.) : *D.*, 1997, som. com. p. 117.
• RENOUX (Th.S.) : *D.*, 1997, som. com. p. 129.

94-357 DC du 25 janvier 1995, *Rec.* 151, *RJC* I-622.
• ALFANDARI (E.) : *R.T.D.S.S.*, 1995, p. 379.
• OLIVA (É.) : *R.F.D.C.*, 22-1995, p. 384.
• TRÉMEAU (J.) : *D.*, 1997, p. 121.

94-358 DC du 26 janvier 1995, *Rec.* 183, *RJC* I-624.
• ALFANDARI (E.) : *R.T.D.S.S.*, 1995, p. 579.

- MATHIEU (B.) : *R.F.D.A.*, 1995, p. 780.
- MÉLIN-SOUCRAMANIEN (F.) : *R.F.D.C.*, 22-1995, p. 289.
- OLIVA (É.) : *R.F.D.C.*, 22-1995, p. 384.

94-359 DC du 19 janvier 1995, *Rec.* 176, *RJC* I-630.
- GAÏA (P.) : *R.F.D.C.*, 23-1995, p. 582.
- JORION (B.) : *A.J.D.A*, 1995, p. 455.

95-360 DC du 2 février 1995, *Rec.* 195, *RJC* I-633.
- PRADEL (J.) : *D.*, 1995, chr. p. 171.
- RENOUX (Th.S.) : *R.F.D.C.*, 22-1995, p. 405.
- RENOUX (Th.S.) : *D.*, 1997, som. com. p. 130.
- VOLFF (J.) : *D.*, 1995, chr. p. 201.

95-361 DC du 2 février 1995, *Rec.* 198, *RJC* I-633.
- ROUX (A.) : *D.*, 1997, som. com. p. 137.

95-362 DC du 2 février 1995, *Rec.* 200, *RJC* I-632.
- RENOUX (Th.S.) : *R.F.D.C.*, 22-1995, p. 405.

95-363 DC du 11 janvier 1995, *Rec.* , *RJC* I-634.
- GHEVONTIAN (R.) : *R.F.D.C.*, 22-1995, p. 373.
- MÉLIN-SOUCRAMANIEN (F.) : *D.*, 1997, som. com. p. 139.

95-364 DC du 8 février 1995, *Rec.* 202, *RJC* I-636.

95-365 DC du 27 juillet 1995, *Rec.* 214, *RJC* I-639.
- DURAND (G.) : *J.C.P.*, 1995, J., 22559.
- OLIVA (É.) : *D.*, 1997, som. com., n° 17, p. 134.
- PHILIP (L.) : *R.F.D.C.*, 24-1995, p. 783.

95-366 DC du 8 novembre 1995, *Rec.* 226, *RJC* I-639.
- OLIVA (É.) : *R.F.D.C.*, 25-1996, p. 142.
- OLIVA (É.) : *D.*, 1997, som. com. p. 125.

95-367 DC du 21 novembre 1995, *Rec.* 233, *RJC* I-642.
- CAR (J.-C.) : *D.*, 1997, som. com., n° 16, p. 127.

95-368 DC du 15 décembre 1995, *Rec.* 246, *RJC* I-643.
- OLIVA (É.) : *D.*, 1997, som. com., n° 16, p. 127.
- ROUSSEAU (D.) : *R.D.P.*, 1997, n° 1, p. 38.

95-369 DC du 28 décembre 1995, *Rec.* 257, *RJC* I-646.
- COLLOT (J.) : *L.P.A.*, 1996, n° 10, p. 4.
- LAY (J.-D.) : *D.*, 1996, chr. p. 193.
- MÉLIN-SOUCRAMANIEN (F.) : *D.*, 1997, som. com., n° 17, p. 140.
- PHILIP (L.) : *R.F.D.C.*, 25-1996, p. 119.
- SCHRAMECK (O.) : *A.J.D.A.*, 1996, p. 369.
- NGUYEN VAN TUONG : *J.C.P.*, 1996, II, 22636.

95-370 DC du 31 décembre 1995, *Rec.* 269, *RJC* I-650.
- NGUYEN VAN TUONG : *J.C.P.*, 1996, II, 22602.
- PRÉTOT (X.) : *D.*, 1996, chr. p. 77.
- PRÉTOT (X.) : *Dr. soc.*, 1996, p. 279.
- ROQUES (X.) : *Dr. soc.*, 1996, p. 290.
- SEBASTIEN (G.), *L.P.A.*, 1996, n° 51, p. 18.
- TRÉMEAU (J.) : *R.F.D.C.*, 25-1996, p. 131.
- TRÉMEAU (J.) : *D.*, 1997, som. com., n° 15, p. 123.

95-371 DC du 29 décembre 1995, *Rec.* 265, *RJC* I-653.
- OLIVA (É.) : *D.*, 1997, som. com., n° 17, p. 135.
- PHILIP (L.) : *R.F.D.C.*, 25-1996, p. 130.

1996 *Voir pour l'ensemble de l'année les chroniques suivantes* :

- AVRIL (P.) et GICQUEL (J.), Chronique constitutionnelle française, *Pouvoirs*, 1996, n° 78, n° 79, p. 169 et *Pouvoirs*, 1997, n° 80, p. 151 et 81, p. 175.
- BLACHER (P.), LARSONNIER (V.), MEINDL (T.), ROUX (J.) et VIALA (A.), Chronique de jurisprudence constitutionnelle 1995-1996, 1996, n° 294, p. 642 (1re partie) et 1997, n° 295, p. 34 (2e partie).

- DRAGO (R.) et MOLFESSIS (N.), Justice constitutionnelle (janv.-déc. 1996), *Justices*, 1997, n° 5, pp. 222 et s.
- Groupe d'études et de recherches sur la justice constitutionnelle, Chronique-France, *A.I.J.C.*, 1996, vol. XII, p. 645.
- MATHIEU (B.) et VERPEAUX (M.) : Jurisprudence constitutionnelle-France, *R.E.D.P.*, printemps 1997, p. 128 ; Jurisprudence constitutionnelle, *J.C.P.*, 1996, I, 3975 et *J.C.P.*, 1997, I, 4023.
- *L.P.A.*, 1996, n° 107, 144 ; 1997, n° 70.
- ROUSSEAU (D.) : Chronique de jurisprudence constitutionnelle 1995-1996, *R.D.P.*, 1997, n° 1, p. 38.

96-372 DC du 6 février 1996, *Rec.* 40, *RJC* I-659.
- CAR (J.-C.) : *R.F.D.C.*, 27-1996, p. 581.
- Di MANNO (Th.) : *R.F.D.C.*, 26-1996, p. 383.
- VERPEAUX (M.) : *R.F.D.A.*, 1996, n° 4, p. 734.

96-373 du 9 avril 1996, *Rec.* 43, *RJC* I-660.
- LUCHAIRE (F.) : *R.D.P.*, 1996, p. 953.
- SCHRAMECK (O.) : A.J.F.A., 1996, p. 369.
- TRÉMEAU (J.), ROUX (A.) et RENOUX (Th.S.) : *R.F.D.C.*, 1996, n° 27, p. 584.
- TURPIN (D.) : *L.P.A.*, 1996, n° 146, p. 5.

96-374 DC du 9 avril 1996, *Rec.* 58, *RJC* I-668.
- LUCHAIRE (F.) : *R.D.P.*, 1996, n° 4, p. 953.
- PONTIER (J.-M.) : *R.A.*, 1996, p. 313.
- SCHRAMECK (O.) : *A.J.D.A.*, 1996, p. 371.
- TURPIN (D.) : *L.P.A.*, 1996, n° 146, p. 5.

96-375 DC du 9 avril 1996, *Rec.* 60, *RJC* I-668.
- GAÏA (P.) : *R.F.D.C.*, 27-1996, p. 598.
- PRÉTOT (X.) : *R.D.P.*, 1996, p. 1147.
- SCHRAMECK (O.) : *A.J.D.A.*, 1996, p. 369.

96-376 DC du 12 juillet 1996, *Rec.* 80, *RJC* I-671.
- CAR (J.-C.) : *R.F.D.C.*, 28-1996, p. 795.
- CHRESTIA (P.) : *Rev. jur. et pol.*, 1998, p. 247.
- VERPEAUX (M.) : *L.P.A.*, 1996, n° 7, p. 11.

96-377 DC du 16 juillet 1996, *Rec.* 87, *RJC* I-671.
- LUCHAIRE (F.) : *R.D.P.*, 1996, n° 5, p. 1245.
- MERCUZOT (B.) : *D.*, 1997, n° 6, p. 69.
- NGUYEN VAN TUONG : *J.C.P.*, 1996, n° 42, II, 22709.
- RENOUX (Th.S.) : *R.F.D.C.*, 28-1996, p. 806.
- RICHARD (D.) : *G.P.*, 26-27 fév. 1997, p. 2.
- SCHRAMECK (O.) : *A.J.D.A.*, 1996, p. 693.
- SPITZ (J.-E.) : *R.F.D.A.*, 1997, p. 538.
- TEITGEN-COLY (C.) et JULIEN-LAFERRIÈRE (F.) : *A.J.D.A.*, 1997, n° 1, p. 86.

96-378 DC du 23 juillet 1996, *Rec.* 99, *RJC* I-675.
- CHEVALLIER (J.) : *R.F.D.A.*, 1996, p. 909.
- SCHRAMECK (O.) : *A.J.D.A.*, 1996, p. 694.
- SCHRAMECK (O.) : *Cahiers de la fonction publique*, sept. 1996, n° 149, p. 7.
- TRÉMEAU (J.) : *R.F.D.C.*, 28-1996, p. 823.

96-379 DC du 16 juillet 1996, *Rec.* 95, *RJC* I-679.
- AIVAZZADEH (S.) : *L.P.A.*, 1996, n° 144, p. 10.
- CAR (J.-C.) : *R.F.D.C.*, 1996, n° 28, p. 799.
- CAR (J.-C.), OLIVA (E.) : *D.*, 1998, som. com.
- NGUYEN VAN TUONG : *L.P.A.*, 1996, n° 11, p. 10.
- SCHRAMECK (O.) : *A.J.D.A.*, 1996, p. 692.

96-380 DC du 23 juillet 1996, *Rec.* 107, *RJC* I-681.
- CHEVALLIER (J.) : *R.F.D.A.*, 1996, p. 909.

• ESPLUGAS (P.) : *R.A.*, 1996, nº 293, p. 510.
• FAVOREU (L.) : *A.J.D.A.*, 1997, p. 16.
• LAVIALLE (C.) : *R.F.D.A.*, 1996, p. 1125.
• MÉLIN-SOUCRAMANIEN (F.) : *R.F.D.C.*, 28-1996, p. 832.
• SCHRAMECK (O.) : *A.J.D.A.*, 1996, p. 694.
• SCHRAMECK (O.) : *Cahiers de la fonction publique*, sept. 1996, nº 149, p. 7.

96-381 DC du 14 octobre 1996, *Rec.* 117, *RJC* I-683.
• OLIVA (É.) : *R.F.D.C.*, 29-1997, p. 95.

96-382 DC du 14 octobre 1996, *Rec.* 120, *RJC* I-684.
• OLIVA (É.) : *R.F.D.C.*, 29-1997, p. 95.

96-383 DC du 6 novembre 1996, *Rec.* 128, *RJC* I-686.
• LYON-CAEN (G.) : *Droit ouvrier*, déc. 1996, nº 578, p. 479.
• MATHIEU (B.) : *D.*, 1997, chron., nº 20, p. 152.
• MORIN (M.-L.) : *Dr. soc.*, janv. 1997, nº 1, p. 25.
• TRÉMEAU (J.) : *R.F.D.C.*, 29-1997, p. 107.

96-384 DC du 19 décembre 1996, *Rec.* 141, *RJC* I-690.
• AIVAZZADEH (S.) : *L.P.A.*, 1997, nº 88, p. 29.
• LUCHAIRE (F.) : R.D.P., 1997, nº 2, p. 289.
• NGUYEN VAN TUONG : L.P.A., 1997, nº 47, p. 15.
• OLIVA (É.) : *R.F.D.C.*, 29-1997, p. 114.

96-385 du 30 décembre 1996, *Rec.* 145, *RJC* I-691.
• HAUSER (J.) : *R.T.D.C.*, 1997, nº 2, p. 412.
• LUCHAIRE (F.) : *R.D.P.*, 1997, nº 2, p. 289.
• MATHIEU (B.) : *L.P.A.*, 1997, nº 29, p. 5.
• MESTRE (J.) : *R.T.D.C.*, 1997, nº 2, p. 416.
• PHILIP (L.) : *R.F.D.C.*, 29-1997, p. 119.
• SCHRAMECK (O.) : *A.J.D.A.*, 1997, nº 2, p. 161.
• ZARKA (J.-C.) : *L.P.A.*, 1997, nº 7, p. 5

96-386 DC du 30 décembre 1996, *Rec.* 154, *RJC* I-696.
• CAMBY (J.-P.) : *R.D.P.*, 1997, nº 1, p. 5.
• LUCHAIRE (F.) : *R.D.P.*, 1997, nº 2, p. 289.
• NGUYEN VAN TUONG : *L.P.A.*, 1997, nº 22, p. 28.
• PHILIP (L.) : *R.F.D.C.*, 29-1997, p. 126.
• SCHRAMECK (O.) : *A.J.D.A.*, 1997, nº 2, p. 163.
• ZARKA (J.-C.) : *L.P.A.*, 1997, nº 7, p. 5.

1997 *Voir pour l'ensemble de l'année les chroniques suivantes :*

- ALBERTON (G.), DYENS (S.), GELY (M.-L.), ROUX (J.), VIALA (A.), Chronique de jurisprudence constitutionnelle 1996-1997, *Rev. adm.*, 1997, nº 300, p. 620 ; 1998, nº 302, p. 267 et nº 303, p. 379.
- AVRIL (P.) et GICQUEL (J.), Chronique constitutionnelle française, *Pouvoirs*, 1997, nº 82, p. 191 et 83, p. 183 et *Pouvoirs*, 1998, nº 84, p. 195 et 85, p. 157.
- Groupe d'études et de recherches sur la justice constitutionnelle, Chronique-France, *A.I.J.C.*, 1997, vol. XIII, p. 633.
- MATHIEU (B.) et VERPEAUX (M.) :
- Jurisprudence constitutionnelle, *J.C.P.*, 1997, G, I, 4023, nº 21, p. 225 et *J.C.P.*, 1998, G, I, 4066, nº 48, p. 491.
- *L.P.A.*, 1997, nº 125, p. 10 ; 1998, nº 27, p. 16 et nº 74, p. 9.
- ROUSSEAU (D.), Chronique de jurisprudence constitutionnelle 1996-1997, *R.D.P.*, 1998, nº 1, p. 37.

1997 96-387 DC du 21 janvier 1997,*Rec.* 23, *RJC* I-698.
• MÉLIN-SOUCRAMANIEN (F.) : *R.F.D.C.*, 30-1997, p. 326.
• PRÉTOT (X.) : *R.T.D.S.S.*, 1997, nº 3, p. 681.
• SCHRAMECK (O.) : *A.J.D.A.*, 1997, nº 2, p. 165.
• SCHRAMECK (O.) : *Cahiers de la fonction publique*, fév. 1997, p. 11.
• ZARKA (J.-C.) : *L.P.A.*, 1997, nº 19, p. 9.

97-388 DC du 20 mars 1997, *Rec.* 31, *RJC* I-701.

- FAVOREU (L.), MÉLIN-SOUCRAMANIEN (F.) : *R.F.D.C.*, 30-1997, p. 328.
- PRÉTOT (X.) : *Dr. soc.*, 1997, n° 5, p. 476.
- SAURET (A.) : *L.P.A.*, 1997, n° 52, p. 5.

97-389 DC du 22 avril 1997, *Rec.* 45, *RJC* I-707.
- JULIEN-LAFERRIÈRE (F.) : *A.J.D.A.*, 1997, p. 524.
- LECUCQ (O.) : *R.F.D.C.*, 31-1997, p. 571.
- LUCHAIRE (F.) : *R.D.P.*, 1997, p. 931.
- PELLISSIER (G.) : *L.P.A.*, 1997, n° 77, p. 4.
- ZARKA (J.-C.) : *J.C.P.*, 1997, G, II, 22 890.

97-390 DC du 19 novembre 1997, *Rec.* 254, *RJC* I-717.
- BRARD (Y.) : *D.*, Chron., 1998, p. 117.
- ENTIOPE (M.) : *L.P.A.*, 1999, n° 34, p. 12.
- LUCHAIRE (F.) : *R.D.P.*, 1998, p. 23.
- MATHIEU (B.) ; *R.F.D.A.*, 1998, p. 148.
- SCHOETTL (J.-E.) : *A.J.D.A.*, 1997, p. 963.

97-391 DC du 7 novembre 1997, *Rec.* 232, *RJC* I-719.
- MEINDL (T.) : *R.A.*, 1997, n° 300, p. 634.
- PHILIP (L.) : *R.F.D.C.*, 33-1998, p. 157.
- SCHOETTL (J.-E.) ; *A.J.D.A.*, 1997, p. 969.
- TUROT (J.) : *Bulletin de gestion fiscale des entreprises*, 1998, p. 10.

97-392 du 7 novembre 1997, Rec. 235, *RJC* I-720.
- JAN (P.) : *L.P.A.*, 1997, n° 153, p. 13.
- SCHOETTL (J.-E.) : *A.J.D.A.*, 1997, p. 974.

97-393 DC du 18 décembre 1997, *Rec.* 320, *GD* **49**, *RJC* I-721.
- BENOIT (A.), *Droit de la famille*, 1998, n° 2, p. 24.
- MATHIEU (B) : *R.F.D.A.*, 1998, p. 148.
- MONEGER (F.) : *R.T.D.S.S.*, 1998, p. 169.
- PHILIP (L.) : *R.F.D.C.*, 33-1998, p. 167.
- PRÉTOT (X.) : *R.D.P.*, 1998, p. 11.
- PRÉTOT (X.) : *Dr. soc.*, 1998, p. 164.
- SCHOETTL (J.-E.) : *A.J.D.A.*, 1998, n° 2, p. 127.
- VERKINDT (P.-Y.) : *R.T.D.S.S.*, 1998, p. 114.

97-394 DC du 31 décembre 1997, *Rec.* 344, *RJC* I-727.
- AUBIN (E.) : *Tribune du droit public*, 1998, p. 173.
- BON (P.) : *R.F.D.C.*, n° 53, 1998, p. 237.
- BON (P.) : *L.P.A.*, 1998, n° 73, p. 17.
- CHALTIEL (F.) : *R.M.C.*, 1998, n° 415, p. 73.
- GAÏA (P.) : *R.F.D.C.*, 33-1998, p. 142.
- GRUBER (A.) : *L.P.A.*, 1999, n° 17, p. 6.
- LARZUL (T.) : *Dr. adm.*, 1998, n° 2, p. 135.
- LUCHAIRE (F.) : *R.D.P.*, 1998, n° 2, p. 331.
- PELLET (A.) : *Les cahiers du Conseil constitutionnel*, 1998, n° 4, p. 114.
- RICHARD (D.) : *Gaz. Pal.*, 1998, n° 168, doctrine, p. 2.
- RIGAUX (A.), SIMON (D.) : *Europe*, 1998, n° 1, p. 3.
- SCHOETTL (J.-E.) : *A.J.D.A.*, 1998, n° 2, p. 135.

97-395 DC du 31 décembre 1997, *Rec.* 333, *RJC* I-732.
- DE FEYDEAU (H.) : *Dr. fisc.*, 1998, n° 12, p. 387.
- LAMARQUE (J.) : *Revue générale des procédures*, 1998, p. 347.
- PHILIP (L.) : *R.F.D.C.*, 33-1998, p. 160.
- SCHOETTL (J.-E.) : *A.J.D.A.*, 1998, n° 2, p. 118.

1998 *Voir pour l'ensemble de l'année les chroniques suivantes :*
- AVRIL (P.) et GICQUEL (J.), Chronique constitutionnelle française, *Pouvoirs*, 1998, n° 86, p. 187.
- Groupe d'études et de recherches sur la justice constitutionnelle, Chronique-France, *A.I.J.C.*, 1998, vol. XIV.

- MATHIEU (B.) et VERPEAUX (M.) : Jurisprudence constitutionnelle, *J.C.P.*, G, 1998, I-137, n° 21-22, p. 914 et I-179, n° 47, p. 1998 et *J.C.P.*, G, 1999, I-141, n° 22, p. 1021 ; *L.P.A.*, 1998, n° 142, p.12 et n° 144, p. 18.
- ROUSSEAU (D.), Chronique de jurisprudence constitutionnelle 1997-1998, *R.D.P.*, 1999, n° 1, p. 47.

98-396 DC du 19 février 1998, J.O. 26 février 1998, p. 2976, *Rec*. 153.
- GALLET (J.-L.) : *Gaz. Pal.*, 11 et 12 décembre 1998, p. 7.
- QUINT (A.) : *J.C.P.*, 1998, II, 10 104.
- ROUX (A.) : *R.F.D.C.*, 34-1998, p. 315.
- SCHOETTL (J.-E.) : *A.J.D.A.*, 1998, n° 4, P. 305.

98-397 DC du 6 mars 1998, *J.O.* 8 mars 1998, p. 3558, *Rec*. 186.
- ROUX (A.) : *R.F.D.C.*, 34-1998, p. 317.
- SCHOETTL (J.-E.) : *A.J.D.A.*, 1998, n° 4, p. 308.

98-398 DC du 3 avril 1998, *J.O.* 5 avril 1998, p. 5360, *Rec*. 241.
- SCHOETTL (J.-E.) : *A.J.D.A.*, 1998, n° 6, p. 492.

98-399 DC du 5 mai 1998, *J.O.* 12 mai 1998, p. 7092, *Rec*. 245.
- GOESEL-LE BIHAN (V.) : *R.F.D.A.*, 1998, p. 1255.
- LUCHAIRE (F.) : *R.D.P.*, 1998, p. 1015.
- PENA-GAÏA (A.) : *R.F.D.C.*, 35-1998, p. 634.
- PICARD (E.) : *R.F.D.A.*, 1998, n° 3, p. 620.
- SCHOETTL (J.-E.) : *A.J.D.A.*, 1998, n° 6, p. 489.

98-400 DC du 20 mai 1998, *J.O.* 26 mai 1998, p. 8003, *Rec*. 251.
- AUBIN (E.) : *L.P.A.*, 1998, n° 99, p. 3.
- FAUPIN (H.) : *J.C.P.*, 1998, II, 10 154.
- FAVRET (J.-M.) : *Europe*, juillet 1998, p. 4.
- GAÏA (P.) : *R.F.D.C.*, 36-1998, p. 763.
- GENEVOIS (B.) : *R.F.D.A.*, 1998, p. 671.
- PONTIER (J.-M.) : *Rev. adm.*, 1998, p. 510.
- ROUX (A.) : *R.F.D.C.*, 35-1998, p. 633.
- SCHOETTL (J.-E.), *A.J.D.A.*, 1998, n° 6, p. 485.

98-401 DC du 10 juin 1998, *J.O.* 14 juin 1998, p. 9033, *Rec*. 258.
- FAVOREU (L.) : *R.F.D.C.*, 35-1998, p. 640.
- SCHOETTL (J.-E.) : *A.J.D.A.*, 1998, n° 6, p. 495.

98-402 DC du 25 juin 1998, *J.O.* 3 juillet 1998, p. 10 147, *Rec*. 269.
- CAMBY (J.-P.) : *R.D.P.*, 1999, p. 19.
- MATT (J.-L.) : *L.P.A.*, 1998, n° 135, p. 9.
- ROUX (A.) : *R.F.D.C.*, 35-1998, p. 642.
- SCHOETTL (J.-E.) : *A.J.D.A.*, 1998, p. 701.

98-403 DC du 19 juillet 1998, *J.O.* 31 juillet 1998, p. 11 710, *Rec*. 276.
- DUFOUR (O.) : *L.P.A.*, 1998, n° 91, p. 3.
- GOURIOU (A.) : *J.C.P.*, N, 1998, n° 42, doctrine, p. 1491.
- HOCQUARD (J.-L.) : *Gaz. Pal.*, 1998, n° 233, doctrine, p. 6.
- SCHOETTL (J.-E.) : *A.J.D.A.*, 1998, p. 705.
- TRÉMEAU (J.) : *R.F.D.C.*, 36-1998, p. 765.

98-404 DC du 18 décembre 1998, *J.O.* 27 décembre 1998, p. 19 663, *Rec*. 312, *GD* **50**.
- GUIHEUX (G.) : *J.C.P.*, G, 1999, n° 10, p. 480.
- MATHIEU (B.) : *R.F.D.A.*, 1999, p. 89.
- MÉLIN-SOUCRAMANIEN (F.) : *R.F.D.C.*, 37-1998, p. 123.
- SCHOETTL (J.-E.) : *A.J.D.A.*, 1999, p. 22.

98-405 DC du 29 décembre 1998, *J.O.* 31 décembre 1998, p. 20 138, *Rec*. 326.
- BLANCHARD (K.) : *Gaz. Pal.*, 1999, n° 64, doctrine, p. 10.

- DESCLODURES (H.) : *J.C.P.*, G, 1999, n° 6, p. 321.
- SCHOETTL (J.-E.) : *A.J.D.A.*, 1999, p. 20.

98-406 DC du 29 décembre 1998, *J.O.* 29 décembre 1998, p. 20 160.
- PHILIP (L.) : *R.F.D.C.*, 37-1999, p. 130.
- SCHOETTL (J.-E.) : *A.J.D.A.*, 1999, p. 20.

98-407 DC du 14 janvier 1999, *J.O.* 24 janvier 1999, p. 4238.
- GHEVONTIAN (R.) : *R.F.D.C.*, 37-1999, p. 142.
- SCHOETTL (J.-E.) : *A.J.D.A.*, 1999, p. 149.

98-408 DC du 22 janvier 1999, *J.O.* 24 janvier 1999, p. 1317.
- SCHOETTL (J.-E.) : *A.J.D.A.*, 1999, p. 230.

99-409 DC du 15 mars 1999, *J.O.* 21 mars 1999, p. 4238.
99-410 DC du 15 mars 1999, *J.O.* 21 mars 1999, p. 4234.
99-411 DC du 16 juin 1999, *J.O.* 19 juin 1999, p. 9018.
99-412 DC du 15 juin 1999, *J.O.* 18 juin 1999, p. 8964.
99-413 DC du 24 juin 1999, *J.O.* 27 juin 1999, p. 9455.
99-414 DC du 8 juillet 1999, *J.O.* 10 juillet 1999, p. 10 231.
99-415 DC du 28 juin 1999, *J.O.* 28 juin 1999, p. 9559.
99-417 DC du 8 juillet 1999, *J.O.* 11 juillet 1999, p. 10 336.
99-418 DC du 8 juillet 1999, *J.O.*

B. - *Décisions rendues sur examen de textes de forme législative* (art. 37, al. 2, de la Constitution).

59-1 L du 27 novembre 1959, *Rec.* 67, *G.D.* **5**, *RJC* II-1.

60-2 L du 29 janvier 1960, *Rec.* 29, *RJC* II-1.
- HAMON (L.) : *S.*, 1961, J., p. 163.
- WALINE (M.) : *R.D.P.*, 1960, p. 1017.

60-3 L du 29 janvier 1960, *Rec.* 30, *RJC* II-2.
- HAMON (L.) : *D.*, 1960, J., p. 461.
- WALINE (M.) : *R.D.P.*, 1960, p. 1019.

60-4 L du 7 avril 1960, *Rec.* 31, *RJC* II-2.
- HAMON (L.) : *D.*, 1960, J., p. 668.
- HAMON (L.) : *S.*, 1961, J., p. 104.
- WALINE (M.) : *R.D.P.*, 1960, p. 1017.

60-5 L du 7 avril 1960, *Rec.* 32, *RJC* II-2.
- HAMON (L.) : *D.*, 1960, J., p. 669.
- HAMON (L.) : *S.*, 1961, J., p. 104.
- WALINE (M.) : *R.D.P.*, 1960, p. 1017.

60-6 L du 8 juillet 1960, *Rec.* 34, *RJC* II-3.
- HAMON (L.) : *S.* , 1961, J., p. 104.

60-7 L du 8 juillet 1960, *Rec.* 35, *RJC* II-4.
- HAMON (L.) : *S.*, 1961, J., p. 101.

60-8 L du 14 octobre 1960, *Rec.* 37, *RJC* II-4.
- HAMON (L.) : *S.*, 1961, J., p. 163.

60-9 L du 14 octobre 1960, *Rec.* 38, *RJC* II-5.
- HAMON (L.) : *D.* , 1961, J., p. 109.

60-10 L du 20 décembre 1960, *Rec.* 39, *RJC* II-5.
- HAMON (L.) : *S.*, 1962, J., p. 63.

61-11 L du 20 janvier 1961, *Rec.* 33, *RJC* II-6.
- HAMON (L.) : *D.*, 1962, J., p. 177.
- HAMON (L.) : *S.*, 1962, J., p. 63.

61-12 L du 17 février 1961, *Rec.* 34, *RJC* II-6.
- HAMON (L.) : *S.*, 1961, J., p. 255.
- WALINE (M.) : *R.D.P.*, 1961, p. 649.

61-13 L du 3 mai 1961, *Rec.* 36, *RJC* II-7.
• HAMON (L.) : *S.*, 1961, J., p. 349.
61-14 L du 18 juillet 1961, Rec. 38, *G.D.* **11**, *RJC* II-7.
61-15 L du 18 juillet 1961, Rec. 39, *G.D.* **11**, *RJC* II-8.
61-16 L du 18 octobre 1961, *Rec.* 41, *RJC* II-8.
• HAMON (L.) : *S.*, 1963, J., p. 278.
61-17 L du 22 décembre 1961, *Rec.* 43, *RJC* II-9.
• HAMON (L.) : *S.*, 1963, J., p. 279.
61-18 L du 16 janvier 1962, Rec. 31, *G.D.* **13**, *RJC* II-9.
61-19 L du 3 avril 1962, *Rec.* 33, *RJC* II-10.
62-20 L du 4 décembre 1962, *Rec.* 34, *RJC* II-11.
• HAMON (L.) : *S.*, 1964, J., p. 61.
62-21 L du 4 décembre 1962, *Rec.* 34, *RJC* II-12.
63-22 L du 19 février 1963, *Rec.* 27, *RJC* II-12.
• HAMON (L.) : *D.*, 1964, J., p. 92.
• HAMON (L.) et COUVOISIER (C.) : *R.D.P.*, 1966, p. 107.
• LEGAL (A.) : *Revue de Science criminelle*, 1964, p. 367.
• O.K. : *J.C.P.*, 1965, II, 14171.
63-23 L du 19 février 1963, *Rec.* 29, *RJC* II-13.
• HAMON (L.) : *S.*, 1964, J., p. 205.
• SILVERA (V.) : *A.J.*, 1963, p. 427.
63-24 L du 19 février 1963, *Rec.* 31, *RJC* II-13.
63-25 L du 30 juillet 1963, *Rec.* 427, *RJC* II-14.
• HAMON (L.) : *D.*, 1964, J., p. 455.
63-26 L du 30 juillet 1963, *Rec.* 33, *RJC* II-14.
• HAMON (L.) : *D.*, 1964, J., p. 311.
64-27 L des 17 et 19 mars 1964, *Rec.* 33, *RJC* II-15.
• BOUISSOU (M.) : *R.D.P.*, 1964, p. 1125.
• HAMON (L.) : *D.*, 1965, p. 189.
• X. : *A.J.*, 1964, p. 302.
64-28 L du 17 mars 1964, *Rec.* 35, *RJC* II-15.
• HAMON (L.) : *D.*, 1965, J., p. 681.
64-29 L du 12 mai 1964, *Rec.* 37, *RJC* II-16.
• HAMON (L.) : *S.*, 1964, J., p. 334.
64-30 L du 17 septembre 1964, *Rec.* 41, *RJC* II-18.
64-31 L du 21 décembre 1964, *Rec.* 43, *RJC* II-18.
• FRANCK (C.) : *G.D.J.C.*, p. 318.
• HAMON (L.) : *D.* , 1965, p. 641.
• LAUBADERE (A. de) : *A.J.*, 1965, p. 100.
64-32 L du 21 décembre 1964, *Rec.* 44, *RJC* II-19.
• LAUBADERE (A. de) : *A.J.*, 1965, p. 101.
• HAMON (L.) : *D.*, 1965, J., p. 597.
65-33 L du 9 février 1965, *Rec.* 73, *RJC* II-19.
• HAMON (L.) : *D.*, 1967, J., p. 405.
65-34 L du 2 juillet 1965, *Rec.* 75, *RJC* II-20.
• HAMON (L.) : *D.*, 1967, J., p. 613.
• LAMPUE (P.) : *Penant*, 1966, p. 347.
63-35 L du 2 juillet 1965, *Rec.* 79, *RJC* II-22.
• FRANCK (C.) : *G.D.J.C.*, p. 133.
• HAMON (L.) : *D.*, 1967, J., p. 445.
• HAMON (L.) : *Revue des Sociétés*, 1967, p. 272.
• LECAT et MASSOT : *A.J.*, 1967, p. 159.
66-36 L du 10 mars 1966, *Rec.* 23, *RJC* II-23.
66-37 L du 10 mars 1966, *Rec.* 25, *RJC* II-23.
66-38 L du 10 mars 1966, *Rec.* 26, *RJC* II-23.

66-39 L du 8 juillet 1966, *Rec.* 28, *RJC* II-24.
66-40 L du 8 juillet 1966, *Rec.* 30, *RJC* II-25.
66-41 L du 8 juillet 1966, *Rec.* 31, *RJC* II-25.
66-42 L du 17 novembre 1966, *Rec.* 32, *RJC* II-26.
67-43 L du 26 janvier 1967, *Rec.* 25, *RJC* II-27.
67-44 L du 27 février 1967, *Rec.* 26, *RJC* II-27.
67-45 L du 9 mai 1967, *Rec.* 29, *RJC* II-28.
67-46 L du 12 juillet 1967, *Rec.* 31, *RJC* II-29.
67-47 L du 12 décembre 1967, *Rec.* 34, *RJC* II-30.
67-48 L du 12 décembre 1967, *Rec.* 37, *RJC* II-31.
67-49 L du 12 décembre 1967, *Rec.* 39, *RJC* II-32.
68-50 L du 30 janvier 1968, *Rec.* 23, *RJC* II-32.
• BRACHET (B.) : *R.A.*, 1968, p. 160.
• FAVOREU (L.) : *J.C.P.*, 1968, II, 15627.
• HAMON (L.) : *D.*, 1969, Chron., p. 1.
• HAMON (L.) et VAUDIAUX (J.) : *R.D.P.*, 1968, p. 356.
• LAUBADERE (A. de) : *A.J.*, 1968, p. 111.
68-51 L du 4 avril 1968, *Rec.* 25, *RJC* II-33.
69-52 L du 27 février 1969, *Rec.* 21, *RJC* II-34.
69-53 L du 27 février 1969, *Rec.* 23, *RJC* II-34.
69-54 L du 10 juin 1969, *Rec.* 26, *RJC* II-36.
69-55 L du 26 juin 1969, *Rec.* 27, *G.D.* **18**, *RJC* II-36.
69-56 L du 9 juillet 1969, *Rec.* 31, *RJC* II-38.
69-57 L du 24 octobre 1969, *Rec.* 32, *RJC* II-38.
69-58 L du 24 octobre 1969, *Rec.* 34, *RJC* II-39.
70-59 L du 23 février 1970, *Rec.* 33, *RJC* II-39.
70-60 L du 23 février 1970, *Rec.* 35, *RJC* II-40.
70-61 L du 23 février 1970, *Rec.* 37, *RJC* II-40.
• LAVIGNE (P.) : *D.*, 1970, J., p. 388.
70-62 L du 21 mai 1970, *Rec.* 39, *RJC* II-41.
70-63 L du 9 juillet 1970, *Rec.* 41, *RJC* II-41.
70-64 L du 13 novembre 1970, *Rec.* 43, *RJC* II-42.
70-65 L du 17 décembre 1970, *Rec.* 45, *RJC* II-43.
70-66 L du 17 décembre 1970, *Rec.* 47, *RJC* II-43.
71-67 L du 1er avril 1971, *Rec.* 33, *RJC* 44.
71-68 L du 1er avril 1971, *Rec.* 35, *RJC* II-45.
71-69 L du 1er avril 1971, *Rec.* 37, *RJC* II-45.
71-70 L du 23 avril 1971, *Rec.* 39, *RJC* II-46.
72-71 L du 29 février 1972, *Rec.* 27, *RJC* II-47.
72-72 L du 29 février 1972, *Rec.* 29, *RJC* II-48.
72-73 L du 29 février 1972, *Rec.* 31, *RJC* II-48.
• TOULEMONDE (B.) : *A.J.*, 1972, p. 638.
72-74 L du 8 novembre 1972, *Rec.* 34, *RJC* II-49.
72-75 L du 21 décembre 1972, *Rec.* 36, *RJC* II-50.
73-76 L du 20 février 1973, *Rec.* 29, *RJC* II-51.
73-77 L du 11 juillet 1973, *Rec.* 39, *RJC* II-55.
73-78 L du 7 novembre 1973, *Rec.* 41, *RJC* II-56.
73-79 L du 7 novembre 1973, *Rec.* 43, *RJC* II-57.
73-80 L du 28 novembre 1973, *Rec.* 45, *RJC* II-57.
• BEARDSLEY (J.-E.) : *Supreme Court Review*, 1975, p. 189.
• FRANCK (C.) : *G.D.J.C.*, p. 126.
• HAMON (L.) : *D.*, 1974, Chron. p. 83.
• MADIOT (Y.) : *D.*, 1975, chron. p. 1.

• RASSAT (M.-L.) : *J.C.P.*, 1975, I, 2740.
• RIVERO (J.) : *A.J.*, 1974, p. 229.
• SOTO (J. de) : *R.D.P.*, 1974, p. 889.
• VALENS (J.-P.) : *G.P.*, 1974, I, p. 267.

73-81 L du 19 décembre 1973, *Rec.* 51, *RJC* II-60.

74-82 L du 21 mai 1974, *Rec.* 27, *RJC* II-60.
• FAVOREU (L.) et PHILIP (L.) : *R.D.P.*, 1975, p. 171.

75-83 L du 17 avril 1975, *Rec.* 33, *RJC* II-61.
• FAVOREU (L.) et PHILIP (L.) : *R.D.P.*, 1976, p. 227.

75-84 L du 19 novembre 1975, *Rec.* 35, *RJC* II-61.
• FAVOREU (L.) : *R.D.P.*, 1976, p. 229.

75-85 L du 19 novembre 1975, *Rec.* 40, *RJC* II-64.
• FAVOREU (L.) : *R.D.P.*, 1976, p. 228.

75-86 L du 19 novembre 1975, *Rec.* 41, *RJC* II-64.
• FAVOREU (L.) : *R.D.P.*, 1976, p. 228.

76-87 L du 3 mars 1976, *Rec.* 49, *RJC* II-65.

76-88 L du 3 mars 1976, *Rec.* 50, *RJC* II-65.

76-89 L du 2 juin 1976, *Rec.* 52, *RJC* II-66.

76-90 L du 2 juin 1976, *Rec.* 56, *RJC* II-67.

76-91 L du 2 juin 1976, *Rec.* 57, *RJC* II-68.

76-92 L du 6 octobre 1976, *Rec.* 59, *RJC* II-68.

76-93 L du 6 octobre 1976, *Rec.* 63, *RJC* II-70.
• FAVOREU (L.) : *Cahiers du C.F.P.C.*, sept. 1977, p. 105.
• FAVOREU (L.) et PHILIP (L.) : *R.D.P.*, 1977, p. 460.

76-94 L du 2 décembre 1976, *Rec.* 63, *RJC* II-72.
• AVRIL (P.) et GICQUEL (J.) : *Pouvoirs*, 1977, n° 1, p. 205, n° 2, p. 176.
• FAVOREU (L.) et PHILIP (L.) : *R.D.P.*, 1977, p. 458.

77-95 L du 15 février 1977, *Rec.* 51, *RJC* II-72.

77-96 L du 27 avril 1977, *Rec.* 52, *RJC* II-72.

77-97 L du 27 avril 1977, *Rec.* 55, *RJC* II-74.

77-98 L du 27 avril 1977, *Rec.* 56, *RJC* II-74.

77-99 L du 20 juillet 1977, *Rec.* 63, *RJC* II-77.
• AVRIL (P.) et GICQUEL (J.) : *Pouvoirs*, 1977, n° 3, p. 168.
• FAVOREU (L.) : *R.D.P.*, 1979, p. 1663.
• HAMON (L.) : *D.*, 1978, J., p. 701.

77-100 L du 16 novembre 1977, *Rec.* 65, *RJC* II-78.
• AVRIL (P.) et GICQUEL (J.) : *Pouvoirs*, 1978, n° 5, p. 187.
• FAVOREU (L.), *Cahiers C.F.P.C.*, 1982, n° 10.

77-101 L du 3 novembre 1977, *Rec.* 70, *RJC* II-81.

78-102 L du 10 mai 1978, *Rec.* 45, *RJC* II-81.
• AVRIL (P.) et GICQUEL (J.) : *Pouvoirs*, 1978, n° 6, p. 199.

78-103 L du 31 mai 1978, *Rec.* 46, *RJC* II-82.
• AVRIL (P.) et GICQUEL (J.) : *Pouvoirs*, 1978, n° 7, p. 179.

78-104 L du 5 octobre 1978, *Rec.* 48, *RJC* II-83.

78-105 L du 29 septembre 1978, *Rec.* 49, *RJC* II-83.

79-106 L du 22 février 1979, *Rec.* 43, *RJC* II-83.
• AVRIL (P.) et GICQUEL (J.) : *Pouvoirs*, 1979, n° 10, p. 177.

79-107 L du 30 mai 1979, *Rec.* 44, *RJC* II-84.
• AVRIL (P.) et GICQUEL (J.) : *Pouvoirs*, 1979, n° 1, p. 204.
• FAVOREU (L.) : *R.D.P.*, 1979, 1670.
• GAUDEMET (Y.) : *D.*, 1980, J., p. 121.

79-108 L du 25 juillet 1979, *Rec.* 45, *RJC* II-84.
• AVRIL (P.) et GICQUEL (J.) : *Pouvoirs*, 1979, n° 11, p. 204.
• FAVOREU (L.) : *R.D.P.*, 1979, p. 1666.
• HAMON (L.) : *D.*, 1980, J., p. 201.

• NGUYEN QUOC VINH : *J.C.P.*, 86.II.20614.
• MATHIEU (B.) : *R.F.D.A.*, 1986, p. 831.
• FAVOREU (L.) : *R.D.P.*, 1986, p. 395, § 118.

85-141 L du 9 octobre 1985, *Rec.* 115, *RJC* II-115.
• FAVOREU (L.) : *R.D.P.*, 1986, p. 395, § 60.

85-142 L du 13 novembre 1985, *Rec.* 116, *RJC* II-115.
• FAVOREU (L.) : *R.D.P.* , 1986, p. 395, § 57, 60, 62-65, 92, 94.

85-143 L du 13 décembre 1985, *Rec.* 121, *RJC* II-118.

85-144 L du 13 novembre 1985, *Rec.* 123, *RJC* II-118.
• FAVOREU (L.) : *R.D.P.*, 1986, p. 395, § 57.

86-145 L du 19 mars 1986, *Rec.* 22, *RJC* II-119.
• FAVOREU (L.) : *R.D.P.*, 1989, n° 2, p. 399.
• LAGARDE (P.) : *R.C.P.I. pr*, avril-juin 1986, p. 297.

86-146 L du 19 mars 1986, *Rec.* 24, *RJC* II-119.
• FAVOREU (L.) : *R.D.P.*, 1989, n° 2, p. 399.

86-147 L du 24 octobre 1986, *Rec.* 162, *RJC* II-120.
• FAVOREU (L.) : *R.D.P.*, 1989, n° 2, p. 399.

86-148 L du 2 décembre 1986, *Rec.* 171, *RJC* II-120.
• FAVOREU (L.) : *R.D.P.*, 1989, n° 2, p. 399.

87-149 L du 20 février 1987, *Rec.* 22, *RJC* II-121.
• FAVOREU (L.) : *R.D.P.*, 1989, n° 2, p. 399.
• GENEVOIS (B.) : *A.I.J.C.*, 1987, p. 582.

87-150 L du 17 mars 1987, *Rec.* 32, *RJC* II-124.
• FAVOREU (L.) : *R.D.P.*, 1989, n° 2, p. 399.
• GENEVOIS (B.) : *A.I.J.C.*, 1987, p. 581.

87-151 L du 23 septembre 1987, *Rec.* 53, *RJC* II-125.
• FAVOREU (L.) : *R.D.P.*, 1989, n° 2, p. 399.
• GENEVOIS (B.) : *R.F.D.A.*, 1988, p. 273.
• PRETOT (X.) : *A.J.D.A.* , 1988, p. 60.

87-152 L du 24 novembre 1987, *Rec.* 58, *RJC* II-125.
• FAVOREU (L.) : *R.D.P.*, 1989, n° 2, p. 399.
• GENEVOIS (B.) : *A.I.J.C.*, 1987, p. 583.

88-153 L du 23 février 1988, *Rec.* 34, *RJC* II-126.
• FAVOREU (L.) : *R.D.P.*, 1989, n° 2, p. 399.
• GENEVOIS (B.) : *A.I.J.C.*, 1988, p. 398.

88-154 L du 10 mars 1988, *Rec.* 42, *RJC* II-127.
• FAVOREU (L.) : *R.D.P.*, 1989, n° 2, p. 399.
• GENEVOIS (B.) : *A.I.J.C.*, 1988, p. 400.

88-155 L du 10 mars 1988, *Rec.* 44, *RJC* II-127.
• FAVOREU (L.) : *R.D.P.*, 1989, n° 2, p. 399.
• GENEVOIS (B.) : *A.I.J.C.*, 1988, p. 398.

88-156 L du 6 avril 1988, *Rec.* 47, *RJC* II-128.
• FAVOREU (L.) : *R.D.P.*, 1989, n° 2, p. 399.
• GENEVOIS (B.) : *A.I.J.C.*, 1988, p. 401.

88-157 L du 10 mai 1988, *Rec.* 56, *RJC* II-129.
• FAVOREU (L.) : *R.D.P.*, 1989, n° 2, p. 399.

88-158 L du 13 juillet 1988, *Rec.* 87, *RJC* II-132.
• FAVOREU (L.) : *R.D.P.*, 1989, n° 2, p. 399.

88-159 L du 18 octobre 1988, *Rec.* 154, *RJC* II-132.
• FAVOREU (L.) : *R.D.P.*, 1989, n° 2, p. 399.
• GENEVOIS (B.) : *A.I.J.C.*, 1988, p. 399.

89-160 L du 26 juillet 1989, *Rec.* 69, *RJC* II-132.
• GENEVOIS (B.) : *A.I.J.C.*, 1989, p. 486.

89-161 L du 24 octobre 1989, *Rec.* 88, *RJC* II-133.

89-162 L du 5 décembre 1989, *Rec.* 100, *RJC* II-134.
• GENEVOIS (B.) : *A.I.J.C.*, 1989, p. 486.

90-163 L du 6 mars 1990, *Rec.* 48, *RJC* II-134.
90-164 L du 4 mai 1990, *Rec.* 59, *RJC* II-135.
91-165 L du 12 mars 1991, *Rec.* 36, *RJC* II-135.
91-166 L du 13 juin 1991, *Rec.* 74, *RJC* II-136.
91-167 L du 19 décembre 1991, *Rec.* 134, *RJC* II-137.
- ETIEN (R.) : chron. des décisions du Conseil constitutionnel, *R.A.*, nº 265, 1992, p. 33.
- FAVOREU (L.) : *R.F.D.C.*, 9-1992, p. 105.

92-168 L du 7 juillet 1992, *Rec.* 69, *RJC* II-138.
92-169 L du 6 octobre 1992, *Rec.* 99., *RJC* II-138.
92-170 L du 8 décembre 1992, *Rec.* 114., *RJC* II-139.
- ETIEN (R.) : *R.A.*, nº 270, décembre 1992, p. 521.

92-171 L du 17 décembre 1992, *Rec.* 123, *RJC* II-140.
92-172 L du 29 décembre 1992, *Rec.* 132, *RJC* II-141.
92-173 L du 29 décembre 1992, *Rec.* 135, *RJC* II-142.
93-174 L du 6 avril 1993,*Rec.* 31, *RJC* II-142.
93-175 L du 22 septembre 1993, *Rec.* 304, *RJC* II-143.
94-176 L du 10 mars 1994, *Rec.* 67, *RJC* II-144.
95-177 L du 8 juin 1995, *Rec.* 211, *RJC* II-146.
- CAMBY (J.-P.) : *L.P.A.*, 1995, nº 137, p. 26.
- FAVOREU (L.) : *R.F.D.C.*, 23-1995, p. 584.
- LUCHAIRE (F.) : *R.D.P.*, 4-1995, pp. I-IX.
- SCHRAMECK (O.) : *A.J.D.A.*, 1995, p. 519.

96-178 L du 5 septembre 1996, *Rec.* 113, *RJC* II-148.
- *R.F.D.C.*, 1996, nº 28, p. 836.

96-179 L du 14 octobre 1996, *Rec.* 115, *RJC* II-148.
- *R.F.D.C.*, 1997, nº 29, p. 160.

97-180 L du 21 janvier 1997, *Rec.* 29, *RJC* II-149.
- NGUYEN VAN TUONG : *L.P.A.*, 1997, nº 67, p. 33.

97-181 L du 16 décembre 1997, *Rec.* 30, RJC II-150.
98-182 L du 6 mars 1998, *Rec.* 184.
- ROUX (A.) : *R.F.D.C.*, 34-1998, p. 320.
- SCHOETTL (J.-E.) : *A.J.D.A.*, 1998, nº 4, p. 308.

98-183 L du 5 mai 1998, *Rec.* 243.
- SCHOETTL (J.-E.) : *A.J.D.A.*, 1998, nº 6, p. 494.

99-184 L du 18 mars 1999, *J.O.* 20 mars 1999, p. 4170.
99-185 L du 18 mars 1999, *J.O.* 20 mars 1999, p. 4171.
99-186 L du 31 mai 1999, *J.O.* 3 juin 1999, p. 8198.

C. - *Décisions rendues sur examen de fin de non-recevoir* (art. 41 de la Constitution).

59-1 FNR du 27 novembre 1959, *Rec.* 71, *G.D.* **6**, *RJC* III-1.
61-2 FNR du 30 juin 1961, *Rec.* 47, *RJC* III-1.
- HAMON (L.) : *S.*, 1961, J., p. 350.

61-3 FNR du 8 septembre 1961, *Rec.* 48, *RJC* II-2.
- FRANCK (C.) : *G.D.J.C.*, p. 114.
- HAMON (L.) : *D.*, 1963, J, p. 381.
- LAUBADERE (A. de) : *A.J.*, 1961, p. 543.

61-4 FNR du 18 octobre 1961, *Rec.* 50, *RJC* III-3.
- FAVOREU (L.) et PHILIP (L.) : *G.D.* 1re éd., nº 15, p. 159.
- HAMON (L.) : *D.*, 1963, J., p. 382.
- LAUBADERE (A. de) : *A.J.*, 1961, p. 626.

63-5 FNR du 11 juin 1963, *Rec.* 37, *RJC* III-3.
- HAMON (L.) : *D.*, 1964, J., p. 109.

64-6 FNR du 22 mai 1964, *Rec.* 47, *RJC* III-4.
• HAMON (L.) : *S.*, 1964, J., p. 338.
66-7 FNR du 21 décembre 1966, *Rec.* 37, *RJC* III-5.
• X. : *J.C.P.*, 1967, II, 14964.
68-8 FNR du 27 novembre 1968, *RJC* III-6.
77-9 FNR du 7 juin 1977, *Rec.* 75, *RJC* III-6.
• AVRIL (P.) et GICQUEL (J.) : *Pouvoirs*, 1977, n° 3, p. 178.
79-10 FNR du 26 avril 1979, *Rec.* 55, *RJC* III-7.
• AVRIL (P.) et GICQUEL (J.) : *Pouvoirs*, 1979, n° 10, p. 172.
• FAVOREU (L.) : *R.D.P.*, 1979, p. 1675.
79-11 FNR du 23 mai 1979, *Rec.* 56, *RJC* III-7.
• AVRIL (P.) et GICQUEL (J.) : *Pouvoirs*, 1979, n° 11, p. 195.
• FAVOREU (L.) : *R.D.P.*, 1979, p.1679.

D. - *Examen de l'incompatibilité de certaines fonctions avec un mandat parlementaire* (art. L.O. 151 du Code électoral).

66-1 I du 8 juillet 1966, *Rec.* 43, *RJC* IV-1.
• FRANCK (C.) : *G.D.J.C.*, p. 85.
76-2 I du 15 juillet 1976, *RJC* IV-1.
76-3 I du 20 décembre 1976, *Rec.* 73, *RJC* IV-2.
• AVRIL (P.) et GICQUEL (J.) : *Pouvoirs*, 1977, n° 1, p. 216.
• PHILIP (L.) : *R.D.P.*, 1977, p. 1574.
77-4 I du 7 juin 1977, *Rec.* 79, *RJC* IV-2.
• AVRIL (P.) et GICQUEL (J.) : *Pouvoirs*, 1977, n° 3, p. 176.
• PHILIP (L.) : *R.D.P.*, 1977, p. 1574.
77-5 I du 18 octobre 1977, *Rec.* 81, *RJC* IV-3.
• AVRIL (P.) et GICQUEL (J.) : *Pouvoirs*, 1978, n° 4, p. 186.
• PHILIP (L.) : *R.D.P.*, 1977, p. 1574.
87-6 I du 24 novembre 1987, *Rec.* 56, *RJC* IV-4.
• GENEVOIS (B.) : *A.I.J.C.*, 1987, p. 579.
• PEUCHOT (E.) : *L.P.A.*, 8 avril 1988, p. 8
88-7 I du 5 décembre 1988, *Rec.* 262, *RJC* IV-5.
89-8 I du 7 novembre 1989, *Rec.* 97, *RJC* IV-6.
• PHILIP (L.) : *R.F.D.C.*, 1-1990 (janv.-mars), p. 121.
89-9 I du 6 mars 1990, *Rec.* 50, *RJC* IV-8.
• PHILIP (L.) : *R.F.D.C.*, 2-1990 (avril-juin), p. 317.
89-10 I du 1er février 1990, *Rec.* 44, *RJC* IV-9.
95-11 I du 14 septembre 1995, *Rec.* 223, *RJC* IV-10.
• GUYON (Y.) : *R.F.D.C.*, 1995, n° 24, p. 792.
95-12 I du 14 septembre 1995, *Rec.* 221, *RJC* IV-11.
• *D.A.*, 1995, n° 10, comm. 595/fasc. 135, p. 18.
• *R.F.D.C.*, 1995, n° 22, p. 794.
95-13 I du 19 janvier 1996, *Rec.* 26.
96-14 I du 19 janvier 1996, *Rec.* 28.
95-15 I du 18 janvier 1996, *Rec.* 23.
96-16 I du 19 décembre 1996, *Rec.* 139.
98-17 I du 28 janvier 1999, *J.O.* 31 janvier 1999, p. 1652.

E. - *Contentieux de l'élection des députés et des sénateurs* (art. 59 de la Constitution).

58-34 du 12 décembre 1958 (A.N. Gard), *Rec.* 87, *G.D.* **1**.
58-68 du 5 janvier 1959 (A.N. Drôme), *Rec.* 108, *G.D.* **2**.
59-213 du 9 juillet 1959 (S. Dordogne), *Rec.* 246, *G.D.* **4**.
67-366 du 9 juillet 1959 (S. Dordogne), *Rec.* 246, *G.D.* **4**.

67-366/477 du 11 mai 1967 (A.N., Meurthe-et-Moselle, 1re circ.), *Rec.* 69.
- CHARNAY (J.-P.) : *R.D.P.*, 1967, p. 511.
- FRANCK (C.) : *G.D.J.C.*, p. 89.

67-435 du 24 janvier 1968 (A.N. Corse), *Rec.* 196, *G.D.* **16**.
70-570 du 13 novembre 1970 (A.N., Gironde, 2e circ.), *Rec.* 54.
- CHARNAY (J.-P.) : *R.A.*, 1970, p. 662.
- EMERI (C.) et GAUTRON (J.-C.) : *R.D.P.*, 1971, p. 182.

73-686/7 du 5 juillet 1973 (Duroure c/ Mirtin), *Rec.* 135, *G.D.* **20**.
73-584/593 du 11 octobre 1973 (A.N., Réunion, 3e circ.), *Rec.* 157.
- AMSON (D.) : *A.J.*, 1974, p. 100.

73-707 du 14 février 1974 (A.N., Pyrénées-Atlantiques, 1re circ.), *Rec.* (73), 201.
- GRANDMAISON (G. de) : *D.*, 1974, *J.*, p. 573.

74-815 du 5 février 1975 (Sénat, Français établis hors de France), *Rec.* 45.
- PHILIP (L.) : *R.D.P.*, 1975, p. 453.

74-816/818 du 5 février 1975 (Sénat, Réunion), *Rec.* 49.
- PHILIP (L.) : *R.D.P.*, 1975, p. 453.

74-819 du 5 février 1975 (Sénat, Nouvelle-Calédonie), *Rec.* 55.
- PHILIP (L.) : *R.D.P.*, 1975, p. 452.

75-821/822 du 28 janvier 1976 (A.N., Vienne, 2e circ.), *Rec.* 77.
- CHIROUX (R.) : *Ann. de Clermont*, 1976, p. 228.

76-824 du 12 janvier 1977 (A.N., Paris, 3e circ.), *Rec.* 85.
- AVRIL (P.) et GICQUEL (J.) : *Pouvoirs*, 1977, n° 1, p. 212.

77-825 du 23 novembre 1977 (Sénat, Yvelines), *Rec.* 87.
- AVRIL (P.) et GICQUEL (J.) : *Pouvoirs*, 1978, n° 5, p. 181.
- PHILIP (L.) : *R.D.P.*, 1978, p. 1577.

77-826 du 16 novembre 1977 (Sénat, Rhône), *Rec.* 92.
- AVRIL (P.) et GICQUEL (J.) : *Pouvoirs*, 1978, n° 5, p. 181.

78-863 du 17 mai 1978 (Puy-de-Dôme, 1re circ.), *Rec.* 88.
- DEVES (C.) : *J.C.P.*, 1979, II, 19050.
- PHILIP (L.) : *R.D.P.*, 1978, p. 1577.

78-858 du 17 mai 1978 (Bouches-du-Rhône, 9e circ.), *Rec.* 88.
- DEVES (C.) : *J.C.P.*, 1979, II, 19050.
- PHILIP (L.) : *R.D.P.*, 1978, p. 1577.

78-874 du 12 juillet 1978 (Paris, 16e circ.), *Rec.* 215, *G.D.* **26**.
80-888 du 2 décembre 1980, *Rec.* 83.
- AVRIL (P.) et GICQUEL (J.) : *Pouvoirs*, 1981, n° 17, p. 200.

11 juin 1981, Delmas, *Rec.* 97.
- AVRIL (P.) et GICQUEL (J.) : *Pouvoirs*, 1981, n° 19, p. 169.
- FAVOREU (L.) : *R.D.P.*, 1981, 1347.
- FEFFER (M.-A.) : *A.J.*, 1961, p. 481.
- FRANCK (C.) : *J.C.P.*, 1982, 19775.
- LUCHAIRE (F.) : *D.*, 1981, J., p. 589.
- TURPIN (D.) : *G.P.*, 1981, n° 22/24, p 4.
- VILLIERS (M. de) : *R.A.*, 1981, p. 489.

16 et 20 avril 1982, Bernard, *Rec.* 109.
- FAVOREU (L.) : *R.D.P.*, 1983, p. 349.
- LAFERRIERE (F.-J.) : *A.J.*, 1982, p. 466.
- LUCHAIRE (F.) : *D.*, 1982, J., p. 506.

86-1001/1002/1009/1014 du 8 juillet 1986 (Haute-Corse), *Rec.* 107.
86-986/1006/1015 du 8 juillet 1986 (Haute-Garonne), *Rec.* 97.
87-1026 du 23 octobre 1987, *Rec.* 20.
- E. PEUCHOT, L.P.A. du 7 décembre 1987.

88-1027/1028/1029, du 4 juin 1987, Rec. 77, et 88-1035, 88-1040/1054, Rec. 97.
- GENEVOIS (B.) :*R.F.D.A.*, 1988, p. 702..

21 octobre 1988, A.N. Val d'Oise, 5e circonscription.
- WACHSMANN (P.), *A.J.*, 1989, p. 128.

25 octobre 1988.
- GENEVOIS (B.) : *R.F.D.A.*, 1988, p. 887,

88-1082/1117 du 21 octobre 1988, *Rec.* 183.
- GENEVOIS (B.) :*R.F.D.A.*, 1988, p. 908.
- LUCHAIRE (F.) : *D.*, 1989, J., p. 285.
- WACHSMANN (P.) : *A.J.D.A.*, 1988, p. 128,

89-1130 du 7 novembre 1989, *Rec.* 93.
PHILIP (L.) : *R.F.D.C.* : 1-1990 (janv.-mars), p. 119.

89-1131/1132 du 5 décembre 1989, *Rec.* 102.
- PHILIP (L.) : *R.F.D.C.*, 1-1990 (janv.-mars), p. 117.

89-1133/1136 du 5 décembre 1989, *Rec.* 104.
- PHILIP (L.), *R.F.D.C.*, 1-1990 (janv.-mars), p. 117.

89-1134 du 5 décembre 1989, *Rec.* 106.
- PHILIP (L.) : *R.F.D.C.*, 1-1990 (janv.-mars), p. 117.

89-1135 du 5 décembre 1989, *Rec.* 107.
- PHILIP (L.) : *R.F.D.C.*, 1-1990 (janv.-mars), p. 117.

89-1137 du 5 décembre 1989, *Rec.* 109.
- PHILIP (L.) : *R.F.D.C.*, 1-1990 (janv.-mars), p. 117.

89-1138 du 6 mars 1990, *Rec.* 52.
- ETIEN (R.) : *R.A.*, 1990, p. 138.
- PHILIP (L.) : *R.F.D.C.*, 2-1990 (avril-juin), p. 319.

89-1139 du 1er février 1990, *Rec.* 46.
91-1140 du 23 mai 1991, *Rec.* 71.
91-1141/1142/1143/1144 du 31 juillet 1991, *Rec.* 114.
91-1145 du 1er octobre 1991, *Rec.* 128.

F. *Décisions, proclamations et déclarations relatives à l'élection du Président de la République* (art. 58 de la Constitution).

Décision du 22 décembre 1965, *Rec.* 47.
- FRANCK (C.) : *G.D.J.C.*, p. 268.

Décision du 17 mai 1969, *Rec.* 78, *G.D.* **17**.

Décision du 21 avril 1974, *Rec.* 47.
- AVRIL (P.) : *D.*, 1975, J., p. 117.
- FRANCK (C.) : *J.C.P.*, 1974, II, 17773.
- FRANCK (C.) : *G.D.J.C.*, p. 262.

Décision du 25 avril 1974, *Rec.* 54.
- FRANCK (C.) : *J.C.P.*, 1974, II, 17773.
- FRANCK (C.) : *G.D.J.C.*, p. 263.

Décision du 24 mai 1974, *Rec.* 57.
- FRANCK (C.) : *G.D.J.C.*, p. 269.
- PHILIP (L.) : *A.J.*, 1974, p. 376.

Décision du 9 avril 1981, *Rec.* 71.
- AVRIL (P.) et GICQUEL (J.) : *Pouvoirs*, 1981, n° 18, p. 182.

Décisions des 9, 19 mars et 11 avril 1981, *Rec.* 68, 69, 72.
- AVRIL (P.) et GICQUEL (J.) : *Pouvoirs*, 1981, n° 18, p. 183.

G. - *Avis, déclarations et décisions diverses.*

- *Décision du 23 décembre 1960*, Rec. 67, *G.D.* **8**.
- *Décision du 14 septembre 1961*, *Rec.* 55, *G.D.* **12**.
- Avis du 23 avril 1961, *Rec.* 69.
- Déclaration du 3 avril 1974, *Rec.* 33, *G.D.* **22**.

TABLE CHRONOLOGIQUE DES DÉCISIONS CITÉES *

* Les auteurs remercient Stéphan GARNERI et Didier RIBES, allocataires de recherche à l'Université d'Aix-Marseille III (GERJC) pour leur précieuse contribution à la mise à jour de cet index.

1962

16 janvier * : 62-18 L, Loi d'orientation agricole, **3**-13 ; **13** ; **25**-20 ; **36**-26.
3 avril : 62-19 L, **18**-13
3 avril : Secrétaire du Parti communiste réunionnais, **8**-4.
10 juillet : 62-17 DC, **15**-7.
10 juillet : 62-18 DC, **3**-25.
31 juillet : 62-19 DC, **3**-23, 24.
6 novembre * : 62-20 DC, Loi référendaire, **1**-13 ; **3**-20 ; **5**-12 ; **7**-4 ; **8**-9 ; **12**-15 ; **14** ; **45**-76.
6 novembre : Proclamation des résultats du référendum du 28 octobre 1962, **1**-13.
4 décembre : 62-20 L, **18**-10.
4 décembre : 62-239, Sénat, Commune de Frambouhaus (Doubs), **4**-6.

1963

8 janvier : 62-242, Sénat, Guyane, **4**-5
8 janvier : 62-249, A.N. Gironde, 1re cir. **2**-4.
15 janvier : 62-333, Seine-et-Marne, 3e cir., **1**-17 ; **2**-6.
22 janvier : 62-279, A.N., Gard, 4e cir., **1**-17 ; **16**-6 ; **20**-3.
5 février : 62-256/268, A.N. Corse, 1re cir **16**-4, 6.
5 février : 62-299/300, A.N. Seine, 52e cir. **2**-17 ; **16**-4.
12 février : Gard, 2e circ., **16**-6.
19 février : 62-250/251, A.N., Réunion, 1re cir., **16**-4, 9.
19 février : 62-287, A.N., Réunion, 2e cir., **16**-1, 4.
5 mars : 62-308, A.N. Haute-Saône, 2e cir. **1**-17.
5 mars : Corse, 3e circ., **16**-4, 6.
12 mars : 63-21 DC, **7**-4 ; **9**-11, 12 ; **21**-24.
11 juin : 63-5 FNR, **6**-6 ; **11**-25.
9 juillet : 63-24 L, **5**-11.
30 juillet : 63-25 L, **5**-11.
30 juillet : 63-26 L, **11**-25.
20 décembre : 63-24 DC, **3**-5 ; **12**-21 ; **14**-12.

1964

21 janvier : 63-25 DC, **3**-10, 31.
17-19 mars : 64-27 L, **11**-8, 10, 11 ; **42**-3, 5.
17 mars : 64-28 L, **5**-8, 11 ; **6**-14 ; **18**-19.
17 mars : Déchéance Lenormand, **20**-11.
12 mai : 64-29 L, **11**-11 ; **18**-10, 16.
22 mai : 64-6 FNR, **6**-6 ; **11**-17, 20, 21.
17 septembre : 64-30 L, **5**-20.
15 octobre : 64-26 DC, **3**-10.
18 décembre : 64-27 DC, **5**-22 ; **6**-14 ; **7**-4, 7, 15 ; **21**-5, 22 ; **22** ; **33**-4, 5 ; **48**-10.
21 décembre : 64-31 L, **11**-17, 20, 21.

1965

9 février : 65-33 L, **11**-17, 20, 21 ; **18**-16.
2 juillet : 65-34 L, **18**-11, 12, 22 ; **38**-30.
2 juillet : 65-35 L, **6**-14 ;**18**-19, 23.
8 novembre : 65-346, Sénat, Moselle, **4**-3.
8 novembre : 65-349, Sénat, Meurthe-et-Moselle, **4**-5.
14 décembre : Election présidentielle, Constant, Morel et Fort, **17**-9.
22 décembre : Election présidentielle, Mitterrand 1, **17**-10, 11.

1966

10 mars : 66-36 L, **5**-8.
10 mars : 66-37 L, **11**-21.
10 mars : 66-38 L, **7**-26 ; **18**-13 ; **48**-8.
8 juillet : 66-28 DC, **3**-18 ; **19**-21.
8 juillet : 66-1 I, **20**-10.
21 décembre : 66-7 FNR, **6**-6, 8 ; **11**-8.

1967

26 janvier * : 67-31 DC, **3**-11 ; **15** ; **19**-21 ; **20**-11 ; **29** ; **31**-26.
27 février : 67-44 L, **5**-22 ; **6**-14 ; **18**-19 ; **31**-26, 36.
13 avril : 67-353, A.N., **2**-6.
13 avril : 67-469, A.N., Seine-Maritime, 10e cir., **2**-6.
13 avril : 67-482, A.N., Paris, 22e cir., **2**-4
11 mai : 67-366-477, A.N., Meurthe et Moselle, 1re cir., **17**-7 ; **20**-8.
2 juin : 67-458, A.N., Martinique, 2e cir. **1**-17
21 juin : 67-439, A.N., Rhône, 4e cir. **2**-24.
29 juin : 67-443, A.N., Martinique, 3e cir., **1**-17 ; **16**-4
12 juillet : 67-33 DC, **3**-11 ; **15**-3, 6, 26.
12 juillet : 67-34 DC, **15**-6.
12 juillet : 67-376/409, A.N. Corse, 3e cir. **16**-4.
12 juillet : 67-464, A.N., Gers, 1re cir., **2**-14, 17.
12 juillet : 67-486, A.N., Côtes-du-Nord, 1re cir. **16**-9.
3 novembre : 67-357, A.N., Guadeloupe, 1re cir., **2**-24.
12 décembre : 67-47 L, **11**-8, 10.
12 décembre : 67-49 L, **18**-16.

1968

24 janvier * : 67-435, A.N., Corse, 2e cir., Zuccarelli c/ Faggianelli, **4**-11 ; **16**.
30 janvier : 68-35 DC, **3**-26 ; **7**-4, 7 ; **31**-18.
30 janvier : 68-50 L, **3**-26 ; **10**-10 ; **11**-8, 24 ; **12**-9 ; **13**-14 ; **23**-10 ; **42**-3, 5.
30 janvier : 67-501/502, A.N., Corse, 3e cir. **2**-6.

1976

1977

1978

1979

1980

1985

1986

1987

1992

1993

1994

1995

INDEX ALPHABÉTIQUE DES MATIÈRES *

A

---

* Les chiffres en gras correspondent au numéro d'ordre des décisions commentées dans l'ouvrage. Les chiffres en maigre correspondent au numéro des paragraphes de ces commentaires.

** Les auteurs remercient Xavier MAGNON, Wanda MASTOR et Caterina SEVERINO pour leur précieuse contribution à la mise à jour de cet index.

B

N

O

P

Q

R

S

T

Composition et mise en page :
F. Bigouroux - Aix-en-Provence

703 384 (I) OAB - D 58g NOR

Cet ouvrage a été achevé d'imprimer en août 1999
dans les ateliers de Normandie Roto Impression s.a.
61250 Lonrai
N° d'imprimeur : 991675
Dépôt légal : septembre 1999

Imprimé en France